主编
马清江
山东中外文化研究中心

新编国学读本

XINBIAN
GUOXUE DUBEN

【初级本】

读本

本册主编　吴庆峰

人民出版社

目　录

第三单元

第五单元

第六单元

前　言

马　清　江

　　当前,学术界对国学的研究已经逐渐热起来,论文著作,硕果累累。但究竟什么是国学,目前学术界还没有一个大家都一致同意的意见。张岱年先生说:"国学是中国学术的简称。"(《国学丛书·序》)张先生又说,国学是"中国本有的学术"(《国学入门丛书·序》),也有人称国学为"中国固有的学术"。这些话意思都是一样的。我们认同这样的观点。

　　国学的产生,大要有两点:一是中国地广人多,历史悠久,文化丰富多彩,学术自成体系。这样它才可能称为"学";二是西方文明的传入,有了西学,所以中国固有的学术才标以"国"字。这样才有了"国学"。清代末年,张之洞说:"中学为体,西学为用"(《劝学篇》),其中的"中学",就是"国学"。如果中国本无学术,即使西方文明传入,也不会有国学;即使中国学术能自成体系,如果没有西学的对立,也不会有国学。这就是说,国学虽然是中国"本有的学术"、"固有的学术",但也是中西文化与学术交汇的结果。

　　中国传统文化虽然儒、道、释交相辉映,但国学仍是以儒学为

1

中心的学术。这样的学术,在思想上以儒家学说为主,诸子百家为从;在载体上为经、史、子、集,而以经、子为重;在内容上有义理、考据、词章之学,而以义理之学为要。

所谓义理,就是合于一定的伦理道德的行事准则。中华民族在其五千年的文明史中,形成了自己的一套"合于一定的伦理道德的行事准则",比如说忠君、爱国、廉政、民本、诚信、修身、尊贤、孝友、礼让、好学、节俭、和谐等。这一套完整的、源远流长而又因时而化的"行事准则",使得我们的民族能够战胜内忧外患,能够克服自身的弱点,凝聚团结起来,发展壮大起来,创造出了灿烂的文明,成为了世界民族大家庭中伟大的一员。中华民族一向重视实行这一套"行事准则",也一向重视研究这一套"行事准则"。实行和研究这一套"行事准则"的学问就是义理之学。义理之学是国学的重要组成部分,是国学研究的重中之重。

中华民族向来与时俱进。所以在其发展的每一个历史阶段,她的成员们总是因时因势地向这一套"行事准则"中注入新鲜的内容,以适应社会的发展,时代的潮流。时代到了 21 世纪,随着高科技进入人们的生活领域、各种传媒的兴旺发达,随着中国特色的社会主义建设事业的推进、经济的高速发展,传统文化或者说传统的"行事准则"受到了激烈的挑战。在这种情况下,我们既不能拒绝外来文化,也不能封杀当前社会转型时期的当代文化,而应当大力弘扬中国传统文化,以吸纳外来文化和当代文化中优秀的部分、合理的部分,以形成新形势下的新的"行事准则"。胡锦涛同志高屋建瓴、熔铸古今所提出来的"八荣八耻",是中国传统美德与时代精神的完美结合,体现了新形势下的道德规范和价值导向,是新的"行事准则",是新的义理之学。

中国传统文化是新的"行事准则"、新的义理之学的基础。要实行新的"行事准则"、新的义理之学,并把它们推进到一个新的高度,使之成为整个社会主义精神文明的一部分,那就必须进一步宣传中国传统文化、弘扬中国传统文化。胡锦涛同志最近指出:"弘扬中华文化,建设中华民族共有精神家园。中华文化是中华民族生生不息、团结奋进的不竭动力。要全面认识祖国传统文化,取其精华,去其糟粕,使之与当代社会相适应、与现代文明相协调,保持民族性,体现时代性。"(《在中国共产党第十七次全国代表大会上的报告》)这是我们宣传和弘扬中国传统文化的指导方针,我们要在这个方针的指导下坚定不移地做下去。

近二三十年来,特别是近十年来,国内出版了大量的有关国学的著作,如张岱年《国学丛书》、中华书局编《国学入门丛书》、佘树声《国学导引》、朱维焕《国学入门》、张含/张中跃《国学举要》、戴伟/周文德《国学原典》、刘兆祐/江弘毅《国学导读》等。这些著作,有理论性的、有原典性的,有普及性的、有提高性的,春兰秋菊,各一时之秀,都对宣传国学、弘扬中国传统文化起到了积极作用。但在我们看来,蕴涵在经、史、子、集中的国学——义理之学还需要进一步发掘,还需要更多的普及性的"读本"一类的著作出现。这样才能把国学之根深深地、牢牢地扎在国人心中,特别是广大青少年的心中,才能更好地从根本上弘扬中国传统文化。基于这样的认识,我们编写了这部《新编国学读本》。

《新编国学读本》分为三册:初级本、中级本、高级本。初级本供小学高年级及初中学生和同等文化程度的读者阅读;通过学习浅近的优秀古典名篇,培养他们学习国学的兴趣,在潜移默化中养成良好的道德情操,为将来成为合格公民和有用之材奠定基础。中级本供高中及大专学生和同等文化程度的读者阅读;通过学习优秀的古典名篇,使他们了解国学基础知识,养成他们热爱祖国、热爱中华民族文化的品德，并懂得正确地为人处世，自觉地以"八荣八耻"作为行为的准则。高级本供大学本科及其以上学生和同等文化程度的读者阅读；通过学习优秀的古典名篇，使他们全面了解国学的基本内容、历史地位，继承并发扬国学精华，成为知书达理的、有正确世界观的人才，在提升民族素质、建设和谐社会中起到积极的作用。

《新编国学读本》的编写具有下列特点：一、选材更加广泛。我们从经、史、子、集的近千本著作中，选取我们认为具有义理之学特质的文章九百余篇，然后从中再精选出三百篇，作为《读本》的基本材料。在材料的甄别、筛选的过程中，尽量使用前人没有发掘和使用过的材料，比较熟悉的材料尽量不用或少用。这样就可以使读者有耳目一新之感，就可以更好地阅读并接受。二、内容更具时代性。对于宣传封建专制、男尊女卑、愚忠愚孝、迷信荒诞等内容的作品，我们一般不选用。有的文选由于古今观念的不同，个别地方抑或有某些消极因素，但我们选取它，不是肯定其消极的东西，而是肯定其中合理的、与时代精神相吻合的部分。对于那些消极的东西，我们也会在注释和评析中加以说明。三、体例更加完善。每一篇选文，前有题解，后有注释和评析。题解说明题意，提供背景；注释诠解字词，疏通文意；评析说明要点，升华主题。题解、注释和评析，根据读者群的不同，又有深浅、详略、难易的差别。这样的体例，便利读者学习古文，理解文章意义，并从中受到教益。总之，选材的广泛、内容的新鲜、体例的完善，使我们的《读本》能够跟其他的同类著作区别开来，具有更大的适应性，具有更大的可读性。

《新编国学读本》是由马清江研究员和吴庆峰教授主持编写的。具体分工如下：

4

马清江研究员、吴庆峰教授二人确定了全书的主题，规划了全书的规模，并制定了全书的编写体例。马分工组织工作，吴具体落实编写计划。

　　赵振铎教授为顾问。赵先生参与完善全书体例，确定初、中、高三册文选，审读了全部初稿，并提出了宝贵意见。

　　初级本主编为吴庆峰教授。吴庆峰教授选出、确定了初级本的全部文选，并编写了初级本的全部题解和评析，张金霞教授注释了初级本的一、二、三、四单元的文选，张文国教授注释了初级本的五、六、七、八单元的文选。吴庆峰教授对全部注释进行了修改和润色。

　　中级本主编为滕志贤教授。滕志贤教授选出、确定了中级本的全部文选，并做了中级本的一、三、五、六、七、八单元的题解、注释和评析，王其和副教授做了中级本的二、四单元的题解、注释和评析。滕志贤教授对二、四单元的题解、注释和评析进行了修改和润色。

　　高级本主编为饶尚宽教授。饶尚宽教授选出、确定了高级本的全部文选，并编写了高级本的全部题解和评析，宋晓蓉副教授注释了高级本的一、二、三、四单元的文选，夏国强博士注释了高级本的五、六、七、八单元的文选。饶尚宽教授对全部注释进行了修改和润色。

　　孙波、冯琳参加了全部的组织工作，并做了一些资料方面的工作。

　　马清江、赵振铎、吴庆峰、滕志贤、饶尚宽参加了统稿、定稿工作。在此基础上，吴庆峰又校阅了全部书稿，进一步统一了全书体例，并对全书的题解、注释和评析进行了修订。

　　现在，我们把这个《读本》呈现在读者面前。我们希望我们的工作能够在宣传、普及中国学术上，在弘扬中国传统文化上，在推进社会主义精神文明建设上贡献绵薄之力。当然，我们知道，虽然我们思考了，努力了，但由于水平所限，缺点和错误还是很难避免的。我们热切希望得到广大读者和专家们的批评和指正。

第一单元

一、孔子论立志

《论语》

【题解】

本篇六则都选自《论语》,题目是后加的。

孔子(公元前551—前479年),名丘,字仲尼,春秋后期鲁国曲阜(今山东曲阜)人。孔子出生后不久,父亲就去世了,家境十分贫寒。但孔子喜欢读书,博学多才。年轻时做过小官,干得很好。鲁定公时为中都宰,后升司空,又升大司寇,并代理宰相。后受到权臣排挤,离开鲁国,周游列国。但所到之国都不能重用他。十四年后,回到鲁国,不再从政,专心以诗书礼乐教授弟子。学生有三千人之多,著名的也有七十多人。他是中国古代伟大的思想家和教育家,也是儒家学派的创始人。

《论语》是一部记载孔子及其弟子言行的书,是由孔子的弟子和再传弟子编集而成的,为"十三经"之一。《论语》共二十篇,如《公冶长》、《为政》、《子罕》、《述而》等,就是其中的篇名。《论语》内容广泛,思想深刻,对中华民族传统文化影响极大。

（一）

颜渊、季路侍①。子曰："盍各言尔志②？"子路曰："愿车马、衣轻裘③，与朋友共，敝之而无憾④。"颜渊曰："愿无伐善，无施劳⑤。"子路曰："愿闻子之志。"子曰："老者安之，朋友信之，少者怀之⑥。"（《公冶长》）

【注释】

① 颜渊：姓颜，名回，字子渊。季路：即子路。姓仲，名由，字子路，一字季路。他们都是孔子的学生。侍：陪侍。

② 为什么不各人说说你们的志向呢？盍(hé)：何不。尔：你们。

③ 轻：这句的"轻"字是误增的。

④ 敝之：把它用坏了。敝：坏，破旧。

⑤ 伐善：夸耀自己的长处。施劳：把劳苦的事情加到别人身上。

⑥ 老人使他得到安逸，朋友使他信任我，年青人使他归向我。怀：向往，归向。

（二）

子曰："吾十有五而志于学①，三十而立②，四十而不惑③，五十而知天命④，六十而耳顺⑤，七十而从心所欲，不踰矩⑥。"（《为政》）

【注释】

① 十有五：十五岁。古人在整数和小一位的数字之间多用"有"字。志于学：有志于学问。

② 立：站立。这里是站得住的意思。意思是说话、做事都有了一定的根基。

③ 不惑:不疑惑。

④ 天命:上天的意志,指由上天主宰的命运。

⑤ 耳顺:对别人的话,不论是顺耳的还是不顺耳的都能听得进去。

⑥ 到了七十岁便能随心所欲,做任何事都不会超出规则。踰(yú):超越,超出。矩(jǔ):规则,法度。

(三)

子曰:"三军可夺帅也①,匹夫不可夺志也②。"(《子罕》)

【注释】

① 三军:上军、中军、下军或左军、中军、右军,这里是军队的通称。夺:失,失去。

② 匹夫:平民百姓。

(四)

子曰:"饭疏食①,饮水②,曲肱而枕之③,乐亦在其中矣。不义而富且贵,于我如浮云④。"(《述而》)

【注释】

① 饭疏食:吃粗劣的食物。

② 饮水:喝冷水。

③ 曲肱(gōng)而枕(zhěn)之:弯着胳膊枕着它。肱:胳膊。

④ 不义:不符合道义。于我如浮云:对我来说就像浮云一样。意思是不看重这样的"富且贵"。

(五)

子曰:"贤哉回也①! 一箪食②,一瓢饮③,在陋巷④,人不堪

其忧⑤,回也不改其乐。贤哉回也!"(《雍也》)

【注释】

① 贤哉回也:颜回多有德行呀! 贤:有德行,有修养。
② 一箪食:一竹筐饭。箪(dān):古代用来盛饭的圆形竹器。
③ 一瓢饮:一瓜瓢水。饮:指饮用的水。
④ 陋巷:简陋的房屋,破旧的房屋。
⑤ 不堪其忧:不能忍受那种愁苦。

(六)

子曰:"后生可畏①,焉知来者之不如今也②? 四十、五十而无闻焉③,亦不足畏也已④。"(《子罕》)

【注释】

① 后生可畏:青年人是令人敬畏的。后生:后辈,青年人。畏:敬畏。
② 怎么知道他将来赶不上现在的人呢? 焉(yān):怎么。
③ 无闻:没有名声,不为人所知。
④ 已:语气词,用法同"矣"。

【评析】

志,就是志向,就是关于将来做什么事、做什么样人的意图和决心。如果一个人的志向符合时代潮流,能和国家、民族的利益融为一体,这就叫做有大志。人生有了这样的志向,就能奋发向上,就能建功立业,就能为国家和民族做出贡献。

孔子"十有五而志于学",孜孜不倦地读书,广泛地向人请教,努力地获取新知,所以能著作《春秋》,删定《诗经》,成为当时的大学问家。他开创了私人办学之路,在教学过程中又能循循善诱,让学生"各言尔志",进行立志教育,所以他一生教出了三千多名学生,成为古代伟大的教育家。从孔子的人生实践来看,立志对一个人来说是何等的重要!

当然,志向既已树立,就要百折不挠地去实现它,不可随意改变,不可轻易放弃。这就如孔子所说的:"三军可夺帅也,匹夫不可夺志也。"

实现志向是一个长期的过程,不可能一下子成功。既然心中有了大目标,那就要不怕吃苦,即使是"饭疏食,饮水,曲肱而枕之",即使是"一箪食,一瓢饮,在陋巷",也乐在其中,甘之如饴。既然心中有了大目标,那就要不慕荣利,不斤斤计较个人得失。这就如孔子所说,"不义而富且贵,于我如浮云"。

如果我们能立定大志,又能锲而不舍,一步一步地去实现它,那就真的是"后生可畏"了。后生们之所以值得敬畏,是因为他们年轻,好像早晨八九点钟的太阳,前途不可限量啊。

2007年10月6日《参考消息》第6版有一篇文章,题目是《志向远大的孩子更易成功》。文章称"英国《卫报》9月29日报道"说:"一项跟踪上万名英国人的生活、时间跨度达30年的调查显示,志向远大的孩子长大成人后在事业上更为成功。该研究显示,在扣除阶层和能力的差别之后,给自己树立宏伟目标的孩子表现得更为出色。""无论男孩女孩,无论其家长从事体力还是专业技术工作",远大抱负与未来的事业成功都有直接的联系。

现代科学证明了立志的重要性,让我们现在就给自己树立一个远大的目标吧!

二、马援少有大志

《后汉书》

【题解】

本篇节选自范晔《后汉书·马援列传》，题目是后加的。马援（公元前14—公元49年），东汉开国名臣。

范晔（公元398—445年），字蔚宗，南朝宋顺阳（今河南淅川）人。我国南朝著名的史学家。曾任宣城太守、左卫将军等。他以《东观汉记》为主要依据，博采众家之长，撰成《后汉书》。

《后汉书》是一部记录后汉历史的史书。全书包括本纪十卷、列传八十卷。原定尚有十志，但未完成，作者即被杀害。今本《后汉书》里的八志（三十卷），是后人从司马彪《续汉书》里取出来补进去的。《后汉书》是研究后汉历史的珍贵资料。

马援字文渊，扶风茂陵人也①。其先赵奢为赵将，号曰马服君，子孙因为氏②。援三兄况、余、员，并有才能③，王莽时皆为二千石④。

【注释】

① 扶风茂陵：即扶风郡茂陵，在今陕西兴平东北。

② 先：祖先。赵奢：战国时期赵国的大将，赵惠文王赐其号为马服君。因为氏：因此以"马"作为姓氏。

③ 三兄：三个哥哥。况：马况，字长平，官至河南太守。余：马余，字圣卿，官至中垒校尉。员：马员，字季主，官至增山连率（太守）。

④ 二千石：官吏秩俸等级名。汉代官吏秩俸共分为二十等，九卿郎将、
郡守尉等官秩为二千石。马援的三个哥哥都做到郡太守一级。

援年十二而孤，少有大志，诸兄奇之①。尝受《齐诗》②，意不
能守章句③，乃辞况，欲就边郡田牧④。况曰："汝大才，当晚成。
良工不示人以朴，且从所好⑤。"会况卒，援行服期年⑥，不离墓所；
敬事寡嫂，不冠不入庐⑦。后为郡督邮，送囚至司命府⑧，囚有重
罪，援哀而纵之，遂亡命北地⑨。遇赦，因留牧畜，宾客多归附者，
遂役属数百家⑩。转游陇、汉间⑪，常谓宾客曰："丈夫为志，穷当
益坚，老当益壮⑫。"因处田牧，至有牛马羊数千头，谷数万斛⑬。
既而叹曰⑭："凡殖货财产，贵其能施赈也，否则守钱虏耳⑮。"乃尽
散以班昆弟故旧⑯，身衣羊裘皮裤⑰。

【注释】

① 年十二而孤：十二岁时父亲去世。诸兄奇之：几个哥哥都认为他很
不一般。奇：奇异，不一般。

② 尝受《齐诗》：曾经拜师学习《齐诗》。《齐诗》：汉代齐国人辕固所
传授的《诗经》，今已亡佚。它与当时鲁国人申培所传授的《鲁诗》、
燕国人韩婴所传授的《韩诗》，合称为"三家诗"。

③ 意不能守章句：自己的志向不能一辈子守在章句之学上。意：志向。
章句：分析经书的章节、断句及其意义的学问。

④ 辞：辞别。欲就边郡田牧：想到边境郡县去种田和放牧。就：往，到。
田牧：种田和放牧。

⑤ 汝：你。良工：好的工匠。不示人以朴：不把没有加工好的材料拿给
人看。朴：没有经过加工的材料。且从所好(hào)：姑且听从你自
己的喜好吧。意思是去做你自己喜欢做的事情吧。

⑥ 会：正好，恰巧。卒(zú)：死，去世。行服：穿孝服守丧。期(jī)年：

一周年。

⑦ 敬事：恭敬地侍奉。不冠(guàn)不入庐：衣冠不整不进入寡嫂的房
屋。意思是马援对寡嫂非常尊敬。冠：戴帽子，这里指穿戴整齐。
庐：房屋。

⑧ 督邮：官名，是郡守的佐吏。负责督察纠举所掌管之地的违法之事。
囚：囚徒。司命府：官署名。即五威司命的府署。五威司命是王莽
时所设置的官名，掌管纠察上公以下的所有官员。

⑨ 哀而纵之：可怜他并把他放了。哀：同情，怜悯。亡命：逃亡。北地：
郡名。治所在富平，即今宁夏吴忠西南黄河东岸。

⑩ 遇赦：遇到皇帝大赦。役属：使隶属于自己而役使之。

⑪ 转游：辗转游历。陇、汉：今甘肃东部、陕西南部一带地区。

⑫ 丈夫：男人，成年男子。为志：立志。穷当益坚：处境越是穷困，意志
应当更加坚定。穷：穷困，困厄。益：更加。

⑬ 因处田牧：根据所居地方的具体情况发展农业、畜牧业。斛(hú)：
量器名。容量为五斗。

⑭ 既而：不久。

⑮ 殖：积聚，聚集。货：财物。施赈(zhèn)：施舍、救济别人。否则守
钱虏耳：如果不这样的话，就是一个守财奴罢了。

⑯ 于是把财物全部分发出去，分给了自己的兄弟和旧友。班：分给，赐
予。昆弟：兄弟。故旧：旧友。

⑰ 自己穿着未经加工的羊皮做的皮衣、皮裤。这里是说马援把财
物都分给别人了，自己却穿得很简朴。身：自己。衣：穿。裘：
皮衣。

　　王莽末，以援为新成大尹①。及莽败，援兄员时为增山连
率②，与员俱去郡，复避地凉州③。世祖即位④，员先诣洛阳，
帝遣员复郡，卒于官⑤。援因留西州⑥。九年，拜援为太中
大夫⑦。

8

【注释】

① 王莽：字巨君。汉元帝皇后的侄子。公元8年王莽篡夺汉位，改国号为"新"。最后被刘秀所灭。新成：王莽改汉中为新成。大尹：王莽改太守为大尹。

② 增山：王莽改上郡为增山（今陕西北部和内蒙古中西部地区，治所在今延安）。连率：即太守。

③ 俱去郡：一起离开各自所在的郡。复避地凉州：又到凉州去避乱。凉州：州名。治所在陇县（今甘肃张家川）。

④ 世祖：指东汉光武帝刘秀，公元25年至57年在位。世祖是他的庙号。

⑤ 诣(yì)：到。帝：指光武帝刘秀。遣员复郡：派马员回到原郡任太守。卒于官：死在任上。

⑥ 西州：西部地区。这里指凉州一带，因为在中原之西而得名。

⑦ 九年：建武九年，即公元33年。建武：光武帝刘秀的年号，公元25年至56年。太中大夫：官名。掌言议，顾问应对，是皇帝的高级参谋顾问官员。

十七年①，玺书拜援伏波将军，南击交阯②。十八年春，军至浪泊上③，与贼战，破之。明年正月，斩徵侧、徵贰，传首洛阳④。封援为新息侯，食邑三千户⑤。援乃击牛酾酒，劳享军士⑥。从容谓官属曰："吾从弟少游常哀吾慷慨多大志⑦，曰：'士生一世，但取衣食裁足，乘下泽车，御款段马，为郡掾史，守坟墓，乡里称善人，斯可矣⑧。致求盈余，但自苦耳⑨。'当吾在浪泊、西里间⑩，虏未灭之时，下潦上雾，毒气重蒸⑪，仰视飞鸢跕跕堕水中⑫，卧念少游平生时语，何可得也⑬！今赖士大夫之力，被蒙大恩⑭，猥先诸君纡佩金紫，且喜且惭⑮。"吏士皆伏称万岁⑯。

9

【注释】

① 十七年:建武十七年,即公元41年。

② 玺书拜援伏波将军:皇帝下达诏书任命马援为伏波将军。玺书:指盖有皇帝玺印的诏书。交阯(zhǐ):郡名。辖境相当今两广及越南中北部地区。

③ 浪泊:地名。在今越南河内西北一带。

④ 明年:第二年。指建武十九年,即公元43年。徵侧:东汉时交阯女子,与其妹徵贰起兵反抗官府,攻破郡县,自立为王。传首洛阳:把她们的首级传送到洛阳。

⑤ 食邑:国君赏赐给臣下作为世禄的封地,享有封地的人可以从封地的百姓中收取赋税。

⑥ 击:击杀。釃(shī)酒:滤酒。劳享:用酒食慰劳。

⑦ 官属:官员。从弟少游:马援的堂弟马少游。常:通"尝",曾经。哀:怜惜。慷慨:性格豪爽。

⑧ 士:这里泛指人。裁足:刚刚够。裁:通"才",仅仅,刚刚。下泽车:便于在沼泽地行驶的短毂(gǔ)车。御:驾驭。款段马:行走迟缓、身形普通的马。掾(yuàn)史:佐吏属官的通称。守坟墓:守护着祖先的坟墓。意思是不离开家乡。斯可矣:就可以了。斯:就。

⑨ 致求:追求。盈余:富裕,有余。但自苦耳:只是自讨苦吃罢了。

⑩ 西里:地名。在今越南河内西北一带。

⑪ 虏:对敌人的蔑称。下潦(lǎo)上雾:地上满是积水,空中充满雾气。重(chóng)蒸:一重重地蒸腾起来。

⑫ 飞鸢(yuān):飞鹰。跕跕(dié dié):坠落的样子。堕:坠落。

⑬ 卧:躺着的时候。念:想起。平生时语:平素说过的话。何可得也:哪里能够得到呢!

⑭ 赖:依靠。士大夫:将士。被蒙大恩:受到很高的恩宠。

⑮ 猥(wěi):谦词,辱。先诸君:先于各位。纡(yū)佩金紫:身佩印绶。指身居高位。纡:缠绕,这里指佩带。金:指印。紫:绶的颜色,

10

这里指绶。且喜且惭:又高兴又惭愧。

⑯　吏士:军吏、士兵。伏:伏身。

　　初,援军还,将至,故人多迎劳之①。平陵人孟冀,名有计谋②,于座贺援。援谓之曰:"吾望子有善言③,反同众人邪?昔伏波将军路博德开置七郡,裁封数百户④;今我微劳,猥飨大县⑤,功薄赏厚,何以能长久乎⑥?先生奚用相济⑦?"冀曰:"愚不及⑧。"援曰:"方今匈奴、乌桓尚扰北边⑨,欲自请击之。男儿要当死于边野,以马革裹尸还葬耳,何能卧床上在儿女子手中耶⑩?"冀曰:"谅为烈士,当如此矣⑪。"

【注释】

①　马援的军队从交阯返回京城的时候。故人:老朋友。迎劳:迎接、慰劳。

②　平陵:县名。在今陕西咸阳市西北。孟冀:汉代扶风平陵(今陕西咸阳西北)人。名有计谋:以富有计谋而闻名。

③　善言:良言,美言。这里指劝诫的话。

④　路博德:西汉将领,平州人。开置七郡:开拓疆土,增设了七个郡。裁:通"才",刚刚,仅仅。

⑤　微劳:只有微小的功劳。飨大县:享受了一个大县的封地。

⑥　薄:小。何以:凭什么,怎么。

⑦　奚用相济:用什么来帮助我。奚:何,什么。济:帮助。

⑧　愚不及:我没有想到这一点。愚:孟冀谦称自己。

⑨　匈奴、乌桓:我国北方的两个少数民族。

⑩　马革裹尸:用马皮包裹尸体,比喻战死在疆场。儿女子:小女子。"儿"有小的意思。

⑪　谅为烈士,当如此矣:真正做一个有志于建功立业的人,应当这样。

谅:真正,确实。烈士:有志于建功立业的人。

【评析】

古人说,有非常之人乃立非常之志,有非常之志乃立非常之功。马援就是这样一位有"非常之志"、建"非常之功"的"非常之人"。

马援"少有大志",三位哥哥都做大官,自己却"欲就边郡田牧",被长兄称为:"汝大才,当晚成。"在种田放牧发了大财后,"乃尽散以班昆弟故旧,身衣羊裘皮裤"。这是马援的第一项功业。

后来马援从政,帮助刘秀建立了东汉王朝,做过太守、将军。建武十七年(公元41年),率军南征交趾,"下潦上雾,毒气重蒸",历尽艰险,胜利而还。这说明,实现志向,要不怕艰难险阻,要有百折不挠的意志。

这次南征,朝廷"封援为新息侯,食邑三千户"。马援居功不骄,认为自己"功薄"而"赏厚"。当时马援年近六十,考虑到"匈奴、乌桓尚扰北边,欲自请击之"。他想国家之所想,急国家之所急,一切以国家利益为念。他用自己的行为实践了自己的志向:"丈夫为志,穷当益坚,老当益壮。"

马援真是一位"烈士",是一位立志为国、建功立业的楷模。

三、陈蕃有大志

《后汉书》

【题解】

本篇选自范晔《后汉书·陈王列传》,题目是后加的。陈蕃

（公元？—168 年），少有大志，征为议郎，出为乐安太守。后为尚书令，官至太尉，是东汉名臣。

陈蕃字仲举，汝南平舆人也①。祖河东太守②。蕃年十五，尝闲处一室③，而庭宇芜秽④。父友同郡薛勤来候之⑤，谓蕃曰："孺子何不洒扫以待宾客⑥？"蕃曰："大丈夫处世，当扫除天下，安事一室乎⑦！"勤知其有清世志⑧，甚奇之⑨。

【注释】

① 汝南：郡名，今河南汝南。平舆：汝南郡的政府所在地，故城在今汝南县东南六十里。

② 祖：祖父。河东：郡名，在今山西夏县一带。太守：郡的行政长官。

③ 尝：曾，曾经。处(chǔ)：居，住。

④ 芜秽(huì)：荒芜杂乱。

⑤ 候：拜访，探望。

⑥ 孺子：童子，小孩。洒扫：洒水扫地，指打扫卫生。

⑦ 处世：生在世上。扫除：廓清，涤荡。安事一室乎：哪里能只整理一间房子呢？安：哪里。

⑧ 清世：使天下清明、太平。

⑨ 奇之：认为他不同寻常。

【评析】

人贵立志，更贵早立志。陈蕃少年就有"清世"之志，所以长大后能有一番大的作为。他不论做地方官员，还是做中央官员，都清正廉平，天下闻名。东汉末年，宦官为害朝廷。陈蕃谋除宦官，虽失败被杀，但名标青史。

少有大志，自然是好事，但也不能不扫一室，使"庭宇芜秽"。

13

有道是，一屋不扫，何以扫天下？所以胸怀大志，也还是要从小事做起。所谓"千里之行，始于足下"，正是说的这个道理。

四、郑玄少志于学

《郑玄别传》

【题解】

本篇选自《后汉书·张曹郑列传》李贤注引《郑玄别传》，题目是后加的。郑玄（公元127—200年），字康成，东汉北海高密（今山东高密）人。自幼好学，先后从京兆第五元先、东郡张恭祖、扶风马融就学，遍通群经，学问渊博。他是东汉末年著名的教育家、经学家、文献学家。

《郑玄别传》，作者不详，大约是汉末或三国时期的作品。《隋书·经籍志》未见著录，可能已逸，但古注中多有征引。别传，史部分类之一，一般记载一个人的遗闻逸事，可以补充本传的不足。

（郑）玄年十一二，随母还家，正腊会①，同列十数人，皆美服盛饰，语言闲通②，玄独漠然如不及③，母私督数之④，乃曰："此非我志，不在所愿也。"

【注释】

① 腊会：腊祭时的集会。古人在农历十二月里合祭众神叫做腊祭。

② 美服盛饰：穿着漂亮的衣服，佩戴了很多饰品。语言闲通：说话应对熟练通达。闲：娴熟，熟练。通：通达，明白。

③ 玄独漠然如不及:郑玄独自静静地在那儿,好像比不上他们。漠然:
安静的样子。不及:不如,比不上。
④ 母亲暗中督促责备他。私:暗中。督:督促,催促。数(shǔ):数说,
责备。

【评析】

人人有志向,志向各不同。有的愿意做官,有的愿意为民;有
的喜欢富贵,有的甘于淡泊;有的追求华美服饰,有的爱穿布袍粗
衣:就是不一样。郑玄十一二岁时,面对那些"美服盛饰,语言闲
通"的人,即不愿与他们为伍,说"此非我志,不在所愿也"。郑玄
的志向在读书。《后汉书》本传说,郑玄年轻时曾在乡里做小官,
但"不乐为吏",后到太学受业,又到各地游学,终于学有所成。经
过孜孜不倦的努力,他成为了我国古代著名的经学家、教育家、文
献学家。《荀子·劝学》说:"无冥冥之志者,无昭昭志明;无惛惛
之事者,无赫赫之功。"意思是,没有深远志向的人,就不可能通达
事理;没有对事业的执著追求,就不可能有显赫的成绩。这就是对
立志好学的人的最好的教导!

五、诫子书

诸葛亮

【题解】

本篇选自《诸葛忠武书》卷九,题目是后加的。诫子书,告诫
儿子的信。诸葛亮的儿子名瞻,蜀汉大臣。年十七拜骑都尉,官至

15

尚书仆射。后来魏将邓艾进攻成都,诸葛瞻率军反击,战死于绵竹(今四川绵竹)。书,就是信,是古代的一种文体。

诸葛亮(公元181—234年),字孔明,琅邪阳都(今山东沂南)人。东汉末年,隐居隆中,人称"卧龙"。后辅佐刘备称帝,为丞相。他是三国时期杰出的政治家和军事家。

《诸葛忠武书》十卷,明朝杨时伟编。他从王士骐《武侯全书》中存录其连吴、南征、北伐、调御、法检、遗事六卷,又增年谱、传略、绍汉、杂事四卷,成《诸葛忠武书》。此书比较详审,其排比事迹也有条理,可见诸葛亮生平的始末。

夫君子之行,静以修身,俭以养德①,非澹泊无以明志,非宁静无以致远②。夫学须静也,才须学也,非学无以广才,非志无以成学③。淫慢则不能励精,险躁则不能治性④。年与时驰,意与日去⑤,遂成枯落,多不接世⑥,悲守穷庐,将复何及⑦!

【注释】

① 君子要做的是,保持内心的宁静来修养身心,保持生活的俭朴来陶冶德行。

② 不澹泊名利就无法显明志向,不安定清静就无法实现远大理想。澹泊(dàn bó):即"淡泊",意思是不追求名利。

③ 不学习就无法增长才干,不确立志向就无法完成学业。

④ 淫:放纵,无节制。慢:懈怠。励精:振奋精神。险躁:急躁。治性:修养心性。

⑤ 年龄随着时间的飞驰而一天天增长,意志随着岁月的逝去而一天天消失。

⑥ 枯落:草木干枯衰落。这里指年老体衰而无所成就。多不接世:大多不被社会所接纳。

⑦ 悲守穷庐,将复何及:悲哀地守着自己荒陋的房屋,到那时再后悔怎么来得及呢！庐:房屋。

【评析】

这篇《诫子书》,要点有三:

其一是"立志"。"修身"、"养德"就是"立志"。古代有一副名联:"澹泊以明志,宁静而致远。"对联讲的就是这种境界。要实现高远的志向,就要"澹泊",就要"宁静",因为那不是一蹴而就的事情。如果一味追求短期效应,为蝇头小利而孜孜矻矻,那是不能成就大事业的。

其二是"成学"。一个人不论多么聪明,多么有才,但"才须学也,非学无以广才"。但要"成学",先要立志;志向坚定,才能学有所成。

其三是"惜时"。人生在世,不论你立不立志,学不学习,时光不等人。"年与时驰,意与日去,遂成枯落",多么可悲!

既然立志成学,那就要珍惜时间。如果不能珍惜时间,一切都要落空。陶渊明《杂诗八首》说:"盛年不再来,一日难再晨;及时当勉励,岁月不待人。"岳飞《满江红》说:"莫等闲,白了少年头,空悲切!"这都是千古名训,一定要记取啊。

六、宗悫乘风破浪

《宋书》

【题解】

本篇节选自沈约《宋书·宗悫(què)传》,题目是后加的。宗悫,南朝宋人,官振武将军,累迁豫州刺史,封洮阳侯。乘风破浪,乘长风破万里浪,比喻志向远大。

沈约(公元441—513年),字休文,吴兴武康(今浙江德清)人。笃志好学,博通群籍,善著文章。历仕南朝宋、齐、梁三朝,初为记室,累官至尚书令。他是南朝著名的文学家和史学家。

我国南北朝时期,南朝有宋、齐、梁、陈四个朝代。《宋书》是一部记录南朝宋历史的史书。全书包括本纪、志、列传三部分,共一百卷。它是研究南朝宋历史的基本史料。

宗悫,字元干,南阳人也[①]。叔父炳,高尚不仕[②]。悫年少时,炳问其志,悫曰:"愿乘长风破万里浪。"炳曰:"汝不富贵,即破我家矣。"兄泌娶妻,始入门,夜被劫。悫年十四,挺身拒贼,贼十余人皆披散[③],不得入室。

【注释】

① 南阳:今河南南阳。

② 宗炳:字少文,好琴书,善图画,精通玄理,终身不仕。不仕:不做官。当时以隐居不仕为高尚。

③ 披散:披靡,溃退。

时天下无事,士人并以文义为业[①],炳素高节,诸子群从皆好学[②],而悫独任气好武,故不为乡曲所称[③]。江夏王义恭为征北将军、南兖州刺史,悫随镇广陵[④]。时从兄绮为征北府主簿,绮尝入直,而给吏牛泰与绮妾私通[⑤],悫杀泰,绮壮其意[⑥],不责也。

18

① 士人:人民,百姓。并以文义为业:都把习文当做事业。

② 炳素高节:宗炳向来节操高尚。素:向来,一向。诸子:众儿。群从:
指堂兄弟及诸侄。

③ 任气:处事纵任意气,不加约束。不为乡曲所称:不被家乡人所称
扬。乡曲:故乡,故里。

④ 义恭:刘义恭,南朝宋武帝刘裕第五子,封江夏王。南兖州:晋南渡
后侨置兖州,治所在广陵(今江苏扬州)。刺史:秦朝设置刺史,监
督各郡。隋朝以后,刺史为一州行政长官,后来就成为太守的别称。
镇:镇守,守卫。

⑤ 从兄绮:堂兄宗绮。主簿:中央及地方及军队相当机关的属官,主管
文书,办理事务,有时参与机要。入直:到府里去值班。给吏:使役
之人。

⑥ 壮其意:认为他很有勇气。

元嘉二十二年,伐林邑,悫自奋请行①。义恭举悫有胆勇,乃
除振武将军,为安西参军萧景宪军副②,随交州刺史檀和之围区粟
城③。林邑遣将范毗沙达来救区粟,和之遣偏军拒之,为贼所
败④。又遣悫,悫乃分军为数道,偃旗潜进,讨破之⑤,拔区粟,入
象浦⑥。林邑王范阳迈倾国来拒⑦,以具装被象,前后无际,士卒
不能当⑧。悫曰:"吾闻师子威服百兽⑨。"乃制其形,与象相御⑩,
象果惊奔,众因溃散,遂克林邑。收其异宝杂物,不可胜计⑪。悫
一无所取,衣栉萧然⑫,文帝甚嘉之⑬。

【注释】

① 元嘉二十二年:公元445年。元嘉:宋文帝刘义隆的年号,公元424
年至453年。伐林邑:征伐林邑。林邑:汉朝叫象林县,在今越南中

南部地区。

② 除:任官,授职。为安西参军萧景宪军副:做安西参军萧景宪军的副职。参军:东汉末年始有"参某某军事"的名义,意思是参谋军事。简称"参军"。萧景宪:元嘉二十三年由龙骧司马任交州刺史。

③ 交州:郡名,辖境在今广东、广西和越南大部地区。檀和之:金乡(今山东金乡)人。曾任始兴太守、交州刺史。所在有威名,盗贼屏迹。

④ 偏军:指主力以外的部分部队。

⑤ 数(shù)道:几路。偃旗潜进:卷起旗帜,秘密进军。这就是偷袭。

⑥ 拔区粟,入象浦:攻下区粟,进入象浦。区粟、象浦:都是林邑国的地名。

⑦ 林邑王范阳迈:林邑国的国王范阳迈。倾国:竭尽全国的力量。

⑧ 以具装被(pī)象:把马的铠甲披挂在大象身上。具装:马的铠甲。被:穿,披挂。在这个意义上后来写做"披"。不能当:不能抵挡。

⑨ 师子:即狮子。

⑩ 相御:相敌,相对。

⑪ 不可胜(shèng)计:多得数不过来。胜:尽。

⑫ 衣栉(zhì):衣服和梳头用具,这里泛指行装。萧然:空虚的样子。

⑬ 甚嘉之:很赞扬他。

【评析】

宗悫少年时,志向远大,"任气好武"。虽然这"不为乡曲所称",但矢志不渝。他很勇敢,"年十四,挺身拒贼",后以胆勇"除振武将军"。宗悫为将,有勇有谋,能"偃旗潜进"破敌,又能制作狮子之形攻破敌方大象阵。破敌之后,面对"不可胜计"的"异宝杂物",他"一无所取,衣栉萧然"。总之,宗悫有勇有谋有德,与其

20

将军之职相符。就这样，宗悫一步一步地实现了自己"乘长风破万里浪"的雄心壮志。

七、祖逖闻鸡起舞

《资治通鉴》

【题解】

本篇节选自司马光《资治通鉴·晋纪十》，题目是后加的。祖逖(tì)(公元 266—321 年)，字士稚，晋范阳(今河北涿州)人。轻财任侠，慷慨有大节。元帝时为奋威将军、豫州刺史。

司马光(公元 1019—1086 年)，字君实，陕州夏县(今山西夏县)人。自幼好学，十九岁中进士，累官至宰相，卒赠太师、温国公，谥文正。精通史学，主编了《资治通鉴》。另有《温国文正司马公文集》。他是北宋著名的政治家和历史学家。

《资治通鉴》是一部编年体的通史。它记录了我国从战国到五代共 1362 年的历史，分为周、秦、汉、魏、晋、宋、齐、梁、陈、隋、唐、后梁、后唐、后晋、后汉、后周十六纪。全书条例严谨，体大思精，是我国史书中的鸿篇巨制。

初，范阳祖逖少有大志，与刘琨俱为司州主簿①，同寝，中夜闻鸡鸣，蹴琨觉②，曰："此非恶声也③！"因起舞④。及渡江⑤，左丞相睿以为军谘祭酒⑥。逖居京口，纠合骁健⑦，言于睿曰："晋室之乱，非上无道而下怨叛也⑧，由宗室争权，自相鱼肉⑨，遂使戎狄乘隙，毒流中土⑩。今遗民既遭残贼，人思自奋⑪。大王诚能命将出师⑫，使如逖者统之，以复中原⑬，郡国豪杰必有望风响应者矣⑭。"睿素无北伐之志,以逖为奋威将军、豫州刺史,给千人廪,布三千匹,不给铠仗,使自召募⑮。逖将其部曲百余家渡江,中流,击楫而誓曰⑯:"祖逖不能清中原而复济者,有如大江⑰!"遂屯淮阴⑱,起冶铸兵⑲,募得二千余人而后进⑳。

【注释】

① 刘琨:字越石,中山魏昌(今河北无极)人。东晋大将,与祖逖是好朋友。司州:州名,治所在洛阳(今河南洛阳东北)。主簿:官名。主管文书簿籍,办理事务,有时参与机要。

② 同寝:同床共被而寝。中夜:半夜。蹴(cù)琨觉(jué):把刘琨踢醒了。蹴:踢,蹬。觉:睡醒。

③ 此非恶(è)声:这不是不好的叫声!恶:不好的,不祥的。

④ 因起舞:于是起床舞剑,练习武艺。

⑤ 及渡江:等到渡过长江以后。渡江:西晋末年,中原沦陷,晋朝统治者在江南建立东晋,很多知名人士也纷纷到江南去避乱。

⑥ 左丞相睿(ruì):指司马睿。东晋皇帝,晋元帝。他在做皇帝之前曾做过左丞相一职。以为军谘(zī)祭酒:让祖逖作了军谘祭酒一职。军谘祭酒:军事顾问一类的官。

⑦ 京口:地名,今江苏省镇江。纠合:集合。骁(xiāo)健:指勇猛健壮的人。

⑧ 晋朝的动乱,不是因为皇上昏庸无道而导致百姓怨恨反叛的。

⑨ 宗室:指与皇帝同宗族的人,即皇族。鱼肉:比喻残杀,残害。

⑩ 戎狄:我国古代称西北地区的少数民族为戎狄。乘隙:钻空子。毒流中土:祸害殃及中原地区。中土:中原地区,指黄河中下游一带。

⑪ 遗民:指沦陷区的百姓。残贼:伤害,残害。人思自奋:人人都想自我奋发。

22

⑫ 诚:果真,假如。命将出师:任命将领,派出军队。

⑬ 如逖者:像我这样的人。逖:祖逖自称。统:统率。复:收复。中原:中原地区,与上"中土"意义相同。

⑭ 郡国:指全国各地。望风响应:听到风声就跟着响应。

⑮ 素:一向,向来。给(jǐ)千人廪(lǐn):供应给他够一千人吃的军粮。给:供给,供应。与下文"不给铠仗"的"给"同。廪:官府发的粮米,这里指军粮。铠仗:指作战用的铠甲、武器等装备。铠:铠甲。仗:兵器的总称。

⑯ 部曲:当时世家大族的私人军队。中流:到了江心的时候。楫(jí):船桨。

⑰ 我祖逖如果不能扫清中原重新渡江回来的话,就像这长江一样。意思是如果不能扫清中原,誓死不回。

⑱ 屯:驻扎。淮阴:今江苏淮阴。

⑲ 起冶铸兵:起炉炼铁,铸造兵器。兵:兵器。

⑳ 募得:招募到。后进:然后进发。

【评析】

　　青年人树立远大志向,就要有行动来落实。祖逖"少有大志",在"中夜闻鸡鸣"时,不觉得是打搅了自己的睡眠,而认为"此非恶声","因起舞",练本领。后来中原大乱,祖逖到了江南,建立军队,组织北伐,成为一代名将。

　　俗语说:"三更灯火五更鸡,正是男儿发愤时。"总起来说,大抵人人都有些惰性。但有些惰性也并不可怕,要紧的是树立远大目标,主动去克服它,就像祖逖闻鸡起舞一样。如果我们能自觉磨炼意志,学习本领,就一定能实现自己的抱负,做一个对国家有贡献的人。

八、周处改过自新

《世说新语》

【题解】

本篇选自刘义庆《世说新语·自新》,题目是后加的。周处,东晋义兴(今江苏宜兴)人。少时横行乡里,后来改过自励,官至御史中丞。

刘义庆(公元 403—444 年),南朝宋彭城(今江苏徐州)人,文学家。为宋宗室,袭封临川王,官至南兖州(今江苏扬州)刺史。

《世说新语》主要记述东汉魏晋人物遗闻逸事和言谈风尚。全书分德行、言语、政事、文学等三十六门。此书思想性、文学性都很高,为历来的研究者所重视。

周处年少时,凶强侠气,为乡里所患①。又义兴水中有蛟,山中有邅迹虎②,并皆暴犯百姓,义兴人谓为三横,而处尤剧③。或说处杀虎斩蛟,实冀三横唯余其一④。处即刺杀虎,又入水击蛟,蛟或浮或没,行数十里,处与之俱⑤。经三日三夜,乡里皆谓已死,更相庆⑥。竟杀蛟而出⑦。闻里人相庆,始知为人情所患,有自改意。乃自吴寻二陆⑧,平原不在,正见清河⑨,具以情告⑩,并云:"欲自修改,而年已蹉跎⑪,终无所成。"清河曰:"古人贵朝闻夕死⑫,况君前途尚可?且人患志之不立,亦何忧令名不彰邪⑬?"处遂改励⑭,终为忠臣孝子。

24

【注释】

① 凶强侠气:凶狠而霸道。为乡里所患:被家乡的人所厌恶。

② 蛟:古代传说的一种动物。这里是指鳄鱼一类动物。邅(zhān)迹虎:虎名。

③ 暴犯:侵害,侵扰。三横(hèng):三个横暴的家伙。尤剧:尤其厉害。

④ 或:有人,有的人。说(shuì):劝说。这里有鼓动的意思。冀:希望。

⑤ 或浮或没:有时浮在水面上,有时沉没在水底下。处与之俱:周处一直跟那只蛟搏斗在一起。俱:同在一起。

⑥ 谓:认为。更(gēng)相庆:轮番互相庆贺。这里是说乡里人认为周处已死,都非常高兴。

⑦ 竟:竟然。

⑧ 吴:吴郡,治所在吴县(今江苏苏州)。二陆:指陆机、陆云兄弟二人。

⑨ 平原:指陆机。陆机曾任平原郡内史,故称"平原"。清河:指陆云。陆云曾任清河郡内史,故称"清河"。

⑩ 把事情的原委全部告诉了陆云。具:全部,都。在这个意义上后来写作"俱"。

⑪ 修改:改正。这里是说自己想改正以前的"凶强侠气"的作风。蹉跎(cuō tuō):时间白白地过去。这里是说自己年龄已大了。

⑫ 古人看重"朝闻夕死"的格言。"朝闻夕死"这句话出自《论语·里仁》。原文为:子曰:"朝闻道,夕死可矣。"意思是早晨听到了圣贤之道,即使晚上死了也值得。

⑬ 况且人只怕不能确立志向,又何必担心美名得不到显扬呢?患:忧虑,担心。令名:美好的名声。彰:显扬。

⑭ 遂:于是。改励:改正过错,励志奋发。

【评析】

"周处年少时,凶强侠气,为乡里所患"。但在他知道实情后,"有自改意"。后经陆云教导,改过自新,"终为忠臣孝子"。

人生在世,特别是年轻时期,犯错误是难免的。这里,关键是看这个人有没有志向,能不能改正。如果心中没有志向,他便会在错误的道路上走下去,碌碌无为,终此一生;如果心中有志向,他便会悬崖勒马,痛改前非,进入人生的光明大道。一个人犯错误不可怕,可怕的是不能改正。《论语·子张》说:"君子之过也,如日月之食焉:过也,人皆见之;更也,人皆仰之。"意思是,君子的过错好比日食月食:错误的时候,人人都看得见;更改的时候,人人都仰望着。周处就是这样一位能改过自新的君子啊!

九、范仲淹有志于天下

《宋名臣言行录》

【题解】

本篇节选自朱熹《宋名臣言行录》前集卷七,题目是后加的。范仲淹(公元989—1052年),字希文,苏州吴县(今江苏吴县)人。大中祥符八年(公元1015年)进士,官至陕西四路安抚使,参知政事。谥文正。

朱熹(公元1130—1200年),字元晦,徽州婺源(今江西婺源)人,南宋著名理学家、教育家。绍兴十八年(公元1148年)进士。曾任秘阁修撰等职。一生著述丰富,对古代传统文化有深远影响。

《宋名臣言行录》是传记类著作。全书共五集,前二集为朱熹撰,后三集为李幼武撰。前集收北宋太祖至英宗五朝五十五人,单称《五朝名臣言行录》；后集收神宗至徽宗三朝四十四人，单称《三朝名臣言行录》。后三集为续集、别集、外集，收北宋末至南宋人物。此书取材广博，资料翔实，对后世人物集传的编纂有较大影响。

　　范仲淹文正公，字希文，苏州人，中进士第，事仁宗，位至参政。公二岁而孤，母夫人贫无依，再适长山朱氏①。既长，知其世家，感泣去②。之南都入学舍③，扫一室，昼夜讲诵，其起居饮食，人所不堪，而公自刻益苦④。居五年，大通六经之旨，为文章论说，必本于仁义⑤。

　　公少有大节⑥，其于富贵贫贱、毁誉欢戚，不一动其心⑦，而慨然有志于天下⑧，常自诵曰⑨："士当先天下之忧而忧，后天下之乐而乐也⑩"。

【注释】

①　孤：指幼年丧父。再适长山朱氏：改嫁到长山姓朱的人家。适：女子出嫁。长山：今山东邹平长山镇。

②　既长：长大以后。世家：家世。感泣去：激动流泪离去。

③　之南都入学舍：到南都进入学校读书。之：到，往。南都：地名，今河南南阳。学舍：学校。

④　人所不堪：别人忍受不了。堪：承担，忍受。自刻益苦：自己更加刻苦。刻：严格要求。益：更，更加。

⑤　大通：精通。六经：指《诗》、《书》、《礼》、《乐》、《易》、《春秋》，这里泛指儒家经典著作。旨：旨意，意义。本于仁义：以仁义为根本。

⑥　大节：高远宏大的志向、节操。

⑦　毁誉欢戚：批评、赞誉、欢喜、悲伤。不一动其心：一点儿都不动心。一：完全，一点儿都不。

⑧　慨然:感慨的样子。有志于天下:立志要为全天下的人造福。

⑨　诵:言,说。

⑩　在天下人忧愁之前就忧愁,在天下人快乐之后才快乐。

【评析】

范仲淹少年时代就"有志于天下",即有匡济天下的志向,所以能"昼夜讲诵","大通六经之旨"。有志向,才能苦学;苦学,才能具有实现志向的本领。范仲淹中进士后,曾带兵驻扎在延安,抗击西夏,西夏人害怕他,说"小范老子胸中有数万甲兵";调到朝廷,任参知政事(相当于副宰相),锐意改革时政,造福于天下。

范仲淹少有大志,"先天下之忧而忧,后天下之乐而乐"。这句话后来写在了《岳阳楼记》中。《岳阳楼记》所以能千古传诵,除了写景状物好以外,读者还是感动于范仲淹宽阔的胸怀和伟大的抱负啊。

十、致 纪 鸿

曾国藩

【题解】

本篇选自《曾国藩全集·家书》,题目是后加的。纪鸿,曾国藩的二儿子,研究古算学的专家。

曾国藩(公元 1811—1872 年),字涤生,湖南湘乡人。道光年间进士,后入礼部、兵部任侍郎。咸丰三年(公元 1853 年)回湖南组织湘军,成为镇压太平天国的主力。历任两江总督、直隶总督等职。

《曾国藩全集》,内容包括奏稿、书札、批牍、十八家诗抄、经史百家杂抄、经史百家简编、诗集、文集、杂著、求阙斋读书录、求阙斋日记类抄、孟子要略、年谱等,共一百六十九卷。

字谕纪鸿儿:①

家中人来营者,多称尔举止大方,余为少慰②。凡人多望子孙为大官,余不愿为大官,但愿为读书明理之君子。勤俭自持,习劳习苦,可以处乐,可以处约,此君子也③。余服官二十年④,不敢稍染官宦气习,饮食起居,尚守寒素家风⑤,极俭也可,略丰也可,太丰则吾不敢也。

凡仕宦之家,由俭入奢易,由奢入俭难⑥。尔年尚幼,切不可贪爱奢华,不可惯习懒惰⑦。无论大家小家、士农工商⑧,勤苦简约未有不兴,骄奢倦怠未有不败⑨。尔读书写字,不可间断。早晨要早起,莫坠高曾祖考以来相传之家风⑩。吾父吾叔,皆黎明即起,尔之所知也⑪。

凡富贵功名,皆有命定,半由人力,半由天事⑫。惟学做圣贤,全由自己做主,不与天命相干涉⑬。吾有志学为圣贤,少时欠居敬功夫,至今犹不免偶有戏言戏动⑭。尔宜举止端庄,言不妄发,则入德之基也⑮。

手谕⑯
时在江西抚州门外⑰
咸丰六年九月二十九夜⑱

【注释】
① 字谕:写信开头的话,意思是写信告诉。
② 营:军营。称:称赞。尔:你。余为少慰:我对此稍微感到安慰。

29

③ 自持:自我克制。习劳习苦:习惯于勤劳、辛苦。处乐:生活在安乐之中。处约:生活在穷困之中。

④ 服官:做官。

⑤ 尚守寒素家风:仍然保持着清苦简朴的家风。

⑥ 仕宦之家:做官人家。

⑦ 尔年尚幼:你年纪还小。惯习:习惯。

⑧ 大家小家:大户人家,小户人家。

⑨ 奢华:奢侈豪华的生活。惯习懒惰:养成懒惰的习惯。简约:节俭。骄奢:骄横奢侈。倦怠:疲乏懈怠。

⑩ 莫坠:不要丢掉。高曾(zēng)祖考:高祖父、曾祖父、祖父、父亲,这里泛指祖先。考:父亲死后称考。

⑪ 黎明即起:天刚亮就起床。尔之所知:这是你知道的。

⑫ 有命定:有命中注定的因素。这是迷信的说法。天事:天意。

⑬ 相干涉:相关。

⑭ 欠居敬功夫:缺少持身恭敬的功夫。戏言戏动:不端庄的言语和举动。

⑮ 言不妄发:话不随便说。入德之基:这是成为有道君子的起点。

⑯ 手谕:指尊长或上级亲手写的指示。

⑰ 抚州:今江西抚州市。

⑱ 咸丰六年:公元 1856 年。咸丰:清文宗年号,公元 1851 年至 1861 年。

【评析】

树立大志,需要苦学,也需要修身。苦学是求本领,修身是为处世。

俗话说:人人皆可为圣贤。曾国藩说,"吾有志学为圣贤","惟学做圣贤,全由自己做主,不与天命相干涉"。这就是修养身心的功夫。

30

曾国藩教育子女很有办法。从培养目标看,他不要求子女做大官,而要求做"读书明理之君子"。如果真正成为"读书明理之君子",那么做百姓能够做得好,做官也能够做得好。从培养方法看,他要求子女"勤俭自持,习劳习苦","切不可贪爱奢华,不可惯习懒惰"。从品德上入手、从作风上入手,让子女养成良好的生活习惯,可以终生受益。

　　曾国藩教育子女很成功。他的两个儿子都很有出息,长子曾纪泽诗文书画俱佳,又通过自学而精通英文,成为清末著名外交家;次子曾纪鸿虽不幸早逝,但研究古代算学也已经很有成就。他们都对社会做出了贡献,是苦学的榜样,也是修身的榜样。

　　读《致纪鸿》这封信,不论我们出生于什么家庭,都应当引起深思,从中学到对我们有益的东西。

第二单元

一、《孟子》四则

【题解】

本篇四则都选自《孟子》,题目是后加的。

孟子(约公元前372—前289年),名轲,鲁国邹(今山东邹城)人,我国古代著名的思想家。孟子是孔子的孙子子思的再传弟子,他继承并发展了孔子的政治思想,是孔子之后儒家学派最重要的一个代表,被尊为"亚圣"。孟子曾游说诸侯,但不被重用,后来退居讲学。

《孟子》是孟子的弟子编集的,是"十三经"中的一部。《孟子》共七篇,即《梁惠王》、《公孙丑》、《滕文公》、《离娄》、《万章》、《告子》、《尽心》,每篇又分上、下。《孟子》是封建社会的一种基本教科书,对中国传统文化具有很大影响。

(一)

孟子曰:"自暴者,不可与有言也①;自弃者,不可与有为也②。言非礼义,谓之自暴也③;吾身不能居仁由义,谓之自弃也④。仁,人之安宅也⑤;义,人之正路也⑥。旷安宅而弗居⑦,舍正路而不

由⑧,哀哉!"(《离娄上》)

【注释】

① 自己残害自己的人,不能和他谈论有价值的言语。暴:残害,糟蹋。

② 自己抛弃自己的人,不能和他一起做出有价值的事来。

③ 说出话来诋毁礼义,叫做"自暴"。非:诋毁。

④ 自身不能以仁居心,由义行事,叫做"自弃"。吾身:自己,自身。

⑤ 仁德,是人的安适的住宅。

⑥ 正义,是人的正确的道路。

⑦ 旷(kuàng):空着。弗居:不住。

⑧ 舍:舍弃。不由:不沿着行走。

(二)

孟子曰:"今有无名之指屈而不信①,非疾痛害事也②,如有能信之者,则不远秦楚之路③,为指之不若人也。指不若人,则知恶之④;心不若人,则不知恶。此之谓不知类也⑤。"(《告子上》)

【注释】

① 屈:弯曲。信:通"伸",伸直。与下文"信之"的"信"用法相同。

② 非疾痛害事也:不疼痛,也不妨碍工作。害:妨碍。

③ 不远秦楚之路:到秦国、楚国去医治也不觉得路途遥远。

④ 恶(wù):厌恶,讨厌。

⑤ 这叫做不懂得轻重之分。

(三)

(孟子)曰:"……王之不王,不为也,非不能也①。"

(齐宣王)曰②:"不为者与不能者之形何以异③?"曰:"挟太

山以超北海④,语人曰⑤:'我不能',是诚不能也⑥。为长者折枝⑦,语人曰:'我不能',是不为也,非不能也。故王之不王,非挟太山以超北海之类也;王之不王,是折枝之类也。"(《梁惠王上》)

【注释】

① 您的不能称王,是不肯去做,不是不能去做。

② 齐宣王:田姓,名辟疆,战国时期齐国的国君,公元前319年至前301年在位。

③ 不肯去做与不能去做的表现有什么不同呢?形:表现。何以异:有什么不同。

④ 挟(xié):用胳膊夹着。太山:即泰山。超:跳过。北海:指渤海。

⑤ 语(yù):告诉。

⑥ 诚:确实。

⑦ 为长者:向年长的人。折枝:即"折肢",弯下腰来,表示恭敬。

(四)

孟子曰:"爱人不亲,反其仁①;治人不治,反其智②;礼人不答,反其敬③。行有不得者,皆反求诸己④。其身正而天下归之⑤。《诗》云⑥:'永言配命,自求多福。⑦'"(《离娄上》)

【注释】

① 我爱别人,别人却不亲近我,就要反省一下自己的仁爱是否还不够。

② 我管理别人,却没有管理好,就要反省一下自己的智慧是否还不够。

③ 我有礼貌地对待别人,却得不到相应的回敬,就要反问一下自己的恭敬是否还不够。

④ 我的行为如果没有达到预期效果的话,都要反过来从自己身上寻找原因。

⑤ 归：归向。

⑥ 《诗》云：《诗经》说。

⑦ 这句诗出自《诗经·大雅·文王》。意思是经常自我反省，使自己的行为长久地符合上天的要求，幸福需要自己来求取。永：长久。配：符合。命：命令，要求。

【评析】

世上确实有这么一种人，"指不若人，则知恶之；心不若人，则不知恶"。要知道，心灵不美比"无名之指屈而不信"严重多了。因此，我们要加强个人修养，记住"八荣八耻"，做到心灵美。

一个人心灵美，积极进取，就会有成绩，即使有了挫折，也会想办法去克服，而不会自暴自弃。如果破罐子破摔，那就会一事无成。

每个人在社会里都承担一定的角色，承担一定的责任。角色不同，责任各异，但都要当好自己的角色，负起自己的责任来。"挟太山以超北海"，我们可能做不到；但对我们能力所及的事情，我们应该认认真真、踏踏实实去做好。

每个人都是社会的一分子，要与其他社会成员和谐相处。在凡有不和谐时，如"爱人不亲"、"治人不治"、"礼人不答"等，不要怨天尤人，而要"反求诸己"，就是检查自己做得好不好。严于律己，宽以待人，就会与其他社会成员和谐相处。

二、《礼记》二则

【题解】

本篇二则都选自《礼记》，题目是后加的。

《礼记》是一部有关古代礼仪和制度的书,它是"十三经"中的一部。《礼记》的内容比较复杂,涉及政治、道德、哲学、历史、礼仪、文艺、历法、日常生活等许多方面。《礼记》是一部资料汇编,它不是一人一时之作。它的作者是孔子弟子的弟子以及汉代学者。

(一)

太上贵德①,其次务施报②。礼尚往来③:往而不来,非礼也④;来而不往,亦非礼也。人有礼则安,无礼则危⑤,故曰礼者不可不学也。夫礼者,自卑而尊人⑥。虽负贩者,必有尊也⑦,而况富贵乎? 富贵而知好礼,则不骄不淫⑧;贫贱而知好礼,则志不慑⑨。(《曲礼上》)

【注释】

① 上古时期人们崇尚朴素善良的德行,即给予别人恩惠,却不求回报。太上:上古时期。贵:崇尚,看重。

② 后世的人们才致力于施恩和回报的礼节。其次:指上古以后的时期,即后世。

③ 礼尚往来:礼崇尚交际上的有来有往。尚:崇尚。

④ 给对方施惠,对方却不来回报,是不合乎礼的规范的。

⑤ 有礼:做事合乎礼的规范。安:安定,平静。无礼:做事不合乎礼的规范。危:忧惧不安。

⑥ 礼就是要求能够做到自己谦卑而尊重别人。

⑦ 即使是担货贩卖的人,也一定有值得尊重的人。负贩者:担货贩卖的人。

⑧ 好(hào):喜好,爱好。骄:骄纵。淫:奢华。

⑨ 则志不慑(shè):心里就不会胆怯。慑:胆怯,害怕。

（二）

贤者狎而敬之，畏而爱之①。爱而知其恶，憎而知其善②。积而能散③，安安而能迁④。临财毋苟得，临难毋苟免⑤。很毋求胜⑥，分毋求多⑦。疑事毋质⑧，直而勿有⑨。（《曲礼上》）

【注释】

① 对贤能的人要既亲近又尊敬，既畏服而又喜爱。狎（xiá）：亲近。

② 对自己喜欢的人也要能了解他的缺点，对自己憎恶的人也要能了解他的长处。

③ 积蓄了一定的财物，在需要的时候也能发散给穷人。

④ 已经安于某种安逸的生活，但料到将来会有危险而能够及时变迁。

⑤ 面临财物不要随便获取，面临危难不要随便逃避。苟：马虎，随便。

⑥ 与人辩论是非时，不要必求胜过他人。很：争讼，辩论是非。

⑦ 分配东西时，不要妄求多得。

⑧ 对自己和别人都有疑惑的事情，不要轻易下定论。

⑨ 对自己已有正确认识的问题，不要宣称就是自己的见解。意思是仍然要保持谦逊的态度，表明自己的见解是从老师、朋友那儿得来的。直：正确。这里指正确的见解。

【评析】

什么是礼？它是社会生活中由于风俗习惯而形成的行为准则、道德规范和各种礼节。因为礼是各社会成员约定俗成的，所以也是必须遵守的。比如说，在公共场所，有人衣冠不整、大声喧哗、抽烟吐痰，这就影响了其他社会成员，这就是不合礼，这就会招致别人的反对。所以说，"人有礼则安，无礼则危"；所以说，"礼者不可不学也"。

怎样才能使自己的行为合乎礼呢？核心的一条就是，"自卑而尊人"。对己呢，要"自卑"，比如说，"临财毋苟得，临难毋苟免"，"很毋求胜，分毋求多"等；对人呢，要"尊人"，比如说，"贤者狎而敬之，畏而爱之"，"爱而知其恶，憎而知其善"，等等。

如果每一个社会成员都能"好礼"，使自己的行为合乎礼，那么，人人克己礼让，平等友好，和和睦睦，这样，人人享受着"好礼"、守礼带来的好处，整个社会就会充满着和谐的气氛。

三、列精子高窥井

《吕氏春秋》

【题解】

本篇选自吕不韦《吕氏春秋·达郁》，题目是后加的。列精子高，战国时期齐国的贤人。窥(kuī)井，向井里看，意思是用井水照看自己的模样。

吕不韦(公元前？—前235年)，卫国濮阳(今河南濮阳西南)人，大商人。因为资助的秦国公子子楚即位为国君，被任命为丞相，封文信侯。秦始皇即位，尊为仲父。后因罪罢相，流放四川，途中忧惧自杀。

《吕氏春秋》又名《吕览》，是吕不韦集合其门客各著所闻而成的杂家著作。全书分为十二纪、八览、六论，共二十六卷。此书既有儒家之说，又有道、法、墨、农诸家之言，保存了许多先秦旧说及古代史料。

列精子高听行乎齐湣王①,善著柬布衣、白缟冠、颡推之履②,特会朝而祛步堂下③,谓其侍者曰:"我何若④?"侍者曰:"公姣且丽⑤。"列精子高因步而窥于井,粲然恶丈夫之状也⑥。喟然叹曰⑦:"侍者为吾听行於齐王也,夫何阿哉⑧!又况於所听行乎⑨?万乘之主⑩,人之阿之亦甚矣⑪,而无所镜其残,亡无日矣⑫。孰当可而镜⑬?其唯士乎⑭!人皆知说镜之明己也,而恶士之明己也⑮。镜之明己也功细,士之明己也功大⑯。得其细,失其大,不知类耳⑰。"

【注释】

① 齐湣王凡事都听列精子高的。齐湣(mǐn)王:田姓,战国时期齐国的国君,公元前301年至前283年在位。

② 喜欢穿白衣服,戴白帽子,穿式样古怪的鞋子。柬:通"练",白绢。缟(gǎo):白绢。颡(sǎng)推之履:一种式样古怪的大头鞋。

③ 特:特意。会朝(zhāo):指天刚亮。祛(qū)步:撩起衣服走路。

④ 侍者:侍从。我何若:我的相貌怎么样?

⑤ 公:侍者称呼列精子高。姣且丽:又美好又漂亮。

⑥ 窥(kuī)于井:用井水照看自己的模样。粲(càn)然恶(è)丈夫之状:分明是一个丑陋男子的模样。粲然:显明的样子。恶:丑陋的。丈夫:成年男子,男人。

⑦ 喟(kuì)然:叹息的样子。

⑧ 夫何阿哉:竟然这样阿谀奉承我啊!夫:发语词。阿(ē):阿谀。

⑨ 所听行:所听行的人,即听从意见加以实行的人。这里指齐湣王。

⑩ 万乘(shèng)之主:拥有一万辆兵车的国君。这里指大国的国君。乘:古代用四匹马拉的兵车,车上有甲士三人,车下有步卒七十二人。

⑪ 人们阿谀奉迎他也就更厉害了。

⑫ 如果没有办法看到自己的缺点与过失,那离国破身亡也就不远了。残:残缺。这里指缺点,过失。

⑬ 谁能够做他的镜子呢?意思是谁能够帮助国君照见自己的缺点过失呢?

⑭ 其唯士乎:大概只有贤士吧!

⑮ 说(yuè)镜之明己:喜欢镜子能够照出自己的形象。说:喜欢。在这个意义上后来写做"悦"。恶(wù)士之明己:讨厌贤士指明自己的缺点。

⑯ 细:小。

⑰ 不知类耳:这是不懂得轻重之分啊!

【评析】

列精子高,"粲然恶丈夫之状也"。因为"听行乎齐湣王",侍者就说他长得"姣且丽"。子高不愧是贤士,他悟出,我这个模样,还被阿谀奉承为"姣且丽",那"万乘之主,人之阿之亦甚矣"。这样,如果"无所镜其残,亡无日矣"。怎样解决这个问题?只有让贤士做君王的镜子,才能照见他的缺点和过错。"人皆知说镜之明己也,而恶士之明己也",这是不对的。

古人说,用铜作镜,可以正衣冠;用史作镜,可以见兴亡;用人作镜,可以知得失。在日常生活中,我们常常"用铜作镜"来"正衣冠",但"用人作镜"似乎更重要。我们平时自己经常对照别人,见贤思齐,见不善而内自省,及时发现自己的弱点、缺点和错误。如果自己发现不了,有同志、朋友帮忙提醒一下,那也非常好,因为总归受益的是自己嘛。

四、自多之患

《吕氏春秋》

【题解】

本篇选自吕不韦《吕氏春秋·骄恣》,题目是后加的。自多,自满。患,祸患,害处。

魏武侯谋事而当①,攘臂疾言于庭②,曰:"大夫之虑,莫如寡人矣③!"立有间,再三言④。李悝趋进曰⑤:"昔者楚庄王谋事而当⑥,有大功,退朝而有忧色⑦。左右曰⑧:'王有大功,退朝而有忧色,敢问其说⑨?'王曰:'仲虺有言,不谷说之⑩。曰:诸侯之德,能自为取师者王,能自取友者存,其所择而莫如己者亡⑪。今以不谷之不肖也,群臣之谋又莫吾及也,我其亡乎⑫!'"曰⑬:"此霸王之所忧也⑭,而君独伐之⑮,其可乎⑯?"武侯曰:"善。"

人主之患也,不在于自少,而在于自多⑰。自多则辞受,辞受则原竭⑱。李悝可谓能谏其君矣,壹称而令武侯益知君人之道⑲。

【注释】

① 魏武侯:名击,魏文侯之子,战国时期魏国国君,公元前396年至前370年在位。谋事而当(dàng):谋划事情很得当。

② 攘臂:捋起袖子,伸出胳膊。疾言:大声说话。庭:指朝廷。这里形容情绪非常振奋激动。

③ 虑:谋虑。莫如寡人矣:没有谁能赶得上我啊!寡人:谦词,魏武侯

自称。

④ 立有间,再三言:站了一会儿,说了好几遍。有间:片刻,一会儿。

⑤ 李悝(kuī):战国时期法家的代表人物,曾任魏文侯相,主张变法。
趋进:小步快速走上前,表示一种敬意。

⑥ 楚庄王:芈(mǐ)姓,名旅,春秋时期楚国的国君,春秋五霸之一。公元前 613 年至前 590 年在位。

⑦ 忧色:忧虑的神色。

⑧ 左右:指楚庄王身边的人。

⑨ 敢问其说:冒昧地问您这是为什么。

⑩ 仲虺(huī)有言,不谷说(yuè)之:仲虺有句话,我很喜欢。仲虺:相传为汤的左相,奚仲的后代。不谷:谦词,楚庄王自称。说:喜欢。在这个意义上后来写做"悦"。

⑪ 诸侯的品德,能自己选取老师的就可以称王,能自己选取朋友的就可以保全自身,如果所选取的人都比不上自己,就会遭到灭亡。王(wàng):用作动词,称王的意思。

⑫ 不肖(xiào):不才,才能不好。莫吾及:没有人能赶得上我。其亡乎:大概要灭亡了吧! 其:语气词,表示推测语气。

⑬ "曰"下面的话还是李悝说的。

⑭ 这是成就称霸称王之业的人所忧虑的。

⑮ 独:单单,只是。伐:夸耀,自夸。

⑯ 其可乎:那怎么可以呢?

⑰ 君主的弊病,不在于自谦,而在于自夸。自少:自己看轻自己。自多:自己夸耀自己。

⑱ 辞受:不接受应该接受的意见。辞:推辞。原竭:源泉枯竭。这里指进谏之路被堵塞。

⑲ 李悝可以称得上是善于劝谏自己的君主了,他一劝谏就让魏武侯懂得了做君主的道理。益:更加。

【评析】

"人主之患也，不在于自少，而在于自多"。为什么呢？因为"自多则辞受，辞受则原竭"。再推论一步呢，"原竭"则无英谋伟论，无英谋伟论则国家治理不好，国家治理不好则离国破家亡就不远了。

我们都是普通人。但作为一个普通人，其弊病仍然是"不在于自少，而在于自多"。"自少"就会虚心，虚心就能学习到更多的东西；"自多"就会骄傲，骄傲就心中满溢，就没有办法学习了。让我们想一想，究竟是"自少"一些好呢，还是"自多"一些好呢。

五、三恕和三思

《荀子》

【题解】

本篇选自荀况《荀子·法行》，题目是后加的。三恕，三种恕道。恕是古代的一种道德，是将心比心，宽厚地对待人和事物。三思，三件需要思考的事情。

荀况（约公元前313—前238年），即荀子，战国时期赵国人。他曾到过楚国、燕国、秦国、齐国，后家于兰陵（今山东苍山），著书终老。他是继孔子、孟子之后最著名的儒学大师。荀子强调教育的作用，提出人定胜天，主张礼法治国，这些思想在当时具有进步意义，对后世产生了重大影响。

《荀子》是一部哲学著作，共三十二篇。《荀子》文笔细密，论述雄辩，善用比喻、排比，具有独特的风格。

孔子曰："君子有三恕：有君不能事，有臣而求其使，非恕也①；有亲不能报，有子而求其孝，非恕也②；有兄不能敬，有弟而求其听令，非恕也。"

孔子曰："君子有三思，而不可不思也：少而不学，长无能也；老而不教，死无思也③；有而不施，穷无与也④。是故君子少思长，则学⑤；老思死，则教；有思穷，则施也。"

【注释】

① 事：侍奉。非恕也：这不是恕道。
② 亲：指父母亲。报：报答，孝顺。
③ 死无思：死后无门人思念。
④ 有：富有。施：施与，给人东西。与：助，帮助。
⑤ 是故：所以。少思长，则学：小的时候想着长大，就学习。

【评析】

恕是一种美德，是一种处理人际关系的基本准则。严格约束自己，宽厚对待他人，对有本领的人和无本领的人一视同仁，这样就能上下和睦，其乐融融。这样对自己、对他人、对集体、对社会都有好处。

君子三思，年轻时要想到好好学习，年老时要想到把知识传授给后代，富有了要想到把财富施舍给穷人。这也是社会责任。"少而不学"，则"长无能也"，那就不能为社会作贡献；"老而不教"，则知识无法承传；"有而不施，穷无与也"，这样社会就贫富不均。所以，作为社会的一员，我们个人的事情，其实也都是社会的事情。如果我们能从大的方面来考虑个人的事情，许多问题都可能得到很好的解决。

六、欹 器

《荀子》

【题解】

本篇节选自荀况《荀子·宥坐》,题目是后加的。欹(qī)器,一种倾斜易覆的器皿。古人常置于座右,用来作为鉴戒。

孔子观于鲁桓公之庙,有欹器焉①。孔子问于守庙者曰:"此为何器?"守庙者曰:"此盖为宥坐之器②。"孔子曰:"吾闻宥坐之器者,虚则欹,中则正,满则覆③。"孔子顾谓弟子曰④:"注水焉!"弟子挹水而注之⑤。中而正,满而覆,虚而欹,孔子喟然而叹曰⑥:"吁!恶有满而不覆者哉⑦?"子路曰:"敢问持满有道乎⑧?"孔子曰:"聪明圣知,守之以愚⑨;功被天下,守之以让⑩;勇力抚世,守之以怯⑪,富有四海,守之以谦⑫:此所谓挹而损之之道也⑬。"

【注释】

① 鲁桓公:姬姓,春秋时期鲁国的国君,公元前711年至前693年在位。

② 盖:大概。宥(yòu)坐之器:古时国君放在座位右边用来作为鉴戒的器皿。宥:通"右",右边。

③ 虚则欹:空着的时候就倾斜。中则正:水装得适中就端正。中:适中。满则覆:水灌满了就底朝上翻过来。

④ 顾:回头。

⑤ 挹(yì):舀。

⑥ 喟(kuì)然:叹气的样子。

⑦ 吁(xū):表示感叹的词语。恶(wū)有满而不覆者哉:哪里有盈满了而不倾覆的东西呢? 恶:哪里。

⑧ 请问有能够保持盈满而又不倾覆的办法吗?

⑨ 圣知(zhì):明达智慧。知:智慧。在这个意义上后来写做"智"。守之以愚:用愚笨的外表来保持它。

⑩ 被:及,延及。守之以让:用谦让的态度来保持它。让:谦让。

⑪ 抚世:盖世。守之以怯:用怯懦的形象来保持它。

⑫ 守之以谦:用俭约的生活来保持它。谦:这里指生活简朴。

⑬ 这就是所说的装满后却又让它减少的办法。这是在讲"持满"、"满而不覆"的道理。挹:注入,注满。损:减少。

【评析】

古人把欹器作为宥坐之器,含有深刻的哲理。这种器皿,其特点是"虚则欹,中则正,满则覆"。这种特点,和人生颇有几分相似之处。一种器皿"满则覆",人生到了巅峰,如果不加节制,那也是要倾覆的。古代的如秦桧、和珅等,官居宰相,富可敌国,不也一朝倾覆了吗? 现代的如成克杰、胡长清等,身居高位,卖官鬻爵,收受贿赂,不也一朝倾覆了吗?

能不能"满而不覆"呢? 答案是"能"。怎样才能"满而不覆"呢? 那就是"持满有道":"守之以愚","守之以让","守之以怯","守之以谦"。这里核心的是谦让、谦虚。《尚书》里说:"满招损,谦受益。"我们必须牢牢地记取这个道理啊。

七、自见和自胜

《韩非子》

【题解】

本篇节选自韩非《韩非子·喻老》,题目是后加的。楚庄王,芈(mǐ)姓,名横,春秋时期楚国的国君,公元前613年至前591年在位。越,古代的国名,在今浙江省境内。

韩非(约公元前280—前233年),即韩非子,战国末年韩国的公子。他与李斯都是荀子的学生,喜刑名法术之学。后到秦国,为李斯所害,入狱自杀。韩非子是先秦法家思想的集大成者。他师承荀子礼法治国的思想,继承和发扬前代法家学说,构成了系统完备的法家理论。这些理论,为建立中央集权的封建专制制度奠定了理论基础。

《韩非子》是法家学派的代表性著作,今传五十五篇,《喻老》、《外储说左上》、《说林上》、《显学》等都是其中的篇名。《韩非子》的文章论述深刻,雄辩有力,对后世产生很大影响。

楚庄王欲伐越①,杜子谏曰②:"王之伐越,何也③?"曰:"政乱兵弱。"杜子曰:"臣愚患之④。智如目也,能见百步之外,而不能自见其睫⑤。王之兵自败于秦、晋⑥,丧地数百里,此兵之弱也。庄𫏋为盗于境内⑦,而吏不能禁,此政之乱也。王之弱乱,非越之下也⑧,而欲伐越,此智之如目也。"王乃止。故知之难,不在见人,在自见⑨。故曰:"自见之谓明⑩。"

【注释】

① 伐:攻打。

② 杜子:人名。生平事迹不详。谏:进谏,规劝。

③ 大王您要攻打越国,这是为什么呢?

④ 我对您攻打越国这件事感到担忧。患:担忧,担心。

⑤ 智慧就像人的眼睛一样,能看见百步以外的东西,却不能看见自己的睫毛。

⑥ 大王您自己的军队也被秦国、晋国打败了。

⑦ 庄跷(jiǎo):战国时期楚国农民起义的领袖。

⑧ 大王您自己国家的兵弱政乱,并不在越国之下。

⑨ 所以了解事物的不易,不在于看清楚别人,而在于看清楚自己。

⑩ 自己看清楚自己,就叫做明。

　　子夏见曾子①。曾子曰:"何肥也②?"对曰:"战胜③,故肥也。"曾子曰:"何谓也④?"子夏曰:"吾入见先王之义,则荣之⑤;出见富贵之乐,又荣之。两者战于胸中,未知胜负,故臞⑥。今先王之义胜,故肥。"是以志之难也,不在胜人,在自胜也⑦。故曰:"自胜之谓强⑧。"

【注释】

① 子夏:卜商,字子夏。曾子:曾参,字子舆。他们都是孔子的学生。

② 何肥也:怎么胖了?

③ 战胜:打了胜仗。

④ 何谓也:这说的什么?这话是什么意思?

⑤ 先王:前代的圣君明主。荣之:认为荣耀。

⑥ 臞(qú):瘦,消瘦。

⑦ 所以立志的难处,不在于战胜别人,而在于战胜自己。

⑧　自己战胜自己，就叫做强。

【评析】
　　一个人是否明智和强大，"不在见人，在自见"；"不在胜人，在自胜也"。所以，"自见之谓明"、"自胜之谓强"。一个人如果能够看到自己的长处和缺点，特别是缺点，并不断地克服它，那是真正的明智；一个人如果能够发现自己身上弱点，并不断地战胜它，那是真正的强大。我们要以辩证的方法来看待自己和世界，客观地对待人和事物，做一个明智的人，做一个强大的人。

八、晋文公守信

《韩非子》

【题解】
　　本篇选自韩非《韩非子·外储说左上》，题目是后加的。晋文公，晋献公之子。他是春秋时期晋国的国君，名重耳，公元前636年至前627年在位。

　　晋文公攻原①，裹十日粮②，遂与大夫期十日③。至原十日而原不下，击金而退④，罢兵而去⑤。士有从原中出者，曰："原三日即下矣。"群臣左右谏曰："夫原之食竭力尽矣，君姑待之⑥。"公曰："吾与士期十日，不去，是亡吾信也⑦。得原失信，吾不为也⑧。"遂罢兵而去。原人闻曰："有君如彼其信也，可无归乎⑨？"乃降公。卫人闻曰⑩："有君如彼其信也，可无从乎？"乃降公。孔子闻而记之曰："攻原得卫者，信也⑪。"

① 原:春秋时期的诸侯国,在今河南济源西北一带。

② 裹:携带。粮:干粮。

③ 遂与大夫期十日:于是与大夫们约定在十日内攻下原国。期:约定。

④ 击金:敲钟。这是古代作战时退兵的信号。

⑤ 停止作战,收兵离开。去:离开。

⑥ 竭:尽,吃光。姑:姑且,暂且。

⑦ 是亡吾信也:这是失去我的信用啊。亡:丢失,失去。

⑧ 得到原国而失去我的信用,我不做这样的事。

⑨ 有国君能像他这样守信用,我们怎么能不归顺他呢?

⑩ 卫:春秋时期的诸侯国,在今河南北部与河北南部一带。

⑪ 攻打原国而又得到卫国,这是因为能够守信用啊。

【评析】

“信”这个字,左边是个“人”,右边个是“言”。“人”“言”为“信”,意思是说话要算数,办事要讲信用。“晋文公攻原”,因为说话算数,讲信用,不仅原国归降,卫国也跟着归降了。所以,“孔子闻而记之曰:‘攻原得卫者,信也。’”这可见信的威力的巨大。

信是双方面的事情:我对人讲信用,别人才信任我;如果一个人不讲信用,别人也不会信任他。《论语·为政》说:“人而无信,不知其可也。”

信是一个重要的美德。要想“信”,首先就是要做一个诚实的人,比如不说谎话,不弄虚作假,不不懂装懂等。其次,它要靠逐渐培养,长期不懈,才能养成好品质。

九、巧诈不如拙诚

《韩非子》

【题解】

本篇选自韩非《韩非子·说林上》，题目是后加的。巧诈，狡猾，欺骗。拙诚，朴拙，诚实。

乐羊为将而攻中山①，其子在中山，中山之君烹其子而遗之羹②。乐羊坐于幕下而啜之③，尽一杯④。文侯谓堵师赞曰⑤："乐羊以我故而食其子之肉⑥。"答曰："其子而食之，且谁不食⑦？"乐羊罢中山，文侯赏其功而疑其心⑧。孟孙猎得麑⑨，使秦西巴载之持归⑩。其母随之而啼⑪，秦西巴弗忍而与之⑫。孟孙归，至而求麑，答曰："予弗忍而与其母。"孟孙大怒，逐之⑬。居三月，复召以为其子傅⑭。其御曰⑮："曩将罪之⑯，今召以为子傅，何也？"孟孙曰："夫不忍麑，又且忍吾子乎⑰？"故曰：巧诈不如拙诚。乐羊以有功见疑，秦西巴以有罪益信⑱。

【注释】

① 乐(yuè)羊：战国时魏国的将领。中山：国名，在今河北定县、唐县一带。

② 中山国的国君把乐羊的儿子煮了，并送给乐羊一盘煮熟的肉。烹：煮。遗(wèi)：送。羹(gēng)：带浓汁的肉食。

③ 幕：帐幕，古代战争时将帅办公的地方。啜(chuò)：吃。

④ 尽一杯：把一盘肉全吃完了。

⑤ 文侯：魏文侯。战国时期魏国的国君，公元前446年至前396年在位。堵师赞：姓堵师，名赞。

⑥ 以我故：因为我的缘故。

⑦ 他自己的儿子的肉他都能吃，还有谁他不能吃呢？

⑧ 乐羊从中山国收兵回国，魏文侯奖赏了他的功劳，但却怀疑他的用心。

⑨ 孟孙：春秋时期鲁国的大夫。麑(ní)：小鹿。

⑩ 让秦西巴把小鹿装在车上带回去。秦西巴：姓秦西，名巴。

⑪ 其母：指小鹿的妈妈。

⑫ 秦西巴不能狠下心来带走小鹿，而把小鹿送还给了小鹿的妈妈。忍：狠心。与(yǔ)：交给，送还。

⑬ 逐之：把秦西巴赶走了。逐：驱逐，赶走。

⑭ 过了三个月，孟孙又要把秦西巴召回来，让他做自己儿子的老师。

⑮ 御：驾车的人。这里是指给孟孙赶车的车夫。

⑯ 曩(nǎng)：从前，过去。罪之：认为他有罪。

⑰ 他对小鹿都狠不下心来，又怎么能对我的儿子狠心呢？

⑱ 乐羊因为有功却被怀疑，秦西巴因为有罪却更受信任。见疑：被怀疑。

【评析】

本篇两则故事，说明一个道理，就是"巧诈不如拙诚"。

乐羊因为进攻中山，吃了自己儿子的肉。这是迫不得已的，应该说是忠心的表现，魏文侯当时也很感动，说："乐羊以我故而食其子之肉。"堵师赞进谗言，后来文侯才"赏其功而疑其心"。这件事情的责任在堵师赞和魏文侯，乐羊本身没有错。只是"食其子之肉"，有些不近人情，被文侯怀疑为别有用心，才被戴上了"巧诈"的帽子。

秦西巴的事情就好说了。小麑被捉，"其母随之而啼，秦西巴弗忍而与之"。心地善良，富有同情心，所以后来孟孙让秦西巴做他儿子的老师。孟孙的理由很充分，"夫不忍麑，又且忍吾子乎"？

其实，抛开这两则故事不说，在现实生活中，做人还是老老实实，本本分分的好。如果待人接物一味用心计，要小聪明，那往往是要弄巧成拙的。所以，这就又回到本文的主旨上来了：巧诈不如拙诚。

十、楚怀王心矜好高人

《新书》

【题解】

本篇选自贾谊《新书·春秋》，题目是后加的。楚怀王：名熊槐，战国时期楚国国君，公元前328年至前298年在位。矜(jīn)，骄矜，骄傲。好(hào)高人，喜欢胜过别人。

贾谊(公元前200—前168年)，洛阳(今河南洛阳)人，西汉初年著名政治家、文学家。他十八岁即以才学闻名于当地，先后受学于李斯的学生吴公和荀况的学生张苍，二十二岁时已"颇通百家之书"。后来文帝召为博士，一年内破格提升为太中大夫。其间，他提出了许多改革制度、更定法令的建议。后来受到权臣排挤，出为长沙王太傅和梁怀王太傅。后梁怀王坠马而死，他也因忧郁而终。

《新书》是一部政论著作，集中反映了贾谊丰富的政治、经济、教育、哲学思想，而最为突出的是反映他的治国思想。此书原本五十八篇，今本五十六篇(缺两篇)。

楚怀王心矜好高人，无道而欲有伯、王之号①，铸金以象诸侯人君②，令大国之王编而先马③，梁王御④，宋王骖乘⑤，周、召、毕、陈、滕、薛、卫、中山之君皆象使，随而趋⑥。诸侯闻之，以为不宜⑦，故兴师而伐之⑧。楚王见士民为用之不劝也⑨，乃征役万人⑩，且掘国人之墓。国人闻之振动，昼旅而夜乱⑪。齐人袭之，楚师乃溃⑫。怀王逃，适秦，克尹杀之西河，为天下笑⑬。此好矜不让之罪也⑭，不亦羞乎⑮？

【注释】

① 不行君道，却想拥有霸、王的称号。伯：通"霸"。霸、王：意思是称王称霸。

② 铸金以象诸侯人君：仿照各诸侯国国君的样子铸造铜像。

③ 编而先马：按顺序排列起来，在马前面做先导。

④ 梁王御：魏国国君驾车。魏国建都大梁（今河南开封），所以也称魏国为梁国。御：驾车。

⑤ 宋王骖乘(cān shèng)：宋国国君作卫士。骖乘：卫士，保镖。骖乘都是站在车的右边位上，所以又称车右。

⑥ 周、召、毕、陈、滕、薛、卫、中山：都是战国时期的诸侯国。象使：模仿随从人员。随而趋：跟在后面跑。

⑦ 以为不宜：认为楚怀王这样做不合适。

⑧ 故兴师而伐之：所以就出动军队攻打楚国。

⑨ 楚怀王发现百姓不努力为国家所用。士民：指百姓。劝：勤勉，努力。

⑩ 乃征役万人：就征用一万人服徭役。

⑪ 振动：震动。昼旅而夜乱：白天组织好的军队晚上就散乱了。

⑫ 袭：乘其不备而进攻。楚师：楚国的军队。溃：溃败。

⑬ 适：到。克尹：人名，不详。西河：战国时期魏地。今陕西东部黄河

西岸地区。为天下笑：被天下人所耻笑。

⑭　这是喜欢自高自大而不懂得谦让所造成的罪过。

⑮　不亦羞乎：不也是很羞耻吗？

【评析】

这个楚怀王，是个骄傲狂，自己统治无道，却想称王称霸。"想称王称霸"倒也无可厚非，哪个国君不想这样呢？但下面的事情就太荒唐了："铸金以象诸侯人君，令大国之王编而先马，梁王御，宋王骖乘，周、召、毕、陈、滕、薛、卫、中山之君皆象使，随而趋"。结果，称王称霸的瘾还没有过完，"齐人袭之，楚师乃溃"，被杀于西河。楚怀王为自己的"心矜好高人"、为自己的"好矜不让"付出了惨痛的代价。

十一、相御之妻

《史记》

【题解】

本篇节选自司马迁《史记·管晏列传》，题目是后加的。相御，相国的赶车人。

司马迁（公元前145—前90年左右），字子长，夏阳（今陕西韩城南）人，西汉著名的史学家和文学家。公元前108年任太史令，开始搜集史料，公元前104年开始撰写《史记》。大约公元前93年完成了这部巨作。

《史记》原名《太史公书》，是我国第一部纪传体的通史。其记事上起远古时期的黄帝，下至汉武帝，约三千年的历史。全书包括十二本纪、十表、八书、三十世家、七十列传，共一百三十篇。其中有几篇是元帝、成帝间的博士褚少孙补写的。《史记》是伟大的史学与文学名著。

　　晏子为齐相①，出，其御之妻从门间而窥其夫②。其夫为相御③，拥大盖，策驷马④，意气扬扬，甚自得也⑤。既而归，其妻请去⑥。夫问其故，妻曰："晏子长不满六尺，身相齐国，名显诸侯。今者妾观其出，志念深矣，常有以自下者⑦。今子长八尺，乃为人仆御，然子之意自以为足，妾是以求去也⑧。"其后夫自抑损⑨。晏子怪而问之，御以实对⑩。晏子荐以为大夫⑪。

【注释】

① 晏子：名婴，字平仲，夷维（今山东高密）人。春秋时期齐国大夫，是一位著名的政治家。为齐相：做齐国的相国。

② 间（jiān）：门缝。窥（kuī）：暗中察看。

③ 其夫为相御：她的丈夫给相国赶车。御：驾车，赶车。

④ 盖：古代车上用来遮蔽阳光和雨水的像伞的篷子。策驷马：赶着四匹大马。策：鞭打。驷马：同驾一辆车的四匹马。

⑤ 意气扬扬：神色自负得意的样子。甚自得也：自己很是得意。

⑥ 既而：一会儿，不久。去：离开。

⑦ 志念深矣：考虑问题时，思想非常深远。常有以自下者：常有那种甘居人下的神态。这里是说晏子显得很谦虚的样子。

⑧ 是以：所以。

⑨ 抑损：谦逊，谦让。

⑩ 御以实对：车夫把实情告诉了晏子。

⑪ 荐以为大夫：举荐让他做大夫。

【评析】

这篇文章中的三个人物都不同凡响:晏子为齐相,治国安邦,名闻诸侯,而"志念深矣,常有以自下者";驭手赶车,"意气扬扬,甚自得也",但经他的妻子激励后,"自抑损","晏子荐以为大夫";驭手之妻,虽不知姓什名谁,思想境界却高,可以说,是她造就了她的丈夫。这里,驭手的表现非常可贵,他原先自以为了不起,后来知错必改,变得谦虚起来,作了齐国的大夫。

俗话说得好,稗草昂着头,谷穗低着头。一个谦虚的人,总是可以学到更多的东西,有着更加远大的前途的。

十二、成王封伯禽于鲁

《韩诗外传》

【题解】

本篇选自韩婴《韩诗外传》卷三,题目是后加的。成王,周成王。姬姓,名诵,周武王的儿子。伯禽,周公的儿子。鲁,周朝诸侯国,国都在今山东曲阜。周武王封他的弟弟周公旦于鲁,周公旦留相武王,其子伯禽到鲁国就封。鲁国在战国时期为楚国所灭。

韩婴,西汉燕(今河北)人,文帝时为博士,景帝时为常山王刘舜太傅。汉初传《诗经》者有齐、鲁、韩、毛四家,韩即韩婴。他推《诗经》之意,撰成《韩诗内传》和《韩诗外传》,南宋以后仅《外传》通行于世。

《韩诗外传》援引历史故事以解说《诗》义,被列为古来说《诗》之冠。书中所引古事古语,有些很有教育意义。

成王封伯禽于鲁,周公诫之曰①:"往矣!子勿以鲁国骄士②。吾,文王之子,武王之弟,成王之叔父也③,又相天子④,吾于天下亦不轻矣⑤。然一沐三握发,一饭三吐哺⑥,犹恐失天下之士⑦。吾闻,德行宽裕,守之以恭者荣⑧;土地广大,守之以俭者安⑨;禄位尊盛,守之以卑者贵⑩;人众兵强,守之以畏者胜⑪;聪明睿智,守之以愚者哲⑫;博闻强记,守之以浅者智⑬。夫此六者,皆谦德也⑭。夫贵为天子,富有四海,由此德也⑮。不谦而失天下,亡其身者,桀、纣是也⑯。可不慎欤⑰?"

【注释】

① 周公:姬姓,名旦。周文王的儿子,周武王的弟弟,西周初年的政治家。诫:告诫,训诫。

② 去吧!你不要凭借鲁国的势力对有才能的人态度傲慢。当时诸侯分公、侯、伯、子、男五级。鲁国属公级,是个大国。士:指有才能的人。

③ 文王:周文王。姬姓,名昌,商朝末年周族的领袖。武王:周武王。周文王的儿子,名发,西周王朝的建立者。

④ 相天子:辅佐天子。

⑤ 我在天下,地位也不能算轻吧。

⑥ 然而洗一次头要把头发握起来好几回,吃一顿饭要把食物吐出来好几回。意思是说周公因为忙于处理政务、接见人才,连洗头、吃饭的时间都没有。沐:洗头。三:表示多次。哺(bǔ):指已经吃到嘴里的东西。

⑦ 犹恐失天下之士:还担心漏掉天下的人才。

⑧ 德行宽裕:指德高望重。守之以恭者荣:用谦恭来保持它的人才会荣耀。

⑨ 守之以俭者安:用勤俭来保持它的人才会安定。

⑩ 禄位尊盛:俸禄丰厚,官职位高。守之以卑者贵:用地位低下的态度来保持它才会尊贵。

⑪ 守之以畏者胜:用畏惧的心理来保持它才会取胜。

⑫ 睿(ruì)智:英明有远见。守之以愚者哲:用愚钝来保持它才算有智慧。

⑬ 博闻强记:见闻广博,记忆力强。守之以浅者智:用浅薄来保持它才是聪明。

⑭ 皆谦德也:都是谦让的品德啊。

⑮ 由此德也:就是依靠这种品德啊。

⑯ 不能保持谦让的品德而失掉天下、丢掉自己的性命的,桀和纣就是这样的人。桀:夏桀。夏朝最后一位国君,是历史上有名的暴君。纣:商纣王。商朝最后一位国君,也是历史上有名的暴君。

⑰ 可不慎欤:能不谨慎吗?

【评析】

这又是一篇诚子书,其核心是保持谦德,不要骄傲。

鲁国、齐国都是公国,都是当时的大国。到鲁国去当国君,是一件了不起的事情。但怎样才能保有鲁国呢?周公开出的方子是:"德行宽裕"、"土地广大"、"禄位尊盛"、"人众兵强"、"聪明睿智"、"博闻强记",而"守之以恭"、"守之以俭"、"守之以卑"、"守之以畏"、"守之以愚"、"守之以浅"。总起来说,就是保持谦德。保有这种品格,可以"贵为天子,富有四海";反之,则可以"失天下,亡其身"。一言以蔽之,不论什么人,都应该不骄不躁,谦虚谨慎。这样才能永远进步,永远立于不败之地。

十三、高而不危　满而不溢

《说苑》

【题解】

本篇选自刘向《说苑·敬慎》，题目是后加的。高而不危，位置高却不危险；满而不溢，液体在器皿里满而不往外流。这里指人所达到的一种境界。

刘向（公元前79—前8年），字子政，西汉沛（今江苏沛县）人，是我国著名的文学家和文献学家。他是汉高祖刘邦少弟楚元王刘交的四世孙，历事宣帝、元帝、成帝三朝，累官郎中、给事黄门、中垒校尉等。他的著作有《说苑》、《新序》、《列女传》等。

《说苑》是据《说苑杂事》和编写《新序》剩余材料加上自编之事而成的一本书，分君道、臣述、建本、立节、贵德等二十类。此书所集以诸子言行为主，多记有关国家兴亡的哲理格言，其中有些条目寄意讽喻，颇近小说。

高上尊贵，无以骄人①；聪明圣智，无以穷人②；资给疾速，无以先人③；刚毅勇猛，无以胜人④。不知则问，不能则学。虽智必质，然后辩之⑤；虽能必让，然后为之⑥。故士虽聪明圣智，自守以愚⑦；功被天下，自守以让⑧；勇力距世，自守以怯⑨；富有天下，自守以廉⑩。此所谓高而不危，满而不溢者也。

【注释】

① 地位高上、身份尊贵,不要因此对人傲慢。

② 穷人:使人困窘。

③ 资给(jǐ)疾速:天资聪明,反应敏捷。先人:抢在别人前面。

④ 胜人:胜过别人,压服别人。

⑤ 即使聪明也一定要质朴,然后参与辩论。质:质朴,朴素。

⑥ 即使能干也一定要谦让,然后再去做。

⑦ 自守以愚:即"以愚自守",意思是用愚笨来保全自己。下"自守以让"等句,句子结构与此相同。

⑧ 功被(bèi)天下:功劳遮蔽天下,意思是功劳最大。被:覆盖,遮蔽。让:退让,谦让。

⑨ 勇力距世:勇力可以对抗世上的人。距:通"拒",对抗,抗拒。怯:怯懦,怯弱。

⑩ 廉:廉洁,不爱财。

【评析】

这篇文章虽短,道理却很深刻。不论一个人多么"高上尊贵"、"聪明圣智"、"资给疾速"、"刚毅勇猛",也不能因此去"骄人"、去"穷人"、去"先人"、去"胜人"。更何况一个人还不可能完全具有这么多优越的条件呢?

下面八个字非常重要:"不知则问,不能则学"。倘若我们能抛弃身上的所谓"高上尊贵"等东西,而努力去问、去学,那么我们一定可以获取更多的知识和技能,成为一个对社会有用的人才。

十四、赵襄子饮酒

《新序》

【题解】

本篇选自刘向《新序·刺奢》，题目是后加的。赵襄子，赵简子的儿子，名无恤，春秋末期晋国六卿之一。襄是他的谥号，子是敬称。

《新序》成书于阳朔元年（公元前24年）。宋初亡逸大半，经曾巩补缀整理，编为十卷，一百六十六条。此书分杂事、刺奢、节士、义勇、善谋五类，采录古史百家之书，记叙舜、禹至汉初历史人物事迹，可补史书的不足。此书文笔洗练朴素，具有一定的文学价值。

赵襄子饮酒，五日五夜不废酒①，谓侍者曰②："我诚邦士也，夫饮酒五日五夜矣，而殊不病③。"优莫曰④："君勉之，不及纣二日耳⑤。纣七日七夜，今君五日。"襄子惧，谓优莫曰："然则吾亡乎⑥?"优莫曰："不亡。"襄子曰："不及纣二日耳，不亡何待⑦?"优莫曰："桀、纣之亡也，遇汤、武⑧。今天下尽桀也，而君纣也⑨，桀、纣并世，焉能相亡⑩？然亦殆矣⑪!"

【注释】

①　不废酒：不停地喝酒。废：停止。

②　侍者：在身边侍奉他的人。

③　我诚邦士也：我确实称得上国中才能出众的人。邦士：国士，国中才能出众的人。殊不病：竟然没有什么毛病。殊：竟然。

④　优莫：其职业为俳（pái）优，其名为莫。俳优一类的人善戏谑，能歌

舞,他们对人君或有权势的人的讽谏,是通过戏谑、歌舞之类的形式进行的,说错了也不被治罪。

⑤ 勉:努力。纣:商纣王。商朝的最后一位国君。

⑥ 然则吾亡乎:这样,那么我要灭亡了吗?

⑦ 不亡何待:不灭亡,还等什么呢?

⑧ 桀的灭亡是遇到了汤,纣的灭亡是遇到了武。桀:夏桀,夏朝的最后一位国君。汤:商汤。商朝的开国国君。武:指周武王。周文王的儿子,名发,西周王朝的建立者。

⑨ 现在天下全是像桀一样的人,而您像纣。

⑩ 并世:并行于世。焉能相亡:哪里能互相灭亡呢? 焉:哪里,怎么。

⑪ 然亦殆矣:然而也很危险了。殆(dài):危险。

【评析】

天下喜好酒的人太多,这个赵襄子就接连"饮酒五日五夜",还标榜"我诚邦士也"。这样喝酒,还谈什么学习、还谈什么工作、还谈什么国事? 这样喝酒,"不亡何待"?

在酒的事上,孔子有一句名言:"不为酒困。"(《论语·子罕》)意思是不过量饮酒,不被酒所困扰。现在酒场上有一个不好的风气,就是要尽量多喝,好像不喝醉就不够意思似的。我们青少年,正是长身体、学知识的时候,在酒的事情上要多注意,还是"不为酒困"吧。

十五、形直影正

《列子》

【题解】

本篇选自列御寇《列子·说符》,题目是后加的。

列御寇,即列子,战国时期郑国人,哲学家。生卒年月不可考,大约比庄子早些。其事迹多见于《庄子》,其学本于黄帝、老子。

《列子》,一名《冲虚真经》或《冲虚至德真经》,共八篇。全书贯穿崇尚虚无的思想。书中多附会先秦诸子之名,但既有汉代人言论,又夹杂两晋佛教思想、民间故事、寓言和神话传说等。此书可能是晋人托名伪作。

子列子学于壶丘子林①。壶丘子林曰:"子知持后,则可言持身矣②。"列子曰:"愿闻持后。"曰:"顾若影,则知之③。"列子顾而观影:形枉则影曲④,形直则影正。然则枉直随形而不在影,屈申任物而不在我⑤,此之谓持后而处先⑥。

【注释】

① 子列子:即列子。前一个"子"字是对老师的尊称。壶丘子林:姓壶丘,名子林。战国时期郑国人。

② 你懂得保持谦退,才谈得上立身处世。持后:保持谦退,不与人争先。持身:立身处世。

③ 回头看看你的影子,就知道持后的道理了。顾:回头看。

④ 枉:弯曲。

⑤ 这就是说,影子的弯曲与挺直依赖于身体的形状,而不在影子本身;处世的窘困或顺利听凭于外物的制约,而不在于个人的主观意志。屈申:在这里主要指个人处世的窘困和顺利。屈:弯曲。申:伸直。

⑥ 这就是所说的保持谦退才能使自己处身领先的道理。

【评析】

这篇文章的核心是"持后而处先",即保持谦退,才能使自己处于领先位置。人处于社会之中,个人的窘困或顺利受到许多外物的制约,而不全在于个人的主观意志。在这种情况下,谦虚地对待人、对待事,就能上下和睦,工作游刃有余。这样就能够处于领先的位置。

当然,文章认为"屈申任物而不在我",完全否认个人的主观能动性,那也是片面的。谦虚、谦退,并不是不努力。态度谦逊了,工作、学习又努力了,那肯定就能处于领先的位置了。

十六、人皆可以为尧舜

《申鉴》

【题解】

本篇选自荀悦《申鉴·杂言上》,题目是后加的。为,做。尧舜,都是传说中的古代的明君。

荀悦(公元148—209年),字仲豫,颍川颍阴(今河南许昌西)人,东汉政治家。献帝时,曾任黄门侍郎、秘书监、侍中等职。

《申鉴》是一部政书。全书五卷,分政体、时事、俗嫌、杂言上、杂言下五部分。此书崇尚儒术,强调学习,驳斥迷信,反对"富人民田逾限",认为万物各有性,主张"性虽善,待教而成;性虽恶,待法而消","教扶其善,法消其恶"。这些思想都是很进步的。

或曰①:"孟轲称人皆可以为尧舜,其信矣②?"曰:"人非下愚③,则皆可以为尧舜矣。写尧舜之貌,同尧舜之姓则否④;服尧之制,行尧之道则可矣⑤。行之于前,则古之尧舜也⑥;行之于后,则今之尧舜也⑦。"或曰:"人皆可以为桀纣乎⑧?"曰:"行桀纣之事,是桀纣也⑨。尧舜、桀纣之事,常并存于世,唯人所用而已⑩。"

【注释】

① 或曰:有人说。

② 孟轲(kē):即孟子,名轲。战国时期邹(今山东邹城)人。他是孔子之后儒家学派的代表人物。其信矣:这话对吗?

③ 下愚:特别愚蠢。

④ 模仿尧舜的相貌,和尧舜的姓氏相同,还不是尧舜。写:模仿,仿效。

⑤ 施行尧的法度,采取尧的做事方法,就是尧舜了。

⑥ 在尧舜之前这样做的,就是古代的尧舜。

⑦ 在尧舜之后这样做的,就是现在的尧舜。

⑧ 桀:夏朝最后一位国君;纣:商朝最后一位国君。他们都是历史上有名的暴君。

⑨ 做跟桀纣相同的事情,这就成为桀纣了。

⑩ 唯人所用而已:只是要看人如何去做罢了。

【评析】

尧舜是古代有名的明君,桀纣是有名的暴君。但尧舜不是天生的,桀纣也不是天生的。《三字经》说:"人之初,性本善,性相近,习相远。"尧舜、桀纣都是后天生成的,是他们在各自的生活与理政中把自己塑造成为尧舜和桀纣的。这就是说,只要做好人,行善政,人人都可以成为尧舜;只要做恶人,行暴政,人人都可以成为桀纣。这确实就在个人的表现了。

既然"人皆可以为尧舜",那就让我们向这个目标努力吧。只要我们努力学习,加强修养,一心向善,就可以成为一个好人,成为一个对社会有用的人。

十七、吕蒙正公二事

《涑水记闻》,《归田录》

【题解】

本篇共二则,第一则选自司马光《涑水记闻》卷二,第二则选自欧阳修《归田录》卷二,题目是后加的。吕蒙正(公元946—1011年),字圣功,河南人。北宋著名政治家。太平兴国二年(公元977年)进士。太宗、真宗时三为宰相。为人正直,为政宽静。封莱国公。公,对男性的一种敬称。

《涑水记闻》是司马光的笔记,通行本十六卷,四百二十七条。此书记录太祖至神宗间国家大政,也有逸闻琐事,多详记事件的本末,具有参考价值。

欧阳修(公元1007—1072年),字永叔,号醉翁、六一居士,庐陵吉水(今江西吉水)人。北宋著名政治家、文学家。天圣八年(公元1030年)进士。官至枢密副使、参知政事。后退居颍川。谥"文忠"。《归田录》二卷,是欧阳修退休后居颍川时作。所记自朝廷逸闻及士大夫的琐事,大都为其亲身经历的见闻。

(一)

吕蒙正相公不喜记人过①。初参知政事②,入朝堂③,有朝士于帘内指之曰④:"是小子亦参政耶⑤!"蒙正佯为不闻而过之⑥。其同列怒,令诘其官位姓名,蒙正遽止之⑦。罢朝,同列犹不能平,悔不穷问⑧,蒙正曰:"一知其姓名,则终身不能复忘,固不如无知也⑨。不问之何损⑩?"时皆服其量⑪。

【注释】

① 吕蒙正相公:即吕蒙正宰相。相公:对宰相的敬称。过:过错。

② 初参知政事:刚开始担任参知政事的时候。参知政事:相当于副宰相。

③ 入朝堂:上朝。朝堂:朝廷。

④ 朝士:有资格进入朝廷的中央官吏。

⑤ 这小子也能做参知政事吗?小子:对人的轻蔑称呼。参政:参知政事的省称。

⑥ 吕蒙正假装没听见就走过去了。佯(yáng):假装。

⑦ 同列:同僚。这里指同在朝廷做官的同事。诘(jié):诘问,问。遽(jù):急忙,立刻。

⑧ 罢朝:退朝以后。悔:后悔。穷问:彻底查问。

⑨ 一:一旦。复:再。固:本来。不如无知:不如不知道。

⑩ 何损:有什么损失。

⑪ 时皆服其量:当时的人都佩服他的气量。量:气量,度量。

(二)

　　吕文穆公蒙正以宽厚为宰相①,太宗尤所眷遇②。有一朝士家藏古鉴③,自言能照二百里,欲因公弟献以求知④。其弟伺间从容言之⑤,公笑曰:"吾面不过碟大,安用照二百里⑥?"其弟遂不复敢言。闻者叹服,以为贤于李卫公远矣⑦。盖寡好而不为物累者,昔贤之所难也⑧。

【注释】

① 吕文穆公蒙正:即吕蒙正。"文穆"是他的谥号。

② 太宗尤所眷遇:宋太宗尤其看重他。太宗:指宋太宗赵炅(jiǒng)。北宋皇帝。原名赵匡义,即位后改名赵炅。他是宋太祖赵匡胤的弟

弟。尤:尤其,格外。眷遇:看重,器重。

③ 鉴:镜子。

④ 欲因公弟献以求知:想通过他弟弟献给他,以求得到重用。因:依靠,通过。公:指吕蒙正。知:知遇,得到赏识或重用。

⑤ 伺(sì)间:寻找机会。从容言之:从容地对他说了这件事。

⑥ 面:脸。安用照二百里:哪里用得着这照二百里的镜子? 安:哪里。

⑦ 以为贤于李卫公远矣:认为他比李卫公贤明很多。李卫公:李靖。精通兵法。后随李世民征讨,屡建大功,封卫国公。

⑧ 大概嗜好少并且不被外物所累,是古代的贤人也很难做到的。寡:少。好(hào):嗜好。累(lěi):牵连。

【评析】

吕蒙正"以宽厚为宰相,太宗尤所眷遇"。这不是偶然的:

第一,他宽宏大量,"不喜记人过"。有一朝士蔑视他,说"是小子亦参政耶"。同僚们都很愤怒,他却不以为意,不进行追查。这真是"宰相肚里能撑船"啊。

第二,洁身自好,不为物累。有一朝士家藏古镜,想献给他以求重用,他没有要人家的古镜。这正是"昔贤之所难也"。

一个人如果能宽宏大量,又能洁身自好,那品格就高了。以这样的品格去交友,去工作,那还能没有成绩吗? 那还能不受重用吗?

十八、训俭示康

司马光

【题解】

本篇选自司马光《司马文正公传家集》卷六十七。训俭示康,向司马康教训俭朴。康，司马康，司马光的儿子。自幼好学，博通群书。历官校书郎、右正言。以居父丧得病，不久而卒，朝野痛之。

《司马文正公传家集》，即《传家集》、《温国文正公文集》，此书凡赋一卷、诗十四卷、杂文五十六卷、题跋等一卷、策问等一卷、志三卷、行状墓表等一卷、祭文一卷、其他二卷，共八十卷。司马光为北宋名臣大儒，又著《资治通鉴》，不以词章为重，但他的文章气象恢宏，凌跨一代，诗亦写得很好。

吾本寒家，世以清白相承①。吾性不喜华靡，自为乳儿，长者加以金银华美之服，辄羞赧弃去之②。二十忝科名，闻喜宴独不戴花③。同年曰④："君赐不可违也。"乃簪一花⑤。平生衣取蔽寒，食取充腹⑥，亦不敢服垢弊以矫俗干名⑦，但顺吾性而已。众人皆以奢靡为荣，吾心独以俭素为美⑧。人皆嗤吾固陋，吾不以为病⑨。应之曰⑩："孔子称，与其不逊也宁固⑪。"又曰："以约失之者鲜矣⑫。"又曰："士志于道，而耻恶衣恶食者，未足与议也⑬。"古人以俭为美德，今人乃以俭相诟病⑭。嘻！异哉⑮！

【注释】

① 寒家：贫寒的家庭。世以清白相承：清白的家风代代相继承。清白：廉洁。

② 华靡(mí)：华丽奢靡。长者：长辈的人，老人。辄(zhé)：就。羞赧(nǎn)：羞愧。

③ 忝(tiǎn)科名：忝列于进士的行列，指中了进士。忝：谦词，意思是说自己名列其中，对同列的人是一种耻辱。闻喜宴：又称"琼林宴"，是皇帝招待新科进士的宴会。戴花：宋制，赴闻喜宴的新科进士，皇帝皆赐簪花。

④ 同年：同榜考取的人。

⑤ 簪(zān):戴。

⑥ 蔽寒:御寒。充腹:充饥。

⑦ 也不敢穿肮脏破旧的衣服来故意违背世俗常情、沽名钓誉。垢弊:
指肮脏破旧的衣服。矫(jiǎo)俗:故意违背世俗常情。干(gān)名:
求名,猎取名誉。

⑧ 奢靡:奢侈浪费。俭素:俭省朴素。

⑨ 嗤(chī):嗤笑,讥笑。固陋:固执鄙陋。病:缺点。

⑩ 应之曰:回答他们说。

⑪ 此句出《论语·述而》,意思是,(奢侈就会显得骄傲,俭省就会显得
寒碜。)与其骄傲,宁可寒碜。逊:谦逊。固:固陋。

⑫ 此句出《论语·里仁》。因为俭省而犯错误的事是很少的。约:俭
省,节俭。鲜(xiǎn):少。

⑬ 此句出《论语·里仁》。意思是,读书人有志于追求真理,但自己又
以吃得不好、穿得不好为羞耻,这种人,不值得与他们商议。恶
(è):粗劣,不好。未足:不值得。

⑭ 诟(gòu)病:指责,讥讽。

⑮ 嘻!异哉!:唉!真是不一样啊!

　　近岁风俗尤为侈靡①,走卒类士服,农夫蹑丝履②。吾记天圣
中③,先公为群牧判官④,客至未尝不置酒,或三行、五行,多不过
七行⑤。酒酤于市,果止于梨、栗、枣、柿之类⑥;肴止于脯醢、菜
羹⑦,器用瓷、漆⑧。当时士大夫家皆然,人不相非也⑨。会数而
礼勤,物薄而情厚⑩。近日士大夫家,酒非内法,果、肴非远方珍
异、食非多品、器皿非满案⑪,不敢会宾友,常数月营聚,然后敢发
书⑫。苟或不然,人争非之,以为鄙吝⑬。故不随俗靡者盖鲜
矣⑭。嗟乎!风俗颓敝如是,居位者虽不能禁,忍助之乎⑮!

71

【注释】

① 近岁:近年来,指宋神宗元丰年间,公元 1078 年至 1085 年。

② 充当差役的人穿的与读书人的服装差不多,种田的人穿丝织的鞋子。走卒(zú):充当差役的人。蹑(niè):穿。丝履:丝织的鞋子。

③ 天圣:宋仁宗的年号,公元 1023 年至 1032 年。

④ 先公:称死去的父亲。这里指司马光的父亲司马池。群牧判官:群牧司的判官。群牧司是宋代中央机构所设的掌管全国马匹的机构,判官是群牧司下属的官员,实际负责群牧司的工作。

⑤ 置酒:陈设酒宴。行(xíng):行酒。饮酒时主人劝饮斟酒一次为一行。

⑥ 酒酤于市:酒是在市场上买的普通酒。酤(gū):买酒。

⑦ 肴(yáo):菜肴。脯醢(hǎi):指用来下酒的肉和肉酱。菜羹:用蔬菜做的汤。

⑧ 瓷、漆:瓷器、漆器,指普通器皿。

⑨ 士大夫家:指做官的人家。皆然:都这样。非:非笑,讥笑。

⑩ 会数(shuò):聚会次数多。礼勤:礼意殷勤。物薄:指用来招待客人的东西很简单。

⑪ 非:如果不是。内法:官廷内酿酒的方法。这里指特别酿制的美酒。远方珍异:来自远方的奇珍异果。多品:很多种类。满案:摆满桌子。

⑫ 营聚:置办储备,即做准备。发书:发出请柬。

⑬ 苟或不然:如果有人不这样。非:非笑,讥笑。鄙吝:小气,吝啬。

⑭ 所以不跟着世俗走的人大概就很少了。靡(mǐ):顺风倒下。这里指跟着世俗走。

⑮ 颓(tuí)散:败坏。如是:像这样,意思是到了这种程度。居位者:居官任职的人。忍助之乎:难道就忍心助长这种风气吗?忍:岂忍。

又闻昔李文靖公为相,治居第于封丘门内①,厅事前仅容旋

72

马②，或言其太隘③。公笑曰："居第当传子孙，此为宰相厅事诚隘，为太祝、奉礼厅事已宽矣④。"参政鲁公为谏官，真宗遣使急召之，得于酒家，既入，问其所来，以实对⑤。上曰："卿为清望官，奈何饮于酒肆⑥？"对曰："臣家贫，客至无器皿、肴、果，故就酒家觞之⑦。"上以无隐，益重之⑧。张文节为相，自奉养如为河阳掌书记时⑨，所亲或规之曰⑩："公今受俸不少，而自奉若此⑪。公虽自信清约，外人颇有公孙布被之讥⑫。公宜少从众⑬。"公叹曰："吾今日之俸，虽举家锦衣玉食，何患不能⑭？顾人之常情⑮，由俭入奢易，由奢入俭难。吾今日之俸岂能常有？身岂能常存？一旦异于今日，家人习奢已久，不能顿俭，必致失所⑯。岂若吾居位、去位、身存、身亡，常如一日乎⑰？"呜呼！大贤之深谋远虑，岂庸人所及哉⑱！

【注释】

① 李文靖公：李沆(hàng)，字太初，肥乡(今河北肥乡)人，宋真宗时，官至宰相。"文靖"是他的谥号。治居第：修建房屋，盖房子。封丘门：宋代汴京(今河南开封)的一座城门。

② 厅事：厅堂，处理公事或迎接宾客的地方。仅容旋马：仅仅能够使马掉转开身。

③ 或：有的人。隘(ài)：狭窄。

④ 诚：确实。太祝、奉礼：掌管祭祀的官员。官位不高，但多以功臣的子孙后代担任。

⑤ 参政：参知政事的简称，职位相当于副宰相。鲁公：指鲁宗道，字贯之，亳州谯(今安徽亳县)人。得于酒家：在酒馆里找到了他。所来：从哪里来。以实对：按实情回答。

⑥ 卿：皇帝对大臣的称呼。清望官：地位显贵、有名望的官职。奈何：为什么。酒肆：酒馆。

⑦　觞（shāng）之：请人喝酒。

⑧　无隐：说话坦率，不隐瞒。益：更加。

⑨　张文节做宰相的时候，自己的生活水平和做河阳判官的时候一样。
　　张文节：即张知白，字用晦，沧州清池（今河北沧县东南）人。"文
　　节"是他的谥号。自奉养：自己的生活开销，自己的生活享受。河
　　阳：今河南洛阳。掌书记：唐代官名，相当于宋代的判官，都是主管
　　批阅公文的官。古人作文，常用前代的官名称呼当代的官。张知白
　　在宋真宗时曾为河阳判官。

⑩　和他亲近的人有的劝他说。所亲：亲近的人。或：有人，有的人。

⑪　受俸：俸禄收入。

⑫　您虽然自己知道确实是清廉节约，但外面却有人讥讽您，说您是像
　　公孙弘盖布被一样，矫情虚伪。公孙弘，汉武帝时为丞相，封平津
　　侯。但他盖布被，吃肉也很少，被人认为是故意作伪。

⑬　少：稍微。从众：和众人一样，随大溜。

⑭　举家：全家。锦衣玉食：指豪华奢侈的生活。锦衣：华美的衣服。玉
　　食：珍贵的饮食。何患：哪里用得着担心。

⑮　顾：但。

⑯　顿：立刻，马上。失所：没有存身之地。

⑰　岂若：哪里比得上。常如一日：意思是说一直都像现在一样。

⑱　岂庸人所及哉：哪里是一般人所能想得到的呢！庸人：凡人，平
　　常人。

　　御孙曰："俭，德之共也；侈，恶之大也①。"共，同也，言有德者
皆由俭来也。夫俭则寡欲②：君子寡欲，则不役于物，可以直道而
行③；小人寡欲，则能谨身节用，远罪丰家④。故曰："俭，德之共
也。"侈则多欲：君子多欲则贪慕富贵，枉道速祸⑤；小人多欲则多
求妄用，败家丧身⑥；是以居官必贿，居乡必盗⑦。故曰："侈，恶之
大也。"

74

【注释】

① 御孙:春秋时期鲁国的大夫。此语出《左传·庄公二十四年》。意思是,节俭是一切美德所共有的,奢侈是一切恶德中最大的。

② 寡欲:欲望少。

③ 不役于物:不被外物所役使。直道而行:按正直之道行事。

④ 小人:指普通百姓。谨身:严格约束自己。节用:节约用度。远罪丰家:远离犯罪,使家庭富裕。

⑤ 枉道:不按正直之道行事。速祸:招致祸患。速:招,招致。

⑥ 多求妄用:求取很多而任意乱用。

⑦ 是以:所以。居官必贿:做官一定贪赃受贿。居乡必盗:不做官一定做盗贼。

　　昔正考父饘粥以糊口,孟僖子知其后必有达人①。季文子相三君,妾不衣帛,马不食粟,君子以为忠②。管仲镂簋朱纮、山棕藻棁,孔子鄙其小器③。公叔文子享卫灵公,史鰌知其及祸④;及戌,果以富得罪出亡⑤。何曾日食万钱,至孙以骄溢倾家⑥。石崇以奢靡夸人,卒以此死东市⑦。近世寇莱公豪侈冠一时,然以功业大,人莫之非,子孙习其家风,今多穷困⑧。其余以俭立名,以侈自败者多矣,不可遍数⑨,聊举数人以训汝⑩。汝非徒身当服行,当以训汝子孙,使知前辈之风俗云⑪。

【注释】

① 正考父(fǔ):春秋时期宋国人,孔子的祖先。饘(zhān)粥以糊口:以喝稀饭来维持生活。饘粥:稀饭。糊口:勉强维持生活。孟僖子:春秋时期鲁国的大夫,名貜(jué)。其后:指正考父的后代。达人:显达的人。

② 季文子:季孙行父(fǔ),春秋时期鲁国的大夫。“文”是他的谥号。

相(xiàng):辅佐。三君:指鲁宣公、鲁成公、鲁襄公三位国君。妾:泛指妻妾。衣帛:穿丝绸衣服。以为忠:认为他对国君是忠心的。

③ 管仲使用雕刻着花纹的食器,帽子上系着朱红色的帽带,房屋的斗拱绘着山形的图案,梁上的短柱绘着藻草的图案。孔子鄙视他器量狭小。意思是管仲的生活非常奢侈豪华,被孔子所鄙视。棁(jié):柱头斗拱。梲(zhuō):梁上短柱。

④ 公叔文子:春秋时期卫国大夫公叔发。享:宴请,用酒食款待人。卫灵公:春秋时期卫国的国君。史鳅知道公叔文子将要遭遇灾祸。史鳅(qiū):春秋时期卫国的大夫。

⑤ 戌(xū):公叔文子的儿子。果以富得罪出亡:果然因为富有而获罪出逃。得罪:获罪。

⑥ 何曾:字颖考,阳夏(今河南太康)人。西晋时的宰相,生活奢侈。日食万钱:每天的饮食要花掉上万个钱。骄溢:骄奢淫逸。倾家:家族败亡。

⑦ 石崇:字季伦,晋代人,极其富有,经常与当时的贵戚王恺等斗富。夸人:向人夸耀。卒:最终。死东市:被杀于东市。东市:行刑的地方。

⑧ 寇莱公:即寇准,字平仲。宋真宗时任宰相,封莱国公。冠(guàn)一时:在当时无人能比。功业大:指寇准曾拥宋真宗打败辽兵的进犯。莫之非:没有人非难他。习其家风:习染上豪侈的家风。

⑨ 立名:树立名声。遍数(shǔ):全部列举出来。

⑩ 聊:姑且。

⑪ 非徒:不仅。身:自身,自己。服行:实行。云:句末语气词,不表示意义。

【评析】

司马温公的文章,其核心是向儿子说明节俭、俭朴的道理,批评"近岁风俗"的侈靡。

76

"古人以俭为美德"，温公向儿子"训俭"。这是为什么呢？因为"夫俭则寡欲：君子寡欲，则不役于物，可以直道而行；小人寡欲，则能谨身节用，远罪丰家"；"侈则多欲：君子多欲则贪慕富贵，枉道速祸；小人多欲则多求妄用，败家丧身；是以居官必贿，居乡必盗"。所以司马温公教育儿子要节俭，不要奢侈。

当今社会，经济发达，侈靡之风甚于宋代，比吃、比穿、比用、比阔气，颇成风气。年轻人在这样的环境下生长，不能不受到影响。但在我国的优良传统中，俭是一种重要的美德，先秦的正考父、季文子、宋朝的宰相李文靖、张文节、参政鲁公，都是靠节俭兴家，而温公更是"众人皆以奢靡为荣，吾心独以俭素为美"。这些都是我们学习的榜样。说到底，一个胸中怀有远大目标的人，是不会在比吃喝、讲穿戴上下功夫的。

十九、论 马

岳 飞

【题解】

本篇选自岳珂《金陀粹编》卷七，题目是后加的。

岳珂（公元 1188—1234 年），字肃之，宋相州汤阴（今河南汤阴）人，岳飞的孙子。官至户部侍郎，淮东总领制置使。他在嘉兴城内金陀坊有别业，立相台书塾，校刊《相台五经》。其著作有《金陀粹编》、《九经三传沿革例》、《愧郯录》、《桯史》等。

《金陀粹编》是为其祖父岳飞辨冤而作，辑有高宗御札、朝廷命令，岳飞表奏、战报、诗文，作者和时人所述岳飞事迹及逸事等。有关岳飞功绩及其冤狱昭雪的情况，此书资料最为详备。

骥不称其力，称其德也①。臣有二马，故常奇之②。日啖豆至数斗，饮泉一斛③，然非精洁，宁饿死不受④。介胄而驰⑤，其初若不甚疾⑥，比行百余里，始振鬣长鸣，奋迅示骏⑦，自午至酉，犹可二百里⑧；褫鞍甲而不息不汗，若无事然⑨。此其为马，受大而不苟取，力裕而不求逞，致远之材也⑩。值复襄阳，平杨么，不幸相继以死⑪。今所乘者不然⑫。日所受不过数升，而秣不择粟，饮不择泉⑬，揽辔未安，踊跃疾驱⑭，甫百里，力竭汗喘，殆欲毙然⑮。此其为马，寡取易盈，好逞易穷，驽钝之材也⑯。

【注释】

① 此句出《论语·宪问》。意思是称千里马叫做骥，并不是称赞它的气力，而是称它的品德。骥：良马名。

② 奇之：认为它不同寻常。

③ 啖：吃。斛(hú)：量器，五斗为一斛。

④ 然：但，但是。精洁：指精细清洁的饲料和饮水。不受：意思是不吃不喝。

⑤ 介胄(zhòu)而驰：给马披挂，让它奔驰。介胄：本来指铠甲和头盔，这里用作动词，意思是给马披挂好。

⑥ 若不甚疾：好像不很快。疾：快，迅速。

⑦ 比：等到。振鬣(liè)：竖起马鬣。鬣：马脖子上的鬃毛。奋迅示骏：振奋起来，快速奔跑，展示它的骏才。

⑧ 自午至酉：从中午到傍晚。午：午时，上午十一点到一点。酉：酉时，下午五点到七点。犹可二百里：还能跑二百里。犹：尚，还。

⑨ 褫(chǐ)鞍甲而不息不汗：跑完长路卸下鞍鞯之后，不喘粗气，不流汗。褫：卸下，解除。若无事然：好像没事的样子。

⑩ 这样的马，对饲料和饮水的要求既多又好而不随便取用，力量充沛而不逞能，这是能跑长路的好马。苟取：随便取用。裕：充沛。

78

⑪ 值复襄阳,平杨幺(yāo):适逢收复襄阳,平定杨幺。襄阳:今湖北襄阳。据《宋史纪事本末》卷六十六记载,公元1134年,岳飞收复襄阳等六郡。杨幺:南宋初年在洞庭湖一带领导农民起义的领袖。公元1135年,岳飞镇压了这次农民起义。

⑫ 不然:不这样。

⑬ 秣(mò):喂马的饲料。这里的意思是吃。

⑭ 揽辔(pèi)未安:拉住缰绳还没坐稳。辔:马缰绳。踊跃疾驱:跳跃起来奔驰。

⑮ 甫:才,刚刚。力竭汗喘:力量用尽,流汗喘息。殆欲毙然:好像要倒下的样子。殆:近于,几乎。毙:倒下。

⑯ 这样的马,对饲料和饮水的要求不多而容易满足,喜欢逞能而气力容易耗尽,这是能力低下的劣马。驽钝:拙劣,低下。

【评析】

这篇文章题目是"论马",实际上是在论人。那"受大而不苟取,力裕而不求逞"的骏马,就是指抱负远大,本领高强,能当重任的贤才,而"寡取易盈,好逞易穷"的劣马,就是指急躁冒进,轻举妄动,目光短浅的庸才。

一个贤才,干任何一种事,既不苟且马虎,也不轻举妄动,所以能任重道远,终成大业。反之,目光短浅,轻佻浮动,华而不实,那是成不了大气候的。

贤才不是自然生成的。要抱有远大的志向,要学习真正的本领,要涵泳宽厚的胸怀,还要在生活和工作中磨炼,才能逐渐养成好的品格,成为一个贤才。

二十、济阴之贾人

刘　基

【题解】

本篇选自刘基《诚意伯文集》卷十七,题目是后加的。济阴,郡名,故治在今山东定陶西北。贾(gǔ)人,商人。

刘基(公元 1311—1375 年),字伯温,青田(今浙江青田)人。明代著名的政治家、文学家。元末进士,曾官江浙儒学提举,不久弃官归隐。后受聘至金陵,为朱元璋谋划军事,开创帝业。明初授太史令,后为御史中丞,封诚意伯。

《诚意伯文集》共二十卷,其中御书、诰诏、颂表等一卷,《郁离子》三卷,文四卷,赋、骚一卷,古乐府一卷,诗八卷,《春秋明经》二卷。其诗文均具特色,且影响较大。他与宋濂被称为一代文宗。

济阴之贾人,渡河而亡其舟①,栖于浮苴之上,号焉②。有渔者以舟往救之,未至,贾人急号曰:"我济上之巨室也③,能救我,予尔百金④!"

渔者载而升诸陆⑤,则予十金⑤。渔者曰:"向许百金,而今予十金,无乃不可乎⑥?"贾人勃然作色曰⑦:"若,渔者也,一日之获几何⑧?而骤得十金,犹为不足乎⑨?"渔者黯然而退⑩。

他日,贾人浮吕梁而下⑪,舟薄于石又覆,而渔者在焉⑫。人曰:"盍救诸⑬?"渔者曰:"是许金不酬者也⑭。"立而观之,遂没⑮。

80

① 河:指黄河。亡其舟:他的船坏了。

② 浮苴(jū):水中的浮草。号(háo)焉:在浮苴上呼嚎。号:号叫,呼号。

③ 巨室:世家大族,大户人家。

④ 予尔:给你。百金:古代以金一斤为一金。百金是一笔很大的财富。

⑤ 升诸陆:即"升之于陆",意思是把他从河里救上来。诸:"之于"的合音。则:却。

⑥ 向:刚才。许:答应。无乃不可乎:恐怕不行吧。

⑦ 勃然:发怒的样子。作色:改变了脸色,指变成了怒色。

⑧ 若,渔者也:你,是一个打鱼人。若:你。获:收获,所得。几何:多少。

⑨ 骤得:突然得到,一下子得到。犹为不足乎:还不满足吗? 犹:还,尚且。

⑩ 黯(àn)然:失意的样子。

⑪ 吕梁:大禹治水,凿吕梁,即龙门。

⑫ 薄:冲撞,撞击。覆:这里指翻船。

⑬ 盍救诸:即"何不救之乎",意思是为什么不救他呢。盍(hé):"何不"的合音。诸:"之乎"的合音。

⑭ 这是答应给钱却没有兑现的人。酬:实现,兑现。

⑮ 遂没:于是沉没了。

【评析】

前面有一篇《晋文公守信》。因为晋文公守信,所以"原乃降公","卫乃降公"。可见,恪守信用,威力巨大。但是,如果一个人不守信用,那危害也是非常明显的。"济阴之贾人"可作一例。

这位贾人,乃"济上之巨室",因"亡其舟,栖于浮苴之上",生命危于垒卵。此时,他说:"能救我,予尔百金。"既救之后,却只给十金。这就是失信了,这就是自食其言了。

如果事情到此为止也就罢了,凑巧的是,他日,贾人"舟薄于石又覆,而渔者在焉"。渔者不救,贾人淹死了。说话不算数,得到了报应。

这篇文章的主旨是教人守信用,不能说话不算数。但现在看来,贾人失信,当然不对,而渔者为求报酬,见死不救,特别是"立而观之,遂没",也太过分了。

第三单元

一、孔子论学习

《论语》

【题解】

本篇十二则全部选自《论语》，题目是后加的。《雍也》、《学而》、《公冶长》、《先进》等是《论语》中的篇名。

孔子及《论语》的简介见第一单元《孔子论立志》的题解。

（一）

哀公问①："弟子孰为好学②？"孔子对曰："有颜回者好学③，不迁怒，不贰过④。不幸短命死矣！今也则亡⑤，未闻好学者也。"
（《雍也》）

【注释】

① 哀公：鲁哀公。姬姓，名蒋。春秋时期鲁国的国君，公元前494年至前466年在位。

② 你的弟子中谁能称得上是好学的人？孰：谁。为：算得上，称得上。

③　颜回:字子渊。鲁国人。孔子的学生。

④　迁怒:把怒气发泄到别人身上,意思是拿别人出气。贰过:重复犯同样的错误。贰:二。

⑤　现在就没有能称得上好学的人了。亡(wú):通"无",没有。

(二)

子曰:"君子食无求饱,居无求安,敏于事而慎于言①,就有道而正焉②,可谓好学也已。"(《学而》)

【注释】

①　敏于事:在做事情方面敏捷。慎于言:在说话方面谨慎。

②　就:走向,靠近,到。有道:有道德学问的人。正:端正,匡正。

(三)

子贡问曰①:"孔文子何以谓之'文'也②?"子曰:"敏而好学,不耻下问,是以谓之'文'也③。"(《公冶长》)

【注释】

①　子贡:姓端木,名赐,字子贡,卫国人。孔子的学生。

②　孔文子:卫国的大夫孔圉(yǔ)。何以谓之"文"也:凭什么称他为"文"呢? 文:孔圉的谥号。古代有地位的人死后,根据他的生平事迹给予的褒贬称号叫做谥号。

③　不耻下问:不以向地位低、学识少的人求教为羞耻。是以:所以。

(四)

子曰:"由也,女闻六言六蔽矣乎①?"对曰:"未也。""居! 吾

84

语女②。好仁不好学,其蔽也愚③;好知不好学,其蔽也荡④;好信不好学,其蔽也贼⑤;好直不好学,其蔽也绞⑥;好勇不好学,其蔽也乱;好刚不好学,其蔽也狂⑦。"(《阳货》)

【注释】

① 由:仲由,字子路,孔子的学生。六言:六个字,即下文所说的"仁、知、信、直、勇、刚"六字。这六个字代表了六种品德。六蔽:六种弊病。

② 居:坐下。语(yù):告诉。

③ 好(hào):喜好,喜爱。愚:被人愚弄。

④ 知(zhì):智慧,聪明。在这个意义上后来写做"智"。荡:放荡,没有基础。

⑤ 信:诚实。贼:伤害。

⑥ 直:正直,直率。绞(jiǎo):急躁。

⑦ 刚:刚强。狂:胆大妄为。

(五)

子曰:"三人行,必有我师焉①:择其善者而从之②,其不善者而改之。"(《述而》)

【注释】

① 三人行,必有我师焉:几个人一块走路,一定有我的老师在里边。三:这里是泛指多数。

② 择:选取。

(六)

子曰:"由,诲女知之乎①!知之为知之,不知为不知②,是知

也③!"(《为政》)

【注释】

① 诲女知之乎:教给你对待知或不知的正确态度吧。诲:教诲,教导。
女(rǔ):你。

② 知道就是知道,不知道就是不知道。

③ 是知也:这就是聪明的态度。知(zhì):智慧,聪明。在这个意义上
后来写做"智"。

（七）

子曰:"学而不思则罔①;思而不学则殆②。"(《为政》)

【注释】

① 罔(wǎng):被蒙蔽,被欺骗。

② 殆(dài):疑惑。

（八）

子曰:"吾尝终日不食,终夜不寝①,以思,无益②,不如学也。"
(《卫灵公》)

【注释】

① 尝:曾经。终日:整天。终夜不寝:整夜不睡觉。

② 以思:来想。无益:没有益处。

（九）

子曰:"温故而知新,可以为师矣。"(《为政》)

（十）

　　子曰："学而时习之,不亦说乎①? 有朋自远方来,不亦乐乎②? 人不知而不愠③,不亦君子乎④?"(《学而》)

【注释】

① 不亦说乎:不也高兴吗? 说(yuè):喜悦,高兴。在这个意义上后来写做"悦"。

② 不亦乐乎:不也快乐吗? 乐(lè):快乐。

③ 愠(yùn):怨恨。

④ 不亦君子乎:不也是君子吗? 君子:指有德行的人。

（十一）

　　子曰："诵《诗》三百①,授之以政,不达②;使于四方,不能专对③;虽多,亦奚以为④?"(《子路》)

【注释】

① 《诗》:即《诗经》。这是我国最早的一部诗歌总集,收周代诗歌三百零五篇,分风、雅、颂三大类。

② 把政治任务交给他,他却办不通。

③ 作为使节出使到其他国家,又不能独立随机应对。专对:独立随机应对。

④ 即使读《诗》很多,又有什么用处呢?

（十二）

　　子路使子羔为费宰①。子曰："贼夫人之子②。"子路曰："有民

人焉,有社稷焉③。何必读书,然后为学④?"子曰:"是故恶夫佞者⑤。"(《先进》)

【注释】

① 子羔:高柴,字子羔。孔子的学生。为费宰:做费邑的行政长官。费:春秋时期鲁国季孙氏的采邑,在今山东费县。

② 贼夫人之子:这是害了别人的儿子。贼:伤害。

③ 民人:百姓。社:土地神。稷:谷物神。社、稷是国家的象征。

④ 何必读书,然后为学:为什么一定要读书,才算做学问呢?

⑤ 是故恶夫佞者:所以我讨厌那些巧言善辩的人。是故:所以。恶(wù):讨厌。佞(nìng)者:巧言善辩的人。

【评析】

《论语·学而》说:"吾十有五而志于学。"这个"志于学"很重要。因为"志于学",你才能去学习;如果你志不在此,学习就无从谈起了。

"志于学"的人一定"好学",孔子好学,颜渊好学,孔文子好学,司马迁好学,郑玄好学,李白好学,范仲淹好学,司马光好学,宋濂好学,鲁迅好学,华罗庚好学,等等。在中国历史上,好学的人千千万万,灿若繁星。他们以"好学"得来的知识加上自己的聪明才智和创造力,谱写出灿烂的篇章,使人类的文明更加辉煌。

如果一个人"不好学",那么即使这个人本质很好,比如说"好仁"、"好知"、"好信"、"好直"、"好勇"、"好刚",那也会产生许多弊病,如愚昧、放荡、伤害别人、说话尖刻、捣乱闯祸、胆大妄为。这就很难算得上一个好人了。

"好学"还要善于从师。"三人行,必有我师焉":几个人在一起，就有自己的老师。为什么呢？"择其善者而从之，其不善者而改之"，学习他们身上的优点，改正他们身上的缺点。这样，自己随时随地都可以从师学习；这样，自己就会越来越完美了。

"好学"还要有好的学习态度。好的学习态度就是实事求是，"知之为知之，不知为不知"，不能不懂装懂，不能骄傲自大。

"好学"还要有好的学习方法。好的学习方法就是"学而时习之"，就是"温故而知新"，就是"学"与"思"相结合。就"学"与"思"来讲，"学"是"思"的基础，而"思"使"学"升华。"学"与"思"相结合、相促进，不仅能学到知识，还能有所更新，有所创造。

"好学"还要学以致用。如果学习了一大堆知识却不能用于工作，用于造福人类，那也算不上真正的好学。正如孔子所说，"诵《诗》三百，授之以政，不达；使于四方，不能专对"，这样，书读得再多，又有什么用呢？

让我们做一个好学的人，用知识来润色自己，用科学来武装自己，使自己成为一个有益于国家、有益于社会的人。

二、周原伯鲁不说学

《左传》

【题解】

本篇选自左丘明《左传·昭公十八年》，题目是后加的。周，周朝。原伯鲁，周朝的大夫。不说（yuè）学，不爱学习。说，喜欢，喜爱。在这个意义上后来写做"悦"。

左丘明，春秋时期鲁国人。曾任鲁国太史，为《春秋》作传，成《春秋左氏传》，简称《左传》。

《左传》是我国的一部编年体史书。用夏历，按鲁君隐、桓、庄、闵、僖、文、宣、成、襄、昭、定、哀十二公世次记事，编年从隐公元年（公元前722年）开始，至悼公四年（前463年）结束。此书取材于各国史籍简册旧文、故志等，所记各国政治、军事、外交、文化及其代表人物翔实可靠，对古代传说也有记载。此书文字简洁，记述人物、事件生动，是我国古代史学、文学名著。

秋，葬曹平公①。往者见周原伯鲁焉，与之语，不说学②。归以语闵子马③。闵子马曰："周其乱乎④！夫必多有是说，而后及其大人⑤。大人患失而惑⑥，又曰：'可以无学，无学不害⑦。'不害而不学，则苟而可⑧，于是乎下陵上替，能无乱乎⑨？夫学，殖也⑩。不学将落⑪，原氏其亡乎⑫！"

【注释】

① 秋：鲁昭公十八年（公元前524年）的秋天。曹平公：春秋时期曹国的国君，名须。于鲁昭公十五年即位，十八年卒。

② 往者：指去参加葬礼的人。与之语：指与原伯鲁一块儿说话。

③ 语(yù)：告诉。闵子马：即闵马父(fǔ)，鲁国的大夫。

④ 周其乱乎：周朝恐怕要发生动乱了吧！其：表示一种推测的语气。

⑤ 一定是有很多人有这种不愿学习的说法，然后才影响到当权的人。夫：发语词，表示下面要发议论。是说：指这种不愿学习的说法。大人：在位者，当权的人。

⑥ 患失：担心失去官位。惑：糊涂，不明事理。

⑦ 无学不害：不学习没有坏处。

⑧ 则苟而可：那么一切政务苟且即可。苟且：马虎，敷衍了事。

⑨ 于是乎：于是，在这种情况下。下陵上替：在下者凌驾于上，在上者废弛怠惰。能无乱乎：能不动乱吗？

⑩　夫学，殖也：那学习，就跟种植的道理是一样的。

⑪　不学将落：不学习，才智就会衰退。

⑫　原氏其亡乎：原氏恐怕要灭亡了吧！

【评析】

周原伯鲁不说学，认为"可以无学，无学不害"。这是古代的"读书无用论"。

这种读书无用的论调是怎样掀起来的呢？必然是国内多有"不说学"的说法，然后流传到在位之人。那些在位之人认为这种说法有道理，于是乎就说"可以无学，无学不害"。

真的是"无学不害"吗？非也。如果认为"无学不害"而就不学习，人人就会苟且起来；如果人人心怀苟且，不识上下之序，不知尊卑之仪，那就会"下陵上替"。这样，就一个家族来讲，家族就会灭亡；就一个国家来讲，国家就会走向混乱，最终仍然是灭亡。

学习是人生的大事。俗话说，刀子不磨要生锈，人不学习要落后。青少年时期是人生开始的阶段，从现在起就立定学习的决心，养成学习的习惯，这对一生都有着决定性的意义。

三、晋平公问师旷

《说苑》

【题解】

本篇选自刘向《说苑·建本》，题目是后加的。晋平公，姬姓，名彪。春秋时期晋国的国君，公元前557年至前532年在位。师旷，字子野，春秋时期晋国的乐师。他眼睛失明，却擅长弹琴，是中国古代有名的音乐家。

刘向及《说苑》的简介见第二单元《高而不危 满而不溢》的题解。

　　晋平公问于师旷曰:"吾年七十,欲学,恐已暮矣①。"师旷曰:"何不炳烛乎②?"平公曰:"安有为人臣而戏其君乎③?"师旷曰:"盲臣安敢戏其君乎? 臣闻之,少而好学,如日出之阳;壮而好学,如日中之光;老而好学,如炳烛之明④。炳烛之明,孰与昧行乎⑤?"平公曰:"善哉!"

【注释】

① 暮:晚,迟。
② 何不炳烛乎:为什么不点燃火把来学习呢? 何:为什么。炳烛:点燃火把。烛:火把,不是现在的蜡烛。
③ 安:哪里。与下句"安敢"之"安"意义相同。戏其君:跟他的君主开玩笑。戏:戏弄,开玩笑。
④ 阳、光、明:都是亮光、光芒的意思。日中:太阳当午。
⑤ 依靠点燃火把的亮光行走与在黑暗中行走相比较,哪样更好呢? 昧(mèi):暗,昏暗。

【评析】

学习是终生的任务。"少而好学,如日出之阳;壮而好学,如日中之光",这自然是很好的事情。即使到了老年,来日无多,也应该学习。这时学习虽然比不上"少而好学"和"壮而好学",但点燃火把行走总比在黑暗中行走要好。总之是,学总比不学要好。年轻的朋友们,趁着少年的大好光阴学习吧;如果我们以前曾经荒废过一些时光的话,那就让我们加倍努力,尽快地把损失弥补过来吧。

四、劝 学

《吕氏春秋》

【题解】

本篇选自吕不韦《吕氏春秋·劝学》。劝学,鼓励学习。劝,鼓励,勉励。

吕不韦及《吕氏春秋》的简介见第二单元《列精子高窥井》的题解。

先王之教,莫荣于孝,莫显于忠①。忠孝,人君人亲之所甚欲也②;显荣,人子人臣之所甚愿也③。然而人君人亲不得其所欲,人子人臣不得其所愿,此生于不知义理④。不知义理,生于不学⑤。学者师达而有材,吾未知其不为圣人⑥。圣人之所在,则天下理焉⑦。在右则右重,在左则左重⑧,是故古之圣王未有不尊师者也。尊师则不论其贵贱贫富矣⑨。若此,则名号显矣,德行彰矣⑩。故师之教也,不争轻重尊卑,而争于道⑪。其人苟可,其事无不可,所求尽得,所欲尽成⑫,此生于得圣人⑬。圣人生于疾学⑭。不疾学而能为魁士名人者,未之尝有也⑮。疾学在于尊师,师尊则言信矣,道论矣⑯。故往教者不化,召师者不化⑰,自卑者不听,卑师者不听⑱。师操不化不听之术而以强教之,欲道之行、身之尊也,不亦远乎⑲?学者处不化不听之势而以自行之,欲名之显、身之安也⑳,是怀腐而欲香也,是入水而恶濡也㉑。

93

【注释】

① 教:教化。莫荣于孝,莫显于忠:没有什么比孝顺父母更光荣的了,没有什么比忠于君主更显耀的了。

② 人君:国君,君主。人亲:父母亲。所甚欲:很希望得到的。

③ 人子人臣:每个人,对父母来说为人子,对君主来说为人臣。所甚愿:很愿意做到的。

④ 此生于不知义理:这是从不知道义理产生的。义理:合于一定的伦理道德的行事准则。

⑤ 生于不学:是从不学习产生的。

⑥ 学者:求学的人。师达而有材:老师学问博通而本人又有才能。达:博通,通达。圣人:指品德高尚、学问卓越的人。这跟指孔子为圣人的意义有所不同。

⑦ 天下理焉:天下治理得好。

⑧ 在右则右重,在左则左重:这句话讲圣人地位的重要。重:受到尊重。

⑨ 不论:不考虑,不顾及。

⑩ 若此:像这样。名号显:名声显达。德行彰:德行昭明。

⑪ 不争轻重尊卑:不计较学生的轻重、尊卑。争于道:在道义上竞争。

⑫ 其人苟可:学生倘若不差。意思是教什么都能成功。可:行,不差。

⑬ 此生于得圣人:这是从能向圣人学习产生的。

⑭ 生于疾学:从努力学习产生的。疾:用力,用功。

⑮ 魁士:大学者。未之尝有:从来没有这件事。尝:曾经。

⑯ 言信:说的话被人信从。道论:义理彰明。

⑰ 往教者:主动到学生那里施教的老师。召师者:召唤老师前去教学的学生。不化:不能教化。

⑱ 自卑者:自卑的老师。卑师者:看轻老师的学生。不听:不被听从。

⑲ 师操不化不听之术:老师拿着不能教化、不被听从的方法。以强教之:用强硬的手段教育学生。不亦远乎:意思是离"道之行、身之

尊"的目标,不也太遥远了吗?

⑳ 学者处不化不听之势:学生处于不受教化、不听教诲的状态。以自行之:意思是自行其是。

㉑ 这是怀揣着腐臭的东西而希望芳香啊,这是进入水中却讨厌水沾湿身体啊。意思是不可能的。

【评析】

一个人不能忠孝,不能显荣,"此生于不知义理",而"不知义理,生于不学"。这说明了学习的重要性。

学习就要靠老师教,就要靠"疾学"。学习的人只要"师达而有材",又能"疾学",就能成为"圣人",即品德高尚、学问卓越的人。"不疾学而能为魁士名人者,未之尝有也"。

五、尊　师

《吕氏春秋》

【题解】

本篇选自吕不韦《吕氏春秋·尊师》。

神农师悉诸①,黄帝师大挠②,帝颛顼师伯夷父③,帝喾师伯招④,帝尧师子州支父⑤,帝舜师许由⑥,禹师大成贽⑦,汤师小臣⑧,文王、武王师吕望、周公旦⑨,齐桓公师管夷吾⑩,晋文公师咎犯、随会⑪,秦穆公师百里奚、公孙枝⑫,楚庄王师孙叔敖、沈尹巫⑬,吴王阖闾师伍子胥、文之仪⑭,越王勾践师范蠡、大夫种⑮。此十圣人六贤者,未有不尊师者也⑯。今尊不至于帝⑰,

智不至于圣,而欲无尊师,奚由至哉⑱?此五帝之所以绝,三代之所以灭⑲。

【注释】

① 神农以悉诸为师。神农:即炎帝,古代帝王之一。传说他教民耕作,发现了药草。悉诸:姓悉,名诸。传说他是神农的老师。

② 黄帝:古代帝王之一,传说是中原各族的共同祖先,号轩辕氏。大挠(náo):传说是黄帝的史官。

③ 颛顼(zhuān xū):传说中的上古帝王名,号高阳氏。伯夷父(fǔ):传说是颛顼的老师。父:古代对男子的美称。

④ 喾(kù):传说中的上古帝王名,号高辛氏。伯招:传说是帝喾的老师。

⑤ 尧:尧和下文所说的舜、禹都是传说中的古代帝王。子州支父(fǔ):传说中的古代隐士。

⑥ 许由:传说中的古代隐士。

⑦ 大成贽(zhì):传说是禹的老师。

⑧ 汤:商朝的开国国君。小臣:指伊尹,商朝的开国功臣。

⑨ 文王:周文王。姓姬,名昌,商朝末年周族的领袖。武王:周武王。周文王的儿子,名发,西周王朝的建立者。吕望:即吕尚。号太公望,俗称姜太公。他是西周王朝的开国功臣,封于齐。周公旦:周文王的儿子,名旦。他辅佐周武王打败商纣王,封于鲁。

⑩ 齐桓公:姜姓,名小白。春秋时期齐国的国君,春秋五霸之一。公元前685年至前643年在位。管夷吾:即管仲。春秋时期的政治家,辅佐齐桓公称霸诸侯。

⑪ 晋文公:姬姓,名重耳。春秋时期晋国的国君,春秋五霸之一。公元前636年至前627年在位。咎犯:即狐偃,字子犯。晋文公的大臣,曾随晋文公流亡,后来协助晋文公返回晋国即位。随会:即士会。名会,字季。晋国的大夫。曾食采邑随,所以又称随会。

⑫　秦穆公:嬴姓,名任好。春秋时期秦国的国君,春秋五霸之一。公元前659年至前620年在位。百里奚:姓百里,名奚,楚国宛(今河南南阳)人。后来被秦穆公用为大夫,对秦穆公的称霸起了很大的作用。公孙枝:姓公孙,名枝,字子桑,秦国的大夫。

⑬　楚庄王:芈(mǐ)姓,名旅。春秋时期楚国的国君,春秋五霸之一。孙叔敖:楚庄王的大臣。沈尹巫:楚国的大夫。

⑭　阖闾(hé lú):名光,春秋末年吴国的国君,公元前514年至前496年在位。伍子胥:名员(yún),字子胥。春秋时期楚国人,后来逃亡吴国,作了吴国的大夫。文之仪:吴国的大夫。

⑮　勾践:春秋末年越国的国君,公元前496年至前465年在位。范蠡(lí):字少伯,楚国宛(今河南南阳)人。越国的大夫。大夫种:即文种。姓文,名种,字少禽,楚国郢(今湖北江陵西北)人。越国的大夫。

⑯　十圣人:指神农、黄帝……武王等十位帝王。六贤者:指齐桓公、晋文公……勾践等六位诸侯。

⑰　尊:指地位的尊贵。

⑱　奚由至哉:怎么能达到帝、达到圣的境地呢?

⑲　五帝:传说中的上古五位帝王。绝:灭绝,消失。这是说像五帝那样的人物不再出现。三代:指夏、商、周三个朝代。灭:灭绝,消失。这是说像夏、商、周那样的朝代不再出现。

　　且天生人也,而使其耳可以闻,不学,其闻不若聋①;使其目可以见,不学,其见不若盲;使其口可以言,不学,其言不若爽②;使其心可以知,不学,其知不若狂③。故凡学,非能益也,达天性也④。能全天之所生而勿败之,是谓善学⑤。子张,鲁之鄙家也⑥;颜涿聚,梁父之大盗也;学于孔子⑦。段干木,晋国之大驵也,学于子夏⑧。高何、县子石,齐国之暴者也,指于乡曲,学于子墨子⑨。索

97

卢参,东方之巨狡也,学于禽滑黎⑩。此六人者,刑戮死辱之人也⑪,今非徒免于刑戮死辱也,由此为天下名士显人,以终其寿⑫,王公大人从而礼之⑬,此得之于学也。

【注释】

① 不学,其闻不若聋:如果不学习,能听见反而不如聋子听不见好。

② 爽:口患疾病,不能说话。

③ 狂:冥顽无知。

④ 所以大凡学习,不能给你增加什么,而只是使你能把天性发挥出来。益:增加。达天性:使天性通达。

⑤ 能够保全上天所赋予的本性而不毁坏它,这就叫做善于学习。败:毁坏。

⑥ 子张:姓颛孙,名师,字子张,孔子的学生。鄙家:地位卑微的人家。

⑦ 颜涿聚:姓颜,名庚,字涿聚,春秋时期齐国的大夫。梁父:泰山下一座小山,在今山东新泰西。

⑧ 段干木:战国初年魏国的隐士。驵(zǎng):古代市场的买卖经纪人。子夏:姓卜,名商,字子夏,孔子的学生。

⑨ 高何、县子石:二人都是战国时期人,墨子的学生。暴者:凶恶残暴的人。指于乡曲:被同乡的人所斥责。指:指斥,斥责。乡曲:乡里。这里指乡里的人,同乡的人。子墨子:即墨子。名翟,战国初期鲁国人,是墨家学派的创始人。

⑩ 索卢参:姓索卢,名参,禽滑黎的学生。巨狡:最狡诈的人。禽滑黎:墨子的学生。

⑪ 这六个人,本来是会受到各种刑罚、被杀戮、蒙受耻辱的人。

⑫ 徒:只是,仅仅。名士显人:知名人士,显达之人。以终其寿:而终其天年。

⑬ 王公大人:指高官贵人。礼之:对他们以礼相待。

【评析】

上篇讲劝学,本篇讲尊师。劝学就要尊师,尊师就要劝学,二者其实是一回事。古今中外帝王将相、圣贤哲人、专家学者,哪有不尊师的呢?神农、黄帝等十位圣人尊师,齐桓公、晋文公等六位贤者尊师。正因为他们尊师,所以才成就了他们的圣人和贤者的名声。子张、颜涿聚等六人本是"刑戮死辱之人",因为从师学习,"非徒免于刑戮死辱也,由此为天下名士显人"。

学习要有师,有师要尊师。"尊师则不论其贵贱贫富矣"(《吕氏春秋·劝学》),即"无贵无贱,无长无少,道之所存,师之所存也。"(韩愈《师说》)这样,学生尊敬老师,就会努力学习;老师受到尊敬,就能尽心教诲。这样,学生修养品德,研究学业,就会掌握各种各样的本领,服务于社会,成为一个有用的人。

六、良玉不刻不成器

《韩诗外传》

【题解】

本篇选自韩婴《韩诗外传》卷八,题目是后加的。良玉,美玉。器,器物。玉加工成器物才有用处。

韩婴及《韩诗外传》的简介见第二单元《成王封伯禽于鲁》的题解。

鲁哀公问冉有曰①:"凡人之质而已,将必学而后为君子乎②?"冉有对曰:"臣闻之:虽有良玉,不刻镂则不成器;虽有美质,不学则不成君子③。"曰:"何以知其然也④?""夫子路、卞之野人也⑤,子贡、卫之贾人也⑥,皆学问于孔子,遂为天下显士⑦,诸侯闻之,莫不尊敬,卿大夫闻之,莫不亲爱,学之故也⑧。昔吴、楚、燕、代谋为一举而欲伐秦⑨,姚贾、监门之子也,为秦往使也,遂绝其谋,止其兵⑩,及其反国,秦王大悦,立为上卿⑪。夫百里奚,齐之乞者也⑫,逐于齐西,无以进⑬,自卖五羊皮⑭,为一轭车⑮,见秦缪公,立为相,遂霸西戎⑯。太公望少为人婿,老而见去⑰,屠牛朝歌,赁于棘津,钓于磻溪⑱,文王举而用之,封于齐⑲。管仲亲射桓公⑳,遂除报雠之心,立以为相㉑,存亡继绝,九合诸侯,一匡天下㉒。此四子者、皆尝卑贱穷辱矣、然其名声驰于后世㉓,岂非学问之所致乎㉔?由此观之,士必学问然后成君子㉕。诗曰:'日就月将。'㉖"于是哀公嘻然而笑曰:"寡人虽不敏,请奉先生之教矣㉗。"

【注释】

① 鲁哀公:姬姓,名蒋。春秋时期鲁国的国君,公元前494年至前466年在位。冉有:姓冉,名求,字子有。孔子的学生。

② 大凡一个人保持淳朴的本色就可以了,还一定要学习然后才能成为君子吗?质:朴实,淳朴。君子:有道德有学问的人。

③ 刻镂(lòu):雕刻。不成器:不能成为有用的器物。美质:很好的天赋。

④ 怎么知道是这样的呢?

⑤ 子路:姓仲,名由,字子路,孔子的学生。卞(biàn):地名。在今山东泗水东。野人:粗野的人。

⑥ 子贡:姓端木,名赐,字子贡。孔子的学生。卫:卫国。贾(gǔ)人:商人,做买卖的人。

⑦ 学问:学习和询问。这里泛指学习。显士:名流,有名望的人。

⑧ 亲爱:亲近、喜爱。学之故也:这是因为学习的缘故。

⑨　吴、楚、燕、代：春秋时期的诸侯国。吴、楚在长江中下游一带,是南方的国家。燕、代在阴山东南部,是北方的国家。谋为一举而欲伐秦：共同谋划采取一致行动,想要攻打秦国。

⑩　监门之子：看门人的儿子。为秦往使：替秦国前往出使各国。遂：终于,竟。绝其谋：终止了他们的计划。止其兵：阻止了他们要发动的战争。

⑪　及其反国：等到姚贾返回秦国的时候。反：返回。在这个意义上后来写做"返"。大悦：非常高兴。立为上卿：任命他做了上卿。上卿：官名,是最尊贵的官位。

⑫　百里奚：楚国宛(今河南南阳)人。他曾经是虞国的大夫,虞国灭亡后,又做了秦国的大夫,对秦穆公的称霸起了很大的作用。乞者：讨饭的人。

⑬　在齐国的西部流浪,没有办法找到机会做官。进：进仕,做官。

⑭　这里说是百里奚把自己卖了五张羊皮。这与其他书上的说法不同。其他书上说,百里奚被作为陪嫁的奴仆送往秦国,后来他又逃到宛。秦穆公用五张黑羊皮把他赎了回来。

⑮　为一轭(è)车：制作了一辆车。轭车：泛指车。轭：古代车辆前端的横木。

⑯　秦缪公：即秦穆公。立为相：秦穆公任用百里奚为相。遂霸西戎：于是在西戎称霸。西戎：我国古代西北地区的少数民族。

⑰　太公望：即吕尚。号太公望,又称吕望,俗称姜太公。他是西周王朝的开国功臣,封于齐。少为人婿：年轻时给人家做上门女婿。老而见去：年老以后被赶了出来。

⑱　在朝歌那儿宰过牛,在棘津那儿给人做过雇工,在磻溪边钓过鱼。朝歌：地名,在今河南淇县。赁(lìn)：受雇佣,给人做雇工。棘津：在今河南延津东北。磻(pān)溪：水名。在今陕西宝鸡东南。

⑲　文王：周文王。姬姓,名昌,商朝末年周族的领袖。举而用之：提拔并任用了他。封于齐：把他封在齐国。

101

⑳ 管仲曾亲自用箭射过齐桓公。管仲:名夷吾,字仲。春秋时期的政治家,辅佐齐桓公称霸诸侯。桓公:齐桓公。春秋时期齐国的国君,春秋五霸之一。

㉑ 于是解除了对管仲的报仇之心,并立管仲为相。雠:仇恨。这句话前边可能有缺文。实际上是通过鲍叔牙从中调解,齐桓公才赦免了管仲,并拜他为相。

㉒ 存亡继绝:即"兴灭国,继绝世",意思是使将要灭亡的国家存续下去,使已经灭绝的宗祀继承下去。九合诸侯:多次会盟天下诸侯。九:表示多次。一匡天下:使天下得到匡正。

㉓ 卑贱:指出身低下。穷辱:经历过困窘,受到过耻辱。驰于后世:流传到后世。

㉔ 这难道不是通过学习而得到的吗?

㉕ 士:泛指一般人。

㉖ 这句诗出自《诗经·周颂·敬之》。意思是日月不停地运转,人也要努力学习,天天向上。就:前往,将:行进。

㉗ 寡人:谦词。鲁哀公自称。不敏:不聪明。奉先生之教:接受先生您的教诲。

【评析】

这篇文章说明了学习的重要性:子路、子贡、姚贾、百里奚、太公望、管仲,都是卑贱穷辱之人,经过学习,有了本领,都建功立业,"名声驰于后世"。所以,一个人只保留质朴的本色是不行的,还是要学习。此所谓"虽有良玉,不刻镂则不成器;虽有美质,不学则不成君子"。《三字经》说:"玉不琢,不成器;人不学,不知道",也是这个意思。

七、赵括将兵

《史记》

【题解】

本篇选自司马迁《史记·廉颇蔺相如列传》，题目是后加的。赵括，赵国大将赵奢的儿子，后为赵将，为秦将白起所败。将(jiāng)兵，带兵，率领军队。

司马迁及《史记》的简介见第二单元《相御之妻》的题解。

后四年，赵惠文王卒，子孝成王立①。七年，秦与赵兵相距长平②，时赵奢已死，而蔺相如病笃③。赵使廉颇将攻秦，秦数败赵军，赵军固壁不战④。秦数挑战，廉颇不肯⑤。赵王信秦之间，秦之间言曰："秦之所恶，独畏马服君赵奢之子赵括为将耳⑥。"赵王因以括为将，代廉颇⑦。蔺相如曰："王以名使括，若胶柱而鼓瑟耳⑧。括徒能读其父书传，不知合变也⑨。"赵王不听，遂将之⑩。

【注释】

①　后四年：指赵国在阏与击败秦国军队后的第四年，即公元前 266 年。阏与(yān yù)：地名，在今山西和顺西北。赵惠文王：战国时期赵国的国君，名何，公元前 298 年至前 266 年在位。卒(zú)：去世，死。孝成王：赵国的国君，赵惠文王的儿子，名丹，公元前 265 年至前 245 年在位。立：指继承君位。

②　七年：指赵孝成王七年，即公元前 259 年。距：通"拒"，对抗。长平：地名，在今山西高平西北。

103

③ 赵奢：赵国的大将，赵惠文王赐其号为马服君。蔺(lìn)相如：赵国的大臣。病笃(dǔ)：病重。

④ 廉颇：赵国的大将。将(jiàng)：担任将领。数(shuò)：多次。与下文"秦数挑战"的"数"用法相同。固壁：坚守营垒。

⑤ 不肯：不答应，不理会。这里是说廉颇不应战。

⑥ 信秦之间(jiàn)：相信秦国的间谍。秦之所恶：秦国最不喜欢的人。恶(wù)：讨厌，不喜欢。独：唯独。畏：害怕。赵括：赵奢的儿子。

⑦ 因：于是。

⑧ 王以名使括：指赵王因为赵括有虚名而加以任用。胶柱而鼓瑟：把琴柱粘紧起来而去弹瑟。比喻死背教条，不知变通。柱：瑟上用来调弦的短木。柱被粘住，就无法调整音高。

⑨ 徒：只，仅仅。书传：书，书本。合变：适应变化，即随机应变。

⑩ 遂将之：于是任命赵括为将。

　　赵括自少时学兵法，言兵事，以天下莫能当①。尝与其父奢言兵事，奢不能难，然不谓善②。括母问奢其故，奢曰："兵，死地也，而括易言之③。使赵不将括即已，若必将之，破赵军者必括也④。"及括将行，其母上书言于王曰："括不可使将⑤。"王曰："何以⑥？"对曰："始妾事其父⑦，时为将，身所奉饭饮而进食者以十数，所友者以百数⑧。大王及宗室所赏赐者尽以予军吏士大夫⑨，受命之日，不问家事⑩。今括一旦为将，东向而朝，军吏无敢仰视之者⑪；王所赐金帛归藏于家，而日视便利田宅可买者买之⑫。王以为何如其父⑬？父子异心，愿王勿遣⑭。"王曰："母置之，吾已决矣⑮。"括母因曰："王终遣之，即有如不称，妾得无随坐乎⑯？"王许诺。

【注释】

① 少(shào)时：小时候。言兵事：讨论用兵打仗。以天下莫能当：认

104

为天下没有谁能抵挡他。

② 尝:曾经。难:驳倒。然不谓善:然而赵奢不认为他有本领。

③ 兵,死地也:用兵打仗,是有生命危险的事。易言之:把用兵打仗看得轻而易举。

④ 假使赵国不让赵括做将领就罢了,如果一定让他作将领,毁灭赵国军队的一定是赵括。使:假使,如果。

⑤ 括不可使将:不可使赵括为将。

⑥ 何以:为什么?

⑦ 妾事其父:我刚嫁给他的父亲。妾:谦词,赵括母亲自称自己。

⑧ 他亲自捧着吃喝的东西伺候吃饭的有十几个人,他结交的朋友有一百多人。奉:捧着。

⑨ 宗室:指与赵王同宗族的人。尽以予军吏士大夫:完全用来分给他的部属和将士。

⑩ 一旦接受君命,就不再过问家中的私事。

⑪ 东向而朝:坐在面向东的位置,接受部属的朝见。当时的人在一般聚会时把坐西朝东看做是尊贵的位置。天子、国君朝会,还是南向为尊。

⑫ 日:天天。视:察看。便利田宅:指又便宜又好的土地和住宅。

⑬ 何如其父:和他的父亲相比怎么样?

⑭ 异心:想法不一样。勿遣:不要派他为将。

⑮ 母置之:你不要管了。母:赵王对赵括母亲的敬称。

⑯ 终:终究,终归。即有如不称:如果有不如意的地方。这里暗指如果赵括打了败仗。妾得无随坐乎:我该不会因此受牵连而被治罪吧?随坐:受牵连而被治罪。

　　赵括既代廉颇①,悉更约束,易置军吏②。秦将白起闻之,纵奇兵,详败走③,而绝其粮道,分断其军为二,士卒离心④。四十余日,军饿,赵括出锐卒自搏战⑤,秦军射杀赵括。括军败,数十万之众遂降秦,秦悉坑之⑥。赵前后所亡凡四十五万⑦。明年,秦兵遂围邯郸⑧。岁余,几不得脱,赖楚、魏诸侯来救,乃得解邯郸之围⑨。赵王亦以括母先言,竟不诛也⑩。

【注释】

① 赵括代替廉颇以后。既:已经。

② 完全更改了原来的法令规章,撤换了廉颇的部属。约束:法令,规章。易:改换。

③ 白起:战国时期秦国的大将。纵奇兵:调发出敌意料的部队。奇兵:出乎敌人意料而突然袭击的部队。详(yáng)败走:假装战败而逃跑。详:通"佯",假装。

④ 绝:截断。士卒(zú)离心:意思是军心涣散。

⑤ 赵括派出精锐的士卒,并且亲自出马与秦军搏杀作战。

⑥ 坑:活埋。

⑦ 所亡:所丧失的士兵。凡:共,总计。

⑧ 明年:指长平之战后的第二年。邯郸:赵国的都城,今河北邯郸。

⑨ 几(jī)不得脱:几乎不能解围。脱:解脱。这里指解围。赖:依靠。

⑩ 竟:最终。诛:杀。

【评析】

赵括是将门出身,又"自少时学兵法","尝与其父奢言兵事,奢不能难",然而为将带兵,抗击秦军,自己送了命不说,还搭上了四五十万赵军,给国家带来了深重的灾难。这样的惨败,是什么原因呢?主要有三条:

一、赵国的相国蔺相如说得好:"括徒能读其父书传,不知合变也。"赵括读死书,不知随机应变。他书读得不少,"言兵事,以天下莫能当",全是嘴皮子工夫。因为是嘴皮子工夫,所以,"兵,

106

死地也，而括易言之"，把打仗看得很容易。这样，一遇到真刀真枪，可就抓瞎了。

二、赵母对赵王说："今括一旦为将，东向而朝，军吏无敢仰视之者；王所赐金帛归藏于家，而日视便利田宅可买者买之。"赵括为将，作威作福，而贪爱金帛田宅。不知道爱惜将士，不能和将士同甘共苦，这是为将的大忌。

三、廉颇是赵之名将。廉颇为将时，"秦数败赵军，赵军固壁不战。秦数挑战，廉颇不肯"，秦军也没有办法。在秦强赵弱的形势下，廉颇的战略、战术无疑是正确的。但"赵括既代廉颇，悉更约束，易置军吏"。大战在即，却"悉更约束，易置军吏"，怎么能不失败呢？

这三条原因，哪一条都能导致赵括失败。但这里要告诉读者的是，读书当然很重要，但是不能读死书，读书要和实践相结合。如果赵括读了许多的军事著作，又能亲历许多的战斗、战役、战争，一步一步地升到统帅的位置，肯定不会吃长平之战这么大的亏。

八、赞　学

《潜夫论》

【题解】

本文选自王符《潜夫论·赞学》。赞学，勉励学习。

王符（约公元85—163年），字节信，自号潜夫，安定临泾（今甘肃镇原东南）人。东汉著名的思想家、政论家。自幼好学，有志操，不合于世，终生隐居，著书以论当世得失。

《潜夫论》是一部政治著作，十卷，三十六篇。大多是讨论治国安民之术的政论。作者针对东汉腐败与黑暗的统治进行了广泛而深入的批判,锋芒所指,几乎涉及社会的各个方面,内容丰富而深刻。

　　天地之所贵者人也,圣人之所尚者义也①,德义之所成者智也,明智之所求者学问也②。虽有至圣,不生而知③;虽有至材,不生而能④。故志曰⑤:黄帝师风后⑥,颛顼师老彭⑦,帝喾师祝融⑧,尧师务成⑨,舜师纪后⑩,禹师墨如⑪,汤师伊尹⑫,文、武师姜尚⑬,周公师庶秀⑭,孔子师老聃⑮。若此言之而信,则人不可以不就师矣⑯。夫此十一君者,皆上圣也,犹待学问,其智乃博,其德乃硕⑰,而况于凡人乎⑱?

【注释】

① 圣人:指人格品德最高的人。所尚者义也:所崇尚的是义。义:指合适的、应当做的事情。这里指道义,正义。

② 德义成就的原因是智慧,智慧求得的方法是学问。学问:意思是学习。

③ 至圣:最高的圣人。

④ 至材:最有才华的人。

⑤ 故志:古书。

⑥ 黄帝师风后:黄帝以风后为师。下列九句,句式与此相同。黄帝:号轩辕氏,相传为中华文明的始祖。黄帝与下文的颛顼(zhuān xū)、帝喾(kù)、尧、舜等都是传说中的古代帝王。风后:黄帝的相。

⑦ 老彭:传说中的人物。

⑧ 祝融:相传是帝喾的火官。

⑨ 务成:相传是尧的老师。

⑩ 纪后:相传是舜的老师。

⑪　禹：尧舜以后的帝王。他的儿子启建立了夏朝。墨如：禹的诸侯。

⑫　汤：商朝的开国君主。伊尹：商初的大臣，辅佐汤建立了商朝。

⑬　文、武师姜尚：周文王、周武王以姜尚为师。姜尚：姜太公，姜子牙，
　　周朝的开国元勋，封于齐，是齐国的始祖。

⑭　周公：姓姬名旦，周武王的弟弟。武王死后，他辅佐成王成功地治理
　　了国家。庶秀：周朝人名。

⑮　老聃(dān)：即老子。姓李名耳，字聃，是道家学派的创始人。

⑯　信：真实，不虚假。就师：从师，跟老师学习。

⑰　犹待学问：尚且需要学习。待：须，需要。其智乃博，其德乃硕：他的
　　智慧才广博，他的德行才硕大。

⑱　况于凡人乎：何况一般的人呢？凡人：一般的人，平常的人。

　　是故工欲善其事，必先利其器①；士欲宣其义，必先读其书②。
《易》曰③："君子以多志前言往行以畜其德④。"是以人之有学也，
犹物之有治也⑤。故夏后之璜、楚和之璧，虽有玉璞卞和之资⑥，
不琢不错，不离砥石⑦。夫瑚簋之器、朝祭之服，其始也乃山野之
木、蚕茧之丝耳⑧，使巧倕加绳墨而制之以斤斧、女工加五色而制
之以机杼⑨，则皆成宗庙之器、黼黻之章⑩，可羞于鬼神、可御于王
公⑪。而况君子敦贞之质、察敏之才⑫，摄之以良朋，教之以明
师⑬，文之以礼乐⑭，导之以《诗》《书》，赞之以《周易》，明之以《春
秋》⑮，其有不济乎！

【注释】

①　是故：所以。工欲善其事，必先利其器：工匠想要干好他的活，一定
　　先要使他的工具精良。工：工匠。

②　士欲宣其义，必先读其书：士人想要宣明德义，一定先要学习前代的
　　经典。士：士人，读书从政的人。

③ 《易》曰:《周易》说。《周易》是古代占卜的书。《易》和下文的《诗》
《书》,《春秋》都是儒家的经典。

④ 此句出《周易·大畜·象》,意思是君子用多记古人的言行来培养
自己的品德。志:记。前言往行:古人的言行。畜(xù):积蓄,涵
养。在这个意义上后来写做"蓄"。

⑤ 所以人需要学习,就像原材料需要加工一样。犹:像,就像。治:
加工。

⑥ 夏后之璜:夏朝君主的璜。后:君,君主。璜:半璧形的玉。古代朝
聘、祭祀、丧葬时所用的玉器。楚和之璧:楚国的和氏璧。玉璞:没
有经过琢磨加工的玉。资:材质。

⑦ 琢、错:都是雕凿、加工的意思。砺(lì)石:碎石,石块。

⑧ 瑚簋(guǐ)之器、朝祭之服:瑚簋这样的器皿,上朝、祭祀的礼服。瑚
簋:古代祭祀或宴会时盛黍稷的器皿。

⑨ 巧倕:技术精妙的倕。倕:相传是古代的能工巧匠,他制造耒耜、规
矩、绳墨。加绳墨而制之以斧斤:施用绳墨而用斧头加以制作。绳
墨:木工用来取直的墨线。加五色:染上五种颜色。制之以机杼:用
织机来织造。

⑩ 宗庙之器:祭祀祖先用的器皿。黼黻(fǔ fú)之章:古代有花纹的礼
服。黼黻:礼服上绣的花纹。章:章服,一种用日月星辰等图案作为
标志的礼服。

⑪ 羞于鬼神:进献给鬼神。意思是"山野之木"经过倕的加工而成"宗
庙之器",能够进献给鬼神。羞:进献,进奉。御于王公:被王公大
人用。意思是"蚕茧之丝"经过女工制作成"黼黻之章",可以被
王公大人服用。御:穿,服用。

⑫ 敦贞之质、察敏之才:敦厚正直的素质,精明敏锐的资材。

⑬ 摄之以良朋,教之以明师:用好友来辅助他,用明师来教育他。摄:
辅助,帮助。

⑭ 文之以礼乐:用礼和乐来修饰他。文:文饰,美化。

110

⑮ 导之以《诗》《书》，赞之以《周易》，明之以《春秋》：用《诗》《书》来
引导他，用《周易》来显明他，用《春秋》来开导他。《诗》：《诗经》，
我国最早的一部诗歌总集。《书》：《尚书》，商周时期国家政治文告
和历史资料的汇编。《春秋》：鲁国的官方史书，是由孔子删定的。

孔子曰："吾尝终日不食，终夜不寝，以思，无益，不如学
也①。""耕也，馁在其中；学也，禄在其中矣。君子忧道不忧贫②。"
箕子陈"六极"③，《国风》歌《北门》④，故所谓不忧贫也⑤。岂好
贫而弗之忧邪⑥？盖志有所专，昭其重也⑦。是故君子之求丰厚
也，非为嘉馔、美服、淫乐、声色也⑧，乃将以底其道而迈其德也⑨。

【注释】

① 此句出《论语·卫灵公》。终日、终夜：一整天、一整夜。寝：睡觉。

② 此句出《论语·卫灵公》。意思是种地嘛，免不了挨饿；读书嘛，就
会有俸禄。君子只担心得不到道，不担心得不到财。

③ 箕子陈"六极"：箕子陈说六种不好的遭遇。箕子：商纣王的叔父，
官居太师。"六极"见《尚书·洪范》，其四为"贫"。

④ 《国风》歌《北门》：《国风》里有《北门》一篇。《诗经》由风、雅、颂三
部分组成。风即《国风》，共十五国风。《北门》是《邶风》中的一篇，
写士不得志而遭到困苦。

⑤ 所谓不忧贫：都是所谓不担心贫穷的事。

⑥ 难道是喜好贫穷而不忧虑吗？

⑦ 志有所专：君子的意志有所专注。昭其重也：表明他所重的事
情啊。

⑧ 求丰厚：希望有丰厚的产业。嘉馔：美好的饮食。美服：华美的服
装。淫乐：当时流行的音乐，不是庙堂使用的正乐。

⑨ 而将要用它来获得并实现他的大道和德行啊。底：通"致"，实现。

道:大道,指政治主张和思想体系。迈:行,履行。

　　夫道成于学而藏于书,学进于振而废于穷①。是故董仲舒终身不问家事②,景君明经年不出户庭③,得锐精其学而昭显其业者,家富也④。富佚若彼而能勤精若此者,材子也⑤。倪宽卖力于都巷⑥,匡衡自鬻于保徒者⑦,身贫也。贫厄若彼而能进学若此者,秀士也⑧。当世学士恒以万计,而究涂者无数十焉⑨。其故何也⑩?其富者则以贿玷精,贫者则以乏易计⑪,或以丧乱期其年岁⑫,此其所以逮初丧功而及其童蒙者也⑬。是故无董、景之才,倪、匡之志,而欲强捐家出身、旷日师门者,必无几矣⑭。夫此四子者,耳目聪明,忠信廉勇,未必无俦也⑮,而及其成名立绩,德音令问不已,而有所以然⑯。夫何故哉⑰?徒以其能自托于先圣之经典,结心于夫子之遗训也⑱。

【注释】

① 道成于学而藏于书:大道是藏在书本中的,经过学习才能养成。振:振作,奋发自励。学进于振而废于穷:学习在勤奋努力中进步,而在怠惰止步中荒废。穷:停止,指中止自己的努力。

② 董仲舒(公元前 179—前 104 年):西汉大儒。年轻时研治《春秋公羊传》,闭门讲读,三年不窥园。景帝时为博士,武帝时拜江都相。著有《春秋繁露》等书。

③ 景君明(公元前 77—前 33 年):即京房,字君明。西汉大儒。《易》学专家,著《京氏易传》。元帝时为博士,官至魏郡太守。

④ 能够使他们学业精锐而使他们成就显著的,是由于他们家庭富裕。

⑤ 富佚若彼:像他们那样富裕安逸。材子也:是才子啊。

⑥ 倪宽卖力于都巷:倪宽在太学当厨工。倪宽:西汉儒生,武帝时为御史大夫。都巷:据《汉书·倪宽传》应做"都养"。都养:即厨工。倪

宽在太学读书时,曾为太学生做过饭。

⑦ 匡衡自鬻于保徒:匡衡卖身做佣人。匡衡:西汉儒生,元帝时为丞相。鬻(yù):卖身。保徒:佣人。

⑧ 贫厄若彼:像他们那样贫困艰难。秀士也:是优秀的士人啊。

⑨ 恒以万计:常有万人。究涂者:指坚持学习到底的人。究:终,竟。涂:通"途",道路。

⑩ 其故何也:那原因是什么呢?

⑪ 以贿玷精:由于钱财妨害了求学的专一。贿:钱财。玷:玷污,污损。以乏易计:由于匮乏而中止学业另谋出路。易计:改变想法。

⑫ 或以丧乱期其年岁:有的因为遭遇丧乱而延误了就学的时间。期:拖延,延误。

⑬ 此其所以逮初丧功而及其童蒙者也:这句的意思是,这就是很多人违背求学的初衷,尽弃前功,而终身蒙昧无知的原因。逮:当为"违"。童蒙:蒙昧无知。

⑭ 而想硬离家出门、在老师家中长时间读书的。必无几(jī)矣:一定没有希望。几:希望。

⑮ 此四子者:董仲舒、景君明、倪宽、匡衡。未必无俦:不一定没有人赶得上。俦:匹配,对手。

⑯ 德音令问不已:美名传扬不止。德音、令问:都是美名的意思。令问:即令闻。有所以然:有其必然性。

⑰ 夫何故哉:这是什么原因呢?

⑱ 只是因为他们能够自己寄托在先圣们的经典上,牢记着孔夫子遗留下来的教导啊。结心:一心一意,意思是牢记。

【评析】

这篇《赞学》有几点重要思想:

一、"虽有至圣,不生而知;虽有至材,不生而能"。这就是说人一定要学习,而学习一定要求师。黄帝、孔子等十一人"皆上圣

113

也,犹待学问,其智乃博,其德乃硕,而况于凡人乎"?

二、"人之有学也,犹物之有治也"。璞经过雕凿才能成为美玉,"山野之木、蚕茧之丝"经过加工才能成为宗庙之器、朝祭之服。那么人呢?也需要雕凿和加工。这个雕凿和加工就是读书、学习。如果"摄之以良朋,教之以明师,文之以礼乐,导之以《诗》《书》,赞之以《周易》,明之以《春秋》",那就一定能学得好,获得成功。

三、王符指出,"当世学士恒以万计,而究涂者无数十焉"。什么原因呢?"其富者则以贿玷精,贫者则以乏易计,或以丧乱期其年岁"。现在社会安定,没有丧乱,不会因社会动荡影响学业。贫穷固然影响学业,但富裕了过得太安逸也不利学习。从当前的情况看,有些人生活太安逸,贪图享受,是影响学业的重要原因。

九、乐羊子妻

《后汉书》

【题解】

本篇选自范晔《后汉书·列女传》,题目是后加的。乐羊子,生平不详,因其妻而显名。

范晔及《后汉书》的简介见第一单元《马援少有大志》的题解。

河南乐羊子之妻者①,不知何氏之女也②。羊子尝行路,得遗金一饼,还以与妻③。妻曰:"妾闻志士不饮盗泉之水,廉者不受嗟来之食④,况拾遗求利,以污其行乎⑤!"羊子大惭,乃捐金于野,而远寻师学⑥。一年来归⑦,妻跪问其故⑧。羊子曰:"久行怀思,无它异也⑨。"妻乃引刀趋机而言曰⑩:"此织生自蚕茧,成于机杼⑪,一丝而累,以至于寸⑫,累寸不已,遂成丈匹⑬。今若断斯织也⑭,则捐失成功,稽废时月⑮。夫子积学,当日知其所亡,以就懿德⑯。若中道而归,何异断斯织乎⑰?"羊子感其言,复还终业⑱。

【注释】

① 河南:郡名,在今河南洛阳一带。

② 不知何氏之女:不知道是哪个姓氏人家的女儿。何:什么,哪个。

③ 羊子曾经走在路上拾到别人丢失的一个金饼,回到家后把它交给了妻子。遗金:丢失的金子。与:交给。

④ 志士:有志向的人。盗泉:水名,相传在今山东泗水。廉者:清廉的人。嗟(jiē)来之食:指带有侮辱性的施舍。

⑤ 更何况捡拾别人丢失的东西来获取好处而玷污自己的品行呢!遗:丢失。这里指丢失的东西。

⑥ 大惭:非常惭愧。捐:丢弃。远寻师学:到远方寻访老师求学。

⑦ 来归:回来。这里指回家。

⑧ 他妻子行跪礼问他为什么要回家。故:缘故,原因。

⑨ 长时间出门在外想家了,没有其他特别的原因。怀思:思念,想念。这里是说想家了。它:其他的,别的。异:特殊,特别。这里是指特别的原因。

⑩ 他的妻子就拿起一把刀走到织布机前而说道。引:拿起。趋:小步快走。机:织布机。

⑪ 这织布机上的丝是从蚕茧中抽出来的,靠着织布机纺织而成绸布。杼(zhù):织布用的工具。"机杼"在这里泛指织布机。

⑫ 一根丝一根丝地累积,而织成一寸。

⑬ 累寸:一寸一寸地积累。不已:不停止,不间断。遂成丈匹:才能织成一丈以至一匹。

⑭ 断:割断。斯织:这正在织着的布。

115

⑮ 捐失：丧失，丢失。这里指织成的成丈成匹的绢帛。稽废时月：延误荒废了光阴。稽(jī)：拖延，延误。

⑯ 您积累学问，应该每天都了解自己所未知的东西，用来成就您美好的德行。亡(wú)：通"无"。懿(yì)：美好(多指德行)。

⑰ 如果学习中途就跑回家，跟割断这织机上的布有什么区别呢？异：区别，不一样。

⑱ 感其言：被妻子的话所感动。复还终业：又返回去完成学业。

【评析】

尽管乐羊子的妻子不知为何氏之女，但确实品行高洁，远见卓识，名标《后汉书·列女传》，名副其实。她的事迹主要有两条：

一是教育丈夫拾金不昧。"羊子尝行路，得遗金一饼，还以与妻"。妻以"志士不饮盗泉之水，廉者不受嗟来之食"相激励，"羊子大惭"。羊子"乃捐金于野，而远寻师学"。

二是勉励丈夫终其学业，"以就懿德"。羊子远道从师学习，却"久行怀思"，"一年来归"。妻以织布比喻求学，应日积月累，才能成功。"若中道而归，何异断斯织乎"？"羊子感其言，复还终业"。

像乐羊子妻这样的女子，在中国历史上真不知有多少。可惜在封建社会里，历史是男人们编写的，很少有女子的份儿。《后汉书》开辟了《列女传》，使女子在正史中有了露脸儿的机会，真是个创造。像乐羊子妻这样的女子，在史书中可算得上一道亮丽的风景，她的言行品德正使不少的男子们汗颜呢！

十、桓荣学优为帝师

《后汉书》

【题解】

本篇节选自《后汉书·桓荣丁鸿列传》,题目是后加的。桓荣,东汉初年的学者,教育家。精通《欧阳尚书》。官太常,封关内侯。为帝师,桓荣是汉明帝刘庄的老师。

桓荣字春卿,沛郡龙亢人也①。少学长安,习《欧阳尚书》②,事博士九江朱普③。贫窭无资,常客佣以自给④,精力不倦,十五年不窥家园⑤。至王莽篡位乃归⑥。会朱普卒,荣奔丧九江,负土成坟,因留教授,徒众数百人⑦。

【注释】

① 沛郡:治所在相县(今安徽濉溪西北)。龙亢:县名。治所在今安徽蒙城东南。

② 长安:今陕西省西安。《欧阳尚书》:由欧阳容所传授下来的《尚书》。欧阳容,西汉千乘(故治在今山东高青东北高苑镇北)人。曾从伏生学习今文《尚书》,为博士。但《尚书欧阳章句》、《欧阳说义》均已亡佚。

③ 事:从师求学。朱普:字公文,九江(今江西九江)人。博士:官名。掌教授经学,承备顾问。

④ 贫窭(jù)无资:贫穷没有资财。客佣以自给:在外做工来供给自己。外出曰客。佣:被雇用。

⑤ 不窥家园:意思是不问家事。窥:看。

⑥　王莽(公元前45—公元23年):字巨君,汉元帝王皇后的侄儿。以
　　外戚封新都侯。后杀平帝,建立新朝。在农民大起义中被杀。

⑦　于是留下来教书,学生有好几百人。

建武十九年,年六十余,始辟大司徒府①。时显宗始立为皇太
子②,选求明经,乃擢荣弟子豫章何汤为虎贲中郎将,以《尚书》授
太子③。世祖从容问汤本师为谁④,汤对曰:"事沛国桓荣。"帝即
召荣,令说《尚书》,甚善之⑤。拜为议郎,赐钱十万,入使授太子。
每朝会,辄令荣于公卿前敷奏经书⑥。帝称善,曰:"得生几晚⑦!"
会《欧阳》博士缺,帝欲用荣⑧。荣叩头让曰:"臣经术浅薄,不如
同门生郎中彭闳、扬州从事皋弘⑨。"帝曰:"俞,往,女谐⑩。"因拜
荣为博士,引闳、弘为议郎⑪。

【注释】

①　建武十九年:即公元43年。建武:光武帝刘秀的年号,公元25年至
　　56年。辟(bì)大司徒府:被大司徒府征召去做官。辟:征聘,招聘。
　　大司徒:官位相当于丞相。东汉去"大"字,以司徒、司空、太尉为
　　三公。

②　显宗:汉明帝刘庄。光武帝和阴皇后的儿子。显宗是他的庙号。

③　擢(zhuó):提拔。何汤:字仲弓,豫章(今江西南昌)人。虎贲
　　(bēn)中郎将:中郎将统领虎贲中郎、侍郎、郎中,掌宿卫侍从,属光
　　禄勋。

④　世祖:光武帝刘秀。世祖是他的庙号。从容:悠闲舒缓,不慌不忙。
　　本师:老师。指传授自己学业或技能的人。

⑤　甚善之:很赞扬他。

⑥　辄(zhé)令:就让,总是让。敷奏:陈述奏进。

⑦　得生几(jī)晚:得到您太晚了。生:对读书人的称呼。几:接近,差

不多。

⑧ 会《欧阳》博士缺:正好《欧阳尚书》博士空缺。会:适巧,正好。

⑨ 同门生:犹今言"同学"。郎中:虎贲中郎将的属官。从事:州郡的属官,主督促文书,察举非法。

⑩ 俞,往,女(rǔ)谐:嗯,去吧,你能干好。俞:应答声。女谐:你合适,你能干好。女:你。在这个意义上后来写做"汝"。

⑪ 议郎:郎中令的属官,掌顾问应对。

车驾幸大学,会诸博士论难于前①,荣被服儒衣,温恭有蕴籍②,辩明经义,每以礼让相猒,不以辞长胜人,儒者莫之及③,特加赏赐。后荣入会庭中,诏赐奇果,受者皆怀之④,荣独举手捧之以拜。帝笑指之曰:"此真儒生也。"以是愈见敬厚,常令止宿太子宫。

【注释】

① 车驾幸大(tài)学:皇帝到太学去视察。车驾:皇帝外出所乘之车,古代用来代称皇帝。幸:指皇帝亲临某地。大学:即太学。国家最高学府。汉置五经博士,教授经书。会诸博士论难于前:会集诸经博士在皇帝面前辩论。论难:辩论诘难。

② 儒衣:即儒服。指当时儒生穿戴的衣服。温恭有蕴籍:温和恭敬又有涵养。蕴籍:宽厚有涵养。

③ 以礼让相猒(yàn):以礼让使人折服。猒:服。在这个意义上后来写做"厭",简化做"厌"。儒者莫之及:儒生们没有谁比得上他。

④ 受者皆怀之:接受的人都把奇果装在怀里。《礼记·曲礼上》说:"赐果于君前,其有核者怀其核。"

二十八年,大会百官,诏问谁可傅太子者①,群臣承望上意,皆言太子舅执金吾原鹿侯阴识可②。博士张佚正色曰③:"今陛下立太子,为阴氏乎?为天下乎?即为阴氏,则阴侯可;为天下,则固宜用天下之贤才④。"帝称善,曰:"欲置傅者,以辅太子也⑤。今博士不难正朕,况太子乎⑥?"即拜佚为太子太傅,而以荣为少傅⑦,赐以辎车、乘马⑧。荣大会诸生,陈其车马、印绶⑨,曰:"今日所蒙,稽古之力也,可不勉哉⑩!"

【注释】

① 二十八年:建武二十八年,即公元52年。大会:大规模地会合。诏(zhào):皇帝下达命令。傅太子:作太子的太傅。太子太傅是太子的老师,负责教导太子。

② 承望上意:迎合皇上的意思。承望:迎合,逢迎。太子舅执金吾原鹿侯阴识:即阴识。字次伯,南阳新野(今河南新野)人。他是阴皇后的同父异母哥哥,太子刘庄的舅舅。任执金吾一职,封原鹿侯。执金吾:官名。负责掌管京城的治安。皇帝出行时,担任仪仗护卫。原鹿侯:爵位名。原鹿:在今安徽阜南一带。

③ 张佚(yì):光武帝时为博士,后为太子太傅。正色:神色严厉。

④ 陛下:对皇帝的敬称。即:如果。固宜:本来应该。

⑤ 置傅:设立太子太傅。以辅太子:是为了辅导太子。

⑥ 不难正朕:不把纠正我的过错看做难事。意思是敢于纠正皇帝的过错。朕:皇帝自称。况太子乎:何况太子呢?意思是对太子的过错一定也敢于纠正。

⑦ 少(shào)傅:太子太傅的副手,辅助太子太傅的工作。

⑧ 赐以辎车、乘马:赏赐给他们车、马。辎(zī)车:古代有帷盖的车子。既可载物,又可作卧车。乘马:四匹马拉的车。

⑨ 诸生:众弟子。陈:陈列。印:官印。绶(shòu):系官印的丝带。

⑩ 今天所受到的恩赐,是因为研习古代典籍的功劳,怎么能不努力学

习呢！稽：查考，研习。勉：努力。

荣以太子经学成毕①，上疏谢曰②："臣幸得侍帷幄，执经连年，而智学浅短，无以补益万分③。今皇太子以聪睿之姿，通明经义④，观览古今，储君副主莫能专精博学若此者也⑤。斯诚国家福祐，天下幸甚⑥。臣师道已尽⑦，皆在太子⑧，谨使掾臣汜再拜归道⑨。"太子报书曰⑩："庄以童蒙⑪，学道九载，而典训不明，无所晓识⑫。夫《五经》广大，圣言幽远⑬，非天下之至精，岂能与于此⑭？况以不才，敢承诲命⑮？昔之先师，谢弟子者有矣⑯：上则通达经旨，分明章句⑰，下则去家慕乡，求谢师门⑱。今蒙下列，不敢有辞⑲，愿君慎疾加餐，重爱玉体⑳。"

【注释】

① 成毕：完成，学完。

② 上疏：向皇上呈上书信。谢：辞谢。

③ 幸得侍帷幄（wéi wò）：有幸能够侍奉太子。帷幄：这里指太子。帷幄本来指室内悬挂的帐幕，因为太子居住的地方一定会悬挂帷幕，故称。执经：手持经书。意思是手持经书辅导太子学习。连年：多年。智学：才智学问。浅短：低下，不高。无以补益万分：没有办法对太子有万分之一的帮助。意思是对太子的帮助很小。

④ 聪睿：聪明、睿智。姿：资质，才能。通明经义：通晓经学大义。

⑤ 观察古往今来，没有哪一位皇太子能像这样专精博学。储君副主：指太子。储君：已经被确定为皇位继承人的人。副主：跟皇帝比地位居第二位的。

⑥ 斯诚国家福祐：这确实是国家的福气。斯：这。诚：确实。福祐：福气。幸甚：非常幸运。

⑦ 师道已尽：为师之道已经全部结束。

121

⑧ 皆在太子:以后全在太子自己了。

⑨ 掾(yuàn)臣:属吏,辅助官吏。氾(sì):东汉初年人,姓氏不详,曾做过桓荣的掾臣。再拜:拜了两拜。这里是表示尊敬。归道:等于说回家。

⑩ 报书:回信。

⑪ 我作为一个年幼无知的儿童。庄:太子自称。太子名庄,公元57年即皇帝位,即汉明帝。童蒙:年幼无知的儿童。

⑫ 学道:学习道义。九载:九年。典训:本来是《尚书》中《尧典》、《伊训》等篇的并称。这里泛指经典。无所晓识:没有懂得多少东西。这里是谦虚的话,说自己懂的很少。

⑬ 《五经》:五部儒家经典。指《易》、《书》、《诗》、《礼》、《春秋》。广大:内容广博。圣言:圣人的话。幽远:含义深远。

⑭ 如果不是天下最精妙的人,哪里能参与到这里面来呢? 意思是如果不是天下最精妙的人,就不能通晓《五经》、圣言。

⑮ 不才:没有才能。敢承诲命:哪里敢接受教诲? 这都是谦辞。

⑯ 先师:指老师。谢:辞却。

⑰ 上:相对于下面的"下"而言,指前一种原因,"下"指后一种原因。通达:通晓,明白。经旨:经书的意义。分明:辨明,辨析。章句:分析经书的章节、句读及其意义的学问。

⑱ 去家:离开家。慕乡:思念家乡。求谢师门:请求辞别老师的门下。意思是要返回家乡看望亲人。

⑲ 现在承蒙您辞谢的原因属于后一类,我不敢多说什么。意思是只能答应您的请求。这是太子表示谦虚的客套话。蒙:敬词。承蒙。下列:后一类。指上面所说的"去家慕乡"一类的原因。

⑳ 愿:希望。君:对桓荣的敬称。慎疾:慎重对待身体的疾病。重爱玉体:好好珍惜自己的身体。

三十年,拜为太常①。荣初遭仓卒,与族人桓元卿同饥厄,而

122

荣讲诵不息②。元卿嗤荣曰③："但自苦气力,何时复施用乎④?"荣笑不应。及为太常⑤,元卿叹曰:"我农家子,岂意学之为利乃若是哉⑥!"显宗即位,尊以师礼,甚见亲重,拜二子为郎⑦。荣年逾八十,自以衰老,数上书乞身,辄加赏赐⑧。乘舆尝幸太常府⑨,令荣坐东面,设几杖⑩,会百官,骠骑将军、东平王苍以下及荣门生数百人⑪,天子亲自执业,每言辄曰"大师在是⑫"。既罢,悉以太官供具赐太常家⑬。其恩礼若此⑭。

【注释】

① 三十年:建武三十年,即公元54年。拜为太常:桓荣被任命为太常。拜:授予官职。太常:官名。掌管宗庙祭祀礼仪,并兼选试博士,地位很高。

② 初遭仓卒(cù):早年遭受战乱离难的时候。仓卒:意想不到的变故。族人:同族人。桓元卿:东汉初年人,与桓荣是同乡同族。同饥厄:一块遭受饥饿困苦。讲诵:讲授、诵读。不息:不停止。

③ 嗤(chī):嗤笑,讥笑。

④ 只是自己白费力气而已,什么时候再能用得上呢?

⑤ 及:等到。

⑥ 哪里想到学习带来的好处竟然如此之大啊!意:意料,想到。

⑦ 尊以师礼:仍然用老师的礼节尊敬他。甚:很,非常。见亲重:被亲近器重。拜二子为郎:任命他的两个儿子为郎官。郎:官名。皇帝侍从官的通称。

⑧ 逾(yú):超过。以:认为。数(shuò):多次。上书:给皇上写信。乞身:退休。辄(zhé)加赏赐:皇上总是增加赏赐。

⑨ 皇上曾经乘车亲临太常府。

⑩ 令荣坐东面:让桓荣面向东而坐。当时一般聚会以面向东为尊。设几(jǐ)杖:摆好坐几和手杖。这里摆上这两样物品表示皇上对桓荣

123

的尊敬。因为坐几和手杖是老人所用的东西,所以常用来作为敬老的物品。几:古人坐时凭依或搁置物件的小桌。

⑪ 骠骑将军、东平王苍:指刘苍。光武帝的儿子。建武十七年(公元41年)封东平王。汉明帝即位,拜为骠骑将军。骠骑将军:官名。秩位同大将军,地位与三公同。东平王:东平国的诸侯国王。东平国在今山东东平。以下:指刘苍以下的所有官员。门生:学生。

⑫ 执业:捧书求教,受业。辄曰:总是说。大师在是:大师在此。这是表示皇帝对桓荣特别敬重。

⑬ 既罢:结束以后。悉以太官供具赐太常家:把太官提供的器具全部赐给太常家。太官:官名。太官令的简称。负责掌管皇帝的饮食宴会。

⑭ 其恩礼若此:皇帝对他的礼遇像这一样。恩礼:指地位高的人对地位低的人的礼遇。

【评析】

历史上,不懂得学习重要的人很多,《左传》里有"周原伯鲁不说学",本篇里桓元卿嗤笑桓荣:"但自苦气力,何时复施用乎?"意思是读书没有施用的时候。当今社会,也不能说人人都认为读书是有用的。

桓荣认为读书有益,他自己因为学有专长而成为了皇帝的老师。在受到赏赐后,又"大会诸生,陈其车马、印绶,曰:'今日所蒙,稽古之力也。'"所谓"稽古之力",也就是读书的用处。桓荣读书做了大官,这自然是读书带来的。但读书又不全是为了做官、拿俸禄,更重要的是读书明理,增长才干。在学习中提高自己,在学习中完善自己,使自己成为一个有本领的人。读书会使我们成为一块金子,而金子放在哪里都是会发光的。

十一、纪昌学射

《列子》

【题解】

　　本篇选自列御寇《列子·汤问》，题目是后加的。纪昌，古代传说中善于射箭的人。

　　列御寇及《列子》的简介见第二单元《形直影正》的题解。

　　甘蝇，古之善射者，彀弓而兽伏鸟下①。弟子名飞卫，学射于甘蝇，而巧过其师②。

　　纪昌者，又学射于飞卫。飞卫曰："尔先学不瞬，而后可言射矣③。"纪昌归，偃卧其妻之机下，以目承牵挺④。二年之后，虽锥末倒眦，而不瞬也⑤。以告飞卫⑥，飞卫曰："未也，必学视而后可。视小如大，视微如著，而后告我⑦。"

【注释】

① 甘蝇：古代传说中善于射箭的人。彀（gòu）弓：张满弓。兽伏鸟下：野兽倒下，飞鸟落地。

② 巧：技巧，技艺。

③ 尔：你。瞬（shùn）：眨眼。而后：然后。与下文"而后可"、"而后告我"的"而后"意义相同。

④ 偃（yǎn）卧：仰面而卧。机：这里专指织布机。承：接着，承受。这里指盯着看。牵挺：织布机的脚踏板。

⑤ 锥末：锥子尖。倒：到达，靠近。眦（zì）：眼角。这里指眼睛。

⑥ 以告飞卫：把自己学"不瞬"的情况告诉了飞卫。

⑦ 微:细小。这里指细小的东西。著(zhù):显著,明显。这里指大而
显著的东西。

昌以牦悬虱于牖,南面而望之①。旬日之间,浸大也②;三年
之后,如车轮焉。以睹余物,皆丘山也③。乃以燕角之弧、荆蓬之
簳射之④,贯虱之心,而悬不绝⑤。以告飞卫,飞卫高蹈拊膺曰:
"汝得之矣⑥!"

【注释】

① 牦(máo):牦牛尾毛。悬:挂,悬挂。牖(yǒu):窗户。南面:面向南。
② 旬日:十天。十天为一旬。浸:逐渐。
③ 以睹余物:用这样的视力来看其他大一些的东西。
④ 燕(yān)角之弧:用燕国产的牛角制作的弓。弧:弓。荆蓬之簳
(gǎn):用楚国产的蓬干做成的箭。荆:楚国。簳:箭杆。这里
指箭。
⑤ 贯:射穿。悬:悬挂虱子的牦牛的毛。绝:断。
⑥ 高蹈:跳起来。拊膺(fǔ yīng):拍着胸膛。这是描写飞卫高兴的样
子。汝得之矣:你学成了。

纪昌既尽卫之术,计天下之敌己者,一人而已①;乃谋杀飞卫。
相遇于野,二人交射,中路端锋相触,而坠于地,而尘不扬②。飞卫
之矢先穷,纪昌遗一矢③,既发,飞卫以棘刺之矢扞之,而无差
焉④。于是二子泣而投弓⑤,相拜于途,请为父子。克臂以誓⑥,
不得告术于人。

【注释】

① 既尽卫之术:已经全部学到了飞卫的射箭技艺。计:考虑。敌己者:

跟自己射箭水平相等的人。敌：匹敌，相等。

② 野：郊外。交射：对射。交：互相。中路端锋相触：箭锋在半路上
相碰。

③ 穷：尽，用光了。遗（yí）一矢：剩下一支箭。遗：剩下。

④ 既发：箭射出去以后。发：把箭射出去。棘刺：荆棘的尖刺。扞
（hàn）：抵御，抵挡，防卫。差（chā）：差错，过失。

⑤ 投：扔掉，扔下。

⑥ 克臂以誓：刻画胳膊起誓。克：通"刻"，割，刻画。

【评析】

学习是一个系统工程。学习过程中，要抓基础的、基本的东
西，还有哪些先学，哪些后学，也不可颠倒。纪昌学射，就是很好的
例子。

纪昌学射，飞卫告诉他"先学不瞬"；"二年之后，虽锥末倒眦，
而不瞬也"。这还不行，还要"学视"，必须"视小如大，视微如著"。
三年之后，纪昌看虱子，"如车轮焉。以睹余物，皆丘山也"。这
时，纪昌"以牦悬虱于牖"，"乃以燕角之弧、荆蓬之簳射之，贯虱之
心，而悬不绝"，真正地学到了射箭的本领。

在这里，"学不瞬"、学"视小如大，视微如著"，是基本功。眼
力学好了，射箭的本领就学成了，至于如何搭箭，如何拉弓，倒是细
枝末节了。再者，"先学不瞬"，克服本能的弱点，然后才是"视小
如大，视微如著"。这二者次序不能改变。次序正确，学习才能事
半功倍。

另外，古人在教授技艺时，师傅有时不肯把全部手艺都教出
来，徒弟有时在学成后又会危害师傅，这都是偶尔会发生的事情。
当然，纪昌"乃谋杀飞卫"，那就更为严重了。

十二、董遇好学

《魏略》

【题解】

本篇选自《三国志·钟繇华歆王朗传》裴松之注引鱼豢《魏略》，题目是后加的。董遇，字季直，东汉末年弘农（今河南灵宝）人。建安初为黄门侍郎，三国魏明帝时为侍中、大司农。他是当时的大学者，善治《老子》、《左氏传》。《三国志·王朗传》说他"历注经传，颇传于世"。

裴松之（公元372—451年），字世期，河东闻喜（今山西闻喜）人。东晋时历任殿中将军、国子博士等。入宋后任中书侍郎，封西乡侯。著作有《三国志注》、《晋纪》、《宋元嘉起居注》等。陈寿《三国志》记事简略，裴松之广搜博采，引书二百余种作注，使《三国志》资料大大丰富，史实更加详明。裴注与《三国志》正文具有同等的史料价值。

鱼豢，三国魏京兆（今陕西西安）人，魏郎中。《魏略》是一部记录三国时魏国历史的纪传体史书。全书共三十八卷。记事至魏明帝曹睿止。此书已佚，但从《三国志注》、《世说新语》及各类书所引来看，材料非常丰富，列传多以传主品格、学行标目，尤为特色。

遇字季直，性质讷而好学①。兴平中，关中扰乱，与兄季中依将军段煨②。采稆负贩③，而常挟持经书，投闲习读④。其兄笑之而遇不改。及建安初，王纲小设，郡举孝廉⑤，稍迁黄门侍郎⑥。

是时,汉帝委政太祖⑦,遇旦夕侍讲,为天子所爱信⑧。黄初中,出为郡守⑨。明帝时,入为侍中、大司农⑩。数年,病亡。

【注释】

① 质:质朴。讷(nè):说话迟钝,不善言辞。

② 兴平:汉献帝的年号,公元194年至195年。关中:地名,大致相当陕西一带地区。扰乱:动乱,动荡不安。段煨:东汉末年将领,献帝初平元年(公元190年)为中郎将。建安三年(公元192年)奉命征伐李傕,以功拜安南将军,封闅乡侯。

③ 采稆(lǔ):采集野生的谷物。稆:野生的。负贩:挑担贩卖。

④ 投闲习读:抽空儿读书。

⑤ 建安:汉献帝的年号,公元196年至220年。王纲小设:指朝廷政治略为安定。郡举孝廉:郡里推举孝廉。孝廉:本是汉朝选举官吏的两种科目名,孝指孝子,廉指廉洁之士。后来合称孝廉。

⑥ 稍迁黄门侍郎:逐渐迁升为黄门侍郎。黄门侍郎:中央政府的一种官职。因在黄门办事,故称黄门侍郎。

⑦ 汉帝:指汉献帝刘协。委政太祖:把管理国家的事情交给曹操。太祖:汉献帝时,曹操封魏王,官居丞相,掌内外一切大权。曹操的儿子曹丕称帝后,追尊曹操为太祖武皇帝。

⑧ 旦夕侍讲:天天为皇帝讲学。旦夕:早晚,这里指天天,经常。爱信:亲爱、信任。

⑨ 黄初中,出为郡守:黄初年间,董遇外放为郡的太守。黄初:魏文帝曹丕的年号,公元220年至226年。

⑩ 入为侍中、大司农:调回京城做侍中、大司农。侍中:侍从皇帝左右的官职,一般由皇帝的亲信大臣担任。大司农:古代职掌钱谷租税和国家财政的官职,汉代为九卿之一。

初,遇善治《老子》,为《老子》作训注①。又善《左氏传》,更为作《朱墨别异》②。人有从学者，遇不肯教，而云"必当先读百遍"，言"读书百遍而义自见③"。从学者云："苦渴无日④。"遇言："当以三余也⑤"。问三余之意，遇言："冬者岁之余，夜者日之余，阴雨者时之余也⑥"。由是诸生少从遇学，无传其《朱墨》者⑦。

【注释】

① 善治《老子》：善长研究《老子》。《老子》，即《道德经》，是道教的经典。春秋时期李耳撰。训注：注解，注释。

② 《左氏传》：即《左传》，左丘明所作的一部编年体史书。《朱墨别异》：董遇所作的研究《左传》的著作。下文简称《朱墨》。此书没有流传下来。

③ 义自见(xiàn)：书中的意义自然显现出来。见：显现，显露。在这个意义上后来写做"现"。

④ 从学者云：跟他学习的人说。苦渴无日：苦于急迫没有时间。渴：急切。

⑤ 当以三余：应当利用三种剩余的时间。

⑥ 冬者岁之余：冬天是一年剩余下来的时间。冬天事情少，比较空闲。这句是说，要利用冬天读书，利用夜里读书，利用阴雨天读书。

⑦ 由是：因此。诸生少从遇学：当时的读书人很少跟董遇学习。无传其《朱墨》者：没有传承他的《朱墨别异》学问的人。

【评析】

董遇好学又善学，所以才能跟汉献帝侍讲，"为天子所爱信"。董遇学习有两大特长：

其一是善于抓紧时间。他在扰乱之中，"采稆负贩，而常挟持经书，投闲习读"。"投闲"就是抽空儿。没有完整的、大宗的时间，那就只有抽空儿读书。等到做了官，教育跟他学习的人，要以

"三余"读书,就是要利用冬天、夜里、阴雨天读书。时间对每一个人都是一样多的。只有抓紧时间,才能学有进益。鲁迅说:"时间就像海绵里的水,只要愿挤,总还是有的。"如果让时间白白流淌,不去读书,即使天资再高,也不能有所成就。

其二是善于读书。"人有从学者,遇不肯教,而云'必当先读百遍'"。其实这不是"不肯教",而是教给人读书之法,是一种更高明的教。可惜当时的读书人不明白这个道理,因而"诸生少从遇学"。为什么"必当先读百遍"呢?因为"读书百遍而义自见"也。程端礼《程氏家塾读书分年日程》卷三说:"横渠(宋代哲学家张载)教人读书,必须成诵,真道学第一义。"又说:"今所以记不得、说不去、心下若存若亡,皆是不精不熟之患。"书读熟了,才能记忆得牢固,才能理解得深刻,将来才能用得上。

董遇是个大学者,他好学又善学,我们还是向他学习吧!

十三、陆机和陆云

《晋书》

【题解】

本篇节选自房玄龄等《晋书·陆机传》、《陆云传》,题目是后加的。陆机(公元261—303年)和陆云(公元262—303年),西晋吴郡吴(今江苏苏州)人。陆机曾任平原内史,世称陆平原;陆云曾任清河内史,世称陆清河。陆机曾任成都王司马颖的后将军、河北大都督,征讨长沙王司马乂,战败受谗,被司马颖杀害,陆云也同时被杀。兄弟二人才学相当,时称"二陆"。陆机有《陆士衡集》,陆云有《陆士龙集》。

房玄龄(公元578—648年),唐齐州临淄(今山东淄博)人。隋朝开始科举考试,玄龄十八岁中进士,任隰城尉。后唐王李世民(唐太宗)起兵,玄龄随军征战。李世民称帝,为中书令,任宰相十五年,号称贤相。

《晋书》是一部纪传体史书,记西晋武帝泰始元年(公元265年)至东晋恭帝元熙二年(公元420年)的历史。全书包括帝纪十卷,志二十卷,列传七十卷,载记三十卷,共一百三十卷。大抵以南齐臧荣绪《晋书》为底本,参酌诸家晋史,旁及小说、文集和十六国史书等编成。它是研究两晋史、十六国史的基本文献。

陆机,字士衡,吴郡人也。祖逊,吴丞相①。父抗,吴大司马②。机身长七尺,其声如钟。少有异才,文章冠世,伏膺儒术,非礼不动③。

至太康末,与弟云俱入洛,造太常张华④。华素重其名,如旧相识⑤,曰:"伐吴之役,利获二俊⑥。"又尝诣侍中王济⑦,济指羊酪谓机曰⑧:"卿吴中何以敌此⑨?"答云:"千里莼羹,未下盐豉⑩。"时人称为名对⑪。张华荐之诸公⑫。后太傅杨骏辟为祭酒⑬。会骏诛,累迁太子洗马、著作郎⑭。范阳卢志于众中问机曰⑮:"陆逊、陆抗于君近远⑯?"机曰:"如君于卢毓、卢珽。"志默然⑰。既起,云谓机曰:"殊邦遐远,容不相悉,何至于此⑱!"机曰:"我父祖名播四海,宁不知邪⑲!"议者以此定二陆之优劣⑳。

【注释】

① 祖逊,吴丞相:祖父陆逊是吴国的丞相。陆逊(公元183—245年):

132

字伯言,三国吴郡吴人,吴国大将,官辅国将军,领荆州牧,后为丞相。

② 父抗,吴大司马:父亲陆抗是吴国的大司马。陆抗(公元226—274年):字幼节。年二十任建武校尉,后加镇军大将军。官至大司马、荆州牧。

③ 异才:非同寻常的才能。冠世:等于说盖世。伏膺儒术:钦慕儒家学说。伏膺:即服膺,倾心,钦慕。

④ 至太康末:到了太康末年。太康:晋武帝司马炎的年号,公元280年至289年。入洛:到洛阳去。洛阳是西晋的首都。造太常张华:拜访太常张华。太常:官名,职掌祭祀礼乐。张华(公元232—300年):字茂先,西晋范阳方城(今河北固安)人。博闻强记,当时推为第一。举荐人物不倦。先官太常,后为司空。有《博物志》传世。

⑤ 素重其名:一向看重他的名气。素:一向,向来。

⑥ 伐吴之役:指晋所发动的消灭吴国的战争。灭吴之后,晋统一了中国。利获二俊:好处是得到两位俊才。二俊:陆机和陆云。

⑦ 尝诣(yì)侍中王济:陆机曾经去见侍中王济。侍中:侍从皇帝左右的官职,一般由皇帝的亲信大臣担任。王济:字武子,西晋晋阳(今山西太原)人。娶晋武帝女常山公主。累官至侍中。

⑧ 羊酪(lào):用羊乳做成的半凝固的食品。

⑨ 卿:对对方的亲昵称呼。吴中:今江苏吴县一带。泛指吴地。何以敌此:用什么与此相当。敌:匹敌,相当。此:这里指羊酪。

⑩ 答云:陆机回答说。千里莼羹(chún gēng):千里湖的莼羹。千里:湖名,在今江苏溧阳东南十五里,以盛产莼菜而闻名。莼羹:用莼菜茎叶做的羹汤,为吴地风味的名菜。莼:水生植物,叶片椭圆形,深绿色,春夏季嫩茎叶可做蔬菜。盐豉(chǐ):豆豉。黄豆煮熟后霉制而成的食品,多用来调味。

⑪ 名对:有名的对答。对:回答,对答。

⑫ 荐之诸公:把他推荐给诸位当权的人。

⑬ 太傅:官名。辅导皇帝处分朝政,治理天下。杨骏:字文长,华阴(今陕西华阴)人。晋武帝杨皇后的父亲。官车骑将军,封临晋侯。惠帝即位,总领朝政。后来被惠帝贾皇后密旨杀害。辟(bì):征召,招聘。祭酒:官名,即国子祭酒。为传授儒家经典的"五经博士"之首。

⑭ 累迁:连续升迁。太子洗(xiǎn)马:太子的属官,掌管图书,太子出行则为前导。著作郎:官名,专掌编纂国史,其下有著作佐郎、校书郎等。

⑮ 范阳:今河北涿州。卢志:字子道,晋怀帝永嘉末年为尚书。三国魏司空卢毓之孙,晋卫尉卿、尚书卢珽之子。

⑯ 于君近远:跟您亲还是不亲。

⑰ 默然:沉默的样子。意思是说不出话来。

⑱ 殊邦遐远:不同国家,相隔遥远。当时是三国,卢志在魏国,陆机、陆云在吴国。容不相悉:可能不知道。容:可能,或许。何至于此:怎么到这地步。此:指陆机激烈的言词。

⑲ 宁不知邪:能不知道吗?

⑳ 以此定二陆之优劣:根据这件事来判定兄弟二人的优和劣。

云,字士龙。六岁能属文,性清正,有才理①。少与兄机齐名,虽文章不及机,而持论过之②,号曰"二陆"。幼时吴尚书广陵闵鸿见而奇之③,曰:"此儿若非龙驹,当是凤雏④。"后举云贤良,时年十六⑤。

吴平,入洛⑥。机初诣张华,华问云何在⑦。机曰:"云有笑疾,未敢自见⑧。"俄而云至⑨。华为人多姿制,又好帛绳缠须⑩。云见而大笑,不能自已⑪。先是,尝著衰经上船,于水中顾见其影⑫,因大笑落水,人救获免。云与荀隐素未相识,尝会华坐⑬,华曰:"今日相遇,可勿为常谈⑭。"云因抗手曰⑮:"云间陆士龙。"隐

134

曰:"日下荀鸣鹤。"鸣鹤,隐字也⑯。云又曰:"既开青云睹白雉,何不张尔弓,挟尔矢⑰?"隐曰:"本谓是云龙骙骙,乃是山鹿野麋。兽微弩强,是以发迟⑱。"华抚手大笑⑲。刺史周浚召为从事⑳,谓人曰:"陆士龙当今之颜子也㉑。"

【注释】

① 属文:联缀文字,意思是作文。清正:清静公平。才理:才智,才思。

② 持论:立论,提出主张。过之:超过陆机。

③ 吴尚书广陵闵鸿:吴国的尚书广陵人闵鸿。广陵:今江苏省扬州市。闵鸿:少有才俊,与薛兼、纪瞻、顾荣、贺循号为五俊。奇之:认为他不同凡响。

④ 若非龙驹,当是凤雏:如果不是龙驹,就是凤雏。凤雏:小凤凰。

⑤ 举云贤良:推荐陆云为贤良。贤良:贤良文学的简称,是汉代选拔官吏的科目之一。

⑥ 吴平,入洛:吴国平定后,到了洛阳。

⑦ 诣张华:到张华那里去看他。何在:在哪里。

⑧ 笑疾:爱笑,笑而不能自禁。未敢自见:不敢自己来见您。

⑨ 俄而:不久,一会儿。

⑩ 多姿制:好摆样子。姿制:姿态,仪容。好帛绳缠须:喜欢用丝线缠绕胡须。

⑪ 自已:自己停止下来。

⑫ 尝著衰绖(cuī dié):曾经穿着丧服。衰:用麻布条披在胸前。在这个意义上后来写做"缞"。绖:古代丧服所用的麻带:扎在头上的称首绖,缠在腰间的称腰绖。顾见:看见。

⑬ 会华坐:在张华家里相会。坐:座位。在这个意义上后来写做"座"。

⑭ 常谈:平常的言论。

⑮ 抗手:举手,向对方施礼。

⑯　云间陆士龙、日下荀鸣鹤：这是二人自报籍贯、姓名。云间：江苏松江(古名华亭)的古称。这是吴郡的辖地。日下：指洛阳。洛阳是晋朝的首都，是皇帝居住的地方，所以称"日下"。荀隐是洛阳人。鸣鹤，隐字：鸣鹤是荀隐的字。

⑰　已经散开青云，看到白雉，为什么不张开你的弓、挟着你的箭呢？雉：鸟名，俗称野鸡。张：张开，拉开。尔：你。挟：用胳膊夹着。矢：箭。这句话的意思是，你为什么还不开言呢？

⑱　本来以为是雄壮的腾云驾雾的龙，却是山野麋鹿，野兽小而弓箭强，所以射得迟了。骙骙(kuí kuí)：马行雄壮的样子。这里指龙的雄壮、矫健。乃是：却是。这句话的意思是所以我发言晚。

⑲　抚手：鼓掌，拍手，表示高兴。

⑳　周浚：字开林，西晋安成(故城在今河南汝南东南)人。初仕魏，为扬州刺史；入晋，以功封成武侯。尊敬故老，搜求贤才，甚有政绩。从事：州刺史的佐吏，如别驾、治中、主簿、功曹等，都可称为从事。

㉑　颜子：颜回，一个大贤人。他是孔子的学生。

【评析】

《左传·襄公二十五年》说："言之无文，行而不远。"意思是，说话(包括写文章)没有文采，流传不会久远。陆机"千里莼羹，未下盐豉"的名对，他的巧答卢志，他的"文章冠世"，陆云与荀隐的对语，都是千古传诵的佳话。既然流传久远，那肯定是有文采的。二陆的文采是从哪里来的？一方面是他们天资聪颖；另一方面是他们努力学习。本文没有写二陆如何学习，但他们的勤苦、他们的辛劳，就蕴涵在了他们盖世的才华之中了。天资加苦读，成就了他们的卓越的才华。

十三、勉 学

《颜氏家训》

【题解】

本篇选自颜之推《颜氏家训·勉学》。勉学，勉励学习。

颜之推（公元 531—595 年），字介，琅邪临沂（今山东临沂）人。南北朝时著名的思想家和文学家。初仕南朝梁，为散骑侍郎。后投奔北齐，官至黄门侍郎、平原太守。齐亡入周，为御史上士。隋朝统一中国后，被太子召为学士。在此期间，撰写了《颜氏家训》。

《颜氏家训》是颜之推以自己复杂的社会经历为基础，总结教育子女的实践经验而撰写的一部具有独到见解的著作。全书分为序致、教子、兄弟、后娶、治家、风操等二十篇，多立身治家、知人论世的世故之谈，对南北风俗、士人好尚、佛语玄谈、音韵字训、典故考证等，所述详细，可供资取。

人生小幼，精神专利①，长成已后，思虑散逸②，固须早教，勿失机也③。吾七岁时，诵《灵光殿赋》④，至于今日，十年一理，犹不遗忘⑤。二十之外，所诵经书，一月废置，便至荒芜矣⑥。

然人有坎壈⑦，失于盛年，犹当晚学，不可自弃⑧。孔子云："五十以学《易》，可以无大过矣⑨。"魏武、袁遗，老而弥笃⑩。此皆少学而至老不倦也⑪。曾子十七乃学，名闻天下⑫；荀卿五十，始来游学，犹为硕儒⑬；公孙弘四十余⑭，方读《春秋》，以此遂登丞相；朱云亦四十始学《易》、《论语》⑮；皇甫谧二十，始受《孝经》、

137

《论语》⑯，皆终成大儒。此并早迷而晚寤也⑰。世人婚冠未学，便称迟暮⑱，因循面墙⑲，亦为愚耳。幼而学者，如日出之光；老而学者，如秉烛夜行，犹贤乎瞑目而无见者也⑳。

【注释】

① 人生小幼：人在年龄小的时候。精神：精力。专利：专注敏锐。

② 已后：以后。思虑：思想。散逸：分散不集中。

③ 所以要趁早教育，不要丧失学习的时机。固：通"故"，所以。

④ 诵：背诵。《灵光殿赋》：东汉王延寿作，描写西汉宗室鲁恭王建造的灵光殿。灵光殿在曲阜孔子旧宅内。

⑤ 理：温习。

⑥ 废置：搁置。这里指放下不读。荒芜：荒疏，生疏。

⑦ 坎壈(lǎn)：困顿，不得志。

⑧ 在壮年时错失学习的机会，还应当在晚年学习。自弃：自甘落后，不求上进。

⑨ 这句话出自《论语·述而》。意思是到五十岁时学习《易经》，可以没有大的过错了。

⑩ 魏武：即魏武帝曹操。袁遗：袁绍的堂兄。字伯业，东汉人。弥笃(mí dǔ)：更加专心学习。

⑪ 少学：年轻时学习。不倦：不厌倦。

⑫ 曾子：孔子的学生曾参。乃：才。

⑬ 荀卿：即荀况。战国时期思想家，被尊称为荀子。汉人为避汉宣帝刘询的讳，称为孙卿。游学：外出求学。硕儒：大儒。

⑭ 公孙弘：字季。西汉菑川（郡治在今山东寿光南）人。汉武帝时为丞相，封平津侯。

⑮ 朱云：西汉时期的经学家。字游，鲁（今山东曲阜）人。

⑯ 皇甫谧(mì)：魏晋时期经学家。字士安，自号玄晏先生，安定朝那（今甘肃平凉西北）人。

⑰ 早迷:早年丧失学习的机会。迷:丧失。晚寤(wù):晚年醒悟。意思是晚年才开始学习。寤:觉醒,醒悟。

⑱ 婚冠(guàn):到了结婚、加冠的年龄。婚:结婚。冠:古代男子成年(在二十岁时)则举行加冠礼,叫做冠。迟暮:晚。

⑲ 因循:迟延拖拉。面墙:面对墙壁一无所见,比喻不学习。

⑳ 这几句话出《说苑》,见本单元《晋平公问师旷》。秉烛:举着火把。烛:火把。犹贤乎瞑目而无见者也:仍然比闭上眼睛什么也看不见的强。贤:胜过。瞑目:闭上眼睛。

【评析】

魏晋南北朝隋唐时期的颜家,是一个官僚世家、儒学世家、文章世家。在这个家族中,颜之推是一位承上启下的重要人物。从他的十一世祖颜盛(曹魏时任青、徐二周刺史)起,几乎每代都做官。其祖父颜见远官至御史中丞,父亲颜协曾任梁湘东王萧绎记室,之推本人更是大大的有名,他的一本《颜氏家训》千百年来家喻户晓。之推有二子,长子思鲁,曾任秦王(即后来的唐太宗李世民)府记室参军;次子游秦,《汉书》专家,曾任廉州刺史、郓州刺史。思鲁有三子,师古、相时、勤礼,唐初都做高官。后来的濠滁沂诸州刺史、著有《干禄字书》的颜元孙,政治家、大书法家颜真卿,抗击安禄山的英雄颜杲卿,也都是颜家的子孙。颜氏家族所以常盛不衰,与其家风和家训有关,特别是与"幼教"(第八单元有《幼教》一篇)和"勉学"有关。

人生在世,不可以不学习。"人生小幼,精神专利",是学习的大好时光。我们要利用这个大好时光努力地多学些知识和本领。但是,人生有坎坷,如果"失于盛年,犹当晚学,不可自弃",如曾子、荀子、公孙弘、朱云等,都是晚学,"终成大儒"。

我们现在的学习条件要比古人好得多。如果我们能有古人的学习态度，"学而不厌"，好学深思，孜孜以求，我们的学习一定会比古人有更大的成绩。

十五、伤 仲 永

王安石

【题解】

本篇选自王安石《临川先生文集》卷七十一。伤仲永，即哀伤仲永，痛惜仲永。仲永是当时的一位神童，但因父亲的教育不当，成为了一般的人，毫无建树，所以王安石"伤仲永"也。

王安石（公元 1021—1086 年），字介甫，号半山，抚州临川（今江西临川）人，北宋著名的政治家和文学家。庆历二年（公元 1042 年）进士，累官参知政事，领三司条例使，封荆国公。故世又称他为"临川先生"、"荆公"。政治上主张变法，文学上散文、诗、词都有很高造诣，为"唐宋八大家"之一。

《临川先生文集》，又名《王文公文集》、《临川集》、《王临川全集》、《王安石全集》等，是王安石的著作，包括《文集》、《诗集》、《周官新义》、《唐百家诗选》和《年谱》等。

金溪民方仲永，世隶耕①。仲永生五年，未尝识书具，忽啼求之②。父异焉，借旁近与之③，即书诗四句，并自为其名④。其诗以养父母、收族为意⑤，传一乡秀才观之⑥。自是指物作诗立就，其文理皆有可观者⑦。邑人奇之⑧，稍稍宾客其父⑨，或以钱币乞之⑩。父利其然也⑪，日扳仲永环谒于邑人⑫，不使学。

【注释】

① 金溪:地名,今江西金溪。世隶耕:世代以耕田为业。隶:属于。

② 未尝:不曾。书具:书写用的工具,指笔、墨、纸、砚等。

③ 异焉:对此感到诧异。旁近:附近。这里指邻居。与:给。

④ 自为其名:自己题上自己的名字。

⑤ 收族:与同一宗族的人搞好关系。

⑥ 一乡:全乡。秀才:指读书人。

⑦ 自是:从此。立就:马上完成。文理:文采。

⑧ 同乡的人对此感到惊异。

⑨ 渐渐地用对待宾客的礼节来对待他的父亲。稍稍:逐渐,渐渐。

⑩ 或:有的人。乞:给。

⑪ 利其然:认为这样有好处。

⑫ 日:每天。扳(pān):拉,引领。环谒(yè):四处拜访。

余闻之也久。明道中,从先人还家①,于舅家见之,十二三矣。令作诗,不能称前时之闻②。又七年,还自扬州,复到舅家问焉。曰:"泯然众人矣③。"

【注释】

① 明道:宋仁宗的年号,公元 1032 年至 1033 年。先人:这里指王安石死去的父亲。

② 称(chèn):符合。

③ 泯然众人矣:完全跟平常人一样了。泯(mǐn)然:完全相同的样子。

王子曰①:"仲永之通悟,受之天也②。其受之天也,贤于材人远矣③。卒之为众人④,则其受于人者不至也⑤。彼其受之天也,如此其贤也,不受之人,且为众人⑥;今夫不受之天,固众人⑦,又

141

不受之人,得为众人而已耶⑧?"

【注释】

① 王子:王安石自称。

② 仲永的通达聪慧是先天得到的禀赋。

③ 贤于材人:超过一般有才能的人。材人:有才能的人。

④ 卒之为众人:最终成为一般的人。卒(zú):终于,最终。

⑤ 其受于人者不至也:这是他后天所受的教育没有跟上。

⑥ 且为众人:尚且变为一般的人。

⑦ 固:本来。

⑧ 得为众人而已耶:能够成为普通人就停止了吗?意思是连普通人也
比不上。

【评析】

仲永五岁,没有念过书,却能"书诗四句,并自为其名","指物
作诗立就,其文理皆有可观者",确实算得上是神童了。到了十二
三岁时,"令作诗,不能称前时之闻"。又过七年,作者自扬州回
家,又问到仲永,大家说他"泯然众人矣"。为什么会有这么大的
变化呢?完全是他的父亲"利其然也,日扳仲永环谒于邑人,不使
学"造成的。

一个人能否成才,与先天的禀赋有关,更与后天所受的教育以
及自身的学习有关。如果天赋很好,可是"不使学"或自己不愿意
学或不下苦功学,那就会成为仲永一类的人。如果天赋一般,但自
己愿意学又能下苦功学,那也能做出成绩来的。如果天赋很好,自
己又愿意学,又能下苦功学,那一定是会成功的。在这里,后天的
努力是绝对重要的。

十六、司马光好学

《宋名臣言行录》

【题解】

本篇选自朱熹《宋名臣言行录》后集卷七,题目是后加的。

朱熹及《宋名臣言行录》的简介见第一单元《范仲淹有志于天下》的题解。

司马温公幼时①,患记问不若人②,群居讲习,众兄弟既成诵,游息矣③,独下帷绝编④,迨能倍诵乃止⑤。用力多者收功远,其所精诵,乃终身不忘也⑥。温公尝言:"书不可不成诵,或在马上,或中夜不寝时⑦,咏其文,思其义,所得多矣⑧。"

【注释】

① 司马温公:即司马光。司马光死后被追封为温国公,故称司马温公。

② 患:担心。记问:记诵诗书以应付别人的问难。这里指记诵诗书的能力。不若人:赶不上别人。

③ 群居讲习:大家聚在一起讲议学习。既成诵:已经背诵完了。游息矣:游玩、休息去了。

④ 只有司马光还在独自专心苦读。下帷:放下室内悬挂的帷幕,专心读书。原来是说汉代的董仲舒放下帷幕专心读书,三年没到后花园去游玩。绝编:形容读书刻苦。绝:断。编:指韦编。古代用竹简书写,用牛皮绳把写书的竹简编联起来,称韦编。韦:牛皮绳。相传孔子晚年喜欢读《易经》,把《易经》的韦编磨断多次。成语有"韦编三绝",就是说的这个故事。

⑤　迨(dài):等到。倍诵:背诵。倍:通"背"。乃:才。

⑥　收功远:获得的成效就长远。其所精诵:他所精心背诵过的诗书。
　　乃:竟然。终身:一辈子。

⑦　成诵:背诵下来。中夜不寝时:半夜睡不着的时候。

⑧　咏:吟咏,吟诵。所得多矣:获得的东西就很多了。

【评析】

这篇文章的精义在"书不可不成诵",意思是读书要会背。读书会背,烂熟于心,才能"终身不忘",才能随时随地"咏其文,思其义",这样才能"所得多矣"。"用力多者收功远"。司马光十九岁考中进士,后来官居宰相,并成为著名的历史学家、语言学家,那是有其原因的。

十七、墨池记

曾　巩

【题解】

本篇选自曾巩《元丰类稿》卷十七。墨池,洗砚池。因为长期洗砚,"池水尽黑",因称"墨池"。

曾巩(公元 1019—1083 年),字子固,建昌南丰(今江西南丰)人,世称南丰先生。嘉祐二年(公元 1057 年)进士,历任齐州、襄州、洪州等地知州,所在多有政绩,官至中书舍人。为文以简洁著称,是唐宋古文八大家之一。去世以后,后人编辑其遗稿为《元丰类稿》五十卷,续稿四十卷,外集十卷。

《元丰类稿》五十卷,其中文四十二卷,诗八卷。曾氏诗、文皆称于世,尤以散文见长。其散文在宋代文坛独树一帜。

　　临川之城东,有地隐然而高,以临于溪,曰新城①。新城之上,有池洼然而方以长②,曰王羲之之墨池者③,荀伯子《临川记》云也④。羲之尝慕张芝⑤,临池学书,池水尽黑⑥,此为其故迹,岂信然邪⑦?方羲之之不可强以仕⑧,而尝极东方,出沧海⑨,以娱其意于山水之间⑩,岂有徜徉肆恣,而又尝自休于此邪⑪?羲之之书晚乃善⑫,则其所能,盖亦以精力自致者,非天成也⑬。然后世未有能及者,岂其学不如彼邪⑭?则学固岂可以少哉⑮!况欲深造道德者邪⑯?

【注释】

①　临川:今江西临川。隐然:突起的样子。以临于溪:而靠近一条溪流。

②　洼(wā)然:低洼的样子。方以长:即呈长方形。

③　王羲之(公元303—361年):字逸少,会稽(今浙江绍兴)人,东晋著名书法家,世称"书圣"。因为他曾经做过右军将军一职,又被称为王右军。

④　是荀伯子的《临川记》上说的。荀伯子:南朝宋时人,曾任临川内史一职,著有《临川记》,但此书今已失传。

⑤　尝:曾经。慕:仰慕。张芝:字伯英,酒泉(今甘肃酒泉)人,东汉著名书法家。擅长草书,世称"草圣"。

⑥　靠着水池练字,池水全被染黑了。尽:全,全部。

⑦　这是王羲之当初练字的旧迹,难道真是这样的吗?信:确实,真正。然:这样。

⑧　方:当,在。不可强以仕:不肯勉强自己去做官。

⑨　而足迹曾经到达浙江东部地区,并出游大海。极:到,到达。东方:这里指浙江东部。沧海:大海。

145

⑩　从而使自己的心性在山水之间得到快乐。娱:使快乐。

⑪　难道他在安闲自在、放纵尽情的游历中,又曾经在临川这个地方停留过吗? 徜徉(cháng yáng):闲游。肆恣(zī):尽情,放纵。

⑫　晚乃善:晚年才达到精妙的程度。

⑬　那么他的高超技艺,恐怕也是靠自己专心竭力练习达到的,而不是天生的。精力:专心竭力。

⑭　然:然而。及:赶上,赶得上。岂其学不如彼邪:恐怕是后代的人学习不如他吧。彼:指王羲之。

⑮　那么学习本来就不可少啊!

⑯　何况想深入提高道德修养的人呢?

　　墨池之上,今为州学舍①。教授王君盛恐其不章也,书"晋王右军墨池"之六字于楹间以揭之②,又告于巩曰:"愿有记③。"推王君之心④,岂爱人之善,虽一能不以废,而因以及乎其迹邪⑤? 其亦欲推其事以勉其学者邪⑥? 夫人之有一能,而使后人尚之如此⑦,况仁人庄士之遗风余思被于来世者何如哉⑧!

　　庆历八年九月十二日,曾巩记⑨。

【注释】

①　州:指抚州。学舍:学校。

②　教授:北宋时州一级政府掌管教育的官员。王君盛:即王盛。"君"是对对方的尊称。恐其不章:担心墨池不被人注意。章:彰显,明显。楹(yíng):房屋正面两侧的柱子。揭:标明。

③　巩:曾巩自称。愿有记:希望有一篇记。

④　推:推想,推测。

⑤　恐怕是喜爱古人的善行,即使一项技能也不让它埋没,因而连及到他的遗迹吧。废:放弃。

146

⑥ 大概也想推广王羲之刻苦练习书法的事迹来勉励他的学生吧。勉：勉励，鼓励。

⑦ 夫：发语词，引起下面的议论。尚之如此：崇尚到这样。尚：崇尚，尊崇。

⑧ 仁人庄士：仁义之人、正人君子。遗风余思被于来世者：流传下来的思想风范影响后代的人。何如哉：又会怎么样呢。意思是会更加受到后人的尊崇。被：延及，影响。

⑨ 庆历八年：公元 1048 年。庆历：宋仁宗赵祯的年号，公元 1041 年至 1048 年。

【评析】

王羲之的墨池遗迹有两处，一处是江西临川的"墨池"（北宋文学家曾巩有《墨池记》一文），一处是浙江永嘉故城的"墨池"（北宋书法家米芾写有"墨池"二大字）。墨池，都是因为他"临池学书，池水尽黑"而得名的。王羲之是中国的"书圣"。可见，他的书圣之名也是练出来的。即如南丰先生所说，"羲之之书晚乃善，则其所能，盖亦以精力自致者，非天成也"。但后世赶不上王羲之，"岂其学不如彼邪"？这样，南丰先生指出，"学固岂可以少哉"？我们回答说：学固不可以少也。学习一门科学、一种技能是这样，而如"欲深造道德者"，那就更是这样了。

十八、与王子予书

黄庭坚

【题解】

本篇选自黄庭坚《山谷集》卷十九。王子予，生平不详。

黄庭坚(公元1045—1105年),字鲁直,自号山谷道人,又号涪翁,洪州分宁(今江西修水)人。北宋著名诗人和书法家。英宗治平四年(公元1067年)进士。官国子监教授,太和知县。以诗文著称,与秦观、张耒、晁补之齐名,时称"苏门四学士"(苏,指苏轼)。

《山谷集》七十卷,包括《内集》三十卷,《外集》十四卷,《别集》二十卷,词一卷,尺牍二卷,《年谱》三卷。《内集》为作者自定,由其外甥洪炎编;《外集》为李彤编;《别集》、《年谱》由其孙黄编,《年谱》专为考证诗文而作。《内集》又称《豫章黄先生文集》,按赋、词、古诗、律诗、六言诗、铭、赞颂、序、记、书、表、文等类编列。

比来不审读书何似①?想以道义敌纷华之兵②,战胜久矣。古人有言:"并敌一向,千里杀将③。"要须心地收汗马之功④,读书乃有味;弃书策而游息⑤,书味犹在胸中,久之乃见古人用心处。如此则尽心于一两书,其余如破竹节,皆迎刃而解也。古人尝喻植杨⑥。盖杨,天下易生之木也,倒植之而生,横植之而生;十人植之,一人拔之,虽千日之功皆弃⑦。此最善喻!

顾衰老终无益于高明,子予以为如何⑧?

【注释】

① 比来:近来。不审:不知道。何似:怎么样。

② 此以比喻的手法说明用道义之心专心读书,抵抗杂念的干扰。想:猜想。以:凭借,用。纷华之兵:指纷乱的杂念。

③ 语出《孙子·九地篇》。此句下曹操注云:"并兵向敌,虽千里能擒其将也。"并兵:集中兵力。此处借指读书要专注用心,集中精力。

④ 需要心中想着取得战功。此处借指读书要想着有所收获。要须:需

148

要。心地:心。

⑤　书策:书册,书籍。游息:游玩休息。

⑥　古人曾经用栽种杨树作比喻。植:栽,栽种。

⑦　功:功劳,功绩。弃:废弃。

⑧　这是用于信的末尾的客套话。顾:但,但是。衰老:这里是黄庭坚指
　　称自己。高明:对对方的敬词。如何:怎么样。

【评析】

这是黄庭坚向王子予介绍读书方法的一篇重要文章。所介绍
的读书方法主要有:

一,读书时必须排除杂念,不受干扰。所谓"以道义敌纷华之
兵,战胜久矣",就是这个意思。这样才能潜心于书中,易收事半
功倍之效。如果拿起书本,喜、怒、哀、乐爬上心头,那是读不进去
的,此所谓"读犹不读"也。

二,读书时要集中精力。读书也像打仗一样,要集中优势兵力
去歼灭敌人。要有一股勇气在里面,要有一股锐气在里面。所谓
"并敌一向,千里杀将",就是这个意思。如果思想涣散,松松垮
垮,那也是读不进去的。

三,读书时要想着有所收获。即如信中所说,"要须心地收汗
马之功,读书乃有味;弃书策而游息,书味犹在胸中"。陶渊明《五
柳先生传》说:"好读书,不求甚解。"那是他去官家居、游戏人生的
一种态度,一种读书方法,与我们增知识、长才干的读书是不同的。

四,"尽心于一两书,其余如破竹节,皆迎刃而解"。所谓"尽
心于一两书",是说把一两本重要的书认真地读熟、读透,烂熟于
心。有了这个基础,再读别的书,便皆可"迎刃而解"了。这里讲
的是读书要有重点,要先读重要的书、根本的书。

五,读书要有所积累,不能随读随忘。杨树易活,但"十人植之,一人拔之,虽千日之功皆弃"。读书也是这样。如果读了一些书,却不能消化,不能记忆,不能积累,到头来仍然是两手空空,终无所用。

十九、与 人 书

顾炎武

【题解】

本篇选自顾炎武《亭林诗文集》中《文集》卷四。《与人书》是顾炎武写给别人的信,共二十五则,这里选取的是第一则。

顾炎武(公元1613—1682年),字宁人,号亭林,昆山(今江苏昆山)人。明末清初的著名学问家。明朝灭亡后,坚不出仕。周游四方,载书自随。晚年定居陕西华阴县。顾氏学问渊博,根基深厚,晚重考据,开清代朴学之风。顾氏著述宏富,主要有《日知录》、《天下郡国利病书》、《肇域志》、《音学五书》、《亭林诗文集》等。

《亭林诗文集》共十六卷,其中文集六卷,诗集五卷,余集一卷,《蒋山傭残稿》三卷,《佚文辑补》一卷。

人之为学,不日进则日退[1]。独学无友,则孤陋而难成[2];久处一方,则习染而不自觉[3]。不幸而在穷僻之域,无车马之资[4],犹当博学审问,古人与稽[5],以求其是非之所在,庶几可得十之五六[6]。若既不出户,又不读书[7],则是面墙之士[8],虽子羔、原宪之贤,终无济于天下[9]。

子曰⑩:"十室之邑,必有忠信如丘者焉,不如丘之好学也⑪。"夫以孔子之圣,犹须好学,今人可不勉乎⑫?

【注释】

① 人们学习,如果不每天进步,就会每天退步。

② 如果自己一个人埋头学习而不跟朋友们交流,就会孤陋寡闻而难以学有所成。

③ 如果在某一个地方呆久了,就会在不知不觉中被流俗所熏染。

④ 穷僻之域:贫穷而偏僻的地方。无车马之资:没有车马作为交通工具以与朋友来往。资:凭借,依靠。

⑤ 博学审问:广泛地学习,仔细地探究。古人与稽(jī):即"与古人稽",意思是与古人相争论。稽:计较,争辩。

⑥ 来探求所学的东西哪些是对的,哪些是错的,这样差不多能够学到十分之五六的知识。庶几(shù jī):差不多。

⑦ 不出户:不出门。这里是说不出去与朋友交流探讨。

⑧ 则是面墙之士:那么这样的人就是不学无术的人。面墙:面对墙壁,一无所见,比喻不学而见识浅薄。

⑨ 虽:即使。子羔:姓高,名柴,字子羔。原宪:姓原,名宪,字子思。他们都是孔子的学生。无济于天下:对国家没有用处。

⑩ 子:指孔子。

⑪ 此句出自《论语·公冶长》。这句话的意思是,在有十户人家居住的地方,一定会有像我这样忠心诚实的人,但却赶不上我喜欢学习。

⑫ 圣:聪明。勉:努力。

【评析】

顾炎武是清初的大学问家。这篇《与人书》就是他讲论学习的一篇重要文章。这篇文章有两点值得深思:

一、"人之为学,不日进则日退"。我们常说"学如逆水行舟,不进则退",意思是一样的。怎样才能保证"日进"而不"日退"呢?那就得像孔子那样,"发愤忘食,乐而忘忧"。元代著名教育家程端礼在《程氏家塾读书分年日程》卷三说:"为学要刚毅果决,悠悠不济事";"直要抖擞精神,如救火治病然。如撑上水船,一篙不可放缓。"

二、"独学无友,则孤陋而难成"。每个人都有局限性。只一个人读书,往往"习染而不自觉"。要克服这个缺点,需要与朋友切磋讨论。切磋讨论的好处是可以互相补充,互相启发,是知识面的扩大,是学问的深入。"若既不出户,又不读书",那就真的是"终无济于天下"了。

文章的结尾十分发人深醒:"夫以孔子之圣,犹须好学,今人可不勉乎?"

二十、为　学

彭端淑

【题解】

本篇选自彭端淑《白鹤堂文集》卷三。原题是《为学一首示子侄》。为学,读书,做学问。

彭端淑(公元 1699—1779 年),字一仪,号乐斋,四川丹棱(今四川丹棱)人。雍正十一年(公元 1733 年)进士,历任吏部郎中、广东肇罗道等职。后辞官家居,主讲四川锦江书院。他勤于著述,著作颇多,其诗文结集都以"白鹤堂"为名,有《白鹤堂文集》、《白鹤堂诗集》、《白鹤堂诗话》等。

《白鹤堂文集》是彭端淑的文集。他的文章行文简洁，自然真挚。记传文最佳，特色突出；议论文剀切利落，体现了一个"洁"字；杂感之类，意深文雅，讽而有劝，自成一格。

天下事有难易乎？为之，则难者亦易矣；不为，则易者亦难矣。人之为学有难易乎？学之，则难者亦易矣；不学，则易者亦难矣。吾资之昏不逮人也，吾材之庸不逮人也；旦旦而学之，久而不怠焉，迄乎成，而亦不知其昏与庸也①。吾资之聪倍人也，吾材之敏倍人也；摒弃而不用，其与昏与庸无以异也②。圣人之道，卒于鲁也传之③。然则昏庸聪敏之用，岂有常哉④？

【注释】

① 如果我天资愚钝，才能平庸，赶不上别人，但能每天不断地学习，长期坚持而不松懈，等到学有所成了，也就感觉不到自己原来的愚钝与平庸了。昏：愚钝。逮：及，赶得上。旦旦：天天，每天。怠（dài）：松懈。迄（qì）：到，等到。

② 如果我天资聪明，才思敏捷，超过别人，但却抛弃它们而不加以利用，那与愚钝、平庸便没有什么不同了。倍：超过。摒（bìng）弃：抛弃。

③ 圣人之道：指孔子之学说。卒于鲁也传之：最终是靠比较迟钝的曾参传下来的。卒：最终。鲁：愚钝。这里借指孔子的学生曾参。《论语·先进》：孔子在评论曾参时说："参也鲁。"

④ 然则：这样，那么。用：作用，用处。岂有常哉：哪有一成不变的啊！常：常规，指一成不变的规律。

蜀之鄙有二僧①：其一贫，其一富。贫者语于富者曰："吾欲之南海，何如②？"富者曰："子何恃而往③？"曰："吾一瓶一钵足矣④。"富者曰:"吾数年来欲买舟而下,犹未能也。子何恃而往!"越明年⑤,贫者自南海还,以告富者。富者有惭色⑥。西蜀之去南海,不知几千里也⑦,僧之富者不能至,而贫者至焉。人之立志,顾不如蜀鄙之僧哉⑧?

【注释】

① 蜀:今四川。鄙(bǐ):边境。

② 之:到。南海:指佛教圣地普陀山,在今浙江舟山群岛。何如:怎么样。

③ 您凭着什么去呢? 恃(shì):凭借,依靠。

④ 我有一个瓶子一个饭钵(bō)就足够了。钵:钵盂,古代和尚用的饭碗。

⑤ 越明年:第二年。

⑥ 惭色:惭愧的神色。

⑦ 四川距离普陀山,不知几千里。意思是路途很远。西蜀:指四川。去:离,距离。

⑧ 读书人确立志向,反而不如四川边境的一个和尚吗? 顾:反而,却。

是故聪与敏,可恃而不可恃也①;自恃其聪与敏而不学者,自败者也②。昏与庸,可限而不可限也③;不自限其昏与庸而力学不倦者,自力者也④。

【注释】

① 是故:因此,所以。可恃而不可恃:可以依靠而又不可以依靠。

② 自败者:自己害自己的人。

③ 可限而不可限:可以局限自己而又不能局限自己。

④ 不受自己资质愚钝和平庸的局限而努力学习不知疲倦的人,是自己

154

勤奋上进的人。

【评析】

文章通过蜀鄙之僧到南海去的故事,说明了天下事无所谓难易、人之为学无所谓难易的道理。说到底就是,"为之,则难者亦易矣;不为,则易者亦难矣","学之,则难者亦易矣;不学,则易者亦难矣"。个人的天资也是这样,无所谓愚笨与聪明,关键在于学。"自恃其聪与敏而不学者",那是自己害自己;"不自限其昏与庸而力学不倦者",那就能取得成功。古今中外无数的例子都证明了这个道理。

二十一、与孙季逑书

洪亮吉

【题解】

本文选自洪亮吉《洪北江全集》之《卷施阁文》乙集卷三。孙季逑(公元 1753—1818 年),即孙星衍,字渊如,号季逑,阳湖(今江苏武进)人。乾隆年间进士。授翰林院编修。改刑部主事。历官山东督粮道。后称疾辞官,主钟山书院。深究经史文字音韵训诂之学,旁及诸子百家,精金石碑版,工篆隶,尤精校勘,为清代著名学者。

洪亮吉(公元 1746—1809 年),字君直,一字稚存,号北江,阳湖(今江苏武进)人。乾隆年间进士。授翰林院编修,提督贵州学政。嘉庆时因上书指斥朝政,发配伊犁,不久赦还原籍。于是自号更生居士,乃寄情山水,专心学术。平生于书无所不窥,尤精地理之学。其后沉研经史,与孙星衍论学相长,世称孙洪。

《洪北江全集》六十六卷,包括《卷施阁文》甲集十卷、乙集八卷,《卷施阁诗》二十卷、附《鲒轩诗》八卷,《更生斋文》甲集四卷、乙集四卷,《更生斋诗》八卷,《更生斋诗余》二卷,《拟两晋南北朝乐府》二卷。门人吕培等编次《年谱》一卷,列于卷首。洪氏长于舆地,亦精音韵训诂之学,所以集中论学之文、舆地之文和文字训诂之文为精。

　　季述足下,日来用力何似①?亮吉三千里外,每有造述,手未握管,心悬此人②,虽才分素定,亦契慕有独至也③。

　　吾辈好尚既符,嗜欲又寡,幼不随搔首弄姿、顾影促步之客,以求一时之怜④;长实思研精蓄神,忘寝与食,以希一得之获⑤。惟吾年差长⑥,忧患频集,坐此不逮足下耳⑦。然犬马之齿三十有四⑧,距强仕之日,尚复六年⑨。上亦冀展尺寸之效,竭志力以报先人⑩;下庶几垂竹帛之声,传姓名以无惭生我⑪。

【注释】

① 足下:对对方的尊敬称呼。日来:近来。用力:用功。何似:怎么样。

② 造述:著述。管:指笔。心悬此人:心中想着你。悬:挂念,牵挂。

③ 素:本来,原来。契慕:爱慕。独至:独到,与众不同。这里是说孙星衍在研究学问方面有自己的独到之处。

④ 吾辈:我们这些人。这里是说我们两人。好(hào)尚:爱好和崇尚。符:一致。嗜欲:指耳目口鼻等方面贪图享受的要求。寡:少。搔首弄姿、顾影促步之客:修饰容貌、看着自己影子小步快走的人。这里是指不学无术的纨绔子弟。求一时之怜:求得短时间的喜爱。怜:喜爱,爱怜。

⑤ 长(zhǎng):年龄大些的时候。研精蓄神:专心研究。希一得之获:

156

希望得到一点小的收获。

⑥ 年差(chā)长：年龄稍大一些。作者比孙季述大七岁。

⑦ 坐此：因为这些。指上面所说的"年差长"、"忧患频集"等原因。洪
亮吉少年丧父，后靠教私塾养母；母亲去世时，又因客游在外而未能
赶回来安葬母亲。"忧患频集"即指这些事情。不逮：不及，赶
不上。

⑧ 犬马之齿：对自己年龄的谦称。三十有四：三十又四，即三十四岁。

⑨ 强仕：指四十岁。古代认为男子四十岁，智虑气力都很强盛，可以出
去做官。因此，以"强仕"代指四十岁。仕：做官。尚复六年：还有
六年。

⑩ 冀：希望。展：施展。尺寸之效：指微小的功用。效：功。竭志力：竭
尽心智和才力。报先人：报答祖先。

⑪ 庶几：希望。垂竹帛之声：指留名于史册。竹帛：竹简和白绢，古代
用来书写文字，后来用来指书册、史籍。无惭生我：不使父母惭愧。
生我：生我之人，指父母。

　　每览子桓之论①："日月逝于上，体貌衰于下，忽然与万物迁
化②。"及长沙所述③："佚游荒醉，生无益于时，死无闻于后，是自
弃也④。"感此数语，掩卷而悲，并日而学⑤。

　　又佣力之暇，余晷尚富⑥；疏野之质，本乏知交⑦。鸡胶胶则
随暗影以披衣⑧，烛就跋则携素册以到枕⑨。衣上落虱，多而不
嫌；凝尘浮冠，日以积寸⑩。非门外入刺⑪，巷侧过车，不知所处在
京邑之内，所居界公卿之间也⑫。

【注释】

① 览：看。子桓：即曹丕，字子桓，曹操之子。曹操死后他袭封魏王，公
元 220 年代汉称帝，建立魏朝，为魏文帝。他爱好文学，著有《典

157

论》及诗赋百余篇。

② 这几句出自曹丕的《典论·论文》。意思是慨叹时光易逝,人生短暂。日月:指代时间。体貌:身体容貌。迁化:迁移变化,指死亡。

③ 长沙:指晋陶侃,因其曾封为长沙郡公,故称。

④ 佚游:纵情游乐。荒醉:沉湎于酒。生:活着的时候。是自弃也:这是自暴自弃。

⑤ 并日而学:两天的功课,一天学完。指抓紧时间学习。

⑥ 佣力:指洪亮吉帮助孙溶校订书籍的事。暇(xiá):空闲。余晷(guǐ)尚富:剩余的时间还比较多。晷:日影,这里指时间。

⑦ 疏野:放纵不拘。知交:好友,知己朋友。

⑧ 这句是说鸡刚叫就穿衣起床看书学习。胶胶(jiǎo jiǎo):鸡鸣声。

⑨ 当蜡烛快烧完的时候,就拿着书上床,继续披阅。跋:蜡烛的根部。

⑩ 这几句夸张作者读书入神,不觉生活之苦。

⑪ 门外入刺:门外有名帖递入。意思是有人来访。刺:名帖,名片。

⑫ 京邑:京师,京城。此即指北京。界:居,处于。公卿:指高官。

　　夫人之智力有限,今世之所谓名士①,或悬心于贵势,或役志于高名②,在人者未来,在己者已失③。又或放情于博弈之趣,毕命于花鸟之妍④,劳瘁既同,岁月共尽,若此皆巧者之失也⑤。间日尝自思⑥:使扬子云移研经之术以媚世,未必胜汉廷诸人,而坐废深沉之思⑦;韦宏嗣舍著史之长以事棋,未必充吴国上选,而并亡渐渍之效⑧。二子者,专其所独至,而置其所不能,为足妒耳⑨。每以自慰,亦惟敢告足下也⑩。

【注释】

① 名士:名望高的读书人。

② 这两句是说,有些人一心想着获得显贵的地位,很高的名声。或:有

的,有的人。悬心:挂念,想着。役志:用心,在心中谋划。高名:高的名声,盛名。

③ 在人者:被人所操持的,指贵势高名。在己者:自己可以把握的,指学业成就。

④ 放情:纵情。博弈:泛指下棋。毕命:尽全力。意思是把精力全部放在某一方面。妍(yán):美丽。

⑤ 劳瘁(cuì):辛苦劳累。巧者:聪明的人。指"今世之所谓名士"。

⑥ 间(xián)日:即闲日,闲暇的时候。尝:曾经。

⑦ 这几句是说,倘若扬雄把从事著述的本领用以媚世,那他未必能超过汉朝的公卿们,反而白白地荒废了自己的学业。扬子云:即扬雄,字子云。汉代经学家。坐废:白白荒废。深沉之思:指扬雄从事《太玄》、《法言》等的撰述。

⑧ 这几句是说,如果韦昭放弃自己著史的长处而从事博弈,那他未必能充任吴国上等的棋手,反而连自己学问的积累也会失去。韦宏嗣:即韦昭,字宏嗣,三国吴云阳(今江苏丹阳)人。曾为《博弈论》,批评当世之人"不务经术,好玩博弈"。他是吴国的太史令,历史学家。撰《吴书》,并作《国语注》。亡:丢失,失去。渐渍之效:指积累的学问。

⑨ 二子:指扬雄和韦昭。专其所独至:专心于自己独到的学问。置其所不能:放弃自己所不擅长的东西。为足妒耳:真值得羡慕啊。妒:这里是羡慕的意思。

⑩ 每以自慰:常常以此安慰自己。作者认为自己也和扬、韦二人一样,"专其所独至,而弃其所不能",道路走对了,所以"每以自慰"。

【评析】

洪亮吉是清代著名学者。他早年以文学著称,古文、骈文、诗都很有名,其诗与黄景仁齐名;后来专力于经史、文字、音韵、训诂之学,与孙星衍并称。洪氏为什么能取得如此巨大的成就?那是他努力学习、刻苦钻研得来的。第一，他有明确的学习目的。"幼不随搔首弄姿、顾影促步之客，以求一时之怜；长实思研精蓄神，忘寝与食，以希一得之获"。"上亦冀展尺寸之效"，"下庶几垂竹帛之声"。总之，就是希望能有"一得之获"，上以报国，下以名垂青史。第二，他珍惜时间，专心读书。作者深知人生苦短，时间易逝的道理，因此"掩卷而悲，并日而学"。"鸡胶胶则随暗影以披衣，烛就跋则携素册以到枕"。虽居京师，而不知身"界公卿之间也"。

这封信的另一个要点是，作者知道"人之智力有限"，一个人不能希望在每一个领域里都有所建树，而应当像扬雄、韦昭那样，"专其所独至，而置其所不能"，做到"术业有专攻"。要做到这一点，就不能"悬心于贵势"、"役志于高名"，也不能"放情于博弈"、"毕命于花鸟"，要把有限的时间和精力投入到有意义的事情上去。洪氏正是这样做的，并取得了骄人的成绩，所以他能"每以自慰"。洪氏的经验值得我们借鉴。

第四单元

一、弈　秋

《孟子》

【题解】

本篇选自《孟子·告子上》，题目是后加的。弈秋，古代善下棋的人。"弈"是他的职业，"秋"是他的名字。

孟子及《孟子》的简介见第二单元《孟子四则》的题解。

今夫弈之为数，小数也①；不专心致志，则不得也。弈秋，通国之善弈者也②。使弈秋诲二人弈③：其一人专心致志，惟弈秋之为听④；一人虽听之，一心以为有鸿鹄将至⑤，思援弓缴而射之⑥。虽与之俱学，弗若之矣⑦。为是其智弗若与⑧？曰：非然也⑨。

【注释】

① 羿（yì）之为数：下棋作为一种技艺来说。小数：小的技艺。

② 通国：全国。

③ 诲（huì）：教。

④ 惟弈秋之为听:只听弈秋讲棋。

⑤ 鸿鹄(hú):大雁和天鹅。

⑥ 想着要拿起弓箭去射它们。援:持,拿。弓缴(zhuó):弓和箭。缴:系着丝绳的箭。

⑦ 虽:即使,纵然。俱学:在一起学习。弗若之:不如另外那个人。

⑧ 这是因为他的聪明不如另外那个人吗?

⑨ 非然也:不是这样的。

【评析】

本篇通过"使弈秋诲二人弈"的故事,讲述了学棋必须专心致志的道理。学棋是这样,学习其他任何技艺、任何知识也是这样。

俗话讲得好,心无二用。如果不专心,万事做不成。《荀子·劝学》说:"行衢道者不至,事两君者不容。目不能两视而明,耳不能两听而聪。"意思是,在歧路上徘徊不定的人,不可能达到目的地;同时侍奉两个君主的人,没有任何一方会容纳他。眼睛不能同时看两种东西而看得清楚,耳朵不能同时听两种声音而听得清晰。为什么会这样呢?不能专心致志啊。所以《劝学》又说:"故君子结于一也。"意思是说,所以君子学习的时候,总是把精神集中在一点上。

这是一个浅显的道理。但浅显的道理,却具有普遍的意义,具有重要的指导价值。

二、佝偻者承蜩

《庄子》

【题解】

本篇选自庄周《庄子·达生》,题目是后加的。佝偻(gōu

lóu)者,驼背的人。承蜩(tiáo),在竹竿顶端涂上胶状物用来粘取蝉。蜩,一种蝉。

庄周,即庄子,战国中期宋国蒙(今河南商丘)人,大约与孟子同时或稍后。庄周曾做过蒙漆园吏,长期生活在社会下层,是继老子之后先秦道家学派的主要代表人物,世称"老庄"。庄子期望无所依待的逍遥游,要求毁弃一切社会文明,希望成为具有天道的真人。这些学说脱离社会,逃避现实,造成了消极的影响。同时,庄子又对黑暗的现实社会进行了揭露,对追名逐利之徒给予无情的嘲弄和讽刺,以维护人格尊严。这些思想观念具有进步意义,在后世发挥了积极作用。

《庄子》现存三十三篇,其中内篇七篇,外篇十五篇,杂篇十一篇。《庄子》的文章,多用寓言故事说明问题,想象奇特,语言生动,具有浓厚的浪漫主义色彩,对后世的文学语言影响很大。

仲尼适楚,出于林中①,见佝偻者承蜩,犹掇之也②。仲尼曰:"子巧乎③!有道邪④?"曰:"我有道也。五六月⑤,累丸二而不坠,则失者锱铢⑥;累三而不坠,则失者十一⑦;累五而不坠,犹掇之也。吾处身也,若橛株拘⑧;吾执臂也,若槁木之枝⑨。虽天地之大,万物之多,而唯蜩翼之知⑩。吾不反不侧,不以万物易蜩之翼⑪,何为而不得⑫!"孔子顾谓弟子曰⑬:"'用志不分,乃凝于神⑭。'其佝偻丈人之谓乎⑮!"

【注释】

① 仲尼适楚:孔子到楚国去。仲尼:孔子的字。适:到。出于林中:从树林中走出来。

② 犹掇之也:好像拾取东西一样。这是说承蜩的容易。掇(duō):拾

拾,拾取。

③　子巧乎:你技艺真高啊! 巧:灵巧,技艺高。

④　有道邪:有规律可循吗? 道:道术,规律。

⑤　五六月:五、六个月。这里是指技艺练了五、六个月的时候。

⑥　在竹竿顶端叠放两颗泥丸而不坠落,那么粘不着而飞掉的蝉的数量就很少。累:堆叠。丸:小圆球形的物体。锱铢(zī zhū):比喻数量很少。锱和铢都是古代很小的重量单位。

⑦　十一:十分之一,十只里有一只。这是说不能够得到的蝉数量很少。

⑧　我站立的时候,身体就像树桩一样稳。

⑨　我拿着竹竿的胳膊伸出去的时候,就像枯树的树枝一样。意思是说拿竹竿的胳膊很稳,一动不动。

⑩　唯蜩翼之知:即"唯知蜩翼",只注意蝉的翅膀。

⑪　我不回头,不侧身,不因为任何别的事物改变我对蝉翼的注意。易:改变,变换。

⑫　怎么能粘不到呢!

⑬　顾:回头,掉转头。

⑭　用心不分散,而聚精会神。凝:集中,凝聚。

⑮　大概说的就是这位驼背老人吧! 丈人:老汉。

【评析】

　　驼背老人粘捕蝉,一下一个,就好像拾取东西一样。寻其门道,大致有这么两条:

　　一是苦练基本功。经过五六个月的训练,身"若蹶株拘",臂"若槁木之枝",在竹竿顶端"累丸二而不坠","累三而不坠","累五而不坠"。这样,身子坚实,胳膊稳定,竹竿不摇晃,那蝉就飞不了了。

　　二是集中精力,聚精会神。在捕蝉之时,"虽天地之大,万物之多,而唯蜩翼之知。吾不反不侧,不以万物易蜩之翼"。精力这样集中,那蝉还能跑得了吗?

捕蝉是这样。那世上万事万物,或学知识,或练技能,或搞科研,又何尝不是这样呢?

三、匠石运斤

《庄子》

【题解】

本篇选自《庄子·徐无鬼》,题目是后加的。匠石,一位名字叫石的木匠。运斤,抡动斧头。斤,木匠用的斧头。

庄子送葬,过惠子之墓①,顾谓从者曰②:"郢人垩慢其鼻端③,若蝇翼④,使匠石斲之⑤。匠石运斤成风,听而斲之⑥,尽垩,而鼻不伤,郢人立不失容⑦。宋元君闻之⑧,召匠石曰:'尝试为寡人为之⑨。'匠石曰:'臣则尝能斲之。虽然,臣之质死久矣⑩!'自夫子之死也⑪,吾无以为质矣,吾无与言之矣!"

【注释】

① 惠子:即惠施。战国时期宋国人,名家的代表人物之一。惠施与庄子是好朋友。

② 顾:回过头。从者:随从人员。

③ 有个楚国人在刷墙的时候有一小点白土落在了鼻尖上。郢(yǐng)人:楚国人。郢:楚国的都城,在今湖北江陵西北。垩(è):刷墙用的白土。慢:通"墁(màn)",涂抹。这里指误涂。

④ 若蝇翼:鼻尖上的白土像苍蝇翅膀一样薄。

⑤ 斲(zhuó):砍,削。

⑥ 运斤成风:抡动斧子时带出一股风。这里是形容挥斧速度的迅猛。
听:听凭,任凭。

⑦ 尽垩:鼻子上的白土全削掉了。立不失容:站在那儿面不改色。意
思是毫无惊恐的样子。

⑧ 宋元君:即宋元公,春秋时期宋国的国君,公元前531年至前517年
在位。

⑨ 请你试着给我表演一次。尝:试,尝试。寡人:宋元君自称。

⑩ 质:对手,对象。这里指那个让匠石替他斲垩的郢人。

⑪ 夫子:指庄子的好朋友惠施。

【评析】

这则故事,赞扬了匠石的高超的技艺。请想想看,郢人鼻尖上
误涂的白垩,"匠石运斤成风,听而斲之,尽垩,而鼻不伤"。这是
何等高超的技艺!当然,这样高超的技艺肯定是匠石长期苦练的
结果。

同时,我们也不能不佩服那位郢人。他了解匠石,信任匠石,
肯拿自己的鼻子让匠石一试。"听而斲之"之后,还"立不失容"。
真是了不起的从容镇静啊。

四、赵襄主学御

《韩非子》

【题解】

本篇选自韩非《韩非子·喻老》,题目是后加的。赵襄主,即

赵襄子,名无恤。当时家臣称卿大夫为主,所以也称他为赵襄主。御,驾驭车马。

韩非及《韩非子》的简介见第二单元《自见和自胜》的题解。

赵襄主学御于王子于期①,俄而与于期逐②,三易马而三后③。襄主曰:"子之教我御,术未尽也④?"对曰:"术已尽,用之则过也⑤。凡御之所贵⑥:马体安于车,人心调于马,而后可以进速致远⑦。今君后则欲逮臣,先则恐逮于臣⑧。夫诱道争远⑨,非先则后也,而先后心皆在于臣,上何以调于马⑩? 此君之所以后也⑪。"

【注释】

① 王子于期:即王良。晋国人,以善于驾车而闻名。御:驾车。

② 俄而:不久。逐:追逐。这里指比赛驾车。

③ 赵襄主跟王子于期交换了三次马,而三次都落在了后面。易:交换。

④ 你教我驾车,没有把驾驭方法全部教给我吧? 术:驾驭方法。

⑤ 驾驭方法已经全都教给您了,但您在运用的时候却有不恰当的地方。

⑥ 御之所贵:驾车最重要的方法。

⑦ 马的身体跟车体要稳定一致,人的注意力要跟马的动作协调一致,这样才能够跑得快,跑得远。调(tiáo):协调。

⑧ 现在您落在后面就想赶上我,跑在前面又害怕被我追上。逮:及,赶上。

⑨ 诱道争远:把马车引上跑道,与别人比赛看谁跑得远。

⑩ 不论是领先在前还是落后于我,您的注意力都在我身上,还怎么能和马协调起来呢? 上:通"尚",还。

⑪ 这就是您落后的原因。

【评析】

"赵襄主学御于王子于期",驾车技术都学会了,可是在比赛中却连败三次。其原因,正如王子于期所说,"凡御之所贵:马体安于车,人心调于马,而后可以进速致远。今君后则欲逮臣,先则恐逮于臣"。比赛之时,赵襄主的心思全在王子于期身上,而没有在马身上,"此君之所以后也"。这则故事告诉我们,要干好一件事,必须心无旁骛,精力集中,全力以赴,而不能三心二意,若有若无,马马虎虎。

再者,任何比赛总会有输赢,要注意比赛的过程,努力发挥自己的潜能,不能太在意比赛的结果。如果自己的潜能得到了充分的发挥,即使自己没有得到第一,那也是赢了;如果自己的潜能没能充分地发挥出来,即使侥幸赢了,那也是输了。

五、孔子学鼓琴

《史记》

【题解】

本篇选自司马迁《史记·孔子世家》,题目是后加的。鼓琴,弹琴。

司马迁及《史记》的简介见第二单元《相御之妻》的题解。

孔子学鼓琴师襄子①,十日不进②。师襄子曰:"可以益矣③。"孔子曰:"丘已习其曲矣,未得其数也④。"有间⑤,曰:"已习其数,可以益矣。"孔子曰:"丘未得其志也⑥。"有间,曰:"已习其志,可以益矣。"孔子曰:"丘未得其为人也⑦。"有间,有所穆然深思焉,有所怡然高望而远志焉。⑧曰:"丘得其为人,黯然而黑,几然而长,眼如望羊⑨,如王四国⑩,非文王其谁能为此也⑪!"师襄子辟席再拜⑫,曰:"师盖云《文王操》也⑬。"

【注释】

① 师襄子:春秋时期鲁国的乐官,善于弹琴。师:乐工,乐师。

② 不进:没有进展。这里是说一直停留在弹一支曲子上,没有学习弹奏新的乐曲。

③ 可以益矣:可以加一点了。意思是可以多学一点了,即可以学习弹奏别的乐曲了。益:增加。

④ 曲:指乐曲的形式。数:指乐曲的节奏内容。

⑤ 有间:过了一些时候,隔了一段时间。

⑥ 志:指乐曲的精神。

⑦ 我还没有听出乐曲中歌咏的是怎样一个人。丘:孔子自称。

⑧ 穆然:静思的样子。怡然:喜悦的样子。高望而远志:眼望高处而表现出志向高远的样子。

⑨ 黯(àn)然:黝黑的样子。这里是说肤色很黑。几(qí)然:身材高大的样子。几:通"颀",颀长。望羊:远望的样子。

⑩ 好像是能够统治天下。四国:四方。这里是指整个天下。

⑪ 如果不是周文王,还有谁能做到这一点呢!王:指周文王。

⑫ 辟(bì)席:离开座位。辟:离开。在这个意义上后来写做"避"。再拜:拜了又拜。辟席、再拜,都是表示恭敬的礼节。

⑬ 我的老师说就是《文王操》啊!《文王操》:文王作的或者歌咏文王的乐曲。操:琴曲。

【评析】

孔子跟师襄子学了一支曲,一直在用心体会。"习其曲"了,

"未得其数也";"习其数"了,"未得其志也";"习其志"了,"未得其为人也"。最后,通过弹奏琴曲,他看到了音乐形象:"丘得其为人,黯然而黑,几然而长,眼如望羊,如王四国"。根据这样的音乐形象,他断定此人就是周文王。孔子的这个认识让"师襄子辟席再拜",并说:"师盖云《文王操》也。"这就肯定了孔子对音乐形象的认定。

孔子办事,向来认真。他不像有的人做事浅尝辄止,得了一点皮毛就自以为了不起。就孔子学鼓琴这件事情来说,他能达到这一点,首要的就是他能集中精力,专心致志,善于思考和钻研。他是在用心做事,所以能做到尽善尽美。

六、专 学

刘 昼

【题解】

本篇选自刘昼《刘子·专学》。专学,专心学习。

刘昼,字孔昭,渤海阜城(今河北阜城)人,北齐思想家。其生平事迹不详。据《北史·儒林传上·刘昼传》,刘昼"少孤贫,爱学,伏膺无倦",得到书籍,则"恣意披览,昼夜不息"。刘昼生活在动荡的社会环境里,自幼受传统民族文化的陶冶,志在救世安民,希望国家有圣君贤臣,强调个人修身养性。

《刘子》十卷,五十五篇。此书内容丰富,涉及范围广泛,如自然、社会、思想、时政、用人、修身、祸福、权谋等。全书的主旨在于强调个人在社会中的地位和作用。它在中国古代思想史上应占有一定的位置。

学者出于心也①。心为身之主,耳目候于心②。若心不在学,则听诵不闻,视简不见③。如欲炼业,必先正心,而后理义入焉④。夫两叶掩目,则冥默无睹;双珠填耳,必寂寞无闻⑤。叶作目蔽,珠为耳鲠⑥,二关外拥,视听内隔,固其宜也⑦。而离娄察秋毫之末,不闻雷霆之声⑧;季子听清角之韵,不见嵩岱之形⑨。视不关耳而耳不闻,听不关目而目不见者,何也? 心溺秋毫,意入清角故也⑩。

【注释】

① 学者出于心也:学习是从内心产生的。

② 心是全身的主宰,耳朵和眼睛都要听从心的安排。候:等候,听从。

③ 如果心思没有放在学习上,那么虽然用耳朵听人诵读却不能听进去,虽然用眼睛看书却不能看进去。诵:诵读。简:指书籍。因为古代的书是写在竹简上的。

④ 如果想要使学业精熟,一定要先使心思端正,然后才能获得经义的内容。炼业:使学业精熟。理义:指儒家的经义。

⑤ 用两片树叶遮住眼睛,就眼前昏暗什么也看不见;用两颗珠子塞住耳朵,必定寂静无声什么也听不见。掩:掩盖,遮挡。冥默:昏暗。填:堵塞。寂寞:寂静无声。

⑥ 树叶成了眼睛的遮盖物,珠子成为耳朵的堵塞物。蔽:遮盖,遮蔽。这里用作名词,指用作遮盖的东西。鲠(gěng):堵塞。这里用做名词,指用作堵塞的东西。

⑦ 眼睛和耳朵从外面被遮盖堵塞了,视力和听力就从内心被阻隔了,这本来就是很自然的事。二关:这里指眼睛和耳朵。关:指人体的某一器官。拥:通"壅",壅塞,壅蔽。隔:阻隔,阻断。

⑧ 离娄:传说为黄帝时人,视力极好。秋毫:指秋天鸟兽身上新长出的细毛。末:末端,末梢。雷霆(tíng):暴雷。

⑨ 季子:即季札,春秋时期吴国的公子。他德行高尚,多才多艺。清角

171

(jué):角是古代的五音之一。古人以为角音清,所以称清角。嵩:
嵩山。在今河南登封北,是五岳之中的中岳。岱(dài):泰山。在今
山东中部,是五岳之中的东岳。

⑩ 这是因为心思完全放在秋毫上、注意力完全集中在清角中的缘故。
溺(nì):沉湎,沉溺。

是以心驻于目,必忘其耳,则听而不闻①;心驻于耳,必遗其
目,则视而不见也②。使左手画方,右手画圆,令一时俱成③,虽执
规矩之心,回刌劂之手而不能者④,由心不两用,则手不并运也⑤。

【注释】

① 是以:所以。驻:停留。

② 遗:遗忘,忘记。

③ 一时:同时。俱:一起。

④ 执规矩之心:意思是心中掌握了画圆形和画方形的方法。执:秉持,
掌握。规:本来是指一种用来画圆的工具,这里指圆形。矩:本来是
指一种用来画直角或方形的工具,这里指方形。回刌劂(jī jué)之
手:意思是双手能够灵活使用刌劂之类的雕刻工具。回:旋转,这里
意思是使用。刌劂:一种雕刻用的刀。不能:意思是不能两手同时
画出方形和圆形。

⑤ 这是由于一心不能同时两用,双手不能同时操作。运:操作,使用。

弈秋,通国之善弈也①,当弈之时,有吹笙过者②,倾心听
之③,将闻未闻之际,问以弈道,则不知也④。非弈道暴深,情有暂
暗,笙滑之也⑤。隶首,天下之善算也⑥,当算之际,有鸣鸿过
者⑦,弯弓拟之⑧,将发未发之间⑨,问以三五,则不知也。非三五
难算,意有暴昧,鸿乱之也⑩。弈秋之弈,隶首之算,穷微尽数,非

有差也⑪,然而心在笙鸿而弈败算挠者,是心不专一,游情外务也⑫。瞽无目而耳不可以察,专于听也⑬;聋无耳而目不可闻,专于视也⑭。以瞽聋之微,而听察聪明者,用心一也⑮。

【注释】

① 弈(yì)秋:古代善下棋的人。通国:全国。

② 正在下棋的时候,有个吹笙的人路过。笙(shēng):管乐器,常见的有大小数种,用若干根装有簧的竹管和一根吹气管装在一个锅形的座子上制成。

③ 倾心听之:聚精会神地听人吹笙。倾心:用尽心思,指集中精神。

④ 际:时候。问以弈道:问他下棋的技巧。

⑤ 不是下棋的技巧突然变得深奥了、他的思想突然变得糊涂了,是吹笙的乐声扰乱了他的心。暴:突然。情:思想,精神。暂:突然。暗:糊涂,不明白。滑:通"猾",扰乱。

⑥ 隶首:传说是黄帝的史官,他最早发明了算术。善算:善于算术的人。

⑦ 有鸣鸿过者:有鸣叫的大雁飞过。鸿:鸿雁,大雁。

⑧ 拉弯弓想射大雁。拟:想,打算。

⑨ 发:把箭射出去。

⑩ 意:思想,意识。暴昧(mèi):突然糊涂。昧:昏昧,糊涂。鸿乱之也:是大雁扰乱了他的思想。

⑪ 穷微尽数:穷尽了弈道和算术的精妙与规则。数:规则。

⑫ 弈败算挠(náo):下棋败毁,算数扰乱。败:败毁。挠:扰乱。游情外务:转移思想去做别的事情了。务:事情,事务。

⑬ 瞽(gǔ):眼睛瞎。这里指眼睛瞎的人。察:看。专于听:把心专门用于用耳朵听上。

⑭ 聋:指耳朵聋的人。专于视:把心专门用于用眼睛看上。

⑮ 微:卑微,地位低下。听察聪明:即听聪察明,意思是听得清楚,看得

分明。

夫蝉难取,而粘之如掇①;卷耳易采,而不盈倾筐②:专与不专也③。是故学者必精勤专心,以入于神④。若心不在学而强讽诵,虽入于耳而不谛于心⑤,譬若聋者之歌,效人为之,无以自乐,虽出于口,则越而散矣⑥。

【注释】

① 这是《庄子·达生》中所记载的故事。说的是有一位驼背老人在树林中用竹竿粘蝉,由于他能够专心致志,反复练习,最后他在树上粘蝉就像在地上捡拾一样容易。掇(duō):捡拾,拾取。

② 这是用的《诗经·周南·卷耳》中的典故。说的是一位女子因为思念自己的爱人,不能专心采摘卷耳,结果采了大半天,连一筐也没采满。卷耳:又称"苍耳"或"枲(xǐ)耳",一年生草本植物。盈:满。倾筐:用竹篾或柳条编成的器具,因为形状倾斜,故名倾筐。

③ 专与不专也:这是专心和不专心造成的。

④ 所以学习一定要专心勤勉,才能达到神妙。精勤:用心勤勉。

⑤ 强(qiǎng):勉强,硬要。讽诵:诵读。谛(dì):领悟,弄清楚。

⑥ 譬如聋子唱歌,只是模仿别人的口型发出声音,没有办法自我娱乐,虽然声音从口中发出,但很快就飘散了。效:模仿。越:飘散,散失。

【评析】

专学,就是专心学习。为什么学习要专心呢?因为"学者出于心也。心为身之主,耳目候于心。若心不在学,则听诵不闻,视简不见。如欲炼业,必先正心,而后理义入焉"。如果心不在焉,就像《弈秋》里面的一个学弈者,"一心以为有鸿鹄将至,思援弓缴而射之"。其结果就是,"虽与之俱学,弗若之矣"。不是这个人笨,是他没有专心。

青少年思想活跃,思绪变化快,在听课和做作业时,往往容易走神,也就是说不能专心,比如说左顾右盼,摆弄玩具,想到高兴的事就笑,想到苦恼的事就愁,等等。这样,虽然和同学们一起学习,那效果可就差大了。

专心对于学习太重要了。"夫蝉难取,而粘之如掇;卷耳易采,而不盈倾筐:专与不专也。是故学者必精勤专心,以入于神。若心不在学而强讽诵,虽入于耳而不谛于心"。让我们在学习的时候,集中精力,专心致志起来吧!

七、卖 油 翁

欧阳修

【题解】

本篇选自欧阳修《归田录》卷一。翁,老汉。

欧阳修及《归田录》的简介见第二单元《吕蒙正公二事》的题解。

陈康肃公尧咨善射,当世无双,公亦以此自矜①。尝射于家圃,有卖油翁释担而立睨之②,久而不去。见其发矢十中八九,但微颔之③。

康肃问曰:"汝亦知射乎④?吾射不亦精乎⑤?"翁曰:"无他,但手熟尔⑥。"康肃忿然曰⑦:"尔安敢轻吾射⑧!"翁曰:"以我酌油知之⑨。"乃取一葫芦置于地,以钱覆其口⑩,徐以勺酌油沥之⑪,自钱孔入而钱不湿。因曰:"我亦无他,惟手熟尔⑫。"康肃笑而遣

175

之⑬。此与庄生所谓"解牛"、"斲轮"者何异⑭?

【注释】

① 陈康肃公尧咨:即陈尧咨,北宋大臣。康肃是他的谥号。公:对男子
   的尊称。自矜(jīn):自夸。

② 尝:曾经。家圃(pǔ):自家的射箭场。圃:菜园子,这里指可用做射
   箭的场地。释担而立:放下挑担站着。睨(nì)之:看他射箭。睨:斜
   着眼看,这里泛指看。

③ 发矢:射出去的箭。中(zhòng):射中。但微颔(hàn)之:只是微微
   点点头。意思是表示赞许,但不过分赞扬。

④ 你也懂得射箭吗? 汝(rǔ):你。

⑤ 我的射箭技艺不是很纯熟吗?

⑥ 没有别的奥妙,只是手熟练罢了。无他:没有别的。意思是没有别
   的奥妙。

⑦ 忿(fèn)然:气愤的样子。

⑧ 你怎么敢轻视我的射箭技艺! 尔:你。安:怎么。

⑨ 根据我舀油的经验而懂得这个道理。

⑩ 乃:于是,就。置于地:放在地上。以钱覆其口:用一个铜钱盖住葫
   芦嘴。铜钱中间有一个四方的孔。

⑪ 慢慢地用勺子舀了油注入葫芦里。徐:慢慢。沥(lì):滴下,注入。

⑫ 惟:只,只是。

⑬ 遣之:让他走了。

⑭ 这和庄子所说的庖丁解牛、轮扁斲轮的道理有什么不同呢? 庄生:
   庄子。解牛:指《庄子·养生主》篇中所说的"庖丁解牛"的故事。
   斲(zhuó)轮:指《庄子·天道》篇中所说的"轮扁斲轮"的故事。这
   两则故事都强调只有反复实践,才能掌握事物的规律。庖丁:厨师,
   名丁。解牛:分割牛体。轮扁:制造车轮的工匠,名扁。斲轮:砍木
   头做车轮。

176

【评析】

陈尧咨射箭,"发矢十中八九";卖油翁卖油,"以勺酌油沥之,自钱孔入而钱不湿":这都没有什么奥妙,"但手熟尔"。"手熟"的说法虽然很土,却是个真理。"佝偻者承蜩",是"手熟";"匠石运斤成风",也是"手熟"。篮球运动员运球投球靠"手熟",我们读书成诵也是"手熟(口熟)"。总之,道理是一样的。

那么,怎样才能做到"手熟"? 这就需要用心学习,长期训练。如果不能专心致志,不能长久坚持训练,那是做不到"手熟"的。

八、老媪磨杵

《锦绣万花谷》

【题解】

本篇选自《锦绣万花谷续集》卷十一"眉州"条,题目是后加的。老媪(ǎo),老妇人,老太太。杵(chǔ),一种一头粗一头细的圆棒,用来在臼中捣粮食等或洗衣服时捶衣服。

《锦绣万花谷》,一种记载各地山水风景名胜的类书,前集四十卷,后集四十卷,续集四十卷。不著撰者姓名。集前有自序,题"淳熙十五年十月一日"。淳熙是南宋孝宗的年号,公元1174年至1189年。可见此书成书于南宋孝宗时。

昔李白读书于象宜山①,未成,弃去②。过小溪,逢老媪方磨铁杵③,问之,曰:"欲作针。"太白感其意,还卒业④。妪自言姓武⑤,今溪傍有武氏岩⑥。

① 李白:字太白,号青莲居士,唐代大诗人。他的诗歌具有浪漫主义精神。象宜山:山名,在四川乐山境内。

② 未成:没有完成学业。弃去:放弃学习离开了学校。

③ 碰到一位老妇人正在磨一根铁棒。老媪:年老的妇女。铁杵:铁棒。

④ 李白被这位老妇人的意志所感动,返回学校完成了学业。卒(zú)业:完成学业。

⑤ 妪(yù):老年妇女。

⑥ 傍(páng):旁,旁边。

【评析】

俗话说,只要工夫深,铁杵磨成锈花针。这则故事就是这个"俗话"的来源。世上的人没有磨铁杵"欲作针"的。但铁杵是可以磨成针的。那就是要工夫深,要精神专一,持之以恒。"太白感其意",正是感的这个意。

李白是中国的大诗人,被誉为"诗仙",少时读书,还"未成,弃去",不能完成学业。可见,少年读书,有时懈怠,不能持久,也是常有的事情。但要紧的是,如果有了这种情绪,能够记住"老媪磨杵"的故事,及时地克服它。要知道,在世上做任何一件事(包括读书、学艺),没有专心致志,持久奋斗,是不可能成功的。

九、论 毅 力

梁启超

【题解】

本篇选自梁启超《饮冰室合集·专集·新民说》。毅力,坚强

178

持久的意志。

梁启超(公元 1873—1929 年),字卓如,号任公,别署饮冰室主人,广东新会人。师从康有为,共倡维新变法;主编《时务报》,提倡西学,宣传改良。晚年任清华大学教授,潜心治学。梁氏著述宏富,对近现代学术影响很大。

《饮冰室合集》是由林志钧编辑的,收文集、专集两类。文集收文、诗、词、诗话等,共十六册;专集收各类专著一百四种,共二十四册。

天下古今成败不一途也①。究其何以成,何以败②?曰:有毅力者成,反是者败③。

盖人生历程,大抵逆境居十之六七,顺境亦居十之三四,而顺逆两境又常相间④。无论事之大小,必有数次,乃至十数次之阻力,其阻力虽或大或小,必无可逃避者也⑤。志力薄弱之士,以为天下之事固易也,及骤尝焉而阻力猝来,颓然丧矣⑥;其次弱者,乘一时之意气,透过此第一关,遇再挫而退⑦。稍强者遇三四挫而退;更稍强者⑧,遇五六挫而退。其事愈大者,其遇挫愈多,其不退也愈难,非至强之人,未有能善于其终者也⑨。

【注释】

① 天下人从古到今或成功或失败的途径是不一样的。途:途径,道路。

② 究:推究。何以成:为什么成功。何以败:为什么失败。

③ 反是者:指没有毅力的人。反:相反。是:指前面所说的"有毅力者"。

④ 盖:发语词,表示下面要发议论。逆境:不顺利的境遇。居十之六七:占十分之六七。相间(jiàn):互相交错。

⑤ 或大或小:阻力有的大,有的小。无可逃避者:没有能逃避过去的阻力。意思是都要遇到阻力。

⑥ 志力薄弱之士:意志薄弱的人。固易:本来很容易。及骤(zhòu)尝焉:等到多次尝试以后。猝(cù)来:突然出现。颓(tuí)然丧矣:就变得灰心丧气了。颓然:形容丧气的样子。

⑦ 其次弱者:那些意志稍微薄弱的人。次:指跟第一类人比,意志薄弱的程度要差一些。乘:凭借。意气:意志和气概。透过此第一关:闯过这第一道阻力。再挫:第二次挫折。退:退却。

⑧ 强:坚强。更(gèng):再。

⑨ 如果不是意志特别坚强的人,没有人能坚持到最后一直把事情做完做好。

夫苟遇挫而不退,则小逆之后必有小顺,大逆之后必有大顺①。盘根错节之既经,而随后则有迎刃而解之一日②。旁观者徒羡其功之成,以为是殆幸运儿,而天有意宠彼也③。岂不知是己不若彼也④。彼能征服此蹇耳⑤。成败之由,譬如操舟,行千里之远者,其间风潮或逆或顺,常相参伍⑥。彼以坚苦忍耐之力,冒其逆而突过之,而后得以从容以进渡其顺⑦。我则或一日而返焉,或二三日而返焉,或五六日而返焉,故彼岸终不可得达也⑧。

【注释】

① 苟(gǒu):假如,如果。逆:指逆境。顺:指顺境。

② 盘根错节之既经:复杂而不易解决的事情已经经历过。迎刃而解:比喻事情进行顺利或容易解决。

③ 徒羡其功之成:只是羡慕人家的成功。功:事情。成:成功。是:这。指前面所说的取得成功的人。殆(dài):大概,恐怕。天有意宠彼也:上天有意宠着他。宠:宠爱,偏爱。

180

④　已不若彼：自己不如人家。

⑤　蹇(jiǎn)：困厄，不顺利。逆境。

⑥　参(sān)伍：三与伍，表示错综复杂。

⑦　从容以进：从容行进。渡其顺：通过顺境。

⑧　终不可得达：最终也不能够到达。

孔子曰："譬如为山，未成一篑，止，吾止也；譬如平地，虽覆一篑，进，吾往也。①"孟子曰："有为者，譬如掘井，掘井九仞而不及泉，犹为弃井也。②"成败之由，视此而已③。

【注释】

①　这段话出自《论语·子罕》。意思是，好比堆土成山，只差一筐土就可成山了，如果停止下来，这是我自己停止的。又好比填平土地，即使刚刚倒下一筐土，如果决心努力前进，这是我自己坚持前进的。篑(kuì)：盛土的筐子。覆：倒。

②　这段话出自《孟子·尽心下》。有为者：有人要做一件事情。掘井：挖井，打井。仞(rèn)：古代以七尺或八尺为一仞。不及泉：意思是没有打出泉水。犹为弃井：仍然是一口废井。

③　看看这个就知道了。此：指上面孔子和孟子所说的事理。

【评析】

前人说，古之成大事者，不惟有超世之才，亦有坚忍不拔之志。这个"坚忍不拔之志"，就是毅力。

人生历程，不可能一帆风顺，"大抵逆境居十之六七，顺境亦居十之三四"。普通的"人生历程"尚且如此，如果要实现远大的理想，就更是这样了。

这里关键的是，对待逆境、对待挫折、对待艰难险阻，不能退却，要以"艰苦忍耐之力"来战胜它。"夫苟遇挫而不退，则小逆之后必有小顺，大逆之后必有大顺"。当克服了一个个的"小逆"和"大逆"之后，那就会迎来新的局面，就会一步步地接近胜利的目标。这就如陆游的诗所说，"山重水复疑无路，柳暗花明又一村"。

第五单元

一、烛之武退秦师

《左传》

【题解】

本篇选自左丘明《左传·僖公三十年》，题目是后加的。烛之武，郑国大夫。秦师，秦国的军队。

左丘明及《左传》的简介见第三单元《周原伯鲁不说学》的题解。

晋侯秦伯围郑①，以其无礼于晋②，且贰于楚也③。晋军函陵④，秦军氾南⑤。

佚之狐言于郑伯曰⑥："国危矣！若使烛之武见秦君⑦，师必退。"公从之。辞曰⑧："臣之壮也，犹不如人⑨。今老矣，无能为也已⑩。"公曰："吾不能早用子，今急而求子，是寡人之过也⑪。然郑亡，子亦有不利焉。"许之⑫。夜缒而出⑬。见秦伯曰："秦、晋围郑，郑既知亡矣⑭。若亡郑而有益于君，敢以烦执事⑮。越国以鄙远，君知其难也⑯。焉用亡郑以陪邻⑰？邻之厚，君之薄也。若舍郑以为东道主⑱，行李之往来，共其乏困⑲，君亦无所害。且君尝为晋君赐矣⑳，许君焦、瑕㉑，朝济而夕设版焉㉒，君之所知也。夫晋，何厌之有㉓？既东封郑㉔，又欲肆其西封㉕，若不阙秦㉖，将焉取之？阙秦以利晋，唯君图之㉗。"

秦伯说㉘，与郑人盟。使杞子、逢孙、杨孙戍之㉙，乃还。

【注释】

①　晋侯：指晋文公。秦伯：指秦穆公。郑：春秋时国名，在今河南中北部地区。

②　以：因为。其：指代郑国。无礼于晋：对晋国无礼。晋文公为公子时出亡经过郑国，郑文公没有以礼待他。

③　贰于楚：对晋国有二心，且亲近楚国。晋楚城濮之战时，郑文公曾经把军队交给楚国，准备与楚国联合进攻晋国，所以城濮之战后，晋国和秦国联合围攻郑国。

④　军：屯兵。函陵：地名，在今河南新郑北。

⑤　氾（fán）：水名，今已干涸，故道在今河南中牟南。

⑥　佚（yì）之狐：郑国大夫。郑伯：郑文公，春秋时期郑国的国君，公元前672年至前628年在位。

⑦　若：如果。

⑧　辞：谢绝，推辞。

⑨　壮：古代三十曰壮。这里指年轻的时候。

⑩　无能为：不能做什么了。已：作用同"矣"，相当于"了"。

⑪　是寡人之过也：这是我的过错。是：这。这里指"吾不能早用子，今急而求子"。

⑫　许：答应。

⑬　缒（zhuì）：用绳子吊着重东西往下送。出：指出郑国都城。

⑭　既：已经。

⑮ 烦:麻烦。执事:办事人员。这里指秦伯本人。这是一种敬称。

⑯ 越国:超越一个国家。鄙远:拿远方的国家作为边邑。秦在西,郑在东,晋在二国之间,所以说秦国是越过一个国家(指晋国),拿远方的国家(指郑国)作为边邑。鄙:边邑。其:指"越国以鄙远"。

⑰ 焉:哪里。陪邻:增加邻国的土地。邻:邻国,指晋国。

⑱ 舍:舍弃,留下,指不灭掉。东道主:东方道路上的主人。因郑国在秦国的东方,所以烛之武称郑国为东方道路上招待秦国客人的主人。

⑲ 行李:外交使节。这里指秦国的使节。共:供应。在这个意义上后来写做"供"。乏困:不足。这里指秦国使者往来郑国时馆舍资粮的不足。

⑳ 尝:曾经。为晋君赐:对晋国国君施过恩惠。赐:恩惠。晋君:指晋惠公。

㉑ 焦、瑕:晋国的两个地名,都在今河南陕县附近。秦穆公送晋惠公回国作了国君,晋惠公曾答应把焦、瑕送给秦国。

㉒ 济:渡过黄河,指晋惠公渡过黄河归国。版:打土墙用的夹板,这里指板筑的防御工事。版:通"板"。

㉓ 何厌之有:有什么满足呢?即没有满足的时候。厌:满足。

㉔ 东封郑:东面以郑国作为疆界。封:疆界。

㉕ 肆:扩展。西封:西边的疆界。

㉖ 阙:亏损,削弱。

㉗ 唯:表希望的语气。图:考虑。

㉘ 说(yuè):喜悦,高兴。在这个意义上后来写做"悦"。

㉙ 杞(qǐ)子、逢(péng)孙、杨孙:秦国大夫。戍:戍守,守卫。

子犯请击之①,公曰:"不可,微夫人之力不及此②。因人之力而敝之,不仁③。失其所与,不知④。以乱易整,不武⑤。吾其还也。"亦去之⑥。

【注释】

① 子犯：晋国大夫狐偃。

② 微：如果不是。夫人：那人，指秦穆公。晋文公是靠着秦穆公的力量回国称君的，所以他才这样说。

③ 依靠别人的力量而损害他，这不符合仁德。因：依靠。敝：坏，这里指损害。

④ 失去自己的联合对象，这算不上聪明。所与：联合的对象，同盟者。与：联合。知（zhì）：聪明。在这个意义上后来写做"智"。

⑤ 用战乱来代替联盟，这算不上勇武。易：代替。这里的"武"与上文的"仁"、"知"都是我国古代的道德概念。

⑥ 去：离开。之：指郑国。

【评析】

郑国地处中原，战略位置非常重要。但它夹在晋、秦、楚三个大国中间，处境极为艰难，只要它对某国不礼貌或对某国表示亲近，都会招致其他大国的侵辱。这不，僖公三十年（公元前630年），因为郑国"无礼于晋，且贰于楚"，便招来了晋、秦联军的进攻。

在国家存亡的关头，烛之武夜里缒城来见秦伯，指出："越国以鄙远，君知其难也。"就是说，消灭了郑国，也不会扩大秦国的地盘，只能对晋国有利，而晋国的扩大，正是秦国的削弱。如果不灭亡郑国，可以成为秦国东方道路上的主人，对秦国有利。这样，"秦伯说，与郑人盟"。郑国被保存了下来。

烛之武熟悉国际形势，深入分析利害关系，成功地瓦解了晋秦联盟，表现了高超的政治智慧和纯熟的斗争艺术。

二、弦高犒师

《左传》

【题解】

本篇选自左丘明《左传·僖公三十三年》，题目是后加的。弦高，春秋时期郑国的商人。犒（kào），慰劳。师，军队。

春，秦师过周北门①，左右免胄而下②，超乘者三百乘③。王孙满尚幼④，观之，言于王曰："秦师轻而无礼，必败⑤。轻则寡谋，无礼则脱⑥。入险而脱，又不能谋，能无败乎⑦？"及滑，郑商人弦高将市于周⑧，遇之，以乘韦先，牛十二犒师⑨，曰："寡君闻吾子将步师出于敝邑，敢犒从者⑩。不腆敝邑，为从者之淹⑪，居则具一日之积，行则备一夕之卫⑫。"且使遽告于郑⑬。郑穆公使视客馆，则束载、厉兵、秣马矣⑭。使皇武子辞焉⑮，曰："吾子淹久于敝邑，唯是脯资、饩牵竭矣⑯，为吾子之将行也，郑之有原圃，犹秦之有具囿也⑰，吾子取其麋鹿，以闲敝邑，若何⑱？"杞子奔齐，逢孙、杨孙奔宋⑲。孟明曰⑳："郑有备矣，不可冀也㉑。攻之不克，围之不继㉒，吾其还也㉓。"灭滑而还。

【注释】

① 过：经过，路过。周北门：指东周都城洛邑（今河南洛阳）的北门。

② 左右：指兵车上左右两旁的武士。免：脱下。胄（zhòu）：头盔。

③ 超乘（shèng）：跳上车。秦军刚免胄下车又跳上车，是为了显示他们的勇敢。三百乘：三百辆。

④ 王孙满:周共王的玄孙。尚:还。

⑤ 轻:轻狂放肆,在此指"超乘"。无礼:指秦军过天子之门而仅仅"免胄"而没有卷甲束兵。

⑥ 寡谋:缺少谋略。脱:粗疏,即粗心大意。

⑦ 入险:进入险地。险:指肴山。这里形势险峻。

⑧ 及:到。滑:国名,在今河南偃师南。市:做买卖。周:东周的都城洛邑。

⑨ 乘(shèng):四。古代一辆兵车叫一乘,每乘驾四匹马,所以"乘"可解为"四"。韦:去毛熟治的兽皮。先:作为先行礼物。古人赠送礼物,都是先以轻物为引,然后再送重礼。牛十二:十二头牛。

⑩ 寡君:臣下对别国谦称本国国君为寡君。吾子:古代对对方的一种尊敬的称呼。步师:行军。敝邑:古代对自己国家的谦称。敢:谦辞,大致等于"冒昧"。从者:跟从的人,部下。这里指秦军。

⑪ 腆(tiǎn):丰厚。淹:久,指秦军在外行军很久。

⑫ 居:住下。具:准备。积:给养。卫:守卫。

⑬ 遽(jù):传递公文的车子。

⑭ 郑穆公:春秋时期郑国的国君,公元前627年至前606年在位。视:察看。束载:指捆扎行装。厉兵:磨快兵器。秣马:喂饱马匹。

⑮ 皇武子:郑国大夫。辞:辞谢,这里指下逐客令。

⑯ 脯:干肉。资:粮食。饩(xì):已宰杀的牲畜。牵:尚未宰杀的牲畜。竭:尽,完。

⑰ 原圃:郑国养禽兽的园子,在今河南中牟县西北。具圃:秦国养禽兽的园子,在今陕西凤翔境内。

⑱ 你们到原圃去打猎,捕取那里的麋鹿来生活,让我国得到休息,怎么样? 这是一句委婉的话,意思是赶他们走。闲:安闲,休息。

⑲ 杞(qǐ)子、逢(péng)孙、杨孙:秦国大夫。奔:逃奔。

⑳ 孟明:姓百里,名视,秦国大将。

㉑ 备:防备。冀:希望。

㉒ 克:攻克。不继:指后援接继不上。

㉓ 其:表示祈使语气,还是。还:回去。

【评析】

在人类历史上,自国家产生以来,爱国便是衡量一个人情操的重要标准。

热爱自己的祖国,这是向来被人们歌颂的。从小处说,即使是离开祖国,也和离开他国不同。孔子离开鲁国,说:"我们慢慢走吧,这是离开父母之邦的态度;离开齐国,便不等把米淘完、漉干就走,这是离开别国的态度。"(《孟子·尽心下》译文)从大处说,当祖国遭到侵略时,当然要发扬智慧,拿起武器,进行战斗。

弦高是郑国的商人。商人在古代社会地位低下,不被重视。即使这样,当弦高遇到企图侵略郑国的秦军时,也进行了坚决的抵抗。他先假借郑国国君的名义,"以乘韦先,牛十二犒师",让秦军知道郑国人有准备,然后"使遽告于郑"。这样,郑国便赢得了宝贵的时间,对准备作内应的秦军下了逐客令,保卫了国家的利益。大智大勇的弦高,是爱国的楷模,永远被人们学习和传诵。

三、战 于 郎

《礼记》

【题解】

本篇选自《礼记·檀弓下》。鲁哀公十一年(公元前484年),齐国进攻鲁国,两国在郎这个地方交战。郎,鲁国地名,在今山东鱼台。

《礼记》的简介见第二单元《礼记二则》的题解。

战于郎,公叔禺人遇负杖人保者息①,曰:"使之虽病也②,任之虽重也③,君子不能为谋也④,士弗能死也⑤,不可!我则既言矣⑥。"与其邻重汪踦往⑦,皆死焉。鲁人欲勿殇重汪踦,问于仲尼⑧。仲尼曰:"能执干戈以卫社稷⑨,虽欲勿殇也,不亦可乎⑩!"

【注释】

① 公叔禺人:鲁昭公的儿子。负杖:把兵杖放在脖子上,两手扶着,也就是今天的横挑。保:城堡。在这个意义上后来写做"堡"。息:休息。

② 使之:使人民承担徭役。使:指徭役。之:指百姓。下句同。病:劳苦。

③ 任之:使人民负担赋税。任:负担。

④ 君子:指上层统治者。为(wéi):筹划。谋:谋略,计谋。

⑤ 士:统治阶级的下层分子。死:指为国而死。

⑥ 言外之意是自己就应该行动起来。既:既然。

⑦ 重:当做"童",儿童。往:去。这里指奔向齐军。

⑧ 鲁国人想不把童子汪踦的死当殇看待。也就是不想用儿童的丧礼而用成人的丧礼来安葬他。殇(shāng):未成年而死。仲尼:孔子的字。

⑨ 执:持,拿。干戈:泛指武器。社稷(jì):国家。

⑩ 不亦可乎:不也可以吗?

【评析】

鲁国和齐国是近邻,但鲁国弱小,齐国强大,鲁国常常受到齐国的侵略。有一年,鲁国跟齐国在郎这个地方打了一仗,损失惨重。公叔禺人是鲁昭公的儿子,他看到国家沉重地使役百姓,而又"君子不能为谋"、"士弗能死",不能保护百姓,感到很耻辱,就"与其邻童汪踦"冲向敌军,双双战死。汪踦还是个孩子呢!战后,鲁国人认为他们很勇敢,死得很英勇,想用成人葬礼来安葬汪踦,孔子很赞成。这是对"持干戈以卫社稷"的汪踦的最大的褒扬!鲁国能有这样的"士"和"童",应当是鲁国的骄傲,是社稷的光荣!

四、卜 式

《史记》

【题解】

本篇节选自司马迁《史记·平准书》,题目是后加的。卜式,西汉武帝时人。多次捐款助国,是爱国的榜样。官至御史大夫。

司马迁及《史记》的简介见第二单元《缇萦之妻》的题解。

初,卜式者河南人也①,以田畜为事②。亲死③,式有少弟④。弟壮,式脱身出分⑤,独取畜羊百余⑥,田宅财物尽予弟⑦。式入山牧十余岁⑧,羊致千余头,买田宅。而其弟尽破其业⑨,式辄复分予弟者数矣⑩。是时汉方数使将击匈奴⑪,卜式上书⑫,愿输家之半县官助边⑬。天子使使问式⑭:"欲官乎?"式曰:"臣少牧,不习仕宦⑮,不愿也。"使问曰:"家岂有冤,欲言事乎?"式曰:"臣生与人无分争⑯。式邑人贫者贷之⑰,不善者教顺之⑱,所居人皆从式,式何故见冤于人⑲!无所欲言也。"使者曰:"苟如此,子何欲而然⑳?"式曰:"天子诛匈奴㉑,愚以为贤者宜死节于边㉒,有财者宜输委㉓,如此而匈奴可灭也。"使者具其言入以闻㉔,天子以语丞相弘㉕。弘曰:"此非人情。不轨之臣,不可以为化而乱法㉖,愿陛下勿许。"于是上久不报式㉗。数岁,乃罢式㉘。式归,复田牧。岁余,会军数出㉙,浑邪王等降㉚,县官费众㉛,仓府空㉜。其明年,贫民大徙㉝,皆仰给县官㉞,无以尽赡㉟。卜式持钱二十万予河南守,以给徙民。河南上富人助贫人者籍㊱,天子见卜式名,识之,曰:"是固前而欲输其家半助边㊲。"乃赐式外繇四百人㊳。式又尽复予县官。是时富豪皆争匿财㊴,唯式尤欲输之助费㊵。天子于是以式终长者㊶,故尊显以风百姓㊷。

【注释】

① 河南:汉代郡名,治所在洛阳(今河南洛阳)。

② 田畜:耕种田地,喂养牲口。事:事业。

③ 亲:父母亲。

④ 少弟:年少的弟弟。

⑤ 出分:富有人家分一些财产给儿子,使其自立门户。这里指卜式分一些财产,自立门户。

⑥ 独:只,单。畜羊:饲养的羊。

⑦ 田宅:田地宅院。尽:全部。予:给予。

⑧ 牧:放牧。

⑨ 破:破败。业:家业。

⑩ 辄:就。数(shuò):多次。

⑪ 使:派遣。匈奴:我国古代北方的少数民族之一。

⑫ 上书:向君主进呈书面意见。

⑬ 输:交出,献出。县官:朝廷,官府。助边:捐献财物以资助边防费用。

⑭ 使使:派遣使者。

⑮ 仕宦:出仕,为官。

⑯ 分争:争斗,争夺。

⑰ 贷:施与,给予。

⑱ 教顺:教训。顺:通"训"。

⑲ 何故:为什么。见冤于人:被人冤枉。见:被。

⑳ 苟:如果。何欲:想要什么。然:这样。

㉑ 诛:讨伐。

㉒ 愚:谦词,我。宜:应该。死节:为保全节操而死。

㉓ 输委:捐献财物。

㉔ 具:陈述。闻:指使君主听见,也就是向君主报告。

㉕ 语(yù):告诉。丞相:古代辅佐君主的最高行政长官。弘:公孙弘,字季,西汉薛人。习春秋杂说。武帝时官至丞相,封平津侯。

㉖ 不轨:不守法度。轨:法度。不可以为化而乱法:不能拿他来教育百姓,从而搞乱了国家法度。化:教化,教育。

㉗ 久:长时间。报:答复。

㉘ 罢:遣走,遣散。

㉙ 会:恰巧。

㉚ 浑邪(yé)王:匈奴王之一,他的驻牧地即管辖区在张掖郡(今甘肃张掖西北)。公元前 121 年,浑邪王率领所部四万人归附汉朝。

㉛ 费众:费用过多。

㉜ 仓府:粮仓和钱库。空:空虚。

㉝ 其明年:武帝元狩三年(公元前 120 年)。徙(xǐ):迁移。

㉞ 仰给:依赖。

㉟ 尽:全部。赡(shàn):赡养。

㊱ 上:呈上。籍:人名簿。

㊲ 是:这。固:原来。

㊳ 于是赐给卜式四百人想要免除戍边劳役所交纳的钱数。外繇:戍边。

㊳ 匿财:隐藏财产。

⑩ 尤:尤其,特别。

⑪ 以:以为。长者:德高望重的人。

⑫ 尊显:使尊贵显达。风:诱导。

　　初,式不愿为郎①。上曰②:"吾有羊上林中,欲令子牧之③。"式乃拜为郎④,布衣屩而牧羊⑤。岁余,羊肥息⑥。上过见其羊,善之⑦。式曰:"非独羊也,治民亦犹是也⑧。以时起居,恶者辄斥去,毋令败群⑨。"上以式为奇,拜为缑氏令试之,缑氏便之⑩。迁为成皋令⑪,将漕最⑫。上以为式朴忠,拜为齐王太傅⑬。

【注释】

① 郎:官职名,职责是护卫陪从,随时建议,备顾问及差遣。

② 上曰:皇上说。

③ 上林:古代宫廷园林名,在今陕西西安西。子:一种亲切的称呼。
　　牧:放牧。

④ 乃:于是。拜:授官。

⑤ 布衣:布制的衣服。布衣比较粗劣,丝绸衣服比较高级。屩(juē):
　　草鞋。

⑥ 肥息:肥壮而且繁殖得多。息:生长。

⑦ 上过见其羊:皇上路过,看见卜式放牧的羊。善之:认为他做得好。

⑧ 亦犹是也:也像这一样。

⑨ 以时起居:让百姓按照农时进行劳作和休息。时:季节。恶者:恶
　　人,坏人。辄:就。斥去:排斥并使之离去。毋:不要。败:害,危害。

⑩ 缑(gōu)氏:汉县名,县治在今河南偃师南。令:县令。便:称便,认
　　为方便。

⑪ 迁:调动。成皋:汉县名,县治在今河南荥阳汜水镇。

⑫ 将漕(cáo)最:管理漕运成绩最好。将:管理,统领。漕:水道运输。

194

成皋面临黄河、洛水,所以有漕运事务。最:古代考核政绩时划分的
等级,以上等为最。

⑬ 朴忠:朴实忠诚。齐王:指汉武帝的儿子刘闳。他在元狩六年(公
元前117年)被封为齐王。太傅:官职名,职责是辅佐诸侯王治理他
的侯国。

【评析】

卜式本是农民,"以田畜为事",后来发了财。当时,"汉方数
使将击匈奴",国家财政紧张,但富豪们"皆争匿财",只有卜式"愿
输家之半县官助边","持钱二十万予河南守,以给徙民"。天子派
人问卜式有什么要求,卜式既不愿意做官,也不愿意言事,就是愿
意帮助国家。他认为,国家是人民的国家,国家有困难,"贤者宜
死节于边,有财者宜输委",都应当尽力。丞相公孙弘却认为"此
非人情",这真是小看人了。其实,爱国就是爱国,作为国家的一
分子,该出力的时候出力,该献身的时候献身,那还能有什么条
件吗?

五、毛遂自荐

《史记》

【题解】

本篇选自《史记·平原君虞卿列传》,题目是后加的。毛遂,
战国时期赵国的公子赵胜的门客。自荐,自己举荐自己。

秦之围邯郸①,赵使平原君求救②,合从于楚③,约与食客门

下有勇力文武备具者二十人偕④。平原君曰："使文能取胜⑤，则善矣⑥。文不能取胜，则歃血于华屋之下⑦，必得定从而还⑧。士不外索⑨，取于食客门下足矣⑩。"得十九人，余无可取者⑪，无以满二十人⑫。门下有毛遂者，前⑬，自赞于平原君曰⑭："遂闻君将合从于楚，约与食客门下二十人偕，不外索。今少一人，愿君即以遂备员而行矣⑮。"平原君曰："先生处胜之门下几年于此矣⑯？"毛遂曰："三年于此矣。"平原君曰："夫贤士之处世也⑰，譬若锥之处囊中⑱，其末立见⑲。今先生处胜之门下三年于此矣，左右未有所称诵⑳，胜未有所闻，是先生无所有也㉑。先生不能㉒，先生留。"毛遂曰："臣乃今日请处囊中耳㉓。使遂蚤得处囊中㉔，乃颖脱而出㉕，非特其末见而已㉖！"平原君竟与毛遂偕㉗，十九人相与目笑之而未废也㉘。

【注释】

① 秦之围邯郸：事情发生在公元前257年。邯郸：战国时期赵国的都城，今河北邯郸。

② 使：派遣。平原君：赵惠文王之弟赵胜的封号。因为赵胜被封于平原（今山东平原），所以称他为平原君。

③ 合从（zòng）于楚：跟楚国结盟。合从：指战国时苏秦游说六国诸侯联合抗秦。秦在西方，赵、燕、韩、魏、齐、楚六国在东方，成南北排列，所以称合从。从：即南北方向。在这个意义上后来写做"纵"。

④ 约：相约。与：跟，同。食客门下：即门下食客。食客：古代寄食于豪门并为他们服务的特殊阶层。备具：齐备，完备。偕：一起前往。

⑤ 使：如果。文能取胜：用文的办法取胜，指通过讲道理说服。

⑥ 则：就。善：好。

⑦ 歃（shà）血：古代盟誓时的一种仪式。宣读完盟约后，参加者拿手指蘸血涂在嘴边，以此表示诚意。这里指以血相要挟，即采用武力。

华屋:华丽的房屋。这里指楚国宫廷。

⑧ 定从:签订"合纵"的盟约。还:回来。

⑨ 士:古代指有某种特殊技能或智谋的人。索:寻求,寻找。

⑩ 取:选取。足:足够。

⑪ 余:剩余。这里指剩下的食客。

⑫ 无以:没有办法。满:凑够。

⑬ 前:走上前去。

⑭ 自赞:自我引见。

⑮ 备员:作为候补人员。这是一种谦虚的说法。

⑯ 胜:平原君的名。于此:至今,到现在。

⑰ 贤士:有才能的人。处世:生活在社会中。

⑱ 譬若:比如,好比。囊:袋子。

⑲ 末:指锥子尖。见(xiàn):显露。在这个意义上后来写做"现"。

⑳ 左右:指平原君左右的人。称诵:称道,称赞。

㉑ 是:这。无所有:没有什么才能。

㉒ 不能:指不能"备员而行"。

㉓ 乃:才。耳:罢了。

㉔ 蚤:通"早",早早地。

㉕ 颖脱而出:果实成熟后从苞片中自然脱离出来,这里比喻全部显露出来。

㉖ 特:只,仅仅。

㉗ 竟:最终。

㉘ 相与:互相。目:用眼神。未废:没有废弃。这里指平原君没有放弃"与毛遂偕"的决定。

　　毛遂比至楚①,与十九人论议,十九人皆服②。平原君与楚合从,言其利害,日出而言之,日中不决。十九人谓毛遂曰:"先生上③!"毛遂按剑历阶而上④,谓平原君曰:"从之利害,两言而决耳。今日出而言从，日中不决，何也?"楚王谓平原君曰⑤:"客何为者也⑥?"平原君曰:"是胜之舍人也⑦。"楚王叱曰⑧:"胡不下⑨! 吾乃与而君言⑩，汝何为者也⑪!"毛遂按剑而前曰:"王之所以叱遂者，以楚国之众也⑫。今十步之内，王不得恃楚国之众也⑬，王之命县于遂手⑭。吾君在前，叱者何也? 且遂闻汤以七十里之地王天下⑮，文王以百里之壤而臣诸侯⑯，岂其士卒众多哉⑰? 诚能据其势而奋其威⑱。今楚地方五千里⑲，持戟百万⑳，此霸王之资也㉑。以楚之强，天下弗能当㉒。白起，小竖子耳㉓，率数万之众，兴师以与楚战㉔，一战而举鄢郢㉕，再战而烧夷陵㉖，三战而辱王之先人㉗。此百世之怨而赵之所羞㉘，而王弗知恶焉㉙。合从者为楚，非为赵也! 吾君在前，叱者何也?"楚王曰:"唯唯㉚! 诚若先生之言㉛，谨奉社稷而以从㉜。"毛遂曰:"从定乎?"楚王曰:"定矣。"毛遂谓楚王之左右曰:"取鸡狗马之血来㉝。"毛遂奉铜盘而跪进之楚王曰㉞:"王当歃血而定从，次者吾君，次者遂。"遂定从于殿上。毛遂左手持盘血，而右手招十九人曰:"公相与歃此血于堂下。公等录录㉟，所谓因人成事者也㊱。"

【注释】

① 比:等到。至:到。

② 论议:对人或事物的好坏是非等表示意见。皆服:大家都佩服。

③ 上:指登上殿堂。按照古礼，毛遂作为随从，只能在堂下等候。

④ 按剑:握住剑把。历阶:一步一个台阶地登上去。古人登台阶，每个台阶都要并足。历阶是一种不合礼仪的登法，是一种急促的登法。

⑤ 楚王:指楚考烈王，名熊元，公元前262年至前238年在位。

⑥ 客何为者也:你是干什么的? 客:外来的人。这里指毛遂。

⑦ 是:这。舍人:古代指贵族的门客。

⑧ 叱(chì):大声呵斥。

⑨ 胡:为什么。

⑩ 乃:仅仅。而:你的。

⑪ 汝:你。

⑫ 以:因为。众:人多。赵楚谈判是在楚国宫廷里进行的,所以楚王人多。

⑬ 恃:依仗,依靠。

⑭ 县(xuán):悬挂。在这个意义上后来写做"悬"。

⑮ 汤:商代的开国君主。王:称王。

⑯ 文王:周文王,历史上著名的贤君。臣诸侯:使诸侯称臣。

⑰ 岂:难道。其:他们的。这里指商汤、周文王的。

⑱ 诚:确实。据:根据。势:势力。奋:发挥。威:威势。

⑲ 今楚地方五千里:现在楚国土地方圆五千里。

⑳ 持戟:手握兵器。这里指手握兵器的兵士。戟:一种刺杀武器。

㉑ 霸王(wàng):称霸称王。资:资本。

㉒ 弗能:不能。当:抵挡。

㉓ 白起:战国时期秦国的大将,是这次围赵军事行动的主将。小竖子:对人的蔑称,大致等于今天的"小子"。

㉔ 兴师:发动军队。

㉕ 举:攻下,占领。鄢:战国时期楚国地名,今湖北宜城。郢:楚国的都城,今湖北江陵。

㉖ 再:第二次。夷陵:楚国地名,在今湖北宜昌东南,楚先王墓在这里。

㉗ 辱王之先人:这里是泛指,不单指白起"举鄢郢"、"烧夷陵"后追逐溃逃的楚襄王这件事。

㉘ 百世:指世世代代。怨:仇恨。羞:感到羞耻。

㉙ 恶(wù):羞愧。

㉚ 唯唯:应答声,类似今天的"是! 是!"

㉛ 若:如,象。

㉜ 谨奉社稷:恭敬地奉献出全国的力量,就是说要倾全国之力。谨:恭

敬。奉:献出。社稷:国家。从:订立盟约。

㉝ 取鸡狗马之血:按照古礼,盟誓时所用的牲血有等级的差别:天子盟
誓时用牛、马血,诸侯用猪、狗血,大夫以下用鸡血。毛遂在这里
"鸡狗马"一起提出来,只是笼统地让取牲血。

㉞ 进:进献。

㉟ 录录:平平庸庸。

㊱ 因人成事:依靠别人成就事业。因:依靠,凭借。

　　平原君已定从而归①,归至于赵,曰:"胜不敢复相士②。胜相
士多者千人,寡者百数③,自以为不失天下之士④,今乃于毛先生
而失之也。毛先生一至楚,而使赵重于九鼎大吕⑤。毛先生以三
寸之舌,强于百万之师。胜不敢复相士!"遂以为上客⑥。

【注释】

① 归:回国。

② 相:仔细地观察,鉴别。

③ 寡:少。

④ 失:失落,遗漏。这里指看错。

⑤ 九鼎大吕:都是传国的宝器。这里比喻十分贵重。九鼎:相传夏禹
铸造九鼎,象征九州,夏、商、周三代奉为象征国家政权的传国之宝。
大吕:周王宗庙里的大钟,也是一种贵重的传国宝器。

⑥ 遂:于是。上客:上等宾客。

【评析】

　　战国时期,秦国强大,而东方六国弱小。东方六国为了抵抗秦
国的侵略,主张联合起来抗秦,这就是"合纵"。但六国各有小算
盘,很难齐心协力,总是受到秦国进攻的国家合纵急迫一些,暂时

200

没有受到进攻的国家就不那么急迫。公元前257年,秦国围邯郸,"赵使平原君求救,合从于楚"。楚国没有受到秦国进攻,再说也不愿意得罪秦国,不想出兵,所以"平原君与楚合从,言其利害,日出而言之,日中不决"。这时,毛遂就上场了。

毛遂上场,楚王呵斥他。毛遂以"今十步之内","王之命悬于遂手"相威胁,打下了楚王的威风,接着讲"楚地方五千里,持戟百万",却三次被秦国打败的可悲事实,结论是"合从者为楚,非为赵也"。这样就折服了楚王,合纵成功。楚国出兵救赵,魏国也出兵救赵,就解了赵国的邯郸之围。

毛遂的这场外交战大获全胜,正如平原君所说,"毛先生一至楚,而使赵重于九鼎大吕;毛先生以三寸之舌,强于百万之师"。

六、霍去病六击匈奴

《汉书》

【题解】

本篇节选自班固《汉书·卫青霍去病传》。霍去病(公元前140—前117年),汉平阳人。武帝时为票姚校尉,六次出击匈奴,封冠军侯,加骠骑大将军。匈奴,周、秦、汉时期北方的游牧民族,是当时北方的巨大威胁。

班固是《汉书》的主要作者。班固(公元32—92年),字孟坚,扶风安陵(今陕西咸阳东)人,东汉著名的史学家。明帝时任兰台令史。其父班彪好著述,著《史记后传》六十五篇。在此基础上,班固补撰,积二十余年。其中的"八表"和《天文志》未成稿,后由其妹班昭与马续补编而成。

《汉书》又名《前汉书》，是一部记录西汉历史的史书。其记事上起汉高祖元年（公元前206年），下至王莽地皇四年（公元23年），共二百三十年。全书包括十二纪、八表、十志、七十传，共一百篇。《汉书》是研究西汉历史的宝贵资料。

霍去病，大将军青姊少儿子也①。去病以皇后姊子，年十八为侍中，善骑射，再从大将军②。大将军受诏，予壮士，为票姚校尉③，与轻勇骑八百直弃大军数百里赴利，斩捕首虏过当④。于是上曰："票姚校尉去病斩首捕虏二千二十八级，得相国、当户⑤，斩单于大父行藉若侯产，捕季父罗姑比⑥，再冠军，以二千五百户封去病为冠军侯⑦。"

【注释】

① 霍去病是大将军卫青姐姐卫少儿的儿子。大将军：汉代最高军衔，位同三公。青：指卫青，汉河东平阳人，字仲卿。前后七次出击匈奴，屡立战功，解除了匈奴对汉王朝的威胁。封关内侯、长平侯，加大司马、大将军。少儿：卫青姐姐的名字。

② 以：因为。皇后：汉武帝的皇后卫子夫。侍中：官名。秦朝开始设置，是正规官职外的加官之一。侍从皇帝左右，出入宫廷，与闻朝政。善骑射：精通骑马射箭。再：两次。从：跟随。大将军：指卫青。

③ 受诏：接受皇帝的诏书。票（piáo）姚校尉：武官名，次于将军。票姚：刚劲迅疾的样子。

④ 斩捕首虏：砍下首级，捕获俘虏。过当：杀获敌人超过自己的损失。

⑤ 得：指俘获，俘虏。相国：官名，为百官之长。当户：匈奴官名之一。

⑥ 单于：汉时匈奴君长的称号。大父行（háng）：祖父辈的人。大父：祖父。行：排行。藉若侯：匈奴侯名。产：藉若侯的名字。季父：叔父。这里指匈奴单于的叔父。

⑦　冠军:列于诸军之首。以:拿,用。封:封赏。冠军侯:汉代侯名。冠
　　军:县名。汉元朔六年(公元前123年)设置。因为霍去病功冠诸
　　军,封冠军侯于此,所以起名叫冠军县,治所在今河南邓县西北。

　　去病侯三岁,元狩二年春为票骑将军,将万骑出陇西①,有功。
上曰:"票骑将军率戎士逾乌戾,讨速濮,涉狐奴②,历五王国,辎重
人众摄者弗取,几获单于子③。转战六日,过焉支山千有余里,
合短兵,鏖皋兰下④,杀折兰王,斩卢侯王,锐悍者诛,全甲获丑⑤,
执浑邪王子及相国、都尉,捷首虏八千九百六十级,收休屠祭天金
人,师率减什七⑥,益封去病二千二百户⑦。"

【注释】

①　侯三岁:为冠军侯三年。元狩二年:公元前121年。元狩:汉武帝的
　　年号,公元前122年至前117年。票骑将军:官名。汉武帝元狩二
　　年(公元前121年)开始设置,秩、禄与大将军同。将万骑:统率一
　　万骑兵。陇西:郡名,治所在狄道(今甘肃临洮)。

②　戎士:将士,兵士。逾:越过。乌戾:水名,即今甘肃庄浪河。讨:讨
　　伐。速濮:匈奴部落名,在谷水东南,也就是乌鞘岭北的草地上,与
　　大靖相连。涉:渡过。狐奴:水名,也就是谷水,由今甘肃武威南山
　　流入民勤白亭海的石羊大河。

③　历五王国:扫荡了五个王国。历:经过。这里指扫荡。辎重人众摄
　　奢(shè)者弗取:匈奴的辎重及慑于声威而降服的人不去获取。辎
　　重:随军运载的军用器械、粮秣等。人众:泛指许多人。摄奢:因恐
　　惧而丧失意志。奢:通"慑",恐惧。几:几乎,差点。获:俘获,俘
　　虏。单于子:单于的王子。

④　转战:连续在不同地区作战。焉支山:匈奴的重要牧场,在今甘肃山
　　丹东南。千有余里:指回师的路程。合:会集。短兵:持短兵器的士

203

兵。鏖(áo):鏖战，苦战。皋兰：山名，在今甘肃临夏东南。

⑤　折(shé)兰王：匈奴之王名。卢侯王：匈奴之王名。锐悍者诛：精锐
　　剽悍的匈奴兵大量被诛灭。全甲：保全甲士，也就是不失一兵一卒。
　　甲：披甲的士兵。获丑：俘获敌众。丑：众。

⑥　执：捉住。浑邪(yé)王：匈奴王之一，他的驻牧地即管辖区在张掖
　　郡(今甘肃张掖西北)。都尉：官名，辅佐郡守并掌全郡的军事。捷
　　首虏：斩获首级。捷：这里斩杀的意思。首虏：偏指首级。收：没收。
　　休屠(chū)：指匈奴的休屠王。祭天金人：匈奴人迷信天地、鬼神，
　　把金人作为天地鬼神的化身而崇拜。师：指匈奴的军队。率：计算。
　　减什七：减损十分之七。

⑦　益：增加。

　　其夏，去病与合骑侯敖俱出北地，异道①。而去病出北地，遂
深入②。合骑侯失道，不相得③。去病至祁连山④，捕首虏甚多。
上曰："票骑将军涉钧耆，济居延，遂臻小月氏，攻祁连山，扬武乎
鱳得⑤，得单于单桓、酋涂王，及相国、都尉以众降下者二千五百
人，可谓能舍服知成而止矣⑥。捷首虏三万二百，获五王、王母、单
于阏氏、王子五十九人⑦，相国、将军、当户、都尉六十三人，师大率
减什三⑧，益封去病五千四百户。"合骑侯敖坐行留不与票骑将军
会⑨，当斩，赎为庶人。诸宿将所将士马兵亦不如去病⑩，去病所
将常选，然亦敢深入，常与壮骑先其大军⑪，军亦有天幸，未尝困绝
也⑫。然而诸宿将常留落不耦⑬。由此去病日以亲贵，比大
将军⑭。

【注释】

①　其夏：这年夏天。这里指元狩二年夏天。与：跟。合骑侯：西汉侯
　　名。敖：指公孙敖，西汉北地义渠人。武帝时为骑将军，元朔五年从

卫青出击匈奴,封合骑侯。俱:一起。出北地:从北地出兵。北地:郡名,治所在马领(今甘肃庆阳西北)。异道:从不同的道路进军。

② 遂:于是。深入:指深入匈奴腹地。

③ 失道:迷失道路。不相得:指两军没有会合。

④ 祁连山:山名,在今甘肃张掖西南,甘肃与青海边界一带。

⑤ 涉:渡过,跋涉。钧者(qí):山名,在今蒙古人民共和国南部。济:渡过。居延:泽名,在今内蒙古额济纳旗东。臻:到达。小月氏(zhī):古族名。月氏族本来居住在敦煌、祁连山一带。汉初,月氏王被匈奴单于杀害。月氏族人一部分西迁至今伊犁河上游,称大月氏;没有西迁进入祁连山区与羌族杂居的称小月支。扬武:显扬武功。乎:在。鹯(lù)得:古匈奴县名,在今甘肃张掖西北。

⑥ 单桓、酋(qiú)涂王:均为匈奴之王名。以众:率众部下。降下:降服归顺,俯伏称臣。可谓能舍服知成而止矣:可以说是能够做到降服不究,功成而止了。舍:开释,赦免。

⑦ 阏氏(yān zhī):汉代匈奴单于、诸王妻的总称。

⑧ 师:指汉朝军队。大率(shuài):大致,大概。减:减损。什三:十分之三。

⑨ 不与票骑将军会:没有与票骑将军会师。

⑩ 诸:众位,诸位。宿将:旧将,老将。士马兵:士卒、马匹、兵器。

⑪ 所将:所率领的。选:指选取骁勇强悍的将士。常与壮骑先其大军:经常跟精壮的骑兵一起在大军前面冲锋。

⑫ 天幸:天赐之幸,侥幸。未尝困绝:未曾陷入过绝境。

⑬ 留落:这里指人留滞于下,不能提升。不耦:不逢际遇。耦:际遇。

⑭ 由此:从此。日以亲贵:一天比一天显贵。比:齐同,等同。

　　其后,单于怒浑邪王居西方数为汉所破,亡数万人,以票骑之兵也,欲召诛浑邪王①。浑邪王与休屠王等谋欲降汉,使人先要道边②。是时大行李息将城河上,得浑邪王使,即驰传以闻③。上恐其以诈降而袭边,乃令去病将兵往迎之④。去病既渡河,与浑邪众相望⑤。浑邪裨王将见汉军而多欲不降者,颇遁去⑥。去病乃驰入,得与浑邪王相见,斩其欲亡者八千人,遂独遣浑邪王乘传先诣行在所,尽将其众度河⑦,降者数万人,号称十万。既至长安,天子所以赏赐数十巨万⑧。封浑邪王万户,为漯阴侯⑨。封其裨王呼毒尼为下摩侯、雁疵为辉渠侯、禽黎为河綦侯、大当户调虽为常乐侯⑩。于是上嘉去病之功⑪,曰:"票骑将军去病率师征匈奴,西域王浑邪王及厥众萌咸奔于率,以军粮接食⑫,并将控弦万有余人,诛猇悍,捷首虏八千余级,降异国之王三十二⑬。战士不离伤,十万之众毕怀集服⑭。仍兴之劳,爰及河塞,庶几亡患⑮。以千七百户益封票骑将军。减陇西、北地、上郡戍卒之半,以宽天下繇役⑯。"乃分处降者于边五郡故塞外,而皆在河南,因其故俗为属国⑰。

【注释】

① 怒:震怒。数(shuò)为汉所破:屡次被汉军打败。数:屡次。亡数
   万人:损失了几万人。以票骑之兵也:因为票骑将军的军队。召:召
   回。诛:诛杀。

② 谋欲降汉:谋划着想要投降汉朝。使人先要(yāo)道边:派人先与
   汉朝要约,从边境上引导入内地。要:要约,盟约。道:引导。在这
   个意义上后来写做"导"。

③ 是时:这个时候。大行:官名,掌少数民族事务,秩中二千石。李息:
   西汉北地郁郅人。武帝时,曾从卫青等出击匈奴,均无大功。其后
   任中尉、大行。将城河上:领兵在黄河岸边修筑城堡。得浑邪王使:
   得到浑邪王使者送来的消息。即:就。驰传(zhuàn):驾驭驿站马
   车疾行。传:驿传,传车。以闻:把这件事儿报告天子。

④ 恐:担心。其:指匈奴。以诈降而袭边:用诈降的办法偷袭边境。诈

206

降:假装投降。乃:于是。令:命令。往迎之:前往迎接他们投降。

⑤ 既:已经。渡河:渡过黄河。与浑邪众相望:跟浑邪王的部队遥遥相望。

⑥ 裨(pí)王:汉时称匈奴的小王。将:将领。颇遁(dùn)去:很多人逃走。

⑦ 驰入:骑马疾行到匈奴营中。得:得以。欲亡者:想要逃走的人。独:单独。遣:让,使。乘传:乘坐传车。诣:到。行在所:天子所在的地方,也就是京师。尽:全部。将:率领。

⑧ 长安:城名,今陕西西安。天子所以赏赐数十巨万:天子用来作赏赐的金钱有数十万。

⑨ 封浑邪王万户:封浑邪王一万户食邑。漯(tà)阴:县名,在今山东禹城东。

⑩ 呼毒尼、雁疵、禽黎、调虽:均为匈奴之王名。

⑪ 于是:在这个时候。嘉:嘉许,表彰。

⑫ 西域:汉代以来对玉门关、阳关以西地区的总称。厥:他们的。萌:通"氓",民,百姓。咸:都,全部。奔于率:投奔到汉军来。率:应为"师"字,军队。以军粮接食:用军粮接济投诚的人马。

⑬ 控弦:引弓拉弦。这里指引弓拉弦的兵士。万有余人:一万多人。猇(xiāo)悍:健捷勇悍。降异国之王三十二:使三十二个外国的王投降。

⑭ 战士:士兵,参加作战的人。不离伤:没有遭到伤亡。离:通"罹",遭遇。毕:全部,都。集服:顺从,服从。

⑮ 频繁兴兵,非常劳苦,幸好兵威已达河塞之外,也许从此就没有边患了。仍:频繁。兴:兴军,起兵。河塞:黄河流域和北方边境之地。庶几:或许,也许。亡:无,没有。

⑯ 减:削减。上郡:郡名,治所在肤施县(今陕西榆林东南)。戍卒:戍守边疆的士兵。半:一半。以宽天下繇役:来宽缓天下的徭役。繇:通"徭",徭役。

207

⑰　分处降者：分别安置投降过来的匈奴人。河南：黄河的南边。因其
　　故俗为属国：沿用他们原来的习俗而成为属国。属国：不改变他们
　　本国的习俗而属于汉，所以称为属国。

　　其明年，上与诸将议曰①："翕侯赵信为单于画计，常以为汉兵
不能度幕轻留，今大发卒，其势必得所欲②。"是岁元狩四年也③。
春，上令大将军青、票骑将军去病各五万骑，步兵转者踵军数十万，
而敢力战深入之士皆属去病④。去病始为出定襄，当单于⑤。捕
虏，虏言单于东，乃更令去病出代郡，令青出定襄⑥。去病骑兵车
重与大将军军等，而亡裨将⑦。悉以李敢等为大校，当裨将⑧，出
代、右北平二千余里，直左方兵，所斩捕功已多于青⑨。

【注释】

①　议：商议。

②　翕(xī)侯：西汉侯号。赵信：西汉时匈奴人。武帝时以匈奴相国投
　　降汉朝，封为翕侯。后又奔降匈奴，常为单于出谋划策，屡扰汉边。
　　为单于画计：替单于出谋划策。画计：谋画。度幕：越过沙漠。幕：
　　通"漠"，沙漠。轻留：轻易逗留。今大发卒：现在大量派兵前往。
　　其势必得所欲：根据此种情势，一定会得到我们所想要的。

③　是岁：这一年。元狩四年：公元前119年。

④　步兵转者踵军数十万：跟在后面运输粮草辎重的步兵有数十万人。
　　转：运输粮草辎重。踵：跟随。力战：努力作战。

⑤　定襄：郡名，治所在成乐县(今内蒙古和林格尔西北土城子)。当单
　　于：正面抵挡单于。

⑥　捕虏：抓到一个俘虏。东：在东边。更令：更改命令。代郡：郡名，治
　　所在代县(今河北蔚县东北)。

⑦　车重：车辆辎重。与大将军军等：跟大将军的部队相等。亡(wú)裨

208

将:没有副将。亡:通"无",没有。

⑧ 悉:全部,都。李敢:李广的儿子。当时李敢以校尉身份跟随票骑将
军出击左贤王,赐关内侯。大校:古代军队中次于将军的将领。

⑨ 代:指代郡。直左方兵:遭遇左贤王的军队。直:通"值",遭遇。左
方:指左王、左贤王。所斩捕功已多于青:所斩杀敌人、捕获俘虏的
功绩已经比卫青还要大。

　　既皆还①,上曰:"票骑将军去病率师躬将所获荤允之士,约轻
赍,绝大幕②,涉获单于章渠,以诛北车耆,转击左大将双,获旗
鼓③,历度难侯,济弓庐,获屯头王、韩王等三人④,将军、相国、当
户、都尉八十三人,封狼居胥山,禅于姑衍,登临翰海,执讯获丑七
万有四百四十三级⑤,师率减什二,取食于敌,卓行殊远而粮不
绝⑥。以五千八百户益封票骑将军。"军吏卒为官,赏赐甚多⑦。
而青不得益封,吏卒无封者。

【注释】

① 还:班师回朝。

② 躬将:亲自统率。荤(xūn)允:古代匈奴的别称。约:配备。轻赍
(jī):随身携带的少量粮食。绝大幕:横渡大漠。

③ 涉:深入。获:俘获。章渠:人名,单于的近臣。北车耆:匈奴之王
名。转击:回军袭击。左大将:匈奴的"万骑长"的称号之一。旗
鼓:缴获了匈奴的军旗、战鼓。

④ 历度:多次越过。难侯:匈奴域内山名。济:渡过。弓庐:水名,今蒙
古克鲁伦河。屯头王、韩王:均为匈奴之王名。

⑤ 封:指将帅用兵于外,登山祭天以告成功。狼居胥山:山名,在今蒙
古乌兰巴托以东、克鲁伦河以北。禅:为坛祭地。姑衍:山名,在今
蒙古乌兰巴托以东。登临:登山临水。翰海:约在今蒙古高原东北,

209

疑即今呼伦湖与贝尔湖。执讯获丑:俘获敌人。讯、丑:俘虏,敌人。

⑥ 取食于敌:从敌军那儿获得给养。卓行:远行。殊:很,非常。绝:
断绝。

⑦ 军中官兵封官的、受赏赐的很多。甚:很。

两军之出塞,塞阅官及私马凡十四万匹,而后入塞者不满三万
匹①。乃置大司马位,大将军、票骑将军皆为大司马②。定令,令
票骑将军秩禄与大将军等③。自是后,青日衰而去病日益贵④。
青故人门下多去事去病,辄得官爵,唯独任安不肯去⑤。

【注释】

① 两军:指卫青和霍去病统率的两支部队。出塞:出边塞。阅官及私
马:检验官私马匹,登记入册。不满:不足。

② 乃:于是。置:设置。大司马:官名。汉武帝时罢太尉,置大司马,与
六将军联称为大司马大将军。西汉时常以授掌权的外戚。位:职
位。票骑将军:指霍去病。

③ 定令:制定法令。令票骑将军秩禄与大将军等:命令票骑将军的俸
禄与大将军的一样。等:相等,一样。

④ 自是后:从此以后。青日衰而去病日益贵:卫青的地位一天比一天
衰落,而霍去病的地位一天比一天显贵。

⑤ 故人:旧交,老友。门下:食客,门客。多去事去病:大多离开卫青去
侍奉霍去病。辄得官爵:总是能得到官职和爵位。辄:总是。唯独
任安不肯去:只有任安不肯离开卫青。任安:汉荥阳人,字少卿,曾
任北军使者护军等。

去病为人少言不泄,有气敢往①。上尝欲教之吴、孙兵法②,
对曰:"顾方略何如耳,不至学古兵法③。"上为治弟,令视之④,对

曰:"匈奴不灭,无以家为也⑤。"由此上益重爱之⑥。然少而侍中,贵不省士⑦。其从军,上为遣太官赍数十乘,既还,重车余弃粱肉,而士有饥者⑧。其在塞外,卒乏粮,或不能自振,而去病尚穿域蹋鞠也⑨。事多此类⑩。

去病自四年军后三岁,元狩六年薨⑪。上悼之,发属国玄甲,军陈自长安至茂陵,为冢像祁连山⑫,谥之并武与广地曰景桓侯⑬。

【注释】

① 少言不泄:沉默寡言。有气敢往:有豪气,敢作敢为。

② 尝:曾经。吴、孙兵法:吴起、孙子兵法。吴、孙:吴起、孙武。二人都是战国时期著名的军事家。

③ 顾方略何如耳:只看作战的具体策略怎么样罢了。顾:看。方略:权谋,策略。不至学古兵法:不必学古人的兵法。不至:不必。

④ 为:替。治弟:营建府第。弟:通"第",府第,第宅。令视之:命令他去看府第。

⑤ 匈奴不消灭,不要家。

⑥ 益重爱之:更加看重爱惜他。

⑦ 少而侍中:年纪很轻就在皇帝身边。霍去病十八岁时就担任侍中。贵不省(xǐng)士:高贵而不体恤士兵。不省:不体恤。

⑧ 其:指霍去病。从军:出兵。遣:派遣。太官:官名,在宫廷主管膳食。赍:赠送食物。数十乘:几十辆车。重车余弃粱肉:只留下车子,丢掉吃剩的佳肴。粱肉:精美的膳食。粱:粟。士有饥者:士兵有忍饥挨饿的。

⑨ 卒乏粮:士兵缺少粮食。或不能自振:有的人饿得爬不起来。或:有的人。振:站起身来。尚:还,尚且。穿域:画地为球场,四周有界域。蹋鞠(jū):古代一种用于习武、健身和娱乐的踢球运动。

⑩ 像这类的事很多。

⑪ 军:出兵。元狩六年:公元前117年。霍去病死时,年仅二十四岁。薨(hōng):古代,天子死叫做崩,诸侯叫做薨。霍去病是侯爵,所以叫做"薨"。

⑫ 悼:哀悼。发属国玄甲:征发属国的百姓,穿上铁甲作丧服。属国:即上所云"因其故俗为属国"的属国。玄甲:铁铠。因铁铠是黑色金属,所以铁铠也称"玄甲"。古代玄甲送葬是很隆重的葬礼。陈:列阵。在这个意义上后来写做"阵"。茂陵:地名,在今陕西兴平东北。为冢(zhǒng)像祁连山:把他的坟墓筑成祁连山的形状。这是为了表彰霍去病抗击匈奴的战功。冢:坟墓。

⑬ 谥之并武与广地曰景桓侯:给了他一个同时含有武力和开拓土地意思的谥号叫"景桓侯"。谥:古代帝王、贵族、大臣、士大夫或其他有地位的人死后,根据他的生前业绩评定的带有褒贬意义的称号。

【评析】

在古代,从周、秦到西汉,有一个游牧民族长期地压迫在中国的北边上,那就是匈奴(周朝时叫猃狁)。金文和《诗经》都写有抗击猃狁的篇章;秦始皇为抵抗匈奴,筑起了长城;汉高祖刘邦率大军御驾亲征,被围困在白登,几不得脱:匈奴的嚣张气焰可见一斑。经过汉朝几代人的努力,到了汉武帝,国家富厚,军队强大,便开始了对匈奴的用兵,经过了长期的艰苦的战争,终于把匈奴赶到了沙漠以北,解除了中国北部边疆的威胁。在征讨匈奴的战争中,涌现出了许许多多的英雄人物,霍去病便是其中杰出的一位。

霍去病年轻有为,勇敢善战,六次出击匈奴,每一次都取得胜利,确实不同寻常。在他为国家出生入死立有大功,皇帝为他建筑宅第时,他说:"匈奴不灭,无以家为也。"他的这种想国家之所想、急国家之所急、弃小家而保大家的高风亮节,永远值得后人学习。

他虽然二十四岁就去世了，但他所建立的丰功伟绩，就像他所封的狼居胥山一样，会永远矗立在大地上。祖国和人民永远铭记那些为国家建功立业的人。

七、颜杲卿抗击安禄山

《旧唐书》

【题解】

本篇节选自刘昫《旧唐书·忠义列传下》，题目是后加的。颜杲(gǎo)卿(公元692—756年)，字昕，唐琅琊临沂(今山东临沂)人。玄宗时为常山太守，后加卫尉卿、兼御史中丞。因抗击叛乱，被安禄山杀害。安禄山(公元?—757年)，唐营州柳城(故城在今辽宁朝阳南)奚族人。玄宗时为平卢、范阳、河东三镇节度使，官至尚书左仆射。公元755年冬天在范阳起兵叛乱，先后攻陷洛阳、长安，建立燕国，称雄武皇帝。后被其子安庆绪所杀。

刘昫(公元888—947年)，字耀远，五代十国时后晋归义(故城在今河北雄县西北)人。神采秀拔，文学优赡。后唐的庄宗时为翰林学士，明宗时升为宰相。进入后晋为东都留守、司空平章事。《旧唐书》题刘昫撰，实出于张昭远、贾纬等人之手。

《旧唐书》，原名《唐书》，北宋欧阳修等撰《新唐书》后，改用今名。全书二百卷，包括本纪二十卷，志三十卷，列传一百五十卷。这是一部记载唐朝历史的纪传体史书，它记录了唐朝二十一位皇帝二百九十年的历史，保存了较多的原始资料，为治唐史必读之书。

杲卿以荫受官，性刚直，有吏干①。开元中，为魏州录事参军，振举纲目，政称第一②。天宝十四载，摄常山太守③。时安禄山为河北、河东采访使，常山在其部内④。其年十一月，禄山举范阳之兵诣阙⑤。十二月十二日，陷东都⑥。杲卿忠诚感发，惧贼遂寇潼关，即危宗社⑦。时从弟真卿为平原太守，初闻禄山逆谋⑧，阴养死士，招怀豪右，为拒贼之计⑨。至是遣使告杲卿，相与起义兵，掎角断贼归路，以纾西寇之势⑩。杲卿乃与长史袁履谦、前真定令贾深、前内丘丞张通幽等，谋开土门以背之⑪。时禄山遣蒋钦凑、高邈率众五千守土门⑫。杲卿欲诛钦凑，开土门之路⑬。时钦凑军隶常山郡，属钦凑遣高邈往幽州未还，杲卿遣吏召钦凑至郡计事⑭。是月二十二日夜，钦凑至，舍之于传舍⑮。会饮既醉，令袁履谦与参军冯虔、县尉李栖默、手力翟万德等杀钦凑⑯。中夜，履谦以钦凑首见杲卿，相与垂泣，喜事交济也⑰。是夜，藁城尉崔安石报高邈还至蒲城，即令冯虔、翟万德与安石往图之⑱。诘朝，高邈之骑从数人至藁城驿⑲，安石皆杀之。俄而邈至，安石绐之曰⑳："太守备酒乐于传舍㉑。"邈方据厅下马，冯虔等擒而絷之㉒。是日，贼将何千年自东都来赵郡，冯虔、万德伏兵于醴泉驿㉓，千年至，又擒之。即日缚二贼将还郡㉔。杲卿遣子安平尉泉明及贾深、张通幽、翟万德，函钦凑之首，械二贼，送于京师㉕。

【注释】

① 以荫(yìn)受官：因祖先的荫庇而得到官职。荫：封建社会中，因祖先有功勋而循例受封得官。性刚直：性情刚强正直。吏干：为政的才干。

② 开元：唐玄宗的年号，公元713年至741年。为：担任。魏州：州名，治所在城平县(今陕西清漳县东北)。录事参军：官名，是王、公、大

将军的属官,掌管总录众曹文簿,举弹善恶。振举纲目:整顿法度。政称第一:政事治理称得上第一。

③ 天宝十四载:天宝十四年,即公元755年。天宝:唐玄宗的年号,公元742年至756年。摄:代理。常山:郡名,治所在真定县(今河北正定)。太守:官名,是一郡最高的行政长官。

④ 时:当时。河北:指今河北东光、盐山及山东宁津、乐陵等县市。河东:唐方镇名,治所在太原府(今山西太原西南晋源镇)。采访使:官名,掌管考课所属州县官吏。常山在其部内:常山在他的管辖范围内。部:管辖,治理。

⑤ 其年:那一年。指天宝十四年。举:兴起,发动。范阳:唐方镇名,治所在幽州(今北京城区西南)。兵:军队。诣阙(yì què):指赴京都。诣:前往,到。阙:指京城。

⑥ 陷:攻陷。东都:指洛阳(今河南洛阳)。

⑦ 忠诚:真心诚意,无二心。感发:指情动于心而发之于外。惧贼遂寇潼关,即危宗社:害怕叛军前往侵犯潼关,就危及国家。潼关:关名,在今陕西潼关县东北黄河南岸。宗社:宗庙和社稷的合称。这里指国家。

⑧ 从弟:堂弟。真卿:颜真卿。唐代琅玡临沂(今山东临沂)人,字清臣,官至吏部尚书、太子太师,封鲁郡公。安禄山叛乱时,他起兵抵抗,被推为盟主。平原:郡名,治所在安德县(今山东陵县)。初闻:刚刚听说。逆谋:叛逆的阴谋。

⑨ 阴养死士:暗中供养敢死的勇士。阴:暗中。招怀豪右:招抚怀柔富豪大户。豪右:封建社会的富豪家族、世家大户。为拒贼之计:作抗拒叛贼的打算。

⑩ 至是:到了这时。遣使:派人。告:告诉。相与起义兵:互相发动为正义而战的军队。犄(jǐ)角:分兵牵制或夹击敌人。断贼归路:切断叛贼的退路。以纾(shū)西寇之势:来延缓西边叛贼的进犯势头。纾:延缓,缓解。

⑪ 乃:于是。与:跟,同。长史:官名。唐亲王府、都督府、将帅、州府等设长史,总管府内事务。品级高下视所属机构而异,从从三品到七品不等。袁履谦:唐朝人,官至常山太守。前:前任。真定:县名,治所在今河北正定县。令:县令。贾深:唐福州长乐人,官至徐州刺史、岳州刺史。内丘:县名,治所在今河北内丘县。丞:官名,多作为辅佐官员的称号。张通幽:唐朝人,官至内丘丞。谋开土门以背之:计划打开土门的通路以便在后面抵挡叛军。土门:地名,在今河北获鹿县西南。

⑫ 蒋钦凑、高邈:二人都是安禄山的部将。率众:率领众人。守:守卫。

⑬ 欲:想要。诛:诛杀。开土门之路:打开土门的通道。

⑭ 隶:隶属。属:适逢。幽州:唐方镇名,治所在幽州(今北京城区西南)。天宝元年改名范阳,宝应元年复名幽州。未还:没有回来。召:召唤。至郡计事:到郡里计议大事。

⑮ 是月:这个月。舍之于传(zhuàn)舍:把他安置在传舍里。舍:安置。传舍:古时供行人休息住宿的处所。

⑯ 会饮既醉:聚饮已经醉了。令:命令。参军:官名,掌参谋军事。冯虔:唐朝人,官至常山参军。县尉:官名,县行政长官之佐属,掌一县军事。李栖默:唐朝人,官至常山县尉。手力:古代官府中担任杂役的差役小吏。

⑰ 中夜:半夜。以钦凑首见杲卿:拿着蒋钦凑的头颅来见颜杲卿。垂泣:无声而流泪。喜事交济:高兴的是事情都成功了。交:都,全部。济:成功。

⑱ 是夜:这个夜里。藁城:县名,治所在今河北藁城市西南。崔安石:唐朝人,官至藁城尉。报:报告,告知。还:回来。即:就。往图之:去对付他。之:他。这里指高邈。

⑲ 诘朝(jié zhāo):平明,清晨。骑从:骑马的随从。驿:驿站。

⑳ 俄而:不久。绐(dài):欺骗。

㉑ 太守:指颜杲卿。备酒乐:准备了酒宴音乐。

㉒ 邈:指高邈。方:正在。据厅下马:靠着厅堂下马。擒而絷(zhí)之:
捉住他并把他捆绑起来。絷:拴缚,捆绑。

㉓ 是日:这天。贼将:叛军将领。何千年:唐朝人,安禄山的部将。伏
兵:埋伏兵士。醴泉驿:地名,在今河北正定南。

㉔ 即日:当天。缚二贼将还郡:捆绑着两个贼将回到郡府。二贼:指高
邈和何千年。

㉕ 安平:县名,治所在今河北安平。泉明:指颜泉明,颜杲卿的儿子,官
至彭州司马。函:用匣子装着。械:用刑具拘系。送于京师:送到京
城。京师:指长安。

　　杲卿既斩贼将,收兵练卒,乃檄告河北郡县①,言朝廷以荣王
为河北兵马大元帅,哥舒翰为副,统众三十万,即出土门②。郡县
闻之,皆杀贼守将,远近响应,时十五郡皆为国家所守③。时安禄
山遣使传李憕、卢奕之首徇河北④。至平原,真卿杀贼使,收藏憕
等首⑤。清池尉贾载亦斩伪署景城守刘玄道,传首于平原⑥。饶
阳郡守卢全诚亦据郡举兵,会于真卿⑦。时常山、平原二郡兵威大
振⑧。禄山方自率众而西,已至陕虢,闻河北有变而还,乃命史思
明、蔡希德率众渡河⑨。

【注释】

① 收兵练卒:招收士兵,操练兵卒。乃檄(xí)告河北郡县:于是就用檄
文晓告河北各郡县。檄:古代官府用来征召、晓喻、声讨的文书。

② 言:说。以:用。荣王:李琬,玄宗第六子,官至京兆牧,封荣王。兵
马大元帅:官名,全军的最高统帅。哥舒翰:唐时突骑施哥舒部人,
官至河西节度使,封西平郡王。在抗击安禄山的叛军时兵败遇害。
为副:做副职。统众:统领众军。即出土门:就要出兵土门。

③ 闻:听说。皆:都,全部。杀贼守将:杀掉叛军的守城将领。十五郡

217

皆为国家所守:十五个郡都被国家守卫。这里指被朝廷占领。

④ 传李憕(chéng)、卢奕之首:传送李憕、卢奕的首级。李憕:唐并州文水人,官至河东太守、京兆尹。卢奕:唐朝人,官至御史中丞。二人均在安史之乱中不屈遇害。徇(xùn):宣示于众,示众。

⑤ 收藏:收殓埋藏。

⑥ 清池:县名,治所在今河北沧州东南。贾载:唐朝人,字德方,官至清池尉、沔州刺史。伪署:非法的官署。景城:县名,治所在今河北沧州西的景城。刘玄道:唐朝人,安史之乱时任伪署景城太守。传首于平原:把他的首级传送到平原郡。

⑦ 饶阳:郡名,治所在陆泽县(今河北深县西南)。卢全诚:唐朝人,官至饶阳郡太守。据:依靠。举兵:起兵。会于真卿:跟颜真卿会合。

⑧ 兵威大振:军队的威势非常振作。

⑨ 方:正在。西:向西前进。陕虢:陕西的虢县,治所在今陕西宝鸡虢镇。闻河北有变而还:听说河北有变故就回来了。史思明:唐朝宁夷州突厥族人,官至范阳长史、河北节度使。他跟随安禄山叛乱,后被他的儿子史朝义和部下所杀。蔡希德:唐朝人,官至平卢大将,后叛投安禄山。渡河:渡过黄河。

十五年正月①,思明攻常山郡。城中兵少,众寡不敌,御备皆竭②。其月八日,城陷,杲卿、履谦为贼所执③,送于东都。思明既陷常山,遂攻诸郡,邺、广平、钜鹿、赵郡、上谷、博陵、文安、魏郡、信都,复为贼守④。禄山见杲卿,面责之曰⑤:"汝昨自范阳户曹,我奏为判官,遂得光禄、太常二丞,便用汝摄常山太守,负汝何事而背我耶⑥?"杲卿瞋目而报曰⑦:"我世为唐臣,常守忠义,纵受汝奏署,复合从汝反乎⑧!且汝本营州一牧羊羯奴耳,叨窃恩宠,致身及此,天子负汝何事而汝反耶⑨?"禄山怒甚,令缚于中桥南头从西第二柱,节解之⑩,比至气绝,大骂不息⑪。

218

【注释】

① 十五年：指天宝十五年，即公元 756 年。攻：进攻。

② 城中：指常山郡治所真定县城中。众寡不敌：人少抵挡不过人多。御备：防备。皆：都，全部。竭：穷尽，罄尽。

③ 城陷：城池被攻陷。为贼所执：被叛军捉住。

④ 既：已经。诸郡：指河北诸郡。邺、广平、钜鹿、赵郡、上谷、博陵、文安、魏郡、信都：都是当时河北的郡县。复为贼守：又被叛军守卫。这里指又被叛军占领。

⑤ 面责之：当面责骂他。之：他。这里指颜杲卿。

⑥ 汝：你。昔：以前。自：从。户曹：古代掌管民户、祠祀、农桑等的官署。奏为判官：上奏皇帝升为判官。判官：官名。唐代节度使、观察使、防御使都置判官，为地方长官的僚属，辅理政事。得：得到。光禄：即光禄寺，官署名。唐代光禄寺专掌皇室膳食之事，下设太官、珍羞、良酝、掌醢四署，署各设令、丞。太常：即太常寺，官署名。掌宗庙礼仪及选试、国学等事务。太常丞是太常的辅佐官员，掌行礼、祭祀、举庙中非法并总署寺下诸曹吏事。便：就。用：任用。负汝何事而背我耶：辜负你什么事而背叛我呢？

⑦ 瞋（chēn）目：瞪大眼睛。报：答复，回答。

⑧ 我世为唐臣：我家世世代代做唐朝的臣子。常守忠义：素常遵行忠义之道。纵受汝奏署，复合从汝反乎：纵然受到你上奏委任，就应该跟着你造反吗？署：委任。合：应该。

⑨ 且汝本营州一牧羊羯（jié）奴耳：况且你本来是营州一个放羊的奴仆罢了。羯：我国古代的少数民族，曾附属匈奴，魏晋时散居上党郡（今山西潞城附近各县）。叨（tāo）窃：指不当得而得。恩宠：帝王对臣下的优遇宠幸。致身及此：做官做到这么高的官职。致身：出仕，做官。天子负汝何事而汝反耶：天子辜负你什么事而你就造反呢？

⑩ 怒甚：非常生气。缚：捆绑。柱：桥柱。节解：旧时断裂四肢，分解骨

节的酷刑。之：他。这里指颜杲卿。

⑪ 比至：及至，到。气绝：呼吸停止。不息：不停。

【评析】

安禄山本是唐玄宗的爱将，封他为平卢、范阳、河东三镇节度使，势力强大。他看到唐朝腐败，便以诛讨宰相杨国忠为名，起兵反叛朝廷，很快就攻下了洛阳。当时(公元756年春天)河北地区有常山太守颜杲卿、平原太守颜真卿起兵声讨安禄山。颜杲卿一起兵，河北诸郡响应，十七郡归顺朝廷。安禄山正要进攻潼关，听说河北有变，被迫停止西进。颜杲卿的起兵意义重大，捣乱了叛军的后方，给唐王朝留下喘息之机。可惜的是，起兵才八天，叛军大将史思明等攻破常山城，颜杲卿被执，押到洛阳，大骂叛贼安禄山，至死骂不绝口。颜杲卿的骂，振奋了久被压抑的正气，挫折了正在嚣张的邪风。

本来，颜杲卿"自范阳户曹"升为判官，又"摄常山太守"，都是安禄山保奏的。按说安禄山对颜杲卿私恩不薄。但这在国家大事面前算不了什么。国家利益重于泰山，维护国家的统一至高无上。

颜杲卿是维护国家统一、反对分裂的忠臣义士。颜杲卿虽死犹荣，值得后人永远纪念！

八、文天祥从容就义

《宋史》

【题解】

本篇节选自脱脱《宋史·文天祥传》，题目是后加的。文天祥

（公元 1236—1283 年），南宋著名的政治家、文学家。官至右丞相。元兵南侵后，他组织义兵，领导抗元，后不幸被俘，英勇就义。从容，沉着镇静地，毫不畏惧地。就义，为国家、正义而牺牲。

脱脱，也作托克托（公元 1314—1355 年），字大用，元朝顺帝时大臣，两任中书右丞相，为辽、金、宋三史都总裁。后被朝臣参劾，流放云南，服毒而死。

《宋史》是记录宋朝历史的纪传体史书。全书四百九十六卷，包括本纪四十七卷，志一百六十二卷，表三十二卷，列传二百五十卷。本书记载北宋、南宋从建隆元年至祥兴二年（公元 960—1279 年）的历史，多取材于宋朝实录、国史、地志和宋人史书等。它是研治宋史的必读之书。

文天祥，字宋瑞，又字履善，吉之吉水人也①。体貌丰伟，美皙如玉，秀眉而长目，顾盼烨然②。自为童子时，见学宫所祠乡先生欧阳修、杨邦义、胡铨像，皆谥"忠"，即欣然慕之③。曰："没不俎豆其间，非夫也④。"年二十举进士，对策集英殿⑤。时理宗在位久，政理浸怠，天祥以法天不息为对⑥，其言万余，不为稿，一挥而成⑦。帝亲拔为第一⑧。考官王应麟奏曰⑨："是卷古谊若龟鉴，忠肝如铁石，臣敢为得人贺⑩。"寻丁父忧，归⑪。

【注释】

① 吉：吉州，南宋州名，今江西吉安。吉水：南宋县名，今江西吉水。
② 体貌丰伟：身材魁梧，相貌堂堂。体貌：体态容貌。丰伟：丰满魁梧。美皙如玉：皮肤像玉一样漂亮白皙。秀眉而长目：清秀的眼眉，长长的眼睛。这里指眉清目秀。顾盼烨（yè）然：左右环视，目光精彩动人。顾盼：向左右或周围看来看去。烨然：光彩鲜明的样子。

221

③ 自为童子时:从他还是儿童时。童子:儿童。学官:学校。祠:祭祀。乡先生:古代尊称辞官居乡或在乡教学的老人。欧阳修:北宋著名的文学家,字永叔,号醉翁、六一居士。谥文忠。杨邦乂:南宋人,字晞稷,官至溧阳知县。建炎中金兵南侵建康,只有杨邦乂不肯投降,后被金兵杀害。谥忠襄。胡铨(quán):南宋人,字邦衡,号澹庵。官至兵部侍郎。一生积极抗金,反对议和。卒谥忠简。三人都是吉州庐陵(今江西吉安)人。像:画像。皆谥(shì)"忠":三人谥号都有"忠"字。谥:帝王、贵族、大臣、士大夫等死后,根据他们生前的事迹给予的带有褒贬意义的称号。即:就。欣然:喜悦的样子。慕:思慕,向往。

④ 没(mò)不俎(zǔ)豆其间:死后不在他们中间被祭祀。没:死亡,在这个意义上后来写做"殁"。俎豆:俎和豆。古代祭祀、宴饮时盛食物用的两种祭器。这里指被祭祀。其间:他们中间。其:指欧阳修、杨邦乂、胡铨。非夫也:不是大丈夫啊。

⑤ 年:年龄。举进士:考取进士。举:科考中选。进士:科举时代称殿试考取的人。对策:古时就政事、经义等设问,由应试者对答,称为对策。自汉代起又被作为取士考试的一种形式。集英殿:宋大内诸殿之一。

⑥ 时:当时。理宗:赵昀,太祖十世孙,在位四十年,朝廷日坏,国势渐危。久:长久。政理:政治,政事的治理。浸(jìn)怠:渐渐懈怠。浸:渐渐。以法天不息为对:拿效法自然和天道永不停息来回答。法:效法。不息:自强不止。为对:作为对答。

⑦ 其言万余:他文章的字数一万多。不为稿,一挥而成:没有打草稿,一口气写成。

⑧ 帝:指宋理宗。亲拔:亲自选拔。

⑨ 考官:主持考试的官员。王应麟:南宋庆元鄞县(今浙江宁波)人,字伯厚,号深宁居士,官至礼部侍郎。一生正直敢言,对朝政多所批评建议。奏:臣子对帝王上言陈事。

⑩　是卷：这份试卷。古谊若龟鉴：古人的风义好像龟鉴一样值得学习
　　借鉴。古谊：古人的风义。龟鉴：龟甲可占卜吉凶，镜子能鉴别美
　　丑，比喻可供人对照学习的榜样或引以为戒的教训。鉴：镜子。忠
　　肝如铁石：忠心肝胆如同铁石一样坚硬。臣敢为得人贺：我冒昧地
　　为国家得到这样的人才而祝贺。

⑪　寻：不久。丁父忧：遭逢父亲丧事。旧制，父母死后，子女要守丧，三
　　年内不做官，不婚娶，不赴宴，不应考。归：回家。

　　开庆初，大元兵伐宋①，宦官董宋臣说上迁都，人莫敢议其非
者②。天祥时入为宁海军节度判官，上书："乞斩宋臣，以一人
心"③。不报，即自免归④。后稍迁至刑部郎官⑤。宋臣复入为都
知，天祥又上书极言其罪⑥，亦不报。

【注释】

①　开庆：宋理宗赵昀的年号。这个年号只有一年，即 1259 年。大元
　　兵：元朝的军队，蒙古兵。伐宋：侵伐南宋。

②　宦官：古代用阉割后失去男性功能的人在官中侍奉皇帝及其家族，
　　称为宦官。董宋臣：南宋宦官，深得理宗宠爱。说(shuì)上：劝说皇
　　上。上：皇上。这里指宋理宗。迁都：迁移国都。意思是从当时的
　　国都临安(今浙江杭州)再往南迁。人莫敢议其非者：人们中没有
　　谁敢议论说这是错的。莫：没有谁。非：错。

③　入：指入京。为：做，担任。宁海军：宋代行政区域名，治所在今浙江
　　宁海东。军：宋代行政区域名。宋置全国为十八路，下设州、府、军、
　　监三百二十二。节度判官：官名。宋代设置。属各州幕职官，掌佐
　　理州政，总理诸案文移，呈报长官。上书：向君主进呈书面意见。乞
　　斩宋臣，以一人心：请求斩杀董宋臣，用来统一人心。乞：请求。宋
　　臣：指董宋臣。

④ 不报：没有批复，也就是不被采纳。即自免归：就自己请求免职回乡。

⑤ 稍迁至刑部郎官：逐渐晋升到刑部的副职。稍：逐渐。迁：晋升，升官。刑部郎官：官名，也就是刑部侍郎，是刑部的副职。刑部：官署名，掌全国的法律、刑狱事务。

⑥ 复：又。都知：官名。宋入内内侍和内侍省置。极言其罪：竭力陈说他的罪行。极：最，很。

十二月，趋南岭，邹㵥、刘子俊又自江西起兵来，再攻懿党①，懿乃潜道元帅张弘范兵济潮阳②。天祥方饭五坡岭，张弘范兵突至，众不及战，皆顿首伏草莽③。天祥仓皇出走，千户王惟义前执之④。天祥吞脑子⑤，不死。邹㵥自颈，众扶入南岭死⑥。官属士卒得脱走空坑者，至是刘子俊、陈龙复、萧明哲、萧资皆死⑦。杜浒被执，以忧死⑧。惟赵孟溁遁，张唐、熊桂、吴希奭、陈子全兵败被获，俱死焉⑨。唐，广汉张栻后也⑩。

【注释】

① 十二月：指元世祖至元十五年（公元 1278 年）十二月。趋：奔赴。南岭：山名，在今广东紫金县。邹㵥(sù)：宋吉州吉水人，官至兵部侍郎。刘子俊：宋吉州庐陵人，字民章，文天祥的属官。江西：今江西一带。起兵：发兵，出兵。攻：攻打。懿：陈懿，宋人，潮州海盗。党：党羽。

② 乃：于是。潜道：暗中引导。潜：暗中。道：引导。在这个意义上后来写做"导"。元帅：统率全军的首领。张弘范：元易州定兴人，字仲畴，官至蒙古汉军都元帅。济：渡河。这里指登陆。潮阳：县名，治所在今广东潮阳县西北。

③ 方饭：正在吃饭。五坡岭：山名，在今广东海丰县城北。突至：突然

来到。众不及战：众人来不及应战。皆：都，全部。顿首：磕头。伏草莽：趴伏在草丛中。

④ 仓皇：匆忙急迫。出走：出奔，出逃。千户：武官名，领兵千人。前：上前。执：抓住。

⑤ 吞：吞食。脑子：指龙脑香，是一种毒药。

⑥ 自颈：自杀。颈：脖子。这里指抹脖子。扶：搀扶。

⑦ 官属：主要官员的属吏。得：得以，能够。脱走：脱身逃走。空坑：地名，在今江西永丰南。至是：到现在。陈龙复：宋泉州南安人，字本叔，理宗宝祐四年(公元1256年)进士。萧明哲：宋吉州太和人，字元甫，年轻时举进士。萧资：宋吉州吉水人。三人都是文天祥幕下属官。皆死：全部战死。

⑧ 杜浒：宋台州黄岩人，字贵卿，官至司农卿。被执：被抓。以忧死：因为忧愤而死。

⑨ 惟：只有。赵孟濴(yíng)：文天祥的部将。遁：逃亡，逃跑。张唐、熊桂、吴希奭、陈子全：都是文天祥的部将。获：俘获。俱：全部。

⑩ 唐：指张唐。广汉：郡名，治所在雒县(四川广汉北)。张栻：南宋汉州绵竹(今四川绵竹)人，字敬夫。官至右文殿修撰。后：后代。

天祥至潮阳，见弘范，左右命之拜①，不拜，弘范遂以客礼见之，与俱入崖山，使为书招张世杰②。天祥曰："吾不能捍父母，乃教人叛父母，可乎③？"索之固，乃书所过零丁洋诗与之④。其末有云⑤："人生自古谁无死，⑥留取丹心照汗青⑦。"弘范笑而置之⑧。崖山破，军中置酒大会⑨，弘范曰："国亡，丞相忠孝尽矣，能改心以事宋者事皇上，将不失为宰相也⑩。"天祥泫然出涕⑪，曰："国亡不能救，为人臣者死有余罪，况敢逃其死而二其心乎⑫！"弘范义之，遣使护送天祥至京师⑬。

【注释】

①　左右:指张弘范身边的人。命之拜:命令他叩拜。

②　遂:于是。以客礼见之:用宾客之礼与他相见。客礼:招待宾客的礼节。与俱入崖山:和文天祥一起进入崖山。崖山:山名,在今广东新会县南。为书:写信。招:招降。张世杰:宋涿州范阳人,官至少傅、枢密副使。

③　我不能保卫自己的父母,却教唆别人背叛父母,可以吗? 捍:保卫。乃:却。

④　索之固:坚决索要招降张世杰的书信。固:坚决。乃书所过零丁洋诗与之:就写了自己作的《过零丁洋》诗给他。书:书写。过:经过。零丁洋:海名,在今广东珠江口处。与:给予。

⑥　其末有云:这首诗的末尾有这么一句话。

⑦　丹心:赤诚的心,忠心。汗青:古时在竹简上记事,先以火烤青竹,使水分就像汗滴一样渗出,便于书写,并免虫蛀,所以才有这种说法。后来借指史书。

⑧　置:放好,收藏。

⑨　破:击溃,攻破。军中:指元军中。置酒大会:陈设酒宴,举行大规模的聚会。

⑩　国:指南宋。亡:灭亡。丞相忠孝尽矣:丞相的忠心和孝义都尽到了。丞相:指文天祥。文天祥曾任南宋右丞相。能改心以事宋者事皇上,将不失为宰相也:能够改变自己,拿侍奉宋朝的态度来侍奉大元皇上,将不会失去宰相的官职。

⑪　泫(xuàn)然出涕:扑簌簌地流下了眼泪。泫然:流泪的样子。涕:眼泪。

⑫　为人臣者死有余罪:做人臣子的虽死也不能抵上他的罪过。况敢逃其死而二其心乎:何况还敢逃避他的死亡而又产生二心呢? 二其心:产生二心,指背叛朝廷。

⑬　义之:认为他忠义。之:指文天祥。遣使:派遣使者。至:到。京师:

226

国都,即燕京,今北京。

天祥在道,不食八日,不死,即复食①。至燕,馆人供张甚盛,天祥不寝处,坐达旦②。遂移兵马司,设卒以守之③。时世祖皇帝多求才南官④,王积翁言⑤:"南人无如天祥者⑥。"遂遣积翁谕旨⑦,天祥曰:"国亡,吾分一死矣⑧。傥缘宽假,得以黄冠归故乡,他日以方外备顾问⑨,可也。若遽官之,非直亡国之大夫不可与图存,举其平生而尽弃之,将焉用我⑩?"积翁欲合宋官谢昌元等十人请释天祥为道士,留梦炎不可⑪,曰:"天祥出,复号召江南,置吾十人于何地⑫!"事遂已⑬。天祥在燕凡三年,上知天祥终不屈也,与宰相议释之⑭,有以天祥起兵江西事为言者,不果释⑮。

【注释】

① 在道:在路上。不食八日:八天没有吃饭。即复食:于是又进食。

② 至燕:到达燕京。燕京:地名,在今北京市。馆人:掌管馆舍的人。供张:陈设供宴会用的帷帐、用具、饮食等物。甚盛:非常丰盛。不寝处:没有睡觉休息。坐达旦:一直坐到天亮。

③ 移:移送。兵马司:官署名。掌地方安抚、治察兵马。设卒以守之:派士卒看守他。

④ 时:当时。世祖皇帝:指元世祖忽必烈。多求才南官:在南宋官员中大量搜求人才。南官:南宋官员。

⑤ 王积翁:宋元间福宁州人,字良存。仕宋累官福建制置使,降元后官至刑部尚书。言:说。

⑥ 南人无如天祥者:南宋人中没有一个比得上文天祥的。

⑦ 谕旨:晓谕皇帝的旨意。

⑧ 吾分一死矣:我的职分就只有一死了。分:职分。

⑨ 傥(tǎng):如果。缘:因为。宽假:宽容。这里指元朝皇帝的宽容。

227

得以黄冠归故乡：能够以道士的身份回故乡。黄冠：道士的帽子，所以借指道士。他日：日后，以后。以方外备顾问：以方外之人的身份充当顾问。方外：世俗礼法之外的人。顾问：指供帝王咨询的侍从之臣。

⑩ 若遽(jù)官之：如果立即就授予我官职。官：授予官职。非直：不只。亡国之大夫不可与图存：亡国的大夫不能跟他谋划国家存亡大计。图存：谋划国家存亡大计。举其平生而尽弃之：把自己平生的抱负全部抛弃。平生：一生。将焉用我：将哪里还用得着我呢？

⑪ 合：联合。宋官：宋朝旧官。谢昌元：宋人，官至施州知府。后降元。释：释放。留梦炎：南宋衢州（今浙江衢州）人，字汉辅，淳祐四年（公元 1244 年）进士，官至左丞相，后降元。不可：不同意。

⑫ 出：放出。复：又，再。号召江南：指号召江南宋人抗元。置吾十人于何地：把我们十个人置于什么样的境地。置：放置。

⑬ 事遂已：这件事于是就作罢。已：作罢，停止。

⑭ 凡：总共。上：指元朝皇上忽必烈。终：始终。不屈：不屈服。与宰相议释之：同宰相商议着放了他。之：指文天祥。

⑮ 有以天祥起兵江西事为言者：有人拿文天祥起兵江西抗元的事为说辞。不果释：终于没有被释放。果：终于。

至元十九年，有闽僧言土星犯帝坐，疑有变①。未几，中山有狂人自称"宋主"，有兵千人，欲取文丞相②。京城亦有匿名书，言某日烧蓑城苇，率两翼兵为乱，丞相可无忧者③。时盗新杀左丞相阿合马，命撤城苇，迁瀛国公及宋宗室开平，疑丞相者天祥也④。召入谕之曰⑤："汝何愿⑥？"天祥对曰："天祥受宋恩，为宰相，安事二姓⑦？愿赐之一死足矣⑧。"然犹不忍，遽麾之退⑨。言者力赞从天祥之请⑩，从之。俄有诏使止之⑪，天祥死矣。天祥临刑殊从容，谓吏卒曰⑫："吾事毕矣⑬。"南乡拜而死⑭。数日，其妻欧阳氏

228

收其尸,面如生⑮,年四十七。其衣带中有赞曰⑯:"孔曰成仁,孟曰取义,惟其义尽,所以仁至⑰。读圣贤书,所学何事?而今而后,庶几无愧⑱。"

【注释】

① 至元十九年:公元 1282 年。至元:元世祖忽必烈的年号,公元 1271 年至 1294 年。闽僧:福建的和尚。土星:太阳系九大行星之一。我国古代又称之为"镇星"。犯:冒犯。帝坐:即帝座。古星名,属天市垣,也就是武仙座 a 星。古人认为有星犯帝坐,地上的皇帝就会遭到侵犯。疑有变:怀疑会有变故。

② 未几:不久。中山:府名,治所在安喜县(今河北定州)。狂人:狂妄无知的人。取:指营救。

③ 匿(nì)名书:不书名或不书真姓名的信件。言:说,声称。蓑(suō)城苇:覆盖城墙的苇草。蓑:用草覆盖。率两翼兵为乱:率领两翼的卫兵作乱。两翼:作战时阵形两侧或左右两军。丞相可无忧者:丞相可以不必担心了。

④ 盗:盗贼。新:刚刚。左丞相:官名。元朝隶属中书省,统六官,率百司。阿合马:元人,官至左丞相。撤:撤去,除去。迁:迁移。瀛国公:指南宋恭帝。宋度宗之子,后被元朝人掳去,封瀛国公。宗室:宗族,同宗族的人。开平:今内蒙古多伦。疑丞相者天祥也:怀疑匿名信上所说的丞相就是文天祥。

⑤ 召入谕之曰:召入宫中告诉他说。谕:告谕。

⑥ 汝何愿:你有什么愿望。

⑦ 受宋恩:接受宋朝的恩惠。安事二姓:哪里能再侍奉其他姓氏的皇帝?

⑧ 愿赐之一死足矣:希望赐给我一死就足够了。

⑨ 不忍:不忍心。遽麾(huī)之退:急忙挥手让他退下。麾:挥手。

⑩ 言者:进言的官员。力赞从天祥之请:极力主张听从文天祥的请求。

赞:赞成。

⑪ 俄有诏使止之:不一会儿又下诏阻止。俄:一会儿。

⑫ 临刑:将受死刑的时候。殊:很,非常。从容:沉着镇定,悠闲舒缓。

⑬ 吾事毕矣:我的事完了。毕:完。

⑭ 南乡:面向南方。乡:通"向",面向,朝着。拜:表示恭敬的一种礼节。行礼时下跪,低头与腰平,两手至地。因为宋朝在南方,所以文天祥"南乡拜"。

⑮ 数日:几天后。其妻欧阳氏收其尸:他的妻子欧阳氏收殓了他的尸体。面如生:面容就像活着时一样。生:活着。

⑯ 衣带:束衣的带子。赞:古代的一种文体。用于赞颂人物等,多为韵文。

⑰ 孔曰成仁:孔子说成仁。孔:指孔子。成仁:成就仁德。后指为正义事业献出生命。孟曰取义:孟子说取义。孟:指孟子。取义:求取道义。后指就义而死。惟其义尽,所以仁至:因为尽了道义,所以仁德才会实现。

⑱ 读圣贤书,所学何事:我读了圣贤的书,所学习的是什么事呢?圣贤:圣人和贤人。后泛指道德才智杰出的人。庶几(jī)无愧:差不多可以问心无愧了。庶几:也许,差不多。

【评析】

文天祥是中国历史上伟大的民族英雄。他将全部的生命献给了反对民族压迫、反抗侵略的正义事业。在不幸被俘后,敌人曾经用种种卑鄙手段来对他进行逼迫利诱,但文天祥有铁一般的意志,毫不动摇,终于从容就义。文天祥羡慕同乡的欧阳修、杨邦义、胡铨三人死后"皆谥'忠'",他的忠勇之举,足以使他配得上他的这三位老乡。

文天祥为什么会成为中国历史上伟大的民族英雄呢?他就义

后，其衣带中的赞语给我们提供了答案。赞语说："孔曰成仁，孟曰取义，惟其义尽，所以仁至。读圣贤书，所学何事？而今而后，庶几无愧。"这些话很值得我们深入思考。让我们经常扪心自问："读圣贤书，所学何事？"

九、戚继光浙闽抗倭

《明史》

【题解】

本篇节选自张廷玉《明史·戚继光传》，题目是后加的。戚继光（公元 1528—1587 年），字元敬，号南塘，明朝山东登州（今山东蓬莱）人，是抗击倭寇的民族英雄。浙，浙江。闽，福建。抗，抗击。倭，我国古代对日本人及其国家的称呼。

《明史》是清朝明史馆纂修的，张廷玉为总裁。张廷玉（公元 1672—1755 年），字衡臣，桐城（今安徽桐城）人。康熙三十九年进士，雍正间官至保和殿大学士兼吏部尚书，乾隆时更受到倚重。他是康、雍、乾三朝的重要政治家，又是一位著名的史学家。

《明史》是一部记录明朝历史的史书。其记事始洪武元年（公元 1368 年），终崇祯十七年（公元 1644 年）。全书包括本纪、志、表、列传四部分，共三百二十二卷。目录四卷。它是研究明朝历史的重要史籍。

戚继光，字元敬，世登州卫指挥金事①。父景通，历官都指挥②，署大宁都司③，入为神机坐营④，有操行⑤。继光幼倜傥，负奇气⑥。家贫，好读书，通经史大义⑦。嘉靖中嗣职⑧，用荐擢署都指挥佥事⑨，备倭山东⑩。

【注释】

① 世：世袭，继承。登州：指登州府，治所在蓬莱（今山东蓬莱）。卫：明代军队编制名。明代在要害地区设置卫，大致以五千六百人为一卫，由都司率领。一般驻地在某地就称某卫。指挥佥(qiān)事：官职名，正四品，协助全卫的主官指挥使工作，分理屯田、管操、验军、存恤等事务。

② 景通：戚继光父亲的名。历官：曾经担任官职。都指挥：卫一级军队编制的最高军事长官。

③ 署：署理，代理。大宁：指大宁卫，治所在今内蒙古宁城县西老哈河北岸大名城。都司：明代的卫，以都指挥使司为常设统率机构，简称都司。

④ 入：指入京。为：掌管。神机坐营：明代京军三大营之一。使用火器，皇帝亲征时随军出征。

⑤ 操：操守，品行。

⑥ 幼：年幼，未成年。倜傥(tì tǎng)：卓异，不同异常。负奇气：抱有不平凡的志气。

⑦ 通：通晓。经：儒家的经典；史：史书。这里泛指古代典籍。大义：要义，要旨。

⑧ 嘉靖：明世宗朱厚熜的年号，公元 1522 年至 1566 年。嗣职：继承官职。

⑨ 荐：推荐。擢(zhuó)：提升。

⑩ 备：戒备，防备。

继光至浙时①，见卫所军不习战②，而金华、义乌俗称剽悍③，请召募三千人④，教以击刺法⑤，长短兵迭用⑥，由是继光一军特精⑦。又以南方多薮泽⑧，不利驰逐⑨，乃因地形制阵法⑩，审步伐

232

便利⑪，一切战舰、火器、兵械精求而更置之⑫。"戚家军"名闻天下。

【注释】

① 至：到。浙：指浙江省。

② 卫所：明代从京师到郡县，全部设立卫所。数府划为一个防区设卫，下设千户所和百户所，各卫所分属于各省的都指挥使。军：军士。习：熟悉，通晓。战：作战，战斗。

③ 金华：县名，今浙江金华。义乌：县名，今浙江义乌。俗称：平常被称为。剽悍：轻捷勇猛。

④ 请：请求。召募：募集。

⑤ 以：拿。击刺法：劈刺攻伐的方法。

⑥ 长短兵：长的和短的兵器。迭用：交替使用。

⑦ 由是：从此。特精：特别精悍。

⑧ 以：因为。薮（sǒu）泽：指水草茂密的沼泽湖泊地带。

⑨ 不利：不利于，不便于。驰逐：策马快跑。

⑩ 乃：于是。因：根据。制：制订。阵法：指野战的战斗队形和宿营的防御部署。

⑪ 审：详究，细察。步伐：指队伍操练时脚步的大小快慢。便利：敏捷，灵活。

⑫ 战舰：大型战船。火器：用火药爆炸性能来发挥杀伤和破坏威力的武器。兵械：兵器。精求：精心选求。更置之：更换掉陈旧兵器。

四十年，倭大掠桃渚、圻头①。继光急趋宁海②，扼桃渚③，败之龙山④，追至雁门岭⑤。贼遁去，乘虚袭台州⑥。继光手歼其魁⑦，蹙余贼瓜陵江尽死⑧。而圻头倭复趋台州⑨，继光邀击之仙居⑩，道无脱者⑪。先后九战皆捷⑫，俘馘一千有奇⑬，焚溺死者无

233

算⑭。总兵官卢镗、参将牛天锡又破贼宁波、温州⑮。浙东平,继光进秩三等⑯。闽、广贼流入江西⑰。总督胡宗宪檄继光援⑱。击破之上坊巢⑲,贼奔建宁⑳。继光还浙江㉑。

【注释】

①　四十年:指嘉靖四十年,即公元 1561 年。掠:掳掠,夺取。桃渚、圻头:地名。

②　急:疾速。趋:疾行,奔跑。宁海:指宁海县,在今浙江宁海县东。

③　扼:扼守,据守。

④　败之:打败倭寇。龙山:山名,在今浙江宁波慈城镇西。

⑤　至:到。雁门岭:山岭名。

⑥　贼:指倭寇。遁:逃走。乘虚:趁人空虚无备。袭:偷袭。台州:地名,在今浙江临海。

⑦　手歼其魁:亲手刺死倭寇的首领。歼:刺死。魁:首领。

⑧　蹙(cù):逼迫。余贼:剩余的倭寇。瓜陵江:江名。尽:全部。

⑨　复:又,再。

⑩　邀:阻拦,截击。仙居:地名,在临海西。

⑪　道:路上。脱:逃脱。

⑫　皆:全部,都。捷:战胜。

⑬　俘馘(guó):俘虏斩杀。馘:古代作战,杀敌取左耳以记功。一千有奇:一千有余,一千多人。奇:零数,余数。

⑭　焚溺死者:烧死和淹死的倭寇。无算:不计其数。极言其多。

⑮　总兵官:官名。明初各要地设总兵官,无品级,无定员,是临时差遣,多以公、侯、伯、都督充任,沿边地区总兵并多挂印称将军,后渐成常驻武官。卢镗:明代抗倭名将,官至江南、浙江总兵官。参将:官名,明代总兵、副总兵之下的军官,没有品阶,没有定员。牛天锡:明代人,官至参将。破:击败。宁波、温州:地名,即今浙江宁波、温州。

⑯　平:平定。进秩:进升官职,增加俸禄。三等:三个等级。

234

⑰ 闽、广:福建和广东。流入:流窜进入。

⑱ 总督:官名,明初用兵时派部院官总督军务,事毕即罢。成化五年(公元 1469 年),始专设两广总督,后各地逐渐增置,成为定制。胡宗宪:明代抗倭名将,官至右都御史,加太子太保。檄(xí):用檄文征召。援:支援。

⑲ 上坊巢:地名。

⑳ 奔:逃奔。建宁:指建宁府,治所在建安(今福建建瓯)。

㉑ 还:回到。

明年,倭大举犯福建①。自温州来者,合福宁、连江诸倭攻陷寿宁、政和、宁德②。自广东南澳来者,合福清、长乐诸倭,攻陷玄钟所③,延及龙岩、松溪、大田、古田、蒲田④。是时宁德已屡陷⑤。距城十里有横屿,四面皆水路险隘,贼结大营其中⑥。官军不敢击,相守逾年⑦。其新至者营牛田,而酋长营兴化,东南互为声援⑧。闽中连告急,宗宪复檄继光剿之⑨。先击横屿贼。人持草一束,填壕进⑩。大破其巢,斩首二千六百⑪。乘胜至福清,捣败牛田贼,覆其巢,余贼走兴化⑫。急追之,夜四鼓抵贼栅⑬。连克六十营,斩首千数百级⑭。平明入城,兴化人始知,牛酒劳不绝⑮。继光乃旋师⑯。抵福清,遇倭自东营澳登陆,击斩二百人⑰。而刘显亦屡破贼⑱。闽宿寇几尽⑲。于是继光至福州饮至,勒石平远台⑳。

【注释】

① 大举:大规模地。犯:进犯。

② 自:从。合:会合。福宁:县名,今福建霞浦。连江:县名,今福建连江。诸:各个。攻陷:攻下,攻取。寿宁:县名,今福建寿宁。政和:地名,属福建宁德。宁德:地名,今福建宁德。

③ 广东南澳:地名,在今广东南澳县东深澳。福清:县名,今福建福清。长乐:县名,今福建长乐。玄钟所:地名。

④ 延及:扩展到,延伸到。龙岩、松溪、大田、古田、蒲田:都是福建省内的地名。

⑤ 是时:这个时候。已:已经。屡:多次。陷:覆没,陷落。

⑥ 距:距离。城:指宁德。横屿:岛名,在今福建宁德市东三都岛。皆:都,全部。水路:水路航行的路线。险隘:艰难险阻。结:建造,构筑。营:军营。其中:指横屿之中。

⑦ 官军:古代称政府的军队为官军。相守:互相防守。逾年:超过一年。

⑧ 其新至者:那些新来的倭寇。营:扎营。牛田:地名,今福建福清东南牛田镇。酋长:这里指倭寇的首领。兴化:地名,在今福建莆田。声援:遥作支援。

⑨ 连:接连。告急:报告情况紧急,请求救助。宗宪:指胡宗宪。复:又,再。剿(jiǎo):剿灭,消灭。

⑩ 持:握,拿。草一束:一捆草。填壕:填塞壕沟。进:进军,进击。

⑪ 破:击溃,攻破。巢:敌人或盗贼盘踞的地方。

⑫ 乘胜:趁着胜利的形势。捣败:攻打击败。覆:袭击。走:逃跑。

⑬ 夜四鼓:夜晚一至三点。鼓:古代夜间计时单位。因为击鼓报时,所以称鼓。一鼓约两个小时,一夜分为五鼓。抵:到达。贼栅:指倭寇的营寨。

⑭ 连:连续。克:攻克。千数百级:一千几百级。级:所斩之首的量词。

⑮ 平明:黎明,天刚亮的时候。牛酒:牛和酒。古代用做犒劳军队的物品。劳:犒劳。不绝:不断。

⑯ 乃:于是。旋师:回师,调回军队。

⑰ 遇:遭遇,遇上。东营澳:地名,在今福建福清东南东营。登陆:渡过海洋或江河登上陆地。击斩:攻击杀死。

⑱ 刘显:明代人,当时任广东总兵。屡:屡次,多次。

⑲　宿寇:长期为盗贼者。这里指长期入侵的倭寇。几:将近,几乎。
　　尽:竭尽,完。

⑳　福州:地名,在今福建福州。饮至:指出征奏凯,到宗庙祭祀宴饮庆
　　功之礼。勒石:刻字于石。平远台:台名,在今福建福州城区东南九
　　仙山上。

　　及继光还浙后,新倭至者日益众①,围兴化城匝月②。会显遣
卒八人赍书城中③,衣刺"天兵"二字④。贼杀而衣其衣⑤,绐守将
得入⑥,夜斩关延贼⑦。副使翁时器、参将毕高走免⑧,通判奚世
亮摄府事,遇害⑨,焚掠一空⑩。留两月,破平海卫,据之⑪。初,
兴化告急,时帝已命俞大猷为福建总兵官⑫,继光副之⑬。及城
陷,刘显军少,壁城下不敢击⑭。大猷亦不欲攻,需大军合以困
之⑮。四十二年四月,继光将浙兵至⑯。于是巡抚谭纶令将中军,
显左,大猷右,合攻贼于平海⑰。继光先登,左右军继之⑱,斩级二
千二百⑲,还被掠者三千人⑳。纶上功,继光首,显、大猷次之㉑。
帝为告谢郊庙,大行叙赉㉒。继光先以横屿功,进署都督金事㉓,
及是进都督同知㉔,世荫千户㉕,遂代大猷为总兵官㉖。

【注释】
①　日益众:一天比一天多。
②　匝(zā)月:满一个月。
③　会:碰巧。显:指刘显。卒:士卒,士兵。赍(jī)书城中:携带书信到
　　兴化城中去送信。赍:带,携带。书:书信。
④　刺:刺绣,绣着。
⑤　衣其衣:穿上他们的衣服。第一个"衣"是穿的意思。
⑥　绐(dài):欺诈,欺骗。得入:得以进城。
⑦　斩关:砍断门闩。延:引导,迎接。

⑧ 副使：明代中央和地方机构中的低级事务官。翁时器：人名，当时任副使。毕高：人名，当时任参将。走免：逃离。

⑨ 通判：官名，明代设于各府，为知府佐官，与同知分管钱粮、缉捕、水利、抚边等事。吴世亮：人名，当时任通判。摄：代理。府事：官署事务。遇害：被杀害。

⑩ 焚掠一空：烧抢一空。

⑪ 平海卫：地名，旧名南啸，在福建莆田东九十里。据：占据。

⑫ 时：当时。帝：指明世宗。命：命令。俞大猷（yóu）：明代抗倭名将，当时任福建总兵官。

⑬ 副之：做俞大猷的副职。

⑭ 城陷：指兴化城被攻破被占领。壁：坚守营垒，驻守。击：进攻，攻击。

⑮ 大军：人数众多，声势浩大的武装部队。困：围困。

⑯ 四十二年：指嘉靖四十二年，即公元 1563 年。将：率领。

⑰ 巡抚：地方最高长官，总揽一省或一地军、民、刑、政等事务。谭纶：人名，当时任福建巡抚。中军：古代行军作战分左、中、右三军，由主将所在的中军发号施令。显左：刘显为左军。大猷右：俞大猷为右军。

⑱ 登：指登上城墙。继：随后，跟着。之：指戚继光。

⑲ 斩级：斩取首级。

⑳ 还：指夺回。被掠者：被倭寇掠去的百姓。

㉑ 纶：指谭纶。上功：上报战功。首：为首，第一。次之：在他的后面。之：指戚继光。

㉒ 告谢：告祭谢恩。郊庙：古代帝王祭天地的郊宫和祭祖先的宗庙。大：大范围地。行：施行。叙赉（lài）：按功劳的大小给予奖赏。

㉓ 以：因为。进：进升。署都督金事：官名，正二品，从属五军都督府。

㉔ 及是：到了这时。都督同知：官名，五军都督府副长官，辅佐左、右都督掌管军旅之事。

㉕　世荫(yìn)：封建社会，子孙因先世官爵而得官称世荫。千户：古代
　　武官名，正五品，是千户所的主官。

㉖　代：代替。

　　明年二月，倭余党复纠新倭万余①，围仙游三日②。继光击败
之城下，又追败之王仓坪③，斩首数百级，余多坠崖谷死④，存者数
千奔据漳浦蔡丕岭⑤。继光分五哨⑥，身持短兵缘崖上⑦，俘斩数
百人⑧，余贼遂掠渔舟出海去⑨。久之⑩，倭自浙犯福宁，继光督
参将李超等击败之⑪。乘胜追永宁贼，斩馘三百有奇。寻与大猷
击走吴平于南澳⑫，遂击平余孽之未下者⑬

【注释】

①　复：又。余党：剩余的党羽。纠：纠集。

②　仙游：县名，今福建仙游。

③　王仓坪：地名，在今福建同安东南。

④　坠：坠落，掉下。崖谷：山崖，山谷。

⑤　存者：活着的人。漳浦：县名，今福建漳浦。蔡丕岭：岭名，在今福建
　　漳浦境内。

⑥　哨：古代军事术语，泛指战阵的两翼或军队的一支。

⑦　持：握，拿。短兵：刀剑等武器。缘：沿着。

⑧　俘斩：俘虏斩杀。

⑨　渔舟：渔船。出海：驾驶或乘坐船只到海上去。去：离开。

⑩　久之：长时间以后。

⑪　督：督促。李超：当时任参将。

⑫　寻：不久。击走：打跑。吴平：人名，是明代有名的海盗。

⑬　平：指吴平。余孽：残存未尽的坏分子或恶势力。这里指残存未尽
　　的倭寇。未下者：没有攻克的倭寇。

继光为将号令严,赏罚信①,士无敢不用命②。与大猷均为名将③。操行不如,而果毅过之④。大猷老将务持重⑤,继光则飙发电举,屡摧大寇⑥,名更出大猷上⑦。

【注释】

①　严:严肃。赏罚:赏赐和处罚。信:守信用,实践诺言。
②　用命:执行命令,听从命令。
③　与:跟。均:都。名将:著名将领。
④　操行:操守,品行。果毅:果敢坚毅。过:超过。
⑤　老将:久经战阵的将领。务:务求。持重:稳重,谨慎。
⑥　飙(biāo)发电举:形容声势迅猛。飙发:像旋风一样兴起。飙:旋风,暴风。电举:像闪电一样发动。比喻速度很快。电:闪电。摧:挫败,击败。大寇:强大的倭寇。
⑦　名:名气。更:反而。出:高出,超出。

【评析】

　　明初以来,倭寇即侵掠东南沿海,烧杀奸淫,无恶不作,为害巨大。明朝政府派兵进剿,但屡剿不绝。自戚继光从山东调往浙江抗倭后,形势才出现了变化。

　　戚继光出身于武将之家,"幼倜傥,负奇气","好读书,通经史大义"。这一点对戚继光很重要。他忠于祖国,有文韬武略,"号令严,赏罚信,士无敢不用命",所以能"飙发电举,屡摧大寇"。

　　戚继光至浙,因民剽悍,"召募三千人,教以击刺法,长短兵迭用",又因南方地形制阵法,审步伐便利,又有精良兵械,所以"戚家军"名闻天下。

　　戚继光在浙,大小百馀战,每战皆捷,为国家立了大功。例如"九战皆捷,俘馘一千有奇";"大破其巢,斩首二千六百";"连克六十营,斩首千数百级";"斩级二千二百,还被掠者三千人";"斩首数百级";"俘斩数百人";"斩馘三百有奇"等。扫平倭寇,沿海人民才得安居乐业。

百姓支持戚家军,"牛酒劳不绝";国家更给了他们崇高的荣誉,"于是继光至福州饮至,勒石平远台","帝为告谢郊庙,大行叙赉"。

祖国将永远铭记为她建功立业的人!

十、郑成功收复台湾

《清史稿》

【题解】

本篇节选自赵尔巽《清史稿·郑成功传》,题目是后加的。郑成功(公元1624—1662年),明代末年著名将领。公元1662年赶走荷兰人,收复台湾。

《清史稿》是民国初年清史馆纂修的,赵尔巽主修。赵尔巽(公元1844—1927年),字公镶,汉军正蓝旗(今内蒙古锡林郭勒盟)人。同治年间进士,官至四川总督。民国后任清史馆馆长,领修本书。他是清末民初著名的史学家。

《清史稿》是记录清朝历史的未定稿。其记事上起努尔哈赤称汗(公元1616年),终清朝灭亡(公元1911年)。全书包括本纪、志、表、列传四部分,共五百三十六卷。它是研究清朝历史的重要史籍。

郑成功,初名森,字大木,福建南安人①。父芝龙,明季入海,从颜思齐为盗②,思齐死,代领其众③。崇祯初④,因巡抚熊文灿请降,授游击将军⑤。以捕海盗刘香、李魁奇,攻红毛功,累擢总兵⑥。

【注释】

① 南安:县名,今福建南安。

② 芝龙:即郑芝龙,郑成功的父亲,是明末有名的海盗首领。后来投降清朝,官至总兵。明季:明代末年。从:跟从。颜思齐:明末有名的海盗首领。为盗:做了海盗。

③ 代领其众:代替颜思齐统率他的部下。众:指众海盗。

④ 崇祯初:崇祯初年。崇祯:明思宗朱由检的年号,公元1628年至1644年。

⑤ 因:通过。熊文灿:人名,明末永宁卫(今四川叙永)人,官至福建巡抚、兵部尚书。请降:请求投降。授:被任命为。游击将军:官名,明代边区守军设游击将军,无品级,无定员,分守驻地的防守应援。

⑥ 以:因为。捕:抓拿。海盗:在海上或海岸劫掠财物进行非法暴力活动的人。刘香、李魁奇:明末有名的海盗首领。攻:攻打。红毛:这里指荷兰人。功:功劳。累擢:连续提升。

成功自江南败还,知进取不易①。桂王入缅甸②,声援绝,势日蹙,乃规取台湾③。台湾,福建海中岛,荷兰红毛人居之④。芝龙与颜思齐为盗时,尝屯于此⑤。荷兰筑城二,曰赤嵌、曰王城,其海口曰鹿耳门⑥。荷兰人恃鹿耳门水浅不可渡,不为备⑦。成功师至,水骤长丈余,舟大小衔尾径进⑧,红毛人弃赤嵌走保王城⑨,成功使谓之曰⑩:"土地我故有,当还我⑪。珍宝恣尔载归⑫。"围七阅月,红毛存者仅百数十⑬,城下,皆遣归国⑭。成功乃号台湾为东都,示将迎桂王狩焉⑮。以陈永华为谋主,制法律,定职官,兴

242

学校⑯。台湾周千里,土地饶沃⑰,招漳、泉、惠、潮四府民⑱,辟草莱,兴屯聚,令诸将移家实之⑲。

【注释】

① 自:自从。败还:失败回来。清顺治十六年(公元 1659 年),郑成功率军向长江以南地区的清兵发起进攻,但被清兵击败,只好退回根据地厦门。进取:进攻,攻取。这里指向清兵发动新的攻势。不易:不容易,很困难。

② 桂王:即朱由榔,明神宗的孙子、思宗的堂弟。初封永明王,后袭封桂王。隆武二年(公元 1646 年),在广东肇庆登上帝位,以明年为永历元年。入:逃往,逃到。缅甸:国名,在我国云南、西藏的南边。

③ 势日蹙(cù):形势一天比一天窘迫。蹙:困窘,窘迫。乃:于是。规取:计划攻取。台湾:在福建省东南,东海和南海之间,包括台湾岛、澎湖列岛等岛屿。明代始称之为台湾,是我国固有的领土。

④ 海中:大海里面。荷兰:国名,位于欧洲西北部,是十七世纪的海上殖民强国。居:居住。这里指霸占。

⑤ 芝龙:指郑芝龙。尝:曾经。屯于此:驻扎在这里。此:指台湾。

⑥ 赤嵌:地名,荷兰军队的重要据点,在今台湾台南境内。王城:地名,荷兰殖民总督府所在地,在今台湾台南安平。海口:通海的出口,也就是内河通海的地方。鹿耳门:地名,在今台湾台南境内。

⑦ 恃:依仗。不可渡:船不能通过。不为备:没做防备。

⑧ 师:军队。骤长丈余:突然上涨一丈多。衔尾径进:前后相接,直接进入鹿耳门。

⑨ 弃:抛下,舍弃。走:逃跑。保:保卫。

⑩ 使:派人。谓之:对他们说。

⑪ 故有:固有,本来占有。当还:应当归还。

⑫ 珍宝:珠玉宝石的总称。恣(zì):听任,任凭。尔:你们。载归:装载回去。

⑬ 七阅月:过了七个月。阅:过,度。存者:活着的人。仅:只,仅仅。
百数十:一百几十个。

⑭ 城:指王城。下:被攻下。皆:全部。遗(wèi):送行。归国:回国。

⑮ 号:宣称。东都:历代王朝在原京师以东的都城。因台湾在大陆的
东面,所以称王城为东都。示:显示。将:将要。迎:欢迎,迎接。
狩:天子出巡。焉:指台湾。

⑯ 陈永华:明末清初福建晋江人,协助郑成功收复治理台湾。谋主:出
谋划策的首要人物。制法律:制订法律。定职官:规定官职。兴:创
办,兴办。

⑰ 周千里:周围一千里。饶沃:肥沃。

⑱ 招:邀请,招集。漳、泉、惠、潮:分别指福建的漳浦县、泉州府(今福
建福州)、惠州府(今广东惠州)、潮州府(今广东潮州)。府:古代低
于省一级的行政区划单位。

⑲ 辟草莱:开辟荒芜之地。兴:倡导。屯聚:聚居。移家:搬家,迁移住
地。实之:充实这里,意思是在这里居住。

【评析】

　　荷兰人在 16 世纪末开始兴起,公元 1604 年袭击澎湖,1622
年强占澎湖,建立要塞,1623 年又侵占台湾,次年在台湾筑赤嵌
城。1624 年明朝政府派军队在澎湖驱逐了荷兰人。其间,台湾人
民对荷兰人进行了坚决的斗争,给侵略者以沉重打击。1661 年郑
成功率舰船数百艘,将士二万五千人,自金门出发,进攻赤嵌城,
"围七阅月",次年春天荷兰头目揆一缴械投降。台湾重新回到中
国人民的手中。

　　台湾"土地我故有",自古以来就是中国的领土。郑成功收复
台湾后,招集百姓,"辟草莱,兴屯聚","制法律,定职官,兴学校",
使台湾发展起来。

郑成功是收复台湾、捍卫国家主权的民族英雄,是开发台湾的大功臣。

十一、林则徐广州禁烟

《清史稿》

【题解】

本篇节选自《清史稿·林则徐传》,题目是后加的。林则徐(公元1785—1850年),清代著名政治家。道光十八年(公元1838年),受命钦差大臣赴广东禁烟。次年五月在虎门海滩销毁所缴鸦片。官至陕西巡抚、云贵总督。禁烟,禁止鸦片。烟:即鸦片,毒品名,用罂粟果实中的乳状汁液制成,通称大烟。

林则徐,字少穆,福建侯官人①。少警敏,有异才②。年二十,举乡试③。巡抚张师诚辟佐幕④,嘉庆十六年进士,选庶吉士,授编修⑤。历典江西、云南乡试,分校会试⑥。迁御史⑦,疏论福建闽安副将张宝以海盗投诚,宜示裁抑,以防骄蹇⑧,被嘉纳⑨。未几,出为杭嘉湖道⑩,修海塘,兴水利⑪。

【注释】

① 侯官:地名,今福建福州。

② 警敏:机警敏捷。异才:特殊的才能。

③ 举:科考中选。乡试:科举考试名。清代每三年一次在各省省城举行乡试,考中者称举人。

④ 巡抚:地方最高长官,总揽一省或一地军、民、刑、政等事务。张师

诚:清代人,官至巡抚。辟:征召。佐幕:指在将帅幕府中担任职务。

⑤ 嘉庆十六年:公元 1811 年。嘉庆:清仁宗颙琰的年号,公元 1796 年
至 1820 年。选庶吉士:被选为庶吉士。庶吉士:官名。属翰林院,
选进士文学优等及善书者担任。三年后举行考试,成绩优良者分别
授以编修、检讨等职,其余则为给事中、御史,或出为州县官。授:授
官。编修:官名,属翰林院,与修撰、检讨同为史官。

⑥ 历:先后。典:主持,任职。分校(jiào):科举时校阅试卷的各房官。
会试:明清科举制度,每三年会集各省举人于京城考试为会试。

⑦ 迁:晋升。御史:官名,负责监察纠弹。

⑧ 疏:上疏,上奏章。论:议论。闽安:地名,今福建闽侯东闽安镇。副
将:官名,各级主将的辅佐将领。张宝:清代人,官至闽安副将。以:
因为。海盗:在海上或海岸劫掠财物进行非法暴力活动的人。投
诚:归顺,归附。宜:应该。示:显现,表示。裁抑:削减,压制。防:
防止。骄蹇(jiǎn):傲慢,不顺从。

⑨ 被嘉纳:被赞许并采纳。

⑩ 未几:不久。出为:出任。杭嘉湖:指浙江的杭州、嘉兴和湖州。道:
官名。清代在省级设有主管专职的道,并在省与州、府之间设分守
道。道的长官称道员,主要是监理各道的军、民、刑、钱、谷等事。

⑪ 修:整修。海塘:防海潮、护农田的堤防。兴:兴修。水利:水利
工程。

十八年,鸿胪寺卿黄爵滋请禁鸦片烟①,下中外大臣议②。则
徐请用重典③,言:"此祸不除④,十年之后,不惟无可筹之饷,且无
可用之兵⑤。"宣宗深韪之,命入觐,召对十九次⑥。授钦差大臣,
赴广东查办⑦。十九年春,至⑧。总督邓廷桢已严申禁令,捕拿烟
犯⑨,洋商查顿先避回国⑩。则徐知水师提督关天培忠勇可用,令
整兵严备⑪。檄谕英国领事义律查缴烟土,驱逐趸船⑫,呈出烟土

246

二万余箱⑬,亲莅虎门验收,焚于海滨⑭,四十余日始尽⑮。请定洋商夹带鸦片罪名⑯,依化外有犯之例⑰,人即正法,货物入官,责具甘结⑱。他国皆听命,独义律枝梧未从⑲。于是阅视沿海炮台⑳,以虎门为第一门户,横档山、武山为第二门户㉑,大小虎山为第三门户。海道至横档分为二支㉒,右多暗沙,左经武山前㉓,水深,洋船由之出入㉔。关天培创议于此设木排铁链二重㉕,又增筑虎门之河角炮台㉖,英国商船后至者不敢入。义律请令赴澳门载货,冀囤烟私贩㉗,严斥拒之,潜泊尖沙嘴外洋㉘。

【注释】

① 十八年:指道光十八年,即公元1838年。鸿胪寺卿:官名,正四品,掌管少数民族和外国使臣事务。黄爵滋:字德成,宜黄(今江西宜黄)人,道光进士。主张严禁鸦片,官至刑部右侍郎。请禁:奏请查禁。

② 下中外大臣议:指皇帝把黄爵滋请禁鸦片烟的奏章交给中外大臣讨论。中外大臣:指朝廷内外官职尊贵的臣子。议:议论,讨论。

③ 请用重典:请求用重刑禁止。典:法律。

④ 此祸:这一祸患。这里指鸦片。不除:不铲除。

⑤ 不惟:不只。无:没有。筹:筹集,筹措。饷:军中的粮饷。兵:兵卒,军队。

⑥ 宣宗:道光皇帝的庙号。深:非常。韪(wěi)之:认为这个意见对。入觐(jìn):指地方官员入朝进见帝王。召对:君主召见臣下令其回答有关政事、经义等方面的问题。

⑦ 钦差大臣:由皇帝特命并颁授关防的钦差,权力比一般钦差大。赴:到。查办:查明罪状或过错,加以惩处。

⑧ 十九年:指道光十九年,公元1839年。至:指到达广东。

⑨ 总督:官名,明初用兵时派部院官总督军务,事毕即罢。成化五年

（公元 1469 年），始专设两广总督，后各地逐渐增置，成为定制。邓廷桢：广东总督，与林则徐查禁鸦片，整顿海防。后官闽浙总督、陕西巡抚。严申：严厉表明。禁令：禁止从事某项活动的法令或命令。这里指禁止鸦片的法令。捕拿：捉拿。烟犯：指栽种、贩售和吸食鸦片烟的罪犯。

⑩ 洋商：鸦片战争前，厦门、广州等处专营对外贸易的洋行商人的简称。查顿：英国商人。避：离开。回国：指回到英国。

⑪ 水师：水军。提督：官名。一般为一省绿营兵最高长官，掌管巩固边疆，典领甲卒，秩从一品。沿海则专设水师提督。关天培：广东水师提督。认真设防备战，严禁走私鸦片。忠勇可用：忠诚无私，英勇无畏，可以重用。整兵：整饬军队。严备：严密戒备。

⑫ 檄（xí）谕：用檄文晓喻。领事：由一国政府派驻外国某一城市或地区的外交官员，其任务是保护本国及其侨民在该领事区内的法律权益和经济利益，管理侨民事务等。义律：英国驻广东领事。查缴：检查缴获。烟土：没有经过熬制的鸦片。驱逐：赶走。趸（dǔn）船：大型驳船。这里指驳运、贩卖鸦片的船。

⑬ 呈：送上。

⑭ 亲莅（lì）：亲自来到。虎门：地名，在今广东东莞西南，扼珠江出海之口，东有大虎山，西有小虎山，所以称虎门。验收：按照一定标准进行检验而后收下。焚于海滨：在海边焚烧。

⑮ 四十余日：四十多天。始：才。尽：竭尽，完。

⑯ 请定：请求议定。夹带：将违禁之物藏在身上或混入他物中秘密携带。罪戾：罪行。

⑰ 依：按照。化外：指政令教化所达不到的地方，这里指外国。犯：犯法。例：成例，旧例。

⑱ 即：则，就。正法：执行死刑。入官：旧指把罪犯的财产没收入官府。责：要求。具：写下。甘结：旧时交给官府的一种画押字据。多为保证某事，并声明不这样就甘愿受罚。

248

⑲ 皆:都,全部。听命:听从命令。独:惟独。枝梧:对抗,抵挡。未从:没有听从。

⑳ 阅视:检阅视察。炮台:一种旧式的固定的火炮发射阵地,构筑在江海口岸或要塞上。

㉑ 门户:比喻出入口或必经之地。横档山、武山:山名,都在虎门附近。

㉒ 海道:海路,海上航道。至:到。横档:指横档山。二支:两条支流。

㉓ 暗沙:海中成片的珊瑚礁向上生长,距离水面较近的叫暗沙。经:经过。

㉔ 由之:从这里。之:指左边流经武山前的支流。出入:进出。

㉕ 创议:首先建议。于此:在这里。设:设置。木排:放在江河里成排连结起来的木材。铁链:用铁环连串而成的锁链。二重:二层。

㉖ 增筑:增加修筑。河角炮台:炮台名。

㉗ 令:让,允许。赴:到,前往。澳门:地名,在今广东珠江口西南,面临南海。载:运载,装载。冀:希望。囤烟:积存鸦片。私贩:私自进行违禁的贩卖活动。

㉘ 严斥:严加斥责。拒:拒绝。潜:暗中。泊:停船靠岸。尖沙嘴:地名,在今香港九龙南部。外洋:指外海,与内海相对。

【评析】

英国殖民者蓄意向中国输入鸦片。鸦片的大量输入,致使白银大量外流,百姓身体羸弱,不仅成为重大的社会问题,也直接威胁到清朝的统治。正如林则徐所说,"此祸不除,十年之后,不惟无可筹之饷,且无可用之兵"。因此,禁止鸦片,势在必行。

林则徐到广东禁烟,态度坚决,措施得力:"严申禁令,捕拿烟犯";令水师提督关天培"整兵严备";"查缴烟土","焚于海滨";"请定洋商夹带鸦片罪名,依化外有犯之例,人即正法,货物入官,责具甘结"。林则徐的禁烟,捍卫了国家主权,维护了国家权益,打击了英国殖民者的嚣张气焰。

　　禁烟运动虽然经内外反动势力的牵制而失败,林则徐被撤职、发配新疆,但林则徐的满腔爱国热情,抗击英国侵略者的英勇气概,将永远地牢记在中国人民心中,将永远地激励着炎黄的子孙们!

第六单元

一、文王之囿

《孟子》

【题解】

本篇选自《孟子·梁惠王下》，题目是后加的。文王，指周文王。囿（yòu），天子、诸侯畜养禽兽以供观赏的园林。

孟子及《孟子》的简介见第二单元《孟子四则》的题解。

齐宣王问曰①："文王之囿，方七十里，有诸②？"孟子对曰③："于传有之④。"曰："若是其大乎⑤？"曰："民犹以为小也⑥。"曰："寡人之囿，方四十里，民犹以为大，何也？"曰："文王之囿方七十里，刍荛者往焉⑦，雉兔者往焉⑧，与民同之⑨，民以为小，不亦宜乎⑩！臣始至于境⑪，问国之大禁⑫，然后敢入，臣闻郊关之内⑬，有囿方四十里，杀其麋鹿者如杀人之罪⑭。则是方四十里为阱于国中⑮，民以为大，不亦宜乎！"

① 齐宣王:田姓,名辟疆,战国时期齐国的国君,公元前455年至前405年在位。

② 方七十里:长宽各七十里。有诸:有这样的事儿吗? 诸:"之乎"的合音。

③ 对:回答。

④ 于:在。传(zhuàn):记载历史事实的古书。

⑤ 像这那么大吗? 若:像。是:指方七十里。

⑥ 犹:还,仍然。

⑦ 刍荛(chú ráo)者:割草打柴的人。刍:牧草。这里是割草的意思。荛:柴。这里是打柴的意思。往:去。焉:那里。

⑧ 雉兔者:猎取野鸡和兔子的人。雉:野鸡。这里是猎取野鸡的意思。兔:这里是猎取野兔的意思。

⑨ 与民同之:跟百姓共同使用它。

⑩ 不亦宜乎:不也应该的吗?

⑪ 始:刚刚。境:指齐国的国境。

⑫ 大禁:重要的禁令。

⑬ 郊关:四郊之门。古代城邑四郊起拱卫防御作用的关门。

⑭ 麋(mí):一种哺乳动物。从整体上看哪一种动物都不像,所以也叫"四不像"。如:如同。

⑮ 那么这是在国内挖一个四十里见方的大陷阱。为:挖。阱(jǐng):捕兽的陷阱。

【评析】

"文王之囿方七十里","民犹以为小也";宣王之囿"方四十里","民犹以为大"。为什么会这样呢? 那是因为文王和宣王使用囿的方法不同。文王之囿,"与民同之","刍荛者往焉,雉兔者往焉",是生产财富的地方;宣王之囿呢,是"国之大禁","杀其麋鹿者如杀人之罪",就像一个大陷阱。这就使百姓对这两个圃有了不同的看法。

这表面看起来是文王和宣王使用圃的方法不同,而实际上却表现出他们对老百姓的态度不同。文王爱护百姓,所以老百姓支持他;宣王把百姓看得不如麋鹿,老百姓怎么能够支持他呢?

二、苛政猛于虎

《礼记》

【题解】

本篇选自《礼记·檀弓下》,题目是后加的。苛政,暴政。政,指赋税和徭役。猛于虎,比老虎还厉害。

《礼记》的简介见第二单元《礼记二则》的题解。

孔子过泰山侧①,有妇人哭于墓者而哀②,夫子式而听之③。使子路问之曰④:"子之哭也,壹似重有忧者⑤?"而曰:"然⑥。昔者,吾舅死于虎⑦,吾夫又死焉⑧,今吾子又死焉。"夫子曰:"何为不去也⑨?"曰:"无苛政。"夫子曰:"小子识之⑩,苛政猛于虎也。"

【注释】

① 孔子:名丘,字仲尼,山东曲阜人,春秋末期著名的思想家、教育家,儒家学派的创始人。过:路过,经过。泰山:山名,在今山东省中部地区。古代称为东岳。

② 有妇人哭于墓者:等于说有一位在墓前哭泣的妇人。哀:悲伤。

③ 夫子:古代对男子的尊称,这里指孔子。式:通"轼",车厢前面的横

木。这里是扶轼的意思。古代乘车时,遇到应该表示敬意的事,乘车的人就俯身扶轼。这里,孔子扶轼是表示对妇人在墓前悲哭的注意和关心。

④ 子路:姓仲名由,字子路,一字季路,孔子的弟子。

⑤ 您这样哭,实在是像接连有了几桩伤心事似的? 壹:的确,实在。重(chóng):重叠。忧:忧伤。

⑥ 然:表示肯定的答语,是的。

⑦ 昔者:从前。吾舅:我的公公,指丈夫的父亲。死于虎:被老虎咬死。

⑧ 吾夫:我的丈夫。死焉:等于说"死于虎"。下句中的"死焉"也是这样。

⑨ 何为:为什么。去:离开。

⑩ 小子:后生,晚辈的人,这里指孔子的学生。识(zhì):记住。

【评析】

在古代社会里,农民的处境十分悲惨。虽然每个朝代的统治者都标榜爱护百姓,但真正爱护百姓的却很少,他们一个个穷奢极欲,横征暴敛,不顾百姓的死活。在泰山旁边有一户人家,三代的男性皆"死于虎",可是他们却不愿意离开这里。为什么呢? 因为这里"无苛政"。这让伟大的孔子得出一个结论:"苛政猛于虎也。"

时间到了唐代,柳宗元在永州做刺史,作了一篇《捕蛇者说》,写一家姓蒋的捕捉毒蛇的专业户。这一家也是"吾祖死于是,吾父死于是,今吾嗣为之十二年,几死者数矣"。柳宗元要"更若役,复若赋",蒋氏不肯,认为缴纳赋税还不如捕捉毒蛇呢。这里借用孔子说话的格式,也就是"苛政猛於毒蛇也"。

时间到了 21 世纪,农民缴纳了两千多年的土地税(即"初税亩")终于被取消了。这体现了社会的进步啊。

三、景公游于麦丘

《晏子春秋》

【题解】

本篇选自《晏子春秋·内篇谏上》,题目是后加的。景公,春秋时期齐国的国君,公元前547年至前490年在位。麦丘,齐国地名,在今山东商河西北。

晏子(公元前?—前500年),名婴,字平仲,春秋时期齐国夷维人。继其父晏弱为齐卿,历事灵公、庄公、景公三朝五十余年,是当时著名的政治家和外交家。他的事迹,《左传》多有记载。

《晏子春秋》,旧题晏婴撰,但现在一般认为是后人采集晏子的言行编纂而成的。全书共八卷,主要记载晏婴进谏、应答君王和参与政治活动的诸多遗闻逸事,形象地再现了他从容镇定、巧妙应对、善于辞令、睿智机敏的处事风格,生动反映了他的政治主张和思想方法,不仅具有重要的史料价值和借鉴意义,而且极具文学色彩。

景公游于麦丘,问其封人曰①:"年几何矣②?"对曰:"鄙人之年八十五矣③。"公曰:"寿哉④!子其祝我⑤。"封人曰:"使君之年长于胡,宜国家⑥。"公曰:"善哉⑦!子其复之⑧。"曰:"使君之嗣,寿皆若鄙臣之年⑨。"公曰:"善哉!子其复之。"封人曰:"使君无得罪于民。"公曰:"诚有鄙民得罪于君则可,安有君得罪于民者乎⑩?"晏子谏曰:"君过矣⑪!彼疏者有罪,戚者治之⑫;贱者有罪,贵者治之⑬;君得罪于民,谁将治之?敢问⑭:桀纣,君诛乎⑮?

255

民诛乎?"公曰:"寡人固也⑯!"于是赐封人麦丘以为邑⑰。

【注释】

① 封人:邑人,即本地人。

② 年:年龄。几何:多少。

③ 鄙人:"我"的谦称。

④ 寿哉:长寿啊!

⑤ 祝:祝福,祷告。

⑥ 胡:指胡公静,齐国的先公,经历周懿王、孝王和夷王三朝,享国长久。宜国家:使国家和顺。

⑦ 善哉:好啊。

⑧ 复:重复,再次。这里指再次祝告。

⑨ 嗣:子孙,后代。皆:全部。若鄙臣:像我一样的长寿。鄙臣:义同"鄙人"。

⑩ 诚:如果。安:哪里。

⑪ 君过矣:您错了。过:错,犯错。

⑫ 彼:那些。疏者:指远方的官员。戚者:指左右亲近的大臣。

⑬ 贱者:指地位低贱的人。贵者:指地位高贵的人。

⑭ 敢问:冒昧地问,大胆地问。敢:表示谦敬的词。

⑮ 桀:夏代最后一个君主,是古代暴君的典型。纣:商代最后一个君主,也是古代暴君的典型。

⑯ 固:鄙陋。

⑰ 赐:赏赐。邑:大夫的封地。

【评析】

在《晏子春秋》里,本篇的标题是《景公怒封人之祝不逊晏子谏》。封人一共祝了三次:一祝"使君之年长于胡,宜国家",二祝

256

"使君之嗣,寿皆若鄙臣之年",三祝"使君无得罪于民"。看来是第三祝让景公认为"不逊"了。但实在说来,这一祝最重要。

君主能"得罪于民"吗? 能啊。君主执掌国家的最高权力,制定法律,任用官吏,管理百姓,发展经济,归根到底一句话,为人民谋福祉。其间如果法律混乱,官吏腐败,管理不善,经济不能发展,人民不能得利,都得算是君主"得罪于民"。因为君主没有把自己的工作做好啊。

君主有"得罪于民"的吗? 有啊。古时夏朝的桀、商朝的纣、隋朝的炀帝等,都把国家搞得一团糟,陷人民于水深火热之中,都是"得罪于民"的君主。

君主"得罪于民",后果严重吗? 后果严重得很啊。比如说桀和纣吧,都没有得到善终呢。《史记·夏本纪》说:"桀不务德而武伤百姓,百姓弗堪。"结果被商汤流放而死。《史记·殷本纪》说:"纣愈淫乱不止","百姓怨望而诸侯有畔者"。结果武王起兵,纣"赴火而死"。不仅如此,他们死后还得到恶名声。《谥法》说:"贼人多杀曰桀"、"残义损善曰纣"。君主死亡,死后得恶名,王朝终结,这后果够严重的了。

做君主的人,对待百姓,能不慎重吗? 封人祝景公"无得罪于民",不是非常合适吗?

四、景公衣狐白裘不知天寒

《晏子春秋》

【题解】

本篇选自《晏子春秋·内篇谏上》,题目是后加的。衣(yì),

257

穿。狐白裘,用狐腋的白毛皮做成的衣服,是一种名贵的皮衣。
裘,皮衣。

　　景公之时,雨雪三日而不霁①。公被狐白之裘,坐堂侧陛②。
晏子入见,立有间③,公曰:"怪哉④!雨雪三日而天不寒。"晏子对
曰:"天不寒乎?"公笑。晏子曰:"婴闻古之贤君⑤,饱而知人之
饥,温而知人之寒,逸而知人之劳⑥。今君不知也。"公曰:"善!
寡人闻命矣⑦。"乃令出裘发粟,与饥寒者⑧。令所睹于涂者,无问
其乡⑨;所睹于里者,无问其家⑩;循国计数,无言其名⑪。士既事
者兼月,疾者兼岁⑫。孔子闻之曰:"晏子能明其所欲,景公能行其
所善也⑬。"

【注释】

① 雨雪:下雪。霁(jì):雨过天晴。
② 被(pī):穿着。在这个意义上后来写做"披"。堂:夯土使高出地面
　成四方形的屋基。侧陛:侧面的台阶。
③ 立有间:站了一会儿。
④ 怪哉:奇怪啊。
⑤ 闻:听说。古之贤君:古代的贤明君主。
⑥ 饥:饥饿。温:暖和。逸:安逸。劳:辛劳,辛苦。
⑦ 寡人:古代诸侯的谦称,意为寡德之人。寡:少。闻命:接受命令或
　教导。
⑧ 发:散发,发给。粟:粮食的通称。与:给予。饥寒者:挨饿受冻
　的人。
⑨ 睹:看见。涂:道路。乡:基层行政区划名,后指县以下的农村基层
　行政单位。
⑩ 里:古代乡以下的地方行政单位。

⑪ 循:通"巡",巡行。言:说出。名:姓名。

⑫ 士既事者:已经有职位的士人。既:已经。事:任事,任职。兼月:两个月。这里指发给两个月的粮食。疾者:生病的人。兼岁:两年。这里指发给两年的粮食。岁:年。

⑬ 明其所欲:表明他的想法。行其所善:做他所认为对的事。

【评析】

景公衣狐白裘不知天寒:不是天不寒,而是景公穿得太暖,"不知天寒"啊。什么原因呢?景公不能以民为本,没有仁爱之心啊。所以,晏子说:"婴闻古之贤君,饱而知人之饥,温而知人之寒,逸而知人之劳。今君不知也。"景公闻过即改:"乃令出裘发粟,与饥寒者。"这样,"孔子闻之",就赞扬他们:"晏子能明其所欲,景公能行其所善也。"

晏子的"所欲"、景公"所善"是什么呢?那就是体恤百姓疾苦,并赈救他们的饥寒啊。

五、景公所爱马死

《晏子春秋》

【题解】

本篇选自《晏子春秋·内篇谏上》,题目是后加的。爱,喜爱。

景公使圉人养所爱马,暴病死①,公怒,令人操刀,解养马者②。是时晏子侍前,左右执刀而进,晏子止之③,而问于公曰:"古时尧舜支解人,从何躯始④?"公矍然曰⑤:"从寡人始⑥。"遂不支解⑦。公曰:"以属狱⑧。"晏子曰:"此不知其罪而死,臣为君数之,使知其罪,然后致之狱⑨。"公曰:"可。"晏子数之曰:"尔罪有三⑩:公使汝养马而杀之,当死罪一也⑪;又杀公之所最善马⑫,当死罪二也;使公以一马之故而杀人,百姓闻之必怨吾君,诸侯闻之必轻吾国⑬。汝一杀公马,使公怨积于百姓,兵弱于邻国,汝当死罪三也⑭。今以属狱。"公喟然叹曰⑮:"夫子释之⑯!夫子释之!勿伤吾仁也⑰。"

【注释】

① 圉(yǔ)人:官名,掌管养马放牧等事。养:饲养。暴病:突然发病。

② 怒:发怒,生气。操刀:持刀,执刀。解:肢解,即用刀分割动物或人的肢体。

③ 是时:这个时候。侍前:侍候在身边。侍:陪从或伺候尊长、主人。左右:近臣,侍从。执刀:持刀。止:阻止,制止。

④ 尧舜:都是远古部落联盟的首领,也是古史传说中的圣明君主。支解:肢解。支:肢体,四肢。从何躯始:从哪个躯体开始。躯:躯体,肢体。

⑤ 矍(jué)然:惊恐的样子。这里有惊醒的意思。

⑥ 寡人:古代君主的谦称。

⑦ 遂:于是。

⑧ 以属(zhǔ)狱:把他送进监狱。属:寄托。这里指投进。狱:监狱。

⑨ 为君数(shǔ)之:给您数说他。数:数说,一件一件地说。致之:把他送到。之:指养马的人。

⑩ 尔:你。

⑪ 汝:你。当:判处。死罪:应该判处死刑的罪行。

⑫ 善:喜好,喜欢。

⑬ 以一马之故:因为一匹马的原因。故:原因,缘故。怨:怨恨。轻:轻

视,看不起。

⑭ 怨积于百姓:在百姓那里积聚怨恨。积:积累,积聚。兵:军队,军力。弱于邻国:比邻国衰弱。

⑮ 喟(kuì)然:叹气的样子。叹:叹息,叹气。

⑯ 夫子:古代对男子的敬称。释:释放。

【评析】

景公所爱马暴死,景公要肢解养马人,荒唐得可以,值得晏子教训他。晏子一句话,"古时尧舜支解人,从何躯始",就让景公"矍然"。因为他知道,尧舜是明君,是不会肢解人的。

大凡古代的君主,就如景公吧,其本质上是不爱民的。但他们标榜爱民,标榜仁政,标榜学习古代的明君,这样就可以进行教育。特别是当时有许多国家争强,他们最怕自己的国家弱小,被别国兼并。所以,当晏子说:"使公以一马之故而杀人,百姓闻之必怨吾君,诸侯闻之必轻吾国","使公怨积于百姓,兵弱于邻国",他们总是有些担心的,所以愿意改。就像这个景公那样,"夫子释之!夫子释之!勿伤吾仁也"。

当然,像景公这样的国君能听劝谏,也还是好的。还有比他更坏的,如隋炀帝。这个人,是历史上著名的浪子,也是个标准的暴君。他的奢侈生活和残虐政治凶恶地驱迫民众陷入死地。他还有一条坚持的戒律,那就是拒谏。他曾对名士虞世南说,"我生性不喜人谏"。这样,他就真的成为孤家寡人了,最后被部下割掉了头。

六、韩昭侯拒请

《韩非子》

【题解】

本篇选自韩非《韩非子·外储说左上》,题目是后加的。韩昭侯,韩国国君,公元前358年到前333年在位。

韩非及《韩非子》的简介见第二单元《自见和自胜》的题解。

韩昭侯谓申子曰①:"法度甚不易行也②。"申子曰:"法者,见功而与赏,因能而受官③。今君设法度而听左右之请④,此所以难行也。"昭侯曰:"吾自今以来,知行法矣,寡人奚听矣⑤。"一日,申子请仕其从兄官⑥。昭侯曰:"非所学于子也⑦。听子之谒,败子之道乎?亡其用子之谒⑧?"申子辟舍请罪⑨。

【注释】

① 谓:对……说。申子:申不害,著名的法家代表人物,当时担任韩昭侯的相。

② 法度:法令制度。甚:很,十分。行:实行,施行。

③ 见功而与赏:见到功效而给予赏赐。因能而受官:根据才能而授予官职。因:根据。受:授予。在这个意义上后来写做"授"。

④ 设:建立,制订。听:听从,接受。请:请求。

⑤ 奚:怎样。

⑥ 仕其从兄官:使他的堂兄做官。从兄:堂兄。

⑦ 非所学于子:不是从您那里学到的。子:您。

⑧ 听从您的请求而破坏您的治国原则呢?还是不接受您的请求呢?

亡(wú)其用：即"无用"，意思是不采用，不接受。"其"在这里不表示意义。谒(yè)：请求。

⑨ 辟舍：避开正房而另居他处，用来表示不敢安居。辟：避开。在这个意义上后来写做"避"。请罪：自认为有罪。

【评析】

"法度甚不易行"，古今都是如此。有了法度了，为什么实行起来这么困难？因为"君设法度而听左右之请"。这就是所谓的"有法不依"。为什么"有法不依"呢？因为君"听左右之请"。要知道，这些"左右"可不是一般的人，他们或是元老重臣，或是皇亲国戚，或是爱妃女御，都是国君亲的、近的、爱的、幸的，他们的面子大，他们为了个人的目的而有所请求，国君能不听吗？既然听了这些人的请求，那就"法度甚不易行"，那就"有法不依"了。

当然，国君如能像韩昭侯那样英明，拒绝请求，那就更好了。但是，像韩昭侯这样的国君，毕竟还是太少了。

七、西门豹为邺令

《韩非子》

【题解】

本篇选自韩非《韩非子·外储说左下》，题目是后加的。西门豹，战国时魏国人，姓西门，名豹。魏文侯时被任命为邺的县令。当政期间，兴建水利，改良土壤，发展生产，废除当地为河伯娶妇的不良风俗，使百姓深受其利。邺(yè)，地名，在今河北临漳西南。

西门豹为邺令,清克洁悫,秋毫之端无私利也,而甚简左右①。左右因相与比周而恶之②。居期年,上计,君收其玺③。豹自请曰④:"臣昔者不知所以治邺,今臣得矣,愿请玺,复以治邺⑤。不当,请伏斧锧之罪⑥。"文侯不忍而复与之⑦。豹因重敛百姓,急事左右⑧。期年,上计,文侯迎而拜之⑨。豹对曰:"往年,臣为君治邺,而君夺臣玺⑩;今臣为左右治邺,而君拜臣⑪。臣不能治矣⑫。"遂纳玺而去⑬。文侯不受⑭,曰:"寡人曩不知子⑮,今知矣。愿子勉为寡人治之⑯。"遂不受⑰。

【注释】

① 清克洁悫(què):清廉严格,忠厚诚实。清:清贫。克:通"刻",严格要求。洁:廉洁。悫:诚实。秋毫之端无私利也:丝毫的个人利益都不去谋求。秋毫之端:秋天鸟兽所生毫毛的尖头,比喻极其细小。甚简左右:非常轻慢国君周围的近臣。简:轻慢。左右:指国君周围的近臣。

② 因:于是。相与:互相。比周:勾结。恶(wù)之:中伤他。恶:诽谤,中伤。

③ 居期(jī)年:过了一周年。上计:古代,每到年终,地方官要上交账簿,向上级汇报全年的人口、钱粮等情况,称为上计。君:君主。这里指魏文侯。收其玺(xǐ):没收他的官印,也就是免去他的官职。玺:印章。秦朝以前泛指所有的印章,秦朝以后专指皇帝的印章。

④ 自请:自己请求。

⑤ 臣昔者不知所以治邺:我过去不知道治理邺地的方法。今臣得矣:现在我知道了。愿请玺:请把官印还给我。复以治邺:再一次治理邺地。

⑥ 不当:指治理不当,治理不好。请伏斧锧(zhì)之罪:请让我承受刀劈斧剁的刑罚。伏:通"服",承受,接受。斧锧:斧子和铁砧,古代

264

刑具。行刑时把人放在砧板上,用斧子砍他。

⑦ 文侯:魏文侯,战国时期魏国的国君,公元前446年至前397年在位。不忍:不忍心。复与之:又一次把官印给了他。与:给。

⑧ 重敛百姓:向老百姓重重地征收赋税。敛:征收赋税。急事:极力巴结。

⑨ 文侯迎而拜之:文侯亲自出迎并拜谢他。之:指西门豹。

⑩ 往年:以往的年头,从前。臣为君治邺,而君夺臣玺:我为国君您治理邺地,您却要罢我的官。

⑪ 今臣为左右治邺,而君拜臣:现在为您的近臣治理邺地,国君您却拜谢我。

⑫ 臣不能治矣:我不能治理下去了。

⑬ 遂纳玺而去:于是把官印交还给国君就要离去。纳:交还。离:离开。

⑭ 不受:不接受。这里指不接受西门豹交还的官印。

⑮ 曩(nǎng)不知子:从前不了解您。曩:从前,过去。子:您。这里指西门豹。

⑯ 愿子勉为寡人治之:希望您尽力为我治理好邺地。勉:努力,尽力。

⑰ 遂不受:最终没有接受西门豹辞职的请求。遂:最终,终于。

【评析】

这个故事很有趣味:

作为县令,西门豹本人没有问题,他"清克洁悫,秋毫之端无私利也",努力治邺。但是他"甚简左右",这就麻烦大了:"居期年,上计,君收其玺"。西门豹是个聪明人,他知道问题出在哪里,就"重敛百姓,急事左右"。结果是戏剧性的:"期年,上计,文侯迎而拜之"。这时,西门豹却说:"臣不能治矣","遂纳玺而去"。

魏文侯也是个聪明人,这件事让他受到了深刻的教育,知道了问题出在哪里,就说:"寡人曩不知子,今知矣。"除了知道西门豹,魏文侯肯定还知道左右近臣作祟的情形。以后,魏文侯大力支持西门豹的工作,同时规范左右近臣,不听他们的谗言。怎样才算是一个明君? 像魏文侯这样就差不多了。

八、公仪休相鲁

《韩非子》

【题解】

本篇选自韩非《韩非子·外储说右下》,题目是后加的。公仪休,战国时鲁国人,曾经担任鲁穆公的相。相鲁,做鲁国的相。鲁,周代诸侯国名,在今山东中南部及江苏、安徽北部一带。

公仪休相鲁而嗜鱼①,一国尽争买鱼而献之②。公仪子不受③,其弟谏曰:"夫子嗜鱼而不受者,何也④?"对曰:"夫唯嗜鱼,故不受也⑤。夫即受鱼,必有下人之色⑥;有下人之色,将枉于法⑦;枉于法,则免于相⑧。虽嗜鱼,此不必能致我鱼,我又不能自给鱼⑨。即无受鱼而不免于相⑩,虽嗜鱼,我能长自给鱼⑪。此明夫恃人不如自恃也⑫,明于人之为己者不如己之自为也⑬。"

【注释】

① 嗜(shì):爱好,喜爱。

② 尽:全部。争:争着。献:奉献,进献。

③ 公仪子:对公仪休的尊称。受:接受。

④ 夫子:古代对男子的敬称。何也:是什么原因呢。

266

⑤　夫:表示发端语气。唯:因为。故:所以。

⑥　即:如果。下人之色:向人表示低下的脸色,即对人卑恭。色:脸色。

⑦　枉于法:歪曲和破坏法律。

⑧　免于相:被免去相职。

⑨　自给(jǐ):依靠自己生产,满足自己需要。给:供应。

⑩　无:没有。而:则,就。

⑪　长:长久地,永远。

⑫　明:明白,懂得。恃人不如自恃:依靠别人不如依靠自己。恃:依赖,依靠。

⑬　懂得别人为自己,不如自己为自己。

【评析】

这篇文章通过"公仪休相鲁而嗜鱼"而又不受鱼的故事,说明了一个重要的道理,那就是"恃人不如自恃也","人之为己者不如己之自为也"。

道理讲得也颇为直白:"夫即受鱼,必有下人之色;有下人之色,将枉于法;枉于法,则免于相。"最好的办法莫过于不受鱼。不受鱼,就说起话来嘴响,办起事来硬朗,就不会看别人的脸色,就不会贪赃枉法。而不贪赃枉法,就不会"免于相"。而不"免于相",那还会少了鱼吃吗?

事情都有个发展过程。古人有言,一趾之疾溃七尺之躯,蝼蚁之穴决千丈之堤。一个官员如能从不受鱼开始,严格要求自己,可保廉洁。就是一个普通的人,也可以从公仪休身上学到许多有益的东西。

九、赵武荐贤

《韩非子》

【题解】

本篇节选自韩非《韩非子·外储说左下》，题目是后加的。赵武，即赵文子，晋平公时执政的卿。荐，推荐，荐举。贤，贤能的人。

中牟无令①，晋平公问赵武曰②："中牟，吾国之股肱，邯郸之肩髀③，寡人欲得其良令也④，谁使而可⑤?"武曰："邢伯子可⑥。"公曰："非子之仇也⑦?"曰："私仇不入公门⑧。"公又问曰："中府之令⑨，谁使而可?"曰："臣子可⑩。"故曰：外举不避仇，内举不避子⑪。赵武所荐四十六人于其君，及武死，各就宾位⑫，其无私德若此也⑬。

【注释】

① 中牟：春秋时晋国地名，在今河南汤阴西。令：县令。

② 晋平公：姬姓，名彪，春秋时期晋国的国君，公元前557年至前532年在位。

③ 吾国：我们国家。股肱（gōng）：大腿、胳膊；肩髀（bì）：肩膀、大腿。这里比喻地位重要。邯郸：晋国地名，今河北邯郸。

④ 我想得到中牟这个地方的一个好县令。良：好。

⑤ 谁使而可：派谁好呢?

⑥ 邢伯子：即邢伯柳，曾经担任上党（今山西长治）太守。

⑦ 他不是您的仇人吗? 仇：仇人。

⑧ 私人的仇怨不带到公事中来。入：进入。公门：官署，衙门。

⑨　中府:内库,皇宫的府库。

⑩　臣子:我的儿子。

⑪　对外举荐不避开仇人,对内举荐不避开儿子。

⑫　及:等到。就宾位:站在宾客的席位上,意思是他们是赵武的宾客、
　　朋友,不是赵武的私臣。

⑬　他就是像这样地不培植个人恩德。私德:个人的恩惠。若此:像这样。

【评析】

　　我国自古就有荐贤的美德,赵武"外举不避仇,内举不避子",
就是典型的例子。其他如:《尸子》卷上:"内举不避亲,外举不避
仇。"《左传·僖公二十一年》:"祁大夫外举不弃仇,内举不失亲。"
《吕氏春秋·去私》:"外举不避仇,内举不避亲,祁黄羊可谓公
矣。"《礼记·儒行》:"儒有内称不避亲,外举不避怨,程功积事,推
贤而进达之,不望其报。"《史记·晋世家》:"祁傒可谓不党矣! 外举
不隐仇,内举不隐子。"《韩昭侯拒请》"见功而与赏,因能而受官",
"唯善之所在",这样才能"外举不避仇,内举不避子",这样才能算
"可谓公矣"。"荐贤"的核心在一个"公"字。一心为国家,一心为
人民,"推贤而进达之,不望其报",那才是真正的荐贤。如果为了个
人或小集团的利益而推荐人才,那就是拉帮结派,结党营私了。

十、秦缪公行德爱人

《吕氏春秋》

【题解】

　　本篇节选自吕不韦《吕氏春秋·爱士》,题目是后加的。秦缪

公,即秦穆公,名任好,秦国国君,为春秋五霸之一。行德,实行德政。

　　吕不韦及《吕氏春秋》的简介见第二单元《列精子高窥井》的题解。

　　昔者,秦缪公乘马而车为败①,右服失而野人取之②。缪公自往求之③,见野人方将食之于岐山之阳④。缪公叹曰:"食骏马之肉而不还饮酒⑤,余恐其伤女也⑥!"于是遍饮而去⑦。处一年⑧,为韩原之战⑨。晋人已环缪公之车矣⑩,晋梁由靡已扣缪公之左骖矣⑪,晋惠公之右路石奋投而击缪公之甲,中之者已六札矣⑫。野人之尝食马肉于岐山之阳者三百有余人⑬,毕力为缪公疾斗於车下⑭,遂大克晋⑮,反获惠公以归⑯。此《诗》之所谓曰"君君子则正,以行其德;君贱人则宽,以尽其力"者也⑰。人主其胡可以无务行德爱人乎⑱? 行德爱人,则民亲其上;民亲其上,则皆乐为其君死矣⑲。

【注释】

① 昔者:从前。乘马:乘坐马拉的车。败:毁坏。
② 右服:右边的服马。古代一车驾四马,中间的两匹夹辕称"服",两边的称"骖"。野人:农夫。
③ 往:去。求:寻找。
④ 方:正好。岐山:山名,在今陕西岐山东北。阳:山的南边。
⑤ 还(xuán):通"旋",立刻,马上。饮酒:喝酒。
⑥ 余:我。恐:担心。伤:伤害。女(rǔ):你们。
⑦ 遍饮(yìn)而去:普遍地给他们酒喝了才离开。饮:使……饮酒。去:离开。
⑧ 处一年:过了一年。处:经过。

⑨ 韩原之战:公元前 645 年,秦晋在韩原发生的一场战争。韩原:春秋
   时晋国地名,今山西芮城。

⑩ 环:包围。

⑪ 梁由靡:晋国大夫。扣:拉住。左骖:左边的骖马。

⑫ 晋惠公:名夷吾,春秋时晋国国君。右:车右,由有勇力的人担任。
   路石:人名,晋国武士。奋投(shū):举起殳。奋:举起。投:通
   "殳",即殳,古代竹制兵器。击:攻击。中:击穿。札:铠甲上的
   叶片。

⑬ 尝:曾经。

⑭ 毕力:竭尽全力。疾:奋力。斗:搏斗。

⑮ 遂:于是。克:战胜。

⑯ 反:反而。获:俘获。归:回国。

⑰ 《诗》:指《诗经》。但这两句诗不见于今本《诗经》,可能是逸诗。君
   君子:做君子的国君。正:正直。行其德:让他们施行仁德。君贱
   人:做小人的国君。宽:宽容。尽其力:使他们为你尽力。

⑱ 国君怎么能不致力于施行仁德,爱抚人民呢? 人主:国君,君主。
   其:表示反诘语气的语气词。胡:怎么。

⑲ 亲:亲近。皆:全部。乐:高兴。

【评析】

秦穆公驾车的骏马跑丢了,穆公去找,农夫们已经把马肉煮
熟,正要吃呢。穆公没有生气,没有要杀人,而是担心"食骏马之
肉而不还饮酒",会伤身体,"于是遍饮而去"。穆公贱畜贵人,行
德爱人,是难能可贵的。

秦晋韩原之战中,穆公已被包围,形势万分危急,"野人之尝
食马肉于岐山之阳者三百有余人,毕力为缪公疾斗於车下,遂大克
晋,反获惠公以归"。救了穆公,还帮着打了个大胜仗,这三百余

271

人的功劳真不小呢。这正所谓"行德爱人,则民亲其上;民亲其上,则皆乐为其君死矣"。如果国君视民如草芥,"杀人如不能举,刑人如恐不胜"(《史记·项羽本纪》),人民对这样的国君,又会是怎么样呢?

十一、石渚为士

《吕氏春秋》

【题解】

本篇选自吕不韦《吕氏春秋·高义》,题目是后加的。石渚(zhǔ),有的典籍也作石奢,春秋时楚国的士。士,古代掌管刑狱的官员。

荆昭王之时,有士焉,曰石渚①。其为人也,公直无私,王使为政②。道有杀人者③,石渚追之,则其父也。还车而反④,立於廷曰⑤:"杀人者,仆之父也⑥。以父行法,不忍⑦;阿有罪,废国法⑧,不可。失法伏罪,人臣之义也⑨。"于是乎伏斧锧,请死於王⑩。王曰:"追而不及,岂必伏罪哉⑪!子复事矣⑫。"石渚辞曰⑬:"不私其亲,不可谓孝子⑭;事君枉法⑮,不可谓忠臣。君令赦之,上之惠也⑯;不敢废法,臣之行也。"不去斧锧,殁头乎王廷⑰。

正法枉必死⑱,父犯法而不忍,王赦之而不肯⑲,石渚之为人臣也,可谓忠且孝矣⑳。

【注释】

① 荆昭王:即楚昭王,春秋时期楚国的国君,名轸,公元前 671 年至前

272

499 年在位。焉:表示语气上的停顿。曰石渚:名字叫做石渚。

② 其:指石渚。为政:治理政事。

③ 道:道上,路上。

④ 还车:掉转车头。反:返回。在这个意义上后来写做"返"。

⑤ 立:站立。廷:朝廷。

⑥ 仆之父:我的父亲。仆:我。

⑦ 以:拿。行法:施行刑法。忍:狠心。

⑧ 阿有罪:偏袒有罪的人。阿:偏袒。有罪:指有罪的人。废国法:废弃国家刑法。废:废弃。

⑨ 失法:执法有失。伏罪:服罪。人臣:臣下,臣子。义:道理,准则。

⑩ 伏斧锧(zhì):趴伏在刑具上,表示请求受死的意思。伏:趴伏。斧锧:斧子和铁锧,古代刑具。行刑时把犯人放在铁锧上,用斧子砍死他。请死于王:请求在昭王面前受死。

⑪ 及:赶上。岂:难道。必:一定。

⑫ 复:重新做某事。事:指"为政"。

⑬ 辞:推辞,拒绝。

⑭ 私:偏爱。亲:父母。这里只指父亲。可谓:可以称为,可以说是。

⑮ 枉法:歪曲和破坏法律。

⑯ 赦:赦免。惠:恩惠,恩德。

⑰ 去:去掉,拿掉。殁(mò)头:刎颈,割脖子。王廷:朝廷。

⑱ 正法枉:公正的法律受到歪曲和破坏。

⑲ 不肯:不愿意。

⑳ 忠且孝:又忠又孝。

【评析】

法律是治理国家的根本。国家制定法律,就要官吏执行,就要百姓遵守。其中,"国家制定法律"叫做"有法",还需要"官吏执行"。"官吏执行",就是有法必依,执法必严,违法必纠。我国古代有许多执法的典范，楚国的石渚就是非常有名的一位。

石渚的为人，"公直无私"。他的父亲杀人，这让石渚处于两难境地："以父行法，不忍；阿有罪，废国法，不可。"他解决这个问题的方法是"于是乎伏斧锧，请死於王"，最后拒绝了国君的恩惠，"不去斧锧，殁头乎王廷"。古人赞扬他的这种做法，认为"可谓忠且孝矣"。

当然，这是两千多年前的一件事，当时认为忠孝不能两全，石渚便"殁头乎王廷"。现在看来，他的这种执法精神是好的，但是，谁犯法谁抵罪，完全用不着自己去死。

十二、卫懿公喜鹤

《新书》

【题解】

本篇选自贾谊《新书·春秋》，题目是后加的。卫懿公，春秋时期卫国国君，卫惠公之子，名赤，公元前668年至前661年在位。

贾谊及《新书》的简介见第二单元《楚怀王心矜好高人》的题解。

卫懿公喜鹤，鹤有饰以文绣而乘轩者①，赋敛繁多而不顾其民②，贵优而轻大臣③，群臣或谏，则面叱之④。及翟伐卫⑤，寇挟城堞矣⑥。卫君垂泣而拜其臣民曰⑦："寇迫矣，士民其勉之⑧！"士民曰："君亦使君之贵优，将君之爱鹤⑨，以为君战矣。我侪弃人也⑩，安能守战⑪？"乃溃门而出走⑫。翟寇遂入，卫君奔死，遂丧其国⑬。

故贤主者不以草木禽兽妨害人民⑭,进忠正而远邪伪⑮,故民顺附而臣下为用⑯。今释人民而爱鸟兽⑰,远忠道而贵优笑⑱,反甚矣⑲。人主之为人主也⑳,举错而不偾者,杖贤也㉑。今倍其所主㉒,而弃其所杖,其偾仆也,不亦宜乎㉓?

【注释】

① 饰:修饰,装饰。文绣:绣有彩色花纹的丝织品。乘轩:坐车。轩:古代一种前顶较高而有帷幕的车子,供大夫以上的人乘坐。

② 赋敛:赋税。顾:照顾。

③ 贵优:尊崇优人。贵:尊崇。优:即俳优,宫中歌舞调笑的艺人。轻:轻视。

④ 或:有的人。则:就。面叱:当面叱责。

⑤ 翟:即"狄",春秋时期北方的少数民族。翟伐卫一事发生在公元前660年。

⑥ 寇:侵略者,敌人。这里指翟兵。挟:逼近。城堞(dié):城墙上的齿状矮墙。

⑦ 垂泣:落泪,流泪。拜:跪拜。

⑧ 迫:逼近。士民:士大夫和普通百姓的合称。其勉之:还是努力吧。

⑨ 亦:还是。使:派遣。贵优:尊贵的俳优。将:率领。爱鹤:喜爱的鹤。

⑩ 我侪(chái):我辈,我们这些人。弃人:被抛弃的人。

⑪ 安:怎么。守战:守卫国家去战斗。

⑫ 乃:于是。溃门:指打开城门。

⑬ 奔:逃跑。丧:丧失,失去。

⑭ 故:所以。贤主:贤明的君主。妨害:阻碍,损害。

⑮ 提拔忠诚正直的人而疏远邪僻奸诈的人。进:提拔。远:疏远。邪:邪僻。伪:奸诈。

⑯ 顺附:归顺依附。臣下:官吏。为用:被使用,也就是乐于效命。

⑰　释:废弃,舍弃。

⑱　忠道:指忠义之人。优笑:即俳优。优人以逗人笑为业,所以又称优笑。

⑲　反甚矣:是非颠倒得太厉害了。反:翻转,颠倒。甚:厉害,严重。

⑳　人主:人君,君主。

㉑　举错:举动,行为。错:通"措",举动。偾(fèn):仆倒。这里指失败。杖贤:依靠贤人。杖:依靠。

㉒　倍其所主:背弃了所崇尚的人民。倍:通"背",背弃。主:崇尚,注重。

㉓　不亦宜乎:不也应该吗?

【评析】

卫懿公又是一个君"得罪于民"的好例子。这个卫懿公喜鹤,"鹤有饰以文绣而乘轩者,赋敛繁多而不顾其民,贵优而轻大臣"。这些作为,严重地"得罪于民"。所以,"及翟伐卫,寇挟城堞矣。卫君垂泣而拜其臣民",让士民抵抗。卫国的士民也颇幽默,说:"君亦使君之贵优,将君之爱鹤,以为君战矣。"结果,"卫君奔死,遂丧其国"。

十三、百姓为天

《说苑》

【题解】

本篇选自刘向《说苑·建本》,题目是后加的。

刘向及《说苑》的简介见第二单元《高而不危　满而不溢》的题解。

齐桓公问管仲曰①："王者何贵②?"曰："贵天。"桓公仰而视天③。管仲曰："所谓天者,非谓苍苍莽莽之天也④,君人者以百姓为天⑤。百姓与之则安,辅之则强⑥,非之则危,背之则亡⑦。《诗》云⑧:'人而无良,相怨一方⑨。'民怨其上,不遂亡者⑩,未之有也⑪。"

【注释】

① 齐桓公:姜姓,名小白,春秋时期齐国的国君,春秋五霸之一。管仲:齐国大夫,姓管,名夷吾,字仲。

② 王者何贵:做君王的应该重视什么?何:什么。贵:重视。

③ 仰:抬头。视:看。

④ 非谓:不是说。苍苍莽莽:广阔无边的样子。

⑤ 君人者:人君,国君。以百姓为天:拿百姓作为天。意思是至高无上。

⑥ 与:亲近。安:安定。辅:辅助。强:强盛。

⑦ 非:指责。危:危险。背:背叛。亡:灭亡。

⑧ 《诗》:即《诗经》。云:说。

⑨ 这句诗出自《诗经·小雅·角弓》。意思是做人如果不善良,一方的百姓都将怨恨他。而:如果。良:善良。怨:怨恨。一方:指一方的百姓。

⑩ 遂:终于。

⑪ 未之有也:从没有过这样的事儿。之:指"民怨其上,不遂亡者"。

【评析】

中国自古就重民,具有民本思想。管仲说:"君人者以百姓为天。"因为"民为贵,社稷次之,君为轻。"(《孟子·尽心下》)所以,"百姓与之则安,辅之则强,非之则危,背之则亡"。如果"民怨其上"，而"不遂亡者，未之有也"。这个结论是正确的。

唐太宗是中国历史上少有的明君。他非常重视百姓，爱护百姓。范文澜《中国通史》（第三册）第二章说："晚年立子李治（唐高宗）为太子，随事训诲，如见太子吃饭，说'你知道种地的艰难，你就常常有饭吃。'如见骑马，说'你知道马的劳逸，不用尽它的力气，你就常常能骑它。'如见乘船，说'水可以载船，也可以覆船，民众好比水，人君好比船。'"这册书的第一章还说，如果像隋炀帝那样，"剥削不顾民众的死活，浪费只求本人的快意；对内杀人惟恐太少，对外用兵惟恐不多"，那国家还能不灭亡吗？

十四、魏文侯出游

《新序》

【题解】

本篇选自刘向《新序·杂事》，题目是后加的。魏文侯，战国时期魏国国君，公元前446年至前397年在位。

刘向及《新序》的简介见第二单元《赵襄子饮酒》的题解。

魏文侯出游，见路人反裘而负刍①。文侯曰："胡为反裘而负刍②？"对曰："臣爱其毛③。"文侯曰："若不知其里尽而毛无所恃邪④？"明年，东阳上计⑤，钱布十倍⑥。大夫毕贺⑦。文侯曰："此非所以贺我也⑧。譬无异夫路人反裘而负刍也⑨，将爱其毛，不知其里尽，毛无所恃也。今吾田地不加广⑩，士民不加众，而钱十倍，必取之士大夫也。吾闻之，下不安者，上不可居也⑪。此非所以贺我也。"

【注释】

① 路人：路上的行人。反裘：古人穿皮袄，毛朝外，皮朝里。反裘就是反穿着皮袄，即毛朝里，皮朝外。裘：用毛皮制成的御寒衣服。负：背负，背着。刍(chú)：柴草。

② 胡为：何为，为什么。

③ 爱：爱惜。

④ 若：你。其：指裘。里：里层，里面。这里指皮那一面。尽：指磨掉。恃：依靠。这里是附着的意思。

⑤ 东阳：战国时期魏国地名，在今河北太行山以东邢台、邯郸一带。上计：上交赋税收入的计簿，也就是交纳赋税收入的意思。上：向上交纳。计：计簿，也就是古代计吏登记户口、赋税、人事的簿籍。

⑥ 钱布：钱币。布：古代的一种货币。十倍：指是往年的十倍。

⑦ 毕：全，都。

⑧ 此非所以贺我也：这不是用来向我祝贺的事情。

⑨ 譬：打比方，比方说。无异夫路人反裘而负刍：这和那"路人反裘而负刍"没有差别。无异：一样，没有差别。

⑩ 加：更。

⑪ 下：指百姓。上：指统治者，国君。

【评析】

　　魏文侯是战国时期有名的君主，他在对待百姓上，在用人上，都有许多卓越的思想。东阳上计，在"田地不加广，士民不加众"的情况下，却"钱布十倍"，这让魏文侯想起那个"路人反裘而负刍"事情："其里尽而毛无所恃"。魏文侯知道，百姓是皮，国君是那皮上的毛。皮之不存，毛将安附？所以，"东阳上计，钱布十倍"，文侯认为"此非所以贺我也"。

　　文侯把百姓和国君的关系比做皮和毛，唐太宗李世民把这种关系比做水和舟，这些比喻都从某一个侧面说明了百姓的重要性，做国君的一时半刻也离不开百姓。以人为本、以民为本，国家才能和谐、和睦，才能长治久安。

十五、危如累卵

《说苑》

【题解】

本篇选自《史记·范雎蔡泽列传》张守节正义引《说苑》（今本《说苑》没有这一条），题目是后加的。危如累卵，像垒起来的鸡蛋那样危险。比喻极其危险。

张守节，生平不详，开元时官诸王侍读、宣义郎、守右清道率府长史。长于地理之学。《史记正义》成书于开元二十四（公元736）年。据其自序，"评《史》《汉》诠众训释而作《正义》"，共三十卷。

晋灵公造九层之台，费用千金①，谓左右曰："敢有谏者斩②。"荀息闻之，上书求见③。灵公张弩持矢见之④。曰："臣不敢谏也。臣能累十二博棋，加九鸡子其上⑤。"公曰⑥："子为寡人作之⑦。"荀息正颜色，定志意，以棋子置下⑧，加九鸡子其上。左右惧，慑息，灵公气息不续⑨。公曰："危哉⑩！危哉！"荀息曰："此殆不危也，复有危于此者⑪。"公曰："愿见之⑫。"荀息曰："九层之台，三年不成，男不耕，女不织，国用空虚，邻国谋议将兴⑬，社稷亡灭，君欲何望⑭？"灵公曰："寡人之过也，乃至于此⑮！"即坏九层台也⑯。

【注释】

① 晋灵公:名夷皋,晋文公之孙,历史上有名的暴君,公元前 620 年至前 607 年在位。造:修建。九层之台:九层的高台。费用千金:筑台的费用花去了千金之多。千金:极言钱财多。

② 谓左右曰:对左右的近臣说。敢有谏者斩:胆敢有谏阻的,一定斩首。

③ 荀息:字叔,春秋时期晋国大夫。闻之:听说了这件事。上书:向君主进呈书面意见。求见:请求晋见灵公。

④ 张弩(nǔ)持矢:张满弓,拿着箭。弩:用机械发箭的弓。

⑤ 我能把十二枚棋子摞起来,上面再摞上九个鸡蛋。累:堆叠。博棋:棋子。鸡子:鸡蛋。

⑥ 公:指晋灵公。

⑦ 子为寡人作之:您为我摞摞看。子:您。寡人:古代诸侯的谦称,意为寡德之人。

⑧ 正颜色,定志意:表情严肃,思想镇定。颜色:表情,神色。志意:思想。以棋子置下:把十二枚棋子在下面摞起来。

⑨ 惧:担心。慑(shè)息:因害怕而屏住呼吸。气息不续:上气不接下气,喘不过气来。气息:呼吸出入之气。续:接续。

⑩ 危哉:危险啊!

⑪ 这大概还算不上危险啊。殆:大概。复有危于此者:还有比这更危险的。

⑫ 愿见之:我希望见识一下。

⑬ 三年不成:三年没建成。男不耕,女不织:男人不耕种,女人不纺织。国用空虚:指国库空虚。国用:国家的费用或经费。邻国谋议将兴:邻国的入侵就要兴起。谋议:图谋。这里指入侵。

⑭ 国家灭亡了,君王您还想登台看什么呢? 社稷:国家。

⑮ 我的错误,竟然严重到这种地步!

⑯ 即:则,就。坏:破坏。这里指停止建台。

【评析】

晋灵公是历史上有名的暴君,建台耗费巨大不说,大臣谏阻,他敢"张弩持矢见之"。幸亏荀息聪明,玩了"累十二博棋,加九鸡子其上"的把戏,形象地说明了建台的危害:"九层之台,三年不成,男不耕,女不织,国用空虚,邻国谋议将兴,社稷亡灭,君欲何望?"这样一说,灵公就害怕了,于是"即坏九层台"。荀息能把晋灵公说服,让他改正错误,真的是有功于国了。

第七单元

一、《孝经》二则

【题解】

本篇共二则,分别选自《孝经·三才章》和《谏诤章》,题目是后加的。

《孝经》,是一部宣扬孝道和孝治思想的儒家经典,为"十三经"之一。全书共十八章,一千七百九十九字。此书有人认为是孔子所作,有人认为是曾子所作,有人认为是曾子的弟子所作,都不可信,可能成于众人之手。《孝经》的成书,大约在公元前三世纪期间。

(一)

曾子曰①:"甚哉,孝之大也②!"子曰③:"夫孝,天之经也,地之义也,民之行也④。天地之经,而民是则之⑤。则天之明,因地之利,以顺天下⑥。是以其教不肃而成,其政不严而治⑦。先王见教之可以化民也⑧,是故先之以博爱而民莫遗其亲⑨,陈之于德义而民兴行⑩,先之以敬让而民不争⑪,导之以礼乐而民和睦⑫,示之以好恶而民知禁⑬。《诗》云:'赫赫师尹,民具尔瞻⑭。'"

【注释】

① 曾子:名参,字子舆,孔子弟子。

② 孝道博大得很啊。大:博大。

③ 子:指孔子,儒家学派的创始人。

④ 孝道,就像日月星辰运行一样符合自然运行规律,就像大地生成万物一样符合万物运行法则,它是人们必须实践的行为。夫:句首语气词,无实义。天之经:指日月星辰运行时所具有的永恒不变的规律。经:常规,原则。地之义:指大地生成万物的法则。义:适宜,合理合法。这里指万物运行的准则。行:履行,实行。这里指必须实行的事。

⑤ 则:效法,作为准则。

⑥ 天之明:指日月星辰所发出的光明。因地之利:充分利用土地,以获得最大利益。因:凭借,利用。以:以便,来。顺:和顺。

⑦ 是以:因此。其教:指天子诸侯的教化。肃:指用严厉惩戒的办法来让百姓接受。成:成功。政:政治。治:治理得好,天下太平。

⑧ 先王:古代的帝王。这里指夏禹、商汤、周文王、周武王等圣王。化:教化,改变人心风俗。

⑨ 是故:因此。先之以博爱:以博爱为先。先:率先实行,带头去做。博爱:广泛地实行仁爱。民莫遗其亲:老百姓没有谁遗弃自己的父母。莫:没有谁。遗:遗弃。亲:指父母。

⑩ 陈之于德义:陈说德义之美。民兴行:百姓起来实行之,即实行德义。

⑪ 先之以敬让:以敬让为先。敬:尊重他人。让:谦让。争:争斗。

⑫ 导:引导。礼乐:礼制和音乐。古代帝王常用兴礼乐为手段达到尊卑有序、远近和合的统治目的。

⑬ 示:显现,表示。好恶(hào wù):喜好什么和嫌恶什么。禁:禁令,意思是哪些能做、哪些不能做。

⑭ 《诗》:指《诗经》,是我国的第一部诗歌总集。云:说。这句诗出自《诗经·小雅·节南山》。赫赫:威势显赫的样子。师:太师的简称,是周代最高的官职。尹:尹氏,太师的姓。民具尔瞻:老百姓都看着你。具:都,全部。尔:你。瞻:看,望。

(二)

曾子曰:"若夫慈爱、恭敬、安亲、扬名,则闻命矣①。敢问子从父之令,可谓孝乎②?"子曰:"是何言与③!是何言与!昔者天子有争臣七人,虽无道,不失其天下④;诸侯有争臣五人,虽无道,不失其国⑤;大夫有争臣三人,虽无道,不失其家⑥;士有争友,则身不离于令名⑦;父有争子,则身不陷于不义⑧,则子不可以不争于父,臣不可以不争于君,故当不义则争之⑨。从父之令,又焉得为孝乎⑩?"

【注释】

① 若夫:至于。慈爱:仁慈爱人。安亲:使父母安宁,孝养父母。扬名:传播名声。则:早已,原来。闻命矣:听过您的教诲了。闻:听过。命:命令,教诲。

② 敢:谦词,冒昧。子:儿子。从:听从。这里指绝对服从。可谓:可以称为,可以说是。

③ 是何言与:这是什么话呢?何言:什么话。与:表示疑问语气,呢。

④ 昔者:从前。争臣:能直言谏诤的大臣。争:谏诤。在这个意义上后来写做"诤"。无道:不行正道,做坏事。失:失去,丧失。

⑤ 国:诸侯的封地。

⑥ 家:卿大夫的采地食邑。

285

⑦ 争友：能直言规劝的朋友。不离：不失，不会丧失。令名：好的名声。

⑧ 争子：能直言规劝的儿子。陷：陷入。不义：指不合乎道义的境地。

⑨ 故：所以。当：对着。

⑩ 又焉得为孝乎：又怎么能算得上孝呢？焉：哪里，怎么。得：能够。

【评析】

人都是父母生养的。做子女的孝敬父母，天经地义，古今中外都是如此。在中国，孝被提得更高，被列为百行之首。历代的统治者都提倡以孝治天下，认为子民们孝了，那么，"其教不肃而成，其政不严而治"。大致说来，如果一个人在家能孝顺父母，那么他在外就会友爱亲朋，就会忠于职守，就会不忘国家和人民。如果一个人连父母都不能孝顺，那么他的其他品质也都会大大地打上折扣。

当然，我们讲孝顺，并不是无原则地遵照父母的意见去办事。在这一点上，孔子的教导十分英明。子女之于父母，"当不义则争之"。这句话的意思是，父母的行为不符合道义了，不能盲目地跟着走，要"争之"。所谓"争"，就是坚持正义，纠正对方的错误。这不算不孝。不惟对父母要敢争，当其"不义"之时，对天子也要敢争，对诸侯也要敢争，对大夫也要敢争，对朋友也要敢争。只有这样"争"了，才能不使对方陷于"不义"。

二、闵子骞行孝

《渊鉴类函》

【题解】

本篇选自张英《渊鉴类函》卷二百七十一引《说苑》（今本《说

苑》没有这一条），题目是后加的。闵子骞，名损，字子骞，春秋时期鲁国人。孔子的弟子，后人尊为闵子。

张英（公元1637—1708年），字敦复，号乐圃，桐城（今安徽桐城）人。康熙进士，官至文华殿大学士兼礼部尚书。著《周易总论》、《笃素堂文集》等，曾任《大清一统志》、《政治典训》、《渊鉴类函》总裁。

《渊鉴类函》是一部类书，取宋代《太平御览》等十七种类书及总集、子、史、稗编等明嘉靖以前古籍，依《唐类函》体例，编纂而成。分天、岁时、地、帝王、后妃、储宫、帝戚等四十五部。资料丰富精审，并皆注明出处。

闵子骞早丧母，为后母所苦①。冬月以芦花衣之，其所生二子则衣之以绵②。父令闵子御车，体寒失靷③，父责之，闵子不自理④，父察知之⑤。归，谓妇曰⑥："我所以娶汝，乃为吾子⑦。今汝欺我，去，无留子⑧。"骞前曰⑨："母在一子寒，母去三子单⑩。"其父默然⑪。故曰："孝哉，闵子骞⑫！一言其母还，再言三子温⑬。"

【注释】

① 丧母：指母亲丧亡。为后母所苦：被后娘所折磨。后母：后娘。苦：折磨。

② 冬月：冬天。以芦花衣之：拿芦花絮衣给闵子骞穿。芦花：芦苇花轴上密生的白毛。衣：给人穿上衣服。绵：丝绵。

③ 御车：驾车。失：没有握住，失手。靷（yǐn）：引车前行的皮带。

④ 责：责备。自理：自己申诉，自己辩说。

⑤ 察知之：观察了解这种情况。

⑥　归:回家。谓:对……说。

⑦　所以:……的原因。汝:你。乃:本来。为吾子:为了我的儿子。

⑧　欺:欺骗。去:离开。无留子:我不挽留您。子:对对方的尊称,您。

⑨　前:走上前。

⑩　一子:指闵子骞。三子:指闵子骞和后母所生的两个儿子。单:孤单。

⑪　默然:沉默不语的样子。

⑫　闵子骞真是孝顺啊!

⑬　一言:一句话。还:回来,回家。再言:两句话。温:温暖。

【评析】

闵子骞"为后母所苦","冬月以芦花衣之",寒冷难忍。父亲要休这位后母,闵子骞从全家考虑,说:"母在一子寒,母去三子单。"这样,就留住了后母。后母很感动,待闵子骞更好。于是全家和睦,其乐融融。

《史记·仲尼弟子列传》:"孔子曰:'孝哉,闵子骞! 人不间于其父母昆弟之言。'"闵子骞一生还有其他业绩,但人们只记住了他的孝行。今山东省济南市历下区有闵子骞墓和闵子骞路,就是纪念这位大孝子的。

三、袁盎交友

《史记》

【题解】

本文节选自司马迁《史记·袁盎晁错列传》,题目是后加的。袁盎(àng),楚人,西汉文帝、景帝时的大臣。先任中郎,后调陇西

288

都尉，先后任吴国的相和楚国的相。因谏阻景帝传位给梁王，被梁王派人刺杀。

司马迁及《史记》的简介见第二单元《相御之妻》的题解。

袁盎者，楚人也，字丝。父故为群盗①，徙处安陵②。高后时，盎尝为吕禄舍人③。及孝文帝即位④，盎兄哙任盎为中郎⑤。

【注释】

① 父故为群盗：袁盎的父亲从前是强盗。故：以前。群盗：强盗团伙。

② 徙（xǐ）：搬迁。处：居住。安陵：今河南郾城。

③ 高后：汉高祖刘邦的妻子吕雉，即吕后。高祖去世后，刘盈做皇帝，但吕后掌权。尝：曾经。吕禄：吕后的侄儿，封赵王，官上将军，率领拱卫京城的北军。舍人：有势力的大臣自己供养的私人臣仆。

④ 孝文帝：即汉文帝刘恒，刘邦的儿子。先立为代王，后大臣平定诸吕之乱，迎立为皇帝。公元前179年至前157年在位。在位期间，发展生产，政治稳定。他是历史上有名的好皇帝。他的谥号是"文"。即位：登上帝位。

⑤ 哙（kuài）：袁哙，袁盎的哥哥，当时在朝中任官。任：这里指保举。中郎：皇帝的侍卫和随从。根据汉代的规定，职位二千石以上的官员，任职满三年后，就可以保举儿子或同胞兄弟一人为郎。

绛侯为丞相①，朝罢趋出，意得甚②。上礼之恭，常自送之③。袁盎进曰："陛下以丞相何如人④？"上曰："社稷臣⑤。"盎曰："绛侯所谓功臣⑥，非社稷臣。社稷臣，主在与在，主亡与亡⑦。方吕后时，诸吕用事，擅相王，刘氏不绝如带⑧。是时，绛侯为太尉⑨，主兵柄，弗能正⑩。吕后崩⑪，大臣相与共畔诸吕⑫，太尉主兵，适会其成功⑬。所谓功臣，非社稷臣。丞相如有骄主色⑭，陛下谦让,臣主失礼⑮,窃为陛下不取也⑯。"

【注释】

① 绛(jiàng)侯:周勃,汉朝的开国元勋,汉高祖封他为绛侯。后来扑
灭吕氏叛乱,迎立汉文帝,曾官太尉,右丞相。绛:地名,在今山西曲
沃西南。

② 朝罢:朝见结束。趋出:小步快走而出。意得甚:得意非常。甚:
非常。

③ 上礼之恭:汉文帝非常恭敬地礼待周勃。上:汉文帝。礼:尊敬地对
待。自:亲自。

④ 皇上您把丞相当做什么样的人呢? 陛下:古代臣民晋见皇帝的时
候,不敢直接呼唤皇帝,只好呼唤大殿台阶下的人来进行通传,后来成
为皇帝的代称。陛:台阶。

⑤ 社稷臣:国家的重臣。社稷:土地神和谷神。古代用来指代国家。

⑥ 所谓功臣:所说的那种有功的臣子。

⑦ 国家的重臣,君王管理国家,他就和君王一起治理国家;君王不能管
理国家,他就和君王一起出亡在外。与:和。

⑧ 在吕后当政的时候,吕氏家族的人掌握权力,擅自称王,刘家的天下
虽然没有断绝,但也像丝带一样微细了。方:在,当。用事:管理国
事。擅:任意。刘氏:刘氏宗族,指汉代皇帝的血统。

⑨ 那个时候。太尉:三公之一,西汉时期是中央掌武事的最高官员。

⑩ 主兵柄:掌握兵权。弗能正:不能纠正他们。这里指不能抵制诸吕,
恢复刘家的天下。

⑪ 崩(bēng):古代称呼帝、后的死亡。

⑫ 与:结党,联合。畔:通"叛",反对。

⑬ 周勃主掌兵权,恰好碰到这件讨伐诸吕的功劳。适会:恰好遇上。

⑭ 如有骄主色:好像有向君王骄傲的样子。骄主:轻视君王。色:脸
色,这里指样子。

⑮　臣主失礼:君王和臣子之间失去了礼法。

⑯　我私下认为君王不应该采取这种态度。窃:私下。不取:不该采用。

后朝,上益庄①,丞相益畏②。已而绛侯望袁盎曰③:"吾与而兄善④。今儿廷毁我⑤!"盎遂不谢⑥。及绛侯免相之国⑦,国人上书告以为反⑧,征系清室⑨,宗室诸公莫敢为言⑩,唯袁盎明绛侯无罪⑪。绛侯得释,盎颇有力⑫。绛侯乃大与盎结交⑬。

【注释】

①　后:后来。上益庄:皇帝越来越庄重。意思是有些摆架子。

②　丞相益畏:丞相越来越担心。

③　已而:这件事过了后。望:怨恨。

④　吾与而兄善:我与你哥哥交好。而:你。善:交好,是好朋友。

⑤　儿廷毁我:你小子却在朝廷上诋毁我。儿:小子。这里有轻蔑的意思。廷:在朝廷上。毁:诋毁,毁谤。

⑥　盎遂不谢:袁盎最后也没有认错。遂(suì):最后。谢:认错,道歉。

⑦　及:等到。免相:卸任丞相。之国:回到自己的封地。

⑧　(周勃)封地中的人告发他谋反。国人:封地中的人。上书:向上级写信。告:告发。反:谋反,造反。

⑨　征系清室:把周勃召来,关在监狱里。征:征召。系:囚禁。清室:即请室,监狱。

⑩　宗室:刘姓的宗亲。诸公:各位公侯。莫敢为言:没有谁敢替他(周勃)说话。莫:没有人。

⑪　明:证明。

⑫　绛侯得释:周勃能被释放。释:从监狱里放出来。盎颇有力:袁盎很有功劳。颇(pō):很。力:功劳。

⑬　大与盎结交:很好地与袁盎结成朋友。大:在这里表示程度深。

【评析】

在西汉大臣中,袁盎直言敢谏,慷慨识大体,名重朝廷。当"绛侯为丞相,朝罢趋出,意得甚"、"有骄主色"的时候,袁盎向皇帝进言,对绛侯进行批评,这让绛侯很恼火。后来绛侯被告谋反,下到监狱,"宗室诸公莫敢为言"。正是:各家自扫门前雪,休管他人瓦上霜。"唯袁盎明绛侯无罪"。绛侯确实没有谋反,没有罪。当年他掌握全国兵权,手拿皇帝大印,迎来汉文帝,都没有谋反;现在他退居封地,手中无一兵一卒,能够谋反吗?所以,"绛侯得释,盎颇有力"。这件事让绛侯很感动,"乃大与盎结交"。真正的朋友并不是不批评你的缺点,而是能够在你最需要帮助的时候帮助你。袁盎大概就是这样的人吧!

四、楚元王为穆生设醴

《汉书》

【题解】

本篇节选自班固《汉书·楚元王传》,题目是后加的。楚元王,名交,字游,沛(今江苏沛县)人。高祖刘邦的弟弟。高祖六年(公元前201年)被立为楚王。在位二十三年卒,谥"元"。为,替,给。穆生,秦汉之间儒士,鲁(今山东曲阜)人。曾做楚元王的中大夫。设醴,准备甜酒。

班固及《汉书》的简介见第三单元《霍去病六击匈奴》的题解。

元王既至楚,以穆生、白生、申公为中大夫①。高后时,浮丘伯在长安,元王遣子郢客与申公俱卒业②。文帝时,闻申公为《诗》

最精,以为博士③。元王好《诗》,诸子皆读《诗》④。申公始为《诗传》,号"鲁诗"⑤。元王亦次之《诗传》⑥,号曰"元王诗",世或有之⑦。

【注释】

① 既:已经。楚:西汉诸侯国名。建都彭城(今江苏徐州),管辖薛郡、东海、彭城三郡三十六县。以穆生、白生、申公为中大夫:任命穆生、白生、申公做中大夫。白生:西汉初诸侯国官吏。鲁奄里(今山东曲阜)人。曾任楚元王的中大夫。申公:西汉鲁人,名培。曾为楚元王的中大夫,文帝时为博士。所传之《诗》为《鲁诗》。中大夫:汉代官名,备顾问应对。

② 高后:汉高祖刘邦皇后吕雉。浮丘伯:秦末汉初儒生,齐人。是荀况的门生,精于《诗》。长安:西汉的国都,今陕西西安。遣:派遣。子:儿子。郢客:楚元王刘交的儿子。高后二年(公元前186年)封上邳侯。文帝前元二年(公元前178年)嗣父爵为楚王。俱:一起。卒业:完成学业。

③ 文帝:姓刘,名恒,沛(今江苏沛县)人。汉高祖的儿子,在位二十三年。闻申公为《诗》最精:听说申公研究《诗经》最精通。《诗》:指《诗经》,是儒家的一部重要经典。博士:学官名。汉文帝时置一经博士,职责是教授、奉使或议政。

④ 好(hào):喜欢。诸子:诸位儿子,众儿。皆:都。

⑤ 申公始为《诗传(zhuàn)》:申公开始做《诗传》。传:解说,注释。号"鲁诗":称为"鲁诗"。鲁诗:《诗经》今文学派之一。汉初鲁人申公所传,今已亡佚。

⑥ 元王亦次之《诗传》:楚元王也编集《诗传》。次:编次,编纂。

⑦ 号曰"元王诗":称为"元王诗"。世或有之:世上或许还有他的《诗传》。

初，元王敬礼申公等①，穆生不耆酒，元王每置酒，常为穆生设醴②。及王戊即位，常设，后忘设焉③。穆生退曰④："可以逝矣⑤！醴酒不设，王之意怠，不去，楚人将钳我于市⑥。"称疾卧⑦。申公、白生强起之曰⑧："独不念先王之德与⑨？今王一旦失小礼，何足至此⑩！"穆生曰："《易》称'知几其神乎⑪！几者动之微，吉凶之先见者也⑫。君子见几而作，不俟终日⑬。'先王之所以礼吾三人者，为道之存故也⑭；今而忽之，是忘道也⑮。忘道之人，胡可与久处⑯！岂为区区之礼哉⑰？"遂谢病去⑱。申公、白生独留⑲。

【注释】

① 初：当初，从前。敬礼申公等：尊敬并以礼相待申公等人。

② 不耆(shì)酒：不贪酒。耆：特别爱好。在这个意义上后来写做"嗜"。每：每次。置酒：陈设酒宴。

③ 及：等到。王戊：楚王刘戊，楚元王刘交的孙子。文帝前元三年(公元前154年)立为楚王。后因发动叛乱被杀。即位：登上君位。常设：经常准备。后忘设焉：后来忘了摆甜酒。

④ 退：回去。

⑤ 可以逝矣：可以走了。逝：往，去。

⑥ 怠：怠慢。楚人将钳我于市：楚人将把我钳束在市曹之上。钳：古代的一种刑罚，用铁器钳束人的颈项、手、足。市：市曹，也就是市中通衢、人众会集的地方。古代常在此行刑陈尸，以示儆戒。

⑦ 称疾卧：称病卧床不起。

⑧ 强起之：勉强让他起来。

⑨ 难道就不想想先王的恩德吗？先王：已经逝世的帝王。这里指楚元王。

⑩ 今王一旦失小礼：现在王一旦在细微琐碎的礼节方面有过失。何足至此：怎么能至于这样？

⑪ 《易》:即《易经》,是儒家的重要经典。称:说。知几其神乎:知道征兆的人大概是神吧! 几:隐微。多指事物的迹象、先兆。

⑫ 征兆是行动的隐微之象,吉凶的预先表现。见(xiàn):显现。在这个意义上后来写做"现"。

⑬ 君子见到征兆就行动,一天都不等。君子:古代指有学问而且品德高尚的人。俟(sì):等到。终日:竟日,一天完了。以上三句引自《易·系辞下》。

⑭ 先王之所以礼吾三人者:先王之所以礼遇我们三个人。吾三人:指穆生、申公、白生。为道之存故也:因为大道存在的原因。

⑮ 现在却忽视它,这就是忘记了道。

⑯ 怎么能跟他长久地相处呢? 胡:何,怎么。

⑰ 难道是为了小小的礼节吗? 区区:小,少。形容微不足道。

⑱ 遂:于是。谢病:托病引退。去:离去。

⑲ 独留:单独留下。

王戊稍淫暴①,二十年,为薄太后服私奸,削东海、薛郡,乃与吴通谋②。二人谏,不听,胥靡之,衣之赭衣,使杵臼雅舂于市③。休侯使人谏王④。王曰:"季父不吾与,我起,先取季父矣⑤。"休侯惧,乃与母太夫人奔京师⑥。二十一年春,景帝之三年也,削书到,遂应吴王反⑦。其相张尚、太傅赵夷吾谏⑧,不听。遂杀尚、夷吾,起兵会吴西攻梁,破棘壁,至昌邑南,与汉将周亚夫战⑨。汉绝吴、楚粮道,士饥,吴王走,戊自杀,军遂降汉⑩。

【注释】

① 稍:逐渐。淫暴:暴虐无度。淫:过度,无节制。

② 二十年:王戊在位的二十年,也就是景帝前元二年(公元前155年)。为薄太后服私奸:因为在给薄太后服丧期间私下通奸。薄太

295

后:西汉文帝的母亲。削:削减。东海:郡名,治所在郯城(在今山东郯城北)。薛郡:郡名,治所在曲阜。乃与吴通谋:于是就跟吴国共同策划叛乱。通谋:共同策划。

③ 二人:指申公、白生。谏:劝谏。胥靡:刑罚名。一种用绳索牵连着强迫作苦工的刑罚。之:指申公、白生。衣之赭(zhě)衣:给他们穿上赭衣。赭衣:古代囚衣。因用赤土染成赭色,所以才有这种说法。使杵臼(chǔ jiù)雅舂(chòng)于市:让他们举着杵在市集上正身舂臼。杵臼:用杵捣臼。舂:用杵臼捣去谷物的皮壳。

④ 休侯使人谏王:休侯派人劝谏楚王刘戊。休侯:刘富,西汉诸侯,楚元王刘交的儿子。景帝前元元年(公元前156年)封休侯。

⑤ 季父不吾与:季父不帮我。与:帮助。季父:叔父。这里指休侯刘富。起:起事。取:捕捉,捉拿。

⑥ 惧:害怕。乃与母太夫人奔京师:于是就和母亲太夫人逃到京城。太夫人:汉制,列侯之母称太夫人。

⑦ 景帝之三年:公元前154年。削书到:削减封地的文书到达。遂应吴王反:于是就响应吴王谋反。吴王:刘濞,西汉诸侯王,刘邦兄刘仲的儿子。高祖十二年(公元前195年)被封为吴王。后因发动叛乱被杀。

⑧ 其:指楚王刘戊。相:官名。汉时诸侯王国的实际执政者,地位相当于郡太守。张尚:西汉时楚王戊的相。太傅:官名,掌辅导太子。赵夷吾:西汉时楚王戊的太傅。二人都因劝阻楚王谋反被害。

⑨ 起兵:发兵,出兵。会吴西攻梁:会合吴军向西进攻梁国。梁:西汉诸侯王国名。文帝十二年(公元前167年),淮阳王刘武被徙为梁王,治所在睢阳(今河南商丘南)。破:攻破。棘壁:地名,在今河南柘城西北。至:到。昌邑:西汉诸侯王国名。汉武帝天汉四年(公元前97年)以山阳郡置,封子刘髆,治所在昌邑(今山东巨野南)。与汉将周亚夫战:和汉将周亚夫开战。周亚夫:西汉大臣,沛(今江苏沛县)人。曾平定吴楚之乱,以军令严整著称。封条侯,官至丞相。

⑩ 汉绝吴、楚粮道：汉阻断了吴、楚运粮的道路。士饥：士兵饥饿。吴
王：刘濞。走：逃跑。军遂降汉：军队于是就投降汉。

【评析】

别看高祖刘邦傲慢，看不起人，但他的弟弟楚元王刘交倒是很尊
重人才："元王敬礼申公等，穆生不耆酒，元王每置酒，常为穆生设醴"。
不能小看"常为穆生设醴"这件事，这正是尊人之道，交友之道。穆生、
白生、申公尽力侍奉楚元王，为他所用，也正是因为这一点。

楚元王的孙子刘戊继承王位，就不行了。他常为穆生设醴，
"后忘设焉"。也不能小看"后忘设焉"这件事，这正是刘戊品格的
体现。后来"王戊稍淫暴"，"为薄太后服私奸"，胥靡白生、申公，
乃至于起兵反叛朝廷，兵败自杀。这都是刘戊"后忘设焉"所反映
出来的这种品格造成的。

再说穆生有先见之明。他认为刘戊的"后忘设焉"是"忘道
也"。"忘道"不是小事，而"忘道之人，胡可与久处"？于是"君子
见几而作，不俟终日"，"遂谢病去"，因而避免了白生、申公的
遭遇。

任何事物的发生都有个先兆。君子看到这个先兆就要果断采
取行动。这就是所谓的"知几其神乎"！

五、荀巨伯远看友人疾

《世说新语》

【题解】

本篇选自刘义庆《世说新语·德行》，题目是后加的。荀巨

伯,东汉桓帝时颍川(今河南禹县、许昌一带)人,生平不详。远,远道。看,探望。

刘义庆及《世说新语》的简介见第一单元《周处改过自新》的题解。

荀巨伯远看友人疾,值胡贼攻郡①,友人语巨伯曰②:"吾今死矣,子可去③!"巨伯曰:"远来相视④,子令吾去,败义以求生⑤,岂荀巨伯所行邪⑥?"贼既至⑦,谓巨伯曰:"大军至,一郡尽空,汝何男子,而敢独止⑧?"巨伯曰:"友人有疾,不忍委之,宁以吾身代友人命⑨。"贼相谓曰:"吾辈无义之人,而入有义之国⑩!"遂班军而还,一郡并获全⑪。

【注释】

① 值:正好遇上。胡贼:对古代北方少数民族如匈奴等的蔑称。攻:进攻。郡:郡城。

② 语(yù):告诉。

③ 子:对对方的尊称,您。去:离开。

④ 相视:看望您。视:看望。

⑤ 败义:败坏道义。求生:谋求生路,设法活下去。

⑥ 难道是我荀巨伯所做的事情吗?邪:表疑问语气,吗。

⑦ 既:已经。

⑧ 尽:全部。空:空虚。这里指城里的人都跑光了。汝何男子:你是什么样的一个男人。独止:独自停留下来。

⑨ 不忍委之:不忍心舍弃他。宁:宁可。以吾身:用我自身。代:替代,替换。

⑩ 吾辈:我们这些人。

⑪ 遂:于是。班军:回师,撤军。还:回去。获全:得到保全。

298

【评析】

"荀巨伯远看友人疾,值胡贼攻郡",巨伯不愿"败义以求生","宁以吾身代友人命",表现出对朋友的深深的爱。巨伯的这种大义和爱心感动了"胡贼",使他们认识到自己是"无义之人",而"入有义之国",于是"班军而还,一郡并获全"。这体现了真情的高尚和爱心的伟大。

朋友之间,既没有血源关系,也没有姻亲维系,靠的是义气。什么是"义气"呢?是指由于私人关系而甘于承担风险或牺牲自己利益的气概。巨伯的行为完全符合这个标准。他为了与朋友的这种"私人关系","甘于承担风险或牺牲自己利益"。巨伯承担的风险大得很,包括牺牲自己的生命。但他大义凛然,为朋友不顾性命,无怪乎"胡贼"们被感动了。

流行歌曲说:"千里难寻是朋友,朋友多了路好走。"这固然是不错的。但朋友以义相属,双方的行为要符合一个"义"字。巨伯的这位朋友在交友中肯定做到义了,所以巨伯才甘冒生命的危险去看望他,并愿意"以吾身代友人命"。这说明,交友的意义、交友的学问非常大,不仅仅是一个"朋友多了路好走"的问题。这里,要害的问题是,要交一位好朋友。

六、圣王之制

《荀子》

【题解】

本篇选自荀况《荀子·王制》,题目是后加的。圣王,圣明的帝王。制,制度。

荀况及《荀子》的简介见第二单元《三恕和三思》的题解。

圣王之制也:草木荣华滋硕之时①,则斧斤不入山林,不夭其生,不绝其长也②;鼋鼍鱼鳖鳅鳣孕别之时③,罔罟毒药不入泽④,不夭其生,不绝其长也;春耕、夏耘、秋收、冬藏,四者不失时⑤,故五谷不绝,而百姓有余食也⑥;污池渊沼川泽,谨其时禁⑦,故鱼鳖优多,而百姓有余用也⑧;斩伐养长,不失其时⑨,故山林不童,而百姓有余材也⑩。

【注释】

① 草木荣华:草木茂盛开花。滋硕:生长结果。

② 斧斤:泛指各种斧子。入:进入。不夭其生:不使树木的生命夭折。夭:夭折,指没有长成而死亡。不绝其长:不断绝树木的生长。绝:断绝。长:生长。

③ 鼋(yuán):大鳖。鼍(tuó):扬子鳄,俗称猪婆龙。鳅(qiū):泥鳅。鳣:鳣鱼。孕别:怀孕生育,子别母体。

④ 罔罟(gǔ):鱼网。泽:水泽,水聚汇处。

⑤ 春耕:春季耕作。夏耘:夏天锄田除草。秋收:秋季收获庄稼。冬藏:冬季贮藏粮食。失时:错过季节。时:季节。

⑥ 故:所以。五谷:古代指五种谷物,一般指稻、黍、稷、麦、豆。后来泛指粮食作物。余食:剩余的粮食。

⑦ 污池渊沼川泽:泛指适宜鱼类生长的水塘。污:洼地。谨其时禁:严格规定在一定季节里禁止捕捞。谨:谨严,严格。禁:不准捕捞的禁令。

⑧ 优多:非常多。优:多。余用:多余的食用。

⑨ 斩伐:砍伐。养长:使生长壮盛。不失其时:意思是顺应自然规律,即春夏生长,秋冬砍伐。

⑩　童:秃。这里指山上没有树木。余材:多余的木材。

【评析】

社会要和谐,人类与自然也要和谐。从根本上说,人类与自然的和谐是一种更重要的和谐。因为如果自然被破坏、被破坏到一定的程度,人类也就无法生存了。

两千多年前的荀子有见于此,提出"圣王之制"。这个"圣王之制"的本质就是,人类不能破坏性地使用自然。树木也好,鱼鳖也好,五谷也好,都有个生长过程,其砍伐、捕捉、刈获,要"谨其时禁",要"不失其时"。这就是说,要依照自然规律办事。人类如果不按照自然规律办事,有时也可能得益于目前,但最终必将受到自然的惩罚。

有鉴于此,国家提出可持续发展战略。那意思就是,不能今年发展了明年不发展,不能这代人发展了下代人不发展,就是说不能杀鸡取卵,不能竭泽而渔,不能做一锤子买卖。

只有人类与自然和谐了,人类的生活才能更美好。

七、论　勇

《荀子》

【题解】

本篇选自荀况《荀子·荣辱》,题目是后加的。

有狗彘之勇者①,有贾盗之勇者②,有小人之勇者③,有士君子之勇者④。争饮食,无廉耻,不知是非,不辟死伤⑤,不畏众强,牟牟然惟饮食之见⑥,是狗彘之勇也⑦。为事利⑧,争货财,无辞让⑨,果敢而很⑩,猛贪而戾⑪,牟牟然惟利之见,是贾盗之勇也。轻死而暴⑫,是小人之勇也。义之所在,不倾于权⑬,不顾其利,举国而与之不为改视⑭,重死持义而不桡⑮,是士君子之勇也。

【注释】

① 彘(zhì):猪。

② 贾(gǔ):商人。在中国古代,商人的地位低下。盗:盗贼。

③ 小人:在古代与"君子"相对,指一般的人。

④ 士君子:古代指有学问而且品德高尚的人。

⑤ 辟:躲避。在这个意义上后来写做"避"。

⑥ 牟牟然:贪婪的样子。惟饮食之见:只看见饮食,意思是只知道吃喝。

⑦ 是:这。

⑧ 为事利:做事只图利。

⑨ 辞让:谦虚推让。

⑩ 果敢:果断勇敢。很:凶狠,不柔顺。

⑪ 戾(lì):凶残,不讲道理。

⑫ 轻死:把死看得很轻。暴:残暴。

⑬ 不倾于权:不为权势所屈服。倾:倾倒,屈服。

⑭ 举国:全国。与:给予。改视:改变观点和看法。

⑮ 重死:把死看得很重。桡:通"挠",屈服,屈从。

【评析】

勇,就是勇敢;勇敢,就是有胆量,不怕危险和困难。勇敢的反义词是怯懦。人人都喜欢勇敢,不喜欢怯懦。但要知道,勇敢是分层级的,并不是块头大、拳头硬就是勇敢。荀子把勇分为四类,有

302

狗彘之勇,有贾盗之勇,有小人之勇,有士君子之勇。前三类,争饮食,争财利,不顾生死,轻死而暴,都不是真正的勇。真正的勇是"士君子之勇"。"士君子之勇"的核心是"义之所在",即为正义而战,不怕危险和困难,那才是真正的勇敢。孔子说:"见义不为,无勇也。"(《论语·为政》)意思是,见到应该做的事情却不去做,这就是怯懦。年轻人血气方刚,勇于竞争,这是好事,但要把勇敢的精神应用到应该做的事情上去。

八、戒 斗

《荀子》

【题解】

本篇选自荀况《荀子·荣辱》,题目是后加的。戒斗,戒除争斗。

斗者,忘其身者也,忘其亲者也,忘其君者也①。行其少顷之怒,而丧终身之躯,然且为之,是忘其身也②;家室立残,亲戚不免乎刑戮③,然且为之,是忘其亲也;君上之所恶也,刑法之所大禁也④,然且为之,是忘其君也。下忘其身,内忘其亲,上忘其君⑤,是刑法之所不舍也,圣王之所不畜也⑥。乳彘不触虎,乳狗不远游⑦,不忘其亲也。人也,忧忘其身,内忘其亲,上忘其君,则是人也,而曾狗彘之不若也⑧。

【注释】

① 斗者:争强好胜,喜欢跟人争斗的人。忘:忘记。其身:他自身。其:

303

指斗者。亲:父母。君:国君。

② 行其少顷之怒:逞他一时儿的怒气。行:这里指发泄。少顷:一会儿。丧终身之躯:失去一生的身体。终身:一生。躯:身体,躯体。然且为之:这样,还去干。之:指"行其少顷之怒,而丧终身之躯"。是:这。

③ 家室:家庭,家人。立:立刻。残:被残破。亲戚:指父母。乎:用法相当于"于"。刑戮(lù):受刑罚或被处死。

④ 君上:君主。恶(wù):厌恶,讨厌。刑法:关于犯罪和刑罚的法律规范的总称。大禁:严厉禁止。

⑤ 下:指对自身。内:指对父母。上:指对君上。

⑥ 不舍:不赦免,不宽恕。圣王:古代指德才超群的帝王。不畜(xù):不容纳,不容留。

⑦ 乳彘(zhì):哺乳中的母猪。触:触犯。乳狗:哺乳中的母狗。远游:到较远的地方游玩。

⑧ 则:那么。是人:这个人。曾狗彘之不若:连猪狗都不如。若:如。

　　凡斗者,必自以为是而以人为非也①。己诚是也,人诚非也,则是己君子而人小人也②。以君子与小人相贼害也③,忧以忘其身,内以忘其亲,上以忘其君,岂不过甚矣哉④?是人也,所谓以狐父之戈钃牛矢也⑤。将以为智邪?则愚莫大焉⑥;将以为利邪?则害莫大焉⑦;将以为荣邪?则辱莫大焉⑧;将以为安邪?则危莫大焉⑨。人之有斗,何哉⑩?我欲属之狂惑疾病邪?则不可,圣王又诛之⑪。我欲属之鸟鼠禽兽邪?则又不可,其形体又人,而好恶多同⑫。人之有斗,何哉?我甚丑之⑬。

【注释】

① 必:一定。自以为是:认为自己正确。非:不对,错误。

② 己诚是也,人诚非也:自己果真是正确的,别人果真是错误的。诚:
果真,确实。则是己君子而人小人:那么这是自己是君子,而别人是
小人。则:那么。是:这。君子:古代指品德高尚的人。小人:古代
与"君子"相对,指品德低下的人。

③ 拿君子的身份同小人相互残杀。以:拿。贼害:残害。

④ 难道不是错得很厉害了吗? 岂:难道。过:犯错误。甚:很,十分。

⑤ 是人:这种人。狐父:地名,在今安徽砀山南。传说这个地方盛产一
种优质的戈。戈:古代兵器,用青铜或铁制成,横刃,装有长柄。镯
(zhǔ):砍,斩。牛矢:牛屎。这句话是说拿名贵的器具用在低贱的
事物上。

⑥ 智:明智。则愚莫大焉:那么没有什么比这更愚蠢的了。愚:愚蠢。
莫:没有什么。

⑦ 利:有利。害:有害。

⑧ 荣:光荣。辱:可耻。

⑨ 安:平安。危:危险。

⑩ 何哉:为什么呢?

⑪ 属:归于,归到。狂惑疾病:精神错乱一类的疾病。诛:诛杀。

⑫ 其形体又人:他们的形体又是人的形体。而:而且。好恶多同:喜好
与厌恶的情感跟别人又大多相同。

⑬ 甚:很,非常。丑之:以之为丑,意思是对此感到羞耻。

【评析】

　　荀子说的"戒斗"的"斗",是指那种人与人之间的无原则的争
强好胜、打架斗殴,而不是指那种执干戈以卫社稷的正义的"斗"。

　　世上总有那么一些人,火气大得很,动不动瞪大了眼睛,挥拳
相向。这样的"斗",算不上"智",算不上"利",算不上"荣",算不
上"安"。这样的"斗",轻则毁伤身体,重则触动法律,有百害而无

一利。正如荀子所说,这种人,"忧忘其身,内忘其亲,上忘其君",他们虽然也是人,"曾狗彘之不若也"。

孔子说:"君子戒斗","和为贵"。为什么呢?因为斗则两败,和则两利。在一些小是小非面前,多一些谦和,多一些宽容,就能化解许多的争斗。所谓进一步枪刀剑戟,退一步海阔天空,就是讲的这个道理。

九、高山流水

《吕氏春秋》

【题解】

本篇选自吕不韦《吕氏春秋·本味》,题目是后加的。

吕不韦及《吕氏春秋》的简介见第二单元《列精子高窥井》的题解。

凡贤人之德,有以知之也①。伯牙鼓琴,钟子期听之②。方鼓琴而志在太山③,钟子期曰:"善哉乎鼓琴!巍巍乎若太山④。"少选之间,而志在流水⑤,钟子期又曰:"善哉乎鼓琴!汤汤乎若流水⑥。"钟子期死,伯牙破琴绝弦,终身不复鼓琴,以为世无足复为鼓琴者⑦。

【注释】

① 凡:大凡,大概。贤人:有才德的人。德:品德。有以知之:有办法了解。

② 伯牙:春秋时楚国人,善弹琴,相传《高山流水》就是他的作品。鼓

琴:弹琴。鼓:弹奏。钟子期:姓钟,名期,子是古代男子的通称。

③ 方:刚刚。志在太山:志向在巍峨大山。太山:大山,高山。

④ 善哉乎鼓琴:弹琴弹得太好了! 善:好,美好。巍巍乎:高大的样子。若:好像。

⑤ 少选:一会儿。志在流水:志向在流水常进不止。

⑥ 汤汤(shāng shāng)乎:水大流急的样子。

⑦ 破琴绝弦:摔坏了琴,折断了弦。破:损坏,使碎裂。绝:断。终身:一生,一辈子。不复:不再。以为世无足复为鼓琴者:认为世上再没有值得为之弹琴的人。足:值得。

【评析】

什么是"知音"? 像伯牙和子期那样就是知音。

俗话说,世上之人千千万,知音一个也难求。为什么知音难求呢? 因为这需要在深层次上了解对方,理解对方,就像钟子期欣赏伯牙的琴音一样。这是一种骨子里的关切,一种心灵上的、情绪上的契合,跟那种身体上的、生活上的关心还不完全是一回事。

前人有一幅对联:人生得一知己足矣,斯世当以同怀视之。虽然知音、知己难得,但对世上的每一个人,都要用对待知己的态度来对待他们。这个标准是太高了,但我们还是努力去这样做吧。

十、和氏之璧

《韩非子》

【题解】

本篇选自韩非《韩非子·和氏》,题目是后加的。和氏,名叫卞和,春秋时期楚国人。璧,中间有孔的圆形玉器。

韩非及《韩非子》的简介见第二单元《自见和自胜》的题解。

　　楚人和氏得玉璞楚山中，奉而献之厉王①。厉王使玉人相之②，玉人曰："石也。"王以和为诳，而刖其左足③。及厉王薨，武王即位④。和又奉其璞而献之武王，武王使玉人相之。又曰："石也。"王又以和为诳⑤，而刖其右足。武王薨，文王即位⑥。和乃抱其璞而哭于楚山之下，三日三夜，泪尽而继之以血⑦。王闻之，使人问其故⑧，曰："天下之刖者多矣，子奚哭之悲也⑨？"和曰："吾非悲刖也，悲夫宝玉而题之以石，贞士而名之以诳⑩。此吾所以悲也⑪。"王乃使玉人理其璞而得宝焉，遂命曰"和氏之璧"⑫。

【注释】

① 得：得到，获得。璞：包含在石头中没有经过加工的玉石。楚山：楚国山中。奉而献之厉王：捧着把它献给厉王。奉：捧着。献：奉献，进献。之：它。这里指玉璞。厉王：春秋时期楚国的君主。

② 玉人：治玉的工匠。相：看，观察。这里指鉴定。

③ 诳（kuáng）：欺骗，惑乱。刖（yuè）：古代砍掉脚的刑罚。左足：左脚。

④ 及：等到。薨（hōng）：古代诸侯死称薨。武王：春秋时期楚国君主，公元前740年至前690年在位。即位：登上君位。

⑤ 王：指武王。

⑥ 文王：春秋时期楚国君主，公元前689年至前677年在位。

⑦ 尽：完，干。继之以血：跟着流出了血。继：随后，跟着。

⑧ 王：指文王。闻：听说。故：缘故，原因。

⑨ 刖者：被砍去脚的人。子奚哭之悲也：您为什么哭得那么悲伤呢？奚：为什么。悲：悲伤。

⑩ 我不是为刖刑而悲伤，而是悲伤宝玉被称做石头，忠贞的人被叫做

欺骗。题:题名,这里意思是称做,叫做。贞士:志节坚定、操守方正
之士。名:命名。

⑪ 此吾所以悲也:这才是我悲伤的原因。此:这。这里指"宝玉而题
之以石,贞士而名之以诳"。

⑫ 乃:于是。理:治玉,雕琢。宝:宝玉。

【评析】

在自然界里,玉一般是包在石头里的,这叫做璞,或玉璞。经
过玉人对璞加工,凿去外面的石头,才能得到玉。所以,哪是包着
玉的璞,哪是一般的石头,世俗之人是很难区分的。在这里,厉王
和武王的玉人是肉眼凡胎,而卞和算得上是火眼金睛。

不幸的是,卞和为他的火眼金睛付出了惨痛的代价:厉王"刖
其左足",武王"刖其右足"。世上真的就没有识宝的人了吗?卞
和"乃抱其璞而哭于楚山之下,三日三夜,泪尽而继之以血"。最
后,文王"乃使玉人理其璞而得宝焉",这就是世上有名的"和氏之
璧"。《史记·廉颇蔺相如列传》里秦王愿以十五城而向赵王换取
的,就是这块和氏璧。

这则故事说明,发现真理是很难的,而坚持真理有时则更难。
在这方面,卞和可以算是一个光辉的榜样。

十一、宋就退让

《新书》

【题解】

本篇选自贾谊《新书·退让》,题目是后加的。宋就,战国时

魏国大夫,是与楚国接壤地区的县令,生平事迹不详。

贾谊及《新书》的简介见第二单元《楚怀王心矜好高人》的题解。

昔梁大夫宋就者,为边县令,与楚邻界①。梁之边亭与楚之边亭皆种瓜,各有数②。梁之边亭劬力而数灌,其瓜美③;楚窳而稀灌,其瓜恶④。楚令固以梁瓜之美,怒其亭之瓜之恶也⑤。楚亭恶梁瓜之贤己,因夜往,窃搔梁亭之瓜,皆有死焦者矣⑥。梁亭觉之,因请其尉,亦欲窃往,报搔楚亭之瓜⑦。尉以请⑧,宋就曰:"恶!是何言也⑨?是构怨召祸之道也⑩。恶!何称之甚也⑪?若我教子,必每莫令人往,窃为楚亭夜善灌其瓜,令勿知也⑫。"于是梁亭乃每夜往⑬,窃灌楚亭之瓜。楚亭旦而行瓜,则皆已灌矣⑭。瓜日以美,楚亭怪而察之,则乃梁亭也⑮。楚令闻之,大悦,具以闻⑯。楚王闻之,愀然丑以志自惛也⑰,告吏曰:"微搔瓜,得无他罪乎⑱?"说梁之阴让也,乃谢以重币,而请交于梁王⑲。楚王时则称说梁王,以为信⑳,故梁、楚之欢由宋就始㉑。语曰㉒:"转败而为功,因祸而为福㉓。"老子曰㉔:"报怨以德㉕。"此之谓乎㉖?

【注释】

① 昔:从前。梁:魏国。魏惠王把国都由安邑迁到大梁(今河南开封)后,魏国改称为梁国。与楚邻界:跟楚国相邻接界。

② 边亭:边地的亭。亭是秦汉时乡以下的一种行政单位。各有数:各自有一定的数量。各:各自。数:数量。

③ 劬(qú)力:勤劳,努力。数(shuò)灌:多次浇水。其瓜美:他们的瓜长得好。

④ 窳(yù):懒惰。稀灌:浇水少。恶:不好。

310

⑤ 楚令:楚国的县令。固:本来。以:因为。怒其亭之瓜之恶:为本亭的瓜不好而生气。

⑥ 恶梁瓜之贤己:嫉妒梁亭的瓜比自己的好。恶(wù):嫉妒。贤己:比自己的好。因:于是。窃搔梁亭之瓜:偷偷地以指甲或他物弄伤梁亭的瓜。死焦者:枯死的瓜。焦:枯萎。

⑦ 觉:发觉,发现。因请其尉:便向他们的县尉请示。尉:古代官名。这里指边邑长官。亦欲:也想。报搔楚亭之瓜:用搔坏楚亭的瓜加以报复。报:报复。

⑧ 尉以请:县尉拿这件事请示宋就。

⑨ 恶(wū):表示感叹的词,相当于现代汉语的"唉"。是何言也:这是什么话呢?

⑩ 这是结下怨仇、招致祸患的做法。是:这。这里指"报搔楚亭之瓜"这件事。构怨:结怨,结仇。召祸:招致祸患。道:做法。

⑪ 为什么把话说得这么过分?何:为什么。称:说。甚:过分。

⑫ 若:如果。教子:教给您。莫:晚上。在这个意义上后来写做"暮"。令:命令。为:替。善灌:好好浇灌。勿知:不要让他们知道。

⑬ 乃:就,便。

⑭ 旦:早晨,清晨。行瓜:巡视瓜田。行:巡行,巡视。

⑮ 瓜日以美:瓜一天比一天长得好。日:一天比一天。怪而察之:感到奇怪而仔细察看。则乃:原来是。

⑯ 闻之:听说了这件事。闻:听说。大悦:非常高兴。具以闻:全部把这件事报告给楚王。具:全部。闻:使君主听见,也就是向君主报告。

⑰ 思量后觉得很惭愧,希望记住自己犯糊涂的事儿。怨然:思考的样子。丑:惭愧,羞愧。志:记住。惛(hūn):糊涂,迷糊。

⑱ 微搔(sāo)瓜:除了搔瓜。微:这里是除此以外的意思。得无他罪乎:莫非还有其他罪过吗?得无:莫非。

⑲ 说(yuè):高兴。在这个意义上后来写做"悦"。阴让:暗中谦让。

311

阴:暗中。乃谢以重币:于是就用丰厚的礼物道歉。谢:道歉。重
币:丰厚的礼物。币:泛指礼物。请交于梁王:请求跟梁王交友。

⑳ 楚王就经常称赞梁王,认为他有信用。

㉑ 欢:友好。

㉒ 语曰:俗话说。

㉓ 转变失败而为成功,凭借灾祸而化为福祉。转:变,变化。因:凭借,
根据。

㉔ 老子:古代的哲学家,著有《老子》,共八十一章。

㉕ 报怨以德:即"以德报怨",用恩惠来回报别人的仇恨。

㉖ 此之谓乎:("语曰"和"老子曰"的话)说的就是这吧。此:这,指梁
亭为楚亭灌瓜这件事。

【评析】

楚亭因梁亭瓜美而嫉妒,"窃搔梁亭之瓜,皆有死焦者矣",后
果严重。梁亭不念旧恶,"窃为楚亭夜善灌其瓜,令勿知也"。宋
就的退让,宋就的宽宏大量,不仅使梁、楚两边县关系融洽,而且使
两国交好。"梁、楚之欢由宋就始"。这是多么大的功德啊。如果
梁亭也像楚亭那样去搔瓜,说不定会引发一场战争呢。这个故事
说明,退让、"报怨以德",能够"转败而为功,因祸而为福"。

世上恩怨颇多,就其关系来讲,大致可以分为四种:"以德报
德"、"以德报怨"、"以怨报怨"、"以怨报德"。世人执行的,绝大
多数是"以德报德"和"以怨报怨",即你对我好,我就对你好;你对
我不好,我就对你不好。"以怨报德",这叫做没有良心,这样做的
人不会多。最难的是"以德报怨",就是别人对你不好,你却用恩
惠来报答他。这需要仁爱、宽容、大度,"己所不欲,勿施于人"。
如果我们人与人之间、单位与单位之间各忍小忿,宽大为怀,以德
报怨,那么,我们离和谐社会还能远吗?

312

十二、韩安国大度

《史记》

【题解】

本篇节选自司马迁《史记·韩长孺列传》,题目是后加的。韩安国(公元前? —前127年),字长孺,武帝时为御史大夫,后为卫尉。后任材官将军,屯军渔阳,与匈奴大战,失败,诏书谴责,抑郁而死。大度,气量宽宏,能容人。

司马迁及《史记》的简介见第二单元《相御之妻》的题解。

御史大夫韩安国者,梁成安人也①,后徙睢阳②。尝受《韩子》、杂家说于驺田生所③。事梁孝王为中大夫④。吴、楚反时,孝王使安国及张羽为将,扞吴兵于东界⑤。张羽力战,安国持重,以故吴不能过梁⑥。吴、楚已破,安国、张羽名由此显⑦。

【注释】

① 御史大夫:官名,其位仅次于丞相,主管弹劾、纠察以及掌管图籍秘书。梁:西汉分封的诸侯国,在今河南东北部、山东西南部、安徽西北部地区。成安:汉代县名,属梁国。

② 后徙(xǐ)睢(suī)阳:后来迁徙到睢阳。睢阳:汉代为梁国的国都,故城在今河南商丘南边。

③ 曾经在驺城田生那里学习《韩子》和杂家之说。驺:即邹,今山东邹城。田生:田先生。生是当时对有学问的人的尊称。《韩子》:即《韩非子》,战国时期思想家韩非的著作。杂家说:杂家之说。杂家:古九流之一,杂集众家之论,融会贯通而为一家之言。所:处所。

④ 事梁孝王:侍奉梁孝王,即跟梁孝王做官。梁孝王:刘武,汉文帝刘恒的儿子,景帝刘启的弟弟。此人骄横,多为不法,《史记·韩长孺列传》说他"出入游戏,僭于天子"。中大夫:官名,多系中央要职和顾问。

⑤ 吴、楚反时:景帝前元三年(公元前154年)吴王刘濞(bì)勾结楚、赵、胶西、济南、淄川、胶东六国发动叛乱,史称"七国之乱"。《史记·梁孝王世家》说:"梁孝王城守睢阳,而使韩安国、张羽等为大将军,以距吴、楚。吴、楚以梁为限,不敢过而西。"扞(hàn):抵御,抵抗。东界:梁国的东部边界。

⑥ 持重:谨慎,稳重,不浮躁。以故:因此,因为这个原因。

⑦ 显:显著。

其后安国坐法抵罪,蒙狱吏田甲辱安国①。安国曰:"死灰独不复然乎②?"田甲曰:"然即溺之③。"居无何,梁内史缺④,汉使者拜安国为梁内史,起徒中为二千石⑤。田甲亡走⑥。安国曰:"甲不就官,我灭而宗⑦。"甲因肉袒谢⑧。安国笑曰:"可溺矣!公等足与治乎⑨?"卒善遇之⑩。

【注释】

① 其后:那以后。这里指韩安国替梁王在朝廷解除误会,且名声大振以后。坐法:犯法获罪。抵罪:因犯罪而受到相应的处罚。蒙:汉代县名,在今河南商丘东北。狱吏:古代管理监狱的小官。田甲:狱吏的姓名。辱:羞辱。

② 死灰难道不会再燃烧吗?死灰:火灭后的冷灰。然:燃烧。在这个意义上后来写做"燃"。

③ 然即溺之:燃烧就撒泡尿浇灭它。即:就。溺:用尿浇灭。

④ 居无何:过了不久。无何:不久。内史:官名。西汉初,诸侯王国置

314

内史,秩二千石,掌管民政。缺:空缺。

⑤　汉:指西汉朝廷。使:派遣。使者:奉命出使的人。拜:授官。起徒
中为二千石:从囚徒起任为二千石官员。徒:刑徒。二千石:相当于
中央九卿郎将、地方郡太守一级的官员。这一级官员的俸禄一年为
二千石。

⑥　亡走:逃跑。

⑦　不就官:不就任,指"亡走"。灭而宗:灭了你的宗族。而:你。

⑧　因:于是。肉袒:脱去上衣,露出肢体。古代在谢罪时表示恭敬和惶
恐。谢:道歉,认错。

⑨　你们这些人值得我处置吗? 足:值得。治:整治,处置。

⑩　终于友好地对待他。卒:最终,终于。遇:对待。

【评析】

韩安国是西汉著名的政治家、军事家, 是出将入相之人。他
能做到这样的高位, 是有其原因的。《史记·韩长儒列传》说,
"安国为人多大略", "安国持重", 敢直言, 所推举"皆天下名
士"。还有一项, 就是他宽宏大量, 能容人, 本篇所写就是
一例。

"其后安国坐法抵罪,蒙狱吏田甲辱安国"。安国被狱吏所
折辱,而且这个狱吏肆无忌惮,不怕安国死灰复燃,说复燃就溺
灭它,也够狂妄的。后来安国为梁内史,"甲因肉袒谢",安国"卒
善遇之"。安国以其宽恕和仁爱,化解了尖锐的矛盾。其实,面对
诸如此类的矛盾,不必以牙还牙,以眼还眼,像韩安国这样是最好
的了。

十三、白圭治生

《史记》

【题解】

本篇选自司马迁《史记·货殖列传》，题目是后加的。白圭，战国时期著名的富商，精于从商之道。治生，经营家业。

白圭，周人也①。当魏文侯时，李克务尽地力②，而白圭乐观时变，故人弃我取，人取我与③。夫岁孰取谷，予之丝漆④；茧出取帛絮，予之食⑤。太阴在卯，穰；明岁衰恶⑥。至午，旱；明岁美⑦。至酉⑧，穰；明岁衰恶。至子，大旱；明岁美，有水⑨。至卯，积著率岁倍⑩。欲长钱，取下谷；长石斗，取上种⑪。能薄饮食，忍嗜欲，节衣服⑫，与用事僮仆同苦乐，趋时若猛兽挚鸟之发⑬。故曰："吾治生产，犹伊尹、吕尚之谋，孙吴用兵，商鞅行法是也⑭。是故其智不足与权变，勇不足以决断，仁不能以取予，强不能有所守⑮，虽欲学吾术，终不告之矣⑯。"盖天下言治生祖白圭⑰。白圭其有所试矣，能试有所长，非苟而已也⑱。

【注释】

① 周：因东周把国都迁移到洛邑(今河南洛阳)，所以这里的周指洛邑周围一带。

② 当：正当。魏文侯：战国初期魏国的创建者魏斯，公元前 445 年至前 396 年在位。李克：战国初期的政治家，曾担任魏国的相。务尽地力：致力于最大限度地利用土地的出产能力。务：致力。

③ 乐观时变:喜欢观察时用的变化。故:所以。人弃我取:别人抛售,我就收取。弃:抛弃。这里指抛售。人取我与:别人需要取用的时候,我就卖给他们。与:给予。这里指卖给。

④ 岁孰:收成好。岁:年景,收成。孰:庄稼丰收。在这个意义上后来写做"熟"。取谷:收取粮食。予之丝漆:卖给他们丝和漆。

⑤ 茧出取帛絮:蚕茧出来了,就收取丝绵。帛絮:丝绵。食:粮食。

⑥ 太阴在卯:太岁在卯宫的位置上。太阴:指太岁。卯:卯宫的位置。穰(ráng):庄稼丰收。明岁:明年。衰恶(è):收成不好。

⑦ 至午:到了午宫的位置。旱:干旱。美:指收成好。

⑧ 酉:酉宫的位置。

⑨ 子:子宫的位置。有水:有雨水。

⑩ 积著:累积贮存的钱物。率(shuài)岁倍:大概是往年的一倍。率:大概。从"太阴在卯"至此;均属举例性质。

⑪ 长(zhǎng)钱:想要增加钱。取下谷:收取价格低廉的粮食。下:指价格低廉。长石斗:增加粮食的产量。取上种:收取优良的种子。

⑫ 薄饮食:不讲究吃喝。薄:不讲究,不注重。忍嗜(shì)欲:强忍嗜好欲望。节衣服:节俭衣服开支。

⑬ 与用事僮仆同苦乐:跟雇佣的奴仆同甘共苦。用事:雇佣。趋时若猛兽挚鸟之发:捕捉时机就像凶猛的兽鸟一样发动迅疾。趋时:捕抓时机。挚:通"鸷",凶猛。发:发动。这里指发动迅疾。

⑭ 治生产:谋划生计。治:谋划。犹伊尹、吕尚之谋:好像伊尹、吕尚筹划谋略。犹:好像。伊尹:商朝大臣,辅佐商汤灭掉夏朝,建立商朝。吕尚:西周时齐国的始祖。姓姜,名尚,字子牙。辅佐周武王灭掉商朝,建立周朝。孙吴用兵:好像孙武、吴起指挥战斗一样。孙:孙武,春秋时期吴国的将领、著名的军事家。吴:吴起,战国初期著名的军事家。商鞅行法:好像商鞅施行法制改革一样。商鞅:战国时期著名的政治改革家。辅佐秦孝公进行变法,使秦国富强起来。是:这样。

317

⑮ 是故：所以。其智不足与权变：一个人的智慧够不上权宜变化。权变：权宜变化。勇不足以决断：勇敢够不上坚决果断。仁不能以取予：仁义不能恰当地收取和给予。强不能有所守：强毅不能有所坚守。

⑯ 吾术：我的这套办法。终不告之矣：最终都不会告诉他了。

⑰ 言：谈论。祖：效法。

⑱ 白圭大概对他的主张有所尝试，能够尝试成功就是他的这套主张有它的长处，并不是随随便便的说法罢了。苟：随便，马虎。

【评析】

在中国历史上，历代统治者所执行的都是重农抑商的政策。虽然历代都有商人，但商人没有政治地位，受到鄙视。但不论怎么说，商业活动在社会生活中却是无论如何也离不开的。本书写了两位商人，一位是牵牛犒师的弦高，一位就是本篇里的治生高手白圭。

一个成功的商人，智、勇、仁、强一个都不能少。正如白圭所说："其智不足与权变，勇不足以决断，仁不能以取予，强不能有所守，虽欲学吾术，终不告之矣。"

白圭治生，有理论，有方法。其理论就是"乐观时变"，"人弃我取，人取我与"。走别人的老路肯定赚不了钱。他的方法主要有两点：一是善于捕捉商机，"趋时若猛兽挚鸟之发"；二是艰苦奋斗，"能薄饮食，忍嗜欲，节衣服，与用事僮仆同苦乐"。

白圭治生的理论和方法，很值得现在经商的人们学习和借鉴。

十四、桓公论和

《说苑》

【题解】

本篇选自刘向《说苑·敬慎》，题目是后加的。桓公，从春秋到战国名号为"桓公"的人有很多。这里的"桓公"不知指谁。和，和谐。

刘向及《说苑》的简介见第二单元《高而不危 满而不溢》的题解。

桓公曰："金刚则折，革刚则裂①；人君刚则国家灭，人臣刚则交友绝②。夫刚则不和，不和则不可用③。是故四马不和，取道不长④；父子不和，其世破亡⑤；兄弟不和，不能久同⑥；夫妻不和，家室大凶⑦。《易》曰⑧：'二人同心，其利断金⑨。'由不刚也⑩。"

【注释】

① 金刚则折：金属太坚硬就会折断。金：金属。则：就。革刚则裂：皮革太坚硬就会裂开。革：加工去毛的兽皮。

② 人君刚则国家灭：君主太刚强，国家就会容易灭亡。人君：君主。人臣刚则交友绝：臣子太刚强，朋友就会断绝。人臣：臣子。交友：朋友。

③ 刚则不和：太刚强就不和睦。不可用：不能被使用。

④ 是故：所以。四马不和，取道不长：四匹马不协调，所拉的车就走不远。取道：所走的路程。

⑤ 其世破亡：他们这一代就会破败灭亡。世：父子相承为一世。一世

319

就是一代。

⑥　不能久同：不能长久地同处一家。同：共同参与某事。这里指住在
　　一起。

⑦　家室大凶：家庭就会有大灾难。家室：家庭。大凶：凶祸，也就是
　　死灭。

⑧　《易》：又叫《易经》，是儒家的重要经典。

⑨　二人同心，其利断金：这句话出自《易经·系辞上》，意思是两个人
　　齐心协力，他们的锋利程度能够割断金属。

⑩　由不刚也：这是因为不刚强的原因。由：因为。

【评析】

　　本文生动地说明了刚硬则导致不和，不和则万事不成的道理。

　　人的个性千差万别。有的刚强，有的柔弱。刚强本身不是缺
点，但是不能太刚、太硬。一般地说，性格太刚强、太硬直，就不容
易与他人搞好关系，其中包括上下级关系、朋友关系、父子关系、兄
弟关系、夫妻关系等。各种关系搞不顺畅，那么工作、学习、生活就
难以搞得好了。

　　我们提倡人与人之间要团结，要"和"。"和"，就是和气，和
顺，和美，和睦，和谐。"和"能生财，"和"能兴家，"和"能为国。
古人说："二人同心，其利断金"，就是讲的"和"啊。

十五、子渊栖拒劫

《新序》

【题解】

　　本篇选自刘向《新序·义勇》，题目是后加的。子渊栖，姓子

渊,名栖,齐顷公之子公子渊的后代。拒,拒绝,抵制。劫,劫持,威胁。

刘向及《新序》的简介见第二单元《赵襄子饮酒》的题解。

陈恒弑君①,使勇士六人劫子渊栖②,曰:"子与我,请分齐之半以予子③;不吾与④,今此是已⑤。"子渊栖曰:"子之欲与我也,以我为知乎⑥?臣弑君,非知也;以我为仁乎?见利而背君⑦,非仁也;以我为勇乎?劫我以兵,惧而与子⑧,非勇也。使吾无此三者,与,何补于子⑨?若吾有此三者,终不从子矣⑩。"乃舍之⑪。

【注释】

① 陈恒:即田常,春秋时期齐国的大夫。弑(shì):指臣子杀死君主。君:指齐简公,姓姜,名壬,谥号是"简"。

② 勇士:有力气有胆量的人。

③ 与:顺从。齐之半:齐国的一半。予:给予。

④ 不吾与:不顺从我。

⑤ 今此是已:现在这个人就是样子。此:指齐简公。

⑥ 子之欲与我:您想使我顺从。知(zhì):聪明。在这个意义上后来写做"智"。

⑦ 利:利益。背:背叛。

⑧ 兵:兵器。惧:惧怕,害怕。

⑨ 使:假使,如果。与:顺从您。何补于子:对您有什么好处呢?补:裨益,好处。

⑩ 若:如果。终:终究。

⑪ 乃:于是。舍:舍弃。这里指放过子渊栖。

【评析】

　　子渊栖被劫，陈恒发下话来："子与我，请分齐之半以予子"，价码够高的了；"不吾与，今此是已"，后果够严重的了。在此情况下，生死存于一念。但"陈恒弑君"，为大逆无道。所以子渊栖认为，如果顺从陈恒，则"非知"、"非仁"、"非勇"，于是"拒劫"，而且拒绝得非常巧妙，表现出了大仁、大智、大勇的品质。正因为子渊栖坚持了正义，并进行了坚决的斗争，所以陈恒"乃舍之"。在"被劫"的情况下，一味的妥协恐怕是不行的。

十六、任座直言

《资治通鉴》

【题解】

　　本篇选自司马光《资治通鉴·周纪一》，题目是后加的。任座，战国时期魏国的臣子。直言，直率地说话，说实话。

　　司马光及《资治通鉴》的简介见第一单元《祖逖闻鸡起舞》的题解。

　　魏文侯使乐羊伐中山，克之，以封其子击①。文侯问于群臣曰②："我何如主③？"皆曰④："仁君⑤。"任座曰："君得中山，不以封君之弟而以封君之子，何谓仁君⑥？"文侯怒，任座趋出⑦。次问翟璜⑧，对曰："仁君。"文侯曰："何以知之⑨？"对曰："臣闻君仁则臣直⑩。向者任座之言直，臣是以知之⑪。"文侯悦，使翟璜召任座而反之，亲下堂迎之，以为上客⑫。

【注释】

① 魏文侯：魏斯，战国时期魏国的君主。使：派遣。乐（yuè）羊：战国时期魏国的著名将领。伐：讨伐。中山：战国时期国名，在今河北定县、唐县一带。克：攻克，战胜。以封其子击：把它封给了自己的儿子魏击。封：帝王以土地、爵位、名号赐人。击：魏文侯儿子的名字。

② 群臣：众臣子。

③ 我何如主：我是怎样的君主？

④ 皆：都，全部。

⑤ 仁君：仁爱的君主。

⑥ 得：取得。君之弟：您的弟弟。君之子：您的儿子。何谓仁君：怎么说是仁爱的君主呢？

⑦ 怒：气愤，愤怒。趋出：小步疾行退出。

⑧ 次：依次，接着。翟璜：战国时期魏国的臣子。

⑨ 何以知之：凭什么知道是仁爱的君主呢？何以：根据什么。

⑩ 君仁则臣直：君主仁爱，那么臣子就正直。

⑪ 向者：刚才。言：话。

⑫ 悦：高兴。召：召唤，召请。反之：让他返回。亲下堂迎之：亲自走下朝堂迎接他。古时，整幢房子建筑在一个高出地面的台基上。前面是堂，通常是行大礼的地方，不住人；堂后面是室，住人。上客：尊客，贵宾。

【评析】

在战国时期，魏文侯也算得上是位明君，但也听不进直率的话。一听任座说他不是仁君，就发怒，弄得任座跑下朝堂。翟璜的回答让文侯高兴。翟璜的论据是"君仁则臣直"。您有了直臣，所以就是仁君。这样，"文侯悦，使翟璜召任座而反之，亲下堂迎之，以为上客"。

"君仁"和"臣直"是相辅相成的。君主仁厚,才会容得下直臣;臣子正直,才能助成君主的仁德。君臣相得,上下和睦,国家才会发展强大,人民才会安居乐业。

第八单元

一、灵公禁妇人为丈夫饰不止

《晏子春秋》

【题解】

本篇选自《晏子春秋·内篇杂下》，题目是后加的。灵公，指齐灵公。齐景公的父亲，公元前581至前554年在位。禁妇人为丈夫饰不止，禁止女人穿男人衣服而禁止不了。丈夫，男子。饰，服饰。

晏子及《晏子春秋》的简介见第六单元《景公游于麦丘》的题解。

灵公好妇人而丈夫饰者，国人尽服之①，公使吏禁之②，曰："女人而男子饰者，裂其衣，断其带③。"裂衣断带相望④，而不止。晏子见，公问曰："寡人使吏禁女人而男子饰者，裂断其衣带，相望而不止者，何也⑤？"晏子对曰："君使服之于内，而禁之于外⑥，犹悬牛首于门，而卖马肉于内也⑦。公何以不使内勿服，则外莫敢为也⑧。"公曰："善⑨。"使内勿服，不逾月，而国人莫之服⑩。

① 好(hào):喜欢。国人:国都中的人。尽服之:女人们全都穿男装。

② 使吏:派遣官吏。

③ 裂其衣,断其带:撕裂她的衣服,剪断她的衣带。带:束衣的带子。

④ 相望:互相看见。形容连续不断,数量很多。

⑤ 寡人:古代诸侯的谦称,意为寡德之人。寡:少。何也:为什么呢?

⑥ 于内:在宫廷内。于外:在宫廷外。

⑦ 好像在门上挂着牛头,而在门内却卖马肉一样。这句话是说齐灵公
　 言行不一,对宫内、官外的要求不一。悬:悬挂。

⑧ 何以:为什么。勿:不要。莫:没有人,没有谁。

⑨ 善:好。表示赞同、应诺。

⑩ 不逾月:没超过一个月。逾:超过。国人莫之服:国都内的女人没有
　 谁再穿男人的服装了。

【评析】

　　因为"灵公好妇人而丈夫饰者",所以"国人尽服之",所谓上
行下效嘛。面对国都中的女人都穿男装的局面,灵公又不高兴了,
"使吏禁之"。结果是屡禁不止。晏子分析了屡禁不止的原因,指
出:如果公"使内勿服,则外莫敢为也"。结果,"不逾月,而国人莫
之服"。

　　这件事说明了两个问题:

　　一、《史记·张释之冯唐列传》说:"下之化上疾于景响,举错
不可不审也。"大意是,下面的人(老百姓)受上面的人(统治者)的
教化,比影子随实体、比回音随响声还快,所以政策、举措不可不
谨慎。

　　二、上面的人(统治者)想要改变下面的人(老百姓)的某些行
为和做法,莫过于以身作则,给下面做个好榜样。

二、扁鹊见蔡桓公

《韩非子》

【题解】

本篇选自韩非《韩非子·喻老》，题目是后加的。扁鹊，古代著名医生，姓秦，名越人。见，进见。蔡桓公，春秋时期蔡国国君，公元前714年至前695年在位。

韩非及《韩非子》的简介见第二单元《自见和自胜》的题解。

扁鹊见蔡桓公，立有间①。扁鹊曰："君有疾在腠理，不治将恐深②。"桓侯曰③："寡人无疾④。"扁鹊出，桓侯曰："医之好治不病以为功⑤。"居十日，扁鹊复见曰⑥："君之病在肌肤，不治将益深⑦。"桓侯不应⑧。扁鹊出，桓侯又不悦⑨。居十日，扁鹊复见曰："君之病在肠胃，不治将益深。"桓侯又不应。扁鹊出，桓侯又不悦。居十日，扁鹊望桓侯而还走，桓侯故使人问之⑩。扁鹊曰："病在腠理，汤熨之所及也⑪；在肌肤，针石之所及也⑫；在肠胃，火齐之所及也⑬；在骨髓，司命之所属，无奈何也⑭。今在骨髓，臣是以无请也⑮。"居五日，桓侯体痛，使人索扁鹊，已逃秦矣⑯。桓侯遂死⑰。

故良医之治病也，攻之于腠理⑱。此皆争之于小者也⑲。夫事之祸福亦有腠理之地，故圣人蚤从事焉⑳。

【注释】

① 立有间：站立了一会儿。

327

② 疾:古代汉语里,"疾"和"病"意义有区别,小病叫做"疾",大病、重病叫做"病"。腠(còu)理:中医指皮下肌肉之间的空隙和皮肤、肌肉间的纹理。不治:不治疗。恐:恐怕。深:加深。

③ 桓侯:也就是蔡桓公。

④ 寡人:寡德之人。古代诸侯的谦称。无疾:没有病。

⑤ 医生喜欢给没有病的人治病来作为自己的功劳。好:喜欢。不病:没有生病。这里指没有生病的人。以为:作为。功:功劳。

⑥ 居十日:过了十天。居:过,隔。复:又,再。

⑦ 肌肤:肌肉和皮肤。益:更加。

⑧ 应:应声,回答。

⑨ 悦:高兴。

⑩ 望:望见。还(xuán)走:转身跑走。故:特意。使:派遣。

⑪ 汤熨:中医的一种治疗方法,用热水熨帖患处来散寒止痛。及:达到。

⑫ 针石:古代针灸用的金针和石针。

⑬ 火齐(jì):清火去热的汤药。齐:拿多味药合成的药剂。在这个意义上后来写做"剂"。

⑭ 骨髓:骨腔内的膏状物质。司命:传说主宰人类生命的神。属:管辖。无奈何:不能拿它怎么样,拿它没有办法。

⑮ 是以:因此。无请:不再请求进见桓公。

⑯ 体痛:身体疼痛。索:索求,寻找。逃:逃亡。

⑰ 遂:于是。

⑱ 故:所以。良医:医术高明的医生。攻:治。

⑲ 争之于小者:抢在病轻的时候治疗。争:抢先行动。小者:小的时候,也就是病轻的时候。

⑳ 事情的祸福也有它露出苗头的阶段,所以圣人要及早地加以处理。腠理之地:病在表皮那样的阶段。这里指祸福刚刚产生的阶段。蚤:通"早",早早地,及早。从事:处理。

这位蔡桓公,本无大病,"疾在腠理",热敷一下也就好了,可是他不治;后来"病在肌肤",再后来"病在肠胃",一个月之后病"在骨髓",无法可治了;又过了五天,桓公就呜呼哀哉了。这种因小病不治而酿成大病而丧命的事情,在社会上还是可以常常见得到的。

这个故事说明一个道理,那就是要防微杜渐。《韩非子·喻老》(译文)说:"千丈长堤,因蝼蚁的洞穴而溃决;百尺楼房,因烟囱裂缝冒出的火星而焚毁。"因此,我们做任何事情,都要"在容易做的时候认真对待以防止发展为困难的事情,在细小的萌芽状态就认真对待以防止发展为更大的灾祸。"所以,"夫事之祸福亦有腠理之地,故圣人蚤从事焉"。

三、曾子杀彘

《韩非子》

【题解】

本篇选自韩非《韩非子·外储说左上》,题目是后加的。曾子,名参,字子舆,孔子的弟子。彘(zhì),猪。

曾子之妻之市,其子随之而泣①,其母曰②:"女还,顾反为女杀彘③。"妻适市来,曾子欲捕彘杀之④。妻止之曰⑤:"特与婴儿戏耳⑥。"曾子曰:"婴儿非与戏也⑦。婴儿非有知也,待父母而学者也,听父母之教⑧。今子欺之,是教子欺也⑨。母欺子,子而不信其母,非以成教也⑩。"遂烹彘也⑪。

【注释】

① 曾子之妻之市:曾子的妻子到集市去。之市:到集市。其子随之而泣:她的孩子跟在她身后哭。泣:哭泣。

② 其母:婴儿的母亲。也就是曾子的妻子。

③ 女:你。还:回去。顾反为女杀彘:我回来后为你杀猪吃。顾反:返回,回家。

④ 妻适市来:曾子的妻子到集市回来后。捕:捕捉。

⑤ 止:阻止,制止。

⑥ 只是跟小孩子开玩笑罢了。特:只。婴儿:泛指幼童。戏:开玩笑。耳:语气词,表示限止的语气。

⑦ 小孩子是不能跟他开玩笑的。与:跟。

⑧ 有知:有知识。待父母而学者也:是等着从父母那里学习的人。听父母之教:听从父母的教诲。

⑨ 现在您欺骗他,这就是教孩子欺骗。第一个"子"是您的意思,第二个是孩子的意思。

⑩ 信:相信。非以成教也:不是拿来实现教育孩子的办法。成:实现,完成。

⑪ 遂:于是。烹:煮。

【评析】

"婴儿非有知也,待父母而学者也,听父母之教"。父母是孩子的第一位老师。儿童幼稚,如一张白纸,染之苍则苍,染之黄则黄,所以教育他们,不能不注意。首要的一条就是不能欺骗他们,不能让他们感到父母说话不算数。如果欺骗了他们,他们长大了就会去欺骗别人。在这个问题上,曾子的意见无疑是正确的。

330

四、孟母教子

《列女传》,《韩诗外传》

【题解】

本篇共三则,第一则、第三则选自刘向《列女传·邹孟轲母》,第二则选自韩婴《韩诗外传》卷九。本篇的题目是后加的。孟母,孟轲的母亲仉(zhǎng)氏。在封建社会中,孟母被推崇为贤母的典范。

刘向(约公元前77—前6年),本名更生,字子政,沛(今江苏沛县)人。西汉著名文学家、文献学家。其著作有《新序》、《说苑》、《列女传》等。

《列女传》,一名《古列女传》。今本是宋代王回重订。全书根据诸女之行分七类,为母仪、贤名、仁智、贞顺、节义、辨通、孽嬖。每类一卷,每卷十五人。书中多记上古至汉代妇女嘉言懿行,颇可与史传相参。叙事简洁,文笔朴素,对后世文学也有一定影响。

韩婴及《韩诗外传》的简介见第二单元《成王封伯禽于鲁》的题解。

(一)

邹孟轲之母也,号孟母,其舍近墓①。孟子之少也,嬉游为墓间之事,踊跃筑埋②。孟母曰:"此非吾所以居处子③。"乃去,舍市傍④。其嬉戏为贾人炫卖之事⑤。孟母又曰:"此非吾所以居处子也。"复徙舍学宫之旁⑥。其戏游乃设俎豆,揖让进退⑦。孟母曰:"真可以居吾子矣⑧!"遂居⑨。及孟子长,学六艺,卒成大儒之名⑩。君子谓孟母善以渐化⑪。

【注释】

① 邹:地名,今山东邹城。孟轲:孟子名轲,字子舆,战国时期邹人,是
继孔子之后儒家学派的一位大师。号:称为。其舍近墓:她的住房
靠近一片墓地。

② 孟子小时候,在坟墓中间嬉笑游玩,高高兴兴地做些筑坟埋棺的事。
嬉游:嬉笑游玩。踊跃:高兴的样子。

③ 这里不是我让儿子居住的地方。居处子:使儿子居住。

④ 乃去:于是离开。舍市傍:住在一个市场的附近。舍:居住。傍
(páng):旁边。

⑤ 贾(gǔ)人炫(xuàn)卖:商人炫耀叫卖。

⑥ 复:又,再。徙(xǐ):迁居。学宫:学校。

⑦ 于是孟轲就摆弄俎豆一类的祭器,学习揖让进退的礼仪。俎(zǔ)
豆:俎和豆。古代祭祀、宴饮时盛食物用的两种祭器。也泛指各种
礼器。揖(yī)让:宾主相见的礼仪。进退:举止行动。

⑧ 这里的确可以让我儿子居住了。真:的确,实在。

⑨ 遂居:于是就住了下来。

⑩ 及孟子长:等到孟子长大了。及:等到。六艺:六经,指《诗》、《书》、
《礼》、《乐》、《易》、《春秋》六部儒家经典。卒成大儒之名:终于成
就了一位儒学大师的美名。卒:终于。大儒:儒学大师。

⑪ 君子认为孟母善于用濡染的办法进行教化。君子:古代指有学问而
且品德高尚的人。渐:逐渐濡染。化:教化。

(二)

孟子少时,东家杀豚①,孟子问其母曰:"东家杀豚何为②?"母
曰:"欲啖汝③。"其母自悔而言曰④:"吾怀娠是子,席不正不坐,割

不正不食,胎之教也⑤。今适有知而欺之,是教之不信也⑥。"乃买东家豚肉以食之,明不欺也⑦。

【注释】

① 东家杀豚(tún):东边的邻居杀猪。豚:小猪。这里泛指猪。

② 何为:做什么。

③ 欲啖(dàn)汝:想买肉给你吃。

④ 他的母亲自己感到后悔地说道。

⑤ 吾怀娠(shēn)是子:我怀这个孩子时。怀娠:怀孕。席不正:席位不端正。割不正不食:肉切得不端正就不吃。胎之教也:为了在胎胞里就教育他。

⑥ 现在刚刚有一点儿知识却就欺骗他。适:刚刚。是教之不信也:这是教导他不诚实。信:诚实。

⑦ 食之:给他吃。明不欺也:表明不欺骗他。

(三)

孟子之少也,既学而归,孟母方绩①,问曰:"学所至矣②?"孟子曰:"自若也③。"孟母以刀断其织④。孟子惧而问其故⑤,孟母曰:"子之废学若吾断斯织也⑥。夫君子学以立名,问则广知⑦,是以居则安宁,动则远害,今而废之⑧。是不免于厮役而无以离于祸患也⑨,何以异于织绩而食⑩?中道废而不为⑪,宁能衣其夫子而长不乏粮食哉⑫?女则废其所食,男则堕于修德⑬,不为窃盗,则为虏役矣⑭。"孟子惧,旦夕勤学不息⑮,师事子思⑯,遂成天下之名儒。君子谓孟母知为人母之道矣⑰。

【注释】

① 方绩:正在织布。绩:织布。

② 学所至矣:学习进到哪里了?

③ 自若:依然如故,意思是没有进展。

④ 断其织:割断她正在织着的布。

⑤ 问其故:问割断布的原因。

⑥ 你的废弃学业就像我割断这布一样。废学:废弃学业,半道停止学业。斯:这。

⑦ 通过学来树立名声,通过问来增长知识。

⑧ 今而废之:现在却废弃了它,即废弃了学和问。

⑨ 这是不能免于奴隶的劳作而没有办法离开祸患啊。厮役:受人驱使的奴仆。

⑩ 这和织布挣饭吃有什么区别?

⑪ 中道:半道,半路上。废而不为:废弃学业而不去研修。为:这里学习、研修的意思。

⑫ 宁能:怎么能,难道能。衣其夫子:穿着读书人的衣服。夫子:读书人,这里指读书人穿的衣服。长不乏粮食:意思是长久地有饭吃。

⑬ 废其所食:等于说丢失了生活来源。堕(duò)于修德:从修德上掉下来,意思是不能修养品德。

⑭ 虏役:奴仆,奴隶。

⑮ 旦夕:意思是整天地。息:停,停止。

⑯ 师事子思:认子思为老师。子思:孔伋,字子思,孔子的孙子。《史记·孟子荀卿列传》说孟子受业于子思之门人。二书记载不同。

⑰ 知为人母之道:知道做母亲的道理,意思是知道教育孩子学习。

【评析】

　　孟母确实是一位贤母,懂得教子之道。她把孟轲培养成了中国古代的一位大思想家、大教育家,这是她对中国历史所做出的伟大贡献。她的科学的教育实践,千百年来一代一代地教育着中国的父母亲们。孟母的教子之道,主要有三点:

334

第一，儿童幼稚，受环境的影响比较大，孟母知道给孩子选择一个良好的生活环境，有利于孩子健康地成长。孟母迁离墓地，迁离市场，"复徙舍学宫之旁"，孟子"戏游乃设俎豆，揖让进退"，在幼小的心灵里种下了学习的种子。

第二，儿童幼稚，分辨能力差，不能欺骗他们。答应了他们的事，尽量要做到，不要使他们感到受到了欺骗。孟母答应给儿子买肉吃，"乃买东家豚肉以食之，明不欺也"。孟母的做法是明智的。

第三，儿童幼稚，没有明确的目标，缺乏耐心，是正常的，要善于引导。孟轲学无进业，半途而归，"孟母以刀断其织"，对他进行教育，使他明白"学以立名，问则广知"的道理，明白如果"中道废而不为"，那么"女则废其所食，男则堕于修德，不为窃盗，则为虏役矣"。这使孟轲警醒，"旦夕勤学不息，师事子思，遂成天下之名儒"。

作为父母，人人望子成龙，望女成凤，那么就好好地向孟母学习吧。作为子女，也要好好地向孟轲学习，认真听从父母的教诲，修德进业，"勤学不息"，做一个祖国需要的"四有"新人。

五、君子慎所藏

《说苑》

【题解】

本篇选自刘向《说苑·杂言》，题目是后加的。慎所藏，谨慎地对待所处身的环境。慎，谨慎，慎重。藏，隐藏。这里指处身。

刘向及《说苑》的简介见第二单元《高而不危　满而不溢》的题解。

孔子曰:"不知其子,视其所友①;不知其君,视其所使②。"又曰:"与善人居,如入兰芷之室,久而不闻其香,则与之化矣③;与恶人居,如入鲍鱼之肆,久而不闻其臭④,亦与之化矣。故曰:丹之所藏者赤,乌之所藏者黑⑤。君子慎所藏。"

【注释】

① 不了解自己的儿子,就看看他所交往的朋友。友:交友。
② 不了解自己的君主,就看看他所使唤的臣子。使:役使,使唤。
③ 与善人居:跟好人相处。善人:有道德的人,善良的人。如入兰芷之室:好像进了兰芷的花房一样。兰芷:兰草与白芷。二者都是香草。久:长久。香:香味。与之化矣:跟兰芷一起发生了变化,也就是跟着染上了兰芷的香味。化:同化,受熏染而变化。
④ 恶人:坏人。如入鲍鱼之肆:好像进了鲍鱼的店铺一样。鲍鱼:盐渍鱼,气味腥臭。肆:店铺。臭:臭味。
⑤ 朱砂所埋藏的地方一定是红色的,煤炭所埋藏的地方一定是黑色的。丹:朱砂。赤:红色。乌:黑色。这里指煤。

【评析】

社会上的人,根据自然和社会的原因而分为许许多多的类,比如说男人、女人,老人,孩子,工人、农民,老师、学生等,还有人们常说的善人、恶人(即好人、坏人)。因为有这些不同的类,所以才有"物以类聚,人以群分"这样的话,所以孔子才说"不知其子,视其所友;不知其君,视其所使"这样的话。

为什么"君子慎所藏"?那就是要有个好的人际环境,"与善人居",而不是"与恶人居"。这样才能时时有向善人学习的机会,才能为善所化,才能日日向善,最终成为一个好人。如果你周围尽是些"恶人",那要想学好,也太难了。

六、渐 化

《论衡》

【题解】

本篇选自王充《论衡·率性》，题目是后加的。渐化，感染教化。

王充（公元27—约97年），字仲任，会稽上虞（今浙江上虞）人，东汉著名的思想家。出身低微，少游洛阳太学，曾师事班彪，博通百家之言。历任郡功曹、扬州治中等职。不久罢职，专心著书，历三十年撰成《论衡》。

《论衡》是一部哲学著作，共三十卷，八十五篇。疾虚妄而求实证，抨击当时迷信思想，主张今优于古，皆卓有所见。

十五之子其犹丝也①，其有所渐化为善恶，犹蓝丹之染练丝，使之为青赤也②。青赤一成，真色无异③。是故杨子哭歧道，墨子哭练丝也④。盖伤离本，不可复变也⑤。人之性，善可变为恶，恶可变为善，犹此类也⑥。蓬生麻间，不扶自直⑦；白纱入缁，不练自黑⑧。彼蓬之性不直，纱之质不黑⑨；麻扶缁染，使之直黑。夫人之性犹蓬纱也，在所渐染而善恶变矣⑩。

【注释】

① 十五岁的孩子就像丝一样。犹：好像。

② 其有所渐化为善恶：会逐渐转化成善的或恶的。蓝：蓝草。这里指蓝色染料。丹：朱砂。练丝：未染色的白丝。青：蓝色。赤：红色。

③　青赤一成:蓝色、红色一旦染成。真色无异:就跟真的颜色没有什么
　　不同。

④　是故:所以。杨子哭歧道:杨子怕走岔路而哭泣。据古书记载,杨子
　　走到岔路口时说,如果走错半步路,误入歧途,就会跟正道相差千
　　里,后果不堪设想,于是就伤心地哭了。杨子:杨朱,战国时魏国人,
　　著名的哲学家,主张重视个人生命的保存。墨子哭练丝:墨子怕丝
　　染错颜色而哭泣。据《墨子》记载,墨子见人染丝,就感慨地说,染
　　什么颜色就成什么颜色,再也变不回来了。

⑤　大概是伤心离开了正道或本色,就不能再改变。盖:大概。复:
　　再,又。

⑥　人之性:人的德性。犹此类也:就好像这种情况。

⑦　蓬草长在麻中间,不用扶持自然会直。蓬:一种容易倒伏的草本植
　　物。秋枯根拔,遇风飞旋,所以又叫"飞蓬"。麻:一种直立生长的
　　植物,其表皮可用来作纤维。

⑧　白纱放进黑色的染缸,不用染色自然会黑。纱:轻薄的丝织物。缁
　　(zī):一种黑色染料。练:这里是染的意思。

⑨　彼:那。性:生性。质:质地。

⑩　夫:那。在所渐染而善恶变矣:在逐渐浸染之下,善恶就会改变。

【评析】

古代的思想家认为,"人之性,善可变为恶,恶可变为善",而
变化的时间是在少年,所谓"十五之子""其有所渐化为善恶"。这
种变化,是在不知不觉中完成的,"夫人之性犹蓬纱也,在所渐染
而善恶变矣"。他们对人性的这些认识是非常重要的,也是非常
深刻的。

他们还认为,这种变化一旦完成,"不可复变也"。那就非常
严重了。所以"杨子哭歧道,墨子哭练丝也"。但是这一条倒可以

商量。丝是死的，但人是活的。丝染上颜色"不可复变"，但人是可以变化的。即使染上一些恶习、犯了一些错误，那也是可以改变的，只要不是明知故犯，知错不改，一错再错，错上加错就好。

七、幼　教

《颜氏家训》

【题解】

本篇选自颜之推《颜氏家训·教子》，题目是后加的。

颜之推及《颜氏家训》的简介见第三单元《勉学》的题解。

上智不教而成，下愚虽教无益，中庸之人不教不知也①。古者，圣王有胎教之法②：怀子三月，出居别宫③，目不邪视，耳不妄听，音声滋味，以礼节之④。书之玉版，藏诸金匮⑤。生子咳提，师保固明，孝仁礼义，导习之矣⑥。凡庶纵不能尔⑦，当及婴稚，识人颜色，知人喜怒，便加教诲⑧，使为则为，使止则止⑨。比及数岁，可省笞罚⑩。父母威严而有慈，则子女畏慎而生孝矣⑪。吾见世间，无教而有爱，每不能然⑫；饮食运为，恣其所欲，宜诫翻奖，应呵反笑，至有识知，谓法当尔⑬。骄慢已习，方复制之，捶挞至死而无威，忿怒日隆而增怨⑭。逮于成长，终为败德⑮。孔子云"少成若天性，习惯如自然"是也⑯。俗谚曰⑰："教妇初来，教儿婴孩⑱。"诚哉斯语⑲！

【注释】

①　上智不教而成：智慧超群的人不用教育就可以成材。下愚虽教无

益:智力愚钝的人即使教育也没有用处。中庸之人不教不知也:智力中等的人不教育他就不会明白道理。中庸之人:智力中等的人,平常的人。

② 古者:从前,古时候。圣王:圣明的君王。胎教之法:古人认为孕妇的言行对腹中的胎儿有相当的影响,因此要求孕妇谨守礼教,不看恶色,不听淫声,不出謷言,以便能给胎儿良好的影响。

③ 怀子三月:后妃怀上孩子三个月的时候。出居别宫:搬到其他的宫室去住。别宫:正式寝宫以外的宫室。

④ 目不邪视:眼睛不向旁边看。也就是说,不该看的不看。耳不妄听:耳朵不胡乱地听。也就是说,不该听的不听。音声滋味,以礼节之:音乐、饮食,都拿礼来节制它们。音声:音乐。滋味:美味。这里指饮食。

⑤ 这种胎教的方法写在玉版上,藏在金柜中。玉版:古代用以刻字的玉片。金匮(guì):铜制的柜子。古代用以收藏书籍或文物。

⑥ 孩子还是幼儿的时候,师保一定要明确下来。咳(hái)提:现在写作"孩提",开始会笑的幼儿。师保:古代担任辅弼帝王和教导王室子弟的官,有师有保,合称"师保"。固:一定,必定。孝仁礼义,导习之矣:孝、仁、礼、义,就要指导教授了。导习:指导教习。

⑦ 凡庶:平民百姓。纵:纵然。尔:如此,这样。

⑧ 当及婴稚:在到了幼年。婴稚:幼年。识人颜色:辨认大人的脸色。颜色:脸色。知人喜怒:明白大人的喜怒。便加教诲:就加以教诲。

⑨ 让他做就做,不让他做就不做。

⑩ 等他长到几岁,就可以免去拷打责罚。比及:等到。笞(chī)罚:拷打责罚。

⑪ 慈:父母爱子女。畏慎:敬畏谨慎。生孝:产生孝心。

⑫ 世间:人世间,世界上。无教而有爱:父母对孩子没有教育而只有溺爱。每:常常。然:这样。这里指"父母威严而有慈,则子女畏慎而生孝矣"。

⑬　饮食运为,恣其所欲:他们对子女的吃喝玩乐,听任他们随心所欲。
运为:行为。恣:听任,任凭。宜诫翻奖:本应惩诫反而奖励。翻:反
而。应呵(hē)反笑:应该责骂子女,反而面露笑容。呵:责骂,喝
斥。至有识知,谓法当尔:等到他们有了一定知识,便认为按道理本
应如此。尔:这样。

⑭　骄慢已习,方复制之:骄横傲慢已经习惯了,才又去制止它。习:习
惯。捶挞(chuí tà):杖击,鞭打。忿怒日隆而增怨:对子女的怒气
一天比一天大,却只会增加子女的怨恨。隆:大,盛。

⑮　逮于成长:等到子女长大成人。终为败德:终究是败坏品德的人。

⑯　这句话见贾谊《新书·保傅》。云:说。少成:从小养成的习惯。
若:像。天性:人生下来就具有的本性。自然:天然,非人为的。是:
就是这样。

⑰　俗谚:俗语,谚语。

⑱　教导媳妇要从初嫁过来开始,教育孩子要从幼小时候着手。婴孩:
幼小。

⑲　这句话一点儿也不假啊! 诚:真实。斯:这。

【评析】

　　这篇文章讲了对孩子从小进行教育的重要性和必要性。儿童
幼稚,可塑性强,从小进行教育,可以收到事半功倍的效果。否则,
待孩子长大,"骄慢已习,方复制之",事倍功半还算好的,也可能
就根本教育不过来了。

　　上面说的教育是对"中庸之人"说的,因为"中庸之人不教不
知也"。至于"上智"和"下愚",作者认为,"上智不教而成,下愚
虽教无益",这种认识确实是不对了,世界上哪里有什么"不教而
成"和"虽教无益"的人呢?

八、芒山之盗

《读书镜》

【题解】

本篇选自陈继儒《读书镜》，题目是后加的。芒山，山名，在今河南永城东北。盗，盗贼，偷东西的人。

陈继儒（公元 1558—1639 年），字仲醇，明代华亭（今上海松江）人。工诗文、书法，当时和董其昌齐名，是一位积极提倡文人画的著名画家。能作山水，也以梅竹著称于世。

《读书镜》，是陈氏所作的史论。有的一人递举数事，有的一事连举数人，而以自己的意见进行折中，想使读者能以古证今，通达世事，所以名为《读书镜》。所言亦不甚精切，但持论还比较平正。

宣和间①，芒山有盗临刑，母亲与之诀②。盗对母云③："愿如儿时一吮母乳，死且无憾④。"母与之乳，盗啮断乳头⑤，流血满地，母死。盗因告刑者曰⑥："吾少也，盗一菜一薪，吾母见而喜之，以至不检，遂有今日⑦。故恨杀之⑧。"呜呼，异矣⑨！夫语"教子婴孩"，不虚也⑩！

【注释】

① 宣和：宋徽宗赵佶的年号，公元 1119 年至 1125 年。

② 临刑：将受死刑的时候。母亲与之诀：母亲跟他诀别。诀：诀别，死别。

③ 云:说。

④ 我希望像小时候一样再次吮吸母亲的乳头,死了也将没有什么遗憾了。吮(shǔn):用嘴吸。且:将。憾:遗憾。

⑤ 与:给予。啮(niè)断:咬断。

⑥ 因:于是。告:告诉。刑者:行刑的人。

⑦ 少(shào):年少。一菜一薪:一棵菜一根柴。这里指小东西。检:约束,限制。遂有今日:才有了今天的下场。

⑧ 故:所以。恨杀之:心里怨恨就杀了她。

⑨ 呜呼:唉。异矣:真是与众不同了。

⑩ 俗话说"教育孩子要从幼儿就开始",真是一点也不假啊! 语:俗语,俗话。虚:虚假。

【评析】

这是一个悲惨的故事:芒山盗即将被处死,而临刑前又咬死了自己的母亲。

这个悲惨的故事究竟是怎么造成的呢? 源于母亲对幼小的儿子没有进行好的教育。当这个盗小的时候,"盗一菜一薪,吾母见而喜之"。"见而喜之",这就是鼓励。小孩子受到鼓励,就努力地做下去,"以至不检",遂有杀头之日。这个盗追思所以有今日,怨恨母亲没有教育自己。于是,"啮断乳头,流血满地,母死"。

这个故事警示我们,"夫语'教子婴孩',不虚也";父母对子女的教育,不能不慎重啊。

343

九、潍县署中与舍弟墨第二书

郑　燮

【题解】

　　本篇选自郑燮《郑板桥集·家书》。潍县,今山东潍坊。署中,官署内。乾隆十年(1745年),郑板桥任潍县知县。与,给。舍弟墨:指郑板桥的堂弟郑墨。舍:对自己的家或卑幼亲属的谦称。第二书:第二封信。

　　郑燮(公元1693—1765年),字克柔,号板桥,兴化(今江苏兴化)人。乾隆进士,官至山东范县(今属河南)、潍县知县。后客居扬州,以卖画为生,为"扬州八怪"之一。善作诗,工画兰竹,书法自成一体,世称其诗、书、画为"三绝"。

　　《郑板桥集》,不分卷。全书分家书、诗钞、词钞、小唱、题画、补遗六辑,另有附录,收有关传记九篇。集中以诗词居多,其诗多能反映民间疾苦;集中文章以家书为主,由此可以窥见其思想发展过程,了解其文学艺术主张。

　　余五十二岁始得一子,岂有不爱之理①!然爱之必以其道,虽嬉戏顽耍,务令忠厚悱恻,毋为刻急也②。平生最不喜笼中养鸟,我图娱悦,彼在囚牢,何情何理,而必屈物之性以适吾性乎③!至于发系蜻蜓,线缚螃蟹,为小儿顽具,不过一时片刻便折拉而死④。夫天地生物,化育劬劳,一蚁一虫,皆本阴阳五行之气絪缊而出⑤。上帝亦心心爱念⑥。而万物之性人为贵,吾辈竟不能体天之心以为心,万物将何所托命乎⑦?蛇蚖、蜈蚣、豺狼、虎豹,虫之最毒者也,然天既生之,我何得而杀之⑧?若必欲尽杀,天地又何必生⑨?亦惟驱之使远,避之使不相害而已⑩。蜘蛛结网,于人何罪⑪?或谓其夜间咒月,令人墙倾壁倒,遂击杀无遗⑫。此等说话,出于何经何典,而遂以此残物之命,可乎哉?可乎哉⑬?

【注释】

① 余:我。始:才。子:儿子。郑板桥结发妻子徐氏生有一子,幼年时就夭折了;继室郭氏无子;此子是其妾饶氏所生。岂有不爱之理:哪有不疼爱他的道理!岂:哪里,难道。

② 然:然而。爱之必以其道:疼爱他一定要遵循正确的原则。嬉戏:游戏,玩乐。顽耍:玩耍。务:一定。令:让,使。悱恻:忧思抑郁。这里是怜惜、同情的意思。毋:不要。刻急:苛刻严峻。

③ 平生:一生。图:贪图。娱悦:使他人或自己欢乐。彼:它们。这里指在笼中养的鸟。囚牢:监狱,囚禁犯人的处所,这里指笼中。何情何理,而必屈物之性以适吾性乎:从什么情理上讲,一定要委曲他物的性情来适合我的性情呢?

④ 发系蜻蜓:用头发系住蜻蜓。线缚螃蟹:用线绳捆住螃蟹。为小儿顽具:作为小孩的玩具。一时片刻:一会儿,短暂的时间。折拉:摧折,折断。

⑤ 生物:生长万物。化育:化生长育。劬(qú)劳:劳累,劳苦。蚁:蚂蚁。皆本阴阳五行之气缊缊(yīn yūn)而出:都是根据阴阳五行之气交互作用而产生。阴阳:古代指天地间化生万物的二气。五行:水、火、木、金、土。我国古代称构成各种物质的五种元素。古人常以此说明宇宙万物的起源和变化。缊缊:古代指天地阴阳二气交互作用的状态。

⑥ 上帝:天帝。心心:一心一意。爱念:爱护怜惜。

⑦ 万物之性人为贵:万物的性情中,人的性情最为宝贵。吾辈竟不能体天之心以为心:我们这些人竟然不能体恤上天的好心,把上天的

好心当做自己的心。万物将何所托命乎:世上的生物将到哪里寄托
自己的命运呢?

⑧ 蚖(wán):蝮蛇,一种毒蛇。虫:这里指除人之外的一切动物。何
得:怎能。之:指蛇蚖、蜈蚣、豺狼、虎豹等毒虫。

⑨ 若必欲尽杀:如果一定要全部杀死。天地又何必生:上天为什么又
一定生它们呢? 何:为什么。生:生育。

⑩ 也只应该驱赶它们离远些,避开它们使它们不能为害我们罢了。

⑪ 于人何罪:对人有什么罪过?

⑫ 有人说蜘蛛夜里向月亮祷告,让人家墙壁倒塌,于是就打死蜘蛛,一
个也不留。或:有人。咒:祷告,祝告。无遗:没有脱漏或遗留。

⑬ 这种说法,出自什么经书什么典籍,却就据此来残害他物的性命,可
以吗? 可以吗? 残:残害。

　我不在家,儿子便是你管束①。要须长其忠厚之情,驱其残忍
之性,不得以为犹子而姑纵惜也②。家人儿女,总是天地间一般
人,当一般爱惜,不可使吾儿凌虐他③。凡鱼飧果饼,宜均分散给,
大家欢嬉跳跃④。若吾儿坐食好物,令家人子远立而望,不得一沾
唇齿⑤;其父母见而怜之,无可如何,呼之使去,岂非割心剜肉
乎⑥! 夫读书、中举、中进士作官,此是小事,第一要明理作个好
人⑦。可将此书读与郭嫂、饶嫂听,使二妇人知爱子之道在此不在
彼也⑧。

【注释】

① 儿子:指郑板桥的儿子。便是:就是。

② 一定要培养他忠厚的性情,驱除他残忍的性情,不能认为他是侄子
就姑且放纵怜爱。长:培养。犹子:侄子。姑:姑且。纵惜:放纵
怜惜。

③ 家人:古代对仆人的称呼。总是天地间一般人:总归是天地间一样的人。一般:一样,同样。当:应当。凌虐:欺压虐待。

④ 凡:凡是。鱼飧(sūn):鱼做的食物。宜:应该。均分散给:平均分发给孩子们。欢嬉跳跃:欢喜得直蹦直跳。

⑤ 若:如果。坐食好物:坐着吃好东西。令家人子远立而望,不得一沾唇齿:让仆人的孩子远远地站着看,却不能尝上一点。沾:稍微接触或挨上。

⑥ 其:指仆人的孩子。怜:可怜。无可如何:没有一点办法。呼之使去:只能呼唤他的孩子让他离开。岂非割心剜肉乎:这时做父母的难道不是像割心剜肉一样痛苦吗?

⑦ 中举:科举时代称乡试考中为中举。中进士:考中进士。进士:科举时代称殿试考取的人。明理:明白事理。

⑧ 你可以把这封信读给郭嫂、饶嫂听,让她们两人知道疼爱儿子的方式在这里而不在那里。郭嫂:郑板桥的续弦夫人。饶嫂:郑板桥的妾。此:这里。指"明理作个好人"。彼:那里。指"读书、中举、中进士作官"。

【评析】

父母对于子女,"岂有不爱之理"? 但是父母疼爱子女,不是无原则的,是有道理可说的,郑板桥的这封信就提供了答案。

父母疼爱子女,要进行必要的"管束",不得"姑纵惜"也。"虽嬉戏顽耍,务令忠厚悱恻,毋为刻急也";"要须长其忠厚之情,驱其残忍之性"。这里说的很重要的一点是,要培养孩子的爱心,不要摧残小动物,如"笼中养鸟","发系蜻蜓","线缚螃蟹",等等。如果对这些小生命都能够怜惜,就有了基本的爱心了,那就能爱父母,爱伙伴,那就基本具备"忠厚之情"了。

父母疼爱子女,还有一个培养目标的问题。郑板桥说:"夫读书中举中进士作官,此是小事,第一要明理作个好人。"这里,"读书"是必要的。读书"第一要明理作个好人","中举中进士作官,此是小事"。如果能"明理作个好人",那就具备安身立命的条件了,做士农工商,干各行各业,总归是都能干好的。当然,如果去"作官",那也一定能作个好官。

主编
马清江
山东中外文化研究中心

新编国学读本

XINBIAN GUOXUE DUBEN

读本【中级本】

本册主编　滕志贤

人民出版社

目　　录

第一单元

第二单元

2

4

第一单元

一、申包胥哭秦廷

《新序》

【题解】

本文选自刘向《新序·节士》，题目是后加的。申包胥，春秋时楚国大夫，名包胥（一作勃苏），封于申，因称申包胥。他是楚君蚡（fén）冒的后代，故又称王孙包胥、棼（fén）冒勃苏。秦廷，秦国朝廷。

刘向（约公元前77—前6年），又名刘更生，字子政，西汉经学家、目录学家、文学家。沛（今江苏沛县）人。楚元王刘交四世孙。宣帝时，为谏议大夫。元帝时，任宗正。因反对宦官弘恭、石显而下狱。成帝即位后，得进用，任光禄大夫，改名为"向"，官至中垒校尉。曾奉命领校秘书，所撰《别录》，为我国第一部综合性提要目录。治《春秋穀梁传》，著《九叹》等辞赋三十三篇，大多亡佚。今存《新序》、《说苑》、《列女传》等书。

《新序》共十卷，是一部历史故事类编。刘向《说苑序奏》有"除去与《新序》重复者"之语，由此可知《说苑》与《新序》的关系。

1

《新序》也取材于先秦至汉初的百家传记,经过刘向编集整理、弃取删定,有的还加有按语式的文字,集中表达了作者以仁政民本为核心的儒家政治思想。

申包胥者,楚人也。吴败楚兵于柏举①,遂入郢②。昭王出亡在随③,申包胥不受命④,而赴于秦乞师⑤,曰:"吴为无道,行封豕长蛇⑥,蚕食天下,从上国⑦,始于楚。寡君失社稷⑧,越在草莽⑨,使下臣告急,曰:'吴,夷狄也⑩,夷狄之求无厌⑪,灭楚,则西与君接境。若邻于君,疆埸之患也⑫。逮吴之未定,君其图之⑬。若得君之灵⑭,存抚楚国⑮,世以事君。'"秦伯使辞焉⑯,曰:"寡君闻命矣,子其就馆⑰,将图而告子。"对曰:"寡君越在草莽,未获所休,下臣何敢即安⑱?"倚于庭墙立哭,日夜不绝声,水浆不入口⑲,七日七夜。秦哀公为赋《无衣》之诗⑳,言兵今出,包胥九顿首而坐㉑。秦哀公曰:"楚有臣若此而亡,吾无臣若此,亡无日矣。"于是乃出师救楚。申包胥以秦师至楚㉒,秦大夫子满、子虎帅车五百乘㉓。子满曰:"吾未知吴道㉔。"使楚人先与吴人战,而会之㉕,大败吴师。吴师既退,昭王复国㉖,而赏始于包胥。包胥曰:"辅君安国,非为身也;救急除害,非为名也。功成而受赏,是卖勇也。君既定,又何求焉?"遂逃赏,终身不见。

【注释】

① 柏举:春秋时楚地,在今湖北麻城东北。
② 郢(yǐng):春秋时楚国都城,在今湖北江陵西北。
③ 昭王:春秋时楚国国君,平王之子。熊氏,名珍,又做"轸",谥"昭"。公元前515年至前489年在位。随:古国名,姬姓,春秋后期归附楚国,后为楚灭,故址在今湖北随县。

2

④ 不受命:未受国君之命。

⑤ 乞师:请求出兵援助。

⑥ 做出像大猪和长蛇一样贪婪残暴的事情。行(《左传·定公四年》作"为"):做。封:大。

⑦ 从上国:使上国服从,即征服上国。上国:指中原各诸侯国。吴国僻在东南,地势卑下,中原诸国在其上流,故称为上国。

⑧ 寡君:寡德之君,对自己国君的谦称。社稷:国家。

⑨ 越:坠落,流落。草莽:草木丛生的荒野。

⑩ 夷狄:古代对少数民族的通称。东方部族为夷,北方部族为狄。

⑪ 无厌:不满足。厌:满足。

⑫ 是边境上的祸患。疆埸(yì):边境。埸:边界。这是说,如果吴国与秦国为邻,秦国边境将不得安宁。

⑬ 趁吴国还没有平定楚国,您赶快谋划吧。逮:及,趁。图:谋划。

⑭ 如果能托您的福。灵:声威。

⑮ 存抚:安抚。

⑯ 秦伯派人婉拒。秦伯:秦国君主,此指秦哀公,嬴姓,秦景公之子,公元前536年至前501年在位。辞:推辞。焉:之,指申包胥"于秦乞师"这件事。

⑰ 就馆:回到客舍。

⑱ 即安:休息。

⑲ 浆:古代一种微酸的饮料。此与"水"连用,泛指饮用的水。

⑳ 赋:吟诵。《无衣》之诗:指《诗经·秦风·无衣》。春秋时赋诗是一种特殊的外交语言,秦哀公借诗中"王于兴师,修我戈矛,与子同仇"等句,表明愿意出兵救楚。

㉑ 九顿首:九次叩头。《无衣》共三章,秦哀公每诵一章,申包胥便叩头三次,表示感激。

㉒ 以:引领。

㉓ 帅:率领。乘(shèng):兵车的单位,包括一车四马及乘车甲士三

3

人,步兵七十二人。

㉔　道:指战术。

㉕　会之:会同楚军。

㉖　复国:回到楚国。

【评析】

楚昭王十年(公元前506年)冬,吴国阖庐联合蔡侯、唐侯伐楚。十一月庚午,交战于柏举,楚师大败。吴军乘胜追击,五战五胜,攻陷楚国郢都,楚昭王逃入云梦泽中,后又流亡随国。在此危急关头,大夫申包胥以救国为己任,不计个人得失,假借昭王之命,挺身赴秦求救。他机智地向秦哀公陈说吴国灭楚对秦之害:"灭楚,则西与君接境。若邻于君,疆场之患也。"见秦哀公虚与周旋,申包胥"倚于庭墙立哭,日夜不绝声,水浆不入口,七日七夜"。他的拳拳爱国之心,感动了秦哀公。在秦国的帮助下,楚国终于打败吴国。楚昭王要重赏包胥,他说:"辅君安国,非为身也;救急除害,非为名也。"于是逃避赏赐而终身不见。他的爱国热忱和高风亮节,赢得世人的敬重。

这个故事在《左传·定公四年》等书中也有记载,但不及《新序》完整。

二、鱼与熊掌

《孟子》

【题解】

本文选自《孟子·告子上》,题目是后加的。

孟子(约公元前 372—前 289 年)名轲,鲁国邹(今山东邹城)人,中国古代著名思想家。孟子是孔子孙子子思的再传弟子,他继承并发展了孔子的政治思想,是孔子之后儒家学派最重要的代表。孟子认为每个人的本性都是善良的,要保持善良的本性,就需要加强道德修养。他还反对战争,主张对人民作一定让步。

《孟子》共七篇,是孟子弟子编集的,后来又被编进了"四书",作为基本教科书,所以影响很大。其中有不少故事,像"揠苗助长"、"攘鸡"、"五十步笑百步"等,都十分生动有趣,也很有教育意义。

孟子曰:"鱼,我所欲也;熊掌,亦我所欲也。二者不可得兼,舍鱼而取熊掌者也①。生,亦我所欲也;义②,亦我所欲也。二者不可得兼,舍生而取义者也。生亦我所欲,所欲有甚于生者③,故不为苟得也④。死亦我所恶⑤,所恶有甚于死者⑥,故患有所不辟也⑦。

【注释】

① 舍:放弃,舍弃。
② 义:道义,正义。
③ 甚于生者:比生命更喜欢的东西。
④ 不为苟得:不做苟且偷生的事。
⑤ 恶(wù):讨厌,憎恨。
⑥ 甚于死者:比死亡更厌恶的事情。
⑦ 因此有的祸害我不躲避。患:祸害。辟:躲避。在这个意义上后来写做"避"。

如使人之所欲莫甚于生,则凡可以得生者,何不用也①?使人之所恶莫甚于死者,则凡可以辟患者,何不为也②?由是则生而有不用也③,由是则可以辟患而有不为也④。是故所欲有甚于生者,所恶有甚于死者⑤,非独贤者有是心也,人皆有之,贤者能勿丧耳⑥。

【注释】

① 假使人们没有比生命更值得喜欢的东西,那么凡是可以求生的方法哪有不可使用的呢?

② 假使人们没有比死亡更厌恶的事,那么凡是可以避祸的事哪有不可去做的呢?

③ 用这些方法可以求生,但有人不肯去用。

④ 用这些方法可以避祸,但有人不肯去做。辟:躲避。在这个意义上后来写做"避"。

⑤ 因此,可知有比生命更值得喜欢的东西,也有比死亡更让人厌恶的东西。

⑥ 丧:丧失。

一箪食①,一豆羹②,得之则生,弗得则死。呼尔而与之③,行道之人弗受;蹴尔而与之④,乞人不屑也。万钟则不辨礼义而受之⑤。万钟于我何加焉⑥?为宫室之美、妻妾之奉、所识穷乏者得我与⑦?乡为身死而不受⑧,今为宫室之美为之;乡为身死而不受,今为妻妾之奉为之;乡为身死而不受,今为所识穷乏者得我而为之——是亦不可以已乎⑨?此之谓失其本心⑩。"

【注释】

① 箪(dān):古代以竹或苇编成用来盛饭食的圆形盛器。

② 豆:古代食器,形似高足盘。羹:用肉类或菜蔬等烹制成的带浓汁的食物。

③ 呼尔:轻蔑呼唤的样子。

④ 蹴(cù)尔:践踏的样子。

⑤ 钟:古代容量单位。万钟:形容极多。

⑥ 意思是说,万钟对我有什么好处呢?

⑦ 是为住华美的住宅、有妻妾待奉和我所认识的穷苦人感激我吗?

⑧ 乡:通"向",以前。

⑨ 这些也不都是可以不要的吗?已:停止。

⑩ 这就叫丧失了自己的本性。

【评析】

在这篇文章里,孟子用浅近的比喻,提出了一个严肃的问题:在生(鱼)和义(熊掌)不可兼得的时候,你将作如何抉择?他的答案是明确的,即"舍鱼而取熊掌",也就是舍生而取义。为什么呢?其实道理很简单,因为熊掌比鱼珍贵。孟子认为,对于人来说,生命固然珍贵,但是还有比生命更加珍贵的东西,那就是"义"。义就是正义、道义、民族大义。孟子的这个思想无疑是有进步意义的,人不能只是为个人的生存而活着,当"生"与"义"发生冲突的时候,应当毫不犹豫地献出生命。

三、苏武持节牧羊

《汉书》

【题解】

本文节选自班固《汉书·李广苏建传》,题目是后加的。苏武(公元前?—前60年),字子卿,西汉杜陵(今陕西西安)人。天汉元年(公元前100年)奉命赴匈奴被扣留,坚持十九年不屈,后被遣回汉朝。节,符节,是使臣所持的信物,用一根长竹竿上面缀以牦牛尾做成。

班固是《汉书》的主要作者。班固(公元32—92年),字孟坚,扶风安陵(今陕西咸阳东)人,东汉著名的史学家。明帝时任兰台令史,和帝时随大将军窦宪出征匈奴,为中护军。后窦宪失势自杀,班固被牵连,死于狱中。其父班彪字叔皮,好著述,专心于史籍,著《史记后传》六十五篇。在此基础上,班固进行补撰,积二十余年,完成初稿。但尚缺"八表"和《天文志》。"八表"和《天文志》是班固死后由他的妹妹班昭和马续补编的。

《汉书》又名《前汉书》,是我国第一部纪传体的断代史。其记事上起汉高祖元年(公元前206年),下至王莽地皇四年(公元23年),共二百三十年。全书包括十二纪、八表、十志、七十传,共一百篇,即一百卷。唐朝颜师古为它作注时,析为一百二十卷。班固作《汉书》沿袭《史记》,都有纪、传、表,但《汉书》无"世家",《史记》的"书",《汉书》改称"志"。《汉书》记录西汉一朝的历史,有重要的史料价值。

武字子卿,少以父任①,兄弟并为郎②,稍迁至栘中厩监③。时汉连伐胡④,数通使相窥观⑤,匈奴留汉使郭吉、路充国等⑥,前后十余辈⑦。匈奴使来,汉亦留之以相当⑧。天汉元年⑨,且鞮侯单于初立⑩,恐汉袭之,乃曰:"汉天子我丈人行也⑪。"尽归汉使路充国等。武帝嘉其义⑫,乃遣武以中郎将使持节送匈奴使留在汉者⑬,因厚赂单于⑭,答其善意。武与副中郎将张胜及假吏常惠等募士斥候百余人俱⑮。既至匈奴,置币遗单于⑯。单于益骄,非汉所望也⑰。

8

【注释】

① 年轻时凭着父亲职位的关系而任官。父:指苏武父亲苏建,曾为代郡太守。汉制,年俸二千石以上的官员,其子弟可保举为郎。

② 郎:官名,皇帝近侍。

③ 稍迁:逐渐升迁。栘(yí)中厩(jiù)监:即栘中监,汉初官名,掌管鞍马、鹰犬、射猎等物。因马厩在汉宫栘园中,故称栘中。厩:马棚。

④ 连:接连不断。胡:古代对北方边地及西域各民族的泛称。这里指匈奴。

⑤ 数(shuò):屡次。通使:互相派遣使者。窥观:窥探。

⑥ 留:扣留。郭吉:汉使节,元封元年(公元前110年)汉武帝亲率十八万大军至北地,遣其劝说匈奴单于归顺,单于大怒,遂被扣留。路充国:汉使节,元封四年(公元前107年)匈奴使者在汉病故,路奉命送丧至匈奴,单于怀疑使者是被汉杀死,遂将其扣留。

⑦ 辈:批。

⑧ 相当:相抵。

⑨ 天汉元年:公元前100年。天汉:汉武帝年号,公元前100年至前97年。

⑩ 且鞮(jū dī)侯:单于嗣位前的封号。单于:匈奴首领的称号。

⑪ 汉朝的皇帝是我的长辈。丈人:对亲戚长辈的通称。行(háng):辈分。

⑫ 嘉其义:赞许他这种通晓情理的做法。

⑬ 于是派遣苏武以中郎将的身份出使,持旄节护送扣留在汉的匈奴使者回国。中郎将:官名,职掌护卫侍从天子,秩比二千石。

⑭ 厚赂:赠送丰厚的礼物。

⑮ 副:指副使。假吏:暂时代理职务的官吏,这里指临时充任使臣的随员。士:士卒。斥候:军中的侦察人员。俱:一起前往。

⑯ 置币:陈列礼品。币:礼物。遗(wèi):赠送。

⑰ 望:期望。

......

　　单于使卫律召武受辞①，武谓惠等："屈节辱命②，虽生③，何面目以归汉！"引佩刀自刺④。卫律惊，自抱持武，驰召医⑤。凿地为坎⑥，置煴火⑦，覆武其上，蹈其背以出血⑧。武气绝半日⑨，复息⑩。惠等哭，舆归营⑪。单于壮其节⑫，朝夕遣人候问武，而收系张胜⑬。武益愈⑭，单于使使晓武⑮。会论虞常⑯，欲因此时降武。

【注释】

① 卫律：长水(在今陕西蓝田西北)胡人，生长于汉，与都尉李延年相善，延年荐其为使节出使匈奴。后因李延年被捕怕受牵连，逃往匈奴，匈奴封他为丁零王。受辞：受审。

② 屈节：失节归附。辱命：辜负使命。

③ 生：活着。

④ 引：拔出。

⑤ 驰：骑马奔驰。

⑥ 在地上挖了个坑。坎：坑。

⑦ 煴(yūn)火：微火。

⑧ 蹈：轻踩。

⑨ 气绝：断气。

⑩ 复息：恢复呼吸。

⑪ 用车把苏武拉回营帐。舆：车。

⑫ 壮其节：钦佩他的节操。

⑬ 收系：逮捕。

⑭ 益愈：逐渐好转。益：渐。

⑮ 使使晓武：派使者告知苏武。

⑯ 会：共同。论：审判。虞常：长水人，后投降匈奴。

......

武骂律曰:"女为人臣子①,不顾恩义,畔主背亲②,为降虏于蛮夷③,何以女为见④?且单于信女,使决人死生,不平心持正⑤,反欲斗两主⑥,观祸败。"

【注释】

① 女(rǔ):你。在这个意义上后来写做"汝"。臣子:臣下和儿子。

② 畔:通"叛",背叛。

③ 在匈奴做俘虏。降虏:俘虏。蛮夷:此指匈奴。

④ 见你做什么?

⑤ 持正:持守公正。

⑥ 斗两主:使两主相斗,意思是使单于和汉天子相争斗。

......

律知武终不可胁①,白单于②。单于愈益欲降之③,乃幽武置大窖中④,绝不饮食⑤。天雨雪⑥,武卧啮雪与旃毛并咽之⑦;数日不死。匈奴以为神,乃徙武北海上无人处⑧,使牧羝⑨,羝乳乃得归⑩。别其官属常惠等⑪,各置他所。武既至海上,廪食不至⑫,掘野鼠去草实而食之⑬。杖汉节牧羊,卧起操持⑭,节旄尽落⑮。

【注释】

① 胁:胁迫。

② 白:告诉,报告。

③ 愈益:更加。降之:使他投降。之:他,指苏武。

④ 幽:囚禁。

⑤ 不给吃喝。饮(yìn):使……喝水。食(sì):使……吃饭。

⑥ 雨(yù)雪:下雪。

⑦　啮(niè):嚼。旃(zhān):通"毡",毡子,即用羊毛等压成的类似粗
　　毯子一样的东西。

⑧　北海:即今俄国贝加尔湖,当时在匈奴北境。

⑨　羝(dī):公羊。

⑩　乳:产仔。公羊不可能产仔,所以这句话的意思是苏武永远不可能
　　归汉。

⑪　别其官属:把他的随从人员与他分开。官属:下属官员。

⑫　廪(lǐn)食:公家所给的粮食,此处指匈奴供给苏武的粮食。

⑬　去(jǔ):储藏。在这个意义上后来写做"弆"。

⑭　睡觉、起身手里都拿着。

⑮　节旄:系在节上的牦牛尾上的毛。

……

　　昭帝即位数年①,匈奴与汉和亲②。汉求武等,匈奴诡言武
死③。后汉使复至匈奴,常惠请其守者与俱④,得夜见汉使。具自
陈道⑤。教使者谓单于,言天子射上林中⑥,得雁,足有系帛书⑦,
言武等在某泽中⑧。使者大喜,如惠语以让单于⑨。单于视左右
而惊,谢汉使曰⑩:"武等实在⑪。"

【注释】

①　昭帝:武帝少子,名弗陵,公元前86年至前75年在位。

②　和亲:指两国彼此友好亲善。

③　诡言:谎称。

④　常惠请求看守他的人同他一起去。

⑤　大意是,原原本本地述说了十几年来在匈奴的情况。陈道:陈述。

⑥　上林:即上林苑,汉朝皇家园林,故址今陕西西安附近。

⑦　帛书:用绢写的书信。

⑧ 某泽:这里指北海。

⑨ 如:按照。让:责问。

⑩ 谢:道歉。

⑪ 实在:的确还活着。

......

武留匈奴凡十九岁①,始以强壮出,及还,须发尽白②。

【注释】

① 凡十九岁:总共十九年。

② 须:胡须。尽:全。

【评析】

苏武在汉武帝时曾任主管鞍马的官中厩监。公元前100年出使匈奴,被扣留,迫其投降。在敌人的威逼利诱面前,他富贵不能淫,威武不能屈,一身正气,大义凛然,痛斥叛徒"不顾恩义,畔主背亲",并"引佩刀自刺",宁死不屈。敌人并不死心,甚至用"绝不饮食"迫使苏武就范,苏武靠"啮雪与旃毛并咽之",奇迹般活了下来。敌人无计可施,最后将他放逐到荒无人烟的北海,让他放牧公羊,并发狠话:"只有等到公羊产崽才给回来!"

苏武在北海,捕野鼠采草实充饥,在极端恶劣的生存环境里,他手里始终牢牢握着一根八尺汉节。这根竿头系着牦牛尾的竹竿,在苏武心目中是祖国的象征,是支撑他顽强抗争的力量源泉。苏武"卧起操持",他把生命和这根汉节紧紧连在一起。"节旄尽落"的汉节,陪伴苏武在大漠度过了十九个春秋,见证了这位民族英雄对祖国的不渝忠贞。二千多年来,苏武可歌可泣的崇高民族气节,感动和教育了一代又一代人。他已经成为我们的民族的灵魂、爱国的楷模。

四、赵充国七十戍边

《汉书》

【题解】

本篇节选自班固《汉书·赵充国辛庆忌传》。赵充国(公元前137—公元前52年),字翁孙,陇西上邽(今甘肃天水)人,熟悉匈奴和羌族的情况。汉武帝、汉昭帝时率军反击匈奴的进攻,勇敢善战,任后将军。汉宣帝即位,封为营平侯。后与羌族贵族作战,在西北屯田,对当地农业的发展起了一定的作用。戍边,驻守边疆。

赵充国字翁孙,陇西上邽人也①,后徙金城令居②。始为骑士③,以六郡良家子善骑射补羽林④。为人沉勇有大略⑤,少好将帅之节⑥,而学兵法,通知四夷事⑦。

【注释】

① 陇西:郡名,在今甘肃西部。上邽(guī):在今甘肃天水西南。

② 金城:古郡名,在今甘肃永靖西北。令居:在今甘肃永登西北。

③ 骑士:骑兵。

④ 六郡:指汉代西北边地六个郡,即陇西、天水、安定、北地、上郡、西河。良家子:出身良家的男子。羽林:皇帝的近卫军。

⑤ 沉勇:沉稳果敢。大略:远大的谋略。

⑥ 节:志节,气度。

⑦ 通知:通晓。四夷:古代华夏族对四方少数民族的统称。

武帝时,以假司马从贰师将军击匈奴①,大为虏所围②。汉军乏食数日,死伤者多,充国乃与壮士百余人溃围陷陈③,贰师引兵随之,遂得解④。身被二十余创⑤,贰师奏状,诏征充国诣行在所⑥。武帝亲见视其创,嗟叹之⑦,拜为中郎⑧,迁连骑将军长史⑨。

【注释】

① 假司马:官名,代理司马,掌军旅之事。假:代理。贰师将军:汉将李广利。

② 被匈奴重重包围。

③ 攻入敌人的阵地。陈:阵地,在这个意义上后来写做“阵”。

④ 解:解脱。

⑤ 身上二十多处受伤。被:遭受。创:创伤。

⑥ 下令征召赵充国来京师。诣(yì):前往。行在所:皇帝出行停住之处,此指京师。

⑦ 嗟(jiē)叹:叹息。

⑧ 中郎:官名,担任宫中护卫、侍从。

⑨ 迁:晋升。连骑将军长(zhǎng)史:官名,车骑将军幕府的主要官吏。

……

时,充国年七十余,上老之①,使御史大夫丙吉问谁可将者②,充国对曰:“亡逾于老臣者矣③!”上遣问焉,曰:“将军度羌虏何如④,当用几人?”充国曰:“百闻不如一见。兵难隃度⑤,臣愿驰至

15

金城,图上方略⑥。然羌戎小夷⑦,逆天背畔⑧,灭亡不久⑨,愿陛下以属老臣⑩,勿以为忧。"上笑曰:"诺⑪。"

【注释】

① 皇帝认为他已经衰老了。

② 御史大夫:官名,主管监察。

③ 没有比老臣我更合适的了。亡(wú):通"无"。逾:超过,胜过。

④ 度(duó):推测。羌:我国古代民族名。主要分布地相当于今甘肃、青海、四川一带。

⑤ 隃(yáo)度:遥测。隃:通"遥"。

⑥ 观察地形,画成地图,再向皇帝奏上攻取的策略。

⑦ 羌戎:泛指我国古代西北部的少数民族。

⑧ 违背天意,背叛朝廷。畔:通"叛"。

⑨ 不久就会灭亡。

⑩ 属(zhǔ):托付。在这个意义上后来写做"嘱"。

⑪ 诺:表示同意的答应声。

⋯⋯

充国常以远斥候为务①,行必为战备②,止必坚营壁③,尤能持重④,爱士卒,先计而后战。遂西至西部都尉府⑤,日飨军士⑥,士皆欲为用。虏数挑战,充国坚守。捕得生口⑦,言羌豪相数责曰⑧:"语汝亡反⑨,今天子遣赵将军来,年八九十矣,善为兵。今请欲一斗而死,可得邪⑩!"

【注释】

① 远斥候为务:把远距离侦察作为要事。斥候:侦察。

② 行军时必定做好战斗的准备。

③ 宿营时必定要把军营的壁垒构筑得十分坚固。

④ 持重:沉着稳重。

⑤ 西部都尉府:汉朝在边境设都尉,掌军政。西部都尉府治所在允吾(今甘肃永靖西北)。

⑥ 飨(xiǎng):以酒食犒劳。

⑦ 生口:指俘虏。

⑧ 豪:首领。数(shǔ)责:责备。

⑨ 告诉你们不要造反。亡(wú):通“无”,不要。

⑩ 如今即便是想和他打上一仗就死去,能做到吗?

……

兵至罕地①,令军毋燔聚落、刍牧田中②。罕羌闻之③,喜曰:“汉果不击我矣!”豪靡忘使人来言④:“愿得还复故地。”充国以闻⑤,未报⑥。靡忘来自归⑦,充国赐饮食,遣还谕种人⑧。护军以下皆争之⑨,曰:“此反虏,不可擅遣。”充国曰:“诸君但欲便文自营⑩,非为公家忠计也。”语未卒,玺书报⑪,令靡忘以赎论⑫。后罕竟不烦兵而下⑬。

【注释】

① 罕:地名。在今甘肃天水南。

② 燔(fán):焚烧。聚落:村落。刍(chú)牧田中:在田中打草放牧。刍:割草。

③ 罕羌:罕地的羌人。

④ 豪:首领。靡忘:人名。

⑤ 以闻:将情况上报。

⑥ 没有得到回复。

⑦ 来自归:亲自前来归顺。

17

⑧ 遣送他回去谕告同部落的人。种人:同种族的人。

⑨ 护军:军中官职,即护军都尉,主调节各将领间的关系。

⑩ 诸位只想在写文书时方便而为自己打算。

⑪ 玺(xǐ)书:指皇帝的诏书。玺:皇帝的玉印。

⑫ 以赎论:以赎罪论处。

⑬ 不烦兵:不用兵力。

【评析】

　　赵充国是西汉名将。他"沉勇有大略",且熟悉匈奴和羌族的情况,在反击匈奴侵扰的战斗中出生入死,屡建战功,擢升后将军,又被封为营平侯。在耄耋之年,一生戎马倥偬的老将军本该含饴弄孙,安享晚年,然而,在汉宣帝神爵元年(公元 61 年),边境形势骤然吃紧,朝廷为一时找不到合适的将领而一筹莫展。当皇帝派御史大夫丙吉问充国谁可带兵的时候,他充满自信、毫不犹豫地说:"亡逾于老臣者矣!"于是这位七十六岁高龄的老将军,毅然再度披甲戍边。在条件艰苦的西北边陲,他风餐露宿,"持重,爱士卒,先计而后战",抱病坚守三年,直至七十九岁凯旋归京,出色完成了维护国家安定的重任。

　　强烈的使命感和鞠躬尽瘁的奉献精神,是这位老将留给后人最宝贵的精神财富。

五、来歙遇刺

《后汉书》

【题解】

　　本文节选自范晔《后汉书·李王邓来列传》,题目是后加的。

18

来歙(公元？—35年)，字君叔，东汉初南阳新野(今河南新野)人。起初在刘玄手下做官，后来投奔刘秀，任太中大夫。当时隗(wěi)嚣占据陇地(今甘肃一带)，公孙述占据蜀地(今四川一带)，为朝廷之患。于是他主动请求出使，使隗嚣归附称臣。后隗嚣叛变，来歙又率兵讨伐。建武十一年(公元35年)，率兵入蜀攻公孙述，被公孙述派人刺死。

范晔(公元398—445年)，字蔚宗，南朝宋顺阳(今河南淅川)人。我国南朝著名的史学家。出身官僚世家。曾任彭城王刘义康的参军，后出为宣城太守，并开始撰写《后汉书》。公元445年，有人告发他谋反，被处死刑。他以《东观汉记》为主要依据，博采众长，删繁补略，撰成《后汉书》。

《后汉书》是一部记录后汉历史的史书。全书包括本纪十卷、列传八十卷。原定尚有十志，但未完成，作者即被杀害。今本《后汉书》里的八志(三十卷)，是后人从司马彪《续汉书》里取出来补进去的。《后汉书》体例依循《史记》、《汉书》，但列传中立党锢、独行、方术、逸民、列女诸传，颇有创新。

十一年①，歙与盖延、马成进攻公孙述将王元、环安于河池、下辩②，陷之，乘胜遂进③。蜀人大惧④，使刺客刺歙，未殊⑤，驰召盖延⑥。延见歙，因伏悲哀⑦，不能仰视。歙叱延曰⑧："虎牙何敢然⑨！今使者中刺客⑩，无以报国，故呼巨卿，欲相属以军事⑪，而反效儿女子涕泣乎⑫！刃虽在身⑬，不能勒兵斩公邪⑭！"延收泪强起，受所诫⑮。歙自书表曰⑯："臣夜人定后⑰，为何人所贼伤⑱，中臣要害。臣不敢自惜，诚恨奉职不称⑲，以为朝廷羞⑳。夫理国以得贤为本㉑，太中大夫段襄㉒，骨鲠可任㉓，愿陛下裁察㉔。又臣兄弟不肖㉕，终恐被罪㉖，陛下哀怜㉗，数赐教督㉘。"投

19

笔抽刃而绝㉙。

【注释】

① 十一年:指建武十一年(公元 35 年)。建武为汉光武帝年号,公元 25 年至 56 年。

② 盖延(公元?—40 年):字巨卿,渔阳(今河北密云)人,开始是彭宠护军,后来跟吴汉一起投奔刘秀。在刘秀征战山东时功劳卓越。刘秀即位,因作战骁勇,任为虎牙将军。建武十一年,与中郎将来歙一起进攻河池。马成:字君迁,南阳(今河南南阳)人。少为县吏,建武四年,拜扬武将军。公孙述(公元?—36 年):字子阳,扶风茂陵(今陕西兴平)人,新莽时,为蜀郡太守,后起兵,据益州称帝。建武十二年(公元 36 年)为汉军所破,被杀。河池:今陕西凤县。下辩:今甘肃成县。

③ 遂进:前进。

④ 蜀人:指盘踞在蜀郡的公孙述。

⑤ 未殊:没有死。殊:死。

⑥ 驰召:派快马急速召见。

⑦ 因:于是。伏:伏地,趴在地上。

⑧ 叱(chì):责骂,呵斥。

⑨ 虎牙大将军怎么可以这样!虎牙:虎牙大将军的简称,这里指盖延。然:这样。

⑩ 使者:使臣,来歙自称。中(zhòng)刺客:被刺客刺中。

⑪ 属(zhǔ):嘱咐。在这个意义上后来写做"嘱"。

⑫ 而:你。效:效法,仿效。儿女子:小女子。涕泣:哭泣。

⑬ 刃:指刀。

⑭ 勒兵:操练或指挥军队,此指命令士卒。公:指盖延。

⑮ 受所诫:接受告诫。

⑯ 书表:写奏表。表:文体名,古代上呈文书的一种。

20

⑰　人定：古时计算时间按地支分为十二个时辰，人定是亥时（相当现在晚上的九点到十一点），这里指夜深人静的时候。

⑱　不知被何人刺伤。贼伤：伤害。

⑲　实在为奉陛下使命而不称职深感遗憾。

⑳　意思是使朝廷因我而蒙羞。

㉑　理国：治理国家。

㉒　段襄：生平不详。

㉓　骨鲠(gěng)：鱼骨、鱼刺，比喻刚直。

㉔　裁察：裁断审察。

㉕　不肖(xiào)：不贤。

㉖　常常担心他们犯法获罪。终：常。

㉗　请求陛下怜悯。

㉘　数(shuò)：屡次，经常。教督：教导督促。

㉙　投笔：放下笔。抽刃而绝：拔出刀，立即气绝而死。人被刺伤后，刀在身上，不会马上就死，一旦刀被拔出，便立即死亡。

【评析】
　　来歙是一员猛将，敌人在战场上不敢跟他较量，便派人乘夜黑行刺。来歙遇刺后，将军盖延被紧急召来嘱托后事。他看到来歙伤重，"因伏悲哀，不能仰视"，来歙斥责他不当"反效儿女子涕泣"。在生命垂危的时候，来歙想到的不是个人安危，而是为国尽职，为朝廷荐举人才。他忍受剧痛，亲自向朝廷上表："夫理国以得贤为本，太中大夫段襄，骨鲠可任，愿陛下裁察。"写完奏表，才"抽刃而绝"。来歙为国尽忠，流尽了最后一滴血。

六、戊午上高宗封事

胡　铨

【题解】

本文节选自胡铨《澹庵文集》卷二。戊午,此为宋高宗绍兴八年,即公元 1138 年。高宗,即宋高宗赵构,徽宗之子,公元 1127 年至 1161 年在位。他迫于形势,曾用岳飞、韩世忠等抗金,后与秦桧勾结,杀害岳飞,向金称臣。封事,密封的奏章。古时臣下上书奏事,用袋子密封以防泄密。

胡铨(公元 1102—1180 年),字邦衡,号澹庵,谥号"忠简",庐陵(今江西吉水)人。南宋高宗绍兴五年(公元 1135 年)任枢密院编修官。绍兴八年,他以"封事"上书高宗,反对与金人议和,激怒秦桧,被以"狂妄凶悖,鼓动劫持"之罪名流放至岭南。直至宋孝宗即位,才被重新起用,官至工部侍郎、资政殿学士。

《澹庵文集》六卷,其中文五卷,诗一卷。其为文均理正词严,明达晓畅,使北宋古文运动优良文风,得以振兴。

臣谨案①:王伦本一狎邪小人②,市井无赖,顷缘宰相无识③,遂举以使虏④。专务诈诞⑤,欺罔天听⑥,骤得美官⑦,天下之人切齿唾骂。今者无故诱致虏使,以"诏谕江南"为名⑧,是欲臣妾我也⑨,是欲刘豫我也⑩!刘豫臣事丑虏⑪,南面称王⑫,自以为子孙帝王万世不拔之业⑬,一旦豺狼改虑⑭,捽而缚之⑮,父子为虏⑯。商鉴不远⑰,而伦又欲陛下效之。

【注释】

① 案：考察。

② 王伦（公元1084—1144年）：字正道，大名莘县（今山东莘县）人。宋钦宗时封为兵部侍郎，四次出使金国议和，后被金人勒死。狎（xiá）邪：行为放荡，品行不端。

③ 顷：不久前。缘：因为。宰相：指秦桧。无识：无知。

④ 举以使虏：推举他出使金国。虏：古时对北方外族的蔑称，此指金。

⑤ 专务：一心致力。诈诞：弄虚作假。

⑥ 欺罔：欺骗。天听：皇帝的听闻。

⑦ 骤：迅速。得美官：王伦因议和"有功"升任徽猷阁直学士、端明殿学士等职。

⑧ 现在他无缘无故地引来金国使臣，以"江南诏谕使"的名义同我朝谈判。绍兴八年（公元1138年）王伦出使金国，归朝时金主派萧哲、张通古为"江南诏谕使"，与伦同行。致：使……到来。诏谕：皇帝颁布文书以告喻天下。这表明金主已经把南宋政权当做臣属看待。

⑨ 臣妾我：把我当做臣妾。臣妾：古时对奴隶的称谓，男曰臣，女曰妾。

⑩ 刘豫我：把我当刘豫对待。刘豫：字彦游，阜城（今河北交河县）人。宋高宗建炎二年（公元1128年）任济南知府，叛变降金。建炎四年金主册封为帝，成为傀儡，僭号"大齐"。在位八年，屡次配合金兵攻宋，终为金所废黜。

⑪ 丑虏：对敌人的蔑称，此指金人。

⑫ 南面：居帝位的意思。古代以坐北朝南为尊位，帝王见群臣面向南而坐。

⑬ 不拔：不可拔除。形容牢固。

⑭ 豺狼：指金人。改虑：改变主意。

⑮ 捽（zuó）：抓，揪。

⑯ 为虏：做了俘虏。绍兴七年（公元1137年）十一月，刘豫及其子刘

23

麟,被金人俘虏,囚于金明池(今河南开封西)。后刘豫被废,金人
又将其父子送往临潢(今内蒙古林西)囚禁。

⑰　意思是说,应以刘豫之事为鉴戒。商鉴:语出《诗经·大雅·荡》:
"殷鉴不远,在夏后之世。"大意是,殷人灭夏,也应以夏人的灭亡为
前车之鉴。商:即殷。

夫天下者,祖宗之天下也,陛下所居之位,祖宗之位也。奈何
以祖宗之天下为金虏之天下,以祖宗之位为金虏藩臣之位①!陛
下一屈膝,则祖宗庙社之灵尽污夷狄②,祖宗数百年之赤子尽为左
衽③,朝廷宰执尽为陪臣④,天下士大夫皆当裂冠毁冕⑤,变为胡
服⑥。异时豺狼无厌之求⑦,安知不加我以无礼如刘豫也哉⑧?
夫三尺童子⑨,至无识也⑩,指犬豕而使之拜⑪,则怫然怒⑫。今丑
虏则犬豕也,堂堂大国,相率而拜犬豕⑬,曾童孺之所羞⑭,而陛下
忍为之耶?

【注释】

①　藩臣:附属国国王对宗主国皇帝的自称。

②　庙社之灵:祖宗的神灵。庙社:宗庙和社稷。尽污夷狄:都将被金人
玷污。

③　赤子:初生的婴儿,比喻人民。衽(rèn):衣襟,指上衣前交领部分。
左衽:汉族衣襟向右开,外族则向左开,因以"左衽"指外族。这句
意思是说,汉族百姓将被金人统治。

④　宰执:指宰相等执掌国家政事的重臣。陪臣:古代诸侯的卿大夫,对
天子自称"陪臣"。这是说,一旦南宋皇帝向金人称臣,那么南宋的
宰相等重臣就是金人的陪臣了。

⑤　裂冠毁冕(miǎn):将冠冕毁坏掉,即废弃汉族的礼服。冠:指古代
官吏所戴的礼帽。冕:古代天子、诸侯、卿、大夫等行朝仪、祭礼时所

24

戴的礼帽。

⑥ 胡服:指少数民族的服装。

⑦ 异时:以后,他时。无厌:不满足。

⑧ 安知:怎么知道。

⑨ 三尺童子:指儿童。

⑩ 至:最。

⑪ 豕(shǐ):猪。

⑫ 怫(fú)然:愤怒的样子。

⑬ 相率:相继,一个接一个。

⑭ 连儿童都感到害羞。童孺:儿童。

　　向者陛下间关海道①,危如累卵,当时尚不忍北面臣虏②,况今国势稍张③,诸将尽锐④,士卒思奋⑤。只如顷者丑虏陆梁⑥,伪豫入寇⑦,固尝败之于襄阳⑧,败之于淮上⑨,败之于涡口⑩,败之于淮阴⑪,校之往时蹈海之危⑫,固已万万⑬。傥不得已而至于用兵⑭,则我岂遽出虏人下哉⑮?今无故而反臣之⑯,欲屈万乘之尊⑰,下穹庐之拜⑱,三军之士不战而气已索⑲。此鲁仲连所以义不帝秦⑳,非惜夫帝秦之虚名㉑,惜天下大势有所不可也。今内而百官㉒,外而军民,万口一谈,皆欲食伦之肉。谤议汹汹㉓,陛下不闻,正恐一旦变作㉔,祸且不测㉕。臣窃谓不斩王伦,国之存亡未可知也。

【注释】

① 向者:过去。间关:道路崎岖难行,这里是艰难辗转的意思。建炎三至四年(公元 1129—1130 年)宋高宗在金兵追击下从建康(今南京)逃往杭州,乘船至定海(今浙江舟山)、温州一带,四年正月,停舟海中,后又返回温州。

② 北面臣虏：面向北方对敌称臣。

③ 稍张：逐渐伸张，即形势好转。

④ 尽锐：竭尽锐气杀敌。

⑤ 思奋：渴望奋起抗战。

⑥ 顷者：最近。陆梁：嚣张，猖獗。

⑦ 刘豫入侵。伪豫：指刘豫的伪政权。

⑧ 襄阳：今湖北襄樊。高宗绍兴四年（公元1134年）五月，岳飞击溃刘豫大将李成，收复襄阳等地。

⑨ 淮上：淮水。绍兴四年（公元1134年）十月，韩世忠击溃金及刘豫大军，追至淮水。

⑩ 涡（guō）口：涡水入淮水之口，在今安徽怀远东北。绍兴六年（公元1136年），杨存中、张宗颜在涡口大败刘豫三十万大军。

⑪ 淮阴：今江苏淮阴。绍兴六年十二月韩世忠在淮阴击败刘豫淮阳军。

⑫ 校（jiào）：比较。蹈海：指上文所说的"间关海道"。

⑬ 当然已经好过万万倍。

⑭ 傥（tǎng）：假使。

⑮ 岂遽（jù）：难道。

⑯ 臣之：臣服于金人。

⑰ 想要委屈我们大宋皇帝的尊严。

⑱ 向金人俯首跪拜。穹（qióng）庐：北方少数民族居住的圆顶毡帐，这里借指金国。

⑲ 索：尽。

⑳ 这就是鲁仲连仗义不尊秦为帝的原因。鲁仲连：战国时期齐国高士。公元前258年，秦军围困赵国都城邯郸，魏国使臣辛垣衍劝赵王尊秦为帝，鲁仲连则力陈以秦为帝之害，说服了辛垣衍。

㉑ 不是舍不得那尊秦为帝的虚名。

㉒ 百官：指大小官员。

26

㉓ 谤议:非议。汹汹:形容声音喧闹。

㉔ 变作:变乱发生。

㉕ 祸害将不可预料。且:将。

　　虽然①,伦不足道也,秦桧以腹心大臣而亦为之②。陛下有尧、舜之资,桧不能致君如唐、虞③,而欲导陛下为石晋④,近者礼部侍郎曾开等引古谊以折之⑤,桧乃厉声责曰:"侍郎知故事⑥,我独不知!"则桧之遂非愎谏⑦,已自可见。而乃建白⑧,令台谏、侍臣佥议可否⑨,是盖畏天下议己,而令台谏、侍臣共分谤耳⑩。有识之士皆以为朝廷无人,吁⑪,可惜哉!

【注释】

① 虽然:虽然如此。

② 秦桧(公元1090—1155年):字会之,江宁(今江苏南京)人。北宋末任御史中丞,靖康二年(公元1127年)被金人俘虏,后被放回南宋,充当内奸。绍兴年间,两任宰相,前后执政十九年,主张投降,杀害抗金名将岳飞。他的卖国行径,遭万世唾骂。

③ 致君如唐、虞:使皇上成为唐尧、虞舜一样的国君。

④ 石晋:指五代石敬瑭(公元892—942年)的后晋政权。石敬瑭勾结契丹兵灭后唐,割燕、云十六州予契丹,受其册封,国号晋,称契丹主为"父皇帝",自称"儿皇帝"。

⑤ 礼部:主管科考、礼仪、祭典的官府。侍郎:在各部中担任副职的长官。曾开:字天游。后因反对议和,触犯秦桧,被贬为徽州太守。古谊:古人说的道理。谊:通"义"。折:责难,驳斥。

⑥ 故事:先例,此指"古谊"。

⑦ 遂非愎(bì)谏:坚持错误,不听规劝。遂:因循,坚持。愎:执拗。

⑧ 建白:对国事有所建议及陈述。

⑨ 台谏、侍臣:指御史台、谏院和左右侍从官。佥(qiān):都,共同。

⑩ 分谤:分担别人受到的诽谤或责难。

⑪ 吁(xū):唉。

孔子曰:"微管仲,吾其被发左衽矣①。"夫管仲,霸者之佐耳②,尚能变左衽之区,而为衣裳之会③。秦桧,大国之相也,反驱衣冠之俗,而为左衽之乡④。则桧也不唯陛下之罪人,实管仲之罪人矣。孙近傅会桧议⑤,遂得参知政事,天下望治有如饥渴,而近伴食中书⑥,漫不敢可否事⑦。桧曰虏可和,近亦曰可和;桧曰天子当拜⑧,近亦曰当拜。臣尝至政事堂⑨,三发问而近不答,但曰:"已令台谏、侍从议矣。"呜呼!参赞大政⑩,徒取容充位如此⑪。有如虏骑长驱⑫,尚能折冲御侮耶⑬?臣窃谓秦桧、孙近亦可斩也。

【注释】

① 意思是说,倘若没有管仲,我们恐怕要披着头发,衣衽向左,按外族生活习惯生活了。语出《论语·宪问》。微:如果没有。管仲(公元前?—前645年):名夷吾,字仲,春秋时期著名政治家,主张通货积财,富国强兵,辅佐齐桓公成为"春秋五霸"之首。被(pī):披着,在这个意义上后来写做"披"。

② 霸者:指齐桓公。佐:辅佐。

③ 还能改变衣衽向左的地区,使之成为有文明礼俗的都会。衣裳:与下文"衣冠",都是指讲究礼仪。会:都会。

④ 反而驱使百姓放弃文明礼俗,成为衣衽向左的地区。

⑤ 孙近:字叔诸,无锡人,进士出身,因追随秦桧卖国求和,被提升为参知政事(相当于副相)兼知枢密院(主管军事事务的机构)。傅会:附和。

⑥ 近:指孙近。伴食:本义是陪同进食,此指居宰辅之位而无所作为。中书:中书省的省称,朝廷的决策机构。

⑦ 完全不表示赞成或反对。漫:全然。

⑧ 天子当拜:天子应当向金人下拜。

⑨ 政事堂:宰相和近臣办公的地方。

⑩ 参赞:协助谋划,参与决策。

⑪ 徒取容充位:只求讨人喜欢,空占官位。

⑫ 有如:如果。虏骑(jì):敌人的骑兵。

⑬ 折冲:制敌取胜。

臣备员枢属①,义不与桧等共戴天。区区之心②,愿断三人头,竿之藁街③。然后羁留虏使④,责以无礼⑤,徐兴问罪之师⑥,则三军之士不战而气自倍。不然,臣有赴东海而死尔⑦,宁能处小朝廷求活邪!

【注释】

① 备员枢属:充当枢密院一名属员。备员:任职或任事的自谦词。当时胡铨任枢密院编修。

② 我的小小心愿。区区:自称的谦词。

③ 在藁街挂在竹竿上示众。藁(gǎo)街:汉时街名,在长安城南门内,为属国使节馆舍所在地。南宋时杭州并无藁街,这里是指外国使节馆舍区。

④ 羁留:拘留。

⑤ 责备他们违背礼义。

⑥ 徐:从容。

⑦ 我只有奔赴东海去死了。语出《战国策·赵策》,是鲁仲连对辛垣衍说的话。这里胡铨借用,表示宁死不投降的决心。

宋高宗慑于金人军事压力,主张求和,苟且偷安。绍兴八年,金人竟以"诏谕江南"的名义,派使臣和南宋谈判,并要求高宗拜接国书。金人的嚣张气焰,引起朝廷内外群情激愤。胡铨义愤填膺,立即写下这篇"封事",上书高宗。文中力劝高宗放弃与金人议和,并义正辞严,痛斥投降派的可耻行径,矛头直指以秦桧为首的卖国贼,强烈要求将其与王伦、孙近一起斩首,"竿之藁街"。可谓声如狮吼,气贯长虹。胡铨当时不过是一个编修官,他不可能不知道言辞如此激烈的上书完全可能招来杀身之祸,但面临国家和民族的危亡,他置身家性命于不顾,这需要何等的勇气!在这位忠义之士面前,贪生怕死、卖国求荣的秦桧之流,又是多么渺小,多么卑劣可恨!

七、左忠毅公逸事

方 苞

【题解】

本文选自方苞《望溪集》卷四。左忠毅公,即左光斗(公元1575—1626年),字遗直,安徽桐城人。明万历三十五年(公元1607年)进士,官至左佥都御史。后因弹劾宦官魏忠贤三十二条斩罪,被诬陷入狱,受酷刑而死,后被追赠太子少保,谥号"忠毅"。著有《左忠毅公集》五卷,附一卷。逸事,指未经史书正式记载,为世人所不熟知的事迹。

方苞(公元1668—1749年),字灵皋,号望溪,安徽桐城人,清代桐城派散文的创始人。方苞首创"义法"说,倡"道"、"文"统一,主张"有物"、"有序"。"有物",指文章的思想内容,即是"义";"有序",指文章要有条理,即是"法"。方苞的文学主张奠定了桐城派散文的理论基础,被称做桐城派散文的鼻祖。

《望溪集》八卷,此集是其弟子裒集成编,其中说经之文最多,指事类情,有所阐发。其古文则一以法度为主。

先君子尝言①,乡先辈左忠毅公视学京畿②,一日,风雪严寒,从数骑出微行③。入古寺,庑下一生伏案卧④,文方成草⑤。公阅毕,即解貂覆生⑥,为掩户。叩之寺僧,则史公可法也⑦。及试,吏呼名至史公,公瞿然注视⑧,呈卷,即面署第一⑨。召入,使拜夫人,曰:"吾诸儿碌碌⑩,他日继吾志者,惟此生耳。"

【注释】

① 先君子:对死去父亲的尊称。

② 同乡前辈左忠毅公在京城担任主考。视学:古代天子亲往或派官员到国学对学子进行考试,这里指主持考试。京畿(jī):京城管辖的地区。

③ 让几个骑马的随从跟着。从(zòng):让……跟从。微行:穿着便服出行。

④ 堂下小屋中有个书生趴在书桌上睡觉。庑(wǔ):堂下周围的小屋。

⑤ 文章草稿刚写成。

⑥ 随即脱下貂皮外衣盖在书生身上。

⑦ 向寺里的和尚打听,原来他就是史可法。叩:询问,打听。史可法(公元1601—1645年),字宪之,祥符(今河南开封)人,明末政治家,军事家,民族英雄。崇祯年间进士,清兵入关之后,明福王朱由崧在南京即位,史可法任兵部尚书大学士(相当于宰相),镇守扬州,城破殉难,谥号"忠烈"。著有《史忠正公集》。

⑧ 左公惊喜地注视着他。瞿(jù)然:惊喜的样子。

⑨ 等呈上考卷,就当面签署为第一名。

⑩ 碌碌:平庸无能。

及左公下厂狱①,史朝夕狱门外②。逆阉防伺甚严,虽家仆不得近③。久之,闻左公被炮烙④,旦夕且死,持五十金,涕泣谋于禁卒,卒感焉⑤。一日,使史更敝衣,草屦⑥,背筐,手长镵⑦,为除不洁者⑧,引入,微指左公处⑨。则席地倚墙而坐,面额焦烂不可辨,左膝以下,筋骨尽脱矣。史前跪抱公膝而呜咽。公辨其声而目不可开⑩,乃奋臂以指拨眦,目光如炬⑪,怒曰:"庸奴⑫!此何地也?而汝来前!国家之事糜烂至此⑬。老夫已矣,汝复轻身而昧大义⑭,天下事谁可支拄者⑮!不速去,无俟奸人构陷⑯,吾今即扑杀汝!"因摸地上刑械作投击势。史噤不敢发声,趋而出⑰。后常流涕述其事以语人,曰:"吾师肺肝,皆铁石所铸造也!"

【注释】

① 到左公被关进东厂的监狱。厂狱:明代太监掌管的监狱,用以监禁官员,镇压人民,设在京师东安门北,也称东厂。

② 史可法每天早晚等在监狱门外。

③ 魏忠贤一伙防范看守得非常严密,就是家里的仆人也不能接近。逆阉(yān):叛逆的太监,指魏忠贤等人。防伺:防范看守。

④ 炮烙(páoluò):用烧红的铁烙人的刑罚。

⑤ 哭泣着请求狱卒帮忙,狱卒也因此受到了感动。

⑥ 让史可法换上了破旧的衣服,穿上草鞋。

⑦ 手里拿着铲子。长镵(chán):古代的一种装有长柄的掘土器,类似铲子。

⑧ 装作打扫垃圾的人。

32

⑨ 暗地里指点了一下左公的位置。

⑩ 左公辨别出史可法的哭声，但眼睛却睁不开。

⑪ 于是用力抬起胳膊，用手拨开眼眶，目光就像火炬。眦(zì)：眼眶。

⑫ 没用的奴才。

⑬ 国家的政治已经腐败到这种程度了。

⑭ 我已经完了，你再轻身不明大义。

⑮ 天下的事情靠谁来支撑！

⑯ 不要等奸人来陷害。俟(sì)：等待。构陷：编造罪名来陷害。

⑰ 史可法闭口不敢出声，赶快跑了出去。噤(jìn)：闭口。

　　崇祯末①，流贼张献忠出没蕲、黄、潜、桐间②，史公以凤庐道奉檄守御③。每有警，辄数月不就寝，使将士更休④，而自坐幄幕外⑤。择健卒十人，令二人蹲踞而背倚之⑥，漏鼓移，则番代⑦。每寒夜起立，振衣裳，甲上冰霜进落，铿然有声。或劝以少休⑧，公曰："吾上恐负朝廷，下恐愧吾师也。"

　　史公治兵，往来桐城，必躬造左公第⑨，候太公、太母起居⑩，拜夫人于堂上。

　　余宗老涂山⑪，左公甥也。与先君子善⑫，谓狱中语，乃亲得之于史公云⑬。

【注释】

① 崇祯：明思宗的年号，公元1628年至1644年。

② 流贼：古代对农民起义军的蔑称。张献忠(公元1606—1646年)：字秉吾，延安人，明末农民起义军领袖，1644年在成都称帝，建立大西国，年号大顺，1646年被清兵杀害。蕲、黄、潜、桐：今湖北蕲春、黄冈、安徽潜山、桐城一带。

③ 史可法凭借凤庐道长官的身份奉命防守。凤庐道：管辖凤阳府、庐

州府一带的长官。

④ 更休:轮流休息。

⑤ 幄(wò)幕:帐幕。

⑥ 选择十个强健的士兵,让每两个人蹲下,背对着背互相靠着。健卒:强健的士兵。蹲踞:蹲。

⑦ 意思是过一段时间,就轮流替换。漏:古代用滴水计时的仪器。鼓:指打更的鼓。番代:轮流替换。

⑧ 有人劝他稍稍休息。

⑨ 一定亲自拜访左公的府第。躬造:亲临。第:府第,住宅。

⑩ 向左光斗的父母请安问好。太公、太母:指左光斗的父母。

⑪ 宗老:宗族中的老前辈。涂山:方苞族祖父的号,名文。

⑫ 善:交情好。

⑬ 云:助词,无义。

【评析】

这篇文章主要写了左光斗两件逸事。仅此二事,他的忠义侠骨已经使人荡气回肠。

第一件逸事发生在万历四十八年(公元 1620 年)。这年,左光斗担任学政,负责京城地区的考试和选拔人才。一天,他冒着风雪严寒外出微服私访,在一座古庙里,见到一个书生因为困倦竟趴在书桌上睡着了。左光斗看过书生摊在桌上的草稿,为之眼睛一亮,但他没有叫醒书生,而是脱下身上的貂裘,盖在书生身上,轻轻掩上门户便离开了。这个书生就是后来在扬州保卫战中写下可歌可泣英雄篇章的史可法。史可法以第一名考中,左光斗难以掩饰内心的喜悦,对妻子说:"他日继吾志者,惟此生耳!"

第二件逸事发生在天启五年(公元 1625 年)。左光斗被奸臣魏忠贤陷害,身陷死牢。史可法冒着极大风险,买通了狱卒,终于见到了老师。此时左光斗遭受了炮烙酷刑,"面额焦烂不可辨,左膝以下,筋骨尽脱"。见此情景,史可法伤心之极,"前跪抱公膝而呜咽"。可是,左光斗的反应却大为出人意料。他"奋臂以指拨眦,目光如炬",大骂史可法"庸奴",甚至摸起地上的刑具作"投击势",硬是把史可法赶出牢房。

这两件相隔五年的逸事表面上似乎并无直接联系,但是我们不难从中感受到左光斗一片赤诚爱国之心。明朝末年,阉党专权,政治腐败,山雨欲来,大厦将倾。为了挽救国家的覆灭,左光斗和奸臣作殊死的斗争,同时他不遗余力,为国家培养栋梁之材。他古庙"解貂覆生",爱才惜才之心已经跃然纸上。他死牢斥生,哪里真是在怒骂,他是在特殊的场合用一种特殊的方式表达对国家命运的担忧和对学生至深的关爱与器重!

这位"肺肝皆铁石所铸造"的忠臣,临死心中所念,唯有国家和天下!谥号"忠毅",他受之无愧。

八、江天一传

汪 琬

【题解】

本文节选自汪琬《尧峰文钞》卷三十四。江天一(公元1602—1645年),字文石,号淳初,安徽歙(shè)县(今安徽歙县)人,诗人,拜金声为师。清兵南下,南京失陷,江天一随老师金声一起起兵抗清。后来兵败,被押往南京,与金声一同就义。著有《江止庵遗集》等。

汪琬(公元1624—1691年),清初散文家。字苕文,号钝庵,又号尧峰。长洲(今江苏苏州)人。顺治十二年(公元1655年)进士,曾任户部主事、刑部郎中等职。后因病辞官归家。康熙十八年(公元1679年),召试博学鸿词科,授翰林院编修,预修《明史》,在馆六十余日,后乞病归。汪琬秉性耿直,与世不合。著有《尧峰文钞》五十卷。

江天一,字文石,徽州歙县人①。少丧父,事其母,及抚弟天表②,具有至性③。尝语人曰:"士不立品者,必无文章④。"前明崇祯间县令傅岩奇其才⑤,每试辄拔置第一⑥。年三十六,始得补诸生⑦。家贫屋败⑧,躬畚土筑垣以居⑨。覆瓦不完,盛暑则暴酷日中。雨至,淋漓蛇伏⑩,或张敝盖自蔽⑪。家人且怨且叹⑫,而天一挟书吟诵自若也⑬。

【注释】

① 徽州:府名,治所在今安徽歙县。
② 抚:抚养。
③ 具有:具备,有。至性:卓绝的品性。
④ 一个读书人,不树立好的道德品行,就必然没有好文章。
⑤ 崇祯:明思宗年号,公元1102年至1106年。奇其才:认为他的才能不同一般。
⑥ 试:指县里童生每年会考。辄:总是。拔置:提拔放置;选拔。
⑦ 诸生:明清两代经各级考试录取入府、州、县学的学生。
⑧ 败:指房屋残破。
⑨ 亲自动手用畚箕挑土筑墙而住。躬:亲自。畚(běn):畚箕,用草绳或竹篾编织的盛物器具。垣(yuán):墙。
⑩ 被雨淋得像蛇一样蜷伏着。
⑪ 或是张起破伞来遮挡一下。盖:指雨伞。

⑫ 且怨且叹：一面埋怨，一面叹息。且……且……：一面……，一面……。
⑬ 挟书：捧着书本。自若：自如，和平时一样。

　　天一虽以文士知名①，而深沉多智，尤为同郡金佥事公声所知②，当是时徽人多盗③，天一方佐佥事公④，用军法团结乡人子弟⑤，为守御计。而会张献忠破武昌⑥，总兵官左良玉东遁⑦，麾下狼兵哗于途⑧，所过焚掠⑨。将抵徽，徽人震恐，佥事公谋往拒之⑩，以委天一。天一腰刀帓首⑪，黑夜跨马，率壮士驰数十里，与狼兵鏖战祁门⑫，斩馘大半⑬，悉夺其马牛器械⑭，徽赖以安。

【注释】
① 文士：知书能文之士。
② 金佥(qiān)事公声：做佥事官的金声。佥事：提刑按察司的属官，分道巡察。公：尊称。金声：字正希，明末休宁(今安徽休宁)人，崇祯进士，授庶吉士。南京失陷，他与江天一组织乡兵抗清，后与江天一一起被俘，被杀害。知：了解，赏识。
③ 是时：这时。
④ 佐：辅助。
⑤ 军法：军队的办法。团结：组织，集结。
⑥ 会：适逢。张献忠(公元1606—1646年)：字秉吾，号敬轩，延安柳树涧(今陕西定边)人，明末农民起义领袖，最后被清兵打败而死。武昌：今湖北武汉。
⑦ 总兵官：官名。无品级、无定员，遇有战事，佩将印出兵，事毕归还。左良玉(公元1599—1645年)：字昆山，明末山东临清(今山东临清)人，在与李自成、张献忠作战中升任大帅，驻守武昌。东遁：向

东逃跑。

⑧ 麾(huī)下:部下。狼兵:明时以广西少数民族狼人组成的军队,强悍善战。哗:哗变,军队突然叛变。

⑨ 焚掠:纵火抢掠。

⑩ 谋:计议。

⑪ 腰刀袜首:腰间挂刀,用巾裹头。袜(mò):帕首,头巾。这里是包裹头巾的意思。

⑫ 鏖(áo)战:激烈地战斗。祁门:今安徽祁门。

⑬ 斩馘(guó):斩首。馘:本义是古代战争中割取敌人的左耳以计数献功。

⑭ 悉:尽,全部。器械:指兵器。

顺治二年①,夏五月,江南已破②,州县望风内附③,而徽人犹为明拒守④。六月,唐藩自立于福州⑤,闻天一名,授监纪推官⑥。先是,天一言于金事公曰:"徽为形胜之地⑦,诸县皆有阻隘可恃⑧,而绩溪一面当孔道⑨,其地独平迤⑩,是宜筑关于此,多用兵据之,以与他县相犄角⑪。"遂筑丛山关⑫。已而清师攻绩溪⑬,天一日夜援兵登陴⑭,不少怠⑮,间出逆战⑯,所杀伤略相当⑰。于是清师以少骑缀天一于绩溪⑱,而别从新岭入⑲,守岭者先溃,城遂陷。

【注释】

① 即公元 1645 年。顺治:清世祖年号,公元 1644 年至 1661 年。

② 已破:已经被清兵攻破。

③ 望风内附:见势纷纷归附清朝。望风:听到风声。内附:归附朝廷。

④ 为明拒守:为明王朝坚守抵抗。

⑤ 唐藩:指明宗室唐王朱聿键(公元 1602—1646 年),清兵进攻江南

时，在福州即帝位，年号隆武（公元 1645—1646 年）。

⑥　监纪推官：官名，职守不详。可能是掌管刑狱的官员。

⑦　形胜之地：地势优越的地方。

⑧　阻隘(ài)：险要之处。

⑨　绩溪那一面正当交通要道。绩溪：今安徽绩溪。孔道：通道。

⑩　平迆(yǐ)：地势斜延平坦。迆：地势斜着延伸。

⑪　犄(jǐ)角：相互配合，夹制敌人。

⑫　丛山关：关隘名。位于绩溪扬溪镇北部。因处于天目山脉与黄山山
　　脉结合部，丛山四合，中有通道，居高临下，地势险要，有"一夫守
　　关，千人气缩"之势。

⑬　已而：不久。

⑭　援兵：手持兵器。陴(pí)：城上女墙。

⑮　少：稍。怠：懈怠。

⑯　间：间或。逆战：迎战。

⑰　略相当：大致不相上下。

⑱　少骑：少量骑兵。缀：牵制。

⑲　新岭：在休宁南七十里。

　　大帅购天一甚急①。天一知事不可为②，遽归③，属其母于天
表④，出门大呼："我江天一也！"，遂被执⑤。有知天一者欲释之，
天一曰："若以我畏死邪⑥？我不死，祸且族矣⑦。"遇金事公于营
门⑧，公目之曰⑨："文石！女有老母在⑩，不可死！"笑谢曰："焉有
与人共事而逃其难者乎⑪？公幸勿为我母虑也⑫。"至江宁⑬，总
督者欲不问⑭，天一昂首曰："我为若计，若不如杀我；我不死，必复
起兵⑮！"遂牵诣通济门⑯。既至，大呼高皇帝者三⑰，南向再拜
讫⑱，坐而受刑。观者无不叹息泣下。

① 大帅:指清军的主将。购:悬赏缉捕。

② 知事不可为:知道抗清之事已没有希望。

③ 立即回家。遽(jù):赶快。

④ 属(zhǔ):嘱托。在这个意义上后来写做"嘱"。

⑤ 执:逮捕。

⑥ 若:你。

⑦ 将有全家被杀的灾祸。且:将。族:灭族。

⑧ 营门:军营之门。

⑨ 目之:看着他。

⑩ 女(rǔ):你。在这个意义上后来写做"汝"。

⑪ 焉有:哪里有。

⑫ 幸勿:希望不要。

⑬ 江宁:今江苏南京。

⑭ 总督者:指洪承畴,明末大臣,后被俘降清。他在明清两朝都任总督。总督:官名,明代总督军务,清代则为地方最高长官。

⑮ 复:再。

⑯ 牵诣:拖到。通济门:城门名,在今南京城东南。当时是刑场所在地。

⑰ 大声呼喊"高皇帝"三遍。高皇帝:指明太祖朱元璋。

⑱ 南向再拜:向南面拜了两拜。讫:结束。

汪琬曰:方胜国之末①,新安士大夫死忠者有汪公伟、凌公骊与金事公三人②,而天一独以诸生殉国。予闻天一游淮安③,淮安民妇冯氏者刳肝活其姑④,天一征诸名士作诗文表章之⑤,欲疏于朝⑥,不果。盖其人好奇尚气类如此⑦。天一本名景,别自号石嫁樵夫,翁君汉津云⑧。

40

【注释】

① 正当前朝的末期。胜国:前朝,被灭亡的国家。

② 新安:新安郡,即徽州府,治所在今安徽歙县。汪公伟:即汪伟,字叔度,休宁人。崇祯进士,任检讨、东宫讲官。李自成入京,自缢死。凌公駉(jiōng):即凌駉,歙县人。崇祯进士,福王时授监察御史,后为清军所擒,自缢死。

③ 淮安:今江苏淮安。

④ 刲(kuī):割。活其姑:救活她的婆婆。

⑤ 征:征集。名士:以学术诗文等著称的知名士人。表章:即表彰。章:彰显。在这个意义上后来写做"彰"。

⑥ 疏于朝:上奏章给朝廷。疏:奏章。

⑦ 尚气:崇尚气节。类如此:大多这样。

⑧ 翁君汉津:即翁汉津,生平不详。

【评析】

　　江天一既不是武将,也不是文官,只是一介书生。但他位卑未敢忘忧国,在清军攻陷南京、国难当头的时候,义无反顾,追随老师金声组织乡民,奋起反抗,最后"独以诸生殉国",可歌可叹。在绩溪战事失利后,江天一当时并没有被俘,但他放弃了逃生的机会,被捕后又不为敌人利诱所动,大义凛然,视死如归。他斩钉截铁回答劝降者:"我不死,必复起兵!"然后慷慨就义。古人以"立德、立功、立言、立节,谓之四不朽",江天一就是"四不朽"的英雄。

第二单元

一、《论》《孟》论和谐

【题解】

本篇八则分别选自《论语》和《孟子》，题目是后加的。

《论语》是一部记载孔子及其弟子言行的书，由孔子的弟子和再传弟子编集而成，为儒家经典"十三经"之一。

孔子(公元前551—前479年)，名丘，字仲尼，春秋后期鲁国曲阜(今山东曲阜)人。曾任鲁国主管治安的司寇，后来周游列国，最后回到鲁国授徒讲学。孔子是中国古代最著名的思想家和教育家，也是儒家学派的创建者。

《论语》共二十篇，各自独立，内容上没有联系。涉及的领域很广，包括政治、哲学、教育、伦理等诸多方面。孔子思想的核心是"仁"，这个思想贯穿《论语》全书。

孟子及《孟子》的简介见第一单元《鱼与熊掌》的题解。

（一）

有子曰①："礼之用，和为贵②。先王之道斯为美③，小大由

之④。有所不行,知和而和⑤,不以礼节之,亦不可行也⑥。"(《论语·学而》)

【注释】

①　有子:即有若,孔子的弟子。

②　礼的作用,和谐为可贵。

③　前代君王治理国家的准则,可宝贵的地方就在这里。斯:这。

④　小事大事都应当遵循它。由:遵循。

⑤　大意是,有行不通的地方,是由于为和谐而和谐。

⑥　不用一定的礼仪制度来加以节制,也是不可以的。

(二)

子曰:"德不孤,必有邻①。"(《论语·里仁》)

【注释】

①　大意是,有道德的人不会孤单,一定会有志同道合的人来和他做邻居。

(三)

子贡问①:"师与商也孰贤②?"子曰:"师也过③,商也不及。"曰:"然则师愈与④?"子曰:"过犹不及⑤。"(《论语·先进》)

【注释】

①　子贡:孔子弟子端木赐的字,卫国人。

②　师:即颛(zhuān)孙师,字子张。孔子弟子。商:即卜商,字子夏。孔子弟子。孰贤:哪个贤能。

③　过:超过。

④　然则:这样那么。愈(yù):胜过。与(yú):吗。

⑤　大意是,过头和没有达到,实质一样,都不好。

（四）

子曰:"伯夷、叔齐①,不念旧恶,怨是用希②。"(《论语·公冶长》)

【注释】

①　伯夷、叔齐:二人为兄弟,商末孤竹国(在今河北秦皇岛一带)国君之子。其父死后,二人互相让位,并都逃至周文王那里。武王伐商纣王,二人拦车劝阻,及至周朝统一天下,因耻食周粟而饿死于首阳山。

②　不记着过去的仇恨,别人对他们的怨恨因此很少。恶(è):仇恨。是用:因此。希:少。在这个意义上后来写做"稀"。

（五）

子路曰①:"愿闻子之志②。"子曰:"老者安之③,朋友信之,少者怀之④。"(《论语·公冶长》)

【注释】

①　子路:孔子弟子仲由的字。

②　子:您,这里指孔子。

③　安之:使他们安乐。

④　怀之:使他们归附我。

（六）

子曰:"君子和而不同,小人同而不和①。"(《论语·子路》)

① 君子能和睦相处,但不强求一致;小人强求一致,但不能和睦相处。

(七)

老吾老,以及人之老①;幼吾幼,以及人之幼②。天下可运于掌③。(《孟子·梁惠王上》)

【注释】

① 尊敬我家的老人,从而推广到尊敬别人家的老人。

② 爱护我家的小孩,从而推广到爱护别人家的小孩。

③ 大意是,统一天下就像在手掌心转动东西一样容易。

(八)

天时不如地利①,地利不如人和②。(《孟子·公孙丑下》)

【注释】

① 天时:宜于做某事的气候条件。

② 地利:地理优势。人和:人事和谐。

【评析】

和谐是儒家追求的最高理想,先哲们深知人类社会的运行和发展,离不开人们的协同合作,必须要有和谐的大环境,因此他们对和谐表现出高度重视。儒家强调指导人的行为规范的"礼",其最重要的目的就是"和",这是先王之道的精髓,无论大事、小事都要遵循"和"的原则。在"天时"、"地利"、"人和"三者之中,"人和"居三者之首。孔子在和弟子们谈论志向时,表达了自己的愿望:让老人过上安乐的生活,让朋友信任我,让年轻人想和我交往。实际上,他勾勒的就是一幅和谐社会的美丽图卷。

那么,怎样才能实现和谐呢?先哲们的主张是:第一,处事遵循中和均衡原则,凡事既不能不足,也不能过头,要恰到好处,这就是所谓"过犹不及"的中庸之道。第二,在人际交往中要严于律己,宽以待人。如果自己是个有德之人,对人又能"不念旧恶",这样自然就有凝聚力,四海之内都会成为你的兄弟。第三,推己及人。孟子说,如果能够把对待自家长辈的那份孝心和对待自家孩子的那份爱心拿出来,去同样孝敬和爱护别人家的长辈和孩子,那么治理天下就会变得像运物于掌那样容易。这个思想与我们现在倡导的"只要人人献出一点爱,世界将变成美好的人间"有异曲同工之处。

先哲们从实践中总结出来的"和而不同"理论,是和谐思想的深化和完善,在当时就得到普遍认同。"和而不同",就是求同存异,这一基于社会多元化提出的理论,为社会和谐进程中产生的诸多复杂问题找到了唯一正确的解决途径。

儒家的和谐思想,其立足点是维护封建等级制度,与我们今天提倡的建立在公正、公平基础上的和谐有本质的不同。尽管如此,我们仍然可以从先哲们富有智慧和内涵的思想中得到启示。

二、论 和

《申鉴》

【题解】

本文选自荀悦《申鉴·杂言上》,题目是后加的。论和,论述和谐。

荀悦(公元 148—209 年)，字仲豫，颍川颍阴(今河南许昌)人，东汉史学家、文学家。十二岁时，能说《春秋》，尤好著述。灵帝时，因见宦官用权，托病隐居，得以体察民生疾苦，考察政治得失。其政治思想以儒家为主，但受两汉思潮的影响，融合法、道思想，反映了东汉末年思想合流的倾向。献帝时，应曹操征召，历任黄门侍郎、秘书监等职，"侍讲禁中，旦夕谈论"，对汉献帝产生很大影响。著有《申鉴》和《汉纪》。

《申鉴》共有政体、时事、俗嫌、杂言上、杂言下五篇，是作者见当时曹操专权、汉献帝仅存虚名而作。因"前鉴既明，后复申之"，故称《申鉴》。其中对现实政治的评论，对谶纬符瑞的讥刺，都切中时弊。

君子食和羹以平其气①，听和声以平其志②，纳和言以平其政③，履和行以平其德④。夫酸咸甘苦不同，嘉味以济⑤，谓之和羹；宫商角徵不同⑥，嘉音以章⑦，谓之和声；臧否损益不同⑧，中正以训⑨，谓之和言；趋舍动静不同⑩，雅度以平⑪，谓之和行。人之言曰："唯其言而莫予违也⑫。"则几于丧国焉⑬。孔子曰："君子和而不同⑭。"晏子亦云："以水济水⑮，谁能食之？琴瑟一声⑯，谁能听之？"《诗》云⑰："亦有和羹，既戒且平。奏假无言，时靡有争⑱。"此之谓也⑲。

【注释】

① 和羹：配以不同调味品而制成的羹。羹：用肉或蔬菜等烹制的带浓汁的食物。平其气：使自己的身体和适。气：指脉气，这里是身体的意思。

② 和声：和谐的乐音。平其志：使自己的情感平和。

47

③ 纳:采纳。和言:温和的言辞。

④ 履:实践。和行:平和的行为举止。

⑤ 意思是美味是靠它们调和而成的。济:调和。

⑥ 宫商角徵(zhǐ):古代五声音阶中的四个音级。

⑦ 意思是,美妙的音乐是靠它们谱成的。章:彰显。章:这个意义上后来写做"彰"。

⑧ 臧:好。否(pǐ):坏。损益:增减。

⑨ 中正:这里指不偏不倚的言论。训:教导。

⑩ 趋舍:取舍。

⑪ 雅度:高雅的风度。以平:靠它们来形成。平:这里是成就的意思。

⑫ 我的话没有谁敢违抗。这句话引自《论语·子路》。莫予违:即莫违予,没有谁敢违抗我。

⑬ 那么将接近亡国了。几:将近。

⑭ 君子能和睦相处,但不强求一致。这句话也引自《论语·子路》。

⑮ 以水济水:用水来调和水,比喻雷同。这几句话引自《晏子春秋·外篇》。

⑯ 琴瑟(sè):都是古代拨弦乐器。

⑰ 《诗》:指《诗经》。

⑱ 大意是:还有五味调和的肉羹,已经齐备很可口,进献神灵肃静无声,这时没有一点喧争。这四句诗出自《商颂·烈祖》,作者引此说明和而不同之美。

⑲ 此之谓:谓此,意思是说的就是这个道理。

【评析】

这篇文章以丰富形象的比喻和古代圣贤的名言,来阐发和而不同的意义。"和"与"不同",形似对立,实则统一,相辅相成。五味不同,但可调和为佳肴;五音有异,但可谱成美曲。倘若以水兑水,必然寡淡无味;琴瑟奏出一种声调,则一定令人生厌。日常生活是这样,治理国家又何尝不是如此? 假如独裁专制,则亡国丧主为期不远。这些言论,对我们今天构建和谐社会,仍有一定的借鉴意义。

三、召信臣富民

《汉书》

【题解】

本文节选自班固《汉书·循吏传·召信臣》,题目是后加的。召(shào)信臣,字翁卿,生卒年不详,官至谏大夫、南阳太守,重视民生,受到百姓爱戴。

班固及《汉书》的简介见第一单元《苏武持节牧羊》的题解。

召信臣字翁卿,九江寿春人也①。以明经甲科为郎②,出补谷阳长③。举高第④,迁上蔡长⑤。其治视民如子,所居见称述⑥,超为零陵太守⑦,病归。复征为谏大夫⑧,迁南阳太守⑨,其治如上蔡⑩。

【注释】

① 九江寿春:今安徽寿县。
② 明经:熟悉经学,汉代以此取士。甲科:古代考试科目名,汉时课士分甲乙丙三科。郎:郎官,皇帝的侍从。
③ 出补:出任官职。补:官有缺位,选员补充。谷阳:今安徽固镇。长:万户以下县的行政长官称长,万户以上称令。
④ 推举为政绩优异。高第:指官吏的考绩优等。

⑤ 迁:升迁。上蔡:今河南上蔡。

⑥ 所居:指曾经任职的地方。见称述:被称扬传颂。见:被。

⑦ 超:破格提拔。零陵:郡名,在今湖南零陵。太守:郡的行政长官。

⑧ 征:征召。谏大夫:官名,掌议论。

⑨ 南阳:郡名,在今河南南阳。

⑩ 治:指政绩。

　　信臣为人勤力有方略①,好为民兴利②,务在富之③。躬劝耕农④,出入阡陌⑤,止舍离乡亭⑥,稀有安居时。行视郡中水泉⑦,开通沟渎⑧,起水门提阏凡数十处⑨,以广溉灌⑩,岁岁增加,多至三万顷。民得其利,蓄积有余。信臣为民作均水约束⑪,刻石立于田畔⑫,以防分争⑬。禁止嫁娶送终奢靡⑭,务出于俭约⑮。府县吏家子弟好游敖⑯,不以田作为事⑰,辄斥罢之⑱,甚者案其不法⑲,以视好恶⑳。其化大行㉑,郡中莫不耕稼力田㉒,百姓归之,户口增倍,盗贼狱讼衰止㉓。吏民亲爱信臣㉔,号之曰"召父"。

【注释】

① 勤力:勤劳。方略:策略。

② 兴利:兴办有利的事情。

③ 致力于使百姓富庶。

④ 躬劝:亲自动员鼓励。耕农:指务农。

⑤ 阡陌(qiān mò):泛指田间小路。

⑥ 意思是说,召信臣休息和住宿都在野外。止舍:休息和住宿。离:离开,这里是不住的意思。乡亭:乡中公舍。汉制,百户为一里,十里一亭,十亭一乡,每亭设公舍一间,供行人止息。

⑦ 行视:巡行视察。

⑧ 沟渎(dú):沟渠。渎:水渠,水沟。

50

⑨ 起:兴建。水门:水闸。提阏(è):堤堰。凡:总共。

⑩ 溉灌:灌溉。

⑪ 均水约束:公平用水的规章。

⑫ 田畔:田边。

⑬ 分争:争抢。

⑭ 奢靡:奢侈浪费。

⑮ 俭约:俭省,节约。

⑯ 吏家:官吏之家。游敖:游玩,这里是游手好闲的意思。敖:通"遨",遨游。

⑰ 意思是不愿意从事耕作劳动。田作:耕作。

⑱ 辄(zhé):总是。斥罢:斥责。

⑲ 甚者:情节严重的。案其不法:以违法论处。案:查办,审理。

⑳ 来表明好恶(hào wù)的态度。视:通"示",给人看。

㉑ 大意是良好的风尚普遍流行。

㉒ 耕稼:泛指种庄稼。力田:泛指勤于农事。

㉓ 狱讼:诉讼。衰止:衰减而止息。

㉔ 亲爱:亲近喜爱。

【评析】

召信臣是个很有治理才干的人,他深知"仓廪实而知礼节,衣食足而知荣辱"的道理,因此"好为民兴利,务在富之",踏实实干,有口皆碑。他亲自下到地头,鼓励农民耕作,又大力兴修水利,制定合理的规章制度,提倡勤俭节约,而对那些游手好闲的纨绔子弟则严加管束。经过他的不懈努力,百姓安居乐业,社会风气大为改观,"郡中莫不耕稼力田,百姓归之,户口增倍,盗贼狱讼衰止"。

建设和谐社会,不是喊出来的,更不是等出来的,而是干出来的。召信臣的事迹,足以给我们如是启示。

51

四、江革孝母

《后汉书》

【题解】

本文节选自范晔《后汉书·江革传》，题目是后加的。江革，字次翁，东汉初临淄人，生卒年不详。因孝行而闻名，永平初，举孝廉为郎，后官至谏议大夫。

范晔及《后汉书》的简介见第一单元《来歙遇刺》的题解。

江革，字次翁，齐国临淄人也①。少失父②，独与母居。遭天下乱，盗贼并起，革负母逃难③，备经阻险，常采拾以为养④。数遇贼⑤，或劫欲将去⑥，革辄涕泣求哀⑦，言有老母，辞气愿款⑧，有足感动人者。贼以是不忍犯之⑨，或乃指避兵之方⑩，遂得俱全于难⑪。革转客下邳⑫，穷贫裸跣⑬，行佣以供母⑭，便身之物⑮，莫不必给⑯。

【注释】

①　齐国临淄：即齐郡临淄（今山东临淄）。
②　少失父：年轻时丧父。
③　负母：背着母亲。
④　经常采摘野果野菜来供养母亲。拾：拾取
⑤　数(shuò)：屡次。贼：盗贼。
⑥　有人想劫持他要把他带走。或：有人。将：带走。去：离开。
⑦　江革总是哭泣哀求。辄：总是。涕泣：哭泣。

⑧　辞气:语气,口气。愿款:诚挚。

⑨　以是:因此。犯:伤害。

⑩　避兵之方:躲避兵灾的方法。

⑪　俱全于难:在灾难中和母亲一起活下来。全:保全,这里是活下来的
　　意思。

⑫　转客:辗转客居。下邳(pī):今江苏邳州。

⑬　裸跣(xiǎn):赤膊光脚。

⑭　行佣:做雇工。

⑮　适合养身的东西。

⑯　意思是一定尽力供给。给(jǐ):供给。

　　建武末年①,与母归乡里。每至岁时②,县当案比③,革以母
老,不欲摇动④,自在辕中挽车⑤,不用牛马,由是乡里称之曰"江
巨孝"。太守尝备礼召,革以母老不应⑥。及母终,至性殆灭⑦,尝
寝伏冢庐⑧,服竟⑨,不忍除⑩。郡守遣丞掾释服⑪,因请以为吏。

【注释】

①　建武末年:即公元 55 年。建武:东汉光武帝年号,公元 25 年至
　　56 年。

②　岁时:每年一定的季节或时间。

③　当:值,遇到。案比:查验户籍和人口。

④　摇动:颠簸摇晃。

⑤　辕:车辕,车前驾牲口用的直木。挽车:拉车。

⑥　应:接受。

⑦　孝亲之情几乎将他毁灭。至性:天赋的品性,这里指孝亲之情。殆
　　(dài):几乎。

⑧　寝伏:卧伏,睡。冢(zhǒng)庐:墓旁守丧者住的小草房。

⑨ 守丧期满。竟:结束,终结。

⑩ 除:指守孝期满,去除丧服。

⑪ 郡守:郡的长官,主一郡之政事。丞掾(yuàn):属官。释服:除去
    丧服。

【评析】

一般人以为,能给父母好吃好喝就是尽了孝道了。但是,孔子
早就说过,如果把"能养"看做尽孝,那么和豢养犬马也没有什么
区别了。

江革身处乱世,他没能给母亲锦衣玉食。那么,人们为什么要
仰慕他、颂扬他,称他为"巨孝"? 就是因为他有一颗赤诚的爱母
之心。他不顾自身安危,背着母亲逃难,历尽千辛万苦;他光着脚
丫子拼命打工,为的是能给母亲一口饭吃;为了让母亲免受颠簸之
苦,他宁愿亲自拉车而不用牛马;最难能可贵的是,他数十年如一
日,无怨无悔,恪尽孝道。这就是他的感人之处。

我们不能相信,一个连自己父母都不爱的人,能够爱他人,爱
社会。所以,古人把施行孝道看做是"百行之冠,众善之始",是很
有道理的。

五、严世期行义

《宋书》

【题解】

本文选自沈约《宋书·孝义传》,题目是后加的。严世期,南
朝宋时的一位乐善好施的人士,生卒年月不详。行义,施行仁义。

沈约(公元 441—513 年),字休文,吴兴武康(今浙江德清)人。笃志好学,博通群籍,善著文章。历仕南朝宋、齐、梁三朝,初为记室,累官至尚书令。著述丰富,有《晋书》、《宋书》、《齐纪》、《四声谱》等。他是南朝著名的文学家和史学家。

我国南北朝时期,南朝有宋、齐、梁、陈四个朝代。《宋书》是一部记录南朝宋历史的史书。全书包括本纪、志、列传三部分,共一百卷。此书的特点是大量收录原始文献,以资料繁富著称,它是研究南朝宋历史的基本史料。

严世期,会稽山阴人也①。好施慕善②,出自天然③。同里张迈三人④,妻各产子,时岁饥俭⑤,虑不相存⑥,欲弃而不举⑦。世期闻之,驰往拯救⑧,分食解衣⑨,以赡其乏⑩,三子并得成长。同县俞阳妻庄年九十,庄女兰七十⑪,并各老病,单孤无所依⑫,世期衣饴之二十余年⑬,死并殡葬。宗亲严弘、乡人潘伯等十五人⑭,荒年并饿死,露骸不收⑮,世期买棺器殡埋⑯,存育孩幼⑰。山阴令何曼之表言之⑱。元嘉四年⑲,有司奏榜门曰⑳:"义行严氏之闾㉑",复其身徭役㉒,蠲租税十年㉓。

【注释】

① 会稽山阴:即会稽郡山阴县,今浙江绍兴。

② 好施:喜欢施舍。慕善:向往行善。

③ 天然:指天性、本性。

④ 同里:同乡。

⑤ 时岁:当年年成。饥俭:饥荒。

⑥ 虑:担心。不相存:不能存活。

⑦ 举:抚养。

⑧ 驰:赶马快跑,急速。

⑨ 分食解衣:分给别人衣食。解衣:脱下衣服送人。

⑩ 赡:周济。

⑪ 庄、兰:都是人名。

⑫ 单孤:孤单。

⑬ 衣饲(yì sì):供养。衣:给人衣服穿。饲:拿食物给人吃。

⑭ 宗亲:同宗的亲属。

⑮ 露骸:露尸。

⑯ 棺器:棺材。殡埋:殡葬。

⑰ 存育:抚育。孩幼:幼儿。

⑱ 表:上奏章给皇帝。

⑲ 元嘉四年:即公元 427 年。元嘉:南朝宋文帝年号,公元 424 年至
453 年。

⑳ 有司:主管官员。榜门:在门上悬挂匾额。榜:匾额。

㉑ 义行:有忠义的行迹。闾(lú):指人家。

㉒ 复:免除徭役。

㉓ 蠲(juān):去除。

【评析】

严世期乐善好施。他胸怀博大,不分亲疏远近,普济普惠。有
同乡张迈等三人,他们的妻子各生了一个孩子,当时正值饥荒,三人
都打算把婴儿扔了,严世期闻讯立即赶去,救下了三条小生命。同
县有个叫俞阳人,他的遗孀九十高龄,女儿也已经七十岁了,两个老
妇身患疾病,无依无靠,严世期接济她们二十多年,最后还为她们送
终殡葬。族亲严弘、乡人潘伯等十五人,荒年饿死,无钱殓尸下葬,
严世期出资买来棺材,替他们办妥后事,还担起了抚育孤儿的责任。

严世期行善,其最为可贵的是"出自自然",以慈悲为怀,不带

56

任何功利目的,不求回报。他的爱心发自内心,因此特别真诚。一个人做一件善事不难,但是持之以恒,行善数十年如一日就难以做到。正因为如此,严世期才特别让人敬重。

六、辛公义古道热肠

《隋书》

【题解】

本文节选自魏徵《隋书·循吏传·辛公义》,题目是后加的。辛公义,生卒年不详,陇西狄道(今甘肃临洮)人,曾任岷州刺史和牟州刺史,为官清廉,有政绩,深受百姓爱戴。

魏徵(公元580—643年),字玄成,馆陶(今河北馆陶)人,唐初名臣。少时家境贫寒,喜爱读书,曾出家当过道士,又参加瓦岗农民起义军,后降唐。太宗即位,任为谏议大夫,贞观元年(公元627年),升任尚书左丞,次年被授秘书监,并参掌朝政,贞观七年(公元633年),升任侍中。曾提出"兼听则明,偏听则暗",以能够犯颜直谏著称。贞观十年(公元636年),奉命主持编写《隋书》、《周书》、《梁书》、《陈书》、《齐书》(时称五代史)等史书,其中《隋书》的序论、《梁书》、《陈书》和《齐书》的总论都是魏徵所撰。

《隋书》共八十五卷,魏徵主编,参与修撰的学者有颜师古、孔颖达等人,都是饱学之士,因此该书是《二十五史》中修史水平较高的史籍之一。它有明确的以史为鉴的指导思想,并保存了南北朝以来大量的典章制度。其《经籍志》是继《汉书·艺文志》后的一部十分重要的目录书,它正式将各类书籍标出经、史、子、集四大类,为我国以后的四部图书分类奠定了基础。

辛公义,陇西狄道人也①。公义早孤,为母氏所养②,亲授书传③。周天和中④,选良家子任太学生⑤,以勤苦著称。武帝时⑥,召入露门学⑦,令受道义⑧。每月集御前令与大儒讲论⑨,数被嗟异⑩,时辈慕之⑪。

【注释】

① 陇西狄道:今甘肃临洮。

② 母氏:母亲。

③ 书传:典籍。

④ 周:指北周。天和:北周武帝年号,公元566年至572年。

⑤ 太学:传授儒家经典的最高学府。

⑥ 武帝:即宇文邕,公元560年至578年在位。

⑦ 露门学:北周时教授皇太子及贵族子弟的学校。

⑧ 道义:道德义理。

⑨ 御前:皇帝面前。讲论:讲谈论议。

⑩ 数(shuò):屡次。嗟异:赞叹称异。

⑪ 时辈:当时有名的人物。

从军平陈①,以功除岷州刺史②。土俗畏病③,若一人有疾,即合家避之④,父子夫妻不相看养⑤,孝义道绝⑥,由是病者多死。公义患之⑦,欲变其俗。因分遣官人巡检部内⑧,凡有疾病,皆以床舆来⑨,安置厅事⑩。暑月疫时⑪,病人或至数百⑫,厅廊悉满。公义亲设一榻⑬,独坐其间,终日连夕⑭,对之理事⑮。所得秩俸⑯,尽用市药⑰,为迎医疗之⑱,躬劝其饮食⑲,于是悉差⑳,方召其亲戚而谕之曰㉑:"死生由命,不关相看㉒。前汝弃之,所以死耳㉓。今我聚病者,坐卧其间,若言相染㉔,那得不死,病儿复差㉕!汝等勿复信之㉖。"诸病家子孙惭谢而去。后人有遇病者,争就使君㉗,其家无

58

亲属,因留养之㉘。始相慈爱㉙,此风遂革㉚,合境之内呼为慈母。

【注释】

① 从军:跟随军队。平:平定,征伐。陈:指南朝时期的陈朝。

② 以:凭。除:授官。岷州:今甘肃岷县。刺史:州的最高长官。

③ 土俗:当地的习俗。

④ 合家:全家。

⑤ 看养:照料。

⑥ 行孝重义之道断绝。意思是大家都不讲孝心和道义。

⑦ 患:忧虑。

⑧ 因:于是。官人:官吏。巡检:巡视。

⑨ 床舆:可以担行的卧具。

⑩ 厅事:官署办公的厅堂。

⑪ 疫时:疫情暴发的季节。

⑫ 或:有时。

⑬ 榻:狭长而矮的坐卧用具。

⑭ 从早到晚。

⑮ 面对他们处理公务。

⑯ 秩俸:俸禄。

⑰ 市:购买。

⑱ 替他们请来医生治疗。

⑲ 躬:亲自。

⑳ 差(chài):病除。

㉑ 方:才。谕:告知。

㉒ 相着:互相接触。

㉓ 这是死的原因。

㉔ 染:传染。

㉕ 病儿:这里指患病的小儿或青年。

59

㉖　汝等：你们。

㉗　使君：对太守的尊称。

㉘　留养：留在自己家里照料。

㉙　开始互相关爱。

㉚　革：革除。

　　后迁牟州刺史，下车①，先至狱中，因露坐牢侧②，亲自验问③。十余日间，决断咸尽④，方还大厅。受领新讼，皆不立文案⑤，遣当直佐僚一人⑥，侧坐讯问。事若不尽，应须禁者⑦，公义即宿厅事，终不还阁⑧。人或谏之曰："此事有程⑨，使君何自苦也！"答曰："刺史无德可以导人，尚令百姓系于囹圄⑩，岂有禁人在狱而心自安乎？"罪人闻之，咸自款服⑪。后有欲诤讼者⑫，其乡闾父老遽相晓曰⑬："此盖小事，何忍勤劳使君。"讼者多两让而止⑭。

【注释】

①　牟州：在今山东牟平、乳山一带。下车：指官员到任。

②　露坐：这里是露天办公的意思。

③　验问：检验查问。

④　决断：判定案情。咸尽：全部结束。

⑤　立：设立。文案：档案。

⑥　当直：值班。佐僚：副职和辅助性质的吏员。

⑦　应须：应当。禁：监禁。

⑧　阁(gé)：本指女子的住房，此指卧室。

⑨　有程：有期限，即有一定的时间。

⑩　尚：还。系：囚禁。囹圄(líng yǔ)：监狱。

⑪　款服：服罪。

⑫　诤(zhēng)讼：争辩，争论。

⑬　乡闾:乡亲。遽(jù)相:争相。晓:开导。

⑭　两让:双方各自责让。

【评析】

辛公义为官不忘百姓,被百姓誉为"慈母"。任岷州刺史时,当地"土俗",一旦家里有人得病,全家唯恐避之不及,病人被弃之不顾而大量死亡。公义忧心如焚,决心改变"土俗"。他没有说教,也没有强迫命令,而是把大量病人请进官署加以护理,自己就坐在病人中间处理公务,朝夕相处,同时用自己的俸禄替病人卖药求医,终于把病人从死亡线上拉了回来。辛公义用自己的行动使百姓懂得疾病并非邪魔,毋需过度恐惧,于是陋俗被革,百姓互相关爱之风大兴。

后来辛公义到牟州任刺史,当地积案如山,他一下车,便不分昼夜亲自断狱,只用了十几天,"决断咸尽"。他的一番话更是让人动容:"刺史无德可以导人,尚令百姓系于囹圄,岂有禁人在狱而心自安乎?"因犯深受感动,纷纷认罪悔过,百姓纷争也"多两让而止"。

辛公义古道热肠,他把为官一任,造福一方作为义不容辞的使命,而把百姓犯罪归咎于自己无德无才。岷州和牟州两地社会面貌的巨变,辛公义功不可没。

七、泷冈阡表

欧阳修

【题解】

本文节选自欧阳修《文忠集》卷二十五。泷(shuāng)冈,山冈名,在今江西永丰南凤凰山,欧阳修的父母都葬在这里。阡(qiān),坟墓。表,墓碑,竖于墓前或墓道内,用以表彰死者。

欧阳修(公元 1007—1072 年),字永叔,号醉翁,晚号六一居士,谥号"文忠"。宋吉州永丰(今江西永丰)人。著名政治家、文学家。仁宗天圣八年(公元 1030 年)进士。景祐元年(公元 1034年),召试学士院,授任宣德郎,充馆阁校勘。景祐三年(公元 1036年),范仲淹上书批评时政,被贬饶州(今江西鄱阳),欧阳修为其辩护,被贬为夷陵(今湖北宜昌)县令。康定元年(公元 1040 年),被召回京,复任馆阁校勘,后知谏院。庆历三年(公元 1043 年),参与范仲淹等人推行的革新运动("庆历新政")。庆历五年(公元1045 年),范等相继被贬,欧阳修也被贬为滁州(今安徽滁州)太守。以后,又知扬州(今江苏扬州)等地。至和元年(公元 1054年)八月,奉诏入京,与宋祁同修《新唐书》。嘉祐五年(公元 1060年),欧阳修任枢密副使。次年任参知政事。熙宁四年(公元 1071年)六月,以太子少师的身份辞职,居颍州(今安徽阜阳)。

欧阳修是北宋诗文革新运动的领袖。他曾以翰林学士身份主持进士考试,提倡平实的文风,录取了苏轼、苏辙、曾巩等人,对转变北宋文风很有影响。他的文学成就以散文最高,影响也最大,是唐宋八大家之一。著有《文忠集》一百五十三卷、附录五卷。

呜呼①!惟我皇考崇公②,卜吉于泷冈之六十年③,其子修始克表于其阡④。非敢缓也,盖有待也⑤。

【注释】

① 呜呼:唉,啊。
② 皇考:对亡父的尊称。崇公:即崇国公,欧阳修父亲的封号。

③ 卜吉：占问风水好的葬地。

④ 克：能够。

⑤ 并不是敢于拖延，实在是有所等待呀。盖：语气词，无义。

　　修不幸，生四岁而孤。太夫人守节自誓①，居穷②，自力于衣食，以长以教③，俾至于成人④。太夫人告之曰："汝父为吏，廉而好施与⑤，喜宾客，其俸禄虽薄，常不使有余，曰：'毋以是为我累⑥。'故其亡也，无一瓦之覆、一垅之植以庇而为生⑦，吾何恃而能自守耶⑧？吾于汝父，知其一二，以有待于汝也。自吾为汝家妇，不及事吾姑⑨，然知汝父之能养也⑩。汝孤而幼，吾不能知汝之必有立，然知汝父之必将有后也。吾之始归也⑪，汝父免于母丧方逾年⑫，岁时祭祀⑬，则必涕泣⑭，曰：'祭而丰，不如养之薄也⑮。'间御酒食⑯，则又涕泣，曰：'昔常不足，而今有余，其何及也⑰！'吾始一二见之⑱，以为新免于丧适然耳⑲。既而其后常然⑳，至其终身未尝不然。吾虽不及事姑，而以此知汝父之能养也。汝父为吏，尝夜烛治官书㉑，屡废而叹㉒。吾问之，则曰：'此死狱也㉓，我求其生不得尔。'吾曰：'生可求乎㉔？'曰：'求其生而不得，则死者与我皆无恨也㉕。矧求而有得耶㉖，以其有得，则知不求而死者有恨也。夫常求其生，犹失之死㉗，而世常求其死也㉘。'回顾乳者抱汝而立于旁㉙，因指而叹，曰：'术者谓我岁行在戌将死㉚，使其言然㉛，吾不及见儿之立也，后当以我语告之。'其平居教他子弟㉜，常用此语。吾耳熟焉，故能详也㉝。其施于外事㉞，吾不能知；其居于家，无所矜饰㉟，而所为如此，是真发于中者耶㊱！呜呼！其心厚于仁者耶㊲！此吾知汝父之必将有后也。汝其勉之㊳。夫养不必丰，要于孝㊴；利虽不得博于物㊵，要其心之厚于仁。吾不能教汝，此汝父之志也。"修泣而志之㊶，不敢忘。

63

【注释】

① 太夫人:指欧阳修的母亲,姓郑,出身江南名族。

② 家境贫困。

③ 而抚养我、教育我。以:而。

④ 俾(bǐ):使。

⑤ 施与:以财物周济人。

⑥ 不要让这钱财使我受累。是:这,指钱财。

⑦ 没有留下一屋一瓦可以容身,也没有一亩地可以种植,以维持生活。 垅:成行种植农作物的土埂。庇:依靠。

⑧ 何恃:依靠什么。

⑨ 没赶上侍奉婆婆。姑:丈夫的母亲,婆婆。

⑩ 大意是,然而我知道你父亲很孝敬父母。养:指孝养。

⑪ 始归:刚嫁过来。归:出嫁。

⑫ 免于母丧:除去母亲的丧服。方逾年:刚过一年。

⑬ 岁时:逢年过节。

⑭ 涕泣:哭泣。

⑮ 死后祭祀丰厚,不如生前奉养菲薄。

⑯ 偶尔吃点酒食。御:进食。

⑰ 意即可惜已经来不及了。

⑱ 头一两次我看到这种情形。

⑲ 以为刚除去丧服才会这样。

⑳ 后来仍然经常如此。既而:不久。

㉑ 曾在晚上点着蜡烛处理公文。

㉒ 屡废:一再停下。

㉓ 死狱:死罪的案子。

㉔ 生路可以找得到吗?

㉕ 恨:遗憾。

㉖ 何况有时可以找到生路。矧(shěn):况且,何况。

64

㉗ 还不免要判死罪。

㉘ 大意是,而世间有些官吏,唯恐不判人家死罪呢。

㉙ 回顾:回头看。乳者:奶妈。

㉚ 术者:算命的人。岁行在戌将死:活到戌年就会死。

㉛ 如果他的话灵验。

㉜ 平居:平时。他:其他,别的。

㉝ 我听熟了,所以能详细记得。

㉞ 他在外面所做的事。

㉟ 矜夸矫饰。

㊱ 是真正发自内心的呀。

㊲ 意思是他的心是那样宽厚仁慈呀。

㊳ 你要努力呀。其:语气词,表示希望。

㊴ 重在孝顺。

㊵ 利益虽然不能遍施于所有的人。

㊶ 志:记。

　　先公少孤力学①,咸平三年进士及第②,为道州判官③,泗、绵二州推官④,又为泰州判官⑤。享年五十有九,葬沙溪之泷冈⑥。太夫人姓郑氏,考讳德仪⑦,世为江南名族。太夫人恭俭仁爱而有礼⑧,初封福昌县太君⑨,进封乐安、安康、彭城三郡太君⑩。自其家少微时⑪,治其家以俭约⑫,其后常不使过之⑬,曰:"吾儿不能苟合于世⑭,俭薄所以居患难也⑮。"其后修贬夷陵⑯,太夫人言笑自若⑰,曰:"汝家故贫贱也,吾处之有素矣⑱。汝能安之,吾亦安矣。"

【注释】

①　先公:指欧阳修已故的父亲。力学:努力学习。

65

② 咸平三年:即公元 1000 年。咸平:宋真宗年号,公元 998 年至 1003
年。进士及第:考中进士。

③ 道州:今湖南道县。判官:官名。地方长官的僚属,辅理政事。

④ 泗:州名,在今江苏泗洪东南。绵:州名,今四川绵阳。推官:官名,
州府的佐官,主管案件审理。

⑤ 泰州:今江苏泰州。

⑥ 沙溪:今江西永丰沙溪镇。

⑦ 考讳:她的父亲名叫德仪。考:对死去的父亲的称呼。讳:指已故尊
长者之名。

⑧ 恭俭:恭谨节俭。

⑨ 福昌县:在今洛阳宜阳。太君:封建时代官员母亲的封号。

⑩ 乐安:在今山东广饶北。安康:今陕西安康。彭城:今江苏徐州。

⑪ 少微:微贱。

⑫ 俭约:俭省节约。

⑬ 以后也一直不使开支超过限度。

⑭ 你不能苟且迎合世俗。吾儿:指欧阳修。

⑮ 节俭才能过困窘的日子。俭薄:俭朴。

⑯ 夷陵:今湖北宜昌西北。

⑰ 自若:自如。

⑱ 我已过惯了。

　　于是小子修泣而言曰①:"呜呼! 为善无不报,而迟速有时,此
理之常也。惟我祖考②,积善成德,宜享其隆③,虽不克有于其
躬④,而赐爵受封,显荣褒大⑤,实有三朝之锡命⑥,是足以表见于
后世⑦,而庇赖其子孙矣⑧。"乃列其世谱,具刻于碑,既又载我皇
考崇公之遗训,太夫人之所以教而有待于修者,并揭于阡⑨。俾知
夫小子修之德薄能鲜⑩,遭时窃位⑪,而幸全大节,不辱其先者,其

66

来有自⑫。

【注释】

① 小子:儿子。

② 祖考:祖先。

③ 隆:指隆厚的回报。

④ 意即他们虽不能亲身享有。克:能够。

⑤ 显荣:显赫荣耀。褒大:发扬光大。

⑥ 三朝之锡(cì)命:受到三朝皇帝的诏命。三朝:指宋仁宗、英宗、神宗。锡命:天子有所赐予的诏命。锡:通"赐",赐予。

⑦ 表见(xiàn):即表现,显扬。

⑧ 庇赖:庇荫,庇护。

⑨ 揭:公布,发表。

⑩ 意即无德无能。薄、鲜:少。

⑪ 遭时:遇到好时势。窃位:窃取名位。这里是谦辞。

⑫ 实在是有原因的。

【评析】

本文是欧阳修在熙宁三年(公元1070年)四月护送母亲郑氏灵柩归葬故里凤凰山泷冈时为父亲墓碑所写的碑文,作者时任青州太守。这篇碑文情义真挚深厚,与韩愈《祭十二郎文》、袁枚《祭妹文》并列为中国古代三大著名祭文。

文章主要内容是追叙先父遗训和先母教诲,缅怀父母恩德,以教育后辈。欧阳修的父亲为官清廉,视钱财为身外之物,至死"无一瓦之覆、一垄之植"。他十分孝敬母亲,每逢祭祀,必流泪感念,说以前日子过得紧,如今改善了,却来不及报答了。他处事仁厚,审理死罪时总是尽力为死囚求得一条生路。欧阳修的母亲经常以这些事例教育他,为其示范,并且嘱以父亲遗志:"夫养不必丰,要于孝;利虽不得博于物,要其心之厚于仁。"欧阳修"泣而志之,不敢忘"。父亲的遗训对欧阳修的成长和人格形成起了至关重要的作用,他在功成名就之时感叹道:他之所以能"幸全大节,不辱其先者,其来有自。"

《礼记·中庸》说:"夫孝者,善继人之志,善述人之事者也。"意思是说,善于继承前人的遗志,努力实现前人未竟的事业,这就是孝。应该说,这种孝有别于衣食奉养的狭义孝敬,是孝敬的更高境界。欧阳修为后人树立了很好的榜样。

八、记先夫人不残鸟雀

苏 轼

【题解】

本文选自《苏轼文集》卷七十三。先夫人指苏轼已故的母亲程氏。不残,不伤害。

苏轼(公元 1037—1101 年),字子瞻,又字和仲,号"东坡居士",北宋眉州眉山(即今四川眉山)人,是北宋著名的文学家、书画家。他与他的父亲苏洵、弟弟苏辙皆以文学名世,世称"三苏"。苏轼仕途坎坷,几度大起大落。嘉祐进士,任凤翔府签判,主张改革弊政。神宗时反对王安石变法。在密州、徐州任上,抗洪灭蝗,赈贫救孤,颇多政绩。后以"谤讪朝廷"贬黄州。神宗元丰八年,被召还朝,任礼部郎中,哲宗时任翰林学士,出知杭、颍、扬、定四州。绍圣元年又以讥刺先朝的罪名贬知英州、惠州和海南儋耳。徽宗初遇赦召还,病死常州(今江苏常州)。苏轼的诗、词和散文都代表北宋文学最高成就。

《苏轼文集》共七十三卷，今人孔凡礼点校。

少时所居书堂前①，有竹柏杂花丛生满庭，众鸟巢其上②。武阳君恶杀生③，儿童婢仆，皆不得捕取鸟雀。数年间，皆巢于低枝，其鷇可俯而窥④。又有桐花凤⑤，四五日翔集其间⑥。此鸟羽毛至为珍异难见，而能驯扰⑦，殊不畏人⑧。闾里间见之⑨，以为异事⑩。此无他⑪，不忮之诚，信于异类也⑫。

有野老言⑬，鸟雀巢去人太远⑭，则其子有蛇、鼠、狐狸、鸱鸢之忧⑮。人既不杀，则自近人者，欲免此患也。由是观之⑯，异时鸟雀巢不敢近人者⑰，以人为甚于蛇鼠之类也⑱，苛政猛于虎⑲，信哉⑳！

【注释】

① 书堂：书房。

② 巢：筑巢。

③ 武阳君：苏轼母亲程氏的封号。恶(wù)：憎恶。

④ 鷇(kòu)：由母鸟哺食的幼鸟。

⑤ 桐花凤：一种五彩羽毛的小鸟，暮春桐花盛开时成群飞来，花落则飞走，因此得名。

⑥ 日：疑"百"字之误。

⑦ 驯扰：顺服。

⑧ 殊：很。

⑨ 闾里：此指邻居。

⑩ 异事：奇怪的事情。

⑪ 这没有别的原因。

⑫ 这是人不害鸟雀的诚意，取信于异类的结果啊。忮(zhì)：加害。

之⑫,寻以告姒引罪⑬。尝以锦衣抱其姒儿⑭,适便溺⑮,姒急接之。少娣曰:"毋遽,恐惊儿也⑯。"了无惜意⑰。岁余,四姒自相谓曰:"五婶大贤,我等非人矣! 奈何若大年为彼所笑⑱。"乃相与和睦,终身无怨语。

【注释】

① 其中兄弟四个已经娶了妻子。

② 意思是,各个妻子都听信女仆的传言,每天都有争吵。女奴:女仆。

③ 有时甚至到了拿刀争斗的地步。阋(xì)墙:本指兄弟内部相争。语出《诗经·小雅·常棣》:"兄弟阋于墙,外御其务。"这里指姒娌之间相争。

④ 姻族:指有姻亲关系的各家族成员。

⑤ 对木石鸟兽,我拿它们没有什么办法。如……何:对……怎么办。

⑥ 世上难道还有不能和睦相处的人吗? 与(yǔ):亲近,和睦相处。

⑦ 姒(sì):古代姒娌之间,称哥哥的妻子为姒。

⑧ 遗(wèi):送。

⑨ 婆婆有事情吩咐几个嫂子去做,大家都互相看看,没人去做。姑:古代妻子称丈夫的母亲为姑。

⑩ 后进:晚进家门,指比其他嫂子结婚晚。当劳:应该去做。

⑪ 母家:娘家。馈:赠送。

⑫ 笞(chī):用鞭子或棍杖打人。

⑬ 寻:不久。引罪:承认罪过。

⑭ 锦衣:华美的衣服。

⑮ 适:正好,恰逢。

⑯ 不要匆忙接过去,担心小孩受到惊吓。遽(jù):匆忙,仓猝。

⑰ 一点可惜的意思也没有。了:全,都。

⑱ 大年:年长,年龄大。为彼所笑:被人家笑话。

72

【评析】

妯娌关系一直被认为是很难处理的家庭关系之一。苏家五兄弟,四个妯娌之间水火不容,每天争吵,有时甚至到了拿刀相殴的地步。但苏少娣在这样的情况下还是决心嫁到苏家,大家都为她担心。可她认为只要是人,不是木石鸟兽,就有和睦相处的可能,"世岂有不可与之人哉?"因为人都是有感情的。凭着这样的信念,苏少娣嫁到苏家之后,处处以身作则,对待四位嫂子恭敬有礼,有了好吃的东西分给大家一起吃,婆婆吩咐的活儿抢着去做,任劳任怨,从不斤斤计较。对于那些搬弄是非的话充耳不闻,甚至于对于自己的女仆诉说嫂子的事情都严加责罚,以防误信传言,心生嫌隙。对侄子便溺弄脏自己的锦衣,苏少娣首先考虑的不是自己的衣服,而是担心惊吓了孩子。在这样的真情感召下,四位嫂子终于认识到和苏少娣相比,自己是多么的自私和渺小,最后大家和睦相处,"终身无怨语",成为千古佳话。苏少娣之所以能够做到这一点,凭借的是自己宽广的心胸、光明磊落的行为和处处为别人着想的高尚品格。这正如孔子所说的"己所不欲,勿施于人"(《论语·颜渊》),不仅仅是妯娌之间,就是夫妻之间、朋友之间、同事之间、邻里之间的相处不也应如此吗?

十、和家要术

袁 采

【题解】

本文节选自袁采《袁氏世范·睦亲》。和家,使家庭和睦。

袁采(公元?—1195年),字君载,宋信安(今浙江衢州)人。隆兴元年(公元1163年)进士,官至监登闻鼓院。登闻鼓院是宋代设置的一个机构,负责受理民间人士的上诉、举告、请愿等事,隶属于谏院。他曾任乐清县县令,廉明刚直,口碑颇佳。著有《袁氏世范》。

　　《袁氏世范》又名《俗训》,为治家格言之作。共三卷,分睦亲、处己、治家三门。这本书从实用和近人情的角度来看待立身处世的原则,思想开明,颇有见地,并且深入浅出,极具趣味,极易领会和学习。《四库全书总目提要》对它的评价是:"其书于立身处世之道反覆详尽。"又说:"大要明白切要,使览者易知易从,固不失为《颜氏家训》之亚也。"成书以来七百多年间多次刊布,西方汉学界也颇为重视,并有英译本。

　　人之至亲①,莫过于父子兄弟。而父子兄弟有不和者,父子或因于责善②,兄弟或因于争财。有不因责善、争财而不和者,世人见其不和,或就其中分别是非而莫名其由③。盖人之性④,或宽缓⑤,或褊急⑥,或刚暴⑦,或柔懦⑧,或严重⑨,或轻薄,或持检⑩,或放纵,或喜闲静,或喜纷拏⑪,或所见者小,或所见者大⑫,所禀自是不同⑬。父必欲子之强合于己,子之性未必然⑭;兄必欲弟之性合于己,弟之性未必然。其性不可得而合,则其言行亦不可得而合。此父子兄弟不和之根源也。况凡临事之际,一以为是,一以为非,一以为当先,一以为当后,一以为宜急,一以为宜缓,其不齐如此。若互欲同于己⑮,必致于争论,争论不胜,至于再三,至于十数,则不和之情自兹而启⑯,或至于终身失欢⑰。若悉悟此理⑱,为父兄者通情于子弟⑲,而不责子弟之同于己⑳;为子弟者,仰承于父兄㉑,而不望父兄惟己之听㉒,则处事之际,必相和协,无乖争之患㉓。孔子曰㉔:"事父母,几谏㉕,见志不从㉖,又敬不违㉗,劳而无怨㉘。"此圣人教人和家之要术也,宜孰思之㉙。

【注释】

① 至亲:最亲近的人。

② 责善:劝勉从善。

③ 莫名其由:说不清其中的原由。莫名:没法用语言表达。

④ 盖:句首语气词,无义。

⑤ 或:有人。

⑥ 褊(biǎn)急:气量狭隘,性情急躁。

⑦ 刚暴:刚猛粗暴。

⑧ 柔懦:优柔懦弱。

⑨ 严重:严肃稳重。

⑩ 持检:克制检点。

⑪ 纷挐(rú):混乱的样子,这里是热闹的意思。

⑫ 有的人见识短浅,有的人见识广博。

⑬ 禀:禀性。

⑭ 未必然:不一定那样。

⑮ 如果彼此都想要对方和自己相同。

⑯ 自兹而启:从此就开始。

⑰ 失欢:失和。

⑱ 悉悟:领悟。

⑲ 做父亲和兄长的对子女与弟弟通情达理。

⑳ 责:求,这里是强求的意思。

㉑ 恭敬地追随着父兄。仰承:敬受。

㉒ 惟己之听:只听取自己的意见。

㉓ 乖(guāi)争:纷争。

75

㉔　这里引用的孔子的话,见《论语·里仁》。

㉕　屡次劝谏。

㉖　看到自己的意见不被采纳。

㉗　还是恭恭敬敬,不违背父母。

㉘　大意是,为父母做事虽然辛劳,但无怨无悔。

㉙　孰思:认真思考。孰:仔细。这个意义上后来写做"熟"。

【评析】

　　一般认为父亲对子女要求过分严格以及兄弟争夺家产是造成父子兄弟之间不和的主要原因,但作者认为在此两者之外,还有一个重要原因,就是彼此强求一致,这也是导致不和的祸根。

　　人的口味有不同偏好,有人爱甜,有人喜辣。如果聚餐,嗜辣者强求别人与己同好,一定会有人饿肚或者愤然退席。同理,人的性格多种多样,有的急躁,有的性慢;有的粗暴,有的柔弱;有的不苟言笑,有的活泼好动。假如有人以自我为中心,强求别人与自己一致,轻则人家对你阳奉阴违,重则彼此看不惯以致发生冲突。这种现象,在父子和兄弟之间最容易发生,十分普遍,古今皆同。

　　解决这一顽症其实并不太困难,关键在于观念的转变。人性的复杂是客观存在的,而且往往扯不上是非对错,因此要多一点理解和包容,就是父子兄弟,也不能强人同己。唯有如此,不同性格的人才能互敬互补,和谐相处。

　　作者生活在父为子纲,君为臣纲的"父父,子子,君君,臣臣"封建时代,居然有如此开明的见识,实在让人钦佩不已。今天我们虽然生活在文明理性的现代社会,但是在这样一些观念上恐怕未必赶得上袁采,这是值得我们反思的。

十一、一家和而一国和

徐皇后

【题解】

本文选自徐皇后《内训》第十七章,题目是后加的。

徐皇后,即明成祖朱棣仁孝文皇后,中山王徐达之长女,濠州（今安徽凤阳东）人,生卒年不详。她以贤惠著称,曾多次规劝朱棣施行仁政,广求贤才。

《内训》分德性、修身、慎言、谨行、警戒、节俭积善、睦亲、慈幼等二十章,主要论述妇女的行为规范。书成之后,先在宫内实行,后颁群臣,使教于家。

仁者无不爱也。亲疏内外,有本末焉①。一家之亲,近之为兄弟,远之为宗族②,同乎一源矣③。若夫娣姒姑姊妹④,亲之至近者也,宜无所不用其情⑤。夫木不荣于干,不能以达支⑥;火不灼乎中,不能以照外⑦。是以施仁必先睦亲⑧,睦亲之务必有内助⑨。

【注释】

① 本末:树根与树梢,比喻主次。

② 宗族:同宗同族之人。

③ 同一个渊源。即同一个祖宗。

④ 若夫:至于。娣姒(dì sì):妯娌。兄妻为姒,弟妻为娣。姑姊妹:丈夫的姊妹。

⑤　意思是,应该以真情相待。

⑥　如果树干不壮实,枝叶也不会茂盛。木:树木。荣:茂盛,壮实。支:
　　枝干。在这个意义上后来写做"枝"。

⑦　火焰如果中心烧得不旺,就不能用来照亮四周。灼:旺盛。

⑧　是以:因此。睦亲:对宗族和睦,对外亲友好。

⑨　致力于睦亲,一定会得到来自内部的助力。务:从事,致力。

　　凡一源之出,本无异情,间以异姓①,乃生乖别②。《书》曰③:
"敦叙九族④。"《诗》曰⑤:"宜其家人⑥。"主乎内者⑦,体君子之
心⑧,重源本之义⑨。敦《颊弁》之德⑩,广《行苇》之风⑪,仁恕宽
厚⑫,敷洽惠施⑬。不忘小善,不记小过⑭。录小善则大义明⑮,略
小过则谗慝息⑯;谗慝息则亲爱全,亲爱全则恩义备矣⑰。疏戚之
际⑱,蔼然和乐⑲。由是推之,内和而外和,一家和而一国和,一国
和而天下和矣,可不重与⑳?

【注释】

①　间(jiàn):间杂,夹杂。

②　乖(guāi)别:不和,分离。

③　《书》:指《尚书》。

④　使九族亲厚而有序。语出《皋陶谟》篇,今本"敦叙"作"惇敍"。九
　　族:指本身以上的父、祖、曾祖、高祖和本身以下的子、孙、曾孙、
　　玄孙。

⑤　《诗》:指《诗经》。

⑥　使一家人和睦。宜:和顺,亲善。语出《桃夭》篇。

⑦　注重亲族内部和睦的人。

⑧　体:效法,体察。

⑨　源本:根本,根源。

78

⑩ 敦:崇尚,注重。《頍弁(kuǐ biàn)》之德:指兄弟间互相依附的亲情。《頍弁》是《小雅》的篇名,诗中以苔草女萝缠绕松柏,比喻兄弟亲戚互相依附,亲密无间。

⑪ 广:推广。《行苇》之风:指内睦九族的风尚。《行苇》是《大雅》的篇名,这是一首写周代贵族宴饮兄弟族亲的诗歌,古人以为它的主旨是"能内睦九族"。

⑫ 仁爱宽容。

⑬ 敷洽:广布。惠施:施恩。

⑭ 过:过失。

⑮ 录:记住。大义:大道理。

⑯ 略:忽略。谗慝(chán tè):邪恶奸佞。

⑰ 亲爱:亲近喜爱的人,这里指九族。恩义:恩情。备:齐备。

⑱ 远近之间。戚:亲近。

⑲ 蔼(ǎi)然:和善的样子。

⑳ 能不重视吗? 与:语气词,吗。在这个意义上后来写做"欤"。

【评析】

　　本文着重论述睦亲的重要性。家庭是社会的细胞,构建和谐社会,首先要使家庭内部和睦团结。作者以"木不荣于干,不能以达支"、"火不灼乎中,不能以照外"的浅近的比喻,生动形象地说明了这个朴素的道理。文章最后说,"内和而外和,一家和而一国和,一国和而天下和",把睦亲视为关系国家存亡的大事,也是颇有见地的。当然,今天的家庭关系与古代宗法制度下的家庭关系已经有本质的不同,但就其高度重视家庭和睦这一点来看,仍有一定的借鉴意义。

十二、和睦之道

王夫之

【题解】

本文节选自王夫之《姜斋文集·补遗》卷一，题目是后加的，原题《丙寅岁寄弟侄》。

王夫之（公元 1619—1692 年），字而农，号姜斋，晚年隐居衡阳石船山，故又称船山先生。衡阳（今湖南衡阳）人。明清之际著名思想家、文学家。明崇祯十五年应试中举，不久明亡，曾在衡山组织武装起义，阻击清军南下。失败后，投广东肇庆南明桂王，任行人司行人官，桂林失陷后，脱险回湖南隐居，勤恳著述四十年。他发展了传统朴素的唯物主义的思想，在我国古代哲学史上有着突出的地位。他的著作很多，达七十种三百二十四卷。

《姜斋文集》十卷，补遗二卷，主要收录了王夫之的论、传、序、赋、赞、尺牍、行状等著作。

和睦之道，勿以言语之失，礼节之失，心生芥蒂①。如有不是②，何妨面责③？慎勿藏之于心④，以积怨恨。天下甚大，天下人甚多，富似我者，贫似我者，强似我者，弱似我者，千千万万，尚然弱者不可妒忌强者⑤，强者不可欺凌弱者，何况自己骨肉！有贫弱者，当生怜念⑥，扶助安生⑦；有富强者，当生欢喜心，吾家幸有此人撑持门户。譬如一个左眼生翳⑧，右眼光明⑨，右眼岂欺左眼，以皮屑投其中乎⑩？又如一人右手便利⑪，左手风痹⑫，左手岂妒忌右手，愿其同瘫痪乎？

80

【注释】

① 芥蒂:细小的梗塞物,比喻郁积在心中的怨恨或不快。

② 不是:错误,过失。

③ 何妨:不妨。面责:当面批评。

④ 慎勿:千万不要。

⑤ 尚然:仍然。

⑥ 怜念:关怀,爱惜。

⑦ 安生:使生活安定。

⑧ 翳(yì):眼角膜上所生障碍视线的斑膜。

⑨ 光明:明亮。

⑩ 皮屑:皮肤表皮角质层剥落产生的碎屑。

⑪ 便利:敏捷,灵活。

⑫ 风痹(bì):因风寒湿侵袭而引起的肢节疼痛或麻木的病症。

【评析】

这是王夫之告诫其弟侄的促进和睦的方法。归纳起来,有这么三点:首先胸怀要宽广大度,不要为了一些言语或礼节不周之类的小事而心生芥蒂。其次,即使对方真有错误,也要开诚布公,当面善意指出,切勿积怨于心。第三,不要欺弱妒强,于弱者须帮扶,于强者当有庆幸之心。总起来说,一是要心理健康,二是要善于化解矛盾。作者以其丰富的社会阅历,指出了影响和睦的关键。这段话虽然不长,但循循善诱,句句语重心长。王夫之虽然说的是家庭内部的和睦之道,但对于处理一般人际关系也是很有启示的。

十三、杭州韬光庵中寄舍弟墨

郑　燮

【题解】

本文选自郑燮《郑板桥全集·板桥集》。舍弟,弟弟。墨,指郑墨。

郑燮(公元1693—1765年),字克柔,号板桥,江苏兴化(今江苏兴化)人。清代著名书画家、文学家。康熙秀才、雍正举人、乾隆进士。曾任山东范县(今属河南)、潍县县令。居官时不肯逢迎上司,颇能关心百姓疾苦,曾因擅自开仓赈济,拨款救灾,获罪罢官。后来长期在扬州以卖画为生。其书画受石涛、八大山人影响较深,又有独创风格,为"扬州八怪"之一。

《郑板桥全集》,今人卞孝萱编,共分《板桥集》、《板桥集外诗文》和《板桥研究资料》三部分,不分卷。《板桥集》收录了板桥诗钞、词钞、小唱、家书、板桥题画等;《板桥集外诗文》收录了郑板桥的文、诗、词、题画、横额、对联、附录(印跋、郑板桥家书、板桥题画佚稿、郑板桥先生集外集)等;《板桥研究资料》收录了郑板桥传记、家谱、题画像、方志、序跋、书目板桥集评语、词话、笔记等有关郑板桥的研究资料。

谁非黄帝尧舜之子孙①,而至于今日,其不幸而为臧获②,为婢妾③,为舆台、皂隶④,窘穷迫逼⑤,无可奈何。非其数十代前即自臧获、婢妾、舆台、皂隶来也。一旦奋发有为,精勤不倦⑥,有及身而富贵者矣⑦,有及其子孙而富贵者矣,王侯将相岂有种乎! 而一二失路名家、落魄贵胄借祖宗以欺人⑧,述先代以自大⑨,辄曰⑩:"彼何人也,反在霄汉⑪;我何人也,反在泥涂⑫。天道不可凭⑬,人事不可问⑭。"嗟乎⑮! 不知此正所谓天道人事也。

【注释】

① 黄帝:传说是中原各族的共同祖先。尧舜:唐尧和虞舜的并称,远古部落联盟的首领,古史传说中的圣明君主。

② 臧获:男奴称臧,女奴称获,此泛指奴仆。

③ 婢妾:妾与使女。

④ 舆台:地位低贱的人。古代把人分为十等,舆为第六等,台为第十等。皂隶:衙门里的差役。

⑤ 窘穷:窘迫穷困。迫逼:这里是被逼迫的意思。

⑥ 精勤:专心勤勉。

⑦ 及身:在自己身上。

⑧ 失路:不得志。名家:名门。落魄:穷困失意。贵胄(zhòu):贵族的后裔。

⑨ 先代:先世,祖先。

⑩ 辄:常常。

⑪ 霄汉:天河,比喻崇高的地位。

⑫ 泥涂:淤泥,比喻卑下的地位。

⑬ 天道:天意。

⑭ 大意是人事变化不可干预。问:过问,干预。

⑮ 唉。叹词。

天道福善祸淫①,彼善而富贵,尔淫而贫贱,理也,庸何伤②?天道循环倚伏③,彼祖宗贫贱,今当富贵,尔祖宗富贵,今当贫贱,理也,又何伤? 天道如此,人事即在其中矣。

【注释】

① 福善:赐福给善人。祸淫:降祸给恶人。淫:放纵,不加约束,这里指
恶人。

② 庸何伤:大意是何必感伤。庸:用。

③ 倚伏:大意是,祸福相因,互相依存,互相转化。语本《老子》:"祸兮
福之所倚,福兮祸之所伏。"倚:依托。伏:隐藏。

愚兄为秀才时,检家中旧书籭①,得前代家奴契券②,即于灯
下焚去,并不返诸其人③,恐明与之,反多一番形迹④,增一番愧
恧⑤。自我用人,从不书券⑥,合则留,不合则去。何苦存此一纸,
使吾后世子孙借为口实,以便苛求抑勒乎⑦!如此存心,是为人
处⑧,即是为己处。若事事预留把柄,使入其网罗,无能逃脱,其穷
愈速,其祸即来,其子孙即有不可问之事、不可测之忧⑨。试看世
间会打算的⑩,何曾打算得别人一点,真是算尽自家耳!可哀可
叹,吾弟识之⑪。

【注释】

① 检:翻检。书籭(lù):竹编的书箱。

② 契券:契据,证券。

③ 诸:之于。

④ 形迹:嫌疑。

⑤ 愧恧(nǜ):惭愧。

⑥ 书券:书写契约。

⑦ 抑勒:勒索。

⑧ 处:设想,着想。

⑨ 不可测之忧:指料想不到的祸患。

⑩ 打算:算计。

⑪ 识(zhì):记住。

【评析】

这是郑燮四十岁(公元 1732 年)时在杭州韬光庵写给弟弟郑墨的家信。信中表达了他平等博爱的思想,认为人人都是"黄帝尧舜之子孙",之所以有尊卑等级差别,是因为"窘穷迫逼"之故。出身卑贱的人,只要"奋发有为,精勤不倦",是可以改变自己命运的。他十分鄙视那些没落的名门贵族后裔"借祖宗以欺人,述先代以自大"的丑恶行径。信中还以自己烧掉前代家奴契券为例,告诫郑墨要为人宽厚,多为他人着想,不能"事事预留把柄,使入其网罗"。

郑燮的平等思想和人道主义情怀,突破了传统儒家服从于等级制度的"仁爱"思想,与西方启蒙时代"人生而平等"的思想遥相呼应,这在等级森严的封建时代是非常可贵和难得的。在今天,平等待人和与人为善仍然是构建和谐社会的重要基础,没有这个基础,和谐社会或许就是空中楼阁。

第三单元

一、子产不毁乡校

《左传》

【题解】

本文选自左丘明《左传·襄公三十一年》,题目是后加的。子产(公元前?—前522年),春秋时政治家。复姓公孙,名侨。新郑(今河南新郑)人。公元前554年任郑国国卿后,实行一系列政治改革,如整顿贵族田地和农户编制,向土地私有者征收军赋,把"刑书"(法律条文)铸在鼎上公布等。他主张保留乡校、听取国人意见,善于因才任使,采用"宽猛相济"的治国方略,将郑国治理得秩序井然。乡校,乡间的学校,同时又是乡人休闲聚会的地方。

左丘明,春秋时期鲁国人,官鲁国太史,给《春秋》作传,为《春秋左氏传》,简称《左传》。

《左传》是我国古代一部编年体的历史著作。它与《公羊传》、《穀梁传》合称"春秋三传",作为儒家经典,它们都被列入"十三经"。书中儒家思想倾向十分明显,强调等级秩序与宗法伦理,同时也表现出一定的"民本"思想。

《左传》记事从鲁隐公元年(公元前722年)至鲁哀公二十七年(公元前468年),计254年。这254年后人称之为"春秋时期"。这部书虽然用的是鲁国纪元,却兼记各国重大事件与重要人物。它善于把复杂的事有条不紊地记载下来,剪裁得当,刻画人物也十分生动传神,所以它不仅是一部史料价值极高的先秦史书,在文学史上也享有很高的地位。

郑人游于乡校①,以论执政②。然明谓子产曰③:"毁乡校何如④?"子产曰:"何为⑤?夫人朝夕退而游焉⑥,以议执政之善否。其所善者,吾则行之⑦;其所恶者,吾则改之⑧,是吾师也⑨。若之何毁之⑩?我闻忠善以损怨⑪,不闻作威以防怨⑫。岂不遽止⑬?然犹防川⑭。大决所犯⑮,伤人必多,吾不克救也⑯。不如小决使道⑰,不如吾闻而药之也⑱。"然明曰:"蔑也今而后知吾子之信可事也⑲。小人实不才⑳,若果行此㉑,其郑国实赖之,岂唯二三臣㉒!"仲尼闻是语也㉓,曰:"以是观之㉔,人谓子产不仁,吾不信也。"

【注释】

① 游:这里是聚会的意思。

② 执政:指当政的人。

③ 然明:郑国大夫鬷(zōng)蔑的字。

④ 何如:如何,怎么样。

⑤ 干什么?

⑥ 夫人:那些人。退:工作完毕后回来休息。焉:于此,在这里。

⑦ 他们认为好的,我就实行。

⑧ 他们认为不好的,我就改正。

⑨ 这些人是我的老师啊。

⑩ 若之何:怎么能。

⑪ 忠善:忠诚善良。损怨:减少怨恨。

⑫ 防:堵塞。

⑬ 难道不能很快制止吗? 这句话的意思是,采用堵塞言路的办法,虽然可以迅速制止民怨,但后患无穷。遽(jù):迅速,很快。

⑭ 然而如同防堵大河一样。川:河流。

⑮ 堤岸大决口所造成的灾害。

⑯ 克:能够。

⑰ 不如在堤岸上开个小口子,让水流通畅。道:疏导。在这个意义上后来写做"导"。

⑱ 不如我听取他们的议论,并且把它当做苦口良药。药之:把……当做良药。

⑲ 我从今以后就知道您的确是可以成大事的人。吾子:您。信:的确。

⑳ 小人:然明自谦之称。不才:没有才能。

㉑ 如果照您的做法做下去。果:果真,确实。

㉒ 郑国就有了依靠,岂止对我们几个做臣子的有利! 其:语气词。二三:较小的不定数,相当于"几个"。

㉓ 孔子听说了这番话。仲尼:孔子的字。是:这。

㉔ 以是:从这件事情。

【评析】

　　郑国的百姓早晚干完活以后,喜欢到乡校聚聚,议论议论当政者的好坏。有个叫然明的大夫,大概听到了一些不中听的话,不乐意了,于是向国卿子产建议索性取缔乡校,免得惹事。子产没有同意。他认为乡校正是一个了解民意、检验执政好坏的绝好场所;百姓的批评,当政者应该把它看做帮助自己改善政事的良药。

　　乡校存废之争,反映出当政者对待百姓批评的两种截然不同的态度。汉末思想家、文学家徐幹曾经说过："才敏过人,未足贵也;博辩过人,未足贵也;勇决过人,未足贵也。君子之所贵者,迁善惧其不及,改过恐其有余。"(《中论·虚道》)子产之所以能成为一个成功政治家,与他能虚怀若谷、"改过恐其有余"是分不开的。

二、诚　意

《礼记》

【题解】

本文选自《礼记·大学》,题目是后加的。诚意,意念诚实。

《礼记》是一部有关古代礼制的资料汇编,大约九万多字,为"十三经"之一。其作者是孔子弟子后的学者及汉代学者。

《礼记》的内容比较复杂,有的是解释《仪礼》,有的是考证礼制,有的是讨论礼制的理论,还记录了一些孔子及其弟子的言论和杂事,涉及政治、道德、哲学、历史、礼仪、文艺、历法、日常生活等诸多方面,是研究先秦社会思想的重要资料,但其中有不少是封建糟粕。

如今流传的两种《礼记》,是分别由西汉戴德和他的侄子戴圣辑录的。戴德辑录的叫《大戴礼记》,最初有八十五篇,到唐代只剩下了三十九篇。戴圣辑录的叫《小戴礼记》,有四十九篇,选入"十三经"的就是这个本子。《大戴礼记》和《小戴礼记》,在内容取舍上各有侧重,各有特色。东汉末年,著名学者郑玄为《小戴礼记》作了注解,唐代孔颖达又作了疏,目前最为通行。

宋代的朱熹选取了《礼记》中《大学》、《中庸》,和《论语》、《孟子》合编在一起,称为"四书",用来作为青少年儒学的基础教材。

所谓诚其意者①，毋自欺也②。如恶恶臭③，如好好色④，此之谓自谦⑤。故君子必慎其独也⑥。小人闲居为不善⑦，无所不至⑧，见君子而后厌然掩其不善而著其善⑨。人之视己，如见其肺肝然⑩，则何益矣！此谓诚于中，形于外⑪，故君子必慎其独也。曾子曰⑫："十目所视，十手所指，其严乎⑬！"富润屋⑭，德润身⑮，心宽体胖⑯，故君子必诚其意。

【注释】

① 诚其意：使意念诚实。意：意念，念头。

② 毋(wú)自欺：不要自己欺骗自己。

③ 恶(wù)：厌恶。恶臭(è xiù)：不好闻的气味。臭：气味。

④ 好(hào)：爱好。好(hǎo)色：女子漂亮的容貌，此指美女。

⑤ 意思是，这就叫做自我满足，于心无亏。谦(qiè)：通"慊"，满足，心安。

⑥ 慎其独：独居的时候要谨慎。

⑦ 闲居：指独居。

⑧ 没有什么做不到的。意思是说什么坏事都做得出来。

⑨ 厌然掩其不善：躲躲藏藏地掩饰自己的坏处。厌，通"黡(yǎn)"，掩蔽，掩盖。著其善：显示他好的德行。

⑩ 像能看透自己的肺和肝一样。

⑪ 诚于中，形于外：有真实的意念在内，就会表露在外。

⑫ 曾子：即曾参(公元前505年—前435年)，字子舆，孔子弟子。

⑬ 意思是说，当你独处的时候，其实有很多人正在看着自己，指着自己，这是多么严厉可畏啊。其：语气词。"十目"、"十手"：借代众人。

⑭ 有了财富就可以装饰屋子。

⑮ 有了德行就可以养护身心。即下文所说的"心广体胖"。

⑯ 心胸坦然,身心就舒泰。胖(pán):安泰舒适。

【评析】

所谓"诚意",就是在内心深处要做到诚实。诚如朱熹所说:"诚意,只是表里如一。若外面白,里面黑,便非诚意。"(《朱子语类》卷十六)

古人认为,考验一个人是否诚意,最好的办法是看他独处时候的表现。独处时没有了监督,没有了约束,意志薄弱的人非常容易私欲膨胀、恶习放纵,什么样的坏事都干得出来。而一个道德高尚的人,就是在没有别人注意的时候,也会严于律己,守身如玉。那些明里一套暗中一套、甚至当面是人背后是鬼的人,往往抱有侥幸心理,以为自己做的坏事神不知鬼不觉,没有人会知晓,其实他们是在自欺欺人。俗话说得好:"若要人不知,除非己莫为。"群众的眼睛亮得很,任他们伪装得如何巧妙,最终还是不能逃脱颠覆的命运。

儒家倡导"慎独",把它作为提高个人道德修养的第一要务。所谓"慎独",就是要求人们在独处的时候更要谨慎,更要防微杜渐克服邪念。朱熹说:"君子慎其独,非特显明之处是如此,虽至微至隐,人所不知之地,亦常慎之。小处如此,大处亦如此,显明处如此,隐微处亦如此。表里内外,粗精隐显,无不慎之,方谓之'诚其意'。"(同上)

慎独是道德的自我完善,是诚意的试金石,也是人生的崇高境界,因此古人对此十分重视。据说林则徐曾经在居所悬挂一幅醒目的中堂,上书"慎独"二字,以此警醒、勉励自己。

虽然儒家提出"诚意"和"慎独"至少有两千多年历史了,但并未因时代的更迭而逐渐退色,相反,在人们普遍感觉物欲横流、道

德滑坡的今天，它的重要性却愈发凸显，我们要大声地呼唤它的
回归。

三、季子挂剑

《新序》

【题解】

　　本文选自刘向《新序·节士》，题目是后加的。季子，即季札，
春秋时吴王寿梦的第四子，故称公子札，因封于延陵（今江苏丹
阳），又称延陵季子。

　　刘向及《新序》的简介见第一单元《申包胥哭秦廷》的题解。

　　延陵季子将西聘晋①，带宝剑以过徐君②。徐君观剑③，不言
而色欲之④。延陵季子为有上国之使⑤，未献也，然其心许之矣。
致使于晋⑥，顾反⑦，则徐君死于楚，于是脱剑致之嗣君⑧。从者
止之，曰："此吴国之宝，非所以赠也⑨。"延陵季子曰："吾非赠之
也。先日吾来⑩，徐君观吾剑，不言而其色欲之。吾为有上国之
使，未献也。虽然⑪，吾心许之矣。今死而不进⑫，是欺心也⑬。
爱剑伪心⑭，廉者不为也⑮。"遂脱剑致之嗣君。嗣君曰："先君无
命⑯，孤不敢受剑⑰。"于是季子以剑带徐君墓树而去⑱。徐人嘉
而歌之曰⑲："延陵季子兮不忘故，脱千金之剑兮带丘墓⑳。"

【注释】

　　① 聘：聘问，即天子与诸侯或诸侯与诸侯间的派遣使者访问。

　　② 宝剑：指特别锋利而珍贵的剑。过：过访，拜访。徐君：徐国国君。

徐国在今安徽泗县一带。

③ 观:观赏。

④ 虽然嘴上没说,但脸上露出想要的表情。

⑤ 为:因为。上国之使:出使上国的使命。上国:春秋时称中原各诸侯
国为上国,这里指晋国。

⑥ 致使:完成了使命。

⑦ 顾反:返回。

⑧ 脱:解下。致之:把它送给……。嗣君:继位的国君。

⑨ 这是吴国的珍宝,不是用来做赠礼的。

⑩ 先日:从前,日前。

⑪ 虽然:虽然如此。

⑫ 进:献。

⑬ 这是欺骗我自己的良心。

⑭ 伪心:欺心。

⑮ 廉者:正直的人。

⑯ 先君:前代君主。无命:没有遗命。

⑰ 孤:国君谦称。

⑱ 带:挂。

⑲ 嘉:赞扬。

⑳ 丘墓:坟墓。

【评析】

　　吴国公子季札有一次途经徐国,徐国国君非常羡慕他佩带的
宝剑,但不好意思启齿相求。季札从眼神中看出了他的心意,心里
很想把宝剑送给他,但因为自己有使命在身,当时还不便相赠。待
出使归来,再经过徐国时,闻讯徐君已死,季札便慨然解下佩剑送
给徐君儿子,徐君儿子不肯接受,于是季札便把剑挂在徐君墓旁的

松树上。侍从不解。他说:"我内心早已答应把宝剑送给徐君,如今只因为他人死了就可以违背我的心愿了吗?"此事传为千古美谈。

古人崇尚一诺千金,但是季札比一诺千金更为可贵。因为他当初仅仅是在心里默许,未曾说出口来,更何况当他出使返回时徐君已死? 在这种情况下,他仍然执意要兑现心中的许诺,直至最后将宝剑挂在徐君墓树上,才了却了自己的心愿。其重信义如此,不能不让人敬佩动容。不过,古人重诺是有前提的,《管子·形势解》中曾经说过:"圣人之诺已(允诺与否)也,先论其理义(公理与正义),计其可否:义则诺,不义则否。"这个原则是十分重要的。

四、孟子妻独居

《韩诗外传》

【题解】

本文节选自韩婴《韩诗外传》卷九,题目是后加的。独居,指独自一人在房内。

韩婴,生卒年不详。西汉燕(郡治在今北京)人。汉代《诗经》的主要传播者,今文诗学"韩诗学"的开创者。孝文帝时任博士,景帝时为常山王刘舜太傅。主治《诗经》,兼治《周易》,其主要著作为《韩诗内传》和《韩诗外传》。到了南宋,《内传》亡佚,现仅存《外传》。

《韩诗外传》共十卷,其主要内容是记录了一些古代的故事和传说,虽然每条都征引《诗经》中的诗句,但并不是引诗来阐述《诗经》本义,而是引《诗》以与古事相印证。此书对于研究西汉今文诗学和校勘先秦文献具有重要价值。

　　孟子妻独居，踞①。孟子入户视之②，白其母曰③："妇无礼，请去之④。"母曰："何也?"曰："踞。"其母曰："何知之?"孟子曰："我亲见之。"母曰："乃汝无礼也⑤，非妇无礼。《礼》不云乎⑥：'将入门，问孰存⑦。将上堂，声必扬⑧。将入户，视必下⑨。'不掩人不备也⑩。今汝往燕私之处⑪，入户不有声，令人踞而视之，是汝之无礼也，非妇无礼也。"于是孟子自责，不敢去妇。

【注释】

① 踞：此指箕踞。一种轻慢、不拘礼节的坐姿。即随意张开两腿坐着，形似簸箕。

② 入户：跨进房门。

③ 白：告诉。

④ 请求把她遣走。去：遗弃，休弃。在男权主义的封建社会，丈夫随时可以休妻。

⑤ 是你自己无礼了。汝：你。

⑥ 《礼》书上不是说吗。下文"将上堂，声必扬"，"将入户，视必下"，见于《礼记·曲礼上》。

⑦ 门：此指大门。问谁在里头。孰：谁。存：在。"问孰存"三字，据刘向《列女传·母仪》补。

⑧ 堂：厅堂。声必扬：声音一定要提高。

⑨ 视必下：眼睛一定要向下看，意思是不要东张西望。

⑩ 意思是，不要趁人没有预备的时候闯入人家的私密居所。掩：突然袭击。

⑪ 燕私：闲居休息。

【评析】

孟子回家推开房门，看到妻子居然张开两腿坐在席上。他大为恼火，认为妻子轻慢无礼，便到母亲那里要求休妻。孟母是个知书达理的人，她不但没有埋怨儿媳，反而责备孟子不懂礼数。孟子自知理亏，不敢再提休妻的事儿了。

不要一味指责对方的过失，首先要想想自己到底有无责任，也许过失的根源就在自己身上。

五、第五伦有私

《后汉书》

【题解】

本文节选自范晔《后汉书·第五钟离宋寒列传》，题目是后加的。第五伦，复姓第五，名伦，字伯鱼，京兆长陵（今陕西咸阳东北）人。初举孝廉，为淮阳国医工长，后历任会稽、蜀郡太守。建武初任司空，曾一再上书，要求抑制外戚骄奢擅权。有私，有私心。

范晔及《后汉书》的简介见第一单元《来歙遇刺》的题解。

伦奉公尽节①，言事无所依违②。诸子或时谏止③，辄叱遣之④，吏人奏记及便宜者⑤，亦并封上⑥，其无私若此⑦。性质悫⑧，少文采⑨，在位以贞白称⑩，时人方之前朝贡禹⑪。然少蕴藉⑫，不修威仪⑬，亦以此见轻⑭。或问伦曰⑮："公有私乎⑯？"对曰："昔人有与吾千里马者⑰，吾虽不受，每三公有所选举⑱，心不能忘，而亦终不用也。吾兄子常病⑲，一夜十往，退而安寝；吾子有疾，虽不省视而竟夕不眠⑳。若是者，岂可谓无私乎？"

① 伦:指第五伦。尽节:尽心竭力保全节操。

② 言事:向君王进谏或议论政事。无所依违:意思是从不模棱两可。

③ 诸子:指第五伦的儿子们。或时:有时。谏止:劝阻。

④ 辄:总是。叱(chì):呵斥。遣:赶走。

⑤ 吏人:指官府中的小吏。奏记:向公府等长官陈述意见的文书。便宜者:根据实际情况自行处理的事情。

⑥ 封上:密封呈上。

⑦ 若此:像这样。此:这样。

⑧ 质悫(què):淳朴,质朴。

⑨ 文采:指文学才华。

⑩ 贞白:守正清白。称:称道。

⑪ 方之:把他比做。前朝:指西汉。贡禹(公元前?—前43年):字少翁,西汉琅邪(今山东诸城)人。通晓儒家经典,官至御史大夫。汉元帝称其有伯夷之廉,史鳅(qiū)之直。

⑫ 蕴藉:含蓄。

⑬ 不修:不讲究。威仪:指服饰仪表。

⑭ 见轻:被轻视。见:被。

⑮ 或:有人。

⑯ 公:对尊长的敬称,此指第五伦。

⑰ 与:赠与。

⑱ 三公:东汉以太尉、司徒、司空为三公。第五伦曾任司空。有所选举:有选拔举用贤能的机会。

⑲ 兄子:哥哥的儿子,侄子。

⑳ 省(xǐng)视:探望。竟夕:终夜,通宵。

【评析】

第五伦为人刚直,为官清正,但最让人敬佩的是他的胸怀坦白。有人问他有没有私心,他毫不隐讳,坦承自已有私心,并且举了两个例子:一个是,有人要送他千里马,他虽然谢绝了,但是由此心里对那个人产生了好感;另一个是,侄子和儿子同样生病,但对儿子的牵挂要超过侄子。像他这样能够如此严于解剖自己、自揭其短、袒露自已的私心杂念的人,就是在历代名人中也是不多见的。所谓"诚信",就是诚实而有信用。"诚"是"信"的根基,"巧伪不如拙诚",只有做人诚实,才能取信于人。

六、公沙穆卖猪

谢 承

【题解】

本文选自谢承《后汉书》,题目是后加的。公沙穆,字文义。东汉北海郡胶东(今青岛平度)人,生卒年不详。年幼时家境贫寒,有大志,读书刻苦,潜心研究《韩诗》和《公羊春秋》。他为人正直清廉、诚实守信、才学俱佳,被举为孝廉,官至辽东属国都尉,政绩显著,深得民心。他的五个儿子都知名于世,有"公沙五龙"之美誉。

谢承,生卒年未详,字伟平,山阴(今浙江绍兴)人。三国吴大帝孙权谢夫人之弟,父为东汉尚书郎。谢承博学洽闻,尤熟悉东汉史事及本郡掌故。孙权时曾任吴郡督邮,后改任长沙东部都尉、武陵太守。撰《后汉书》,据《隋书·经籍志》载,有一百三十卷。该书在宋代已散佚,清人姚之骃有辑本,在《后汉书补逸》中。后鲁迅也曾辑录,公元 1913 年 3 月辑成,共六卷,但未印行。

98

穆尝养猪,猪有病,使人卖之于市①,与之言:"如售②,当告买者言病,贱取其直③,不可言无病欺人取贵价也。"卖猪者到市即售,亦不言病,其直过价④。穆怪之⑤,问其故,赍半直追以还买猪人⑥。告语言猪实病,欲贱卖,不图卖猪人相欺⑦,乃取贵直⑧。买者言,卖买私约⑨,亦复辞钱不取⑩。穆终不受钱而去也。

【注释】

① 穆:指公沙穆。市:集市,市场。

② 售:卖出,卖。

③ 意思是,应当告诉买家这猪有病,贱卖了。贱取其直:卖价要低贱。直:价值。在这个意义上后来写做"值"。

④ 意思是卖得的钱超过合理的价格。

⑤ 怪之:对此感到奇怪。

⑥ 赍(jī):持,带。半直:所得的一半。

⑦ 图:料想。相欺:欺骗你。

⑧ 贵直:高价。

⑨ 私约:私下约定。

⑩ 亦复:也。辞:推辞。

【评析】

公沙穆家境贫寒,他托人把一头病猪带到市场上出售,一再叮嘱不但价钱要低廉,而且一定要把实情告诉买家。可是那人并没有照他的话去做,而是瞒骗了买家,卖了高价钱。公沙穆知道后立即追去,把多得的钱退还给买家,并且告以实情。或许今天会有人讥讽公沙穆犯傻。然而孔子说:"人而无信,不知其可。"又说:"自古皆有死,民无信不立。"儒家认为,诚信乃立身之本,其重要性甚

99

至超过生命。公沙穆正是以自己的行为实践了这一人生信条。如果说他"犯傻",那么这样的"傻子"越多,社会就越加和谐。

也许有人会指责公沙穆,因为病猪会传播疾病,只能掩埋销毁,不可出售,但古人还没有现在这样的卫生意识,所以我们不能苛求古人。假如公沙穆能活到今天,相信他是绝对不会把病猪卖给人家的。

七、戴渊自新

《世说新语》

【题解】

本文选自刘义庆《世说新语·自新》,题目是后加的。戴渊(公元?—322年),字若思,广陵(今江苏扬州)人。年轻时行侠打劫,不修操守。东晋建立后,辅佐晋元帝司马睿,官至征西将军。永昌元年(公元322年),大将军王敦起兵谋反,攻陷石头城(今南京),戴渊被害。

刘义庆(公元403—约443年),彭城(今江苏徐州)人,南朝宋文学家。他是刘宋武帝的堂侄,袭封临川王,征为侍中。曾任荆州刺史、江州刺史等职。为人简约恬淡,爱好文学。所撰除《世说新语》外,还有志怪小说《幽明录》。

《世说新语》是记载汉末魏晋时期士大夫阶层言语行为的一部笔记体小说。依内容可分为"德行"、"言语"、"政事"、"文学"等三十六类,每类收有若干则,全书共一千多则。每则文字长短不一,有的数行,有的三言两语,笔记小说随手而记的特征明显。该书记载颇为丰富真实,对了解当时士人所处的时代状

100

况及政治社会环境以及所谓"魏晋清谈"的风貌很有帮助,鲁迅先生说:"《世说》这部书,差不多就可看做一部名士底教科书。"书中善用对照、比喻、夸张等手法,描绘人物传神,具有很高的文学价值。

　　戴渊少时①,游侠不治行检②,尝在江、淮间攻掠商旅③。陆机赴假还洛④,辎重甚盛⑤。渊使少年掠劫⑥,渊在岸上,据胡床⑦,指麾左右⑧,皆得其宜⑨。渊既神姿峰颖⑩,虽处鄙事⑪,神气犹异⑫。机于船屋上遥谓之曰⑬:"卿才如此⑭,亦复作劫邪⑮?"渊便泣涕⑯,投剑归机⑰,辞厉非常⑱。机弥重之⑲,定交⑳,作笔荐焉㉑。过江,仕至征西将军。

【注释】

① 少(shào):年轻。

② 大意是,讲侠义但不注意品行。游侠:任侠,讲侠义。治:修养。行检:操行,品行。

③ 江、淮间:长江与淮河之间的地区。攻掠:袭击抢夺。商旅:流动的商人。

④ 陆机(公元262—303年):字士衡,吴郡华亭(今上海松江)人,西晋文学家。他出身名门,祖父陆逊,曾任东吴丞相,父陆抗曾任东吴大司马。陆机十四岁丧父,与其兄弟等分领父兵,为牙门将。晋武帝太康十年(公元289年),陆机与弟陆云赴京城洛阳,晋太常张华举荐陆机为祭酒,后又历任太子洗马、著作郎等。及赵王伦辅政,陆机投奔成都王,太安初(公元303年)被宦官诬陷杀害。赴假:休假结束后赴职。洛:洛阳(今河南洛阳)。

⑤ 辎(zī)重:行李,外出时携载的物资。盛:多。

⑥ 少年:年轻人。

⑦　据:坐。胡床:又称交床,一种可以折叠的轻便坐具,类似今之马扎。

⑧　指麾(huī):指挥。

⑨　意思是指挥自如。

⑩　神姿:神情姿态。峰颖:出众。

⑪　处:做。鄙事:指粗野鄙俗之事,此指抢劫。

⑫　神气:神情,神态。犹异:仍然跟一般人不一样。

⑬　船屋:船舱。

⑭　卿:古代对男子的敬称。

⑮　亦复:也。劫:指盗贼,劫匪。

⑯　便:即,就。泣涕:哭泣。

⑰　投:扔掉。归:归附。

⑱　辞厉:谈吐。非常:不同寻常。

⑲　弥:更加。

⑳　结为朋友。

㉑　提笔写信推荐他。

【评析】

东晋名将戴渊,骁勇善战,官至征西将军,声名显赫,可是谁能想到,他也有过一段不光彩的历史,年轻时竟然是江湖上打家劫舍的劫匪头目。在一次打劫中,他遇到了文学家陆机,陆机见他禀赋出众,颇有指挥才能,便劝他改邪归正。在陆机的举荐下,他过江参军,后来征战南北,屡建战功,果然不负所望。

戴渊由盗贼变将军的故事告诉我们,"江山易改,本性难移"并非是一条铁律,只要幡然悔悟,与旧我彻底决裂,魔鬼也可以成为天使。陆机对戴渊不是鄙视和嫌弃,而是尊重和怜惜,是真诚的帮助,从而使戴渊重新找回了自尊和自信,跨出了改过自新的重要一步。没有陆机,也许就没有新生的戴渊。因此,对那些误入歧途的朋友,我们要给他们多一点关爱,用我们赤诚去融化那颗被冻僵了的心。

八、一伪丧百诚

《颜氏家训》

【题解】

本文节选自颜之推《颜氏家训·名实》,题目是后加的。一伪丧百诚,在一件事情上弄虚作假,就会丧失了众多的诚信之名。

颜之推(公元531—591年),字介,琅邪临沂(今山东费县)人。初仕南朝梁,为散骑侍郎。后投奔北齐,官至黄门侍郎、平原太守。齐亡入周,为御史上士。隋朝统一中国后,被太子召为学士。他生于乱世,一次次社会变故都亲身经历,自有丰富的经历和独特的感触。于是将自己的立身之法、处世之道和生活经验写成《家训》,作为教诲后辈子弟的行为准则,希望以此使他们通达事理,趋利避害,勤勉自立,永保平安。

《颜氏家训》共二十篇,分为七卷。全书内容丰富,涉猎广泛,大多是关于教子治家、尊老爱幼、立身风操、勉学慕贤的谆谆教诲,也有迷信观念、因果报应、重男轻女等封建意识,应该注意批判。

此书本是对家人子弟而言,文笔朴实,循循善诱,引古证今,说理充分,亲切动人,颇有说服力。

名之与实,犹形之与影也。德艺周厚①,则名必善焉;容色姝丽②,则影必美焉。今不修身而求令名于世者③,犹貌甚恶而责妍影于镜也④。上士忘名⑤,中士立名⑥,下士窃名⑦。忘名者,体道合德⑧,享鬼神之福佑⑨,非所以求名也⑩;立名者,修身慎行⑪,惧荣观之不显⑫,非所以让名也⑬;窃名者,厚貌深奸⑭,干浮华之虚称⑮,非所以得名也⑯。

【注释】

① 德艺:德行与才能。周厚:周备深厚。

② 容色:容貌。姝(shū)丽:美丽。

③ 修身:陶冶身心,涵养德性。令名:美好的声誉。

④ 犹如容貌十分丑陋却要求镜子里面现出美丽的影像。责:求。妍(yán):美丽。

⑤ 上士:道德高尚的人。忘名:不慕声誉。

⑥ 中士:中等德行的人。立名:树立名声。

⑦ 下士:才德差的人。窃名:以不正当手段获得名声。

⑧ 体道:遵行正道。合德:与道德融合。

⑨ 福佑:赐福保佑。

⑩ 并非以此求得美名。

⑪ 慎行:行为谨慎检点。

⑫ 荣观:荣名,荣誉。不显:不显达。

⑬ 并非以此窃取名声。让:通"攘",窃取。

⑭ 表现出忠厚的样子,深藏奸诈的本性。

⑮ 谋求华而不实的虚名。干:求。虚称:虚名。

⑯ 并非真正得到了好名声。

吾见世人,清名登而金贝入①,信誉显而然诺亏②,不知后之矛戟③,毁前之干橹也④。虙子贱云⑤:"诚于此者形于彼⑥。"人之虚实真伪在乎心,无不见乎迹⑦,但察之未熟耳⑧。一为察之所鉴⑨,巧伪不如拙诚⑩,承之以羞大矣⑪。伯石让卿⑫,王莽辞

104

政⑬,当于尔时⑭,自以巧密⑮;后人书之⑯,留传万代,可为骨寒毛竖也⑰。近有大贵⑱,以孝著声⑲,前后居丧⑳,哀毁逾制㉑,亦足以高于人矣。而尝于苦块之中㉒,以巴豆涂脸㉓,遂使成疮,表哭泣之过㉔。左右童竖㉕,不能掩之㉖,益使外人谓其居处饮食皆为不信㉗。以一伪丧百诚者,乃贪名不已故也㉘。

【注释】

① 意思是,一有清廉的名声就搜罗钱财。登:成就,完成。金贝:金质刀币和货贝,此泛指金钱财货。

② 意思是,信誉一显著,承诺就有所亏损。然诺:然、诺皆应对之词,表示应允,引申为言而有信。亏:亏损,失信。

③ 矛戟(jǐ):矛和戟,都是长柄击刺武器。

④ 干橹:小盾和大盾。

⑤ 虙(fú)子贱:即虙不齐,孔子弟子。

⑥ 在这个地方有真实的意念,在那个地方就会表露出来。也就是下文所说的"真伪在乎心,无不见乎迹"。据《孔子家语·屈节》,这句是虙子贱引述孔子的话。

⑦ 意思是,都有迹象会显露出来。见(xiàn):显现。在这个意义上后来写做"现"。

⑧ 未熟:还不仔细。

⑨ 意思是,一旦被观察真切。鉴:照察,审辨。

⑩ 巧诈虚伪还不如笨拙诚朴。

⑪ 招来的羞辱就大了。语本《易经·恒》:"不恒其德,或承之羞。"(如果不保有好的德行,或许要招来羞辱。)承:承受,招来。

⑫ 伯石:即公孙段,字子石,春秋时郑国大夫,城府很深。朝廷叫太史任命他为卿的时候,他先假意推辞,等太史走后,又叫太史再来任命自己,如此假意推辞了三次才接受。事见《左传·襄公三十年》。

105

卿:朝廷高级长官。

⑬ 王莽(公元前45—公元23年),字巨君,汉元帝皇后王政君之侄。公元8年,篡权建立新朝。公元1年汉哀帝死,王政君以太皇太后临朝称制,任王莽为大司马,王莽也曾经"固推让",其用心与伯石如出一辙。事见《汉书·王莽传》。

⑭ 在当时。尔时:那时。

⑮ 巧密:巧妙隐密。

⑯ 书之:把这些事情记载下来。

⑰ 骨寒毛竖:骨头发寒,毛发竖起,与"毛骨悚然"同义,形容惊恐的样子。

⑱ 大贵:特别显贵的人。

⑲ 著声:著名,著称。

⑳ 前后:先后。居丧:犹守孝。

㉑ 哀毁:守孝悲伤过度而毁损其身,常作居丧尽礼之辞。逾制:超过礼仪规定的制度。

㉒ 苫(shān)块:"寝苫枕块"的简称。苫是草垫子,块是土块。古时居父母丧,孝子须头枕土块睡在草垫上。此为居丧的代称。

㉓ 巴豆:植物名,其果实入药,性热,有大毒。

㉔ 表示哭得过度伤心。过:过度。

㉕ 左右:身边的人。童竖:童仆。

㉖ 意思是说,他的做作不能蒙住身边童仆的眼睛。

㉗ 意思是说,更使外人认为他在居丧时的饮食住处等都在作假。益:更加。不信:不诚实,作假。

㉘ 在一件事情上弄虚作假,而丧失了众多的诚信之名,就是因为贪求名声没有止境的缘故。不已:不止。

【评析】

这一篇颜之推谈名与实的关系,他告诫子孙,不要为了贪图虚名而弄虚作假。

野心家伯石和王莽，明明对禄位垂涎三尺，还要忸怩作态，假意辞让，他们自以为"巧密"，但是人们早就看穿了他们拙劣的把戏，把他们永远钉在了历史耻辱柱上。那个"大贵"也让人哭笑不得，他在居丧时为了制造痛哭过度、流泪伤脸的假象，竟然用巴豆涂在脸上，弄出些烂疮来作伪，结果反而声名扫地。

颜之推说："名之与实，犹形之与影也"，"人之虚实真伪在乎心，无不见乎迹"。因此，若要好名声，只有修身养性，提高自己道德素养，真正做到表里如一，这才是正道。假如表里不一，专门想搞歪门邪道来欺世盗名，只会落得"以一伪丧百诚"的可悲下场。

九、李勉葬金

《太平广记》

【题解】

本文选自李昉《太平广记·廉俭》，题目是后加的。李勉，字玄卿，其曾祖李元懿为唐高祖李渊第十三子，生卒年不详。历任开封府尉、监察御史等职，晚年入朝为相，任吏部尚书，平章事。他生性耿直，为官做人，清正廉洁，奉公守法。

李昉（公元 925—996 年），字明远，深州饶阳（今河北饶阳）人。五代后汉乾佑进士，历仕后汉、后周，最后归宋。宋太宗时任平章事，参与编撰《旧五代史》，并主编《太平御览》、《太平广记》、《文苑英华》三部类书。

《太平广记》是北宋李昉等人奉宋太宗赵炅（jiǒng）之命编纂

的小说类书。始于太平兴国二年（公元 977 年），次年完成。全书五百卷，取材于汉代至宋初的野史、小说以及释、道等书，引书约四百余种。本文原出《尚书谭录》。

天宝中①，有书生旅次宋州②。时李勉少年贫苦③，与一书生同店。而不旬日④，书生疾作⑤，遂至不救⑥，临绝语勉曰⑦："某家住洪州⑧，将于北都求官⑨，于此得疾且死⑩，其命也⑪。"因出囊金百两遗勉⑫，曰："某之仆使⑬，无知有此者，足下为我毕死事⑭，余金奉之⑮。"勉许为办事⑯，余金乃密置于墓中而同葬焉。后数年，勉尉开封⑰。书生兄弟赍洪州牒来⑱，而累路寻生行止⑲，至宋州，知李为主丧事⑳，专诣开封㉑，诘金之所㉒。勉请假至墓所㉓，出金付焉㉔。

【注释】

① 天宝：唐玄宗年号，公元 742 年至 756 年。

② 旅次：旅途中暂作停留。宋州：今河南商丘南。

③ 少年：年轻。

④ 旬日：十天。

⑤ 疾作：疾病发作。

⑥ 不救：不治，无法救活。

⑦ 临绝：临终。

⑧ 某：自称的谦词。洪州：在今江西南昌。

⑨ 北都：地名，在今山西太原西南。

⑩ 且：将。

⑪ 大概是命中注定啊。其：语气词。表示测度语气。

⑫ 出囊金：取出口袋里装着的金子。遗（wèi）：给予。

⑬ 仆使：仆人。

⑭ 足下:古代下称上或同辈相称的敬词。毕:完,结束。死事:泛指殡
殓等善后事宜。

⑮ 奉:赠与。

⑯ 李勉答应替他料理后事。

⑰ 尉:指担任县尉。县尉是县令的属官,掌一县治安。开封:今河南
开封。

⑱ 赍(jī):持,带。牒:官府出具的凭证。

⑲ 累路:沿途。寻:打听。行止:行路和住宿情况。

⑳ 主:主持。

㉑ 诣(yì):前往。

㉒ 诘(jié):追问。金之所:金子的去向。所:处所。

㉓ 墓所:墓地。

㉔ 付:交给。

【评析】

唐朝天宝年间,李勉和一个洪州书生同住在一间旅店里,当时
他很贫穷。书生突发疾病,临终前交给李勉一百两金子,托他料理
后事,多余的金子则悉数赠与。但是,事后李勉把余下的金子悄悄
埋进了坟墓,分文未取,后来都交还了书生的兄弟。

按说,李勉完全可以心安理得支配这笔巨款,因为这是书生自
愿馈赠,而且料理后事李勉确实出了大力,更何况金子的事情除了
天知地知无人知晓。但是,李勉是个对自己德行要求很严的人,他
不愿助人于危难的真诚义举被蒙上功利的尘垢,所以毅然把剩余
的金子随同它的主人一起埋进了坟墓。北宋著名哲学家张载说
过:"无私故威。"(《张载集·正蒙·天道》)"威"就是"尊严"的意
思。李勉真诚无私,他失去的是金子,得到的却是比金子更珍贵的
尊严。

十、赵概投豆

张 镃

【题解】

本文节选自张镃《仕学规范》卷十三,题目是后加的。赵概,字叔平,北宋虞城(今河南虞城)人。曾任参知政事(相当于副相)等职,后以太子少师身份辞官退休。退休以后,他汇集古今谏诤事例,编撰《谏林》一百二十卷。元丰六年(公元1083年)卒,享年八十八岁,谥"康靖"。

张镃,字功甫,宋成纪(今甘肃天水)人,流寓临安(今浙江杭州)。官至奉议郎直秘阁。

《仕学规范》共四十卷,分为学、行己、莅官、阴德、作文、作诗六类。

赵康靖公概,厚德长者①。口未尝言人短②,与欧阳文忠公同为制诰③,后亦同秉政④。及文忠被谤⑤,康靖密申辨理⑥,至于纳平生诰敕以保之⑦,文忠不知也。中岁⑧,尝置黄黑二豆于几案间⑨,且自数之。每兴一善念⑩、为一善事,则投一黄豆于别器内⑪。每兴一不善念、为一不善事,则投一黑豆于别器。暮发视之⑫。后黑豆渐少。久之,既谢事归南京⑬,二念不兴⑭,遂彻豆⑮,无可数。人强于为善,亦在造次之间每自防检⑯。

【注释】

① 是一位德高望重的人。

110

②　短:缺点,过失。

③　文忠:欧阳修的谥号。制诰:指承命草拟诏令。

④　秉政:执政。

⑤　谤:毁谤。宋英宗时,欧阳修被蒋之奇等诬谤,多次辞职,都未允准。

⑥　密申:秘密向皇帝申告。辨理:申辩。辨,通"辩"。《宋史·赵概传》:"及修有狱,概独抗章(向皇帝上奏章)明其罪,言为仇者所中伤,不可以天下法为人报怨。"

⑦　纳:交出。诰勑(chì):朝廷封官授爵的委任书。

⑧　中岁:中年。

⑨　几案:桌子。

⑩　兴:产生。

⑪　别器:单独的器皿。

⑫　发视之:打开察看。

⑬　谢事:辞职。南京:北宋以商丘为南京。

⑭　二念:指善念和不善念。二念不兴,说明已经修养达到了很高境界,已经不存在"不善念"了。

⑮　彻:撤去。

⑯　意思是说,即使人尽力做善事,也要随时随地自我防范检束。强:勉力,尽力。造次:须臾,片刻。防检:防范和检束。

【评析】

　　赵概德高望重,宽厚待人。即使如此,他仍时时检束自己。为了便于自省,他想了一个办法,在桌子上放了两个罐子,一个放黑豆,一个放黄豆。起一善念,放一粒黄豆;起一恶念,则放一粒黑豆。初时黄豆少黑豆多,后来则是黄豆多黑豆少。这个办法今天有些人看来会觉得笨拙和滑稽,但却使我们深为震撼,并对赵概肃然起敬。我们当然不用机械地模仿赵概投豆的办法,但他那种慎独自警、严于律己的精神正是当今社会的缺失,是非常值得我们好好学习和反思的。

十一、一日无过可改即一日无步可进

袁 黄

【题解】

本文选自袁黄《了凡四训》,题目是后加的。

袁黄(公元 1533—1606 年)字坤仪,号了凡,吴江(今江苏吴江)人。明万历进士,历任宝坻(今河北宝坻)知县、兵部主事。曾应朝鲜邀请,赴朝担任"军前赞画"(相当于今参谋长),共同抗击日寇侵犯。他博学多才,以理学为长,对天文、数学、水利、医药、养生等也多所涉猎。著述颇多,最著名的是《了凡四训》,该书由四篇短文组成,当时命名为《戒子文》,是用来训诫他儿子的。

孔公算予五十三岁有厄①,余未尝祈寿②,是岁竟无恙③,今六十九矣。《书》曰④:"天难谌,命靡常⑤。"又云:"惟命不于常⑥",皆非诳语⑦。吾于是而知,凡称祸福自己求之者,乃圣贤之言;若谓祸福惟天所命,则世俗之论矣。汝之命⑧,未知若何。即命当显荣⑨,常作落莫想⑩;事当顺利,常作拂逆想⑪;即眼前足食,常作贫窭想⑫;即人相爱敬,常作恐惧想;即家世望重⑬,常作卑下想;即学问颇优,常作浅陋想。远思扬祖宗之德,近思盖父之愆⑭;上思报国之恩,下思造家之福⑮;外思济人之急⑯,内思闲己之邪⑰。务要日日知非⑱,日日改过;一日不知非,即一日安于自是⑲;一日无过可改,即一日无步可进。天下聪明俊秀不少⑳,所

112

以德不加修、业不加广者㉑,只为因循二字耽搁一生㉒。

【注释】

① 孔公:指袁黄的友人,一位孔姓长者,曾给袁黄算过命。厄:灾祸。

② 祈寿:祈祷延寿。

③ 是岁:这年。无恙:无病无灾。

④ 《书》:指《尚书》。

⑤ 老天难信,天命无常。谌(chén):相信。靡(mǐ):无。这两句出自《尚书·咸有一德》。

⑥ 大意是,天命无常,修德为要。这句出自《尚书·康诰》。《礼记·大学》引此句后补充说:"道善则得之,不善则失之矣。"

⑦ 诳(kuáng)语:假话,骗人的话。

⑧ 汝:你。此指袁黄之子天启。

⑨ 即:即使。显荣:显赫荣耀。

⑩ 落莫:落魄,潦倒。

⑪ 拂逆:违背。

⑫ 贫窭(jù):贫穷。

⑬ 家世:世代相传的门第或家族的世系。望重:名望大。

⑭ 盖:遮盖,这里是弥补的意思。愆(qiān):罪过,过失。

⑮ 造:造就,成就。

⑯ 济:救助。

⑰ 闲:防止。邪:邪念。

⑱ 务:务必。

⑲ 自是:自以为是。

⑳ 俊秀:才智杰出的人。

㉑ 德行不进一步提高、事业不进一步开拓的原因。

㉒ 因循:沿袭,这里是不思进取、得过且过的意思。

【评析】

古人多信天命，但袁黄不信，他相信祸福可以"自己求之"。那么，究竟怎样才能掌控自己的命运？袁黄的主要经验有两条：一条是在得意时要有危机感，飞黄腾达时要想到潦倒，一帆风顺时要警惕挫折。另一条是"务要日日知非，日日改过"，也就是说要经常反省，不断自我完善，不断进取。他说："一日无过可改，即一日无步可进。"当你自觉已经十全十美从而孤芳自赏的时候，实际上已经陷入了故步自封的泥淖。世上聪明才子不少，但成就大事业的却不多，什么原因？都是因为栽在了"因循"二字上面。因此，自己掌握自己的命运，前提就是首先要战胜自我。

十二、林积还珠

《福建通志》

【题解】

本文节选自郝玉麟等《福建通志·杂记·延平府》,题目是后加的。林积(公元 1021—1091 年),字功济,一作公济,尤溪(今福建龙溪)人。宋仁宗庆历六年(公元 1046 年)进士。官至中散大夫、淮南转运使。

郝玉麟,汉军襄白旗人。雍正年间授云南提督,平青海、定镇沅与茶山夷、擒乌蒙贼,并有功。历任广东、浙闽总督、吏部尚书,所在并有声望。后以受贿夺职。

《福建通志》是记载福建历史、地理、风俗、人物、文教、物产等内容的地方志,共七十八卷。

尤溪林积,少时入京师①,至蔡州②,息旅邸③。既卧,觉床簀下有物④,揭视之⑤,得北珠一囊⑥。明日询主人曰⑦:"前日何人宿此?"主人以告:"乃巨商也。"林语之曰:"此吾故人⑧,脱复至⑨,幸令来上庠相访⑩。"乃揭其名于室曰⑪:"某年某月日,剑浦林积假馆⑫。"遂行⑬。商人至京师,见其榜⑭,访林于上庠。林具以告曰⑮:"珠具在,可投牒府中⑯,当悉以归⑰。"商如其言⑱,林诣府⑲,尽以珠授商⑳。府尹使中分之㉑,商曰:"固所愿㉒。"林不受曰:"使积欲之㉓,前日已为己有矣。"秋毫无取㉔,商不能强㉕。

【注释】

① 少时:年轻时。京师:京都,此指宋都开封。

② 蔡州:在今河南汝州。

③ 旅邸:旅馆。

④ 床簀(zé):床铺。簀:席子。

⑤ 揭:掀起。

⑥ 北珠:松花江下游及其支流所产的珍珠,颗大光润,极为名贵。囊:袋子。

⑦ 明日:第二天。主人:指旅店主人。

⑧ 故人:老友。其实林积并不认识失主,他故意这样说,是为了不使店主生疑。

⑨ 脱:倘若,如果。

⑩ 幸:希望。令:让,使。上庠(xiáng):古代的大学。

⑪ 揭:署名。

⑫ 剑浦:即今福建南平,当时尤溪和剑浦同属南剑州管辖。假馆:借住旅馆。

⑬ 于是出发了。

115

⑭ 榜:题署。

⑮ 具:全。在这个意义上后来写做"俱"。

⑯ 投牒:呈递书面报告。府:官署。

⑰ 悉:全部。归:归还。

⑱ 如其言:按照他的话去做。

⑲ 诣(yì):前往。

⑳ 把北珠全部交还商人。

㉑ 府尹:京都地区的行政长官。中分之:各人分一半。

㉒ 本来就是我的愿望。

㉓ 使:假使。

㉔ 秋毫:鸟兽在秋天新长出来的细毛,比喻细微之物。

㉕ 强(qiǎng):勉强。

【评析】

这是一个古代拾金不昧的故事。北宋时期,林积自老家福建到京都上学途中,在投宿的旅店里捡到一袋名贵的珍珠,于是他想方设法找到那个粗心大意的富商,终于完璧归赵。这个故事情节并不曲折,但林积的事迹却很感人。林积捡到珍珠的时候,他身边没有一个人,但面对巨额财富,他仍然丝毫不动心,这已经足以见其品行之高洁。然而,为了尽快找到失主,确保财物不被冒领,不使有半点闪失,林积费尽心思,又是交待店主,又是旅店留名,直到在官府办完手续、当面把珍珠如数交还失主,他才松了一口气。其为人之真诚笃实,不能不让人由衷感佩。据说,林积步入仕途以后,为官公正廉明,秉公执法,关心百姓疾苦,因此深受民众爱戴。

十三、徐阶认错

黄宗羲

【题解】

本文节选自黄宗羲《明儒学案·诸儒学案》,题目是后加的。徐阶(公元1494—1574年),字子升,号少湖,又号存斋,明松江府华亭县(今上海)人。早年即工诗文,善书法。嘉靖二年(公元1523年)进士,后官至礼部尚书兼文渊阁大学士,参与朝廷机要大事,为嘉靖皇帝所信任。

黄宗羲(公元1610—1695年),字太冲,号梨州,亦号南雷,余姚(今浙江余姚)人。清代浙东学派的创始人。清军入关后,召集乡人数百人组成"世忠营"参加反清战斗,达数年之久。失败后返乡闭门著述,清政府屡次征召,他都不予理会。

《明儒学案》共六十二卷,是一部系统总结和记述明代学术思想发展演变及其流派的学术史著作。

徐阶,字子升,号存斋,松江华亭人……为延平推官①。移浙江提学金事晋副使②,视学江西③。诸生文有"颜苦孔之卓"语④,先生加以横笔⑤。生白:"此出扬子《法言》⑥,非杜撰也。"先生即离席⑦,向生揖曰:"仆少年登第⑧,未尝学问⑨,谨谢教矣⑩。"闻者服其虚怀。

【注释】

①　延平:地名,方位不详,可能在今福建。推官:官名,主管审案刑狱。

117

② 移:调任。提学:官名,主管教育行政。佥(qiān)事:按察使下的属官,掌监察之职。晋:升级。副使:副官。

③ 视学:皇帝派主管官员到地方对学子进行考试。

④ 诸生:明清两代指已入学的生员,这里指考生。颜苦孔之卓:意思是,颜渊苦于不及孔子卓越。出自扬雄《法言·学行》。扬雄在文中以颜回学习孔子的态度,作为一切学者的模范。他说,使颜回最感到苦恼的,就是孔子太卓越、太高尚了,简直学不来。

⑤ 横笔:挥笔,指写批语。明陈继儒《见闻录》:"徐文贞督学浙中,有秀才结题内用'颜苦孔之卓'语,徐公批云:杜撰。"

⑥ 扬子:指扬雄。扬雄(公元前53—公元18年),字子云,西汉学者、辞赋家。蜀郡成都(今四川成都)人。少时好学,博览多识。四十岁后,始游京师,经人引荐,被喜爱辞赋的成帝召入宫廷,侍从祭祀游猎,任给事黄门郎。王莽称帝后,校书于天禄阁。《法言》:十卷,仿《论语》而作,书中扬雄阐述了对社会、政治、哲学等方面的思想。

⑦ 离席:离开席位。

⑧ 仆:自称的谦词。少年:青年。登第:考中进士。

⑨ 学问:学习和询问。

⑩ 谨:恭敬。谢教:感谢指教。

【评析】

一位考生在应试科举的文章里引用了一句古文:"颜苦孔之卓。"主考官阅卷时感到眼生,于是大笔一挥,写了两个字:杜撰。此生辩解道,这句话出自扬雄《法言》,是有来头的。考官闻后变容,立即离开坐席,向此生毕恭毕敬道歉,承认自己读书不多,感谢指教。这件事如果发生在一个普通考官身上,也属不易了,而真实故事里的那位考官徐阶是一位有着炫目头衔的高官,他不文过饰非,能放下架子当众承认错误,是要很大勇气的。韩愈

《师说》说:"无贵无贱,无长无少,道之所存,师之所存也。"这就是学人的风范。徐阶当众认错,非但没有被人嘲讽,反而提高了他的声望。

第四单元

一、生于忧患死于安乐

《孟子》

【题解】

本文选自《孟子·告子下》,题目是后加的。忧患,困苦患难。安乐,安逸享乐。

《孟子》的简介见第一单元《鱼与熊掌》的题解。

孟子曰:"舜发于畎亩之中①,傅说举于版筑之间②,胶鬲举于鱼盐之中③,管夷吾举于士④,孙叔敖举于海⑤,百里奚举于市⑥。故天将降大任于是人也⑦,必先苦其心志,劳其筋骨,饿其体肤,空乏其身,行拂乱其所为⑧;所以动心忍性,曾益其所不能⑨。人恒过,然后能改⑩。困于心,衡于虑,而后作⑪。征于色,发于声,而后喻⑫。入则无法家拂士,出则无敌国外患者,国恒亡⑬。然后知生于忧患,而死于安乐也⑭。"

120

【注释】

① 舜:传说中古代的贤君,原始部落有虞氏的首领。发:提拔,举荐。
畎(qiǎn)亩:田地,田野。相传舜曾在历山(今山东济南附近)
耕种。

② 傅说从建筑工匠中提拔上来。傅说(yuè):商王武丁的大臣。原是
一个在傅岩的地方从事版筑的奴隶,后被武丁提拔重用为相,治理
国政。举:提拔。版筑:筑土墙。古代建筑土墙的时候,用两版相
夹,里面装满泥土,然后用杵筑捣实。

③ 胶鬲从鱼盐贩子中被提拔上来。胶鬲(gé):商纣王的大臣。曾以
贩卖鱼盐为生,周文王把他举荐给纣,后辅佐周武王。

④ 管夷吾从狱官的手里释放出来而被举荐。管夷吾:即管仲(约公元
前730年—前645年),名夷吾,字仲,春秋时期颍上(今安徽颍上)
人。曾辅佐公子纠,失败后被俘入狱,后由好友鲍叔牙的推荐,被齐
桓公任命为卿,尊为"仲父",在齐国进行改革,帮助齐桓公成为春
秋时期的第一个霸主。士:掌管刑狱的官员。

⑤ 孙叔敖:春秋时期楚国的令尹(宰相)。曾在海滨隐居,后被楚庄王
发现,得到重用。

⑥ 百里奚:春秋时楚国宛(今河南南阳)人,曾任虞国的大夫,晋灭虞
后,被作为陪嫁的奴仆送到秦国,后来又逃回宛地,被宛人抓获。后
来秦穆公用五张黑羊皮赎回,任为大夫,帮助秦穆公成就霸业。市:
集市。

⑦ 因此天将要把重大的任务落到某人的身上。是:这。

⑧ 意思是说,一定要磨炼他的意志,劳累他的筋骨,使他忍受饥饿,使
他备受穷困之苦,使他的每一行为总是不能如意。

⑨ 这样来震动他的心志,坚韧他的性情,增长他的能力。曾:增加。在
这个意义上后来写做"增"。

⑩ 一个人,错误经常发生,才能改正。恒:经常。

⑪ 心气郁结,思虑阻塞,然后才能奋发而起。衡:通"横",阻塞。

⑫　显露在脸色上,表达在言语中,然后才能被人了解。征:显露,表现。

⑬　一个国家,在内没有有法度的大臣和辅佐的贤士,在外没有相抗衡的邻国和外患的忧惧,经常容易被灭亡。法家:有法度的大臣。拂(bì)士:辅佐的贤士。拂:通"弼",辅佐。

⑭　这样以后才知道忧患足以使人生存,安逸享乐足以使人败亡。

【评析】

本文的核心思想是"生于忧患,死于安乐"。孟子通过舜帝、傅说、胶鬲等六人的事实说明凡是成就大事的人都会经历各种困难和逆境的磨炼,这样才能使人具有坚强的意志和百折不回的毅力,最终取得事业的成功。因此孟子强调不论个人还是国家都应当具有忧患意识,如果没有长远的眼光,只是贪图眼前的安逸享乐,那么最终将会灭亡。只有具有了忧患意识,才能时刻小心谨慎,励精图治,防患于未然。越王勾践,二十年卧薪尝胆,终灭吴国;而南唐后主,整日纵酒欢歌,终于国破身死。孟子这一观点也对后人的思想有很大影响。宋代的苏轼在《晁错论》中说:"天下之患,最不可为者:名为治平无事,而其实有不测之忧。坐观其变而不为之所,则恐至于不可救。"正是对孟子观点的阐发。孟子的这种思想不仅在当时具有进步意义,就是今天的人们仍然需要时时牢记在心。

二、穷则独善其身,达则兼善天下

《孟子》

【题解】

本文选自《孟子·尽心上》,题目是后加的。穷,穷困,不得志。达，显达，得志。

孟子谓宋勾践曰①："子好游乎②？吾语子游③。人知之亦嚣嚣，人不知亦嚣嚣④。"曰："何如斯可以嚣嚣矣？⑤"曰："尊德乐义⑥，则可以嚣嚣矣。故士穷不失义，达不离道⑦。穷不失义，故士得己焉⑧。达不离道，故民不失望焉。古之人，得志，泽加于民⑨；不得志，修身见于世⑩。穷则独善其身，达则兼善天下⑪。"

【注释】

① 宋勾践：姓宋，名勾践，生平不详。
② 你喜欢游说各国的君主吗？游：游说。
③ 我告诉你游说的态度。
④ 别人理解我，我悠然自得无所求；别人不理解我，我也悠然自得无所求。嚣嚣（xiāo xiāo）：自得无所求的样子。
⑤ 怎么样才能做到悠然自得无所求呢？
⑥ 尊崇道德，喜爱仁义。
⑦ 所以士人穷困时能不失掉义，得志时不背离道。
⑧ 得己：悠然自得的意思。
⑨ 恩泽惠及百姓。
⑩ 意思是，修养个人品德，以此立足社会。见（xiàn）：表现。
⑪ 意思是说，不得志时要独自保持自己的善性，得志时就要推广善心，泽及天下百姓。

【评析】

一个人在困窘或得志时应当持怎样的人生态度？孟子在文章中向我们阐明了他的观点，那就是"穷则独善其身，达则兼善

123

善天下"。

孟子认为,当困窘不得志的时候,我们要加强自身的内在修养,努力提高自己的道德水平,洁身自好,奋发图强,即"穷不失义";当显达得志的时候,我们不仅要自己保持善心,而且还要兼善天下,也就是要实行仁政,追求王道,即"达不离道"。总之,孟子认为,一个人不论得志与否,都不能脱离仁义之心,不能随波逐流或得意忘形,这是对孔子的道德与政治、修己与治人相统一的思想的继承和发展,这也成为两千多年来中国知识分子立身处世的座右铭。"独善其身",不是消极避世,碌碌无为,而是为了能够达到"兼善天下"的目的而做准备,"兼善天下"则是我们永远追求的目标和努力的方向。

三、楚王谓田鸠

《韩非子》

【题解】

本文选自韩非《韩非子·外储说左上》,题目是后加的。田鸠,即田俅子,战国初齐国人,墨子的学生。

韩非(约公元前280—前233年),即韩非子,是战国末年韩国的公子。他与李斯都是荀子的学生,喜欢刑名法术之学,终于成为法家思想的集大成者。韩非子师承荀子礼法治国的唯物主义思想,发扬前代法家学说,构成了系统完备的法家理论。他反对以血统为中心的等级制度,提倡贵族与民萌(民众)赏罚平等;提出"不期修古,不法常可,论世之事,因为之备"(《五蠹》)的发展观点;反对人治,强调法治,统一法令,信赏必罚;主张奖励耕战,富国强兵。

这些学说，后来被秦始皇采用，为建立中央集权的封建专制制度奠定了理论基础。

《韩非子》一书，是法家学派的代表性著作，今传五十五篇。《韩非子》的文章论述深刻，严谨峻峭，周密细致，雄辩有力，对后世产生很大影响。

楚王谓田鸠曰："墨子者，显学也①。其身体则可②，其言多而不辩③，何也？"曰："昔秦伯嫁其女于晋公子④，令晋为之饰装，从衣文之媵七十人⑤。至晋，晋人爱其妾而贱公女。此可谓善嫁妾，而未可谓善嫁女也。楚人有卖其珠于郑者，为木兰之椟，熏以桂椒⑥，缀以珠玉，饰以玫瑰，辑以翡翠⑦。郑人买其椟而还其珠。此可谓善卖椟矣，未可谓善鬻珠也⑧。今世之谈也，皆道辩说文辞之言，人主览其文而忘有用⑨。墨子之说，传先王之道，论圣人之言，以宣告人。若辩其辞，则恐人怀其文，忘其直，以文害用也⑩。此与楚人鬻珠、秦伯嫁女同类，故其言多不辩。"

【注释】

① 墨子一派是著名的流派。

② 墨子亲身履行是值得肯定的。身体：指身体力行，亲自去做。

③ 但他的语言太多却没有文采。辩：指华美巧妙的言辞或文辞。

④ 秦伯：指秦穆公，春秋时秦国国君，公元前 659 年至前 621 年在位。女：指怀嬴。晋公子：即晋文公重耳，春秋时晋国国君，公元前 636 年至前 628 年在位。

⑤ 让晋国人替她装饰打扮，而跟随着的七十个陪嫁女子都穿着华丽衣服。衣（yì）：穿。媵（yìng）：陪嫁之女。

⑥ 用木兰做了一个匣子，用桂椒进行熏制。木兰：香木名，又名杜兰、

林兰。椟(dú):匣子一类的藏物器。桂椒:肉桂及山椒,都是高级
香料。

⑦　缀:装饰。玫瑰:一种美玉。辑:通"缉",连缀。

⑧　鬻(yù):卖。

⑨　当今之世的言论,都是说一些巧妙华丽的言辞,君主只看到它的文
采而忘记了它的功用。

⑩　如果文辞华美,那么恐怕人们只记住了文辞,而忘记了它的价值,这
是因为文采而妨碍了功用啊。直:价值。

【评析】

一篇文章或一段言辞,是形式重要还是内容重要?有人认为
"信言不美,美言不信"(《老子》八十一章),也有人说:"言之无文,
行而不远"(《左传·襄公二十五年》)。墨家的弟子田鸠用秦伯嫁
女和楚人卖珠两个故事说明内容要比文采更重要。如果文采过于
鲜艳,词藻过于华丽,就容易掩盖所要表达的内容,只是让人过分关
注形式而忽视内容,从而达不到预期的结果,因此墨家文章的风格
是"言多不辩"。在战国百家争鸣时期,各个流派表达自己的观点的
风格不尽相同,庄子的文章汪洋恣肆,主张"辩雕万物"(《庄子·天
道篇》),韩非子也主张"艳乎辩说"(《韩非子·外储说左上》),即以
巧妙华丽的言辞为美,而墨家却看重文章的内容,以质朴为美,反对
用华丽的词藻来掩盖文章的内容,这种以内容为主,形式为次的观
点是有道理的。但是我们认为文章的内容虽然重要,也不能过于忽
视文采的作用。如果一段言辞毫无文采,就不能够引起读者的兴
趣,会让人感到乏味,从而也不能达到预期的效果。所以对于文章
形式和内容的关系,还是应该像孔子所说的那样,即"质胜文则野,
文胜质则史。文质彬彬,然后君子"(《论语·雍也》)。

四、《礼记》论学

【题解】

本篇二则均选自《礼记》,题目是后加的

《礼记》的简介见第三单元《诚意》的题解。

(一)

虽有嘉肴,弗食,不知其旨也①;虽有至道②,弗学,不知其善也。是故学然后知不足,教然后知困③。知不足,然后能自反也④;知困,然后能自强也⑤。故曰教学相长也。《兑命》曰⑥:"学学半⑦。"其此之谓乎⑧!(《学记》)

【注释】

① 虽然有美味的鱼、肉,如果不吃,也不知道它的味美。肴:熟肉,泛指鱼、肉之类的荤菜。旨:味美。

② 至道:最好的学说。

③ 困:困惑。

④ 自反:返回来思考自己的不足,从而更加努力的学习。反:返回,在这个意义上后来写做"返"。

⑤ 自强(qiǎng):自己督促自己。

⑥ 《兑(yuè)命》:《尚书·商书》中的篇名。

⑦ 教占学的一半。学(xiào):教导。

⑧ 大概说得就是这个道理吧。其:大概。

(二)

博学之,审问之,慎思之,明辨之,笃行之①。有弗学,学之弗能弗措也②;有弗问,问之弗知弗措也③;有弗思,思之弗得弗措也④;有弗辨,辨之弗明弗措也⑤;有弗行,行之弗笃弗措也⑥。人一能之,己百之⑦;人十能之,己千之。果能此道矣,虽愚必明,虽柔必强⑧。(《中庸》)

【评析】

在第一则中主要论述了教和学的辩证关系。人不是生下来就明白道理的,而是需要不断学习才能增长知识,懂得道理。学习就像吃饭一样,再好的食物,如果不亲自去吃,就不会知道它的滋味;再好的知识、道理,如果不学,也就不会懂得它的好处。在学习的过程中,教和学是互相促进的。学习之后才明白自己的缺漏和不足,才能更进一步的学习;在教授的过程中,才知道自己有很多不明白的地方,这样才能更好的督促自己进一步的学习。所以教占学习过程的一半。教授的过程也就是学习的过程。学习就是一个不断反复,不断总结的过程,只有这样才能不断深入,不断进步。

在第二则中作者总结了学习过程的五个步骤,那就是:"博学之,审问之,慎思之,明辨之,笃行之。"这五步组成了一条完整的"学习链",一环套一环,哪一步都不能少。首先要广泛学习,当然包括书本上的知识和书本以外的知识;只要你用心学习,一定会产生很多问题,这时你一定不要轻易放过,而是要仔仔细细问明白;一味问别人,而自己不动脑筋也是不对的,因为别人的话可能正确,也可能不那么正确,所以还要自己独立思考,加以辨析;是不是到了这一步,学习过程就圆满了呢? 还没有,因为我们学习的根本目的是为了改造自然改造社会,所以要把学到的知识应用到实际生活中去。只要你按照这五步踏踏实实去做,还有什么东西学不会呢? 另外,学习除了要有正确的方法,还要肯吃苦,要学会笨鸟先飞。"人一能之,已百之;人十能之,已千之"。别人一遍就学会,咱不能,怎么办? 那就多学几遍,哪怕学上一百遍,一千遍! 俗话说:"只要功夫深,铁杵磨成针。"要是有了这样的毅力,世上还有什么能难倒我们?

五、难 问

《论衡》

【题解】

本文节选自王充《论衡·问孔篇》,题目是作者加的。难(nàn)问,提出疑问。

王充(公元27—? 年),字仲任,会稽郡上虞(今浙江上虞)人。东汉学者。自幼聪明好学,后入京师洛阳太学,师从历史学家班彪。由于家贫,只好到市上书铺去读书。凭其超强的记忆力,过目成诵,得以饱览群书。辞师还乡后,为私塾教师。后来,他也出仕,但都是小官。因此他的一生,在生活上是困顿的,在政治上失意的。他用三十年时间闭门谢客,写就唯一的传世之作《论衡》。

《论衡》存目八十五篇,实存八十四篇,是一部无神论著作。"衡"字本义是天平。所谓"论衡",就是对古往今来一切学说、思潮加以衡量,评论是非,权衡轻重。它的目的是"冀悟迷惑之心,使知虚实之分"。王充针对当时盛行的谶纬神学,根据当时自然科学的成果,论证天是"自然"体,没有意识,不会赏善罚恶和预知吉凶;认为人死"精气灭",不会为鬼;人的感官经验是知识的来源,不存在什么先知的圣人……这些观点打破了人们对于天的神秘观念,丰富了我国的唯物主义思想宝库。

世儒学者,好信师而是古①,以为贤圣所言皆无非,专精讲习②,不知难问。夫贤圣下笔造文③,用意详审④,尚未可谓尽得实,况仓卒吐言,安能皆是⑤? 不能皆是,时人不知难;或是,而意沉难见⑥,时人不知问。案贤圣之言⑦,上下多相违;其文,前后多相伐者⑧。世之学者,不能知也。

【注释】

① 当今的经师、求学的人,喜欢相信老师,认为古人的话都是对的。世儒:这里指经师。《论衡·书解》:"著作者为文儒,说经者为世儒。" 好:喜欢。是:认为……是对的。

② 专精:专心一志。讲习:讲授学习。

③ 造文:写文章。

④ 用意:立意。详审:周详审慎。

⑤ 何况仓促说出来的话,怎么能都正确呢? 仓卒(cù):仓促。

⑥　而立意隐晦难以让人明白。见(xiàn)：显现。在这个意义上后来写做"现"。

⑦　案：考察。

⑧　相伐：相互矛盾。

【评析】

在学习过程中，对于圣贤之言我们该持何种态度呢？是全盘接受还是批判地接受？王充提出了自己的观点，那就是：圣贤的话有很多地方是错误的，前后是相矛盾的，我们应该不断深入地思考和提出疑问，不应轻易接受。也就是说在学习过程中要具有怀疑精神，这也是王充之所以敢于向当时的主流思想——儒家思想提出挑战，提出一系列在当时看来属于"异端"的思想，成为一代思想家的重要原因。这一段文字虽短，却充分展现了王充不迷信权威、对于先圣时贤的怀疑精神。西方哲人也说："吾爱吾师，吾更爱真理。"我们在学习的过程中，不论是古代的圣贤还是当今的著名学者，对于其观点和思想，我们都需要认真地思考，多问一些为什么，唯有如此，我们的文化和思想才能不断创新，不断进步。

六、王充书肆苦读

《后汉书》

【题解】

本文节选自范晔《后汉书·王充传》，题目是后加的。书肆，书店。

范晔及《后汉书》的简介见第一单元《来歙遇刺》的题解。

　　王充字仲任,会稽上虞人也,其先自魏郡元城徙焉①。充少孤,乡里称孝②。后到京师,受业太学③,师事扶风班彪④。好博览而不守章句⑤。家贫无书,常游洛阳市肆,阅所卖书,一见辄能诵忆,遂博通众流百家之言。后归乡里,屏居教授⑥。仕郡为功曹,以数谏争不合去⑦。充好论说,始若诡异,终有理实⑧。以为俗儒守文,多失其真⑨,乃闭门潜思,绝庆吊之礼⑩,户牖墙壁各置刀笔⑪。著《论衡》八十五篇,二十余万言,释物类同异,正时俗嫌疑⑫。

【注释】

① 他的祖先是从魏郡元城(今河北大名)迁徙来的。

② 王充从小就失去了父亲,乡里都称赞他的孝顺。

③ 太学:我国古代设于京城的最高学府。

④ 扶风:古郡名,在今陕西兴平。班彪(公元3年—54年):东汉历史学家,班固的父亲,《汉书》的作者之一。

⑤ 王充喜欢博览群书而不拘守章句。章句:即离章辨句,是经学家解说经义的一种方式,多是阐发经典的讲义。

⑥ 后来回到乡里,隐居教书。屏(bǐng)居:隐居。

⑦ 在郡中任功曹之职,因多次谏诤不合而辞职。功曹:官名,汉代郡守有功曹史,简称功曹,除掌人事外,还参预一郡的政务。数(shuò):多次。

⑧ 王充爱好议论辩说,开始好像是诡辩,最终却是有理有据。

⑨ 他认为世俗儒生拘泥文字,常常失去真正的含义。

⑩ 回绝庆贺吊唁之类的礼节往来。

⑪ 门上窗上墙壁上都放置了刻刀和刻笔。牖(yǒu):窗户。

⑫ 用来说明事物类别的异同,纠正当时世俗的疑问。

【评析】

王充是汉代著名的唯物主义思想家,所著《论衡》宣扬唯物主义思想,反对宗教神秘主义和封建迷信,而且大胆地反对儒家的观点,揭露和批判了孔子、孟子的一些自相矛盾的地方,这在当时儒家思想占统治地位的形势下是非常难得和珍贵的。王充之所以能够有异于众人的观点和思想,这与他的学习态度和经历有重要关系。首先王充学习刻苦,虽然家境贫寒,幼而丧父,但他致力于求学,师从名师班彪;家贫无钱购书,便经常去洛阳卖书的场所,阅读书店的书籍,读一遍就能倒背如流,这样就有了深厚的知识积累。其次,王充读书不是死读,"好博览而不守章句",对于前人的观点能独立思辨,不迷信权威,喜欢辩论,敢于提出新的观点和思想。这些都是王充最后成为一代思想家的重要因素。

七、诫 外 甥

诸葛亮

【题解】

本文节选自《诸葛忠武书》卷九。诫,告诫。这是诸葛亮写给其外甥的信。

诸葛亮(公元 181—234 年),三国时期著名的政治家、军事家,字孔明,琅玡阳都(今山东沂南)人。曾提出"联刘抗曹"的主张,辅佐刘备建立了蜀汉政权。后任蜀汉丞相,励精图治,赏罚严明,实行屯田政策,并注意改善与当地少数民族的关系,促进了当地经济、文化的发展。公元221年,刘备病死,他受命辅佐后主刘禅,曾多次出兵伐魏,后病死于军中。

《诸葛忠武书》十卷,明朝杨时伟编。他从王士骐《武侯全书》中存录其连吴、南征、北伐、调御、法检、遗事六卷,又增年谱、传略、绍汉、杂事四卷,成《诸葛忠武书》。此书比较详审,其排比事迹也有条理,可见诸葛亮生平的始末。

　　夫志当存高远①,慕先贤,绝情欲,弃凝滞②。使庶几之志③,揭然有所存④,恻然有所感⑤:忍屈伸,去细碎,广咨问,除嫌吝⑥,虽有淹留,何损于美趣,何患于不济⑦? 若志不强毅,意不慷慨⑧,徒碌碌滞于俗,默默束于情⑨,永窜伏于凡庸,不免于下流也⑩。

【注释】

① 一个人应该具有高尚远大的志向。

② 要追慕古代圣贤,断绝情欲,去除前进的阻碍。凝滞(zhì):阻碍,困阻。

③ 庶几:也许可以。表示有希望。这里借指贤者。典出《周易·系辞下》:"颜氏之子,其殆庶几乎?"颜氏之子,指颜回。

④ 在自己的身上能够明显地留存。揭然:显著的样子。

⑤ 在自己的内心引起强烈的触动。恻然:感动的样子。感:感动,触动。

⑥ 要能屈能伸,抛弃琐碎的事情,广泛地向人咨询请教,去除猜疑和吝啬。嫌:猜疑。吝:吝啬。

⑦ 即使自己的志向得不到施展,也不会损伤自己的美好志趣,又何必担心达不到目的呢? 淹留:屈居下位。济:成功。

⑧ 倘若志向不刚强坚毅,意气不慷慨激昂。

⑨ 就会碌碌无为地沉湎于流俗,默默无闻地被情欲束缚。徒:只。

⑩ 永远地混杂在凡俗夫子之间,不免成为庸俗卑贱之人。窜伏:混杂,隐藏。下流:指处于卑贱的地位。

【评析】

这是诸葛亮写给外甥的一封信,信中谈论了"立志"的问题。诸葛亮认为一个人要有所成就,首先要树立高远的志向。只有这样,人生才能够目标明确,不会迷失方向,从而成为社会的有用之才。人如果没有志向,那么一辈子只能碌碌无为。树立远大的志向,这也是健全人品人格的一个重要方面。但树立远大志向并非一件容易之事,诸葛亮认为需要做到以下几点:第一,要学习古代的圣贤;第二,要理智地对待情感;第三,要有广阔的胸襟,大丈夫应该能屈能伸,不因为暂时的挫折而改变自己的追求。这些都是我们在立志时需要注意的。当然这些要求并非一朝一夕就可以做到,需要长期的积累和磨炼,从而最终形成个人高尚的精神和品格。

八、家 诫

嵇 康

【题解】

本文节选自嵇康《嵇中散集·家诫》。家诫,即家训,指家长在立身处世为学等方面对子孙的教诲。

嵇康(公元224—263年),字叔夜,谯(qiáo)郡铚(今安徽宿县)人,三国魏著名文学家,思想家,音乐家,"竹林七贤"之一,官至中散大夫,世称嵇中散。他崇尚老庄,讲求养生服食之道,不满当时的黑暗社会现实，后遭人陷害而为司马昭所杀，死时年仅四十岁。

《嵇中散集》共十卷，主要内容包括嵇康的诗四十七篇、赋一篇、书二篇、杂著二篇、论九篇、箴一篇、家诫一篇。但杂著中《嵇荀录》一篇，有录无书，实际上共有诗文六十二篇。

人无志，非人也[1]。但君子用心，有所准行[2]。自当量其善者，必拟议而后动[3]。若志之所之，则口与心誓，守死无二[4]。耻躬不逮，期于必济[5]。若心疲体懈，或牵于外物，或累于内欲[6]，不堪近患，不忍小情，则议于去就[7]。议于去就，则二心交争[8]。二心交争，则向所见役之情胜矣[9]。或有中道而废，或有不成一篑而败之[10]。以之守则不固，以之攻则怯弱，与之誓则多违，与之谋则善泄[11]，临乐则肆情，处逸则极意[12]。故虽繁华熠熠，无结秀之勋[13]，终年之勤，无一旦之功[14]，斯君子所以叹息也[15]。若夫申胥之长吟[16]，夷齐之全洁[17]，展季之执信[18]，苏武之守节[19]，可谓固矣。故以无心守之，安而体之，若自然也，乃是守志之盛者也[20]。

【注释】

① 一个人如果没有志向，就不能算做合格的人。

② 但是君子使用心力的时候，要有一定的准则。

③ 自当：自然应当。量：考虑。拟议而后动：事先考虑好然后才行动。

④ 意思是，如果志向确立好了，就要心口如一，至死也不能改变。

⑤ 以把自己的行动达不到作为耻辱，希望一定能够成功。躬：自己。逮(dài)：赶上，达到。济：成功。

⑥ 如果内心疲惫身体懈怠，有时被外界的事情牵绊，有时被内心的私

136

欲牵累。

⑦ 不能忍受眼前的忧患,不能控制因小事引发的情绪激动,因此就开始考虑取舍。小情:因小事所引起的感情激动。去就:指取舍。

⑧ 取舍之心就互相争斗。

⑨ 见役之情:被役使的情况。胜:占上风。

⑩ 有的中途就放弃了,有的还差一点的时候就失败了。中道:半道;中途。一篑(kuì):一筐。篑,盛土的竹器。《尚书·旅獒》:"为山九仞,功亏一篑。"

⑪ 凭借它守卫就会不坚固,凭借它进攻就会怯懦,凭借它发誓就会经常违背誓言,凭借它谋划就会容易泄密。

⑫ 在娱乐的时候就会放纵感情,处于安逸时就会不加约束。

⑬ 因此虽然枝叶非常茂盛鲜亮,但却不能开花结果。熠熠(yì yì):鲜明的样子。勋(xūn):功劳。

⑭ 整年勤劳辛苦,却没有一天的功劳。一旦:一天。

⑮ 这就是君子叹息的原因。斯:这。

⑯ 若夫:至于说到。申胥:即申包胥,楚国人。长吟:这里指哭泣。

⑰ 夷齐:指伯夷、叔齐,商末孤竹君的两个儿子。相传其父遗命要立次子叔齐为继承人。孤竹君死后,叔齐让位给伯夷,伯夷不受,叔齐也不愿登位,先后都逃到周国。周武王伐纣,二人叩马谏阻。武王灭商后,他们耻食周粟,采薇而食,最终饿死于首阳山。

⑱ 展季:即柳下季,鲁国人。执信:秉持信义。《吕氏春秋·审己》:"齐攻鲁,求岑鼎,鲁君载他鼎以往。齐侯弗信而反之,为非,使人告鲁侯曰:'柳下季以为是,请因受之。'鲁君请于柳下季,柳下季答曰:'君之赂,以欲岑鼎也?以免国也?臣亦有国於此,破臣之国以免君之国,此臣之所难也。'于是鲁君乃以真岑鼎往也。"

⑲ 苏武:西汉杜陵人,字子卿。守节:坚守节操。

⑳ 意思是说,因此不要刻意去坚守志向,而要安心地体察它,自然而然,这才是坚持志向的最高境界。

137

《家诫》是关于家庭教育的论说,在中国古代教育史上占有一定的地位。在这一部分中嵇康主要谈了立志的问题。志向是一个人一生的指导思想和前进动力,嵇康首先指出:"人无志,非人也。"不仅把"立志"看做做人的基本要求,而且把立志教育放在教育的首位。嵇康认为,一个人对于立志一定要仔细考虑,谨慎选择,确定自己的远大志向。志向一旦决定了,就要用一生去坚持不懈地实现。俗话说:"有志者,立常志;无志者,常立志。"如果被外界的事情和内心的私欲所羁绊的话,那么一个人即使有远大的志向,也会中途放弃或最终失败,不会成就大事。嵇康的这种思想和认识对于现代青年朋友的成长仍然具有重要的指导意义。

九、贻诸弟砥石命

舒元舆

【题解】

本文节选自《唐文粹》卷九十。砥石命,以砥石(磨刀石)为喻的训辞。命,本指帝王的诏令,这里用为训辞的意思。

舒元舆(公元791—835年),字升远,唐浙江东阳(今浙江金华)人。元和八年(公元813年)进士。官至御史中丞,以擅文敢谏著称。时宦官仇士良专权。太和九年(公元835年)十一月,与李训等密谋,内外配合,铲除宦官势力。以左金吾卫石榴树上夜有甘露为名,诱使仇士良等往观,谋加诛杀。因所伏兵甲暴露事败,元舆单骑出走,被生擒,遭腰斩,史称"甘露之变"。大中八年(公元854年)昭雪。著有《舒元舆集》,《唐文粹》收录。

《唐文粹》，宋代姚铉编，主要收录了唐代的诗、文、赋等，以古体为主，共一百卷。姚铉，字宝臣，庐州（今安徽合肥）人。

昔岁吾行吴江上①，得亭长所贻剑②，心知其不莽卤③，匣藏爱重④，未曾亵视⑤。今年秋在秦⑥，无何发开⑦，见惨翳积蚀⑧，仅成死铁⑨。意惭身将利器⑩，而使其不光明之若此⑪，常缄求淬磨之心于胸中⑫。

【注释】

① 昔岁：往年。吴江：地名，今江苏吴江。

② 亭长：地方基层官员。贻：赠送。

③ 莽卤(lǔ)：粗劣。

④ 爱重：喜爱和看重。

⑤ 亵(xiè)视：轻视。

⑥ 秦：指陕西。

⑦ 无何：没有什么事。发开：打开剑匣。

⑧ 看见宝剑颜色暗淡，上面积了厚厚的锈。惨：通"黲(cǎn)"，昏暗。

⑨ 仅：几乎。死铁：烂铁。

⑩ 意惭：想来很惭愧。将：携带。利器：锋利的武器，这里指宝剑。

⑪ 不光明：黯淡，这里指锈蚀。

⑫ 大意是，心里经常暗暗地想着要磨砺它。缄求：这里是暗想的意思。缄：闭藏。淬(cuì)磨：磨砺。

数月后，因过岐山下①，得片石如渌水色②，长不满尺，阔厚半之③，试以手磨，理甚腻，文甚密④。吾意其异石⑤，遂携入城，问于切磋工⑥。工以为可为砥⑦，吾遂取剑发之⑧。初数日，浮埃薄落⑨，未见快意⑩。意工者相绐⑪，复就问之⑫。工曰："此石至细⑬,故不能速利坚铁⑭,但积渐发之⑮,未一月,当见真貌。"归如其言,果睹变化:苍惨剥落⑯,若青蛇退鳞,光劲一水,泳涵星斗⑰。持之切金钱三十枚,皆无声而断,愈始得之利数十百倍⑱。

【注释】

① 岐山:山名,在今陕西岐山东北。

② 渌(lù)水:清澈的水。

③ 半之:是长度的一半,即不到半尺。

④ 纹理十分细密。

⑤ 意:估计,料想。

⑥ 切磋工:指加工玉石的工匠。

⑦ 砥(dǐ):磨刀石。以为:认为。

⑧ 发:初次磨砺使刀刃锋利,俗称"开口"。

⑨ 浮埃:表面的尘埃,这里指表层的铁锈。薄落:少许脱落。

⑩ 快意:锋利的意思。

⑪ 绐(dài):欺骗。

⑫ 就:前往,到。

⑬ 至:极。

⑭ 速利:使……迅速锋利。

⑮ 但:只要。积渐:逐渐。

⑯ 苍惨:指黯黑的铁锈。惨:通"黲",昏暗。

⑰ 大意是,剑光比水光更强,可与星斗比美。劲:强。泳涵:沉浸。

⑱ 愈:超过,胜过。利:锋利。

吾因叹①,以为金刚首五材②,及为工人铸为器③,复得首取利物④。以刚质铓利⑤,苟暂不砥砺⑥,尚与铁无异,况质柔铓钝,而又不能砥砺,当化为粪土耳⑦,又安得与死铁伦齿耶⑧!以此益

140

知人之生于代⑨,苟不病盲聋瘖哑⑩,则五常之性全⑪,性全则豺狼燕雀亦云异矣⑫。而或公然忘弃砺名砥行之道⑬,反用狂言放情为事⑭,蒙蒙外埃⑮,积成垢恶⑯。日不觉寤⑰,以至于戕正性⑱,贼天理⑲。生前为造化剩物⑳,殁复与灰土俱委㉑,此岂不为辜负日月之光景耶㉒!

【注释】

① 因:于是。

② 认为金属的硬度在五材中居首。五材:指金、木、皮、玉、土。

③ 等到被工匠铸造成器物。

④ 又能首先被选用来做成锋利的器物。

⑤ 凭它质地的坚硬和锋口的锐利。铓(máng):刀剑等的尖锋。

⑥ 苟:假如。暂:短时间。砥砺:磨砺。

⑦ 粪土:秽土。

⑧ 伦齿:相提并论。

⑨ 因此更加明白人生于世间。代:世间。因避李世民之讳用"代"替"世"。

⑩ 瘖(yīn):嗓子哑,失音。

⑪ 五常:指仁、义、礼、智、信。

⑫ 则豺狼燕雀亦云异矣:那么和豺狼燕雀等走兽飞禽也就不同了。燕雀:燕和雀,泛指小鸟。

⑬ 砺名砥行之道:像在磨刀石上磨刀那样不断提高名节品德。

⑭ 用:以。放情:纵情。

⑮ 外面落上灰蒙蒙的尘埃。蒙蒙:模糊不明的样子。

⑯ 垢恶:污垢。

⑰ 觉寤:觉悟。

⑱ 戕(qiāng):毁坏,损伤。正性:纯正的禀性。

⑲　贼：害。

⑳　造化剩物：天地间的废物。造化：自然界的创造者，这里指天地。

㉑　殁（mò）：死。委：丢弃。

㉒　大意是白白地做了一世人。光景：光辉。

　　吾常睹汝辈趣向①。尔诚全得天性者，况夙能承顺严训②，皆解甘心服食古圣人道③，知其必非雕缺道义④，自埋于偷薄之伦者⑤。然吾自干名在京城⑥，兔魄已十九晦矣⑦。知尔辈惧旨甘不继⑧，困于薪粟⑨，日丐於他人之门⑩。吾闻此，益悲此身使尔辈承顺供养至此，亦益忧尔辈为穷窭而斯须忘其节⑪，为苟得眩惑而容易徇于人⑫，为投刺牵役而造次惰其业⑬。日夜忆念，心力全耗，且欲书此为戒，又虑尔辈年未甚长成⑭，不深谕解⑮。

【注释】

①　汝辈：你们。趣向：志趣，志向。

②　夙（sù）：平素。承顺：遵奉顺从。严训：父训。

③　解：懂得。甘心服食：愉快地接受消化。

④　雕缺：损伤缺失。

⑤　自己堕落为苟且浮薄的一类人。埋：埋葬，这里引申为堕落。偷薄：
　　不敦厚。伦：辈，类。

⑥　干名：求取名位。

⑦　已经度过了十九个月。兔魄：月亮的别称。晦：阴历每月的最后一
　　日，这里表示满一个月。

⑧　旨甘：美好的食物。

⑨　薪粟：柴禾和粮食，泛指生活必需品。

⑩　丐：求，乞求。

⑪　穷窭（jù）：贫穷。斯须：片刻。

142

⑫ 眩惑:迷惑。徇(xùn):谋求。

⑬ 为俗务去投递名帖请托而轻率荒废了自己的学业。刺:名帖,作用同今之名片。牵役:为俗务所拖累。造次:轻率,随便。

⑭ 年未甚长成:还没有长大成人。

⑮ 体会不深。

今会鄂骑归去①,遂置石于书函中②,乃笔用砥之功以寓往意③。欲尔辈定持刚质④,昼夜淬砺⑤,使尘埃不得间发而入⑥。为吾守固穷之节⑦,慎临财之苟⑧,积习肄之业⑨,上不贻庭闱忧⑩,次不贻手足病⑪,下不贻心意愧⑫。欲三者不贻,只在尔砥之而已,不关他人。若砥之否也⑬,则向之所谓切金涵星之用⑭,又甚琐屑⑮,安足以谕之⑯?然吾固欲尔辈常置砥于左右,造次颠沛⑰,必于是思之,亦古人韦弦铭座之义也⑱。因书为砥石命以勖尔辈⑲,兼刻辞于其侧曰⑳:剑之锷㉑,砥之而光;人之名,砥之而扬。砥乎砥乎,为吾之师! 仲兮季兮㉒,无坠吾命乎㉓!

【注释】

① 会:恰逢。鄂骑:人名,生平不详。

② 书函:文书的封套。

③ 于是写下用砥石磨剑的好处来说明向来的心意。笔:写下。

④ 定持:坚定地保持。刚质:刚正的品质。

⑤ 淬砺:磨砺。

⑥ 间发:像头发那样微细的缝隙。

⑦ 固穷:信守道义,安于贫贱穷困。

⑧ 大意是,遇到财物必须十分小心,不能随便贪取。

⑨ 积累学业。习肄(yì):学习。

⑩ 上不使父母担忧。贻:致使。庭闱:父母居住处,这里代指父母。

143

⑪　其次不使兄弟不利。病：不利。

⑫　下不使自己愧疚。心意：此指内心。

⑬　如果不想磨砺。

⑭　向：刚才。切金：指上文"切金钱三十枚"。涵星：指上文"泳涵星斗"。

⑮　琐屑：烦琐细碎。

⑯　怎能足以使你们理解？

⑰　造次：仓猝。颠沛：困顿挫折。

⑱　韦弦：传说西门豹性急，所以佩带皮带以自缓；董安于性缓，所以佩带弓弦以自急。见《韩非子·观行》。后以"韦弦"比喻外界的启迪和教益，用以警戒、规劝。铭座：座右铭，刻写在座位旁边的格言。

⑲　勖（xù）：勉励。

⑳　兼：同时。

㉑　锷（è）：刀剑的刃。

㉒　仲、季：分别指兄弟中排行第二和最后，这里泛指各位弟弟。

㉓　无：不要。坠：丢弃，忘掉。

【评析】

　　这是舒元舆给诸弟写的一封信。作者以刀剑必须经常磨砺方可锋利，比喻人须锻炼才能成材，并以此训诫诸弟。

　　舒元舆的一位吴江友人送给他一把质地不错的剑，他小心翼翼地把它珍藏在剑盒里。几年以后他无意中打开一看，眼前的剑锈迹斑斑，几成一堆废铁。数月之后，经过岐山脚下，他又得到一块纹理细密的异石，于是拿来磨剑。他坚持天天磨砺，不到一个月，锈迹全褪，光焰堪比星辉，"持之切金钱三十枚，皆无声而断"。

144

这件事情,让舒元舆感叹不已。即使是"刚质铦利"的好剑,如果不常磨砺,"尚与铁无异",何况那些"质柔铦钝"的剑,如果再不加磨砺,简直就"化为粪土"了。剑是如此,人又何尝不是如此呢?一个人假如"公然忘弃砺名砥行之道","反用狂言放情为事",那么终究将成为天地间的废物。

舒元舆的兄弟"旨甘不继","困于薪粟",他严肃地告诫他们,在穷困的环境下,特别要警惕外界的诱惑,不能须臾"忘其节","惰其业",而是像好剑那样"定持刚质","昼夜淬砺",要守住"固穷之节"。于是,他在那块磨刀石边上刻上了几句铭辞:"剑的刀刃,常常磨砺才会保持锋利光亮;人的品德名誉,不断努力学习磨炼才会传扬光大。磨刀石啊,磨刀石!你真是我们的老师啊!"这块石头连同书信,一起托人带给了兄弟,让他们作为座右之铭,时时记取。

人的才干和好的德行不是与生俱来的,必须通过后天的学习和磨炼,才能逐步积累和提高。剑不磨砺要锈蚀,人不磨炼要颓废。只有持之以恒地不断磨炼,我们才能不断进取,不断完善。小小的一块磨刀石,告诉了我们这样一个深刻的道理。

十、稼说(送张琥)

苏 轼

【题解】

本文选自《苏轼文集》卷十。说,文体名,指一种用来阐述某种道理或主张的文章。张琥(hǔ),字邃明,张泊之子,滁州全椒(今安徽全椒)人,是苏轼的朋友,二人是在宋仁宗嘉祐二年(公元

1057年）中进士的"同年"。

苏轼及《苏轼文集》的简介见第一单元《记先夫人不残鸟雀》的题解。

　　曷尝观富人之稼乎①？其田美而多，其食足而有余②。其田美而多，则可以更休③，而地力得完。其食足而有余，则种之常不后时④，而敛之常及其熟⑤。故富人之稼常美，少秕而多实⑥，久藏而不腐。今吾十口之家，而共百亩之田，寸寸而取之，日夜以望之⑦，锄耰铚艾⑧，相寻于其上者如鱼鳞，而地力竭矣⑨。种之常不及时，而敛之常不待其熟，此岂能复有美稼哉？

【注释】

① 你为什么不去看看富人的庄稼呢？曷尝：何曾。
② 他们的土地又好又多，他们的粮食充足而绰绰有余。
③ 更休：指让田地轮流休整，来恢复地力，也就是"轮休"。
④ 不后时：不错过播种的季节。
⑤ 而收割庄稼总是等到庄稼成熟。敛（liǎn）：收割。
⑥ 秕（bǐ）：中空或不饱满的谷粒。
⑦ 现在我这个十口之家，却一共只有一百亩的土地，只好一寸一寸地榨取地力，白天黑夜地盼望收获。
⑧ 耰（yōu）：播种后覆土。铚（zhì）：本指镰刀，这里是用铚割庄稼的意思。艾（yì）：通"刈"，收割。
⑨ 全家人在土地上一个接着一个劳作，像鱼鳞一样密密层层，地力就枯竭了。相寻：连续不断，一个接着一个。

　　古之人，其才非有以大过今之人也①，其平居所以自养而不敢轻用，以待其成者②，闵闵焉如婴儿之望长也③。弱者养之以至于刚,虚者养之以至于充④。三十而后仕,五十而后爵⑤。信于久屈之中,而用于至足之后⑥,流于既溢之余,而发于持满之末⑦,此古之人所以大过人,而今之君子所以不及也。

【注释】

① 古代的人,他们的才能并没有大大超过今人的地方。

② 他们平时加强自我修养而不敢轻易使用,以便等待学习完全成熟。平居:平时,平素。

③ 那种忧愁苦闷的样子就像盼望婴儿的成长。闵(mǐn)闵焉:忧愁苦闷的样子。

④ 身体虚弱的加强保养使他健壮起来,体质空虚的加强抚养使他充实起来。

⑤ 仕:做官。爵:得到爵位。

⑥ 在长久压抑受屈中施展开来,在准备最充足之后再发挥作用。信(shēn):通"伸",施展。

⑦ 就像水已经溢出然后再哗哗流淌一样,又像把弓拉到最满的时候再射出去一样。

吾少也有志于学,不幸而早得与吾子同年①,吾子之得亦不可谓不早也。吾今虽欲自以为不足,而众且妄推之矣②。呜呼,吾子其去此而务学也哉③!博观而约取,厚积而薄发④,吾告子止于此矣。

【注释】

① 过早地与您同一年中进士。吾子:您,对人亲热的称呼。

② 我现在即使想自以为学习得不够,可是众人却妄加推许了。妄推:胡乱地推许。这是一种自谦的说法。

③ 唉,您一定要避免这种虚名去专心地学习啊!
④ 在广泛阅读的基础上简要地取其精华,在丰富积累之后再稍微加以使用发挥。

子归过京师而问焉①,有曰辙、子由者②,吾弟也,其亦以是语之③。

【注释】

① 京师:这里指汴梁(今河南开封)。
② 有个名叫辙,字子由的人。
③ 也把以上的话告诉他。语(yù):告诉。

【评析】

这是苏轼送给学者张琥的临别赠言,主要是用种庄稼为喻说明怎样做学问的道理。作者用富人和穷人的两种耕作方法和结果作对比,说明地力雄厚,收获就一定丰富;地力贫瘠,收获必然微薄。因为前者土地可以轮休,是良性循环,而后者却是不断地索取,得不到补充和休整,是恶性循环。由此说明做学问和种庄稼是一个道理,必须有充裕的时间努力学习,不能急于求成,切勿追求虚名,也就是要"博观而约取,厚积而薄发",这样才能具备丰厚的基础知识和深厚的学养,使用起来才会游刃有余,从容不迫。在当今这个学风浮躁的时代,苏轼的谆谆教导不啻是醍醐灌顶,其现实意义毋庸置疑。

十一、天下之事常成于困约而败于奢靡

陆 游

【题解】

本文节选自陆游《放翁家训》，题目是后加的。困约，困顿贫乏。奢靡，奢侈挥霍。

陆游（公元1125—1210年），字务观，号放翁，宋越州山阴（今浙江绍兴）人。著名爱国诗人。绍兴中试礼部第一，曾任镇江、隆兴通判，官至太中大夫、宝谟阁待制。他力主抗金，屡遭排斥。六十五岁罢官回老家山阴闲居，终年八十六岁。一生创作诗歌九千余首，词和散文的成就也很高。作品内容，绝大部分是抒发政治抱负，反映人民疾苦和呼吁恢复中原，风格雄浑豪放，充溢渴望恢复国家统一的强烈爱国热情。其中《关山月》、《书愤》、《农家叹》、《示儿》等名篇均为后世传诵。著有《渭南文集》、《剑南诗稿》、《老学庵笔记》等。

《放翁家训》是陆游在立身处世为学等方面对子孙的教诲，写于乾道四年（公元1168年）五月十三日，陆游时年四十四岁。

昔唐之亡也，天下分裂，钱氏崛起吴越之间①，徒隶乘时②，冠屦易位③。吾家在唐为辅相者六人④，廉直忠孝，世载令闻⑤。念后世不可事伪国苟富贵⑥，以辱先人，始弃官不仕。东徙渡江⑦，夷于编氓⑧。孝悌行于家⑨，忠信著于乡⑩，家法凛然⑪，久而弗改。

【注释】

① 钱氏：指钱镠，公元 907 年在杭州建立吴越，为五代十国之一。公元 907 年至 932 年在位。

② 徒隶：刑徒奴隶，服劳役的犯人。乘时：乘机，趁势。

③ 帽子和鞋子改变了位置，比喻地位颠倒错乱。

④ 辅相：宰相。

⑤ 令闻：美好的声誉。

⑥ 伪国：指吴越。

⑦ 渡过长江向东迁徙，这里指迁居钱塘（今浙江杭州）。

⑧ 降为平民。夷：削平，这里是下降的意思。编氓：平民。

⑨ 孝悌：孝顺父母，敬爱兄长。

⑩ 著：著名，出名

⑪ 凛然：严肃样子。

宋兴，海内一统。祥符中天子东封泰山①，于是陆氏及与时俱兴。百余年间，文儒继出，有公有卿，子孙宦学相承②，复为宋世家③，亦可谓盛矣。然游于此切有惧焉④，天下之事，常成于困约，而败于奢靡。游童子时，先君谆谆为言⑤，太傅出入朝廷四十余年⑥，终身未尝为越产⑦；家人有少变其旧者⑧，辄不怿⑨；其夫人棺才漆⑩，四会婚姻⑪，不求大家显人⑫：晚归鲁墟⑬，旧庐一椽不可加也⑭。楚公少时尤苦贫⑮，革带敝⑯，以绳续绝处⑰。秦国夫人尝作新襦⑱，积钱累月乃能就，一日覆羹污之⑲，至泣涕不食。太尉与边夫人方寓宦舟⑳，见妇至，喜甚，辄置酒，银器色黑如铁，果醢数种㉑，酒三行而已㉒。姑嫁石氏，归宁食有笼饼㉓，亟起辞谢曰㉔：昏耄不省是谁生日也㉕。左右或匿笑㉖。楚公叹曰：吾家故时数日乃啜羹㉗，岁时或生日乃食笼饼㉘，若曹岂知耶㉙？

150

【注释】

① 祥符:宋真宗年号,公元 1008 年至 1016 年。天子东封泰山:祥符元年(公元 1008 年),宋真宗在泰山举行封禅仪式。封禅是古代帝王祭天地的大典。

② 做官和做学问的相继不绝。

③ 世家:世代做官的家族。

④ 切有惧焉:深切地感到畏惧。

⑤ 父亲谆谆告诫。先君:称已故的父亲。谆谆:形容反复告诫、再三丁宁。

⑥ 太傅:辅助天子治理天下的高官,仅次于太师。这里指陆游的高祖陆轸。

⑦ 越产:越地的产业,这里是家产的意思。

⑧ 少:稍稍。

⑨ 辄:总是。不怿(yì):不高兴。

⑩ 才:只,仅仅。

⑪ 四会:四方会集。

⑫ 大家:指卿大夫之家。显人:地位显赫的人。

⑬ 鲁墟:地名,在山阴(今浙江绍兴)。陆游祖先在迁居钱塘后,又迁居于此。

⑭ 意即原来的旧屋不要整修。庐:简陋的房屋,这里泛指房屋。椽(chuán):椽子,架在房梁上的木条。

⑮ 楚公:指陆游的祖父陆佃,曾被封为楚公。

⑯ 革带:皮带。敝:坏,破烂。

⑰ 绝处:断绝的地方。

⑱ 秦国夫人:指陆佃的妻子。襦(rú):短衣,短袄。

⑲ 被泼翻的羹汤弄脏了。

⑳ 太尉:武官官阶的最高一级,这里指陆游的曾祖陆珪。边夫人:指陆珪的妻子。宦舟:官船。

㉑ 醢(hǎi):肉酱,这里泛指菜肴。

㉒ 三行:即三巡。主人向客人劝酒三次。

㉓ 归宁:已嫁女子回娘家看望父母。笼饼:馒头的古称。

㉔ 亟(jí):急忙。辞谢:推辞谢绝。

㉕ 昏耄(mào):糊涂。省(xǐng):了解,知道。

㉖ 或:有人。匿笑:暗笑。

㉗ 故时:从前。啜(chuò):吃,喝。羹:用肉类或菜蔬等制成的带浓汁的食物,这里当指菜羹。

㉘ 岁时:过年。

㉙ 若曹:你们。

　　是时楚公见贵显,以啜羹食饼为泰①,愀然叹息如此②。游生晚,所闻已略;然少于游者③,又将不闻。而旧俗方已大坏。厌黎藿④,慕膏粱⑤,往往更以上世之事为讳⑥,使不闻。此风放而不还⑦,且有陷于危辱之地⑧,沦于市井降于皂隶者矣⑨!复思如往时父子兄弟相从,居于鲁墟,葬于九里⑩,安乐耕桑之业,终身无愧悔,可得耶!呜呼!仕而至公卿,命也;退而为农,亦命也。若夫挠节以求贵⑪,市道以营利⑫,吾家之所深耻。子孙戒之,尚无堕厥初⑬。乾道四年五月十三日太中大夫宝谟阁待制游谨书⑭。

【注释】

① 是时:这时。泰:这里是平常的意思。

② 愀(qiǎo)然:动容,面色改变。

③ 然而比我年龄小的人。

④ 黎藿:藜和藿,这里泛指粗劣的饭菜。黎:野菜名。这个意义上后来写做"藜"。藿:豆叶。

⑤ 膏粱:肥美的食物。

⑥ 大意是,往往对上代穷困之事讳莫如深。

⑦ 放:放任发展。还:收敛。

⑧ 且:将。危辱:危险和屈辱。

⑨ 皂隶:衙门里的差役。

⑩ 九里:地名,在今浙江绍兴,是古代的墓葬区。

⑪ 公卿:泛指高官。若夫:至于。挠节:屈节。

⑫ 市道:出卖道义。营利:谋求私利。

⑬ 希望不要损毁本性。堕(huī):损毁,败坏,同"隳"。厥初:当初,这里是本性的意思。

⑭ 乾道四年:即公元1168年。乾道:宋孝宗年号,公元1165年至1173年。太中大夫:官名。宝谟阁:宋朝阁名。待制:宋代于殿、阁设待制,主典守文物,以备访问,位在学士、直学士以下。

【评析】

陆游素来重视家训,其所著《放翁家训》以切身体验训诫子孙,内容丰富,见解精辟独到,而非泛泛而谈的说教之作。

本文是《家训》的序言。陆游在序言里回顾了自己的家世,讲了几个具体事例:高祖陆轸,身为太傅,出入朝廷四十余年,但未尝在老家置办私产;祖父陆佃少时贫苦,其夫人积钱累月乃成新衣,"一日覆羹污之",心疼不已,"至泣涕不食";曾祖陆珪之姑回娘家省亲,见有"笼饼"(馒头)上桌,竟误以为有人过生日,因为往昔只有过年或生日才得享用此物。陆氏家族世代廉洁俭朴由此可见一斑。陆游把这个问题放在序言谈,而且用了如此多的笔墨,其良苦用心就是要子孙们牢记"天下之事,常成于困约,而败于奢靡"的道理,传承先祖风范,以免重蹈"富不过三代"的覆辙。

十二、后生才锐者最易坏

陆 游

【题解】

本文节选自陆游《放翁家训》。题目是后加的。后生，指子孙。才锐，才华出众。

子孙才分有限，无如之何①，然不可不使读书。贫则教训童稚②，以给衣食③，但书种不绝足矣④。若能布衣草履⑤，从事农圃⑥，足迹不至城市，弥是佳事⑦。关中村落⑧，有魏郑公庄⑨，诸孙皆为农，张浮休过之⑩，留诗曰："儿童不识字，耕稼郑公庄。"仕宦不可常⑪，不仕则农，无可憾也。但切不可迫于衣食，为市井小人事耳。戒之，戒之。

【注释】

① 无可奈何。
② 教训童稚：教儿童读书。
③ 给(jǐ)：供给。
④ 书种：读书种子。
⑤ 草履：草鞋。
⑥ 农圃：耕稼，农耕。
⑦ 弥：更。
⑧ 关中：古地域名，在今陕西一带。
⑨ 魏郑公：指唐代名相魏徵，封郑国公。
⑩ 张浮休：人名，生平不详。

⑪ 仕宦:做官。

后生才锐者最易坏,若有之,父兄当以为忧,不可以为喜也。切须常加检束①,令熟读经子②,训以宽厚恭谨③,勿令与浮薄者游处④。如此十许年⑤,志趣自成。不然,其可虑之事盖非一端。吾此言后人之药石也⑥,各须谨之,毋贻后悔⑦。

【注释】

① 检束:检点约束。

② 经:指经书,如《诗》、《书》、《左传》、《礼记》等。子:指子书,如《老子》、《荀子》、《庄子》、《韩非子》等。

③ 恭谨:恭敬谨慎。

④ 浮薄:轻薄,不朴实。游处:交游,来往。

⑤ 十许年:十来年。许:表示约数。

⑥ 药石:药剂和砭石,这里泛指药物。

⑦ 毋:不要。贻:留下。

【评析】

本文作者主要谈教育。陆游的教育思想非常务实。虽然他主张不管才分高下,"不可不使读书",但是读书的目的是修身养性和增加知识,而不是做官。他认为,如能穿上草鞋,从事农耕,"足迹不至城市,弥是佳事"。他的远见卓识与"学而优则仕"完全背道而驰,是向"万般皆下品,唯有读书高"世俗观念的挑战。

更让人意外的是,他对"才锐者"的看法。"才锐者"就是今天所谓"神童"。陆游说,"后生才锐者最易坏",当头就击一猛掌。其家长不但不应该喜滋滋,而且要"当以为忧"。为什么呢?他没有进一步阐说,但是不难理解。"神童"多有优越感,常常得意忘形,因此最容易被"捧杀"。纵观古今中外,像方仲永这样的例子难道还见得少吗? 陆游说,对这些早慧的孩子,"切须常加检束",否则更易走上邪路。

我们不能不叹服陆游的深邃与豁达,时光虽然流逝了近千年,但他的许多金玉良言仍然熠熠生辉,是值得我们终身铭记的"药石"。

十三、与长子受之

朱　熹

【题解】

本文选自朱熹《晦庵先生朱文公文集》卷八,这是朱熹写给大儿子朱塾(字受之)的一篇训诫文章。

朱熹(公元 1130—1200 年),字元晦,一字仲晦,号晦庵,徽州婺源(今江西婺源)人,南宋著名理学家,思想家。绍兴十八年(公元 1148 年)中进士,曾修复白鹿洞书院,订立学规,从事讲学;后来又修复岳麓书院,广招门徒,传播理学。主要著作有《四书章句集注》、《诗集传》、《周易本义》、《楚辞集注》以及后人编辑的《朱子文集》、《朱子语类》等。

《晦庵先生朱文公文集》共一百卷,主要收录了朱熹的诗、文、书信、讲义、议、书序、行状、墓志铭等,内容非常丰富,是研究朱熹思想的重要资料。

早晚受业请益①,随众例不得怠慢②。日间思索,有疑用册子随手札记③,候见质问④,不得放过。所闻诲语⑤,归安下处,思省要切之言⑥,逐日札记,归日要看,见好文字⑦,亦录取归来。

【注释】

① 受业:接受学业,指听课。请益:本指要求老师再讲一遍,这里指请教。

② 随众例:随众人的常例。

③ 有疑问就用册子随手记录下来。札记:摘记,记录。

④ 候见:等候进见。质问:询问以正其是非。

⑤ 诲语:教导的话。

⑥ 回到自己的住处,思考反省那些重要的话。

⑦ 文字:指文章。

不得自擅出入①,与人往还②,初到问先生,有合见者见之③,不合见则不必往。人来相见,亦启禀然后往报之④。此外不得出入一步。居处须是居敬,不得居肆惰慢⑤。言语须要谛当⑥,不得戏笑喧哗。凡事谦恭,不得尚气凌人⑦,自取耻辱。

【注释】

① 自擅:擅自,任意。

② 往还:交往,来往。

③ 合见者:应该见的人。

④ 有人来拜访的话,也需要先禀告然后再去回访。启禀:禀报,报告。报:回报,回访。

⑤ 在居住的地方应该保持恭敬的态度,不能放肆傲慢无礼。居敬:保持恭敬的态度。居肆惰慢:放肆傲慢。

⑥ 谛(dì)当：合适,恰当。

⑦ 尚气凌人：即盛气凌人,抬高自己的气势来压倒别人。

不得饮酒荒思废业①,亦恐言语差错,失己忤人,尤当深戒②。不可言人过恶,及说人家长短是非。有来告者,亦勿酬答③。于先生之前,尤不可说同学之短。

【注释】

① 荒思废业：荒废了思虑和学业。

② 失了自己的身份而又冒犯了别人,尤其要深加戒备。忤(wǔ)：冒犯,得罪。

③ 有来说别人长短是非的人,也不要回答。

交游之间,尤当审择①。虽是同学,亦不可无亲疏之辨②。此皆当请于先生,听其所教③。大凡敦厚忠信,能攻吾过者,益友也④。其诌谀轻薄傲慢亵狎,导人为恶者,损友也⑤。推此求之,亦自合见得五七分⑥。更问以审之,百无所失矣⑦。但恐志趣卑凡,不能克己从善⑧,则益者不期疏而日远⑨,损者不期近而日亲⑩,此须痛加检点而矫革之⑪,不可荏苒渐习⑫,自趋小人之域⑬。如此,则虽有贤师长,亦无拔救自家处矣⑭。

【注释】

① 与他人交往,尤其要慎重地选择。

② 即使是同学,也不能没有亲近和疏远的区别。

③ 听从先生的教导。

④ 凡是那些朴实厚道,忠诚守信,能指出我的过错的,就是对自己有益的朋友。攻：指出,指责。

⑤　那些奉承轻浮傲慢放荡，引诱别人做坏事的人，是对自己有害的朋友。谄谀(chán yú)：阿谀奉承。亵狎(xiè xiá)：轻慢，不庄重。

⑥　根据这个标准交友，能合得来的人差不多有五分至七分的把握。

⑦　再加以询问和审查，那就百无一失了。

⑧　只是担心志向和情趣低下平庸，不能约束自己效法好的榜样。从：学习，效法。

⑨　那么，对自己有益的人，不希望他们疏远我，却一天天地疏远了。期：希望。

⑩　对自己有害的人，不希望他们接近我，却一天天地亲密了。

⑪　痛加检点：彻底地加以检查反省。矫(jiǎo)革：矫正革除。

⑫　荏苒(rěn rǎn)：潜移默化。渐习：逐渐养成习惯。

⑬　自己走向小人的境地。趋：走向。域：境地。

⑭　拔救：拯救。

见人嘉言善行，则敬慕而纪录之①。见人好文字胜己者②，则借来熟看，或传录之而咨问之③，思与之齐而后已④。（不拘长少，惟善是取⑤）

【注释】

①　见到别人好的言语和行为，就要恭敬仰慕，并记录下来。

②　胜己：超过自己。

③　传录：传抄。咨问：咨询，请教。

④　想达到和他一样高的水平才罢休。已：停止。

⑤　意思是不论对方比自己年长还是年少，只要是好的就应该吸取。按，这两句是朱熹自注。

以上数条，切宜谨守①，其所未及，亦可据此推广。大抵只是

"勤谨"二字②,循之而上③,有无限好事,吾虽未敢言,而窃为汝愿之④;反之而下,有无限不好事,吾虽不欲言,而未免为汝忧之也。盖汝若好学⑤,在家足可读书作文,讲明义理,不待远离膝下⑥,千里从师。汝既不能如此,即是自不好学,已无可望之理⑦。然今遣汝者,恐汝在家汩于俗务⑧,不得专意⑨;又父子之间,不欲昼夜督责⑩;及无朋友闻见,故令汝一行⑪,汝若到彼,能奋然勇为,力改故习⑫,一味勤谨⑬,则吾犹有望;不然,则徒劳费,只与在家一般。他日归来,又只是旧时伎俩人物⑭,不知汝将何面目归见父母亲戚乡党故旧耶⑮? 念之! 念之! 夙兴夜寐,无忝尔所生⑯! 在此一行,千万努力!

【注释】

① 谨守:谨慎地遵守。

② 勤谨:勤奋和谨慎。

③ 遵循这些道理而努力进取。

④ 窃:私下里。

⑤ 盖:句首语气词,没有实义。

⑥ 膝下:指父母。

⑦ 意思是,对你也没有什么可指望了。

⑧ 汩(gǔ)于俗务:沉溺在世俗的事情中。汩:沉溺,沉迷。

⑨ 不能够一心一意。

⑩ 不愿意每日每夜都来责备你。

⑪ 再加上不能和朋友交往来增加见闻,因此让你外出求学。

⑫ 努力地改掉原来的陋习。

⑬ 一味:全心全意。

⑭ 大意是,又还是从前的老样子。伎俩:手段,花招。人物:指人的品貌风度。

⑮ 乡党:同乡,乡亲。故旧:以前的朋友。

⑯ 起早睡晚,不要辱没了你的父母的名声。忝(tiǎn):辱没。尔所生:指父母。这两句话出自《诗经·小雅·小宛》。

【评析】

这是朱熹在送别大儿子朱塾到外地从师求学时写的训诫之文。在这篇文章中,朱熹向儿子交代了到达后许多需要注意的事情,总起来说,"大抵只是'勤谨'二字"。朱熹告诫其子对于求学要勤奋刻苦,即要勤学习、勤提问、勤思考、勤笔记;对于做人,要谦虚谨慎,即谨起居、谨言谈、谨交游,敦厚忠信,见善思齐。这些都是朱熹自己在日常修身时非常注重的。他不但告诉儿子"请于先生,听其所教",还把区别"益友"和"损友"的标准教给儿子,以防儿子交友不慎,误入歧途。这些平实的教导都充分体现了一个父亲对于儿子的深厚关爱和殷切期望,同时在学习方法和为人处事方面也留给后人许多有益的启示。

十四、读书之要

朱　熹

【题解】

本文选自朱熹《晦庵先生朱文公文集》卷七十四。要,要领。

或问①:"程子通论圣贤气象之别者数条②,子既著之《精义》之首而不列于《集注》之端③,何也?"

【注释】

① 有的人问。

② 程子:程颐(公元 1033—1107 年),字正叔,洛阳人,与其兄程颢都是北宋理学的创始人,后人称为"二程"。其著作被后人辑录为《河南二程全书》、《程颐文集》、《易传》和《经说》等。通论:系统地议论。圣贤气象:指圣人和贤人的思想、精神和气度等。

③ 子:古代对男子的尊称,您。《精义》:指朱熹著的《孟子精义》。《集注》:指朱熹著的《四书章句集注》。

曰:"圣贤气象,高且远矣!非造道之深,知德之至,邻于其域者①,不能识而辨之,固非始学之士所得骤而语也②。乡吾著之书首,所以尊圣贤③;今不列于篇端,所以严科级④,亦各有当焉尔⑤。且吾于程子之论,读是二书之法⑥,则既掇其要⑦,而表之于前矣⑧。学者诚能深考而用力焉⑨,尽此二书,然后乃可与议于彼耳⑩。"

【注释】

① 如果不是研究圣贤之道造诣很深,对道德的了解达到了极高深的程度,接近于圣贤气象境界的人。域:指境界。

② 本来就不是刚开始学习的人就可以突然告诉他的。固非:本来就不是。骤:急速,骤然。

③ 从前我写在书的前面,是因为要尊重圣贤。乡(xiàng):从前。

④ 严科级:严格掌握教学内容的循序渐进的顺序。科级:等级,顺序。

⑤ 当(dàng):适宜,适合。焉尔:句尾语气词,无义。

⑥ 是二书:指《论语》和《孟子》。

⑦ 掇其要:摘取它们的要点。

⑧ 表:表述,叙述。

⑨　学习的人如果能深入思考而努力钻研的话。

⑩　读完这两本书，然后才可以和他们谈论那个问题。议：议论，讨论。
　　彼：那个问题，指"圣贤气象之别"。

曰："然则其用力也奈何①？"

曰："循序而渐进，熟读而精思可也②。"

曰："然则请问循序渐进之说。"

曰："以二书言之，则先《论》而后《孟》③，通一书而后及一
书④。以一书言之，则其篇章文句，首尾次第⑤，亦各有序而不可
乱也⑥。量力所至，约其程课而谨守之⑦，字求其训，句索其旨⑧，
未得乎前，则不敢求其后⑨；未通乎此，则不敢志乎彼。如是循序
而渐进焉，则意定理明⑩，而无疏易凌躐之患矣⑪。是不惟读书之
法，是乃操心之要⑫，尤始学者之不可不知也。"

【注释】

①　那么究竟如何去努力钻研呢？奈何：怎么样。

②　按照一定的顺序逐渐地深入，反复地阅读，深入而细致地思考，就可
　　以了。

③　《论》：指《论语》。《孟》：指《孟子》。

④　通晓一本书之后再读另一本书。

⑤　次第：次序。

⑥　也是各有自己的次序不可以颠倒混乱。

⑦　根据自己的学力所能达到的程度，规定其功课的学习程序而严格地
　　遵守它。约：规定。谨：严格。

⑧　对每个字都要寻求它的意义，对每句话都要探求出它的含义。训：
　　意义。旨：意思，含义。

⑨　前面的内容没有掌握，就不敢去学习后面的。

⑩　就意志坚定，道理明白。

⑪　疏易凌躐之患：粗略简单、超越次序的毛病。凌躐(liè)：超越，超出寻常的顺序。

⑫　这不只是读书的方法，这还是用心处事的要点。

曰："其熟读精思者何耶①？"

曰："《论语》一章不过数句，易以成诵②。成诵之后，反复玩味，于燕闲静一之中③，以须其浃洽可也④。《孟子》每章或千百言，反复论辨，虽若不可涯者⑤，然其条理疏通⑥，语意明洁，徐读而以意随之⑦，出入往来，以十百数，则其不可涯者，将可有以得之于指掌之间矣⑧。大抵观书先须熟读⑨，使其言皆若出于吾之口；继以精思，使其意皆若出于吾之心，然后可以有得尔⑩。至于文义有疑，众说纷错⑪，则亦虚心静虑⑫，勿遽取舍于其间⑬。先使一说自为一说，而随其意之所之⑭，以验其通塞⑮，则其尤无义理者，不待观于他说而先自屈矣⑯。复以众说互相诘难⑰，而求其理之所安⑱，以考其是非，则似是而非者，亦将夺于公论⑲，而无以立矣。大抵徐行却立⑳，处静观动㉑，如攻坚木，先其易者而后其节目㉒；如解乱绳，有所不通，则姑置而徐理之㉓。此读书之法也。"

【注释】

①　何耶：怎么样呢？

②　很容易就可以熟读背诵下来。

③　燕闲静一：闲静专一。燕：安宁。

④　须：寻求。浃洽(jiá qià)：贯通。

⑤　不可涯：找不到边际。

⑥　疏通：通达。

⑦　意思是慢慢地阅读，然后使自己的思想随着文章的内容思考。

⑧　得之于指掌之间:意思是就可以了如指掌了。

⑨　一般来说看书需要先熟读。

⑩　有得:有所收获。

⑪　各种各样的观点纷纭交错。

⑫　虚心静虑:意思是沉下心来,平心静气地思考。

⑬　不要匆忙地就在它们中间有所取舍。

⑭　而随着它的意思所指向的地方。

⑮　来验证它是通达还是不通达。

⑯　对于那些特别没有道理的,不等到看到其他的观点自己就首先理屈
　　了。义理:道理。

⑰　又拿各种观点来互相的责难。

⑱　意思是,然后寻求各种观点的根据是什么。

⑲　夺于公论:被公允的评论驳倒。

⑳　徐行却立:慢慢地行走,退一步站稳脚跟。

㉑　处静观动:处于宁静之中来观察事物的动态。

㉒　就像劈坚硬的木头,先从容易的地方入手,然后再劈坚硬的节疤。
　　节目:树木枝干交接处坚硬的地方。

㉓　姑置而徐理之:暂且放在一边,然后慢慢地理清它的头绪。

【评析】

　　朱熹是一位著名的思想家,也是一位杰出的教育家。他在自己读书治学的过程中,吸收前人的经验,总结自己的心得,提出了许多关于读书方法的见解,对后人的读书治学有很大的影响。在他去世后不久,他的弟子们把他的意见归纳为"朱子读书法"六条:即循序渐进,熟读精思,虚心涵泳,切己体察,着紧用力,居敬持志。在这篇文章中,朱熹以《论语》和《孟子》为例阐述了读书的两种方法,即循序渐进和熟读精思。朱熹认为:首先,读书不要急于

165

求成,应按照一定的顺序进行。这个顺序是:第一,"先《论》而后《孟》",即先读基础的、容易把握的书。第二,"通一书而后及一书",即读完一本,再读另一本。第三,每读一书,都要按照"篇章文句,首尾次第,亦各有序而不可乱也",还要"字求其训,句索其旨",并且要"量力所至,约其程课而谨守之",也就是要从字句、章节、篇章依次读起,把前面的弄懂后,再继续读下去,要坚持量力而为和坚持不懈相结合的原则。其次,读书必须记得住背得熟,仔细推敲、琢磨其意。要反复熟读课文,逐步加深理解,直到可以背诵,从而达到融会贯通("使其言皆若出于吾之口"、"使其意皆若出于吾之心")的境地。

另外对于读书过程中遇到的不同观点,朱熹也谈了自己的看法。朱熹认为对于各种不同的观点不要急于表示同意哪种观点或不同意哪种观点,而要亲自去检验它是否正确,找出观点存在的依据,然后让不同的观点互相辩驳。这样,正确的观点和错误的观点也就逐渐地区分开了。其实这也是提高自己水平,促进学习的一种非常重要的方法。

朱熹提出的这些读书方法,都是读书治学的至理名言,对于我们现在的学习同样具有积极的借鉴意义。

十五、送东阳马生序

宋　濂

【题解】

本文选自宋濂《文宪集》卷八。东阳,今浙江东阳。马生,指马君则,是当时南京的太学(古代设于京城的最高学府)生。序,唐初形成的一种文体,即赠言。

宋濂(公元1310—1381年),字景濂,浦江(今浙江义乌)人。明初著名散文家。官至翰林院学士、知制诰,负责修撰《元史》。洪武十年(公元1377年),以年老辞官还乡。著有《文宪集》三十二卷。

余幼时即嗜学①,家贫无从致书以观②,每假借于藏书之家③,手自笔录④,计日以还⑤。天大寒,砚冰坚,手指不可屈伸,弗之怠⑥。录毕走送之,不敢稍逾约⑦。以是人多以书假予⑧,予因得遍观群书。既加冠,益慕圣贤之道⑨,又患无硕师、名人与游⑩,尝趋百里外,从乡之先达执经叩问⑪,先达德隆望尊⑫,门人弟子填其室,未尝稍降辞色⑬。予立侍左右,援疑质理⑭,俯身倾耳以请;或遇其叱咄,色愈恭,礼愈至,不敢出一言以复⑮;俟其欣悦⑯,则又请焉。故予虽愚,卒获有所闻。

【注释】

① 嗜(shì)学:喜欢学习。
② 因家中贫困没有办法得到书来看。致书:得到书。
③ 每次都向藏书家借书。假:借。
④ 亲手抄录下来。
⑤ 按约定的日期送还。
⑥ 也不敢放松抄写。怠:懈怠。
⑦ 抄完后赶忙送还,不敢超过约定的时间。走:跑。
⑧ 因此很多人都愿意把书借给我。
⑨ 到了二十岁时,更加敬慕圣贤的道理。加冠:指二十岁。古时男子到了二十岁,举行加冠礼,表示已经成人。
⑩ 硕(shuò)师:有名望的大师。游:交游,来往。

⑪　曾经赶到百里之外,手拿着经书向乡里的前辈求教。先达:有名望有地位的前辈。

⑫　德隆望尊:道德高尚,名望尊崇。

⑬　他不曾稍稍缓和严厉的语气神态。辞色:言辞和脸色。

⑭　提出疑问,询问道理。援:援引。质:询问。

⑮　有时碰上他大声斥责,我的态度更加恭敬,礼貌更加周到,不敢回答一句话。叱咄(chì duō):大声呵斥。

⑯　俟(sì):等到。欣悦:高兴。

　　予之从师也,负箧曳屣,行深山巨谷中①。穷冬烈风②,大雪深数尺,足肤皲裂而不知③。至舍,四支僵劲不能动④,媵人持汤沃灌⑤,以衾拥覆,久之乃和⑥。寓逆旅主人,日再食,无鲜肥滋味之享⑦,同舍生皆被绮绣⑧,戴朱缨宝饰之帽,腰白玉之环⑨,左佩刀,右备容臭,烨然若神人⑩。予则缊袍敝衣处其间⑪,略无慕艳意⑫,以中有足乐者,不知口体之奉不若人也⑬。盖予之勤且艰若此。今虽耄老⑭,未有所成,犹幸预君子之列⑮,而承天子之宠光,缀公卿之后⑯,日侍坐备顾问,四海亦谬称其氏名,况才之过于予者乎⑰!

【注释】

①　当我追随老师学习的时候,曾经背着书箱趿拉着鞋子,走在深山大谷之中。箧(qiè):书箱。曳屣(yè xǐ):趿拉着鞋子。

②　穷冬:深冬。

③　皲(jūn)裂:皮肤因寒冻干燥而裂口。

④　支:肢体。在这个意义上后来写做"肢"。僵劲:僵硬。

⑤　旅店佣人用热水给我浇洗。媵(yìng)人:本指陪嫁的人,这里指旅店佣人。沃灌:浇洗。

168

⑥　又用被子给我盖着,很长时间才暖和过来。衾(qīn):被子。

⑦　我借住在客店中,一天吃两顿饭,没有鲜鱼肥肉和有滋味的食物可吃。逆旅:客店。

⑧　被:穿。在这个意义上后来写做"披"。绮(qǐ)绣:绣有花色的丝织品。

⑨　戴着镶有宝石有红穗的帽子,腰上系着白玉环。朱缨:红色的穗子。

⑩　左边有佩刀,右边有香袋,光彩耀眼如同神仙一样。容臭(xiù):香袋。烨(yè)然:光彩鲜亮的样子。

⑪　缊(yùn)袍:用乱麻为絮的袍子。敝衣:破衣裳。

⑫　一点也不羡慕他们。

⑬　因为我心中有足够的乐趣,不知道吃的和穿的都不如人家。

⑭　耄(mào):古时称七十岁以上的老人为耄。

⑮　没有什么成就,而有幸置身在君子的行列中。

⑯　又承受着皇上的恩宠,跟在高官的后面。公卿:泛指大官。

⑰　每天侍候皇上坐着,准备接受询问,四面八方的人也都来称道我,何况那些才能超过我的人呢!谬称:错误地称道。这是作者的谦辞。

今诸生学于太学,县官日有廪稍之供,父母岁有裘葛之遗,无冻馁之患矣①;坐大厦之下而诵诗书,无奔走之劳矣;有司业、博士为之师②,未有问而不告、求而不得者也。凡所宜有之书,皆集于此,不必若予之手录、假诸人而后见也。其业有不精、德有不成者,非天资之卑,则心不若予之专耳,岂他人之过哉③!

【注释】

①　今天诸位学生在太学里学习,朝廷每天都供给伙食,父母每年还给冬衣夏衣,没有饥寒之忧。县官:指官府。廪(lǐn)稍:公家供给的粮食。裘:皮衣。葛:以葛为原料制成的衣服。馁(něi):饥饿。

② 司业、博士:都是太学中官名和老师。

③ 如果有学业学得不精、品德有培养不好的,不是因为资质低下,而是不如我专心罢了,难道是别人的过错吗?

东阳马生君则,在太学已二年,流辈甚称其贤①。予朝京师,生以乡人子来谒予②,撰长书以为贽,辞甚畅达③;与之论辨,言和而色夷④。自谓少时用心于学甚劳,是可谓善学者矣。其将归见其亲也,予故道为学之难以告之⑤。谓予勉乡人以学者,予之志也⑥;诋我夸际遇之盛而骄乡人者,岂知予者哉⑦!

【注释】

① 他的同学都称赞他的才德兼备。流辈:同辈。

② 我到京师来上朝,马君则以同乡人子弟的身份来拜见我。乡人子:同乡人子弟。谒(yè):拜见。

③ 写了一封长信作为见面礼,文辞流畅练达。贽(zhì):初次见面赠给长辈的礼物。

④ 色夷:脸色温和。

⑤ 他将回乡探望父母,我所以把过去求学的难处告诉他。

⑥ 如果说我是为了勉励同乡学习,这是我的本意啊。

⑦ 但如果攻击我是夸耀际遇隆盛而在同乡面前骄傲的话,这哪里是了解我的人啊!

【评析】

这篇文章是宋濂在自己的晚辈同乡马君则回乡探亲时所写的赠言。作者虽是大家,是长者,却没有板起脸孔进行生硬的说教,而是从自己幼时求学的经历说起:年少时嗜学如命,但家境贫寒,无钱购书,不得不借书、抄书,即使是在寒风凛冽的隆冬,也不敢有丝毫地懈怠;求师之时态度恭敬,虚心求教,在老师生气时,"色愈恭,礼愈至,不敢出一言以复";求学时环境恶劣,手脚冻得皲裂,一日只吃两餐,仍然专心致志地坚持学习,从不羡慕同辈的优越生活条件,这是因为"中有足乐者"。作者把当时自己的求学条件和现在太学的学习环境进行了对比,希望马君则能够珍惜现在优越的学习环境,认真读书,早日成才。宋濂认为如果在这样的条件下还一无所成的话,那就不是个人资质的问题了,而是"心不若予之专耳"。作者循循善诱,娓娓道来,言辞恳切,体现了一位长者对后辈的殷切期望。

我们现在大多数人的学习条件不要说和宋濂比,就是和马君则比也优越许多了。在当时那样艰苦的条件下,宋濂等人都可以成为一代大家,那我们还有什么理由不去努力学习呢? 假如你还是学不好,那么究竟是什么原因呢? 你能回答吗?

十六、给子应尾应箕书

杨继盛

【题解】

本文节选自杨继盛《杨忠愍集》卷三。应尾、应箕,作者杨继盛的两个儿子。

杨继盛(公元 1516—1555 年),字仲芳,谥号"忠愍"。明保定容城(今河北容城)人,嘉靖年间进士,官至兵部员外郎。嘉靖三十二年(公元 1553 年),冒死向世宗上《弹严嵩疏》,列数严嵩祸国专权的"十大罪",弹劾严嵩专权误国、祸国殃民的罪状,引起朝野上下的极大震动,也使他招来严嵩报复。明嘉靖三十四年(公元

1555 年)十月二十七日,被杀害于北京西市刑场,年仅四十岁。著有《杨忠愍集》三卷。

人须要立志。初时立志为君子,后来多有变为小人的。若初时不先立下一个定志,则中无定向①,便无所不为,便为天下之小人,众人皆贱恶你②。你发愤大志要做个君子,则不拘做官不做官,人人都敬重你。故我要你第一先立起志气来。

【注释】

① 中:指心中。

② 贱恶:轻视厌恶。

心为人一身之主,如树之根,如果之蒂,最不可先坏了心。心里若是存天理,存公道,则行出来①,便都是好事,便是君子这边的人。心里若存的是人欲,是私意,虽欲行好事,也是有始无终,虽欲外面做好人,也被人看破你。如根衰则树枯、蒂坏则果落。故我要你休把心坏了。心以思为职②,或独坐时,或夜深时,念头一起,则自思曰:"这是好念? 是恶念?"若是好念,便扩充起来③,必见之行④;若是恶念,便禁止勿思。方行一事,则思之:以为"此事合天理⑤,不合天理?"若是不合天理,便止而勿行;若是合天理,便行。不可为分毫违心害理之事,则上天必保护你,鬼神必加佑你⑥,否则天地鬼神必不容你。

【注释】

① 行:做。

② 职:职责。

172

③ 扩充:扩大充实。

④ 行:行动。

⑤ 以为:认为。

⑥ 加佑:更加保佑。

你读书若中举中进士①,思我之苦②,不做官也是。若是做官,必须正直忠厚,赤心随分报国③。固不可效我之狂愚④,亦不可因我为忠受祸,遂改心易行⑤,懈了为善之志⑥,惹人父贤子不肖之笑⑦。

【注释】

① 举:指举人。

② 大意是想到我在官场的种种苦处。

③ 随分:依据本性。

④ 狂愚:狂妄愚昧。

⑤ 就改变志向和行为。

⑥ 懈:懈怠。

⑦ 惹得别人嘲笑父亲贤良、儿子却不成材。

我若不在,你母是个最正直不偏心的人,你两个要孝顺他,凡事依他。不可说你母向那个儿子,不向那个儿子;向那个媳妇,不向那个媳妇。惹着他生一些儿气,便是不孝。不但天诛你,我在九泉之下,也摆布你①。

【注释】

① 摆布:处置,收拾。

你两个是一母同胞的兄弟,当和好到老。不可各积私财,致起

173

争端,不可因言语差错,小事差池①,便面红耳赤。应箕性暴些,应尾自幼晓得他性儿的,看我面皮,若有些冲撞,担待他罢②! 应箕敬你哥哥,要十分小心,和敬我一般的敬才是;若你哥哥计较你些儿,你便自家跪拜与他陪礼③,他若十分恼不解,你便央及你哥相好的朋友劝他。不可他恼了,你就不让他。你大伯这样无情的摆布我,我还敬他。是你眼见的。你待你哥,要学我才好。

【注释】

① 差(cī)池:不整齐,这里是意见不和的意思。

② 担待:原谅。

③ 自家:自己。

应尾媳妇是儒家女①,应箕媳妇是宦家女②,此最难处。应尾要教导你媳妇,爱弟妻如亲妹,不可因他是官宦人家女,便气不过,生猜忌之心;应箕要教导你媳妇,敬嫂嫂如亲姊,衣服首饰休穿戴十分好的,你嫂嫂见了,口虽不言,心里便有几分不耐烦。嫌隙自此生矣③。四季衣服,每遇出入,妯娌两个是一样的,兄弟两个也是一样的。每吃饭,你两个同你母一处吃,两个媳妇一处吃。不可各人和各人媳妇自己房里吃,久则就生恶了。

【注释】

① 儒家:指读书人家。

② 宦家:做官的人家。

③ 嫌隙:因猜疑或不满而产生的恶感、仇怨。

你两个不拘有天来大恼①,要私下请众亲戚讲和,切记不可告之于官。要是一人先告，后者把这手卷送之于官②，先告者即是不孝，官府必重治他。央及你两个，好歹与我长些志气，再预告问官老先生③，若见此卷，幸怜我苦情④，教我二子，再三劝诱⑤，使争而复和。则我九泉之下，必有衔结之报⑥。

【注释】

①　不拘：不论，不管。

②　手卷：备签名用的长卷，这里指这件手写的遗书。

③　问官：审问犯人、处理讼案的官吏。

④　幸：希望，期望。

⑤　劝诱：规劝诱导。

⑥　衔结之报：结草衔环来报恩。结草故事见《左传·宣公十五年》，魏颗将一原本要给他的父亲殉葬的女子嫁了出去，后来魏颗出征，女子的亡父显灵，用结草绊倒敌人，搭救了魏颗。衔环故事见梁·吴均《续齐谐记》。相传东汉杨宝九岁时，救了一只黄雀，其夜黄雀以白环四枚报答杨宝。后用为报恩之典，表示感恩报德，至死不忘。

你堂兄燕雄、燕豪、燕杰、燕贤，都是知好歹的人。虽在我身上冷淡，却不干他事。俗语云："好时是他人，恶时是家人。"你两个要敬他、让他。祖产分有未均处，他若是爱便宜，也让他罢。切记休要争竞①，自有旁人话短长也②。

【注释】

①　争竞：争执，计较。

②　话短长：评判是非。

你两个年幼，恐油滑人见了，便要哄诱你。或请你吃饭，或诱你赌博,或以心爱之物送你,或以美色诱你,一入他圈套,便吃他亏,不惟荡尽家业,且弄你成不得人。若是有这样人哄你,便想我的话来识破他:"和你好,是不好的意思。"便远了他。拣着老成忠厚、肯读书、肯学好的人,你就与他肝胆相交,语言必信,逐日与他相处①。你自然成个好人,不入下流也②。

【注释】

① 逐日:一天接一天,每天。

② 下流:比喻众恶所归的地位。

读书,见一件好事,则便思量我将来必定要行;见一件不好的事,则便思量我将来必定要戒。见一个好人,则思量我将来必要与他一般;见一个不好的人,则思量我将来切休要学他。则心地自然光明正大,行事自然不会苟且①,便为天下第一等好人矣。

【注释】

① 苟且:随便,马虎,敷衍了事。

习举业①,只是要多记多作。"四书"本经记文一千篇②,读论一百篇、策一百问、表五十道、判语八十条③,有余功则读"五经"白文④,好古文读一百篇。每日作文一篇,每月作论三篇、策二问。切记不可一日无师傅⑤。无师傅则无严惮⑥,无稽考⑦,虽十分用功,终是疏散⑧,以自在故也⑨。又必须择好师,如一师不惬意⑩,即辞了另寻,不可因循迁延⑪,致误学业。又必择好朋友,日日会讲切磋,则举业不患其不成矣。

① 举业:为应科举考试而准备的学业。明清时专指八股文。

② 四书:《论语》、《大学》、《中庸》、《孟子》的合称。元皇庆二年规定,考试课目必须在"四书"内出题,以后沿用。

③ 论:文体的一种,即议论文。策:一种应试的文体。以经义或政事等设问要求解答以试士。表:奏章的一种,多用于陈请谢贺。判语:科举考试的内容之一,指考生对"疑事"所下的断语。

④ 五经:五部儒家经典,即《诗》、《书》、《易》、《礼》、《春秋》。白文:指没有注解的书的正文。

⑤ 师傅:老师的通称。

⑥ 严惮:畏惧,害怕。

⑦ 稽考:查考,考核。

⑧ 疏散:松散。

⑨ 自在:无约束。

⑩ 惬意:称心,满意。

⑪ 因循迁延:犹豫拖延。

与人相处之道,第一要谦下诚实。同干事则勿避劳苦,同饮食则勿贪甘美,同行走则勿择好路,同睡寝则勿占床席。宁让人,勿使人让我;宁容人,勿使人容我;宁吃人之亏,勿使人吃我之亏;宁受人之气,勿使人受我之气。人有恩于我,则终身不忘;人有仇于我,则即时丢过。见人之善,则对人称扬不已;闻人之过,则绝口不对人言。有人向你说某人感你之恩,则云"他有恩于我,我无恩于他",则感恩者闻之,其感益深。有人向你说某人恼你谤你,则云"彼与我平日最相好,岂有恼我谤我之理?"则恼我者闻之,其怨即解。人之胜似你①,则敬重之,不可有傲忌之心;人之不如你,则谦待之,不可有轻贱之意②。又与人相交,久而益密,则行之邦家可

177

无怨矣③。

【注释】

①　胜(shèng)似：胜过，超过。

②　轻贱：轻视。

③　邦家：国家。

覆奏本已上①，恐本下急②。仓促之间，灯下写此，殊欠伦序③。然居家做人之道，尽在是矣④。拿去你娘看后，做一个布袋装盛，放在我灵前桌上⑤。每月初一、十五，合家大小灵前拜祭了，把这手卷从头至尾念一遍，合家听着。虽有紧事，也休废了！

【注释】

①　覆奏：死刑判决复核。

②　恐本下急：恐怕复核文书会很快下达，意即很快会被处决。

③　伦序：有条理顺序。

④　是：这，指这封遗书。

⑤　灵：灵位。

【评析】

这是杨继盛临刑前写给两个儿子应尾、应箕的长篇遗书。

遗书告诫儿子的第一句话就是"人须要立志"，可见他对立志的重视。为什么呢？他说："若初时不先立下一个定志，则中无定向，便无所不为，便为天下之小人。"人若不立志，就像航船没有方向，就会误入歧途。杨继盛并不要求儿子立志就一定要做官，而是"发愤大志要做个君子"，也就是要做堂堂正正的人。这在官本位的封建时代,无疑是非常有见识的。那么,怎样才能成为一个君子呢?杨继盛认为养心是根本,他说:"心为人一身之主,如树之根,如果之蒂,最不可先坏了心。"具体说,就是心里要"存天理,存公道",不能"是人欲,是私意",绝对不能做"违心害理之事"。杨继盛虽然不赞成儿子步入仕途,但是如果将来做官,则"必须正直忠厚,赤心随分报国。固不可效我之狂愚,亦不可因我为忠受祸,遂改心易行,懈了为善之志"。杨继盛因忠而得杀身之祸,但是仍然告诫儿子不能因他的不幸遭遇而动摇了报国为善之志,其坦荡忠义的情怀,令人肃然起敬。

遗书第二部分的主要内容是,希望两个儿子孝敬母亲,家庭和睦。兄弟俩"当和好到老",要互敬互让,不能为一点小事而面红耳赤。两个媳妇要处理好妯娌关系,无生"猜忌之心"。关照出身官宦之家的应箕媳妇"衣服首饰休穿戴十分好的",以免嫂子不快,生出嫌隙。尽管杨继盛的四个"燕"字辈侄子平时对他冷淡,但是毕竟是一家人,"好时是他人,恶时是家人",叮嘱儿子"要敬他让他"。

遗书第三部分的主要内容是,教诲儿子如何读书和交友处世。关于读书,杨继盛主张学以致用和"多记多作",并且强调良师的作用,"切记不可一日无师傅","无师傅则无严惮"。在交友处世方面,杨继盛谆谆嘱咐儿子,要识破和远离"油滑人","拣着老成忠厚、肯读书、肯学好的人,你就与他肝胆相交"。处世之道,"第一要谦下诚实","宁吃人之亏,勿使人吃我之亏","人有恩于我,则终身不忘;人有仇于我,则即时丢过"。

杨继盛是一个不向邪恶势力低头的铁骨忠良,但又是一个情谊深厚有责任心的慈父,遗书句句发自肺腑,字字饱含对儿子的殷切期望。我们不妨常常"把这手卷从头至尾念一遍",重温他的教诲,相信一定会从中得到很多教益。

十七、读书之法

曾国藩

【题解】

本文节选自《曾国藩家书》,题目是后加的。

曾国藩(公元 1811—1872 年),名子城,又名国藩,字伯涵,号涤生,谥号文正,湖南湘乡(今湖南双峰)人,道光进士,清代著名的军事家、政治家、理学家、文学家,晚清散文"湘乡派"的创立人。历任两江总督、直隶总督、武英殿大学士等。曾国藩以儒家"正心、诚意、修身、齐家、治国、平天下"的训示严格要求自己。他一面勤于修身,精研理学,雅好诗文,自成一格;一面又适应时势的要求,探讨解决内忧外患的治国方略,同时接受近代西方文化的影响,倡导洋务,被称为"晚清第一名臣"。著有《曾文正公全集》。

《曾国藩家书》是曾国藩给家人写的书信的汇编,收录了曾国藩在清道光三十年(公元 1850 年)至同治十年(公元 1884 年)前后达三十年的文坛和从军生涯中的近一千五百封书信,所涉及的内容极为广泛,主要包括修身养性、为人处世、交友识人、持家教子、治军从政等,反映了曾国藩一生的主要活动及其治政、治家、治学思想。

读书之法,看、读、写、作,四者每日不可缺一。看者,如尔去年看《史记》、《汉书》、韩文、《近思录》①,今年看《周易折中》之类是也②。读者,如"四书"《诗》《书》《易经》《左传》诸经、《昭明文选》、李杜韩苏之诗、韩欧曾王之文③,非高声朗诵则不能得其雄伟之概④,非密咏恬吟则不能探其深远之韵⑤。譬之富家居积,看书则在外贸易,获利三倍者也⑥;读书则在家慎守,不轻花费也⑦。譬之兵家战争,看书则攻城略地,开拓土宇者也⑧;读书则深沟坚垒,得地能守者也⑨。看书如子夏之"日知所亡"相近,读书与"无忘所能"相近⑩,二者不可偏废。

【注释】

① 尔:你,指曾国藩的儿子曾纪泽。韩文:指韩愈的文章。《近思录》:宋代理学家朱熹、吕祖谦编选,主要辑录了北宋新儒家周敦颐、程颢、程颐、张载四人的语录,是阐述儒家性理的概论著作,共十四卷。

② 《周易折中》:是研究《周易》的重要著作,作者李光地(公元 1642—1718 年),清代著名学者。《周易折中》遍采诸家大儒之说,考订古今,通俗易懂。

③ "四书":指《大学》、《中庸》、《论语》、《孟子》。《诗》:指《诗经》。《书》:指《尚书》。《昭明文选》:又称《文选》,是中国现存最早的诗文总集,编者萧统(公元 501—531 年)是南朝梁文学家,字德施,武帝长子,世称昭明太子。书中选录先秦至梁的诗文辞赋,共分为三十八类,七百五十二篇,是今人研究梁以前文学的重要参考资料。李杜韩苏:指李白、杜甫、韩愈、苏轼。韩欧曾王:指韩愈、欧阳修、曾巩、王安石。

④ 如果不高声朗诵就不能体会其中的雄伟气度。概:气度。

⑤ 如果不默诵低吟就不能体味其中的深远意蕴。密咏恬(tián)吟:默诵低吟。

⑥ 以富人囤积财物打比方,看书如同在外面做买卖,可以获得比平常三倍的利润。居积:囤积。

⑦ 读书如同在家谨慎地守护,不轻易地花费钱财。

⑧ 以兵家战争打比方,看书如同攻城略地,可以开拓广阔地疆域。土宇:疆土。

⑨ 读书如同挖掘深沟,建筑坚固的围墙,占领土地而可以守住。

⑩ 子夏(公元前507—前?年):春秋末期晋国人,卜氏,名商,孔子的学生。日知所亡(wú):每天能学到一些自己没有的知识。亡:通"无"。无忘所能:不忘记自己已经掌握的知识。这两句话出自《论语·子张》。

【评析】

这是曾国藩在咸丰八年(公元1858年)七月二十一日给儿子曾纪泽写的家信,教导曾纪泽如何读书。在这封信中曾国藩虽然说"读书之法,看、读、写、作,四者每日不可缺一",但主要还是讲看书和读书的关系,对"写"和"作"并未展开。一般人都认为看书与读书就是一回事,可曾国藩并不这样看,他认为看书的主要目的是扩大自己的阅读量,这是增加知识储备、获取新知识的重要手段和方法,而读书则是细心体会,反复琢磨,仔细理解文章的内涵和精神,把看到的东西真正的掌握,成为自己的东西。曾国藩还形象地用"富人居积"和"兵家战争"为喻来阐发"看书"和"读书"的区别。最后曾国藩强调虽然二者的方法不同,但是在求学的道路上二者却不可偏废。这是曾国藩自己在读书治学过程中总结出来的宝贵经验。

一"看"一"读",反映了曾国藩对于学习的深刻体会,这也就是我们现在常说的"博"和"专"的问题。学习不能只"看"不"读",否则就不能深刻体会书中的思想,容易流于肤浅;也不能只"读"不看,否则自己的知识领域就会受到限制,缺乏广阔的视野。因此在学习的过程中我们要"看"、"读"结合,也就是把"日知所亡"和"无忘所能"结合起来,努力使自己成为又"博"又"专"的有用之才。

第五单元

一、可以贺我

《国语》

【题解】

本文选自《国语·晋语五》,题目是后加的。

《国语》是我国古代最早的一部国别史。其作者不可考。旧说曾以为是左丘明,但颇多争议。

《国语》共二十一卷,记载了从周穆王到周贞定王(公元前990—前453年)长达五百余年的史实。该书分周、鲁、齐、晋、郑、楚、吴、越八国编次,其中晋国史事记载最多,其卷数占整部书近一半。

《国语》以记言论为主,与《左传》偏重记事不同,但二者可相互参证,相互补充。其语言艺术虽不及《左传》,但说理缜密,语言生动精练,仍具有较高的文学价值。书中所体现的思想,以儒家为主,但也间有法家和道家思想。

　　赵宣子言韩献子于灵公①,以为司马②。河曲之役③,赵孟使人以其乘车干行④,献子执而戮之⑤。众咸曰⑥:"韩厥必不没矣⑦。其主朝升之⑧，而暮戮其车⑨，其谁安之⑩！"宣子召而礼之⑪，曰："吾闻事君者比而不党⑫。夫周以举义⑬，比也；举以其私⑭，党也。夫军事无犯⑮，犯而不隐⑯，义也。吾言女于君⑰，惧女不能也。举而不能，党孰大焉⑱！事君而党，吾何以从政？吾故以是观女。女勉之⑲。苟从是行也⑳，临长晋国者㉑，非女其谁㉒？"皆告诸大夫曰："二三子可以贺我矣㉓！吾举厥也而中㉔，吾乃今知免于罪矣㉕。"

【注释】

① 赵宣子：名盾，又称赵孟，春秋时期晋国正卿。韩献子：即韩厥。春秋时期曾任晋国司马、上卿，以执法无私著称。灵公：指晋灵公，晋文公之孙，名夷皋。公元前620年至前607年在位，不行君道，荒淫无道，后被赵穿刺杀。

② 司马：官名，执掌军中刑律和军赋。

③ 河曲之役：鲁文公十二年（公元前615年）冬，秦康公帅师攻占晋地羁马（今山西永济西南），晋国派赵盾任中军元帅迎击，双方对峙于河曲（今山西永济），后秦师撤回。

④ 干（gān）：冲犯，干扰。行（háng）：军队的行列。

⑤ 执：抓捕。戮：杀。

⑥ 咸：全，都。

⑦ 不没：不能终天年，不得好死。

⑧ 其主：指赵宣子。升之：升了他的官。

⑨ 车：指车夫。

⑩ 谁能使他保住这个官位呢？其：语气词。

⑪ 礼：以礼相待。

⑫ 比：亲近，团结。党：为私情而结盟。

⑬ 意思是，出于对国家的忠信而推举正直的人。夫：语气词。周：忠

185

信。义:指正直的人。

⑭　凭自己的私情推举别人。

⑮　军事:此指军法。无犯:不能冒犯。

⑯　隐:隐匿,包庇。

⑰　意思是,把你推荐给国君。女(rǔ):你。在这个意义上后来写做
　　"汝"。

⑱　意思是,推举的人不能胜任,结党营私没有比这个更严重的了。

⑲　勉:努力。

⑳　假如照这样去做。

㉑　临长:领导。临:监临。

㉒　不是你又是谁呢?

㉓　二三子:诸位。

㉔　中(zhòng):找准。

㉕　乃今:如今。

【评析】

　　赵盾举荐韩厥担任司马,司马的主要职责是职掌军法。为了
考验韩厥,赵盾在河曲之战一开始,便派手下车夫故意驾他的车横
冲直撞,扰乱士兵的作战行列。韩厥没有因为赵盾的关系而手下
留情,而是立即将车夫依军法处死。正在大家为他捏一把汗的时
候,赵盾把他找去,说明了原委,赞扬韩厥铁面无私,不徇私情,并
且为自己举荐成功而感到欣慰。

　　韩厥所以能受到赵盾的赏识,是因为他不唯上,能"比而不
党",在他的心目中,法高于一切。但一个人要真正做到这一点是
很不容易的,因为他首先要战胜自己的私情和私利。战国时韩非
子说过:"能去私曲(不公正)就公法者,民安而国治。"(《有度》)
国家多一些像韩厥这样的人才,还怕治不好吗? 从这个意义上说,

186

不仅赵盾可贺,更可贺的,是晋国!然而,赵盾为试探韩厥,竟让自己的车夫去白白送死,这种做法极不人道,是不可取的。

二、腹䵍杀子

《吕氏春秋》

【题解】

本文节选自吕不韦《吕氏春秋·去私》,题目是后加的。腹䵍(tūn),人名。姓腹,名䵍,墨家学派的大师。

吕不韦,濮阳人(今河南濮阳),本是阳翟(今河南禹县)的富商,家累千金。秦庄襄王时为丞相,封为文信侯,《吕氏春秋》就是由吕不韦的门客共同编写而成。吕不韦生年不详,秦始皇十二年(公元前235年)因罪饮酖自杀。

《吕氏春秋》出自众人之手,并非一家之言,学术思想并不统一,其内容以儒家、道家为主,兼采墨、法、名、农、兵各家的学说,具有各家的精华及其糟粕,实为杂家的著作。由于《吕氏春秋》保留了许多先秦诸子的资料,具有宝贵价值,仍是先秦时期一部重要的典籍。

《吕氏春秋》全书共十二纪(六十篇)、六论(三十六篇)、八览(六十四篇),加上《序意》一篇,当有一百六十一篇,因八览中缺失一篇,今传一百六十篇,又称《吕览》。善于运用故事说理,表述形象,行文生动,颇有特色。

墨者有钜子腹䵍①,居秦,其子杀人。秦惠王曰②:"先生之年长矣③!非有他子也④,寡人已令使弗诛矣⑤!先生之以此听寡人也⑥。"䵍对曰:"墨者之法,曰:'杀人者死,伤人者刑⑦',此所以禁杀伤人也⑧。夫禁杀伤人者,天下之大义也⑨。王虽为之赐而令吏弗诛⑩,腹䵍不可不行墨者之法。"不许惠王,而遂杀之⑪。子,人之所私也⑫,忍所私以行大义⑬,钜子可谓公矣!

【注释】

① 墨者:指墨家学派,战国时墨翟始创。钜子:墨家称墨学之大师。

② 秦惠王:战国时秦国国君,公元前337年至前311年在位。

③ 长:年龄大。

④ 没有别的儿子。

⑤ 寡人:国君的谦称。诛:杀戮。

⑥ 先生在这件事上就听从我吧。

⑦ 刑:受刑。

⑧ 大意是,这样做目的是严禁杀人、伤人。

⑨ 大义:大道理。

⑩ 为之赐:赐给我恩惠。

⑪ 遂:终于。

⑫ 所私:偏爱。

⑬ 忍:忍心。

【评析】

墨家大师腹䵍旅居秦国,他的儿子杀了人。秦惠王顾念腹䵍年老而又无别子,于是赦免了其子死刑,并且力劝腹䵍听从他的好意。可是腹䵍不同意,他说,"杀人者死,伤人者刑"是墨家之法,也是天下大义,最终还是把儿子送上了断头台。

独子的性命和大义之间的取舍,是私利和公心的较量,两者之间,腹䵍义无反顾地选择了大义。因此,腹䵍是一个有良知、识大体和对国家、对社会有责任心的人。

188

三、以不贪为宝

《新序》

【题解】

本文选自刘向《新序·节士》，题目是后加的。

刘向及《新序》简介见第一单元《申包胥哭秦庭》题解。

宋人有得玉者，献诸司城子罕①，子罕不受。献玉者曰："以示玉人②，玉人以为宝，故敢献之。"子罕曰："我以不贪为宝，尔以玉为宝③，若与我者，皆丧宝也④，不若人有其宝⑤。"故宋国之长者曰："子罕非无宝也，所宝者异也⑥。今以白金与抟黍以示儿子⑦，儿子必取抟黍矣；以和氏之璧与百金以示鄙人⑧，鄙人必取百金矣；以和氏之璧与道德之至言以示贤者⑨，贤者必取至言矣。其知弥精⑩，其取弥精；其知弥觕⑪，其取弥觕。子罕之所宝者至矣⑫。"

【注释】

① 诸：之于。司城：官名，即司空。在春秋时期的宋国，司城相当于相国，执掌国政。

② 示：给人看。玉人：雕琢玉器的工人。

③ 尔：你。

④ 假如你把玉石给了我，我们都失掉了自己的珍宝。丧：失去。

⑤ 不如让我们各自保存自己的珍宝吧。

⑥ 对珍宝的认识有所不同。

⑦ 白金：指银子。抟（tuán）黍：指黄米捏成的饭团。儿子：小儿。

⑧ 和氏之璧：春秋时楚人卞和所得的宝玉，为楚国国宝。鄙人：鄙俗

的人。

⑨　至言：至理名言。

⑩　知：智慧。在这个意义上后来写做"智"。弥：更加。

⑪　觕(cū)：粗浅。

⑫　至：最好的。

【评析】

宋国有人得到了一块货真价实的宝玉，拿来送给高官子罕。子罕不受，委婉地说："我以不贪为宝，你以玉为宝，你如果把宝玉送给了我，那么我们两人都丧失了宝，与其如此，还不如我们每个人都留着各自的宝。"既没有训斥，也没有说教，看似平常的几句话，却蕴涵着深刻的道理。人各有志，每人有自己的价值观。在子罕的心目中，唯有不贪才是真正的人生之宝。贪欲是万恶之源，轻则身败名裂，重则祸国殃民。那些贪赃枉法之徒的可耻下场就是前车之鉴。宝玉与不贪究竟孰轻孰重，这个道理难道还不明白吗？

四、杨震却金

《后汉书》

【题解】

本文节选自范晔《后汉书·杨震传》，题目是后加的。杨震（公元？—124年），字伯起，弘农华阴（今陕西华阴）人。从小博览群书，历任荆州刺史、涿郡太守、司徒、太尉等职。后因上书进谏，被罢官，自杀。却金，拒绝赠金。

范晔及《后汉书》的简介见第一单元《来歙遇刺》的题解。

杨震,字伯起,弘农华阴人也……大将军邓骘闻其贤而辟之①,举茂才②,四迁荆州刺史、东莱太守③。当之郡④,道经昌邑⑤,故所举荆州茂才王密为昌邑令⑥,谒见⑦,至夜怀金十斤以遗震⑧。震曰:"故人知君⑨,君不知故人,何也?"密曰:"暮夜无知者⑩。"震曰:"天知,神知,我知,子知⑪。何谓无知!"密愧而出。后转涿郡太守⑫。性公廉⑬,不受私谒⑭。子孙常蔬食步行⑮,故旧长者或欲令为开产业⑯,震不肯,曰:"使后世称为清白吏子孙,以此遗之⑰,不亦厚乎⑱!"

【注释】

① 邓骘(zhì)(公元?—121年):东汉南阳新野(今河南新野)人,汉安帝皇后之兄,任大将军,专断朝政。辟(pì):征召。

② 举:考试中选。茂才:即秀才,因避汉光武帝名讳,改秀为茂。

③ 四迁:经过四次升迁。荆州:今湖北襄阳。刺史:朝廷派往各州的督察之官。东莱:郡名,今山东黄县。太守:一郡最高的行政长官。

④ 之:前往。郡:指东莱郡。

⑤ 昌邑:今山东巨野。

⑥ 故所举:从前推荐。令:县令。

⑦ 谒见:拜见。

⑧ 怀:怀揣。遗(wèi):赠送。

⑨ 故人:汉代人对门生故吏的自称。

⑩ 暮夜:夜里。

⑪ 子:您。

⑫ 涿郡:今河北涿县。

⑬ 公廉:公正清廉。

⑭ 私谒:因私事而干谒请托。

⑮ 蔬食:粗食。

⑯ 故旧:旧友。长者:长辈。或:有人。开产业:为子孙置办产业。开:设置。

⑰ 遗:留传。

⑱ 厚:厚重。

【评析】

杨震明经博览,有"关西孔子"的美称。一生为官清正廉明,敢于直谏,后为奸臣诬陷,自杀身亡。

杨震赴任东莱太守,途经昌邑。县令王密是他从前的学生,当夜便来拜访,并从怀中取出金十斤赠送老师。杨震责问:"你还不了解我? 你这是干什么!"王密说:"夜深人静,无人知晓。"杨震痛斥道:"天知、地知、你知、我知,怎么叫无人知晓!"王密羞愧无比,只好溜了出去。这就是著名的"却金'四知'"故事。

杨震的可贵,在于他的自律。西方有位哲人说:"德性生于天成,成于习惯。""公廉"就是杨震的人格,他视为官清白为生命,是留给子孙后代的传家宝,因此,在任何环境下他都能抵御诱惑,坚持自己的操守。

五、不畏强权史公谦

《后汉书》

【题解】

本文节选自范晔《后汉书·史弼传》,题目是后加的。史公谦,即史弼,字公谦,东汉考城(今河南民权)人,历任北军中侯、尚书、平原相、河东太守等职。

范晔及《后汉书》的简介见第一单元《来歙遇刺》的题解。

史弼字公谦，陈留考城人也……弼迁尚书，出为平原相①。时诏书下举钩党②，郡国所奏相连及者多至数百，唯弼独无所上③。诏书前后切却州郡，髡笞掾史④。从事坐传责曰⑤："诏书疾恶党人，旨意恳恻⑥。青州六郡，其五有党⑦，近国甘陵，亦考南北部，平原何理而得独无⑧？"弼曰："先王疆理天下，画界分境，水土异齐，风俗不同⑨。它郡自有，平原自无，胡可相比⑩？若承望上司⑪，诬陷良善，淫刑滥罚，以逞非理⑫，则平原之人，户可为党⑬。相有死而已，所不能也⑭。"从事大怒，即收郡僚职送狱，遂举奏弼⑮。会党禁中解⑯，弼以俸赎罪得免，济活者千余人⑰。

【注释】

① 史弼升迁为尚书，又出任平原相。尚书：东汉时协助皇帝处理政务的官员。平原：地名，今山东平原。相：汉时诸侯王国的实际掌权者，地位相当于郡太守。

② 此时诏书下达命令各地揭发有牵连的党人。举：检举，揭发。钩：牵连。党：朋党，同伙。

③ 由各地郡国所奏，被株连的人多达数百人，只有史弼没有检举一个人。郡国：郡和国的并称。汉初，兼采封建及郡县之制，分天下为郡与国。郡直属中央，国分封诸王、侯，封王之国称王国，封侯之国称侯国。连及：株连。

④ 诏书前后相继急切地退回州郡，并对执行不力的州郡属吏加以刑罚，逼迫官吏举报。切：急切。却：退回。髡（kūn）：古代剪去犯人长发的刑罚。笞（chī）：古代用荆条或竹板敲打臀、腿或背的刑罚。掾（yuàn）史：官名，为掾与史的合称。西汉中叶至魏晋南北朝，掾

193

与史为县的主要官吏。

⑤ 州的从事乘传车到平原责备他说。从事：官名。汉代州郡长官的下
属官吏。传(zhuàn)：驿站车马。

⑥ 皇上的诏书痛恨党人，旨意诚恳痛切。恻：哀痛，悲切。

⑦ 青州共有六个郡国，其中五个郡国均有党人。青州：地名，在今山东
北部、东部地区。六郡：指济南、乐安、齐国、东莱、平原、北海六郡，
都属青州管辖。

⑧ 邻近的清河国的甘陵，也核查出南北部有党人，平原是如何治理的，
为何单单没有党人？甘陵：今山东临清。考：查核，纠举。

⑨ 先王划分边界治理天下，各地分土分治，水土有同有异，风俗各不相
同。疆：划分边界。齐：相同。

⑩ 其他各郡自可以有，而平原郡就是没有，这怎么能互相比较呢？

⑪ 如果迎合上司的旨意办事。承望：迎合，逢迎。

⑫ 诬陷善良百姓，滥施刑罚，来纵容非理之举。逞：纵容，放纵。非理：
违背情理。

⑬ 那么平原的居民，家家都能称为党人了。户：每家。

⑭ 我作为平原相宁可去死，也不能做这样的事情。

⑮ 从事大怒，随即便逮捕郡府所属官吏送入牢狱，同时举奏史弼。收：
逮捕。

⑯ 正碰上党禁中途撤销。会：适逢，正碰上。党禁：桓帝时宦官专政，
诬告李膺等人"共为部党，诽讪朝廷，疑乱风俗"，桓帝下令逮治"党
人"。灵帝即位，宦官又专权使灵帝下诏逮捕党人，史称"党禁"、
"党锢"。

⑰ 史弼用俸禄去赎罪这才得以免除惩罚，他救活的有一千余人。
济：救。

　　弼为政特挫抑强豪①，其小民有罪，多所容贷②。迁河东太
守，被一切诏书当举孝廉③。弼知多权贵请托，乃豫敕断绝书

194

属④。中常侍侯览果遣诸生赍书请之，并求假盐税⑤，积日不得通⑥。生乃说以它事谒弼，而因达览书⑦。弼大怒曰："太守忝荷重任，当选士报国，尔何人而伪诈无状⑧！"命左右引出，楚捶数百⑨，府丞、掾史十余人皆谏于廷，弼不对⑩。遂付安邑狱，即日考杀之⑪。侯览大怨，遂诈作飞章下司隶⑫，诬弼诽谤，槛车征⑬。吏人莫敢近者，唯前孝廉裴瑜送到崤渑之间⑭，大言于道傍曰⑮："明府摧折虐臣，选德报国⑯，如其获罪，足以垂名竹帛⑰，愿不忧不惧。"弼曰："'谁谓荼苦，其甘如荠⑱。'昔人刎颈，九死不恨⑲。"及下廷尉诏狱，平原吏人奔走诣阙讼之⑳。又前孝廉魏劭毁变形服，诈为家僮，瞻护于弼㉑。弼遂受诬，事当弃市㉒。劭与同郡人卖郡邸，行赂于侯览㉓，得减死罪一等，论输左校㉔。时人或讥曰㉕："平原行货以免君，无乃嗤乎㉖！"陶丘洪曰："昔文王羑里，闳、散怀金㉗。史弼遭患，义夫献宝㉘。亦何疑焉㉙！"于是议者乃息。刑竟归田里，称病闭门不出㉚。数为公卿所荐㉛，议郎何休又论弼有干国之器，宜登台相，征拜议郎㉜。侯览等恶之。光和中，出为彭城相，会病卒㉝。裴瑜位至尚书。

【注释】

① 史弼为政尤其压制豪强。特：尤其，特别。

② 那些普通百姓有罪，他总是对他们宽大处理。容：宽容。贷：宽恕。

③ 史弼迁至河东任太守时，接到的所有诏书都是让他推举孝廉。被：接到。孝廉：汉代选拔官吏的科目之一。始于西汉，推举为孝廉者往往被任命为"郎"。

④ 史弼知道一定有很多权贵请托，于是预先吩咐禁绝来往书信嘱托。豫：预先。敕（chì）：吩咐。属（zhǔ）：嘱托。在这个意义上后来写做"嘱"。

⑤ 中常侍侯览果然派一人带着书信前来请托，同时要求免除他的盐

195

税。中常侍：皇帝的侍从近臣。赍(jī)：携带。假：免除。

⑥ 过了许多天都得不到通报。

⑦ 此人便托辞有其他事情要拜见史弼，乘机送上侯览的信。谒(yè)：
拜见。因：趁机。

⑧ 太守我惭愧地担此重任，本当挑选人才报效国家，你是什么人，竟敢
无礼前来欺骗我。忝(tiǎn)：惭愧。荷(hè)：承担。无状：没有
礼貌。

⑨ 命令手下拉出去棒打几百下。引出：拉出去。楚：刑杖。捶：拷打。

⑩ 府中大小属官十余人在大堂向他劝谏，史弼都不听。不对：不回答，
不听。

⑪ 于是交付给安邑大狱，当天便将那人刑讯致死。付：交付。安邑：在
今河北安新西。考：按问，刑讯。

⑫ 侯览大怒，于是伪造一封紧急的奏章给司隶校尉。飞章：紧急的奏
章。司隶：汉代监督京师和地方的监察官，亦称司隶校尉。

⑬ 诬陷史弼诽谤朝廷，史弼被囚车押解到京城。槛(jiàn)车：解送犯
人的囚车。

⑭ 一郡官吏百姓没有人敢靠近他，只有前孝廉裴瑜将他送到崤关渑池
之间。崤(xiáo)：山名，在今河南西部。渑(miǎn)：渑池。在今
河南。

⑮ 大言：大声嘱咐。

⑯ 您摧毁恶臣，选择以德报效国家。明府：汉魏以来对郡守牧尹的尊
称。摧折：摧毁。虐：残暴。

⑰ 如此而获罪，足以名垂青史。竹帛：指典籍，史册。

⑱ 《诗经》上说："谁说荼苦，其甘甜如荠。"荼(tú)：苦菜。荠(jì)：荠
菜。此句语出《诗经·邶风·谷风》。

⑲ 九死：死多次。九表虚数。恨：遗憾。

⑳ 等到史弼被投入诏狱，平原的百姓为之奔走，到官门外为他申冤。
诏狱：奉皇帝诏令拘禁犯人的监狱。诣(yì)：到，到达。阙(què)：

196

皇帝的官殿。讼：为……辩冤。

㉑ 又有前孝廉魏劭毁形换服饰，扮成家奴看护跟随着他。瞻：看。

㉒ 史弼受到诬陷，应该判处死刑。当：判处。弃市：死刑，处死。

㉓ 魏劭便与同郡的人卖掉平原郡的房屋，向侯览行贿。

㉔ 得以减死罪一等而论罪，送左校服苦役。论：判决。输：送达。左校
（jiào）：兵器作坊中的徒刑。

㉕ 或：有的人。讥：嘲讽。

㉖ 平原人用行贿来求得免于一死，恐怕要被人讥笑吧。货：贿赂。嗤
（chī）：讥笑，嘲笑。

㉗ 过去文王被拘在羑里，闳夭、散宜生等人揣着金银相救。文王：指周
文王。羑（yǒu）里：在今河南汤阴北。闳（hóng）、散：闳夭、散宜
生，俱为西周的开国功臣。

㉘ 史弼遭到灾祸，有仁义的君子为救难而送宝。患：灾祸。

㉙ 这有什么可议论的！

㉚ 史弼刑满后回归故里，称病闭门不出。竟：结束。

㉛ 多次被公卿推荐。数（shuò）：多次。

㉜ 议郎何休又上报说史弼有治国之才，应该登上卿相之位，这才被征
拜为议郎。议郎：官名，西汉时设置，属光禄勋。议郎在诸郎中地位
最高，东汉时议郎地位提高，得以参与朝政。何休：东汉著名学者，
公羊学家，官至司徒、议郎大夫、谏议大夫等。

㉝ 光和年间，出任彭城相，逢病而死。光和：汉灵帝年号（公元176—
180年）。彭城：郡名，治所在今徐州。会：逢。

【评析】

　　这篇文章主要记载了史弼的两件事情：第一件是史弼在任平
原相时，朝廷严令揭发搜捕党人，但史弼没有随波逐流，把不实检
举揭发作为自己晋升的资本，而是顶住压力，实事求是，秉公上奏，
不计个人得失，使得千余人得救。第二件是史弼在任河东太守时，

朝廷命令他负责推举孝廉。他拒绝任何人拉关系、递条子，为此竟把皇帝近臣侯览派来的人拷打致死，显示出其不畏强权，秉公执法的高尚品质。史弼为官一心为了国家朝廷利益，为了百姓的利益，从不计较自己的得失祸福。在被侯览诬陷入狱之后，他对自己的正义行为毫不后悔，大义凛然地说："昔人刎颈，九死不恨！"正因为如此，他才赢得了百姓的拥护和尊重。在史弼被捕入狱之后，平原官吏百姓不惜卖掉房产，凑钱加以营救，这是多么令人感动的一幕！史弼一心为国，秉公执法，不畏强权，心系百姓的为官准则，确为后世学习效法的榜样。

六、皇甫规公心坦荡

《后汉书》

【题解】

本文节选自范晔《后汉书·皇甫张段列传》，题目是后加的。皇甫规（公元104—174年），字威明，安定朝那（今甘肃平凉）人，东汉名将。

范晔及《后汉书》的简介见第一单元《来歙遇刺》的题解。

皇甫规，字威明，安定朝那人也①。祖父棱，度辽将军②。父旗，扶风都尉③。

永和六年④，西羌大寇三辅⑤，围安定，征西将军马贤将诸郡兵击之，不能克⑥。规虽在布衣⑦，见贤不恤军事⑧，审其必败⑨，乃上书言状⑩。寻而贤果为羌所没⑪。郡将知规有兵略⑫，乃命为功曹⑬，使率甲士八百⑭，与羌交战，斩首数级⑮，贼遂退却。举规上计掾⑯。

【注释】

① 安定:东汉郡名,在今甘肃镇原东南。朝那:东汉县名,在今甘肃平凉西北。

② 度辽将军:汉将军名号。东汉时领军屯驻五原郡(今内蒙包头西北),防御匈奴。

③ 扶风:郡名,今陕西扶风。都尉:郡守的属官,辅佐郡守并掌全郡的军事。

④ 永和六年:即公元141年。永和:汉顺帝刘保年号,公元136年至141年。

⑤ 西羌:西汉时对羌人的泛称。羌,我国古代游牧民族,主要分布地相当于今甘肃、青海、四川一带。寇:侵犯。三辅:指今陕西中部地区。

⑥ 克:战胜。

⑦ 布衣:平民。

⑧ 不恤:不顾惜。

⑨ 审:察知,知道。

⑩ 言状:陈述情状。

⑪ 寻而:不久。没:败亡,覆灭。

⑫ 兵略:用兵的谋略。

⑬ 功曹:官名。汉代郡守的属官,执掌人事,并参预郡务。

⑭ 甲士:披甲的战士,泛指士兵。

⑮ 级:指所斩之首。

⑯ 上计掾(yuàn):郡府负责上计的专职官员。汉时地方官于年终将境内户口、赋税、盗贼、狱讼等项编造计簿,遣吏逐级上报,奏呈朝廷,借资考绩,称为上计。

征拜度辽将军①,至营数月,上书荐中郎将张奂以自代②。

曰:"臣闻人无常俗③,而政有治乱④;兵无强弱,而将有能否⑤。伏见中郎将张奂⑥,才略兼优⑦,宜正元帅⑧,以从众望。若犹谓愚臣宜充军事者⑨,愿乞冗官⑩,以为奂副⑪。"朝廷从之,以奂代为度辽将军,规为使匈奴中郎将。及奂迁大司农⑫,规复代为度辽将军。

【注释】

① 征拜:征召任命。

② 中郎将:武官名,位次于将军,皇帝的侍卫长。

③ 常俗:习俗。

④ 治:太平。

⑤ 能否:有能力和没有能力。

⑥ 伏:敬词,臣对君奏言多用。张奂:字然明,汉敦煌郡酒泉人(今甘肃酒泉),历任度辽将军、大司农等职。他文武才能兼备,曾抗击匈奴、鲜卑、羌人的侵扰。任武威太守时有治绩,为百姓称颂。

⑦ 才略:才能和谋略。

⑧ 正元帅:指军中主帅。

⑨ 如果还认为我适宜担任军事职务。愚臣:愚蠢的臣下。这是臣子谦称自己。

⑩ 愿乞:但愿求得。冗(rǒng)官:多余的官职。这里是谦词。

⑪ 来做张奂的副手。

⑫ 迁:升迁。大司农:官名,掌租税钱谷盐铁和国家的财政收支,为九卿之一。

【评析】

皇甫规是东汉名将,廉洁奉公,刚正不阿。

他与西征将军马贤无怨无仇,但看到此人在军营贪图享乐,指挥不力,预见其必败无疑,便即向皇帝上书举报,尽管此时他还是个布衣。后来马贤果然全军覆没。

他与中郎将张奂非亲非故,但看到此人"才略兼优",便毫不犹豫上书皇帝,力荐张奂代替自己执掌帅印,而自己甘心做其副手。后来张奂果然不负所望,在战争中建立殊功。

西晋人袁淮说:"治国之道万端,所以行之在一。一者何?曰公而已矣。唯公心而后可以有国,唯公心可以有家,唯公心可以有身。"(《袁子正书·贵公》)

皇甫规胸怀坦荡,无私无我,一以公心为准则,故能功高天下。

七、一钱太守刘宠

《后汉书》

【题解】

本文节选自范晔《后汉书·循吏列传·刘宠》,题目是后加的。一钱太守,百姓送给刘宠的雅号,以称颂他的清廉。刘宠,字祖荣,东莱牟平(今山东牟平)人,是齐悼惠王刘肥之孙牟平侯刘渫的后代,历任宗正大鸿胪、司空、将作大匠、司徒太尉等职,为官清廉。

范晔及《后汉书》的简介见第一单元《来歙遇刺》的题解。

刘宠,字祖荣,东莱牟平人,齐悼惠王之后也①。宠少受父业,以明经举孝廉②,除东平陵令③,以仁惠为吏民所爱④。母疾,弃官去。百姓将送塞道⑤,车不得进⑥,乃轻服遁归⑦。

① 齐悼惠王:即刘肥,汉高祖刘邦之子。

② 明经:通晓经术。举:推举。孝廉:汉代选拔官吏的科目之一,孝廉是孝顺父母、办事廉正的意思。

③ 除:任。东平陵:古县名,在今山东章丘西。

④ 仁惠:仁慈惠爱。

⑤ 将送:送行。

⑥ 进:向前。

⑦ 轻服:指便服。遁(dùn):悄悄。

后四迁为豫章太守①,又三迁拜会稽太守②。山民愿朴③,乃有白首不入市井者④,颇为官吏所扰⑤。宠简除烦苛⑥,禁察非法⑦,郡中大化⑧。征为将作大匠⑨。山阴县有五六老叟⑩,庞眉皓发⑪,自若邪山谷间出⑫,人赍百钱以送宠⑬。宠劳之曰⑭:"父老何自苦⑮?"对曰:"山谷鄙生⑯,未尝识郡朝⑰。它守时吏发求民间⑱,至夜不绝,或狗吠竟夕⑲,民不得安。自明府下车以来⑳,狗不夜吠,民不见吏。年老遭值圣明㉑,今闻当见弃去㉒,故自扶奉送㉓。"宠曰:"吾政何能及公言邪㉔?勤苦父老㉕!"为人选一大钱受之㉖。

【注释】

① 四迁:经过四次升迁。豫章:郡名,今江西南昌。太守:郡的最高行政长官。

② 拜:授官。会(kuài)稽:郡名,在今江苏东部及浙江西部地区。

③ 愿朴:朴实敦厚。

④ 竟有到年老白头还没有进过城的人。市井:指城市,集镇。

⑤ 颇:经常。

202

⑥ 简除:减免废除。烦苛:指繁杂苛细的政令。

⑦ 禁察:监察。

⑧ 大化:大治。

⑨ 征:征召。将作大匠:官名,掌管宫室、宗庙、陵寝等土木营建。

⑩ 山阴县:今浙江绍兴。老叟:老头。

⑪ 庬(máng)眉:眉毛斑白。庬:杂色。皓(hào)发:白发。

⑫ 若邪(yé):山名,今浙江绍兴南。间:中间。

⑬ 赍(jǐ):带上。

⑭ 劳:慰劳。

⑮ 自苦:自己受苦。

⑯ 鄙生:乡野儒生。

⑰ 郡朝:郡府的尊称,这里指郡守。

⑱ 它守:别的太守。发求:派人索要。

⑲ 或:有时。竟夕:通宵。

⑳ 明府:对郡守的尊称。下车:到任的意思。

㉑ 遭值:遇到。圣明:对政治清明、社会太平的颂词。

㉒ 大意是,我们现在听说您要离任而去。当:将要。见弃:抛弃我们。

㉓ 自扶:自己互相搀扶。奉送:敬献。

㉔ 我的郡政怎能赶上你们说的那么好呢?

㉕ 勤苦:辛苦。

㉖ 大钱:东汉所铸钱币名。

宠前后历宰二郡①,累登卿相②,而清约省素③,家无货积④。尝出京师,欲息亭舍⑤,亭吏止之⑥,曰:"整顿洒埽⑦,以待刘公⑧,不可得止⑨。"宠无言而去,时人称其长者⑩。以老病卒于家。

【注释】

① 宰:主宰,治理。二郡:指豫章和会稽。

203

② 累登:多次担任。卿相:执政的大臣。按:刘宠曾任司空、司徒、太尉等要职。

③ 清约:清廉节俭。省素:节省朴素。

④ 货积:财产,积蓄的钱财。

⑤ 亭舍:驿亭的客舍。

⑥ 亭吏:管理驿亭客舍的官吏。

⑦ 整顿:收拾,整理。洒埽:打扫。

⑧ 刘公:指刘宠。

⑨ 不能在此住宿。

⑩ 长者:指德高望重的人。

【评析】

刘宠为官清廉爱民。会稽府吏频繁派人到民间勒索,"至夜不绝,或狗吠竟夕",山民苦不堪言。他上任伊始,便"简除烦苛,禁察非法",很快煞住了歪风,百姓感恩戴德。当他们得知刘宠即将离任,有五六个白发苍苍的老人每人带上百钱长途跋涉走出山谷,自发向刘宠表示感激之情。刘宠自然不肯收下他们的血汗钱,但是盛情难却,最后象征性地取了一枚钱留作纪念。于是,人称其为"一钱太守"。

刘宠虽然"历宰二郡,累登卿相",然而却"家无货积",两袖清风。他死后安葬在莒岛,有人在他墓前题诗:"居官莫道一钱轻,尽是苍生血作成。向使特来抛海底,莒波赢得有清名。"意思是说,假使刘宠把这一钱扔到海底,连这海水都会赢得清名。这是对他的高风亮节多么高的褒扬啊!

八、吴隐之笑饮贪泉

《晋书》

【题解】

　　本文节选自房玄龄《晋书·良吏·吴隐之》，题目是后加的。吴隐之(公元?—413年)，字处默，濮阳鄄(juàn)城(今山东鄄城)人，曾任中书侍郎，左卫将军，广州刺史等职。贪泉，广州城外的一处泉水。

　　房玄龄(公元579—648年)，名乔，字玄龄。齐州临淄(今山东临淄)人。唐朝初年名相，著名的政治家和史学家。他曾协助李世民筹划统一，取得帝位，并任中书令。贞观三年(公元629年)二月为尚书左仆射，监修国史。十一年封梁国公。与杜如晦、魏徵等同为太宗的重要助手。至十六年七月进位司空，仍综理朝政。曾受诏重撰《晋书》。

　　《晋书》记述了西晋武帝太始元年(公元265年)到东晋恭帝元熙九年(公元420年)两朝共一百五十六年的历史。由唐房玄龄、李延寿、敬播、李淳风、令狐德棻等合著，作者共二十一人，因此是真正成于众手的官修纪传体正史。它以南朝齐人臧荣绪所写的《晋书》为蓝本，同时参考其他诸家晋史和有关著作，"采正典与杂说数十部"，史料详尽完备。该书体例比较完备，内容充实，叙事简明扼要，有时还有生动、精彩之笔。但有宣扬君权神授的神学思想和封建纲常伦理观念等缺点。

　　吴隐之，字处默，濮阳鄄城人，魏侍中质六世孙也①。

广州包带山海②,珍异所出③,一箧之宝④,可资数世⑤,然多瘴疫⑥,人情惮焉⑦。唯贫窭不能自立者⑧,求补长史⑨,故前后刺史皆多黩货⑩。朝廷欲革岭南之弊⑪,隆安中⑫,以隐之为龙骧将军、广州刺史、假节⑬,领平越中郎将⑭。未至州二十里⑮,地名石门,有水曰贪泉,饮者怀无厌之欲⑯。隐之既至,语其亲人曰:"不见可欲⑰,使心不乱。越岭丧清⑱,吾知之矣。"乃至泉所⑲,酌而饮之⑳,因赋诗曰㉑:"古人云此水,一歃怀千金㉒。试使夷齐饮㉓,终当不易心㉔。"及在州,清操逾厉㉕,常食不过菜及干鱼而已㉖,帷帐器服皆付外库㉗,时人颇谓其矫㉘,然亦终始不易㉙。帐下人进鱼㉚,每剔去骨存肉,隐之觉其用意㉛,罚而黜焉㉜。

【注释】

① 魏:曹魏。侍中:官名,皇帝的侍从。质:指吴质(公元177—230年),字季重,定陶(今山东定陶)人,三国时著名文学家。

② 大意是广州傍山依海。广州:今广东广州。包:环抱。带:像衣带一样围绕。

③ 珍异:珍贵奇特物产。

④ 箧(qiè):小箱子。

⑤ 够几辈人花销。资:取用。

⑥ 瘴疫:感受瘴气而生的疾病,如疟疾等。

⑦ 人情:人心。惮:害怕。

⑧ 贫窭(jù):贫穷。

⑨ 长史:官名,郡府的属官,掌兵马。

⑩ 刺史:官名,原为朝廷所派督察地方之官,后为州之行政长官。黩(dú)货:贪污纳贿。

⑪ 岭南:指五岭以南的地区,即今广东、广西一带。这里指广州地区。

⑫ 隆安:晋安帝年号,公元397年至401年。

⑬ 龙骧(xiāng)将军:晋代将军的名号。假节:汉末与魏晋南北朝时,掌地方军政的官往往加使持节、持节或假节的称号,假节掌有斩杀犯军令者的权力。

⑭ 领:管领。中郎将:官名,皇帝的侍卫长,此作统兵将领。

⑮ 意即离广州二十里之外。

⑯ 饮了贪泉,就会心怀永不满足的欲望。也就是贪得无厌的意思。厌:满足。

⑰ 可欲:自己喜爱的东西。

⑱ 跨越五岭来到广州,就容易丧失清廉的节操。

⑲ 所:所在的地方。

⑳ 酌:舀。

㉑ 因:于是。

㉒ 只要喝一杯贪泉水,心里就想得千金。歃(shà):饮。

㉓ 试使:尝试让,如果让。夷齐:伯夷和叔齐的并称,两人皆为古代廉士。

㉔ 终当:终究会。易心:变心。

㉕ 清操:高尚的节操。厉:振奋。

㉖ 常食:日常的食物。

㉗ 帷帐:帷幕床帐。器服:器物和衣服。外库:官府外的仓库。

㉘ 颇:都。矫:诈称。

㉙ 然而他始终不改变。

㉚ 帐下:指属下。

㉛ 觉:察觉。

㉜ 黜(chù):贬降。

　　及卢循寇南海①,隐之率厉将士②,固守弥时③,长子旷之战没④。循攻击百有余日,逾城放火⑤,焚烧三千余家,死者万余人,城遂陷。隐之携家累出⑥，欲奔还都⑦，为循所得⑧。循表朝廷⑨，以隐之党附桓玄⑩，宜加裁戮⑪，诏不许。刘裕与循书⑫，令遣隐之还⑬，久方得反。归舟之日⑭，装无余资⑮。及至，数亩小宅⑯，篱垣仄陋⑰，内外茅屋六间，不容妻子⑱。刘裕赐车牛，更为起宅⑲，固辞⑳。寻拜度支尚书、太常㉑，以竹篷为屏风㉒，坐无毡席㉓。后迁中领军㉔，清俭不革㉕，每月初得禄，裁留身粮㉖，其余悉分振亲族㉗，家人绩纺以供朝夕㉘。时有困绝㉙，或并日而食㉚，身恒布衣不完㉛，妻子不沾寸禄㉜。

【注释】

① 卢循(公元？—411 年)：字于先，范阳涿(今河北涿县)人，东晋末农民起义领袖。与刘裕战于东阳(今浙江金华)一带，不利，乃浮海南下。次年十月，破番禺(今广东广州)，自称平南将军，接受朝廷所封征虏将军、广州刺史、平越中郎将官号。后多次为刘裕所败，投水而死。寇：侵犯。南海：晋代郡名，在今广州。

② 率厉：率领督促。

③ 弥时：历时长久。

④ 战没：战死。

⑤ 逾：翻越。

⑥ 家累：家眷。

⑦ 都：指京都建康(今江苏南京)。

⑧ 得：俘获。

⑨ 表：上奏章给皇帝。

⑩ 党附：结党阿附。桓玄(公元 369—402 年)：字敬道，东晋谯(qiáo)国龙亢(今安徽怀远西)人。曾任义兴太守、江州刺史。

⑪ 裁戮：制裁杀戮。

⑫ 刘裕：字德舆，即宋武帝，南朝宋的建立者。初为东晋北府兵将领，

义熙元年(公元405年)击败桓玄,掌握东晋大权,次年,代晋称帝,
国号宋。公元420年至422年在位。

⑬ 还:还乡。

⑭ 归舟:乘船返回。

⑮ 装:行装。余资:多余的钱财。

⑯ 亩:古代的亩比现在小,相当于现在的二三分地。

⑰ 篱垣(yuán):篱墙。仄(zè)陋:狭窄简陋。

⑱ 住不下妻子儿女。

⑲ 另修住宅。

⑳ 固辞:坚决推辞。

㉑ 寻:不久。拜:任命。度支尚书:官名,掌财政收支。太常:官名,掌
宗庙礼仪,兼掌选试博士。

㉒ 竹篷:竹片编制的遮挡物。

㉓ 毡席:毡制的铺垫用具。

㉔ 中领军:官名,统率禁军。

㉕ 清俭:清廉俭朴。不革:不变。

㉖ 裁留:留下一部分。身粮:口粮。

㉗ 振:接济。

㉘ 绩纺:纺织。朝夕:指度日之需。

㉙ 困绝:遭遇困难而断粮。

㉚ 有时两天只有一天有饭吃。

㉛ 恒:经常。

㉜ 寸禄:微薄的俸禄。

　　初,隐之为奉朝请①,谢石请为卫将军主簿②。隐之将嫁女,
石知其贫素③,遣女必当率薄④,乃令移厨帐助其经营⑤。使者
至⑥,方见婢牵犬卖之,此外萧然无办⑦。后至自番禺⑧,其妻刘
氏赍沉香一斤⑨,隐之见之,遂投于湖亭之水。

【注释】

① 奉朝请:本是大臣上朝请命于皇帝之意。晋代以皇帝侍从官及驸马
　　都尉为"奉朝请"。

② 谢石(公元 327—388 年):字石奴,东晋将领,谢安之弟,太元八年
　　(公元 383 年)任都督,在淝水之战中取胜,升迁中军将军尚书令、
　　卫将军。主簿:官名,东晋时为将帅重臣的主要僚属,参与机要,总
　　领府事。

③ 贫素:清贫。

④ 遣女:嫁女。必当:必定。率薄:俭约,简单。

⑤ 厨帐:用帐幕搭成的临时厨房。经营:操办。

⑥ 使者:指仆从。

⑦ 萧然:萧条,简陋。

⑧ 至自:到。番禺:东晋县名,在今广州。

⑨ 赍(jī):带。沉香:香木名,心材为著名薰香料。

【评析】

　　两晋官场腐败成风,而南方的广州更是贪污的重灾区,"前后刺
史皆多黩货"。有人把这个现象归咎于风水不好,就连那个地方的
一处泉水,只要喝上一杯,人就会变得贪得无厌,因此叫做"贪泉"。

　　朝廷为了整肃那里的风气,派吴隐之去广州当刺史。吴隐之
不信那个邪,他找到那个贪泉,偏要舀上一杯仰起脖子喝进肚子
里。他是否从此就同流合污了呢? 当然是不可能的。贪泉的传说
是无稽之谈,但却引出了一个严肃的话题,就是贪污腐败与环境的
关系。人们常说,常在河边走,哪能不湿鞋? 那些贪污腐败分子往
往以此为自己开脱。固然,不承认环境的影响是不对的,在河边经
常走,湿鞋的可能自然会增大,尤其是那些意志薄弱又放松警惕的
人。但如果说,常在河边走,一定就会湿鞋,就不对了,这就是环境

决定论。

吴隐之在他的诗中说得好："古人云此水，一歃怀千金。试使夷齐饮，终当不易心。"一个品行高洁、清廉自守的人任凭如何诱惑，是不可能改变他的本心的。吴隐之一踏进广州城，就始终保持高度警惕，越发自律自约，"常食不过菜及干鱼而已"，有个属下为了讨好，吃饭上鱼，特地剔去了鱼刺，被他立即贬黜。后来他被卢循遣返原籍，"归舟之日，装无余资"，他经受住了考验，真正是两袖清风！

"处可欲之地，而能不改其操"，是吴隐之最难能可贵之处。唐代王勃在《滕王阁序》中说："酌贪泉而觉爽，处涸辙以犹欢。"意思说，喝了贪泉的水，反而觉得清爽抖擞；像鱼儿处在快干涸的车辙中，尽管艰难，仍然心情舒畅。吴隐之就是这样一位有坚定意志和高尚操守的廉士。

九、独立使君裴侠

《北史》

【题解】

本文节选自李延寿《北史·裴侠传》，题目是后加的。独立，一语双关，既指单独站立，又有超凡拔俗、与众不同的意思。使君，州郡长官的尊称。裴侠（公元？—559年），字嵩和，河东解人，一生为政清廉，生活俭朴，克己爱民。

李延寿，字遐龄，唐相州人（今河南安阳），生卒年月不详。曾任御史台主簿，兼直国史符玺郎、兼修国史等官职。参加了唐代官修史书《隋书》、《五代史志》、《晋书》和唐朝当代国史的修撰工作,又独立修撰《南史》、《北史》。

《北史》一百卷,记述北朝从公元 386 年到 618 年,魏、齐(包括东魏)、周(包括西魏)、隋四个封建政权共二百三十年的历史。《北史》主要在魏、齐、周、隋四书基础上删订改编而成,但也参考了当时所见各种杂史,增补了不少材料。魏、齐、周三书唐以后皆残缺不完,后人又多取《北史》加以补足。

裴侠字嵩和,河东解人也①。除河北郡守②,侠躬履俭素③,爱人如子,所食唯菽盐菜而已④。吏人莫不怀之⑤。此郡旧制,有渔猎夫三十人以供郡守⑥。侠曰:"以口腹役人,吾所不为也⑦!"乃悉罢之⑧。又有丁三十人⑨,供郡守役,侠亦不以入私⑩,并收庸为市官马⑪。岁月既积⑫,马遂成群。去职之日⑬,一无所取。人歌曰:"肥鲜不食,丁庸不取。裴公贞惠⑭,为世规矩⑮。"侠尝与诸牧守俱谒周文⑯,周文命侠别立⑰,谓诸牧守曰:"裴侠清慎奉公⑱,为天下之最。"令众中有如侠者,可与之俱立。众皆默然,无敢应者。周文乃厚赐侠,朝野服焉,号为"独立使君"。

【注释】

① 河东:郡名,在今山西西南部。解(xiè):地名,今山西运城。

② 除:授职。河北:郡名,在今山西中条山一带。郡守:郡的最高长官。

③ 躬履:亲身履行。俭素:俭省朴素。

④ 爱人如子:即爱民如子。唐代避太宗李世民之讳而改"民"为"人"。菽(shū):豆类的总称。盐菜:咸菜。

⑤ 怀:怀念。

⑥ 渔猎夫:打鱼和狩猎的人。

⑦ 意思是,为了满足自己的嘴巴和肚子去役使人,这种事我是不干的。以:因为。口腹:口和腹,此指吃喝。

⑧ 于是全部停用。

⑨ 丁:此指供官府役使的民伕。

⑩ 不以入私:不把他们归于自己私用。

⑪ 庸:即下文的"丁庸",用以充抵力役的赋税。市:买。

⑫ 日积月累的意思。

⑬ 去职:离开职位。

⑭ 贞惠:忠贞而爱民。

⑮ 规矩:这里是模范的意思。

⑯ 牧守:州郡的长官。州官称牧,郡官称守。谒:拜见。周文:周文帝。

⑰ 别立:另外站着。

⑱ 清慎:清廉谨慎。

　　迁户部中大夫①。时有奸吏主守仓储②,积年隐没至千万者③。及侠在官,励精发摘④,数旬之内⑤,奸盗略尽⑥。转工部中大夫⑦。有大司空掌钱物典李贵乃于府中悲泣⑧,或问其故⑨,对曰:"所掌官物⑩,多有费用⑪,裴公清严有名⑫,惧遭罪责⑬,所以泣耳⑭。"侠闻之,许其自首。贵自言隐费钱五百万⑮。侠尝遇疾沉顿⑯,士友忧之⑰,忽闻五鼓⑱,便即惊起,顾左右曰⑲:"可向府耶⑳?"所苦因此而瘳㉑。晋公护闻之曰㉒:"裴侠危笃若此而不废忧公㉓,因闻鼓声㉔,疾病遂愈㉕,此岂非天佑其勤恪也㉖?"又司空许国公宇文贵、小司空北海公申征并来候侠疾㉗,所居第屋㉘,不免霜露㉙。贵等还,言之于帝。帝矜其贫苦㉚,乃为起宅㉛,并赐良田十顷。

【注释】

① 户部:主管财用的官署。中大夫:官名。

② 仓储:仓库中储存的粮食或其他物资。

③ 积年:累年。隐没:吞没,贪污。

213

④ 励精:振奋精神集中精力工作。发擿(tī):揭发。

⑤ 旬:十天。

⑥ 略尽:几乎肃清。

⑦ 工部:主管工程、水利等的官署。

⑧ 大司空:官名。掌钱物典:官名。李贵:人名,大司空属下的官吏。

⑨ 有人问他哭泣的原因。

⑩ 官物:官家的物品、财产。

⑪ 费用:耗费,挥霍。

⑫ 清严:清廉严正。

⑬ 罪责:罪罚。

⑭ 哭泣的原因。

⑮ 隐费:吞没和耗费。

⑯ 沉顿:疾病沉重。

⑰ 士友:在官僚知识阶层或普通读书人中的朋友。

⑱ 五鼓:五更。古代击鼓计时,五鼓在凌晨四时左右。

⑲ 顾:回过头。

⑳ 向:去,前往。府:官府。

㉑ 所苦:痛苦的事情,即病痛。瘳(chōu):病愈。

㉒ 晋公护:人名,即中山公护,封为晋公,时任大司马。

㉓ 危笃:病势危急。废:旷废,忘却。

㉔ 因:于是。

㉕ 愈:痊愈。

㉖ 勤恪(kè):勤勉恭谨。

㉗ 司空:官名。许国公:宇文贵的封号。小司空:官名。北海公:申征的封号。候:问候,探视。

㉘ 第屋:宅第的房屋。

㉙ 不能免除霜露的侵袭。

㉚ 矜(jīn):怜悯,同情。

214

㉛ 起宅:建造住宅。

【评析】

被称为"独立使君"的裴侠,他的清廉曾被周文帝誉为"天下之最"。

他担任郡守,原本可以合法享受许多特权,如可以有三十人给他打猎捕鱼,又有三十人供他役使,但被他统统拒绝,饭桌上"唯菽盐菜而已"。他说:"以口腹役人,吾所不为也!"

更让人敬佩的是,他担任过"户部"和"工部"要职,管过银子和工程,但从来没有利用职务之便为自己谋取一点点私利,就连他的住所居然"不免霜露"。相反,他嫉恶如仇,"清严有名",每到一个部门,就"励精发擿",整肃内部的蛀虫,使那些贪官污吏闻风丧胆。

当有人问他,你清苦如此,做官究竟图个啥呢? 裴侠的回答非常平淡:"夫清者莅职之本,俭者持身之基。"(《周书·裴侠传》),就是说清廉是为官的根本,俭朴是做人的基础。这个话说得多么好啊! 为官不廉,污染社会风气,动摇国家根本,危害甚大。班固说"吏不廉平,则治道衰",可谓一针见血。

十、送薛存义之任序

柳宗元

【题解】

本文选自柳宗元《柳河东集》卷二十三。薛存义,唐河东(今山西永济)人,曾任零陵(今湖南零陵)代理县令,有治绩。之任,赴任。序，文体名，即赠序，亲友别离的赠言。

柳宗元（公元773—819年），字子厚，河东人，世称"柳河东"。唐代杰出文学家、思想家。与韩愈共同倡导古文运动，世以"韩柳"并称，为"唐宋八大家"之一。柳宗元入朝为官后，积极参与王叔文集团政治革新，迁礼部员外郎。永贞元年（公元805年），革新失败，贬永州（今湖南零陵）司马。元和十年（公元815年）春回京师，又出为柳州（今广西柳州）刺史。十四年十一月逝于任所，时年四十七岁。在文学方面，柳宗元主张文以明道，重视文章的内容和文学的社会功能。他推崇先秦两汉文章，提倡学习借鉴儒家经典及《庄子》、《离骚》、《史记》等，博观约取，为我所用，但又不能厚古薄今。

《柳河东集》，含文集四十五卷，外集二卷，新编外集一卷。

河东薛存义将行①，柳子载肉于俎②，崇酒于觞③，追而送之江之浒④，饮食之⑤。且告曰："凡吏于土者，若知其职乎⑥？盖民之役，非以役民而已也⑦。凡民之食于土者⑧，出其什一佣乎吏⑨，使司平于我也⑩。今受其直怠其事者，天下皆然⑪。岂惟怠之，又从而盗之⑫。向使佣一夫于家⑬，受若直⑭，怠若事⑭，又盗若货器⑮，则必甚怒而黜罚之矣⑯。以今天下多类此⑰，而民不敢肆其怒与黜罚何哉⑱？势不同也⑲。势不同而理同，如吾民何⑳？有达于理者㉑，得不恐而畏乎㉒？"

【注释】

① 将行：指在零陵离任时将要启程。

② 柳子：柳先生，柳宗元自称。载肉于俎（zǔ）：把肉放在俎里。俎：古代祭祀或宴请时陈放牲体或其他食物的礼器。

③ 在酒杯里斟满酒。崇：充满，这里是斟满的意思。觞（shāng）：盛满

216

酒的杯,泛指酒器。

④ 江之浒(hǔ):江边。浒:水边。

⑤ 饮食(yìn sì)之:请他喝,请他吃。

⑥ 所有在地方上做官的人,你知道自己的职责吗? 若:你。

⑦ 被百姓役使,而不是来役使百姓罢了。而已也:而已,罢了。

⑧ 食于土者:依靠土地生活的人。指农民。

⑨ 从他的收入中拿出十分之一来雇用官吏。意思是官吏的俸禄是来自百姓的赋税。什一:十分之一。

⑩ 意即使主管官吏为我们百姓公平执法。司:主管。

⑪ 如今接受了百姓的酬劳而不认真办事的人,天下到处都是。直:报酬。在这个意义上现在写做"值"。怠:懈怠。

⑫ 岂止不认真办事,有人还要窃取百姓的利益。从而:进而。盗:窃取,指贪污、敲诈勒索。

⑬ 假如家里雇用一个人。向使:假如。夫:指从事某种体力劳动的人。

⑭ 接受你的报酬,却不给你认真做事。

⑮ 货器:财物。

⑯ 甚怒:大怒。黜(chù)罚:驱逐并处罚。

⑰ 类此:类似这种情况。

⑱ 肆其怒:把自己的怒气发泄出来。肆:不受拘束。何哉:什么原因呢。

⑲ 势:地位。

⑳ 对我们百姓该怎么样呢?

㉑ 达于理:通达事理。

㉒ 能不恐惧而敬畏吗?

存义假令零陵二年矣①。蚤作而夜思②,勤力而劳心③,讼者平④,赋者均⑤,老弱无怀诈暴憎⑥,其不为虚取直也的矣⑦,其知恐而畏也审矣⑧。

① 假令:代理县令。
② 起早办公而入夜还在思考问题。蚤:通"早"。
③ 勤力:勤劳,劳费体力。劳心:费心思,勤于思考。
④ 打官司的人能得到公平处理。
⑤ 缴纳赋税的人比例公平。
⑥ 意即老弱对薛存义没有不信任和不怀有好感的。老弱:这里泛指男女老少。怀诈:怀有欺诈。抱憎:抱有憎恶。
⑦ 他确实不是白吃百姓饭的人。虚取直:白取报酬。的(dí):的确,确实。
⑧ 审:确实,果真。

吾贱且辱①,不得与考绩幽明之说②;于其往也③,故赏以酒肉而重之以辞④。

【注释】

① 贱且辱:官位低贱而且被贬。指被贬为永州司马。
② 意即自己没有资格参与官员的考核升降。与:参与。考绩幽明:《尚书·舜典》:"三载考绩。三考,黜陟幽明。"意思是说,官员三年考核一次,根据三次考核,提升好的,罢黜坏的。
③ 意即在他前往异地赴任的时候。
④ 重(chóng)之以辞:加上这些话。指写这篇序。

【评析】

这篇序是柳宗元为同乡和好友薛存义即将离开零陵赴任新职时所作。当时作者被贬为永州司马。

中国古代是一个官本位的封建社会,官吏天经地义是"民之主"。而在这篇文章里,作者提出了一个大胆的观点:官吏的职责"盖民之役,非以役民"。也就是说,官吏应当被百姓役使,而不是由官吏来役使百姓。这是对孟子"民贵君轻"和荀子"水则载舟,水则覆舟"思想的继承和发展,是对传统官民关系定位的彻底颠覆。尽管"公仆"这个词是是十三至十四世纪意大利著名诗人和思想家但丁(公元 1265—1321 年)在他的名著《论世界帝国》里首先提出来的,但是柳宗元在但丁之前五百多年就明确地表达了公仆意识,这是不争的事实。当然,柳宗元表达的公仆意识,也仅仅是他的政治理想而已。在封建社会,被称为"民之父母"的官吏怎么可能成为"民之役"?但是,作者本人是封建时代的高官,能有民主色彩如此浓厚的清醒识见,还是让人肃然起敬的。

在要求增强公仆意识呼声甚高的今天,这篇文章的现实意义是不言而喻的。我们须牢记柳宗元的告诫:为官须有敬畏之心("其知恐而畏也")。对那些"受其直怠其事者"必须击一猛掌,至于那些"又从而盗之"的家伙,更是要严厉打击,绳之以法。

十一、待漏院记

王禹偁

【题解】

本文选自王禹偁《小畜集》卷十六。待漏院,古代百官晨集等待朝拜的地方。

王禹偁(公元 954—1001 年),字元之,济州巨野(今山东巨野)人。宋太宗太平兴国八年(公元 983 年)登进士第,授成武主簿,任大理(掌管刑狱的官署)评事(执掌审理刑狱),后升任左司谏、知制诰等职,因遇事敢于直言,"耿然如秋霜夏日,不可狎玩"(苏轼《王元之画像赞并序》),与宰相张齐贤、李沆等不协,屡遭贬谪,仕途坎坷,卒于黄州任上,年仅四十八岁。著有《小畜集》三十卷、《小畜外集》二十卷(今残存卷六至卷十三等八卷)。

　　天道不言而品物亨、岁功成者何谓也①？四时之吏,五行之佐,宣其气矣②。圣人不言而百姓亲、万邦宁者何谓也③？三公论道④,六卿分职⑤,张其教矣⑥。是知君逸于上⑦,臣劳于下,法乎天也⑧。古之善相天下者⑨,自咎、夔至房、魏可数也⑩,是不独有其德,亦皆务于勤尔⑪,况"夙兴夜寐,以事一人⑫",卿大夫犹然⑬,况宰相乎?

【注释】

① 天道不说话,而万物却能顺利生长,年年有所收成,这是为什么呢? 天道:指自然界变化规律。品物:万物。亨:顺利。岁功:一年农事的收获。

② 那是由于掌握四时、五行的天官们使风雨调畅的结果。四时之吏:掌管春、夏、秋、冬四季变化的官员。五行之佐:掌管金、木、水、火、土五种元素的官员。按:这里的"吏"和"佐"都是指天官。宣:协调。气:气象。

③ 万邦:所有诸侯封国,引申为天下、全国。

④ 三公:古代中央三种最高官衔的合称。周以太师、太傅、太保为三公。道:此指治国纲要。

⑤ 六卿:指六官。周代有天官冢宰,地官司徒,春官宗伯,夏官司马,秋官司寇,冬官司空。分职:区分职责。按:宋代已无三公、六卿,这里泛指朝廷大臣。

⑥ 伸张了皇帝的教化的结果。

220

⑦ 是：因此。逸于上：在上清闲安逸。

⑧ 这是效法天道啊。乎：于，向。

⑨ 相(xiàng)：治理。

⑩ 咎(gāo)：指虞舜的贤臣咎繇，即皋陶。夔(kuí)：相传舜时乐官。
房：指房玄龄（公元579—648年），唐初大臣，曾协助李世民筹谋统
一，取得帝位，后又任宰相十五年。魏：指魏徵（公元580—643年），
唐初大臣，敢于诤谏。

⑪ 意思是，而且都勤劳不懈啊。务：致力于。尔：啊。

⑫ 凤(sù)兴夜寐：早起晚睡。凤：早。一人：古代称天子。语出《诗
经·大雅·烝民》："凤夜匪解，以事一人。"

⑬ 卿：官名。周代天子、诸侯都有卿，为中央政府高级官员。大夫：中
央政府重要官职。犹然：尚且如此。

　　朝廷自国初因旧制①，设宰臣待漏院于丹凤门之右②，示勤政
也。至若北阙向曙③，东方未明；相君启行④，煌煌火城⑤，相君至
止⑥，哕哕銮声⑦。金门未辟⑧，玉漏犹滴⑨。彻盖下车⑩，于焉以
息⑪。待漏之际⑫，相君其有思乎⑬？

【注释】

① 因：沿袭。

② 待漏院：百官清晨集中等候朝拜的地方。丹凤门：北宋京都汴梁城
南的皇城门。

③ 至若：至于。北阙：宫殿北面的门楼，是臣子等候朝见或上书奏事之
处。向曙：拂晓。

④ 相君：对宰相的尊称。

⑤ 大意是，仪仗队的火把照亮了全城。煌煌：形容灯火照耀通亮。火
城：指古代朝会时的火炬仪仗。

221

⑥ 止:语气词。无义。

⑦ 哕哕(huì huì):有节奏的铃声。銮(luán):装于轭首或车衡上的铃,铃内有丸,车行则摇动作响,声似鸾鸟。

⑧ 金门:此指宫门。辟:开启。

⑨ 玉漏:古代计时漏壶的美称。

⑩ 彻盖:撤除车篷。此指撩开车帷。

⑪ 大意是,于是到待漏院暂时休息。于焉:于是。

⑫ 待漏:等待朝拜天子。

⑬ 宰相大概想得很多吧。

　其或兆民未安①,思所泰之②;四夷未附③,思所来之④。兵革未息⑤,何以弭之⑥;田畴多芜⑦,何以辟之⑧。贤人在野⑨,我将进之⑩;佞臣立朝⑪,我将斥之⑫。六气不和⑬,灾眚荐至⑭,愿避位以禳之⑮;五刑未措⑯,欺诈日生,请修德以厘之⑰。忧心忡忡,待旦而入⑱,九门既启⑲,四聪甚迩⑳。相君言焉,时君纳焉㉑。皇风于是乎清夷㉒,苍生以之而富庶㉓。若然㉔,总百官、食万钱㉕,非幸也,宜也㉖。

【注释】

① 其或:或许,大概。兆民:指众民,百姓。

② 泰之:使他们平安。

③ 四夷:古代华夏族对四方少数民族的统称。

④ 来之:使他们来归附。

⑤ 兵革:指战争。

⑥ 弭(mǐ)之:使其止息。

⑦ 田畴:泛指田地。

⑧ 辟:开垦。

⑨　在野：不居官当政。

⑩　进：推荐，引进。

⑪　佞(nìng)臣：奸邪诡上之臣。

⑫　斥：斥责。

⑬　六气：指阴、阳、风、雨、晦、明。

⑭　灾眚(shěng)：灾殃，祸患。荐：相继。

⑮　避位：让位，辞职。禳(ráng)：除去邪恶或灾异。

⑯　五刑：五种轻重不等的刑法。隋唐以后为死、流、徒、杖、笞。措：废弃，放弃。

⑰　厘：治理，处理。

⑱　待旦：等待天明。

⑲　九门：禁城中的九道门。古代宫室制度，天子设九门。

⑳　大意是，善听各方意见的天子就在眼前。四聪：能远闻四方的听觉，此指善听意见的天子。迩(ěr)：近。

㉑　时君：当时或当代的君主。纳：采纳。

㉒　皇风：皇帝的教化。清夷：清平，太平。

㉓　苍生：指百姓。以之：因此。

㉔　若然：如能这样。

㉕　总百官：总领百官，即居百官之上。食万钱：享受优厚的俸禄。

㉖　不是侥幸而得，是完全应该的。

　　其或私仇未复①，思所逐之；旧恩未报，思所荣之②。子女玉帛③，何以致之④；车马器玩⑤，何以取之。奸人附势⑥，我将陟之⑦；直士抗言⑧，我将黜之⑨。三时告灾⑩，上有忧也⑪，构巧词以悦之⑫；群吏弄法⑬，君闻怨言，进谄容以媚之⑭。私心慆慆⑮，假寐而坐⑯，九门既开，重瞳屡回⑰。相君言焉，时君惑焉⑱，政柄于是乎隳哉⑲，帝位以之而危矣⑳。若然，则下死狱、投远方㉑，非不幸也,亦宜也。

【注释】

① 复:报复。

② 荣之:使他们荣华富贵。

③ 子女:美女,年青女子。玉帛:泛指财富。

④ 如何取得。致:求取,获得。

⑤ 器玩:可供玩赏的器物。

⑥ 附势:依附权势。

⑦ 陟(zhì):提拔,升迁。

⑧ 直士:正直之士。抗言:高声说话,此指直言谏诤。

⑨ 黜(chù):贬降,罢退。

⑩ 三时:指春、夏、秋三季农作之时。

⑪ 皇上忧虑。

⑫ 构:虚构。巧词:花言巧语。

⑬ 弄法:玩弄法律条文以营私舞弊。

⑭ 进:进奉。谄容:谄媚的表情。

⑮ 慆慆(tāo tāo):纷乱不息貌。

⑯ 假寐:和衣打盹。

⑰ 重瞳:眼中有两个眸子,传说舜有重瞳,此泛指帝王的眼睛。回:回顾。

⑱ 惑焉:被他蒙惑。

⑲ 政柄:政权。隳(huī):毁坏,废弃。

⑳ 以之:因此。

㉑ 投:流放。

是知一国之政,万人之命,悬于宰相,可不慎欤? 复有无毁无誉①,旅进旅退②,窃位而苟禄③,备员而全身者④,亦无所取焉⑤。

棘寺小吏王某为文⑥,请志院壁⑦,用规于执政者⑧。

【注释】

① 复有:还有。无毁无誉:既无坏名声,也无好名声。

② 与人共进退。即随大流。旅:俱,共同。

③ 窃取高位而贪图利禄。苟:贪求。

④ 备员:居官只是充数而无所作为。全身:保全自己。

⑤ 也是不足取的。

⑥ 棘寺:大理寺的别称。王某:王禹偁自称。

⑦ 志:记录。

⑧ 用:用以。规:规劝,谏诤。

【评析】

世上有三种宰相:贤相、奸相和庸相,这篇文章写出了他们在待漏院临朝时的众生相。贤相在想些什么?他们在焦虑天下百姓尚未安宁,战事未能平息,农田荒芜急待开垦,贤人在野未得重用,天灾不断如何消弭……奸相在想些什么?他们在谋算如何报复私仇报答私恩,怎样巧取豪夺把美女金钱弄到手,怎样提拔佞臣,怎样打击陷害忠臣,怎样献媚蒙骗皇上……至于庸相,他们只知道随波逐流,明哲保身。作者对系"一国之政"和"万人之命"于一身的宰相发出忠告:要效法历史上的贤相名臣,修德勤政,一心为公,切不可贪赃枉法,假公济私,祸国殃民,害人害己。

王禹偁在写这篇文章的时候不过是一个大理寺的小官吏,但他位卑未敢忘忧国,敢于针砭时政。文章褒贬分明,虽然是告诫宰相,但全文强调公忠为国,对我们仍有一定的启示。

十二、乞不用赃吏疏

包　拯

【题解】

本文选自包拯《包孝肃奏议》卷三。乞，乞求。赃吏，贪官污吏。疏(shù)，古代臣子写给皇帝的奏章。

包拯(公元999—1062年)，字希仁，北宋庐州合肥(今安徽合肥)人。天圣进士，仁宗时任监察御史，后任天章阁待制、龙图阁直学士，官至枢密副使。包拯以不畏权贵、执法严明、廉洁公正著称于世，人称"包青天"。

《包孝肃奏议》十卷，包拯撰，拯门人张田所编，自应诏至求退分三十门。

臣闻：廉者，民之表也①；贪者，民之贼也②。今天下郡县至广③，官吏至众，而赃污擿发，无日无之④。洎具案来上⑤，或横贷以全其生⑥，或推恩以除其衅⑦；虽有重律⑧，仅同空文，贪猥之徒⑨，殊无畏惮⑩。昔两汉以赃私致罪者⑪，皆禁锢子孙⑫，矧自犯之乎⑬！太宗朝尝有臣僚数人犯罪⑭，并配少府监隶役⑮，及该赦宥⑯，谓近臣曰⑰："此辈既犯赃滥⑱，只可放令逐便⑲，不可复以官爵。"其责贪残⑳，慎名器若此㉑。皆先朝令典㉒，固可遵行。欲乞今后应臣僚犯赃抵罪㉓，不从轻贷㉔，并依条施行㉕，纵遇大赦，更不录用，或所犯若轻者，只得授副使上佐㉖。如此，则廉吏知所劝，贪夫知所惧矣。

【注释】

① 表:表率。

② 贼:祸害。

③ 郡:古代地方行政区划名。隋唐后,州郡互称。

④ 而受贿贪污被揭发的情况,没有一天没有。擿(tī)发:揭发。

⑤ 等到整理成案卷呈送上来。洎(jì):至,到。具案:备办公文。

⑥ 有的枉法宽赦使犯罪的人能保住性命活下来。横贷:枉法宽恕。

⑦ 有的施予个人的恩德,消除犯罪人的罪名。推恩:广施恩惠。衅:罪过。

⑧ 重律处罚的严厉法律。

⑨ 贪婪猥琐之人。

⑩ 一点也不感到害怕。

⑪ 赃私:贪污营私。致罪:获罪。

⑫ 禁锢:监禁,关押。

⑬ 更何况他们自己犯罪呢。矧(shěn):况且。

⑭ 太宗:指宋太宗赵炅(jiǒng),公元976年至997年在位。臣僚:群臣百官。

⑮ 一并发配到少府监去服劳役。少府监:官署名,掌管制造宫廷祭祀用品等事务。隶役:从事役事。

⑯ 赦宥(yòu):赦免。

⑰ 近臣:君主左右亲近之臣。

⑱ 赃滥:贪赃枉法。

⑲ 只可以释放,让他们削为平民。逐便:公职人员犯有过失削为平民。

⑳ 责:责罚。贪残:指贪婪凶残的人。

㉑ 名器:名号官爵礼制。

㉒ 令典:好的法令制度。

㉓ 犯赃:贪赃。抵罪:因犯罪而受到相应的处罚。

㉔ 轻贷:轻易饶恕。

㉕　一并依照法律条文执行。

㉖　副使:指节度使或三司使等的副职。上佐:部下属官的通称。

【评析】

本疏作于宋庆历四年(公元1044年),包拯时任监察御史。

当时贪污案件高发,到了"无日无之"的地步。其原因在于有令不行,有禁不止,"虽有重律,仅同空文"。在保护伞下,那些贪官污吏有恃无恐,肆无忌惮。

包拯上疏皇上,强烈要求加大打击惩处力度,特别是对那些巨贪决不能手软,即使刑满释放,也只能削为平民,"不可复以官爵"。只有这样,才能"廉吏知所劝,贪夫知所惧"。

包拯清醒地意识到,廉贪不仅仅是经济问题,他说:"廉者,民之表也;贪者,民之贼也。"贪污的更大危害,在于毒化社会风气,因此对这些败类绝对不能姑息纵容,必须严惩不贷。

反腐倡廉任重而道远,包拯的反贪主张,对我们仍有一定的借鉴意义。

十三、豁然堂记

徐　渭

【题解】

本文选自《徐渭集·徐文长逸稿》卷十九。豁然,开阔的样子。

徐渭(公元1521—1593年),初字文清,后改为文长,号天池山人、青藤道士,山阴(今浙江绍兴)人,明代文学家、书画家。徐渭天资聪颖,二十岁考取秀才,然而后来屡试不中,终生不得志。曾为总督胡宗宪幕客,对当时军事、政治和经济事务多有筹划,并参预过东南沿海的抗倭斗争。胡宗宪被弹劾自杀,徐渭深受刺激,一度发狂,晚年恣情山水,以诗酒度日,抱愤而死。著有《徐文长三集》等。

《徐渭集》,中华书局 1983 年编辑出版,主要收录了《徐文长三集》、《徐文长逸稿》、《四声猿》、《歌代啸》等作品。《徐文长逸稿》共二十四卷,收录了徐渭《徐文长三集》之外的古诗、律诗、绝句、论、序、跋、说、铭、碑、书、问、行状、杂著等。

越中山之大者①,若禹穴、香炉、蛾眉、秦望之属②,以十数,而小者至不可计。至于湖,则总之称鉴湖③,而支流之别出者④,益不可胜计矣⑤。郡城隍祠⑥,在卧龙山之臂⑦,其西有堂,当湖山环会处⑧。语其似,大约缭青萦白⑨,髻峙带澄⑩,而近俯雉堞⑪,远问村落⑫。其间林莽田隰之布错⑬,人禽宫室之亏蔽⑭,稻黍菱蒲莲芡之产⑮,耕渔犁楫之具⑯,纷披于坻窪⑰;烟云雪月之变,倏忽于昏旦⑱。数十百里间,巨丽纤华⑲,无不毕集人衿带上⑳。或至游舫冶尊㉑,歌笑互答,若当时龟龄所称"莲女""渔郎"者㉒,时亦点缀其中。于是登斯堂㉓,不问其人,即有外感中攻㉔,抑郁无聊之事,每一流瞩㉕,烦虑顿消。而官斯土者㉖,每当宴集过客㉗,亦往往寓庖于此㉘。独规制无法㉙,四蒙以辟㉚,西面凿牖㉛,仅容两躯㉜。客主座必东,而既背湖山,起座一观,还则随失㉝。是为坐斥旷明㉞,而自取晦塞㉟。予病其然㊱,悉取西南牖之㊲,直辟其东一面㊳,令客座东而西向,倚几以临即湖山㊴,终席不去㊵。而后向之所云诸景,若舍塞而就旷㊶,却晦而即明㊷。工既讫㊸,拟其名,以为莫"豁然"宜㊹。

229

【注释】

① 越:古国名,在今浙江东部一带。

② 禹穴、香炉、蛾眉、秦望:皆山名。禹穴:即今绍兴的会稽山。香炉:在今绍兴东南,别名茅岘山、玉筍山。蛾眉:在今福建泰宁西北。秦望:在今浙江余杭南。属:一类。

③ 鉴湖:又名镜湖,在今绍兴以南。

④ 别出:分流。

⑤ 益:更。

⑥ 城隍祠:城隍庙。

⑦ 卧龙山:又名种山,在绍兴后面,越大夫文种葬此。臂:这里比喻半山腰。

⑧ 环会:环抱会合。

⑨ 大约:大致,大体。缭青萦白:青山与白水萦回缠绕。

⑩ 髻岇:像妇女的发髻那样高耸。带澄:像长长的丝带那样清澄。

⑪ 近俯:低头近看。雉堞(zhì dié):城上短墙,此泛指城墙。

⑫ 大意是,远处可以听到村落里的人声。问:通"闻"。

⑬ 林莽:草木丛聚的原野。隰(xí):低湿的土地。布错:错杂分布。

⑭ 官室:指房屋。亏蔽:遮掩。

⑮ 黍:谷物名,去皮后北方通称黄米。蒲:植物名,即香蒲。芡(qiàn):水生植物名,花托形状像鸡头,种子称芡实,供食用,亦可入药。

⑯ 楫(jí):船桨。

⑰ 纷披:散乱。坻(chí):水中小洲或高地。窊(wā):低陷。

⑱ 早晚变化迅速。倏(shū)忽:顷刻,指极短的时间。

⑲ 巨丽:指宏大而瑰伟的场面。纤华:细巧华丽。

⑳ 全部聚集在人的衣带上。形容美景高度集中。衿(jīn)带:衣带。

㉑ 或:有时。冶尊:野外饮酒。冶:通"野"。

㉒ 龟龄:唐代诗人张志和的原名。张志和作《渔父歌》五首,抒写隐居江湖的情趣,但诗中并无"莲女"的描写。

㉓ 斯:这。

㉔ 即:即使。外感:外来的刺激。中攻:内心的煎熬。

㉕ 流瞩:顾盼。

㉖ 在这片土地上当官的。

㉗ 宴集:宴饮集会。

㉘ 寓庖于此:意思是聘请厨师到这里来。庖:厨师。

㉙ 规制:指建筑物的规模形制。无法:没有章法。

㉚ 四面都被遮蔽了。

㉛ 牖(yǒu):窗户。

㉜ 两躯:两个人。

㉝ 还:转过身。

㉞ 这是因为白白地放弃了空旷明亮。坐:白白地。斥:排斥,放弃。

㉟ 晦塞:阴暗闭塞。

㊱ 我不满这种状况。病:厌恶,不满。

㊲ 把西面和南面两堵墙全都开成窗户。

㊳ 只是保留东面一堵墙不打通。辟:避开。在这个意义上后来写做
"避"。

㊴ 临:往下看。

㊵ 终席:宴席结束。不去:不消失。

㊶ 舍弃了闭塞而得到了开阔。

㊷ 摆脱晦暗而接近于明亮。

㊸ 讫:完成。

㊹ 认为没有比"豁然"更合适。

　　既名矣,复思其义曰:"嗟乎①,人之心一耳。当其为私所障
时,仅仅知我有七尺躯②,即同室之亲,痛痒当前③,而盲然若一无
所见者,不犹向之湖山④,虽近在目前,而蒙以辟者耶? 及其所障
既彻,即四海之疏⑤,痛痒未必当吾前也,而灿然若无一而不婴于

231

吾之见者⑥,不犹今之湖山虽远在百里,而通以牖者耶⑦? 由此观之,其豁与不豁,一间耳⑧。而私一己、公万物之几系焉⑨。此名斯堂者与登斯堂者,不可不交相勉者也⑩,而直为一湖山也哉⑪?"既以名于是义⑫,将以共于人也⑬,次而为之记⑭。

【注释】

① 嗟(jiē)乎:叹词,唉。
② 七尺躯:指一般成人的身躯。这里表示"自己"。
③ 痛痒:比喻疾苦。
④ 向:先前。
⑤ 疏:远。
⑥ 灿然:显豁。萦于吾之见:萦绕在我眼前。萦:绕;围绕。
⑦ 通以牖者:透过窗户就能看到。
⑧ 一间:相距极近。间:间隙。
⑨ 而只顾一己私利、与以天下万物为公的细微差别,几乎全维系在这上面了。
⑩ 交相勉:相互勉励。
⑪ 直:只。
⑫ 我既已用这个意思为这座堂取名。
⑬ 共于人:公之于众人。
⑭ 次:依次。

【评析】

这是一篇哲理散文。

有人在绍兴附近的卧龙山半山腰修筑了一座观景的堂,周边青山白水环绕,风光旖旎。然而,它只是在西墙上开了一扇小窗,其他三面一个窗户也没有,视线被挡得严严实实,在设计上有重大缺陷。客人要是坐在朝东的主座,就不得不背靠湖山。于是作者大胆改造,把西面和南面两堵墙全部开了窗口,而只保留一面东墙没有打通。这样一来,豁然开朗,远山近水,一览无余,因此就将它取名为"豁然堂"。

作者由此而顿悟,人心莫不同此? 当被私利遮蔽时,只知道自己的存在,即使是同居一室的亲人,他们的痛痒就发生在眼前,却视而不见。这不就像原先近在眼前的湖山却被遮蔽一样吗? 一旦私利扫除,即使亲人远隔千山万水,他们的痛痒就像发生在眼前,感同身受。这不就像现在湖山虽然远在百里以外,却透过窗户尽收眼底吗?

公私相背,古人说:"无心(指私心)者公,无我者明。"去私才能为公。徐渭用生动的文学语言,形象地阐明了这个道理。

第六单元

一、《论语》论交友

【题解】

本文分别选自《论语》的《颜渊》和《子张》篇,题目是后加的。

孔子及《论语》的简介见第二单元《〈论〉〈孟〉论和谐》的题解。

(一)

司马牛忧曰①:"人皆有兄弟,我独亡②!"子夏曰③:"商闻之矣,死生有命,富贵在天④。君子敬而无失⑤,与人恭而有礼⑥,四海之内皆兄弟也⑦。君子何患乎无兄弟也⑧?"(《颜渊》)

【注释】

① 司马牛:名耕,字子牛,孔子弟子。

② 亡(wú):通"无",没有。

③ 子夏:姓卜,名商,字子夏,孔子的弟子。

④ 意思是说,人的生死与贫富贵贱都是由天命所决定的。这是宿命论

观点。

⑤ 敬:恭敬,严肃。失:这里是放纵、随便的意思。

⑥ 恭:有礼貌。

⑦ 四海之内:泛指中原地区。

⑧ 何患:忧虑什么。

（二）

子夏之门人问交于子张①。子张曰:"子夏云何②?"对曰:"子夏曰:'可者与之③,其不可者拒之。'"子张曰:"异乎吾所闻④:君子尊贤而容众⑤,嘉善而矜不能⑥。我之大贤与⑦,于人何所不容? 我之不贤与,人将拒我,如之何其拒人也⑧?"（《子张》）

【注释】

① 门人:弟子。交:交友之道。子张:姓颛孙,名师,字子张。孔子的弟子。

② 云何:说了什么。

③ 可以交往的,就跟他结交。与:交,结交。

④ 意思是说,和我所听到的交友之道不同。

⑤ 容众:包容普通的人。

⑥ 嘉:赞美。矜(jīn):同情。不能:指才能低下的人。

⑦ 大贤:很贤明。与(yú):语气词,相当于"呢"。

⑧ 如之何:怎么。其:语气词,加强反问语气。

【评析】

司马牛没有兄弟,子夏说,只要做到"敬而无失,与人恭而有礼",那么天下的人都是你的兄弟了。

子夏的弟子向子张请教交友之道,子张的经验是"君子尊贤而容众,嘉善而矜不能"。

子夏和子张的交友之道有一个共同点,就是强调自我完善,尊重别人,包容别人,也就是责己严,求人宽。这是人际交往中一条很重要的原则。子张说,交友只能别人拒绝自己,而不能自己拒绝别人,这种说法对不对呢? 这要从两方面看:首先,要看到他的出发点是要求人们更多地关注自己的品行修养,这是对的。但是,从另一方面看,对那些心术不正、行为不端的人,我们为什么就不能拒之门外呢? 他的说法显然有些偏颇。

二、墨子见染丝而叹

《墨子》

【题解】

本文节选自墨翟《墨子·所染》,题目是后加的。

墨翟(约公元前 470—前 392 年),即墨子,战国初年鲁国人,出生于小手工业生产者阶层,是墨家学派的宗师。

墨子背周道而用夏政,推崇夏禹治水,身为民先,倡导身体力行,艰苦奋斗的精神。他提出"尚贤"、"尚同"、"兼爱"、"非攻"、"节用"、"节葬"、"非乐"、"非命"等一系列政治主张。同时,他非常重视教育,强调环境影响,坚持实用原则。虽然他主张尊天事鬼,有迷信色彩,但是其主要学说都具有时代的进步意义,对后世产生了积极影响。

《墨子》一书,是墨子及其后学所作,今传五十三篇。《墨子》的文章善于取譬,长于推理。

子墨子言①,见染丝者而叹,曰:染于苍则苍②,染于黄则黄。所入者变,其色亦变③。五入必而已,则为五色矣④。故染,不可不慎也!

【注释】

① 子墨子:即墨子。

② 苍:青色(包括蓝色和绿色)。

③ 意思是,所浸染的颜料改变,丝的颜色也随之改变。入:指浸染。

④ 大意是五次染色以后,丝就有了五种颜色。必:通"毕",完。五色:青、赤、白、黑、黄五种颜色。

非独国有染也①,士亦有染。其友皆好仁义②,淳谨畏令③,则家日益④,身日安,名日荣,处官得其理矣⑤,则段干木、禽子、傅说之徒是也⑥。其友皆好矜奋⑦,创作比周⑧,则家日损⑨,身日危,名日辱,处官失其理矣,则子西、易牙、竖刀之徒是也⑩。《诗》曰"比择所堪,必谨所堪"者⑪,此之谓也⑫。

【注释】

① 染:熏染,影响。

② 好(hào):喜好。

③ 淳谨:敦厚谨慎。畏令:遵守法令。

④ 家道一天比一天好。

⑤ 做官能合乎事理。

⑥ 段干木:战国时魏国人,曾求学于孔子弟子子夏,很有才干,但终生不仕。禽子:生平不详,有人以为是墨子弟子。傅说(yuè):商王武丁的大臣,出身奴隶;担任相国之后,辅佐武丁,大力改革政治,使贵族和平民都没有怨言,史称"殷国大治"。徒:同一类的人。是也:就是这样的人。

⑦ 矜(jīn)奋:以勇气自恃,骄傲自大。

⑧ 创作:开始。比周:结党营私。

⑨ 损:衰落。

⑩ 子西:即斗宜申,字子西,春秋时期楚国人,曾企图谋杀楚穆王。易牙、竖刀:齐桓公晚年身边两个小人。

⑪ 《诗》:指《诗经》。下面两句诗句,不见于今本《诗经》,是逸诗。比择所堪,必谨所堪:大意是,细心选择染料,对所浸染的染料必须谨慎。比择:细心选择。堪:通"湛(jiān)",浸染。

⑫ 说的就是这个意思啊。

【评析】

原本洁白的蚕丝,投入红色的染缸就变成红色,投入黑色的染缸就变成黑色,墨子看到这一幕,感慨无穷。是啊,许多事情不也跟这染丝一样吗?比如交友,朋友之间会互相影响,潜移默化。如果你的朋友为人诚实、遵纪守法,那么你也可能和他们一样淳朴敦厚;反之,如果你的朋友都是奸邪小人,你也可能和他们一样为人不齿。这就是所谓"近朱者赤,近墨者黑"。孔子说:"君子慎所从,不得其人,则有罗网之患。"(引自《说苑·敬慎》)意思是说,君子应当慎重选择自己所跟从的人,跟了不适当的人,就有进入罗网的祸患。社会复杂,我们择友难道不应当谨慎吗?

三、善 群

《荀子》

【题解】

本文节选自荀况《荀子·王制》,题目是后加的。善群,善于

238

合群。

荀况(约公元前340—前245年),即荀子,战国时赵国人。由于荀子在当时学术界的重要地位,人们尊称他为荀卿,后来又称孙卿,这是为了避汉宣帝刘询的名讳。

荀子是继孔子、孟子之后最著名的儒学大师,是先秦诸子中的一位集大成者。他在批判吸取诸子百家学说的基础上,继承和发展了前期的儒家学说,学问渊博,重视证实,具有朴素的唯物主义思想。他反对孟子的性善论,提出性恶论,通过积善明德,可以由性恶转化为性善,因此强调教育的重要作用;他反对迷信天命鬼神,提出天人论,只要隆礼尊贤,重法爱民,充分发挥人的主观能动性,就能利用自然,人定胜天;他反对孔子、孟子法先王的思想,提出法后王的主张,针对当时社会的战乱状况,强调礼法并用,治理国家。他的这些思想主张,在当时具有进步意义,对后世产生重大影响。

《荀子》内容非常丰富,包括哲学思想、政治学说、治学方法、立身处世等诸多方面,文笔细密,论述雄辩,善用比喻排比,具有独特风格。

水火有气而无生[1],草木有生而无知[2],禽兽有知而无义[3],人有气、有生、有知、亦且有义[4],故最为天下贵也。力不若牛,走不若马[5],而牛马为用[6],何也?曰:人能群[7],彼不能群也[8]。人何以能群?曰:分[9]。分何以能行?曰:义[10]。故义以分则和[11],和则一[12],一则多力[13],多力则强,强则胜物[14],故宫室可得而居也[15]。故序四时[16],裁万物[17],兼利天下[18],无它故焉[19],得之分义也[20]。故人生不能无群[21],群而无分则争,争则乱,乱则离,离则弱,弱则不能胜物,故宫室不可得而居也——不可少顷舍礼义之谓也[22]。

【注释】

① 水和火有气息却没有生命。

② 无知:没有知觉。

③ 无义:没有礼义的约束。

④ 亦且:而且。

⑤ 走:奔跑。

⑥ 而牛马能被人所利用。

⑦ 群:合群,形成社会群体。

⑧ 彼:那些。指牛马。

⑨ 分(fèn):等级名分。

⑩ 义:道义。

⑪ 大意是,礼义通过等级名分使人与人之间和谐。按,这是封建社会的特点,已经不适用于今天的社会。

⑫ 和谐就能行动一致。

⑬ 行动一致力量就大。多力:力大。

⑭ 胜物:战胜万物。

⑮ 大意是,因此靠了群体的力量才能建造房屋居住。宫室:房屋。

⑯ 因此可以掌握四季变化。四时:四季。

⑰ 裁:裁决万物。

⑱ 使天下的人都得到利益。

⑲ 没有别的缘故啊。焉:语气词。

⑳ 从等级名分和礼义中获得的。

㉑ 人生:人生活在世上。

㉒ 就是说不能片刻离开礼义。

【评析】

牛马的身体和力气都比人大,为什么反倒被人驾驭呢? 古人很早就在探究其中的奥秘,他们认为根本的原因是"人能群"。也就是说,人能自觉地组成社会群体,不是单靠个人的力量,而是依靠群体的力量战胜自然。这也是人与禽兽的主要区别。正因为如此,所以我们平时要合群,要积极参与集体活动,要学会和别人合作,不要天马行空,独往独来。在人类社会中活动,还要遵守行为规范,和睦相处,这样才能增强凝聚力。

四、鲍叔能知人

《史记》

【题解】

本文节选自司马迁《史记·管晏列传》,题目是后加的。鲍叔牙,春秋时齐国大夫。

司马迁(公元前145—前90年左右),字子长,夏阳(今陕西韩城南)人,西汉著名的史学家和文学家。其父司马谈熟悉史事,懂天文地理,为武帝时的太史令。公元前108年,司马迁继任太史令,开始搜集史料,前104年开始撰写《史记》。公元前98年,他因替投降匈奴的李陵辩护,被处宫刑。前96年被赦出狱,做中书令(皇帝身边以宦者充当的掌管文秘机要的官员),继续编写《史记》。大约前93年完成了这部巨作。

《史记》原名《太史公书》,是我国第一部纪传体的通史。其记事上起远古时期的黄帝,下至汉武帝,约三千年的历史。全书包括十二本纪、十表、八书、三十世家、七十列传(内有一篇自传性质的《自序》),共一百三十篇。其中有几篇,或者没有写定,或者在流传中散失,由元帝、成帝间的博士褚少孙补写而成。《史记》是伟大的史学与文学名著。

管仲夷吾者①,颍上人也②。少时常与鲍叔牙游③,鲍叔知其贤。管仲贫困,常欺鲍叔④,鲍叔终善遇之⑤,不以为言⑥。

【注释】

① 管仲(公元前?—前645年):姓管,名夷吾,字仲。春秋初期政治家,他由鲍叔牙推荐,被齐桓公任命为卿,积极实行改革,使国力大振,并帮助齐桓公成为春秋时第一个霸主。

② 颍上:今安徽颍上,县北有管鲍祠。

③ 少(shào)时:年轻时。游:交游。

④ 欺:欺骗。指下文"分财利多自与"事。

⑤ 终:始终。遇:对待。

⑥ 大意是,不以此而议论管仲的不是。

已而鲍叔事齐公子小白①,管仲事公子纠②。及小白立为桓公③,公子纠死,管仲囚焉。鲍叔遂进管仲④。管仲既用,任政于齐⑤。齐桓公以霸⑥,九合诸侯⑦,一匡天下⑧。

【注释】

① 已而:不久。齐公子小白:即后来的齐桓公,公元前685年至前643年在位。姜姓,名小白。襄公之弟。

② 公子纠:公子小白的同父异母兄弟。

③ 齐襄公无道,鲍叔牙奉小白出奔莒国,管仲和召忽奉公子纠出奔鲁国。后襄公被杀,小白和纠争夺君位,小白得胜即位,即齐桓公。纠被杀,管仲被囚。

④ 进:举荐。

⑤ 任政:执政。

⑥ 以霸:因此称霸。

⑦　九合:多次盟会。九:泛指多次。

⑧　匡正天下,即把天下纳入正轨。

　　管仲曰:"吾始困时,尝与鲍叔贾①,分财利多自与②,鲍叔不以我为贪,知我贫也。吾尝为鲍叔谋事而更穷困③,鲍叔不以我为愚,知时有利不利也。吾尝三仕三见逐于君④,鲍叔不以我为不肖⑤,知我不遭时也⑥。吾尝三战三走⑦,鲍叔不以我为怯,知我有老母也。公子纠败,召忽死之⑧,吾幽囚受辱⑨,鲍叔不以我为无耻,知我不羞小节而耻功名不显于天下也⑩。生我者父母,知我者鲍子也!"

【注释】

①　贾(gǔ):做买卖。

②　财利:指盈利。多自与:多给自己。

③　更穷困:使他更加窘迫。穷困:处境窘迫。

④　三:也是泛指多次。下同。仕:做官。见逐于君:被国君驱逐。

⑤　不肖(xiào):不贤,无才。

⑥　遭时:谓遇到好时机。

⑦　走:败走,逃跑。

⑧　召(shào)忽:齐国大夫,曾与管仲一起辅佐公子纠。死之:为公子纠而自杀。

⑨　幽囚:囚禁。

⑩　不羞小节:不因小节而羞耻。

　　鲍叔既进管仲,以身下之①。子孙世禄于齐②,有封邑者十余世③,常为名大夫。天下不多管仲之贤,而多鲍叔能知人也④。

【注释】

① 把自己置于管仲之下。

② 世禄:世代享受俸禄。

③ 封邑:古时帝王赐给诸侯、功臣的领地或食邑。世:代。

④ 多:推崇,赞赏。

【评析】

"管鲍之交"被古人奉为交友的典范。在这个故事的末尾,司马迁说:"天下不多(推崇)管仲之贤,而多鲍叔能知人也。"这句话发人深省。以才干和功绩而言,管仲胜于鲍叔是不争的事实。管仲一上台,便对齐国的政治、经济、军事进行大刀阔斧的改革。齐桓公靠了他,才"一匡天下",在春秋时期的诸侯中第一个称霸。然而,司马迁却说,应该推崇的不是管仲,而是鲍叔。这是什么道理呢?因为假如没有鲍叔的"知人",也就没有名垂青史的改革家管仲。

鲍叔的交友之道哪些是值得推崇的呢?

管仲和鲍叔合伙作买卖,总要多分一点好处,他替鲍叔做事,又经常把事情搞糟,但是鲍叔深知并非管仲本质不好、愚蠢无能,而是家境困难,遇事有所不得已,因此从来不和他计较。因此管仲发自肺腑感慨:"生我者父母,知我者鲍子也!"

鲍叔辅佐公子小白在争夺君位的斗争中获胜,而管仲却沦为阶下之囚。在即将获得卿位的时候,鲍叔竟冒巨大的风险,举荐管仲代已为卿。因为他深知管仲的才略,"君且欲霸王,非管夷吾不可"(《史记·齐太公世家》)。管仲上任以后,鲍叔甘居其下,主动配合,共襄朝政。这是多么博大的胸怀!

识人、容人、信任、公心,这就是鲍叔交友之道永恒的魅力。

五、世有三患

《潜夫论》

【题解】

本文节选自王符《潜夫论·交际》，题目是后加的。三患，就是三种值得担忧的事情。

王符（约公元 85—163 年），字节信，终身不仕，以"潜夫"自号。安定临泾（今甘肃镇原）人。东汉末年思想家。少好学，有志操，与马融、窦章、张衡、崔瑗等人相友善。他性情耿介，不苟同于世俗，终身不仕，隐居著书三十余篇，以抨击时政之得失，取名为《潜夫论》。他的思想徘徊于唯物和唯心之间，但更倾向于唯物主义。延熹五年（公元 162 年），同乡度辽将军皇甫规解官回安定。乡人往谒，皇甫规冷落退职太守，却欢迎王符。以致时人传语说："徒见二千石，不如一缝掖。"可见他在当时颇负盛名。

《潜夫论》共三十六篇，除少数涉及哲学问题，大多是讨论治国安民的政论文章。作者对东汉后期的用人、行政、边防等内外统治策略和时政弊端提出广泛尖锐的批判，同时也批评了当时迷信卜巫、交际势利等社会不良风气，涉及政治、经济、哲学、法律、历史、军事、思想、文化等领域。

世有可患者三①。三者何？曰：情实薄而辞称厚②，念实忽而文想忧③，怀不来而外克期④。不信则惧失贤，信之则违误人⑤，此俗士可厌之甚者也⑥。是故孔子疾夫言之过其行者⑦，《诗》伤"蛇蛇硕言，出自口矣。巧言如簧，颜之厚矣"⑧。

245

【注释】

① 可患者:值得担忧的事情。

② 情谊实在很淡薄,嘴上却说得很深厚。辞:言辞。称:声称。

③ 大意是,心里实在已经淡忘,书信里却写想念和担忧。忽:忽略,不经心。

④ 内心不希望人家来,表面上还要和人家约定见面的日期。怀:指心中。

⑤ 诖(guà)误:贻误。

⑥ 俗士:庸俗不高尚的人。

⑦ 因此孔子痛恨那些言语超过行动的人。是故:因此。疾:痛恨。夫:那些。

⑧ 《诗》:指《诗经》。下面四句诗出自《小雅·巧言》。伤:为……忧伤。蛇蛇(yí yí):浅薄而自大。硕言:大话。巧言:表面上好听而实际上虚伪的话。簧:指吹奏乐器中簧片振动发出的美妙动听的声音。颜:脸皮。

　　今世俗之交也,未相照察而求深固①,探怀扼腕②,拊心祝诅③,苟欲相护论议而已④;分背之日⑤,既得之后,则相弃忘。或受人恩德,先以济度⑥,不能拔举⑦,则因毁之⑧,为生瑕衅⑨,明言"我不遗力⑩,无奈自不可尔⑪"。

【注释】

① 还没有深入了解,就急着要缔结深厚牢固的友谊。照察:明察,深入了解。

② 探怀:把手伸进怀中,表示掏心。扼腕:用一只手握住另一只手腕,表示振奋、激动。探怀扼腕:表示推心置腹的意思。

③ 拍着胸口赌咒发誓。拊(fǔ)心:拍胸。祝诅(zhòu zǔ):发誓。

④ 相护:互相庇护。论议:指背后议论别人。

⑤ 分背:分手,背离。

⑥ 先依靠别人渡过难关。济度:渡河,引申为解除困厄。

⑦ 不能得到推荐选拔。拔举:选拔推荐。

⑧ 就乘机诋毁别人。

⑨ 为了给对方制造罪名。瑕衅:指罪过,过失。

⑩ 明言:明白辩说。我不遗力:我已经不遗余力。

⑪ 无奈他自己不中用罢了。尔:而已,罢了。

　　《诗》云:"知我如此,不如无生①。"先合而后忤②,有初而无终,不若本无生意③,强自誓也④。"君子屡盟,乱是用长⑤"。大人之道⑥,周而不比⑦,微言相感⑧,掩若同符⑨,又焉用盟⑩?孔子恂恂⑪,似不能言者,又称"闻闻言",惟谨也⑫。士贵有辞⑬,亦憎多口⑭。故曰:"文质彬彬,然后君子⑮。"与其不忠,刚毅木讷,尚近于仁⑯。

【注释】

① 早知我如此,还不如不生我出来。这两句诗引自《小雅·苕之华》。

② 起先和好,而后翻脸。忤:违逆。

③ 不如根本就不要有交好的意愿。生意:这里指产生交好的意愿。

④ 大意是,要若交好,就要勉强自己发誓。强(qiǎng):勉强。

⑤ 君子屡屡立盟誓,祸乱却由此而滋生。是用:因此,由此。这两句诗引自《小雅·巧言》。

⑥ 大人:指德行高尚、志趣高远的人。与"小人"相对。

⑦ 周:亲密团结。比:结党营私。

⑧ 用隐微不显、委婉的言辞互相启发。

⑨ 大意是,朋友之间心心相印,如验合符契一般。掩:合。符:古代凭

证,分为两半,须验合方始生效。

⑩ 焉用盟:哪里用得着盟誓。

⑪ 以下几句话节引自《论语·乡党》:"孔子于乡党,恂恂如也,似不能言者。其在宗庙朝廷,便便言,唯谨尔……与上大夫言,訚訚如也。"恂恂(xún xún):温顺恭谨的样子。

⑫ 訚訚(yín yín)言:形容说话和悦而又能辨明是非。惟谨:说话很谨慎。

⑬ 士人以善于言辞表达为贵。

⑭ 多口:多言,不该说而说。

⑮ 既有文彩,又很朴实,然后才能成为君子。彬彬,文雅的样子。语出《论语·雍也》。

⑯ 与其与交友不忠的人为友,不如以刚强果敢但不善言辞的人为友,这样离"仁"还不太远。木讷(nè):口齿笨拙。

呜呼哀哉①!凡今之人,言方行圆②,口正心邪③,行与言谬④,心与口违;论古则知称夷、齐、原、颜⑤,言今则必官爵职位⑥;虚谈则知以德义为贤⑦,贡荐则必阀阅为前⑧。处子虽躬颜、闵之行⑨,性劳谦之质⑩,秉伊、吕之才⑪,怀救民之道,其不见资于斯世也⑫,亦已明矣!

【注释】

① 唉!痛心啊!

② 言论正直而行为圆滑。

③ 嘴上冠冕堂皇,内心却奸邪龌龊。

④ 谬:背离。

⑤ 称:称颂。夷:伯夷。齐:叔齐。原:原宪。颜:颜渊。此四人都是古代淡薄名利的贤人。

⑥ 谈起当今的事,就只知道官爵和职位了。

⑦ 虚谈:空谈。德义:道德信义。

⑧ 贡荐:举荐。阀阅:指门第、家世。

⑨ 处子:指处士,有才德而隐居不仕的人。躬:本身具有。颜:颜渊。闵:闵损,字子骞(qiān),也是孔子弟子,以德行著称。

⑩ 劳谦:勤劳谦恭。

⑪ 伊:指伊尹,商初大臣,曾帮助汤攻灭夏桀。吕:指吕尚,即姜太公,曾辅佐周文王、武王灭商。

⑫ 那些人不被当世所取用。见……于……:被……。资:取用。斯世:当世。

【评析】

王符告诫我们,在人际交往的时候有三种值得警惕的情况:其一是,本来和你并没有多少情谊,但在嘴上却偏偏说与你交情如何如何深厚。其二是,心里其实早已把你淡忘,但在书信或文章里却写如何如何思念你、牵挂你。其三是,明明心里不希望人家来,但表面上还要和人家约定见面的日期。这"三患"可以用两个字来概括,那就是"虚伪"。

作者把这种人的种种丑恶嘴脸勾画得惟妙惟肖,可谓入木三分,这对我们提高识别能力是有好处的。交友首先就要坦诚、忠实。如果虚情假意,嘴上一套,心里又是一套,还有什么友谊可言?这种人在当代社会也没有完全绝迹,因此我们在交友的时候必须要谨慎和理智。尤其是年轻人,涉世不深,容易被花言巧语忽悠。当然,也要防止神经过敏、处处设防,不要把别人的热情和善意都当做虚伪,毕竟世上还是好人多。

六、朱晖重义

《后汉书》

【题解】

本文节选自范晔《后汉书·朱乐何列传》，题目是后加的。朱晖，生卒年不详，字文季，南阳宛（今河南南阳）人，东汉光武帝时曾任郎官，后官至尚书令。

范晔及《后汉书》的简介见第一单元《来歙遇刺》的题解。

朱晖，字文季，南阳宛人也①。家世衣冠②。晖早孤，有气决③。

初，晖同县张堪素有名称④，尝于太学见晖⑤，甚重之，接以友道⑥，乃把晖臂曰⑦："欲以妻子托朱生⑧。"晖以堪先达⑨，举手未敢对⑩，自后不复相见。堪卒⑪，晖闻其妻子贫困，乃自往候视⑫，厚赈赡之⑬。晖少子颉怪而问曰⑭："大人不与堪为友⑮，平生未曾相闻⑯，子孙窃怪之。"晖曰："堪尝有知己之言⑰，吾以信于心也⑱。"

【注释】

① 南阳：郡名，今河南南阳。宛：今河南南阳。

② 家里世代做官。衣冠：穿衣戴冠，这里指做官。

③ 气决：果敢而有魄力。

④ 张堪：字君游，官至渔阳太守，为官清廉。素：向来。名称：名声。

⑤ 太学：我国古代设于京城的最高学府。

⑥ 用朋友之道结交他。意即和他交为朋友。

⑦ 把:握。

⑧ 妻子:妻子儿女。生:先生。

⑨ 先达:有德行学问的前辈。

⑩ 举手:举起手示礼。未敢对:没敢答应。

⑪ 卒:死。

⑫ 候视:探视问候。

⑬ 赈(zhèn)赡:以财物周济。

⑭ 少子:最小的儿子。

⑮ 大人:对父母叔伯等长辈的敬称。

⑯ 平生:平素。相闻:听说过他。

⑰ 知己之言:知心话。

⑱ 我已经从心里信任他。以:通"已",已经。

　　晖又与同郡陈揖交善①,揖早卒,有遗腹子友②,晖常哀之③。及司徒桓虞为南阳太守④,召晖子骈为吏,晖辞骈而荐友。虞叹息⑤,遂召之。其义烈若此⑥。

【注释】

① 交善:结交。

② 友:即陈揖之子陈友。

③ 哀:怜悯,同情。

④ 司徒:官名,掌管国家的土地和人民的教化。

⑤ 叹息:赞叹。

⑥ 义烈:注重道义。

【评析】

这里讲了朱晖交友的两个故事。朱晖和张堪都是宛县的名流,但两人平时交往不是很多。张堪出于对朱晖的信任,打算在自己死后把妻儿托付给他照应。对前辈的重托,朱晖虽然未敢轻易允诺,但他已经把这件事情装进了心里。后来当他听说张堪"妻子贫困",便立即前往慰问,并且给了很多钱财接济。另一位朋友陈揖,生前并无嘱托,但朱晖对他的遗腹子仍然倍加关心,并把自己儿子做官的机会也让给了他。

古人以道义交友,一旦引为知己,便承担起做朋友的责任。这就是明人洪应明在《菜根谭》所说的:"交友须带三分侠气,做人要存一点素心。"

七、勿以恶小而为之

刘 备

【题解】

本文节选自《诸葛忠武书》卷三。题目是后加的。勿以恶小而为之,不要因为小的不好的事情就去做。

刘备(公元 161—223 年),字玄德,涿郡涿县(今河北涿县)人,蜀汉的开国皇帝,汉景帝之子中山靖王刘胜的后代。黄巾起义时,刘备与关羽、张飞一同剿除黄巾,有功,任安喜县尉;董卓乱政之际,刘备随公孙瓒讨伐董卓,三人在虎牢关战败吕布。后诸侯割据,刘备势力弱小,几经波折,却仍无自己的地盘。赤壁之战前夕,刘备在荆州三顾茅庐,请诸葛亮出山辅助,在赤壁之战中,联合孙权打败曹操,奠定了三分天下的基础。刘备在诸葛亮的帮助下占领荆州,不久又进兵益州,夺取汉中,自立为汉中王。公元221年,于成都即位称帝,国号汉,年号建章。后伐东吴兵败,损失惨重,退回白帝城,因病去世,临终托孤于诸葛亮,享年六十二,谥"昭烈",史称为"先主"。

诸葛亮及《诸葛忠武书》的简介见第二单元《诫外甥》的题解。

朕初疾但下痢耳①,后转杂他病②,殆不自济③。人五十不称夭④,年已六十有余,何所复恨⑤,不复自伤⑥。但以卿兄弟为念⑦。射君到⑧,说丞相叹卿智量⑨,甚大增修⑩,过于所望⑪,审能如此⑫,吾复何忧⑬? 勉之⑭,勉之! 勿以恶小而为之,勿以善小而不为⑮。惟贤惟德,能服于人⑯。汝父德薄⑰,勿效之。可读《汉书》、《礼记》,闲暇历观诸子及《六韬》、《商君书》⑱,益人意智⑲。闻丞相为写《申》、《韩》、《管子》、《六韬》一通已毕⑳,未送,道亡㉑,可自更求闻达㉒。

【注释】

① 朕:帝王自称之词。但:只是。下痢:指腹泻。

② 转杂:转变并杂染。

③ 殆(dài):恐怕。自济:自渡难关。

④ 夭(yāo):短命。

⑤ 又有什么可遗憾呢?

⑥ 不复:不再。自伤:自我伤感。

⑦ 卿:古代长辈对晚辈的称谓,此指刘禅。

⑧ 射君:即射援,字文雄,扶风(今陕西兴平)人,本姓谢,后改姓射,刘备立国后曾任祭酒等职。

⑨ 丞相:指诸葛亮。叹:赞叹。智量:智慧与气度。

⑩ 大意是进步很大。增修:进一步修养,这里是进步的意思。

⑪ 超过我的期望。

⑫ 审:确实,果真。

⑬　我还要忧虑什么呢？

⑭　勉：努力。

⑮　不要因为是小的不好的事情就去做，不要因为是小的好事而不去做。

⑯　只有凭贤能和德行，才能服人。

⑰　德薄：德行浅薄。这是谦辞。

⑱　历观：逐一地看。诸子：指先秦至汉初的各派学者的著作。《六韬》：《武经七书》之一，是一部集先秦军事思想大成的著作。《商君书》：战国时期法家思想的奠基者、军事家商鞅及其后学的著作合编。

⑲　益：增加。意智：智慧。

⑳　《申》：指《申子》，战国时期法家代表人物申不害所著，今仅有逸文。《韩》：指《韩非子》，韩非著，战国时期法家学说集大成之作。《管子》：春秋时期齐国政治家、思想家管仲及管仲学派的著述总集。
　　一通：一遍。毕：完成。

㉑　道亡：在路上遗失了。

㉒　你可以自己另外找有名望的人请教。更：另外。闻达：有名望的人。

【评析】

　　这是三国蜀汉开国君主刘备临终前给儿子刘禅的遗嘱，其中最经典的就是"勿以恶小而为之，勿以善小而不为"两句话了。虽然已经过去了一千七百多年，但至今仍然被我们时时引用。刘备是否做到了这两条，这里姑且不论，但这毕竟是他一生阅历的经验总结，很富有哲理和警示性。两句话中各有一个"小"字，唯其"小"，所以容易被忽视，因此有一些人"大善无力举，小事不屑为；大恶知忌避，小害不在意"。我们都懂得"千里之堤，溃于蚁穴"和"积善成德"的道理，大恶由小恶发展而成，大善也是由小善积聚而成。所以,在日常生活里,不要因为是"小事"而不屑一顾或者放松警惕。

八、管宁割席

《世说新语》

【题解】

本文选自刘义庆《世说新语·德行》,题目是后加的。管宁(公元 158—241 年),字幼安,北海朱虚(在今山东临朐东南)人,三国时魏国高士。席,坐席。古人席地而坐,割席就表示断交。

刘义庆及《世说新语》的简介见第三单元《戴渊自新》的题解。

管宁、华歆共园中锄菜①,见地有片金②,管挥锄与瓦石不异③,华捉而掷去之④。又尝同席读书⑤,有乘轩冕过门者⑥,宁读如故,歆废书出看⑦。宁割席分坐曰:"子非吾友也⑧。"

【注释】

① 管宁和华歆一同在菜园里刨地种菜。华歆(huà xīn)(公元 175—231 年):字子鱼,冀州平原高唐(今山东禹城西南)人,魏文帝时官至相国。共:共同,一起。园:菜园。

② 片金:一小片金子。

③ 大意是,管宁挥动锄头照旧锄地,在他眼里,这一小片金子与瓦砾石子没有什么两样。管:管宁。

④ 华歆把金子捡了起来,然后又把它扔掉了。华:华歆。捉:握,拿。掷:扔,抛弃。

⑤ 尝:曾经。同席:同坐一席,表示关系亲密。

255

⑥　有人乘着官车、戴着官帽从门口经过。轩（xuān）：古代一种前顶较
　　高而有帷幕的车子，供大夫以上乘坐。冕（miǎn）：古代天子、诸侯、
　　卿、大夫等所戴的礼帽，泛指官帽。这里是戴官帽的意思。

⑦　管宁照旧读书，华歆却放下书本出去看。宁：管宁。如故：如同原来
　　一样，照旧。歆：华歆。废：放下。

⑧　您不是我的朋友。子：您。

【评析】

　　管宁和华歆从小一起长大，他们同席读书，是非常要好的朋
友。可是后来有两件"小事"让管宁对华歆有了看法。一件是，有
次两人一起刨地种菜，竟从泥土里刨出一片金子，华歆把它捡起看
了一眼，随即又扔掉了。另一件是，有一天有个达官贵人头戴官
帽、乘着气派的官车从门口经过，华歆忍不住诱惑，竟丢下书本去
看热闹了。这两件"小事"让管宁意识到，华歆与自己志趣不同，
不可能成为志同道合的朋友，于是取来刀子，割开席子，与华歆一
刀两断。

　　如果用今天的眼光来看，华歆想发点财、想当个官也无可厚
非，甚至会觉得管宁迂腐，小题大作。我们自然不能这样脱离历
史、就事论事地来看这个故事。

　　这个故事实际上提出了一个志趣与友谊的关系问题。管宁自
幼好学，饱读经书，一生不慕名利，他的志趣与仰慕名利的华歆绝
不相同。而交友首先要看是否志同道合，这是缔结友谊的基础。
如果志不同道不合，朋友之间貌合而神离，最终一定是分道扬镳。
这就是所谓"道不同不相为谋"，与其如此，还不如趁早断交。这
篇不足八十字的小故事，说出了一个交友的大道理，很值得我们
深思。

256

九、祸有不可避者

陆　游

【题解】

本文节选自陆游《放翁家训》。题目是后加的。

陆游及《放翁家训》的简介见第四单元《天下之事常成于困约而败于奢靡》的题解。

吾平生未尝害人，人之害吾者，或出忌嫉①，或偶不相知②，或以为利③，其情多可谅，不必以为怨，谨避之可也④。若中我过者，尤当置之⑤。汝辈但能寡过⑥，勿露所长⑦，勿与贵达亲厚⑧，则人之害己者自少。吾虽悔已不可追，以吾为戒，可也。祸有不可避者，避之得祸弥盛⑨。既不能隐而仕⑩，小则谴斥⑪，大则死，自是其分⑫，若苟逃谴斥而奉承上官⑬；则奉承之祸不止失官。苟逃死而丧失臣节⑭，则失节之祸不止丧身⑮。人自有懦而不能蹈祸难者⑯，固不能强⑰，唯当躬耕⑱，绝仕进⑲，则去祸自远。

【注释】

① 忌嫉：嫉妒。

② 不相知：不了解，误解。

③ 有的是为一己私利。

④ 谨：小心。

⑤ 大意是，如果有指明我错误的人，更不应该对他耿耿于怀。

⑥ 你们只要少犯错误。

⑦ 不要炫耀自己的才干。

⑧ 不要去巴结权贵。贵达:显贵的人。亲厚:关系亲密。

⑨ 弥:更加。

⑩ 既然不能隐居而出来做官。

⑪ 谴斥:谴责,呵斥。

⑫ 自然是情理中事。

⑬ 上官:上司,长官。

⑭ 逃死:逃避灾祸或致死的危险。

⑮ 丧身:丧命。

⑯ 懦:懦弱。蹈祸难:意即承受祸害。

⑰ 强:勉强,这里是勉为其难去做官。

⑱ 应当去种地。

⑲ 摒弃做官。

　　风俗方日坏①,可忧者非一事。吾幸老且死矣②,若使未遽死③,亦决不复出仕。惟顾念子孙,不能无老妪态④。吾家本农也,复能为农,策之上也⑤;杜门穷经⑥,不应举⑦,不求仕,策之中也;安于小官,不慕荣达⑧,策之下也。舍此三者,则无策矣。汝辈今日闻吾此言,心当不以为是,他日乃思之耳,暇日时与兄弟一观以自警⑨,不必为他人言也。

【注释】

① 方:正。

② 且:将。

③ 假使还不很快死掉。遽:急速。

④ 大意是,不能不反复唠叨。老妪态:老太婆的样子,这里指唠叨。

⑤ 是上策。

258

⑥　关门钻研儒家经典。

⑦　应举:参加科举考试。

⑧　荣达:位高显达。

⑨　暇日:空闲的日子。一观:看一遍。自警:告诫自己。

【评析】

　　陆游在这节文字里主要总结了自己的避祸经验。他认为,灾祸往往是自己造成的,因此重在自身防范。只要做到少犯错误("寡过")、不张扬炫耀("勿露所长")、不巴结权贵("勿与贵达亲厚"),就能减少祸患。此外,他还根据自己多年在官场沉浮的体验,奉劝性格懦弱、意志薄弱者("懦而不能蹈祸难者")切忌步入官场,这些人如能理智地选择"躬耕"道路,自会远离灾祸。但是,陆游并非一味防御。他特别告诫那些"既不能隐而仕"的子孙,"祸有不可避者,避之得祸弥盛"。绝对不能因为避祸逃死而去"奉承上官",乃至"丧失臣节"。言外之意就是既在官场,就应该像他那样刚正不阿,敢于向恶势力斗争,不能考虑个人生死得失。

十、治家格言

朱柏庐

【题解】

　　本文选自《朱柏庐先生治家格言》。

　　朱柏庐(公元 1627—1698 年),名用纯,字致一,自号柏庐。江苏昆山人。著名理学家、教育家。清顺治二年(1645 年)其父朱集璜在守昆城抵御清军时遇难。当时才十八岁的他,担起了上侍奉老母,下抚育弟妹的重任,播迁流离,备极艰辛。居乡教授学生,潜心治学,以程、朱理学为本,提倡知行并进,生平严于律己。清康熙十八年(1679年)他坚辞不应博学鸿儒科,后又坚拒地方官举荐的乡饮大宾。康熙三十七年染疾病故。著有《删补易经蒙引》、《四书讲义》、《困衡录》、《愧讷集》、《春秋五传酌解》、《毋欺录》等。其所著《朱柏庐先生治家格言》家喻户晓,尤脍炙人口。

《朱柏庐先生治家格言》,又称《朱子家训》、《治家格言》,以"修身"、"齐家"为宗旨,通篇意在劝人要勤俭持家,安分守己。它问世以来,流传甚广,被历代士大夫尊为"治家之经",清至民国年间,一度成为童蒙必读课本之一。

黎明即起,洒扫庭除①,要内外整洁;既昏便息②,关锁门户,必亲自检点③。一粥一饭,当思来处不易;半丝半缕④,恒念物力维艰⑤。宜未雨而绸缪⑥,毋临渴而掘井⑦。自奉必须俭约⑧,宴客切勿流连⑨。器具质而洁⑩,瓦缶胜金玉⑪;饮食约而精⑫,园蔬愈珍馐⑬。勿营华屋⑭,勿谋良田⑮。三姑六婆⑯,实淫盗之媒⑰;婢美妾娇,非闺房之福⑱。奴仆勿用俊美,妻妾切忌艳妆。

【注释】

① 庭除:庭院。

② 既昏:黄昏后。

③ 检点:查点。

④ 缕(lǚ):线。

⑤ 要常念着这些物资的得来是很艰难的。恒:常常。物力:物资。
维:是。

⑥ 大意是,凡事应该先作准备,像没到下雨的时候,要先把房子修缮牢

260

固。未雨而绸缪(móu):语本《诗经·豳风·鸱鸮》。绸缪:紧密缠
缚的样子。

⑦ 毋(wú):不要。

⑧ 自奉:自身日常生活的供养。

⑨ 宴请客人,切不可没有限度。流连:耽于游乐而忘归,这里指无度。

⑩ 质:质朴。

⑪ 瓦缶(fǒu):小口大腹的瓦器。

⑫ 约:节约。

⑬ 园蔬:园子里种的蔬菜。愈:胜过。珍馐(xiū):珍美的菜肴。

⑭ 营:建造。华屋:华丽的房屋。

⑮ 谋:谋划,盘算。

⑯ 三姑六婆:三姑指尼姑、道姑、卦姑;六婆指牙婆、媒婆、师婆、虔婆、
药婆、稳婆。这里泛指惹事生非的妇人。

⑰ 媒:媒介。

⑱ 美丽的婢女和娇艳的姬妾,不是家庭的幸福。闺房:女子的卧室,这
里指家庭。

祖宗虽远,祭祀不可不诚;子孙虽愚,经书不可不读①。居身
务期质朴②,教子要有义方③。勿贪意外之财,勿饮过量之酒。与
肩挑贸易④,毋占便宜;见贫苦亲邻,需多温恤⑤。刻薄成家理无
久享⑥,伦常乖舛立见消亡⑦。兄弟叔侄,需分多润寡⑧;长幼内
外,宜法肃辞严⑨。听妇言乖骨肉岂是丈夫⑩,重资财薄父母不成
人子⑪。嫁女择佳婿,毋索重聘⑫;娶媳求淑女,无计厚奁⑬。见
富贵而生谄容者最可耻⑭,遇贫穷而作骄态者贱莫甚⑮。

【注释】

① 经书:指儒家经典。

② 居身:立身处世,做人。

③ 义方:行事应该遵守的规范和道理。

④ 贸易:交易,买卖。

⑤ 温恤:体贴抚慰。

⑥ 对人刻薄而起家的,决没有长久享受的道理。

⑦ 伦常:人与人相处的常道。特指封建社会的君臣、父子、夫妇、兄弟、朋友五种关系,即五伦。乖舛(chuǎn):违背。

⑧ 分多润寡:分出多余的贴补短少的。

⑨ 应有严正的规矩和庄重的言辞。

⑩ 妇言:指妇女挑拨的话。

⑪ 看重钱财而薄待父母,不是作儿子的道理。

⑫ 聘(pìn):聘礼。

⑬ 奁(lián):指陪嫁的衣物等。

⑭ 生谄容:做出谄媚的样子。

⑮ 贱莫甚:最鄙贱不过。

居家戒争讼①,讼则终凶②;处世戒多言,言多必失。毋持势力而凌逼孤寡③,毋贪口腹而恣杀生禽④。乖僻自恃⑤,悔误必多;颓惰自甘,家道难成⑥。狎昵恶少,久必受其累⑦;屈志老成,急则可相依⑧。轻听发言,安知非人之谮诉⑨,当忍耐三思;因事相争,安知非我之不是⑩,须平心暗想。施恩无念⑪,受恩莫忘。凡事当留余地,得意不宜再往⑫。

【注释】

① 争讼:争斗诉讼。

② 终凶:结果总是凶多吉少。

③ 凌逼:侵凌逼迫。

④ 恣杀生禽:任意屠杀牛羊鸡鸭等物。

⑤ 性情怪僻却自以为是的人。乖僻:反常,怪僻。自恃:自负。

⑥ 甘心颓废懒惰,自暴自弃的人,是难成家立业的。

⑦ 亲近不良的少年,日子久了,必然会受牵累。狎(xiá)昵:亲近。

⑧ 屈意敬奉持重的人,遇到急难的时候,就可以靠他帮助。屈志:曲意迁就。老成:指持重的人。

⑨ 轻信别人的话,怎知道他不是说人的坏话呢?谮(zèn)诉:谗毁。

⑩ 不是:不对。

⑪ 对人施了恩惠,不要记在心里而望报答。

⑫ 意思是,得意以后,就要知足,不应该再进一步贪求。

人有喜庆,不可生妒忌心;人有祸患,不可生喜幸心①。善欲人见不是真善,恶恐人知便是大恶②。见色而起淫心,报在妻女③;匿怨而施暗箭,祸延子孙④。家门和顺,虽饔飧不继,亦有余欢⑤;国课早完⑥,即囊橐无余⑦,自得至乐。读书志在圣贤⑧,为官心存君国⑨。安分守命⑩,顺时听天。为人若此,庶乎近焉⑪。

【注释】

① 不可有幸灾乐祸之心。

② 做了不好的事,而怕他人知道,就是有意做大恶。

③ 报应要落在自己的妻女身上。

④ 怀恨在心而暗中用计伤害人的,将会替自己的子孙留下祸根。

⑤ 虽然穷得吃不饱,内心也觉得很高兴。饔飧(yōng sūn):早饭和晚饭,泛指饭食。余欢:充分的欢欣。

⑥ 国家的税赋尽早缴完。课:赋税。

⑦ 囊橐(tuó):袋子。

⑧ 读古人的书要立志向圣贤学习。

⑨ 做官要有忠君爱国的思想。

⑩ 安分:规矩老实,守本分。守命:安于命运。

⑪ 如果能够这样的做人,那就差不多和圣贤做人的道理相合了。庶乎:近似,差不多。

【评析】

《治家格言》仅六百来字,但它涵盖修身养性、待人处事等诸多方面,浓缩了朱柏庐丰富的人生经验。虽然其中有歧视妇女、安分守命等封建思想,但大部分格言言简意深,贴近平民生活,且易诵易记。因此,数百年来,教育并影响了一代又一代人,成为人们做人行事的指引。及至今天,其启迪与警示意义仍然不可低估。格言的基调是贬恶扬善,倡和戒斗,贯穿全篇的是人文关爱的博大情怀。如"与肩挑贸易,毋占便宜;见贫苦亲邻,需多温恤","见富贵而生谄容者最可耻,遇贫穷而作骄态者贱莫甚","因事相争,安知非我之不是,须平心暗想","善欲人见不是真善,恶恐人知便是大恶","施恩无念,受恩莫忘","家门和顺,虽饔飧不继,亦有余欢","凡事当留余地,得意不宜再往"等等,堪称金玉良言。尤其是"一粥一饭,当思来处不易;半丝半缕,恒念物力维艰","宜未雨而绸缪,毋临渴而掘井"等,更是千古不废的座右铭。因此,格言的启迪与警示意义不会因岁月的流逝而逐渐黯淡,它具有永恒的魅力而历久弥新。

第七单元

一、晏子有老妻

《晏子春秋》

【题解】

本篇共二则,其一选自《晏子春秋·内篇杂下》,其二选自《外篇》。题目是后加的。

晏子(公元前?—前500年),名婴,春秋时期齐国人,曾任齐国的相国,历事灵公、庄公、景公三朝五十余年,是当时著名的政治家和外交家。

晏子生年早于孔子,他的事迹,《左传》多有记载,主要强调爱民省刑、薄敛戒奢,尊礼守法,廉洁自律。为人博闻强记,通古知今,节俭力行,尽忠极谏,匡正君王,安抚百姓。孔子对他"以兄事之"(《孔子家语·曲礼·子夏问》),司马迁愿意"为之执鞭"(《史记·管晏列传》),可谓崇拜备至。

《晏子春秋》是一部重要的先秦典籍。全书共有八卷,内篇六卷,外篇二卷,主要记载了晏婴进谏应答君王和参与政治活动的诸多遗闻逸事,生动反映了他的政治主张和思想方法,形象地再现了他从容镇定、巧妙应对、善于辞令、睿智机敏的处事风格,不仅具有重要的史料价值和借鉴意义,而且极具文学色彩。

(一)

景公有爱女①,请嫁于晏子。公乃往燕晏子之家②,饮酒,酣,公见其妻曰:"此子之内子耶③?"晏子对曰:"然,是也④。"公曰:"嘻!亦老且恶矣⑤。寡人有女少且姣⑥,请以满夫子之宫⑦。"晏子违席而对曰⑧:"乃此则老且恶⑨,婴与之居故矣⑩,故及其少且姣也⑪。且人固以壮托乎老⑫,姣托乎恶⑬。彼尝托,而婴受之矣⑭。君虽有赐,可以使婴倍其托乎⑮?"再拜而辞⑯。

【注释】

① 景公:指齐景公,名杵臼,春秋时齐国国君,公元前547年至前490年在位。

② 往燕晏子之家:去晏子家赴宴。燕:通"宴"。

③ 子:您。内子:古代称卿大夫的嫡妻。

④ 对,是的。

⑤ 嘻:唉。老且恶:又老又丑。

⑥ 寡人:古代君主的谦称。少且姣:年轻而貌美。

⑦ 请用她来填补您的居室。意思是把她嫁给您。满:充实,填补。夫子:指晏子。宫:房屋,居室。

⑧ 违席:离开坐席。表示对对方的敬重。

⑨ 乃此:乃今,如今。

⑩ 我和她生活已久了。

⑪ 意思是,在她年轻时也很美丽呀。

⑫ 固:本来。以壮托乎老:把壮年托付给老年。意思是说,年壮就意味着有衰老那一天。

266

⑬ 姣托乎恶：把美貌托付给丑陋。意思是说，美貌就意味着有丑陋那
　　一天。

⑭ 她曾托身于我，而我接受了她。

⑮ 倍：通"背"，背弃。

⑯ 再拜：拜了两拜。辞：辞谢。

（二）

田无宇见晏子独立于闺内①，有妇人出于室者，发班白②，衣
缁布之衣而无里裘③。田无宇讥之曰："出于室为何者也④？"晏子
曰："婴之家也⑤。"无宇曰："位为中卿⑥，田七十万，何以老为
妻⑦？"对曰："婴闻之，去老者谓之乱⑧；纳少者谓之淫⑨。且夫见
色而忘义⑩，处富贵而失伦⑪，谓之逆道。婴可以有淫乱之行，不
顾于伦，逆古之道乎⑫？"

【注释】

① 田无宇：即田桓子，春秋时齐国大夫。闺内：内室。

② 班白：头发花白。班：通"斑"，斑白。

③ 缁布：黑布。无里裘：里面没有裘衣。裘：用毛皮制成的御寒衣服。

④ 从内室里走出去的是谁呀？

⑤ 家：指妻子。

⑥ 卿：古代高级官员，分上中下三等。

⑦ 为何要以老妇为妻呢？

⑧ 去老：赶走老妻。

⑨ 纳少：迎娶少妇。

⑩ 且夫：况且。

⑪ 伦：指人与人之间的道德关系。

⑫ 逆古之道：违背古代流传下来的事理。

晏子虽贵为中卿,有田七十万,但是仍然守着"老且恶"的结发之妻。面对田无宇的讥讪,他神色坦然;齐景公欲嫁姣女,他更是坚辞不受。因为他心里有一条道德准绳:"见色而忘义,处富贵而失伦,谓之逆道。"晏婴回答齐景公的一番话:"乃此则老且恶,婴与之居故矣,故及其少且姣也……"风趣诙谐中自然流露出他对相濡以沫老妻的一往情深。

二、梁鸿与孟光

《后汉书》

【题解】

本文节选自范晔《后汉书·逸民列传》,题目是后加的。梁鸿,字伯鸾,生卒年不详,东汉诗人。孟光,梁鸿之妻。

范晔及《后汉书》的简介见第一单元《来歙遇刺》的题解。

梁鸿字伯鸾,扶风平陵人也①。父让,王莽时为城门校尉②,封修远伯③,使奉少昊后④,寓于北地而卒⑤。鸿时尚幼,以遭乱世,因卷席而葬。

【注释】

① 扶风平陵:在今陕西咸阳西北。

② 城门校尉:官名,掌京师城门屯兵。

③ 修远伯:梁让的封号。

④ 叫他侍奉少昊的后人。奉:侍奉。少昊(shào hào):传说中的部落

首领,黄帝之子。

⑤ 北地:在今甘肃庆阳西北。

后受业太学①,家贫而尚节介②,博览无不通,而不为章句③。学毕,乃牧豕于上林苑中④。曾误遗火⑤,延及它舍⑥。鸿乃寻访烧者,问所去失⑦,悉以豕偿之。其主犹以为少。鸿曰:"无它财,愿以身居作⑧。"主人许之。因为执勤⑨,不懈朝夕⑩。邻家耆老见鸿非恒人⑪,乃共责让主人⑫,而称鸿长者⑬。于是始敬异焉⑭,悉还其豕。鸿不受而去,归乡里。

【注释】

① 受业:从师学习。太学:即国学,古代设于京城的最高学府。

② 节介:气节,操守。

③ 章句:分析古书的章节和断句,这是经学家解说经义的一种方式。

④ 上林苑:古代官苑名,秦朝初建,至汉武帝时重新扩建。故址在今西安西及周至、户县一带。

⑤ 遗火:失火。

⑥ 延及:延伸到。它舍:别人家的房屋。

⑦ 去失:丢失。

⑧ 居作:做佣工。

⑨ 于是做杂活。

⑩ 早晚都不松懈。

⑪ 耆(qí)老:老年人。恒人:常人,一般的人。

⑫ 共:一起。责让:谴责。

⑬ 长者:指厚道人。

⑭ 敬异:敬重,推崇。

势家慕其高节①,多欲女之②,鸿并绝不娶。同县孟氏有女,状肥丑而黑,力举石臼③,择对不嫁④,至年三十。父母问其故。女曰:"欲得贤如梁伯鸾者。"鸿闻而娉之⑤。女求作布衣、麻屦,织作筐缉绩之具⑥。及嫁,始以装饰入门⑦。七日而鸿不答⑧。妻乃跪床下请曰⑨:"窃闻夫子高义⑩,简斥数妇⑪,妾亦偃蹇数夫矣⑫。今而见择⑬,敢不请罪?"鸿曰:"吾欲裘褐之人⑭,可与俱隐深山者尔。今乃衣绮缟⑮,傅粉墨⑯,岂鸿所愿哉?"妻曰:"以观夫子之志耳⑰。妾自有隐居之服。"乃更为椎髻⑱,着布衣,操作而前⑲。鸿大喜曰:"此真梁鸿妻也。能奉我矣⑳!"字之曰德曜,名孟光。

【注释】

① 势家:有权势的人家。高节:高尚的节操。

② 女(nǜ)之:将女儿嫁给她。

③ 石臼:用石凿成的舂米谷等物的器具。

④ 择对:选择婚姻对象。

⑤ 娉(pìn):送订婚礼。

⑥ 大意是女子要求做些缝制粗布衣、编织麻草鞋和织布时用的筐等用具。女:指孟光。麻屦(jù):麻草鞋。织作:纺织操作。缉绩:把麻析成细缕捻接起来。

⑦ 装饰:打扮,修饰。

⑧ 不答:不理睬。

⑨ 请:请求。

⑩ 夫子:先生,此指梁鸿。高义:气节高尚。

⑪ 简斥:疏远。

⑫ 偃蹇(yǎn jiǎn):骄傲,这里是怠慢的意思。夫:男人。

⑬ 见择:被你选上。

⑭ 裘褐:粗毛衣,此指粗陋衣服。

⑮ 绮缟(qǐ gǎo):精美而有花纹的丝织品。绮:有花纹的丝织品。缟:
细白的生绢。

⑯ 傅:涂搽。粉墨:妇女化妆用的白粉与黛墨。

⑰ 我以此来观察先生的志向罢了。

⑱ 于是重新在头上盘成一撮发髻。椎髻:形如椎的发髻。

⑲ 操作:劳动。

⑳ 能够侍奉我了。意思是志同道合了。

居有顷①,妻曰:"常闻夫子欲隐居避患,今何为默默②? 无乃
欲低头就之乎③?"鸿曰:"诺④。"乃共入霸陵山中⑤,以耕织为业,
咏《诗》、《书》⑥,弹琴以自娱。仰慕前世高士⑦,而为四皓以来二
十四人作颂⑧。

【注释】

① 居有顷:过不多久。

② 默默:闭口不说话。

③ 莫非要低头迁就官府吧。无乃……乎:莫非是……吧。

④ 诺:表示同意的答应声。这里是梁鸿同意孟光隐居避患的建议。

⑤ 霸陵:汉文帝陵寝,有时写作灞陵,位于西安东郊白鹿原东北角。

⑥ 《诗》、《书》:《诗经》和《尚书》,泛指儒家经典。

⑦ 前世:前代。高士:志行高洁之士。

⑧ 四皓:指秦末隐居商山的东园公、甪里先生、绮里季、夏黄公。四人
须眉皆白,故称商山四皓。颂:以颂扬为宗旨的诗文。

因东出关①,过京师,作《五噫之歌》曰②:"陟彼北芒兮③,噫!
顾览帝京兮④,噫! 宫室崔嵬兮⑤,噫! 人之劬劳兮⑥,噫! 辽辽

未央兮⑦,噫!"肃宗闻而非之⑧,求鸿不得⑨。乃易姓运期⑩,名耀,字侯光,与妻子居齐鲁之间。有顷,又去适吴⑪。

【注释】

① 因:于是。关:指函谷关,在今河南灵宝。
② 噫(yī):唉。
③ 陟(zhì):登上。北芒:山名。即邙山,在今洛阳之北。
④ 顾览:环视。帝京:京都,此指东汉国都洛阳(今河南洛阳)。
⑤ 崔嵬:高耸的样子。
⑥ 劬(qú)劳:劳累,劳苦。
⑦ 意思是百姓苦难无尽头。辽辽:深邃的样子。未央:无边无际。
⑧ 肃宗:即汉章帝刘炟(dá)。公元75年至87年在位。非:责难。
⑨ 求:寻找。
⑩ 易姓:改姓。运期(qī):复姓。
⑪ 又离开那里前往吴地。吴:吴地,在今江苏一带。

遂至吴,依大家皋伯通①,居庑下②,为人赁舂③。每归,妻为具食,不敢于鸿前仰视,举案齐眉④。伯通察而异之⑤,曰:"彼佣能使其妻敬之如此⑥,非凡人也。"乃方舍之于家⑦。鸿潜闭著书十余篇⑧。疾且困,告主人曰:"昔延陵季子葬子于嬴、博之间⑨,不归乡里,慎勿令我子持丧归去⑩。"及卒,伯通等为求葬地于吴要离冢傍⑪。咸曰⑫:"要离烈士⑬,而伯鸾清高,可令相近。"葬毕,妻子归扶风。

【注释】

① 大家:大户人家。
② 庑(wǔ):堂下周围的走廊、廊屋。

272

③　赁(lìn)舂：受雇为人舂米。

④　举起食案，高至眉毛的位置。表示恭敬。案：有脚的托盘。

⑤　察而异之：看到后感到很奇怪。

⑥　佣：受雇之人，佣工。

⑦　舍之于家：让他住在自己家里。

⑧　潜闭：隐居不出。

⑨　延陵季子：即季札，春秋时吴王寿梦第四子，因封于延陵，故称。延陵：今江苏丹阳。嬴、博：春秋时齐二邑名。

⑩　千万不要让我的儿子携棺木归葬。慎勿：千万不要。

⑪　要离：春秋时吴国刺客，相传他受吴王阖闾指派刺杀吴王僚子庆忌。冢(zhǒng)：坟墓。要离墓在今江苏无锡鸿山。

⑫　咸：都。

⑬　烈士：有节气有壮志的人。

【评析】

　　梁鸿与孟光的故事几乎家喻户晓，"举案齐眉"从古以来一直是夫妇相敬如宾的样板。但从"妻为具食，不敢于鸿前仰视"这点来看，孟光对丈夫的敬重，毕竟还带有夫权社会男尊女卑的痕迹，因此他们夫妇之间的敬重也并不对称。值得我们注意的倒是，梁鸿是个有名的才子，而孟光却是个"状肥丑而黑"、年届三十的丑女，这两人怎么会结合在一起，而且终身不渝？不慕势利，洁身自好，是他们两人共同的人生追求。正是由于志同道合，两人才一见钟情，并且在婚后漫长的人生道路上相互勉励，相互搀扶。志同道合是婚姻的基石，这就是这个故事给我们的启示。

三、鲍 宣 妻

《后汉书》

【题解】

本文节选自范晔《后汉书·列女传》。鲍宣(公元前? —公元3 年),字子都,西汉渤海高城(今河北盐山)人。哀帝时为谏大夫,后任司隶,主张及时采取措施,挽救西汉统治。王莽执政时被迫自杀。

范晔及《后汉书》的简介见第一单元《来歙遇刺》的题解。

勃海鲍宣妻者①,桓氏之女也,字少君。宣尝就少君父学,父奇其清苦②,故以女妻之③,装送资贿甚盛④。宣不悦,谓妻曰:"少君生富骄⑤,习美饰⑥,而吾实贫贱,不敢当礼⑦。"妻曰:"大人以先生修德守约⑧,故使贱妾侍执巾栉⑨。既奉承君子,唯命是从⑩。"宣笑曰:"能如是,是吾志也⑪。"妻乃悉归侍御服饰⑫,更着短布裳⑬,与宣共挽鹿车归乡里⑭。拜姑礼毕⑮,提瓮出汲⑯。修行妇道⑰,乡邦称之⑱。

【注释】

① 勃海:郡名,在今河北沧县。

② 奇其清苦:为他清贫而苦学而赞叹。奇:称奇。

③ 妻(qì)之:嫁给他。

④ 嫁妆陪送得非常丰厚。装送:指陪嫁,嫁妆。资贿:财货。

⑤ 生富骄:出生富贵。

⑥ 习惯穿着漂亮的衣服和首饰。

⑦ 不敢承受这份厚礼。

⑧ 大人:对父亲的敬称。修德守约:修养品德,信守约定。

⑨ 贱妾:古代妇女谦称自己。侍执巾栉(zhì):拿着手巾、梳子伺候,形容妻妾服事夫君。栉:梳子、篦子等梳发用具。

⑩ 意思是既然嫁给您了,就完全听从您。奉承:侍奉。君子:指丈夫。唯命是从:只听从您的吩咐。

⑪ 这是我的心意了。

⑫ 就全数退回了那些侍从婢女、服装首饰。侍御:泛指婢妾。

⑬ 更着:改穿。短布裳:指平民穿的衣服。

⑭ 挽:拉。鹿车:古代的一种小车。

⑮ 姑:指婆婆。

⑯ 瓮(wèng):小口大腹的陶制汲水罐。出汲:出门打水。

⑰ 修行:遵行。妇道:为妇之道。封建社会多指贞节、孝敬、卑顺、勤谨而言。

⑱ 乡邦:指同乡的人。

【评析】

　　鲍宣的妻子桓少君是富家女,陪嫁十分丰厚,而鲍宣是清贫子弟,对此颇为不快。少君是个善解人意的女子,为了打消夫君的顾虑,毅然把全部嫁妆退还娘家,穿着短布衣、挽着鹿车,跟随丈夫同归故里,过起了"提瓮出汲"的清苦日子,他们从此成为一对患难与共的恩爱夫妻。这个故事告诉我们,夫妻之间只有互相尊重、互相体谅,婚姻才能和谐美满。文中也宣扬了妇女必须对丈夫无原则的"唯命是从",这种所谓"妇德",自然是封建糟粕。

四、绝代才女谢道韫

《晋书》

【题解】

本文选自房玄龄《晋书·列女传·王凝之妻谢氏》，题目是后加的。谢道韫(yùn)，陈郡阳夏(今河南太康)人。东晋女诗人，生卒年不详。

房玄龄及《晋书》的简介见第五单元《吴隐之笑饮贪泉》的题解。

王凝之妻谢氏，字道韫，安西将军奕之女也①。聪识有才辩②。叔父安尝问③："《毛诗》何句最佳④?"道韫称⑤："吉甫作颂，穆如清风。仲山甫永怀，以慰其心⑥。"安谓有雅人深致⑦。又尝内集⑧，俄而雪骤下⑨，安曰："何所似也⑩?"安兄子朗曰⑪："散盐空中差可拟⑫。"道韫曰："未若柳絮因风起⑬。"安大悦。

【注释】

① 王凝之：字叔平，东晋大书法家王羲之之子，曾任江州刺史、左将军及会稽内史。他虽然也工于书法，但沉迷于五斗米道(东汉张陵创立的民间道教。传说入道者须交五斗米，因以为名)，荒疏政事，幻想服食丹药，以求长生。奕：谢奕，字无奕，谢安之兄，官至安西将军豫州刺史，赠镇西将军，喜书法，尤长于行书。

② 聪识(zhì)：聪明而记忆力强。才辩：才智机辩。

③ 安：指谢安(公元320—385年)，东晋政治家，曾打败苻坚的百万大

276

军,孝武帝时位至宰相。

④ 《毛诗》:即今本《诗经》。相传为战国末学者毛亨所传。

⑤ 称:述说。

⑥ 大意是,我吉甫写下这首诗歌,它和美得像清风一样;但愿仲山甫常常想起它,可以宽慰他的心。四句诗出自《诗经·大雅·烝民》,这首诗是仲山甫奉命前往齐国平乱,尹吉甫为之饯行所作,赞美仲山甫帮助周宣王成就中兴之治。吉甫:尹吉甫,周宣王时大臣。颂:指诗歌。穆:淳和。仲山甫:周宣王时大臣。永怀:常常想起。

⑦ 雅人深致:高雅的人意兴深远。雅人:风雅之士。深致:深远的意趣。

⑧ 内集:家人聚会。

⑨ 俄而:忽然间。骤:急。

⑩ 像什么呀?

⑪ 兄子:哥哥的儿子,侄子。朗:谢朗。

⑫ 大致可以比作天上撒盐。散:撒。差(chā):大致。拟:比拟。

⑬ 不如比作春天柳絮随风飞舞。未若:不如。因:凭借,随。

初适凝之①,还②,甚不乐。安曰:"王郎,逸少子③,不恶④,汝何恨也⑤?"答曰:"一门叔父则有阿大、中郎⑥,群从兄弟复有封、胡、羯、末⑦,不意天壤之中乃有王郎⑧!"封谓谢韶,胡谓谢朗⑨,羯谓谢玄⑩,末谓谢川,皆其小字也⑪。又尝讥玄学植不进⑫,曰:"为尘务经心⑬,为天分有限邪⑭?"凝之弟献之尝与宾客谈议⑮,词理将屈⑯,道韫遣婢白献之曰⑰:"欲为小郎解围⑱。"乃施青绫步鄣自蔽⑲,申献之前议⑳,客不能屈㉑。

【注释】

① 适:嫁。

277

② 还：回家，这里指回娘家。

③ 王郎：指王凝之。郎：妻子对丈夫的称呼。逸少：指王羲之。王羲之（公元321？—379年？），字逸少，号澹斋，原籍临沂（今山东临沂），后迁居山阴（今浙江绍兴），官至右军将军、会稽内史。

④ 不恶(è)：人才不坏。

⑤ 你为什么还不满意呢？恨：遗憾。

⑥ 一门：一族，一家。阿大：指谢安。中郎：指谢万。

⑦ 从兄弟：堂兄弟。

⑧ 想不到天地之间竟有王凝之这样的人！不意：不料，意想不到。天壤：天地。

⑨ 谢韶：曾任车骑司马。谢朗：官至东阳太守。

⑩ 谢玄（公元343—388年）：字幼度，东晋名将。谢川：有文采，早夭。

⑪ 小字：小名，乳名。

⑫ 学植：学业。进：上进，进取。

⑬ 尘务：世俗的事务。经心：烦心。

⑭ 天分：天资。

⑮ 献之：王献之（公元344—386年），字子敬，王羲之第七子，官至中书令。谈议：讨论切磋，这里指"清谈"。魏晋时期流行空谈玄理的风气。

⑯ 词理：文词的义理。屈：理亏。

⑰ 遣：派。白：告诉。

⑱ 小郎：称丈夫之弟。

⑲ 施：设置。青绫：青色的有花纹的丝织物。古时贵族常用以制被服帷帐。步鄣：屏风。自蔽：把自己遮蔽起来。当时为礼防男女授受不亲，大家闺秀参与清谈时，常张屏风自蔽，以使对谈的男子只闻其声而不见其容。

⑳ 申：申说，进一步发挥。前议：前面谈的内容。

㉑ 意即客人不能驳倒谢道韫。

278

及遭孙恩之难①，举措自若②，既闻夫及诸子已为贼所害③，方命婢肩舆抽刃出门④。乱兵稍至⑤，手杀数人⑥，乃被虏。其外孙刘涛时年数岁，贼又欲害之，道韫曰："事在王门，何关他族⑦！必其如此，宁先见杀⑧！"恩虽毒虐⑨，为之改容⑩，乃不害涛。

【注释】

① 孙恩(公元？—402年)：字灵秀，琅邪(今山东胶南)人，东晋五斗米道道士和起义军首领。隆安三年(公元399年)十月攻入会稽，杀内史王凝之。

② 举措：举动，行为。自若：镇定自如。

③ 既闻：听到了。诸子：孩子们。

④ 方：才，这才。肩舆：抬着轿子。抽刃：拔出刀剑。

⑤ 稍：随后。

⑥ 手杀：亲手杀死。

⑦ 事情发生在王家，与别人家有何干系！

⑧ 意思是说，一定要杀，宁愿先杀我！见杀：杀我。

⑨ 毒虐：狠毒暴虐。

⑩ 改容：动容，改变态度。

自尔嫠居会稽①，家中莫不严肃②。太守刘柳闻其名③，请与谈议。道韫素知柳名④，亦不自阻⑤，乃簪髻素褥坐于帐中⑥，柳束修整带造于别榻⑦。道韫风韵高迈⑧，叙致清雅⑨，先及家事，慷慨流涟⑩，徐酬问旨⑪，词理无滞⑫。柳退而叹曰⑬："实顷所未见⑭，瞻察言气⑮，使人心形俱服⑯。"道韫亦云："亲从凋亡⑰，始遇此士，听其所问，殊开人胸府⑱。"

【注释】

① 自尔：从此。嫠(lí)居：寡居。会(kuài)稽：今浙江绍兴。

② 严肃：指气氛庄重，使人感到敬畏。

③ 太守：郡的最高行政长官。

④ 素：平素，向来。

⑤ 自阻：阻拦自己。

⑥ 大意是，谢道韫打扮端庄坐在帐中。簪(zān)髻：用簪绾定发髻。
簪：绾定发髻或冠的长针。素褥：素色的坐褥，这里是铺上素褥的
意思。

⑦ 大意是，刘柳穿戴整齐坐到另设的一张榻上。束修整带：束带修饰。
带：衣带。造：到，去。榻：狭长而矮的坐卧用具。

⑧ 风韵：风度，仪态。高迈：超逸。

⑨ 叙致：叙谈的情趣。清雅：清高拔俗。

⑩ 慷慨：感叹。流涟：哭泣流泪。

⑪ 逐渐回答对方的问题。酬：应对，对答。

⑫ 言辞流畅无碍。词理：言辞和义理。

⑬ 退：离去。

⑭ 确实从未见过。顷(qǐng)：往昔。

⑮ 瞻察：观察。言气：言辞声气。

⑯ 心形俱服：由衷折服。心形：精神与形体。

⑰ 亲从：亲族。凋亡：丧亡。

⑱ 殊：甚，极。开人胸府：让人胸怀开朗。

　　初，同郡张玄妹亦有才质①，适于顾氏，玄每称之②，以敌道
韫③。有济尼者④，游于二家⑤，或问之⑥，济尼答曰："王夫人神
情散朗⑦，故有林下风气⑧。顾家妇清心玉映⑨，自是闺房之
秀⑩。"道韫所著诗赋诔颂并传于世⑪。

280

【注释】

① 才质:才气。

② 每:常常。称:称赞。

③ 可以与谢道韫相当。敌:匹敌。

④ 济尼:法名叫济的尼姑。

⑤ 游于二家:在两家走动,和两家都有交往。

⑥ 或:有人。

⑦ 王夫人:指谢道韫。神情:神态。散朗:飘逸爽朗。

⑧ 林下风气:闲雅飘逸的风采。林下:指竹林七贤。风气:风采气度。

⑨ 顾家妇:指张玄之妹。妇:媳妇。清心玉映:形容清纯无瑕。

⑩ 自是:自然是。闺房:女子的卧室,借指妇女。秀:指优秀者。

⑪ 诔(lěi):一种文体,悼念死者的文章。颂:一种文体,以颂扬为宗旨的诗文。

【评析】

谢道韫出身名门,从小饱学诗书,聪颖机敏,口才极好。有一天大雪纷飞,叔父谢安趁家人围坐在一起,出了一道题问大家:"这纷纷白雪像什么呢?"侄子谢郎说:"大概像是天上撒盐吧。"谢道韫随后说:"不如比做春天柳絮随风飞舞。"以飞舞的柳絮比拟纷扬的雪花儿,自然比天空撒盐要贴切生动优美得多,谢安为道韫的文思敏捷击节称赏,道韫因此而得了"咏絮才女"的美名。还有一次,小叔子王献之和客人清谈,眼看要败下阵来,道韫见势自告奋勇上去解围,她词理皆胜,一番言辞让客人甘拜下风。

道韫不仅才情出众,而且刚毅沉着,临危不惧。丈夫和诸子惨遭乱臣孙恩杀害,她获知噩耗,镇定自若,拔刀出门亲手杀死乱兵数人。见乱贼还要加害年仅数岁的外孙刘涛,她挺身而出,斥道:"事在王门,何关他族!必其如此,宁先见杀!"她的凛然正气和威

281

严震慑了敌人,终于迫使敌人放下屠刀。

谢道韫"神情散朗","有林下风气",无论才学或人品都拔俗超群。她的传奇事迹,充分表明巾帼的聪明才智绝不输于须眉,也是对"女子无才便是德"谬论的有力回击。不过,上天并没有眷顾这位几乎完美的女性,她的婚姻并不如意。虽然她在叔父谢安面前,直言不讳表达了对丈夫王凝之的不满,但是还是无奈地接受了命运的安排。这是她的不幸,也是封建时代妇女的悲哀。

五、王安丰妇

《世说新语》

【题解】

本文选自刘义庆《世说新语·惑溺》,题目是后加的。王安丰,即王戎(公元233—305年),因封安丰(今安徽霍丘)县侯,故称。王戎,字浚冲,琅邪临沂(今山东临沂)人。是晋代"竹林七贤"中年龄最小的一位,也被认为是七人中世俗之心最盛的一位。妇,妻子。

刘义庆及《世说新语》的简介见第三单元《戴渊自新》的题解。

王安丰妇,常卿安丰①。安丰曰:"妇人卿婿②,于礼为不敬,后勿复尔③。"妇曰:"亲卿爱卿,是以卿卿④;我不卿卿,谁当卿卿⑤?"遂恒听之⑥。

【注释】

① 卿:本是古代君对臣、长辈对晚辈的称谓,从魏晋南北朝开始,也可

282

以用作夫妻间的昵称。这里是"称……为卿"的意思，表示亲热而不拘礼节。

② 婿：指丈夫。

③ 以后不要再这样称呼了。

④ 因为亲你爱你，所以才称你为卿。

⑤ 谁当：何人。当：语助词，无义。

⑥ 于是经常任她这样称呼。听：听凭，任凭。

【评析】

在南北朝以前，君对臣、上对下才可称"卿"，从南北朝开始，民间逐渐流行夫妻间以"卿"相称，以表亲昵。可是，在士大夫眼里，认为"妇人卿婿，于礼为不敬"，有失体统，甚至作为"竹林七贤"之一的王安丰，也要求妻子"后勿复尔"。但王妻不是一个唯命是从的女性，立马回敬丈夫："亲卿爱卿，是以卿卿……"这番话理直气壮，大胆热辣。王安丰哑口无言，只得听之任之。这场夫妻间的昵称之争，折射出封建礼教对人性的扼杀，同时也让我们看到了女性的逐渐觉醒。女性只有人格独立，敢于"亲卿爱卿"，才能和男人一样，享有爱和被爱的权利。

六、亡妻王氏墓志铭

苏　轼

【题解】

本文选自《苏轼文集》卷十五。王氏，指王弗，苏轼之妻。墓志铭，放在墓里刻有死者事迹的石刻。一般包括志和铭两部分：志多用散文,叙述死者姓氏、生平等;铭是韵文,用于对死者的赞扬、悼念。

苏轼及《苏轼文集》的简介见第二单元《记先夫人不残鸟雀》的题解。

治平二年五月丁亥①,赵郡苏轼之妻王氏②,卒于京师③。六月甲午,殡于京城之西④。其明年六月壬午⑤,葬于眉之东北彭山县安镇乡可龙里先君先夫人墓之西北八步⑥。

【注释】

① 治平二年:即公元1065年。治平,宋英宗年号,公元1064年至1067年。五月丁亥:五月二十八日。

② 赵郡:治所在河北赵县。苏轼先世是赵郡栾城(今河北赵县)人。

③ 卒:死。京师:国都,此指汴京(今河南开封)。

④ 殡:死者入殓后停枢以待葬。

⑤ 明年:第二年。

⑥ 眉:指眉山县(今四川眉山)。彭山县:今四川彭山。先君先夫人:指苏轼已故的父母亲。步:古长度单位,历代定制的实际长度不一。

轼铭其墓曰①:

君讳弗②,眉之青神人③,乡贡进士方之女④。生十有六年,而归于轼⑤。有子迈⑥。君之未嫁,事父母⑦,既嫁,事吾先君、先夫人,皆以谨肃闻⑧。其始,未尝自言其知书也。见轼读书,则终日不去⑨,亦不知其能通也。其后轼有所忘,君辄能记之⑩。问其它书,则皆略知之⑪。由是始知其敏而静也。从轼官于凤翔⑫,轼有所为于外,君未尝不问知其详⑬。曰:"子去亲远⑭,不可以不

284

慎。"日以先君之所以戒轼者相语也⑮。轼与客言于外,君立屏间听之⑯,退必反复其言曰⑰:"某人也,言辄持两端,惟子意之所向⑱,子何用与是人言⑲?"有来求与轼亲厚甚者⑳,君曰:"恐不能久㉑。其与人锐,其去人必速㉒。"已而果然㉓。将死之岁㉔,其言多可听,类有识者㉕。其死也,盖年二十有七而已㉖。始死,先君命轼曰:"妇从汝于艰难㉗,不可忘也。他日汝必葬诸其姑之侧㉘。"未期年而先君没㉙,轼谨以遗令葬之㉚。

【注释】

① 铭:记载,镂刻。

② 您的名字叫弗。君:对对方的尊称,相当于"您"。讳:指已故尊长者之名,这里是苏轼表示对妻子的敬重。

③ 青神:县名,故城在今四川青神南。

④ 乡贡:乡试。进士:指贡举的人才。方:王方。

⑤ 十六岁那年,嫁给了苏轼。十有六年:十六年。归:嫁。

⑥ 迈:苏迈(公元1059—? 年),字伯达,苏轼长子。曾任酸枣尉、潮州安化令,擅长诗文书法。

⑦ 事:侍奉。

⑧ 意思是,都因为对待长辈小心体贴、恭敬有礼而被称道。谨肃:谨慎恭肃。闻:闻名,著称。

⑨ 去:离开。

⑩ 辄:立即,就。

⑪ 略知:大致也懂一点。

⑫ 凤翔:治所在今陕西凤翔。嘉祐六年(公元1060年),苏轼任大理评事凤翔府签判,至治平元年(公元1064年)十二月卸任。嘉祐:宋仁宗年号,公元1056年至1063年。

⑬ 在外面做了什么事情,回家以后您都要问清楚详情。

⑭　您远离父母双亲。子:您。

⑮　每天用先父告诫我的话提醒我。

⑯　屏:屏风。

⑰　退:回来,指回到内屋。反复:重复。

⑱　说出话来总是模棱两可,老是揣摩您的想法。辄:总是。持两端:模棱两可。

⑲　您为什么要和这种人说话?

⑳　有人专门来讨好我,显得特别亲密。亲厚:关系亲密而感情深厚。

㉑　恐不能久:这样的交情恐怕不能长久。

㉒　他和别人熟悉得快,他离别人而去也一定很快。锐:快速。

㉓　不久后的事实证明果真如此。已而:不久。

㉔　岁:年月,时候。

㉕　大抵都有见识。类:大抵。

㉖　盖:语气词。无义。

㉗　妻子跟着你共患难。

㉘　姑:丈夫的母亲,即婆婆。

㉙　不到一年先父也去世了。期(jī)年:一年。

㉚　我就遵照他的遗嘱安葬您。

铭曰①:

君得从先夫人于九原,余不能②。呜呼哀哉③!余永无所依怙④。君虽没,其有与为妇何伤乎⑤!呜呼哀哉!

【注释】

①　铭:铭辞。刻写在金石等物上的文辞。

②　您能跟着先母到九泉,我却不能。九原:九泉,黄泉。

③　啊,哀痛呀!呜呼:叹词,表示悲伤。

④　依怙(hù):依靠。

286

⑤ 您虽然去世了,但是有您这样的人做我的妻子,我还伤心什么呢?

没(mò):死。

【评析】

这篇墓志铭是苏轼为结发妻子王弗所作,写于治平三年(公元 1066 年)六月,即王弗病逝一周年魂归故里之时。

仁宗至和元年(公元 1054 年)苏轼与王弗结婚,是年,苏轼十九岁,王弗十六岁。婚后夫妇感情弥笃,并生有一子。英宗治平二年(公元 1065 年),苏轼还朝做官,不料王弗却因病早逝。痛失爱妻的苏轼,在精神上遭受巨大打击,内心的忧伤悲苦,即使十年之后,仍然挥之不去。感人至深的词作《江城子·乙卯正月二十日》:"十年生死两茫茫,不思量,自难忘。千里孤坟,无处话凄凉……"抒发了作者对亡妻的绵绵哀思,催人泪下。

在这篇墓志铭中,作者选取了十一年相伴相随的夫妻生活中的几个片断,十分生动逼真地再现了王弗的贤淑音容,表达了作者对亡妻的挚爱与痛惜。

王弗素有教养,在家孝敬父母,婚后侍奉公婆,相夫教子,深得苏家爱重。她不仅是苏轼生活上的伴侣,同患难,共甘苦,而且还是他事业上的得力助手。嘉祐六年,苏轼任凤翔府签判,这是他首度外任官职。因此,每当苏轼从官府回来,王弗"未尝不问知其详",并且提醒丈夫:"子去亲远,不可以不慎。"王弗为人正直,十分关心苏轼的交往。她有一双洞察秋毫的眼睛,那些"言辄持两端,惟子意之所向"的人和"有来求与轼亲厚甚者",都不能逃过她犀利的目光。如此贤惠的内助,一旦撒手离去,能不让"永无所依怙"的苏轼五内俱碎?

夫妻自从缔结连理那天起,命运就把俩人牢牢拴在了一起。

夫妻的真爱,不是终日耳鬓厮磨、卿卿我我,而是漫长人生道路上的风雨同舟,相互挽扶。

虽然命运对这对恩爱夫妻来说是残酷的,但是他们曾经拥有过这份感人至深的真挚爱情。苏轼在墓志铭末尾这样写道:"君虽没,其有与为妇何伤乎!"沉痛之中,他为得到王弗的爱情深感骄傲和满足。

七、书刘庭式事

苏 轼

【题解】

本文节选自《苏轼文集》卷六十六。刘庭式,北宋齐州人。公元1074年至1076年,苏轼任密州知府,刘庭式任通守,是苏轼的同僚。本文作于元丰六年(公元1083年)七月十五日,时苏轼谪居黄州(今湖北黄冈)。

苏轼及《苏轼文集》的简介见第二单元《记先夫人不残鸟雀》的题解。

予昔为密州①,殿中丞刘庭式为通判②。庭式,齐人也。而子由为齐州掌书记③,得其乡闾之言以告予④,曰:"庭式通礼学究⑤。未及第时⑥,议娶其乡人之女⑦,既约而未纳币也⑧。庭式及第,其女以疾两目皆盲⑨。女家躬耕⑩,贫甚,不敢复言⑪,或劝纳其幼女⑫。庭式笑曰:'吾心已许之矣⑬。虽盲,岂负吾初心哉⑭!'卒娶盲女⑮,与之偕老。"盲女死于密⑯,庭式丧之,逾年而哀不衰⑰,不肯复娶。

【注释】

① 密州:北宋时治所在今山东诸城。

② 殿中丞:官名,属殿中省,掌诸供奉等事。通判:官名,宋初始于诸州府设置,即共同处理政务之意。地位略次于州府长官,但握有联署州府公事和监察官吏的实权,号称监州。

③ 子由:苏轼之弟苏辙的字。齐州:北宋时治所在今山东济南。书记:从事公文、书信工作的人员。

④ 乡间:乡间、民间。

⑤ 礼:指礼经,即《礼记》、《仪礼》、《周礼》。学究:科举中的科目名。

⑥ 及第:科举应试中选,这里指考中进士。

⑦ 议:商议。乡人:同乡的人,此指邻居。

⑧ 纳币:古代婚礼六礼之一,即送聘礼至女家。

⑨ 以疾:因为害病。

⑩ 躬耕:亲自耕作,也就是务农的意思。

⑪ 意思是不敢再提成亲的事情。

⑫ 或:有人。

⑬ 许:答应,应允。

⑭ 难道可以背弃我当初的心愿吗?

⑮ 卒:最终。

⑯ 密:指密州。

⑰ 逾年:一年以后。

予偶问之:"哀生于爱,爱生于色①。子娶盲女,与之偕老,义也。爱从何生,哀从何出乎?"庭式曰:"吾知丧吾妻而已,有目亦吾妻也,无目亦吾妻也。吾若缘色而生爱②,缘爱而生哀,色衰爱弛③,吾哀亦忘。则凡扬袂倚市、目挑而心招者④,皆可以为妻也耶?"予深感其言。

【注释】

① 意思是,哀伤源自爱情,爱情源自姿色。

② 缘:由于。

③ 弛:减弱。

④ 扬袂(mèi)倚市、目挑而心招者:指妓女。扬袂:举袖。倚市:谓娼妓在市上卖笑。目挑:以目光挑逗。心招:以情态进行挑逗。

【评析】

农家子弟刘庭式和邻家姑娘曾有口头婚约,几年以后,庭式金榜题名,而姑娘却已双目失明。面对残酷的现实,庭式不顾亲人的劝阻,执意娶盲女为妻,与之偕老。他说:"吾心已许之矣!"后来盲女不幸病故,庭式伤心已极,终身未娶。

世俗以为"爱生于色",而庭式的回答却使人动容。他说,"若缘色而生爱",则色衰必爱弛,这样,娶妻与狎妓何异?

一个人的婚姻观,可以折射出他内在的道德和品性。婚姻不是儿戏,它不仅是两情相悦的归宿,同时也是彼此一生责任的承诺。已经步入或者即将步入婚姻殿堂的青年朋友们,您读了这个凄美动人的故事,有什么感触呢?

八、黄 道 婆

陶宗仪

【题解】

本文选自陶宗仪《辍耕录》卷二十四。黄道婆,又称黄婆,元代棉纺织革新家。生卒年不详。松江府乌泥泾(在今上海)人。

陶宗仪(公元1329—约1412年),字九成,号南村,黄岩(今浙江黄岩)人,元末明初文学家。元末举进士不第,后以教书为生,勤于记述典章制度。著有《辍耕录》。

　　《辍耕录》,又名《南村辍耕录》,三十卷,记述了元代的掌故、典章、文物和时事,旁及历史、地理和文学艺术,同时也歪曲记录了一些农民起义的事迹,对研究历史和文学具有一定的参考价值。

　　闽、广多种木棉①,纺绩为布②,名曰吉贝③。松江府东去五十里许④,曰乌泥泾,其地土田硗瘠⑤,民食不给⑥,因谋树艺,以资生业⑦,遂觅种于彼⑧。初无踏车、椎弓之制⑨,率用手剖去子,线弦竹弧置案间⑩,振掉成剂,厥功甚艰⑪。国初时⑫,有一妪名黄道婆者⑬,自崖州来,乃教以做造捍弹纺织之具⑭,至于错纱配色⑮,综线挈花,各有其法⑯。以故织成被褥带帨⑰,其上折枝团凤棋局字样,粲然若写⑱。人既受教,竞相作为⑲,转货他郡,家既就殷⑳。未几㉑,妪卒,莫不感恩洒泣而共葬之。又为立祠,岁时享之㉒。越三十年祠毁㉓,乡人赵愚轩重立今祠。复毁,无人为之创建,道婆之名日渐泯灭无闻矣。

【注释】

① 闽、广:指今福建和广东。木棉:即草棉。花一般淡黄色,果实如桃,内有白色纤维和黑褐色的种子,纤维可供纺织,子可榨油。

② 纺绩:纺织。

③ 吉贝:棉布。

④ 许:表示约数。

⑤ 硗(qiāo)瘠:坚硬贫瘠。

⑥ 百姓种田不够吃饭。

⑦ 因此考虑改种别的东西,赖以谋生。树艺:种植。

⑧ 所以到福建广东地区寻求种子。彼:指福建、广东。

⑨ 起初没有踏车、椎弓等设备。踏车:又称搅车,剥离棉籽的工具。当棉籽通过两根转速不同的滚轴时,棉籽被挤出分离。椎(chuí)、弓:弹棉花的工具,一直沿用至今。使用时先后用椎的大小端敲击弓弦,使棉絮蓬松并清除杂质。

⑩ 全部用手剥掉棉籽,用线作弦,用竹子做弓,放在案板上。案:指弹棉花的案板。这种工具比较小,弹力也小,所以黄道婆改进为椎弓,弹力大增。

⑪ 用手指弹拨成皮棉,费的功夫非常大。厥:其。

⑫ 国初:元代初年。

⑬ 妪(yù):老妇人。

⑭ 于是教给人们制作方便压籽、弹棉的纺织工具。做造:制造。捍(gǎn):即擀,指轧棉去籽。

⑮ 至于纺织不同的棉纱、配置颜色。

⑯ 布置纱线组成图案,都有各自的方法。

⑰ 带帨(shuì):衣带和手帕。

⑱ 那上面的折枝、团凤、棋局、字样,清清楚楚就像画上的一样。团凤:绘凤盘屈作圆形的一种花纹图案。粲然:清楚鲜明的样子。

⑲ 人们被她教会以后,争相操作。

⑳ 转卖到别的地方,家里就殷实富裕了。货:卖。殷:富裕。

㉑ 没过多久。

㉒ 又给她立了祠堂,逢年过节就祭祀她。

㉓ 过了三十年,祠堂毁坏了。

【评析】

如果没有陶宗仪这篇不足三百字的短文,黄道婆的名字也许

292

永远被湮没。因为她是个出身卑微的劳动妇女，所以正史里头有关她的事迹居然一个字都没有留下。然而，她却是一位对我国纺织事业曾经做出杰出贡献的革新家。

黄道婆生活在元朝初年，当时她的家乡松江"土田硗瘠"，是个连吃饭都成问题的贫困地区，于是农民想改种棉花，以摆脱困境。黄道婆是个有胆识的人，她勇敢地冲破三纲五常的束缚，远赴数千里之外的天涯海角涯州（今海南崖县），学习那里比较先进的棉纺技术。归来之后，她把学到的技术加以改革，并且毫无保留地传授给家乡人民。"教以做造捍弹纺织之具，至于错纱配色，综线挈花，各有其法"，在纺织工具和纺织技术上都有革命性的突破。她用踏车轧掉棉籽，改变"手剖去子"的落后状况；用"椎弓"替代"线弦竹弧"；还创造出一种脚踏的有三个纺锭的先进纺车，因此大大提高了功效和改善了棉纱的质量，并且织出了色彩艳丽、图案漂亮的花布。在她的带动下，乡邻们"竞相作为"，松江成了远近闻名的纺织之乡，百姓"家计就殷"。她死后，乡亲"莫不感恩洒泣而共葬之，又为立祠，岁时享之"。

由于文献不足，黄道婆所走过的崎岖革新之路无人知晓。尽管如此，一个处在社会下层的普通农妇，能取得纺织史上里程碑性质的革新创造，她所经历的挫折和艰辛我们完全可以想见。黄道婆的事迹证明了一个道理：革新创造不分男女尊卑，也不是某些"天才"的专利。在生产一线的工人农民，只要不妄自菲薄，勤奋学习，用心钻研，锲而不舍，他们凭借生产实践丰富的经验积累，发挥自己的聪明才智，是完全可以在革新创造的舞台上大有可为的。

九、夫 亢

唐甄

【题解】

　　本文节选自唐甄《潜书·内伦》，题目是后加的。夫亢，是丈夫凌驾于妻子之上的意思。亢，高。

　　唐甄（公元 1631—1705 年），初名大陶，字铸万，号圃亭。四川达州（今四川达州）人。他是明末清初的思想家和政论家。清顺治十四年（公元 1675 年）中举人。曾在山西当过十个月的知县，因与上司意见不合被革职。后来经商失败，便流寓江南，靠讲学卖文维持生活。

　　《潜书》是唐甄用了三十年的工夫完成的一部著述。最初取名《衡书》，志在权衡天下。后更名《潜书》。全书分为上下两篇，每篇又分为上下卷，共有九十七篇文章。正如唐甄自己所说，这些文章"上观天道，下察人情，远正古迹，近度今宜，根于心而致之行，如在其位而谋其政，非虚言也"。《潜书》有很强的批判精神。作者抨击了君主专制统治，认为秦以后的历代皇帝都是贼，同时继承和发扬了儒家的民本思想，极力强调民在国家和政治中的地位和作用。

　　夫不下于妻①，是谓夫亢。夫亢，则门内不和②，家道不成③。施于国④，则国必亡；施于家，则家必丧⑤，可不慎与！

【注释】

　　① 下于妻：处于妻子之下。意即尊重妻子。

② 门内:家庭,家中的人。

③ 家道:成家之道,指维持家庭的规则和道理。

④ 施:施加。

⑤ 丧:衰落。

今人多暴其妻①,屈于外而威于内②,忍于仆而逞于内③,以妻为迁怒之地④。不祥如是⑤,何以为家! 昵则易犯⑥,渎则易衅⑦,弱则易暴⑧,孤则易施⑨,遂至大不祥焉。

【注释】

① 暴:欺凌,虐待。

② 在外面受了委屈,在家里向妻子耍威风。

③ 在仆人面前忍气吞声,在家里向妻子放肆。逞:放肆。

④ 迁怒:把对甲的怒气发泄到乙身上。

⑤ 不祥:不善。

⑥ 昵则易犯:亲昵则易被冒犯。犯:触犯,冒犯。

⑦ 渎则易衅:轻慢则易生祸端。渎:通"嫚"。亵渎,轻慢。衅:祸乱。

⑧ 弱则易暴:柔弱则易遭欺凌。

⑨ 孤则易施(shǐ):孤单则易被忘弃。施:通"弛"。弃置,忘却。

盖今学之不讲①,人伦不明②;人伦不明,莫甚于夫妻矣③。人若无妻,子孙何以出? 家何以成? 帑则孰寄④? 居则孰辅⑤? 出则孰守⑥? 不必贤智之妻,平庸之妻亦有之⑦。是则如天之有地⑧,如君之有臣。以言乎位,则不可亵⑨;以言乎德,则顾可上而暴之乎⑩?

【注释】

① 讲:讲求,注重。

② 人伦:指封建礼教规定的人际之间的关系。

③ 没有比夫妻之间更为严重的了。

④ 钱财托付给谁？意思是谁来料理钱财。帑(tǎng):钱财。孰:谁。

⑤ 呆在家里时谁来帮助你？

⑥ 出门在外时谁来照看家？

⑦ 意思是说,有一个平庸的妻子也是可以做到的。

⑧ 是则如:这就像。

⑨ 从地位上来讲,那么地位是不可以轻视的。亵(xiè):轻慢,侮弄。

⑩ 从德行上来讲,那么怎么可以凌驾于妻子之上而虐待她呢？顾:岂,难道。

《诗》云①:"高山仰止②,景行行止③。四牡非骈骈④,六辔如琴⑤。"高山出云,雨遍天下⑥;天赖以成其施⑦,是以仰止焉⑧,言不可以不敬也。四牡既良,致远不劳⑨,如琴瑟之调焉⑩,言不可以不和也。敬且和,夫妇之伦乃尽⑪。请诵是《诗》,以为为夫者教焉⑫。《诗》云:"有洸有溃⑬,既诒我肆⑭。"德不能服人,威不能加人⑮,入室而逞于妻⑯。洸乎怒之充也,溃乎忿之不可收也⑰,此何为者？人之无良,至此其极。始为夫妇,终为仇雠⑱,一伦灭矣⑲。

【注释】

① 《诗》:指《诗经》。以下四句诗出自《诗经·小雅·车辖(xiá)》。

② 仰止:仰望。止:语气词,无义。

③ 景行:大道。景:大。行止:行走。

④ 牡(mǔ):指公马。骈骈(fēi fēi):马行走不止的样子。

⑤ 操纵六条缰绳如同弹拨琴弦。辔(pèi):缰绳。

⑥ 高山升起乌云,大雨便普降天下。

296

⑦　上天依赖它广施恩泽。

⑧　是以:因此。

⑨　走远路而不疲劳。

⑩　琴、瑟(sè):古代两种弹拨弦乐器。调:协调。

⑪　夫妻关系才完美。伦:指人与人之间的道德关系。尽:完美。

⑫　把它当做对做丈夫的教诲。

⑬　凶暴横蛮。洸(guāng):凶暴。这两句诗出自《诗经·邶风·谷风》。

⑭　累活苦活都加给我。诒(yí):给予。肆(yì):劳苦。

⑮　意思是,在别人心中没有威信。

⑯　进了家门就在妻子面前放肆。

⑰　气势汹汹,怒气冲天,发泄出来便不可收拾。

⑱　仇雠(chóu):仇敌。

⑲　整个夫妻关系就泯灭了。

【评析】

在中国封建社会,"夫为妻纲"被视为天经地义。在夫权统治下,丈夫凌驾于妻子之上,夫妻之间是一种尊卑、主从关系,丈夫把妻子当做出气筒,动辄拳脚相加,也就不足为奇了。作者将这种社会痼疾称之为"夫忼"。他指出,"夫忼"不仅是家庭不和的罪魁,甚至还会导致亡国的严重后果。作者强调妻子在家庭中的重要作用,并且把夫妻关系比做天地,比做琴瑟,比做并驾齐驱的驷马,认为只有"敬且和",家庭才能幸福美满。他谴责那些"入室而逞于妻"者,"人之无良,至此其极"。在夫权主义根深蒂固的封建社会,作者有此识见实在难能可贵。如今,社会虽然发生了巨大变化,但是夫权主义的残余还没有肃清,家庭暴力时有所闻,"始为夫妇,终为仇雠"的悲剧并未绝迹,难道我们不应该听听这位先哲的忠告吗?

十、与 妻 书

林觉民

【题解】

本文选自《广州三月二十九日革命史》，它是作者在广州起义前三天给妻子陈意映写的遗书。

林觉民（公元 1887—1911 年），字意洞，自号抖飞，福建侯官（今福建福州）人。中国近代民主革命先驱，黄花岗七十二烈士之一。公元 1900 年入福建高等学堂，受资产阶级民主革命思想的熏陶，萌发了"中国不革命不能自强"的思想。1905 年与陈意映结婚。1906 年自费留学日本，专攻日语。翌年补为官费生，入庆应大学文科，攻读哲学，兼习英、德文。此间加入同盟会，积极从事革命活动。1911 年春，接到同盟会领导人黄兴的通知，回国约集福建同志投身于以孙中山为首的资产阶级革命派发动的广州起义。4 月 27 日，起义爆发，他与方声洞等领先袭击两广总督衙门，与清兵激烈巷战，不幸中弹受伤，力尽被捕。面对清两广总督张鸣岐、水师提督李准的审讯，他毫无惧色，在大堂上侃侃而谈，综论世界大势和各国时事，宣传革命道理，并奉劝清吏洗心革面。数日后从容就义，年仅二十四岁。

他生前不仅写了《驳康有为物质救国论》之类的政治文章，而且还写了小说《莫那国之犯人》，并翻译了《六国宪法论》，猛烈批驳保皇派的各种谬论，为革命派击败改良主义起到了积极的作用。

《广州三月二十九日革命史》，邹鲁编著。邹鲁曾参加黄花岗起义。

意映卿卿如晤①：吾今以此书与汝永别矣②！吾作此书时，尚为世中一人；汝看此书时，吾已成为阴间一鬼。吾作此书，泪珠和笔墨齐下，不能书竟③，而欲搁笔。又恐汝不察吾衷④，谓吾忍舍汝而死⑤，谓吾不知汝之不欲吾死也，故遂忍悲为汝言之⑥。

【注释】

① 意映：即陈意映，作者妻子陈芳佩的字。卿卿：对妻子的亲昵之称。如晤：如见面。旧时书信用语。

② 书：书信。

③ 书竟：写完。

④ 衷：内心。

⑤ 忍：狠心。

⑥ 忍：忍受。

吾至爱汝①！即此爱汝一念②，使吾勇于就死也！吾自遇汝以来，常愿天下有情人都成眷属③，然遍地腥云④，满街狼犬⑤，称心快意⑥，几家能够？司马青衫⑦，吾不能学太上之忘情也⑧。语云⑨，仁者"老吾老以及人之老，幼吾幼以及人之幼"⑩。吾充吾爱汝之心⑪，助天下人爱其所爱，所以敢先汝而死，不顾汝也。汝体吾此心，于悲啼之余，亦以天下人为念，当亦乐牺牲吾身与汝身之福利⑫，为天下人谋永福也⑬。汝其勿悲⑭。

【注释】

① 至爱：非常爱。

② 念：意念。

③ 眷属：指夫妻。

④ 腥云：像云一样密布的血腥，比喻残酷的屠杀。

299

⑤ 比喻清王朝军警特务遍布街头巷尾。

⑥ 称心如意。

⑦ 唐代白居易《琵琶行》末句为："座中泣下谁最多？江州司马青衫湿。"江州司马就是白居易。作者引此典故，表示对残酷现实的悲愤心情。

⑧ 太上：指修养最高的人，据说这类人能够忘却喜怒哀乐之情。

⑨ 语：这里指古语。

⑩ 老吾老以及人之老，幼吾幼以及人之幼：意思是尊敬我家的老人，从而推广到尊敬别人家的老人；爱护我家的孩子，从而推广到爱护别人家的孩子。见《孟子·梁惠王上》。

⑪ 充：扩充。

⑫ 福利：幸福和利益。

⑬ 永福：永久的幸福。

⑭ 希望你不要悲伤。其：语气词。

　　汝忆否，四五年前某夕，吾尝语曰："与使吾先死也，无宁汝先吾而死①。"汝初闻言而怒，后经吾婉解②，虽不谓吾言为是，而亦无辞相答。吾之意盖谓以汝之弱，必不能禁失吾之悲，吾先死留苦与汝，吾心不忍，故宁请汝先死，吾担悲也。嗟夫③，谁知吾卒先汝而死乎④！

【注释】

① 与其我先死，不如你在我之前先死。与使……无宁：与其……不如……。

② 婉解：委婉地解释。

③ 嗟夫：唉。叹词。

④ 卒：最终。

300

吾真不能忘汝也！回忆后街之屋，入门穿廊，过前后厅，又三四折有小厅①，厅旁一室为吾与汝双栖之所②。初婚三四个月，适冬之望日前后③，窗外疏梅筛月影④，依稀掩映⑤，吾与汝并肩携手，低低切切⑥，何事不语，何情不诉！及今思之，空余泪痕⑦！又回忆六七年前，吾之逃家复归也⑧，汝泣告我："望今后有远行，必以告妾，妾愿随君行。"吾亦既许汝矣。前十余日回家，即欲乘便以此行之事语汝，及与汝相对，又不能启口；且以汝之有身也⑨，更恐不胜悲⑩，故惟日日呼酒买醉⑪。嗟夫！当时余心之悲，盖不能以寸管形容之⑫。

【注释】

① 折：曲折，转弯。

② 双栖之所：共同居住的地方。

③ 适：正逢。望日：指农历每月之十五日。

④ 疏梅筛月影：形容月光透过稀疏的腊梅枝条洒落在地面。

⑤ 或遮或露，时隐时现。

⑥ 低声私语，情意深切。

⑦ 只剩下泪痕。

⑧ 逃家：逃离家庭。

⑨ 有身：有身孕，怀孕。

⑩ 不胜(shēng)：无法承担，承受不了。

⑪ 呼酒买醉：大意是要酒来喝，求得一醉。

⑫ 寸管：毛笔。

吾诚愿与汝相守以死。第以今日事势观之①，天灾可以死，盗贼可以死，瓜分之日可以死，奸官污吏虐民可以死，吾辈处今日之中国，国中无地无时不可以死！到那时使吾眼睁睁看汝死，或使汝眼睁睁看我死，吾能之乎！抑汝能之乎！即可不死，而离散不相见，徒使两地眼成穿而骨化石②，试问古来几曾见破镜能重圆，则较死为苦也。将奈之何？今日吾与汝幸双健；天下人不当死而死，与不愿离而离者，不可数计；钟情如我辈者③，能忍之乎？此吾所以敢率性就死不顾汝也！吾今死无余憾，国事成不成，自有同志者在。依新已五岁④，转眼成人，汝其善抚之⑤，使之肖我⑥。汝腹中之物，吾疑其女也，女必像汝，吾心甚慰；或又是男，则亦教其以父志为志，则我死后，尚有二意洞在也，甚幸甚幸！吾家后日当甚贫⑦，贫无所苦，清静过日而已。

【注释】

① 第：但。

② 眼成穿：望眼欲穿。骨化石：骨头变成石头。

③ 钟情：专注爱情。

④ 依新：作者的长子。

⑤ 希望你好好抚养他。其：语气词。

⑥ 肖：像。

⑦ 后日：日后。

吾今与汝无言矣！吾居九泉之下，遥闻汝哭声，当哭相和也①。吾平日不信有鬼，今则又望其真有。今人又言心电感应有道②，吾亦望其言是实，则吾之死，吾灵尚依依旁汝也③，汝不必以无侣悲！

【注释】

① 相和(hè)：相应和。

② 心电感应：即心灵感应，一种能够感知远距离对方思想情感的超能力，一般认为这是唯心主义者的说法。

③ 依依：依恋不舍的样子。

吾生平未尝以吾所志语汝，是吾不是处①。然语之，又恐汝日日为吾担忧。吾牺牲百死而不辞②，而使汝担忧，的的非吾所忍③。吾爱汝至④，所以为汝谋者惟恐未尽。汝幸而偶我⑤，又何不幸而生今日之中国！吾幸而得汝，又何不幸而生今日之中国，卒不忍独善其身⑥！嗟夫！巾短情长⑦，所未尽者尚有万千，汝可摹拟得之⑧。吾今不能见汝矣！汝不能舍吾，其时时于梦中寻我乎！一恸⑨！

辛未三月念六夜四鼓⑩，意洞手书。

家中诸母皆通文⑪，有不解处⑫，望请其指教。当尽吾意为幸！

【注释】

① 不是处：不对的地方。

② 百死而不辞：死上百次也不推辞。

③ 的的：的确，实在。

④ 我爱你到了极点。

⑤ 偶我：嫁我。偶：婚配。

⑥ 独善其身：致力于自己的道德操守，这里指只顾自己好。

⑦ 意即纸短情长，这封信当时是写在一条白布方巾上的，所以说"巾短"。

⑧ 摹拟：想象，揣摩。

⑨ 极其悲痛。一：很，甚。恸（tòng）：悲痛。

⑩ 辛未：应是辛亥，即1911年。念六：二十六日。念，数词，廿（二十）的一种写法。四鼓：四更，指凌晨一时至三时。

⑪ 诸母：伯母、叔母。通文：知书识字。

⑫ 不解：不懂，不明白。

【评析】

这封遗书是在 1911 年农历三月二十六日(4 月 24 日)深夜写就的,实际当时已是 25 日凌晨,距离广州起义(27 日 17 点)不足三天。当时作者在香港,他的妻子陈意映在福州。当此生死离别之际,作者思绪万千,彻夜未眠,"泪珠和笔墨齐下",他要把最后的衷情向妻子诉说。

这是烈士的一封悲壮的遗书,也是世上最令人唏嘘的情书,字字句句倾吐着作者对妻子的"至爱"之情。"吾至爱汝","吾爱汝至",一个"至"字里头,饱含着浓得化不开的爱情。他情愿妻子先己而死,为的是把痛苦留给自己。诀别之际,他"惟日日呼酒买醉",独自忍受内心的痛苦煎熬,最终也未把即将参加起义之事告诉妻子,因为他不想让爱妻担惊受怕。他再次深情地回味新婚燕尔花前月下与爱妻"并肩携手,低低切切"的甜蜜,他多么希望和自己所爱的人白头偕老,"相守以死"。

林觉民对陈意映刻骨铭心、难以割舍的爱情凄美感人,让人撕心裂肺。但是,如果仅此而已,他只能算是钟情的丈夫,还称不上是雄杰。

林觉民的崇高,就在于他能够"吾充吾爱汝之心,助天下人爱其所爱"。为了推翻清王朝腐朽残酷的血腥统治,"愿天下有情人都成眷属",他"牺牲百死而不辞",甚至可以忍痛抛下比自己生命更重要的挚爱的亲人。林觉民不仅自己为实现理想甘愿抛头颅洒热血,而且还勉励妻子"于悲啼之余,亦以天下人为念,当亦乐牺牲吾身与汝身之福利,为天下人谋永福也"。他化小爱为大爱,把爱情升华到了最高境界,这是何等博大的胸怀!这封遗书将会一代一代传颂下去,直至永远!

第八单元

一、更　法

《商君书》

【题解】

本文选自商鞅《商君书·更法》。更（gēng）法，也就是变法。

商鞅（约前390—前338年），战国时期著名政治家、思想家和军事家，先秦法家思想的奠基者之一。商鞅，本姓公孙，名鞅，因为他是卫国国君的后裔，所以又称卫鞅。他曾在魏国做过魏相公叔痤的家臣，后入秦辅佐秦孝公，实行变法。后因战功被秦孝公封商十五邑，号称商君，因而史称"商鞅"。商鞅在秦国两次变法，奠定了秦国繁荣强盛的基础。秦孝公死后，秦惠王即位，商鞅被贵族诬陷，车裂而死。其主要著作为《商君书》。

《商君书》，亦称《商君》或《商子》，是商鞅及其后学的著作合编，原书二十九篇，现存二十四篇，是战国法家的一部重要著作。《商君书》主要阐述了商鞅的政治思想和军事思想，提出了发展耕织、奖励军功的农战政策，树立信赏必罚的法治制度，主张建立中央集权的封建君主专制国家。此书对于研究战国时期的历史具有重要价值。

　　孝公平画①,公孙鞅、甘龙、杜挚三大夫御于君②,虑世事之变③,讨正法之本④,求使民之道⑤。

【注释】
①　孝公:即秦孝公,姓嬴,名渠梁,秦献公之子,公元前361年至前338年在位。平画:评议谋划,这里指研究治国的方法。平:评议。在这个意义上后来写做"评"。画:谋划。
②　甘龙:秦国大夫,姓甘,名龙。杜挚:秦国大夫。御:侍奉。
③　分析社会形势的变化。虑:分析,思考。
④　讨论整顿法律的根本原则。正:整顿,治理。
⑤　研究役使百姓的方法。求:寻求。道:途径,方法。

　　君曰:"代立不忘社稷①,君之道也;错法务明主长②,臣之行也③。今吾欲变法以治④,更礼以教百姓⑤,恐天下之议我也⑥。"公孙鞅曰:"臣闻之,'疑行无成,疑事无功⑦,'君亟定变法之虑⑧,殆无顾天下之议之也⑨。且夫有高人之行者,固见负于世⑩;有独知之虑者,必见訾于民⑪。语曰:'愚者闇于成事,知者见于未萌⑫。民不可与虑始,而可与乐成⑬。'郭偃之法曰⑭:'论至德者,不和于俗⑮;成大功者,不谋于众⑯。'法者,所以爱民也⑰;礼者,所以便事也⑱。是以圣人苟可以强国⑲,不法其故⑳;苟可以利民,不循其礼㉑。"孝公曰:"善。"

【注释】
①　继承君位不能忘记国家。代立:继位为君。社稷:古代祭祀谷神和土神的地方,此指国家。

② 推行法度要力求显示君主的长处。错:通"措",设置,推行。务:力求。主长(cháng):君主的长处。

③ 这是臣子应有的道德准则。行:道德准则。

④ 变法以治:变更法度来治理国家。

⑤ 改变礼制来教化百姓。更:改变。

⑥ 议:非议,批评。

⑦ 行动犹豫不定,就不会取得成功;做事迟疑不决,就不会建立功业。疑:犹豫。

⑧ 请您赶快下定变法的决心。亟(jí):赶快。

⑨ 殆(dài):一定。顾:考虑。

⑩ 况且做事超过常人的人,本来就会被世人责难。固:本来。见负于世:被世人责难。

⑪ 有独特见解的人,必定会被百姓诋毁。訾(zǐ):诋毁,指责。

⑫ 愚蠢的人对已成之事还不能明白,聪明的人在事情尚未萌芽之前就已察觉。闇(àn):不明白。知(zhì):聪明。在这个意义上后来写做"智"。萌:萌芽,开始。

⑬ 不能和民众一起考虑事情的开始,只可以和他们共享事情成功而快乐。这是当时轻视民众的观念。

⑭ 郭偃(yǎn):即卜偃,春秋时晋国大夫,曾辅佐晋文公变法。法:主张,观点。

⑮ 讲求最高德行的人不迎合旧俗。

⑯ 建立大功业的人不找平庸的人商量。

⑰ 法是用来爱护百姓的。

⑱ 礼是用来方便做事的。便事:方便行事。

⑲ 是以:所以。苟:如果。

⑳ 不效法旧的法度。

㉑ 不遵循旧的礼制。

甘龙曰:"不然。臣闻之,圣人不易民而教①,知者不变法而治②。因民而教者,不劳而功成③;据法而治者,吏习而民安④。今若变法,不循秦国之故⑤,更礼以教民,臣恐天下之议君,愿孰察之⑥。"公孙鞅曰:"子之所言,世俗之言也。夫常人安于故习⑦,学者溺于所闻⑧。此两者所以居官守法,非所与论于法之外也⑨。三代不同礼而王,五霸不同法而霸⑩,故知者作法,而愚者制焉⑪;贤者更礼,而不肖者拘焉⑫。拘礼之人,不足与言事;制法之人,不足与论变。君无疑矣。"

【注释】

① 不易民而教:不能改变民俗来施行教化。易:改变。

② 不变法而治:不能改变法度来治理国家。

③ 顺应民俗进行教化,不用费力就可以成功。因:顺应,因袭。

④ 依据旧法来治理国家,官吏习惯,百姓安定。据法:依据旧法。习:习惯,熟悉。

⑤ 不按照秦国的旧法。

⑥ 孰察:仔细考虑。孰:仔细。在这个意义上后来写做"熟"。

⑦ 平庸的人拘守旧的习惯。夫(fú):句首语气词,无义。

⑧ 死读书的人拘泥于自己的见闻。学者:这里是指那些死啃书本不知变通的老学究。溺:沉溺。

⑨ 这两种人可以占据官位,奉公守法,但不配和他们讨论常法之外的事情。意思是说这两种人只能墨守成规,不懂革新,不可与他们讨论变法的事情。

⑩ 夏、商、周三代礼制不同而都成就了王业,春秋时五霸的法度不同而都成就了霸业。三代:指夏、商、周。王(wàng):成就王业。五霸:春秋时期先后称霸的五个诸侯,指齐桓公、晋文公、楚庄王、吴王阖闾(hé lú)、越王勾践。

⑪ 所以聪明的人制定法律,而愚昧的人受法律的约束。意思是说聪明的人可以根据不同的情况制定相应的法律,而愚昧的人只能被动地遵守法律。

⑫ 贤能的人可以改变旧礼,而没有才能的人只能受到旧礼的束缚。更礼:改变旧礼。不肖:平庸,没有才能。

　　杜挚曰:"臣闻之,利不百,不变法①;功不十,不易器②。臣闻法古无过,循礼无邪③。君其图之④。"公孙鞅曰:"前世不同教,何古之法⑤?帝王不相复,何礼之循⑥?伏羲、神农教而不诛⑦,黄帝、尧、舜诛而不怒⑧,及至文、武⑨,各当时而立法,因事而制礼。礼法以时而定⑩,制令各顺其宜⑪,兵甲器备各便其用。臣故曰:'治世不一道,便国不必法古⑫。'汤、武之王也⑬,不循古而兴;殷、夏之灭也,不易礼而亡。然则反古者未必可非⑭,循礼者未足多是也⑮。君无疑矣⑯。"孝公曰:"善。吾闻穷巷多怪⑰,曲学多辨⑱。愚者之笑,智者哀焉⑲;狂夫之乐,贤者忧焉⑳。拘世以议,寡人不之疑矣㉑。"于是遂出垦草令㉒。

【注释】

① 没有百倍的利益,就不变更法度。

② 没有十倍的功效,就不改换器具。

③ 我听说效法古法可以没有过失,遵循古礼可以没有奸邪。

④ 您还是考虑这件事。图:考虑。

⑤ 前代的政教各不相同,效法哪一个古法呢?

⑥ 古代的帝王不相因袭,遵循谁的礼制呢?复:重复,因袭。

⑦ 伏羲:古代传说中的三皇之一,人类的始祖,曾教百姓捕鱼打猎。神农:传说中的太古帝王名,曾教民农业生产,又遍尝百草,教人治病。诛:杀。

⑧　黄帝:传说是中原各族的共同祖先,姓公孙,号轩辕氏。尧:传说中古代的贤君,原始部落陶唐氏的首领。舜:传说中古代的贤君,原始部落有虞氏的首领。怒:通"孥(nú)",妻子儿女。这里指一人有罪,妻子儿女连坐之法。

⑨　文:指周文王,姓姬,名昌,商代西方部落的首领。武:指周武王,姓姬,名发,周文王之子,商朝末年周族的首领,后打败商纣王,建立了周朝。

⑩　礼法按照时代的需求而制定。

⑪　法制和命令都要顺从时代的要求。

⑫　治理国家并非只有一个方法,为国谋利不一定效法古人。

⑬　汤:商族的首领,后灭掉夏朝,建立了商朝。

⑭　未必可非:不一定受到指责。非:非议,指责。

⑮　多:重视,赞扬。

⑯　无:通"毋",不要。

⑰　我听说住在偏僻小巷的人大多少见多怪。

⑱　学识浅陋的人对事常多辩论。曲学:指学识浅陋的人。辨:通"辩"。

⑲　愚昧的人所讥笑的事,正是聪明人所感到悲哀的事。

⑳　无知妄为的人高兴的事,正是有才能的人所担忧的事。

㉑　对于那些拘泥于世俗偏见的议论言词,我不再疑惑了。

㉒　出:颁布。垦草令:开垦荒地的命令,这是秦孝公颁布的一个命令,内容主要是鼓励农民开垦荒地,并提出了具体的措施和办法,详细内容可参看《商君书·垦令》。

【评析】

　　这篇文章主要记载了秦国实行变法之前商鞅与甘龙、杜挚等人围绕该不该变法,为什么要变法等问题展开的争论。以商鞅为代表的革新派力主变法,他提出了"圣人苟可以强国,不法其故;

苟可以利民,不循其礼"、"礼法以时而定,制令各顺其宜,兵甲器备各便其用"、"治世不一道,便国不必法古"等政治主张,认为社会是不断前进的,因此各种制度和措施也应随着时代的变化而变化,这是符合社会历史发展的进步思想。历史证明,政治法律制度只有顺应社会的发展和需求不断地变革,才能达到富国利民的目的。最终秦孝公听从了商鞅的建议,实行了变法,从而奠定了秦国的强盛地位。在当时守旧势力占据优势的情况下,商鞅力排众议,锐意革新,这充分体现了商鞅的"高人之行"和"独知之虑",商鞅尽管最终被诬陷车裂而死,但他的这种不因循守旧、与时俱进、敢于和保守势力斗争的精神是留给后人的宝贵精神财富。当然,商鞅没有认识到人民在变法中起到的重要作用,这是他思想的局限。

二、察 今

《吕氏春秋》

【题解】

本文选自吕不韦《吕氏春秋·察今》。察今,审察当今的形势。

吕不韦及《吕氏春秋》的简介见第五单元《腹䵍杀子》的题解。

上胡不法先王之法①?非不贤也,为其不可得而法②。先王之法,经乎上世而来者也③,人或益之,人或损之,胡可得而法④?虽人弗损益,犹若不可得而法⑤。东、夏之命⑥,古今之法,言异而典殊⑦,故古之命多不通乎今之言者,今之法多不合乎古之法者⑧,殊俗之民有似于此⑨。其所为欲同,其所为异⑩。口惛之命

311

不愉⑪，若舟车衣冠滋味声色之不同，人以自是，反以相诽⑫。天下之学者多辩，言利辞倒，不求其实，务以相毁，以胜为故⑬。先王之法，胡可得而法？虽可得，犹若不可法。凡先王之法，有要于时也⑭，时不与法俱至。法虽今而至，犹若不可法⑮。故择先王之成法，而法其所以为法⑯。先王之所以为法者何也？先王之所以为法者人也。而己亦人也，故察己则可以知人，察今则可以知古；古今一也，人与我同耳。有道之士，贵以近知远，以今知古，以益所见知所不见⑰。故审堂下之阴，而知日月之行、阴阳之变⑱；见瓶水之冰，而知天下之寒、鱼鳖之藏也；尝一脟肉，而知一镬之味、一鼎之调⑲。

【注释】

① 大王为何不取法古代帝王的法令制度呢？胡：为什么。法：取法，效法。

② 并不是古代帝王的法令制度不好，而是因为后人无从取法它。

③ 古代帝王的法令制度，是历经前代流传下来的。上世：前代。

④ 有人增补它，有人删减它，怎么能够取法它呢？

⑤ 犹若：还是。

⑥ 东：东夷，指中国古代东部地区。夏：华夏，即中原地区。命：名，指事物的名称。

⑦ 言辞不同，而且典章制度也不一样。典：典章制度。

⑧ 因此古代的名称大多与今天的叫法不相通，今天的法令制度也大多与古代的不相合。

⑨ 不同风俗的百姓也与此相似。

⑩ 大意是，他们所要实现的愿望相同，他们的做法却不一样。

⑪ 各地的方言口音是不会改变的。口惛之命：指方言。惛（hūn）：通"吻"。愉：通"渝"，改变。

⑫ 人们却自以为是,反过来又互相非难。诽:责难,非难。

⑬ 天下有学识的人大多善辩,巧言利辞,不求实际,只求互相诋毁,以压倒对方为能事。故:事。

⑭ 大凡先王的法令制度,有的是适应当时的需要的。

⑮ 古代的法令制度即使现在还保存下来,还是不能取法它。

⑯ 因此要抛弃先王现成的法令制度,而取法他制定法令制度的根据。择:通"释",舍弃。所以为法:用来制定法律的根据。

⑰ 益:当为衍文(依毕沅说)。

⑱ 所以观察堂屋下的阴影,就可以知道日月运行的情况以及寒暑的变化。阴:阴影,指日影和月影。

⑲ 大意是,尝一块肉,就知道一锅肉的味道。胾(luán):一块肉。镬(huò):无足的鼎。鼎:三足两耳的锅。调:调和,这里指调味。

　　荆人欲袭宋,使人先表澭水①。澭水暴益②,荆人弗知,循表而夜涉③,溺死者千有余人,军惊而坏都舍④。向其先表之时可导也⑤,今水已变而益多矣,荆人尚犹循表而导之,此其所以败也。今世之主,法先王之法也,有似于此。其时已与先王之法亏矣⑥,而曰"此先王之法也"而法之以为治⑦,岂不悲哉?故治国无法则乱,守法而弗变则悖⑧,悖乱不可以持国。世易时移,变法宜矣⑨。譬之若良医,病万变,药亦万变。病变而药不变,向之寿民⑩,今为殇子矣⑪。故凡举事必循法以动,变法者因时而化。若此论则无过务矣⑫。

【注释】

① 荆人:楚人。表:做标记。澭(yōng)水:古水名,在今河南商丘一带。

② 暴:突然。益:涨水。在这个意义上后来写做"溢"。

313

③ 循表:按照标记。涉:趟水渡河。

④ 军队惊恐万状,如同城市的房屋倒塌了一样。而:如,如同。都舍:城市里的房子。

⑤ 从前他们设置标志的时候是可以按照标志渡河的。向:从前。可导:可以引导,即可以按标志渡河。

⑥ 亏:违背。

⑦ 却说"这就是先王的法令制度",而效法它,用它来治理国家。

⑧ 悖(bèi):谬误。

⑨ 社会改变了,时代发展了,变法是应该的。

⑩ 寿民:长寿的人。

⑪ 殇(shāng)子:没有成年就死掉的孩子。

⑫ 如果懂得这样的道理,就没有错误的事情了。无过务:没有错事。务:事。

　夫不敢议法者,众庶也①;以死守法者,有司也②;因时变法者,贤主也③。是故有天下七十一圣④,其法皆不同,非务相反也,时势异也⑤。故曰良剑期乎断,不期乎镆铘⑥;良马期乎千里,不期乎骥骜⑦。夫成功名者,此先王之千里也⑧。楚人有涉江者,其剑自舟中坠于水,遽契其舟曰⑨:"是吾剑之所从坠⑩。"舟止,从其所契者入水求之。舟已行矣,而剑不行,求剑若此,不亦惑乎?以此故法为其国与此同⑪。时已徙矣⑫,而法不徙,以此为治,岂不难哉?有过于江上者,见人方引婴儿而欲投之江中⑬,婴儿啼,人问其故,曰:"此其父善游。"其父虽善游,其子岂遽善游哉⑭?此任物⑮,亦必悖矣。荆国之为政,有似于此。

【注释】

① 不敢议论法令的,是一般的百姓。

314

② 死守法度的，是官吏。有司：主管官员。

③ 顺应时代变法的，是贤明的君主。

④ 七十一圣：指许多古代的贤明君主。

⑤ 并不是故意要相反，而是因为时代和形势不同。

⑥ 好剑期望它能砍断东西，不一定期望有镆铘的美名。镆铘(mò yé)：也作"莫邪"，宝剑名。传说春秋吴王阖闾使干将铸剑，铁汁不下，其妻莫邪自投炉中，铁汁乃出，铸成二剑。雄剑名干将，雌剑名莫邪。

⑦ 骥(jì)、骜(áo)：都是骏马名。

⑧ 成就功名，这就是古代帝王心目中的"千里马"啊。

⑨ 遽(jù)：立刻。契：刻。

⑩ 这里就是我的剑掉下去的地方。

⑪ 用这样的旧法令来治理国家与这个寻剑的人一样。为：治理。

⑫ 徙：改变。

⑬ 看见一个人正抱着婴儿要投入江中。引：抱。

⑭ 岂遽：难道就。

⑮ 任物：处理事情。

【评析】

本篇的主旨是阐述根据不同的时代和形势进行变法的思想。作者列举了荆人袭宋、刻舟求剑、引婴投江等寓言故事，说明如果因循守旧，不知变通，那么最终的结果只能是荒谬的、失败的。作者对效法先王之法持否定的态度，并不是因为先王之法不好，而是因为产生它的时代和形势发生了变化，因此在新的时代和形势下，法令制度也应该随之变化。作者指出"世易时移，变法宜矣"，这与韩非子的"世异则事异，事异则备变"(《五蠹》)的思想是一致的，是符合社会历史发展的进步思想。因此，在社会主义现代化建设的新时期,我们要不断根据新的形势制定新的法令和政策,与时俱进,促进社会的和谐与发展,避免重蹈"刻舟求剑"的覆辙。

三、赵武灵王胡服骑射

《史记》

【题解】

本文节选自司马迁《史记·赵世家》,题目是后加的。赵武灵王(约公元前340—前295年),名雍,战国时期赵国的国君,杰出的政治家、军事家、军事改革家。赵肃侯之子,公元前325年至前299年在位。胡服,古代西方和北方少数民族的服装。这里是穿上胡服的意思。骑射,学习骑马射箭。

司马迁及《史记》的简介见第六单元《鲍叔能知人》的题解。

十九年春正月①,大朝信宫②。召肥义与议天下③,五日而毕④。王北略中山之地⑤,至于房子⑥,遂之代⑦,北至无穷⑧,西至河⑨,登黄华之上⑩。召楼缓谋曰⑪:"我先王因世之变⑫,以长南藩之地⑬,属阻漳、滏之险⑭,立长城,又取蔺、郭狼⑮,败林人于荏⑯,而功未遂⑰。今中山在我腹心,北有燕⑱,东有胡⑲,西有林胡、楼烦、秦、韩之边⑳,而无强兵之救㉑,是亡社稷,奈何㉒?夫有高世之名,必有遗俗之累㉓。吾欲胡服㉔。"楼缓曰:"善。"群臣皆不欲。

【注释】

① 十九年:指赵武灵王十九年(公元前306年)。

316

② 赵武灵王在信宫举行大规模的朝会。信宫:赵国的陪都,在今河北永年,是赵王朝会诸侯,处理政务的场所。

③ 肥义(公元前?—公元前295年):姓肥名义。战国时赵武灵王相国,邯郸人。与议天下:和他讨论天下的大事。

④ 毕:结束。

⑤ 王:指赵武灵王。略:巡视。中山:战国时期,赵国东北部的姬姓少数民族小国,在今河北省平山一带。中山国把赵国分隔成南北两半,成为赵国的心腹之患。

⑥ 房子:赵国城邑名,在今河北高邑西南。

⑦ 之:到。代:赵国的属地,在今河北蔚县东北。

⑧ 无穷:地名,不详。

⑨ 河:指黄河。

⑩ 登上黄华山顶。黄华:黄华山。在今河南安阳林州西。

⑪ 楼缓:赵国的属臣。谋:谋划。

⑫ 先王:死去的国君。因世之变:凭借着世事的变化。因:凭借。这里指公元前453年,赵襄子与韩康子、魏桓子三个晋国上卿三分晋国,建立赵、韩、魏三国的事件。

⑬ 做了南藩地区的君长。长(zhǎng):成为君长。南藩(fān)之地:南边的封地。藩:分封的土地。

⑭ 属(zhǔ):连接。阻:依仗。漳(zhàng):水名,源自山西,向东南流至河北。滏(fǔ):水名,即今河北滏阳河。

⑮ 蔺(lìn):蔺城,在今陕西渭南西北。郭狼:赵国城邑名,又称为"皋狼",在今山西石县西北。

⑯ 林:即林胡,北方游牧民族。当时在黄河流域、山西北部及河北北部的山地森林区活动。荏(rěn):赵国城邑名,现在河北任县东南。

⑰ 遂:完成。

⑱ 燕:燕国,在赵国的北部,都城在今北京地区。

⑲ 胡:东胡,因居住在匈奴以东得名。主要活动在今辽河流域、北京地

区的北部及东北部。

⑳ 楼烦:北方游牧民族,北狄的分支。秦:秦国,在今陕西地区。韩:韩
国,在今山西、河南部分地区。边:边邑。

㉑ 强兵之救:强大的救援兵力。

㉒ 这是会亡国的,该怎么办呢? 社稷(jì):国家。

㉓ 要具有高出世人的功业,就一定要打破世俗的牵累。夫(fú):句首
语气词,无义。遗:忘记,违背。累:牵连。

㉔ 欲:想要。胡服:这里是穿胡人服装的意思。

　　于是肥义侍①,王曰:"简、襄主之烈②,计胡、翟之利③。为人
臣者,宠有孝悌长幼顺明之节④,通有补民益主之业⑤,此两者,臣
之分也⑥。今吾欲继襄主之迹,开于胡、翟之乡,而卒世不见也⑦。
为敌弱,用力少而功多⑧,可以毋尽百姓之劳,而序往古之勋⑨。
夫有高世之功者,负遗俗之累;有独智之虑者,任骜民之怨⑩。今
吾将胡服骑射以教百姓⑪,而世必议寡人⑫,奈何?"

【注释】

① 于是:在这时。侍:在旁侍奉。

② 简:指赵简子赵鞅,晋国上卿,赵地的前代统治者。襄:指赵襄子赵
毋(wú)恤(xù),赵简子的儿子。主:主公。烈:功绩。

③ 在于考虑了向胡、翟发展的利益。计:计划,考虑。翟(dí):通
"狄",北方少数民族。利:好处。

④ 作为人臣,得到宠信时,要有明孝悌、分长幼、听从、明理的节操。悌
(tì):顺从兄长。

⑤ 身份显达时,要做出有利于人民、有益于君主的功业。通:通达,
显达。

⑥ 这两方面是做臣子的本分。分(fèn):本分,职分。

⑦　现在我想继续襄王的功绩,开拓胡人、狄人所在的地域,却找遍了世间最终也没有发现这样的贤臣。迹:功绩。开:开拓。卒(zú):最终。

⑧　大意是,我穿胡服,是为了使敌人削弱,使用的力气少而得到的功效多。

⑨　可以不要耗尽百姓的劳力,却继续了前代先主的功绩。毋(wú):不要。序:继续,接续。勋(xūn):功绩。

⑩　具有独特智慧而深谋远虑的人,就会承受傲慢民众的怨恨。任:承受。骜(ào):傲慢。

⑪　现在我想要教导百姓穿胡人衣服,学习骑马射箭。

⑫　然而世俗之人一定会议论我。寡人:德行缺少的人。这里是君王的谦称。

肥义曰:"臣闻疑事无功,疑行无名①。王既定负遗俗之虑,殆无顾天下之议矣②。夫论至德者不和于俗,成大功者不谋于众③。昔者舜舞有苗④,禹祖裸国⑤,非以养欲而乐志也⑥,务以论德而约功也⑦。愚者暗成事,智者睹未形⑧,则王何疑焉⑨。"王曰:"吾不疑胡服也,吾恐天下笑我也⑩。狂夫之乐,智者哀焉⑪。愚者所笑,贤者察焉⑫。世有顺我者,胡服之功未可知也⑬。虽驱世以笑我,胡地中山吾必有之⑭。"于是遂胡服矣。

【注释】

①　我听说做事犹豫不决就不会成功,行动犹豫不决就不会成名。疑:疑虑,犹豫。

②　大王既然决定承担背弃习俗的责难,那么就不必顾虑天下人的非议了。定:决定。负:承担。顾:顾虑。

③　那研究至高德行的人,不附和世俗之见;成就伟大功业的人不和普

通人商量讨论。论：研究。和(hè)：附和。

④ 从前大舜用舞蹈感化三苗族。昔者：以往的时候。有苗：即苗，古代部族名称，也称为"三苗"。有：词头，无义。

⑤ 大禹袒露着上身使裸国悦服。袒(tǎn)裸国：露着上身进入不知道穿衣服的国家。袒：脱掉衣服，露出上身。

⑥ 他们这样做并不是为了满足欲望和愉悦心志。养欲：满足欲望。乐志：愉悦心志。

⑦ 大意是，而是为了以德服人而有利于成就功业。务：致力，从事。论德：凭借德行使人悦服。约功：成就功业。

⑧ 愚蠢的人事情成功了之后还不明白，聪明的人在事情没有形成之前就看得一清二楚。暗：昏暗，不明白。

⑨ 那么大王在这件事情上还犹豫什么呢。

⑩ 我不是疑虑穿胡服，我恐怕天下人讥笑我。

⑪ 无知者的快乐，就是明智者的悲哀。狂夫：狂妄无知的人。

⑫ 愚蠢者所嘲笑的事情，贤明的人却要加以考察。察：考察，推究。

⑬ 世人如果听从我的教导，那么穿胡服的功效是不可以估量的。

⑭ 即便驱使世人都来讥笑我，胡人的地域和中山国，我也一定要占据它们。

　　使王绁告公子成曰①："寡人胡服，将以朝也②，亦欲叔服之③。家听于亲而国听于君④，古今之公行也⑤。子不反亲，臣不逆君⑥，兄弟之通义也⑦。今寡人作教易服而叔不服⑧，吾恐天下议之也。制国有常，利民为本⑨。从政有经，令行为上⑩。明德先论于贱，而行政先信于贵⑪。今胡服之意，非以养欲而乐志也。事有所止而功有所出⑫，事成功立，然后善也⑬。今寡人恐叔之逆从政之经，以辅叔之议⑭。且寡人闻之：事利国者行无邪，因贵戚者名不累⑮。故愿慕公叔之义⑯，以成胡服之功。使绁谒之叔，请

320

服焉⑰。"

① 王绁(xiè):赵国的大臣,当时担任中府丞,执掌文书管理。公子成:
公子赵成,是武灵王的叔父。

② 我要穿胡人衣服,上朝听政。朝:上朝。

③ 也想让叔父穿上胡服上朝。服:穿。

④ 在家里要听从父母的,而在国中要听从君王的。亲:父母。

⑤ 公行:公认的行为准则。

⑥ 儿子不反对父亲,臣子不违背国君。

⑦ 通义:共同遵守的道义。

⑧ 现在我做出决定教大家都改换服装,而叔父不穿胡服。作教:制定
政令。易:变换。

⑨ 治理国家有常规,有利于人民是根本。

⑩ 从事政务有常法,执行命令是最重要的。经:常法,常规。上:最重
要的,首要的。

⑪ 修明德政先要晓谕平民百姓,而推行政令要先取信于贵族。贱:平
民。信:取信。

⑫ 做事有目的,功业才有完成的可能。所止:停止的地方,即目的。
出:出来,结果。

⑬ 事情办成而功业就建立了,然后就有好的结果。

⑭ 现在我恐怕叔父违背服从政令的常规,所以帮助叔父来谈论这件
事。逆:违背。辅:帮助。议:谈论。

⑮ 做有利于国家事情的人,行为就不会邪恶。依靠贵族皇亲的人,声
名不会受损害。

⑯ 慕:趋附,仰仗。义:忠义,威望。

⑰ 让王绁拜见叔父,请您穿胡服。谒(yè):拜见。

公子成再拜稽首曰①:"臣固闻王之胡服也②。臣不佞③,寝疾④,未能趋走以滋进也⑤。王命之,臣敢对,因竭其愚忠⑥。曰:臣闻中国者,盖聪明徇智之所居也⑦,万物财用之所聚也⑧,贤圣之所教也⑨,仁义之所施也⑩,《诗》《书》、礼、乐之所用也⑪,异敏技能之所试也⑫,远方之所观赴也⑬,蛮夷之所义行也⑭。今王舍此而袭远方之服⑮,变古之教,易古之道,逆人之心,而怫学者⑯,离中国⑰,故臣愿王图之也⑱。"使者以报。王曰:"吾固闻叔之疾也,我将自往请之⑲。"

【注释】

① 再拜稽(qǐ)首:拜了两拜然后叩头。稽首:古人表示最尊敬的一种礼仪,跪在地上,叩头至地。

② 固闻:本来已听说。

③ 我没有才能。佞(nìng):有才能。

④ 躺在床上生病。寝:躺。疾:病。

⑤ 不能快步到您面前多多进言。趋走:快步小跑。滋进:多多进言。

⑥ 大王告诉我这件事,我就大胆回答,为了尽那固执的忠诚。竭:尽。愚:愚顽,固执。

⑦ 我听说中原国家,是聪明敏慧的人居住的地方。徇(xùn)智:敏慧。徇:通"侚",疾速。所居:居住的地方。

⑧ 财用:财货费用。所聚:积聚的场所。

⑨ 贤人圣人在这里推行教化。教:教化。

⑩ 施:推行。

⑪ 《诗》《书》、礼、乐:指《诗经》《尚书》、礼、乐这些传统礼制。用:应用,施行。

⑫ 奇异的技能在这里试验。

⑬ 观赴:考察投奔。赴:趋向。

⑭ 蛮夷:对少数民族的蔑称。义行:通"仪型",效法。

⑮ 袭:仿效。

⑯ 怫(bèi)学者:违背学者的劝告。怫:通"悖",违背。

⑰ 抛弃中原的传统文化。离:抛弃。中国:中原。

⑱ 图:考虑。

⑲ 请之:向他请求。

　　王遂往之公子成家①,因自请之曰:"夫服者,所以便用也②;礼者,所以便事也③。圣人观乡而顺宜,因事而制礼④,所以利其民而厚其国也⑤。夫剪发文身,错臂左衽,瓯越之民也⑥。黑齿雕题,卻冠秫绌,大吴之国也⑦。故礼服莫同,其便一也⑧。乡异而用变,事异而礼易。是以圣人果可以利其国,不一其用⑨;果可以便其事,不同其礼⑩。儒者一师而俗异⑪,中国同礼而教离⑫,况于山谷之便乎⑬?故去就之变,智者不能一⑭;远近之服,贤圣不能同。穷乡多异,曲学多辨⑮。不知而不疑,异于己而不非者,公焉而众求尽善也⑯。

【注释】

① 之:到。

② 衣服是为了穿用方便。便用:方便穿着使用。

③ 礼节是为了办事方便。便事:方便行事。

④ 贤明的人观察当地的风俗而适应它,根据实际情况制定礼法。乡:地方,当地。顺:适应,顺从。

⑤ 凭借这个方法,既给民众带来利益,也增强了国家的实力。

⑥ 剪断头发,在身上刺花纹,在手臂上刺画,左边开衣襟,这是瓯越人民的风俗。错:刺绣花纹。左衽(rèn):左边开衣襟。瓯(ōu)越:南方少数民族,境内有瓯江穿过。

⑦　染黑牙齿,在额头上刺花,戴鱼皮的帽子,穿用长针缝制的粗糙衣
　　服,这是吴国人民的习俗。题:额头。鳀(xì):通"鲻",鱼名。冠
　　(guàn):戴帽子。秫(shù):通"铢"。长针。绌(chù):缝制。大
　　吴:吴国,现在的江苏、安徽部分地区。

⑧　所以礼制衣服不相同,但它们为了便利的目的是一样的。莫:不。

⑨　所以圣人认为果真可以有利于那个国家,就不要求做法一致。果:
　　果真。

⑩　果真可以方便那里的行事,他(制定)的礼法不必相同就可以有不
　　同的礼法。

⑪　一师:同一个老师传承。俗异:礼俗不相同。俗:礼俗,习俗。

⑫　同礼:相同的礼俗。教离:政教有差异。

⑬　何况是为了偏远地区的方便呢? 山谷:代指偏僻荒远的地方。

⑭　所以去留取舍的变化,聪明人就不会强求一致。去:离弃。就:留
　　下,采用。

⑮　偏远地方多有奇怪的风俗,学问浅陋多诡辩的言辞。曲学:学问
　　浅陋。

⑯　不了解的事情不随便怀疑,和自己风俗不同也不去非议,公开广泛
　　地征求大家的意见,才能得到最好的结果。

　　今叔之所言者,俗也①;吾所言者,所以制俗也②。吾国东有
河、薄洛之水③,与齐、中山同之④,无舟楫之用⑤。自常山以至
代、上党⑥,东有燕、东胡之境,而西有楼烦、秦、韩之边,今无骑
射之备⑦。故寡人无舟楫之用,夹水居之民⑧,将何以守河、薄
洛之水? 变服骑射⑨,以备燕、三胡、秦、韩之边⑩。且昔者简主
不塞晋阳以及上党⑪,而襄主并戎取代以攘诸胡⑫,此愚智所
明也⑬。

【注释】

① 现在叔父所说的是习俗之见。

② 我所说的是为了制止世俗之见。制俗:改变传统。制:制服,改变。

③ 薄洛:渡口名,在漳水上,位于现在的河北衡水安平。这里代指漳水。

④ 齐:齐国,包括今山东东部、河北部分地区。同之:共同占有。

⑤ 舟楫(jí):船只船桨。这里指没有水军部队。

⑥ 常山:即恒山,在今河北曲阳西北,避汉文帝刘恒的讳改"恒"为"常"。上党:上党地区,是由群山包围起来的一块高地,位于现在山西的东南部。

⑦ 骑射之备:指战马弓箭装备。这里指骑兵部队。

⑧ 生活在水边的百姓。

⑨ 改变服装,学习骑马射箭。

⑩ 三胡:这里指林胡、楼烦、东胡三个少数民族部落。

⑪ 塞:堵塞。晋阳:在今山西太原晋源镇。

⑫ 并:吞并。戎:古代西部少数民族。攘(rǎng):排斥,驱逐。

⑬ 这是愚笨人、聪明人都能够明白的道理。

　　先时,中山负齐之强兵①,侵暴吾地②,系累吾民③,引水围鄗④,微社稷之神灵,则鄗几于不守也⑤。先王丑之⑥,而怨未能报也。今骑射之备,近可以便上党之形⑦,而远可以报中山之怨⑧。而叔顺中国之俗以逆简、襄之意⑨,恶变服之名以忘鄗事之丑⑩,非寡人之所望也⑪。"公子成再拜稽首曰:"臣愚,不达于王之义⑫,敢道世俗之闻⑬,臣之罪也。今王将继简、襄之意以顺先王之志,臣敢不听命乎⑭!"再拜稽首。乃赐胡服。明日,服而朝。于是始出胡服令也。

【注释】

① 从前,中山国依仗齐国的强大兵力。负:依仗。

② 侵暴:进犯欺凌。

③ 系累(léi):俘虏,劫掠。

④ 鄗(hào):战国时期赵国城市,在今河北柏乡北。

⑤ 如果不是国家神灵保佑,那座鄗城差不多就失守了。微:如果不是。
几:几乎。

⑥ 丑:认为耻辱。

⑦ 近:从近处来说。便:有利。形:地形。

⑧ 远:从远处来说。

⑨ 而叔父顺从中原地区的习俗,违背简王、襄王的遗志。

⑩ 厌恶改变服装的名声,而忘记鄗城受困的耻辱。恶(wù):厌恶。

⑪ 望:期望。

⑫ 达:明白,了解。义:道理。

⑬ 冒昧地说了一些世俗的见闻。

⑭ 臣下岂敢不听从命令啊!

　　赵文、赵造、周袑、赵俊皆谏止王毋胡服①,如故法便②。王曰:"先王不同俗,何古之法③?帝王不相袭,何礼之循④?虑戏、神农教而不诛⑤,黄帝、尧、舜诛而不怒⑥。及至三王⑦,随时制法⑧,因事制礼。法度制令各顺其宜,衣服器械各便其用⑨。故礼也不必一道,而便国不必古⑩。圣人之兴也,不相袭而王⑪;夏、殷之衰也,不易礼而灭⑫。然则反古未可非⑬,而循礼未足多也⑭。且服奇者志淫⑮,则是邹、鲁无奇行也⑯;俗辟者民易⑰,则是吴、越无秀士也⑱。且圣人利身谓之服⑲,便事谓之礼。夫进退之节⑳,衣服之制者,所以齐常民也㉑,非所以论贤者也㉒。故齐民与俗流,贤者与变俱㉓。故谚曰:'以书御者不尽马之情,以古制今者不达事之变㉔。'循法之功,不足以高世;法古之学,不足以制今。子不及也㉕。"遂胡服招骑射㉖。

【注释】

① 赵文、赵造、周袑(shào)、赵俊:赵国的大臣和宗亲,其中周袑曾担任过王傅。

② 依照原来的礼法更适合。便:适合。

③ 先王的礼法都不相同,哪一种古法可以仿效呢?

④ 帝王的礼制也不是相互沿袭仿效的,哪一种礼制可以遵循呢? 循:遵循。

⑤ 虙(fú)戏、神农:即伏羲氏、神农氏,都是古代传说的圣明帝王。教而不诛:注重教化,不施加刑罚。诛:惩罚。

⑥ 黄帝、尧、舜:上古的贤明帝王。诛而不怒:实行惩罚,但不暴虐。

⑦ 三王:一般指夏禹、商汤、周文王。

⑧ 根据时势制定礼法。时:时势。

⑨ 法令制度各自应顺应实际的需要,衣服器械各自方便使用。

⑩ 所以礼制不必要只有一种形式,并且使国家有便利,不必要效法古代。一道:一种方式。

⑪ 相袭而王:相互仿效才统治天下的。王(wàng):统治。

⑫ 易礼而灭:变换了礼制才灭亡的。

⑬ 反古:违反古法。非:非议。

⑭ 足:值得。多:赞许。

⑮ 服奇:服装奇特。志淫:心思放纵。

⑯ 邹、鲁:邹国、鲁国,在今山东境内。这两个国家讲究礼仪。奇行:不合礼法的行为。

⑰ 僻:不正,奇怪。在这个意义上后来写做"僻"。易:轻慢,懈怠。

⑱ 吴、越:吴国、越国,当时南方的国家。秀士:才能出众的人。

⑲ 利身:方便穿上身。

327

㉑ 进退之节:行为举止的礼节。

㉑ 齐常民:使普通百姓取得一致。齐:使整齐。

㉒ 并不是限制特殊的贤能的人才。

㉓ 所以普通的百姓总是跟着世俗行动,而贤明的人却和时势变化一起变化。流:行动。俱:一起行动。

㉔ 根据书本来驾车的人是无法充分发挥马的本性;依据古代的礼法来治理当今的国家就不能通晓政务的变化。御:驾车。情:本性。事:事务,政务。

㉕ 你们不懂得这个道理啊。及:达到,懂得。

㉖ 赵国人于是穿胡服,招募士兵练习骑射。招:招募。

【评析】

　　"胡服骑射"是历史上有名的典故,也是中国古代军事史上的一次重要变革。赵武灵王在位时,赵国国力衰微,军事上屡遭败绩,就连中山国、楼烦等等这样的小国也敢向赵国挑衅,威胁赵国的安全。赵武灵王为了富国强兵,他看到了北方和西方少数民族在战争中机动灵活的优势,毅然提出了"胡服骑射"的主张,这在当时都以中原国家为中心,把少数民族看做"异类"的政治背景下,体现了赵武灵王勇于改革的政治魄力。"胡服骑射"的政令还未颁布,就遭到了大臣尤其是许多皇亲国戚的激烈反对,赵武灵王的叔父公子成就是反对派的代表。公子成认为实行胡服骑射是"变古之教,易古之道,逆人之心",坚决反对胡服,而赵武灵王却认为情况发生了改变,那么政策也应该加以调整,只要对国家有利就可以,"乡异而用变,事异而礼易。是以圣人果可以利其国,不一其用",终于说服了公子成等人,颁布了"胡服骑射"的政令,并带头穿胡服上朝会见群臣,使"胡服骑射"的政令得以在全国推行。实行"胡服骑射"之后,赵国的国力和军事战斗力迅速增强,

328

使得赵国最终成为战国时期一个重要的诸侯国。"胡服骑射"之所以能够成功实行,主要是因为赵武灵王具有超前的政治意识,不因循守旧,能够因时而变,敢于学习敌人的长处,并能够亲自带头实践,率先垂范。"胡服骑射"的成功充分表现出了赵武灵王这位杰出军事家和政治改革家的勇气和魄力,值得后人永远学习和纪念。

四、赵过为代田之法

《汉书》

【题解】

本篇节选自班固《汉书·食货志》,题目是后加的。赵过,西汉农学家,生卒年不详。代田之法,是指一种适应北方旱作地区的耕作方法。它是在畎田法基础上发展而成的一种轮作法,将一块地分为三份,每年轮流耕种,以保养地力,获得较高的收成。

班固及《汉书》的简介见第一单元《苏武持节牧羊》的题解。

武帝末年①,悔征伐之事②,乃封丞相为富民侯③。下诏曰④:"方今之务,在于力农⑤。"以赵过为搜粟都尉⑥。过能为代田,一亩三畎⑦。岁代处,故曰代田,古法也⑧。后稷始畎田⑨,以二耜为耦⑩,广尺深尺曰畎,长终亩⑪。一亩三畎,一夫三百畎⑫,而播种于畎中。苗生叶以上,稍耨陇草,因隤其土以附苗根⑬。故其《诗》曰:"或芸或芋,黍稷儗儗⑭。"芸,除草也。芋,附根也。言苗稍壮,每耨辄附根。比盛暑,陇尽而根深,能风与旱,故儗儗而盛也⑮。其耕耘下种田器,皆有便巧⑯。率十二夫为田一井一屋,故

329

亩五顷⑰，用耦犁，二牛三人，一岁之收常过缦田亩一斛以上，善者倍之⑱。过使教田太常、三辅⑲，大农置工巧奴与从事，为作田器⑳。二千石遣令长、三老、力田及里父老善田者受田器，学耕种养苗状㉑。民或苦少牛，亡以趋泽，故平都令光教过以人挽犁㉒。过奏光以为丞，教民相与庸挽犁㉓。率多人者田日三十亩，少者十三亩，以故田多垦辟。过试以离宫卒田其宫壖地㉔，课得谷皆多旁田亩一斛以上。令命家田三辅公田，又教边郡及居延城。是后边城、河东、弘农、三辅、太常民皆便代田，用力少而得谷多。

【注释】

① 武帝（公元前 156 年—前 87 年）：即汉武帝刘彻，汉景帝刘启之子，公元前 140 年至前 87 年在位。

② 对征伐之事感到后悔。

③ 丞相：指车千秋。

④ 诏：诏书，皇帝的命令。

⑤ 目前的要务，在于致力于农业生产。

⑥ 任命赵过为搜粟都尉。搜粟都尉：官名，汉代主管农业的临时官职。

⑦ 赵过懂得种代田，一块田地开三条垄沟。代田：更换田地。畎（quǎn）：田间小水沟。

⑧ 每年更换垄沟的位置，所以叫代田，是一种古代的方法。

⑨ 后稷时开始在田间开垄沟。后稷：周代的始祖，曾任虞舜的农官，教民种植庄稼。畎田：在田间开辟垄沟。

⑩ 耜（sì）：一种翻土的农具。耦（ǒu）：二人并肩而耕。

⑪ 宽一尺深一尺为一畎，延长到亩的终端。

⑫ 一个劳力有三百畎。

⑬ 禾苗长出叶子后，就稍稍除掉垄上的杂草，随便把土培附在苗的根

330

上。耨(nòu):除草。陇:通"垄",田畦。隤(tuí):培土。

⑭ 有的拔草,有的培土,粟米和稷米,都非常茂盛。芓(zǐ):用土培禾根。儗儗(nǐ nǐ):茂盛的样子。引自《诗经·小雅·甫田》,原文"芸"作"耘","儗儗"作"薿薿"。

⑮ 等到了盛暑,垄上的土削平了,而根也扎深了,可以抵抗风灾和旱灾,所以就很茂盛了。比:等到。能:通"耐",受得住。

⑯ 代田耕耘播种的器械,都方便灵巧。

⑰ 大概十二个劳力有田一井一屋,所以有田地五顷。率:大概。

⑱ 用两人并耕,二牛三人,一年的收获经常超过不作垄沟耕作的田地每亩达一斛以上,会耕种的甚至达到两倍。缦田:这里指田中不作垄沟。缦:通"漫"。

⑲ 太常:古代专掌祭祀礼乐之官。三辅:汉代治理京畿三个地区的行政长官。

⑳ 大司农设立善于制作田器的奴仆来进行工作,制作种田的器械。大农:即大司农,汉代的九卿之一,掌租税钱谷盐铁和国家的财政收支。

㉑ 二千石派遣县令、三老、力田以及父老中善于种田的人接收种田的器械,学习和培养禾苗的方法。二千石:即郡守。汉制,郡守年俸禄为二千石,故称郡守为"二千石"。令长:县令。三老:古代掌教化之官。力田:古代的乡官。状:方法。

㉒ 百姓有的苦于缺少耕牛,失去了雨后土地湿润及时耕种的机会,所以平都的县令光教赵过用人拉犁的方法。光:人名。挽:拉。

㉓ 赵过上奏要求任命光为赵过的丞,教百姓互相雇佣来拉犁。丞:助手。

㉔ 赵过用离宫中的士卒耕种宫殿内外墙之间的土地作为试验。离宫:正宫之外供帝王巡时居住的宫室。宫墙(ruán)地:宫殿内墙和外墙之间的土地。

【评析】

在中国,尤其是封建社会的中国,农业生产是国家的根本,一直以来受到统治阶级的重视,因此如何提高粮食的产量成为统治阶级和许多农学家探索的课题。汉武帝刘彻末年,为了发展农业生产,任赵过为搜粟都尉。赵过是一个非常善于思考和钻研的农学家,他不拘守于以前的耕作方法,创造性地提出了代田法,这种耕作方法,效果极好,"一岁之收常过缦田亩一斛以上,善者倍之"。在代田法的推广过程中,赵过并不是一下子就直接让朝廷在全国实行,而是首先令大司农组织能工巧匠制作改良农具,再让郡县中的长官先学会使用改良农具,学习代田法的耕作和养苗方法,然后向老百姓加以推广。这种循序渐进的推广方法取得了巨大的成功,极大地提高了生产率和农民的生产积极性,为西汉的国力强盛做出了巨大贡献。赵过的善于创新、科学的方法以及因时因事而变的精神是他给我们留下的宝贵财富。

五、裸　葬

《汉书》

【题解】

本文选自班固《汉书·杨王孙传》,题目是后加的。裸葬,裸体下葬。

班固及《汉书》的简介见第一单元《苏武持节牧羊》的题解。

杨王孙者①,孝武时人也②。学黄、老之术③,家业千金④,厚自奉养生⑤,亡所不致⑥。及病且终⑦,先令其子⑧,曰:"吾欲裸葬,以反吾真⑨,必亡易吾意⑩。死则为布囊盛尸⑪,入地七尺,既下⑫,从足引脱其囊⑬,以身亲土⑭。"其子欲默而不从,重废父命⑮;欲从之,心又不忍,乃往见王孙友人祁侯。

【注释】

① 杨王孙:姓杨,名字不知,人呼"王孙"。

② 孝武:汉武帝刘彻,公元前 140 年至前 87 年在位。

③ 黄、老之术:指道家学说。黄老:黄帝和老子的并称,后世道家奉为始祖。

④ 家业:家产。

⑤ 非常注意保养自己。

⑥ 没有不取用的。亡(wú):通"无",没有。

⑦ 且终:将死。

⑧ 先令:临终前嘱咐。

⑨ 反吾真:返回我的本源。杨王孙认为,人出生时是裸体的,所以死后也要裸体下葬,这样就回到了本源。真:未经人为的东西,指本源、本性等。

⑩ 亡(wú)易:不要改变。亡:通"毋",不要。

⑪ 囊:口袋。

⑫ 下到墓穴以后。

⑬ 从脚部把口袋拉出来。引:拉。

⑭ 把我的身体和土壤紧挨着。

⑮ 他儿子想默不作声不听从,但难违父亲的遗命。

祁侯与王孙书曰①:"王孙苦疾②,仆迫从上祠雍③,未得诣前④。愿存精神⑤,省思虑,进医药⑥,厚自持⑦。窃闻王孙先令裸葬,令死者亡知则已⑧,若其有知,是戮尸地下⑨,将裸见先人,窃为王孙不取也⑩。且《孝经》曰'为之棺椁衣衾'⑪，是亦圣人之遗制⑫，何必区区独守所闻⑬？愿王孙察焉⑭。"

【注释】

① 书：书信。

② 苦疾：苦于疾病。

③ 我即将随从皇上到雍去祭祀。仆：谦称自己。迫：接近。上：指皇帝。祠：祭祀。雍：今陕西凤翔。

④ 诣（yì）：前往。

⑤ 希望您保存精神。

⑥ 医药：这里指药物。

⑦ 好好自己保养。

⑧ 令：假使。亡（wú）知：没有知觉。

⑨ 戮尸：刑罚的一种。陈尸示众，以示羞辱。

⑩ 我私下认为王孙您的想法是不可取的。

⑪ 《孝经》上说，"要给死者做棺椁，殓衣被。"《孝经》：古代儒家伦理学著作，旧题孔子自作，但南宋时已有人怀疑是出于后人附会。大约成书于秦汉之际。该书以孝为中心，比较集中地阐发了儒家的伦理思想。椁（guǒ）：古代套于棺外的大棺。衾（qīn）：覆盖尸体的单被。

⑫ 遗制：传下的制度。

⑬ 大意是，何必狭隘地独守所学的黄老思想。

⑭ 察：明辨。

王孙报曰①："盖闻古之圣王②，缘人情不忍其亲③，故为制礼，今则越之④，吾是以裸葬⑤，将以矫世也⑥。夫厚葬诚亡益于死者⑦，而俗人竞以相高⑧，靡财单币⑨，腐之地下。或乃今日入

334

而明日发⑩，此真与暴骸于中野何异⑪！且夫死者⑫，终生之化⑬，而物之归者也⑭。归者得至⑮，化者得变⑯，是物各反其真也⑰。反真冥冥⑱，亡形亡声，乃合道情⑲。夫饰外以华众⑳，厚葬以鬲真㉑，使归者不得至，化者不得变，是使物各失其所也。且吾闻之，精神者天之有也㉒，形骸者地之有也㉓。精神离形，各归其真，故谓之鬼，鬼之为言归也㉔。其尸塊然独处㉕，岂有知哉？襄以币帛㉖，鬲以棺椁，支体络束㉗，口含玉石，欲化不得，郁为枯腊㉘，千载之后，棺椁朽腐，乃得归土，就其真宅㉙。由是言之，焉用久客㉚！昔帝尧之葬也㉛，窾木为椟㉜，葛藟为缄㉝，其穿下不乱泉㉞，上不泄殠㉟。故圣王生易尚㊱，死易葬也。不加功于亡用㊲，不损财于亡谓㊳。今费财厚葬，留归鬲至㊴，死者不知，生者不得，是谓重惑㊵。於戏㊶！吾不为也。"

祁侯曰："善。"遂裸葬。

【注释】

① 报：复信。

② 盖：语气词。

③ 缘：由于。人情：常人的感情。

· ④ 大意是，如今人们却超越了礼制的规定实行厚葬。

⑤ 是以：因此。

⑥ 矫世：纠正世俗。

⑦ 诚：实在，确实。亡益：无益。

⑧ 竞以相高：争相攀比。

⑨ 耗尽钱财。靡：浪费。单：竭尽。在这个意义上后来写做"殚"。

⑩ 有的今天才入土，明天就被盗掘。或：有的。

⑪ 暴骸：暴露尸骨。中野：旷野之中。

⑫ 且夫：况且。

335

⑬　是生命结束时的转化。

⑭　是万物的回归。

⑮　回归的能得以回归。

⑯　转化的能得以转化。

⑰　这样万物就各自回归本源了。是:这样。反:回归,在这个意义上后来写做"返"。

⑱　冥冥:昏暗的样子。

⑲　道情:道的真情。

⑳　饰外:装饰外表。华众:向众人炫耀。

㉑　鬲(gé)真:和本源相隔离。鬲:阻隔。在这个意义上后来写做"隔"。

㉒　精神属于天所有。

㉓　形骸:人的躯体。

㉔　大意是鬼的意思就是归。

㉕　块然:独处的样子。

㉖　币帛:丝织品。

㉗　支:肢体。在这个意义上后来写做"肢"。络束:束缚,捆束。

㉘　闭结而为干尸。腊(xī):干肉,此指干尸。

㉙　真宅:人死后的真正归宿。

㉚　哪里用得着长久客居在外。

㉛　帝尧:即尧,传说中古帝陶唐氏的号。

㉜　窾(kuǎn)木:挖空木头。椟(dú):棺材。

㉝　葛藟(ěi):葛藤。葛,多年生藤蔓类植物,茎皮有韧性,纤维可织布。绒:特指束棺之绳。

㉞　穿:挖掘,开凿。不乱泉:不搅乱黄泉,即不到黄泉。

㉟　泄殠(chòu):泄漏臭气。殠:腐臭的气味。

㊱　易尚:容易事奉。

㊲　大意是不做无用功。

336

㊳　大意是不乱花钱。损财:花钱。亡(wú)谓:即无谓,没有意义。

㊴　大意是阻留死者回归本源。

㊵　重惑:双重愚昧。

㊶　於戏(wū hū):也写作"呜呼"。唉。

【评析】

　　孔子说:"礼,与其奢也,宁俭;丧,与其易(指礼文周到)也,宁戚。"(《论语·八佾》)他已经明确指出,丧礼的核心在于表示悲戚之情,而不应该繁文缛节,奢侈铺张。但是到了汉代,丧礼的初衷已经变味儿,尤其是达官贵人大兴厚葬之风,互相攀比,社会财富浪费惊人。

　　汉武帝时,有个叫杨王孙的富豪站出来,反对厚葬,主张裸葬。临终前他叮嘱儿子,死后用个布袋装进尸体,待放进墓穴后再把布袋抽出来,让尸体的肌肤直接接触泥土。这一惊世骇俗之举,让儿子不知所措。于是请父亲的朋友祁侯出面说服。祁侯来信劝阻,他说裸葬将有辱先人,而且也不合"圣人之遗制"。杨王孙在回信中详尽地阐明了自己的观点,其要点是:一、厚葬"死者不知,生者不得",徒然将钱物"腐之地下"而已,而且容易招致盗墓贼,今日下葬,明天就被发掘出来,这与暴尸旷野有何不同? 二、圣王制礼的初衷今已违背,昔帝尧之葬只是"窾木为椟,葛藟为缄",极为节俭。之所以要裸葬,目的是"将以矫世"。三、人死是自然回归,"形骸者地之有也",就应该让尸体重新回到大地的怀抱。

　　杨王孙"学黄、老之术",尽管他的思想带有道家色彩,但他不迷信鬼神,以裸葬挑战世俗,反对奢靡厚葬,无疑是振聋发聩,极有震撼力的。

六、订　鬼

《论衡》

【题解】

本文节选自王充《论衡·订鬼》。订鬼,改正对鬼的认识。

王充及《论衡》的简介见第四单元《难问》的题解。

　　凡天地之间,有鬼,非人死精神为之也①,皆人思念存想之所致也②。致之何由③?由于疾病。人病则忧惧,忧惧见鬼出。凡人不病则不畏惧。故得病寝衽④,畏惧鬼至。畏惧则存想,存想则目虚见⑤。

【注释】

① 并不是人死后的灵魂变成的。精神:这里是灵魂的意思。

② 都是人们思虑和想象所造成的。思念:思虑。存想:想象,想念。所致:所造成。

③ 是什么原因造成这种现象的呢?

④ 寝衽(rèn):睡在床上。衽:卧席,这里指床褥。

⑤ 目虚见:眼睛因错觉而浮现幻象。

　　何以效之①?传曰②:"伯乐学相马③,顾玩所见④,无非马者。宋之庖丁学解牛,三年不见生牛⑤,所见皆死牛也。"二者用精至矣⑥!思念存想,自见异物也⑦。人病见鬼,犹伯乐之见马,庖丁之见牛也。伯乐、庖丁所见非马与牛,则亦知夫病者所见非鬼也。

【注释】

① 用什么来证明它呢？效：验证。

② 古书里说。传(zhuàn)：这里指古书。按：以下引文为《吕氏春秋·精通》里的话。

③ 伯乐：春秋秦穆公时人，姓孙，名阳，以善相马著称。他认为一般的良马可以凭外形筋骨来鉴别，而相天下绝伦的千里马，则必须"得其精而忘其粗，在其内而忘其外"。（见《列子·说符》）相：观察，鉴别。

④ 意思是说，由于专心看马，因此他看任何东西没有不是马的。顾玩：仔细端详。顾：看。玩：观赏，端详。

⑤ 宋国一个名叫丁的厨子学宰牛，在他的眼里三年中没有见过活牛，所见都是被解体的死牛。这也是说他精神高度集中。庖(páo)：厨子。丁：厨子的名字。解牛：宰牛。解：肢解，宰割。生：活。

⑥ 用精：专心一意。至：达到极点。

⑦ 意思是，自然就产生错觉而看见怪异的东西。

病者困剧①，身体痛，则谓鬼持箠杖殴击之②，若见鬼把椎锁绳缠③，立守其旁④。病痛恐惧，妄见之也⑤。初疾畏惊，见鬼之来；疾困恐死，见鬼之怒；身自疾痛⑥，见鬼之击；皆存想虚致⑦，未必有其实也⑧。

【注释】

① 困剧：形容病得厉害。

② 箠(chuí)杖：棍棒。殴击：殴打。

③ 把：握，拿。椎(chuí)：捶击的工具，后来也作为兵器。锁：枷锁。绳缠(mò)：绳索。

④ 站着守在自己身旁。

⑤　是由于胡思乱想的缘故。

⑥　身上病痛。

⑦　虚致：产生虚幻的感觉造成的。

⑧　未必有真实的事物。也就是说，未必真有鬼。

　　夫精念存想①，或泄于目②，或泄于口③，或泄于耳④。泄于目，目见其形⑤；泄于耳，耳闻其声；泄于口，口言其事⑥。昼日则鬼见⑦，暮卧则梦闻⑧。独卧空室之中，若有所畏惧，则梦见夫人据案其身哭矣⑨。觉见卧闻⑩，俱用精神⑪；畏惧存想，同一实也⑫。

【注释】

①　大意是，专心想念事物的结果。夫：句首语气词。精：专心。

②　有的表现在视觉上。或：有的。泄：发泄，这里是表现的意思。目：指视觉。

③　口：指言语。

④　耳：指听觉。

⑤　好像看见鬼的形状。其：指鬼。

⑥　就会说出鬼的事情。

⑦　白天就会看到鬼的出现。昼日：白天。见(xiàn)：出现。在这个意义上，现在写做"现"。

⑧　夜里就会在梦中听到鬼的声音。暮卧：晚上睡觉。

⑨　就会梦见好像有人按住自己的身体哭泣呢！夫(fú)人：那人。夫：那。据案：按着。据：按。其：指自己。

⑩　大意是，睡醒就看到鬼的形状，睡着就听到鬼的声音。卧：这里是睡着的意思。

⑪　意即都是由于精神作用引起的。

⑫　出于同样的情况。

【评析】

世上究竟有没有鬼神？这是唯物论者与唯心论者斗争的焦点。在汉代乃至整个古代，绝大多数人对"死人为鬼，有知，能害人"（《论衡·论死》）深信不疑。王充是伟大的无神论者，他针锋相对指出："死人不为鬼，无知，不能害人。"（同上）认为所谓"鬼"并非是人的灵魂变成，而是"皆人思念存想之所致也"，是一种精神幻觉，这种幻觉尤其容易发生在病人身上。

王充的无神论主张无疑是正确的，但要让他的思想被大众所接受可不是一件容易的事。在这篇文章里，作者引用人们熟知的伯乐相马和庖丁解牛故事，说明当人的精神高度集中时往往会产生错觉。他又对民间的"见鬼"传说做了合情合理的分析。比如，病人身体痛苦，就说有鬼手握棍棒殴打他；重病者恐惧死亡，就"见到"鬼冲着他发怒；独自一人在空房里睡觉，胆战心惊，就会梦见有人按住自己身体哭泣。人们眼见、耳闻、口说的鬼，实际上都是人的臆念，并非实有。二千年前的王充，已经能够从心理层面、从理论上科学地剖析了鬼魅现象，而且有很强的说服力，这就是他了不起的地方。为什么在鬼魅问题上，当时"世人皆醉"而王充"独醒"呢？是深入观察、实事求是和理性思考，铸就了这位无神论的先驱者。

七、张衡善机巧

《后汉书》

【题解】

本文节选自范晔《后汉书·张衡传》。张衡（公元78—139年），字平子，河南南阳西鄂（今河南南召）人，东汉天文学家、文学家。机巧，灵巧的机械装置。

范晔及《后汉书》的简介见第一单元《来歙遇刺》的题解。

　　张衡字平子，南阳西鄂人也。世为著姓①。祖父堪，蜀郡太守。衡少善属文②，游于三辅，因入京师③，观太学④，遂通《五经》，贯六艺⑤。虽才高于世，而无骄尚之情⑥。常从容淡静，不好交接俗人⑦。永元中⑧，举孝廉不行⑨，连辟公府不就⑩。时天下承平日久，自王侯以下，莫不逾侈⑪。衡乃拟班固《两都》⑫，作《二京赋》，因以讽谏。精思傅会⑬，十年乃成，文多故不载。大将军邓骘奇其才，累召不应⑭。

【注释】

① 世代都是有声望的族姓。
② 张衡年轻时就善于写文章。属(zhǔ)文：写文章。
③ 到长安及其附近地区考察、学习，并趁此机会前往京城洛阳。三辅：指西汉京城长安及其附近地区。
④ 太学：我国古代设于京城的最高学府。
⑤ 于是通晓了"五经"、六艺。五经：指《诗经》、《尚书》、《礼记》、《周易》、《春秋》。六艺：指礼、乐、射、御、书、数。
⑥ 虽然才学高出当时一般人，却没有骄傲自负的情绪。骄尚：骄傲自负。
⑦ 总是从容不迫，淡泊宁静，不爱和庸俗的人们往来。
⑧ 永元：汉和帝的年号，公元89年至104年。
⑨ 被推荐作孝廉，张衡没有去应荐。
⑩ 三公官署屡次召请去任职，他也不去应召。公府：三公官署。辟：征召。不就：不任职。
⑪ 逾侈：过度奢侈。

⑫ 拟:模仿。班固(公元 32—92 年):字孟坚,东汉史学家、文学家,著有《汉书》。《两都》:指《两都赋》。

⑬ 精思:精心构思。傅会:运用辞藻表现思想。

⑭ 大将军邓骘认为他是奇才,多次召请,张衡也不去应召。邓骘(zhì)(公元? —121 年):字昭伯,东汉南阳新野(今河南新野)人,汉安帝时任大将军。

衡善机巧,尤致思于天文、阴阳、历算①。阳嘉元年,复造候风地动仪②。以精铜铸成,员径八尺③,合盖隆起,形似酒尊④,饰以篆文、山龟、鸟兽之形⑤。中有都柱⑥,傍行八道,施关发机⑦;外有八龙,首衔铜丸⑧,下有蟾蜍,张口承之⑨。其牙机巧制,皆隐在尊中⑩,覆盖周密无际⑪。如有地动,尊则振龙⑫,机发吐丸,而蟾蜍衔之⑬。振声激扬,伺者因此觉知⑭。虽一龙发机,而七首不动⑮,寻其方面,乃知震之所在⑯。验之以事,合契若神⑰,自书典所记,未之有也⑱。尝一龙机发而地不觉动⑲,京师学者咸怪其无征⑳,后数日驿至,果地震陇西㉑,于是皆服其妙。自此以后,乃令史官记地动所从方起㉒。

【注释】

① 张衡擅长机械制造方面的技巧,尤其专心研究天文、气象、岁时节候的推算。

② 阳嘉元年,张衡又制造了候风地动仪。阳嘉:东汉顺帝年号,公元 132 年至 135 年。

③ 是用纯铜铸造的,直径有八尺。

④ 盖子中央凸起,样子像个大酒尊。合盖:器物的盖子。酒尊:古代盛酒的器皿。

⑤ 外面用篆体文字和山、龟、鸟、兽的图案装饰。篆文:篆体文字,古文

字的一种。

⑥　中央有一根粗大的铜柱。

⑦　铜柱周围伸出八条滑道,还装置着枢纽,用来拨动机关。

⑧　外面有八条铜龙,龙口各含一枚铜丸。

⑨　龙头下面各有一个蛤蟆,张着嘴巴,准备接住龙口吐出的铜丸。

⑩　仪器的机关和机件制造的巧妙,都隐藏在酒尊形的仪器中。牙机:器械的启动机关。

⑪　覆盖严密得没有一点缝隙。

⑫　一旦发生地震,仪器外面的龙就震动起来。

⑬　机关发动,龙口吐出铜丸,下面的蛤蟆就把它接住。

⑭　震击的声音清脆响亮,守候仪器的人因此知道发生了地震。

⑮　虽然有一条龙的机关发动,另外七个龙头却丝毫不动。

⑯　寻找它的方向,就能知道地震的方位。

⑰　用实际发生的地震来检验仪器,彼此完全相符,真是灵验如神。

⑱　从古籍的记载中,还看不到这样的仪器。

⑲　曾有一次,一条龙的机关发动了,可是洛阳并没有感到地震。

⑳　京城里的学者都惊异地动仪这次怎么不灵验了。征:灵验。

㉑　几天后,驿站上传送文书的人来了,证明果然在陇西地区发生了地震。陇西:今甘肃东南部。

㉒　从此以后,朝廷就让史官根据地动仪,记载每次地震发生的方位。

【评析】

地震是最大的自然灾害之一,往往给人类带来毁灭性的灾难,因此准确测报地震自古以来是人们渴望的梦想。东汉天文学家张衡所发明的地动仪是世界上最早的地震仪,它设计精巧,非常灵验,比欧洲制造的类似仪器早了一千七百多年。汉顺帝永和三年(公元138年)二月初三日,地动仪上一条龙的机关突然发动,吐出了铜球,掉进了那个蛤蟆的嘴里。当时在京城洛阳的人们却丝毫没有感觉到地震的迹象,于是有人开始议论纷纷,质疑地动仪不灵验。可是没过几天,距离京城洛阳一千多里的陇西有人飞马来报,那里前几天确实发生了地震,于是人们对张衡的机巧佩服得五体投地。

　　张衡除了制造了地动仪之外,还制造了浑天仪等许多天文仪器,他还精通历法、算术等许多方面的学问。张衡之所以取得这么多的成就,除了他自身的天赋、勤奋之外,主要是因为他热爱科学,潜心钻研,性格淡泊,不慕名利。"虽才高于世,而无骄尚之情。常从容淡静,不好交接俗人",朝廷多次请他做官都被他拒绝,这样就可以不被外界干扰,专心科学研究,这是从事科学研究所必备的素质和条件。另外,在两千年前的东汉时期,谶纬迷信盛行,在这样的环境氛围中,张衡能够不迷信天地鬼神,科学地认识地震和其他自然现象,体现了他对真理的执著追求和挑战世俗的无畏精神。张衡的成功经验给了我们许多有益的启示。

八、神医华佗

《三国志》

【题解】

本文节选自陈寿《三国志·魏书·方技传》。华(huà)佗(公元？—208年),字元化,沛国谯(今安徽亳县)人,汉末著名医学家。

陈寿(公元233—297年),字承祚,巴西郡安汉县(今四川南充)人。少好学,师事著名学者谯周。在晋朝为著作郎。他是西晋著名的史学家。

东汉以后,从公元 220 年到 280 年,是中国历史上魏、蜀、吴三国鼎立的时期。记录这段历史的史书,是陈寿的《三国志》。此书是一部纪传体史书,但它只有纪和传,没有志和表。全书安排别具一格,把三国分成三书,即《魏书》、《蜀书》、《吴书》,共六十五卷。此书以魏为正统:以魏为"帝",称"纪";以蜀、吴为"主",称"传"。此书文笔简洁,剪裁得体。唯史料不丰,失之简略。它是研究三国历史的重要资料。

华佗,字元化,沛国谯人也,一名旉①。游学徐土②,兼通数经③。沛相陈圭举孝廉④,太尉黄琬辟⑤,皆不就。晓养性之术⑥,时人以为年且百岁而貌有壮容⑦。又精方药⑧,其疗疾,合汤不过数种⑨,心解分剂⑩,不复称量,煮熟便饮,语其节度⑪,舍去辄愈⑫。若当灸⑬,不过一两处,每处不过七八壮⑭,病亦应除⑮。若当针⑯,亦不过一两处,下针言"当引某许⑰,若至,语人⑱"。病者言"已到",应便拔针⑲,病亦行差⑳。若病结积在内,针药所不能及,当须刳割者㉑,便饮其麻沸散㉒,须臾便如醉死无所知㉓,因破取。病若在肠中,便断肠湔洗㉔,缝腹膏摩㉕,四五日差,不痛,人亦不自寤㉖,一月之间,即平复矣㉗。

【注释】

① 沛(pèi)国:东汉的封国,治所今安徽宿县。谯(qiáo):沛国的县,今安徽亳(bó)县。旉:同"敷"。

② 游学:离开本乡到外地求学。徐土:指古徐州地区,治所在下邳(今江苏邳县)。

③ 经:指《诗经》、《书经》、《易经》等儒家经典。

④ 沛相:沛国的相。举孝廉:推举华佗为孝廉。孝廉:指孝子和清廉之士,分别为古代选拔人才的科目,这里指被推选的士人。

⑤ 太尉:汉代最高军事长官。辟:征召任用。

⑥ 通晓养生的方法。

⑦ 且:将。

⑧ 方药:医方和药物。

⑨ 合汤:配合汤药。

⑩ 解:知道。分:分量。剂:药物配合的比例。

⑪ 告诉病人服药的注意事项。

⑫ 意即华佗离开后,病就好了。舍去:离开。辄:就。

⑬ 灸(jiǔ):中医的一种疗法。用燃烧的艾绒熏灼人体的穴位。

⑭ 壮:中医艾灸法术语,一灼称一"壮"。

⑮ 应除:手到病除。

⑯ 针:扎针,中医的一种疗法。

⑰ 当引某许:针感会延伸到某处。许:处。

⑱ 语人:告诉人。

⑲ 应(yìng):应声。

⑳ 行:行将,这里是"很快"的意思。差(chài):病除。

㉑ 刳(kū)割:剖开割除。

㉒ 麻沸散:华佗发明的一种中药麻醉剂。散:指状粉末的中药。

㉓ 须臾:一会儿。

㉔ 渐(jiān)洗:洗涤。

㉕ 膏摩:涂抹药膏。

㉖ 寤:醒,这里指感觉。

㉗ 平复:指伤口愈合复原。

府吏儿寻、李延共止①,俱头痛身热,所苦正同。佗曰:"寻当下之②,延当发汗。"或难其异③,佗曰:"寻内实④,延外实,故治之宜殊⑤。"即各与药，明旦并起⑥。

【注释】

① 兒(ní)：姓。后来写做"倪"。共止：一起来就诊。止：至，到。

② 下之：把它泻下来。下：即指中医中的泻法。

③ 有人对他的不同治法提出疑问。或：有人。

④ 内实：中医把病症归纳为八种类型，即所谓"八纲"，实证是其一，与虚证相对。实证又分内外。原文作"寻外实，延内实"，此据《类症普济本事方》引《华佗传》改。

⑤ 宜殊：应当不同。

⑥ 明旦：第二天早晨。并起：一起起来，即已病愈。

佗行道，见一人病咽塞①，嗜食而不得下，家人车载欲往就医。佗闻其呻吟，驻车往视②，语之曰："向来道边有卖饼家蒜齑大醋③，从取三升饮之④，病自当去。"即如佗言，立吐蛇一枚⑤，县车旁⑥，欲造佗⑦。佗尚未还，小儿戏门前，逆见⑧，自相谓曰："似逢我公，车边病是也⑨。"疾者前入坐，见佗北壁县此蛇辈约以十数⑩。

【注释】

① 咽塞：患咽喉堵塞的病。

② 驻车：停车。

③ 向来：刚才。蒜齑(jī)：蒜泥。大醋：老醋。

④ 从：前往，到。升：量酒的单位。

⑤ 立：立刻。蛇：这里指一种寄生虫。

⑥ 县：悬挂。在这个意义上后来写做"悬"。

⑦ 造：到……去。

⑧　逆见:迎面看见。

⑨　大意是,像是见到咱父亲了,车边挂着的病虫就是证明。公:指
　　父亲。

⑩　蛇辈:蛇类,这里指同类的寄生虫。

　　广陵太守陈登得病①,胸中烦懑②,面赤不食。佗脉之曰③:
"府君胃中有虫数升④,欲成内疽⑤,食腥物所为也⑥。"即作汤二
升,先服一升,斯须尽服之⑦。食顷⑧,吐出三升许虫⑨,赤头皆
动,半身是生鱼脍也⑩,所苦便愈。佗曰:"此病后三期当发⑪,遇
良医乃可济救⑫。"依期果发动⑬,时佗不在,如言而死。

【注释】

①　广陵:汉代郡名,在今江苏扬州。太守:郡的最高长官。

②　烦懑(mèn):中医指内热郁结之症。

③　脉之:为他切脉。

④　府君:对太守的尊称。

⑤　内疽(jū):体内脏器的毒性肿块。

⑥　腥物:腥臊的食物,这里指生鱼、生肉。

⑦　斯须:一会儿。

⑧　吃一顿饭的时间,形容时间很短。

⑨　许:表示约数。

⑩　下半身像生鱼丝。脍(kuài):细切的鱼肉。

⑪　三期(jī):三年。期:一周年。

⑫　济救:救活。

⑬　到了预估的时间果然发作。

　　太祖闻而召佗①,佗常在左右。太祖苦头风②,每发,心乱目

眩③,佗针鬲④,随手而差⑤。

【注释】

① 太祖:指曹操。

② 头风:头痛。中医学病症名。

③ 目眩(xuàn):眼花。

④ 鬲(gé):针灸穴位名,在脊骨第七椎下两旁。

⑤ 差(chài):病除。

李将军妻病甚,呼佗视脉,曰:"伤娠而胎不去①。"将军言:"闻实伤娠,胎已去矣。"佗曰:"案脉②,胎未去也。"将军以为不然。佗舍去,妇稍小差③。百余日复动,更呼佗④,佗曰:"此脉故事有胎⑤。前当生两儿,一儿先出,血出甚多,后儿不及生。母不自觉,旁人亦不寤⑥,不复迎⑦,遂不得生。胎死,血脉不复归,必燥著母脊,故使多脊痛。今当与汤,并针一处,此死胎必出。"汤针既加,妇痛急如欲生者。佗曰:"此死胎久枯,不能自出,宜使人探之⑧。"果得   死男,手足完具⑨,色黑,长可尺所⑩。

【注释】

① 伤娠:指生产时出血过多。

② 依据脉息。

③ 妇人逐渐略有好转。小差:疾病小愈。

④ 更:再,又。

⑤ 这种脉息和上次一样,表明腹中有胎。

⑥ 不寤:不清楚。

⑦ 迎:指迎产。

⑧ 探:摸取,这里指引产。

⑨ 完具:完整。

⑩ 身长大约一尺多。可:大约。所:表示约数。

佗之绝技,凡类此也①。然本作士人②,以医见业③,意常自悔④,后太祖亲理⑤,得病笃重⑥,使佗专视⑦。佗曰:"此近难济⑧,恒事攻治⑨,可延岁月。"佗久远家思归⑩,因曰⑪:"当得家书⑫,方欲暂还耳⑬。"到家,辞以妻病⑭,数乞期不反⑮。太祖累书呼⑯,又敕郡县发遣⑰。佗恃能厌食事⑱,犹不上道⑲。太祖大怒,使人往检⑳。若妻信病㉑,赐小豆四十斛㉒,宽假限日㉓;若其虚诈,便收送之㉔。于是传付许狱㉕,考验首服㉖。荀或请曰㉗:"佗术实工㉘,人命所县㉙,宜含宥之㉚。"太祖曰:"不忧,天下当无此鼠辈耶㉛?"遂考竟佗㉜。佗临死,出一卷书与狱吏,曰:"此可以活人㉝"吏畏法不受,佗亦不强㉞,索火烧之㉟。佗死后太祖头风未除。太祖曰:"佗能愈此。小人养吾病㊱,欲以自重㊲,然吾不杀此子㊳,亦终当不为我断此根原耳㊴。"及后爱子仓舒病困㊵,太祖叹曰:"吾悔杀华佗,令此儿强死也㊶。"

【注释】

① 大都像这些事。

② 然而本是读书人。

③ 因行医而被看成职业。

④ 心里经常后悔。

⑤ 亲理:亲自处理国事。

⑥ 笃(dǔ)重:沉重。

⑦ 专视:专门替他个人治病。

⑧ 这病近乎难治好。

⑨ 不断进行治疗。攻治:治理,这里指医疗。

351

⑩ 远家:远离家乡。

⑪ 因:于是。

⑫ 当:刚才。

⑬ 方:正。

⑭ 以妻子有病为由推辞。

⑮ 数(shuò)乞期:屡次请求延长假期。数:屡次。反:返回。在这个意义上后来写做"返"。

⑯ 累书呼:多次用书信召唤。

⑰ 敕(chì):下诏令。发遣:遣送。

⑱ 恃能:依靠才能。厌食事:厌恶吃侍候人的饭。

⑲ 上道:上路,启程。

⑳ 检:检验,查看。

㉑ 信:确实。

㉒ 斛(hú):一斛为十斗。

㉓ 宽假:放宽假日。

㉔ 收:逮捕。

㉕ 传:递解。付:交给。许狱:许昌的监狱。当时已迁都许昌(今河南许昌)。

㉖ 考验:审讯验实。首服:服罪。

㉗ 荀彧(yù):曹操的谋士。

㉘ 华佗的医术确实高明。

㉙ 意即关系人命。县:悬挂,系着。在这个意义上后来写做"悬"。

㉚ 含宥(yòu):包容。宥:宽恕。

㉛ 当:会。鼠辈:老鼠一类的东西,指低微下贱的人,是对他人的蔑称。

㉜ 考竟:判决,这里指处死。

㉝ 活人:救活人。

㉞ 不强(qiǎng):不勉强。

㉟ 索:讨取。

㊱　养:指对病不根治而有意拖延。

㊲　自重:抬高自己的地位。

㊳　此子:这人,指华佗。

㊴　根原:即根源,这里指病根。

㊵　病困:病危。

㊶　强(qiǎng)死:意即活活死去。

广陵吴普、彭城樊阿皆从佗学①。普依准佗治②,多所全济③。佗语普曰:“人体欲得劳动④,但不当使极尔⑤。动摇则谷气得消⑥,血脉流通,病不得生,譬犹户枢不朽是也⑦。是以古之仙者为导引之事⑧,熊颈鸱顾⑨,引挽腰体⑩,动诸关节⑪,以求难老⑫。吾有一术,名五禽之戏⑬,一曰虎,二曰鹿,三曰熊,四曰猿,五曰鸟,亦以除疾,并利蹄足⑭,以当导引⑮。体中不快⑯,起作一禽之戏,沾濡汗出⑰,因上著粉⑱,身体轻便,腹中欲食。”普施行之,年九十余,耳目聪明,齿牙完坚。阿善针术。凡医咸言背及胸藏之间不可妄针⑲,针之不过四分,而阿针背入一二寸,巨阙胸藏针下五六寸⑳,而病辄皆瘳㉑。阿从佗求可服食益于人者㉒,佗授以漆叶青黏散㉓。漆叶屑一升,青黏屑十四两,以是为率㉔,言久服去三虫㉕,利五藏㉖,轻体,使人头不白。阿从其言,寿百余岁。漆叶处所而有㉗,青黏生于丰、沛、彭城及朝歌云㉘。

【注释】

①　彭城:今江苏徐州。

②　吴普遵照华佗的医术治病。依准:遵照,依据。

③　许多人被治好救活。全济:保全,救活。

④　劳动:活动,运动。

⑤　大意是,只是不该运动过度。极:达到极点。尔:罢了。

⑥ 活动就能使饮食中的养分得到消化。谷气:食物之气,即养分。

⑦ 譬犹:譬如。户枢:门户的转轴。

⑧ 是以:因此。导引:导气引体。一种呼吸和躯体运动相结合的体育疗法,与今气功相似。

⑨ 熊颈:当做"熊经",模仿熊攀挂树枝的动作。经:悬挂。鸱(chī)顾:模仿鸱鹰回头看的动作。顾:回头看。

⑩ 引挽:牵引,伸展。

⑪ 使各个关节活动。

⑫ 难老:难以衰老。

⑬ 五禽:指五种动物。禽:禽兽。戏:游戏,这里指体操。

⑭ 并且使腿脚轻便利索。利:使轻快。

⑮ 用来当做导引。

⑯ 不快:不舒服。

⑰ 沾濡(rú):浸湿,这里指汗湿衣服。

⑱ 接着在身上搽上爽身粉。因:接着。著(zhuó):附着。

⑲ 咸言:都说。藏:内脏。在这个意义上后来写做"脏"。妄针:乱扎针。

⑳ 巨阙:穴位名,在脐上六寸。下:下针,扎进去。

㉑ 辄:总是。瘳(chōu):病愈。

㉒ 可以服用对人身体有益的东西。

㉓ 漆叶青黏散:一种粉状的补药,由漆叶和青粘两种药材合成。漆叶有治虚劳和杀寄生虫的功效。青粘又名黄精,有滋补和祛风湿的功效。

㉔ 用这个为比例。率(lǜ):比例。

㉕ 三虫:这里指蛔虫、赤虫和蛲虫三种寄生虫。

㉖ 五藏:指心、肺、肝、脾、肾五种器官。

㉗ 处所:到处。

㉘ 沛:今江苏沛县。朝歌:今河南汤阴。云:语气词,有"据说如此"的

354

意思。

【评析】

在中国,华佗是"神医"的化身,他的故事颇具传奇色彩。

华佗医术高超,内科、儿科、妇科和针灸医术都很精湛。他在路上见到有个人患咽喉堵塞、不能吞食的毛病,马上停车诊治,病人在吞服蒜头和大醋后,当即吐出寄生虫一条。李将军的妻子病重,华佗根据脉象,判断腹中留有死胎,施以汤药和针灸,"果得一死男,手足完具"。曹操患"头风"病,"每发,心乱目眩",华佗找准穴位,一针扎下,手到病除。最令人不可思议的是,华佗发明麻沸散作麻醉剂,居然能够施行"断肠湔洗,缝腹膏摩"的大型外科手术,成为世界上第一个使用麻醉术进行腹腔手术的人,比西方医学家使用乙醚或笑气进行全身麻醉足足早了一千六百多年。

华佗的医学思想,贯穿着朴素的唯物辩证法,敢为天下之先。在人们笃信"身体发肤,受之父母,不敢毁伤,孝之始也"的时代,他大胆探索人体解剖结构,并且首创剖腹剪肠之术,这需要承受多大的压力和风险!在临床实践中,他非常重视病理研究,在给广陵太守陈登治病时,就明确指出"食腥物"和寄生虫病之间的关系。只有找到病源,才能真正做到辨证施治。他发明"五禽戏",就是由于他对运动之与生命的深刻认识:"动摇则谷气得消,血脉流通,病不得生,譬犹户枢不朽是也。"他淡于功名,不慕虚荣,"沛相陈圭举孝廉,太尉黄琬辟,皆不就",而是心无旁骛,潜心医术,经络、方药烂熟于心,甚至能"心解分剂,不复称量",因此下针用药极为精当。寻绎华佗的成功之道,确实有许多地方值得我们学习和借鉴。

九、姚崇除蝗

《新唐书》

【题解】

本文节选自欧阳修等《新唐书·姚崇传》，题目是后加的。姚崇(公元650—721年)，原名元崇，字元之，唐代陕州硖石(今河南三门峡市)人，历事武则天、唐中宗、睿宗、玄宗诸朝，任宰相，多次出任地方长官，为唐朝前期一名臣。

《新唐书》二百二十五卷，由欧阳修、宋祁等编撰。在此之前，后晋刘昫曾编有《唐书》(后称《旧唐书》)，宋仁宗不满，认为浅陋，于是下诏重修。参与编撰《新唐书》的学者，都是北宋时期名家高手。该书在体例、剪裁、文采等各方面都很完善，优于《旧唐书》，如《新唐书》对志特别重视，因为宋代大体上继承了唐代的制度，为了总结唐代的典章制度供宋王朝参考，所以增加了以前各史所没有的《仪卫志》、《兵志》。其他几个志也各增补了新资料。缺点除了正统观念太强，有的纪、传失之太简，甚至作了毫无道理的砍削。

欧阳修的简介见第五单元《泷冈阡表》的题解。

姚崇，字元之，陕州硖石人。父懿，字善懿，贞观中①，为巂州都督②，赠幽州大都督③，谥文献④。崇少倜傥⑤，尚气节⑥，长乃好学。仕为孝敬挽郎⑦，举下笔成章⑧，授濮州司仓参军⑨，五迁夏官郎中⑩。

【注释】

① 贞观:唐太宗李世民年号,公元 627 年至 649 年。

② 嶲(xí)州:在今四川西昌。都督:古代的军事长官。

③ 幽州:今北京西南。大都督:军事元帅。

④ 谥(shì):谥号,即古代帝王、贵族等有地位的人死后,据其生前业绩评定的带有褒贬意义的称号。

⑤ 倜傥(tì tǎng):豪爽洒脱而不受世俗礼法拘束。

⑥ 尚:崇尚。气节:志气,节操。

⑦ 以孝敬挽郎的身份入仕。"挽郎"是帝王等出殡时牵引灵柩边行边唱挽歌的人,通常要求从贵族子弟中挑选。被选上挽郎,就可以当官,是当时做官的一条捷径。

⑧ 因为下笔成章而得到举荐。

⑨ 濮州:今山东鄄(juàn)城。司仓参军:官名,参军事兼管文官勋考。

⑩ 五迁:经过五次升迁。夏官郎中:即兵部郎中,为分掌各司事务的高级部员。

开元四年①,山东大蝗②,民祭且拜,坐视食苗不敢捕。崇奏:"《诗》云③:'秉彼蟊贼,付畀炎火④。'汉光武诏曰:'勉顺时政⑤,劝督农桑⑥。去彼螟蜮⑦,以及蟊贼。'此除蝗谊也⑧。且蝗畏人易驱,又田皆有主,使自救其地,必不惮勤⑨。请夜设火,坎其旁⑩,且焚且瘗⑪,蝗乃可尽。古有讨除不胜者⑫,特人不用命耳⑬。"乃出御史为捕蝗使⑭,分道杀蝗⑮。

【注释】

① 开元四年:即公元 716 年。开元:唐玄宗李隆基年号,公元 713 年至 741 年。

② 大蝗:蝗灾大爆发。

357

③ 《诗》:指《诗经》。

④ 意思是,抓起这些害虫,把它们投进烈火中烧死。秉:拿。蟊 (máo)贼:吃禾苗的两种害虫。付畀(bì):交给,这里是投进的意思。炎火:烈火。按:这二句诗可能引自《诗经·小雅·大田》,但与原诗有出入。原诗是:"去其螟螣,及其蟊贼,无害我田稚。田祖有神,秉畀炎火。"

⑤ 勉顺:尽力遵循。时政:按岁时节令制定的有关农事的政令。

⑥ 劝督:劝勉督促。

⑦ 螟蝛(yù):螟和蝛,危害禾苗的两种害虫。

⑧ 谊:这里是"道理"的意思。

⑨ 惮勤:害怕劳苦。

⑩ 坎:地坑。

⑪ 一边焚烧,一边掩埋。且……且……:一边……一边……。瘗(yì):掩埋。

⑫ 讨除:讨伐芟除。不胜(shēng):不尽。

⑬ 特:只是。用命:遵守命令。

⑭ 御史:官名,执掌监察。

⑮ 分道:古代行政区划名,唐初分全国为十道,后增为十五道。

汴州刺史倪若水上言①:"除天灾者当以德,昔刘聪除蝗不克而害愈甚②。"拒御史不应命③。崇移书诮之曰④:"聪伪主⑤,德不胜妖⑥,今妖不胜德。古者良守⑦,蝗避其境,谓修德可免⑧,彼将无德致然乎⑨?今坐视食苗,忍而不救⑩,因以无年⑪,刺史其谓何⑫?"若水惧,乃纵捕⑬,得蝗十四万石⑭。

【注释】

① 汴州:今河南开封。

358

② 刘聪:字玄明,一名刘载,新兴(今山西忻州)匈奴人。十六国时汉
国开国国君刘渊的第四子。永嘉四年(公元310年),刘渊死,由太
子刘和继位,刘聪杀刘和自立,改元光兴。公元310年至318年在
位。克:胜。

③ 应命:从命,遵命。

④ 移书:致书,发信。诮(qiào):责备。

⑤ 伪主:指窃取政权的君主。

⑥ 妖:妖异,邪恶。

⑦ 良守:贤能的州郡长官。

⑧ 谓:认为。

⑨ 大意是,他们是因为无德才招致蝗虫飞来的吗?

⑩ 忍:狠心。

⑪ 因而没有收成。

⑫ 刺史对此将如何解释呢?

⑬ 纵:放手。

⑭ 石:计算重量的单位。一百二十斤为一石。

时议者喧哗①,帝疑,复以问崇,对曰:"庸儒泥文不知变②。
事固有违经而合道③,反道而适权者④。昔魏世山东蝗⑤,小忍不
除,至人相食;后秦有蝗,草木皆尽,牛马至相啖毛⑥。今飞蝗所在
充满⑦,加复蕃息⑧,且河南、河北家无宿藏⑨,一不获则流离⑩,安
危系之⑪。且讨蝗纵不能尽,不愈于养以遗患乎⑫?"帝然之⑬。
黄门监卢怀慎曰⑭:"凡天灾,安可以人力制也⑮!且杀虫多,必戾
和气⑯。愿公思之。"崇曰:"昔楚王吞蛭而厥疾瘳⑰,叔敖断蛇福
乃降⑱。今蝗幸可驱⑲,若纵之,谷且尽,如百姓何⑳?杀虫救人,
祸归于崇,不以诿公也㉑!"蝗害讫息㉒。

359

【注释】

① 议者:评论的人。喧哗:声音大而杂乱。

② 泥(nì)文:拘泥于文字。

③ 违经而合道:违背经义,但合乎大道。

④ 反其常道,但符合权宜机变。

⑤ 魏世:指北魏或三国魏。

⑥ 啖(dàn):吃。

⑦ 所在:到处。

⑧ 加:加上。复:再。蕃息:繁衍。

⑨ 宿藏:指积年储藏的钱粮等财物。

⑩ 获:庄稼收获。流离:因灾荒战乱流转离散。

⑪ 意思是关系到百姓的生命安危。

⑫ 大意是,难道不比留着而贻害无穷要好?愈:胜过。遗患:留下祸患,使人受害。

⑬ 然之:同意这个看法。

⑭ 黄门监:宦官。

⑮ 安:怎么。

⑯ 戾(lì):违逆。和气:古人认为天地间阴气与阳气交合而成之气。万物由此"和气"而生。

⑰ 蛭(zhì):即蚂蟥,生活在淡水或湿润处,能吸人畜的血。厥(jué):那。瘳(chōu):病愈。

⑱ 叔敖(约公元前630年—前593年):即孙叔敖,春秋时楚国名相,苪(wěi)氏,名敖,字叔敖,一名苪猎,蚡(fén)冒之后。孙叔敖少年时,曾遇两头蛇,时俗认为见此蛇者必死。他想,要死只我一人,不要再加害别人,于是,他斩杀了这蛇,埋入山丘,其品德为族人赞佩。那山丘因而得名"蛇入山",在今江陵城北约二十里。

⑲ 幸:幸亏。

⑳ 百姓怎么办?

360

㉑ 诿(wěi)：连累。

㉒ 讫息：止息。

【评析】

我国自古以来就是一个蝗灾频发的国家，受灾范围、受灾程度堪称世界之最。史书和地方志上记载的蝗灾之严重，使人毛骨悚然。如公元前43年十月"蝗虫从东方来，蔽天"；公元716年"山东蝗，蚀稼声如风雨"；785年"群飞蔽天，旬日不息，所至草木及畜毛靡有孑遗，饿殍枕道"；866年"淮南扬州蝗，斗米钱三千，人相食"……

唐开元四年（公元716年），山东蝗灾大爆发，百姓以为天降灾异，纷纷祭拜上苍，而对蝗虫则"坐视食苗不敢捕"。时任宰相的姚崇，奏请朝廷立即下令灭蝗，引起朝廷内外非议嚣嚣。如汴州刺史倪若水就上书抗辩，诡称蝗灾是天灾，就应该靠修养德行去消除，而不应当去捕杀。黄门监卢怀慎也说，"凡天灾，安可以人力制也！且杀虫多，必戾和气。"

针对倪若水的迷信迂腐言论，姚崇严词驳斥。他说，据说古代好官当政的地方，蝗虫来了会绕开走，那么蝗虫的到来，是否又意味着他们无德呢？如果蝗虫食苗，你坐视不救，势必颗粒无收，你这个当刺史的将承担什么责任？倪若水被问得哑口无言，只得放手让百姓灭蝗。

针对卢怀慎灭蝗必降天灾的谬论，姚崇不仅以楚王吞蛭疗疾和孙叔敖斩蛇得福的典故加以反驳，而且正告他，如果因为杀虫救人而天降灾祸，也只会落到我姚崇头上，决不会连累你！

面对唐玄宗的疑虑，姚崇又以魏朝不灭蝗造成"人相食"的惨痛历史教训及当前灾情的严重性进谏，终于说服了皇帝，蝗灾这才被扑灭。

在一个视蝗虫为神明、认为捕蝗会触怒天庭有伤"和气"的时代，姚崇出于忧国忧民的责任，排除干扰和顶住压力，与迷信愚昧作坚决斗争，终于获得胜利。他的天不怕地不怕的无畏气概和崇尚科学的理性精神，是值得肯定的。

十、石钟山记

苏 轼

【题解】

本文选自《苏轼文集》卷十一。石钟山，山名，位于湖口县鄱阳湖出口处。

苏轼及《苏轼文集》的简介见第二单元《记先夫人不残鸟雀》的题解。

《水经》云①：彭蠡之口②，有石钟山焉。郦元以为下临深潭③，微风鼓浪，水石相搏，声如洪钟④。是说也，人常疑之。今以钟磬置水中⑤，虽大风浪，不能鸣也，而况石乎！至唐李渤始访其遗踪⑥，得双石于潭上，扣而聆之⑦，南声函胡⑧，北音清越⑨，枹止响腾⑩，余韵徐歇，自以为得之矣。然是说也，余尤疑之。石之铿然有声者⑪，所在皆是也，而此独以钟鸣，何哉？

【注释】

① 《水经》：我国古代专门记述河道水系的地理著作，相传为汉代桑钦所著。

② 彭蠡(lí)：即鄱阳湖，在今江西北部。

③　郦元:即郦道元(约公元476—527年),古代著名地理学家,著有
　　《水经注》四十卷。
④　洪钟:大钟,古代金属打击乐器。
⑤　磬(qìng):古代打击乐器,用玉或石制作,形如曲尺。
⑥　李渤:唐代洛阳人,曾寻访石钟山,作《辨石钟山记》。遗踪:犹遗
　　迹,古人遗留的痕迹。此指郦道元踏勘石钟山遗留的痕迹。
⑦　扣:敲击。
⑧　函胡:通"含糊",此指声音模糊厚重。
⑨　清越:声音清脆悠扬。
⑩　枹(fú):鼓槌。这里是用鼓槌敲击的意思。
⑪　铿(kēng)然:形容打击金石之声。

　　元丰七年六月丁丑①,余自齐安舟行适临汝②,而长子迈将赴
饶之德兴尉③,送之至湖口④,因得观所谓石钟者。寺僧使小童持
斧,于乱石间择其一二扣之,硿硿焉⑤,余固笑而不信也。至暮夜
月明,独与迈乘小舟至绝壁下,大石侧立千仞,如猛兽奇鬼,森然欲
搏人⑥。而山上栖鹘⑦,闻人声亦惊起,磔磔云霄间⑧。又有若老
人咳且笑于山谷中者,或曰,此鹳鹤也⑨。余方心动欲还,而大声
发于水上,噌吰如钟鼓不绝⑩,舟人大恐。徐而察之,则山下皆石
穴罅⑪,不知其浅深,微波入焉,涵澹澎湃而为此也⑫。舟回至两
山间⑬,将入港口⑭,有大石当中流,可坐百人,空中而多窍⑮,与
风水相吞吐,有窾坎镗鞳之声⑯,与向之噌吰者相应,如乐作焉⑰。
因笑谓迈曰:"汝识之乎?噌吰者,周景王之无射也⑱。窾坎镗鞳
者,魏庄子之歌钟也⑲。古之人不余欺也⑳。"

【注释】
①　元丰七年六月丁丑:即公元1084年7月14日(阴历六月初九)。元

丰,宋神宗年号,公元 1078 年至 1085 年。

② 齐安:即黄州,今湖北黄冈。临汝:即汝州,今河南临汝。

③ 饶:饶州,今江西波阳。德兴:今江西德兴,宋时属饶州。尉:官名,主管地方治安。

④ 湖口:今江西湖口。

⑤ 硿硿(kōng kōng):像击石之声。

⑥ 森然:阴森恐怖的样子。搏人:抓捕人。

⑦ 鹘(hú):鹰类猛禽,也叫隼(sǔn)。

⑧ 磔磔(zhé zhé):鸟鸣声。

⑨ 鹳(guàn)鹤:水鸟名。似鹤而顶不红。

⑩ 噌吰(chēng hóng):钟鸣声。

⑪ 罅(xià):缝隙。

⑫ 涵澹(hán dàn):水波回荡的样子。

⑬ 两山:指石钟山之两山,即上钟山与下钟山。

⑭ 港口:指河湾入口处。

⑮ 窍:洞,孔穴。

⑯ 窾(kuǎn)坎:击物的声音。镗鞳(tāng tà):钟鼓的声音。

⑰ 作:兴起,此指演奏。

⑱ 无射(yì):指周景王时所铸钟名,因钟声合于"无射"音律,故称。

⑲ 歌钟:即编钟,每套有大小不等之钟十六枚。据《左传·襄公十一年》载,公元前 561 年,郑国赠晋悼公歌钟二套,悼公分一套赐予大夫魏庄子(魏绛)。

⑳ 古之人:指当年命名"石钟山"之古人。不余欺:即"不欺余"。不欺骗我。

事不目见耳闻,而臆断其有无①,可乎?郦元之所见闻,殆与余同,而言之不详。士大夫终不肯以小舟夜泊绝壁之下,故莫能知。而渔工水师②,虽知而不能言。此世所以不传也。而陋者乃

364

以斧斤考击而求之③,自以为得其实。余是以记之,盖叹郦元之简④,而笑李渤之陋也。

【注释】

① 臆断:主观地判断。
② 渔工水师:渔夫、船工。
③ 陋者:识见低下者,指李渤之流。斤:斧。考击:敲击。
④ 盖:语气词。

【评析】

苏轼因"乌台诗案"贬居黄州长达四年之后,元丰七年(公元1084年)四月,皇帝下诏调任汝州(今河南临汝)团练副使。六月,在前往汝州途中经过湖口,与长子苏迈一起游览当地名胜石钟山。

关于石钟山的命名,自古以来主要有两种说法。《水经注》的作者郦道元认为,石钟山山脚紧靠深潭,微风激起波浪,冲击岸边的山石,发出洪钟般的声音,此山因此而得名。但是,这种说法说服力不强。因为如果把钟和磬放在水中,即使大风大浪也不能使它们发出响声,何况是石头呢? 唐代人李渤又寻访石钟山,他在潭边找到两块石头,用鼓槌敲击,听它们的声音,或模糊厚重,或清脆悠远,停止敲击以后,还余音袅绕,他自以为找到了石钟山命名的答案。然而,敲击石头发出声音,到处都是这样,而为什么偏偏这座山要用"钟"来命名呢? 所以苏轼更加怀疑。

在一个皓月当空的夜晚,苏轼和儿子苏迈乘小船来到绝壁下,想一探究竟。他仔细观察,发现山脚下布满许多不知深浅的石洞和缝隙,波浪涌进以后,在洞里激荡澎湃,就发出"哄哄"的声音,像是钟鼓之声不绝于耳。当小船回到两山中间,将进入水湾的入

365

口时，又发现有块巨石卧在水流当中，中间是空的，有许多小孔，随着风和水涌进吐出，发出"坎坎镗镗"的声音，和刚才"哄哄"之声相应和，像演奏音乐一样。此时，苏轼恍然大悟，终于弄清楚了石钟山命名的真相。

由这件事，苏轼提出了一个朴素而又发人深省的问题："事不目见耳闻，而臆断其有无，可乎？"是的，我们经常会被一些似是而非的假象迷惑，因而看不清真相。所以凡事要动脑子思辨，更要脚踏实地深入细致地调查研究，不能想当然，这样才能避免像郦道元和李渤那样的主观臆断错误。

十一、凹镜倒影

沈 括

【题解】

本文选自沈括《梦溪笔谈·辨正一》，题目是后加的。凹镜，凹面铜镜，古人取火用具。

沈括（公元 1031—1095 年），字存中，杭州钱塘（今浙江杭州）人，北宋科学家、政治家。仁宗嘉祐进士。神宗时参与王安石变法运动。熙宁五年（1072 年）提举司天监，熙宁八年出使辽国，驳斥辽的争地要求。次年任翰林学士，权三司使，整顿陕西盐政。后知延州（今陕西延安），加强对西夏的防御。后遭连累被贬。晚年以平生见闻，撰《梦溪笔谈》。

《梦溪笔谈》是笔记体著作，大约成书于公元 1086 年至 1093 年间。现存《梦溪笔谈》共二十六卷，分故事、辨证、乐律、象数、人事等十七个门类。内容涉及天文学、数学、地理、地质、物理、生物、医学、药学、军事、文学、史学、考古及音乐等学科。它是我国科学技术史上的重要著作，有很多创见。如天文方面指出极星不在天极，得出冬至日长、夏至日短等结论；历法上提出《十二气历》；物理方面记载了磁偏角、凹面镜成像和声音共振实验。书中还记述当时一些重大科技成就或发现，如指南针、活字印刷术、炼铜、炼钢、石油等。"石油"一词就是在该书中首次提出的，一直沿用至今。

　　阳燧照物皆倒①，中间有碍故也②；算家谓之格术③，如人摇橹，臬为之碍故也④。若鸢飞空中，其影随鸢而移⑤，或中间为窗隙所束，则影与鸢遂相违⑥。鸢东则影西，鸢西则影东。又如窗隙中楼塔之影，中间为窗所束，亦皆倒垂。与阳燧一也⑦。阳燧面洼⑧，以一指迫而照之⑨，则正；渐远则无所见。过此遂倒。其无所见处正如窗隙、橹臬、腰鼓碍之⑩，本末相格遂成摇橹之势⑪。故举手则影愈下，下手则影愈上⑫，此其可见。（阳燧面洼，向日照之，光皆聚向内。离镜一二寸，光聚为一点，大如麻菽⑬，着物则火发⑭，此则腰鼓最细处也。）岂特物为然，人亦如是⑮，中间不为物碍者鲜矣⑯。小则利害相易⑰，是非相反，大则以己为物⑱，认物为己⑲，不求去碍，而欲见不颠倒，难矣哉⑳！（《酉阳杂俎》谓海翻则招影倒㉑，此妄说也㉒。影入窗隙则倒，乃其常理。）㉓

【注释】

①　阳燧：古代利用日光取火的凹面铜镜。

②　有碍：阻碍，这里是焦点的意思。故：缘故。

③　算家：数学家。格术：数学术语，可能是指相反相成的计算方法。

④　二句的大意是，像人在船上摇橹一样，当把橹头往外推的时候，橹尾就朝里；橹头向里拉，橹尾就向外。这是橹臬作为支点起作用的缘

故。橹：比桨长大的划船工具，安在船尾或船旁。臬(niè)：用以支架橹的木桩或圆头铁钉。碍：这里是支点的意思。

⑤ 意思是，像天上飞行的鸢，它在地上的投影随着鸢的飞行而移动。鸢(yuān)：鸟名，鹰类猛禽。

⑥ 大意是，有时光线通过窗的缝隙射入室内，那么投影移动的方向正好和鸢飞行的方向相反。或：有时。

⑦ 它们和阳燧照物倒影的原理是一样的。

⑧ 洼(wā)：下凹。

⑨ 迫：靠近。

⑩ 大意是，失去影像的地方(按：即光束集中的焦点。)正如窗缝、橹臬一样，成为阻碍两端的细腰鼓的腰。腰鼓：此指两头大，中间细的鼓，似今朝鲜族之长鼓。

⑪ 本源(物)和结果(像)相抵触，就形成像摇橹一样的态势(按：即橹头向外则橹尾向内，橹头向内则橹尾向外。)格：抵触。

⑫ 下手：垂下手。

⑬ 麻菽(shū)：芝麻和豆子。这里用来形容焦点的细小。

⑭ 照到东西上就会起火。

⑮ 哪里只是阳燧是这样，人的情况也是如此。

⑯ 大意是，观察事物时不被蒙蔽的情况是很少的。鲜(xiǎn)：少。

⑰ 相易：改变，这里是颠倒的意思。

⑱ 以己为物：把"我"当做外物。这是主观唯心主义。物：与"我"相对的他物。

⑲ 把外物当做"我"。这是客观唯心主义。

⑳ 意思是，不努力去除主观障碍，而想要观察事物不颠倒，是很难的啊。

㉑ 《酉阳杂俎》：唐代笔记小说集，由小说家段成式撰著，其书记有仙佛鬼、人事以至动物、植物、酒食、寺庙等等，分类编录，内容广泛驳杂。海翻：指南方沿海区域，秋天由飓风造成海潮侵入陆地

的灾害。

㉒　妄说：指虚妄荒谬之言。

㉓　文中括号内文字为作者自注。

【评析】

阳燧是一面凹面铜镜，是古人根据聚焦原理利用日光取火的器具，在《周礼》上已有记载，它是古代杰出发明创造之一。用阳燧照物，镜中成像皆倒。古人不能合理解释这一奇妙的现象，于是"妄说"流行。沈括说："阳燧照物皆倒，中间有碍故也。"可谓一语破的。他说的"碍"就是今天我们常说的"焦点"。他以橹臬、窗隙等譬喻，说明倒影的秘密就在于这个"碍"。沈括由此而联想到人事，他说："岂特物为然，人亦如是，中间不为物碍者鲜矣。小则利害相易，是非相反，大则以己为物，认物为己，不求去碍，而欲见不颠倒，难矣哉！"这段话意味深长，告诫我们在认识客观事物的时候必须要去除障眼的"碍"（主观），否则很难不犯错误。

十二、移树说

李东阳

【题解】

本文选自李东阳《怀麓堂集》卷七十二。说，古代一种用来阐述某种道理或主张的文体。

李东阳（公元1447—1516年），字宾之，号西涯。祖籍湖广茶陵（今湖南茶陵），长期生活在北京。明代著名诗人、书法家。英宗天顺八年（公元1464年）进士，授编修。官至太子少保、礼部尚书兼文渊阁大学士,为朝廷重臣。著有《怀麓堂集》。

《怀麓堂集》,康熙时茶陵州学正廖方达所集李东阳的诗文集,今存一百卷,计诗三十卷、文六十卷、杂著十卷。

予城西旧茔久勿树①。比辟地东邻②,有桧百余株③,大者盈拱④,高可二三丈⑤,予惜其生不得所⑥。有种树者曰:"我能为公移之。"予曰:"有是哉⑦?"请试,许之。

【注释】

① 茔(yíng):坟地。树:种树。

② 近来在东边拓地。比:近来。辟(pì):开拓。

③ 桧(guì):木名,也称圆柏,寿命可长达数百年,常栽墓地。

④ 盈拱:树围超过双手合抱之粗。拱:双手合抱。

⑤ 可:大约。

⑥ 生不得所:长得不是地方,即没有起应有的作用。

⑦ 大意是你真能做得到吗?

予尝往观焉。乃移其三之一①,规其根围数尺②,中留宿土③。坎及四周④,及底而止⑤。以绳绕其根,若碇然⑥,然其重虽千人莫能举也。则陊其坎之稜⑦,纫树腰而卧之⑧,根之罅实以虚壤⑨。复卧而北,树为壤所垫⑩,渐高以起⑪,卧而南亦如之。三卧三起,其高出于坎。棚木为床横载之⑫,曳以两牛⑬,翼以十夫⑭。其大者倍其数⑮。行数百步,植于墓后为三重⑯。阅岁而视之⑰,成者十九⑱。则又移其余,左右翼以及于门⑲。再阅岁而视之,其成者又十而九者也。于是条干交接⑳,行列分布,郁然改观㉑,与古墓无异焉。夫规大而坎疏㉒,故根不离㉓;宿土厚,故元气足;乘虚而起渐㉔,故出

370

而无所伤。取必于旦夕之近㉕，而巧夺于二十余年之远㉖，盖其治之也有道，而行之也有序尔㉗。予因叹夫世之培植人材㉘，变化气习者㉙，使皆得其道而治之㉚，几何不为君子之归也哉㉛？族子嘉敬举乡贡而来㉜，予爱其质近于义㉝，留居京师，与之考业论道㉞，示之向方㉟，俾从贤士大夫游㊱，有所观法而磨砺㊲，知新而聚博㊳。越三年㊴，志业并进㊵，再诎有司㊶，将归省其亲㊷。予冀其复来㊸，以成其学㊹，且见之用也㊺，作《移树说》以贻之㊻。

【注释】

① 其：指百株桧树。
② 环绕树根周围几尺。规：绕着，环绕。
③ 宿土：原来的土壤。
④ 在四周都挖了坑。坎：坑。
⑤ 挖到树根底部位置就停止。
⑥ 碇（dìng）：停船时沉入水底用以稳定船身的石块或系船的石礅。
⑦ 就挖掉树坑周边的棱角，将坑扩大。陊（duò）：使崩塌，这里是挖掉、铲除的意思。
⑧ 绠（gēng）：粗绳索。这里指用粗绳缚树。
⑨ 在树根的空隙里填上疏松的土壤。罅（xià）：空隙。
⑩ 树身被泥土衬垫着。
⑪ 逐渐垫高而使它提升。
⑫ 架起木头做个垫床，把树横放在上面。
⑬ 曳（yè）：牵引，拖。
⑭ 两旁用十个壮汉相帮。翼：辅助，帮助。
⑮ 那些粗大的树木就用加倍的力量。
⑯ 三重：三行。
⑰ 阅岁：过了一年。

⑱ 成活的有十分之九。

⑲ 种在左右两边,一直延伸到墓门。

⑳ 条干交接:枝干相交。

㉑ 郁然:繁盛的样子。

㉒ 规大:围绕树根保留的范围大。疏:这里是大的意思。

㉓ 不离:这里是断落的意思。

㉔ 乘虚:指树身下垫以松土。起渐:渐渐升起。

㉕ 大意是移树必须抓紧在当天完成。

㉖ 大意是,巧妙完成了树龄长达二十年之久的桧树的移栽。

㉗ 尔:罢了。

㉘ 因:于是。

㉙ 气习:气质习性。

㉚ 使:假使。

㉛ 大意是,不要多久不就可以培养成为君子了吗?几何:指时间极短。
君子之归:成为君子,意即成材。

㉜ 族子:同族兄弟之子。嘉敬:李东阳的族侄,后任工部司务。举:推
荐。乡贡:由州县推荐应科举的士子。

㉝ 质近于义:气质近于道义。

㉞ 探究学问,谈论道义。

㉟ 向方:方向。

㊱ 俾(bǐ):使。

㊲ 观法:效法。磨砺:磨炼。

㊳ 聚博:积累广博的知识。

㊴ 过了三年。

㊵ 志业:志向和学业。

㊶ 再次不被主考官录取。绌(chù):贬黜,这里是不取用的意思。有
司:指主考官。

㊷ 归省(xǐng):回乡探亲。

㊸ 冀：希望。

㊹ 成：成就。

㊺ 并且能看到他被录用。

㊻ 贻：赠送。

【评析】

俗话说，树挪死，人挪活。意思是说，树木是不能随便挪窝的，否则极易死亡。但是，李东阳告诉我们，只要得法，就是有二十年树龄的大树也照样可以移栽成活。

李东阳想把百余株高大的圆柏移栽到祖坟上，正在踌躇的时候，有个有经验的"种树者"答应帮忙。整个移栽过程极有章法，细致周密，移栽后十分之九的树木都成活了。其关键一是"规大而坎疏"，使树根完整无损；二是"宿土厚"，使元气保持充足；三是"乘虚而起渐"，大树起土未受伤害。李东阳用两句话总结了移栽成功的诀窍："盖其治之也有道，而行之也有序尔。"也就是遵循规律，循序渐进。

这篇文章是李东阳写了送给屡试不第的族侄李嘉敬的，其本意是勉励嘉敬不要气馁，继续努力，同时也微讽当时官吏不懂人才培养之道。其实，"治之有道，行之有序"岂止培养人才必须遵行，同样也是做任何事情的不二法门。

十三、范县署中寄郝表弟

郑　燮

【题解】

本文选自郑燮《郑板桥全集·板桥集外诗文》。范县，今河南

范县。郑燮曾任该县知县。署:官署。郝表弟,名不详,是郑燮后
母郝氏的外甥。

郑燮及《郑板桥全集》的简介见第二单元《杭州韬光庵中寄舍
弟墨》的题解。

墓地风水①,原属堪舆家藉以惑人利己之言②,不足取征者
也③。语云④,墓地好不如心地好。苟子孙心地恶⑤,祖宗虽葬好
地,不兴发⑥;子孙心地好,祖宗虽葬恶地,亦得兴发。故范文正公
见五绝之地⑦,不忍遗祸他人⑧,安葬其父母,竟得飞黄腾达,位至
宰相。足见好心地可以转恶风水⑨。与其登山涉水,踏破铁鞋,觅
不到牛眠善地⑩,不如清夜扪心⑪,自省方寸间之心地⑫。对于父
母无愧怍⑬,对于自己无暴弃⑭,对于世人无欺诈,即可将父母之
灵魂,安葬心田,其遗骸尽可随意处置,但求入土为安。故先严先
慈之遗柩⑮,即葬于刹院寺老坟⑯。

【注释】

① 风水:指宅基地或坟地周围的风向、水流、山脉等形势。迷信者认为
"风水"的好坏能决定宅主或葬者一家的祸福。

② 堪舆家:以相地看风水为职业者,俗称"风水先生"。藉以:借以。
凭借某种事物或手段以达到某一目的。

③ 不足:不足以,不值得。取征:取信。

④ 语云:俗话说。

⑤ 苟:假如。恶:不好,坏。

⑥ 兴发:兴盛发达。

⑦ 范文正公:即北宋大臣范仲淹,谥号"文正"。五绝之地:风水先生
认为不利于子孙的墓地。

⑧ 不忍遗祸他人:不忍心把灾祸遗留给别人。

⑨ 转：转变，改变。

⑩ 牛眠善地：指卜葬的吉地。典出《晋书·周访传》：传说晋代陶侃年轻时在家替父母办丧事，家中的牛忽然跑丢了，有位神仙指点，牛正眠于山坳中，若在该地下葬，子孙将"位极人臣"。

⑪ 清夜：清静的夜晚。扪（mén）心：抚摸胸口。表示反省。

⑫ 自省（xǐng）：自我反省。方寸：指内心。

⑬ 愧怍（zuò）：惭愧。怍：羞惭。

⑭ 暴弃：糟蹋，自暴自弃。

⑮ 先严：去世的父亲。先慈：去世的母亲。柩（jiù）：已装尸体的棺材。

⑯ 刹（chà）院寺：佛寺。

　　贵庄旧有墓田一块①，先严生前满拟购置②，旋因田中有孤坟一座③，不忍平人之冢以作己冢④，因是中止⑤。然而此地既主出售⑥，价值十二两，又极克己⑦，世人未必尽若先严，都存不忍铲墓之心，必然贪廉争购⑧。至今未识有主与否⑨？如未卖出，愿出十二金得之，以作愚夫妇之寿穴⑩，留此孤坟一角，以作牛眠常伴⑪。生前预结鬼邻，死后不虞寂寞⑫，亦属狂生之韵事⑬。当自撰碑记⑭，刻石示子孙于祭扫时多备一份卮酒麦饭奠此孤坟⑮。永著为例⑯，以竟先君仁厚之意⑰。专此拜托，伫盼复音⑱。

【注释】

① 贵庄：您的庄上。庄：村庄。

② 满拟：满心打算。购置：购买置办。

③ 旋：不久。孤坟：这里指无人祭扫的坟墓。

④ 平：铲平。冢（zhǒng）：坟墓。

⑤ 因是：因此。

⑥ 既主出售：既然打算出售。

375

⑦　克己:指要价低。

⑧　一定会贪图价廉而抢购。

⑨　至今不知道是否有了新主人了？识:知道。

⑩　愚:自称的谦词。寿穴:生前营造的墓穴。

⑪　牛眠常伴:死后在墓地的永久伙伴。

⑫　生前预先结交鬼邻居,死后可以不担心寂寞了。虞(yú):忧虑,
担心。

⑬　狂生:狂放的人。这里是郑燮指自己。韵事:风雅之事。

⑭　碑记:碑上所刻的记事文章。

⑮　示:告知。卮(zhī)酒:杯酒。卮:古代盛酒器。麦饭:指祭祀用的饭
食。奠(diàn):祭祀,置祭品祭祀鬼神或亡灵。

⑯　意即刻在碑上永远作为子孙遵循的常例。

⑰　竟:完毕,这里是实现的意思。先君:称已故的父亲。

⑱　意即盼望你的回音。伫(zhù)盼:久立远望。复音:回音。

【评析】

这封信是郑燮在范县知县任上写给郝表弟的,他委托郝表弟
在家乡代购一块墓地。

古人对墓地的风水非常看重,认为风水好坏会影响子孙的兴
旺发达。但是,郑燮不以为然。他说,所谓“风水”无非是那些风
水先生的“惑人利己之言”,不足取信。北宋的范仲淹,父母下葬
在“风水”极差“五绝之地”,却做了宰相,可见“风水”之说纯属无
稽之谈。

郑燮说,“墓地好不如心地好”,“与其登山涉水,踏破铁鞋,觅
不到牛眠善地,不如清夜扪心”,修身养性。安葬父母灵魂的最佳
之地,就是自己纯净无瑕的“心田”。这话说得多么中肯啊!

郑燮相中的一块墓地有一座无主孤坟,但他不忍心把它铲平,

而是希望"留此孤坟一角,以作牛眠常伴"。要求子孙祭扫时也给这座孤坟备一份酒饭。将来他还要把这个训示镌刻在墓碑上,以"永著为例"。他的宽厚仁慈之心让人敬重,让人动容。

一块小小的墓地,却折射出作者明理通达的品格和高尚的情怀。那些至今还在热衷于"风水"的人们,看了这则文字,难道不觉得汗颜吗?

十四、当以开创之势治天下

康有为

【题解】

本文节选自康有为《公车上书》。题目是后加的。开创之势,指创业的思想。

康有为(公元 1858—1927 年),又名祖诒,字广厦,号长素,晚清著名政治家、思想家、教育家,广东佛山人。光绪进士,官工部主事。康有为一生主张变法,曾多次上书光绪皇帝,要求变法,组织强学会、保国会,办报纸,提倡改良主义理论。公元 1898 年发起维新运动,实行变法,后遭到慈禧太后镇压,康有为逃亡至日本。

《公车上书》,亦称《上今上皇帝书》。公元 1894 年中日甲午战争,中国败于日本。1895 年春,乙未科进士北京考会试结束,等待发榜。这时《马关条约》有关割让台湾及辽东半岛、赔款二万万两白银的消息突然传至,在北京应试的举人群情激愤。4 月 22 日,康有为、梁启超写成一万八千字的《上今上皇帝书》,十八省举人响应,一千二百多人连署。由于汉代以公家车马递送应征的人,"公车"就成为举人应试的代称,因此这次上书史称"公车上书"。

在这封"上书"中，康有为等人主要提出了四项主张：一、下诏鼓天下之气；二、迁都定天下之本；三、练兵强天下之势；四、变法成天下之治。

窃以为①，今之为治，当以开创之势治天下，不当以守成之势治天下②；当以列国并立之势治天下③，不当以一统垂裳之势治天下④。盖开创则更新百度⑤，守成则率由旧章⑥；列国并立，则争雄角智⑦；一统垂裳，则拱手无为⑧。言率由则外变相迫，必至不守不成⑨；言无为而诸国交争，必至四分五裂⑩。《易》曰⑪："穷则变，变则通⑫。"

【注释】

① 窃：私下里。

② 守成：保持前人的成就和业绩。

③ 列国并立：各个国家并存。

④ 一统：天下统一。垂裳：这里指无为而治。语出《周易·系辞下》："黄帝尧舜垂衣裳而天下治，盖取诸乾坤。""垂衣裳而天下治"，比喻不用费力就可以把天下治理好。

⑤ 百度：各种制度。

⑥ 率由：遵循，沿用。旧章：原来的规章制度。

⑦ 角智：较量才智。

⑧ 拱手无为：没有什么作为。

⑨ 意思是，想要遵循旧的制度，如果遇到外敌的压迫，一定不能保持先人的基业。则：如果。

⑩ 意思是，想要无为而治，如果与各国交战，国家一定会四分五裂。而：如果。

⑪ 《易》：指《周易》。

⑫　方法行不通时就要改变,改变了就可以行得通。引文出自《系辞下》。

【评析】

　　本文的主旨是主张用创业的思想来治理国家。十九世纪末的晚清政府虽然已经腐朽衰败,但仍然狂妄自大,自以为地大物博,是地球的中心,其他国家都应对其朝奉。即使西方的坚船利炮打开了中国的大门,仍然不知觉醒。在这种情况下,康有为、梁启超等有识之士提出了变法强国的主张,认为晚清政府如果继续沉浸于过去的辉煌之中,最终不免亡国受辱,被列强瓜分的命运,"言率由则外变相迫,必至不守不成;言无为而诸国交争,必至四分五裂",唯一的出路是以"开创之势治天下",也就是要进行变法改革,从而达到救亡图存的目的,这是符合当时社会形势的进步思想。其实不论是个人还是国家,如果一味沉浸于过去而不知变通,不能与现实形势相适应,最终只会落得被历史淘汰的命运。

主编 马清江 山东中外文化研究中心

新编 国学 读本 【高级本】

XINBIAN GUOXUE DUBEN

本册主编 饶尚宽

人民出版社

主编
马清江
山东中外文化研究中心

本册主编　饶尚宽

人民出版社

新编国学读本

【高级本】

XINBIAN GUOXUE DUBEN

目　　录

第一单元

第二单元

2

第一单元

一、大学之法

《礼记》

【题解】

本文节选自《礼记·学记》,题目是后加的。大学之法,大学的教学方法。周朝的教育制度分为大学、小学两级,大学是古代最高的学府。

《礼记》是一部有关古代礼制的资料汇编,为儒家"十三经"之一。其篇目写成的时间跨度很大,作者是孔门七十子及其再传弟子,有的甚至出自汉代学者之手。如今流传的两种《礼记》,分别由西汉礼学家戴德和他的侄子戴圣辑录的。戴德辑录的叫《大戴礼记》,最初有八十五篇,到唐代只剩下了三十九篇;戴圣辑录的叫《小戴礼记》,有四十九篇,选入"十三经"的就是这个本子。《大戴礼记》和《小戴礼记》,在内容取舍上各有侧重,各具特色。

通常所说的《礼记》指《小戴礼记》,其内容庞杂,编排也较零乱。大致可以分为四类:一,通论类,包括《礼运》、《学记》、《乐记》、《中庸》、《大学》等,共十一篇;二,制度礼俗类,包括《曲礼》

上下、《王制》、《月令》、《内则》、《玉藻》等,共二十五篇;三,《仪礼》释义类:包括《祭义》、《冠义》、《昏义》、《乡饮酒义》、《射义》、《燕义》、《聘义》、《丧服四制》等,共八篇;四,问答类:包括《檀弓》上下、《曾子问》、《仲尼燕居》、《孔子闲居》等,共五篇。宋代的理学家朱熹选取了《礼记》中《大学》、《中庸》和《论语》、《孟子》合编在一起,称为"四书",用来作为青少年的儒学基础教材。

东汉著名学者郑玄为《小戴礼记》作注,唐代孔颖达作疏,就是收入"十三经"的《礼记注疏》,这是目前最为通行的注本。后来还有元代陈澔的《礼记集说》,清代孙希旦的《礼记集解》。今人有杨天宇的《礼记译注》、王文锦的《礼记集解》等,可供参考。

大学之法,禁于未发之谓"豫"①,当其可之谓"时"②,不陵节而施之谓"孙"③,相观而善之谓"摩"④。此四者,教之所由兴也⑤。发然后禁,则扞格而不胜⑥;时过然后学,则勤苦而难成⑦;杂施而不孙,则坏乱而不修⑧;独学而无友,则孤陋而寡闻⑨;燕朋逆其师⑩;燕辟废其学⑪。此六者,教之所由废也⑫。

【注释】

① 问题没有发生之前就加以制止,叫做预防。豫:预防,防备。

② 在适当的时候及时进行教育,叫做适时。可:适当。时:适合时宜。

③ 不超越学生的学习节奏而施教,叫做循序。陵:超越。节:节奏。施:进行教学。孙(xùn):顺,循序。在这个意义上后来写做"逊"。

④ 让学生互相观察而吸取别人的长处,叫做切磋。摩:切磋,研究。

⑤ 就是教育成功的原因。兴:兴旺,成功。

⑥ 问题发生后再制止,就会抵触抗拒而不易克服。扞(hàn)格:抵触。胜:克服。

⑦ 时机错过然后学习,就劳苦而难以成功。勤苦:劳苦。

⑧ 杂乱施教而不合顺序,就陷入混乱而不好改进。杂施:杂乱施教。即不按照循序渐进的规律进行教学。修:治,治理,改进。

⑨ 独自学习而没有朋友切磋,就学识短浅而见闻不广。寡:少。

⑩ 交结坏朋友就会违背师教。燕朋:坏朋友,这里指结交坏朋友。燕:戏,玩。

⑪ 谈论邪恶之事就会荒废学业。燕辟:邪恶之事,这里指谈论邪恶之事。辟:邪恶。

⑫ 这六个方面,就是教育失败的原因。废:败坏,失败。

　　学者有四失,教者必知之①。人之学也,或失则多②,或失则寡③,或失则易④,或失则止⑤。此四者,心之莫同也⑥。知其心,然后能救其失也⑦。教也者,长善而救其失者也⑧。善歌者,使人继其声⑨;善教者,使人继其志⑩。其言也约而达,微而臧,罕譬而喻,可谓继志矣⑪。

【注释】

① 学习的人有四个方面的失误,教学的人必须知道它。四失:指学习中的四种失误。

② 有的失误在于学得太多。意思是贪多则难以理解。

③ 有的失误在于学得太少。意思是面窄则见识短浅。

④ 有的失误在于把学习看得太容易。意思是没有克服困难的思想准备。

⑤ 有的失误在于学习中浅尝辄止。意思是没有深入研究的精神动力。

⑥ 这四个方面,学生的心理状态各不相同。心:心理。莫同:各不相同。

⑦ 了解他们的心理,然后能够匡正他们的失误。救其失:匡正他们的失误。

⑧　教学的过程，就是发展学生优点而挽救他们失误的过程。长（zhǎng）善：发展学生的优点。

⑨　善于唱歌的人，让人传承他的声音。继：接续，继承。

⑩　善于教学的人，让人继承他的志向。

⑪　他的语言简要而通达，精密而完善，很少设譬而让学生能够明白，这就可以说让学生继承他的志向了。约：简要。达：通达。微：精密。臧（zāng）：好，完善。罕譬：很少设譬。喻：让学生明白。

善学者，师逸而功倍，又从而庸之①；不善学者，师勤而功半，又从而怨之②。善问者，如攻坚木，先其易者，后其节目，及其久也，相说以解③；不善问者反此④。善待问者，如撞钟，叩之以小者则小鸣，叩之以大者则大鸣，待其从容，然后尽其声⑤；不善答问者反此。此皆进学之道也⑥。

【注释】

①　善于学习的人，老师省心而功效加倍，又能够接着归功于老师。逸：闲适，省心。庸之：归功于老师。庸：功劳。之：指老师。

②　不善于学习的人，老师劳苦而功效减半，又要接着埋怨老师。勤：劳。怨之：埋怨老师。

③　善于询问的学生，如同加工坚硬的木材，先从容易处入手，然后切割木节部位，时间长了，就会互相脱离而分解。节目：木节，木质坚硬而难以割锯的部分。相说以解：互相脱离而分解。比喻善于提问的人，先易后难，不断深入，就能解决问题。说：脱。

④　反此：与此相反。

⑤　善于对待学生提问的老师，如同撞钟，小击就发出声音小，大击就发出声音大，等到他们举止不迫，然后详尽地进行解说。指根据学生问题的难易程度，有针对性地进行适当回答。叩：击，敲。鸣：发出

声音。从容:举止不迫,指达到了一定程度。尽:竭尽,详尽。

⑥ 这些都是增进学问的方法。进:增进。

【评析】

中国自古以来崇尚教育,重视教育,积累了丰富的经验。《学记》就是一篇教育论文,集中论述了教学的原则和方法。

教育学生,要预防在前,适时就学,循序渐进,互相切磋,而不要禁止在后,过时再学,顺序颠倒,孤陋寡闻,更不要交友不慎而违背师道,言语不正而荒废学业。这就是教学的原则。

学习者的心理失误,各有不同:有的盲目贪多,有的见识短浅,有的视之轻易,有的浅尝辄止,教学的过程就是要发扬优点而弥补过失。因此,善于教学的老师能够使学生继承师说,志向高远。

学生中善学者与不善学者,善问者与不善问者,效果不同;教师中善答问者与不善答问者,方法也不同。作为教师要因人而异,区别对待,有意识地加以引导,才能不断地提高教学质量。

这些问题和现象,在今天的教学过程中依然普遍存在。借鉴这些原则和方法,有利于掌握教育规律,因材施教。

二、教民而后战

《左传》

【题解】

本文节选自左丘明《左传·僖公二十七年》,题目是后加的。教民,教化民众。

左丘明,春秋时期鲁国人,官鲁国太史,曾为《春秋》作传,成

5

《春秋左氏传》，简称《左传》。

《左传》是我国古代第一部叙事详细完整的编年体历史著作。它与《公羊传》、《穀梁传》合称"春秋三传"，作为儒家经典，列入"十三经"。

《左传》记载的历史年代起于鲁隐公元年（公元前722年），止于鲁哀公二十七年（公元前468年）。全书以鲁国君王在位年数纪年，记载了鲁国及相关诸侯国的重大事件与重要人物，全面反映了春秋时期各国的政治、经济、军事、外交、思想、文化状况，具有宝贵的历史价值，是研究中国古代社会的重要文献。

《左传》主要表现了儒家的政治思想，尊周攘夷，崇尚礼义，赞许霸业，重视民众。作者善于记载复杂事件，把握事物本质，特别善于描述战争，语言生动，剪裁得当，刻画人物传神，表达思想深刻，在文学史上也具有重要地位。

《左传》的古代注本主要有收入"十三经"的晋杜预注，唐孔颖达疏。今人注本有杨伯峻的《春秋左传注》，沈玉成的《左传译文》等，可供参考。

冬，楚子及诸侯围宋，宋公孙固如晋告急①。先轸曰②："报施救患，取威定霸，于是乎在矣③。"狐偃曰④："楚始得曹而新昏于卫，若伐曹、卫，楚必救之，则齐、宋免矣⑤。"于是乎蒐于被庐，作三军，谋元帅⑥。赵衰曰⑦："郤縠可⑧。臣亟闻其言矣，说礼乐而敦《诗》《书》⑨。《诗》、《书》，义之府也；礼乐，德之则也；德义，利之本也⑩。《夏书》曰：'赋纳以言，明试以功，车服以庸。⑪'君其试之⑫。"及使郤縠将中军，郤溱佐之⑬；使狐偃将上军，让于狐毛而佐之⑭；命赵衰为卿，让于栾枝、先轸，使栾枝将下军，先轸佐之⑮。荀林父御戎，魏犨为右⑯。

6

【注释】

① 楚成王与诸侯军队包围宋国,宋国公孙固到晋国报告紧急情况。楚子:指楚成王,公元前671年至前626年在位。春秋时期诸侯分为公、侯、伯、子、男五个等级,楚属子爵,故称楚子。据《春秋》记载,围宋还有陈、蔡、郑、许等诸侯国的军队。公孙固:宋国大夫,宋庄公之孙。如:到。

② 先轸(zhěn):晋国名将,又称原轸。

③ 报答宋国的恩惠,解救它的祸患,取得威信,确定霸业,就在此一举了。

④ 狐偃:晋国的大臣,晋文公的舅父,字子犯。

⑤ 楚国刚得到了曹国,又新近在卫国娶妻,如果攻打曹、卫两国,楚国必定救援,那么齐国和宋国就可以免于被攻了。曹:姬姓国,在今山东菏泽一带,此时被楚征服。得:征服。新昏于卫:指楚、卫两国刚刚联姻。昏:指联姻。在这个意义上后来写做"婚"。

⑥ 于是晋国在被庐大规模检阅军队,建立上、中、下三军,商议元帅人选。蒐(sōu):本指以打猎的方式阅兵,这里指检阅。被庐:晋地,未详。谋:谋划,商议。晋以中军帅为元帅。

⑦ 赵衰(cuī):晋国大夫。

⑧ 郤縠(xì hú):晋国大夫。

⑨ 我屡次听到他的言论,他喜爱礼乐而重视《诗》《书》。亟:屡次、多次。说(yuè):喜欢。在这个意义上后来写做"悦"。敦:重视。

⑩ 《诗》、《书》,是道义的府库;礼乐,是德行的原则;德行礼义,是利益的根本。府:府库,源泉。

⑪ 意思是,广泛地采纳意见,根据具体事情加以考察,如果成功用车马衣服表彰他的功劳。引文见《尚书·益稷》。赋纳:广泛地听取。功:事,指具体的事情。庸:功,功劳。

⑫ 您不妨试用他。

⑬ 接着让郤縠率领中军,任中军元帅,郤溱任副帅。郤溱(zhēn):晋

7

国大夫。佐:辅佐,任副帅。

⑭ 任命狐偃统帅上军,狐偃将统帅辞让于狐毛,而自己辅佐他。狐毛:
狐偃之兄。

⑮ 任命赵衰为卿,赵衰让给栾枝、先轸,使栾枝统帅下军,先轸辅佐。
栾枝:晋大夫。

⑯ 荀林父给晋文公驾驭战车,魏犨(chōu)担任车右。戎:兵车,这里
指晋文公的兵车。魏犨:晋大夫。右:车右,又称戎右、参乘。古制,
一车三人,尊者居左,御者居中,参乘居右。如尊者为君主或元帅,
则居中,御者居左。车右由力士担任,负责执戈御敌,省称右。

　　晋侯始入而教其民,二年,欲用之①。子犯曰:"民未知义,未
安其居②。"于是乎出定襄王,入务利民,民怀生矣,将用之③。子
犯曰:"民未知信,未宣其用④。"于是乎伐原以示之信⑤。民易资
者,不求丰焉,明征其辞⑥。公曰:"可矣乎?"子犯曰:"民未知礼,
未生其共⑦。"于是乎大蒐以示之礼,作执秩以正其官,民听不惑,
而后用之⑧。出榖戍,释宋围,一战而霸,文之教也⑨。

【注释】

① 晋侯刚回国就训练民众,才过了两年,就想使用他们。晋侯:即晋文
公重耳,公元前636年至前628年在位,春秋五霸之一,谥"文"。
入:指回国即位。鲁僖公四年(公元前656年)十二月,晋献公听信
了宠妾骊姬的谗言,杀死太子,庶子重耳避祸出奔至狄,后来又辗转
卫、齐、曹、宋、郑、楚、秦等国,在外流浪十九年,历尽艰辛,最后在秦
国的帮助之下,终于返回晋国,成为晋国君王。教:教化。

② 百姓还不知道道义,尚不能安定居所。指当时晋国内战多年,百姓
常背井离乡,往往不能安居。

③ 此时晋文公便外出去安定周襄王的王位,回国后致力于百姓的福

利,百姓就安于他们的生计,这时又准备使用他们。僖公二十四年(公元前636年),周襄王被其弟王子带驱逐,逃到郑国。僖公二十五年(公元前635年),晋文公出兵救助周襄王,杀了王子带,护送周襄王复位。务:致力于,从事。怀:眷恋,安定。

④ 民众还不知道讲信用,未能显示讲信用的作用。信:信用。宣:显示。

⑤ 于是就攻打原国来让民众看到信用。原:周代诸侯小国,在今河南济源西北。

⑥ 民众中做买卖的人,不追求丰厚的利益,明确验证他的话。易资:交换商品、做买卖。不求丰焉:不追求丰厚的利益。明征其辞:指说话算数,讲信用。征:验证。

⑦ 民众还不知道礼仪,没有产生恭敬之心。共:通"恭",恭敬。

⑧ 于是举行盛大阅兵让百姓看到礼仪,设置执秩官使官吏职责分明,百姓听从命令而不表示怀疑,而后使用他们。大蒐:盛大阅兵。执秩:主管爵禄等级的官员。

⑨ 于是赶走穀地楚国的驻军,解除了宋国的包围,一次战争而称霸诸侯,这都是因为文公推行教化的缘故。一战:指次年的城濮之战。

【评析】

本文所记是城濮之战的前奏,说明了晋国最后取得胜利的根本原因。决定战争胜利的因素是多方面的,诸如战争的性质、正确的谋略、精良的军队、灵活的战术等等,而《左传》的作者却归结为文公的教化,这不仅是他个人的精辟见解,也是那个时代的共同认识。

西周春秋以来,统治者愈来愈感到民心的向背决定着诸侯的成败,民众的力量关系到国家的盛衰,更是取得战争胜利的关键因素。他们认为:"夫民,神之主也。"(《左传·桓公六年》)"民生厚而德正,用利而事节,时顺而物成。"(《左传·成公十六年》)"民者,君之本也。"(《穀梁传·桓公十四年》)"以其不教民战,则是弃其师也。为人君而弃其师,其民孰以为君哉?"(《穀梁传·僖公二十三年》)可见,以民为本,已经成为当时进步的思想观念。晋文公战前检阅军队,选拔将领,同时进行了大量教化民众的工作,宣示信义,安民利民,因此取得了民众的支持,最终才能一战而胜。

这是宝贵的历史经验,值得记取。

三、学而后入政

《左传》

【题解】

本文节选自左丘明《左传·襄公三十一年》,题目是后加的。入政,从政,为政。

子皮欲使尹何为邑①。子产曰②:"少,未知可否③?"子皮曰:"愿,吾爱之,不吾叛也④。使夫往而学焉,夫亦愈知治矣⑤。"子产曰:"不可。人之爱人,求利之也⑥。今吾子爱人则以政,犹未能操刀而使割也,其伤实多⑦。子之爱人,伤之而已,其谁敢求爱于子⑧?子于郑国,栋也,栋折榱崩,侨将厌焉,敢不尽言⑨?子有美锦,不使人学制焉⑩。大官、大邑,身之所庇也,而使学者制焉⑪。其为美锦,不亦多乎⑫?侨闻学而后入政,未闻以政学者也⑬。若果行此,必有所害⑭。譬如田猎,射御贯则能获禽,若未尝登车射御,则败绩厌覆是惧,何暇思获⑮?"

10

① 子皮想让尹何为官治理自己的封邑。子皮:郑大夫,名罕虎。尹何:子皮的家臣。为:治理。

② 子产:名公孙侨,字子产,郑国大夫,春秋后期著名政治家。他后来成为郑国的名相,主政二十余年。

③ 年轻,不知道行不行? 少(shào):年轻。

④ 这个人谨慎忠厚,我喜欢他,不会背叛我的。愿:谨慎忠厚。不吾叛:不会背叛我。

⑤ 让他前去学习一下,也就逐渐知道治理政事了。夫:指尹何。愈:渐。

⑥ 别人喜欢一个人,总是谋求对这个人有利。

⑦ 现在您喜欢一个人,却把政事交给他,就好像一个人不会拿刀却让他去割东西,那伤害必然很多。吾子:对人的敬称,相当于"您"。操:持,拿。

⑧ 您喜爱人,实际上是伤害人罢了,有谁敢求得到您的喜爱呢?

⑨ 您对于郑国,如同栋梁一样,栋梁折断,屋椽崩塌,我将会压在下面,怎么敢不把话说出来呢?榱(cuī):屋椽。侨:子产的自称。厌:通"压"。

⑩ 您有了漂亮的彩绸,不会让人随便学着裁剪。

⑪ 大官、大邑,是您自身的庇护之所,反而让学习的人去治理。庇:庇护。

⑫ 它比起美锦,不是贵重得很多吗?

⑬ 我听说学习以后才能从政为官,没有听说把从政为官当做学习的。

⑭ 假如果真这样办,必定有所伤害。

⑮ 譬如打猎,熟悉射箭驾车,就能获得猎物,如果未曾射过箭驾过车,他总是害怕车辆倾覆被碾压,哪里有时间去考虑猎获禽兽呢? 射御贯:熟习射箭驾车。贯:熟习。这个意义上后来写做"惯"。禽:飞禽走兽总名。败绩:车辆倾覆。

子皮曰:"善哉！虎不敏①。吾闻君子务知大者、远者,小人务知小者、近者。我,小人也。衣服附在吾身,我知而慎之。大官、大邑所以庇身也,我远而慢之②。微子之言,吾不知也③。他日我曰④:'子为郑国,我为吾家,以庇焉,其可也⑤。'今而后知不足。自今请虽吾家,听子而行⑥。"子产曰:"人心之不同,如其面焉⑦。吾岂敢谓子面如吾面乎⑧? 抑心所谓危,亦以告也⑨。"子皮以为忠,故委政焉⑩。子产是以能为郑国⑪。

【注释】

① 我没有才能。虎:子皮的自称。敏:聪敏,才能。
② 疏远而轻视它。远:疏远。慢:轻慢。
③ 如果没有您的忠言,我就不知道其中的利害。微:如果没有。
④ 他日:从前。
⑤ 您治理郑国,我治理我家,以庇护自己,大概就可以了。为:治理。
⑥ 我请求从今以后虽然是我家族的事情,也听凭您去处理。听:任凭。
⑦ 人心的不同,如同他的面孔一样。
⑧ 我哪里敢说您的面孔如同我的面孔呢?
⑨ 不过我心里感到危险,也就以实相告了。抑:不过。
⑩ 子皮认为他忠诚,所以把郑国的政事托付给他了。委:托付。
⑪ 子产因此能够治理郑国。是以:因此。

【评析】

子皮想任用自己喜欢的家臣尹何为官治理封邑,子产觉得尹何年轻,对他能否胜任表示怀疑。子皮却认为尹何谨慎忠厚,不会背叛自己,让他学习治理就行了。于是,子产就讲了一番这样的道理:漂亮的丝绸尚且不会让人学着裁制,何况关系到为官从政这样的大事呢? 因此,郑重指出,必须先学习然后从政,不能把为官从政当做学习的试验品,否则,就会祸害地方,伤及民众,造成重大损失。这无疑是一个历史的忠告。

"学不可以已"(《荀子·劝学》)。未从政者应该先学习而后从政,已从政者更应该深入学习而后决策,这样才能利国利民,造福子孙后代。在充分学习调研之前,任何违背客观规律的盲目举措,都要付出惨重的代价。

四、劝　学

《荀子》

【题解】

本篇节选自荀况《荀子·劝学》。劝学,鼓励学习。劝,鼓励。

荀子,名况,战国时赵国人。他的生卒年代没有明确记载,大约在公元前340年至前245年之间。由于荀子在当时学术界的重要地位,人们尊称他为荀卿,后来又称孙卿,这是为了避汉宣帝刘询的名讳。荀子生活在战国末期,他游学于齐,在稷下(今山东临淄西北)讲学,曾到赵国、秦国考察,后任楚国兰陵(今山东枣庄)令,晚年专心著述,死后葬于兰陵。

荀子是继孔子、孟子之后最著名的儒学大师,是先秦诸子中的一位集大成者。他学问渊博,重视证实,具有朴素的唯物主义思想,在批判吸取诸子百家学说的基础上,继承和发展了前期的儒家学说。他反对孟子的性善论,提出性恶论,认为性恶是先天生成的自然属性,性善是经后天教化才有的社会属性,因此特别重视教育的作用。他反对迷信天命鬼神,提出天人论,主张隆礼尊贤,重法爱民,自强不息,人定胜天,充分发挥人的主观能动性,应之以治,大有作为。他反对孔子、孟子法先王的思想，提出法后王的主张，认为必须用礼来教化约束，用法来防范禁止，强调礼法并用，才能治理国家。他的这些思想主张，在当时具有进步意义，对后世产生重大影响，其弟子李斯、韩非的作为就是充分的证明。

《荀子》一书共二十卷，收入文章三十二篇，绝大多数出自荀子之手。其内容非常丰富，包括哲学思想、政治学说、治学方法、立身处世等诸多方面，文笔细密，论述雄辩，善用比喻排比，具有独特风格。唐人杨倞的《荀子注》，清人王先谦的《荀子集解》，今人梁启雄的《荀子简释》等，可供参考。

君子曰：学不可以已①。青，取之于蓝而青于蓝②；冰，水为之而寒于水③。木直中绳，輮以为轮，其曲中规，虽有槁暴，不复挺者，輮使之然也④。故木受绳则直，金就砺则利，君子博学而日参省乎己，则知明而行无过矣⑤。

【注释】

① 已：停止。

② 蓝：草名，即蓼（liǎo）蓝，叶子可作青色染料。青于蓝：比蓝青。

③ 为：凝结而成。寒于水：比水寒。

④ 木料笔直得符合墨绳，把它烘烤弯曲做成车轮，它的弯曲度符合圆规，即使再烘烤曝晒，它也不再会伸直了，这是烘烤使它这样的。中（zhòng）：符合。绳：墨线，木匠人用墨线取直。輮（róu）：通"煣"，用火烘烤木料使它变得弯曲。规：圆规，匠人用来取圆的工具。槁暴（pù）：烘烤曝晒。槁：通"熇"，烤。暴（pù）：晒。在这个意义上后来写做"曝"。挺：直。然：这样，如此。

⑤ 因此木料受到墨绳的校正就取直，金属刀剑在磨石上磨过就锋利，君子广泛地学习而又能每天检查反省自己，那就会见识高明而行为

14

没有过错了。金：指金属所制的刀剑。就：靠近，接触。砺（lì）：磨刀石。利：锐利。博学：广博地学习。参：检验。省（xǐng）：反省。知（zhì）：见识。在这个意义上后来写做"智"。过：过失。

故不登高山，不知天之高也；不临深谿，不知地之厚也①；不闻先王之遗言，不知学问之大也②。干、越、夷、貉之子，生而同声，长而异俗，教使之然也③。《诗》曰："嗟尔君子，无恒安息。靖共尔位，好是正直。神之听之，介尔景福④。"神莫大于化道，福莫长于无祸⑤。

【注释】

① 深谿（xī）：深谷。厚：深厚。

② 先王：古代贤明的君主。遗言：遗训，前人传下来的教诲。大：渊博。

③ 干、越、夷、貉的小孩，生来啼哭同声，长大习俗不同，这是教化使他们这样的。干：小国名，后为吴所灭。越：国名。干、越地处今江、浙，属于南方的民族。夷：东方的民族。貉：即"貊"（mò），北狄民族名。子：婴儿，小孩。

④ 意思是，啊呀你们君子啊，不要经常安逸歇息。安心地供奉你的职位，喜欢正直的行为。上帝听到这些，就会赐给你很大的幸福。引文见《诗经·小雅·小明》。嗟：感叹词，啊。尔：你们。无：通"毋"。恒：经常。靖：通"静"。共：供奉。在这个意义上后来写做"供"。好（hào）：喜欢。介：福佑，给予。景：大。

⑤ 精神修养没有比化于圣贤之道更高的了，幸福没有比无灾无难更大的了。神：指精神修养。道：指圣贤之道。化道：即化于道，指受到圣贤之道的熏陶，使自身发生变化。长（cháng）：大。

吾尝终日而思矣，不如须臾之所学也①；吾尝跂而望矣，不如登高之博见也②。登高而招，臂非加长也，而见者远③；顺风而呼，

15

声非加疾也,而闻者彰④。假舆马者,非利足也,而致千里⑤;假舟楫者,非能水也,而绝江河⑥。君子生非异也,善假于物也⑦。

【注释】

① 须臾:片刻,一会儿。

② 跂(qǐ):踮起脚跟。博:多,广。

③ 加:更。见者远:指人们在很远的地方也能看得见。

④ 疾:急速。彰:彰明,清楚。这里指听得清楚。

⑤ 假:凭借。舆:车。利足:行走便利,指善于走路。致千里:到达千里。

⑥ 舟楫:船和桨。能水:会泅水。绝:横渡。

⑦ 生:通"性",指先天的条件。物:外物。

南方有鸟焉,名曰蒙鸠①,以羽为巢,而编之以发,系之苇苕②。风至苕折,卵破子死。巢非不完也,所系者然也③。西方有木焉,名曰射干,茎长四寸,生于高山之上,而临百仞之渊④。木茎非能长也,所立者然也⑤。蓬生麻中,不扶而直⑥;白沙在涅,与之俱黑⑦。兰槐之根是为芷,其渐之滫,君子不近,庶人不服⑧。其质非不美也,所渐者然也⑨。故君子居必择乡,游必就士,所以防邪僻而近中正也⑩。

【注释】

① 蒙鸠:鹪鹩(jiāo liáo),一种善于做巢的小鸟,也叫巧妇鸟。

② 巢:窝。发:毛发。系:拴,绑。苇苕(tiáo):芦苇的花穗。

③ 窝并非不坚固,是窝所拴的地方使它这样的。完:坚,牢固。

④ 射(yè)干:植物名,根可以入药。茎:植物体的一部分,下部连根,上部长叶、花和果实。临:朝下面对。仞:古代八尺为一仞。

16

⑤ 木茎并非能长高,是生长的地方使它这样的。立:树立,指生长的
地方。

⑥ 蓬:草名,亦称飞蓬,茎高尺余,开小白花。

⑦ 涅(niè):黑泥。俱:一同,一起。

⑧ 兰槐的根就是芷,如果把它浸在臭水中,君子就不再接近它,民众也
不再佩带它。兰槐:香草名。其苗为兰槐,其根为芷,有香气。其:
如果。渐(jiān):浸。之:指芷。滫(xiǔ):臭水。服:佩带。

⑨ 它的本质并非不美,而是所浸的臭水使它这样的。

⑩ 所以君子居住必须选择乡邻,交游必须接近贤士,这就是用来防止
邪恶而接近正直的方法。游:交游。就:接近。士:指贤士。邪僻:
邪恶。中正:正直。

　　物类之起,必有所始①;荣辱之来,必象其德②。肉腐出虫,鱼
枯生蠹③;怠慢忘身,祸灾乃作④。强自取柱,柔自取束⑤;邪秽在
身,怨之所构⑥。施薪若一,火就燥也⑦;平地若一,水就湿也⑧。
草木畴生,禽兽群居,物各从其类也⑨。是故质的张而弓矢至焉;
林木茂而斧斤至焉⑩;树成荫而众鸟息焉;醯酸而蚋聚焉⑪。故言
有召祸也,行有招辱也⑫。君子慎其所立乎⑬!

【注释】
① 各种事物的兴起,一定有它开始的原因。物类:各种事物

② 象:符合,相似。

③ 蠹(dù):蛀蚀器物的虫子。

④ 忘身:忘记自身的利害关系。

⑤ 坚硬的东西自己招致折断,柔软的东西自己招致约束。柱:通
"祝",折断。束:约束。

⑥ 构:集结。

⑦ 把柴禾铺设得一样平，火靠近干燥的地方燃烧。施：铺陈，摆列。薪：柴禾。

⑧ 把土地平整得一样平，水靠近潮湿的地方流动。

⑨ 同类的草木生长在一起，同类的禽兽成群居住在一起，万物各自跟随它们的同类。畴：通"俦"，类。

⑩ 因此箭靶张开，弓箭就射来；林木茂盛，斧头就砍来。质的：箭靶正中的圆心。斧斤：斧子。斤：与"斧"同义。

⑪ 树木成荫，群鸟就来栖息；醋变酸，蚊虫就来聚集。醯（xī）：醋。蚋（ruì）：一种蚊虫。

⑫ 所以言论有时招来灾祸，行为有时招来耻辱。招：招致。

⑬ 君子要谨慎自己的立身行事啊！立：指立身行事。

积土成山，风雨兴焉①；积水成渊，蛟龙生焉②；积善成德，而神明自得，圣心备焉③。故不积跬步，无以致千里④；不积小流，无以成江海。骐骥一跃，不能十步⑤；驽马十驾，功在不舍⑥。锲而舍之，朽木不折⑦；锲而不舍，金石可镂⑧。蚓无爪牙之利，筋骨之强，上食埃土，下饮黄泉，用心一也⑨。蟹八跪而二螯，非蛇鳝之穴，无可寄托者，用心躁也⑩。是故无冥冥之志者，无昭昭之明⑪；无惛惛之事者，无赫赫之功⑫。行衢道者不至，事两君者不容⑬。目不能两视而明，耳不能两听而聪⑭。螣蛇无足而飞，梧鼠五技而穷⑮。《诗》曰："尸鸠在桑，其子七兮。淑人君子，其仪一兮。其仪一兮，心如结兮⑯！"故君子结于一也⑰。

【注释】

① 焉：于此。

② 蛟龙：古代传说中能发洪水的一种龙。

③ 积累善行成就道德，就能自己得到智慧，具备圣人的思想。神明：指

18

人的智慧。圣心：圣人的思想。备：具备。

④ 跬(kuǐ)步：半步，等于今天的一步。古人一足举一次为跬，两足各举一次为步。致：到达。

⑤ 骏马一跃，不能跨过十步。骐骥(qí jì)：骏马。

⑥ 劣马可以连续走十天的路程，它的成功在于不停止前进。驽马：劣马。驾：马拉车一天所走的路程叫一驾，十驾就是十天所走的路程。舍：停止。

⑦ 锲(qiè)：用刀子刻。折：断。

⑧ 镂(lòu)：雕刻。

⑨ 蚯蚓没有锋利的爪牙，没有强健的筋骨，却能上吃地面的尘土，下饮地下的泉水，这是因为它用心专一的缘故。蚓(yǐn)：蚯蚓。黄泉：指地下的泉水。

⑩ 螃蟹有八只脚两只螯，不是蛇、鳝的洞穴就无处栖身，这是因为它用心浮躁的缘故。跪：脚。螯(áo)：蟹前面的钳夹。

⑪ 所以没有精神专注的意志，就不会有彰显通达的聪明。冥冥：昏暗不明，这里指精神专注，埋头苦干。昭昭：指彰显通达。

⑫ 没有默默无闻的工作，就不会有显赫辉煌的功业。惛惛(hūn hūn)：指默默无闻。赫赫：指显赫辉煌。

⑬ 衢(qú)道：即歧道，分岔的路。容：接纳。

⑭ 两视：同时看两样东西。聪：听得清楚。

⑮ 螣(téng)蛇：传说中一种能飞的蛇。梧鼠：鼠的一种，形状像兔子，专吃农作物。据说这种鼠能飞而不能上屋，能爬树而不能爬到树顶，能游泳而不能渡过山谷，能挖洞而不能藏身，能奔跑而不能超过人。穷：窘困。

⑯ 意思是，布谷鸟栖息在桑树上，喂养七只小鸟尽心专一。那些善人君子啊，他的态度始终如一。他的态度始终如一啊，思想就像聚集在一点上。引文见《诗经·曹风·鸤鸠》。尸鸠：布谷鸟。传说尸鸠喂养雏鸟，平均对待，始终如一。淑：善。仪：态度。结：结集。指

19

专心致志。

⑰　所以君子学习应该专心如一。

【评析】

荀子主张性恶论,认为人的生理本性是邪恶的,其善良的行为是后天人为的,"故枸木必将待檃栝烝矫然后直,钝金必将待砻厉然后利。今人之性恶,必将待师法然后正,得礼义然后治。"(《荀子·性恶》)因此,他非常强调学习的重要性。

荀子认为,学习不能固步自封,长期坚持才能够增长知识,改变性情,培养品德,提高素养;一味沉思默想不能代替学习,不断学习才能拥有才干,驾驭技能,借助知识,大有作为;学习必须关注环境,所谓近朱者赤,近墨者黑,因此"居必择乡,游必就士",求贤师,择良友,"见贤思齐,见不贤而内自省也"(《论语·里仁》);学习还必须严格要求自己,注意一言一行,"言有召祸,行有招辱",立身处事,不可不慎;学习更需要长期积累,如果一心二用、一曝十寒就会毫无所得,只有专心致志、聚精会神,才能积善明德,有所进步。

虽然性善论与性恶论都有先验论的成分,尽管今天学习的内容和目的与古代不同,但是荀子这些论述,揭示了学习的基本规律,对于我们仍有重要的借鉴意义。

五、察　传

《吕氏春秋》

【题解】

本文选自吕不韦《吕氏春秋·察传》。察传,考察传闻。

吕不韦(公元前？—前235年)，本是阳翟(今河南禹县)的富商，家累千金。秦庄襄王时为丞相，封为文信侯，《吕氏春秋》是在吕不韦的主持之下由门客共同编写而成。秦始皇十二年(公元前235年)因罪饮鸩自杀。

《吕氏春秋》出自众人之手，并非一家之言，学术思想不统一，其内容以儒家、道家为主，兼采墨、法、名、农、兵各家的学说，具有各家的精华及其糟粕。吕不韦试图一统百家之言，结果这样调和混杂，反而不及原来各家学说鲜明突出，所以，实为杂家的著作。由于《吕氏春秋》保留了许多先秦诸子的资料，具有宝贵价值，仍是先秦时期一部重要的典籍。

关于《吕氏春秋》成书的经过，《史记·吕不韦列传》说："当是时，魏有信陵君，楚有春申君，赵有平原君，齐有孟尝君，皆下士，喜宾客，以相倾。吕不韦以秦之强，羞不如，亦招致士，厚遇之，至食客三千人。是时，诸侯多辩士，如荀卿之徒，著书布天下。吕不韦乃使其客人人著所闻，集论以为八览、六论、十二纪、二十余万言，以为备天地、万物、古今之事，号曰《吕氏春秋》。布咸阳市门，悬千金其上，延诸侯、游士、宾客，有能增损一字者，予千金。"因此，又称《吕览》。全书共十二纪(六十篇)、六论(三十六篇)、八览(六十四篇)，加上《序意》一篇，当有一百六十一篇，因八览中缺失一篇，今传一百六十篇。

《吕氏春秋》善于运用故事说理，表述形象，行文生动，颇有特色。东汉高诱最早为《吕氏春秋》作注，现在通行的是清代毕沅的校刻本，今人陈奇猷的《吕氏春秋校释》，可供参考。

夫得言不可以不察，数传而白为黑，黑为白①。故狗似玃，玃似母猴，母猴似人，人之与狗则远矣②。此愚者之所以大过也③。

闻而审,则为福矣④;闻而不审,不若无闻矣⑤。齐桓公闻管子於鲍叔⑥,楚庄闻孙叔敖於沈尹筮⑦,审之也,故国霸诸侯也⑧。吴王闻越王勾践於太宰嚭⑨,智伯闻赵襄子於张武⑩,不审也,故国亡身死也。

【注释】

① 听到传闻不可不审察,多次辗转相传,白会变成黑,黑会变成白。数(shuò):屡次、多次。

② 所以狗像玃,玃像母猴,母猴像人,而人与狗相差就太远了。玃(jué):大猴。母猴:即沐猴,猕猴,比玃稍小。

③ 大过:犯大错。

④ 听到传闻能加以审察,就会有好处。

⑤ 不若无闻:不如不听。

⑥ 齐桓公:名小白,公元前 685 年至前 643 年在位,春秋五霸之一。管仲:名夷吾,字仲,春秋初期齐国名相。鲍叔:即鲍叔牙。他年轻时便与管仲相知,曾与管仲一同经商。后鲍叔牙辅佐齐公子小白,管仲辅佐公子纠,小白与公子纠争夺齐国君位,公子纠失败,管仲被俘,鲍叔牙力劝小白重用管仲。后来管仲成为齐国之相,辅佐齐桓公成就了霸业。

⑦ 楚庄:即楚庄王,公元前 613 年至前 591 年在位,春秋"五霸"之一。沈尹筮:楚国大夫。孙叔敖:楚国隐士。楚庄王想任命沈尹筮为相,沈尹筮却推荐孙叔敖。孙叔敖后来辅佐楚庄王,称霸诸侯。

⑧ 霸:称霸。

⑨ 吴王:指吴王夫差,公元前 495 年至前 476 年在位。太宰嚭(pǐ):吴国太宰伯嚭。春秋时期,吴越两国战争频繁,越王勾践被吴王夫差所败之时,派大夫文种到吴国贿赂伯嚭,请求讲和,夫差听信伯嚭的劝告与越国和解。后来越王勾践卧薪尝胆,发愤图强,从而转败为胜,灭了吴国,夫差自杀。

⑩ 智伯：名瑶，晋国大夫。赵襄子：名无恤，晋国大夫。张武：智伯的家
　臣。张武劝说智伯纠集韩、魏攻打赵襄子，围于晋阳。而赵襄子用
　张孟谈之计，暗中联合韩、魏进行反击，灭了智伯。

　　凡闻言必熟论，其于人必验之以理①。鲁哀公问於孔子曰②：
"乐正夔一足，信乎③？"孔子曰："昔者舜欲以乐传教于天下，乃令
重黎举夔于草莽之中而进之，舜以为乐正④。夔于是正六律，和五
声，以通八风，而天下大服⑤。重黎又欲益求人⑥，舜曰：'夫乐，天
地之精也，得失之节也，故唯圣人为能和，乐之本也⑦。夔能和之，
以平天下，若夔者一而足矣⑧。'故曰'夔一足'，非'一足'也⑨。"

【注释】
① 凡听到传闻必须仔细研究深入考虑，对于人们的传闻必须用事理加
　以验证。熟论：仔细讨论。
② 鲁哀公：春秋时鲁国国君，鲁定公之子，公元前 494 年至前 476 年
　在位。
③ 乐正夔一只脚，确实吗？乐正：乐官。夔（kuí）：上古时期的乐官。
　一足：一只脚。
④ 从前舜想用音乐在天下传播教化，就让重黎把夔从民间选拔出来，
　推荐给朝廷，舜任命他为乐正。重黎：尧时掌管天地四时的官员。
　草莽之中：指民间。
⑤ 夔于是校正六律，和谐五声，用来调和八风，而天下完全归附。正：
　校正。六律：我国古代十二种音律中的黄钟、大簇、姑洗（xiǎn）、蕤
　（ruí）宾、夷则、无射（yì）。和：协调。五声：我国古代音乐中的五种
　音阶：宫、商、角、徵（zhǐ）、羽。通：调和。八风：八方的风，即东风、
　南风、西风、北风、东南风、东北风、西南风、西北风。大服：完全
　归附。

⑥ 重黎又想要多找一些像夔这样的人。

⑦ 音乐是天地的精华,得失的关键,所以只有圣人能使音乐和谐,这是音乐的根本。精:精华。古人认为,音乐是协和天地自然音响而成,所以说是"天地之精"。节:关键。

⑧ 夔能和谐音乐,平定天下,像夔这样的人有一个就足够了。平:安定。

⑨ 所以说,"夔一人就足够了",并不是说"夔只有一只脚"。

宋之丁氏家无井,而出溉汲,常一人居外①。及其家穿井,告人曰:"吾穿井得一人②。"有闻而传之者曰③:"丁氏穿井得一人。"国人道之,闻之于宋君④。宋君令人问之于丁氏,丁氏对曰:"得一人之使,非得一人于井中也⑤。"求闻之若此,不若无闻也。

【注释】

① 宋国的丁氏家中没有井,而必须外出打水,经常派一个人专门在外面打水。宋:春秋时期诸侯国之一,在今河南一带。溉汲:打水。

② 等到他家打了井,便告诉他人说:"我挖井得了一人。"穿井:打井。

③ 有闻而传之者:有听到后就传言的人。

④ 国都的人谈论这件事,被宋国国君听到。

⑤ 家中打了井,不必派专人到外面打水,等于多得一人使唤,并不是在井中得到一个人。

子夏之晋,过卫①,有读史记者曰②:"晋师三豕涉河③。"子夏曰:"非也,是己亥也④。夫'己'与'三'相近,'豕'与'亥'相似⑤。"至于晋而问之,则曰"晋师己亥涉河"也⑥。

辞多类非而是,多类是而非⑦。是非之经,不可不分,此圣人之所慎也⑧。然则何以慎?缘物之情及人之情,以为所闻,则得

24

之矣⑨。

【注释】

① 子夏到晋国去，途经卫国。子夏：姓卜，名商，字子夏，孔子的弟子。晋：春秋时诸侯国，在今山西境内。卫：春秋时诸侯国，在今河南北部一带。

② 史记：古代的史书，不是指司马迁的名著《史记》。

③ 晋军三豕渡过黄河。豕：猪。河：黄河。

④ "三豕"应该是"己亥"。

⑤ 古文"己"和"三"、"豕"和"亥"形体相近似。

⑥ 晋师己亥涉河：晋国的军队在己亥这天渡过黄河。己亥：干支记日，指己亥这一天。

⑦ 言辞有许多好像是错误的，实际是正确的；好像是正确的，实际是错误的。类：似，好像。非：错误。是：正确。

⑧ 经：界限。慎：慎重。

⑨ 既然如此，那么该如何慎重对待呢？根据事物和人的实情，来考察听到的传闻，就可以得到真实的情况了。然则：既然……那么。缘：根据。为：考察。

【评析】

任何社会，都会有很多传闻，其中有真有伪，有正有误，似是而非，众说纷纭。正确的信息要充分吸取和运用，错误的信息要及时鉴别和抵制。如果说"乐正夔一足"、"穿井得一人"之类，是古人无意间传播的荒诞流言，经过调查就可以证实；那么现代社会的流言蜚语、虚假广告之类，则是故意制造的谎言骗局，可能会带来严重的后果，绝对不能盲从，必须认真对待。可见，对传闻不可不审慎，不可不考察！

靠什么考察辨析传闻呢？"验之以理"，"缘物之情及人之情"，就是根据事物的常理和人之常情，即根据各种人、事的普遍规律。科学是辨别真伪的主要根据，实践是检验真理的唯一标准。通过学习，掌握科学知识，进行实践，并且转化成为认识问题、辨别事物的智慧和能力，才能发挥应有的作用。从这个意义上说，考察分析传闻，就是学习运用科学知识解决实际问题的过程。

六、吕蒙读书

《江表传》

【题解】

本篇节选自陈寿《三国志·吴书·周瑜鲁肃吕蒙传》裴松之注引《江表传》，题目是后加的。吕蒙，字子明，汝南富陂（今安徽阜阳南）人，三国时吴国名将，拜虎威将军、南郡太守，封孱陵侯。

陈寿（公元233—297年），字承祚，巴西郡安汉县（今四川南充）人。少好学，师事著名学者谯周，仕蜀为观阁令史，入晋举孝廉，授著作郎，官至御史治书。他独立撰成《三国志》，是西晋著名的史学家。

东汉以后，从公元220年到280年，是中国历史上魏、蜀、吴三国鼎立的时期，《三国志》就是记录这段历史的一部国别体纪传体史书，按国别分成三部分，即《魏书》三十卷、《蜀书》十五卷、《吴书》二十卷，共六十五卷。其中只有纪和传，没有志和表。以魏为正统，魏为"帝"，称"纪"；蜀、吴为"主"，称"传"。引文精练，叙事简约，史实准确，取材严谨，是研究三国历史的重要资料。

为《三国志》作注的裴松之，字世期，南朝刘宋河东闻喜（今山西闻喜)人。他博览群书,知识渊深,官至中书侍郎,奉宋文帝之命为《三国志》作注,以注释的方式补阙、纠谬、存异,旁征博引,兼采众家,引书多达二百余种,引文竟超出《三国志》正文数倍。特别是裴注所引之书,后世大多散佚,唯赖裴注而存,其价值甚至超过《三国志》。

《江表传》的作者是晋代虞溥,《晋书》卷八十二有传。《江表传》在裴松之《三国志注》、李贤《后汉书注》中多有引用。《隋书·经籍志》没有著录,新旧《唐书》收入"杂史类",著录五卷,后散逸。

初,权谓蒙及蒋钦曰①:"卿今并当涂掌事,宜学问,以自开益②。"蒙曰:"在军中常苦多务,恐不容复读书③。"权曰:"孤岂欲卿治经为博士邪? 但当令涉猎见往事耳④。卿言多务,孰若孤⑤? 孤少时,历《诗》、《书》、《礼记》、《左传》、《国语》,惟不读《易》⑥。至统事以来,省三史、诸家兵书,自以为大有所益⑦。如卿二人,意性朗悟,学必得之,宁当不为乎⑧? 宜急读《孙子》、《六韬》、《左传》、《国语》及三史⑨。孔子言:'终日不食,终夜不寝,以思,无益,不如学也⑩。'光武当兵马之务手不释卷,孟德亦自谓老而好学,卿何独不自勉勖邪⑪?"

【注释】

① 起初,孙权对吕蒙和蒋钦说。初:起初,当初。权:孙权,字仲谋,三国时吴国之君。公元222年至252年在位。蒙:吕蒙。蒋钦:字公奕,九江寿春(今安徽寿县)人,吴国名将,拜荡寇将军、右护军。

② 你们现在掌权管理事务,应该学习,以便自己进步提高。当涂:当道,即掌权。宜,应该。开益:开启增益。即不断进步提高。

③ 在军中经常苦于事务繁多,恐怕不能再读书。容:允许,能够。

27

④ 我难道想让您研究经典当博士吗？只是让你们浏览阅读见识古代的往事而已。孤：孙权的谦称。治经：研究经典。但：只是。令：使，让。涉猎：指浏览阅读。

⑤ 你们说事务繁多，与我相比怎么样？孰若：与……相比怎么样？

⑥ 历：普遍阅览。

⑦ 统事：理事。省(xǐng)：视，观，阅读。三史：指《史记》、《汉书》、《东观汉记》。

⑧ 像你们二人，资质聪明，学习必有所得，难道不应该学习吗？意性朗悟：资质聪明。朗：明。悟：晓。宁：难道。当：应该

⑨ 《六韬》：汉代人假托太公望编写的一部兵书，记载周文王、武王询问太公望兵战之事。分为《文韬》、《武韬》、《龙韬》、《虎韬》、《豹韬》、《犬韬》六个部分，故名《六韬》。

⑩ 引文见《论语·卫灵公》。

⑪ 光武帝在兵马军务中手不释卷，曹操也自己说年老好学，你们怎么能不自我勉励呢？光武：指东汉光武帝刘秀，公元25年至57年在位。孟德：指曹操，字孟德。勉勖(xù)：勉励。

　　蒙始就学，笃志不倦，其所览见，旧儒不胜①。后鲁肃上代周瑜，过蒙言议，常欲受屈②。肃拊蒙背曰③："吾谓大弟但有武略耳，至于今者，学识英博，非复吴下阿蒙④。"蒙曰："士别三日，即更刮目相待⑤。大兄今论，何一称穰侯乎⑥？兄今代公瑾，既难为继，且与关羽为邻⑦。斯人长而好学，读《左传》略皆上口，梗亮有雄气，然性颇自负，好陵人⑧。今与为对，当有单复以待之⑨。"密为肃陈三策，肃敬受之，秘而不宣⑩。

【注释】

① 吕蒙开始学习后，专心致志，不知疲倦，他浏览阅读的典籍，过去的

28

儒生都超不过。笃(dǔ)志:专心致志。

② 后来鲁肃代替周瑜领兵,到吕蒙处议事,经常受到吕蒙的纠正。周
瑜临死,推荐鲁肃代替自己,孙权即拜鲁肃为奋武校尉,代周瑜领
兵。鲁肃:字子敬,临淮东城(今安徽定远东南)人。周瑜:字公谨,
庐江舒(今安徽庐江西南)人。他指挥赤壁之战,联合刘备,抗击曹
操,取得胜利,后拜偏将军,领南郡太守。欲:将。屈:挫折,指受到
纠正。

③ 拊(fǔ):拍。

④ 我说大弟只有打仗谋略而已,到了现在,学识渊博过人,已经不再是
当年吴下阿蒙了。大弟:对年轻朋友的敬称。但:只。非复:不
再是。

⑤ 士人离别三天,就要改用新的眼光看待。更:改,变。刮目相待:即
用新的眼光看待。

⑥ 兄长如今论事,怎么还一味赞赏穰侯这样的人呢?大兄:对年长朋
友的敬称。称:称誉,赞赏。穰侯:指穰侯魏冉。《史记·穰侯列
传》:"太史公曰:穰侯,昭王亲舅也。而秦所以东益地弱诸侯,尝称
帝于天下,天下皆西乡稽首者,穰侯之功也。及其贵极富溢,一夫开
说,身折势夺,而以忧死,况于羁旅之臣乎?"索隐述赞曰:"穰侯知
识应变无方,内倚太后,外辅昭王,四登相位,再列封疆,摧齐挠楚,
破魏围梁,一夫开说,忧愤而亡。"可见,穰侯颇有军功,然而应变无
方,即不肯学习,缺乏知识谋略,以致"身折势夺","忧愤而亡",吕
蒙认为他是不可取的。

⑦ 大兄现在代替公谨统兵,已经难以继承他的事业,而且与关羽相邻。
关羽:字云长,河东解(今山西临猗西南)人。蜀国将军,封荡寇将
军、襄阳太守、前将军,追谥"壮缪侯"。

⑧ 这个人长期好学,读《左传》大多应口诵读,梗直守信有英雄气概,
然而颇为骄傲,喜欢凌驾于他人之上。斯人:此人。略:大略,大多。
梗亮:梗直守信。陵人:凌驾于他人之上。

⑨　现在您与他对阵,应当有出奇制胜的策略和方法对付他。单复:指
　　与敌方作战时出奇制胜的策略和方法。

⑩　于是为鲁肃献上三道计策,鲁肃恭敬地接受了,保密而不外传。
　　宣:传。

　　权常叹曰:"人长而进益,如吕蒙、蒋钦,盖不可及也①。富贵
荣显,更能折节好学,耽悦书传,轻财尚义,所行可迹,并作国士,不
亦休乎②!"

【注释】

①　人年长而能够进步,像吕蒙、蒋钦这样,大概是一般人赶不上的。
　　及:追赶上。

②　他们已经富贵,声名显赫,更能够改变平日行为和志向,爱好学习,
　　喜欢阅读典籍书传,轻视财物,崇尚道义,行为成为效法的榜样,一
　　起成为国家才能出众的人,不也是美好的事情吗!折节:改变平日
　　的行为和志向。折:曲折,改变。节:志节,节度。耽(dān)悦:喜
　　欢。耽:乐。可迹:可以效法。国士:国中才能出众的人。休:美好。

【评析】

　　《三国志·吴书·吕蒙传》记载:"蒙少不修书传,每陈大事,
常口占为笺疏。"孙权对吕蒙的评价也说:"子明少时,孤谓不辞剧
易,果敢有胆而已;及身长大,学问开益,筹略奇至,可以次于公谨,
但言议英发不及之耳。"可见,吕蒙曾经是不读《诗》《书》、不通文
墨的草莽将军,因此,当孙权劝告他读书学习时,他以军务繁忙为
由推辞。然而,一旦他折节好学,就专心致志,博览群书,并且将所
学应用于修身处事,因此文武兼备,多谋善断,一改粗鲁习气,颇有
国士之风。所以,"士别三日,即更刮目相待"这句话,就成为后世

30

赞扬人们进步很快的成语。

吕蒙在当时已经是高级官员了,位高权重,掌管一方,虽然军务繁忙,却能够学而不倦,勇于进取,因此留下历史的美名,为后人树立了榜样。

七、修身利行

《颜氏家训》

【题解】

本文节选自颜之推《颜氏家训·勉学》,题目是后加的。修身,加强自身修养。利行,利于自身行动。

颜之推(公元 531—591 年),字介,琅邪临沂(今山东费县)人。他在梁元帝时任散骑侍郎,后任北齐中书舍人,黄门侍郎,平原太守。入北周后,为御史上士。隋朝开皇年间,召为学士。后因病而终。

颜之推生于乱世,战争频繁,生灵涂炭,三次亡国,四朝从政,一次次社会变故都亲身经历,自有丰富的阅历和独特的感触,从而更加注重实际,了解人生,深入观察,勤奋严谨,留下大量著作。他特别将自己的立身之法、处世之道和生活经验写成《家训》,作为教诲后辈子弟的行为准则,希望他们通达事理,趋利避害,勤勉自立,永保平安,因此具有广泛的社会意义,世代流传,影响深远。宋人陈振孙《直斋书录解题》评为:"古今家训,以此为祖。"

《颜氏家训》共二十篇,分为七卷,成书于隋文帝平陈(公元589 年)之后,署名"北齐黄门侍郎",这是因为此职清要显贵的缘故。全书从家庭到社会,从日常事务到学术讨论,内容丰富,涉猎广泛,除首篇《序致》说明宗旨,末篇《终制》安排后事,第十六篇《归心》崇尚佛教之外,其余十七篇都是关于教子治家、尊老爱幼、立身风操、勉学慕贤的谆谆教诲,进而论述字画音辞,考证典故史实,评价历代作品;说解养生之道。这既是当时社会状况的生动反映,又是作者人生经历的感悟总结,具有重要的价值,其宗旨就是"务先王之道,绍家世之业"(《勉学》)。但是,其中也有迷信观念、因果报应、重男轻女等封建意识,应该注意批判。

此书本是对家人子弟而言,文笔朴实,循循善诱,引古证今,说理充分,亲切动人,颇有说服力。今人王利器的《颜氏家训集解》,可供参考。

夫所以读书学问,本欲开心明目,利于行耳①。未知养亲者,欲其观古人之先意承颜,怡声下气,不惮劬劳,以致甘腝,惕然惭惧,起而行之也②;未知事君者,欲其观古人之守职无侵,见危授命,不忘诚谏,以利社稷,恻然自念,思欲效之也③;素骄奢者,欲其观古人之恭俭节用,卑以自牧,礼为教本,敬者身基,瞿然自失,敛容抑志也④;素鄙吝者,欲其观古人之贵义轻财,少私寡欲,忌盈恶满,周穷恤匮,赧然悔耻,积而能散也⑤;素暴悍者,欲其观古人之小心黜己,齿弊舌存,含垢藏疾,尊贤容众,茶然沮丧,若不胜衣也⑥;素怯懦者,欲其观古人之达生委命,强毅正直,立言必信,求福不回,勃然奋厉,不可恐慑也⑦:历兹以往,百行皆然⑧。纵不能淳,去泰去甚⑨。学之所知,施无不达⑩。

【注释】
① 人们读书做学问,本来就想开启心智,开阔视野,以利于行事罢了。
  开心明目:开启心智,开阔视野。

32

② 不知道孝养父母的人，想让他看看古人如何体贴父母的心意，顺承父母的意愿，声气和悦，态度恭顺，不辞劳苦地奉上甘美烂熟的食品，这样他就会因惶恐而感到惭愧，起来照样去做了。亲：父母双亲。先意承颜：体贴父母心思而顺承他们的意愿。颜：脸色，指意愿。怡声下气：声气和悦，态度恭顺。惮：畏惧。劬（qú）劳：劳累，劳苦。甘：甘美。腝（ér）：煮烂。指甘美而煮烂的食物。惕然：忧惧惶恐的样子。惭惧：惭愧，畏惧。

③ 不知道事奉君王的人，想让他看看古人如何忠于职守，不越权限，遇到危难之事，敢于献出自己的生命，经常忠诚地劝谏，以利于国家，这样他就会沉痛地反省，想要效法古人了。守职无侵：坚守职责，不越权限。见危授命：遇到危难，献出生命。诚：忠。避隋文帝父"忠"字讳而改。恻然自念：沉痛地自我反省。恻然：沉痛的样子。

④ 平常骄横奢侈的人，想让他看看古人如何勤俭节用，谦卑自守，以礼仪为教育的根本，以恭敬为立身的基础，这样他就会大吃一惊，若有所失，收敛容色，抑制心志了。素：一向，平常。卑以自牧：谦卑自守。礼为教本：礼仪为教育的根本。敬者身基：恭敬为立身的基础。瞿（jù）然：惊恐的样子。敛容抑志：收敛骄横的容色，抑止奢侈的心志。

⑤ 平常贪鄙吝啬的人，想让他看看古人如何重义轻财，节制私欲，忌讳满盈，周济穷困，抚恤匮乏，这样他就会感到面红耳赤，羞愧悔恨，而把聚敛的财产散发了。忌盈恶（wù）满：忌讳满盈。《周易·谦》："天道亏盈而益谦，地道变盈而流谦，鬼神害盈而福谦，人道恶盈而好谦。"《尚书·大禹谟》："满招损，谦受益，时乃天道。"《老子》九章："持而盈之，不如其已。"这是古人朴素的辩证思想。周穷恤匮：救济贫困的人。周：接济。恤：救济。匮（kuì）：贫乏。穷、匮，指贫困的人。赧（nǎn）然：惭愧而脸红的样子。

⑥ 平常暴躁蛮横的人，想让他看看古人如何小心地抑制自己，懂得齿亡舌存的道理，能够忍受耻辱痛苦，宽宏大量，尊敬贤士，包容众人，

这样他就会显得疲惫失望，自卑谦恭得像承受不了衣服的重量一样。黜己：抑制自己。齿弊舌存：牙齿因坚硬而易毁，舌头因柔软而获存。含垢藏疾：忍受耻辱，隐含痛苦。垢：耻辱。疾：痛苦。苶(niè)然沮丧：疲惫失望。苶然：疲惫的样子。若不胜衣：形容身体虚弱的样子。这里指态度谦恭。胜(shēng)：禁得起。

⑦ 平常怯懦胆小的人，想让他看看古人如何乐观放达，委心任命，刚毅正直，说话诚信，正道求福，这样他就会勃然奋起，不会胆怯恐惧了。达生：放达人生。委命：委心任命。求福不回：祈求福运而不违背道义。回：违背。勃然：奋发的样子。奋厉：奋起厉行。恐慑：胆怯恐惧。

⑧ 由此类推下去，各种品行都可以这样培养。然：这样，如此。

⑨ 即使不能达到淳正的境界，也能去掉那些过分极端的行为。泰：过分。甚：极端。《老子》二十九章："是以圣人去甚，去奢，去泰。"

⑩ 学习得到知识，实施起来无不通达有效。

世人读书者，但能言之，不能行之，忠孝无闻，仁义不足①；加以断一条讼，不必得其理②；宰千户县，不必理其民③；问其造屋，不必知楣横而梲竖也④；问其为田，不必知稷早而黍迟也；吟啸谈谑，讽咏辞赋，事既优闲，材增迂诞，军国经纶，略无施用⑤：故为武人、俗吏所共嗤诋，良由是乎⑥！

【注释】

① 但：只。不足：欠缺。

② 判决一起诉讼案件，不一定能够查明事理。断：判决。一条讼：一起诉讼案件。

③ 为官在一个千户的小县，不一定能够治理百姓。宰：官，为官。

④ 楣：房屋的横梁，正梁曰栋，次梁曰楣。梲(zhuō)：梁上的短柱。

⑤ 他们只知吟唱戏谑，诵咏辞赋，事情既然优闲，才干日趋荒诞，对于

筹划处理军国大事,一点用处也没有。啸:长吟。谑(xuè):戏笑。
迂诞:迂腐,荒诞,不合情理。经纶:整理过的丝缕。这里指筹划处
理。略无:一点也没有。

⑥ 所以会遭到武夫俗吏们的共同讥笑和诋毁,确实就是由于这个缘故
啊!嗤诋(chī dǐ):讥笑,诋毁。良:确实,的确。

　　夫学者所以求益耳。见人读数十卷书,便自高大,凌忽长者,
轻慢同列①;人疾之如仇敌,恶之如鸱枭②。如此以学自损,不如
无学也③。古之学者为己,以补不足也;今之学者为人,但能说之
也。古之学者为人,行道以利世也;今之学者为己,修身以求进
也④。夫学者犹种树也,春玩其华,秋登其实⑤。讲论文章,春华
也;修身利行,秋实也⑥。

【注释】

① 凌忽:欺压侮辱。轻慢:轻视怠慢。同列:指地位相同的人。

② 人们对他痛恨得像仇敌,厌恶得像鸱枭。鸱枭(chī xiāo):猫头鹰一
类的鸟。因为叫声难听,误认为不祥之鸟。

③ 自损:损害自身。无学:不学。无:通"毋",不。

④ 求进:追求提高地位。

⑤ 学习就如同种树一样,春天观赏它的花朵,秋天收获成熟的果实。
玩:观赏。华:古"花"字。六朝时期学者常用华、实比喻学与用。
登:成熟。

⑥ 讲解评论文章,就是观赏春天的花朵;修养身心以利行动,就是收获
秋天的果实。

【评析】

学习的目的在于修身利行。

所谓修身，就是通过读书学习，提高道德水平，培养人文素养，孝养父母，忠于职守，恭俭节用，贵义轻财，小心黜己，尊贤容众，刚毅正直，立言必信，成为思想健康、品格高尚的人。而不要读了几本书，就自我炫耀，妄自尊大，目空一切，自欺欺人；更不能忠孝无闻，仁义不足，众人侧目，同辈忌恨。

所谓利行，就是读书学习必须求真务实，不尚空谈，掌握有利于社会、自立于社会的真才实学，士农工商，择业而从，各专其能，安身立命，利人利己，无愧于心，成为学有所长、自食其力的人。而不要徒有读书学习之名，为官不会从政，为农不会耕耘，为工不会技术，为商不会运筹；甚至满口吟啸讽咏，空谈虚论，不知国计民生，百无一用。

作者虽然是对自家后辈子孙而言，实际上是针对当时社会风气有感而发，至今令人深长思之！

八、与友人论学书

顾炎武

【题解】

本文选自顾炎武《亭林诗文集·文集》卷三。论学，讨论学术。

顾炎武（公元 1613—1682 年），初名绛，字宁人，明亡后改名炎武，号亭林，又自署蒋山傭，昆山（今江苏昆山）人。明末清初著名的学者和思想家。

他少年时即抛弃科举，学习经世致用之学。明亡后曾参加家乡的抗清斗争，失败后到山东章丘垦荒种田，自食其力，又遍游北方各省,访问风俗,收集资料,致力于西北边疆史地研究。其间召集同志,进谒明陵,念念不忘复明。康熙年间曾被举鸿博,荐修《明史》,拒而不就。晚年定居陕西华阴,康熙二十年卒。

顾炎武一生博学深思,贯通古今,崇尚经世致用的实学,对于经子诸史、典章制度、天文舆地、河漕兵农、艺文掌故、音韵训诂等都有广泛的涉猎,精湛的研究。晚年侧重经学,精研考证,开启清代朴学之风。著有《天下郡国利病书》、《音学五书》、《日知录》、《亭林诗文集》等,流传海内。

比往来南北,颇承友朋推一日之长,问道于盲①。窃叹夫百有余年以来之为学者,往往言心言性,而茫乎不得其解也②。命与仁,夫子之所罕言也③。性与天道,子贡之所未得闻也④。性命之理,著之《易传》,未尝数以语人⑤。其答问士也,则曰"行己有耻"⑥;其为学,则曰"好古敏求"⑦。其与门弟子言,举尧舜相传所谓危微精一之说,一切不道⑧,而但曰"允执其中,四海困穷,天禄永终"⑨。呜呼!圣人之所以为学者,何其平易而可循也⑩!故曰,"下学而上达。"⑪颜子之几乎圣也,犹曰"博我以文"⑫。其告哀公也,明善之功,先之以博学⑬。自曾子而下,笃实无若子夏,而其言仁也,则曰"博学而笃志,切问而近思⑭"。

【注释】

① 近来我往来于南北各地,颇承蒙朋友因我年岁稍长而受到尊敬,这就好比向盲人问路一样。比:近来。往来南北:顾炎武四十五岁以前居江南,几次进谒明太祖孝陵。之后,开始北游,曾到过山东、山西、陕西、河南、河北及塞北等地,多次到天寿山(今北京昌平明十三陵)进谒明思宗思陵。承:承蒙。友朋:指故交李因笃、李颙

37

(yóng)、朱彝尊等人，均比顾炎武年龄小。推一日之长(zhǎng)：因年岁稍长而受到尊敬。推：尊重。长：年长。问道：问路，这里指向自己求教。盲：盲人，瞎子，这里是说自己没有知识的谦辞。

② 我私下里感叹一百多年以来求学之人，往往谈论"心"、"性"，却茫然不得其解。窃：私自，私下。宋朝陆九渊和明朝王守仁都主张"心"是宇宙万物的本原，人称这种唯心主义哲学为"心学"。宋明理学家又多谈"性"与天理、道德的关系，提出"性"有天理、人欲之别等唯心主义学说。

③ 性命和仁德的关系，孔子很少谈及。命：性命。仁：仁德。罕：少。《论语·子罕》："子罕言利与命与仁。"

④ 性命和天道的关系，子贡未尝听到过的。天道：一般指自然和社会吉凶祸福的关系。子贡：姓端木，名赐，孔子的弟子。《论语·公冶长》："夫子之文章，可得而闻也；夫子之言性与天道，不可得而闻也。"

⑤ 性命的道理，写在《易传》，但也未曾屡次将它告知于人。《易传》：《周易》包括《易经》和《易传》两个部分。《易传》是对《易经》的解说和论述，共七种十篇，是辅翼阐发《易经》的。数(shuò)：屡次。

⑥ 孔子回答子贡询问怎样才算"士"时，则说要"自己的行为要有羞耻之心"。《论语·子路》："子贡问曰：'何如斯可谓之士矣？'子曰：'行己有耻；使于四方，不辱君命：可谓士矣。'"

⑦ 询问求学时，则答道"喜好古代的文化，勤奋努力地去求得。"好古：喜欢古代的诗书礼乐。敏：勉力、勤勉。《论语·述而》："我非生而知之者，好古，敏而求之者也。"

⑧ 孔子与门人弟子谈论，凡是尧舜相传的所谓人心自私危险，道心幽昧玄妙，只要精诚专一的说法，全都不谈及。微：幽昧玄妙。精：精诚。一：专一。《尚书·大禹谟》："人心惟危，道心惟微，惟精惟一，允执厥中。"

⑨ 而只谈论"诚实地保持中正之道，否则天下百姓会因为政治混乱陷

入困苦贫穷,执政者的命运将永远终止。"但:只。允:诚实、诚信。执:保持。中:中正之道。天禄:上天赐予的福分,指统治者的命运。《论语·尧曰》:"尧曰:'咨!尔舜!天之历数在尔躬。允执其中。四海困穷,天禄永终。'"

⑩ 圣人论述治学的方法,是多么平常易行而可以遵循啊!何其:多么。循:遵循。

⑪ 从初步的道理学起,才能透彻了解高深的天理。《论语·宪问》:"子曰:'不怨天,不尤人,下学而上达。知我者其天乎?'"

⑫ 颜子近于圣人了,尚且说"用各种文献丰富我的知识"。颜子:名回,字渊,孔子最得意的弟子。几乎:近乎、近于。文:指诗书礼乐等各种文献。《论语·子罕》:"颜渊喟然叹曰:'夫子循循然善诱人,博我以文,约我以礼。'"

⑬ 孔子告知哀公,说明行善的功效,首先要做到博学。哀公:鲁哀公,春秋末年鲁国国君。《礼记·中庸》:"哀公问政。子曰:'诚身有道:不明乎善,不诚乎身矣……博学之,审问之,慎思之,明辨之,笃行之。'"

⑭ 从曾子以后,专注学习没有谁能像子夏,而他说到仁,就说"广泛学习,坚定志向,恳切发问,思考实际"。曾子:名参(shēn),孔子的弟子。笃实:切实、深厚。子夏:姓卜,名商,字子夏,孔子的弟子。《论语·子张》:"子夏曰:'博学而笃志,切问而近思,仁在其中矣。'"

　　今之君子则不然,聚宾客门人之学者数十百人①,"譬诸草木,区以别矣",而一皆与之言心言性②。舍"多学而识"以求一贯之方,置四海之困穷不言,而终日讲危微精一之说③,是必其道之高于夫子,而其门弟子之贤于子贡,桃东鲁而直接二帝之心传者也④!我弗敢知也⑤。

【注释】

① 现在的君子却不是这样,聚集宾客弟子求学者百十来人。学者:求学的人。

② "譬如草木,区以别矣",而今同他们谈论的全是"心"、"性"。《论语·子张》:"子夏闻之,曰:'君子之道,孰先传焉?孰后传焉?譬诸草木,区以别矣。'"意思是草木有大有小,学者程度有深有浅,应该区分各种类别,不能简单划一。

③ 舍弃孔子"大量学习而又深刻记忆"的教海,以寻求知行贯通的原理,放置四海困穷而不谈,而整天讲论危微精一的说法。识(zhì):记。一贯之方:贯通的原理。指性命之理。

④ 这必定是他们的学说比孔子更高明,而他们的门人弟子比子贡更贤能,是超越了孔子而直接继承尧舜二帝心传的人吧!祧东鲁:把孔子的神主迁出。这里指超越孔子。祧(tiāo):迁出神主。东鲁:指孔子,因孔子是鲁国人。二帝:指尧舜。

⑤ 意思是我不敢接受。弗:不。

《孟子》一书,言心言性亦谆谆矣①,乃至万章、公孙丑、陈代、陈臻、周霄、彭更之所问,与孟子之所答者,常在乎出处去就、辞受取与之间②。以伊尹之元圣,尧舜其君其民之盛德大功,而其本乃在乎千驷一介之不视不取③。伯夷、伊尹之不同于孔子也,而其同者则以行一不义、杀一不辜而得天下不为④。是故性也,命也,天也,夫子之所罕言,而今之君子之所恒言也⑤;出处去就、辞受取与之辨,孔子、孟子之所恒言,而今之君子所罕言也⑥。谓忠与清之未至于仁,而不知不忠与清而可以言仁者未之有也⑦;"不忮不求"之不足以尽道,而不知终身于忮且求而可以言道者未之有也⑧。我弗敢知也。

40

【注释】

① 《孟子》这本书,谈到心、性是很恳切的。《孟子》:儒家经典著作,共七篇。南宋朱熹为《大学》、《中庸》、《论语》、《孟子》作注,合称《四书》。谆谆(zhūn zhūn):恳切的样子。

② 以至万章、公孙丑、陈代、陈臻、周霄、彭更等人所问的,与孟子所回答的,常在于出仕隐居、辞官任职,接受他人财物与以财物予人等不同的处世方法。万章、公孙丑、陈代、陈臻、周霄、彭更:都是孟子的弟子。出处(chǔ):出仕、隐居。去就:辞官、任职。辞:不接受。受:接受。取:收他人的财物。与:以财物予人。

③ 伊尹这样的大圣人,能使其君王成为尧舜,能使百姓成为尧舜之民,有如此盛大的功德,而他原本是无论千辆四马车还是一根小草都不看不取的人。伊尹:汤的大臣,辅佐汤攻灭夏桀。元圣:大圣,指有极高才智和道德的人。驷:四匹马拉的车。介:通"芥",小草。《孟子·万章上》:"汤三使往聘之,即而幡然改曰:'与我处畎亩之中,由是以乐尧、舜之道,吾岂若使是君为尧、舜之君哉?吾岂若使是民为尧、舜之民哉?吾岂若于吾身亲见之哉?'"

④ 伯夷、伊尹与孔子是不同的,但他们与孔子相同的则是做一件不合道义的事、杀一个没有犯罪的人因而得到天下,他们都是不会做的。伯夷:商朝末年孤竹君之子,不赞成武王伐纣。商亡,不食周粟,与其弟叔齐饿死于首阳山。不义:不合道义。不辜:无罪的人。《孟子·公孙丑上》:"'伯夷、伊尹于孔子,若是班乎?'曰:'否。自有生民以来,未有孔子也。'曰:'然则有同与?'曰:'有。得百里之地而君之,皆能以朝诸侯、有天下。行一不义、杀一不辜而得天下,皆不为也。是则同。'"

⑤ 所以性、命、天的关系,孔子很少说到,而现今的君子经常谈论。罕:少。恒:经常。

⑥ 出处去就、辞受取与的区别,孔子、孟子经常谈论,而现今的君子很少说到。辨:区别。

⑦ 认为尽忠、清白都未达到仁，但不知道不尽忠、不清白而可以谈论仁的，从来没有过。《论语·公冶长》："子张问曰：'令尹子文三仕为令尹，无喜色；三已之，无愠色。旧令尹之政，必以告新令尹。何如？'子曰：'忠矣。'曰：'仁矣乎？'曰：'未知。焉得仁？''崔子弑齐君。陈文子有马十乘，弃而违之，至于他邦，则曰：犹吾大夫崔子也。违之。之一邦，则又曰：犹吾大夫崔子也。违之。何如？'子曰：'清矣。'曰：'仁矣乎？'曰：'未知。焉得仁？'"

⑧ 认为"不嫉妒不贪求"不足以竭尽道义，而不知终身嫉妒贪求而可以论道的，从来没有过。忮(zhì)：嫉妒。求：贪求。《论语·子罕》："子曰：衣敝缊袍，与衣狐貉者立，而不耻者，其由也与？'不忮不求，何用不臧？'子路终身诵之。子曰：'是道也，何足以臧？'"引文见《诗经·邶风·雄雉》。

愚所谓圣人之道者如之何？曰"博学于文"，曰"行己有耻①"。自一身以至天下国家，皆学之事也②；自子臣弟友以至出入往来、辞受取与之间，皆有耻之事也③。"耻之于人大矣④"，不耻恶衣恶食而耻匹夫匹妇之不被其泽⑤。故曰"万物皆备于我矣，反身而诚⑥"。呜呼！士而不先言耻，则为无本之人⑦；非好古而多闻，则为空虚之学⑧。以无本之人而讲空虚之学，吾见其日从事于圣人而去之弥远也⑨。虽然，非愚之所敢言也，且以区区之见私诸同志而求起予⑩。

【注释】

① 我所知道的圣人之道是怎样的呢？说"广泛地学习古代文献"，说"自己的行为要有羞耻之心"。愚：无知的人，这里是谦称。《论语·雍也》："君子博学于文，约之以礼。"

② 从自身乃至于天下国家，都是治学关注的事。

③ 从为人子、臣、弟、友乃至出入往来、辞受取与之间，都含有羞耻之事。

④ 羞耻之心对于人来说关系重大。《孟子·尽心上》："孟子曰：'耻之于人大矣。为机变之巧者，无所用耻焉。不耻不若人，何若人有？'"

⑤ 不以穿破衣吃粗粮为耻，而以百姓不能受到恩惠为耻。恶(è)衣：穿破衣。恶(è)食：吃粗粮。恶：不好的。被：接受。泽：恩惠。《论语·里仁》："子曰：'士志于道，而耻恶衣恶食者，未足与议也。'"

⑥ 因此说"一切我都具备了，反躬自省，忠诚踏实"。《孟子·尽心上》："万物皆备于我矣，反身而诚，乐莫大焉。强恕而行，求仁莫近焉。"

⑦ 士如果不首先谈论羞耻心，就是没有根本节操的人。

⑧ 如果不喜欢古代典籍却见识多，则是空虚的学问。

⑨ 以没有根本节操的人而谈论空虚的学问，我看他每日学习圣人之道但离圣人更加遥远。

⑩ 即使这样，以上道理并非我敢冒昧议论，姑且以个人的浅见私下里只给于同道之人说说，以求得诸位对我的启发。且：姑且。区区：小、少。私诸同志：私下里只给同道的人说说。起予：启发我。《论语·八佾》："起予者商也！始可与言《诗》已矣。"

【评析】

自宋代以来，理学家喜谈心性之学，空虚玄妙，不切实用，甚至发展到欺世盗名、误国害民的程度，作为汉学家的顾炎武针对这种状况，尖锐提出应该学什么和为什么而学的问题，以警诫世人，纠正学风。

作者认为，应该"好古敏求"，"博学于文"，"博学而笃志，切问而近思"，"自一身以至于天下国家，皆学之事也"。就是要广博地学,切实地学,凡与自身修养、国计民生相关的问题,都在学习之列,而不要"置四海之困穷不言,而终日讲危微精一之说",空谈心性,于事无补。

学习更为了立身处世,"行己有耻",强调"自子臣弟友以至出入往来、辞受取与之间,皆有耻之事也",处处事事都要把握道德准则,深怀羞耻之心;应该"不耻恶衣恶食而耻匹夫匹妇之不被其泽",虽为一介书生,心系天下百姓。因为,"士而不先言耻,则为无本之人",为人行事,都会南辕北辙,远离正道。

文章虽然含有崇古的局限,但是,就其所批评的学风、所坚持的原则而言,三百多年后的今天依然需要警惕。

九、问　说

刘　开

【题解】

本文选自刘开《孟涂诗文集》。问说,关于问的论说。说,是一种论说的文体。

刘开(公元1784—1824年),字明东,又字方来,号孟涂,清代桐城(今安徽桐城)人,桐城派古文家。十四岁后从姚鼐学习古文,后与方东树、梅曾亮等齐名,著有《孟涂诗文集》。

君子之学必好问①。问与学,相辅而行者也,非学无以致疑,非问无以广识②。好学而不勤问,非真能好学者也。理明矣,而或不达于事③;识其大矣,而或不知其细④,舍问,其奚决焉⑤?

【注释】

① 好(hào)：喜欢，爱好。

② 致疑：质疑，提出疑问。广识：增加知识。

③ 道理明白了，却有的不能把道理用于具体事务。或：有的。达：通达。

④ 认识其中大的原则，却有的不知其中小的方面。细：小。

⑤ 除了问，那怎么抉择呢？舍：舍弃，除了。奚：怎么，用什么。

贤于己者，问焉以破其疑，所谓就有道而正也①；不如己者，问焉以求一得，所谓以能问于不能，以多问于寡也②；等于己者，问焉以资切磋，所谓交相问难，审问而明辨之也③。《书》不云乎？"好问则裕"④。孟子论"求放心"，而并称曰"学问之道"，学即继以问也⑤。子思言"尊德性"，而归于"道问学"，问且先于学也⑥。

【注释】

① 比自己贤能的人，问于他以消除自己的疑惑，就是到有学问的人那里订正是非。破：消除。就：即，到。有道：有学问的人。正：订正。《论语·学而》："子曰：'君子食无求饱，居无求安，敏于事而慎于言，就有道而正焉，可谓好学也已。'"

② 不如自己的人，问于他以求一种收获，就是以有能问于不能，以多问于少。一得：一种收获。能：才能，有才能。多、寡：指学问、品德的高下。《论语·泰伯》："曾子曰：'以能问于不能，以多问于寡，有若无，实若虚，犯而不校，昔者吾友尝从事于斯矣。'"

③ 与自己相当的人，问于他以有助于共同研究，就是互相诘问驳难，详细询问而明确辨别它。资：助。切磋(cuō)：研究。古代把兽骨、象牙磨制成器物的方法，称为切磋。《诗经·卫风·淇奥》："有匪君子，如切如磋，如琢如磨。"交相问难(nàn)：互相诘问驳难。审问而

45

【评析】

学与问,是一个问题的两个方面。学习必有疑惑,有疑引发多思,多思必须勤问,勤问才有收获。学而问,问而学,如此循环往复,才能步步提高,有所成就。如果只学不问,疑惑终为疑惑,不得其解。

文章从正面论述了何以要勤问,勤问有何用,强调了勤问的重要性;又从反面批评了当问不问、师心自用的弊端,所问非所学、所问非其道的恶习。进而深刻地指出,"理无专在","学无止境",询问是不可缺少的,其所以不能勤问的关键,在于没有虚心好学、不耻下问的态度和精神。

最后特别强调,"古人所深耻者,后世且行之而不以为耻者多矣",更为警世之言,发人深醒!

第二单元

一、无　逸

《尚书》

【题解】

本文选自《尚书·无逸》。无逸，不要贪图安逸。

《尚书》是我国最早的官方谈话和文告的总集，是关于上古政治历史的一部重要经典。古代"君举必书"（《左传·庄公二十三年》），"动则左史书之，言则右史书之"（《礼记·玉藻》）。所记的行动就是《春秋》、《竹书纪年》之类王朝编年史，所记的言论就是《尚书》、《逸周书》所收录的诰、誓、命、谟之类。孔子收集上古留下的文献，按照"垂世立教"的政治标准，芟夷编次成为《书》，作为教材，用来传授教诲弟子。

现存"十三经"中的《尚书》共五十八篇。其中包括秦汉间伏生所传今文《尚书》二十八篇（篇目分化增为三十三篇）和晋人所造的伪古文《尚书》二十五篇。其内容分为《虞书》、《夏书》、《商书》、《周书》四部分，又以《周书》篇目最多，占三十二篇。在思想上，表现了由迷信天命到利用天命、以德配天的观念变化；在制度上，反映了由举荐禅让制到君王世袭制的社会变革；在政治上，赞颂明君贤臣，斥责暴君佞臣，特别推崇表彰周公旦忠于君王、勤于政务、辅佐成王、平定叛乱、制礼作乐、建立制度、团结群臣、巩固政权的历史性功勋，成为后世的典范。

收入"十三经"的是《尚书》汉孔安国传，唐孔颖达《正义》，今人曾运乾的《尚书正读》，周秉钧的《尚书易解》等，可供参考。

周公曰①："呜呼！君子所其无逸②！先知稼穑之艰难乃逸，则知小人之依③。相小人，厥父母勤劳稼穑，厥子乃不知稼穑之艰难，乃逸乃谚④。既诞，否则侮厥父母，曰：'昔之人无闻知⑤！'"

【注释】

① 周公：名旦，周文王之庶子，武王之弟。武王去世后，辅佐武王之子成王执政，是著名的贤臣，在周王朝政权的建立和巩固中发挥了重要作用。

② 君子在位一定不要贪图安逸。所：处，在位。其：一定。表示劝告语气。

③ 先要了解耕种收获的艰难，而后才考虑享乐，那么就能知道民众的苦衷了。稼穑(jià sè)：谷物的播种和收获，泛指农事。乃：而，而后。小人：指从事农耕的民众。依：隐，隐痛，苦衷。

④ 看那些民众，他们的父母辛勤劳苦地耕种收获，作为儿子却不知道务农的艰难，只是贪图安逸，粗俗放纵。相：观察。厥：其，代指民众。谚(yàn)：通"喭"，粗俗。

⑤ 时间既然长了，于是就侮辱他们的父母，说："老年人没有什么知识！"既：既然，已经。诞：长，久。否则：不则，于是。昔之人：过去的人，指他们的父母。闻知：知识，见闻。

周公曰:"呜呼!我闻曰:昔在殷王中宗,严恭寅畏,天命自度,治民祗惧,不敢荒宁①。肆中宗之享国七十有五年②。其在高宗,时旧劳于外,爰暨小人③。作其即位,乃或亮阴,三年不言④;其惟不言,言乃雍⑤。不敢荒宁,嘉靖殷邦⑥。至于小大,无时或怨⑦。肆高宗之享国五十有九年⑧。其在祖甲,不义惟王,旧为小人⑨。作其即位,爰知小人之依,能保惠于庶民,不敢侮鳏寡⑩。肆祖甲之享国三十有三年⑪。自时厥后,立王生则逸⑫;生则逸,不知稼穑之艰难,不闻小人之劳,惟耽乐之从⑬。自时厥后,亦罔或克寿⑭:或十年,或七八年,或五六年,或四三年⑮。"

【注释】

① 过去在殷王中宗的时候,庄重而又恭敬,以天命作为标准,衡量自己的作为,治理百姓恭敬小心,不敢荒废国事而自己享受安宁。殷王中宗:名太戊,太庚的儿子,殷商王朝第五代君王。严:庄重。恭:外貌敬。寅:内心敬。畏:敬畏。度(duó):量,衡量。祗(zhī)惧:恭敬小心。荒宁:荒废自安。

② 所以中宗在位有七十五年之久。肆:故,所以。享国:享有其国,指君王在位。有:又,加于整数与余数之间。

③ 在高宗武丁过去当太子时候,长期在外劳累,常与小民在一起奔波。指知道百姓劳苦。高宗:名武丁,殷商王朝第十一代君王。时:指武丁为太子时。旧:长久。爰:于是。暨(jì):和,与。

④ 等到他即位,既听信又沉默,三年不说话。作:及,等到。即位:登上天子的王位。或:有。亮:信。阴:默。亮阴:指对于臣下的进谏只是听信而不表示意见。

⑤ 他只是不说而已,一旦说话大臣们都深感和谐喜悦。惟:只。雍:和谐喜悦。

⑥ 不敢荒废自安,而使殷商王朝美好而安定。嘉:善,美好。靖:安,

53

安定。

⑦ 直到群臣万民,没有怨恨。小大:指群臣万民。时:是。或:有。

⑧ 所以高宗在位五十九年。

⑨ 在祖甲的时候,认为自己继承君位不合道义,长久生活在民间。祖
甲:武丁的儿子帝甲,殷商王朝第十二代君王。传说祖甲有兄祖庚,
武丁要立祖甲为王,祖甲认为废长立幼不合道义,于是逃到民间。
祖庚死,祖甲方立。惟:为。

⑩ 等到他即位,知道民众的苦衷,能够让民众生活安宁受到恩惠,连鳏
寡之人也不敢轻慢侮辱。保:安宁。惠:恩惠。鳏(guān):年老无
妻者。寡:年老无夫者。

⑪ 所以祖甲在位三十三年。

⑫ 自此以后,所立君王生来就沉溺于逸乐。

⑬ 生来就沉溺于逸乐,不了解耕种的收获的艰难,不听民众的辛劳,只是
追求过度享乐。耽(dān):过度嗜好。从:追逐,追求。

⑭ 从此之后,殷王也就没有能够长寿的了。指逸乐损寿。罔:无,没
有。克:能够。寿:长寿。

⑮ 他们在位的时间有的十年,有的七八年,有的五六年,有的三四年。

周公曰:"呜呼!厥亦惟我周太王、王季,克自抑畏①。文王卑
服,即康功田功②。徽柔懿恭,怀保小民,惠鲜鳏寡③。自朝至于
日中昃,不遑暇食,用咸和万民④。文王不敢盘于游田,以庶邦惟
正之供⑤。文王受命惟中身,厥享国五十年⑥。"

【注释】

① 在我周朝太王、王季,都能谦虚谨慎。太王、王季:周公的曾祖和祖
父。抑畏:谦虚谨慎。抑:抑止,谦虚。畏:敬畏,谨慎

② 文王曾经做过卑微的事情,从事过修路和耕种的劳动。卑服:做卑

54

微的事。服:事情。即:从事。康功:平易道路之事。田功:田亩稼
穑之事。

③ 善良和顺,美好恭敬,关怀安定民众,爱护善待鳏寡。徽:善良。柔:
和顺。懿(yì):美好。恭:恭敬。怀:关怀。保:安定。惠:爱护。
鲜:善待。

④ 从早晨到中午直至黄昏,没有空闲的时间吃饭,就是为了使万民和
谐。朝(zhāo):早晨。日中:中午。昃(zè):日在西方,黄昏。遑、
暇:均为空闲时间。咸:和。

⑤ 文王不敢以众邦供奉的赋税,纵情于游乐和打猎。盘:喜欢,纵情。
游:游乐。田:打猎。在这个意义上后来写做"畋"。庶邦:众邦。
正:九正,指九赋九贡正税,包括国贡、民赋两项。供:供奉。此句结
构与下文"其无淫于观、于逸、于游、于田,以万民惟正之供"同。

⑥ 文王在中年接受君位,在位五十年。受命:接受天命为君。中身:中
年时期。

周公曰:"呜呼!继自今嗣王,则其无淫于观、于逸、于游、于
田,以万民惟正之供①。无皇曰②:'今日耽乐③!'乃非民攸训,非
天攸若,时人丕则有愆④。无若殷王受之迷乱,酗于酒德哉⑤!"

【注释】

① 继续到现在的继位之王,一定不要以万民供奉的赋税,过分地观赏、
逸乐、游玩和田猎。嗣(sì)王:继位的王。这里指周成王。其:一
定。无:通"毋",不要。淫:过分,放纵。

② 无皇:无自宽暇。指不要自我放松。皇:暇。

③ 今天纵情享乐吧!

④ 这不是顺从民意,也不是顺从天意,这样的人于是就有了过错。攸
(yōu):所。训:顺。若:顺。时:是。丕则:于是。愆(qiān):过错,
过失。

不要像殷王受那样迷惑昏乱，以喝醉发怒为酒德。殷王受：即殷王
纣。酗(xù)：醉怒。

　　周公曰："呜呼！我闻曰：'古之人犹胥训告，胥保惠，胥教诲，
民无或胥诪张为幻①。'此厥不听，人乃训之，乃变乱先王之正刑，
至于小大②。民否则厥心违怨，否则厥口诅祝③。"

【注释】

① 古代的君王尚且劝导民众，爱护民众，教诲民众，因此民众就没有互
相欺诈进行惑乱的。古之人：指古代的君王。胥：相，指代民众。训
告：劝导。保惠：爱护。诪(zhōu)张：欺诈。幻：惑乱。

② 这些道理不听从，人们就会相互顺从仿效，于是变更扰乱先王留下
的政治法律，甚至于大小臣民都会这样。厥：之。听：听从。训：顺
从，仿效。正：通"政"，政治。刑：刑法，法律。

③ 民众于是就会心中怨恨，于是口中诅咒。否则：于是。违怨：怨恨。
诅祝：诅咒。诅：请神加殃为诅。祝：以言告神为祝。

　　周公曰："呜呼！自殷王中宗，及高宗，及祖甲，及我周文王，
兹四人迪哲①。厥或告之曰：'小人怨汝詈汝！'则皇自敬德②；厥
愆，曰：'朕之愆，允若时。'不啻不敢含怒③。此厥不听，人乃或诪
张为幻。曰：'小人怨汝詈汝！'则信之④。则若时：不永念厥辟，
不宽绰厥心，乱罚无罪，杀无辜⑤。怨有同，是丛于厥身⑥。"
　　周公曰："呜呼！嗣王其监于兹⑦！"

【注释】

① 从殷王中宗，到高宗，到祖甲，到我周朝文王，这四位都是开启圣智
的君主。迪：开启，引导。哲：圣明，智慧。

56

② 有人告诉你说："民众在怨恨你,责骂你。"你就端正自己,恭敬德行。或:有人。詈(lì):骂。皇自敬德:端正自己,恭敬德行。指更为加强修养,提高品德。皇:正,端正。

③ 如果民众议论自己犯了过失,就说:"我的过失确实像这样。"不只是不敢含怨。愆(qiān):犯有过失。指民众议论自己所犯过失。允:信,确实。时:是,这样。啻(chì):只。意思是要坦然承认,改正过失,这样才能经常听到民众的呼声,以明得失。

④ 假如不听从,有的人就会欺诈惑乱,说:"民众在怨恨你,责骂你。"你就会真正相信这些话。

⑤ 如果像这样,你就不会永远思念法度,就不能使自己心胸宽阔,就会乱罚无罪之人,滥杀无辜之人。辟:法度。宽绰(chuò):宽阔。无罪:指无罪之人。无辜:指无辜之人。辜(gū):罪。

⑥ 民怨汇合,这就会聚集到你的身上。同:会同,汇合。丛:聚集。

⑦ 继位的王一定要以此为鉴啊!监(jiàn):镜子,在这个意义上后来写做"鉴"。兹:此。

【评析】

文章是周公告诫成王不要安于逸乐、荒废政事的一次谈话记录。

周公首先指出君子在位不能逸乐,应该了解稼穑的艰难,百姓的苦衷,不要像有的农民儿子那样,自己不干农活,放纵享乐,反而侮辱年迈的父母没有知识,什么也不懂;接着追诉历史上的四位先王,指出勤勉无逸则惠民享国,骄奢淫逸则荒政短命,应该引以为戒;最后反复教诲成王以史为鉴,不要把万民供奉的赋税用来游乐田猎,酗酒迷乱,应该关注民生,敬德勤政,以求长治久安。后来孔子论从政时也说:"居之无倦,行之以忠。"(《论语·颜渊》)就是对周公"无逸"思想的继承和发展。

早在三千多年前,周公就具有勤政无逸、敬德惠民的忧患意识,对在位君子提出政治忠告,确实难能可贵。

二、景公欲更晏子之宅

《晏子春秋》

【题解】

本文选自晏婴《晏子春秋·内篇杂下》,题目是后加的。景公,齐景公,春秋时齐国之君,公元前 547 年至前 490 年在位。更,换。宅,住宅。

晏子,名婴,春秋时期齐国人,曾任齐国的相国,历事灵公、庄公、景公三朝五十余年,是当时著名的政治家和外交家。

晏子生年早于孔子,所处的时代并无后世诸子百家的明显界限,但是他的思想反映了后来儒、墨两家学派的精神,又有名、法、农、道诸家的思想萌芽,具有重要影响。他的事迹,《左传》多有记载,主要是强调爱民省刑、薄敛戒奢,尊礼守法,廉洁自律。为人博闻强记,通古知今,节俭力行,尽忠极谏,匡正君王,安抚百姓。孔子对他"以兄事之"(《孔子家语·曲礼·子夏问》),司马迁愿意"为之执鞭"(《史记·管晏列传》),可谓崇拜备至。

《晏子春秋》是一部重要的先秦典籍,旧题晏婴撰,但是书中有晏婴临死和死后的记载,恐非完全出自晏婴之手,而是后学采集晏婴言行事迹,编撰而成。全书共有八卷,内篇六卷,外篇二卷,主要记载了晏婴进谏应答君王和参与政治活动的诸多遗闻逸事,生动反映了他的政治主张和思想方法,形象地再现了他从容镇定、巧妙应对、善于辞令、睿智机敏的处事风格,不仅具有重要的史料价

58

值和借鉴意义,而且极具文学色彩。

清代孙星衍《晏子春秋音义》,刘师培《晏子春秋补释》,近人张纯一《晏子春秋校注》,吴则虞《晏子春秋集释》等,可供参考。

景公欲更晏子之宅,曰:"子之宅近市,湫隘嚣尘,不可以居,请更诸爽垲者①。"晏子辞曰:"君之先臣容焉,臣不足以嗣之,于臣侈矣②。且小人近市,朝夕得所求,小人之利也③。敢烦里旅④!"公笑曰:"子近市,识贵贱乎⑤?"对曰:"既窃利之,敢不识乎⑥!"公曰:"何贵何贱?"是时也,公繁于刑,有鬻踊者⑦。故对曰:"踊贵而屦贱⑧。"公愀然改容⑨。公为是省于刑⑩。君子曰:"仁人之言,其利博哉⑪!晏子一言,而齐侯省刑⑫。《诗》曰:'君子如祉,乱庶遄已⑬。'其是之谓乎⑭!"

【注释】

① 您的住宅靠近集市,低湿狭窄,喧嚣而多尘土,不可以居住,请换到明亮、地势高而干燥的地方。子:您。市:集市。湫(jiǎo)隘:低湿狭小。嚣尘:喧嚣而多尘土。诸:之于。爽:明亮,明朗。垲(kǎi):地势高而土质干燥。

② 晏子辞谢说:"这是君王的老臣、我的先辈曾经居住的地方,我还不够资格继承它,能住在这里,对我来说已经很奢侈了。"辞:辞谢。君之先臣:君王的老臣,指晏子的先辈。容:容纳。这里指居住。嗣:继承。

③ 况且我的住所靠近集市,早晚都能得到我想要的东西,这是我的利益所在。小人:自谦之辞。

④ 岂敢烦劳乡邻民众呢!里旅:乡邻民众。里:古代居民区单位,相传周代以二十五家为里。旅:民众。

⑤ 您靠近集市,知道东西价格的高低吗?识:知道。贵贱:指价格的

高低。

⑥ 既然我私下里从中获利，怎么能不知道呢？窃：私下，私自。谦辞。利：获利。

⑦ 当时，景公制定了很多酷刑，有人专门出售受过刖刑的人所穿的假趾。繁：多。鬻（yù）：卖。踊（yǒng）：古代受过刖（断足）刑的人所穿的假趾。

⑧ 屦（jù）：鞋子。

⑨ 景公听了十分忧伤，顿时变了脸色。愀（qiǎo）然：容色忧愁。容：脸色。

⑩ 景公因此减省了刑罚。为是：因此。

⑪ 仁人的话，其好处真是广博啊！利：好处。博：广博。

⑫ 齐侯：即齐景公。

⑬ 意思是，君主若能任用贤良之臣，祸乱很快就能平定。引文见《诗经·小雅·巧言》。祉：福，指任用贤良之人可以带来福祉。乱：祸乱。庶：或许可以。遄（chuán）：迅速。已：停止。

⑭ 大概就是说的这件事情吧！

晏子使晋，景公更其宅，反则成矣①。既拜，乃毁之，而为里室，皆如其旧，则使宅人反之②。曰："谚曰：'非宅是卜，维邻是卜③。'二三子先卜邻矣，违卜不祥④。君子不犯非礼，小人不犯不祥，古之制也，吾敢违诸乎⑤？"卒复其旧宅⑥。公弗许，因陈桓子以请，乃许之⑦。

【注释】

① 晏子出使晋国，景公改建了晏子的住宅，等到晏子返回时，新宅已经修成了。反：返回。在这个意义上后来写做"返"。

② 晏子拜谢了景公以后，就拆毁了新宅，而修建邻里的居室，全都与原

60

来一样,就让原来的住户返回来。里室:邻里的居室。

③ 谚语说:"不要选择住宅,唯有选择邻居。"卜:占卜,选择。

④ 诸位先辈已选择了好邻居了,违背选择是不吉利的。二三子:诸位,指晏子的先辈。

⑤ 君子不冒犯不合礼义的事情,小人不冒犯不吉祥的事情,这是古代定下的制度,我怎么敢违背它呢? 犯:冒犯。违:违背。

⑥ 最终恢复了自己原来的旧宅。

⑦ 景公不准许,由于陈桓子请求,才允许了。因:因为,由于。陈桓子:姓田,名无宇,齐国大夫,谥"桓"。

【评析】

文章通过更换住宅,反映了晏子的高尚品德和政治远见。

晏子作为齐国之相,完全可以住上高宅深院,而他却住在低湿、狭小、喧闹而又多尘土的祖屋,景公主动提出更换是应该的,按常理也是可行的。然而,晏子以求利为借口婉言谢绝了,并且巧妙地促使景公省刑。特别是景公利用晏子出使的机会,拆除了晏子的祖屋和邻居的房舍而改建好新宅,请他居住,他仍然以"君子不犯非礼"为由,毁弃新宅,修建里室,让乡邻返回,最终恢复了自己的旧宅。如此严于律己,生活俭朴,不因私利而损害百姓利益,堪称典范。

同类的记载,在《左传·昭公三年》、《韩非子·难二》等典籍中都有,足见不是空穴来风,虚构杜撰。晏子的廉洁自律还表现在许多方面,封邑不受,千金不受,美女不受,辂车不受。更为重要的是,晏子总是自觉地把清廉自律与整个国家的安危治乱联系在一起,指出为人臣者应该"先君后身,安国而度家,宗君而处身",正是因为百姓弊力、竭财、近死,乃至下疾恨其上,所以自己才不敢受封,独享富贵。(《晏子春秋·内篇杂下》)这种思想行为,不仅表现了晏子自身的高尚品德,而且展示了他的政治远见,值得借鉴。

三、孔子论君子

《论语》

【题解】

本文节选自《论语》,题目是后加的。君子,品德高尚、学问渊博的人。

孔子(公元前551—前479年),名丘,字仲尼。先祖本为宋国贵族,春秋后期其父叔梁纥任鲁国陬邑(今山东曲阜)宰,他就出生于鲁国。孔子幼年丧父,家境贫寒,从小做过各种卑贱之事,生活阅历丰富,深受商周文化的熏陶和影响。他的学说以仁爱为核心,认为礼乐是为仁的主要途径,中庸是为仁的思想方法,教育以传播仁爱为宗旨,为政以实践仁爱为目的,从而创立了儒家学派,成为中国古代最著名的思想家和教育家,在文化史上具有重要地位。

孔子一生曾经短期从政,后来周游列国,到卫、陈、宋、郑、蔡、楚等国宣扬仁爱学说,但是不受重用,最终回到鲁国,整理六经,聚徒讲学,成为创办私学的第一人。他主张"有教无类",强调道德修养,要求学以致用,诚信不欺,学思并重,因材施教,他的教育思想、理论和方法对后世产生了重大影响,被尊为万世师表。

《论语》是记载孔子及其弟子言行的一部语录体的著作,由孔子的弟子和再传弟子集成,为儒家"十三经"之一。全书共二十篇,各自独立,内容上没有联系,涉及领域很广,包括政治主张、哲学思想、教育理论、伦理道德等诸多方面,是研究孔子及儒家学说的主要文献。

《论语》在汉代曾经有鲁论、齐论和古论三种本子,魏时何晏汇集各家之说,写成《论语集解》,宋邢昺为之作疏,这就是《论语》最早的注疏本。南宋时,朱熹将《论语》、《孟子》与《礼记》中的《大学》、《中庸》合为《四书》,广为流传。宋朱熹的《论语集注》,清刘宝楠的《论语正义》,今人杨伯峻的《论语译注》等,可供参考。

(一)

子曰:"君子不重则不威,学则不固①。主忠信,无友不如己者,过则勿惮改②。"(《学而》)

【注释】

① 君子如果不敦厚就不威严,学习就不牢固。重:敦厚,自重。固:牢固,坚固。

② 以忠实、诚信为主,不要与不如自己的人交友,犯错误不要惧怕改正。无:通"毋",不要。友:与……交友。过:犯错误。惮(dàn):畏惧,害怕。

(二)

子曰:"君子食无求饱,居无求安①,敏于事而慎于言,就有道而正焉,可谓好学也已②。"(《学而》)

【注释】

① 君子的饮食不贪求饱足,居住不贪求安逸。饱:饱足。安:安逸、舒适。

② 做事敏捷而说话谨慎,到有道德的人那里匡正自己,就可以称为好

学了。敏：敏捷。事：做事，行事。就：走向，到。好(hào)：爱好。已：用法同"矣"。

（三）

子曰："君子周而不比，小人比而不周①。"（《为政》）

【注释】

① 君子团结而不勾结，小人勾结而不团结。周：普遍，周遍。这里指团结多数人。比：阿党，偏党。指为暂时的私利而勾结少数人。

（四）

子曰："君子喻于义，小人喻于利①。"（《里仁》）

【注释】

① 君子知晓的是道义，小人知晓的是利益。喻：知晓，明白。

（五）

子曰："质胜文则野，文胜质则史①。文质彬彬，然后君子②。"
（《雍也》）

【注释】

① 质朴超过文采就会粗野，文采超过质朴就会虚浮。质：质朴。文：文采。史：本指祝史，其文多而质少，即为虚浮。

② 质朴与文采配合适中，然后才可以成为君子。彬彬：文质相半，配合适中。

（六）

子曰:"君子坦荡荡,小人长戚戚。①"(《述而》)

【注释】

① 君子的胸怀宽阔坦荡,而小人经常狭隘忧愁。戚戚:促迫忧愁的样子。

（七）

司马牛问君子①。子曰:"君子不忧不惧②。"曰:"不忧不惧,斯谓之君子已乎③?"子曰:"内省不疚,夫何忧何惧④?"(《颜渊》)

【注释】

① 司马牛询问孔子怎样做君子。司马牛:司马耕,字子牛,孔子的学生。
② 忧:忧愁。惧:恐惧。
③ 这样就可以叫做君子了吗? 斯:这,这样。
④ 内心反省不感到愧疚,还忧虑什么恐惧什么呢? 疚(jiù):愧疚。

（八）

子曰:"君子成人之美,不成人之恶①。小人反是②。"(《颜渊》)

【注释】

① 君子成全别人的好事,不促成别人的坏事。美:美事,好事。恶:恶事,坏事。

65

② 小人则与此相反。是:此。

（九）

子曰:"君子和而不同,小人同而不和。①"(《子路》)

【注释】

① 君子能和谐相处却不盲目苟同,小人盲目苟同却不能和谐相处。
和:和谐。同:相同,这里指苟同。

（十）

子曰:"君子易事而难说也①。说之不以道,不说也②;及其使人也,器之③。小人难事而易说也④。说之虽不以道,说也⑤;及其使人也,求备焉⑥。"(《子路》)

【注释】

① 君子容易事奉,却难以得到他的喜欢。事:事奉,共事。说(yuè):喜欢。在这个意义上后来写做"悦"。
② 不以符合道义的方式讨他喜欢,他是不会喜欢的。
③ 等到他用人的时候,能够量材使用。使:用。器之:据器具功能而用,即量材使用。
④ 小人则难以事奉,却容易取得他的喜欢。
⑤ 即使用不符合道义的方式讨他喜欢,他也会喜欢的。
⑥ 等到他用人的时候,便会求全责备。求:要求。备:完备。

（十一）

子曰:"君子耻其言而过其行①。"(《宪问》)

【注释】

① 君子对于他的言论超过他的行动感到羞耻。耻:对于……感到羞耻。过:超过。

(十二)

子曰:"君子道者三,我无能焉①:仁者不忧,知者不惑,勇者不惧②。"子贡曰③:"夫子自道也④。"(《宪问》)

【注释】

① 君子行道有三个方面,我不能做到。

② 仁爱的人不忧愁,智慧的人不迷惑,勇敢的人不恐惧。知(zhì):聪明,智慧。在这个意义上后来写做"智"。

③ 子贡:姓端木,名赐,字子贡,孔子的学生。

④ 这正是老人家自己说自己啊。

(十三)

子路问君子①。子曰:"修己以敬②。"曰:"如斯而已乎③?"曰:"修己以安人④。"曰:"如斯而已乎?"曰:"修己以安百姓⑤。修己以安百姓,尧、舜其犹病诸⑥!"(《宪问》)

【注释】

① 子路问怎样做才算君子。子路:仲由,字子路,孔子的学生。

② 修养自己而对事情严肃认真。

③ 像这样就够了吗?斯:此,这样。

④ 修养自己而使上层人士安乐。这里的"人"指上层人士,与下文"百姓"不同。

⑤ 修养自己而使百姓安乐。

⑥ 修养自己而使百姓安乐,尧、舜这样的圣人尚且对此感到困难不足啊! 病:感到困难,苦于不足。诸:之乎。

(十四)

子曰:"君子义以为质,礼以行之,孙以出之,信以成之①。君子哉②!"(《卫灵公》)

【注释】

① 君子以道义为根本,依照礼义的制度实行它,用谦逊的语言来表达它,用诚信的态度去成全它。质:本。孙(xùn):谦逊。在这个意义上后来写做"逊"。出:出言。

② 这才是真君子啊!

(十五)

子曰:"君子病无能焉,不病人之不己知也①。"(《卫灵公》)

【注释】

① 君子担忧自己没有能力,不担忧别人不了解自己。病:担忧,担心。不己知:不知己,不了解自己。

(十六)

子曰:"君子求诸己,小人求诸人。①"(《卫灵公》)

【注释】

① 君子责求于自己,小人责求于他人。求:责求,要求。

68

（十七）

子曰:"君子不以言举人,不以人废言①。"(《卫灵公》)

【注释】

① 君子不因为言语动听而举荐人,也不因为人行为不端而废弃他的言论。举:举荐,推举。废:废止,废弃。

（十八）

孔子曰:"君子有三戒①:少之时,血气未定,戒之在色②;及其壮也,血气方刚,戒之在斗③;及其老也,血气既衰,戒之在得④。"
(《季氏》)

【注释】

① 君子应当在三个方面警惕。戒:警惕,防备。
② 年轻时候,血气未稳,应该警惕的是女色。
③ 等到壮年,血气正旺,应该警惕的是争斗。方:正。刚:强健,旺盛。
④ 等到老年,血气已衰,应该警惕的是贪得。得:贪得无厌。

（十九）

孔子曰:"君子有九思①:视思明②,听思聪③,色思温④,貌思恭⑤,言思忠⑥,事思敬⑦,疑思问⑧,忿思难⑨,见得思义⑩。"(《季氏》)

【注释】

① 君子应有九种考虑。

②　看要想到看得清楚。

③　听要想到听得明白。

④　面色要想到温和。

⑤　形貌要想到恭谨。

⑥　言论要想到忠实。

⑦　行事要想到敬业。

⑧　有疑要想到询问。

⑨　愤怒要想到后患。难(nàn)：患。

⑩　见利可得要想到道义。

（二十）

子贡曰："君子亦有恶乎①?"子曰："有恶:恶称人之恶者②,恶居下而讪上者③,恶勇而无礼者④,恶果敢而窒者⑤。"曰："赐也亦有恶乎?""恶徼以为知者⑥,恶不孙以为勇者⑦,恶讦以为直者⑧。"(《阳货》)

【注释】

①　子贡说："君子也有憎恶的事情吗?"恶(wù)：憎恶,厌恶。

②　憎恶宣扬别人坏事的人。称:宣扬。恶(è)：坏,坏人坏事。

③　憎恶居于下位而毁谤上级的人。讪(shàn)：毁谤,讥讽。

④　憎恶勇敢而没有礼义的人。

⑤　憎恶行为果敢而又不通事理的人。果敢:勇敢并有决断。窒(zhì)：窒塞不通,指不通事理。

⑥　憎恶抄袭别人而自以为聪明的人。徼(jiāo)：抄袭。知(zhì)：智慧,聪明。在这个意义上后来写做"智"。

⑦　憎恶不谦逊而自以为勇敢的人。孙(xùn)：谦逊。在这个意义上后来写做"逊"。

⑧ 憎恶揭发别人阴私而自以为正直的人。讦(jié)：诽谤,揭发别人
阴私。

【评析】

作为君子,自身要面色温和,形貌恭谨,敦重严肃,忠信为本;
言论诚实,行事敬业,谦逊好学,敏事慎言;追求道义,修己以敬,生
活俭朴,文质彬彬;心胸坦荡,不忧不惧,戒斗戒得,过则勿惮改,耻
其言而过其行。

作为君子,对人要周而不比,和而不同,成人之美,量才使用,
责己不责人;修己以安人,修己以安百姓;不以言举人,不以人废
言;病己无能,不病人不知己;更憎恶那些称人之恶、毁谤其上、勇
而无礼、果敢而窒的人。

这就是春秋时期孔子总结的君子风范,反映了那个时代所崇
尚的道德素养、价值观念和理想人格,对后世人文精神的形成产生
了巨大影响。

四、荣　辱

《荀子》

【题解】

本文节选自荀况《荀子·荣辱》,题目是后加的。荣辱,荣誉
和耻辱。

荀况及《荀子》的简介见第一单元《劝学》的题解。

荣辱之大分、安危利害之常体①:先义而后利者荣,先利而后

义者辱②;荣者常通,辱者常穷③;通者常制人,穷者常制于人,是荣辱之大分也④。朴悫者常安利,荡悍者常危害⑤;安利者常乐易,危害者常忧险⑥;乐易者常寿长,忧险者常夭折,是安危利害之常体也⑦。

【注释】

① 大分:主要区别。常体:常规。

② 先考虑仁义而后考虑利益的人就会得到荣誉,先考虑利益而后考虑仁义的人就会得到耻辱。

③ 得到荣誉的人经常通达,得到耻辱的人经常困窘。通:通达。穷:困窘。

④ 通达的人经常节制别人,困窘的人经常被人节制,这是荣辱的主要区别。制:控制,节制。制于人:被人节制。

⑤ 朴实谨慎的人经常安全而得利,放荡凶悍的人经常危险而受害。朴:朴实。悫(què):谨慎。荡:放荡,放肆。悍:凶悍,强悍。

⑥ 安全得利的人经常快乐舒适,危险受害的人经常忧愁凶险。易:平和,舒适。

⑦ 快乐舒适的人经常长寿,忧愁凶险的人经常夭折,这是安危利害的常规。

材性知能,君子小人一也①。好荣恶辱,好利恶害,是君子小人之所同也,若其所以求之之道则异矣②。小人也者,疾为诞而欲人之信己也,疾为诈而欲人之亲己也,禽兽之行而欲人之善己也③。虑之难知也,行之难安也,持之难立也,成则必不得其所好,必遇其所恶焉④。故君子者,信矣而亦欲人之信己也,忠矣而亦欲人之亲己也,修正治辨矣而亦欲人之善己也⑤。虑之易知也,行之易安也,持之易立也,成则必得其所好,必不遇其所恶焉,是故穷则不隐,通则大明,身死而名弥白⑥。小人莫不延颈举踵而愿曰⑦:"知虑材性,固有以贤人矣⑧!"夫不知其与己无以异也,则君子注错之当,而小人注错之过也⑨。故孰察小人之知能,足以知其有余可以为君子之所为也⑩。譬之越人安越,楚人安楚,君子安雅,是非知能材性然也,是注错习俗之节异也⑪。仁义德行,常安之术也,然而未必不危也⑫;污僈突盗,常危之术也,然而未必不安也⑬。故君子道其常,而小人道其怪⑭。

【注释】

① 资质、秉性、智慧、才能,君子、小人是一样的。材:资质。性:秉性。知(zhì):智慧。在这个意义上后来写做"智"。能:才能。

② 喜好荣誉厌恶耻辱,喜好利益厌恶祸害,这是君子、小人相同的,至于他们追求荣誉、利益的途径就不同了。若:至于。

③ 小人们,极力去做那些荒诞的事却希望别人相信自己,极力去做那些欺诈的事却希望别人亲近自己,行为如同禽兽却希望别人善待自己。疾:极力。诞:荒诞。善:善待。

④ 考虑的问题难以理解,所做的事情难以稳妥,坚持的主张难以成立,结果就肯定得不到所喜爱的光荣和利益,必然遭受所憎恶的耻辱和祸害。成:成果,这里指小人行为的最终结果。

⑤ 因此,君子们,说话诚信也希望别人相信自己,待人忠厚也希望别人亲近自己,修身正形、处事有方也希望别人善待自己。信:诚信。忠:忠厚。修正:指修身正形,品行端正。治辨:处事有方。辨:通"办",处理,料理。

⑥ 他们考虑问题容易明智,做起事来容易稳妥,坚持的主张容易成立,结果就一定能够得到他们所喜欢的荣誉和利益,一定不会遭受他们所厌恶的耻辱和祸害,因此他处境困窘名声也不会被埋没,处境通达名声就会非常显赫,到他死后名声会更加辉煌。隐:隐蔽,埋没。

明:显著,显赫。弥:更加。白:光明,辉煌。

⑦　小人们没有不伸长脖子,踮起脚跟而羡慕地说。延颈举踵(zhǒng):伸长脖子,踮起脚跟。愿:羡慕。

⑧　君子的智慧、思虑、资质、秉性,本来就超过他人! 贤:胜,超过。

⑨　他们不知道君子的资质才能与自己并没有什么不同,只是君子将它关注处置得恰当,而小人将它关注处置错了。注错:关注处置,即行为举止。注:关注。错:处置、安排。当:得当,恰当。

⑩　所以,仔细考察小人的智慧才能,就足以知道他可以做到君子所能做到的一切而绰绰有余。孰察:仔细地考察。孰:精细,仔细。在这个意义上后来写做"熟"。

⑪　就如同越人习惯于越国,楚人习惯于楚国,君子习惯于华夏,这并非是智慧、才能、资质、秉性使他们居于一方,这是由于他们的举止和风俗的节制不同而造成的。譬:比喻,如同。安:习惯。雅:通"夏",华夏,指中原地区。节:节制。

⑫　奉行仁义道德,是经常得到安宁的办法,然而不一定就不发生危险。

⑬　行为肮脏傲慢,欺凌侵盗,是经常遭受危险的办法,然而不一定就不安宁。污:污秽,肮脏。僈(màn):通"慢",傲慢。突盗:欺凌侵盗。

⑭　所以君子遵循正常的途径,而小人遵循怪僻的途径。道:途径,遵循。

　　凡人有所一同①:饥而欲食,寒而欲暖,劳而欲息,好利而恶害,是人之所生而有也,是无待而然者也,是禹、桀之所同也②;目辨白黑美恶,耳辨声音清浊,口辨酸咸甘苦,鼻辨芬芳腥臊,骨体肤理辨寒暑疾养③,是又人之所常生而有也,是无待而然者也,是禹、桀之所同也。可以为尧、禹,可以为桀、跖,可以为工匠,可以为农贾,在注错习俗之所积耳④。是又人之所生而有也,是无待而然者也,是禹、桀之所同也。为尧、禹则常安荣,为桀、跖则常危辱⑤;为

74

尧、禹则常愉佚,为工匠、农贾则常烦劳⑥。然而,人力为此而寡为彼,何也? 曰:陋也⑦。尧、禹者,非生而具者也,夫起于变故,成乎修⑧;修之为,待尽而后备者也⑨。

【注释】

① 凡是人都有相同之处。一同:相同。

② 这是不必依靠什么而就会这样的,这是禹、桀相同的。待:依靠,凭借。然:如此,这样。

③ 骨体肤理:指身体皮肤。骨:骨骼。体:身体。肤:皮肤。理:皮肤的纹理。寒暑疾养:冷热痛痒。养:通"痒"。

④ 可以成为尧、禹,可以成为桀、跖;可以成为工匠,可以成为农民商人,这都在于各人对自己的处置以及习俗的积累罢了。跖(zhí):先秦的大盗。积:积累。

⑤ 安荣:安宁光荣。危辱:危险耻辱。

⑥ 愉佚:愉快逸乐。佚(yì):逸乐。

⑦ 然而人们尽力成为烦劳的工匠、农民、商人而很少成为愉佚的尧、禹,为什么呢? 回答说:见识短浅。力:尽力,努力。此:指工匠等。彼:指尧、禹。陋:见识短浅。

⑧ 尧、禹这样的人,并非生来就具备圣贤的美德,而是开始于改变他们原来的本性,成功于德行的修养。具:具备,具有。变故:改变原来的本性。

⑨ 而修养身心的德行,要等到除尽恶劣本性之后才能具备。待尽:等到除尽恶劣的本性。

【评析】

文章论述了造成荣与辱、安与危、君子与小人的根本原因。荣、辱因处理义利的关系而不同:先义后利者荣,先利后义者辱。

安、危因自身的行为而不同:朴实而谨慎者安,放荡而凶悍者危。君子与小人的材性知能和荣辱利害是相同的,生理属性和五官功能也是相同的,为什么会有君子与小人之别呢?是因为自己的思想行为处置妥当与否而积累形成的。就像尧、舜这样的人并不是生来就具有圣贤美德,而是经过长期修养,才逐渐具备的。由此,荀子认为,"途之人可以为禹","小人可以为君子",因为"皆有可以知仁义法正之质",都有变化的条件和可能,所以,"今使途之人伏术为学,专心一志,思索孰察,加日县久,积善而不息,则通于神明,参于天地矣。故圣人者,人之所积而致矣"。(《荀子·性恶篇》)

其中,荀子对工匠农贾有阶级的偏见,反映了时代的局限。但是,荀子指出,通过自己的努力,加强修养,提高素质,完全可以成为道德健全、品格高尚的人,无疑是正确的。只要主观进取,长期积累,每一个人都可以成为有益于国家社会的人。

五、鲁仲连义不帝秦

《战国策》

【题解】

本文选自《战国策·赵策三》,题目是后加的。鲁仲连,一作"鲁连",齐国高士。平生不肯做官,喜欢为人排难解纷,受到当时高度评价和赞扬。义,根据正义。不帝秦,不尊秦王为帝。

《战国策》,又称《国事》、《短长》、《事语》、《长书》、《修书》等,是一部战国时代的史料汇编,原作者已不可考,后来由西汉学者刘向校中秘书时所辑,并定名《战国策》。

《战国策》按东周、西周、秦、齐、楚、赵、魏、韩、燕、宋、卫、中山等十二国分别编次,共三十三篇。主要记载战国时期二百多年间的各国政治、军事和外交活动,以及策士们游说诸侯、互相辩论时所提出的政治主张和斗争策略,具有重要的史料价值。其语言表述雄辩流畅,人物刻画生动细腻,对后代散文有很大影响。

　　《战国策》在东汉有高诱注,已经残缺不全,目前通行的是清嘉庆年间黄丕烈重刊的南宋姚宏校注本。1973 年 12 月,在长沙马王堆三号汉墓出土了一部和《战国策》类似的帛书,命名为《战国纵横家书》,共二十七章,可以对比研究。今人何建章的《战国策注释》,可供参考。

　　秦围赵之邯郸,魏安釐王使将军晋鄙救赵,畏秦,止于荡阴,不进①。魏使客将军辛垣衍间入邯郸,因平原君谓赵王曰②:"秦所以急围赵者,前与齐闵王争强为帝,已而复归帝,以齐故③;今齐闵王已益弱,方今唯秦雄天下,此非必贪邯郸,其意欲求为帝④。赵诚发使尊秦昭王为帝,秦必喜,罢兵去⑤。"平原君犹豫未有所决⑥。

【注释】

①　秦军包围了赵国的国都邯郸,魏安釐王派遣将军晋鄙援救赵国,因为害怕秦国,驻扎在荡阴,不进军。邯郸:赵国的国都,在今河北邯郸。魏安釐(xī)王:魏昭王之子,名圉(yǔ),公元前 276 年至前 243 年在位。晋鄙:魏国的大将。荡阴:当时赵、魏两国交界之处,在今河南汤阴。

②　魏王派遣将军辛垣衍偷偷地进入邯郸,通过平原君对赵王说。客将军:别国人在魏为将称"客将军"。辛垣衍:复姓辛垣,名衍。间

入:潜入,偷偷地进入。因:通过,靠。平原君:赵武灵王之子,赵孝成王的叔父,名胜,封平原君,战国著名的四公子之一,此时为赵相。赵王:指赵孝成王,名丹,公元前265年至前245年在位。

③ 秦国之所以加紧围攻赵国国都邯郸,是因为它先前曾与齐闵王争夺帝号,不久以后秦又归还了帝号,是因为齐闵王放弃了帝号的缘故。齐闵王:齐宣王之子,名地,公元前300年至前284年在位。争强为帝:周赧王二十七年(公元前288年),秦昭襄王自称"西帝",派魏冉立齐闵王为"东帝"。后来齐闵王听从苏代的劝告,废去帝号,秦昭襄王也被迫放弃"西帝"称号。已而:后来。复归帝:又归还帝号。

④ 如今齐国的势力比起齐闵王时代来已经更加衰弱了,现在唯有秦国称雄天下,此举并非贪图邯郸这座城市,他的意图是想要求得称帝。秦围邯郸是在公元前257年,此时齐闵王已去世二十多年了,此句可能是"今之齐比闵王时已益弱"。益:更加。方今:现在。雄天下:称雄天下。

⑤ 赵国果真派使者到秦国尊奉秦昭王为帝,秦国必定喜欢,罢兵而去。诚:真,果真。秦昭王:即秦昭襄王,名则,公元前306年至前251年在位。"昭襄"是他的谥号。当时秦昭王还在位,辛垣衍不可能以"昭王"相称,此当为后人追记时增入。

⑥ 犹豫:迟疑,拿不定主意。决:决定,决策。

　　此时鲁仲连适游赵,会秦围赵,闻魏将欲令赵尊秦为帝,乃见平原君曰①:"事将奈何矣②?"平原君曰:"胜也何敢言事!百万之众折于外,今又内围邯郸而不去③。魏王使客将军辛垣衍令赵帝秦,今其人在是④。胜也何敢言事!"鲁连曰:"始吾以君为天下之贤公子也,吾乃今然后知君非天下之贤公子也⑤。梁客辛垣衍安在?吾请为君责而归之⑥!"平原君曰:"胜请为绍介而见之于先生⑦。"

【注释】

① 适:恰好。会:正巧碰上。乃:于是,就。

② 奈何:如何,怎么样。

③ 我怎么还敢谈论战事呢?我们的百万军队在外战败,现在秦军又深
入国内围攻邯郸而不撤兵。折:损伤,挫败。赵孝成王六年(公元
前260年)秦将白起破赵军于长平(今山西高平西北),活埋赵国降
兵四十余万人。"百万"是夸大的说法。内:深入国内。去:撤退。

④ 帝秦:尊秦为帝。其人:那个人,指辛垣衍。在是:在此。

⑤ 以前我认为您是天下贤能的公子,我现在才知道您不是天下贤能的
公子。始:起先,以前。

⑥ 梁客:梁国的客人,即魏国使臣。魏国建都大梁(今河南开封),所
以又称梁国。安在:在哪里。请:请允许。责:斥责,责备。归之:使
之归,让他回去。

⑦ 请允许我为您介绍并让他会见先生。绍介:介绍。见(xiàn)之:使
之见。

　　平原君遂见辛垣衍曰:"东国有鲁连先生,其人在此,胜请为
绍介而见之于将军①。"辛垣衍曰:"吾闻鲁连先生,齐国之高士
也②。衍,人臣也,使事有职,吾不愿见鲁连先生也③。"平原君曰:
"胜已泄之矣④。"辛垣衍许诺⑤。

【注释】

① 东国:指齐国,因齐国在赵国的东面。见之于将军:使他来会见
将军。

② 高士:品德高尚而不愿做官的人。

③ 我,是人臣,奉命出使办事有一定的职责,我不愿见鲁连先生。

④ 泄:泄露。

⑤ 许诺:答应。

鲁连见辛垣衍而无言。辛垣衍曰:"吾视居此围城之中者,皆有求于平原君者也。今吾视先生之玉貌,非有求于平原君者,曷为久居此围城之中而不去也①?"鲁连曰:"世以鲍焦无从容而死者,皆非也②。今众人不知,则为一身③。彼秦者,弃礼义而上首功之国也④。权使其士,虏使其民⑤。彼则肆然而为帝,过而遂正于天下,则连有赴东海而死耳,吾不忍为之民也⑥!所为见将军者,欲以助赵也⑦。"

【注释】

① 玉貌:容貌,此处为敬称。曷(hé)为:为什么。去:离开。

② 世人都认为鲍焦不能镇静沉着而死,都是不对的。鲍焦:周朝隐士,相传因不满时政,抱木而死,《庄子·盗跖》:"鲍焦饰行,非世,抱木而死。"无从容:不能镇静沉着。无:通"毋",不能。从容:镇静,沉着。

③ 现在众人都不明白鲍焦的心意,以为他只是为了一己之身。

④ 那个秦国,是个抛弃礼义崇尚战功的国家。上:崇尚。首功:斩首之功,即按照斩杀敌人首级多少来论功行赏。

⑤ 用权诈之术对待他的士人,像奴隶一样役使他的百姓。虏:俘虏。古代以俘虏作奴隶。

⑥ 秦王如果肆无忌惮地自立为帝,甚至君临天下,我就只有奔赴东海自杀罢了,我不能容忍成为他的庶民!肆然:放肆地、无所忌惮地。过:甚。正于天下:在天下为政,即君临天下,控制天下。正:政教。指用政治的力量来控制、统治天下。有:只有。赴:奔向。不忍:不

能容忍。

⑦　我要见将军的原因,是想借此帮助赵国。

辛垣衍曰:"先生助之奈何?"鲁连曰:"吾将使梁及燕助之,齐、楚则固助之矣①。"辛垣衍曰:"燕则吾请以从矣②。若乃梁,则吾乃梁人也,先生恶能使梁助之耶③?"鲁连曰:"梁未睹秦称帝之害故也,使梁睹秦称帝之害,则必助赵矣④。"辛垣衍曰:"秦称帝之害,将奈何?"鲁仲连曰:"昔齐威王尝为仁义矣,率天下诸侯而朝周⑤。周贫且微,诸侯莫朝,而齐独朝之⑥。居岁余,周烈王崩,诸侯皆吊,齐后往⑦。周怒,赴于齐曰⑧:'天崩地坼,天子下席,东藩之臣田婴齐后至,则斮之⑨。'威王勃然怒曰:'叱嗟!而母,婢也⑩!'卒为天下笑⑪。故生则朝周,死则叱之,诚不忍其求也⑫。彼天子固然,其无足怪⑬。"

【注释】

①　固:本来。

②　燕国嘛,请允许我认为它会听从你的话吧。以:认为。

③　若乃:至于。恶(wū):怎么。

④　梁国是没有看到秦国称帝危害的缘故,假如使梁国看到秦国称帝的危害,就必定帮助赵国。故:缘故。使:假如。

⑤　从前齐威王曾经行过仁义,他率领天下的诸侯朝拜周天子。昔:从前。齐威王:名婴齐,齐宣王之父,公元前356年至前320年在位。尝:曾经。

⑥　微:弱小。莫:没有。独:单独。

⑦　过了一年多,周烈王死去,诸侯国都去吊唁,齐国后到。周烈王:名喜,公元前375年至前369年在位。崩:天子死叫"崩"。

⑧　赴于齐:把周烈王的死讯告知齐国。赴:奔告丧事。在这个意义上

后来写做"讦"。

⑨ 天子死去,天崩地裂,继任天子离开宫廷在草席上守孝,东方属国的臣子田婴齐最后才到,应该杀了他。天崩地坼:比喻天子死亡。坼(chè):裂。天子:指周朝新君显王扁,公元前368年至前321年在位。下席:离开宫室寝在苫(shān 草席)上守孝。东藩:东方属国。斮(zhuó):斩,杀。

⑩ 呸!你的母亲,是个奴婢!叱嗟(chì jiē):怒斥声。而:你。

⑪ 终于被天下人耻笑。卒:终于。

⑫ 所以周烈王活着的时候去朝拜他,死后就责骂他,实在是忍受不了周王的苛求。诚:确实,实在是。叱:责骂。不忍其求:不能忍受周王的苛求。

⑬ 那做天子的本来如此,没有什么可奇怪的。意思是说,帝王本来就作威作福,如果奉秦为帝将会同样如此,后患无穷。固然:本来如此。

　　辛垣衍曰:"先生独未见夫仆乎①?十人而从一人者,宁力不胜,智不若耶?畏之也②。"鲁仲连曰:"然梁之比于秦,若仆耶③?"辛垣衍曰:"然。"鲁仲连曰:"然则吾将使秦王烹醢梁王④。"辛垣衍怏然不悦⑤,曰:"嘻!亦太甚矣,先生之言也⑥!先生又恶能使秦王烹醢梁王?"

【注释】

① 先生难道没有见过那些奴仆吗?独:难道。夫:那些。仆:奴仆。

② 十个人服从一个人,难道是力气不能战胜他、智慧不能赶上他吗?是害怕他啊。宁:难道。胜:若:如,及。

③ 那么梁国同秦国相比,就如同奴仆一样吗?若:像,如同。

④ 既然这样我将让秦王把梁王烹杀,剁成肉酱。然则:既然如此。烹:

82

煮杀。醢(hǎi):剁成肉酱。都是古代酷刑。

⑤ 怏(yàng)然:不高兴的样子。

⑥ 先生的话,也太过分了! 太甚:太过分。

鲁仲连曰:"固也。待吾言之:昔者,鬼侯、鄂侯、文王,纣之三公也①。鬼侯有子而好,故入之于纣,纣以为恶,醢鬼侯②。鄂侯争之急,辨之疾,故脯鄂侯③。文王闻之,喟然而叹,故拘之于牖里之库百日,而欲令之死④。——曷为与人俱称帝王,卒就脯醢之地也⑤?

【注释】

① 鬼侯:商纣王时的诸侯,其封地在今河北临漳县境。鄂侯:商纣王时的诸侯,其封地在今山西中阳境内。文王:即周文王姬昌,其封地在今陕西户县一带。纣:商朝最末一个君王。三公:三位诸侯。公:这里指诸侯。

② 鬼侯有个女儿很美,所以献给纣王,纣王认为她长得丑,就把鬼侯处以醢刑。子:指女儿。好:美。入:进献。恶(è):丑。

③ 鄂侯为这件事争得急迫,辩得急切,因此把鄂侯处以脯刑。辨:通"辩",争论。疾:急切。脯(fǔ):肉干。这里指将人杀死后制成肉干的酷刑。

④ 文王听到,深深叹息,因此就被囚禁在牖里的监狱里一百天,并且想要下令让他死。喟(kuì)然:叹息声。牖(yǒu)里:一作羑(yǒu)里,在今河南汤阴。库:监狱。

⑤ 为什么与秦王同样都称帝王,最终落到被杀戮的境地呢? 卒:终。

齐闵王将之鲁,夷维子执策而从①,谓鲁人曰:'子将何以待吾君②?'鲁人曰:'吾将以十太牢待子之君③。'夷维子曰:'子安取礼而来待吾君④？彼吾君者，天子也⑤。天子巡狩，诸侯辟舍，纳管键，摄衽抱几，视膳于堂下⑥；天子已食，退而听朝也⑦。'鲁人投其钥，不果纳，不得入于鲁⑧。将之薛，假途于邹⑨。当是时，邹君死，闵王欲入吊。夷维子谓邹之孤曰⑩：'天子吊，主人必将倍殡枢，设北面于南方，然后天子南面吊也⑪。'邹之群臣曰：'必若此，吾将伏剑而死⑫。'故不敢入于邹。

邹、鲁之臣，生则不得事养，死则不得饭含，然且欲行天子之礼于邹、鲁之臣，不果纳⑬。今秦万乘之国，梁亦万乘之国，俱据万乘之国，交有称王之名⑭。睹其一战而胜，欲从而帝之，是使三晋之大臣，不如邹、鲁之仆妾也⑮。

且秦无已而帝，则且变易诸侯之大臣⑯。彼将夺其所谓不肖，而予其所谓贤；夺其所憎，而与其所爱⑰。彼又将使其子女谗妾为诸侯妃姬，处梁之宫，梁王安得晏然而已乎⑱？而将军又何以得故宠乎⑲？"

【注释】

① 齐闵王要到鲁国去，夷维子拿着马鞭跟从他。齐闵王：公元前300年至前284年在位。之：到，往。夷维子：齐人，以邑为姓。夷维：今山东潍县。子：男子的美称。策：马鞭。

② 您将用什么礼节接待我们国君？子：您。何以：指用什么礼节。

③ 太牢：三牲（牛羊猪各一头）。十太牢：牛羊猪各十头。这是古代接待诸侯用的礼节。

④ 你们从哪里取来这种礼节来接待我们的国君？言外之意是，应该用接待天子的礼节来接待齐闵王才合规矩。

⑤ 我的君王，是天子。彼：夫，发语词。

⑥ 巡狩：指天子到各诸侯国视察。辟舍：避开宫室。辟：避开，离开。在这个意义上后来写做"避"。纳管键：把钥匙交出来。纳：交纳。

管键:钥匙。摄衽(rèn)抱几:撩起衣襟,捧着几案。视膳于堂下:
站在堂下伺候天子吃饭。视膳:伺候天子吃饭。

⑦ 已食:吃完了饭。听朝:处理朝廷事务。

⑧ 投其钥:把城门上了锁。不果纳:不让齐闵王进去。不果:未成为事
实。纳:使进入。不得入:不能进入。

⑨ 将到薛,向邹国借路。薛:在今山东滕县东南。假途:借路。假:借。
邹:古国名,今山东邹县。

⑩ 孤:丧父的人,这里指已故邹君的儿子。

⑪ 天子吊丧,主人必须把灵柩换个方向,放在南边面向北方,然后天子
朝南吊丧。倍:通"背",换成相反方向。殡枢(bìn jiù):棺材。

⑫ 如果一定要这样,我们将用剑自刎而死。表示坚决回绝。

⑬ 邹国、鲁国的臣子,国君活的时候不能按礼供养,死了以后不能按礼
饭含,然而将对邹国、鲁国的臣子想要行天子之礼的时候,却最终不
让入境。这里极言邹国、鲁国的贫弱,即就如此,天子之礼也不能接
受。事养:供养。饭(fǎn)含:在死人嘴里,放置的米饭称为"饭",
放置的玉石称为"含",这是古代办丧事的一种礼节。

⑭ 万乘(shèng)之国:拥有兵车万辆的大国。乘:一车四马。俱据:一
起拥有。交:皆,互。

⑮ 看到秦国打一仗取胜,就想跟着尊奉为帝,这是让三晋的大臣,不如
邹国、鲁国的奴仆和婢妾。三晋:韩、赵、魏三国是由春秋时的晋国
分裂而来,所以统称"三晋"。

⑯ 况且秦王没有止境地称帝,就将要更换诸侯的大臣。无已:没有止
境。则且:就将。变易:更换。

⑰ 秦王将强行撤换他认为不好的人,给予那些他认为贤能的人;撤换
他憎恶的人,给予他喜欢的人。夺:强取。不肖:不好的人。肖:类
似,善。予:给予。

⑱ 秦王又将让自己的女儿和挑拨是非的妇人去做诸侯的嫔妃,住在梁
王的宫中,梁王怎么能平安地终了呢?谗妾:挑拨是非的妇人。妃

85

姬:嫔妃。处:住。安得:怎么能。晏然:平安地。已:终止,终了。

⑲　而将军又凭什么能得到原有的宠幸呢?故宠:原有的宠幸。

　　于是,辛垣衍起,再拜,谢曰:"始以先生为庸人,吾乃今日而知先生为天下之士也①!吾请去,不敢复言帝秦②!"秦将闻之,为却军五十里③。适会魏公子无忌夺晋鄙军以救赵击秦,秦军引而去④。

　　于是平原君欲封鲁仲连,鲁仲连辞让者三,终不肯受⑤。平原君乃置酒,酒酣,起,前,以千金为鲁连寿⑥。鲁连笑曰:"所贵于天下之士者,为人排患、释难、解纷乱而无所取也⑦。即有所取者,是商贾之人也⑧。仲连不忍为也。"遂辞平原君而去,终身不复见⑨。

【注释】

①　起初我以为先生是个平凡的人,我今天才知道先生是怀有天下大志的人啊!庸人:平凡的人。天下之士:怀有天下大志的人。

②　我请求离开这里,不敢再说尊秦为帝的事了!

③　却军:退兵。

④　恰好赶上魏公子无忌夺取了晋鄙军来援救赵国,进攻秦军,秦军就撤退离开了。魏公子无忌:魏昭王少子,魏安釐王的异母弟,即信陵君,战国四公子之一。他受到平原君的请求,积极救赵,后来得到魏王爱妃如姬的帮助,窃得兵符,夺取晋鄙军,前往救赵。事见《史记·魏公子列传》。引:撤退。

⑤　于是平原君想要封赏鲁仲连,鲁仲连多次推让,最终不肯接受。封:封赏。辞让者三:多次推让。三:泛指多次。

⑥　酒酣:酒喝得很畅快。寿:祝寿,祝福。

⑦　被天下之士所珍视的,是为人排除祸患、消除危难、解除纷乱而没有索取的品德。

⑧ 假如有索取,就是商人。即:假如,倘若。商贾(gǔ):泛指商人。古代以运货贩卖称"商",囤积坐售称"贾",所以有"行商坐贾"之说。

⑨ 即告别平原君而离去,终生不再来见平原君。

【评析】

秦围赵之邯郸,魏将晋鄙救赵畏秦不进,魏客将军辛垣衍传达了秦欲求为帝的意愿,赵国君臣犹豫未决。鲁仲连面对这样复杂的形势,不畏强权,义不帝秦,以自己的政治远见和严正态度,批评了国难当头而束手无策的平原君,说服了目光短浅而贪图名位的辛垣衍,从而使秦军退却五十里。随后借助魏公子窃符救赵,一举解除邯郸之围。当平原君重赏鲁仲连的时候,他却功成不居,坚决回绝,告辞而去,终身不见,集中表现了鲁仲连"为人排患、释难、解纷乱而无所取"的高士之风。

孔子说:"君子喻于义,小人喻于利。"(《论语·里仁》)中国古来重义轻利,鄙视唯利是图,如果施恩图报,借此捞取名利,换取钱财,则为人所唾弃。如今社会上,做好事不留名,捐善款不留姓,扶危济困,见义勇为,甚至为此献出自己的宝贵生命的人,他们的高尚行为和无私奉献,正是继承和弘扬了中华民族的传统美德。

六、君子行义

《吕氏春秋》

【题解】

本文节选自吕不韦《吕氏春秋·高义》,题目是后加的。行义,执行道义。

吕不韦及《吕氏春秋》的简介见第一单元《察传》的题解。

君子之自行也,动必缘义,行必诚义,俗虽谓之穷,通也①;行不诚义,动不缘义,俗虽谓之通,穷也②。然则君子之穷、通,有异乎俗者也③。故当功以受赏,当罪以受罚④。赏不当,虽与之必辞;罚诚当,虽赦之不外⑤。度之于国,必利长久,长久之于主必宜⑥。内反于心,不惭然后动⑦。

【注释】

① 君子自己行动时,举动必须遵循道义,行为必须信守道义,尽管世俗认为这是困窘,实际上是通达。自行:自己行动。动:举动。缘:由,遵循。诚:信,忠。俗:世俗。穷:困窘。通:通达。

② 行为不忠于道义,举动不遵循道义,世俗虽然认为通达,实际上是困窘。

③ 如此,那么君子的困窘与通达,与世俗是不同的。异:不同。

④ 因此与功劳相称就接受赏赐,与罪过相称就接受惩罚。当:相称,相应。以:而,就。

⑤ 奖赏不与功劳相称,即使奖赏也一定推辞;惩罚确实与罪过相称,即使赦免也不要逃避。辞:推辞,拒绝。外:远离,逃避。

⑥ 从国家来衡量考虑,必定利益长远,长远的利益对于君主必定是适宜的。度:衡量,考虑。宜:适合,适宜。

⑦ 君子反省内心,不感到惭愧,然后有所行动。

孔子见齐景公,景公致廪丘以为养,孔子辞不受①。入谓弟子曰②:"吾闻君子当功以受禄③。今说景公,景公未之行,而赐之廪丘,其不知丘亦甚矣④。"令弟子趣驾,辞而行⑤。孔子,布衣也,官在鲁司寇,万乘难与比行,三王之佐不显焉,取舍不苟也夫⑥!

　　子墨子游公上过于越①。公上过语墨子之义,越王说之②。谓公上过曰:"子之师苟肯至越,请以故吴之地阴江之浦,书社三百,以封夫子③。"公上过往复于子墨子④。子墨子曰:"子之观越王也,能听吾言、用吾道乎?"公上过曰:"殆未能也⑤。"墨子曰:"不唯越王不知翟之意,虽子亦不知翟之意⑥。若越王听吾言、用吾道,翟度身而衣,量腹而食,比于宾、萌,未敢求仕⑦。越王不听吾言、不用吾道,虽全越以与我,吾无所用之⑧。越王不听吾言、不用吾道,而受其国,是以义翟也⑨;义翟何必越,虽于中国亦可⑩。"

游:游说,让……游说。公上过:墨子的弟子。

② 公上过向越王讲述了墨子的主张,越王十分高兴。语:告诉,这里指讲述。义:理论,主张。说(yuè):喜悦,高兴。在这个意义上后来写做"悦"。

③ 您的老师如果肯到越国来,请允许我把原先吴国的土地阴江河滨地带,沿岸三百社的百姓,封给他老人家。苟:如果,果真。浦:水滨。书社:古代二十五家为一社,三百社即七百五十家。因在册籍上分别书写社人姓名,称为"书社"。

④ 往:回去。复:回禀,回复。

⑤ 殆:恐怕。

⑥ 不只是越王不了解我的想法,即使是你也不了解我的想法。

⑦ 假如越王听取我的意见,采用我的主张,我就量体而穿衣,估量肚子而吃饭,类比于一般的说客或迁来的百姓,不敢求取任何官职。度、量:量取。比:类比,仿照。宾:说客。萌:氓,外地迁来之民。

⑧ 无所:没有什么。

⑨ 越王不听取我的意见,不采用我的主张,而我接受越国的土地,这是用道义做买卖。籴:通"籴",买进,泛指买卖。

⑩ 用道义做买卖何必一定要去越国,即使是在中原各国也可以。中国:指中原各国。

凡人不可不熟论①:秦之野人,以小利之故,弟兄相狱,亲戚相忍②;今可得其国,恐亏其义而辞之,可谓能守行矣③。其与秦之野人相去亦远矣④!

【注释】

① 凡是人不能不仔细考察。熟论:仔细考察。

② 秦国的村野之人,因为微小利益的缘故,弟兄之间互相诉讼,亲戚之间彼此残害。野人:村野之人。狱:诉讼。忍:残忍,残害。

③ 现今可以得到一国的土地,却恐怕损害自己的道义而拒绝了,因此可以说孔子、墨子是能够恪守自己的操行了。亏:损害。

④ 他们与秦国的村野之人相距也就太远了!

【评析】

君子的行动必须坚持道义,是否行义是穷与通的标准。当功受赏,不当必辞;当罪受罚,虽赦不逃。因此,孔子辞廪丘而趣驾,墨子拒重赏而不就,如此取舍不苟,不以道义做交易的行为,表现了他们为人的风操和行事的准则。

做人总是要有原则的,至少要有道德底线,古今如此。见利忘义,唯利是图,历来为人所不齿,迟早要受到惩处。有人总是自以为聪明,蝇营狗苟,互相勾结,巧取豪夺,权钱交易。然而,机关算尽太聪明,反误了卿卿性命,待到东窗事发,原形毕露,就众叛亲离,无处藏身,那些落入法网的腐败分子就是证明。

不义之心不可有,不义之手不可伸,不义之财不可取,不义之事不可做。这个"义",就是道德、信念和理想,就是立身之本,必须永远坚持。

七、渔 父

《楚辞》

【题解】

本文选自《楚辞》。渔父(fǔ),渔翁。父,男子的美称。

《楚辞》是继《诗经》之后,由楚国屈原等人在民间歌谣的基础上加工创造而成的一种新的诗歌形式,其代表作是屈原的《离骚》,因此又称"骚体"。

屈原(公元前343—前?年),名平,字原,是《楚辞》最重要的作家。他出身楚国贵族,"博闻强志,明于治乱,娴于辞令",在楚怀王时期深得重用,积极参与国家政治事务,"入则与王图议国事,以出号令;出则接遇宾客,应对诸侯,王甚任之"(《史记·屈原贾谊列传》)。后来因为受到奸佞诋毁,被两次流放,最后自沉汨罗江而死。

屈原"信而见疑,忠而被谤",面对日益衰败的祖国无限感慨伤痛,他坚持真理、追求光明的忠贞信念难以实现,爱国热情、报国之志付之东流,于是写下很多忧国忧民、可歌可泣的诗篇抒发自己的情怀。这些作品成为古代文学的瑰宝,在中国文学史上具有重要地位,并在世界产生了广泛的影响。

《渔父》是一篇散文诗。其作者历来有争议,有的认为是屈原自己所作,有的认为是屈原死后楚人为悼念他而作,但是,文章表现了屈原高尚的思想情怀,是毋庸置疑的。

屈原既放,游于江潭,行吟泽畔①;颜色憔悴,形容枯槁②。
渔父见而问之曰:"子非三闾大夫与?何故至于斯③?"屈原曰:"举世皆浊我独清,众人皆醉我独醒,是以见放④。"

【注释】

① 既放:已经被流放。既:已经。放:流放。江潭:泛指江湖之间。潭:深渊。行吟:边走边吟。泽畔:水边。
② 颜色:脸色。颜:眉目之间。憔悴(qiáo cuì):形容人体瘦弱,脸色疲惫,精神困顿萎靡的样子。形容:身形和容貌。枯槁(gǎo):干枯,与"憔悴"同义。

③ 您不是三闾大夫吗？为什么来到这里？三闾大夫：主管楚国屈、景、昭三姓王族事务的官员。斯：此，这里。

④ 天下都浑浊唯独我清白，众人都沉醉唯独我清醒，因此被流放到这里。浊、清：都是针对品德行为而言。醉、醒：都是针对思想精神而言。见：被。

渔父曰："圣人不凝滞于物，而能与世推移①。世人皆浊，何不淈其泥而扬其波②？众人皆醉，何不餔其糟而歠其醨③？何故深思高举，自令放为④？"屈原曰："吾闻之：新沐者必弹冠，新浴者必振衣⑤；安能以身之察察，受物之汶汶者乎⑥？宁赴湘流，葬于江鱼之腹中⑦；安能以皓皓之白，而蒙世俗之尘埃乎⑧？"

【注释】

① 圣人对于客观事物的认识不是固执不变的，而能够随着社会的变化不断推进。凝滞：冻结不流，指固执不变。凝：冻结不解。滞：停留不前。物：客观事物。推移：移动，推进。

② 世人都浑浊，你为什么不也搅起泥沙而掀起波涛，一起浑浊不清呢？淈(gǔ)：搅浑。扬：掀起。

③ 众人都沉醉，你为什么不也吃酒糟而喝薄酒，一起酩酊大醉呢？餔(bū)：吃。糟：酒糟。歠(chuò)：喝。醨(lí)：薄酒。淈泥扬波则清浊不辨，餔糟歠醨则醉醒难分，这两句的意思都是说，你为什么不与世人同流合污呢？

④ 为什么要思虑那样深远，行为那样高洁，自己招致放逐的后果呢？深思：思虑深远，指忧国忧民。高举：高出世俗的行为，指行为高洁，特立独行。令：使得，招致。为：句末语气词。

⑤ 沐：洗头。弹(tán)：用手指轻敲。浴：洗澡。振：拎起来抖动。弹冠、振衣都是为了除去衣帽上的灰尘，以免弄脏了自己清洁的身体。

⑥　怎么能让自己洁净的身体受到外物的玷污呢？察察:洁净。汶汶
　　(mén mén):污垢,玷污。

⑦　宁可投入湘江,葬身于江鱼腹中。宁:宁可。赴:奔赴,投入。湘流:
　　湘江。

⑧　怎么能使自己纯洁的品行而蒙受世俗的尘埃?皓皓(hào hào)
　　之白:洁白的样子。这里指纯洁的品行。皓皓:如同"皎皎",月
　　之白。

　　渔父莞尔而笑,鼓枻而去①。乃歌曰:"沧浪之水清兮,可以濯
吾缨;沧浪之水浊兮,可以濯吾足②。"遂去,不复与言③。

【注释】

①　莞(wǎn)尔:微笑的样子。鼓:划动。枻(yì):楫,船桨。

②　沧浪:水名。濯(zhuó):洗涤。缨:冠缨,帽带。水清濯缨,水浊濯
　　足,因时因事而异,即"不凝滞于物,而能与时推移",这是渔父以歌
　　声重申劝导之意。

③　就离去,不再与他说话。即各行其志。

【评析】

　　屈原是我国古代著名的爱国诗人。在大动荡、大分化的战国
时期,他面对严酷的现实,充满积极入世的人生理想和进取精神,
具有忧国忧民、周济苍生的忧患意识,坚持正义,爱憎分明,追求进
步,鄙视奸佞,不愿屈从世俗而随波逐流,虽然屡经磨难而百折不
挠,以"虽九死其犹未悔"的决心坚持抗争,最后自沉汨罗江而死,
以维护自己高洁的人格,表现出强烈的爱国情怀和坚忍的奋斗精
神,对后世产生了重大影响。

　　在中国历史上,一批又一批的英雄豪杰、志士仁人,就是为了

祖国和人民、正义和理想，不惜抛头颅、洒热血，不屈不挠，艰苦奋斗，前赴后继，勇往直前，他们是中华民族的中流砥柱，由此而形成了自强不息、奋发有为的爱国精神，代代相传。

八、原　毁

韩　愈

【题解】

本文选自韩愈《韩昌黎文集》。原毁，论毁谤。原，推本溯源。

韩愈（公元 768—824 年），字退之，唐代河南邓州南阳（今河南南阳）人。因为河北昌黎是韩姓的郡望，所以，后人又称他为韩昌黎。他为人耿直率真，无所畏避，二十五岁中进士，进入仕途后几度被贬。德宗贞元十九年（公元 803 年）任监察御史时，因关中大旱，秋天早霜，庄稼收成十不存一，他上书请求缓征徭役，免除赋租，得罪了当权者，被贬为阳山（今广东阳山）令。元和十四年（公元 819 年）任刑部侍郎时，宪宗派人自凤翔迎佛骨入宫中，他又上表极谏，触怒皇帝，被贬为潮州（今广东丰顺、揭阳、潮阳一带）刺史。后召为国子祭酒，转兵部侍郎，吏部侍郎，京兆尹。谥"文"。

韩愈在政治上坚持儒家学说，反对佛、老思想。文学上倡导古文运动，反对骈俪文风，主张"文以载道"，"不平则鸣"，"唯陈言之务去"，"气盛言宜"。其文章气势浑厚，刚健恣肆，雄辩有力，善于推理，名列唐宋八大家之首，在文学史上产生了重要影响。

古之君子，其责己也重以周，其待人也轻以约①。重以周，故不怠；轻以约，故人乐为善②。闻古之人有舜者，其为人也，仁义人

95

也③；求其所以为舜者，责于己曰④："彼，人也，予，人也；彼能是，而我乃不能是⑤!"早夜以思，去其不如舜者，就其如舜者⑥。闻古之人有周公者，其为人也，多才与艺人也⑦；求其所以为周公者，责于己曰："彼，人也，予，人也；彼能是，而我乃不能是!"早夜以思，取其不如周公者，就其如周公者。舜，大圣人也，后世无及焉⑧；周公，大圣人也，后世无及焉；是人也，乃曰："不如舜，不如周公，吾之病也⑨。"是不亦责于身者重以周乎⑩! 其于人也，曰："彼人也，能有是，是足为良人矣；能善是，是足为艺人矣⑪。"取其一不责其二，即其新不究其旧，恐恐然惟惧其人之不得为善之利⑫。一善易修也，一艺易能也⑬。其于人也，乃曰："能有是，是亦足矣。"曰："能善是，是亦足矣。"不亦待于人者轻以约乎⑭!

【注释】

① 古代的君子，要求自己严格而全面，要求别人宽容而很少。责：要求。重：严格。以：而。周：全面。轻：宽容。约：简，少。《论语·卫灵公》："子曰：'躬自厚而薄责于人，则远怨矣。'"

② 要求自己严格而全面，因此自己不懈怠；要求别人宽容而很少，因此人们乐于做好事。怠：怠慢，懈怠。善：好。

③ 舜：传说中尧以后的古代圣君。仁义人：行仁义的人。

④ 探求舜所以成为圣人的道理，责备自己说。

⑤ 他是人，我也是人；他能够这样，而我却不能这样! 彼：指舜。是：此，这样。

⑥ 早晨晚上都在思考，除去与舜不同之处，追求其与舜相合之处。就：靠近，追求。

⑦ 周公：姓姬，名旦。周文王之子，周武王之弟，周成王的叔父，西周初期杰出的政治家。武王死后，成王年幼而立，由周公摄政。多才与艺：多才多艺。

⑧ 无及焉:没有人能比得上他。及:赶得上、比得上。

⑨ 这个人,却说:"不如舜,不如周公,是我的缺点。"是人:此人,指古之君子。病:毛病,缺点。

⑩ 这不也是要求自己严格而全面吗?

⑪ 他对待别人,说:"那个人,能够具有这些,这就足以成为好人了;能够擅长这些,这就足以成为有才艺的人了。"良人:好人。善:擅长。

⑫ 只取他的一点长处而不要求再有第二点,就他现在的表现看而不追究他的过去,小心谨慎地只怕他人得不到做善事的好处。即:就……看。恐恐然:小心谨慎的样子。

⑬ 一点好事容易修成,一种技艺容易具备。能:具备。

⑭ 这不也是对待别人宽容而要求很少吗?

今之君子则不然,其责人也详,其待己也廉①。详,故人难以为善;廉,故自取也少②。己未有善,曰:"我善是,是亦足矣。"己未有能,曰:"我能是,是亦足矣③。"外以欺于人,内以欺于心,未少有得而止矣,不亦待其身者已廉乎④!其于人也,曰:"彼虽能是,其人不足称也;彼虽善是,其用不足称也⑤。"举其一不计其十,究其旧不图其新,恐恐然惟惧其人之有闻也⑥。是不亦责于人者已详乎⑦!夫是之谓不以众人待其身,而以圣人望于人,吾未见其尊己也⑧!

【注释】

① 详:详尽,全面。廉:少,低。

② 对别人要求严格全面,因此别人很难做好事;对自己要求太少太低,因此自己的收获也很少。

③ 自己没有长处,却说:"我能这样,这也足够了。"自己没有能力,却说:"我能这样,这也足够了。"

④ 对外欺骗他人,对内欺骗自己,尚未一点收获就停止了,不也是对待自身的要求太低了吗? 已:太,甚。

⑤ 他对待别人,说:"他虽然能够这样,这个人不值得称赞;他虽然擅长这个,这种才能不值得称赞。"用:指才能,本领。

⑥ 只举出他的一个缺点而不考虑他其他的十个优点,追究他过去的错误而不考虑他现在的表现,提心吊胆地唯恐这个人有声望。闻:声望,名誉。

⑦ 这不也是对待别人的要求太高了吗?

⑧ 这就叫做不以众人的标准要求自身,而以圣人的标准苛求他人,我没有见到他尊重自己啊! 尊己:尊重自己。望:期待、要求,这里指苛求。

　　虽然,为是者有本有原,怠与忌之谓也①。怠者不能修,而忌者畏人修②。吾常试之矣,尝试语于众曰③:"某良士,某良士。"其应者,必其人之与也;不然,则其所疏远,不与同其利者也;不然,则其畏也④。不若是,强者必怒其言,懦者必怒于色矣⑤。又尝语于众曰:"某非良士,某非良士。"其不应者,必其人之与也;不然,则其所疏远,不与同其利者也;不然,则其畏也。不若是,强者必说于言,懦者必说于色矣⑥。是故事修而谤兴,德高而毁来⑦。呜呼! 士之处此世,而望名誉之光,道德之行,难已⑧!

　　将有作于上者,得吾说而存之,其国家可几而理欤⑨!

【注释】

① 虽然如此,做这样事情的人是有根源的,那就是懈怠和嫉妒。本、原:根源。忌:嫉妒。

② 懈怠的人不能求进取,而嫉妒的人害怕别人进取。修:改进,求进取。

③ 尝：曾经。

④ 那些应和的人，一定是那个人的朋友；不是这样，就是他疏远的人，不与他有共同利益的人；不是这样，就是他畏惧的人。应：附和、响应。与：党羽，朋友。

⑤ 如果不是这样一些关系，强硬的人一定会发怒说出反对的话，懦弱的人也一定会发怒表现出不满的神色。色：脸色。

⑥ 说(yuè)：喜悦，高兴。在这个意义上后来写做"悦"。

⑦ 所以事情办好了而诽谤兴起，品德高尚了而诋毁到来。修：治理。

⑧ 士处于这样的社会，而希望名誉昭著，道德畅行，真难啊！光：光大，昭著。行：畅行，推行。已：作用同"矣"，了。

⑨ 将在朝廷之上有所作为的人，得到我的这些言论并牢牢记着，他的国家也许可以得以治理吧！几(jī)：差不多，也许。理：治理，与"治"意义相同。唐人为避高宗李治讳，改"治"为"理"。

【评析】

　　文章通过"古之君子"与"今之君子"的对比，论述了毁谤产生的原因，同时说明了君子应有的操守。

　　古之君子责己重以周，待人轻以约；严于律己则不怠，宽以待人则不忌，毁谤就无从产生。今之君子责人详，待己廉；对人求全责备则忌，对己得过且过则怠，这样，"不以众人待其身，而以圣人望于人"，既不尊重自己，又必毁谤他人。懒惰的人自己不肯进取，嫉妒别人的人又害怕别人进取，这就是毁谤产生的根源，以致形成"事修而谤兴，德高而毁来"的恶劣世风。在这种情况下，怎能彰显名誉，弘扬道德呢？

　　韩愈所感，并非只在唐朝存在。宽以待己，严以对人，自己无所作为，反而责怪他人成功，于是心怀忌恨，造谣中伤，好人受到怀疑，英雄遭到非议，凡此种种，在我们身边并未绝迹，时有发生。孔子说:"君子成人之美,不成人之恶。小人反是。"(《论语·颜渊》)培养宽容大度、团结合作、求同存异、互相尊重的社会风气,才有利于和谐环境的形成。

九、指南录后序

文天祥

【题解】

本文选自文天祥《文山先生全集》。《指南录》,是作者从出使元军到逃亡永嘉途中苦难经历的记事诗集。后序,是写在文后的序言。

文天祥(公元 1236—1283 年),字宋瑞,又字履善,号文山,南宋末年庐陵(今江西吉安)人,中国历史上著名的爱国民族英雄。他二十一岁中进士第一名,历任江西、湖南提刑、赣州知州等职。元兵南侵,文天祥在赣州起兵,保卫都城临安。德祐二年(公元 1276 年)文天祥任右丞相兼枢密使,以资政殿学士身份出使元军议和,被扣留。乘间脱险后南下,回温州辅佐端宗,仍然坚持抗元,转战南北。景炎三年(公元 1278 年)十二月兵败,在广东海丰(今广东海丰)被元军俘获,逼他投降,他写了《过零丁洋》,留下"人生自古谁无死? 留取丹心照汗青"的诗句以明志。后送往大都(今北京),囚禁三年,在土室中写下《正气歌》等充满爱国主义情怀的著名诗文。虽经多次诱降,始终不屈,最后从容就义。

德祐二年二月十九日,予除右丞相兼枢密使,都督诸路军马①。时北兵已迫修门外,战、守、迁皆不及施②。缙绅、大夫、士

100

萃于左丞相府,莫知计所出③。会使辙交驰,北邀当国者相见④。众谓予一行为可以纾祸⑤。国事至此,予不得爱身,意北亦尚可以口舌动也⑥。初,奉使往来,无留北者;予更欲一觇北,归而求救国之策⑦。于是,辞相印不拜,翌日,以资政殿学士行⑧。

【注释】

① 德祐二年二月十九日,我受任右丞相兼枢密使,统率全国各路兵马。德祐二年:德祐是宋恭帝赵㬎年号,从公元 1275 年至 1276 年。德祐二年为公元 1276 年。二月十九日当为正月十九日。除:授官。右丞相:南宋时设置左、右丞相,以左相为首,右相次之。枢密使:掌管全国军事的长官。都督:统率。路:当时行政区域名,大致相当于现在的“省”。

② 当时元军已逼近都城北门外,迎战、防守、转移都来不及施行。时:当时。北兵:指元军。迫:逼近。修门:指国都的城门,语出《楚辞·招魂》:“魂兮归来,入修门些。”王逸注:“修门,郢城门也。”此时元兵已到宋都临安城北高亭山,离城仅三十里。施:施行,实施。

③ 大小官员都聚集在左丞相吴坚的府邸,没有谁知道能想出什么办法。缙(jìn)绅:古代官宦的装束,这里指官宦。缙:通“搢”,插,指将笏(记事所用手板)插在腰带之中。绅:士大夫束在腰间的大带子。萃(cuì):聚集,会集。

④ 适逢当时双方使者的车马往来频繁,元军邀请我方主持国事的人前去相见。会:适逢,适值。使辙交驰:双方使者车马往来频繁。辙:车轮碾过的痕迹。这里指使者的车。北:指元军方面。当国者:执政掌权的人。

⑤ 大家认为我去一趟就可以舒缓国家的祸患。予:我。纾(shū):解除,舒缓。

⑥ 国事已到如此地步,我也不能顾惜自己了,料想元军还可以用言语来打动。爱:顾惜,偏爱。身:自己。意:料想。以口舌动:用言语来

101

打动。

⑦ 以前,使者奉命往来,并没有被扣留在北方的;我更想察看一下元军的虚实,以便回来谋求救国的计策。初:从前,以前。觇(chān):察看。

⑧ 于是辞去右丞相职位,次日,以资政殿学士的身份前往。相印:丞相的大印,指右丞相职位。不拜:不就任。翌(yì)日:次日。资政殿学士:皇帝的高级顾问。

　　初至北营,抗辞慷慨,上下颇惊动,北亦未敢遽轻吾国①。不幸吕师孟构恶于前,贾余庆献谄于后,予羁縻不得还,国事遂不可收拾②。予自度不得脱,则直前诟虏帅失信,数吕师孟叔侄为逆③。但欲求死,不复顾利害④。北虽貌敬,实则愤怒⑤。二贵酋名曰"馆伴",夜则以兵围所寓舍,而予不得归矣⑥。

【注释】

① 我刚到元军阵营,坚强不屈地慷慨陈辞,元军上下都很震惊,他们也未敢立即轻视我国。北营:指元军阵营。抗辞慷慨:坚强不屈地慷慨陈辞。抗:坚强,刚强。慷慨:激昂的样子。颇:很,十分。北:指元军一方。遽(jù):迅速,立即。

② 不幸的是,先有叛将吕师孟同我结怨,后有贾余庆向敌方献媚,我被羁留不得回国,国家的事情就不可治理了。吕师孟:宋朝驻守襄阳的主将吕文焕之侄。吕文焕投降元军,其侄子吕师孟为兵部侍郎,于德祐元年十二月出使元军,请求称侄纳币,以求和议,元军未许。文天祥曾为此上疏言:"叛逆遗孽不当待以姑息,乞举《春秋》诛乱贼之法。"构恶之事指此。贾余庆:时为同签书枢密院事,知临安府,在文天祥辞去相印后任右丞相,充任祈请使出使元军。据元刘岳申《文丞相传》记载,文天祥出使元军第二天,吴坚、贾余庆等人

便至北营,向元军统帅伯颜递上降表。后元军入临安,贾余庆又逢迎卖国,令学士降诏,要天下州郡归附元朝。羁縻(jī mí):羁留,软禁。收拾:整治。

③ 我自己估量不能脱身,就径直上前痛骂元军统帅不守信用,指责吕师孟叔侄的叛国行径。度(duó):揣度,估量。脱:脱身。直:径直。诟(gòu):骂。虏帅:指元军统帅伯颜。数(shǔ):指责,揭露。

④ 只想求得一死,不再考虑个人的利害。但:只是。

⑤ 元军虽然表面尊敬,其实却很愤怒。貌敬:表面尊敬。

⑥ 派来的两个重要头目名义上是在宾馆陪伴的人,夜里却用兵包围了我的住所,我便不能回国了。二贵酋:指元军头目万户蒙古岱、宣抚索多。馆伴:在宾馆中陪伴的人。

未几,贾余庆等以祈请使诣北,北驱予并往,而不在使者之目①。予分当引决,然而隐忍以行②。昔人云:"将以有为也③"。至京口,得间奔真州,即具以北虚实告东西二阃,约以连兵大举,中兴机会,庶几在此④。留二日,维扬帅下逐客之令⑤。不得已,变姓名,诡踪迹,草行露宿,日与北骑相出没于长淮间⑥。穷饿无聊,追购又急,天高地迥,号呼靡及⑦。已而得舟,避渚洲,出北海⑧。然后渡扬子江,入苏州洋,展转四明、天台,以至于永嘉⑨。

【注释】

① 不久,贾余庆等以祈请使的身份赴元朝大都,元军逼我一同前往,但不在使者的名单。未几:不久。祈请使:奉表请降、祈求元帝保存宋朝社稷的使节。诣:前往。北:指元大都(今北京)。德祐二年二月初五,元使者入临安封府库。初六日,已经投降的宋恭帝赵㬎还派遣贾余庆、吴坚等人充任祈请使,赴大都。目:这里指名单。

② 我按照职分理当自杀,然而还是忍辱前去。分(fèn):职分。当:理

103

当,应当。引决:自杀。隐忍:隐含耻辱,不露真情。

③ 古人所说:"将趁此有所作为。"这里的"古人"指的是唐朝名将南霁云。韩愈《张中丞传后叙》:"城陷,贼以刃胁降巡,巡不屈,即牵去,将斩之;又降霁云,云未应,巡呼云曰:'南八!男儿死耳,不可为不义屈!'云笑曰:'欲将以有为也。公有言,云敢不死!'即不屈。"

④ 到京口,得到一个机会逃往真州,当即将元军的虚实情况全部告知淮东、淮西两位边防统帅,与他们约定联兵,大举抗元,国家中兴的机会,有可能就在此一举了。京口:在今江苏镇江。间(jiàn):空隙,机会。真州:今江苏仪征。具:备,全部。东西二阃(kǔn):指淮东、淮西两个制置使。阃:边帅,是在朝廷外管理军务的长官。当时淮东制置使为李庭芝,淮西制置使为夏贵。文天祥到真州时,夏贵已降元。因交通不便,文天祥不知,还想约他们联兵抗元。庶几:也许,有可能。

⑤ 留住了两天,驻守维扬的统帅李庭芝竟下了逐客令。维扬:在今扬州。文天祥逃到真州,李庭芝误认为文天祥到真州说降,派人令安抚使苗再成杀掉文天祥,苗不忍,打开城门放他逃走。

⑥ 无可奈何,只有改变姓名,隐藏踪迹,在草丛中行走,在露天里住宿,每日为躲避元军的骑兵出没于淮河一带。不得已:无可奈何。变姓名:改变姓名。文天祥当时改名刘洙。诡(guǐ)踪迹:隐藏踪迹。诡:诡诈,隐藏。草行露宿:在草丛中行走,在露天里住宿。北骑(jì):指元军。长淮:即淮河,现江苏中部长江以北地区。

⑦ 困窘饥饿,无所依靠,而元军悬赏追捕又很紧急,天高地远,就是大声呼喊也无济于事。穷:困窘。无聊:无依无靠。追购:追捕。购:悬赏。迥(jiǒng):远。号呼:大声呼喊。靡(mǐ)及:达不到。指呼天不应,呼地不灵。靡:无。及:至,到。

⑧ 后来,得到船,避开江中的沙洲,出淮海。因沙洲已被元军占据,故绕道北行。已而:后来。北海:淮海,指长江口以北的海面。

⑨ 扬子江:长江自扬州以下旧称扬子江。苏州洋:指今上海附近一带

104

的海面。展转:转移不定。四明:在今浙江宁波。天台:在今浙江天台。永嘉:在今浙江温州。

呜呼!予之及于死者不知其几矣①!诋大酋当死②;骂逆贼当死③;与贵酋处二十日,争曲直,屡当死④;去京口,挟匕首以备不测,几自刭死⑤;经北舰十余里,为巡船所物色,几从鱼腹死⑥;真州逐之城门外,几彷徨死⑦;如扬州,过瓜州扬子桥,竟使遇哨,无不死⑧;扬州城下,进退不由,殆例送死⑨;坐桂公塘土围中,骑数千过其门,几落贼手死⑩;贾家庄几为巡徼所陵迫死⑪;夜趋高邮,迷失道,几陷死⑫;质明避哨竹林中,逻者数十骑,几无所逃死⑬;至高邮,制府檄下,几以捕系死⑭;行城子河,出入乱尸中,舟与哨相后先,几邂逅死⑮;至海陵,如高沙,常恐无辜死⑯;道海安、如皋,凡三百里,北与寇往来其间,无日而非可死⑰;至通州,几以不纳死⑱;以小舟涉鲸波出,无可奈何,而死固付之度外矣⑲!呜呼!死生,昼夜事也⑳,死而死矣,而境界危恶,层见错出,非人世所堪㉑。痛定思痛,痛何如哉㉒!

【注释】

① 我到达死亡的边缘不知有多少次了!几:几回。

② 辱骂元军统帅我就应当死。诋(dǐ):辱骂。大酋:指元军统帅伯颜。即前文所言"直前诟虏帅失信"一事。

③ 逆贼:指吕文焕、吕师孟。

④ 贵酋:指上文提到的"馆伴"的"二贵酋"。争曲直:争论是非。屡:多次,数次。

⑤ 离开京口,带着匕首以防意外,几乎要自杀而死。去:离开。挟:带。几自刭(jǐng):几乎自杀。刭:刀割脖子。文天祥在逃亡中准备了匕首,用于危急时自杀,以免被俘。

105

⑥ 经过元人兵舰停泊的地方十余里，被巡逻船只搜寻，几乎投江喂鱼而死。北舰：元军兵舰。物色：搜寻。从鱼腹：指投水自杀，葬身鱼腹。

⑦ 真州守将把我逐出城门之外，几乎彷徨而死。彷徨：指游移不定，不知去向。

⑧ 如：往。瓜州：在扬州南长江边。扬子桥：即扬子津，在今扬州城南。竟使：假使，如果。遇哨：遇上元军哨兵。无不死：没有不死的。

⑨ 进退不由自主，无路可走，几乎类似送死。不由：不由自主。殆：几乎。例：类似。

⑩ 坐在桂公塘残存的土墙里，元军数千骑兵从门前经过，几乎落到贼兵手中而死。桂公塘：扬州城西的小山丘。土围：指徒有四壁的残破民房。

⑪ 贾家庄：在今扬州城北。几为巡徼(jiǎo)所陵迫死：几乎被巡察的哨兵欺凌迫害而死。巡徼：这里指扬州宋军担任巡察的人。

⑫ 夜晚奔向高邮，迷失道路，几乎陷入死境。高邮：在今江苏高邮。

⑬ 质明：天亮的时候。质：正。避哨竹林中：在竹林中躲避巡逻的哨兵。逻者：元军哨兵。几无所逃死：几乎无法逃脱死。

⑭ 到了高邮，制置使官署发布了通缉文告，我几乎因为被抓捕而死。制府：指淮东制置使的官署。檄(xí)：用于声讨的文书，这里指通缉文告。

⑮ 经过城子河，在乱尸中出入，我乘的船和敌方哨兵的船前后行进，几乎与之不期而遇被杀死。城子河：在今高邮东南。邂逅(xiè hòu)：不期而遇。文天祥经过城子河的前一天，宋军与元军在此交战，宋军获胜，元军积尸遍野，水中流尸不绝。文天祥到此之前，元军又来过，但双方未相遇。

⑯ 到海陵，往高沙，常担心无罪而死。海陵：在今江苏泰州。如：往。高沙：在今高邮西部。辜：罪。

⑰ 道：取道。海安：在今江苏海安。如皋：在今江苏如皋。凡：总计。

106

北:元军。无日而非可死:没有一天不可死。非:不。

⑱ 到通州,几乎因为不被收留而死。通州:在今江苏南通。文天祥至通州,通州守军不让进城,后得知元军正在追捕他,才接他进城。

⑲ 依靠一条小船渡过惊涛骇浪,出于无可奈何,而死本来置之度外了。以:依靠,凭借。鲸波:指海上巨浪。固:本来。付之度外:指放置在思虑之外。

⑳ 死生,不过是昼夜之间的事。

㉑ 死就死了吧,可是像我这样处境险恶,而且层出不穷,实在不是人世间所能忍受的了的。境界:境地,处境。危恶:险恶。层见错出:一件件交错出现。非人世所堪:不是人世间所能忍受的。

㉒ 痛苦平静以后,再去回想当时的痛苦,悲痛到何种程度啊! 定:安定,平静。

予在患难中,间以诗记所遭①。今存其本,不忍废道中,手自抄录②。使北营,留北关外,为一卷③;发北关外,历吴门、毗陵,渡瓜州,复还京口,为一卷④;脱京口,趋真州、扬州、高邮、泰州、通州,为一卷⑤;自海道至永嘉、来三山,为一卷⑥。将藏之于家,使来者读之,悲予志焉⑦。

【注释】

① 间(jiàn):间或,有时。所遭:遇到的事情。

② 本:稿本。废:毁弃。道中:在逃亡途中。手自:亲自,亲手。

③ 将出使元军军营,被扣留在北关外的部分,作为一卷。北关外:指元军驻地高亭山。

④ 发:出发。历:经历。吴门:在今江苏苏州。毗(pí)陵:在今江苏常州。复还京口:二月十九日,文天祥和诸祈请使一道从镇江到瓜州,见元军元帅阿术,又返回镇江,试图脱逃,故为"复还京口"。京口,

在今镇江。

⑤ 脱:逃出。

⑥ 三山:福州的别称。福州城中有闽山、越王山、九仙山三座山。

⑦ 来者:后人。悲:同情,哀悯。志:心志。

　　呜呼! 予之生也幸,而幸生也何所为①? 求乎为臣,主辱,臣死有余僇②;所求乎为子,以父母之遗体行殆,而死有余责③。将请罪于君,君不许④;请罪于母,母不许;请罪于先人之墓⑤。生无以救国难,死犹为厉鬼以击贼,义也⑥;赖天之灵、宗庙之福,修我戈矛,从王于师,以为前驱⑦,雪九庙之耻,复高祖之业⑧,所谓"誓不与贼俱生",所谓"鞠躬尽力,死而后已",亦义也⑨。嗟夫! 若予者,将无往而不得死所矣⑩。向也,使予委骨于草莽,予虽浩然无所愧怍,然微以自文于君亲,君亲其谓予何⑪? 诚不自意返吾衣冠,重见日月,使旦夕得正丘首,复何憾哉! 复何憾哉⑫!

　　是年夏五,改元景炎,庐陵文天祥自序其诗,名曰《指南录》⑬。

【注释】

① 我能活下来算是幸运的,而幸运地活下来又为了什么呢? 幸:侥幸。幸运。

② 要求做一个忠臣,国君受到侮辱,做臣子的死有余辜。僇(lù):罪。

③ 要求做一个孝子,用自己的身体去冒险,即使死了仍有罪责。遗体:儒家倡导孝道,自己的身体是父母所生,因称自己是父母的"遗体",应该爱惜。《孝经·开宗明义章》:"身体发肤,受之父母,不敢毁伤,孝之始也。"行殆:行动于危险之中,冒险。殆:危险。

④ 许:答应。

⑤ 先人:祖先。

108

⑥ 活着的时候无法拯救国难,死后也要变成恶鬼去杀敌,是义。厉鬼:凶恶的鬼。

⑦ 依靠上天的神灵、祖宗的福泽,修整我的武器,跟随君王在军队效力,做王师的先锋。修:修整。戈矛:武器。从王于师:跟随国君在军队效力。以为前驱:做王师的先锋。《诗经·秦风·无衣》:"王于兴师,修我戈矛,与子同仇。"《诗经·卫风·伯兮》:"伯也执殳,为王前驱。"此处活用了上述诗句。

⑧ 洗雪朝廷的耻辱,恢复高祖开创的伟业。九庙:指宋太祖建立宋朝至钦宗共九朝皇帝。徽宗、钦宗被俘,汴梁沦陷,所以为"九庙之耻"。高祖:指宋太祖赵匡胤,公元960年至975年在位。

⑨ 即古人所说:"誓不与贼共存","恭敬谨慎地竭尽全力,到死方休",也是义。诸葛亮《后出师表》:"先帝虑汉贼不两立,王业不偏安,故托臣以讨贼也。臣鞠躬尽瘁,死而后已。"鞠躬:恭敬谨慎的样子。瘁(cuì):过度劳累。已:停止,罢休。

⑩ 像我这样的人,没有什么地方不是我合适的死地。指自己可以随时随地心安理得地面对死亡。

⑪ 以前,假如我将尸骨抛弃在荒野里,我虽然正大刚直而问心无愧,然而不能自己掩饰对国君、父母的过失,国君和父母会怎样责备我呢?向:以前。草莽:荒野。浩然:正大刚直。愧怍(zuò):惭愧。微:无。文:掩饰。

⑫ 确实没有料到自己能够回朝任职,重见皇帝,如果我旦夕之间能死于自己向往的故国,还有什么遗憾呢!还有什么遗憾呢!诚:确实。意:料想。衣冠:指官员的服装。日月:指皇帝。德祐二年五月,宋端宗赵昰(shì)即位于福州,改年号为景炎。任命文天祥为右丞相,枢密使。正丘首:据说狐狸死的时候,其头部正对着自己的巢穴,表明依恋故土。《礼记·檀弓上》:"古之人有言曰:狐死正丘首,仁也。"

⑬ 夏五:夏季五月。语出《春秋·桓公十四年》:"夏五,郑伯使其弟御

来盟。"自序其诗:为自己的诗集作序。名:题名。

【评析】

处于南宋末年的文天祥注定要在抵抗与投降之间进行生死的抉择。作为南宋的丞相,他忍辱负重,冒死出使,怒斥敌酋,鞭挞叛徒,后来羁留不归,求死不得,只能隐忍以行,将以有为。乘间逃奔之后,草行露宿,备受磨难,置之死地不知凡几,终于得以返回,继续抗元。在历史的转折关头,他竭尽所能,挽狂澜于既倒,知其不可而为之,为国家社稷贡献了自己的一切。

文天祥被俘后送到大都,元丞相博罗问他:"既知其不可,何必为?"他回答说:"父母有疾,虽不可为,无不用医药之理。不用医药者,非人子也。"(见元刘岳申《文丞相传》)文天祥死后,人们在他的衣带里发现了这样的话:"孔曰'成仁',孟曰'取义'。惟其义尽,所以仁至。读圣贤书,所学何事?而今而后,庶几无愧。"(见《文山先生全集》)如此视祖国如父母,可谓情真意切;舍生命取仁义,堪称志士楷模。他的丹心照汗青,忠魂感天地,爱国精神永世长存!

第三单元

一、勾践灭吴

《国语》

【题解】

本文选自《国语·越语上》，题目是后加的。勾践，春秋时期越王允常之子。越王允常与吴王阖庐相怨而相互攻伐。允常死，吴国乘越国办丧事之机伐越，但为勾践所败，阖庐因伤而死。三年后（公元前494年）阖庐之子吴王夫差奉父遗命伐越，大败越军。勾践率残军五千人暂避会稽山上，忍辱求和，卑事夫差，十年生聚，十年教训，终于消灭吴国，报仇雪耻。

《国语》共二十一卷，是我国古代最早的一部国别史，记载了从周穆王伐犬戎到周贞定王十六年（公元前453年）晋三家灭智伯，长达五百多年的史实。按周、鲁、齐、晋、郑、楚、吴、越八国编次（其中晋国历史记载最多），分别反映了当时的政治、经济、军事、文化、礼俗等方面的情况，具有很高的史学价值。其作者没有定论，司马迁、班固都认为是左丘明所作，但后世颇多争议。

前人认为，《国语》和《左传》都为解释《春秋》而作，其实二者有很大不同。《国语》重在记言,《左传》重在记事,内容也有异同,但二者可相互参证,相互补充。《国语》的语言朴实精练,对话生动传神,说理严谨缜密,具有较高的文学价值。书中所体现的思想,以儒家为主,也间有法家和道家思想。

《国语》古代注本主要有清洪亮吉撰《国语韦昭注疏》,清董增龄撰《国语正义》,近人徐元诰撰《国语集解》等,可供参考。

越王勾践栖于会稽之上,乃号令于三军曰①:"凡我父兄昆弟及国子姓,有能助寡人谋而退吴者,吾与之共知越国之政②。"大夫种进对曰③:"臣闻之贾人,夏则资皮,冬则资绤,旱则资舟,水则资车,以待乏也④。夫虽无四方之忧,然谋臣与爪牙之士,不可不养而择也⑤。譬如蓑笠,时雨既至,必求之⑥。今君王既栖于会稽之上,然后乃求谋臣,无乃后乎⑦?"勾践曰:"苟得闻子大夫之言,何后之有⑧?"执其手而与之谋⑨。

【注释】

① 会稽(kuài jī):山名,在今浙江绍兴东南。号令:传达命令。

② 凡是我的父辈兄弟以及同姓子民,有能协助我出谋划策使吴兵撤退的,我就与他共同掌管越国的政权。昆弟:兄弟。国子姓:国君的同姓,此泛指子民、百姓。知:掌管。

③ 种:文种,越国大夫,是帮助勾践灭吴的主要谋臣之一,后被勾践所杀。进:上前。

④ 贾(gǔ)人:商人。资:积蓄,储存。皮:皮毛,指羊皮衣等御寒货物。绤(chī):细葛布。待:防备。乏:匮乏,短缺。

⑤ 四方之忧:指四邻各国的入侵。爪牙之士:勇猛的将士。养而择:培养并选用。

⑥ 蓑笠:蓑衣和斗笠。时雨:顺应季节之雨。

⑦　恐怕太迟了吧？

⑧　苟：如果。何后之有：有何后，有什么迟缓呢？

⑨　勾践拉着文种的手而与他谋划。

　　遂使之行成于吴①，曰："寡君勾践乏无所使，使其下臣种，不敢彻声闻于天王，私于下执事曰②：寡君之师徒，不足以辱君矣，愿以金玉、子女赂君之辱③。请勾践女女于王，大夫女女于大夫，士女女于士，越国之宝器毕从④。寡君帅越国之众，以从君之师徒，唯君左右之⑤！若以越国之罪为不可赦也，将焚宗庙，系妻孥，沈金玉于江⑥，有带甲五千人将以致死，乃必有偶，是以带甲万人事君也，无乃即伤君王之所爱乎⑦？与其杀是人也，宁其得此国也，其孰利乎⑧？"

【注释】

①　行成：求和，议和。

②　我国君王勾践缺乏人才，派遣他的下臣文种来，不敢直接对吴王表达求和的意愿，私下对下级办事人员说。乏：缺乏人才。彻声：讲话，表达意愿。天王：指吴王。下执事：下级办事人员。这是表达敬畏的外交辞令。

③　我国君王的军队，不值得辱劳您来亲自讨伐，愿意用金玉、子女来慰劳吴王屈尊光临越国。师徒：军队。辱：辱劳。赂：慰劳。辱：辱临，屈尊。

④　前一"女"：女儿。后一"女"：做侍妾。毕从：全部随从，全部带来。

⑤　我国君王将率领越国民众，跟随大王的军队，希望您随意处置他们。左右：支配，处置。

⑥　如果认为越国的罪过是不能赦免的，我们将焚烧宗庙，捆绑妻子儿女，连同金玉珠宝一同沉入江中。不可赦：不能赦免，即不愿意议

和。系:捆绑。孥(nú):子女。

⑦　我们还有将士五千人拼死抵抗,一定有双倍的战斗力,因此将有将士万人与君王作战,恐怕就会伤害君王喜爱的子女、金玉吧?致死:拼死。有偶:有双倍的战斗力。事君:侍奉您。即与吴王作战。无乃:恐怕。所爱:指子女、金玉。

⑧　与其杀死这些人,宁可得到这个国家,其中哪个有利呢?孰:哪个。

　　夫差将欲听与之成①。子胥谏曰②:"不可!夫吴之与越也,仇雠敌战之国也③。三江环之,民无所移,有吴则无越,有越则无吴,将不可改于是矣④。员闻之,陆人居陆,水人居水⑤。夫上党之国,我攻而胜之,吾不能居其地,不能乘其车;夫越国,吾攻而胜之,吾能居其地,吾能乘其舟⑥。此其利也,不可失也已,君必灭之⑦。失此利也,虽悔之,必无及已⑧。"

【注释】

①　夫差将听从文种的话,要与越国议和。

②　子胥(xū):姓伍,名员(yún),本楚国大夫,因避难来到吴国,吴王任用他为"行人",主管朝觐聘问之事。曾率吴军攻破楚都,后被夫差赐死。

③　仇雠(chóu):互相仇恨。敌战:敌对征战。

④　三江:指吴淞江、钱塘江、浦阳江。环:环绕。是:此。指"有吴则无越,有越则无吴"的敌对状况。

⑤　陆地的人习惯于居住陆地,水乡的人习惯于居住水乡。

⑥　上党之国:指居住在北方中原的齐、鲁、晋、郑等诸侯国。上:高地。党:处所。舟:船。

⑦　这就是其中的利益,不可丢失时机啊,君王一定要消灭越国。利:有利时机。

114

⑧　虽：即使。无及：来不及。已：作用同"矣"。

越人饰美女八人,纳之太宰嚭①,曰:"子苟赦越国之罪,又有美于此者将进之②。"太宰嚭谏曰:"嚭闻古之伐国者,服之而已。今已服矣,又何求焉③?"夫差与之成而去之④。

【注释】

① 越国人盛装打扮了八名美女,把她们进献给太宰嚭(pǐ)。太宰:相当于宰相。嚭:伯嚭。纳:进献。

② 苟:如果。进:奉送。

③ 服之:使之降服。何求:求何,要求什么呢?

④ 去之:撤离越国。去:离开。

勾践说于国人曰①:"寡人不知其力之不足也,而又与大国执雠,以暴露百姓之骨于中原,此则寡人之罪也②。寡人请更③。"于是葬死者,问伤者,养生者,吊有忧,贺有喜,送往者,迎来者,去民之所恶,补民之不足④。然后卑事夫差,宦士三百人于吴,其身亲为夫差前马⑤。

【注释】

① 勾践向越国百姓谢罪说。说:解释,此处为谢罪。

② 执雠:结怨,结仇。以暴露百姓之骨于中原:使得百姓在中原暴露骨骸,即死在中原。则:就是。

③ 我请求改正错误。更:改。

④ 问:慰问,养:抚恤。吊:祭奠,安慰。恶(wù):厌恶。不足:匮乏。

⑤ 卑事:卑身事奉,指降低身份服侍吴王夫差。宦士三百人于吴:即带领三百人到吴国当奴仆。宦士:奴仆,当奴仆。前马:前驱,马前卒。

115

勾践之地,南至于句无,北至于御儿,东至于鄞,西至于姑蔑,广运百里①。乃致其父母昆弟而誓之曰②:"寡人闻古之贤君,四方之民归之,若水之归下也③。今寡人不能,将帅二三子夫妇以蕃④。"令壮者无取老妇,令老者无取壮妻⑤。女子十七不嫁,其父母有罪;丈夫二十不娶,其父母有罪。将免者以告,公令医守之⑥。生丈夫,二壶酒,一犬⑦;生女子,二壶酒,一豚⑧。生三人,公与之母⑨;生二人,公与之饩⑩。当室者死,三年释其政⑪;支子死,三月释其政,必哭泣葬埋之,如其子⑫。令孤子、寡妇、疾疹、贫病者,纳宦其子⑬。其达士,洁其居,美其服,饱其食,而摩厉之于义⑭。四方之士来者,必庙礼之⑮。勾践载稻与脂于舟以行,国之孺子之游者,无不餔也,无不啜也,必问其名⑯。非其身之所种则不食,非其夫人之所织则不衣⑰。十年不收于国,民俱有三年之食⑱。

【注释】

① 句(gōu)无:山名,在今浙江诸暨南。御儿(ní):在今浙江桐乡西南。鄞(yín):在今浙江宁波东南。姑蔑:在今浙江衢州北。广运:纵横。东西为广,南北为运。

② 于是召集越国的父老兄弟并向他们发誓。致:召集。誓:发誓。

③ 归:归附,依附。

④ 帅:率领。二三子:各位,诸位。蕃:繁衍,繁殖人口。

⑤ 取:娶。在这个意义上后来写做"娶"。

⑥ 妇女将要分娩要报告官府,官府派医生守护。免:分娩。在这个意义上后来写做"娩"。公:官府。

⑦ 生了男孩,奖赏两壶酒,一只狗。

⑧ 生了女孩,奖赏两壶酒,一只小猪。豚:小猪。

⑨ 生三胞胎,官府给她提供乳母。母:乳母。

⑩ 生双胞胎,官府给她提供粮食。饩(xì):粮食。

⑪　嫡长子死了，官府免除他家三个月的赋税。当室者：嫡长子，正妻所生的大儿子，家族的继承人。释其政：免除他的赋税徭役。政：通"征"，指赋税徭役。

⑫　支子：嫡长子以下的嫡子及庶子。如其子：像对待自己的儿子一样。

⑬　下令孤儿、寡妇、患病、贫穷的人，他们的儿子由官府收养安排。疾疹（chèn）：患病者。疹：疾病。纳：官府收养。宦：官府安排做事。

⑭　对于越国的贤达人士，官府使他们的居处整洁，服饰华美，食物丰盛，用道义来激励他们。达士：知名人士。摩厉：鼓励，激励。

⑮　庙礼之：在宗庙行礼欢迎他们。以示尊重。

⑯　稻与脂：指米和肉。孺子之游者：在外游学的年轻人。孺子：年轻人。餔（bǔ）：吃。歠（chuò）：喝。必问其名：一定询问他们的姓名。以示关怀，以备选用。

⑰　不是亲身耕种的粮食就不吃，不是夫人亲身纺织的衣服就不穿。衣：穿。

⑱　官府十年不向百姓征收赋税，百姓全部有三年的口粮。俱：都，全部。

　　国之父兄请曰："昔者，夫差耻吾君于诸侯之国，今越国亦节矣，请报之①。"勾践辞曰："昔者之战也，非二三子之罪也，寡人之罪也。如寡人者，安与知耻②？请姑无庸战③。"父兄又请曰："越四封之内，亲吾君也，犹父母也④。子而思报父母之仇，臣而思报君之仇，其有敢不尽力者乎？请复战⑤！"勾践既许之，乃致其众而誓之曰："寡人闻古之贤君，不患其众之不足也，而患其志行之少耻也。今夫差衣水犀之甲者亿有三千，不患其志行之少耻也，而患其众之不足也⑥。今寡人将助天灭之。吾不欲匹夫之勇也，欲其旅进旅退也⑦。进则思赏，退则思刑，如此则有常赏⑧。进不用命，退则无耻，如此则有常刑⑨。"果行，国人皆劝⑩。父勉其子，兄

117

勉其弟,妇勉其夫。曰:"孰是君也,而可无死乎⑪?"是故败吴于
囿,又败之于没,又郊败之⑫。

【注释】

① 从前,夫差使我们的君主在诸侯各国面前蒙受耻辱,现在越国的一
切已走上正轨,请允许我们为君主报仇雪耻吧! 耻:受辱。节:有节
度、有条理。指越国政治经济已经得以恢复,步入正轨。报:报仇。

② 像我这样的人,哪里能够与大家一样知道耻辱呢?

③ 请大家暂且不要作战。姑:暂且。无庸:不用,不要。

④ 越国四方边境之内,亲近我们的君主,就像亲近父母一样。封:疆,
疆界。

⑤ 复:再。

⑥ 我听说古代的贤君,不担忧他的士卒不够多,而担忧士卒们的志向
行为缺少廉耻。现在夫差有穿水犀铠甲的兵士十万三千人,他不担
忧士兵的志向行为缺少廉耻,而担忧士卒不够多。亿有三千:十万
三千。亿:十万。东汉以前十万曰亿。

⑦ 我不希望士兵逞一般人的血气之勇,而希望军队共同前进,共同后
退。旅:同,俱。

⑧ 前进就想着奖赏,败退就想着刑罚,这样就有经常固定的奖赏。

⑨ 前进不遵守命令,败退而无羞耻心,这样就有经常固定的刑罚。

⑩ 劝:鼓励。

⑪ 谁能像我们这样的国君,我们能不为他效死吗?

⑫ 囿(yòu):笠泽,在今吴淞江一带。没:吴地,今不详。郊:吴都姑苏
(今江苏苏州)城郊。

　　夫差行成,曰:"寡人之师徒,不足以辱君矣。请以金玉、子女
赂君之辱。"勾践对曰:"昔天以越予吴,而吴不受命;今天以吴予

越,越可以无听天之命,而听君之令乎①?吾请达王甬、句东,吾与君为二君乎②!"夫差对曰:"寡人礼先壹饭矣③。君若不忘周室,而为弊邑宸宇,亦寡人之愿也④。君若曰:'吾将残汝社稷,灭汝宗庙。'寡人请死。余何面目以视于天下乎?越君其次也⑤!"遂灭吴。

【注释】

① 以前上天把越国给予吴国,吴国不接受天命;现在上天把吴国给予越国,越国能够不接受上天之命,而听您的命令吗?不受命:不接受天命。

② 我要把您送到甬和句的东面,我与您仍然算是两国君王吧?甬:在今浙江定海。句:在今浙江慈溪西南。

③ 我在礼节上从前对越王已经有过小小的恩惠。壹饭:表示小小的恩惠。指吴国以前曾经允许越国求和。

④ 君王如果不忘周朝,而作为我们吴国的庇护,也是我的愿望啊。不忘周室:吴国始祖太伯、太伯弟仲雍,为周太王之子,周文王父王季的兄长,周、吴同姓,因此夫差这样说。弊邑:对自己国家的谦称。宸宇:屋檐,这里指庇护。

⑤ 君王如果说:"我将要摧残你的国家,消灭你的宗庙,"我就自杀。我还有什么脸面再见天下呢?越君请您进驻吧!视:见。次:驻扎,进驻。

【评析】

越王勾践在公元前494年败退会稽,忍辱求和,到公元前473年消灭吴王夫差,前后经过二十余年时间。其间,越王勾践卧薪尝胆,反躬自省,卑事夫差,抚慰民众,休养生息,富国强兵,凝聚民心,同仇敌忾,终于一举灭吴。正好应验了伍员"越十年生聚,而十年教

119

训,二十年之外,吴其为沼乎"(《左传·哀公元年》)的预言。

越王勾践奋发有为、复兴国家的毅力和精神,一直教育和鼓舞着后人。灾难深重的中华民族在近代史上饱受帝国主义的侵略、压迫和蹂躏,直到今天,《国歌》仍在时时警示我们:"中华民族到了最危险的时候!"作为中华儿女必须牢记责任,艰苦奋斗,抓住机遇,埋头苦干,为中华民族的崛起振兴而不懈努力!

二、公 输

《墨子》

【题解】

本文选自墨翟《墨子·公输》。公输,即公输盘(bān),鲁班,是战国时鲁国有名的能工巧匠。

墨翟(约公元前470—前392年),即墨子,战国初期鲁国人,出身于小手工业生产者阶层,是墨家学派的宗师。

墨子背周道而用夏政,推崇夏禹治水,身为民先,倡导身体力行、艰苦奋斗的精神。他认为治理国家必须废除贵族世袭制度,重用贤能之人,提出"尚贤";指出天子百姓都必须是非同一,赏罚同一,提出"尚同"。认为天下战乱,是"起不相爱",提出"兼爱";反对争权夺利的不义战争,提出"非攻"。指责统治者的奢华浪费,提出"节用";反对厚葬久丧之风,提出"节葬"。厌恶贵族们纵情声色,提出"非乐";反对天命说,提出"非命"。同时,墨子对教育也非常重视,强调学习环境的影响,坚持实践第一的原则,有三百弟子相随周游各国,再传三传弟子满天下。虽然他主张尊天事鬼,有迷信色彩,但是其主要学说都具有时代的进步意义,对后世产生了积极影响。

《墨子》一书,是墨子及其后学所作。《汉书·艺文志》著录了七十一篇文章,今传五十三篇,其余大多散佚,或有目无文。《墨子》善于取譬,长于推理,雄辩有力,真切动人,具有独特风格。清代孙诒让的《墨子间诂》可供参考。

公输盘为楚造云梯之械,成,将以攻宋①。子墨子闻之,起于齐,行十日十夜而至于郢,见公输盘②。公输盘曰:"夫子何命焉为③?"子墨子曰:"北方有侮臣者,愿借子杀之④。"公输盘不说⑤。子墨子曰:"请献十金⑥。"公输盘曰:"吾义固不杀人⑦!"子墨子起,再拜,曰:"请说之⑧。吾从北方,闻子为梯,将以攻宋。宋何罪之有⑨?荆国有余于地,而不足于民⑩。杀所不足而争所有余,不可谓智;宋无罪而攻之,不可谓仁;知而不争,不可谓忠⑪;争而不得,不可谓强⑫;义不杀少而杀众,不可谓知类⑬。"公输盘服⑭。

【注释】

① 云梯之械:云梯这种器械。云梯:攻城的器械,极言其高,故称"云梯"。将以攻宋:将用它来攻打宋国。

② 子墨子:即墨翟。前一个子是对老师的敬称。因为《墨子》是墨翟的弟子或墨家后学所记录,故称墨翟为子墨子。起:起身,出发。郢(yǐng):楚国都城,在今湖北江陵东南。

③ 先生有什么教诲呢?夫子:古代对男子的敬称,相当于"先生"。何命焉为:为何命,意思是有何教诲。

④ 臣:我。古人对人客气时自称臣,表示谦恭。愿:希望。借:凭借。子:你,古代对人的尊称。

⑤ 说(yuè):高兴,愉快。在这个意义上后来写做"悦"。

⑥ 献:送。指送上杀人的报酬。

⑦ 我按照道义绝不杀人。义:道义,按照道义。固:坚决。

⑧ 请说之:请让我就此说几句。说:解释,说明。

⑨ 宋国有什么罪过呢? 何罪之有:有什么罪过?

⑩ 荆国:楚国。余:多余。足:够。

⑪ 知道这个道理而不据理力争,不能叫忠诚。争:据理力争。

⑫ 据理力争而没有结果,不能叫刚强。不得:没有结果。

⑬ 按照道义不杀一个人而要杀很多的人,不能叫知道类推事理。知
类:知道类推事理。

⑭ 服:被说服。

子墨子曰:"然,胡不已乎①?"公输盘曰:"不可,吾既已言之
王矣②。"子墨子曰:"胡不见我于王③?"公输盘曰:"诺。"子墨子
见王,曰:"今有人于此,舍其文轩,邻有敝舆而欲窃之④;舍其锦
绣,邻有短褐而欲窃之⑤;舍其粱肉,邻有糠糟而欲窃之⑥。此为
何若人⑦?"王曰:"必为窃疾矣⑧。"子墨子曰:"荆之地方五千里,
宋之地方五百里,此犹文轩之与敝舆也⑨;荆有云梦,犀兕麋鹿满
之,江汉之鱼鳖鼋鼍为天下富,宋所谓无雉兔鲋鱼者也,此犹粱肉
之与糠糟也⑩;荆有长松、文梓、梗、楠、豫章,宋无长木,此犹锦绣
之与短褐也⑪。臣以王之攻宋也,为与此同类⑫。"王曰:"善哉!
虽然,公输盘为我为云梯,必取宋⑬。"

【注释】

① 这样,怎么不停止攻宋呢? 然:这样。胡:怎么,为什么。已:停止。

② 既已:已经。言:告诉。王:指楚王。

③ 怎么不向楚王引见我呢? 见(xiàn)我于王:向楚王引见我。

④ 舍:舍弃。文轩:有文采的车子。文:文采。敝舆:破车。窃:盗
窃,偷。

122

⑤　锦绣:指华丽的衣裳。短褐(hè):粗布短袄。

⑥　梁肉:细粮和肉食,指好饭好菜。糠糟(zāo):即糟糠,指穷人用来
充饥的酒渣、糠皮等粗劣食物。

⑦　这是怎样的人?何若:怎样。

⑧　窃疾:盗窃的疾病。

⑨　地方:土地方圆。与:比。

⑩　云梦:楚国的大泽,跨长江南北,包括现在的洞庭湖和长江北岸的洪
湖、白鹭湖等一大片断断续续的湖沼。犀(xī):犀牛。兕(sì):独角
犀牛。麋(mí):似鹿而较大。江汉:长江和汉水。鳖(biē):甲鱼。
鼋(yuán):比鳖大,俗叫癞头鼋。鼍(tuó):也叫猪龙婆,鳄鱼的一
种。为天下富:是天下最富有的地方。雉:野鸡。鲋鱼:鲫鱼。

⑪　长松:即松树。文梓(zǐ):落叶乔木,因纹理细密,所以叫文梓,木材
可供建筑及器具之用。楩(pián):黄楩木。楠:楠木,是贵重的建筑
材料。豫章:樟树,木材坚固细致,可制器具。长木:大树。

⑫　与此同类:与那个患有偷窃疾病的人是一样的。

⑬　虽然:虽然如此。取:夺取,占领。

于是见公输盘①。子墨子解带为城,以牒为械②。公输盘九
设攻城之机变,子墨子九距之③。公输盘之攻械尽,子墨子之守圉
有余④。公输盘诎⑤,而曰⑥:"吾知所以距子矣,吾不言⑦。"子墨
子亦曰:"吾知子之所以距我,吾不言⑧。"楚王问其故,子墨子曰:
"公输盘之意,不过欲杀臣⑨。杀臣,宋莫能守,可攻也⑩。然臣之
弟子禽滑厘等三百人,已持臣守圉之器,在宋城上而待楚寇矣⑪。
虽杀臣,不能绝也⑫。"楚王曰:"善哉!吾请无攻宋矣⑬。"

【注释】

①　见:召见。

② 解带为城:解下衣带围起来当做一座城。以牒为械:用小木片当防御器械。牒(dié):小木片。

③ 九:表多次。设:设置。机变:随机应变的攻城方法。距:通"拒",抵御,抵抗。

④ 守圉(yù):守卫抵御。圉:通"御",抵御。

⑤ 诎(qū):通"屈",穷竭,没有办法。

⑥ 而:却,但是。

⑦ 我知道怎样对付你了,我不说。距:通"拒",抵抗,这里作对付讲。

⑧ 我也知道你怎样对付我,我也不说。

⑨ 公输先生的意思,不过是想要杀了我。

⑩ 杀了我,宋国就不能防守;就可以攻打了。

⑪ 然:然而。禽滑(gǔ)厘:战国时代魏国人。他初与田子方、段干木、吴起同受业于子夏,后来师事墨子,尽传其学。寇:侵犯,侵略。

⑫ 绝:尽,即杀尽守御的人。

⑬ 我决定不去进攻宋国了。无:不。

【评析】

楚国攻打宋国,在战国时期本为寻常之事,既与墨子没有任何利害关系,也没有人向墨子求助,然而,墨子为了实践自己兼爱、非攻的政治主张,从千里之外的齐国行走十日十夜,赶到楚国郢都,冒着生命危险,与公输盘和楚王斗智斗勇,又预先安排弟子到宋国守城,终于挫败了楚王的战争图谋,制止了一场社会灾难。作为一位学者,坚持知行合一,以社会民生为己任,为理想而献身,如此日夜不休,自苦为极,不避艰险,身体力行,表现出极为突出的实践精神和人格魅力,在先秦诸子中几乎无人可比!

社会需要扶危济困,百姓需要关心爱护。人们总是满怀敬意地崇尚那些一身正气、嫉恶如仇、行侠仗义、舍己救人的英雄们,是因为他们代表着社会的良知、道德的尊严和民族的价值观。

三、天 论

《荀子》

【题解】

本文节选自荀况《荀子·天论》。天论，关于天人关系的论述。

荀况及《荀子》的简介见第一单元《劝学》的题解。

天行有常，不为尧存，不为桀亡①。应之以治则吉，应之以乱则凶②。强本而节用，则天不能贫③；养备而动时，则天不能病④；修道而不忒，则天不能祸⑤。故水旱不能使之饥，寒暑不能使之疾，妖怪不能使之凶⑥。本荒而用侈，则天不能使之富⑦；养略而动罕，则天不能使之全⑧；倍道而妄行，则天不能使之吉⑨。故水旱未至而饥，寒暑未薄而疾，祅怪未至而凶⑩。受时与治世同，而殃祸与治世异，不可以怨天，其道然也⑪。故明于天人之分，则可谓至人矣⑫。

【注释】

① 天体的运行有着固定的规律，不因为出现尧这样的圣君而存在，不因为出现桀这样的暴君而消亡。天：天体，自然。行：运行。常：恒常，指固定不变的规律。存、亡：存在，消亡。存、亡互文，指变化。

② 应：适应，对待。之：指天，大自然。治：治理，合理的措施。吉：吉祥，幸福。乱：与"治"相反，指不合理的措施。凶：凶险，灾祸。

③ 加强农业生产,节约用度,那么天就不能使人贫穷。本:指农业生产。贫:使之贫穷。

④ 养生的物资完备,顺时节而劳动,那么天就不能使人生病。

⑤ 遵循规律而没有差错,那么天就不能使人遭殃。修道:遵循规律。不贰(tè):没有差错。贰:差错。祸:祸害,遭殃。

⑥ 妖怪:指自然灾异等反常现象。

⑦ 荒:荒废。侈(chǐ):奢侈,浪费。

⑧ 养略:养生的物资不充分。动罕:活动少。全:保全。

⑨ 倍:通"背",违背。妄行:乱动。

⑩ 薄:逼近,迫近。

⑪ 受时:遇到的天时。道:事物的规律。然:这样。

⑫ 天人之分(fèn):天和人的职分。至人:最圣明的人。

　　治乱,天邪①?曰:日月星辰瑞历,是禹桀之所同也;禹以治,桀以乱,治乱非天也②。时邪③?曰:繁启蕃长于春夏,畜积收藏于秋冬,是禹桀之所同也;禹以治,桀以乱,治乱非时也④。地邪⑤?曰:得地则生,失地则死,是又禹桀之所同也;禹以治,桀以乱,治乱非地也⑥。

【注释】

① 社会的安定与混乱,是天造成的吗?

② 日月星辰等天体的运行,在禹、桀的时代都是相同的;禹凭借这样的自然条件把国家治理得很好,而桀则凭借这样的自然条件把国家搞得很混乱,可见社会的治理和混乱不是天体运行造成的。瑞历:历象,指日月星辰运行的现象。

③ 是时节造成的吗?

④ 启:发生。蕃:茂盛。畜:通"蓄"。臧(cáng):通"藏",收藏,储存。

⑤　是土地造成的吗?

⑥　得地:农作物得到土地。失地:失去土地。

　　星队木鸣,国人皆恐①。曰:是何也? 曰:无何也。是天地之变,阴阳之化,物之罕至者也②。怪之可也;而畏之非也③。夫日月之有蚀,风雨之不时,怪星之党见,是无世而不常有之④。上明而政平,则是虽并世起,无伤也⑤;上暗而政险,则是虽无一至者,无益也⑥。夫星之队,木之鸣,是天地之变,阴阳之化,物之罕至者也。怪之可也;而畏之非也。

【注释】

①　流星坠落,树木鸣响,国内的人都很惊恐。队:坠落。在这个意义上后来写做"坠"。木鸣:树木因风吹或干裂发出声响。国人:国内的人。

②　这是什么呢? 这没有什么。这是天地阴阳的变化,是这种现象很少出现的缘故。

③　对它感到奇怪是可以的,害怕它就不应该了。怪之:对它感到奇怪。

④　有蚀:有了日食、月食。不时:不按时节。党见:偶然出现。党:偶然。无世:没有哪个时代。

⑤　君王英明而政治稳定,那么这些现象即使同一个时代都出现,也没有什么妨害。上:指君王。平:稳定。伤:妨害。

⑥　君王愚昧而政治暴虐,那么这些现象即使没有一个出现,也毫无裨益。暗:昏暗,愚昧。险:凶残,暴虐。益:裨益。

　　雩而雨,何也①? 曰:无何也,犹不雩而雨也②。日月食而救之,天旱而雩,卜筮然后决大事,非以为得求也,以文之也③。故君子以为文,而百姓以为神④。以为文则吉,以为神则凶也⑤。

127

【注释】

① 经过求雨祭祀而下了雨,是为什么呢? 雩(yú):古代求雨的祭祀。雨:下雨。

② 没有什么,就如同不经过求雨祭祀而下雨一样。无何:没有什么。

③ 发生日蚀月蚀而去拯救,天旱而祭祀求雨,占卜然后决定大事,不要认为可以得到所祈求的东西,而是以这种方式来文饰政事。日月食:日蚀、月蚀。救之:古时人们认为日蚀、月蚀是日、月被天狗吞食,所以便敲锣打鼓将天狗吓跑,以拯救日月。卜筮(shì):占卜。用龟甲兽骨叫占,即烧灼龟甲或兽骨,根据裂纹预测吉凶;用蓍(shī)草占卜吉凶叫筮。得求:得到祈求的东西。文:文饰,修饰。

④ 因此,君子认为这不过是文饰,而百姓认为这是神灵的作用。

⑤ 认为是文饰就吉利,认为是神灵的作用就凶险。

大天而思之,孰与物畜而制之①? 从天而颂之,孰与制天命而用之②? 望时而待之,孰与应时而使之③? 因物而多之,孰与骋能而化之④? 思物而物之,孰与理物而勿失之也⑤? 愿于物之所以生,孰与有物之所以成⑥? 故错人而思天,则失万物之情⑦。

【注释】

① 推崇自然伟大而思慕它,哪里比得上把它当做物资积蓄起来而控制它? 大天:认为自然伟大,即推崇自然。思:思慕。孰与:哪里比得上。物畜:当做物资积蓄。制:控制。

② 顺从自然而颂扬它,哪里比得上掌握自然规律而利用它? 制天命:掌握自然规律。天命:自然界的变化规律。

③ 盼望有利的天时而等待它的恩赐,哪里比得上适应季节的变化而使用它? 应:适应。

④ 顺应万物使它自然增多,哪里比得上施展人的才能而根据人的需要

使它变化? 因:顺应。多之:使它增多。骋能:施展人的才能。化之:使它变化。

⑤ 思慕万物而把它当做与己无关的外物,哪里比得上管理好万物而不要失去它们?

⑥ 希望了解万物产生的原因,哪里比得上掌握万物成长的规律? 所以生:产生的原因。有:占有,掌握。所以成:成长的规律。

⑦ 所以放弃人的努力而只是寄希望于天,就背离了万物的本性。错:通"措",搁置,放弃。失:丧失,背离。情:真情,本性。

【评析】

荀子认为,天体运行具有客观规律,不因人事而改变,决定治乱在人不在天;奇异现象无世不有,不必畏惧;祭祀是为文饰政事,并无神灵存在;不要迷信天命,依赖自然,而应该控制自然,人定胜天。早在两千多年前,产生了如此科学的天人观和朴素的唯物主义思想,确实令人惊叹!

"天行健,君子以自强不息"(《周易·乾》)。荀子的思想引导人们"明于天人之分","制天命而用之",破除迷信,奋发有为,牢牢把握自己命运的主动权。这种积极进取、自强自立的精神,不仅在当时具有明显的进步意义,就在今天依然具有重要的价值。

四、西门豹治邺

《史记》

【题解】

本文选自司马迁《史记·滑稽列传》,题目是后加的。西门豹,姓西门,名豹,战国时期魏国人。治,治理。邺,魏邑,在今河北临漳西南。

司马迁(公元前145—约前90年),字子长,西汉夏阳(今陕西韩城南)人,西汉著名的史学家和文学家。其父司马谈熟悉文学历史,精通天文地理,武帝时为太史令。司马迁早年学习古代典籍,遍游名山大川,考察风物古迹,广泛采集史料,后入朝任郎中。其父去世后,元封三年(前108年)继任太史令,太初元年(前104年)开始撰写《史记》。天汉三年(前98年),因替投降匈奴的李陵辩护,被处以宫刑。后被赦出狱,任中书令(皇帝身边由宦官充当的掌管文秘机要的官员),继续编写《史记》。大约在征和三年(前90年)前后完成了这部巨著。

《史记》原名《太史公书》,是我国第一部纪传体的通史,后世历代正史都是按这种体例来编写的。其记事上起远古时期的黄帝,下至西汉武帝,记载了约三千年的历史。全书包括十二本纪、十表、八书、三十世家、七十列传(内有一篇自传性质的《自序》),共一百三十篇。其中有几篇,或者没有写定,或者在流传中散失,由元帝、成帝间的博士褚少孙补写了《武帝本纪》、《三王世家》、《日者列传》、《龟策列传》等篇,又为《外戚世家》、《滑稽列传》增补了内容。《西门豹治邺》这段文字就是由褚少孙补写的。

《史记》的史学观点进步,体例完善,记事详实,论断精辟,人物突出,语言生动,对后世的史学与文学都有巨大影响。

历代为《史记》作注的很多,最著名是南朝裴骃的《史记集解》、唐朝张守节的《史记正义》和司马贞的《史记索隐》等三家注,日本人泷川资言的《史记会注考证》等,可供参考。

魏文侯时,西门豹为邺令①。豹往到邺,会长老,问之民所疾

130

苦②。长老曰:"苦为河伯娶妇,以故贫③。"豹问其故,对曰:"邺三老、廷掾常岁赋敛百姓,收取其钱得数百万,用其二三十万为河伯娶妇,与祝巫共分其余钱持归④。当其时,巫行视小家女好者,云是当为河伯妇,即娉取⑤。洗沐之,为治新缯绮縠衣,间居斋戒;为治斋宫河上,张缇绛帷,女居其中⑥。为具牛酒饭食,行十余日⑦。共粉饰之,如嫁女床席,令女居其上,浮之河中⑧。始浮,行数十里乃没⑨。其人家有好女者,恐大巫祝为河伯取之,以故多持女远逃亡⑩。以故城中益空无人,又困贫,所从来久远矣⑪。民人俗语曰:'即不为河伯娶妇,水来漂没,溺其人民'云⑫。"西门豹曰:"至为河伯娶妇时,愿三老、巫祝、父老送女河上,幸来告语之,吾亦往送女⑬。"皆曰:"诺。"

【注释】

① 魏文侯:战国时魏国君王,名斯,公元前 445 年至前 396 年在位。令:县令。

② 西门豹前往到达邺地,召集邺地年高又有德望的人,询问百姓所痛苦的事情。会:召集。长老:父老,年高德望的人。疾苦:痛苦。

③ 苦的是为河伯娶妇,因为这个缘故弄得民穷财尽。河伯:传说中的河神。以故:因为这个缘故。

④ 邺地的三老、廷掾常年向百姓征收赋税,收到百姓的钱有数百万,用其中的二三十万为河伯娶妇,然后与祝巫瓜分剩余的钱拿回去。三老:古代掌管教化的乡官。廷掾(yuàn):古代辅佐县令的官。常岁赋敛百姓:常年向百姓征收钱财。赋敛:征收钱财。祝巫:古代专门以招鬼降神为职业的人。祝:替人告神求福的人。巫:用舞蹈替人祷告的人。女的称巫,男的称觋(xì)。

⑤ 到了给河神娶妇时,巫婆便四处物色贫苦人家好看的女孩子,说她应当成为河神的媳妇,立即订婚。行视:巡视,意为到处物色。小家

131

女：贫苦人家的女儿。好者：好看的,漂亮的。娉：订婚。取：娶。在
这个意义上后来写做"娶"。

⑥ 给她洗沐,为她缝制丝绸新衣,独居斋戒;在河上为她建造斋戒的房
屋,悬挂着红黄色的帐帷,待嫁的女子就住在里面。洗：洗身。沐：
洗头。治：缝制。新缯绮縠衣：丝绸新衣。缯(zēng)：古代丝织品
的统称。绮(qǐ)：有花纹的绸子。縠(hú)：有绉纹的轻纱。间居：
独居。斋戒：祭祀前,为表示虔诚,洗浴换衣后住在清洁的房舍中,
只吃素食。张：悬挂。缇(tí)：黄红色的绢帛。绛(jiàng)：大红色。
帷：帐帷。

⑦ 具：备办。行：经过。

⑧ 粉饰：装饰。浮之河中：让斋戒的房屋在河中漂浮。

⑨ 没：沉没。

⑩ 大巫祝：巫祝的头目。持：扶助,带着。

⑪ 益：更加。所从来久远矣：这样流传下来的风俗已经很久远的了。

⑫ 民人：人民。即：如果,假使。溺：淹死。云：说,放在句末,有"如此
说"的意思。

⑬ 等到为河伯娶妇的时候,请三老、巫祝、父老们都到河边去送新娘,
希望你们来告诉我,我也前去送行。幸：希望。告语：告诉。

至其时,西门豹往会之河上。三老、官属、豪长者、里父老皆
会,以人民往观之者三二千人①。其巫,老女子也,已年七十。从
弟子女十人所,皆衣缯单衣,立大巫后②。西门豹曰："呼河伯妇
来,视其好丑③。"即将女出帷中,来至前。豹视之,顾谓三老、巫
祝、父老曰④："是女子不好,烦大巫妪为入报河伯,得更求好女,后
日送之⑤。"即使吏卒共抱大巫妪投之河中⑥。有顷,曰："巫妪何
久也? 弟子趣之⑦!"复以弟子一人投河中。有顷,曰："弟子何久
也? 复使一人趣之!"复投一弟子河中。凡投三弟子。西门豹曰：

132

"巫妪弟子是女子也,不能白事,烦三老为入白之⑧。"复投三老河中。西门豹簪笔磬折,向河立待良久⑨。长老、吏傍观者皆惊恐。西门豹顾曰:"巫妪、三老不来还,奈之何⑩?"欲复使廷掾与豪长者一人入趣之⑪。皆叩头,叩头且破,额血流地,色如死灰⑫。西门豹曰:"诺,且留待之须臾⑬。"须臾,豹曰:"廷掾起矣。状河伯留客之久,若皆罢去归矣⑭。"邺吏民大惊恐,从是以后,不敢复言为河伯娶妇⑮。

【注释】

① 豪长者:当地的豪绅。里父老:当地年长的人。以人民往观之者:以普通人的身份前往观看的人。里:乡里。

② 所:许,表示约数。

③ 好丑:漂亮还是丑陋。

④ 将:搀扶。顾:回头。

⑤ 妪(yù):老妇人的通称。得更求:要另外再找。更:改换。

⑥ 投:抛,扔。

⑦ 有顷:过了一会儿。何久也:为什么这样长久呢。趣(cù):通"促",催促。

⑧ 凡:总共。是:这。白:陈述,说明。为入白之:为此进入河中说明这些情况。

⑨ 簪笔磬(qìng)折:把笔插在头上,深深地弯着腰,做出恭敬的样子。簪笔:古代行礼时的一种冠饰,即把毛羽装在五寸长的簪头上,插在帽子前边。簪:在这里作"插"讲。磬折:像磬那样弯曲。磬:是玉石制作的形似曲尺的一种打击乐器。向河立待良久:面对河站着,等待了好久。

⑩ 奈之何:对此该怎么办?

⑪ 欲:想。复:再。

133

⑫ 色如死灰:面色如同熄灭的火灰一样。

⑬ 且:暂且。须臾:片刻。

⑭ 廷掾起来罢！看样子河伯留客太久了,你们都散了离开回去吧!
状:看样子,看情况,表示揣测的意思。若:你,你们。罢去归矣:散
了离开回去吧。

⑮ 是:此。

　　西门豹即发民凿十二渠,引河水灌民田,田皆溉①。当其时,
民治渠少烦苦,不欲也②。豹曰:"民可以乐成,不可与虑始③。今
父老子弟虽患苦我,然百岁后期令父老子孙思我言④。"至今皆得
水利,民人以给足富⑤。

【注释】

① 发:征发,派遣。凿:开挖。溉:灌溉。

② 少:略微,稍微。

③ 民众只能一起乐于成功,不能同他们思考创始。这是鄙视民众的言
论。乐成:乐于成功。乐:快意,乐于。虑:思考。始:创始。

④ 患苦我:以我为患苦,指把我发民开渠的工程认为是祸患痛苦。百
岁后:死后,古人以百岁为人寿的期限。期令父老子孙思我言:希望
让父老子孙想起我的话。期:希望。令:让,使。

⑤ 水利:水之利。以给(jǐ)足富:因而家给人足,生活富裕。给:丰足。

【评析】

　　西门豹来到邺地,调查民间疾苦,得知三老、廷掾们为河伯娶
妇的罪恶行为和骗人伎俩,不动声色,沉着应对,提出也要到河上
送女。结果到时借着给河伯报信,将大巫妪、三弟子、三老一一投
入河中,而西门豹簪笔磬折,向河立待,假戏真做,若无其事,以其

134

人之道，还治其人之身，从而机智巧妙地惩治了罪大恶极的巫妪、三老，一举彻底扭转了祸害百姓的迷信风气。之后，西门豹又立即兴修水利，发展生产，给民众带来长久的利益。可见，西门豹是杰出的无神论者，具有远见卓识的实干家，勇于作为，除弊兴利，因此，他长久受到后人的颂扬。

事过两千多年，至今迷信活动并未在城乡绝迹，有的还正在危害人民的身心健康。对此，西门豹治邺的经验，值得借鉴。

五、孔子遭难

《说苑》

【题解】

本文选自刘向《说苑·杂言》，题目是后加的。遭难，遭遇危难，指孔子困于陈、蔡之间。

刘向（公元前77—前6年），原名更生，后改名向，字子政，西汉沛县（今江苏沛县）人，西汉著名的经学家、目录学家和文学家。他是汉高祖异母少弟楚元王刘交的四世孙，先后在宣帝、元帝朝中为官，成帝时任中郎、护左都水使者，后迁光禄大夫。河平二年（公元前27年）受命校订皇家所藏五经秘书，撰成《别录》一书，这是我国最早的图书分类目录。另有《说苑》、《新序》、《列女传》等著作传世。

刘向生活在西汉末年，宦官参政，外戚专权，王朝日渐衰败，他作为皇家宗室，试图力挽颓势，极力讽谏言事。《说苑》所收虽然不是刘向原创，但是经过精心整理，以君道、臣术、建本、立节等二十类统辖数百个故事，蕴涵了治国修身、贵德尊贤等重要内容，遂成劝谏之书,借古讽今,对比警世,用来感悟君王,拾遗补阙,具有明显的思想意图和政治目的。

《说苑》,又称《新苑》,共二十卷,是刘向校书时从皇家和民间书册中选择整理的大多为对话体的故事类编。取材上自周秦经子,下及汉人杂著,广博而丰富,形同类书;思想以儒家为正统,广采墨、名、法、道之说,兼收而并蓄,颇似杂家。其中大部分故事可以与现存典籍的记载互相参证,有的则是对古代佚文的保存,因此具有宝贵的价值。

《说苑》所记载的历史故事,形象鲜明,情节生动,对话精彩,寓意深长,颇有借鉴意义。日人关嘉的《说苑纂注》,近人向宗鲁的《说苑校证》等,可供参考。

孔子遭难陈、蔡之境,绝粮,弟子皆有饥色①。孔子歌两柱之间,子路入见曰:"夫子之歌礼乎②?"孔子不应,曲终而曰③:"由,君子好乐为无骄也,小人好乐为无慑也④。其谁之子不我知而从我者乎⑤?"子路不悦,援干而舞,三终而出⑥。

【注释】

① 孔子在陈、蔡两国边境遭到围困,断绝了粮食,弟子们都有饥饿的脸色。《史记·孔子世家》:"孔子迁于蔡三岁,吴伐陈。楚救陈,军于城父。闻孔子在陈、蔡之间,楚使人聘孔子。孔子将往拜礼。陈、蔡大夫谋曰:'孔子贤者,所刺讥皆中诸侯之疾。今者久留陈、蔡之间,诸大夫所设行皆非仲尼之意。今楚,大国也,来聘孔子。孔子用于楚,则陈、蔡用事大夫危矣。'于是乃相与发徒役围孔子于野。不得行,绝粮。从者病,莫能兴。孔子讲诵弦歌不衰。"此事在《论语》、《庄子》、《荀子》、《吕氏春秋》、《韩诗外传》等典籍均有记载,行文略有不同。

② 夫子在此歌唱,合乎礼吗? 子路:名仲由,字子路,孔子的弟子。夫
　 子:对孔子的尊称。

③ 应:答应。曲终:歌曲终了。

④ 好(hào):爱好,喜欢。慑:恐惧,害怕。

⑤ 这是谁家的孩子不了解我而追随我呢? 不我知:不知我,不了解我。
　 从:跟随,追随。

⑥ 援:手持。干(gān):盾牌。

　　及至七日,孔子修乐不休①。子路愠见曰:"夫子之修乐时
乎②?"孔子不应,乐终而曰:"由,昔者齐桓霸心生于莒③,句践霸
心生于会稽④,晋文霸心生于骊氏⑤。故居不幽则思不远,身不约
则智不广⑥。庸知而不遇之⑦?"于是兴⑧。

【注释】

① 修乐不休:学习音乐不停止。修:学习。

② 愠:含怒,生气。时乎:合乎时宜吗?

③ 当初齐桓公在莒国逃亡时产生了立国图霸的信念。莒(jǔ):春秋时
　 诸侯国,在今山东莒县、莒南一带。公元前686年,齐将乱,管仲、召
　 忽奉公子纠出奔鲁国,鲍叔牙奉公子小白出奔莒国。齐襄公被杀
　 后,次年,小白先入齐国立为桓公,后来成为春秋五霸之一。

④ 勾践在会稽山被围困时产生了复国灭吴的志向。会稽:会稽山,在
　 今浙江绍兴南。公元前494年,吴王夫差攻入越国,越王勾践败逃,
　 被围困在会稽山上。派大夫文种通过吴国太宰嚭,向夫差求和而
　 成。此后任用范蠡、文种等人,卧薪尝胆,发奋图强,终于在公元前
　 473年灭了吴国,成就了霸业。

⑤ 晋文公因骊姬之祸出逃后产生了称霸诸侯的雄心。骊氏:骊姬,春
　 秋时骊戎之女。晋献公攻克骊戎,被夺归立为夫人,生奚齐。骊姬

137

欲立奚齐为太子，谮杀了太子申生，并逐群公子。献公死，奚齐继立，被大臣里克所杀，骊姬也被杀。献公子重耳因骊姬之祸，出奔在外十九年，在秦国的支持下，回国即位，为晋文公，经过励精图治，称霸诸侯。

⑥ 所以居处不幽暗则思虑不深远，身体不束缚则智谋不宽广。幽：幽暗，幽隐，指处境困窘。约：束缚，限制。

⑦ 怎么知道现在处于困窘之中就再也没有重用的机遇呢？庸：岂，岂能。遇：特指君主的礼遇、赏识和重用。

⑧ 兴：起。

　　明日免于厄①。子贡执辔曰："二三子从夫子而遇此难也，其不可忘已②。"孔子曰："恶，是何言也③？语不云乎，三折肱而成良医④。夫陈、蔡之间，丘之幸也⑤。二三子从丘者，皆幸人也⑥。吾闻人君不困不成王，列士不困不成行⑦。昔者，汤困于吕⑧，文王困于羑里⑨，秦穆公困于殽⑩，齐桓困于长勺⑪，句践困于会稽，晋文困于骊氏。夫困之为道，从寒之及暖，暖之及寒也⑫。唯贤者独知，而难言之也⑬。"《易》曰："困：亨，贞；大人吉，无咎。有言不信⑭。"圣人所与人难言，信也⑮。

【注释】

① 厄：困境。

② 子贡拿着马缰绳说："诸位追随夫子而遭遇这场灾难，一定不要忘记了。"辔（pèi）：缰绳。二三子：诸位。其：一定。

③ 唉，这是什么话？恶（wū）：表示不然的叹词。

④ 俗话不是说吗，多次折断胳膊就成了良医。比喻经过多次挫折，就会总结经验，有所收获。三：表示多次。折：断。肱（gōng）：大臂，泛指胳膊。

⑤ 陈、蔡之间的遭遇,是我的幸运。幸:幸运,幸福。

⑥ 幸人:幸运之人。

⑦ 人君不受困苦不能成为王,有抱负的人不遇困难不能成就自己的德行。列士:有抱负的人。列:通"烈"。

⑧ 当初,商汤被困在吕。吕:地名,未详。

⑨ 文王被困在羑里。《史记·周本纪》:"崇侯虎谮西伯于殷纣曰:'西伯积善累德,诸侯皆向之,将不利于帝。'帝纣乃囚西伯于羑里。"羑(yǒu)里:在今河南汤阴境内。

⑩ 秦穆公被困在殽(xiáo)。鲁僖公三十三年(公元前627年),秦穆公利用晋文公刚去世的时机,出兵袭郑。晋出兵截击秦军,大败秦师于殽。殽:即崤山,在今河南洛宁西北。

⑪ 齐桓公被困在长勺。鲁庄公十年(公元前684年),齐桓公攻打鲁国,被鲁庄公在长勺打败。长勺:在今山东曲阜北。

⑫ 困厄的规律,如同由寒到暖,由暖到寒一样。道:道理,规律。

⑬ 只有贤者独自理解,却难以用语言表达它。唯:只。

⑭ 大意是:《困卦》象征穷困:自强不息,则亨通;坚守正固,则大人吉祥,没有危害。此时说话没有人相信。引文出自《周易·困卦》。

⑮ 圣人对人难以用语言表达,确实如此。信:确实,的确。

【评析】

孔子的一生备尝艰厄:"逐于鲁,削迹于卫,伐树于宋,穷于陈、蔡。杀夫子者无罪,藉夫子者不禁。"(《吕氏春秋·慎人》)但是,无论外界环境如何,他始终怀有坚定的信念和明确的方向,"弦歌鼓舞,未尝绝音",以"人君不困不成王,列士不困不成行"自励,把困苦磨难视为幸运的经历,看做是走向成功的必由之路,因此他后来才能"删《诗》《书》,定礼乐,制《春秋》之义,著素王之法"(《风俗通义·穷通》),终于成为承前启后的伟大思想家、教育

139

家。孟子总结说:"故天将降大任于是人也,必先苦其心志,劳其筋骨,饿其体肤,空乏其身,行拂乱其所为,所以动心忍性,曾益其所不能。人恒过,然后能改。困于心,衡于虑,而后作。徵于色,发于声,而后喻。"(《孟子·告子下》)正是就此而言。

当然,我们并不故意制造苦难,期盼苦难,更不欣赏苦难,歌颂苦难,但是,生活道路从来都是不平坦的,艰难困苦总是不可避免的,人生不如意处十常八九,因此必须具有战胜困难的思想准备、坚定不移的意志信念和乐观向上的广阔胸怀,唯有如此,才可能有所作为。

六、报任安书

《汉书》

【题解】

本文选自班固《汉书·司马迁传》,题目是后加的。报,答。任安,司马迁的好友。书,信。这是司马迁写给任安的一封回信。任安,字少卿,西汉荥阳(今河南荥阳)人,幼时家贫,曾为大将军卫青的舍人,后被举为官,历任郎中、益州刺史等职。武帝征和二年(公元前91年),戾太子发兵杀江充,当时任安担任北军使者护军(监理京城禁卫军北军的官员),太子命令任安发兵,任安接受了命令而闭门不出。太子事平定后,任安将被处以腰斩。任安当刺史时,曾给受宫刑后任中书令的司马迁写信,希望他在皇帝身边任职能够"慎于接物,推贤进士为务"。司马迁没有回复,直到任安临刑前才写了这封回信,悲愤地倾述了自己受宫刑的过程、感慨、激愤以及隐忍苟活的原因,表达了自己撰写《史记》的坚定决心。

　　班固(公元32—92年),字孟坚,扶风安陵(今陕西咸阳东)人,东汉著名的史学家。明帝时任兰台令史,和帝时随大将军窦宪出征匈奴,为中护军。后窦宪失势自杀,班固被牵连,死于狱中。其父班彪字叔皮,是著名的儒学大师,好著述,专心于史籍,作《史记后传》六十五篇,为《汉书》奠定了基础,后经班固补写,积二十余年,完成《汉书》初稿,但尚缺"八表"和《天文志》。班固死后,由他的妹妹班昭续作"八表",由马续协助班昭补编《天文志》。正如清人赵翼所说,《汉书》"经过四人手,阅三四十年始成完书"。

　　《汉书》又名《前汉书》,是一部专门记录西汉历史的断代史。其记事上起汉高祖元年(公元前206年),下至王莽地皇四年(公元23年),共二百三十年。全书包括十二纪、八表、十志、七十传,共一百卷。唐朝颜师古为它作注时,析为一百二十卷。《汉书》沿袭了《史记》的"纪、传、表",但《汉书》无"世家",《史记》的"书"《汉书》改称"志"。《汉书》不仅具有重要的史料价值,而且在史书体例上其"十志"中的"地理志"、"艺文志","八表"中"百官公卿表"、"古今人表",都具有创新的意义。

　　历代为《汉书》作注的很多,唐颜师古的《汉书注》、清王先谦的《汉书补注》、今人杨树达的《汉书窥管》等,可供参考。

　　太史公牛马走司马迁再拜言①。少卿足下②:曩者辱赐书,教以慎于接物,推贤进士为务,意气勤勤恳恳,若望仆不相师,而用流俗人之言③。仆非敢如此也。仆虽罢驽,亦尝侧闻长者遗风矣④。顾自以为身残处秽,动而见尤,欲益反损,是以独郁悒而谁与语⑤?谚曰:"谁为为之?孰令听之⑥?"盖钟子期死,伯牙终身不复鼓琴⑦。何则?士为知己者用,女为说己者容⑧。若仆大质已亏缺

141

矣,虽材怀随和,行若由夷,终不可以为荣,适足以见笑而自点耳⑨。书辞宜答,会东从上来,又迫贱事,相见日浅,卒卒无须臾之间得竭指意⑩。今少卿抱不测之罪,涉旬月,迫季冬,仆又薄从上雍,恐卒然不可讳⑪,是仆终已不得舒愤懑以晓左右,则是长逝者魂魄私恨无穷⑫。请略陈固陋⑬。阙然久不报,幸勿为过⑭。

【注释】

① 太史公:即太史令,掌管文书、历史、天文、历法之事。牛马走:像牛马一样被役使的仆人。走:役夫,驾驭牛马的奴隶,这是司马迁自谦之辞。再拜:古代的仪礼。这是信中的客套话。言:陈说。

② 少卿:任安,字少卿。足下:古代对同辈表示尊敬的一种称呼。

③ 以前承蒙您给我写信,教导我要谨慎地接人待物,以推举贤能之士、引荐人材为要务,情意态度非常真诚恳切,好像抱怨我没有师从您的意见,而去附和俗人的言论。曩(nǎng):从前,先前。辱赐书:承蒙您写信给我。辱:谦辞,书信中习用的客套语。意思是,承蒙你不以给我这样的人写信为羞耻。接物:待人接物。推贤进士:向朝廷推荐贤能的人。为务:作为要务。务:事。当时司马迁任中书令,掌管文书并负责推选人才,所以任安这样说。意气:情意态度。勤勤恳恳:真诚恳切的样子。望:怨。仆:我,谦称。相:表示一方对另一方有所动作。师:师法,效法。用:附和,听信。

④ 我虽然才德低下,也曾从旁边听说过德高才俊的前辈留下的风范。罢(pí)驽(nú):疲惫的劣马,比喻才能低下。罢:通"疲"。驽:劣马。尝:曾经。侧闻:谦辞,从旁边听到。长者:指德高才俊的前辈。遗风:留传下来的风范。

⑤ 只是我自己认为身体已经受到摧残,处在污秽低贱的地位,每有行动就被指责,想对事情有所增益,结果反而有损害,因此独自忧虑而向谁诉说呢?顾:只是。身残:指身受官刑。处秽:指处在污秽低贱

142

的地位。见尤:被指责。尤:过错,这里是责备的意思。是以:因此。郁悒(yì):忧虑,愁闷。谁与语:与谁语,向谁诉说。

⑥ 谚语说:"为谁去做这些事呢?让谁来听我的话呢?"谁为:为谁。为之:去做这些事。孰令:令孰,让谁。孰:谁。令:使,让。

⑦ 钟子期、伯牙:都是春秋时代楚国人。伯牙善弹琴,钟子期最能理解他的琴声,两人成了知己。钟子期死后,伯牙认为世上已无知音,于是破琴绝弦,终身不复鼓琴。鼓:弹奏。

⑧ 为什么呢?贤士为了解自己的人效力,女人为喜爱自己的人打扮。用:效力。说(yuè):喜爱。在这个意义上后来写做"悦"。容:容貌,这里是修饰、打扮的意思。

⑨ 像我这样的人,身体已经亏缺,虽然才能像随侯珠、和氏璧那样宝贵,品行像许由、伯夷那样高洁,终究不能自以为荣,恰好会被人耻笑而自取污辱罢了。大质已亏缺:指身体已遭受宫刑。大质:指身体。亏:缺。随:指随侯珠。春秋时期,随侯曾救活一条蛇,以后蛇就衔一枚明珠来报答他,所以被称为随侯珠,非常宝贵。和:指和氏璧,是楚国卞和献给楚王的一块璞玉,后来加工成璧,价值连城。由:许由,相传尧曾把君位让给他,他逃到箕山下种田,自食其力。后来尧又请他做九州的长官,他却跑到颍水边去洗耳,表示不愿听从。夷:伯夷,是商末孤竹君的长子,曾和他的弟弟叔齐互相推让国君的继承权,逃离而去。后来周武王讨伐暴虐的商纣王,伯夷又反对,认为臣下不该攻杀君上。武王灭商后,他们逃到首阳山,不食周粟而死。古人认为许由和伯夷不贪权势富贵,品德高尚。适:恰。见笑:被人取笑。自点:自取污辱。点:污辱。

⑩ 来信应该及时回答,可是正遇上我侍从皇帝东巡回来,又被琐事所逼,同你见面的机会一天比一天少,仓促间没有一点空闲能够详尽地表达心意。书辞:指任安给司马迁的信。宜答:应该及时答复。会:正遇上。东从上来:跟着皇帝东来。上:当今皇上,指汉武帝,公元前140年至前87年在位。迫:逼。贱事:烦琐事务。浅:少。卒

143

卒(cù cù)：仓促的样子。须臾(yú)：片刻，一会儿。间(xián)：空
闲。竭：尽。指意：心意。

⑪ 现在您蒙受深不可测的罪过，再过一月，就临近十二月，我侍从皇帝
到雍县的日期也迫近了，恐怕突然之间发生不能避讳的事情。不测
之罪：深不可测的罪过，即被处腰斩。不测：深不可测。涉旬月：过
一个月。迫：临近。季冬：冬季最后一月，即农历十二月。汉代法律
规定，十二月处决死囚。薄：迫近，接近。雍：地名，在今陕西凤翔县
南。那里筑有祭五帝的神坛，武帝常去祭祀。卒(cù)然：突然。不
可讳：不能避讳，死的委婉说法。指任安即将被处死。

⑫ 这样我最终不能够向您抒发满腔的悲愤，使死去的人的灵魂私下里
遗憾无穷。是：这样。终已：最终。舒：抒发。懑：烦闷。晓：告知。
左右：指任安。不直称对方，而称对方左右的人，表示尊敬。长逝
者：死去的人，指任安。恨：遗憾。

⑬ 请让我简略地陈述固塞鄙陋之见。固陋：固塞鄙陋。

⑭ 隔了很长时间没有答复，希望不要责怪。阙然：时间隔了很久。报：
回答，回信。幸：敬辞。为过：当做过失，这里指责怪。

仆闻之：修身者，智之符也①；爱施者，仁之端也②；取予者，义
之表也③；耻辱者，勇之决也④；立名者，行之极也⑤。士有此五
者，然后可以托于世，而列于君子之林矣⑥。故祸莫憯于欲利，
悲莫痛于伤心，行莫丑于辱先，诟莫大于宫刑⑦。刑余之人，无
所比数，非一世也，所从来远矣⑧。昔卫灵公与雍渠同载，孔子
适陈⑨；商鞅因景监见，赵良寒心⑩；同子参乘，袁丝变色⑪：自古
而耻之⑫。夫以中才之人，事有关于宦竖，莫不伤气，而况于慷
慨之士乎⑬？如今朝廷虽乏人，奈何令刀锯之余，荐天下豪
俊哉⑭！

144

【注释】

① 加强自身修养,是睿智的凭证。符:符信,凭证。

② 喜欢施舍,是仁爱的开端。施:施舍。端:开端,起点。

③ 如何对待求取和给予,是道义的标志。表:标志,表现。

④ 知道耻辱,是勇敢的决断。决:决断,选择。《礼记·中庸》:"子曰:'好学近乎知,力行近乎仁,知耻近乎勇。'"

⑤ 树立名誉,是品行的最高境界。行:品行。极:指最高境界。

⑥ 五者:指智、仁、义、勇、行五种品德。托于世:寄身于社会。托:寄托,立足。君子之林:君子的行列。林:众,这里是范围的意思。

⑦ 因此祸患没有比贪图私利更悲惨的,悲哀没有比心灵受到创伤更痛苦的,行为没有比侮辱祖先更丑恶的,耻辱没有比遭受官刑更巨大的。莫:没有,没有什么。憯(cǎn):通"惨",惨痛。欲利:贪图私利。伤心:心灵受到创伤。辱先:使祖先受到侮辱。诟(gòu):耻辱。官刑:也称"腐刑",古代阉割男性的一种酷刑。

⑧ 受官刑而得到余生的人,不能与一般人相比较,这不是一个时代如此,由来已经久远了。刑余之人:这里指宦者。无所比数:没有把他们放在一起来计算的,即不能平等对待。比(bì):并列,放在一起。数(shǔ):计算,品评。非一世:不只是一个时代。所从来远矣:由来已经久远了。

⑨ 过去卫灵公与宦官雍渠同乘一辆车,孔子感到羞耻就到陈国去了。卫灵公:卫国君王,公元前534年至前493年在位。孔子到卫国后,有一天卫灵公和他的夫人同车出游,让宦官雍渠参乘,孔子为次乘,招摇过市。孔子说:"吾未见好德如好色者也。"于是感到耻辱,便离开卫国到陈国去。同载:同乘一车。适:往。

⑩ 商鞅依靠宦官景监推荐而被秦孝公召见,让赵良感到寒心。商鞅:卫国的公子,称为卫鞅,他因辅佐秦孝公变法有功,封于商(今陕西商县),又称商鞅。秦孝公:秦国君王,公元前361年至前338年在位。赵良:秦国的贤士。他说:"今君之见秦王也,因嬖人景监以为

主,非所以为名也。"认为商鞅由宦官引荐,名声不好,曾劝说商鞅引退,商鞅不听。寒心:灰心,感到失望。

⑪ 太监赵谈为汉文帝车右,袁丝为之脸色大变。同子:指赵谈,汉文帝的宦官。司马迁为避其父司马谈的讳,称赵谈为同子。汉文帝:公元前179年至前157年在位。袁丝:袁盎,字丝。他任郎中时,汉文帝坐车朝见太后,宦官赵谈参乘,袁盎伏在车前谏阻说:"臣闻天子所与共六尺舆者,皆天下英豪,今汉虽乏人,奈何与刀锯之余共载?"于是文帝笑令赵谈下车。参乘:陪乘在车的右边。变色:变了脸色,指发怒。

⑫ 耻之:以之为耻,把这类事情看成是可耻的。

⑬ 一个才能平常的人,一旦事情关系到宦官,没有不感到耻辱的,何况对于志气激昂、抱负远大的志士呢? 中才:才能一般。宦竖:指宦官。竖:宫廷里供役使的小臣,后引申泛指卑贱者。伤气:挫伤志气,指感到耻辱。慷慨之士:志气激昂,有远大抱负的人。慷慨:意气风发,情绪激昂。

⑭ 现在朝廷虽然缺乏人才,怎么能让受过刑罚的人,来推荐天下的豪杰俊才呢! 奈何:如何,怎么。刀锯之余:意与前"刑余之人"的说法相同,指宦官。刀锯:指刑具。

仆赖先人绪业,得待罪辇毂下,二十余年矣①。所以自惟②:上之不能纳忠效信,有奇策才力之誉,自结明主③;次之又不能拾遗补阙,招贤进能,显岩穴之士④;外之又不能备行伍,攻城野战,有斩将搴旗之功⑤;下之不能积日累劳,取尊官厚禄,以为宗族交游光宠⑥。四者无一遂,苟合取容,无所短长之效,可见于此矣⑦。向者仆尝厕下大夫之列,陪外廷末议⑧。不以此时引纲维,尽思虑,今已亏形为扫除之隶,在阘茸之中,乃欲仰首伸眉,论列是非,不亦轻朝廷,羞当世之士邪⑨? 嗟乎! 嗟乎! 如仆尚何言哉! 尚何言哉⑩！

【注释】

① 我依靠先人留下来的余业,在京城为官,到现在已经二十多年了。赖:依靠。先人绪业:祖先遗留下来的事业。司马迁的先祖世代任史官,他自己继承父亲司马谈之职为太史令。绪:余。待罪辇毂下:在皇帝身边任职做官。待罪:为官的谦虚说法。辇毂(niǎn gǔ):皇帝车驾,这里是京城的代称。辇:皇帝乘坐的车子。毂:车轴。

② 惟:思,考虑。

③ 对上不能对君王进献忠心报效诚信,获得策略奇特、才干突出的称誉,受到英明君王的赏识。纳忠效信:进献忠心报效诚信。纳:效纳。信:诚信。有奇策才力之誉:获得策略奇特、才干突出的称誉。自结明主:自己受到英明君王的赏识。结:交结,这里指受到赏识,获得信任。

④ 其次又不能给君王拾取遗漏,补正缺失,招纳贤才,推举能人,发现山野隐居的人士。拾遗补阙:拾取遗漏,弥补缺失。阙:缺。显:使……彰显,发现。岩穴之士:山林隐士。

⑤ 对外不能参军效力,攻城野战,建立斩将拔旗的功劳。备行伍:备数于军队,即参军效力。行伍:古代军队的编制,五人为伍,二十五人为行,后来用做军队的代称。搴旗:拔取敌人的军旗。搴(qiān):拔取。

⑥ 最下又不能每日积累辛劳,谋得高官厚禄,以此作为宗族和朋友的光荣。积日累(lěi)劳:积累平日辛劳。以为宗族交游光宠:以此作为宗族和朋友的光荣。交游:指朋友。光宠:光荣。

⑦ 这四个方面没有一个实现的,就只能迎合圣意,取容君王了,我没有取得一点效果,从这里就可以看出来了。遂:成,实现。苟合取容:迎合圣意,取容君王。苟合:无原则地迎合。取容:取容于君王,指保持住自己的职位。短长之效:微小的效果。

147

⑧ 以前我曾经置身于下大夫的行列,陪着外朝的官员发表一些微小的议论。向者:当初,以前。尝:曾经。厕:夹杂在里面。这是谦辞,实际是说置身,参与。下大夫:指太史令职。周代太史属下大夫。外廷:外朝。汉代把朝廷官员分为中朝官和外朝官,外朝官阶比中朝官阶低,太史令属外朝官。末议:微小的议论,也是谦辞。

⑨ 不在这个时候伸张纲纪,竭尽思虑,而到现在身体已亏成为扫除的奴隶,处在卑微的人中间,竟然想昂首扬眉,议论是非,不就是轻视朝廷,羞辱当代贤士吗?引:伸张,弘扬。纲维:纲纪,国家法令。尽思虑:竭尽思虑,指充分发挥聪明才智。阘茸(tà róng):下贱,卑微,指社会地位卑贱的人。乃:竟然。仰首伸眉:昂首扬眉。论列:议论。轻:以……为轻,即轻视。羞:使……羞耻,即羞辱。当世之士:指当代的人才,贤士。

⑩ 嗟乎:强烈的叹息声。如仆尚何言哉:像我这样的人还能说什么呢!

　　且事本末未易明也①。仆少负不羁之才,长无乡曲之誉②。主上幸以先人之故,使得奏薄技,出入周卫之中③。仆以为戴盆何以望天,故绝宾客之知,忘室家之业,日夜思竭其不肖之才力,务一心营职,以求亲媚于主上④。而事乃有大谬不然者⑤!

【注释】

① 况且事情的前因后果不是容易明白的。本末:原委,前因后果。

② 我年轻时欠缺卓越的才能,成年后也没有乡里的称誉。负:欠缺。不羁之才:卓越的才能。不羁:不受约束,指才能卓越不可束缚。乡曲:乡里。

③ 幸亏君王因为我先人曾任太史令的缘故,使得我能够奉献微薄的才能,出入于官禁之中。奏:进,奉献。薄技:微薄的才能。周卫之中:指官禁之中。

148

④ 我认为顶着盆子怎么能望天,因此断绝宾客的相知,忘却家室的事务,日夜想着竭尽平庸的才能和力量,务必专心尽职,以求得君王的亲近宠爱。戴盆何以望天:头上顶着盆子怎么还能望天? 意思是,戴盆与望天不能同时做到,用来比喻自己不能同时顾及私事,只能专心尽职。知:相知,交往。不肖:不贤,平庸,这里是谦辞。亲媚:亲近宠爱。媚:爱。

⑤ 然而事情却大大违背初衷而不是原来预料的那样。谬(miù):乖误,违背。不然者:不是预料的那样。

　　夫仆与李陵俱居门下,素非能相善也①。趣舍异路,未尝衔杯酒,接殷勤之余欢②。然仆观其为人,自守奇士③:事亲孝,与士信,临财廉,取与义,分别有让,恭俭下人,常思奋不顾身,以徇国家之急④。其素所蓄积也,仆以为有国士之风⑤。夫人臣出万死不顾一生之计,赴公家之难,斯已奇矣⑥。今举事一不当,而全躯保妻子之臣,随而媒蘖其短,仆诚私心痛之⑦。且李陵提步卒不满五千,深践戎马之地,足历王庭,垂饵虎口,横挑强胡,仰亿万之师,与单于连战十有余日,所杀过当⑧。虏救死扶伤不给,旃裘之君长咸震怖,乃悉征其左右贤王,举引弓之民,一国共攻而围之⑨。转斗千里,矢尽道穷,救兵不至,士卒死伤如积⑩。然陵一呼劳军,士无不起,躬自流涕,沫血饮泣,更张空拳,冒白刃,北向争死敌者⑪。

【注释】

① 我与李陵同在侍中曹为官,平常未能友好交往。李陵:西汉名将李广的孙子,字少卿,陇西成纪(今甘肃秦安)人。善骑射,拜骑都卫。天汉二年(公元前99年)秋,武帝派贰师将军李广利出兵击匈奴,使李陵以五千步兵出居延(今内蒙古额济纳旗一带)以北,牵制匈奴兵力,后被匈奴兵包围,激战多日,粮尽援绝,救兵不至,最后投降

了匈奴。俱居门下：李陵曾任侍中，司马迁初任郎中，后任太史令，都属"侍中曹"（官署名）的官员，所以说"俱居门下"。素：平常。善：友好。

② 因为追求和舍弃的目标不同，我们没有喝过一杯酒，互相交流过一点深切的情谊。趣：追求。舍：止，舍弃。衔：指饮。杯酒：一杯酒。接：交流。殷勤：情谊殷切的样子。余欢：极少的欢乐之情。

③ 自守奇士：能自守节操的出众人才。

④ 奉事母亲孝顺，交接士人诚信，面临财物廉洁，索取给予有道义，分别长幼讲礼让，恭敬自律态度谦虚，经常想奋不顾身，为国家的危难而献身。与：结，交结。信：诚信。恭：恭敬。俭：约束，自律。下人：下于人，即态度谦虚。徇：通"殉"，献身。

⑤ 他平常养成的品德节操，我认为有国士的风度。国士：国家的杰出人才。

⑥ 作为人臣能够出于万死不顾一生的考虑，奔赴国家的危难，这已经奇特不凡了。公家：国家。斯：此，这。

⑦ 现在行事一有不当，而那些只顾保全性命和妻室儿女的臣子们，就跟着夸大罪过，我确实私心为之感到沉痛。举事：行事。不当：指李陵战败的事情。最初司马迁并不知道李陵投降匈奴。全躯保妻子之臣：保全自己和妻子儿女的大臣。全躯：保全自己的身躯性命。媒孽（niè）其短：夸大李陵的罪过。媒孽：酿酒的酵母，酒曲。媒：通"酶"，酿酒的酵母。孽：通"蘖"，酒曲。这里是酿造、扩大的意思。短：短处，罪过。

⑧ 提：率领。深践：深入。这里是到达的意思。戎马之地：指战场。历：经过。王庭：指匈奴单于居住的地方。垂饵虎口：如同在老虎的口中安放诱饵。比喻李陵引诱强敌，冒着极大的危险。横挑：左右挑战出击。仰：仰攻，向北攻。亿万之师：极言敌人众多。当时匈奴以数万兵力包围李陵的五千兵卒。所杀过当（dàng）：杀死的敌人超过自己军队的数目。当：相当，相等。

⑨　不给(jǐ):顾不上,来不及。旃(zhān)裘之君长:指匈奴单于。他们
　　住毡篷、穿皮衣。旃:通"毡",用毡搭的帐篷。裘:皮毛衣服。咸:
　　都。震怖:震惊恐惧。悉:全部。征:征调,召集。左右贤王:左贤
　　王、右贤王,匈奴单于之下的最高官员。举:发动。引弓之民:能拉
　　弓射箭的人。引:把弓弦往后拉。

⑩　道穷:路绝。积:聚积。

⑪　然而李陵高声一呼,慰劳军队,士兵们没有不奋起,每个人都流着眼
　　泪,满脸流血,泣不成声,重新拉开没有箭的弓弩,冒着白光闪闪的
　　刀刃,向北争着为抗击敌人而死。劳军:慰劳士兵。起:奋起。涕:
　　泪。沬(huì)血:用血洗脸,形容血流满面。饮泣:饮声而泣,泣不成
　　声。更:重新。张:拉开。空弮(quān):没有矢的弓。弮:弩弓,一
　　种力量大、射程远的弓。冒白刃:冒着白光闪闪的刀刃。北向:向
　　北。争死敌:争着为抗击敌人而死。

　　陵未没时,使有来报,汉公卿王侯皆奉觞上寿①。后数日,陵
败书闻,主上为之食不甘味,听朝不怡,大臣忧惧,不知所出②。仆
窃不自料其卑贱,见主上惨怆怛悼,诚欲效其款款之愚③。以为李
陵素与士大夫绝甘分少,能得人死力,虽古之名将,不能过也④。
身虽陷败,彼观其意,且欲得其当而报于汉⑤。事已无可奈何,其
所摧败,功亦足以暴于天下矣⑥。仆怀欲陈之,而未有路。适会召
问,即以此指,推言陵之功⑦。欲以广主上之意,塞睚眦之辞⑧。
未能尽明,明主不晓,以为仆沮贰师,而为李陵游说,遂下于理⑨。
拳拳之忠,终不能自列,因为诬上,卒从吏议⑩。家贫,货赂不足以
自赎;交游莫救,左右亲近不为一言⑪。身非木石,独与法吏为伍,
深幽囹圄之中,谁可告诉者⑫!此真少卿所亲见,仆行事岂不然
乎⑬?李陵既生降,隤其家声;而仆又佴之蚕室,重为天下观笑⑭。
悲夫!悲夫!事未易一二为俗人言也⑮。

【注释】

① 没:指军队覆没。使有来报:指李陵派人向朝廷报告军情。《汉书·李陵传》:"陵于是将其步卒五千人出居延,北行三十日,至浚稽山止营,举图所过山川地形,使麾下骑陈步乐还以闻。步乐召见,道陵将率得士死力,上甚说,拜步乐为郎。""有使来报"即指此而言。奉觞(shāng)上寿:举杯向皇帝进酒祝福。觞:酒器。上寿:泛指敬上祝福之辞。

② 陵败书闻:李陵战败的报告奏闻皇上。闻:被听闻。听朝:上朝听政。不怡:不愉快。不知所出:不知该拿出什么办法来缓解。

③ 我私下里并未考虑自己地位卑贱,看见君王悲痛伤心,确实想要奉献一点恳切的愚见。惨怆(chuàng)怛(dá)悼:同义连用,都是悲痛伤心的意思。效:奉献。款款之愚:恳切的愚忠。款款:恳切的样子。愚:谦辞,指愚昧之见解。

④ 绝甘分少:自己不吃甘美的东西,把仅有的东西分给大家。即同甘共苦。得人死力:得到部下的拼死效力。过:超过。

⑤ 李陵虽然身陷重围兵败,但他显示的心意,还是想找到合适的机会再报效朝廷。彼观其意:他显示的心意。观:显示。得其当:得到适当的时机。当:适当。

⑥ 无可奈何:没有办法。摧败:摧毁,指击破匈奴军。暴(pù):显露。

⑦ 我内心打算向君王陈述以上看法,而没有适当的机会,恰逢君王召问,我就以这些看法推论李陵的功劳。陈:陈述。路:途径,机会。适会:恰逢。指:通"旨",意思,看法。推言:推论。

⑧ 广:宽慰。塞睚(yá)眦(zì)之辞:堵塞驳斥那些攻击诬陷的言论。睚眦:瞪眼怒目而视,这里指因结怨而引起的攻击诬陷。睚:眼眶。眦:眼角。

⑨ 尽明:完全说明白。晓:知晓。沮(jǔ):中伤,诋毁。贰师:指贰师将军李广利。其妹是汉武帝的宠妃李夫人。贰师本是大宛国(今吉尔吉斯境内)的地名。太初元年(公元前104年),武帝派李广利到

152

贰师夺取良马,因而以该地名作为李广利的封号。这次李陵失败与
李广利有关,李陵被围激战,而主帅李广利未救,司马迁极力为李陵
表功,所以武帝怀疑他存心中伤诋毁李广利。游说:指辩白。理:大
理,即廷尉,主管诉讼刑律之事

⑩ 我的耿耿忠心,最终不能申辩,因之判为欺君之罪,最后听从了法官
的判决。拳拳之忠:耿耿忠心。拳拳:忠实恭谨的样子。列:陈述,
申辩。因为诬上:因之判为欺君之罪。诬上:欺君。诬:欺。卒从吏
议:最后听从了法官的判决。卒:终。

⑪ 我的家境贫寒,钱财不足以拿来赎罪;朋友们谁也不肯出面营救,君
王左右亲近大臣又不肯替我说一句话。货赂:财物,钱财。依汉律
可用钱财赎罪。

⑫ 幽:幽闭、囚禁。囹圄(líng yǔ):监狱。谁可告诉者:向谁可以诉说
内心的痛苦呢?

⑬ 岂不然乎:难道不是这样吗?

⑭ 李陵已经活着投降,败坏了他家族的名声;而我紧接着置于蚕室,又
被天下人观看耻笑。隤(tuí):败坏,毁坏。佴(èr):相次,等于说紧
接着。蚕室:宫刑狱室。受过宫刑的人怕风寒,所居之室必须严密
温暖,如同养蚕的屋子一样,所以称蚕室。重(chóng):又,再。为
天下观笑:被天下人观看耻笑。

⑮ 可悲啊!可悲啊!这些事情是不容易逐一地给俗人诉说的。

　　仆之先非有剖符丹书之功;文史星历,近乎卜祝之间,固主上
所戏弄,倡优畜之,流俗之所轻也①。假令仆伏法受诛,若九牛亡
一毛,与蝼蚁何以异②?而世又不与能死节者比,特以为智穷罪
极,不能自免,卒就死耳③。何也?素所自树立使然也④。人固有
一死,或重于泰山,或轻于鸿毛,用之所趋异也⑤。太上不辱先,其
次不辱身,其次不辱理色,其次不辱辞令,其次诎体受辱,其次易服

153

受辱,其次关木索、被箠楚受辱,其次剔毛发、婴金铁受辱,其次毁肌肤、断肢体受辱,最下腐刑极矣⑥!《传》曰:"刑不上大夫。"此言士节不可不勉励也⑦。猛虎在深山,百兽震恐,及在槛阱之中,摇尾而求食,积威约之渐也⑧。故士有画地为牢,势不可入,削木为吏,议不可对,定计于鲜也⑨。今交手足,受木索,暴肌肤,受榜箠,幽于圜墙之中⑩。当此之时,见狱吏则头枪地,视徒隶则心惕息⑪。何者?积威约之势也⑫。及以至是,言不辱者,所谓强颜耳,曷足贵乎⑬?

【注释】

① 我的祖先没有剖符丹书的功劳;而我掌管文史星历,地位接近于卜官和巫祝一类,本来就是君王所玩弄的人,当做倡优一样收养着,是世俗所轻视的。先:先人,祖先。剖符丹书之功:指皇帝所赐的享受特殊待遇的功劳。剖符:符是竹制的契约,分剖为二,皇帝和受赐大臣各执其一,上面写着同样的誓词,意思是永远信任他不改变他的爵位。丹书:用铁制成的券契,用朱砂写上誓词,作为后代子孙免罪的凭信。又称丹书铁券。文史星历:文献、史籍、天文、律历。这些都是太史令所掌管的事。卜:占卜官。祝:巫祝,祭祀时赞辞的人。固:本来。戏弄:玩弄。倡优畜之:当做乐人戏子一样收养着。倡:乐人。优:伶人,演戏的人。当时社会,倡优的地位低下。

② 假令:如果。九牛亡一毛:众多的牛身上失去一根毛。比喻死得微不足道,毫无意义。亡:丢失。蝼:蝼蛄。蚁:蚂蚁。何以异:以何异,用什么来区别?

③ 世人又不会把我的死与为气节而死的人相比,只会认为我智谋穷尽,罪大恶极,不能自免于死罪,而终于走向死亡的。死节者:为气节而死的人。比(bǐ):相提并论。特:只。卒:终于,末了。就死:走向死亡。

154

④ 素所自树立:平常自己用来立身处世的职业地位。使然:使得这样。

⑤ 或:有的。鸿毛:雁毛,极言其轻。用之所趋异:为死所趋向的地方不同,即为什么而死、死的目的不同。之:指代死。

⑥ 首先是不侮辱祖先,其次不侮辱自身,其次不因他人的脸色受辱,其次不因他人的言语受辱,其次是身体被捆绑受辱,其次穿上囚服受辱,其次戴镣铐、被鞭挞受辱,其次剃头发、戴枷锁受辱,其次毁坏肌肤、断裂肢体受辱,最下等的就是官刑,侮辱到了极点。太上:首要的,首先。不辱先:不使先人受辱,即不侮辱祖先。辱:使……受辱。理色:脸色。理:肌理。诎(qū)体:指身体被捆绑。诎:屈。易服:指换上赭色的囚衣。关木索:戴上枷木囚绳之类的刑具。关:戴上。木:指枷。索:绳。被箠(chuǐ)楚:遭受棍棒之类的杖刑拷打。被:遭受。箠:棰,杖。楚:荆条,带刺的小木棍。"箠楚"都是古代用来打犯人的杖刑刑具。剔毛发:剃去头发,即髡(kūn)刑。婴金铁:脖子上套上铁链,即钳刑。婴:缠绕。毁肌肤:在皮肤上打上烙印记号,即黥刑。断肢体:砍断手脚之类的刑罚,如膑刑、刖刑。腐刑:官刑。

⑦ 古书上说:"刑罚不施加于大夫。"这是说士人的节操不能不勉励。传(zhuàn):书传。语出《礼记·曲礼上》。

⑧ 槛:关野兽的木笼。阱:捕捉野兽的陷坑。积威约之渐:经过长时期强力制约而逐渐造成的结果。指将猛虎逐渐驯服。渐:浸渍,引申为渐进,指逐渐形成的一种状况。

⑨ 因此士人看见画地而成的监牢,绝不进入;面对削木而成的官吏,绝不对答,是因为决定在受辱前就自杀。定计于鲜:决定在受辱前自杀。鲜:杀。

⑩ 现在我的手足交错,被木枷锁住,暴露皮肉,受到鞭打,囚禁在牢狱之中。暴肌肤:指剥去衣服。暴:露。榜:捶击,打。圜(huán)墙:指牢狱。

⑪ 在这个时候,看见狱吏就叩头触地,看见牢卒就心惊胆战。枪:通

155

"抢",触,碰撞。徒隶:狱卒。心惕息:胆战心惊。惕息:惊恐、害怕
的样子。

⑫ 什么原因呢?这是经过不断施加权威制约而逐渐造成的结果。

⑬ 事情已经到了这样的地步,还说不受侮辱,就是常说的厚脸皮了,哪
里还有尊贵可言呢?以:通"已",已经。强(qiǎng)颜:勉强撑着脸
面,即厚脸皮。曷:哪里。

且西伯,伯也,拘于羑里①;李斯,相也,具于五刑②;淮阴,王
也,受械于陈③;彭越、张敖,南面称孤,系狱抵罪④;绛侯诛诸吕,
权倾五伯,囚于请室⑤;魏其,大将也,衣赭衣,关三木⑥;季布为朱
家钳奴⑦;灌夫受辱于居室⑧。此人皆身至王侯将相,声闻邻国,
及罪至网加,不能引决自裁⑨。在尘埃之中,古今一体,安在其不
辱也⑩?由此言之,勇怯,势也;强弱,形也⑪。审矣,何足怪乎⑫?
夫人不能早自裁绳墨之外,已稍陵迟,至于鞭箠之间,乃欲引节,斯
不亦远乎⑬!古人所以重施刑于大夫者,殆为此也⑭。

【注释】

① 西伯,是一方诸侯之长,曾被囚禁于羑里。西伯:指周武王的父亲姬
昌,武王灭商后尊为文王。伯:方伯,一方诸侯之长。殷纣王时姬昌
为西部诸侯之长,故称西伯。拘:拘押,囚禁。羑(yǒu)里:在今河
南汤阴境内。《史记·周本纪》载:"崇侯虎谮西伯于殷纣曰:'西伯
积善累德,诸侯皆向之,将不利于帝。'帝纣乃囚西伯于羑里。"

② 李斯,是秦国丞相,受尽五刑。李斯:战国时楚国上蔡(今河南上
蔡)人。曾受学于荀子。秦王政元年(公元前246年)入秦,曾任长
史、客卿、廷尉等官,协助秦王政(始皇),为统一六国做出一定贡
献。秦朝建立后任丞相,制定并推行了"车同轨、书同文"等有利于
社会发展的政策。秦二世即位后,李斯被赵高陷害而死。具于五

156

刑：备受五刑。具：备，这里指——遭受。五刑：《汉书·刑法志》："汉兴之初，虽有约法三章，网漏吞舟之鱼，然其大辟（死刑）尚有夷三族之令。令曰：'当三族者，皆先黥（qíng）劓（yì），斩左右趾，笞（chī）杀之，枭其首，菹（zǔ）其骨肉于市，其诽谤詈（lì）诅者，又先断舌。'故谓之具五刑。"《史记·李斯列传》载："二世二年七月，具斯五刑，论腰斩咸阳市。"

③ 淮阴侯，曾封为楚王，却在陈地戴上刑具。淮阴：指淮阴侯韩信。刘邦曾封他为楚王，都下邳（今江苏邳县）。有人诬告他谋反，刘邦用陈平计，南游至陈（今河南淮阳），韩信来见，刘邦命武士将他捆绑起来，解送洛阳，降为淮阴侯。械：桎梏，拘禁手脚的刑具，如手铐脚镣。

④ 彭越、张敖，被诬有称帝野心，逮捕入狱，以抵罪过。彭越：昌邑（今山东金乡西北）人，字仲，初事项羽，不久降刘邦，多建战功，封为梁王。后来被人诬告谋反，夷灭三族。张敖：高祖功臣赵王张耳之子，张耳死后继父位立为赵王。后因其臣下谋反而被人诬告被捕下狱，不久赦免。南面称孤：面南称王。古代君位坐北朝南，君王自称寡人，所以用"南面称孤"来指称为王。系狱：被捆绑在监牢里。抵：抵当。

⑤ 绛侯诛灭诸吕，权力超过五伯，却被囚禁在请室。绛侯：即周勃，汉初功臣。诸吕：刘邦之妻吕后的亲族吕产、吕禄等。权倾五伯：权势盖过春秋时期的五霸。倾：超过。五伯：即春秋五霸，通常指齐桓公、晋文公、秦穆公、宋襄公、楚庄王。请室：官署名。皇帝出，请室令在前先驱。请室有特设的监狱。刘邦死后，吕后擅权，重用其家族宗亲。吕后死后，诸吕图谋颠覆汉朝。周勃与陈平定计，诛灭诸吕，迎立代王刘恒为文帝，权重一时。后周勃被人诬告谋反，而囚于请室。（见《史记·绛侯世家》）

⑥ 魏其，是大将军，却穿上囚服，手、足、颈三处套上刑具。魏其：即窦婴，汉景帝时为大将军，因平定吴楚七国之乱有功，封为魏其侯。窦

157

婴与灌夫相善,二人都对武安侯田蚡不满。后田蚡陷灌夫于罪,窦婴尽力相救,因此也被下狱处死。衣赭(zhě)衣:穿上囚服。赭:红褐色。三木:指加在头、手、足三处的刑具,即枷锁、桎梏等。

⑦ 季布:楚人,初为项羽部下将军,曾数次困辱刘邦。项羽败亡后,刘邦悬重金购求季布。季布于是变姓名,剃发带钳,卖给鲁人朱家为奴。后来朱家通过汝阴侯夏侯婴劝说刘邦赦免了季布。季布后官至河东太守。钳:以铁束颈。

⑧ 灌夫:颖阴(今河南许昌)人。平定吴楚之乱有功,景帝时为中郎将,武帝时官太仆。与窦婴相善。因得罪丞相田蚡,被囚禁处死。居室:官署名,属少府,后改名保官。指拘押犯人的官署。

⑨ 这些人的身份都到了王侯将相的地位,声名传扬到邻国,等到犯罪而法网加身,都不能下决心自杀。此人:这些人。声闻邻国:名声传扬到邻国。声:声名。网:罗网,法网。引决:下决心。自裁:自杀。裁:制裁。

⑩ 在尘世中,古今都一样,在哪里能有不受侮辱的呢?安在其不辱也:在哪里能有不受辱的呢?安:哪里。

⑪ 由此说来,勇敢或怯懦,是由势位造成的;强大或弱小,是由形势决定的。

⑫ 的确如此,有什么奇怪的呢?审:的确,果真。

⑬ 人不能早早地自杀于法网之外,而逐渐到了志气衰微的时候,被鞭打受刑,才想起伸张气节,这不就相差太遥远了吗?自裁绳墨之外:在绳墨之外自裁,即在法网加身之前自杀。绳墨:比喻法律,法网。稍:逐渐。陵迟:颓唐,即志气衰微。引节:伸张气节。

⑭ 重:慎重,不轻易。殆:大概。

  夫人情莫不贪生恶死,念父母,顾妻子①。至激于义理者不然,乃有所不得已也②。今仆不幸,早失父母,无兄弟之亲,独身孤立,少卿视仆于妻子何如哉③?且勇者不必死节,怯夫慕义,何处不勉焉④！仆虽怯懦，欲苟活，亦颇识去就之分矣，何至自沉溺缧绁之辱哉⑤！且夫臧获婢妾，犹能引决，况仆之不得已乎⑥？所以隐忍苟活，幽于粪土之中而不辞者，恨私心有所不尽，鄙陋没世，而文采不表于后世也⑦。

【注释】

① 恶(wù)：厌恶。念：思念。顾：眷顾。

② 至于那些激于正义真理的人不是这样，那是有迫不得已的原因。不然：指不是那样顾念父母妻子。

③ 何如哉：怎么样呢？意思是"不顾妻子"。

④ 况且真正勇敢的人，不必为名节而死，怯懦的人仰慕道义，什么地方不能自勉呢？死节：为名节而死。

⑤ 我虽然怯懦，想苟活人间，但也颇能知道弃生就死的界限，哪里会自甘沉溺于牢狱的侮辱呢！去就之分：弃生就死的界限。去：离开，抛弃，指抛弃"苟活"的人生态度。就：走向，靠近，指接受"死节"的选择。缧绁(léi xiè)：捆绑犯人的绳索，这里指牢狱。

⑥ 臧获婢妾：泛指男女奴仆。臧获：古代方言对奴婢的贱称。仆之不得已：指自己遭受到官刑这种奇耻大辱，更不能不自杀。

⑦ 我之所以忍受侮辱而苟且偷生，被囚禁在污秽的牢狱中而不拒绝的原因，就是遗憾个人的心愿没有实现，如果这样默默无闻地了却一生，我的文采就不能显露于后世了。隐忍苟活：忍受耻辱而苟且偷生。幽于粪土之中而不辞者：被囚禁在污秽的牢狱中而不拒绝的原因。粪土：污秽的泥土，指牢狱。辞：拒绝。恨：遗憾。私心：个人心愿。不尽：没有完成，没有实现。鄙陋没世：默默无闻地了却一生。鄙陋：平庸无知，指默默无闻。没世：了却一生。文采：文辞，才华。表：表现，显露。

古者富贵而名摩灭,不可胜记,唯倜傥非常之人称焉①。盖西伯拘而演《周易》②;仲尼厄而作《春秋》③;屈原放逐,乃赋《离骚》④;左丘失明,厥有《国语》⑤;孙子膑脚,《兵法》修列⑥;不韦迁蜀,世传《吕览》⑦;韩非囚秦,《说难》、《孤愤》⑧;《诗》三百篇,大底圣贤发愤之所为作也⑨。此人皆意有所郁结,不得通其道,故述往事,思来者⑩。乃如左丘无目,孙子断足,终不可用,退而论书策,以舒其愤,思垂空文以自见⑪。仆窃不逊,近自托于无能之辞,网罗天下放失旧闻,略考其行事,综其终始,稽其成败兴坏之纪⑫,上计轩辕,下至于兹,为十表,本纪十二,书八章,世家三十,列传七十,凡百三十篇⑬。亦欲以究天人之际,通古今之变,成一家之言⑭。草创未就,会遭此祸⑮。惜其不成,是以就极刑而无愠色⑯。仆诚以著此书,藏之名山,传之其人,通邑大都,则仆偿前辱之责,虽万被戮,岂有悔哉⑰?然此可为智者道,难为俗人言也⑱!

【注释】

①　古代富贵而名声磨灭的人,多得数不尽,只有那些卓越非凡的人才被称道。摩灭:磨灭。唯:只有。倜傥(tì tǎng):卓越,突出。非常:非凡。称:称颂。

②　拘:指被囚禁。演:推演。相传周文王被殷纣王拘禁在羑里以后,推演《周易》的六十四卦。

③　厄:受困。孔子周游各国,在陈、蔡曾遭到围攻和绝粮的困厄,后回到鲁国,根据鲁史而写成《春秋》。

④　赋:铺述,这里指创作。楚国屈原被怀王疏远流放后,"忧愁幽思而作《离骚》。"

⑤　左丘:即左丘明,春秋时鲁国史官。失明:失去视力。厥:乃。据说左丘明失明后著有《国语》,《汉书·艺文志》亦有此说。

⑥　孙子:指孙膑,战国时军事家。因为他受过膑刑,所以后世就称之为

160

孙膑。膑脚:把膝盖骨剔去,古代的一种酷刑。脚:小腿。修列:撰成。

⑦ 不韦:即吕不韦。迁蜀:始皇十年,吕不韦因罪免职,后又奉命迁往蜀地。《吕览》:即《吕氏春秋》。

⑧ 韩非:战国末韩国的公子。韩非曾多次上书谏韩王,不能重用,于是著述《说难》、《孤愤》等篇十余万言。

⑨ 《诗》三百篇:《诗经》共三百零五篇,这里说三百篇,举其约数。大底:大抵,大都。发愤:抒发愤懑。为作:指写作,创作。

⑩ 郁结:忧愁解不开。不得通其道:不能实现自己的理想,不能达到自己的目的。通:达。思来者:想念未来的人,即让未来的人了解自己的思想。

⑪ 就像左丘明没有视力,孙膑断了双脚,最终不能被人重用,便退而著书立说来抒发怨愤,想留下没有实行的文辞表达自己的思想。乃如:至于。终不可用:最后不可能再被任用。退:指从仕途退下来。论书策:著书立说。垂:流传。空文:没有实行的文辞。著书立说不像建功立业那样可以看得见,所以说是"垂空文"。自见(xiàn):表白自己。

⑫ 我私下里不谦逊,近来用不高明的文辞,收集天下散失的历史传闻,粗略地考察其事实,综述其本末,推究其盛衰成败的规律。无能之辞:不高明的文辞。网罗:搜集。放失:散失,散佚。旧闻:历史的传闻。稽:考察,寻究。纪:纲纪,这里指事物的规律。

⑬ 轩辕:即黄帝,传说中的远古帝王。兹:此,今,指汉武帝时期。凡:共。

⑭ 也想探求天道与人道之间的关系,贯通古往今来变化的规律,成就一家的理论。究:探求。通:贯通。言:言论,理论。

⑮ 开始撰写尚未完成,恰恰遭到这次灾祸。草创:开始撰写。未就:尚未完成。

⑯ 因为痛惜这部书没有完成,所以受到最残酷的刑罚而不敢有怒色。

极刑:最严厉的刑罚。这里指官刑。愠(yùn)色:发怒的表情。

⑰ 我确实要写成这部书,把它藏在名山,传给理解自己的人,流散到整个社会,那么我就补偿了以前受辱的债务,纵然我被千万次杀戮,难道还有后悔吗? 诚:确实。其人:这样的人,指理解自己的人。通邑大都:泛指都会城市,即整个社会。偿:偿还,补偿。责:债,欠下的账。在这个意义上后来写作"债"。虽:纵然,即使。戮(lù):杀。岂有悔哉:难道还有后悔吗? 意思是决不后悔。

⑱ 然而这些话只能给明智的人说,很难给世俗之人讲啊!

　　且负下未易居,下流多谤议①。仆以口语遇遭此祸,重为乡党所笑,以污辱先人,亦何面目复上父母之丘墓乎②? 虽累百世,垢弥甚耳③! 是以肠一日而九回,居则忽忽若有所亡,出则不知其所往④。每念斯耻,汗未尝不发背沾衣也⑤! 身直为闺阁之臣,宁得自引深藏于岩穴邪⑥? 故且从俗浮沉,与时俯仰,以通其狂惑⑦。今少卿乃教以推贤进士,无乃与私心刺谬乎⑧? 今虽欲自雕琢,曼辞以自饰,无益,于俗不信,适足取辱耳⑨。要之,死日然后是非乃定⑩。书不能悉意,略陈固陋⑪。谨再拜⑫。

【注释】

① 况且背着罪名的人难以处世,处于卑下的地位经常受到毁谤。负下:负罪之下,指蒙受罪名的人。居:生活,处世。下流:处在卑下的地位。谤议:讥评议论。

② 我因为口语遭到这样的大祸,深深地被乡邻耻笑,而侮辱了祖先,又有什么脸面再到父母的坟墓去拜祭呢? 重:深深地。乡党:乡里,乡邻。

③ 即使经过百代,耻辱更加深重啊! 累:积,这里指经过。垢:污垢,耻辱。弥:更加,指更加深重。

162

④ 因此,愁肠一天几经回转,坐在家里就精神恍惚好像丢失了什么,出门在外就不知自己要到哪里去。肠一日而九回:一天之中愁肠几经回转。形容心事重重,痛苦不堪。忽忽:精神恍惚。若有所亡:好像丢失了什么。不知其所往:不知自己要到哪里去。

⑤ 每当想到这个耻辱,冷汗就没有不渗出脊背沾湿衣服的!念:想到。斯:此,这。发背沾衣:渗出脊背沾湿衣服。

⑥ 自己只是像宦官一样的人,难道能够抽身引退隐居于山洞吗?身:自己,自身。直:只,仅仅。闺阁(gé)之臣:宫禁中的臣仆,指宦官。闺、阁:都是宫中的小门,这里指宫禁。宁得:岂能,难道能够。自引:自己抽身引退。深藏:指隐居。岩穴:山洞。

⑦ 所以姑且随世俗升降,与时代进退,用这种方式表达自己极度愤懑狂乱的心情。且:姑且。从俗浮沉:随世俗升降。与时俯仰:与时代进退。通:达到。狂惑:指内心极度愤懑狂乱的心情。

⑧ 无乃:恐怕,未免。剌(là)谬:违背,相反。

⑨ 现在我虽然想自我装饰,用美好的言词来表白自己,没有什么用处,世俗社会不会相信,只能自取侮辱罢了。雕琢:装饰。曼辞:美好的言辞。曼:美。足:能够。

⑩ 总之,到死的那一天然后是非就确定了。

⑪ 书信不能详尽表达心意,大略地陈述自己的浅陋之见。悉:全部,详尽。固陋:指见闻不广。这是谦辞。

⑫ 谨再拜:当时书信末尾常用的客套话。

【评析】

司马迁大概是古代史学家中经历最屈辱、遭遇最悲惨的一位了!

他少有不羁之才,读万卷书,行万里路,学识渊博,满腹经纶,目的就是要继承父亲的遗志,写出一部通史,"究天人之际,通古今之变,成一家之言",然而,草创未就,遭李陵之祸,处以腐刑。

对于司马迁这样志向高远、慷慨激昂之士，这无疑是致命的打击。是以死抗争，宁折不弯呢？还是从此沉沦，苟且偷生呢？他满怀哀怨，愁肠百转，在极度激愤中进行着痛苦的抉择。最后，他从古圣先贤的作为和业绩中得到心灵的启迪和人生的感悟，"就极刑而无愠色"，"隐忍苟活"，奋力著书，终于写下了一部"其文直，其事核，不虚美，不隐恶"的《史记》，被誉为"史家之绝唱，无韵之《离骚》"，为中华民族立下一座永久的丰碑。

司马迁为追求"重于泰山"的人生价值，表现出的刚毅不屈、奋发有为的韧性战斗精神，是我们民族宝贵的思想财富，永远激励后辈，催人奋进。

七、班超威震西域

《后汉书》

【题解】

本文节选自范晔《后汉书·班超列传》，题目是后加的。班超（公元 33—103 年），班彪之子，班固之弟，东汉时期献身边疆、立功西域的著名英雄人物之一。西域，汉以后对玉门关（今甘肃敦煌西北）以西地区的总称。

范晔（公元 398—445 年），字蔚宗，南朝宋顺阳（今河南淅川）人，我国著名的史学家。他出身官僚世家，祖父为晋豫章太守范宁，父亲为宋侍中范泰。他曾任尚书吏部郎、宣城太守等职，以《东观汉记》为主要依据，博采众家之长，订讹考异，删繁补略，撰成《后汉书》。后因统治者内部斗争的牵连，以谋反罪判处死刑。

《后汉书》是一部记录东汉历史的史书。其记事上起光武帝建武元年(公元25年),下至献帝建安二十五年(公元220年),共一百九十六年的历史。全书本纪十卷、列传八十卷。原定尚有十志,但未完成,作者即被杀害。今本《后汉书》里的八志(三十卷),是后人从西晋司马彪所撰《续汉书》中抽出补进去的。《后汉书》体例依循《史记》、《汉书》,但列传中创立了党锢、独行、逸民、文苑、方术、列女诸传,为后世史书沿用。

《后汉书》资料丰富,语言简洁,史称其"简而且周,疏而不漏"。此书出后,各家关于后汉的史书逐渐淘汰,而它作为正史流传了下来,与《史记》、《汉书》、《三国志》合称为"四史"或"前四史"。

历代为《后汉书》作注的很多,主要有唐李贤的《后汉书注》、清王先谦的《后汉书集解》等,可供参考。

班超,字仲升,扶风平陵人,徐令彪之少子也①。为人有大志,不修细节②;然内孝谨,居家常执勤苦,不耻劳辱③。有口辩,而涉猎书传④。永平五年,兄固被召诣校书郎,超与母随至洛阳⑤。家贫,常为官佣书以供养⑥。久劳苦,尝辍业投笔叹曰⑦:"大丈夫无他志略,犹当效傅介子、张骞立功异域,以取封侯,安能久事笔研间乎⑧?"左右皆笑之⑨。超曰:"小子安知壮士志哉⑩!"其后行诣相者⑪,曰:"祭酒,布衣诸生耳,而当封侯万里之外⑫。"超问其状⑬。相者指曰:"生燕颔、虎颈,飞而食肉,此万里侯相也⑭。"久之,显宗问固⑮:"卿弟安在⑯?"固对:"为官写书,受直以养老母⑰。"帝乃除超为兰台令史,后坐事免官⑱。

【注释】

① 扶风:郡名,在今西安以西的地区。平陵:在今陕西咸阳西北。徐

令:徐县(今江苏泗洪南)的行政长官。彪:班超之父班彪。少子:小儿子。

② 修:讲究,注重。细节:无关大体的行为。

③ 内:内心。孝谨:对父母孝顺,为人恭谨。执勤苦:辛勤艰苦地劳动。不耻:不以……为耻。劳辱:劳污,即脏累。

④ 口辩:能言善辩,有口才。涉猎:广泛阅览而不求专精。书传(zhuàn):指古代书籍及传注。

⑤ 永平五年:公元62年。永平:东汉明帝刘庄的年号,从公元58年至75年。固:班固,字孟坚,《汉书》的作者。召:招聘。诣(yì):到,前往,这里指赴任。校书郎:官名,在东观(东汉皇家藏书室)负责典校藏书。洛阳:东汉首都,在今河南洛阳。

⑥ 经常给官府抄写文书以供养老母。官:官府。佣书:受雇抄写书籍。

⑦ 尝:曾经。辍(chuò)业:停止抄写工作。投:抛弃,丢弃。

⑧ 志略:志向谋略。效:仿效。傅介子:西汉昭帝时出使西域,因为楼兰帮助匈奴,反对汉朝,他就刺杀了楼兰王,另立新王,后来被封为义阳侯。张骞:西汉武帝时首先通西域的大探险家,为促进汉朝与西域联系做出杰出贡献,后来被封为博望侯。异域:国外,他乡。封侯:封为侯爵,这是汉朝对于立有特殊功勋的人的奖励。安能:怎能。久事笔研间:长期埋头在笔砚间工作。研(yàn):砚台。在这个意义上后来写做"砚"。

⑨ 左右:周围的人。笑:嘲笑,耻笑。

⑩ 安知:哪里知道。

⑪ 行诣:往至,到……去。相者:以观测他人相貌、占测命运为职业的人。

⑫ 先生,其他诸位不过是平民读书人罢了,你应当封侯在万里之外。祭酒:古礼,凡宴会必由席中年长者先举酒以祭,称为祭酒。祭酒原为尊敬之词,后以为官名。这里等于说"先生",相者用以指称班超。布衣诸生:平民读书人。布衣:古代平民的代称,因平民穿麻布

166

衣服。生:对读书人的称呼。耳:罢了。而:你。

⑬ 班超向相者询问自己相貌的特征。其状:自己的相貌特征。

⑭ 您这位先生下巴像燕子,脖子像老虎,像远飞食肉,这就是万里封侯的相貌。

⑮ 显宗:指东汉明帝刘庄,公元58年至75年在位。显宗是汉明帝的庙号。这是追述汉明帝未死时的事情。

⑯ 卿:上对下亲切的称呼。安在:在什么地方。

⑰ 写书:抄书。直:工钱,报酬。在这个意义上后来写做"值"。

⑱ 除:任命。兰台:皇室藏书的地方。令史:官名,掌管宫廷书奏的下级官吏。坐事免官:因犯罪或犯错误免去官职。

十六年,奉车都尉窦固出击匈奴,以超为假司马,将兵别击伊吾①。战于蒲类海,多斩首虏而还②。固以为能,遣与从事郭恂俱使西域③。超到鄯善,鄯善王广奉超礼敬甚备,后忽更疏懈④。超谓其官属曰:"宁觉广礼意薄乎?此必有北虏使来,狐疑未知所从故也⑤。明者睹未萌,况已著邪⑥!"乃召侍胡诈之曰⑦:"匈奴使来数日,今安在乎?"侍胡惶恐,具服其状⑧。超乃闭侍胡,悉会其吏士三十六人,与共饮⑨。酒酣,因激怒之曰⑩:"卿曹与我俱在绝域,欲立大功,以求富贵⑪。今虏使到裁数日,而王广礼敬即废,如令鄯善收吾属送匈奴,骸骨长为豺狼食矣⑫。为之奈何⑬?"官属皆曰:"今在危亡之地,死生从司马⑭!"超曰:"不入虎穴,不得虎子。当今之计,独有因夜以火攻虏使,彼不知我多少,必大震怖,可殄尽也⑮。灭此虏,则鄯善破胆,功成事立矣⑯。"众曰:"当与从事议之⑰。"超怒曰:"吉凶决于今日。从事文俗吏,闻此必恐而谋泄,死无所名,非壮士也⑱!"众曰:"善。"初夜,遂将吏士往奔虏营⑲。会天大风,超令十人持鼓藏虏舍后,约曰:"见火然,皆当鸣鼓大呼⑳。"余人悉持兵弩夹门而伏㉑。超乃顺风纵火,前后鼓噪^㉒。虏众惊乱,超手格杀三人,吏兵斩其使及从士三十余级,余众百许人悉烧死^㉓。明日乃还告郭恂,恂大惊,既而色动^㉔。超知其意,举手曰:"掾虽不行,班超何心独擅之乎^㉕?"恂乃悦。超于是召鄯善王广,以虏使首示之,一国震怖^㉖。超晓告抚慰,遂纳子为质^㉗。还奏于窦固,固大喜。具上超功效,并求更选使使西域^㉘。帝壮超节,诏固曰:"吏如班超,何故不遣而更选乎?今以超为军司马,令遂前功^㉙。"超复受使,固欲益其兵^㉚。超曰:"愿将本所从三十余人足矣。如有不虞,多益为累^㉛。"

【注释】

① 十六年:永平十六年,公元73年。奉车都尉:掌管皇帝所乘车马的官员。窦固:字孟孙,因率军与北匈奴作战有功,官至光禄勋、卫尉。假司马:代理司马。假:古时官吏署理政事,正式任命前称为"假"。司马:汉代将军的属官,管理军中事务。将兵:率领军队。别:另,另外。伊吾:在今属新疆哈密,当时是北匈奴呼衍王的领地,东汉取之以通西域。

② 蒲类海:西域国名,在今新疆巴里坤湖附近。首:首级,指斩下的人头。虏:俘虏。

③ 能:有才干。从事:州刺史的佐吏。俱:一起。使:出使。

④ 鄯善:西域国名,以前叫楼兰,武帝时改名鄯善,在今新疆若羌东北。奉超礼敬甚备:接待班超的礼节很恭敬完备。忽更疏懈:忽然变得疏远懈怠。更:改变。

⑤ 宁觉:应该感觉。薄:减弱,减少。北虏使:北匈奴的使者。狐疑:犹豫不决。所从:顺从,归顺。指顺从汉朝还是顺从匈奴,主意未定。

⑥ 目光锐利的人可以察觉尚未萌发的事情,何况已经很明显了呢?著:显著。

⑦ 召:唤。侍胡:侍奉汉使的胡人。胡:古代西北少数民族的统称。

诈:诱骗,用话套取真情。

⑧ 具服其状:全部招认了其中的情况。状:情形。

⑨ 闭:关押,禁闭。悉:全部。会:召集。吏士:官兵。与共饮:与他们
共同饮酒。

⑩ 酒酣:酒喝得畅快的时候。因激怒之:趁机激怒他们。

⑪ 卿曹:你们。绝域:极边远的地方。

⑫ 裁:通"才",仅仅。废:止。收:捕。吾属:我们这些人。长:永远。

⑬ 为之奈何:对这种情况怎么办呢?

⑭ 死生从司马:不管死活都跟着您干!

⑮ 因夜:乘夜。震怖:震惊恐怖。殄(tiǎn):消灭,灭绝。

⑯ 破胆:吓破了胆。立:树立,建立。

⑰ 应该与从事商议这件事。

⑱ 吉凶就决定于今日。从事是个文官俗吏,听说此事一定会因害怕而
泄露计谋,死后成就不了英名,不是壮士所为。文俗吏:平庸的文
官。俗:平庸,一般的。谋泄:计谋泄露。死无所名:死后成就不了
英名。

⑲ 初夜:天刚黑。将(jiàng):率领。往奔:冲向。虏营:匈奴使者
营帐。

⑳ 会:适逢。然:燃烧。在这个意义上后来写做"燃"。呼:呼喊。

㉑ 其他人都手持兵弩埋伏在门两侧。兵:武器。弩:用机关放射的弓。

㉒ 鼓噪:击鼓呼喊。

㉓ 手格杀:亲手击杀。格:搏斗。从士:随从官兵。级:首级。悉:
全部。

㉔ 既而色动:不久变了脸色。

㉕ 掾(yuàn):属官的统称。郭恂的官职是从事,所以这样称呼他。独
擅:独揽功劳。

㉖ 示之:显现给他们看。一国:整个国家。

㉗ 晓告:明白地告诉。抚慰:安抚宽慰。遂纳子为质:鄯善王于是交出

王子作为人质。

㉘ 功效：功劳。更选使：另外选任使者。使西域：出使西域。

㉙ 皇帝赞赏班超的气概，下诏给窦固说："官吏中像班超这样，为什么不派遣却要另外选任呢？现在就任用班超为军司马，令他完成前面的功业。"壮：赞许。节：气概。遂：完成，成就。

㉚ 益：增加。

㉛ 不虞：预料不到的危险。累：牵累，拖累。

是时于田王广德新攻破莎车，遂雄张南道，而匈奴遣使监护其国①。超既西，先至于田，广德礼意甚疏。且其俗信巫，巫言："神怒，何故欲向汉②？汉使有骍马，急求取以祠我③。"广德乃遣使就超请马。超密知其状，报许之，而令巫自来取马④。有顷，巫至，超即斩其首以送广德，因辞让之⑤。广德素闻超在鄯善诛灭虏使，大惶恐，即攻杀匈奴使者而降超。超重赐其王以下，因镇抚焉⑥。

【注释】

① 于田：西域国名，在今新疆和田。莎车：西域国名，在今新疆莎车。雄张：豪横自大，指声威大振。南道：据《汉书·西域传》记载，出玉门关西行，从鄯善（即以前的楼兰国，今新疆罗布泊西）到莎车为南道。从车师（今新疆吐鲁番一带）到疏勒为北道。

② 巫：替人祈祷求神的人。何故：什么缘故。向：倾向。

③ 骍（guā）马：身黄嘴黑的马。祠（cí）：祭祀。

④ 报许之：回报答应他。自来：自己来

⑤ 辞让之：用言辞责备他。

⑥ 镇抚：镇压安抚。

时龟兹王建为匈奴所立，倚恃虏威，据有北道，攻破疏勒，杀其

170

王,而立龟兹人兜题为疏勒王①。明年春,超从间道至疏勒②。去兜题所居盘橐城九十里,逆遣吏田虑先往降之③。敕虑曰④:"兜题本非疏勒种,国人必不用命。若不即降,便可执之⑤。"虑既到,兜题见虑轻弱,殊无降意⑥。虑因其无备,遂前劫缚兜题⑦。左右出其不意,皆惊惧奔走⑧。虑驰报超,超即赴之,悉召疏勒将吏,说以龟兹无道之状,因立其故王兄子忠为王,国人大悦⑨。忠及官属皆请杀兜题,超不听,欲示以威信,释而遣之⑩。疏勒由是与龟兹结怨。

【注释】

① 龟兹(qiū cí):西域国名,在今新疆库车、沙雅之间的地区。房:指匈奴。疏勒:西域国名,在今新疆喀什一带。

② 间(jiàn)道:小路。

③ 去:距离。盘橐(pán tuó)城:西域城名,今不可考。逆:预先。降之:招降他。

④ 敕(chì):告诫,嘱咐。

⑤ 用命:服从命令。执之:捉拿他。执:捉拿,拘捕。

⑥ 轻弱:力量薄弱。殊无:一点也没有,根本没有。殊:很,非常。

⑦ 因:趁着。劫缚:抓住绑起来。

⑧ 奔走:逃跑

⑨ 故王:原来的王。兄子:兄长的儿子。

⑩ 威信:威严信义。释:放。遣:送,送走。

十八年,帝崩①。焉耆以中国大丧,遂攻没都护陈睦②。超孤立无援,而龟兹、姑墨数发兵攻疏勒③。超守盘橐城,与忠为首尾,士吏单少,拒守岁余④。肃宗初即位⑤,以陈睦新没,恐超单危,不能自立,下诏征超⑥。超发还,疏勒举国忧恐⑦。其都尉黎弇

171

曰⑧："汉使弃我,我必复为龟兹所灭耳。诚不忍见汉使去⑨。"因以刀自刭⑩。超还至于田,王侯以下皆号泣曰:"依汉使如父母,诚不可去。"互抱超马脚不得行⑪。超恐于田终不听其东,又欲遂本志,乃更还疏勒⑫。疏勒两城自超去后,复降龟兹,而与尉头连兵⑬。超捕斩反者,击破尉头,杀六百余人,疏勒复安⑭。

【注释】

① 十八年:永平十八年,公元75年。帝崩:汉明帝去世。崩:古代帝王死称"崩"。

② 焉耆(qí):西域国名,在今新疆焉耆。没:覆没,灭掉。都护:官名,全称是西域都护,督护西域诸国及南、北道。

③ 姑墨:西域国名,在今新疆阿克苏。数(shuò):多次,屡次。

④ 首尾:前后呼应。拒守:坚守。岁余:一年多。

⑤ 肃宗:东汉章帝刘炟(dá),公元76年至88年在位。没:死去。在这个意义上后来写做"殁"。征:召回。

⑦ 发还:出发回国。举国:全国。忧恐:忧虑恐惧。

⑧ 都尉:次于将军的军职,掌管军队,维持地方治安。黎弇(yǎn):都尉名。

⑨ 诚:实在,确实。

⑩ 自刭(jǐng):割颈自杀。

⑪ 互:交错,交替,这里有纷纷的意思。

⑫ 班超知道于阗绝不会让他东行回汉,他自己也想实现原来的志愿,就重新回到疏勒。不听其东:不让他东行。听:听从。东:向东行。更:再。

⑬ 尉头:西域国名,在今新疆乌什。

⑭ 复:再次。

建初三年,超率疏勒、康居、于田、拘弥兵一万人,攻姑墨石城,破之,斩首七百级①。超欲因此叵平诸国,乃上疏请兵曰②:"臣窃见先帝欲开西域,故北击匈奴,西使外国,鄯善、于田即时向化③。今拘弥、莎车、疏勒、月氏、乌孙、康居复愿归附,欲共并力破灭龟兹,平通汉道④。若得龟兹,则西域未服者百分之一耳。臣伏自惟念,卒伍小吏,实愿从谷吉效命绝域,庶几张骞弃身旷野⑤。昔魏绛列国大夫,尚能和辑诸戎,况臣奉大汉之威,而无铅刀一割之用乎⑥?前世议者皆曰:取三十六国,号为断匈奴右臂⑦。今西域诸国,自日之所入,莫不向化,大小欣欣,贡奉不绝,惟焉耆、龟兹独未服从⑧。臣前与官属三十六人奉使绝域,备遭艰厄⑨。自孤守疏勒,于今五载,胡夷情数,臣颇识之⑩。问其城郭小大,皆言倚汉与依天等⑪。以是效之,则葱领可通;葱领通,则龟兹可伐⑫。今宜拜龟兹侍子白霸为其国王,以步骑数百送之,与诸国连兵,岁月之间,龟兹可禽⑬。以夷狄攻夷狄,计之善者也⑭。臣见莎车、疏勒田地肥广,草牧饶衍,不比敦煌、鄯善间也⑮。兵可不费中国,而粮食自足。且姑墨、温宿二王,特为龟兹所置,既非其种,更相厌苦,其势必有降反⑯。若二国来降,则龟兹自破。愿下臣章,参考行事⑰。诚有万分,死复何恨⑱!臣超区区,特蒙神灵,窃冀未便僵仆,目见西域平定⑲;陛下举万年之觞,荐勋祖庙,布大喜于天下⑳。"

【注释】

① 建初三年:公元 78 年。建初是汉章帝的年号,从公元 76 年至 83 年。康居(qú):西域国名,在今哈萨克斯坦和乌兹别克斯坦境内。拘弥:西域国名,在今新疆和田东。

② 叵(pǒ):遂,就。疏:给皇帝的奏议。

③ 窃:私自,私下,谦辞。向化:归顺依附。

④ 月氏(zhī):西域国名,在今塔吉克斯坦和阿富汗境内一带。乌孙:西域国名,在今新疆伊犁以南一带。平通汉道:打通和汉朝交通的路线。

⑤ 我伏地考虑,作为军队中的下级军官,确实愿意跟随谷吉那样的人在边远之地舍命报国,也希望像张骞那样在广阔的原野为君献身。伏自惟念:自己伏地考虑。下对上(多用于对皇帝)陈述自己想法时用的敬辞。伏:俯身,趴。惟念:考虑。卒伍小吏:军队中的下级军官,这是讲自己的出身。卒、伍都是古代军队的编制名称,五人为伍,五伍为两,四两为卒,卒为百人。后用卒伍泛指军队。谷吉:西汉长安(今陕西西安)人。西汉元帝时,匈奴郅(zhì)支单于(chán yú)与汉不和,要求入质汉室的王子归国。谷吉不避艰险,护送郅支单于的王子回匈奴,被郅支所杀。效命:献出生命。庶几:希望。

⑥ 从前魏绛为列国大夫,尚且能够协调诸戎,何况我尊奉大汉的神威,而没有让自己如钝刀一样的微薄能力发挥应有的作用呢?魏绛(jiàng):春秋时晋国大夫。晋悼公时,山戎派使者来晋,绛向晋侯陈说和戎之利,晋侯听从他的意见,派他盟结诸戎。和辑:怀柔,团结。辑:把散的集聚起来。铅刀一割之用:意思是说自己的才能虽如钝刀,但尽其所能,未尝不可一用。铅刀:钝刀,不锋利的刀。

⑦ 三十六国:汉代人认为西域诸国共三十六个。断匈奴右臂:匈奴在汉朝的北边,西域诸国在匈奴的西边,所以比喻为匈奴的右臂。因此,汉沟通西域,等于砍断了匈奴的右臂。

⑧ 日之所入:指遥远的西方。大小欣欣:无论大国小国都高高兴兴。

⑨ 艰厄:艰险。

⑩ 情数:情况。颇:很,非常。

⑪ 倚汉与依天等:依靠汉朝如同依靠上天一样。等:等同,一样。

⑫ 是:此。效:验证。葱领:即"葱岭",古代对今帕米尔高原和昆仑山、天山西段的统称。西域各国大致在这一带,汉代属西域都护

统辖。

⑬ 现在应封龟兹侍子白霸为他们的国王,以步兵骑兵数百人护送他,与西域各国联合用兵,一年或数月间,龟兹即可攻下。侍子:古代对于入侍中央王朝皇帝的诸侯或属国的王子(具有人质性质)的称呼。骑(jì):骑兵。连:联合。岁月:这里指短时间,一年或数月。禽:擒拿。在这个意义上后来写做"擒",这里指攻下。

⑭ 夷狄:中国古代对外族的通称。善:好。

⑮ 草牧饶衍:水草丰盛。饶衍:丰饶,富庶。敦煌:汉郡名,在今属甘肃。

⑯ 况且姑墨、温宿两国的君王,不过是龟兹国设立,既然不是他们本种族,就互相厌恶,这种形势必然会投降汉朝,反叛龟兹。温宿:西域国名,在今新疆阿克苏。特为龟兹所置:不过是龟兹设立的。特:仅仅,不过。种:种族。更相:互相。厌苦:厌恶,困苦。势:形势。降反:投降汉朝,反叛龟兹。

⑰ 希望批下我的奏章,让我得以相机处理西域事务。章:给皇帝的奏章。参考:参验时机、形势等各种因素。

⑱ 果真有万分的艰险,死了又有什么遗憾! 诚有万分:果真有万分艰险。恨:遗憾。

⑲ 臣班超区区一人,承蒙神灵照顾,私下希望自己乘着尚未死去,能够亲眼见到西域平定。区区:渺小,微不足道。窃:私自。冀:希望。僵仆:倒下,死去。僵:向后倒。仆:向前倒。

⑳ 君王能够举起祝贺万年太平的酒杯,向祖庙进献功勋,向天下人颁布大喜的消息。举万年之觞:举起祝贺万年太平的酒杯。觞(shāng):古代喝酒的用具。荐勋:进献功劳。布:颁布。

　　书奏,帝知其功可成,议欲给兵。平陵人徐干素与超同志,上疏愿奋身佐超①。五年,遂以干为假司马,将弛刑及义从千人就超②。先是莎车以为汉兵不出,遂降于龟兹,而疏勒都尉番辰亦复

175

反叛③。会徐干适至,超遂与干击番辰,大破之,斩首千余级,多获生口④。超既破番辰,欲进攻龟兹,以乌孙兵强,宜因其力⑤,乃上言:"乌孙大国,控弦十万,故武帝妻以公主,至孝宣皇帝卒得其用。今可遣使招慰,与共合力⑥。"帝纳之⑦。八年,拜超为将兵长史,假鼓吹幢麾⑧。以徐干为军司马。别遣卫侯李邑护送乌孙使者,赐大小昆弥以下锦帛⑨。

【注释】

① 同志:志向相同。佐:辅助,帮助。

② 弛刑:解除徒刑的人。义从:自愿随行的人。就超:投向班超。

③ 先是:在此之前。番(pān)辰:疏勒都尉名。

④ 会:正好。适:恰好。生口:俘虏。

⑤ 因:依靠,凭借。

⑥ 控弦:控持弓弦,指善射的士兵。妻:给……做妻子。孝宣皇帝:西汉宣帝刘询,公元前73年至前49年在位。卒:最终。用:功效。招慰:招抚安慰。与共合力:与乌孙国共同合并军力。

⑦ 纳之:采纳了这个建议。纳:接纳,接受。

⑧ 将兵长(zhǎng)史:驻防外地的统兵长官。长史:官名,东汉时为府郡掌管兵马的长官。假鼓吹幢(chuáng)麾(huī):特殊赏赐军乐和仪仗旗帜。假:鼓吹幢麾的仪式,大将才可具备,班超不是大将,所以用"假",有特殊赏赐之意。鼓吹:泛指军乐。幢:古时作为仪仗用的一种旗帜。麾:指挥作战用的旗帜。

⑨ 卫侯:禁卫军的中级军职。大小昆弥:昆弥,乌孙国王称号。乌孙国王昆莫死,子孙争立,汉宣帝立元贵靡为大昆弥,乌就屠为小昆弥,所以有大小昆弥之称。锦帛:泛指各种精致的丝织品。锦:有彩色大花纹的丝织品。帛:丝织品的统称。

李邑始到于田,而值龟兹攻疏勒,恐惧不敢前,因上书陈西域之功不可成,又盛毁超拥爱妻,抱爱子,安乐外国,无内顾心①。超闻之,叹曰:"身非曾参而有三至之谗,恐见疑于当时矣②。"遂去其妻③。帝知超忠,乃切责邑曰④:"纵超拥爱妻,抱爱子,思归之士千余人,何能尽与超同心乎⑤?"令邑诣超受节度⑥。诏超:"若邑任在外者,便留与从事⑦。"超即遣邑将乌孙侍子还京师⑧。徐干谓超曰:"邑前亲毁君,欲败西域,今何不缘诏书留之,更遣他吏送侍子乎⑨?"超曰:"是何言之陋也!以邑毁超,故今遣之。内省不疚,何恤人言!快意留之,非忠臣也⑩。"

【注释】

① 盛毁:竭力说别人的坏话。拥:拥抱。安乐外国,无内顾心:在外国生活的心满意足,不再想念祖国。内顾:顾念国内。

② 本人没有曾参的贤德,却遇到三次加来的谗言诋毁,恐怕要被当世的人所怀疑了。曾参:春秋时期鲁国人,孔子的弟子,是个品德良好的人。当时有与曾参同姓名者杀人,别人告诉曾母说曾参杀人,曾母不信;又一人告诉曾母,曾母仍不信;第三个人来又说曾参杀人,曾母就相信而逃走了。见疑:被怀疑。当时:当世。

③ 去其妻:离开他的妻子。

④ 切责:严厉地斥责。

⑤ 纵:纵然,即就是。尽:全部

⑥ 节度:调度,指挥。

⑦ 如果李邑能胜任在外事务的话,就留他一同办事。任:胜任。从事:办事。

⑧ 将:带领。

⑨ 李邑前次亲自诋毁你,想要败坏你在西域的事业,现在怎么不利用诏命留住他,另派其他官吏送侍子呢?败西域:败坏西域之事。败:

坏。缘:依据,利用。

⑩ 这是多么浅薄的话啊!正因为李邑诋毁我,所以我现在才派遣他。自己反省没有毛病,为什么要害怕别人的闲言碎语呢?为一时痛快留下他,这就不是忠臣了。内省不疚,何恤人言:上句见《论语·颜渊》:"子曰:'内省不疚,夫何忧何惧?'"下句见《左传·昭公四年》:"《诗》曰:'礼义不愆,何恤于人言?'"意思是,自己反省没有毛病,为什么害怕别人的闲言碎语呢?省:反省。疚:毛病。恤:忧惧。快意留之:为了一时痛快而留下他。

　　明年,复遣假司马和恭等四人将兵八百诣超,超因发疏勒、于田兵击莎车①。莎车阴通使疏勒王忠,啖以重利,忠遂反从之,西保乌即城②。超乃更立其府丞成大为疏勒王,悉发其不反者以攻忠③。积半岁而康居遣精兵救之,超不能下④。是时月氏新与康居婚,相亲,超乃使使多赍锦帛遗月氏王,令晓示康居王,康居王乃罢兵,执忠以归其国,乌即城遂降于超⑤。后三年,忠说康居王借兵,还据损中,密与龟兹谋,遣使诈降于超⑥。超内知其奸而外伪许之⑦。忠大喜,即从轻骑诣超。超密勒兵待之,为供张设乐⑧。酒行,乃叱吏缚忠斩之⑨。因击破其众,杀七百余人,南道于是遂通⑩。

【注释】

① 明年:第二年。诣:到。

② 阴:暗中,秘密地。啖(dàn):利诱,引诱。乌即:西域城名,今不可考。

③ 府丞:西域各国王室中的行政首长。其不反者:其中不反叛的人。

④ 积半岁:经过半年。下:攻下。

⑤ 赍(jī):携带。遗(wèi):送给。晓示:明白开导。

178

⑥ 说(shuì):劝说。损中:据清代学者考证,当做"桢中",即疏勒城名。诈降:假装投降。

⑦ 伪:假装。

⑧ 勒兵:部署军队。供张:供设帷帐。张:帷帐。在这个意义上后来写做"帐"。设乐:设置音乐。

⑨ 酒行:即"行酒",巡行斟酒劝饮。叱(chì):大声呵斥。缚:捆绑。

⑩ 遂:就。

明年,超发于田诸国兵二万五千人,复击莎车。而龟兹王遣左将军发温宿、姑墨、尉头合五万人救之。超召将校及于田王议曰:"今兵少不敌,其计莫若各散去,于田从是而东,长史亦于此西归,可须夜鼓声而发①。"阴缓所得生口②。龟兹王闻之大喜,自以万骑于西界遮超,温宿王将八千骑于东界徼于田③。超知二虏已出,密召诸部勒兵,鸡鸣驰赴莎车营④。胡大惊乱奔走,追斩五千余级,大获其马畜财物,莎车遂降。龟兹等因各退散,自是威震西域⑤。

【注释】

① 莫若:不如。长史:班超当时为将兵长史,所以自称"长史"。须:等待。

② 阴:暗中。缓:释放。

③ 遮:拦阻,阻击。徼(yāo):通"邀",拦截,截击。

④ 鸡鸣:鸡叫的时候。

⑤ 自是:从此。

【评析】

班超少怀壮志,以身许国,亲率三十六名壮士,远赴绝域,备受艰险,以自己的政治远见和大智大勇,平定叛乱,安抚民众,不计私利,顾全大局,经营西域二十余年,沟通南北丝绸之路,不仅与当地各民族建立了深厚感情,稳定了社会秩序,加强了与汉朝中央的联系,而且有力地打击了匈奴势力,巩固了西部屏障,维护了中原地区的安定,是继张骞打通西域之后最有作为的英雄人物之一,至今令人神往怀念!

现在,驻守边疆的军队将士,屯垦戍边的兵团职工,为了维护祖国的安宁,为了各族人民的幸福,忠诚地履行自己的职责和使命,舍弃小家顾大家、献了青春献子孙,在保卫边疆、建设边疆的伟大事业中发挥着中流砥柱的作用。他们公而忘私的爱国情怀和艰苦奋斗的崇高精神,更是无愧于新时代的英雄称号。

八、陆逊智勇双全

《三国志》

【题解】

本文节选自陈寿《三国志·吴书·陆逊传》。陆逊(公元183—245年),三国时吴国著名将领,为东吴建立了巨大的功勋。

陈寿及《三国志》的简介见第一单元《吕蒙读书》的题解。

陆逊字伯言,吴郡吴人也①。本名议,世江东大族②。逊少孤,随从祖庐江太守康在官③。袁术与康有隙,将攻康,康遣逊及亲戚还吴④。逊年长於康子绩数岁,为之纲纪门户⑤。

【注释】

① 吴郡:今江苏苏州一带。

180

② 世:世代。大族:望族。

③ 孤:幼而无父。从祖:堂祖父。庐江:本治舒县,在今安徽庐江西南。建安四年(公元199年)刘勋移治皖县,在今安徽潜山。

④ 袁术:字公路,袁绍堂弟,汝南汝阳(今河南商水西北)人。曾任后将军、左将军等职。隙:怨隙,仇恨。遣:派遣,遣送。

⑤ 纲纪:治理,管理。门户:家族。

　　孙权为将军,逊年二十一,始仕幕府①。历东西曹令史,出为海昌屯田都尉,并领县事②。县连年亢旱,逊开仓谷以振贫民,劝督农桑,百姓蒙赖③。时吴、会稽、丹杨多有伏匿,逊陈便宜,乞占募焉④。会稽山贼大帅潘临,旧为所在毒害,历年不禽⑤。逊以手下召兵,讨治深险,所向皆服,部曲已有二千余人⑥。鄱阳贼帅尤突作乱,复往讨之,拜定威校尉,军屯利浦⑦。

【注释】

① 孙权:字仲谋,孙坚之子,孙策之弟。建安五年(公元200年)孙策去世后,孙权开始主持东吴国事。公元222年孙权立"黄武"为年号称帝,太元二年(公元252年)去世,在位三十一年。仕:任职。幕府:军队出征,施用帐幕,所以古代将军的府署称"幕府"。

② 历任东西曹令使,外出任海昌屯田都尉,同时兼任县令职务。曹:古代官署中分科办事的部门。令使:官名,掌管文书。海昌:在今浙江海盐南二十里。都尉:行政官名。当时东吴亦施行民屯,所以设立屯田都尉等官职。并:同时。领:担任,特指兼任。

③ 海昌县连年极度干旱,陆逊打开粮仓赈济贫民,鼓励督促百姓种田养蚕,百姓承蒙陆逊的治理得到生活的依赖。亢(kàng):极,极度。振:救济,在这个意义上后来写做"赈"。劝:鼓励。蒙:承蒙。

④ 当时吴郡、会稽、丹杨有很多因逃避赋税而隐匿的百姓,陆逊陈请采

取适宜的措施,恳求招募他们。会稽:在今浙江绍兴。丹杨:在今安徽宣城。伏匿:隐匿,指因躲避赋税而逃亡隐匿的人。陈:陈请。便(biàn)宜:采取适宜的措施。乞:恳求。占募:招募。

⑤ 会稽山的贼寇首领潘临,过去是这个地区的祸害,多年未能俘获。毒害:祸害。

⑥ 陆逊以招募的部下士兵,到深山险要的地方去讨伐,所到之处贼寇纷纷降服,部下军队达两千多人。部曲:古代军队编制单位。后也作军队或士兵的代称。

⑦ 鄱阳:在今江西波阳东。拜:授任,封。校尉:武官名,地位次于将军。屯:驻扎。利浦:即当利浦,在今安徽和县东。

　　权以兄策女配逊,数访世务①。逊建议曰:"方今英雄棋峙,豺狼窥望,克敌宁乱,非众不济②。而山寇旧恶,依阻深地③。夫腹心未平,难以图远,可大部伍,取其精锐④。"权纳其策,以为帐下右部督⑤。会丹杨贼帅费栈受曹公印绶,扇动山越,为作内应,权遣逊讨栈⑥。栈支党多而往兵少,逊乃益施牙幢,分布鼓角,夜潜山谷间,鼓噪而前,应时破散⑦。遂部伍东三郡,强者为兵,羸者补户,得精卒数万人,宿恶荡除,所过肃清,还屯芜湖⑧。

【注释】

① 配:许配。数访世务:多次咨询当前的政务。数(shuò):屡次,多次。访:咨询,征求意见。

② 方今:当今。棋峙(zhì):相持不下,如下棋时相互对峙。豺狼窥望:像豺狼一样窥视探望。克:战胜。宁:平定。济:成功。

③ 而山越贼寇长期作恶,依靠险要偏远的地区。山越:两汉时,在今苏南、皖南、浙江、江西等地的越人多移居山中,称为"山越"。旧:久,长期。阻:险要,险阻。

④　内地祸患没有平定,难以图谋远方,可以扩充队伍,从中选取精锐部队。腹心:指内地,中心地带。大:扩充,扩大。部伍:队伍。

⑤　右部督:武官名。东吴所置,掌管宿卫兵。

⑥　适逢丹杨贼寇统帅费栈接受了曹操的任命,煽动山越各部族,作为内应,孙权派遣陆逊讨伐费栈。受曹公印绶:接受了曹操的任命。印绶:官吏的印章,这里指任命的官位。

⑦　费栈的党徒众多而陆逊前去讨伐的军队人数很少,陆逊就增设军旗,分别布置战鼓号角,夜间潜入山谷中,擂鼓呐喊着前进,贼寇随即被攻破而逃散。党:党徒。往兵:前去讨伐的军队。益施:增设。牙幢(chuáng):牙旗,即军旗。分布:分别布置。噪:呼叫呐喊。应时:随即。

⑧　部伍:扩充军队。东三郡:指山越聚居的丹杨、新都、会稽三郡。强者为兵:强壮的人当兵。羸者补户:疲病瘦弱的人补充民户。羸(léi)者:疲病瘦弱的人。户:民户。宿恶:旧有的罪恶。荡除:清除。肃清:消灭干净。还:返回。芜湖:今安徽芜湖。

　　会稽太守淳于式表逊枉取民人,愁扰所在①。逊后诣都,言次,称式佳吏②,权曰:"式白君而君荐之,何也③?"逊对曰:"式意欲养民,是以白逊。若逊复毁式以乱圣听,不可长也④。"权曰:"此诚长者之事,顾人不能为耳⑤。"

【注释】

①　会稽太守淳于式上表奏报陆逊违法征取民众,使地方上不堪愁扰。枉取:违法征取。所在:指所在的地方。愁扰:使……愁扰。

②　陆逊后来到都城,言谈之中,称赞淳于式是个好官吏。诣:到,到达。都:吴都。言次:言谈之中。次:中,中间。

③　淳于式告发你而你推举他,为什么?白:陈奏,告发。荐:推举。

183

④ 淳于式意在爱护百姓,因此告发我。如果我又诋毁淳于式来扰乱您的视听,这种风气不可滋长。养:爱护。毁:诋毁。长(zhǎng):增长,滋长。

⑤ 这确实是忠厚长者的行为,只是别人不能做到。诚:确实。顾:只是。

吕蒙称疾诣建业,逊往见之①,谓曰:"关羽接境,如何远下,后不当可忧也②?"蒙曰:"诚如来言,然我病笃③。"逊曰:"羽矜其骄气,陵轹于人④。始有大功,意骄志逸,但务北进,未嫌于我,有相闻病,必益无备⑤。今出其不意,自可禽制⑥。下见至尊,宜好为计⑦。"蒙曰:"羽素勇猛,既难为敌,且已据荆州,恩信大行,兼始有功,胆势益盛,未易图也⑧。"蒙至都,权问:"谁可代卿者⑨?"蒙对曰:"陆逊意思深长,才堪负重,观其规虑,终可大任⑩。而未有远名,非羽所忌,无复是过⑪。若用之,当令外自韬隐,内察形便,然后可克⑫。"权乃召逊,拜偏将军右部督代蒙⑬。

【注释】

① 吕蒙假装生病返回建业,陆逊去见他。疾:病。《三国志·吕蒙传》记载:吕蒙上疏,献上擒拿关羽之计,"遂称病笃,权乃露檄召蒙还,阴与图计。"建业:建安十六年(公元211年),孙权自京(今江苏镇江)徙治秣陵(今江苏南京),改名建业,遂为孙吴都城。

② 关羽与您边境接壤,您怎么还远离驻地东下,过后不承当忧患吗?关羽:字云长,河东解人。曾任偏将军、前将军,为蜀汉重要将领。接境:边境接壤。当:承受。

③ 确实如您所说,然而我的病情严重。笃:重。

④ 关羽自恃勇猛之气,欺凌他人。矜:自恃。骁(xiāo):猛,勇猛。陵轹(lì):欺凌。

184

⑤ 他刚立了大功，内心骄傲放纵，只是努力向北进攻，没有怀疑我方，又听说您病了，一定更加没有防备。始有大功：刚立了大功。据《三国志·蜀书·关羽传》："二十四年，先主为汉中王，拜羽为前将军，假节钺。是岁，羽率众攻曹仁于樊。曹公遣于禁助仁。秋，大霖雨，汉水泛溢，禁所督七军皆没。禁降羽，羽又斩将军庞德……羽威震华夏。"意骄志逸：内心骄傲放纵。但：只是。务：致力。嫌：疑，怀疑。益：更加。备：防备。

⑥ 禽：捉拿。在这个意义上后来写做"擒"。制：制伏。

⑦ 你东下去见圣上，应当好好制定计谋。宜：应当，应该。

⑧ 素：一向。既：已经。敌：对抗，抵挡。据：占据，拥有。行：施行。兼：加上。益：更加。图：图谋，对付。

⑨ 代：替代，接任。

⑩ 陆逊深谋远虑，才能可以承担重任，看他的谋划思考，最终可以大用。意思深长：深谋远虑。堪：能够，可以。负：承担。重：重任。规虑：谋划思考。

⑪ 而且他没有很大的名声，不是关羽畏惧的人，再没有比这更好的了。忌：畏惧，害怕。过：超过。是：此。指"未有远名，非羽所忌"。

⑫ 如果任用他，应该让他表面上隐藏锋芒，暗中观察有利时机，然后定能成功。外：表面。韬隐：掩藏，隐蔽。便：便利。克：成功。

⑬ 偏将军：杂号将军，主管征伐。

逊至陆口，书与羽曰①："前承观衅而动，以律行师，小举大克，一何巍巍②！敌国败绩，利在同盟，闻庆拊节，想遂席卷，共奖王纲③。近以不敏，受任来西，延慕光尘，思禀良规④。"又曰："于禁等见获，遐迩欣叹，以为将军之勋足以长世，虽昔晋文城濮之师，淮阴拔赵之略，蔑以尚兹⑤。闻徐晃等少骑驻旌，窥望麾葆⑥。操猾虏也，忿不思难，恐潜增众，以逞其心⑦。虽云师老，犹有骁悍⑧。

且战捷之后,常苦轻敌,古人杖术,军胜弥警,愿将军广为方计,以全独克⑨。仆书生疏迟,忝所不堪,喜邻威德,乐自倾尽,虽未合策,犹可怀也⑩。傥明注仰,有以察之⑪。"羽览逊书,有谦下自讬之意,意大安,无复所嫌⑫。逊具启形状,陈其可禽之要⑬。权乃潜军而上,使逊与吕蒙为前部,至即克公安、南郡⑭。逊径进,领宜都太守,拜抚边将军,封华亭侯⑮。备宜都太守樊友委郡走,诸城长吏及蛮夷君长皆降⑯。逊请金银铜印,以假授初附⑰。是岁建安二十四年十一月也⑱。

【注释】

① 陆逊到达陆口,写信给关羽说。陆口:在今湖北蒲圻西北的陆溪口。

② 先前您观察敌人破绽而后进兵,以法调动军队,小小的举动就获得大胜,是多么的伟大啊!衅:破绽。律:法。巍巍:崇高、伟大的样子。

③ 曹魏的溃败,利于吴、蜀联盟,听到胜利的消息我们都拍手赞赏,希望接着挥师北上,夺取中原,共同辅佐天子朝纲。败绩:军队溃败。拊:击,拍。遂:就。席卷:指北上夺取中原。奖:辅助。

④ 近来我这个没有才能的人,接受委任来到西部,长久仰慕您的风采,很想得到您良好的教诲。不敏:没有才能。延:长久。光尘:称人风采的敬词。禀:承受。

⑤ 于禁等人被俘获,远近各处欢欣赞叹,认为将军您的功勋足以长存于世,就是从前晋文公在城濮之战中的军队,淮阴侯攻取赵国的谋略,也无法超过您的功绩。见获:被俘获。迥:远。迩:近。晋文:晋文公时,晋与楚在城濮交战,楚军大败。淮阴:韩信曾被封为淮阴侯,利用智谋打败赵军。蔑:不。尚:超过,高出。兹:此。代指关羽的功绩。

⑥ 听说徐晃等人少量的骑兵驻扎下来,窥探您的动静。麾(huī)葆:

186

大将出征时军中仪仗用的伞盖。这里指关羽军队的动静。

⑦ 曹操是狡猾的敌人，因愤怒而不顾危难，恐怕会暗地里增派人马，以求心意得逞。虏：对敌人的蔑称。忿：愤怒。逞：表现，显示。

⑧ 虽说他的军队疲弱，但依然还有勇猛强悍的士卒。云：说。老：士气衰弱，疲怠。

⑨ 况且打了胜仗之后，经常为轻敌所苦，古人倚仗用兵的谋略，军队胜利了更加警惕，希望将军周密地制定谋略，以保全自己的胜利。苦：为……所苦。杖：持，倚仗。弥：更加。警：警惕，戒备。广：多方，周密。为：制定。方计：谋略。全：保全。独：独自，自己。克：胜利。

⑩ 我是一介书生，才学粗疏，天资迟钝，愧居不能胜任的高位，很高兴能够与具有威德的您为邻，自己也乐意倾诉全部的心思，虽然尚未共同谋划，我还是非常想念的。疏迟：才学粗疏，天资迟钝。忝（tiǎn）辱，指辱没高位，自己有愧。倾：倾诉。尽：全部。合策：合谋，共同谋划。怀：想念。

⑪ 倘若能够承蒙明鉴我的景仰之情，希望得到您的体察。傥：假如。明注：明鉴，关注。仰：景仰。

⑫ 关羽看过陆逊的书信，认为有谦卑恭敬、托附自己的意思，心中十分安定，不再有所怀疑。大安：非常安定。

⑬ 陆逊详细向孙权禀报了上述形势状况，并陈述了可以擒获关羽的关键。形：形势。状：状况。禽：擒获。在这个意义上后来写做"擒"。要：要点，关键。

⑭ 潜军：暗地派兵。即：随即。克：攻克。公安：在今湖北公安。南郡：郡名，治所在江陵，在今湖北江陵。

⑮ 径：径直。宜都：在今湖北宜都。抚边将军：杂号将军之一，主管征伐。华亭：在今上海松江西。陆逊家居于此，故孙权封他为华亭侯。

⑯ 刘备的宜都太守樊友弃郡逃走，各城地方长官和蛮夷首领全部投降。委：丢弃，抛弃。

⑰ 陆逊请求金、银、铜印，借以授予刚刚归附的官员。假：借。初附：指

⑱　建安二十四年：公元 219 年。

　　黄武元年，刘备率大众来向西界，权命逊为大都督、假节，督朱然、潘璋、宋谦、韩当、徐盛、鲜于丹、孙桓等五万人拒之①。备从巫峡、建平连围至夷陵界，立数十屯，以金锦爵赏诱动诸夷②，使将军冯习为大督，张南为前部，辅匡、赵融、廖淳、傅肜等各为别督，先遣吴班将数千人於平地立营，欲以挑战③。诸将皆欲击之，逊曰："此必有谲，且观之④。"备知其计不可，乃引伏兵八千，从谷中出⑤。逊曰："所以不听诸君击班者，揣之必有巧故也⑥。"逊上疏曰："夷陵要害，国之关限，虽为易得，亦复易失⑦。失之非徒损一郡之地，荆州可忧⑧。今日争之，当令必谐⑨。备干天常，不守窟穴，而敢自送⑩。臣虽不材，凭奉威灵，以顺讨逆，破坏在近⑪。寻备前后行军，多败少成，推此论之，不足为戚⑫。臣初嫌之，水陆俱进，今反舍船就步，处处结营，察其布置，必无他变⑬。伏愿至尊高枕，不以为念也⑭。"诸将并曰："攻备当在初，今乃令入五六百里，相衔持经七八月，其诸要害皆以固守，击之必无利矣⑮。"逊曰："备是猾虏，更尝事多，其军始集，思虑精专，未可干也⑯。今住已久，不得我便，兵疲意沮，计不复生，掎角此寇，正在今日⑰。"乃先攻一营，不利。诸将皆曰："空杀兵耳⑱。"逊曰："吾已晓破之之术⑲。"乃敕各持一把茅，以火攻拔之⑳。一尔势成，通率诸军同时俱攻，斩张南、冯习及胡王沙摩柯等首，破其四十馀营㉑。备将杜路、刘宁等穷逼请降。备升马鞍山，陈兵自绕㉒。逊督促诸军四面蹙之，土崩瓦解，死者万数㉓。备因夜遁，驿人自担烧铙铠断后，仅得入白帝城㉔。其舟船器械，水步军资，一时略尽，尸骸漂流，塞江而下㉕。备大惭恚，曰："吾乃为逊所折辱，岂非天邪㉖！"

【注释】

① 黄武元年,刘备率领大军向吴国西部边境进发,孙权任命陆逊为大都督、假节,统率朱然、潘璋、宋谦、韩当、徐盛、鲜于丹、孙桓等五万人抵御刘备。黄武元年:公元 222 年。黄武:孙权始设年号,从公元 222 年至 228 年。刘备:字玄德,涿郡涿县人,蜀国先主。章武元年(公元 221 年)称帝,二年夷陵之战后败退白帝城,三年病逝。大都督:统兵元帅,也是地方高级军政长官。假节:朝廷给将领的加号、权力,在军事上有权杀犯军令者。督:率领。

② 刘备从巫峡、建平连续扎营至夷陵边界,设立数十座驻兵营寨,用黄金、锦帛、爵位和赏赐引诱鼓动夷人各部族。巫峡、建平:巫峡首尾一百六十里,在巫县境内,属建平郡。连:连续。围:这里指扎营。夷陵:宜都郡界,在今湖北宜昌东。

③ 大督:即大都督,统兵元帅。前部:先锋。别督:大督之下的统兵武官。立营:建立营寨。

④ 东吴各位将领都想出击,陆逊说:"这样扎营必有诡诈,暂且要观察他们的虚实。"谲(jué):欺诈,诡诈。

⑤ 刘备知道他的计谋不能实现,就引领八千埋伏的士兵,从山谷中出来。

⑥ 我之所以不听从诸位攻打吴班,是揣测他必有伪诈的缘故。揣:思忖,揣测。巧:伪诈。

⑦ 国之关限:国家的边关界限。长江三峡最东边为西陵峡,夷陵正当西陵峡东口,地扼峡江之险,从此以下,长江流入平原地区,因此称"关限"。

⑧ 徒:只。忧:担忧。

⑨ 谐:办妥。这里指获得成功。

⑩ 刘备冒犯天理,不守自己巢穴,竟敢自来送死。干(gān):冒犯。天常:天之常道,天理。

⑪ 我虽无才能,仰仗陛下的神威,以顺应天理讨伐逆贼,打败他们就在

189

近日。破坏:打败。

⑫ 回顾刘备前后用兵打仗,败多胜少,由此推论,不值得忧虑。寻:寻求,这里指回想、回顾。戚:忧虑。

⑬ 嫌:怀疑。舍船就步:舍弃水路,采用陆路。布置:部署。他变:其他的变化。

⑭ 伏:陆逊自己的谦称,相当于在下。至尊:对孙权的尊称。高枕:垫高枕头睡觉,指不用担忧。念:思念,担心。

⑮ 进攻刘备应在他开始进入的时候,如今让他深入境内五六百里,相互衔接对峙据守已有七八个月,其各要害地区都已牢固驻守,这时进攻一定不利。衔持:衔接对峙。

⑯ 刘备是狡猾的敌人,经历的事情很多,他的军队开始集结时,考虑问题精细集中,不能进犯他。更(gēng)尝:经历。干:进犯。

⑰ 现今他驻军已久,不能占到我们的便宜,士兵疲惫,士气颓丧,不会再想出什么计策,夹击此敌,正在今日。住:驻军。便(biàn):好处。沮(jǔ):颓丧。掎(jǐ)角:即犄角,夹击。

⑱ 空杀兵耳:白白损失士兵而已。空:徒然,白白地,毫无价值地。

⑲ 晓:知道。破之之术:打败敌人的方法。即下文所用的火攻。

⑳ 敕(chì):命令。茅:茅草。拔:攻克。

㉑ 一尔:一旦如此,即顷刻间。首:首级,头。破:攻克。

㉒ 刘备的将领杜路、刘宁等被逼无路,请求投降。刘备自己登上马鞍山,围绕马鞍山部署军队自保。马鞍山:在今湖北宜昌西北。

㉓ 蹙(cù):迫,逼近。万数:数以万计。

㉔ 刘备趁着黑夜逃跑,唯有驿站的人自担士兵丢弃的铙、铠甲焚烧在隘口要道,为刘备隔断后面的追兵,他才得以逃入白帝城。因:凭借,趁着。遁:逃跑。铙(náo):古代的一种铜制乐器。白帝城:在今重庆奉节东。

㉕ 刘备的船只器械,水兵、步兵的军需物资,一时间大致损失殆尽,士兵的尸骸漂流,塞满长江顺流而下。略:大致。

190

㉖ 刘备羞愧愤恨地说："我竟然被陆逊挫败侮辱，这难道不是天意吗！"惭恚(huì)：羞愧愤恨。乃：竟然。折辱：挫败侮辱。

初，孙桓别讨备前锋於夷道，为备所围，求救於逊①。逊曰："未可。"诸将曰："孙安东公族，见围已困，奈何不救②？"逊曰："安东得士众心，城牢粮足，无可忧也③。待吾计展，欲不救安东，安东自解④。"及方略大施，备果奔溃⑤。桓后见逊曰："前实怨不见救，定至今日，乃知调度自有方耳⑥。"

【注释】

① 起初孙桓分率士兵去夷道征讨刘备的前锋部队，被刘备围困，向陆逊求救。别：分支，这里指分兵。夷道：县名，在今湖北省宜都西北。
② 孙桓列为公族，被包围已经处境困难，怎么不救呢？孙安东：孙桓为安东中郎将，故称孙安东。公族：孙桓为孙河之子，孙河本姓俞，因孙策喜爱他，赐姓为孙，列入属籍，故称"公族"。
③ 孙桓深得军队民众之心，城墙牢固，粮食充足，没有可以担忧的。无可：没有可以，不用。
④ 等到我的计策得以实施，即使不去援救安东，安东自己也能解围。展：实施。
⑤ 果：果真，确实。
⑥ 实：确实。见：被。调度：指挥。方：方略。

当御备时，诸将军或是孙策时旧将，或公室贵戚，各自矜恃，不相听从①。逊案剑曰②："刘备天下知名，曹操所惮，今在境界，此强对也③。诸君并荷国恩，当相辑睦，共翦此虏，上报所受，而不相顺，非所谓也④。仆虽书生，受命主上⑤。国家所以屈诸君使相承望者，以仆有尺寸可称，能忍辱负重故也⑥。各在其事，岂复得

191

辞⑦！军令有常，不可犯矣⑧。"及至破备，计多出逊，诸将乃服⑨。权闻之，曰："君何以初不启诸将违节度者邪⑩？"逊对曰："受恩深重，任过其才⑪。又此诸将或任腹心，或堪爪牙，或是功臣，皆国家所当与共克定大事者⑫。臣虽驽懦，窃慕相如、寇恂相下之义，以济国事⑬。"权大笑称善，加拜逊辅国将军，领荆州牧，即改封江陵侯⑭。

【注释】

① 在抗击刘备的时候，众将军有的是孙策时的旧将，有的是王公贵戚，各自骄傲自负，不肯听命服从。御：抗击。矜恃：骄傲自负。

② 案剑：手按宝剑。以示威严。

③ 刘备天下闻名，曹操都畏惧他，现在他来到东吴境内，是个强劲的对手。惮：畏惧。境界：指东吴境内。对：对手。

④ 诸位一同承受国家的恩典，应当互相和谐友好，共同消灭这些敌人，对上报答受到的恩泽，然而现在不服从命令，是不应该的。荷：承受。辑：和，和谐。睦：和睦，友好。翦：消灭，铲除。虏：对敌人的蔑称。

⑤ 我虽然是一介书生，却从君主领受大命。

⑥ 国家之所以委屈各位顺从我的指挥，是因为我还有一点可取之处值得称道，能够忍受屈辱、担负重任的缘故。承望：顺从。尺寸：形容东西的长短大小，这是指一点可取之处。负重：担负重任。

⑦ 各人负担自己的职责，难道还能推辞！

⑧ 军令有常规，不能触犯。常：常规。犯：触犯。

⑨ 等到打败刘备，计谋大多出自陆逊，各位将领才佩服。乃：才。

⑩ 您为什么当初不向我裹报各位将领违背军规不听指挥的事呢？启：陈述，报告。节度：指挥，约束。

⑪ 受到君恩深重，承担的任务超过了自己的才能。任过其才：担负的

192

任务超过了自己的才能。

⑫ 再说这些将领有的是亲信,有的是战将,有的是功臣,都是国家应当与他们一起共同成就大事的人。爪牙:指战将。克定:能够确定,成就。

⑬ 我虽然才能低劣,私下里也羡慕蔺相如、寇恂谦让的义举,用来成就国家大事。驽懦(nú nuò):才能平庸低下。驽:劣马。相如:蔺相如,战国时在赵国为官。赵王因其功大拜为上卿,职位在赵国名将廉颇之上,廉颇自恃战功不服,宣言说:"我见相如,必辱之。"蔺相如顾全大局,忍让躲避,不与相争,并且说:"强秦之所以不敢加兵于赵者,徒以吾二人在也。今两虎共斗,其势不俱生。吾所以为此者,以先国家之急而后私仇也。"廉颇听到之后,深受感动,于是肉袒负荆,登门请罪,二人成为刎颈之交。寇恂:东汉初人,为颍川太守。执金吾贾复在汝南,其部将在颍川杀人,寇恂逮捕并斩杀了此人,贾复以为是耻辱,当他路过颍川时扬言:"今见恂,必手剑之!"寇恂知道后,故意躲避,不与相见。后经光武帝调解,二人和好。济:成就。

⑭ 辅国将军:杂号将军之一。

【评析】

陆逊作为东吴的青年将领,深谋远虑,胸有全局,献策于吕蒙,韬晦于关羽,特别是夷陵之战,面对刘备的数十万大军,他临危受命,以后生晚辈统帅贵戚旧将迎敌,却能协调众将,进退有方,以逸待劳,指挥若定,最后火烧连营,大败蜀军,刘备只得逃入白帝城,从而为东吴建立了不世之功。正如《三国志·吴书·陆逊传》评曰:"刘备天下称雄,一世所惮,陆逊春秋方壮,威名未著,摧而克之,罔不如志。予既奇逊之谋略,又叹权之识才,所以济大事也。"

夷陵之战,蜀军主帅刘备已六十岁有余,而吴军大都督陆逊年方四十出头,恐怕刘备并未把陆逊放在眼里,然而年轻统帅却打败了一世枭雄,以少而胜多,成就了陆逊的精彩人生,无怪乎刘备既羞愧又愤恨,说:"吾乃为逊所折辱,岂非天邪!"

九、杨烈妇传

李 翱

【题解】

本文选自李翱《李文公集》卷十二。杨烈妇,唐朝项城县令李侃之妻。烈妇,刚正有节操的妇女。传,传记。

李翱,字习之,唐朝成纪(今甘肃秦安)人。唐德宗贞元十四年(公元798年)考中进士,后为国子博士、史馆修撰、刑部侍郎、户部侍郎,官至山南东道节度史。唐文宗开成年间卒,谥"文"。新旧《唐书》有传。

他曾师从韩愈,勤于儒学,博雅好古,为人性格刚强,为文崇尚气质,风格浑厚,与韩愈相似,被当时推崇,世有"韩李"之称。有《李文公集》传世,本文是他的代表作之一。

建中四年,李希烈陷汴州①。既又将盗陈州,分其兵数千人抵项城县②。盖将掠其玉帛,俘累其男女,以会于陈州③。

【注释】

① 建中四年:公元783年。建中:唐德宗年号,从公元780年至783年。李希烈:燕州辽西(今北京一带)人,德宗时为淮宁节度使。建中三年自称建兴王,天下都元帅,拥兵自立。建中四年十二月,攻陷

汴州。陷：攻陷。汴州：今河南开封。

② 既：不久。盗：侵袭。陈州：在今河南淮阳。项城县：在今河南项城。

③ 掠：抢夺。玉帛：泛指财物。俘：俘获。累：捆绑，束缚。会：会合。

县令李侃，不知所为①。其妻杨氏曰："君县令，寇至当守；力不足，死焉，职也。君如逃，则谁守②?"侃曰："兵与财皆无，将若何③?"杨氏曰："如不守，县为贼所得矣！仓廪皆其积也，府库皆其财也，百姓皆其战士也，国家何有④?夺贼之财而食其食，重赏以令死士，其必济⑤!"于是召胥吏百姓于庭⑥，杨氏言曰："县令诚主也；虽然，岁满则罢去，非若吏人百姓然⑦。吏人百姓，邑人也，坟墓存焉，宜相与致死以守其邑，忍失其身而为贼之人耶⑧?"众皆泣，许之⑨。乃徇曰："以瓦石中贼者，与之千钱；以刀矢兵刃之物中贼者，与之万钱⑩。"得数百人，侃率之乘城；杨氏亲为之爨以食之，无长少必周而均⑪。使侃与贼言曰："项城父老，义不为贼矣，皆悉力守死⑫。得吾城不足以威，不如亟去；徒失利，无益也⑬!"贼皆笑。有蜚箭集于侃之手，侃伤而归⑭。杨氏责之曰："君不在，则人谁肯固矣？与其死于城上，不犹愈于家乎⑮?"侃遂忍之，复登陴⑯。

【注释】

① 不知所为：不知道应该做什么。指无计可施。

② 您是县令，贼寇到了应当坚守；力量不够，为此而死，是你的职分。你如果逃跑，那么谁来坚守？

③ 士兵和钱财都没有，将怎么办？

④ 如果不守城，项城被贼寇夺取了！粮仓都是他们的粮食，国库里都是他们的财物，百姓都将是他们的战士，国家还有什么？仓廪：储藏粮食的仓库。积：指囤积的粮食。府库：古代国家收藏财物或文书

195

的地方。何有：有何，有什么？

⑤ 夺取即将被贼寇抢走的财产，吃掉即将被贼寇抢走的粮食，以重赏使用那些敢于拼死的勇士，就一定会取得成功。济：成功。

⑥ 胥吏：古代在官府中办理文书的小吏。

⑦ 县令确实是一县之主；虽然如此，任职期满便会离开，不像一般小吏百姓那样。主：主管。

⑧ 小吏百姓，都是当地人，祖先的坟墓就在这里，应该一起拼命坚守县城，能够忍心失去身份而成为贼寇的人吗？宜：应该。相与：一起，一致。

⑨ 许之：答应一起守城。

⑩ 于是宣布说："用瓦块石头打中贼寇的，给他奖赏千钱；用刀箭武器杀伤贼寇的，给他奖赏万钱。"徇（xùn）：宣布，公布。

⑪ 乘：登上。爨（cuàn）：烧火做饭。食：给……吃。周：周全。均：公平。

⑫ 项城百姓，坚守道义决不从贼，都全力拼死守城。皆：都。悉力：全力。守死：拼死守城。

⑬ 得到我们这座城不足以显示威力，不如赶紧离开；否则白白地失利，没有任何好处！亟（jí）：尽快。去：离开。徒：白白地。

⑭ 有一支飞箭射中李侃的手，李侃受伤而回家。蜚：通"飞"。集：指射中。

⑮ 杨氏责备他说："你不在，那么谁人肯固守呢？如果你死在城上，不是比死在家里更好吗？"固：固守。与其：如其，如果。愈：更好。

⑯ 陴（pí）：女墙，城垛。指代城墙。

项城，小邑也，无长戟劲弩、高城深沟之固①。贼气吞焉，率其徒将超城而下②。有以弱弓射贼者，中其帅，坠马死③。——其帅，希烈之婿也。——贼失势，遂相与散走④。项城之人无伤焉⑤。

196

刺史上侃之功,诏迁绛州太平县令⑥。杨氏至兹犹存⑦。

【注释】

① 戟(jǐ):古代的一种兵器,柄端装有金属的枪尖,一旁附有月牙形的利刃,是矛和戈的合体,兼有矛用于刺、戈用于钩或击的作用。弩(nǔ):利用机械力射箭的弓。固:坚固,指坚固的防御设施。

② 贼气吞焉:贼兵的气势很大。率其徒:率领他们的士卒。踰城:跨越城墙。下:攻下,占领。

③ 弱弓:普通的弓,与上文的“劲弩”相对。中:射中。坠马:掉落马下。

④ 势:威势。走:逃跑。

⑤ 伤:伤害,祸害。

⑥ 刺史:州行政长官。上:上奏,禀报。诏:下诏。迁:提升。绛州:州治在今山西新绛。太平县:在今山西临汾一带。唐朝将县分为赤、畿、望、紧、上、中、下共七个等级,项城为上县,太平为紧县,由项城县令调任太平县令是提升。

⑦ 兹:此。犹:尚,仍然。

妇人女子之德,奉父母舅姑尽恭顺,和于姊姒,于卑幼有慈爱,而能不失其贞者,则贤矣①。辨行列,明攻守勇烈之道,此公卿大臣之所难②。厥自兵兴,朝廷宠旌守御之臣,凭坚城深池之险,储蓄山积,货财自若,冠胄服甲负弓矢而驰者,不知几人③;其勇不能战,其智不能守,其忠不能死,弃其城而走者,有矣④。彼何人哉⑤!若杨氏,妇人也。孔子曰:“仁者必有勇。”杨氏当之矣⑥!

【注释】

① 妇人女子的品德,是侍奉父母公婆竭尽恭顺,与妯娌和睦相处,对卑

197

下及年幼的人有慈爱之心,而能够不失去自己贞操的女子,就是贤惠的了。舅姑:公婆。姊姒(sì):妯娌。兄妻为姒。

② 懂得行军布阵的行列,明白进攻防守勇敢忠烈的道理,这是公卿大臣们都感到困难的。行列:横的叫"行",直的叫"列"。这里指行军布阵的行列。

③ 自从国家有战乱兴起以来,朝廷从优表彰了守城抗击的大臣,他们凭借坚固城墙和深深护城河的险阻,储存的物资像山一样堆积,货物钱财也一样多,戴盔披甲背着弓箭而驱驰的人,不知有多少人。兵:战乱。宠旌:从优表彰。城:城墙。池:护城河。山积:像山一样堆积。冠:戴。胄:头盔。服:披。甲:铠甲。

④ 他们的勇敢不能打仗,他们的智谋不能防守,他们的忠诚不能为国而死,抛弃他们的城池而逃跑的人,有的是啊。

⑤ 那是些什么人啊!

⑥ 孔子说:"仁爱的人必定勇敢。"杨氏当得起这句话啊!《论语·宪问》:"子曰:'有德者必有言,有言者不必有德。仁者必有勇,勇者不必有仁。'"

【评析】

文章记述了项城保卫战的经过,表彰了杨烈妇坚决抗敌、保家卫国的英雄胆识和爱国精神。

项城保卫战完全出自杨氏的谋略和指挥。当贼寇袭来,是杨氏镇定自若,从爱国大局分析利害,坚定了李侃抵抗的决心;是杨氏深谋远虑,用乡邻亲情动员百姓,说服大家坚决抗敌;是杨氏亲自烧饭,慰劳战士,稳定人心,鼓励士气;是杨氏忍痛责夫,促使受伤的李侃重返战场,坚持到最后胜利——杨氏是项城的主心骨,擎天柱!没有杨氏,李侃将不知所为;没有杨氏,民众会惶恐四散。因此,作者特意把她与弃城而逃的大臣战将相对比,以凸显杨氏保

198

家卫国的大智大勇,盛赞杨氏是伟大的仁者!

　　古代妇女具有卓越的聪明才智和不凡的英雄业绩,在社会生活的各个领域做出了杰出的贡献,但是,在三纲五常、男尊女卑的封建思想罗网下,很少记载流传下来,这里仅从杨氏的胆识作为,就可以见到巾帼不让须眉的英雄风采。

第四单元

一、尧舜禅让

《尚书》

【题解】

本文节选自《尚书·尧典》，题目是后加的。尧舜禅让，上古氏族社会晚期的贤明帝王尧向舜禅让帝位。

《尚书》的简介见第二单元《无逸》的题解。

帝曰："畴咨，若时登庸？①"放齐曰："胤子朱启明②。"帝曰："吁！嚚讼，可乎③？"帝曰："畴咨，若予采④？"欢兜曰："都！共工方鸠僝功⑤。"帝曰："吁！静言庸违，象恭滔天⑥。"

【注释】

① 帝尧说："谁啊，能够顺应天时，提升重用？"帝：帝尧，上古时期的贤明帝王之一。战国以后，黄帝、颛顼、帝喾、帝尧、帝舜并称为"五帝"。畴：谁。咨：语气词。若：善，善治，顺应。时：天时。登：升，提升。庸：用。

② 放齐说:"嗣子丹朱明白政事,可以重用。"放齐:帝尧的臣子。胤(yìn)子:尧的嗣子。朱:丹朱。启明:开明。指明白政事,可以重用。

③ 帝尧说:"唉!他妄言而好争,可以胜任吗?"吁:表示惊讶的感叹词。嚚(yín):说话不忠实诚信。讼:争辩。

④ 帝尧说:"谁啊,能够胜任我管理的政事?"予:我。采:事,政事。

⑤ 欢兜说:"哦!共工防备救助水灾,具有功劳。"欢兜(dōu):帝尧的臣子,后为四凶之一。都:表示赞美的感叹词。共工:帝尧的臣子,水官。《竹书纪年》:"帝尧十九年命共工治河。"后为四凶之一。方:通"防"。鸠:通"救"。僝(zhuàn):具有。

⑥ 帝尧说:"他善巧言而常邪僻,貌似恭敬而怠慢上天。"静言:善言,巧言。庸:常。违:邪僻。象:好似,貌似。恭:恭敬。滔(tāo):通"慆",怠慢。

帝曰:"咨!四岳!汤汤洪水方割,荡荡怀山襄陵,浩浩滔天。下民其咨,有能俾乂①?"佥曰:"于,鲧哉②!"帝曰:"吁!咈哉!方命圮族③。"岳曰:"异哉!试可,乃已④。"帝曰:"往,钦哉⑤!"九载,绩用弗成⑥。

【注释】

① 帝尧说:"啊!四方诸侯之长!滚滚的洪水正在造成灾害,水面广阔包围了山岭,涌上了高地,浩浩荡荡地漫过了天际。民众们都在叹息,有人能使这种情况得到治理吗?"四岳:官名,主持四方祭祀的诸侯之长。汤汤(shāng shāng):大水流动的样子。割(hài):通"害"。荡荡:水势很大的样子。怀:包围。襄:上。浩浩:广阔的样子。滔天:水流漫过天际。其:乃。咨:叹息。俾:使得。乂(yì):治理。

② 大家都说:"哦,还是鲧吧!"佥(qiān):皆,都。鲧(gǔn):尧的臣子,禹的父亲。

③ 帝尧说:"唉!他放弃教命,危害族类。"咈(fù):表示不以为然的语气词。方命:放弃教命。方:放。圮(pǐ)族:危害族类。圮:毁坏,危害。族:众人。

④ 四方诸侯之长说:"与我们的见闻不同啊!试试他不可用,然后再停止。"异:不同。可:即不可。古人语急,以不可为可。已:止。

⑤ 帝尧说:"去吧,谨慎行事!"钦:敬,谨慎。

⑥ 结果鲧经过九年治水,功绩不成。载:年。绩:功。

　　帝曰:"咨!四岳!朕在位七十载,汝能庸命,巽朕位①?"岳曰:"否德,忝帝位②。"曰:"明明扬侧陋③。"师锡帝曰:"有鳏在下,曰虞舜④。"帝曰:"俞,予闻。如何⑤?"岳曰:"瞽子,父顽,母嚚,象傲,克谐;以孝烝烝,乂不格奸⑥。"帝曰:"我其试哉!女于时,观厥刑于二女⑦。"厘降二女于妫汭,嫔于虞⑧。

【注释】

① 帝尧说:"啊!四方诸侯之长!我在位七十年了,你们谁能听用天帝的命令,继任我的天子之位吗?"庸:用。巽(xùn):《史记·五帝本纪》引作"践"。任。朕位:我的天子之位。

② 四方诸侯之长说:"我们的品德鄙陋,会玷辱了天子的大位。"否(pǐ):恶,鄙。忝:辱。

③ 帝尧说:"可以推选贤明的贵戚,也可以举荐疏远而不亲近的贤人。"明明:第一个"明"是动词,推选;第二个"明"是名词,贤明,指贤明的贵戚。扬:举荐。侧陋:指疏远而不亲近的贤人。侧:旁边,边远。陋:隐匿,褊狭。

④ 大家向帝尧举荐说:"有一个在民间的鳏夫,叫虞舜。"师:众人。锡

(cì):通"赐",进献,举荐。上古时下对上也称"赐"。鳏(guān):
没有妻子的人。虞:国氏。舜:名,传说中上古时期贤明帝王之一,
是帝尧后来禅让的人。

⑤ 帝尧说:"是啊,我也听说过。这个人的德行怎么样?"俞:是的,语
气词。闻:听说过。

⑥ 四方诸侯之长说:"他是乐官瞽瞍的儿子,父亲品德恶劣,母亲不讲
信义,弟弟傲慢不恭,他都能够和谐相处;而且凭借自己敦厚的孝
道,把他们治理得没有发展到邪恶的程度。"瞽(gǔ)子:盲人的儿
子。舜的父亲瞽瞍是个乐官,当时的乐官大多数是盲人。父顽:父
亲品德恶劣。顽:顽劣,不按德义行事。母嚚:母亲不讲信义。象
傲:弟弟傲慢不恭。象是舜的同父异母弟。克谐:都能够和谐相处。
克:能够。以:用,凭借。烝烝(zhēng zhēng):敦厚的样子。乂
(yì):治理。格:至,达到。奸:邪恶。

⑦ 帝尧说:"我要考验他!我要把女儿嫁给这个人,从二女出嫁的情
况观察他的礼法德行。"试:试验,考验。女:嫁女。时:通"是",此,
这个人。厥:其,他的。刑:通"型",指礼法,德行。二女:指尧的两
个女儿娥皇、女英。

⑧ 于是,饬令下嫁两个女儿到妫水湾,给虞舜作妻子。厘(lài):赐,
饬。降:下嫁。妫(guī):水名,在今山西永济县南。汭(ruì):水湾。
嫔(pín):为妇,作妻子。

帝曰:"钦哉①!"慎徽五典,五典克从②;纳于百揆,百揆时
叙③;宾于四门,四门穆穆④;纳于大麓,烈风雷雨弗迷⑤。

【注释】

① 帝尧说:"恭敬地处理政务吧!"钦:恭敬。指让舜从事实际政务,进
行考察。

② 舜慎重地完善了五种常法,百姓都能够顺从伦理教化。徽:完善。

203

五典:五种伦理教化的常法,包括父义、母慈、兄友、弟恭、子孝。克:
能够。从:顺从。这是说舜担任司徒,主持教化。

③ 接着让舜进入百官事务,百官承顺,有条不紊。纳:入。百揆(kuí):
百官。揆:揆度,管理,指管理者,即职官。时叙:承顺。这是说舜担
任司空,管理百官。

④ 又让舜在明堂四门迎接引导宾客,四门宾客都肃穆恭敬。宾:通
"傧",迎接引导宾客的人。穆穆:仪容肃穆的样子。这是说舜担任
司马,主持礼仪。

⑤ 最后让舜担任主持守护苑囿之官,就是在狂风暴雨中也谨守职责,
不误工作。麓(lù):守护山林之官。迷:惑误,错谬。

帝曰:"格!汝舜。询事考言,乃言厎可绩,三载。汝陟帝
位①。"舜让于德,弗嗣②。正月上日,受终于文祖③。

【注释】

① 帝尧说:"来吧!舜。已经三年了,经过谋划政事,考察言论,你的
言行一定可以成功。你可以登上帝位了。"格:来。询:谋。考:考
察。乃:你。厎(dǐ):定。绩:成功。陟:登上。

② 舜愿让给有德之人,推辞不肯继位。嗣:继。

③ 到新年正月朔日,舜才在帝尧太祖之庙秉承中正之道而即位。上
日:朔日。受:秉承。终:通"中",指中庸,治理天下的中正之道。
《论语·尧曰》:"尧曰:'咨!尔舜!天之历数在尔躬。允执其中。
四海困穷,天禄永终。'"文祖:尧的始祖之庙。

【评析】

尧对继承者的选拔,经历了举荐、考察、培养、禅让的全过程。
胤子丹朱、水官共工被举荐,因自身道德素养不好而被否决;鲧虽

被试用，却九年不能成功；后来，扩大了举荐的范围，才将出身低微而以孝道治家的虞舜提议出来。尧亲自对舜进行考察培养，下嫁女儿以观察他的礼法德行，并在教化、管理、礼仪、基层工作的磨炼中观察他的谋略和才干，最终才决定向他禅让帝位。

由此可知，早在远古，任人唯贤，德才兼备，不限地位高低，坚持实践考验，已经成为选拔人才的原则和标准，舜正是由此脱颖而出。这种优良的传统，被我们民族广泛认同，至今仍然值得借鉴。

二、桓公用管仲

《国语》

【题解】

本文节选自《国语·齐语》，题目是后加的。桓公，齐桓公，名小白。僖公之子，襄公之弟，公元前 685 年至前 643 年在位。管仲，春秋时期齐国的相国，著名政治家，著有《管子》。鲍叔和管仲是青年时代的朋友，他深知管仲的才干，后来，鲍叔牙辅佐公子小白，管仲辅佐公子纠，各为其主。襄公十二年（公元前 686 年），齐国内乱，公孙无知杀死齐襄公，自立为君。第二年，雍林人杀死公孙无知，齐国无君，陷入混乱。襄公的弟弟公子小白当时在莒国避难，听说这件事后，秘密返回齐国。在鲁国避难的公子纠听说无知被杀，也准备返回齐国，争夺君位。公子纠的谋臣管仲带兵堵截小白，并一箭射中小白的带钩，小白佯死，管仲自以为无忧，让鲁国从容送公子纠回国，六天后才抵达。而这时小白已兼程赶回齐国，成为齐国的国君。小白立为国君后，要任用鲍叔为相，鲍叔却推荐管仲，结果得到桓公重用，从而成就了桓公的霸业。

《国语》的简介见第三单元《勾践灭吴》的题解。

桓公自莒反于齐,使鲍叔为宰①,辞曰:"臣,君之庸臣也②。君加惠于臣,使不冻馁,则是君之赐也③。若必治国家者,则非臣之所能也④。若必治国家者,则其管夷吾乎⑤!臣之所不若夷吾者五⑥:宽惠柔民,弗若也⑦;治国家不失其柄,弗若也⑧;忠信可结于百姓,弗若也⑨;制礼义可法于四方,弗若也⑩;执枹鼓立于军门,使百姓皆加勇焉,弗若也⑪。"

【注释】

① 桓公从莒国返回齐国,要任用鲍叔为相。鲍叔:鲍敬叔之子鲍叔牙,齐国大夫,以知人善任著称于世。宰:太宰,百官之首,相当于后来的宰相。反:返回。在这个意义上后来写做"返"。

② 庸:平庸,没有才能。

③ 惠:恩惠。馁(něi):饿,吃不饱。

④ 必:一定。所能:能够胜任。

⑤ 可能就是管仲吧!管夷吾:即管仲。

⑥ 不若:比不上。

⑦ 使人民宽舒受惠,安定和顺,我比不上他。宽:宽舒。惠:受惠。柔:安定,和顺。弗若:比不上。

⑧ 治理国家不失权柄,我比不上他。柄:根本。

⑨ 以忠诚信用凝聚百姓,我比不上他。结:交结,凝聚。

⑩ 制定礼义行法四方,我比不上他。法:行法。

⑪ 立在军营大门手执鼓槌,使百姓都能更加勇敢,我比不上他。枹(fú):鼓槌。军门:军营的大门,泛指军队。加:更。

桓公曰:"夫管夷吾射寡人中钩,是以滨于死①。"鲍叔对曰:

"夫为其君动也②。君若宥而反之,夫犹是也③。"桓公曰:"若何④?"鲍子对曰:"请诸鲁⑤。"桓公曰:"施伯,鲁君之谋臣也,夫知吾将用之,必不予我矣⑥。若之何⑦?"鲍子对曰:"使人请诸鲁,曰:'寡君有不令之臣在君之国,欲以戮之于群臣,故请之⑧。'则予我矣。"桓公使请诸鲁,如鲍叔之言⑨。

【注释】

① 中:射中。钩:用于系衣带的挂钩。滨:近。
② 那是为他的君主效力。君:指管仲辅佐的公子纠。动:作,效力。
③ 您如果原谅他,让他归顺,就会这样辅佐您。宥(yòu):宽宥,原谅。反:归顺。是:此,这样。指辅佐公子纠。
④ 怎么办呢?
⑤ 向鲁国索取管仲。诸:之于。
⑥ 施伯,是鲁国国君的智谋之臣,知道我将要重用管仲,一定不会交给我。施伯:鲁国大夫,鲁惠公之孙,施父之子。予:给予。
⑦ 对这个情况怎么办?
⑧ 派使者到鲁国索要,就说:"我们国君在您的国家有不善之臣,想要在群臣面前杀了他,因此要索取他。"不令之臣:不善之臣,指管仲。当时桓公已经派遣鲍叔胁迫鲁国杀死公子纠,其辅佐召忽自杀,管仲未死。令:善。戮(lù):杀。
⑨ 诸:之于。如鲍叔之言:像鲍叔说的话一样。

庄公以问施伯,施伯对曰①:"此非欲戮之也,欲用其政也②。夫管子,天下之才也,所在之国,则必得志于天下③。令彼在齐,则必长为鲁国忧矣④。"庄公曰:"若何?"施伯对曰:"杀而以其尸授之⑤。"庄公将杀管仲,齐使者请曰:"寡君欲亲以为戮,若不生得以戮于群臣,犹未得请也⑥。请生之⑦。"于是庄公使束缚以予齐

207

使,齐使受之而退⑧。

比至,三衅、三沐之⑨。桓公亲逆之于郊,而与之坐而问焉⑩。

【注释】

① 鲁庄公就这件事咨询施伯,施伯回答说。庄公:鲁庄公,鲁桓公之子,公元前693年至前662年在位。问:咨询。

② 这并非想要杀死他,是想用他为政。政:为政,施政。

③ 管仲,是天下的大才,他所在的国家,就必然在天下称雄。得志:实现意愿,指称雄,称霸。

④ 长:长期,永远。忧:忧患。

⑤ 杀了他而把他的尸体给齐国。授:给。

⑥ 我们的国君希望能够亲自把他杀死,如果不活着得到他在群臣面前杀死,就如同没有满足我们的要求。生:活。

⑦ 请让他活着。

⑧ 于是鲁庄公派人捆绑着管仲交给齐国使者,齐国使者接受了管仲而返回。束缚:捆绑。

⑨ 等管仲到达齐国,对管仲三次熏香,三次洗沐。比至:等管仲到达齐国。衅(xìn):用香料熏或涂在身上,用来驱除邪秽,以示尊重。

⑩ 桓公亲自到郊外迎接,立即与管仲坐在一起而咨询国事。逆:迎接。郊:国都的周边地区。

【评析】

鲍叔与管仲各为其主,势同水火,鲍叔却在得胜后主动推辞相位,极力向桓公举荐管仲。如此虚怀若谷,为国荐贤,知人善任,堪称世人楷模;而桓公不记私仇,捐弃前嫌,巧释管仲,虚心求教,用而不疑,坦诚相待,终成一代霸业。

孔子说:"桓公九合诸侯,不以兵车,管仲之力也。""管仲相桓公,霸诸侯,一匡天下,民到于今受其赐。微管仲,吾其被发左衽矣。"(《论语·宪问》)可见,发现人才,重用人才,是多么重要!

三、蔡声子论楚材晋用

《左传》

【题解】

本文选自左丘明《左传·襄公二十六年》,题目是后加的。蔡声子,春秋时期蔡国太师公子朝之子公孙归生。楚材晋用,楚国的人材晋国重用。

左丘明及《左传》的简介见第一单元《教民而后战》的题解。

初,楚伍参与蔡太师子朝友,其子伍举与声子相善也①。伍举娶于王子牟,王子牟为申公而亡②,楚人曰:"伍举实送之③。"伍举奔郑,将遂奔晋④。声子将如晋,遇之于郑郊,班荆相与食,而言复故⑤。声子曰:"子行也,吾必复子⑥!"及宋向戌将平晋、楚,声子通使于晋⑦。还,如楚,令尹子木与之语,问晋故焉⑧,且曰:"晋大夫与楚孰贤⑨?"对曰:"晋卿不如楚,其大夫则贤,皆卿材也⑩。如杞、梓、皮革,自楚往也⑪。虽楚有材,晋实用之⑫。"子木曰:"夫独无族姻乎⑬?"

【注释】

① 起初,楚国伍参与蔡国太师子朝相友好,他的儿子伍举也与子朝的儿子声子相友好。伍参:楚国大夫,伍奢之祖父,伍子胥之曾祖父。蔡太师子朝:公子朝,蔡文公之子,蔡景公之弟,任蔡国太师。友:友

209

善,友好。伍举:椒举,伍参之子,伍奢之父。善:友好。

② 伍举娶了王子牟的女儿,王子牟为了申公而逃亡。王子牟:楚国的王子,受封在申地,所以称申公。在掌管申地的期间,因获罪而逃亡。

③ 伍举确实护送了他。这就是下文伍举离楚奔郑的原因。

④ 伍举逃往郑国,将要继续逃奔到晋国。遂:继续,接着。

⑤ 声子将要到晋国去,在郑国的郊外遇到伍举,他们把草铺在地上一起吃饭,而谈到返回故国的事。如:到,往。班荆:铺草。班:布,铺。荆:草。复故:返回故国楚国。

⑥ 您走吧,我一定使您返回故国! 复:使……返回。《国语·楚语上》:"蔡声子将如晋,遇之于郑,飨之以璧侑,曰:'子尚良食,二先子其皆相子,尚能事晋君以为诸侯主。'辞曰:'非所愿也。若得归骨于楚,死且不朽。'声子曰:'子尚良食,吾归子。'椒举降三拜,纳其乘马,声子受之。"

⑦ 等到宋国的向戌将让晋国与楚国议和的时候,声子出使到晋国。及:等到。向戌:宋国大夫。平:议和,讲和。

⑧ 回来,到楚国,令尹子木与他谈话,询问晋国的事。令尹:楚国执政长官,相当于丞相。子木:屈建。故:事。

⑨ 而且说:"晋国的大夫与楚国的大夫谁更贤能?"孰贤:谁贤能?

⑩ 晋国的卿不如楚国,它的大夫却贤能,都是可以当卿的人才。卿:这里指比大夫高的官位或爵位。

⑪ 好像杞木、梓木、皮革一样,是从楚国运去的。往:去。

⑫ 虽然楚国有人才,晋国却实在使用了他们。

⑬ 难道没有同族和外戚可用吗? 族:同族,同宗。姻:姻亲,外戚。

对曰:"虽有,而用楚材实多。归生闻之①:'善为国者,赏不僭而刑不滥②。'赏僭,则惧及淫人③;刑滥,则惧及善人④。若不幸而过,宁僭无滥⑤。与其失善,宁其利淫⑥。无善人,则国从

210

之⑦。《诗》曰:'人之云亡,邦国殄瘁。'无善人之谓也⑧。故《夏书》曰:'与其杀不辜,宁失不经。'惧失善也⑨。《商颂》有之曰:'不僭不滥,不敢怠遑。命于下国,封建厥福。'此汤所以获天福也⑩。

【注释】

① 归生:声子的名字,自称。

② 善于治理国家的人,赏赐不过分而刑罚不滥用。僭(jiàn):逾越,过分。滥:泛滥,过度。

③ 赏赐过分,就害怕惠及坏人。淫人:邪恶放纵之人,坏人。

④ 刑罚滥用,就害怕伤及好人。善人:好人。

⑤ 如果不幸而发生错误,宁可过分赏赐,也不要滥用刑罚。过:发生过错。

⑥ 与其失去好人,宁可利于坏人。

⑦ 没有好人,国家就会跟着受害。从:跟从。

⑧ 《诗经》说:"贤良的人逃亡了,国家就要遭受祸殃。"这就是说没有好人。引文见《诗经·大雅·瞻卬》。殄(tiǎn):灭绝,消亡。瘁(cuì):病劳,忧戚。

⑨ 所以《夏书》说:"与其杀害没有罪过的人,宁可对罪人不用刑罚。"这就是怕失掉好人。引文见《尚书·大禹谟》。辜:罪。不经:不用常法。经:常法。

⑩ "不过度、不滥用,不敢懈怠偷闲。向下属诸侯国发布命令,受封建立他的福禄。"这就是汤获得上天赐福的原因。引文见《诗经·商颂·殷武》。遑:闲暇。命:推而命之。封:受封。建:树立。

"古之治民者,劝赏而畏刑,恤民不倦①。赏以春夏,刑以秋冬②。是以将赏为之加膳,加膳则饫赐,此以知其劝赏也③。将刑为之不举,不举则彻乐,此以知其畏刑也④。夙兴夜寐,朝夕临政,此以知其恤民也⑤。三者,礼之大节也,有礼无败⑥。今楚多淫刑,其大夫逃死于四方,而为之谋主,以害楚国,不可救疗,所谓不能也⑦。

【注释】

① 劝:乐意,喜欢。畏:担心。恤(xù):担忧。

② 在春夏赏赐,在秋冬刑罚。

③ 因此将要赏赐的时候就为此增加饮食,增加饮食后吃饱了就把多余的酒菜赏赐给下面,由此知道他勉励赏赐。膳:食物。饫(yù):餍,吃饱。劝:勉励。

④ 将要刑罚的时候就为此减少饮食,减少饮食就撤去音乐,由此知道他畏惧刑罚。不举:不举盛馔,即减少饮食。彻:通"撤"。

⑤ 早起晚睡,早晚临朝处理政务,由此知道他为百姓担忧。夙:早。兴:起。寐:睡。

⑥ 这三个方面,是礼仪的大节制,有了礼仪就没有损害。节:节制,关键。败:毁坏,损害。

⑦ 现在楚国滥刑过多,它的大夫逃命到四方的国家,并且成为所在国的首要谋士,而危害到楚国,已经到了不可救治的程度,这就是所说的不能重用自己的人材。淫:过分。谋主:首要的谋士。

"子仪之乱,析公奔晋①。晋人置诸戎车之殿,以为谋主②。绕角之役,晋将遁矣③,析公曰:'楚师轻窕,易震荡也④。若多鼓钧声,以夜军之,楚师必遁⑤。'晋人从之,楚师宵溃⑥。晋遂侵蔡,袭沈,获其君⑦;败申、息之师于桑隧,获申丽而还⑧。郑于是不敢南面⑨。楚失华夏,则析公之为也⑩。

【注释】

① 子仪:楚国大夫,名斗克。鲁文公十四年(公元前 613 年)子仪与公子燮趁楚庄王初立而发动叛乱,失败被杀。楚大夫析公与子仪同党,因此受到牵连,逃奔晋国。

② 晋国人把他安置在晋侯战车的后面,让他作为首要谋士。戎车:君王所乘兵车。殿:后面。

③ 绕角那次战役,晋国军队将要逃走。绕角之役:鲁成公六年(公元前 585 年),楚公子婴齐率领军队攻打郑国,晋国大夫栾书率领军队前去救援,和楚军在绕角相遇,发生冲突,最后楚军不战而退。绕角:约在今河南鲁山东。

④ 楚国军队浮躁,容易动摇。轻窕(tiǎo):不庄重,浮躁。窕:通"佻"。震荡:动摇。

⑤ 如果同时敲击多面鼓发出同样的声音,在夜里全军进攻,楚国的军队必定逃跑。鼓:敲鼓。钧声:同样的声音。钧:均等,相同。

⑥ 宵溃:夜里崩溃。

⑦ 晋军于是就进攻蔡国,袭击沈国,俘虏了沈国国君。蔡:蔡国,当时楚国的盟国。沈:沈国,在今安徽阜阳西北一带。

⑧ 在桑隧打败申、息两邑的楚军,俘虏了申丽而回国。鲁成公六年,晋栾书在绕角之役后率军侵蔡,楚公子申、公子成率领申、息两邑的军队赶到桑隧进行救援。桑隧:楚地,在今河南确山东。申丽:楚大夫。

⑨ 郑国从此以后不敢向着南方的楚国。南面:面向南方。楚国的地理位置在郑国之南,郑国经过这次战役后,不敢再臣服楚国。

⑩ 楚国失去中原,就是因为析公的作为。华夏:指中原一带。

"雍子之父兄谮雍子,君与大夫不善是也①。雍子奔晋。晋人与之鄐②,以为谋主。彭城之役,晋、楚遇于靡角之谷③。晋将遁矣。雍子发命于军曰:'归老幼,反孤疾,二人役归一人,简兵蒐

213

乘,秣马蓐食,师陈焚次,明日将战④。'行归者而逸楚囚,楚师宵溃⑤。晋降彭城而归诸宋,以鱼石归⑥。楚失东夷,子辛死之,则雍子之为也⑦。

【注释】

① 雍子的父亲和兄长诬陷雍子,国君和大夫不调解这件事。雍子:楚大夫。谮(zèn):诬陷,中伤。不善是:不调解这件事。善:调解。

② 鄐(chù):晋地,在今河南温县附近。

③ 彭城之役:鲁成公十八年(公元前573年),楚国攻打宋国,宋国向晋国求救,晋国出兵救宋,在靡角之谷与楚军相遇,楚军不战而退。彭城:宋地,在今江苏徐州。靡角之谷:在彭城附近。

④ 年龄老的和小的都回去,孤儿和有病的都回去,兄弟两个人服役的回去一个,挑选步兵,检阅战车,喂饱马匹,让士兵饱餐一顿,摆开阵势,烧掉营帐,明天将要决战。简:挑选,选择。蒐(sōu):检阅。秣(mò)马:喂饱马匹。蓐(rù)食:饱食,多食。蓐:厚。陈:列阵,摆开阵式。次:营帐。

⑤ 让该回去的启程,故意释放了楚国俘虏,楚军夜里就崩溃了。归者:指老、幼、孤、疾之类。逸楚囚:释放楚国的俘虏。这是故意如此,表示晋军决战的信心。

⑥ 晋军使彭城投降,归还给宋国,带了鱼石回国。降:降服。鱼石:鲁成公十五年(公元前576年),宋国左师鱼石逃亡楚国。鲁成公十八年(公元前573年),楚国攻打宋国,留鱼石等五个宋国大夫驻守彭城。鲁襄公元年(公元前572年)楚军战败后,彭城投降,晋军把鱼石等人带回晋国,安置在瓠丘(今山西垣曲东南)。

⑦ 楚国失去了东夷,子辛为此而死,这就是雍子的作为。东夷:指东方的小国。彭城之役后,楚国东部的小国见楚国战败,和陈国一起背叛了楚国。子辛:楚国令尹。鲁襄公五年(公元前568年),楚国质问陈国背叛的原因,陈国归咎于子辛的贪婪,于是,楚国杀死了子辛。

"子反与子灵争夏姬，而雍害其事，子灵奔晋①。晋人与之邢②，以为谋主。扞御北狄，通吴于晋，教吴叛楚，教之乘车、射御、驱侵，使其子狐庸为吴行人焉③。吴于是伐巢，取驾，克棘，入州来，楚罢于奔命，至今为患，则子灵之为也④。

【注释】

① 子反与子灵争夺夏姬，而又阻碍子灵的婚事，子灵逃亡晋国。子反：公子侧，楚国司马。子灵：申公巫臣，姓屈，为楚国申尹。夏姬：郑穆公姬兰之女，嫁与陈大夫夏御叔为妻，夏徵舒之母，所以称夏姬。她因与陈灵公及陈大夫淫乱，导致陈灵公被夏徵舒所弑。鲁宣公十一年(公元前598年)，楚庄王灭陈后，欲娶夏姬，被子灵劝止。后子反欲娶夏姬。又为子灵劝止。鲁成公二年(公元前589年)，子灵却带着夏姬逃往晋国，子反为此十分生气，在鲁成公七年(公元前584年)杀了子灵一家，并且分了他的封地。子灵为此写信给子反，表示一定让他们疲于奔命而死。雍：通"壅"，阻碍，阻挡。

② 邢：晋地，在今河南温县东北。

③ 他抵御北狄，让吴国和晋国通好，教吴国背叛楚国，教他们驾车、射箭、奔驰作战，让他的儿子狐庸做了吴国的行人。扞(hàn)：抵御。驱侵：奔驰作战。行人：主管出使诸侯、接待宾客的官员。

④ 吴国在这个时候攻打巢地，占领驾地，攻下棘地，进入州来，楚国疲于奔命，到今天还是祸患，这就是子灵的作为。巢：楚邑，在今安徽巢县东北。驾：楚地，在今安徽无为境内。棘：楚地，在今河南永城南。州来：楚邑，在今安徽凤台。罢(pí)：通"疲"。

"若敖之乱，伯贲之子贲皇奔晋①。晋人与之苗②，以为谋主。鄢陵之役，楚晨压晋军而陈，晋将遁矣③。苗贲皇曰：'楚师之良，在其中军王族而已④。若塞井夷灶，成陈以当之，栾、范易行以诱

215

之,中行、二郤必克二穆⑤。吾乃四萃于其王族,必大败之⑥。'晋人从之,楚师大败,王夷师熸,子反死之⑦。郑叛吴兴,楚失诸侯,则苗贲皇之为也⑧。"

【注释】

① 若敖叛乱,伯贲的儿子贲皇逃亡到晋国。若敖之乱:鲁宣公四年(公元前605年),若敖氏的子越椒做了令尹,和司马芍贾不和。子越聚集族人,在辕阳(河南南阳西北)杀了芍贾,发动了若敖之乱,后被楚庄王所灭。伯贲:即子越椒。

② 苗:晋地,在今河南济垣西南。

③ 鄢陵那次战役,楚军早晨就逼近晋军摆开阵势,晋军将要逃走了。鄢陵之役:鲁成公十六年(公元前575年),晋国联合齐、卫攻打郑国,郑国向楚国求救,楚、晋两军在鄢陵决战,楚军失败,主帅子反自杀。鄢陵:郑邑,今河南鄢陵。

④ 楚军的精锐部队,在他们的中军王族而已。良:精良,指精锐部队。

⑤ 如果填井平灶,摆开阵势以抵挡他们,栾书、范燮用兵引诱楚军,中行和郤锜、郤至一定能够战胜子重、子辛。塞:填。夷:平。成陈:摆开阵势。当:抵挡。栾:栾书,当时率领晋国中军。范:范燮(xiè),当时是晋国中军的副将。易行:简易兵备,想引诱楚军,不再顾二穆之兵。中行:中行偃,当时是晋国上军副将。二郤(xì):郤锜(qí),当时率领晋国上军;郤至,当时是晋国新军副将。二穆:楚国左军统帅子重和右军统帅子辛,两人都是楚穆王的后代,故称二穆。

⑥ 我们从四面集中对付他们的王族,一定能够大败楚军。四萃(cuì):从四面集中攻击。萃:聚集,集中。

⑦ 晋军听从了他的建议,楚军大败,楚王受伤,军队衰亡,子反为此而死。夷:受伤。熸(jiān):火熄灭。这里的意思是衰亡。

⑧ 郑国叛楚,吴国兴起,楚国失去诸侯,这就是苗贲皇的作为。

子木曰:"是皆然矣①。"声子曰:"今又有甚于此②。椒举娶于申公子牟,子牟得戾而亡③,君大夫谓椒举:'女实遣之④!'惧而奔郑,引领南望曰:'庶几赦余!'亦弗图也⑤。今在晋矣,晋人将与之县,以比叔向⑥。彼若谋害楚国,岂不为患⑦?"子木惧,言诸王,益其禄爵而复之⑧。声子使椒鸣逆之⑨。

【注释】

① 这些情况确实都是如此。然:如此,这样。

② 现有又有比这些更严重的事情。甚于此:比这些更严重。

③ 椒举娶了申公子牟的女儿,子牟得罪而逃亡。戾(lì):罪。亡:逃亡。

④ 国君和大夫对椒举说:"确实是你送他逃走的!"君大夫:国君和大夫们。遣:送。

⑤ 椒举害怕而逃亡到郑国,伸长脖子望着南方,说:"也许可以赦免我吧!"楚国对此也不考虑。引领:伸长脖子,比喻心情迫切。领:脖子。庶几:也许。图:考虑。

⑥ 现在他在晋国了,晋国将把县封给他,把他与叔向并列。叔向:晋国上大夫。

⑦ 他如果谋害楚国,岂不成为祸患?

⑧ 子木害怕了,告诉楚王,增加了椒举的官禄爵位而让他回去。益:增加。复:让……返回。

⑨ 声子让椒鸣去迎接。椒鸣:伍举的儿子。

【评析】

析公、雍子、子灵、贲皇,本是楚国的人材,却纷纷逃往晋国,受到重用,反而成为楚国的劲敌,危害楚国,这种楚材晋用的奇怪现象是怎样造成的呢? 就是因为楚国的"淫刑"。声子指出:"赏僭,

217

则惧及淫人；刑滥，则惧及善人。若不幸而过，宁僭无滥。与其失善，宁其利淫。无善人，则国从之。"这无疑是重要的治国施政经验。

可见，关心人材，爱护人材，尊重人材，重用人材，无论古今都是一个重要问题。当今世界各国的竞争，归根到底是人材的竞争。因此，如何吸引人材，人尽其材，就值得高度重视，深入研究。

四、尚　贤

《墨子》

【题解】

本文选自墨翟《墨子·尚贤（上）》。尚贤，崇尚贤能人材。

墨翟及《墨子》的简介见第三单元《公输》的题解。

子墨子言曰①："今者王公大人为政于国家者，皆欲国家之富，人民之众，刑政之治②。然而不得富而得贫，不得众而得寡，不得治而得乱，则是本失其所欲，得其所恶③。是其故何也④？"

子墨子言曰："是在王公大人为政于国家者，不能以尚贤事能为政也⑤。是故国有贤良之士众，则国家之治厚⑥；贤良之士寡，则国家之治薄⑦。故大人之务，将在于众贤而已⑧。"

【注释】

① 子墨子：墨子弟子对墨子的敬称。《墨子》一书，是墨翟的弟子所记录的，在墨子前再加一个"子"表示尊敬。

② 王公大人为政与国家者：施政于国家的王公大人。刑政之治：刑罚

218

和政治制度治理得好。治：与"乱"相反，安定，治理得好。

③ 本：从根本上。所欲：想要的东西。恶(wù)：憎恶，厌恶。

④ 这其中的缘故是什么呢？

⑤ 尚：崇尚。事：任用。贤、能：贤能之人。

⑥ 治厚：安定程度就增大。

⑦ 治薄：安定程度就减小。

⑧ 务：要务，致力的事情。众贤：使贤人增多。

曰："然则众贤之术将奈何哉①？"

子墨子言曰："譬若欲众其国之善射御之士者，必将富之贵之，敬之誉之，然後国之善射御之士，将可得而众也②。况又有贤良之士，厚乎德行，辩乎言谈，博乎道术者乎③？此固国家之珍而社稷之佐也④，亦必且富之贵之，敬之誉之，然後国之良士，亦将可得而众也。

"是故古者圣王之为政也，言曰：'不义不富，不义不贵，不义不亲，不义不近⑤。'是以国之富贵人闻之，皆退而谋曰：'始我所恃者，富贵也⑥；今上举义不辟贫贱，然则我不可不为义⑦。'亲者闻之，亦退而谋曰：'始我所恃者，亲也；今上举义不辟疏，然则我不可不为义。'近者闻之，亦退而谋曰：'始我所恃者，近也；今上举义不辟远，然则我不可不为义。'远者闻之，亦退而谋曰：'我始以远为无恃，今上举义不辟远，然则我不可不为义。'逮至远鄙郊外之臣、门庭庶子、国中之众、四鄙之萌人闻之，皆竞为义⑧。是其故何也？曰：上之所以使下者，一物也；下之所以事上者，一术也⑨。譬之富者，有高墙深宫，墙立既，谨上为凿一门⑩。有盗人入，阖其自入而求之，盗其无自出⑪。是其故何也？则上得要也⑫。

【注释】

① 奈何:怎么办。

② 善射御之士:擅长射箭和驾车的人。富之贵之:让他们富裕,让他们
显贵。敬之誉之:尊敬他们,赞赏他们。可得而众:能够得到而且
众多。

③ 何况那些具有贤德良才的人,德行敦厚,言谈雄辩,学问渊博的人
呢? 厚:敦厚。道术:学问。

④ 他们本来就是国家的财富和朝廷的辅佐。固:本来。珍:珍宝,财
富。社稷:指代国家,朝廷。社:土神。稷:谷神。

⑤ 行为不义的人不让他富裕,行为不义的人不让他显贵,行为不义的
人不亲密,行为不义的人不接近。

⑥ 都返回去商量说:"先前我们依靠的,是富贵。"退:返回。谋:商量,
谋划。始:先前,从前。恃(shì):依靠,凭借。

⑦ 辟:避开。在这个意义上后来写做"避"。然则:如此,那么。

⑧ 逮:及。鄙:边邑,边界。门庭庶子:指宫廷中担任值宿、守卫事务的
贵族子弟。庶子:指未正式授职的贵族弟子。国中:国都之中。萌:
通"氓",平民。竞:竞争,比赛。

⑨ 君上用来役使臣下的,只有一种事物;臣下用来事奉君上的,只有一
种途径。物:事物。术:途径。指的就是"义"。

⑩ 宫:房屋。立既:既立,已经修好。谨:通"仅",只。上:在上面。

⑪ 阖(hé):关闭。自入:从进入的地方,指门。求之:寻找盗贼。其:
一定。无自出:没有逃走的途径。

⑫ 要:要领,关键。

"故古者圣王之为政,列德而尚贤①。虽在农与工肆之人,有能
则举之②。高予之爵,重予之禄,任之以事,断予之令③。曰:'爵位
不高,则民弗敬④;蓄禄不厚,则民不信⑤;政令不断,则民不畏⑥。'
举三者授之贤者,非为贤赐也,欲其事之成⑦。故当是时,以德就

220

列,以官服事,以劳殿赏,量功而分禄⑧。故官无常贵,而民无终贱⑨;有能则举之,无能则下之⑩。举公义,辟私怨,此若言之谓也⑪。"

【注释】

① 列德:按照德行安排朝廷的位次。即下文"以德就列"。列:朝廷的位次。

② 工:手工业。肆:集市,商铺,泛指商业。举:举荐,推举。

③ 高高地给予他爵位,重重地给予他俸禄,让他担任一定的工作,给予他决断法令之权。

④ 爵位不崇高,民众就不敬重。

⑤ 积蓄俸禄不丰厚,百姓就不信服。信:信任,信服。

⑥ 政令不能决断,民众就不畏惧。

⑦ 提出这三者授予贤能的人,并非为了贤能而恩赐,而是想要他的事业成功。三者:指爵位、蓄禄、政令。

⑧ 按照德行到达朝廷的位次,按照官职从事工作,按照功劳决定赏赐,衡量功劳而分配俸禄。就:到。服:从事。殿:通"奠",定。量:衡量。

⑨ 官员没有长久的富贵,民众没有永远的贫贱。常:长久。终:永远。

⑩ 有能力就举荐他,没有能力就斥退他。下:让他居于下位,斥退。

⑪ 举荐公正无私之人,排除怀有私怨之人,说的就是这样的言论。辟:排除。若:这样。

"故古者尧举舜于服泽之阳,授之政,天下平①。禹举益于阴方之中,授之政,九州成②。汤举伊尹于庖厨之中,授之政,其谋得③。文王举闳夭、泰颠于罝罔之中,授之政,西土服④。故当是时,虽在于厚禄尊位之臣,莫不敬惧而施⑤;虽在农与工肆之人,莫

221

不竞劝而尚意⑥。故士者,所以为辅相承嗣也⑦。故得士则谋不困,体不劳⑧。名立而功成,美章而恶不生,则由得士也⑨。"

是故,子墨子言曰:"得意,贤士不可不举⑩;不得意,贤士不可不举。尚欲祖述尧舜禹汤之道,将不可以不尚贤⑪。夫尚贤者,政之本也⑫。"

【注释】

① 服泽:古代地名,传说中尧举荐舜的地方,未详。阳:山的南面,水的北面叫做"阳"。授之政,天下平:把政权授予他,天下平定。

② 禹:夏代的开国之君。益:伯益,尧、舜、禹三代的贤臣。阴方:古代地名,未详。九州:据说禹分天下为九州,即冀、豫、雍、扬、兖、徐、梁、青、荆。成:安定。

③ 汤:商朝的开国之君。伊尹:商汤贤臣。庖厨:厨房。传说商汤娶于有莘氏,伊尹作为有莘氏女的陪嫁之臣在厨房中做事,后被汤举用。得:指成功。

④ 文王:周文王。闳(hóng)夭、泰颠:周文王贤臣。罝(jū)罔:指渔猎。罝:捕捉鸟兽的网。罔:鱼网。在这个意义上后来写做"网"。西土:指商朝末年西方的各个部族。周文王曾经攻打犬戎等部族。服:臣服。

⑤ 没有谁不敬惧而戒惕。施:通"惕",谨慎。

⑥ 没有谁不竞争着奋力崇尚道德。劝:奋力,勉力。意:当为"德",古体形讹。

⑦ 所以士这种人,能够作为辅佐助手。士:先秦时期具有一定知识或才能的人。辅相(xiàng):辅佐。相:辅助。承嗣(sì):即"丞司",副官,助手。

⑧ 因此得到士,谋略就不会受挫,身体就不劳累。困:困窘,受挫。

⑨ 名誉得以树立而功业得以成功,美好的事物得以彰显而丑恶的事物

不会滋生，就是由于得到士。章：彰显，显扬，这个意义后来写做
"彰"。

⑩ 治国顺利，贤能之士不能不举荐。得意：称心如意，指治国顺利。

⑪ 往上想要效法尧舜禹汤的治国之道，就不能不崇尚贤能之士。尚：
通"上"。祖述：学习，效法。

⑫ 崇尚贤能之士，是为政的根本。

【评析】

文章对尚贤的重要性及其方法、措施、原则进行了全面论述。

墨子认为：一，尚贤关系到国家治乱，是为政之本，必须重视。
二，尚贤要提高贤士的政治地位和经济地位。三，尚贤要以"义"
为唯一标准，不应拘泥于富贵、贫贱、亲疏、远近。四，为政要唯德
是举，唯能是用，以德就列，量功分禄。特别是墨子提出"官无常
贵，而民无终贱；有能则举之，无能则下之"的主张，对当时世卿世
禄制度进行了大胆否定和尖锐批判，无疑具有时代的进步意义。

古代选人用人的这些经验，至今仍然有宝贵的价值。

五、颜斶论贵士

《战国策》

【题解】

本文选自《战国策·齐策四》，题目是后加的。颜斶（chù），齐
国的隐士。贵士，认为士贵，尊重士人。

《战国策》的简介见第二单元《鲁仲连义不帝秦》的题解。

齐宣王见颜斶①，曰："斶前②！"斶亦曰："王前！"宣王不悦。左右曰："王，人君也。斶，人臣也。王曰'斶前'，斶亦曰'王前'，可乎？"斶对曰："夫斶前为慕势，王前为趋士③。与使斶为趋势，不如使王为趋士④。"王忿然作色曰⑤："王者贵乎？士贵乎⑥？"对曰："士贵耳，王者不贵。"王曰："有说乎⑦？"斶曰："有。昔者秦攻齐，令曰：'有敢去柳下季垄五十步而樵采者，死不赦⑧！'令曰：'有能得齐王头者，封万户侯，赐金千镒⑨！'由是观之，生王之头，曾不若死士之垄也⑩。"宣王默然不悦。

【注释】

① 齐宣王：战国时期齐国国君，公元前 319 年至前 301 年在位。见：召见。

② 前：过来；到我面前来。

③ 我向前是仰慕权势，大王向前是亲近贤士。趋：奔向，即亲近。

④ 与其让我仰慕权势，不如让大王亲近贤士。与：与其。

⑤ 忿然：愤怒的样子。作色：改变脸色。

⑥ 贵：高贵，尊贵。

⑦ 说：说辞，根据。

⑧ 有敢到距离柳下季坟墓五十步而砍柴的人，处死不赦免！去：距离。柳下季：春秋时期鲁国大夫，姓展，名禽，字季。他的封地在柳下，以为氏，因此称"柳下季"。死后谥"惠"，又称"柳下惠"。垄：坟墓。樵采：砍柴。

⑨ 有能够得到齐王头颅的人，封为万户侯，赏赐黄金二万两！镒（yì）：古代的重量单位，一镒二十两。

⑩ 曾：竟然。不若：不如。

　　左右皆曰："斶来，斶来！大王据千乘之地，而建千石钟，万石

224

簴①。天下之士,仁义皆来役处②;辩智并进,莫不来语③;东西南北,莫敢不服④。万物不求备具,而百姓无不亲附⑤。今夫士之高者,乃称匹夫,徒步而处农亩⑥;下则鄙野监门闾里,士之贱也亦甚矣⑦!"

【注释】

① 据:占据,拥有。石:古代的重量单位,一百二十斤为一石。钟:古代的一种打击乐器。簴(jù):悬挂钟磬的横木两旁的立柱。这里极言宣王豪富奢华。

② 天下的士人,推行仁义学说的都来听候驱使。役处:驱使。

③ 辩智之士都来进见,没有谁不来献策。辩智:有口才有智慧的人。语:论说,说话,即献策,献谋。

④ 东西南北:指四方的国家。服:臣服。

⑤ 万物不用寻找就全部具有,百姓无不亲近依附。备:皆,全部。

⑥ 如今那些上等的士人,才称为匹夫,徒步行走,身处田野。匹夫:平民。徒步:没有车马而步行。处农亩:身处田野,指从事农业生产。

⑦ 下等的士人就处于穷乡僻壤给闾里当看门人,士人的卑贱啊也就到极点了!鄙野:边邑郊外。监门闾(lǘ)里:居民区的看门人。闾里:战国时期每二十五户为一闾或一里。指下等的士人只能处于社会的底层。甚:很,极。

阍对曰:"不然。阍闻古大禹之时,诸侯万国①。何则?德厚之道,得贵士之力也②。故舜起农亩,出于野鄙,而为天子③。及汤之时,诸侯三千。当今之世,南面称寡者,乃二十四④。由此观之,非得失之策与⑤?稍稍诛灭,灭亡无族之时,欲为监门闾里,安可得而有乎哉⑥?是故《易传》不云乎⑦:'居上位未得其实,以喜其为名者,必以骄奢为行⑧。据慢骄奢,则凶从之⑨。是故无其实而喜其名者削,无德而望其福者约,无功而受其禄者辱,祸必握⑩。'故曰:'矜功不立,虚愿不至⑪。'此皆幸乐其名,华而无其实德者也⑫。是以尧有九佐,舜有七友,禹有五丞,汤有三辅⑬,自古及今而能虚成名于天下者,无有⑭。是以君王无羞亟问,不愧下学⑮;是故成其道德而扬功名于后世者,尧、舜、禹、汤、周文王是也⑯。

【注释】

① 大禹:夏禹,传说中的夏后氏部落首领,曾领导民众成功治理洪水。舜死后,他继任部落联盟首领。

② 那是因为得到淳厚的道德风尚,能够尊重士人的力量。德:得到。得:能够。贵士:尊重士人。

③ 因此舜在农田中被启用,从荒远的边邑出来,而成为天子。起农亩:在农田中被起用。

④ 南面:君王的座位以背北面南为尊。称寡:即称王。孤、寡是君王的谦称。乃:只,才。

⑤ 这不是得失的策略造成的结果吗? 与:句尾的语气词。

⑥ 诸侯间互相兼并,逐渐消亡,到了亡国灭族的时候,想当闾里的看门人,怎么能够办得到呢? 稍稍:逐渐,逐步。安:怎么,哪里。

⑦ 《易传》不是说吗?《易传》:解释《易经》的书。下文所引未见于今本《易传》。

⑧ 处在上位并没有实德,而喜欢标榜虚名的人,必定以骄横奢侈为经常的行为。实:实德,实在的品德。

⑨ 傲慢、怠惰、骄横、奢侈,那么凶险就会跟从而来。据:通"倨",傲慢。慢:怠惰。

⑩ 因此,没有实德而喜欢自己虚名的人就要遭到削弱,没有德行而希望自己得福的人就要受到制约,没有功劳而享受自己俸禄的人就要招来侮辱,灾祸必定深重。约:约束,制约。握:通"渥(wò)",深厚,深重。

⑪ 夸功骄傲的人不能成功,空有愿望的人不能实现。矜(jīn):夸耀。

立：成功。虚：空。至：到达，实现。

⑫ 这都是希望并喜欢虚名，奢华而没有实德的人。幸：希望。乐（yào）：喜欢。

⑬ 这里的"九、七、五、三"，均为约数。"佐、友、丞、辅"都指君王身边辅佐的大臣贤士。

⑭ 从古到今能够凭空成名于天下的君王，一个都没有。

⑮ 因此君王不以多次询问为羞耻，不以向臣下学习而惭愧。亟（qì）：多次，屡次。

⑯ 所以，这就是成就他们的道德修养而扬功名于后世的缘故，尧、舜、禹、汤、周文王便是这样的君王。是：此，指这样的人。

故曰：'无形者，形之君也①。无端者，事之本也②。'夫上见其原，下通其流，至圣人明学，何不吉之有哉③！《老子》曰：'虽贵必以贱为本，虽高必以下为基。是以侯王称孤、寡、不谷，是其贱之本与④？'夫孤、寡者，人之困贱下位也，而侯王以自谓，岂非下人而尊贵士与⑤？夫尧传舜，舜传禹，周成王任周公旦，而世世称曰明主，是以明乎士之贵也⑥。"

【注释】

① 没有初形的事物，是有形事物的主宰。君：主宰。

② 尚未起始的事物，是已有事物的根本。端：头绪，起始。

③ 向上见到事物的本原，向下通晓事物的流变，达到圣人理解学问的程度，怎么会有不吉利的事情呢？明：了解，理解。

④ 意思是，身份虽然尊贵必须以卑贱为根本，地位虽然崇高必须以低下为基础。因此侯王们自称孤、寡、不谷，就是以卑贱为根本吧？引文出自《老子》三十九章，稍有差异。不谷：不善。诸侯的谦称。

⑤ 孤、寡，是人中困苦卑贱地位低下的称谓，而侯王用来自称，这难道

不是居人之下而尊敬士人吗？下位：地位低下。岂非：难道不是。下人：下于人，自居人下。

⑥ 周成王：周文王的孙子，周武王的儿子。武王死后，成王年幼，任用周公旦辅政。周公旦：周文王的儿子，周武王的弟弟，名旦，周王朝著名的政治家和思想家。明：说明，彰明。

王曰："嗟乎！君子焉可侮哉，寡人自取病耳①！及今闻君子之言，乃今闻细人之行，愿请受为弟子②。且颜先生与寡人游，食必太牢，出必乘车，妻子衣服丽都③。"颜斶辞去，曰："玉生于山，制则破焉，非弗宝贵矣，然大璞不完④；士生乎鄙野，推选则禄焉，非不得尊遂也，然而形神不全⑤。斶愿得归，晚食以当肉，安步以当车，无罪以当贵，清静贞正以自虞⑥。制言者王也，尽忠直言者斶也⑦。言要道已备矣，愿得赐归，安行而反臣之邑屋⑧。"则再拜而辞去也⑨。

斶知足矣，归反于璞，则终身不辱也⑩。

【注释】

① 焉：怎么。病：耻辱，羞辱。

② 细人之行：小人的行为。受为弟子：接受我为弟子。

③ 且：况且。游：交往。太牢：牛、羊、猪三牲。丽都：华美。

④ 玉石生于山中，加工制作就打破了本来形貌，并不是说玉器不宝贵，然而大璞已经不完整了。制：制作加工。破：损害，破坏。璞：未经加工的玉石。

⑤ 士人生活穷乡僻壤，一经推选使用就享受俸禄了，并非这样不能尊贵通达，然而形体和精神已经不完备了。遂：通达，显达。

⑥ 我希望能够回去，晚一点吃饭就权当吃了肉，安适地散步就权当坐了车，没有什么罪过就权当有了富贵，清静正直地生活以自寻欢乐。

228

晚食:推迟时间吃饭,因而吃得香。安步:安适地散步。贞:正。虞:
通"娱",快乐,欢乐。

⑦ 裁断言论意见的人是大王,尽忠直言的人是我。制:裁断。

⑧ 我要说的重要道理已经完了,希望能够让我回去,安适地返回我故
乡的小屋。要道:重要的道理。备:齐备,完全。反:返回。在这个
意义上后来写做"返"。

⑨ 再拜:拜了又拜。辞:告辞。

⑩ 颜斶是知足的人,返璞归真,就终身不会受到侮辱。《老子》四十四
章:"知足不辱,知止不殆,可以长久。"《老子》四十六章:"祸莫大于
不知足,咎莫大于欲得。故知足之足,常足矣。"

【评析】

齐宣王见颜斶,引发了谁前、谁贵的争议,演了一出貌似滑稽
的正剧。颜斶指出,"虽贵必以贱为本,虽高必以下为基",作为君
王,必须"无羞亟问,不愧下学",才能成就伟业,可见贵士的重要,
说得宣王心悦诚服。

更令人感叹的是,当宣王甘当弟子,并许以优厚待遇、奢华生
活的时候,颜斶不为所动,断然回绝。他不愿因为尊贵通达而形神
不全,要保持清贫自守的平民生活,维护特立独行的精神家园,这
正是当时士人返璞归真的社会价值之所在。

六、燕昭王求士

《战国策》

【题解】

本文选自《战国策·燕策一》,题目是后加的。燕昭王,燕王

哙（kuài）之子，公元前311年至前279年在位。燕王哙重用相国子之，并让位给子之，使得燕国大乱，齐宣王乘机进攻，燕国几乎灭亡。燕昭王急于招贤求士，准备报仇雪耻。

《战国策》的简介见第二单元《鲁仲连义不帝秦》的题解。

燕昭王收破燕后即位，卑身厚币以招贤者，欲将以报仇①。故往见郭隗先生②。曰："齐因孤国之乱，而袭破燕③。孤极知燕小力少，不足以报④。然得贤士与共国，以雪先王之耻，孤之愿也⑤。敢问以国报仇者奈何⑥?"

【注释】

① 燕昭王收拾残破的燕国，降低自己的身份，拿出丰厚的礼物，招致贤能之人，准备将用来报仇。收：收拾。破燕：残破的燕国。即位：登上王位。卑身：降低自己的身份，即对人谦卑有礼。厚：丰厚。币：礼物。

② 郭隗（wěi）：燕国的贤人。

③ 齐国趁我国的内乱，而偷袭攻破了燕国。因：趁着，凭借。孤：古代君王的自称。袭：趁人不备而进攻，偷袭。

④ 极知：非常了解。不足以报：不够用来报仇。

⑤ 然而得到贤能之士与他共同治理国家，用来洗刷先王的耻辱，这就是我的心愿。共国：共同治理国家。雪：洗刷。

⑥ 冒昧地请问凭借一国之力报仇该怎么办呢？

郭隗先生对曰："帝者与师处，王者与友处，霸者与臣处，亡国与役处①。诎指而事之，北面而受学，则百己者至②；先趋而后息，先问而后嘿，则什己者至③；人趋己趋，则若己者至④；冯几据杖，眄视指使，则厮役之人至⑤；若恣睢奋击，呴籍叱咄，则徒隶之人至

230

矣⑥。此古服道致士之法也⑦。王诚博选国中之贤者而朝其门下,天下闻王朝其贤臣,天下之士必趋于燕矣⑧。"

【注释】

① 成就帝业的人与贤人像老师那样相处,成就王业的人与贤人像朋友那样相处,成就霸业的人与贤人像臣下那样相处,将要亡国的人与贤人像仆役那样相处。霸:诸侯联盟的领袖。役:仆役。

② 如果卑身隆礼以侍奉贤人,恭敬地接受教诲,那么才能超过自己百倍的人就会到来。诎指:即屈肢,指卑身事能,隆礼尊贤。事:侍奉。北面:面向北,指处在臣下、弟子的位置,表示虚心恭敬。受学:接受教诲。

③ 如果先于别人奔走而后于别人休息,先于别人求教而后于别人静默,那么才能超过自己十倍的人就会到来。趋:快步走,指忙于事务。嘿(mò):静默,不说话。在这个意义上后来写做"默"。什:十倍。

④ 如果见面时别人有礼貌地快步迎上来,自己也有礼貌地快步迎上去,那么才能如同自己的人就会到来。若:像,如同。

⑤ 如果靠着案几,握着手杖,斜着眼神,用手指使别人干活,那么服杂役的人就会到来。冯(píng):靠着。在这个意义上后来写做"凭"。几:案几,矮小的桌子。据:依仗,握持。眄(miǎn)视:斜着眼睛看。指使:用手指头指挥人。厮(sī):杂役。

⑥ 如果狂暴凶残,行为粗暴,跳动践踏,大声呵斥,那么只有奴隶和刑徒之人会来了。恣睢(zì suī):狂妄,凶残的样子。奋击:用力撞击,比喻行为粗暴。呴(jū):通"跔",跳跃,指因发怒而暴跳如雷。籍:通"藉",践踏。叱咄(chì duō):大声呵斥,指责。

⑦ 这就是古代行道求士的方法。服:行,用。致:招求,求得。

⑧ 大王您果真广泛地选用国中贤能的人并且登门拜见,天下听说大王拜见他的贤能之臣,天下的贤能之士必定会疾速到燕国来。诚:确

231

实，果真。博选：广泛地选用。朝其门下：登门拜见。朝：拜见。

昭王曰："寡人将谁朝而可①？"郭隗先生曰："臣闻古之君人，有以千金求千里马者，三年不能得②。涓人言于君曰：'请求之③。'君遣之，三月得千里马；马已死，买其首五百金，反以报君④。君大怒曰：'所求者生马，安事死马而捐五百金⑤！'涓人对曰：'死马且买之五百金，况生马乎⑥？天下必以王为能市马，马今至矣⑦！'于是不能期年，千里之马至者三⑧。今王诚欲致士，先从隗始；隗且见事，况贤于隗者乎⑨？岂远千里哉⑩！"

【注释】

① 谁朝：拜访谁。

② 君人：人君。求：购买。得：获取。

③ 涓（juān）人：清扫宫廷的宫人。请求之：请允许我去寻求它。

④ 买其首五百金：用五百金买了死马的头。反以报君：返回来把这件事报告国君。反：返回。在这个意义上后来写做"返"。报：告诉。

⑤ 生马：活马。安：怎么。事：侍奉，这里指买。捐：耗费，损失。

⑥ 且：尚且。况：何况。

⑦ 天下人必定认为大王您能够买马，千里马现在就会到来了。能：能够。市：买。

⑧ 不能期（jī）年：不到一年。期年：一周年。千里之马至者三：多匹千里马都到来了。三：表多数。

⑨ 郭隗尚且被尊奉，何况比郭隗更贤能的人呢？见事：被尊奉，被任用。贤于隗：比隗贤。

⑩ 难道贤人还会认为千里路太远而不来燕国吗？岂：难道。远千里：认为千里路遥远。

于是昭王为隗筑宫而师之①。乐毅自魏往,邹衍自齐往,剧辛自赵往,士争凑燕②。燕王吊死问生,与百姓同其甘苦③。二十八年,燕国殷富,士卒乐佚轻战④。于是遂以乐毅为上将军,与秦、楚、三晋合谋以伐齐⑤。齐兵败,闵王出走于外⑥。燕兵独追北,入至临淄,尽取齐宝,烧其宫室宗庙⑦;齐城之不下者,唯独莒、即墨⑧。

【注释】

① 筑宫:修建房舍。师之:以郭隗作为自己的老师。

② 乐毅:赵国中山人,战国名将。先在魏国为官,后到燕国,被燕昭王用为上将军。公元前284年,乐毅率领燕军及赵、韩、魏、秦、楚五国军队伐齐,连下齐国七十余城,被昭王封为昌国君。邹衍:齐国人,是稷下学派著名学者,战国时期阴阳家的代表人物。剧辛:赵国人,后来为燕将。凑:奔向,聚集。

③ 悼念死去的人,慰问活着的人,与百姓同甘共苦。

④ 燕昭王二十八年(公元前284年),燕国富足,士兵们都生活安乐舒适,不怕打仗。殷:富足,充实。乐佚:安乐舒适。轻战:不怕战斗。

⑤ 三晋:指韩、赵、魏三国。这三国国君的先祖本是晋国的大夫,后来分割了晋国,成立了三个诸侯国,故称三晋。合谋:共同谋划。

⑥ 齐军失败后,齐闵王逃亡在外。闵王:齐闵王,公元前300年至公元前284年在位。齐败后逃亡莒地,后被杀。

⑦ 燕军独自追赶败逃的齐军,进入齐国国都临淄,夺取齐国的全部宝物,焚烧了宫室宗庙。独追北:独自追赶败逃的齐军。北:指败逃的齐军。临淄:齐国国都,在今山东淄博市东北。宗庙:古代祭祀祖先的地方。

⑧ 不下者:没有被攻下的城市。唯独:只有。莒:在今山东莒县一带。即墨:在今山东平度东南。

【评析】

郭隗详细论述了求士的标准、态度和途径。

求士的标准，与求士者自己所要成就的事业、奋斗的目标紧密联系在一起：帝者、王者、霸者、亡国者各有不同，决定着各自需要的人材不同。宏大的事业，必然需要和造就各类英材。

求士的态度，决定着能够得到什么人材：北面受学、先问后嘿、人趋己趋、眄视指使、呴籍叱咄——所持的态度不同，所求的人材就不同。谦恭好学，礼贤下士，才能求得真正的人材。

求士的途径，要从身边就近选拔，这样才能充分显示尊重人材、重用人材的诚意和决心，以此为基础就能广泛取信和吸纳四方英材。那种舍近求远、是古非今的观点和做法，显然是错误的。

这些人材观，至今仍然具有借鉴意义。

七、知　士

《吕氏春秋》

【题解】

本文选自吕不韦《吕氏春秋·知士》。知士，了解士人。

吕不韦及《吕氏春秋》的简介见第一单元《察传》的题解。

今有千里之马于此，非得良工，犹若弗取①。良工之与马也，相得则然后成，譬之若桴之与鼓②。夫士亦有千里，高节死义，此士之千里也③。能使士行千里者，其惟贤者也④。

【注释】

① 得:遇,知。良工:善于相马的工匠。犹若弗取:仍然不会选取。

② 善于相马的工匠与马,经过相遇认识之后才能成为千里马,这就比
如像鼓槌和鼓的关系一样。成:成为千里马。指千里马只有被相马
的工匠相遇认识,这马才能成为千里马。枹(fú):鼓槌。指鼓槌敲
了鼓才响,两者分开,不能发出声音。

③ 士也有千里马一样的才能,具有高尚的节操,为道义而献身,就是士
中的千里马。高节死义:具有高尚的节操,为道义而献身。

④ 能使士充分发挥才能的,大概只有贤明的人。行千里:指充分发挥
才能。其:大概,可能。惟:只有。

　　静郭君善剂貌辨①。剂貌辨之为人也多訾,门人弗说②。士
尉以证静郭君,静郭君弗听,士尉辞而去③。孟尝君窃以谏静郭
君④,静郭君大怒曰:"刬而类⑤!揆吾家,苟可以傔剂貌辨者,吾
无辞为也⑥。"于是舍之上舍,令长子御,朝暮进食⑦。

【注释】

① 静郭君:姓田,名婴,孟尝君田文的父亲,历事威王、宣王、湣王。封
地在薛,也称薛君,号静郭君,《战国策·齐策一》作"靖郭君"。善:
喜爱,亲爱。剂貌辨:静郭君的门客,《战国策·齐策一》作"齐貌
辨"。

② 訾(cǐ):通"疵",毛病,缺点。说:喜悦,高兴。在这个意义上后来
写做"悦"。

③ 士尉:静郭君的门客。证:谏,规劝。辞:告别。去:离开。

④ 窃:私下。

⑤ 杀了你们这些人!刬(chǎn):消灭,杀死。而:你,你们。类:像你
们这样的人。

⑥ 衡量一下我们家,如果有才能超过剂貌辨的人,我就不拒绝你们的进谏了。揆(kuí):度,衡量。苟:假如,如果。慊(qiè):通"慊",善,好。无辞:不拒绝。无:通"毋",不。辞:拒绝。为:语气词。

⑦ 舍之上舍:让他居住上等的房舍。御:侍奉,伺候。朝暮进食:早晚进献食物。

数年,威王薨,宣王立①。静郭君之交,大不善于宣王,辞而之薛,与剂貌辨俱②。留无几何,剂貌辨辞而行,请见宣王③。静郭君曰:"王之不说婴也甚,公往,必得死焉④。"剂貌辨曰:"固非求生也⑤。请必行!"静郭君不能止⑥。

【注释】

① 威王:齐威王,战国时期齐国国君,公元前356年至前320年在位。薨:周代诸侯死亡的讳称。宣王:齐宣王,齐威王的儿子,公元前319年至前301年在位。

② 静郭君的处世交往,宣王很不喜欢,静郭君就辞官回到封邑薛地,与剂貌辨在一起。交:交往。大不善于宣王:宣王很不喜欢。之:到。俱:一起。

③ 无几何:没有多长时间。请见:请求允许去见。

④ 王之不说婴也甚:大王很不喜欢我。甚:很,非常。焉:在那里。

⑤ 固:本来。

⑥ 止:阻止,制止。

剂貌辨行,至于齐①。宣王闻之,藏怒以待之②。剂貌辨见,宣王曰:"子,静郭君之所听爱也③?"剂貌辨答曰:"爱则有之,听则无有④。王方为太子之时,辨谓静郭君曰:'太子之不仁,过颐豕视,若是者倍反⑤。不若革太子,更立卫姬婴儿校师⑥。'静郭君泫

236

而曰⑦：'不可，吾弗忍为也。'且静郭君听辨而为之也，必无今日之患也，此为一也⑧。至于薛，昭阳请以数倍之地易薛⑨，辨又曰：'必听之。'静郭君曰：'受薛于先王，虽恶于后王，吾独谓先王何乎⑩？且先王之庙在薛，吾岂可以先王之庙予楚乎⑪？'又不肯听辨，此为二也⑫。"

【注释】

① 齐：这里指齐国国都临淄。

② 藏：怀着。

③ 你，是静郭君听从而且喜爱的人吗？听：听从。

④ 喜欢则有，听从则没有。

⑤ 太子不仁爱，耳后见腮，下斜偷视，像这样的人背恩负义。过颐(yí)：耳后见腮。颐：颊，腮。豕视：下邪偷视。豕(shǐ)：猪。古代认为这种相貌是不仁之相。倍反：反叛。倍：通"背"。

⑥ 不如废除现任太子，改立卫姬所生的婴儿校师为太子。革：废除。更：改。婴儿：年幼的孩子。校师：卫姬所生婴儿名，齐威王的庶子。

⑦ 泫(xuàn)：流泪的样子。

⑧ 如果静郭君听信了我的话而做了这件事，必定没有今天的祸患，这是其一。且：如果，假如。《战国策·齐策一》作"若"。

⑨ 昭阳：楚国的令尹。易：交换。

⑩ 从先王那里受封薛地，虽然受到后王的憎恶，若把薛地换给楚国，我独自给先王说什么呢？恶(wù)：憎恶。

⑪ 况且先王的宗庙在薛地，我怎么能够把先王的宗庙给予楚国呢？庙：宗庙。

⑫ 又不肯听从我的劝告，这是其二。

宣王太息，动于颜色①，曰："静郭君之于寡人一至此乎②！寡

人少,殊不知此③。客肯为寡人少来静郭君乎④?"剂貌辨答曰:
"敬诺⑤。"静郭君来,衣威王之服,冠其冠,带其剑⑥。宣王自迎静
郭君于郊,望之而泣⑦。静郭君至,因请相之⑧。静郭君辞,不得
已而受⑨。十日,谢病强辞,三日而听⑩。

　　当是时也,静郭君可谓能自知人矣⑪。能自知人,故非之弗为
阻⑫。此剂貌辨之所以外生、乐患、趋难故也⑬!

【注释】

① 太息:叹息。动:改变。颜色:脸色。

② 静郭君对我的爱护竟然达到这样的地步啊! 一:竟然。

③ 少(shào):年龄小,年轻。殊:根本。

④ 客人肯为我稍微敬请静郭君回来吗? 少:稍微,略微。来:使
　……来。

⑤ 遵命,恭敬地答应声。

⑥ 衣:穿。冠:戴。其:指齐威王。带:佩带。

⑦ 郊:国都郊外。泣:无声的哭。

⑧ 请相之:请他担任国相。

⑨ 不得已:不能停止,意思是推不掉。

⑩ 过了十天,他以有病推脱,坚决请辞,三天以后才听从。《战国策·
　齐策一》:"靖郭君辞不得,三日而听。"谢病:以病推脱。强:固,坚
　决。听:听从,允许。

⑪ 知人:了解人,知道人。

⑫ 非:非难,非议。

⑬ 这就是剂貌辨能够置生死于度外、乐意承担祸患、奔走于危难之中
　的原因啊! 外生:置生死于度外。乐患:乐于承担祸患。趋难:奔走
　于危难之中。趋:快步走。故:原因。

238

剂貌辨为人多訾,毛病多,过失多,众人难容,劝谏不断,若不是静郭君知士,态度坚决,全力保护,殷勤款待,他恐怕不会有后来的作为。

人材都会有常人的缺点和弱点,甚至更有常人所没有的迂直或癖好。如果确实认定了某一领域的人材,就要有宽阔的胸怀、包容的雅量和正确的引导,为他充分发挥作用,提供环境,创造条件,热情地关怀和支持,才会有理想的结果。

马之千里者有待良工的选拔,才能成为千里马;士之千里者有待贤者理解、赏识和爱护,才能发挥才智,竭尽心力。

八、取 人

《淮南子》

【题解】

本文节选自刘安《淮南子·氾论》,题目是后加的。取人,选取人材。

刘安(公元前180—前123年),是汉高祖之孙,淮南王刘长之子。刘安始封阜陵侯,袭封淮南王。后因谋反未成自杀。

西汉初年,休养生息,百废待兴,黄老道家学说成为统治思想,清静无为成为治国安邦之策。刘安生活在这种政治环境中,受到深刻的影响,《淮南子》就是以道家思想为主、兼融各家学说而成。它继承和发扬了老子的学说,把清静无为思想作为修身原则、处世哲学和政治主张,去除了老庄无为思想的消极成分,注入了积极的内容,认为应该尊重自然规律,顺应民俗习惯,不要人为地违背客观规律和事物本性;把道作为判定社会治乱的根本标准,反对盲目崇古,主张应时而变,要求君王安民足用,加强自身修养;认为人是万物的一类,生死顺应自然,不必刻意追求,只有抛弃奢靡贪欲,保持虚无清静,守护自己的天性,才是最好的养生之道。

《淮南子》由刘安招致宾客方士编写而成。《淮南子》原名《鸿烈》,西汉刘向定名《淮南》,《隋书·经籍志》始称《淮南子》,后世通用。今传《淮南子》二十一卷,虽然是由宾客方士编写,但是可能经过刘安的修改润色,以总其成。全书构思严谨,博大精深,论述务实,内容丰富。梁启超认为:"《淮南鸿烈》为西汉道家言之渊府,其书博大而有条贯,汉人著述中第一流也。"(《中国近三百年学术史》)其中也存在着天人感应、迷信神仙、唯心史观、愚民思想,产生了消极影响。

东汉高诱最早为《淮南子》作注,今人刘文典的《淮南鸿烈集解》,何宁的《淮南子集释》等,可供参考。

诎寸而伸尺,圣人为之①;小枉而大直,君子行之②。周公有杀弟之累③,齐桓有争国之名④;然而周公以义补缺⑤,桓公以功灭丑⑥,而皆为贤⑦。今以人之小过,掩其大美,则天下无圣王贤相矣⑧。故目中有疵,不害于视,不可灼也⑨;喉中有病,无害于息,不可凿也⑩。河上之丘冢,不可胜数,犹之为易也⑪;水激兴波,高下相临,差以寻常,犹之为平⑫。

【注释】

① 在小事上委屈,对大事要伸张,圣人就是这样做的。诎(qū):缩短,委屈。伸:伸展,伸张。

② 在小处可以弯曲,在大处必须正直,君子就是这样做的。枉:弯曲。

③ 周公有杀死兄弟管叔的拖累。周公:周公旦。周王朝初立,武王去世,成王年幼,由周公摄政。周公的兄弟管叔、蔡叔挟持殷纣王之子武庚作乱,被周公平定,诛武庚,杀管叔,放逐蔡叔。累:拖累,负担。

④ 齐桓公有与公子纠争夺国君的名声。齐桓:齐桓公。他曾与异母兄弟公子纠争夺齐国国君位置。桓公继位后,公子纠在鲁国被杀。

⑤ 然而周公以匡扶周室、还政成王的正义行动弥补了杀管叔的缺憾。义:正义,道义。指周公辅佐成王七年,成王长大后,周公还政成王,自己北面称臣。

⑥ 齐桓公以九合诸侯、一匡天下的功业抵消了夺位的丑事。功:功业。指齐桓公九合诸侯、一匡天下的霸业。灭:消灭,抵消。

⑦ 皆为贤:都成为贤能之人。

⑧ 现在因为别人的小过失掩盖他的大美德,那么天下就没有圣王贤相了。掩:遮掩,掩盖。大美:指美德。

⑨ 所以眼中有了赘肉,只要不妨害视力,就不能烧烫它。疵(cī):瑕疵,赘肉。灼(zhuó):烧烫。

⑩ 喉中有了毛病,只要不妨碍呼吸,就不能凿通它。息:呼吸。

⑪ 黄河流域的小山丘,多得不可胜数,总的看来仍然是平坦的。河上:黄河边。丘冢:小山丘。犹:仍然。易:平,平坦。

⑫ 江水受阻掀起波浪,高下相对,相差数尺到一丈,总的看来仍然是平稳的。激:水因受阻碍或震荡而向上涌。兴:起。临:对。寻常:八尺为寻,倍寻为常。

昔者,曹子为鲁将兵,三战不胜,亡地千里①。使曹子计不顾后,足不旋踵,刎颈于陈中,则终身为破军擒将矣②。然而曹子不羞其败,耻死而无功③。柯之盟,揄三尺之刃,造桓公之胸④,三战所亡,一朝而反之,勇闻于天下,功立于鲁国⑤。管仲辅公子纠而不能遂,不可谓智⑥;遁逃奔走,不死其难,不可谓勇⑦;束缚桎梏,不讳其耻,不可谓贞⑧。当此三行者,布衣弗友,人君弗臣⑨。然

241

而管仲免于累绁之中,立齐国之政,九合诸侯,一匡天下⑩。使管仲出死捐躯,不顾后图,岂有此霸功哉⑪!

【注释】

① 曹子:曹沫,鲁国将军,以勇力著称。将:率领。亡:失去。

② 假如曹子心中考虑不顾及后来的长远之计,不转身逃跑,在阵前刎颈自杀,那么他终身就是败军中被擒之将了。使:假如。计:谋划,考虑。旋踵:转身逃跑。踵:脚跟。刎颈:自杀。陈:军阵。破:被击破。擒:被擒拿。

③ 然而曹子不以一时的失败而羞愧,而以死去没有功业感到耻辱。

④ 后来齐、鲁在柯地会盟,曹子拔出三尺利剑,逼近齐桓公胸膛。揄(yú):牵引,抽。造:前往,这里指逼近。

⑤ 三次战争丧失的土地,片刻之间收回,他的大智大勇天下闻名,为鲁国立下功勋。鲁庄公十三年(公元前681年),鲁庄公和齐桓公在柯地结盟。曹沫用刀威胁桓公,要回了失去的汶阳之田。汶阳:在今山东汶阳。

⑥ 遂:成功。不可谓智:不能说他聪明。

⑦ 失败后逃亡奔走,不为公子纠蒙难而死,不能说他勇敢。难:灾难,指公子纠被杀。

⑧ 后来被捆绑在刑具之中,毫不隐讳背叛公子纠而为桓公效力的耻辱,不能说他忠贞。桎(zhì):锁脚的刑具。梏(gù):锁手的刑具。讳:隐讳,掩饰。贞:忠诚刚直。

⑨ 具有不智、不勇、不贞这三种德行,平民不与他交友,君王不以他为臣。当:承当,具有。布衣:平民。弗:不。

⑩ 累绁(léi xiè):拴罪人的绳索。九:泛指多。匡:正。

⑪ 出死:献出生命。图:谋。霸功:称霸之功。

今人君之论其臣也,不计其大功,总其略行,而求其小善,则失

242

贤之数也①。故人有厚德,无问其小节②;而有大誉,无疵其小故③。夫牛蹄之涔不能生鳣鲔,而蜂房不容鹄卵,小形不足以包大体也④。夫人之情,莫不有所短⑤。诚其大略是也,虽有小过,不足以为累⑥;若其大略非也,虽有闾里之行,未足大举⑦。

【注释】

① 论:评论,议论。总:汇总。略行:大行,大节。小善:指日常琐事中的善行。数:术,方法。

② 厚德:大德,高尚的品德。小节:与原则无关的琐事。

③ 大誉:大声誉,崇高的声誉。疵:毁,非议。故:事故,过失。即以小的过失为毛病。

④ 牛蹄印中的积水不能生长大鱼,蜂房不能容纳天鹅蛋,小的外形不够包容大的实体。涔(cén):积水。鳣鲔(zhān wěi):泛指大鱼。鳣:鲤鱼。鲔:鲟鱼。鹄(hú)卵:天鹅蛋。包:包容。

⑤ 莫:没有谁。短:短处,缺点。

⑥ 如果他主要的品行是正确的,虽然有小过失,不能成为拖累。诚:如果。大略:主要的品行。是:正确。

⑦ 如果他主要的品行是错误的,虽然有乡邻认可的小善举,也不值得重用。非:错误。闾里之行:指小范围的善行。闾里:乡邻。大举:重用。

夫颜啄聚,梁父之大盗也,而为齐忠臣①。段干木,晋国之大驵也,而为文侯师②。孟卯妻其嫂,有五子焉,然而相魏,宁其危,解其患③。景阳淫酒,被发而御于妇人,威服诸侯④。此四人者,皆有所短,然而功名不灭者,其略得也⑤。季襄、陈仲子立节抗行,不入洿君之朝,不食乱世之食,遂饿而死⑥。不能存亡接绝者何?小节伸而大略屈⑦。故小谨者无成功,訾行者不容于众⑧;体大者节疏,跖距者举远⑨。自古及今,五帝三王,未有能全其行者也⑩。故《易》曰:"小过,亨,利贞⑪。"言人莫不有过,而不欲其大也⑫。

【注释】

① 颜啄(huì)聚本是梁父的大强盗,而后来成为齐国的忠臣。颜啄聚:齐国人,曾经求学于孔子。梁父:又做"梁甫",泰山下的小山名。

② 段干木曾经是晋国的大市侩,而后来成为魏文侯的老师。段干木:魏国人,曾经求学于孔子的弟子子夏,很有学问。驵(zǎng):买卖马匹的经纪人,市侩。指段干木年轻时混迹市井,有商人的奸诈之气。文侯:魏文侯,魏国的国君,公元前445年至前396年在位。他对段干木非常敬重,以之为师。

③ 孟卯以嫂为妻,生有五子,后来成为魏国之相,使魏国的危难安定,祸患解除。孟卯:齐国人,后来在魏国为臣。又称"芒卯"。事见《战国策·魏策三》。

④ 景阳沉迷于酒色,经常披头散发,与女人鬼混,后来为楚将援救燕国,声威震服诸侯。景阳:楚大夫景差后裔,战国时楚将。当时,齐、魏、韩三国攻打燕国,燕向楚求救,楚王命令景阳救燕。景阳不赶往燕国,却攻下魏国的雍丘(今河南杞县),给了宋国。三国感到害怕而撤兵,燕国得以解围。事见《战国策·燕策三》。淫:过度。被(pī):披散。在这个意义上后来写做"披"。御:临幸。

⑤ 这四个人,都有短处,然而功名流传后世,是因为他们的大才干得以施展。不灭:长存,流传后世。

⑥ 季襄、陈仲子树立节操,标举品行,不肯进入污浊君王的朝廷,不吃乱世的粮食,结果饿死。季襄:襄当做"哀",鲁国人,孔子的弟子。《史记·仲尼弟子列传》:"公皙哀,字季次。孔子曰:'天下无行,多为家臣,仕于都。唯季次未尝仕。'"《史记·游侠列传》:"及若季次、原宪间巷人也,读书怀独行君子之德,义不苟合当世,当世亦笑之。故季次、原宪终身空室蓬户,褐衣疏食,不厌死而已。"陈仲子:

齐国人。隐居在於陵,又称"於陵子仲"。要当与世隔绝的廉士,不食人间烟火,事见《孟子·滕文公下》。孟子批评他说:"若仲子者,蚓而后充其操者也。"立节:树立节操。抗行:标举品行。

⑦ 不能成就存亡继绝的功业的原因是什么呢?是由于在小节上伸张而在主要品行方面无能。接:续,继。屈:委屈,无能。

⑧ 因此在小事上拘谨的人不会成功,有诋毁行为的人不被众人容纳。谨:拘谨。訾(zǐ)行:诋毁他人的行为。

⑨ 身体高大的人关节间距比较疏远,脚大腿长的人跨步比较高远。节:关节。疏:疏远。跖(zhí):脚掌。距:通"巨"。

⑩ 全其行:让他的品行齐备,十全十美。

⑪ 意思是,稍微超过,仍然亨通,利于坚守贞固。引文见《周易·小过》。小:稍微。

⑫ 说的是人没有不犯过错的,只是不想让过错变大而已。这里的解说与原文意义不完全相同。

　　夫尧、舜、汤、武,世主之隆也①;齐桓、晋文,五霸之豪英也②。然尧有不慈之名③,舜有卑父之谤④,汤、武有放、弑之事⑤,五伯有暴乱之谋⑥。是故君子不责备于一人⑦。方正而不以割,廉直而不以切,博通而不以訾,文武而不以责⑧。求于一人则任以人力,自修则以道德⑨。责人以人力,易偿也⑩;自修以道德,难为也⑪。难为则行高矣,易偿则求澹矣⑫。夫夏后氏之璜不能无考,明月之珠不能无颣,然而天下宝之者,何也⑬?其小恶不足妨大美⑭。今志人之所短,而忘人之所修,而求得其贤乎天下,则难矣⑮。

【注释】

① 世主:人世间的君王。隆:盛大,崇高。

245

② 五霸：春秋时期的五个诸侯盟主。历来说法不一，一般认为是齐桓公、晋文公、秦穆公、宋襄公、楚庄王。豪英：英豪，英雄豪杰。

③ 不慈：不慈爱，指尧禅位于舜而没有传位于儿子丹朱。

④ 卑父：使父亲地位低下。指舜把他的父亲瞽叟由乐官降为庶人。谤：批评。

⑤ 商汤把夏桀流放到南巢（今安徽巢湖），周武王把殷纣王杀死在宣室。因为商汤和武王曾是桀、纣的臣子，所以说不合君臣之道。

⑥ 暴乱之谋：暴乱争夺的谋略。

⑦ 责备：责求齐备，求全责备。

⑧ 君子自身端庄正直而不用来伤害他人，自身廉洁耿直而不用来胁迫他人，自身博学通达而不用来诋毁他人，自身文武齐备而不用来责备他人。方：端方，端庄。割：伤害。切：胁迫，切责。訾（zǐ）：诋毁。

⑨ 要求他人就按照他的能力来安排任务，自己修养则从道德上入手。

⑩ 按照他人的能力要求他，容易满足。偿：满足，偿还。

⑪ 自己修养从道德上入手，则难以办到。

⑫ 难以办到就显示出行为高尚，容易满足就可以求得安定。行高：德行高尚。澹（dàn）：安定，恬静。

⑬ 夏后氏的璜不能没有斑点，夜明珠不能没有疵点，但是天下都珍爱它，是为什么呢？夏后氏：指禹的儿子启建立的夏王朝。璜（huáng）：形状类似半璧的玉器。考：瑕，斑点。明月之珠：夜明珠。纇（lèi）：丝节，疵点。宝之：认为它是珍宝，珍爱它。

⑭ 因为它的小毛病不足以妨害整体的精美。

⑮ 现在记住他人的短处，而忘掉他人的长处，而在天下求得贤才，就困难了。志：记住。所短：短处，缺点。所修：长处，优点。

夫百里奚之饭牛①，伊尹之负鼎②，太公之鼓刀③，宁戚之商歌④，其美有存焉者矣⑤。众人见其位之卑贱，事之污辱，而不知其大略，以为不肖⑥。及其为天子三公，而立为诸侯贤相，乃始信

246

于异众也⑦。夫发于鼎俎之间⑧，出于屠酤之肆⑨，解于累绁之中⑩，兴于牛颔之下⑪，洗之以汤沐，被之以燨火⑫，立之于本朝之上，倚之于三公之位⑬，内不惭于国家，外不愧于诸侯⑭，符势有以内合⑮。故未有功而知其贤者，尧之知舜⑯；功成事立而知其贤者，市人之知舜也⑰。为是释度数而求之于朝肆草莽之中，其失人也必多矣⑱。何则？能效其求，而不知其所以取人也⑲。

【注释】

① 百里奚：春秋时期虞国的大夫。虞亡后被晋国所俘，沦为奴隶，作为陪嫁之臣送到秦国。后来逃亡楚国，被秦穆公用五张黑羊皮把他赎出来，用为大夫。饭：喂养。

② 伊尹：曾为厨工，负鼎俎，调五味，后为商汤的贤臣。鼎：青铜器具，用来烹煮食物。

③ 太公：姜尚，吕氏，名望，字子牙。相传姜尚曾经屠牛于朝歌，垂钓于渭水。后辅佐周武王伐纣有大功，封于齐，为齐国的始祖，因此称"太公望"，俗称姜太公。鼓刀：操刀，屠宰。

④ 宁戚：卫国人，曾经在齐国牛车下，夜里遇到桓公，击打牛角而歌唱，以引起桓公的注意，后得到重用。事见《淮南子·道应》。商歌：悲凉低沉的歌。商：五音之一，声音比较悲凉。

⑤ 而他们有美德存留在身上。焉：于此。

⑥ 大家只见到他们地位卑贱，干的是不光彩的工作，而不了解他们的雄才大略，认为是无能之辈。不肖：不才，不善。

⑦ 等到他们成为天子三公，而树立为诸侯的贤相，才开始知道他们与众不同。三公：辅助君王掌握军政大权的最高官员。周代以太师、太傅、太保为三公。西汉以大司徒、大司马、大司空为三公。

⑧ 伊尹从庖厨中发迹。俎（zǔ）：切肉的砧板。

⑨ 姜太公从屠宰的店铺走来。酤（gū）：卖酒。此处无义。肆：店铺。

247

⑩ 管仲从绳索中解脱出来。

⑪ 百里奚从牛脖子下面兴起。颔(hàn):下巴。

⑫ 用香汤洗沐他们身上的污秽,被祓中举火消除他们身上的晦气。汤:热水。祓(fú):消灾求福的祭祀仪式。爟(guàn):举火,举行祭祀要点火驱邪。

⑬ 立:确立,树立。倚:依倚,担任。

⑭ 对内无愧于国家。对外无愧于诸侯。

⑮ 是因为他们自身的某种征兆,与君王应合而被看重。符势:征兆,符瑞。内合:内合于君,与君王应合而被看重。

⑯ 因此尚未建立功业而知道他贤能的人,就如同尧了解舜那样。

⑰ 功业建立之后而知道他贤能的人,就如同普通人了解舜那样。市人:普通人。

⑱ 为此而放弃评价人材的原则方法而专门在街市或山野中去寻求贤能之人,那么失去的人材一定很多。是:此。指上述贤才出自民间的状况。释:放弃。度数:评价人材的原则和方法。朝肆:早市,泛指市场,街市。草莽:山野。

⑲ 为什么呢?只是能够仿效他们寻求贤人的途径,而不知道他们选取人材的原则和方法。何则:为什么。效:仿效。所以取人:选取人材的原则和方法。

【评析】

文章精辟地分析了评价人材的原则和选取人材的方法。

评价人材要看主流,看大节,不必求全责备。因为任何人都是有缺点和过失的,世界上没有十全十美的人,就是三皇五帝那样的圣人,也"未有能全其行"。既然如此,不能因小恶掩大美,记其所短而忘其所长,更不能妄自猜测,主观臆断,斤斤计较那些个人琐事或历史旧账,关键在于看他的思想主流和行为节操,否则要想求得贤材，是不可能的。

选取人材要看本质，看发展，应该由小知大。人材在未得选拔重用之前，确实普通而平凡，然而如果是人材，他的思想必有闪光之点，行为必有过人之处。用人者要善于发现这些苗头征兆，"未有功而知其贤"，加以爱护培养，并给予他逐步发展的机会，施展才能的环境，就有可能为国为民创造出辉煌的业绩。

九、唐太宗论成功之道

《资治通鉴》

【题解】

本文选自司马光《资治通鉴·唐纪十四》，题目是后加的。成功之道，成就功业的措施经验。

司马光（公元 1019—1086 年），字君实，世称涑水先生，陕州夏县（今山西夏县）涑水乡人，北宋著名的政治家和史学家。他自幼好学，十九岁中进士，仁宗末年任天章阁待制兼侍讲，知谏院，累官至宰相。精通史学，主编《资治通鉴》，另有文字训诂类著作《名苑》和《类篇》传世。

《资治通鉴》是一部编年体的通史。它记录了我国从战国到五代共一千三百六十二年的历史，分为周、秦、汉、魏、晋、宋、齐、梁、陈、隋、唐、后梁、后唐、后晋、后汉、后周十六纪。取材博综十七史及唐以来的实录、杂史、谱牒、碑碣、家传、行状、小说、文集等，多至三百种以上，内容十分广博。全书条例严谨，体大思精，是我国史书中的鸿篇巨制。

宋元之际，胡三省作《资治通鉴音注》，诠释精审，并详于区划建置、制度沿革,极为赅备,通行于世。另有日人佐伯富有的《资治通鉴索引》等,可供参考。

　　庚辰,上御翠微殿,问侍臣曰①:"自古帝王虽平定中夏,不能服戎狄②。朕才不逮古人,而成功过之,自不谕其故,诸公各率意以实言之③。"群臣皆称:"陛下功德如天地万物,不得而名言④。"

【注释】

① 庚辰这一天,唐太宗驾临翠微殿,问群臣说。庚辰:干支记日。指贞观二十一年(公元647年)五月庚辰日。上:指唐太宗李世民,公元627年至649年在位。御(yù):驾临。翠微殿:唐代翠微宫正殿。侍臣:侍奉之臣,群臣。

② 自古帝王虽然能够平定中原华夏,却不能使戎狄部族臣服。中夏:中原华夏。戎狄(róng dí):古代对少数民族的泛称。西部称为戎,北部称为狄。

③ 我的才能赶不上古人,而成就的功业超过了他们,自己不明白其中的缘故,诸位不妨各自直率地按照实际情况来议论它。朕(zhèn):帝王的自称。不逮(dài):不及,赶不上。成功:成就的功业。过:超过。谕(yù):明白。率意:直率。言:谈论,议论。

④ 陛下的功业盛德如同天地万物一般,找不到表述的言词。陛下:对皇帝的敬称。古代官吏进见皇帝,不能直呼皇帝名讳,只能由宫殿陛前的侍卫者代为传达,即以"陛下"代称皇帝。名言:表述的言词。名:说出,表述。

　　上曰:"不然①。朕所以能及此者,止由五事耳②:自古帝王多疾胜己者,朕见人之善,若己有之③;人之行能,不能兼备,朕常弃

其所短,取其所长④;人主往往进贤则欲置诸怀,退不肖则欲推诸
壑,朕见贤者则敬之,不肖者则怜之,贤不肖各得其所⑤;人主多恶
正直,阴诛显戮,无代无之,朕践祚以来,正直之士,比肩于朝,未尝
黜责一人⑥;自古皆贵中华,贱夷狄,朕独爱之如一,故其种落皆依
朕如父母⑦。此五者,朕所以成今日之功也⑧。"

【注释】

① 不是这样的。然:如此,这样。

② 我能够达到这种程度的原因,只是由于五件事而已。止:只,仅仅。

③ 自古以来帝王大多忌恨超过自己的人,而我看见别人的好处优点,
就如同自己拥有一样。疾:妒忌,痛恨。胜:超过。

④ 人的品行能力,不能同时具备,我经常抛弃他的短处,取用他的长
处。行能:品行能力。兼备:同时具备。

⑤ 君王往往进用贤才就想把他放在怀里,亲密无间;辞退庸人就想把
他推到山谷,抛弃远离,而我见到贤才则尊敬他,见到庸人就怜悯
他,使得贤才庸人各自都有适当的处所。置:放置。怀:胸前,指心
腹地位。不肖:不才,庸人。壑(hè):山谷。怜:怜悯。各得其所:
各自都有适当的处所。

⑥ 人主大多厌恶正直之士,暗处诛灭,明处杀害,没有哪个朝代不是这
样的,而我自即位以来,正直之士,在朝廷上并肩而立,不曾革除责
罚一个人。恶(wù):厌恶。阴:暗处。诛:灭。显:明处。戮(lù):
杀。无代无之:没有哪个朝代不是这样的。践祚(jiàn zuò):登上帝
位,即位。比肩:并肩。指人数众多。未尝:未曾,不曾。黜(chù)
责:革除责罚。

⑦ 自古以来都是以中原华夏为高贵,以夷狄部族为卑贱,而我却对他
们一样地爱护,所以他们的种族部落都依赖我如同父母一般。贵中
华:以中原华夏为尊贵。贱夷狄:以夷狄部族为卑贱。夷:东部少数

251

民族。独:却,偏偏。种落:种族部落。

⑧ 这五个方面,就是我成就今日功业的原因。

顾谓褚遂良曰①:"公尝为史官,如朕言得其实乎②?"对曰:"陛下盛德不可胜载,独以此五者自与,盖谦谦之志耳③。"

【注释】

① 顾:回头。褚(zhǔ)遂良(公元596—658年):字登善,唐河南阳翟人,著名书法家。唐太宗时任起居郎,累官至中书令,直言敢谏,受太宗遗诏辅政。新旧《唐书》均有传。

② 先生曾经担任史官,像我说的话符合其中的实际情况吗?史官:指褚遂良曾任起居郎,记录唐太宗的日常起居生活。得:指符合。

③ 陛下的盛大功德多得不能记载,只把这五点总结给自己,大概是出于谦虚的意愿而已。不可胜(shèng)载:不能尽记。形容极多。胜:尽。自与:给予自己。谦谦之志:谦虚的意愿。志:志愿,意愿。

【评析】

贞观之治,是封建时代的鼎盛时期,内政外交都取得了空前的巨大成功。促成太平盛世的措施经验是多方面的,确实不可胜载,而唐太宗仅仅总结了五条,可谓意味深长!

这五条中,前四条都是关于用人态度和用人政策的,即不要嫉贤妒能,善于取长弃短,贤不肖各得其所,包容尊重正直之士。就是既要尊重贤材,善用人材,又要虚怀纳谏,集思广益。最后一条是有关民族关系的,即民族平等,爱护如一,形成各民族和睦相处的大好局面,实质上也是用人的问题。这就是唐太宗认为至关重要而又非常成功的政治经验。

252

治国安邦靠人,抵御外侮靠人,造福民生靠人,振兴中华靠人。只有人人各尽其能,各安其位,互相尊重,团结友爱,才能造就和谐社会,促成太平盛世。

第五单元

一、本 典

《逸周书》

【题解】

本文选自《逸周书·本典》。本典,治国的根本大法。

《逸周书》本称《周书》,或《周志》,或《书》,东汉以后,始称《逸周书》。后来因为晋太康年间又从汲冢得之,又称《汲冢周书》。清代修《四库全书》,正式题名为《逸周书》。

《尚书》中有《周书》,《逸周书》为孔子所删《周书》之余,成书于战国时期。《汉书·艺文志》著录有"《周书》七十一篇",引刘向说:"周时诰誓号令也,盖孔子所论百篇之余也"。其地位虽比不上《尚书·周书》,但也是重要的古代典籍,先秦以后学者多有引用。

《逸周书》旧分十卷,正文七十篇,序一篇,共七十一篇。今本缺《程寤》等十篇,仅存六十一篇。其内容涉及政治、经济、礼制、兵戎等诸多方面,是一部以记言为主的史书,具有很高的史料价值,后世列为"杂史类"。

最早为《逸周书》作注是晋代孔晁,清代朱右曾的《逸周书集训校释十卷》,今人黄怀信的《逸周书汇校集注》、《逸周书校补注译》等,可供参考。

维四月既生魄,王在东宫①。告周公曰②:"呜呼!朕闻武考:'不知乃问,不得乃学,俾资不肖永无惑矣③。'今朕不知明德所则,政教所行,字民之道,礼乐所生④。非不念,念而不知,敬问伯父⑤。"

【注释】

① 四月十五日,成王在东宫。维:句首语气词,没有意义。既生魄(pò):月相名,阴历月十五月面全部受光,即满月,也称为"望"。既:尽,已。王:指周成王姬诵,周武王的儿子。

② 周公:周公姬旦,周武王的弟弟,辅佐周成王稳固了周王朝的政权。《史记·周本纪》:"成王少,周初定天下,周公恐诸侯畔,周公乃摄行政当国。"

③ 唉,我从先父武王那里听说:"不知就要询问,问不到就要学习,这样即使不才也永远不会有困惑。"朕:周成王的自称。武:周武王姬发。考:去世的父亲称作考。俾(bǐ):假使,即使。不肖:不贤,不才。

④ 现在我不懂修明道德的依据,施行政教的行为,养育民众的措施,礼乐生成的原因。则:准则,依据。字:养育。

⑤ 并非我不思考,而是思考了还不知道,所以敬问伯父。念:考虑。伯父:周天子对同姓诸侯的称呼。

周公再拜稽首曰①:"臣闻之文考②:能求士者,智也;与民利者,仁也;能收民狱者,义也;能督民过者,德也;为民犯难者,武也③。智能亲智,仁能亲仁,义能亲义,德能亲德,武能亲武:五者昌于国曰明④。明能见物,高能致物,物备咸至曰帝⑤。帝乡在地曰本,本生万物曰世,世可则效曰至⑥。至德照天,百姓不惊;备有好丑,民无不戒⑦。

【注释】

① 再拜稽首:拜了两次。再:两次。稽(qǐ)首:古人表示尊敬的礼仪,跪在地上,磕头直到地面,头在地面要停留一会儿。

② 文:周文王姬昌,周武王和周公旦的先父。

③ 能够求得贤士,是智;给予民众利益,是仁;能够受理民众案件,是义;能够纠正民众过失,是德;为民众冒犯危难,是武。求士:寻求贤明的人士。与:给予。收:受理。狱:案件,官司。督:监督,纠正。

④ 智者能够亲近智者,仁者能够亲近仁者,义者能够亲近义者,德者能够亲近德者,武者能够亲近武者:这五个品行都能够在国家兴旺昌盛,就叫圣明。昌:兴旺昌盛。

⑤ 圣明能够发现人材,德高能够招致人材,人材齐全就叫帝。见:显现。在这个意义上后来做"现"。物:人。

⑥ 帝面向土地叫做根本,根本生万物叫做伟大,伟大可以效法叫做至德。乡:通"向",面向。本:根本。世:伟大。至:最高。则效:效法。

⑦ 至高的德行照耀天下,百姓就不惊恐;人材齐全有好坏两类,百姓没有不警惕的。丑:恶,坏。戒:戒备,警惕。

"显父登德,德降则信,信则民宁①。为畏为极,民无淫慝②。生民知常利之道,则国强③。序明好丑,必先固其务④。均分以算之则民安,利用以资之则民乐,明德以师之则民让⑤。生之乐之,则母之礼也;政之教之,遂以成之,则父之礼也⑥。父母之礼以加于民,其慈乃至⑦。古之圣王,乐体其政⑧。

【注释】

① 有才德美行的人崇尚道德,道德行世就讲求信义,讲求信义民众就

会安宁。显父(fǔ):即有才德美行的人。登:升,崇尚。降:施行。

② 有畏惧又有准则,民众就没有淫邪。为:有。极:准则。淫慝(tè):
淫邪。

③ 百姓知道正常取得利益的方法,那么国家就强大。

④ 区分明辨好坏,百姓必须首先恪守自己的职分。序:区分次序。明:
明辨。固:固守,恪守。

⑤ 计算公开并分配均等则民众安定,利用物资并帮助他们则民众安
乐,修明道德并作为师表则民众谦让。算:指公开计算。资:帮助。
师之:以之为师,作为师表。

⑥ 让他们生长,使他们高兴,这是母亲的责任;让他们正直,使他们受
教育,最终有所成就,这是父亲的责任。礼:法度,责任。政:通
"正",正直。

⑦ 父母的责任施加到民众身上,君王的仁慈之心就尽到了。加:施加。
其:指代君王。

⑧ 古代的圣王,都喜欢实现这样的政治。体:体验,实现。

"士有九等,皆得其宜曰材多;人有八政,皆得其则曰礼服①。
士乐其生而务其宜,是故奏鼓以章乐,奏舞以观礼,奏歌以观和②。
礼乐既和,其上乃不危③。"

王拜曰:"允哉!幼愚敬守以为本典④。"

【注释】

① 士有九等,都能够得到他们合适的位置就叫人材多;人有八政,都得
到他们行为的准则叫礼仪推行。九等:指忠、信、敬、刚、柔、和、贞、
固、顺九种不同的品性。宜:合适。指合适的位置,即各得其所。八
政:指君臣、父子、兄弟、夫妇八种不同的人伦守则。服:行,用。

② 士喜欢他们的生活方式而从事合适的工作,因此敲鼓以彰明音乐,

257

跳舞以显示礼仪,唱歌以显示融和。即乐、舞、歌中蕴涵礼仪,用于教化。章:彰明。在这个意义上后来写做"彰"。观:显示。

③ 礼仪、音乐已经和谐,他们的君王就不会危险。上:君王。

④ 成王拜谢说:"确实如此啊!我幼小愚昧一定敬守教诲,用来作为治国的根本大法。"允:信,确实。幼愚:幼小愚昧的人。这是成王对自己的谦称。

【评析】

成王向周公请教治国之道,周公回答了三点:

首先作为君王应该具有的智、仁、义、德、武这五种道德行为准则;接着指明君王要以父母般的仁慈之心善待民众,使民安乐,谦让不争;最后强调治国要使士人各得其所,各安其位,使民众各守人伦,遵循法则,在此基础上进行礼乐教化,就可以长治久安。这就是周公向成王传授的治国安民的宝贵经验。

周公的教诲没有鬼神迷信意识,而是直面现实社会,重在道德人事,反映了当时政治思想上由迷信天命向重德保民的历史性飞跃,具有重要的进步意义,对后世治国为政也产生了深远影响。

二、孔子论为政

《论语》

【题解】

本篇十八则,均选自《论语》,题目是后加的。为政,从政,治理国家。

孔子及《论语》的简介见第二单元《孔子论君子》的题解。

（一）

子曰:"道千乘之国,敬事而信,节用而爱人,使民以时①。"
(《学而》)

【注释】

① 孔子说:"治理拥有一千辆兵车的国家,必须恭敬地处理各种事务而恪守信义,节约用度而爱护民众,按照农时恰当地役使民众。"子:对孔子的尊称。道:治理。千乘之国:拥有一千辆兵车的国家。四匹马拉一辆兵车,称为"一乘"。兵车数量的多少是一个国家实力强弱的重要标志。

（二）

子曰:"为政以德,譬如北辰,居其所而众星共之①。"(《为政》)

【注释】

① 治理国家若能依靠道德,就如同天上的北极星,处在固定的位置,群星都环绕着它旋转。北辰:北极星,古人认为它是天的中心。所:位置。共(gǒng):环抱,环绕。在这个意义上后来写做"拱"。

（三）

子曰:"道之以政,齐之以刑,民免而无耻①。道之以德,齐之以礼,有耻且格②。"(《为政》)

【注释】

① 用政令来引导民众,用刑罚来整治民众,这样民众只是免于犯罪,却

没有廉耻之心。道：引导。在这个意义上后来写做"导"。齐：整齐,治理。

② 用道德来引导民众,用礼仪来整治民众,民众既有廉耻之心,而且诚心归服。格：来至,归服。

(四)

季康子问："使民敬、忠以劝,如之何①?"子曰："临之以庄,则敬;孝慈,则忠;举善而教不能,则劝②。"(《为政》)

【注释】

① 季康子问道："使百姓恭敬,忠诚而且互相勉励,应该如何去做?"季康子：鲁哀公时的正卿,姓季孙,名肥。"康"是谥号。劝：勉励,鼓励。

② 孔子回答说："你面临民众的事情态度严肃认真,他们对你就会恭敬;你孝敬父母,爱护孩子,他们就会忠诚尽力;你推举好人而教育那些无能的人,百姓就会相互勉励。"庄：庄重严肃。孝：孝敬。慈：爱护。

(五)

子曰："能以礼让为国乎? 何有①? 不能以礼让为国,如礼何②?"(《里仁》)

【注释】

① 能够用礼义谦让来治理国家吗? 如果这样还会有什么困难呢? 为国：治理国家。何有：有何,意思是还有什么困难。

② 如果不能用礼义谦让来治理国家,那将怎样对待礼义呢? 如礼何：怎样对待礼义呢?

(六)

子贡问政①。子曰："足食,足兵,民信之矣②。"子贡曰："必不得已而去,于斯三者何先③?"曰:"去兵。"子贡曰:"必不得已而去,于斯二者何先?"曰:"去食。自古皆有死,民无信不立④。"（《颜渊》）

【注释】

① 子贡询问如何治理国家。子贡:姓端木,名赐,字子贡,孔子的弟子。

② 使粮食充足,武备充足,百姓信任。兵:武备。

③ 如果迫不得已要去掉一项,在这三者中先去掉哪一项? 斯:此,这。

④ 去掉粮食。自古以来人都要死,如果百姓对朝廷失去信任,国家就无法建立。

（七）

齐景公问政于孔子①。孔子曰:"君君,臣臣,父父,子子②。"公曰:"善哉! 信如君不君,臣不臣,父不父,子不子,虽有粟,吾得而食诸③?"（《颜渊》）

【注释】

① 齐景公向孔子询问如何治理国家。齐景公:名杵白。公元前547年至前490年在位。

② 做君王要像君王,做臣子要像臣子,做父亲要像父亲,做儿子要像儿子。

③ 好啊! 确实如果君王不像君王,臣子不像臣子,父亲不像父亲,儿子不像儿子,即使有粮食,我能够吃得上吗? 信:确实。粟:泛指粮食。

（八）

子张问政①。子曰:"居之无倦,行之以忠②。"（《颜渊》）

【注释】

① 子张:姓颛(zhuān)孙,名师,字子张,孔子的弟子。

② 居官位要毫不倦怠,行政令要忠心不二。居:居位。

（九）

季康子问政于孔子。孔子对曰:"政者,正也①。子帅以正,孰敢不正②?"(《颜渊》)

【注释】

① 政,就是端正。

② 您率先端正,谁敢不端正呢? 帅:率先。孰:谁。

（十）

季康子患盗,问于孔子①。孔子对曰:"苟子之不欲,虽赏之不窃②。"(《颜渊》)

【注释】

① 季康子为鲁国盗贼多而担忧,向孔子询问。患:担忧。

② 如果您不贪婪,即使奖赏他们,他们也不会盗窃。苟:如果。欲:贪婪。

（十一）

季康子问政于孔子,曰:"如杀无道,以就有道,何如①?"孔子对曰:"子为政,焉用杀? 子欲善,而民善矣②。君子之德风,小人之德草。草上之风,必偃③。"(《颜渊》)

262

① 如果杀掉无道之人,而接近有道的人,怎么样?

② 您治理国家,哪里用得着杀人呢? 您自己想要向善,而民众自然就
跟着向善。焉:怎么,哪里。

③ 君子的德行如同风,小人的德行如同草。草上吹风,草必定会随风
而倒。偃:仰面倒下,泛指倒下。

(十二)

子路问政①。子曰:"先之劳之②。"请益③。曰:"无倦④。"
(《子路》)

【注释】

① 子路:仲由,字子路,孔子的弟子。

② 自己先于民众劳作,然后让他们勤劳地干活。先之:先于民众,带头
劳作。

③ 益:增加,即再多讲一些。

④ 不要倦怠。

(十三)

仲弓为季氏宰,问政①。子曰:"先有司,赦小过,举贤才②。"
曰:"焉知贤才而举之?"曰:"举尔所知。尔所不知,人其舍诸③?"
(《子路》)

【注释】

① 仲弓做了季氏家的总管,询问如何处理政务。仲弓:冉雍,字仲弓,
孔子的弟子。

② 先于各部门的官吏带头工作,赦免他们小过失,提拔有德的人才。

有司：专司其职的官吏。

③ 推举你所了解的人。那些你不了解的，别人难道会舍弃他吗？舍：舍弃。诸：之乎。

（十四）

子路曰："卫君待子而为政，子将奚先①？"子曰："必也，正名乎②！"子路曰："有是哉，子之迂也！奚其正③？"子曰："野哉由也！君子于其所不知，盖阙如也④。名不正，则言不顺⑤；言不顺，则事不成⑥；事不成，则礼乐不兴⑦；礼乐不兴，则刑罚不中⑧；刑罚不中，则民无所措手足⑨。故君子名之必可言也，言之必可行也⑩。君子于其言，无所苟而已矣⑪。"（《子路》）

【注释】

① 卫国的君王等待您去治理国家，您将先办什么事情？奚：什么。

② 如果一定要说的话，那就是端正名分吧！正名：端正名分。按照儒家的观点，每个人处事都要符合名分，各守其位，各司其职。

③ 您的迂腐竟然达到这样的地步！名分有什么可端正的呢？

④ 粗野啊仲由！君子对于自己不懂的事情，大概就空缺着。阙：空缺。

⑤ 名分不端正，言论就不顺达。

⑥ 言论不顺达，事情就不成功。

⑦ 事情不成功，礼乐就不兴盛。

⑧ 礼乐不兴盛，刑罚就不得当。中（zhòng）：适当，得当。

⑨ 刑罚不得当，就会使民众无所适从。无所措手足：没有地方放置手足，即无所适从。措：安排，放置。

⑩ 因此，君子对它命名的，必须可以说解；可以说解的，必须可以实行。名之：对它命名。

⑪ 君子对于自己的言论，是从不随便的。苟：苟且，随便。

（十五）

子适卫,冉有仆①。子曰:"庶矣哉②!"冉有曰:"既庶矣,又何加焉③?"曰:"富之④。"曰:"既富矣,又何加焉⑤?"曰:"教之⑥。"（《子路》）

【注释】

① 孔子到卫国,冉有给他驾车。适:到。冉有:冉求,字子有,孔子的学生。仆:驾车人。

② 人口真多啊!庶:多。

③ 人口已经很多了,又再做些什么呢? 加:添加,施加。

④ 使他们富裕起来。

⑤ 如果已经富裕了,又再做些什么呢?

⑥ 教化他们。

（十六）

子曰:"苟正其身矣,于从政乎何有①? 不能正其身,如正人何②?"（《子路》）

【注释】

① 如果能够端正自身的行为,对于治理国家还会有什么困难呢?

② 如果不能端正自身的行为,如何端正他人呢?

（十七）

子夏为莒父宰,问政①。子曰:"无欲速,无见小利②。欲速,则不达;见小利,则大事不成③。"（《子路》）

【注释】

① 子夏做了莒父的长官,询问如何治理政务。子夏:姓卜,名商,字子夏,孔子的弟子。莒父(jǔ fǔ):鲁邑名。宰:相当于县令之类的官。

② 不要想快速成功,不要关注小利。

③ 想快,反而达不到目的;关注小利,就大事不能做成。

(十八)

子张问于孔子曰:"何如斯可以从政矣①?"子曰:"尊五美,屏四恶,斯可以从政矣②。"子张曰:"何谓五美?"子曰:"君子惠而不费,劳而不怨,欲而不贪,泰而不骄,威而不猛③。"子张曰:"何谓惠而不费?"子曰:"因民之所利而利之,斯不亦惠而不费乎④?择可劳而劳之,又谁怨⑤?欲仁而得仁,又焉贪⑥?君子无众寡,无小大,无敢慢,斯不亦泰而不骄乎⑦?君子正其衣冠,尊其瞻视,俨然人望而畏之,斯不亦威而不猛乎⑧?"子张曰:"何谓四恶?"子曰:"不教而杀谓之虐;不戒视成谓之暴;慢令致期谓之贼;犹之与人也,出纳之吝,谓之有司⑨。"(《尧曰》)

【注释】

① 子张问孔子:"怎样做才可以治理国家呢?"

② 尊崇五种美德,摒弃四种恶行,这样就可以治理国家了。尊:尊崇。屏(bǐng):摒弃。

③ 君子给人好处而自己却不耗费,使百姓辛劳却不被怨恨,爱好仁义而不贪图财利,安详舒泰却不骄傲,威严却不凶猛。惠:施予好处。泰:安详舒泰。

④ 顺从民众利益而使他们得利,这不就是给百姓好处而自己不耗费吗?

⑤ 选择百姓应该辛劳的事情而使他们辛劳,又怨恨谁呢?

⑥　需要仁德而得到了仁德，又贪求什么呢？

⑦　君子处事，无论人多人少，事大事小，从不怠慢，这不是安详舒泰而不骄傲吗？

⑧　君子衣冠整齐，目光庄重，使人望而生畏，这不是威严而不凶猛吗？俨然：庄严的样子。

⑨　不经过教育，有罪就杀戮，叫做残暴；不预先告诫，立即就要看到成果，叫做暴躁；随便下令，限期完成叫做贼害；同样是给人赏赐，却出手吝啬，叫做不识大体的主管官员。慢：散漫，随意。出纳：偏义复词，重在支出。有司：主管有关事务的官员。

【评析】

孔子的为政观，包括三个层面：

一是为政者的修养。要求自身具有高尚的美德，只有正其身，才能正其人；只有自己向善，民众才能向善。"苟子之不欲，虽赏之不窃"。在此基础上，"道之以德，齐之以礼，有耻且格"，才能从根本上解决问题。

二是为政者的态度。要敬事而信，以身作则，以自己的行为给下属和民众做出榜样；毫无倦怠，始终如一，兢兢业业，忠于职守。由此可以看到周公"无逸"思想的影响。

三是为政的措施。要举贤才，戒四恶；足食足兵，先富后教，节用爱人，使民以时；无欲速，无见小利，审时度势，着眼长远。特别是要取得民众的信任，因为"民无信不立"。

这些观念继承并发展了商周以来的进步思想，不仅在当时具有广泛的社会影响，今天在很大程度上也得到传承和认可，成为民族的共识。

孔子生活在宗法专制社会，面对礼崩乐坏的现实，要求端正名分，坚持君君、臣臣、父父、子子的原则，显然具有时代的局限性。

不过,在任何社会,要求人们各安其位,各司其职,总是有其合理性。如果真是到了君不君、臣不臣、父不父、子不子的程度,必然造成社会的严重混乱。

三、礼可以为国

《左传》

【题解】

本文选自左丘明《左传·昭公二十六年》,题目是后加的。礼,是社会行为的法则、规范和仪式的总称。为国,治理国家。

左丘明及《左传》的简介见第一单元《教民而后战》的题解。

齐侯与晏子坐于路寝①,公叹曰:"美哉室!其谁有此乎②?"晏子曰:"敢问何谓也③?"公曰:"吾以为在德④。"对曰:"如君之言,其陈氏乎⑤!陈氏虽无大德,而有施于民⑥。豆、区、釜、钟之数,其取之公也薄,其施之民也厚⑦。公厚敛焉,陈氏厚施焉,民归之矣⑧。《诗》曰:'虽无德与女,式歌且舞⑨。'陈氏之施,民歌舞之矣⑩。后世若少惰,陈氏而不亡,则国其国也已⑪。"

【注释】

① 齐侯:齐景公,公元前547年至前490年在位。路寝:天子或诸侯的正室。

② 这房屋真华美啊!将有谁会占有它呢? 有:占有。这是景公自知不能长久拥有国家,所以为之叹息。

③ 请问您说的是什么? 敢问:冒昧地问,请问。

④ 我认为在于有德行的人。以为：认为。

⑤ 如果像君王说的话，可能是陈氏吧！其：可能，恐怕。陈氏：这一家族的创始人是陈完，是春秋时陈国的公子。后陈国发生内乱，陈完投奔齐国，改姓为田。他的后代田无宇、田乞、田常等人相继参政，发展势力，最终取而代之，统治了齐国。

⑥ 陈氏虽然没有大的德行，然而对民众有所施舍。施：施舍，借贷。

⑦ 豆、区、釜、钟这些量具的容积，收取赋税时用的公量是小的，施舍民众时用的家量是大的。《晏子春秋·外篇》："齐旧四量而豆，豆四而区，区四而釜，釜十而钟。田氏四量，各加一焉。以家量贷，以公量收，则所以籴百姓之死命者泽矣。"豆区(ōu)釜(fǔ)钟：都是齐国量器。四升为豆，四豆为区，四区为釜，十釜为钟。数：指计量的容积。薄：小，少。厚：大，多。陈氏在公量的基础上各加一个单位的容量，制造出比齐国公量大的家量，然后公量入，家量出，用这种方法公然收买民心。

⑧ 您向民众收税多，陈氏向民众施舍多，民众就归附他了。

⑨ 意思是：虽然没有美德给予你，也应当载歌载舞。引文见《诗经·小雅·车舝》。式：语气词。

⑩ 陈氏的施舍，民众已经为之唱歌跳舞了。

⑪ 您的后人如果稍微懈怠，陈氏如果不灭亡，那么他的封地就将变成整个国家了。少：稍微，稍稍。惰(duò)：懈怠。而：如果。国其国：他的封地就变成整个国家了。

公曰："善哉！是可若何①？"对曰："唯礼可以已之②。在礼，家施不及国，民不迁，农不移，工贾不变，士不滥，官不滔，大夫不收公利③。"公曰："善哉！我不能矣。吾今而后知礼之可以为国也④。"

【注释】

① 是可若何：这种情况可怎么办呢？是：此，指上述情况。若何：怎

么办。

② 唯:只有。已:停止,阻止。

③ 考察礼的法则,大夫之家的施舍不能涉及到国人,民众不迁移,农民
不挪动,工商不改行,士不要失职,官不要怠慢,大夫不占取公利。
在:考察。及:涉及。滥:失职。滔:怠慢。意思是,按照礼的规定,
民众属于君王所有,大夫不能对民众妄施恩惠,以树立自己的威望,
因此陈氏施舍国人,占取公利,是违礼的。

④ 我从现在开始知道礼能够用来治理国家了。今而后:从今以后。

　　对曰:"礼之可以为国也久矣,与天地并①。君令臣共,父慈子
孝,兄爱弟敬,夫和妻柔,姑慈妇听,礼也②。君令而不违,臣共而
不贰③;父慈而教,子孝而箴④;兄爱而友,弟敬而顺⑤;夫和而义,
妻柔而正⑥;姑慈而从,妇听而婉,礼之善物也⑦。"公曰:"善哉!
寡人今而后闻此礼之上也⑧。"对曰:"先王所禀于天地,以为其民
也,是以先王上之⑨。"

【注释】

① 和天地并存。并:共同,并存。《周易·序卦》:"有天地然后有
万物,有万物然后有男女,有男女然后有夫妇,有夫妇然后有父
子,有父子然后有君臣,有君臣然后有上下,有上下然后礼义有
所错。"

② 君王发令臣子恭敬,父亲慈爱儿子孝顺,兄长仁爱弟弟恭敬,丈夫和
蔼妻子温柔,婆婆慈爱媳妇顺从,这就是礼的法则规范。令:发布命
令。共:通"恭",恭敬。姑:婆婆,丈夫的母亲。

③ 君王发布命令没有错误,臣下恭敬而没有二心。违:反常,错误。贰
(èr):二心。

④ 父亲慈爱而教育儿子,儿子孝顺而规劝父亲。箴(zhēn):劝谏,

270

規劝。

⑤ 兄长仁爱而友善,弟弟恭敬而顺从。

⑥ 丈夫和蔼而符合道义,妻子温柔而为人正派。义:符合道义。正:为人正派。

⑦ 婆婆慈爱而听从劝告,媳妇顺从而言词委婉,这就是礼法中良好的行为。善:好,良好。物:事,类,指行为。

⑧ 我从现在开始听到了崇尚礼的道理了。礼之上:崇尚礼法。上:通"尚",崇尚,推崇。

⑨ 先王从天地神明那里禀承了礼,用来治理他的民众,所以先王崇尚它。禀:继承。

【评析】

晏子所说的礼,虽然主要是为维护王权,阻止陈氏收买人心的不臣行为而言,但是,就治理国家来说,礼同样是重要的法则规范,具有普遍意义。

人在家庭、社会中生活,是一切社会关系的总合,所有行为都必须具有道德规范,受到环境约束,正如孟子说:"人之有道也,饱食、暖衣、逸居而无教,则近于禽兽。"(《孟子·滕文公上》)因此,所谓绝对自由,是不可能存在的。尽管古今政治思想、伦理道德不同,但是,如果剔除其中的封建专制意识,融入时代的精神,那么"君令臣共,父慈子孝,兄爱弟敬,夫和妻柔,姑慈妇听",依然是我们民族共同的道德观念和思维模式,是维护和睦家庭、构建和谐社会的必要条件。如果反其道而行之,就会小则破坏家庭安宁,大则危及社会稳定。

四、兼　爱

《墨子》

【题解】

本文选自墨翟《墨子·兼爱》。兼爱，兼而爱之，普遍地爱。
墨翟及《墨子》的简介见第三单元《公输》的题解。

圣人以治天下为事者也，必知乱之所自起，焉能治之；不知乱之所自起，则不能治①。譬之如医之攻人之疾者然，必知疾之所自起，焉能攻之；不知疾之所自起，则弗能攻②。治乱者何独不然？必知乱之所自起，焉能治之；不知乱之所自起，则弗能治③。圣人以治天下为事者也，不可不察乱之所自起。

【注释】
① 为事：作为要务。所自起：产生的原因。自：由，从。焉：乃，才。
② 攻：治。疾：疾病。然：似的，一样。弗：不。
③ 治乱：治理混乱。何独：怎么。不然：不是这样。

当察，乱何自起？起不相爱①。臣子之不孝君父，所谓乱也②。子自爱，不爱父，故亏父而自利；弟自爱，不爱兄，故亏兄而自利；臣自爱，不爱君，故亏君而自利，此所谓乱也③。虽父之不慈子，兄之不慈弟，君之不慈臣，此亦天下之所谓乱也④。父自爱也，不爱子，故亏子而自利；兄自爱也，不爱弟，故亏弟而自利；君自爱也，不爱臣，故亏臣而自利。是何也？皆起不相爱⑤。

【注释】

① 曾经考察,混乱是由什么引起的呢? 是起于互不相爱。当:通 "尝",曾经。何自起:自何起,由什么引起?

② 作为臣下、儿子不孝敬君王、父亲,这就是混乱。

③ 自爱:爱自己。亏:亏负,坑害。自利:便利自己。

④ 慈:爱。

⑤ 是何也:这是为什么呢? 皆:都,全部。

　　虽至天下之为盗贼者亦然①:盗爱其室,不爱异室,故窃异室以利其室。贼爱其身,不爱人,故贼人以利其身②。此何也? 皆起不相爱。虽至大夫之相乱家,诸侯之相攻国者亦然③:大夫各爱其家,不爱异家,故乱异家以利其家。诸侯各爱其国,不爱异国,故攻异国以利其国。天下之乱物,具此而已矣④。察此何自起? 皆起不相爱。

【注释】

① 虽:即使,即就。至:大。亦然:也是这样。

② 异室:他人之室。不爱人:不爱他人。贼人:害人。

③ 家:大夫的封地。国:诸侯的封地。

④ 天下混乱的事情,全部都是由此引起的。物:事。具:皆,都。

　　若使天下兼相爱,爱人若爱其身,犹有不孝者乎①? 视父兄与君若其身,恶施不孝? 视弟子与臣若其身,恶施不慈? 故不孝不慈亡有②。犹有盗贼乎? 故视人之室若其室,谁窃? 视人身若其身,谁贼? 故盗贼亡有③。犹有大夫之相乱家、诸侯之相攻国者乎? 视人家若其家,谁乱? 视人国若其国,谁攻? 故大夫之相乱家、诸侯之相攻国者亡有④。若使天下兼相爱,国与国不相攻,家与家不相乱,盗贼无有,君臣父子皆能孝慈,若此,则天下治⑤。

故圣人以治天下为事者,恶得不禁恶而劝爱⑥?故天下兼相爱则治,交相恶则乱⑦。故子墨子曰:"不可以不劝爱人者,此也⑧。"

【注释】

① 若:假如,如果。犹:尚,还。

② 恶(wū):哪里。施:施加。亡(wú):通"无"。

③ 谁窃:窃谁,盗窃谁?谁贼:贼谁,残害谁?

④ 谁乱:乱谁?谁攻:攻谁?

⑤ 若此:假如这样。

⑥ 禁恶(wù):禁止互相憎恶。劝爱:鼓励相爱。

⑦ 兼:并,尽。交:互相。

⑧ 不能不鼓励爱护他人,就是这个原因。

【评析】

墨子认为,父子、兄弟、君臣之间不和,盗贼行窃、大夫乱家、诸侯攻国,都是由于亏人以自利造成的,"皆起不相爱"。因此,"天下皆相爱则治,交相恶则乱",所以他特别强调爱心回归,人人兼爱。在当时的社会环境中,这种充满理想色彩的政治主张显然是难以实现的。但是,墨子的学说蕴涵着博大胸怀、人道良知和理性人文主义的思想,充满了爱的呼唤和期盼,渴望着爱的关怀和抚慰,确实反映了民众共同的心声,值得高度重视。

热爱和平,反对战争,互相友好,和平共处,从来就是中华民族的优良传统,也是当今世界各国人民政治生活中的重要主题和共同目标。人人都需要互相帮助,各个民族、各个国家都需要友好和谐,正如歌中唱道："只要人人都献出一点爱,世界将变成美好的人间。"

五、齐桓晋文之事

《孟子》

【题解】

本文节选自《孟子·梁惠王上》,题目是后加的。齐桓,齐桓公,公元前685年至前643年在位。晋文,晋文公,公元前636年至前628年在位。都是春秋时期称霸的诸侯。

孟子(约公元前385—前304年),名轲,字子舆,邹国(今山东邹城)人。是战国时期著名思想家、教育家、政治家。他受业于孔子之孙子思的门人,继承并发展了孔子的政治思想,对儒家学说的完善做出了重大贡献,是继孔子之后儒家学派最重要的代表人物,宋代之后与孔子并称"孔孟",尊为"亚圣"。

孟子曾效法孔子周游列国,先后游说齐、宋、薛、邹、鲁、滕、梁等国诸侯,宣传他的王道思想和仁政主张,被奉为上宾,恩礼有加。然而,由于孟子的主张"迂远而阔于事情","与所如者不合",因此一直不受重用,深感失望。七十多岁后,不再出游,"退而与万章之徒序《诗》、《书》,述仲尼之意,作《孟子》七篇"。

孟子主张性善论,认为"人皆有不忍人之心",由恻隐之心、羞恶之心、辞让之心、是非之心,构成仁、义、礼、智"四端";主张道德论,强调爱其亲,敬其长,是天生的"良能"、"良知",由此建立孝悌忠信、仁义礼智等人伦道德修养准则,提倡养"浩然之气";主张仁政论,提倡王道,反对霸道,定恒产,薄税敛,以德服人。特别是他大胆提出"民贵君轻"的民本思想,在当时具有进步意义。

《孟子》共七篇,各分上下,由孟子及其弟子编集而成,文章长于辩论,善于比喻,语言犀利,说理透彻,为儒家经典"十三经"之一。南宋朱熹把《孟子》和《论语》、《礼记》中的《大学》、《中庸》合编为《四书》,产生了重要影响。

《孟子》的注本主要有东汉赵岐注、宋孙奭疏《孟子注疏》,宋朱熹撰《孟子集注》,今人杨伯峻撰《孟子译注》等,可供参考。

齐宣王问曰:"齐桓、晋文之事可得闻乎①?"孟子对曰:"仲尼之徒无道桓、文之事者,是以后世无传焉,臣未之闻也②。无以,则王乎③!"曰:"德何如,则可以王矣④?"曰:"保民而王,莫之能御也⑤。"曰:"若寡人者,可以保民乎哉⑥?"曰:"可。"曰:"何由知吾可也⑦?"曰:"臣闻之胡龁曰:王坐于堂上,有牵牛而过堂下者,王见之,曰:'牛何之?'对曰:'将以衅钟。'王曰:'舍之!吾不忍其觳觫,若无罪而就死地。'对曰:'然则废衅钟与?'曰:'何可废也?以羊易之!'不识有诸⑧?"曰:"有之。"曰:"是心足以王矣。百姓皆以王为爱也,臣固知王之不忍也⑨。"王曰:"然,诚有百姓者。齐国虽褊小,吾何爱一牛?即不忍其觳觫,若无罪而就死地,故以羊易之也⑩。"曰:"王无异于百姓之以王为爱也。以小易大,彼恶知之?王若隐其无罪而就死地,则牛羊何择焉⑪?"王笑曰:"是诚何心哉?我非爱其财而易之以羊也,宜乎百姓之谓我爱也⑫。"曰:"无伤也,是乃仁术也,见牛未见羊也。君子之于禽兽也,见其生,不忍见其死;闻其声,不忍食其肉。是以君子远庖厨也⑬。"

【注释】

① 齐宣王问道:"齐桓公、晋文公称霸的事情,您能够讲给我听听吗?"

齐宣王:姓田,名辟疆,齐威王之子,公元前319年至前301年在位。

② 仲尼的弟子没有谈论齐桓公、晋文公称霸事迹的,因此没有传给后世,我未曾听到过。未之闻:未闻之,未曾听到过。

③ 您如果一定要我说,就谈谈行王道治理天下的道理吧!无以:无已,意思是不得已要说下去。以,通"已",止。王(wàng):王道,王天下,指行王道治理天下。

④ 德行怎么样,就可以行王道治理天下?何如:如何,怎么样。

⑤ 安定百姓行王道,没有人能够阻挡他。保:安定。莫之能御:莫能御之,没有谁能够阻挡他。御:阻挡。

⑥ 像我这样,可以安民吗?寡人:诸侯的谦称。

⑦ 凭什么知道我可以呢?何由:由何,凭什么。

⑧ 我从胡龁那里听说:君王坐在堂上,有人牵牛而路过堂下。君王见到他,就问:"牵牛到哪里去?"他对答说:"将用它来衅钟。"君王说:"放了它!我不忍心看到它恐惧发抖的样子,好像没有罪过的人而走向刑场。"他对答说:"这样就废止衅钟吗?"您说:"怎么能够废止呢?用羊换它。"不知道有这件事情吗?胡龁(hé):齐宣王的近臣。何之:之何,到哪里去?衅(xìn)钟:祭钟仪式。取牲畜的血涂抹在新铸钟的缝隙上,使之完整牢固。舍:舍弃,放。觳觫(hú sù):恐惧发抖的样子。就:走近,走向。死地:刑场。易:交换。识:知道。诸:之乎。

⑨ 这样的心理就足够用来行王道治理天下了。百姓都认为君王吝啬,我本来就知道您是不忍心。爱:惜,吝啬。

⑩ 是的,的确有这样的百姓。齐国虽然狭小,我何至于舍不得一条牛?我就是不忍心看到它恐惧发抖的样子,好像没有罪过而走向刑场,所以用羊交换它。诚:的确。褊小:狭小。

⑪ 君王您不要对百姓认为您吝啬感到奇怪。用小羊换大牛,他们哪里知道您的心理呢?君王如果是怜恤它无罪而走上屠场,那么牛和羊又挑选什么呢?异:觉得奇怪。恶(wū):哪里,怎么。隐:哀怜,难过。择:挑选。

⑫ 这的确是什么心理呢?我并不是吝啬自己的钱财而用羊来代替了

牛，百姓认为我吝啬是应该的。宜：应当。

⑬　没有关系，这就是体现仁爱的方法。是您只见到了牛而未见到羊的原因。君子对于禽兽啊，见到它活着，不忍心见到它死亡；听到它的声音，不忍心吃它的肉。因此君子总是远离厨房。无伤：无害，没有关系。仁术：体现仁爱的方法。庖（páo）厨：厨房。

王说曰①："《诗》云：'他人有心，予忖度之。'夫子之谓也②。夫我乃行之，反而求之，不得吾心。夫子言之，于我心有戚戚焉。此心之所以合于王者，何也③？"曰："有复于王者曰：'吾力足以举百钧，而不足以举一羽；明足以察秋毫之末，而不见舆薪。'则王许之乎④？"曰："否。""今恩足以及禽兽，而功不至于百姓者，独何与⑤？然则一羽之不举，为不用力焉；舆薪之不见，为不用明焉；百姓之不见保，为不用恩焉。故王之不王，不为也，非不能也⑥。"曰："不为者与不能者之形，何以异⑦？"曰："挟太山以超北海，语人曰'我不能'，是诚不能也⑧。为长者折枝，语人曰'我不能'，是不为也，非不能也⑨。故王之不王，非挟太山以超北海之类也；王之不王，是折枝之类也。老吾老，以及人之老；幼吾幼，以及人之幼。天下可运于掌⑩。《诗》云：'刑于寡妻，至于兄弟，以御于家邦。'言举斯心加诸彼而已⑪。故推恩足以保四海，不推恩无以保妻子⑫。古之人所以大过人者，无他焉，善推其所为而已矣⑬！今恩足以及禽兽，而功不至于百姓者，独何与？权，然后知轻重；度，然后知长短。物皆然，心为甚⑭。王请度之！抑王兴甲兵，危士臣，构怨于诸侯，然后快于心与⑮？"

【注释】

①　说（yuè）：喜悦，高兴。在这个意义上后来写做"悦"。

278

② 意思是:"别人有什么心思,我能够揣度到。"说的就是先生您啊!
引文见《诗经·小雅·巧言》。忖(cǔn):揣猜。度(duó):内心衡
量。忖度连用,指揣摩。

③ 我已经这样做了,回头再去想,想不出是为了什么。先生的话,对我
的内心有所触动了。我的这种心理符合王天下的原因,是为什么
呢? 戚戚:心动的样子。合:符合。

④ 复:禀告,奏陈。钧:三十斤为一钧。一羽:一根羽毛。明:指视力。
秋毫之末:鸟兽秋天新生羽毛的尖端,非常纤细。末:尖端。比喻非
常细小之物。舆薪:一车柴草。许:答应,赞同。

⑤ 如今恩惠足以达到禽兽身上,而功德到不了百姓那儿,偏偏又是什
么原因呢? 及:达到。功:功德,功绩。独:却,偏偏。

⑥ 所以大王您没有王天下,是不去做,不是不能做。

⑦ 不去做与不能做的表现,用什么来区别? 形:表现,情况。何以异:
以何异,用什么来区别?

⑧ 夹着泰山跨过渤海,告诉别人说"我不能",这是确实做不到。挟:
夹在胳膊下。太山:即泰山。超:越。北海:渤海。语(yù):告诉。
诚:确实,的确。

⑨ 向老年人弯腰行礼,对人说"我不能",这是不去做,并不是不能做。
折枝:即"折肢",弯腰行礼。

⑩ 孝敬自己的长辈,并推及孝敬他人的长辈;爱护自己的孩子,并推及
爱护他人的孩子:天下就可以运转于手掌之中。老:前一个"老"是
动词,孝敬;后一个"老"是名词,指年长者。幼:前一个"幼"是动
词,爱护,后一个"幼"是名词,指年幼者。运于掌:运转在手掌之
中。比喻很容易治理。

⑪ 意思是:"为国君者,要先为妻子做出榜样,然后推及兄弟,进而治
理封地和国家。"说的就是把这种爱心施加到别人身上罢了。引文
见《诗经·大雅·思齐》。刑:通"型",示范,做榜样。寡妻:国君正
妻的谦称。御:治理,管理。家:大夫的封地。邦:诸侯的封国。

⑫ 推恩：推广恩惠。四海：天下。妻子：妻子儿女。

⑬ 古代的人之所以大大超越一般人没有其他的原因，只是善于推广自己的恩惠罢了。过：超过，超越。

⑭ 称一称，才能知道物体的轻重；量一量，才知道物体的长短。事物都是这样，心理更是如此。权：本指秤锤，这里指称重。度（dù）：丈量。

⑮ 君王就对此权衡吧！还是发动战争，使士臣陷于危险之地，同诸侯结下怨仇，然后才在心里感到痛快吗？抑：还是。兴甲兵：发动战争。危士臣：使士臣陷于危险之地。构怨：结怨。

王曰："否。吾何快于是？将以求吾所大欲也①。"曰："王之所大欲可得闻与？"王笑而不言。曰："为肥甘不足于口与？轻暖不足于体与？抑为采色不足视于目与？声音不足听于耳与？便嬖不足使令于前与？王之诸臣皆足以供之，而王岂为是哉②？"曰："否。吾不为是也。"曰："然则王之所大欲可知已：欲辟土地，朝秦楚，莅中国而抚四夷也③。以若所为求若所欲，犹缘木而求鱼也④。"曰："若是其甚与⑤？"曰："殆有甚焉⑥。缘木求鱼，虽不得鱼，无后灾。以若所为，求若所欲，尽心力而为之，后必有灾。"曰："可得闻与？"曰："邹人与楚人战，则王以为孰胜⑦？"曰："楚人胜。"曰："然则小固不可以敌大，寡固不可以敌众，弱固不可以敌强⑧。海内之地方千里者九，齐集有其一⑨。以一服八，何以异于邹敌楚哉⑩？盖亦反其本矣⑪？今王发政施仁，使天下仕者皆欲立于王之朝，耕者皆欲耕于王之野，商贾皆欲藏于王之市，行旅皆欲出于王之途，天下之欲疾其君者皆欲赴诉于王⑫。其若是，孰能御之⑬？"

【注释】

① 是：此。大欲：最大的愿望。

② 肥甘:肥美的食物。轻暖:轻便暖和的衣服。采色:艳丽的颜色。声音:指优美的音乐。便嬖(pián bì):宠爱的人。岂:难道。

③ 这样那么大王您最大的愿望我可以知道了:想要扩大领土,使秦、楚等大国都来朝贡,统治中原各国并安抚四方异族。已:作用同"矣"。辟:开辟,这里指扩大。朝:使……朝见称臣。莅(lì):临,统治。中国:中原。四夷:中原四周的少数民族。

④ 用您的做法,寻求您的目的,就如同沿着树爬去捉鱼。若:您。所为:做法。所欲:欲望,目的。犹:如同。缘:沿着,顺着。缘木而求鱼:比喻方法错误,事与愿违。

⑤ 像这样厉害吗? 甚:厉害。

⑥ 恐怕比这更厉害呢。

⑦ 邹国人与楚国人交战,那么君王认为哪个国家胜利? 邹国:当时的小国。

⑧ 固:本来。敌:对抗。

⑨ 四海内的土地,方圆千里的大国共有九个,齐国的土地总计只占了其中之一。方:方圆。集:会集,总计。

⑩ 凭借一份的土地使其余的八份降服,这同邹这样的小国同楚这样的大国对抗有什么不同? 服:使……降服。异:区别,不同。

⑪ 何不返回到根本上来呢? 盖:通"盍",何不。本:根本,指仁政王道。

⑫ 现在您如果发布政令施行仁政,使天下为官的人都想在您的朝廷上站立,农民都想到您的田野里耕种,商人们都想在您的集市里储货经商,来往的行人都想在您的道路行走,天下痛恨他们君王的人都想到您面前控诉。藏:储藏货物。行旅:外出行路的人。途:道路。疾:痛恨。

⑬ 如果像这样,谁还能够抵挡! 若:像。

王曰:"吾惛,不能进于是矣①。愿夫子辅吾志,明以教我。我虽不敏,请尝试之②。"曰:"无恒产而有恒心者,惟士为能;若民则无恒产,因无恒心③。苟无恒心,放辟邪侈,无不为已。及陷于罪,然后从而刑之,是罔民也④。焉有仁人在位,罔民而可为也⑤?是故明君制民之产,必使仰足以事父母,俯足以畜妻子,乐岁终身饱,凶年免于死亡,然后驱而之善,故民之从之也轻⑥。今也制民之产,仰不足以事父母,俯不足以畜妻子,乐岁终身苦,凶年不免于死亡。此惟救死而恐不赡,奚暇治礼义哉⑦?王欲行之,则盍反其本矣。五亩之宅,树之以桑,五十者可以衣帛矣⑧;鸡豚狗彘之畜,无失其时,七十者可以食肉矣⑨;百亩之田,勿夺其时,八口之家可以无饥矣⑩;谨庠序之教,申之以孝悌之义,颁白者不负戴于道路矣⑪。老者衣帛食肉,黎民不饥不寒,然而不王者,未之有也⑫。"

【注释】

① 我的思想混乱,不能达到这样的程度。惛:思想混乱。

② 希望先生辅助我的志向,明白地教导我。我虽然不聪敏,请让我尝试着施行。不敏:迟钝,不聪敏。古人的自谦之词。

③ 没有固定的产业却有恒久不变的善心,只有士人能够做到;至于百姓没有固定的产业,因而没有恒久不变的善心。恒产:固定的产业。

④ 如果没有恒久不变的善心,就会胡作非为,违法乱纪,没有不做的事了。等到百姓犯了罪,然后跟着才去施以刑罚,这是陷害百姓。放:放纵。辟:邪僻。在这个意义上后来写做"僻"。邪侈:邪与辟同义,侈与放同义。放辟邪侈,均指胡作非为,违法乱纪。罔民:像张网捕捉鸟兽一样陷害百姓。罔:罗网。在这个意义上后来写做"网"。

⑤ 哪里有仁爱的人处在君位,能够做陷害百姓的事情呢?焉:哪里。

⑥ 因此圣明的君王制定百姓的产业,一定让他们对上足够事奉父母,对下足够养育妻子,丰年时始终自身可以吃饱,荒年可以免于死亡,

然后驱使他们向善，因此百姓听从也很容易。制民之产：规定百姓的产业。仰：向上。事：供奉，赡养。俯：向下。畜：养育。乐岁：丰年。凶年：荒年。驱：驱使，督促。轻：容易。

⑦ 在这种情况下，只是救活自己恐怕都来不及，哪里有空闲去讲究礼仪呢？惟：只是。赡(shàn)：足，够。暇：空闲。

⑧ 每户人家分给五亩地的宅院，房前屋后种植桑树，五十岁以上的人就能够穿上丝织的衣服了。衣(yì)：穿。

⑨ 鸡、猪、狗等家畜的饲养，不要错过其繁殖的时机，七十岁以上的老人就能够吃到肉了。豚(tún)：小猪。彘(zhì)：猪。畜(xù)：养。失：错过。

⑩ 每家分给一百亩的耕地，不要侵夺他们耕种的时机，八口人的家庭就没有饥饿了。夺：夺取，侵占。

⑪ 谨慎从事学校的教化，将孝悌的道义反复申明，头发花白的人就不会在道路上运送重物了。谨：谨慎，指谨慎从事。庠(xiáng)序：都是学校。殷代叫庠，周代叫序。教：教化。申：反复进行。孝：孝敬父母。悌(tì)：敬爱兄长。义：道义。颁白者：头发花白的人。负戴：背负头顶，指运送重物。

⑫ 老年人穿得上丝帛的衣服，吃得上肉食，百姓不再挨饿受冻，做到这样却不能以王道治理天下，是从来没有过的事情。帛：丝织物的总称。黎民：民众，百姓。未之有：未有之，没有过的事情。

【评析】

对于齐宣王的提问，孟子首先断然回绝了关于齐桓、晋文霸道的问题，将话题引向"保民而王"的王道思想；接着就以羊易牛为例具体说明宣王自己怀有不忍之心，具备实行王道的基本条件；进而运用巧妙的比喻，指出宣王实行王道只是不为，并非不能为。在此基础上，孟子一方面强调"推恩足以保四海"，另一方面指出实行霸道如同"缘木求鱼";最后从正面论述了实行仁政的措施,即统治者必须"制民之产",百姓有了"五亩之宅"、"百亩之田",才能解决衣食温饱问题,然后进行孝悌礼义教化,实现"老者衣帛食肉,黎民不饥不寒"的王道理想。从而,以不容置疑的逻辑推理,雄辩地论证了儒家的仁爱学说。

对于以农耕为主要生产方式的中华民族来说,土地作为最重要的生产资料,始终是社会的基本矛盾。在战国乱世之中,孟子的这些主张确实"迂远而阔于事情",但是,他深刻地认识到"制民之产"是治国安民的关键所在,集中反映了广大民众"耕者有其田,居者有其屋"的根本愿望,不能不说具有卓越见解、超前意识和理论勇气。当然,要解决这个社会问题,不能指望封建统治者的王道恩赐,只有在人民群众建立了自己的政权之后,才能变为现实。

六、勿 躬

《吕氏春秋》

【题解】

本文节选自吕不韦《吕氏春秋·勿躬》。勿躬,不要事必躬亲,应该分工合作,各尽其能。

吕不韦及《吕氏春秋》的简介见第一单元《察传》的题解。

管子复于桓公曰①:"垦田大邑,辟土艺粟,尽地力之利,臣不若宁遬,请置以为大田②。登降辞让,进退闲习,臣不若隰朋,请置以为大行③。蚤入晏出,犯君颜色,进谏必忠,不辟死亡,不重贵富,臣不若东郭牙,请置以为大谏臣④。平原广域,车不结轨,士不旋踵,鼓之,三军之士视死如归,臣不若王子城父,请置以为大司马⑤。决狱折中,不杀不辜,不诬无罪,臣不若弦章,请置以为大理⑥。君若欲治国强兵,则五子者足矣⑦;君欲霸王,则夷吾在此⑧。"桓公曰:"善。"令五子皆任其事,以受令于管子⑨。十年,九合诸侯,一匡天下,皆夷吾与五子之能也⑩。

【注释】

① 管子:管仲,名夷吾,齐国之相。复:禀告,回复。桓公:齐桓公。

② 开垦田野,扩大城邑,开辟耕地,种植粮食,充分利用土地之利,我比不上宁遬,请安排他任大田之职。垦:开垦。大:扩大。辟:开辟。艺:种植。宁遬(sù):又称宁戚,齐国大夫。大田:管理公田的官员。

③ 在外交礼仪场合,上下辞让,进退娴熟,我比不上隰朋,请安排他任大行之职。登降辞让:登台下阶,迎来送往,恭谦礼让。闲:通"娴",娴熟。隰(xí)朋:齐国大夫。大行:掌管礼仪接待宾客的官员。

④ 在朝廷上,早入晚出,犯颜进谏,忠心耿耿,不避死亡,不重富贵,我比不上东郭牙,请安排他任大谏臣之职。蚤:通"早"。晏:晚。犯:冒犯。颜色:脸色。东郭牙:齐国大夫。

⑤ 在平原旷野作战,战车行进有条不紊,士卒勇敢前进,擂起战鼓,三军将士视死如归,我比不上王子城父,请安排他任大司马之职。车不接轨:战车之间不互相交接碰撞,即有条不紊。结:交结。轨:车辖(wèi)头,即车轴头。士不旋踵:士卒不后退,即勇敢前进。旋:倒转。踵:脚跟。王子城父:齐国大夫。大司马:主管国家军队的官员。

⑥ 在审理案件中,判案公正,不杀无辜的人,不诬陷无罪的人,我比不上弦章,请安排他任大理之职。决狱:判案。折中:公正。辜:罪。

大理：主管司法刑律的官员。

⑦　足矣：足够了。

⑧　君如果要成就霸王之业，则有我在这里。霸王：诸侯盟主。齐桓公
　　后来成为春秋五霸之首。

⑨　受令：听命。

⑩　十年中，桓公多次会盟诸侯，匡正天下，都是由于管子和五子的才
　　能。九：表多数。合：会盟。匡：正。

管子，人臣也，不任己之不能，而以尽五子之能，况于人主
乎①？人主知能、不能之可以君民也②，则幽诡愚险之言无不职
矣，百官有司之事毕力竭智矣③。五帝三皇之君民也，下固不过毕
力竭智也④。夫君人而知无恃其能、勇、力、诚、信，则近之矣⑤。

【注释】

①　管子，是臣子，不担任自己不能胜任的官职，而用来充分发挥五子的
　　才能，何况对于人君呢？任：担任，承担。

②　君王如果知道自己能够做什么、不能做什么，就可以借此治理百姓
　　了。君：治理，统治。

③　那么隐蔽、欺诈、愚弄、险恶的言论就没有不能识别的了，百官主管
　　的职事就会竭尽心力了。幽：昏暗，隐蔽。诡：欺诈。愚：愚弄。险：
　　险恶。职：通"识"，识别，辨别。有司：主管官员。毕力竭智：竭尽
　　心力。

④　五帝三皇：古书中把伏羲、女娲、神农称为"三皇"，把太皞、炎帝、黄
　　帝、少皞、颛顼称为"五帝"。说法不一，都是传说中的远古部落联
　　盟首领。下：臣下。固：本来，原本。毕：全。竭：尽。

⑤　治理民众而知道不只是倚仗自己的才能、勇气、力量、诚实、信用，就
　　接近于为君之道了。恃(shì)：倚仗，依赖。

286

凡君也者,处平静、任德化以听其要①。若此,则形性弥赢,而耳目愈精②;百官慎职,而莫敢愉绂③;人事其事,以充其名④。名实相保,之谓知道⑤。

【注释】

① 凡是作为君王的人,应该处于平静之中,承担德化教民的重任,平治关键的问题。任:承担。听:平治,审察。要:关键,要害。

② 如果像这样,就会从形貌到心性更加旺盛,耳目越发精明。弥:更加。赢(yíng):盈余,旺盛。

③ 百官就会慎重地恪尽职守,而没有人敢苟且怠慢。愉:苟且。绂(yán):通"延",缓,怠慢。

④ 人人做好自己的事情,以承担自己的职分。充:充当,承担。名:名分,职分。

⑤ 职分与实务相符,这就叫做明白大道。相保:相安,相依,不矛盾,即名实相符。

【评析】

为政之道,不必事事躬亲,在于充分发挥每个人的特长和作用。管仲主持齐国之政,极力推荐宁遬任大田,隰朋任大行,东郭牙任大谏臣,王子城父任大司马,弦章任大理,各司其职,各尽其能,而管仲自己则总领全国事务,成就了一代霸业。

管仲的成功,首先是因为他有自知之明,深知自己的能力有限,敢于承认自己的不足,推崇贤人的才能。更重要的是,他"不任己之不能",而是勇于放权,大胆用人,诚心诚意地推举贤人就职,让每个人负起责任,充分发挥才能,然后集众人之力而成就大功。

所以,主政者的职责不在忙于具体事务,而在于"听其要",即把握方向,抓住关键。这完全符合现代的领导艺术。

七、谏太宗十思疏

魏　徵

【题解】

本文选自刘昫《旧唐书·魏徵传》,题目是后加的。谏,规劝尊长改正错误。十思,应当在十个方面思考的问题。疏,奏疏,古代臣下向君王陈述意见的一种文体。

魏徵(公元580—643年),字玄成,巨鹿人。隋朝末年,他曾参加李密的反隋起义军。李密失败,他归降唐朝,唐太宗拜谏议大夫、检校侍中。后受诏总撰定周、隋等史书,进左光禄大夫,封郑国公。魏徵具有政治远见,直言敢谏。他的言论,多见于唐朝吴兢所撰《贞观政要》,另有《魏郑公诗集》、《魏郑公文集》传世。

《旧唐书》题名后晋刘昫撰,实为五代后晋时官修的史书。全书在唐朝实录和国史的基础上撰修而成,有本纪二十卷,志三十卷,列传一百五十卷,共计二百卷,反映了李唐王朝的历史。本名《唐书》,后来为与北宋欧阳修、宋祁等重修的新《唐书》相区别,于是将其称为旧《唐书》。新旧《唐书》并提,同列二十五史之中。

　　臣闻求木之长者,必固其根本①;欲流之远者,必浚其泉源②;思国之安者,必积其德义③。源不深而望流之远,根不固而求木之长,德不厚而思国之安,臣虽下愚,知其不可,而况于明哲乎④!人君当神器之重,居域中之大,不念于居安思危,戒奢以俭,斯亦伐根以求木茂,塞源而欲流长也⑤。

288

【注释】

① 臣下听说过,想要树木生长,必须加固它的根部。求:谋求。长(zhǎng):生长。根本:树木的根部。

② 希望水流长远,必须疏通它的源头。浚(jùn):疏通。

③ 想要国家安宁,必须积累君王的恩德仁义。其:指君王。

④ 水源不深而希望流水长远,根本不固而要求树木长大,君王恩德不厚而想要国家安宁,我虽然是愚蠢的人,也知道这样不行,况且对于明智的人呢?下愚:愚蠢的人。这是魏徵的自谦之辞。明哲:明智的人。哲:智。

⑤ 君王执掌着帝位的重权,处于寰宇的首位,如果不考虑居安而思危,戒奢侈而行节俭,那样也就是砍伐树根而要求树木繁茂,堵塞源头却希望水流长远啊。当:执掌。神器:帝位。居:处。域中:寰宇,国家。以:用,行。斯:那样。

凡百元首,承天景命,善始者实繁,克终者盖寡①。岂取之易而守之难乎②?盖在殷忧必竭诚以待下,既得志则纵情以傲物③;竭诚则吴、越为一体,傲物则骨肉为行路④。虽董之以严刑,振之以威怒,终苟免而不怀仁,貌恭而不心服⑤。怨不在大,可畏惟人⑥。载舟覆舟,所宜深慎⑦。

【注释】

① 所有一切君王,继承上天的大命,善于开始者确实很多,能够善终者大概很少。凡百:所有,一切。元首:指君王。景:大。繁:多。克:能够。

② 难道是夺取天下容易而守成天下困难吗?岂:难道。取:夺取,获得。守:守成,保持。

③ 大概君王们在深深地忧患中一定会竭尽诚意来对待臣民,已经获得

成功后就会放纵性情蔑视他人。殷(yīn)：深。得志：实现志向，获得成功。傲：蔑视，欺凌。物：人。

④ 竭尽诚意就能够使吴、越团结为一个整体，欺凌他人就会使骨肉之亲变成陌生的路人。吴、越：春秋时期吴、越为仇敌之国。骨肉：亲人。行路：指陌生的路人。

⑤ 即使用严酷的刑法来督察民众，用声威来吓唬民众，最终民众不过苟免于罪却不会感念君王的仁德，他们貌似恭敬而不能内心服从。虽：即使。董：督责，督察。振：震动，吓唬。威怒：声威。

⑥ 怨恨不在于大小，只有民众最可怕。语出《尚书·康诰》："怨不在大，亦不在小。惠不惠，懋不懋。"《尚书·君奭》："罔尤违，惟人。"惟(wéi)：只。

⑦ 水可以载舟，也可以覆舟，这是应该深切警惕的。语出《荀子·王制》："君者舟也，庶人者水也。水则载舟，水则覆舟。"宜：应当。深慎：深切警惕。

　　诚能见可欲则思知足以自戒①，将有作则思知止以安人②，念高危则思谦冲而自牧③，惧满溢则思江海下百川④，乐盘游则思三驱以为度⑤，忧懈怠则思慎始而敬终⑥，虑壅蔽则思虚心以纳下⑦，惧谗邪则思正身以黜恶⑧，恩所加则思无因喜以谬赏⑨，罚所及则思无因怒而滥刑⑩。总此十思，宏兹九德，简能而任之，择善而从之，则智者尽其谋，勇者竭其力，仁者播其惠，信者效其忠⑪。文武并用，垂拱而治，何必劳神苦思，代百司之职役哉⑫！

【注释】

① 如果能够见到希望得到的东西，就考虑知足来警戒自己。诚：如果，果真。见可欲：语出《老子》第三章："不见可欲，使民心不乱。"知足：语出《老子》第四十四章："故知足不辱，知止不殆，可以长久。"

② 将要有想建造的宫室，就考虑适可而止来使民众安宁。作：造作，指建造宫室。知止：适可而止，有所限度。安人：使民众安宁。

③ 想到君位崇高而危险，就考虑谦虚而修养自己。语出《周易·谦卦》："谦谦君子，卑以自牧也。"冲：虚。牧：养。

④ 害怕骄傲自满，就考虑江海所以巨大是因为处在千百条河流之下。语出《老子》六十六章："江海所以能为百谷王者，以其善下之，故能成为百谷王。"满溢：骄傲自满。下百川：处于百川之下。川：河流。

⑤ 喜欢游乐射猎，就考虑以三驱作为限度。盘游：游乐，这里指射猎。三驱：打猎围其三面，放开一面，部分猎物可以逃生，不忍完全猎杀，要有好生之德，仁爱之心。《周易·比卦》："王用三驱，失前禽。"

⑥ 担心松懈倦怠，就考虑慎重开始并且慎重结束。语出《左传·襄公二十五年》："书曰：'慎始而敬终，终以不困。'"《老子》第六十四章："慎终如始，则无败事。"懈怠（xiè dài）：松懈倦怠。敬：慎重。

⑦ 顾虑自己耳目被堵塞蒙蔽，就考虑虚心接受臣下的意见。壅蔽（yōng bì）：堵塞蒙蔽。指耳目被堵塞蒙蔽。

⑧ 畏惧那些毁谤他人奸邪不正的人，就考虑端正自身来贬斥邪恶的人。谗：中伤，毁谤。邪：奸邪，邪恶。黜（chù）：贬斥。

⑨ 恩德施加于人，就考虑不要因为喜欢而奖赏不当。加：施加。谬（miù）赏：错误地赏赐，奖赏不当。

⑩ 刑罚涉及于人，就考虑不要因为怒气而过度用刑。滥（làn）：过度。

⑪ 汇总这十个方面的思虑，发扬那九种美德，挑选有才能的人而任用他，选择好意见而听从它，那么智慧的人竭尽他的谋略，勇敢的人竭尽他的力量，仁爱的人广施他的恩惠，诚信的人奉献他的忠诚。总：汇总。宏：发扬。兹（zī）：此。九德：九种美德。《尚书·皋陶谟》所记九德为："宽而栗，柔而立，愿而恭，乱而敬，扰而毅，直而温，简而廉，刚而塞，强而义。"简：选。效：奉献。

⑫ 文武人才并用，各尽其能，君王可以垂衣拱手治理天下，何必劳神苦思，代行百官的职务呢！垂拱：垂衣拱手。指君王不要事必躬亲。

《尚书·武成》："垂拱而天下治。"百司：百官。役：劳役，职务。

【评析】

贞观十一年（公元 637 年），魏徵几次上疏，这是其中一篇。本文以"居安思危，戒奢以俭"立论，提出十个问题让唐太宗思考，句句切中时弊，行文尖锐深刻。唐太宗为此赐手诏答曰："省频抗表，诚极忠款，言穷切至，披览忘倦，每达宵分。非公体国情深，启沃义重，岂能示以良图，匡其不及……公之所陈也，朕闻过矣。当置之几案，事等韦、弦。必望收彼桑榆，期之岁暮。不使康哉良哉独盛于往日，若鱼若水遂爽于当今。迟复嘉谋，犯而无隐。朕将虚襟静志，敬伫德音。"（唐吴兢《贞观政要·论君道》）可见，唐太宗不仅高度赞赏魏徵奏疏的忠诚务实，而且要把奏疏当做西门豹佩韦、董安于佩弦一样，置之几案，时时警戒，及时改正，收到实效。为臣者胸怀坦荡，犯颜直谏；为君者虚怀若谷，诚恳采纳，确实是古代社会君臣关系的一段佳话。

魏徵是唐朝的诤谏名臣，前后所谏二百余事，都被太宗采纳，匡正过失，治国安邦，为促成贞观盛世，做出了重要贡献。他"上不负时主，下不阿权幸；中不侈亲族，外不为朋党；不以逢时改节，不以图位卖忠"，实为难能可贵。所以，贞观十七年（公元 643 年）魏徵病卒，唐太宗亲制碑文，并为书石，沉痛地对侍臣说："夫以铜为镜，可以正衣冠；以古为镜，可以知兴替；以人为镜，可以明得失。朕常保此三镜，以防己过，今魏徵殂逝，遂亡一镜矣！"（《旧唐书·魏徵传》）

八、送职方郎中王君赴任序

金　实

【题解】

　　本文选自程敏政《皇明文衡》卷四十四。职方,是明朝官制中兵部四司之一的职方清吏司,掌管舆图、军制、城隍、镇戍、简练、征讨之事。郎中,是该司的长官。王君,指王源,《明史》有传。赴任,到任。序,唐宋以后送别赠言类文章的文体名。

　　金实(公元1371—1439年),字用诚,明朝开化(今浙江开化)人。明成祖即位后,金实上书论治道,很得赏识,任他为翰林院典籍(掌管图书),参加编修《太祖实录》和《永乐大典》,后选他为东宫讲官(太子属官)。仁宗即位,任卫王府左长史。本文是朋友间的赠言,行文语言真挚,情谊深厚。

　　《皇明文衡》,总集名,共一百卷,由明代程敏政编选。所选明文按文体分类。程敏政(公元1445—1500年),安徽休宁人。成化二年进士。累官翰林学士,礼部右侍郎。其著作还有《篁墩文集》、《宋遗民录》、《新安文献志》等。

　　守、令之誉,出于私爱狎昵者,固不足信①;见于贤士大夫之称许,宜若可信矣,然君子好扬人之善而讳称人之恶,故犹有不足征者②。然则如之何而可③?亦惟闾阎之细民,田野之鄙夫,穷乡蔀屋之妇人小子,心不留毁誉,言不知触讳,感悦而归之,斯可信矣④。此古之观风者所以采民谣,而识循吏,知教化,用是道也⑤。

① 太守、县令的声誉,如果出自于个人喜爱亲近的人,本来就不能相信。守、令:守是郡的长官,称太守;令是县的长官,称县令,这里用古名。明朝称知府、知县。狎昵(xiá nì):亲近。固:本来。不足:不能。

② 见到贤明士大夫的称赞,应当是可以相信的,然而君子喜欢宣扬他人的好事而隐讳他人的坏事,因此仍然有不能验证的。称许:称颂,赞许。宜若:应当是。犹:仍然,依然。征:证明,验证。

③ 如此,那么怎样才可以相信呢? 然则:如此,那么。如之何:怎样,怎么样?

④ 也只有民间的百姓,田野里浅陋的人,穷乡暗屋中的妇女和青年人,他们内心不保留诋毁赞誉,言论不知触犯忌讳,受到感动心中喜悦就直接说出来,这样才可以相信。间阎:里巷的门。这里指民间。细民:小民,百姓。鄙夫:浅陋的人。蔀(bù)屋:幽暗的房子。小子:未成年的男子。毁誉:诋毁,赞誉。触讳:触犯忌讳。归:归依,归附,即直接表达出来,说出来。斯:此,这样。

⑤ 这就是古代考察风俗的人采集民谣,识别好官,知道教化,使用这个方法的原因。观风:考察风俗。循吏:循法之吏,好官。

　　余友王韦庵,永乐中为深泽令,在县且二十余年,示民以教化,字之如子,婚配其男女,长养以其子,民实爱戴如父母①。尝坐擅发官廪赈民,逮于理,得输役以赎②。民驱牛车二百辆代之役,弥月而竟,迎令还治,歌舞填道③。又尝疾遘几危,民彷徨奔走,以香燃膊祷于神,谒医救疗之,无不至④。疾间,则刲羊豕,巷歌醉饱以自庆⑤。其得民若此类者不可殚纪⑥。去县之日,民摭其善政为歌谣,言虽不能成章而意以独至⑦。后为东朝官,营居室于长安西门,其民有不远数百里,操畚锸负砖瓦来趋其事者数十人,不浃旬而成⑧。此余所目见者也⑨。

【注释】

① 余：我。王韦庵：名源，字启泽，号韦庵。永乐：明成祖的年号，从公元 1403 年至 1424 年。深泽：今河北深泽。且：将近。示：垂示。字之如子：爱民如子。字：爱。长养以其子：抚养如同他的儿子。以：如同。实：确实。

② 他曾经触犯法令擅自打开官仓救济民众，被刑狱官逮捕，可以用服劳役的办法赎罪。尝：曾经。坐：触犯法令。廪：粮仓。赈：救济。理：刑狱官。输役：服劳役。

③ 弥月而竟：满一月就完成了。治：治所，县城。填道：充满道路。

④ 他又曾经得病几乎要死亡，民众心神不定，到处奔走，甚至用香烧胳膊向神灵祈祷，请医生给他救治，想尽办法，无所不至。遘(gòu)：遇。危：将近死亡。彷徨：心神不定。以香燃膊：用香烧胳膊，这是当时迷信的人求神的一种做法，以示诚心。祷：祈祷，祷告。谒(yè)：拜请。

⑤ 病好了，百姓就杀猪宰羊，在街巷唱歌醉饱而自己庆贺。疾间(jiàn)：病好。刲(kuī)：杀，宰。豕(shǐ)：猪。

⑥ 得民：得到民众拥戴。殚(dān)：尽，全。

⑦ 离开深泽县的时候，民众收集他的善政编成歌谣，语言虽然没有章法而意思已经暗暗地表达出来。去：离开。摭(zhí)：拾取，收集。不能成章：没有章法。即首尾不完整。以：通"已"，已经。独：暗自，暗暗。

⑧ 后来出任东宫太子属官，在北京长安西门修建住宅，深泽县的民众不以数百里为远，拿着畚箕铁锹，背着砖瓦，来促成其事的有数十人，不满十天就建成了。东朝官：东宫太子的属官。明朝设詹事府，主管辅导太子诸事，其下有主簿厅、左春坊、右春坊等机构。王源离开深泽县后，任春坊司直郎，因此称"东朝官"。营：修建。长安西

门:北京承天门(今天安门)前的东西大街,左有东长安门,右有西长安门。不远数百里:不以数百里为远。畚(běn):畚箕。锸(chā):铁锹。趣:通"促",促成。浃(jiā):匝,满。

⑨ 目见:亲眼所见。

及出为松江同知,首奏免逋租数十万,理冤狱,活无辜民以千数,劬力于民隐,如居深泽时①。细民悦而归之,亦如深泽之民。每由公事至旁郡,求直者累累然相属于道,至拥其舟不得行②。余适与君邂逅近于檇李,又尝目见之③。若是以观,君之所为,其得誉于人,非惟不出于私爱狎昵者之口,而见称于贤士大夫之文章,亦非过情矣④。直不知视古之循良又何如邪⑤?

【注释】

① 等到出任松江同知,首先奏请赦免民众拖欠的田租数十万,清理冤枉的案件,救活无罪的民众以千人计算,为消除民众的痛苦而劳累,如同在深泽县的时候。松江:松江府,在今上海松江一带。同知:知府的辅佐。逋(bū):拖欠。狱:案件。无辜:无罪。以千数(shǔ):以千人计算。劬(qú):劳累。民隐:民众的痛苦。

② 每次因公事到旁边的郡府,请求伸冤的人层层叠叠在道路上相连接,以至于拥挤着他的船不能航行。求直者:请求伸冤的人。累累然:接连成串的样子。

③ 我恰好在檇李与王君碰到,又曾经亲眼见到这种情况。适:恰好。邂逅(xiè hòu):碰见。檇(zuì)李:今浙江嘉兴附近。

④ 如果按照这种情况看来,王君的作为,从人们得到的称誉,并不只是出于个人喜爱亲近的人之口,而且被贤明士大夫的文章所称赞,也并非超过实情。见:被。过情:超过实情。

⑤ 只是不知道比较古代的好官又怎么样呢?直:只。视:比较。循良:

296

即循吏。何如：怎么样。

　　内艰服除，来朝京师①。大司马王公素知其贤，言于上，以为职方郎中②。我国家太平六七十年，内外军政虽有成法，然历年既久，消长不齐，中间牵合填补，宁无蔽欺纷纠之弊③？皇上所以究心于此，分遣大臣巡行四方清理之，正欲辨别其是非真伪，以为取舍，庶使军之部伍有稽，而民之版图不乱，其法甚良而密，而职方实莅其事④。三二年间，枉抑赴诉者听理于司马门，经时历岁，有不得命而不免于饥冻死亡者矣⑤。今大司马既委君以此任，君当为知己者用，则将忘己之利害，以别白其是非，使枉者直，抑者伸，无告者依依有所赖，亦如深泽、松江之民，则君之才之德，为大臣之所荐闻，为天子之所举用，可无负矣，岂不毅然大丈夫哉⑥？慎毋致人曰："功名不及于居守令时。"则甚不可也⑦。

【注释】

①　内艰：母丧。服除：服丧三年（实际为二十五个月）期满，除去丧服。京师：指北京。

②　大司马：指兵部尚书。王公：指王骥，字尚德，束鹿（今河北束鹿）人。上：皇帝。以为：任命他为。

③　我们国家太平了六七十年，内外军政事务虽然有现成的法规，然而经历年代已久，此消彼长变化不齐，其中勉强凑合填补，难道没有蒙蔽欺骗纠缠不清的弊病吗？成法：现成的法规。牵合：勉强凑合。宁：难道。蔽欺：蒙蔽欺骗。纷纠：纠缠不清。弊：弊病。

④　究心：用心。庶：庶几，才可以。部伍：部队。稽：查考。版图：户籍和地图。莅：临，亲自处理。

⑤　近几年来，受冤枉被压抑赶来申诉的人在司马门外听候审理，经过很长岁月，就有没有得到审理而不免于饥寒死亡的人啊。枉：冤枉。

297

抑:压抑。赴诉:赶来申诉。经时历岁:经过很长岁月。不得命:没
有得到审理。

⑥ 现在大司马既然委派王君担任这个职务,王君应当为知己者效力,
要忘记自己的利害关系,以分辨清楚其中的是与非,使冤枉的人伸
冤,压抑的人伸展,无处告状的人留恋不舍有所依赖,也如同深泽、
松江的民众一样,那么您的才能品德,被大臣们推荐传闻,被天子提
拔重用,就可以没有愧疚了,如此难道不是一个刚强的大丈夫吗?
别白:分辨清楚。依依:留恋不舍的样子。负:愧疚。毅然:刚强的
样子。

⑦ 千万不要招人说:"功业名声反而赶不上担任知府、知县的时候。"
那就非常不好了。慎毋致人曰:千万不要招人说。毋:不要。致:招
致。不及:赶不上。可:好,宜。

太学生陈瓛,君之姻友也,以郡人之意来征言①。余辱与君有
僚寀之好,故因瓛之请而致忠告焉②。君名源,字启泽,漳之龙岩
人③。登甲申进士第,博学善属文,韦庵其别号云④。

【注释】

① 太学生:国子监的学生,通称"监生"。陈瓛(huán):生平未详。姻
友:因婚姻关系结成的朋友。征言:征求文字。

② 辱:谦词,表示委屈了对方。僚寀(cài):同僚,同一个官署为官的
人。寀:古代卿大夫的封地。焉:于此。

③ 漳:漳州府,在今福建龙溪一带。龙岩:今福建龙岩。

④ 登:考中。甲申:永乐二年(公元1404年)。属(zhǔ)文:写文章。

【评析】

王源作为封建时代的县令,由于勤于政务,爱民如子,给百姓

切实办了好事,因此,深受爱戴赞扬,百姓乃至于代替他服役,自残为他祈祷,自编颂歌传唱,不远数百里为他建房,如此景象,着实令人震惊,更令人深思!

由此,引发了作者对于官吏声誉的思考和议论:如果是出于私爱狎昵者之口,不足信;如果是出于贤士大夫的称许,不足征;只有出自下层百姓的切身感受,自然流露,才是可以相信的。至今社会上还在流传说:金杯,银杯,比不上老百姓的口碑。正是这种传统价值观的直接反映。

九、海瑞为民请命

《明史》

【题解】

本文节选自张廷玉《明史·海瑞传》,题目是后加的。海瑞(公元1514—1587年),明代著名的清官。

《明史》由清朝明史馆编纂,张廷玉为总裁。《明史》曾三度修纂,起自顺治,迄于乾隆,前后历时九十五年,参与修纂的人员达二三百人之多,最后在乾隆四年(公元1739年)由张廷玉领衔定稿。

张廷玉(公元1672—1755年),字衡臣,桐城(今安徽桐城)人。康熙三十九年(公元1700年)进士,雍正年间官至保和殿大学士兼吏部尚书、军机大臣,乾隆时期更受到倚重,曾先后纂《康熙实录》、《雍正实录》,并充《明史》、《清会典》等总裁官。他是康、雍、乾三朝的重要政治家,又是一位著名的史学家。

《明史》是一部记录明朝历史的史书。明朝历史起于洪武元年(公元1368年)明太祖朱元璋建国,止于崇祯十七年(公元1644

年)明思宗朱由检自缢,共二百七十六年。而《明史》起于元顺帝至正十二年(公元1352年)明太祖朱元璋起事,止于清世祖顺治十八年(公元1661年)永历帝朱由榔被吴三桂杀害,共三百一十年。全书包括目录四卷,本纪、志、表、列传共三百三十二卷。此书多取材于《明实录》、档案以及奏议、文集、图经、私史、邸报等,材料丰富。其中历志附表、附图,是个创举。《艺文志》则专收明朝之书,为史志目录之一变。此书考订详审,体例严谨,在唐代以后官修正史中最受称许,是研究明朝历史的重要史籍。

海瑞,字汝贤,琼山人①。举乡试②。入都,即伏阙上《平黎策》,欲开道置县,以靖乡土③。识者壮之④。署南平教谕⑤。御史诣学宫,属吏咸伏谒,瑞独长揖⑥,曰:"台谒当以属礼。此堂,师长教士地,不当屈⑦。"迁淳安知县⑧。布袍脱粟,令老仆艺蔬自给⑨。总督胡宗宪尝语人曰:"昨闻海令为母寿,市肉二斤矣⑩。"宗宪子过淳安,怒驿吏,倒悬之⑪。瑞曰:"曩胡公按部,令所过毋供张。今其行装盛,必非胡公子⑫。"发橐金数千,纳之库,驰告宗宪,宗宪无以罪⑬。都御史鄢懋卿行部过,供具甚薄,抗言邑小不足容车马⑭。懋卿恚甚,然素闻瑞名,为敛威去,而属巡盐御史袁淳论瑞及慈溪知县霍与瑕⑮。与瑕,尚书韬子,亦抗直不谄懋卿者也⑯。时瑞已擢嘉兴通判,坐谪兴国州判官⑰。久之,陆光祖为文选,擢瑞户部主事⑱。

【注释】
① 琼山:在今海南琼山。
② 乡试考中举人。乡试:明清两代每三年一次在各省省城(包括京城)举行的科举考试,考中的人称为举人。

③ 进入京城后,就拜伏在宫门外呈上《平黎策》,希望开通道路,设立县所,用这种办法来安定地方。《平黎策》:这是海瑞在嘉靖二十九年(公元1550年)到京师参加会试时向皇帝进呈的一份奏章。黎:我国少数民族之一,主要居住在海南中南部。黎族百姓对历代封建王朝时有反抗,明弘治十四年、嘉靖二十年、嘉靖二十九年朝廷都曾出兵讨伐。海瑞主张一面用兵,一面开通道路,设立县所城池来治理,才能保持这里的长治久安。靖:安定。乡土:指琼州府。明代的琼州府辖域包括整个海南岛,治所在琼山。

④ 有识之士赞许他有豪壮之志。识者:有识之士。壮:认为……豪壮,有魄力。

⑤ 后来代理南平教谕。署:署理,代理。南平:今福建南平。教谕:县学的学官。

⑥ 御史到学舍,下属官吏都跪在地上拜见,海瑞只是深深地作了一个揖。御史:指提学御史,管教育的监察官。学宫:学舍。咸:都。长揖:拱手自上而至下以为礼。这里,表示海瑞不愿过分降低自己的身份。

⑦ 在御史台拜见御史当用下属的跪拜礼。这个学堂,是师长教海士人的地方,不应当屈膝下跪。

⑧ 后来升任淳安知县。淳安:今浙江淳安。

⑨ 穿布袍吃糙米,让老仆人种植蔬菜自给。脱粟:只脱去谷皮的粗米。艺:种植。

⑩ 总督胡宗宪曾告诉别人说:"昨日听说海知县为母亲祝寿,买了二斤肉。"胡宗宪:安徽绩溪人。倭寇骚扰沿海地区,朝廷任命他为浙江巡抚,不久又任命他为兵部右侍郎,总督军务。海令:海知县。古代县的行政长官称"令"或"长"。市:买。

⑪ 总督胡宗宪的儿子路过淳安,因恼怒驿站的小官,就把官吏倒着悬挂起来。怒:恼怒。驿:招待过往官员或公差暂住的地方。

⑫ 从前胡公巡察所属各地,命令路过的地方不要过分款待。现在他的

行装丰盛,一定不是胡公的儿子。曩(nǎng):从前。胡公:指胡宗宪。按:巡察。部:视察的地区。供张:供应和陈设的东西,指过分款待。盛:丰盛。

⑬ 打开口袋有钱财数千,交纳到淳安官府钱库,并用快马报告胡宗宪,胡宗宪没有理由加罪于海瑞。橐(tuó):口袋。驰:骑马疾行。无以罪:没有理由加罪。

⑭ 都御史鄢懋卿巡视部属路过淳安,供应的东西十分微薄,海瑞直言淳安地方小不足以容纳都御史的车马。都御史:都察院长官。鄢懋卿:丰城(今江西丰城)人,嘉靖进士,官至刑部右侍郎。他是严嵩的爪牙,弄权纳贿,《明史》入《奸臣传》。行部:巡行所视察的地区。抗言:直言。邑:县。

⑮ 鄢懋卿十分恼怒,然而平时听说过海瑞的名声,因此收敛威风离去,但却嘱咐巡盐御史袁淳指控海瑞及慈溪知县霍与瑕。恚(huì):愤怒,恼怒。素:平时。名:名声。为:因此。属(zhǔ):嘱咐。在这个意义上后来写做"嘱"。巡盐御史:官名。明代都察院在两淮、两浙等产盐地设巡盐御史,负责巡视盐政。论:用文字指控他人有罪。霍与瑕:字勉衷,广东南海人,嘉靖进士。

⑯ 霍与瑕:是尚书霍韬之子,也是性格刚直、不肯巴结鄢懋卿的人。韬:霍韬,字谓先,广东南海人,曾任南京礼部尚书。抗直:性格刚直。谄(chǎn):巴结,迎逢。

⑰ 当时海瑞已升任嘉兴通判,就因获罪被贬为兴国州判官。擢(zhuó):提升。嘉兴:府名,治所在今浙江嘉兴。通判:官名,在知府下掌管粮运、农田水利和诉讼等事务。坐:犯罪。谪(zhé):降职,贬官。指由于受到袁淳的诬陷,尚未到嘉兴通判任上,就贬为兴国州判官。兴国州:在今湖北阳新,是当时的贫瘠之地。判官:官名,辅佐知州处理政务。

⑱ 很久以后,陆光祖担任吏部文选司郎中,提升海瑞为户部主事。陆光祖:字与绳,平湖(今浙江平湖)人。嘉靖进士,曾任吏部文选司

郎中,后官至吏部尚书。吏部文选司主管选拔文官,文选司郎中是
文选司的长官。户部主事:户部中级官员,职位在员外郎之下。户
部:掌管土地、户籍、赋税、财政等事务的中央机关。

　　时世宗享国日久,不视朝,深居西苑,专意斋醮①。督抚大吏
争上符瑞,礼官辄表贺②。廷臣自杨最、杨爵得罪后,无敢言时政
者③。四十五年二月,瑞独上疏④。帝得疏,大怒,抵之地,顾左右
曰:"趣执之,无使得遁⑤!"宦官黄锦在侧曰:"此人素有痴名。闻
其上疏时,自知触忤当死,市一棺,诀妻子,待罪于朝,僮仆亦奔散
无留者,是不遁也⑥。"帝默然,少顷复取读之,日再三,为感动太
息,留中者数月⑦。尝曰:"此人可方比干,第朕非纣耳⑧!"会帝有
疾,烦懑不乐,召阁臣徐阶议内禅⑨,因曰:"海瑞言俱是。朕今病
久,安能视事⑩?"又曰:"朕不自谨惜,致此疾困。使朕能出御便
殿,岂受此人诟詈耶⑪?"遂逮瑞下诏狱,究主使者⑫。寻移刑部,
论死⑬。狱上,仍留中⑭。户部司务何以尚者,揣帝无杀瑞意,疏
请释之⑮。帝怒,命锦衣卫杖之百,锢诏狱,昼夜搒讯⑯。越二月,
帝崩⑰。穆宗立,两人并获释⑱。

【注释】

① 当时明世宗在位时间已久,不临朝处理国事,深居在西苑,专心斋戒
　　祀神。世宗:明世宗朱厚熜(cōng),年号嘉靖,公元 1522 年至 1566
　　年在位。享国:当皇帝,在位。视朝:临朝处理国事。西苑:皇宫西
　　边的花园,即今中南海和北海。专意:一心一意。斋醮(jiào):斋戒
　　祀神。醮:祭神,祈祷。

② 总督、巡抚等大官争相呈献各种祥瑞,礼官就上表祝贺。督抚:总
　　督、巡抚之类的大官。符瑞:古时候人们将不常见的自然现象当做
　　祥瑞的征兆,附会成上天给予君主的天命,表明有吉祥之事发生。

礼官:主管礼仪的官。辄:就。表贺:上表祝贺。

③ 朝廷中的大臣自从杨最、杨爵获罪以后,没有人敢议论朝政了。杨最:时为太仆寺卿。明世宗喜好仙术,听信方士的话,想以太子监国,杨最上疏进谏,受杖刑而死。杨爵:时为御史。明世宗沉迷祀神,多年不上朝理政,杨爵上疏极谏,激怒世宗,杨爵被判入狱,五年后才出狱,回家仅十天,又在牢中关了七年。

④ 嘉靖四十五年二月,海瑞独自上疏。四十五年:嘉靖四十五年,即公元1566年。独:独自,一人。上疏:给皇帝上奏,激烈批评斋醮误国。

⑤ 皇帝得到上疏,十分恼怒,扔到地上,回头对左右的人说:"赶快抓住他,别让他逃跑了。"抵:掷,扔。左右:身边的宦官。趣:通"促",速,急。遁(dùn):逃,逃跑。

⑥ 宦官黄锦在旁边说:"这个人一向有痴呆之名。听说他上疏时,自己知道触犯了圣上当死,买了一口棺木,诀别妻子儿女,在朝廷上待罪,僮仆也已经奔散没有留下的,他是不会逃跑的。"素:平常,一向。痴(chī):呆傻,愚顽。触忤(wǔ):触犯。诀:诀别。妻子:妻子儿女。

⑦ 皇帝默默无言,过了不久,又拿起来读,一天读了好几遍,被感动得长叹不已,把奏章留在宫中数月。少顷:一会儿。太息:叹息。留中:搁置在宫中,不作批示交办。

⑧ 曾经说:"此人可以与比干相比,只是我不是纣王啊!"方:比,与……相比。比干:殷纣王的叔父,忠直之臣,因为劝戒纣王而被杀。第:只是。纣王:殷商王朝最后一代君王,荒淫无道。

⑨ 正赶上皇上有病,烦闷不乐,召见内阁长官徐阶商议让位给太子。会:正赶上,适逢。烦懑(mèn):烦闷。阁臣:内阁长官。明代以大学士为内阁长官,负责起草诏令,批答奏章。徐阶:字子升,华亭(今上海松江)人。官至礼部尚书、东阁大学士。内禅(shàn):传帝位给太子。

⑩　于是说:"海瑞所言都是对的。我现在患病已久,怎么能够处理政事呢?"因:于是。俱是:都是对的。安:怎么。

⑪　又说:"我自己没有小心爱惜身体,致使被这些疾病困扰。假如我能够出去到便殿处理政务,怎么会受这个人的辱骂呢?"使:假使。诟詈(lì):辱骂。

⑫　于是逮捕海瑞下到钦犯监狱,追究主使海瑞上疏的人。逮:逮捕。诏狱:奉皇帝诏令拘捕下狱。

⑬　不久把案件移交刑部,判处死刑。寻:不久。论:判决。

⑭　审理定案送呈皇帝,仍旧留置宫中不决。狱:案件,即审理判决案件的情况。上:送呈皇帝。

⑮　户部司务何以尚,揣测皇帝没有杀海瑞的意思,便上疏请求皇上释放海瑞。司务:户部低级官职。何以尚:兴业(今广西玉林一带)人。后官至南京鸿胪卿。《明史·海瑞传》有附传。揣:测度。

⑯　皇帝发怒,命令锦衣卫打一百杖,监禁在钦犯牢狱,日夜拷打审问。锦衣卫:官署名。明初本为护卫皇宫的近卫军,后兼管刑狱、巡察、缉捕等事务。锢:监禁。搒(péng)讯:拷问。搒:用竹板或鞭拷打。

⑰　过了两个月,皇帝死了。越二月:过了两个月。崩:指皇帝死。

⑱　明穆宗即位,海瑞和何以尚两人一起获得释放。明穆宗:朱载垕(hòu),年号隆庆,公元1567年至1572年在位。

　　隆庆元年,徐阶为御史齐康所劾①。瑞言:"阶事先帝,无能救于神仙土木之误,畏威保位,诚亦有之②。然自执政以来,忧勤国事,休休有容,有足多者③。康乃甘心鹰犬,捕噬善类,其罪又浮于高拱④。"人韪其言⑤。

【注释】

①　为:被。劾:弹劾,上书揭发罪过。

② 徐阶侍奉先帝,不能劝止先帝迷信仙术、大兴土木的错误。惧怕皇
威以求保住自己的地位,确实有这样的事。先帝:指去世的明世宗。
诚:确实。
③ 但从他执掌朝政以来,为国事担忧辛劳,宽容大度,有值得称赞之
处。勤:辛劳。休休:宽容的样子。多:称赞。
④ 齐康才是甘心做鹰犬,捕捉撕咬好人,他的罪过超过高拱。甘心鹰
犬:甘心做鹰犬,供人驱使。噬(shì):撕咬。善类:好人。浮:超过。
高拱:字肃卿,新郑(今河南新郑)人。嘉靖进士,官至礼部左侍郎,
礼部尚书等。
⑤ 人们认为他的话是对的。韪(wěi):是,对。

历两京左、右通政①。三年夏,以右佥都御史巡抚应天十
府②。属吏惮其威,墨者多自免去③。有势家朱丹其门,闻瑞至,
黝之④。中人监织造者,为减舆从⑤。瑞锐意兴革,请浚吴淞、白
茆,通流入海,民赖其利⑥。素疾大户兼并,力摧豪强,抚穷弱⑦。
贫民田入于富室者,率夺还之⑧。徐阶罢相里居,按问其家无少
贷⑨。下令飚发凌厉,所司惴惴奉行,豪有力者至窜他郡以避⑩。
而奸民多乘机告讦,故家大姓时有被诬负屈者⑪。又裁节邮传冗
费,士大夫出其境率不得供顿,由是怨颇兴⑫。都给事中舒化论瑞
滞不达政体,宜以南京清秩处之,帝犹优诏奖瑞⑬。已而给事中戴
凤翔劾瑞庇奸民,鱼肉缙绅,沽名乱政,遂改督南京粮储⑭。瑞抚
吴甫半岁,小民闻当去,号泣载道,家绘像祀之⑮。将履新任,会高
拱掌吏部,素衔瑞,并其职于南京户部,瑞遂谢病归⑯。

【注释】

① 历:历任。两京左、右通政:明朝在京师顺天府和南京应天府(称两
京)设置通政司,司设通政使、左右通政等官。海瑞曾任南京通政

306

司右通政。

② 隆庆三年的夏天，由右佥都御史任应天十府巡抚。右佥督御史：明初改御史台为都察院，设左、右都御史，副都御史，左、右佥都御史。应天十府：包括现在江苏、安徽两省大部分地区，巡抚驻在苏州。

③ 属下的官吏惧怕他的声威，贪污的官吏大多自动辞职离开。墨者：贪污的官吏。自免：自动辞职。去：离开。

④ 有权势的人家将门漆成朱红色，听说海瑞到来，改涂成黑色。朱丹其门：将门漆成朱红色。黝(yǒu)之：把门涂成黑色。

⑤ 掌管织造事务的宦官，因此减少了车马随从。中人：宦官。监织造：明朝在南京、苏州、杭州等地各设置提督织造太监一人，掌管织造皇帝所用丝织品。为：因而。舆：车。从：随从。

⑥ 海瑞下决心兴利除弊，建议疏通吴淞口、白茆浦，开通水道进入大海，百姓因此而得到利益。锐意兴革：积极想办法兴利除弊。浚(jùn)：疏通水道。白茆(máo)：在今江苏常熟东。

⑦ 海瑞一向痛恨大户人家兼并土地，竭力打击土豪恶霸，安抚贫苦弱小的百姓。素：一向。疾：痛恨。

⑧ 贫苦百姓的田地被兼并到富有人家的，一律强行夺回还给百姓。率：一律。

⑨ 徐阶罢去宰相在家乡居住，考查审问一点也不宽容。按：考察。贷：宽恕，宽容。

⑩ 他下命令像暴风一样迅疾直前，下属小心翼翼依照执行，有权势的豪强甚至逃窜到其他州郡去躲避。飚：暴风。惴惴：畏惧、小心不安的样子。

⑪ 而奸邪之人也多有乘机告状攻击，世家大族时常有被诬告而受冤屈的。告讦(jié)：告发。

⑫ 又裁减驿站等多余的费用，士大夫过境住宿一律不允许酒食款待，因此怨言兴起颇多。裁节：裁减。邮传：传递文书的驿站。供顿：招待，款待。供：供应酒食。顿：住宿。

⑬ 都给事中舒化论说海瑞固执而不识大体,应当在南京给他安排清闲无权的职位,皇帝仍然用优厚的旨意奖励海瑞。都给事中:明代在吏、户、礼、兵、刑、工六部设都给事中,掌管侍从、规谏、稽查违误、补阙拾遗等事。滞:迂腐固执。清秩:位高无权之职。清:清静。秩:官阶。优诏:宽厚的旨意。

⑭ 过后给事中戴凤翔弹劾海瑞庇护奸民,欺凌官宦,谋取名誉,扰乱政务,于是调海瑞去任南京督粮道。鱼肉:欺凌。缙绅:官宦。沽:买。沽名:指谋取名誉。督粮道:管理督运漕粮的官。

⑮ 海瑞任吴地巡抚才半年,百姓听说他将要离去,满路号哭流泪,家家画着像祭祀他。抚吴:任吴地巡抚。甫:刚才。载:充满。

⑯ 将要去任新职,正赶上高拱掌管吏部,高拱一向怀恨海瑞,就将他的职务归并到南京户部,海瑞便托病辞职回家。履:登上,这里指上任。衔:怀恨。谢病:告病,声称有病而自己告退。

万历初,张居正当国,亦不乐瑞,令巡按御史廉察之①。御史至山中视,瑞设鸡黍相对食,居舍萧然,御史叹息去②。居正惮瑞峭直,中外交荐,卒不召③。十二年冬,居正已卒,吏部拟用左通政④。帝雅重瑞名,畀以前职⑤。明年正月,召为南京右佥都御史,道改南京吏部右侍郎,瑞年已七十二矣⑥。

【注释】

① 万历初年,张居正掌握国家大权,也不喜欢海瑞,命令巡按御史考察他。万历:明神宗朱翊钧的年号,从公元1573年至1619年。张居正:字叔大,号太兵,江陵(今湖北江陵)人,嘉靖进士。神宗时为首辅,前后执政十年。巡按御史:都察院派驻各省的督查地方政务的官员。廉察:察看,考察。

② 御史到山中察看,海瑞摆出鸡与黄米饭与他相对而食,房舍十分贫

寒,御史叹息着离去。鸡黍:鸡和黄米饭。萧然:冷清、贫寒的样子。

③ 张居正惧怕海瑞严峻刚直,尽管朝廷内外交相推荐,最终不召用。
峭:严厉,严峻。直:刚直。中外:朝廷内外。卒:最终。不召:不召
至皇帝身边,派他做官。

④ 万历十二年冬,张居正已经死了,吏部才打算任用海瑞为左通政。
万历十二年:公元 1584 年。

⑤ 皇帝素来很看重海瑞的名声,给了他以前的职位。雅:素来。畀
(bì):给,指上级给下级。

⑥ 第二年正月,召为南京右金都御史,途中又改任南京吏部右侍郎。
这年海瑞已是七十二岁了。道:路上,途中。

　　帝屡欲召用瑞,执政阴沮之,乃以为南京右都御史①。诸司素
偷惰,瑞以身矫之②。有御史偶陈戏乐,欲遵太祖法,予之杖③。
百司惴恐,多患苦之④。提学御史房寰恐见纠擿,欲先发,给事中
钟宇淳复怂恿,寰再上疏丑诋⑤。瑞亦屡疏乞休,慰留不允⑥。十
五年,卒官⑦。

【注释】

① 皇帝想召用海瑞,执政者暗中阻止,于是就任命他为南京右都御史。
沮(jǔ):阻止。右都御史:官名,与左都御史同为都察院长官。

② 所属官员一向苟且懒散,海瑞以身作则来纠正这种风气。诸司:各
位属官。偷:苟且。惰:懒惰。矫:纠正。

③ 有位御史偶尔在家演戏,海瑞打算遵照太祖的法令施以杖刑。陈:
列,摆出。太祖:明朝开国皇帝明太祖朱元璋。

④ 各官署的官员恐惧害怕,都为此担心苦恼。百司:各官署。惴:恐
惧。患:担心。苦:苦恼。

⑤ 提学御史房寰害怕被纠察揭发,想先发制人,给事中钟宇淳又加以

怂恿,房寰两次上疏诋毁海瑞。提学御史:在两京督察学政的御史。
见:被。纠摘(tī):纠察揭发。怂恿(sǒng yǒng):鼓动,撺掇。再:
两次。丑诋(dǐ):用难听话毁谤。

⑥ 海瑞也多次上疏乞求退休,皇帝好言挽留不准他辞职。乞:乞求。
慰留:用好言挽留。

⑦ 十五年:万历十五年,公元1587年。卒官:死在任上。卒:死。

　瑞无子。卒时,金都御史王用汲入视,葛帏敝籯,有寒士所不
堪者①。因泣下,醵金为敛②。小民罢市。丧出江上,白衣冠送者
夹岸,酹而哭者百里不绝③。赠太子太保,谥"忠介"④。瑞生平为
学,以刚为主,因自号刚峰,天下称刚峰先生⑤。

【注释】

① 死时,金都御史王用汲前往探视,家中只有葛布帏帐及破旧箱子,是
有些穷苦的读书人都不能忍受的。王用汲:晋江(今福建晋江)人,
为人刚直,后官至南京刑部尚书。葛帏:葛布做的帏帐。敝籯
(yíng):破旧的竹箱。寒士:穷苦的读书人。堪:忍受。

② 因而感动得落泪,凑钱殡葬了他。醵(jù):聚集。敛:为死者穿衣
入棺。

③ 百姓因悲伤而停止做生意。当灵柩抬出江上,白衣白帽送丧的人站
满两岸,洒酒哭祭的人百里不断。罢:停止。夹岸:夹于两岸。酹
(lèi):洒酒于地来祭奠。

④ 朝廷赐给他太子太保的官衔,谥"忠介"。赠:朝廷赐给死者的某种
官爵,表示荣宠。

⑤ 海瑞平生治学,以刚毅为主,因此自号为刚峰,天下人称他刚峰
先生。

【评析】

海瑞满怀正义,刚直不阿,以身作则,忠于职责,清廉自守,打击豪强,整治贪官,抑制兼并,革除弊端,反对奢侈,主张节俭,兴修水利,保护百姓,为民谋利,甚至不避杀身之祸,抬棺进谏。如此作为,当然受到达官豪门的嫉恨和诋毁,深受民众百姓的崇敬和爱戴,成为历史上清官的典范。所以,当海瑞离任,民众"号泣载道,家绘像祀之";当海瑞去世,百姓"酹而哭者百里不绝",可谓深得民心!

从本质上说,海瑞为官从政是为了效忠君王,维护封建统治,这是他不能超越的时代局限。但是,海瑞敢于抵制邪恶,为民请命,与权贵佞臣相抗争,代表着那个社会的良知和正气,实属难能可贵。尽管其能力和效果都是有限的,不可能改变封建制度、黑暗现实和民众地位,但是他的品德、信念和精神值得肯定和颂扬!

第六单元

一、魏绛冒死行刑

《左传》

【题解】

本文选自左丘明《左传·襄公三年》，题目是后加的。魏绛，春秋时晋国中军司马。行刑，执行刑法。

左丘明及《左传》的简介见第一单元《教民而后战》的题解。

晋侯之弟扬干乱行于曲梁，魏绛戮其仆①。晋侯怒，谓羊舌赤曰②："合诸侯以为荣也，扬干为戮，何辱如之③？必杀魏绛，无失也④！"对曰："绛无贰志，事君不辟难，有罪不逃刑，其将来辞，何辱命焉⑤？"言终，魏绛至，授仆人书，将伏剑⑥。士鲂、张老止之⑦。

【注释】

① 晋侯弟弟扬干的战车在曲梁扰乱了军队的行列，魏绛杀死了他的车御。晋侯：晋悼（dào）公，春秋时期晋国国君，公元前572年至前558年在位。乱行（háng）：扰乱了军队的行列。曲梁：在今河北邯

郸东北。戮：杀死，这里有示众之意。仆(pú)：驾车的人。因车乱行，是御者之罪。

② 羊舌赤：复姓羊舌，名赤，当时任晋国中军尉。

③ 我认为会盟诸侯是荣耀的事情，而我的弟弟扬干却受到了惩罚，还有什么侮辱比得上这个呢？《春秋·襄公三年》："六月，公会单子、晋侯、宋公、卫侯、郑伯、莒子、邾子、齐世子光。己未，同盟于鸡泽。"文中"合诸侯"即指鸡泽之盟。合：会盟。扬干为戮：指魏绛杀了扬干的车御，使扬干受到了惩罚侮辱。

④ 一定杀了魏绛，不能改变！无，通"毋"，不能。失：改变。

⑤ 魏绛忠贞没有二心，事奉君王不逃避危难，有了罪过也不会逃避刑罚，他将会来说明情况，何劳君王发布命令呢？贰(èr)志：二心。辟：躲避。在这个意义上后来写做"避"。辞(cí)：解释，说明。辱命：劳累君王下命令。

⑥ 话刚说完，魏绛就到了，把信交给仆人，就准备用剑自杀。伏剑：用剑自杀。

⑦ 士鲂、张老阻止他。士鲂(fáng)、张老：均为晋国大夫。止：阻止。

公读其书曰："日君乏使，使臣斯司马①。臣闻：'师众以顺为武，军事有死无犯为敬②。'君合诸侯，臣敢不敬③？君师不武，执事不敬，罪莫大焉④。臣惧其死，以及扬干，无所逃罪⑤。不能致训，至于用钺⑥。臣之罪重，敢有不从以怒君心⑦？请归死于司寇⑧。"公跣而出⑨，曰："寡人之言，亲爱也；吾子之讨，军礼也⑩。寡人有弟，弗能教训，使干大命，寡人之过也⑪。子无重寡人之过，敢以为请⑫。"

【注释】

① 以前君王缺少使唤的人，让下臣担任司马的职务。日：往日。乏

313

(fá)：缺少。斯：通"司"，掌管，担任。

② 下臣听说："军队中的人以顺从命令为武，军队里行事宁死不犯军纪叫敬。"师：军队。

③ 君王会盟诸侯，下臣岂敢不敬？敢：岂敢。

④ 君王的军队不武，办事的人不敬，没有比这更大的罪过了。执事：办事的人。

⑤ 下臣害怕死，由此涉及到扬干，罪过不可逃避。死：指不武不敬，应该判处死刑。

⑥ 下臣没有能够对全军给予训导，以至于动用了斧钺杀人。致训：给予教导。训：教导。钺(yuè)：大斧。这里指杀人的重刑。

⑦ 我的罪过深重，岂敢不服从惩罚而激怒君王呢？怒：激怒。

⑧ 请求让我回去死在司寇那里。司寇：掌管刑律的官员。这里指魏绛自杀后，把他的尸体交司寇，再依法执行死刑。

⑨ 跣(xiǎn)：赤脚。

⑩ 我的话，是出自于对兄弟的亲爱；您的诛杀，是出于执行军法。寡(guǎ)人：寡德的人，君主的谦称。吾子：比"子"更亲敬的称呼，您。讨：诛杀。军礼：军法。

⑪ 我有弟弟，没有好好教训，让他触犯了军令，这是我的过错。干(gān)：干犯，触犯。大命：军令。

⑫ 您不要再加重我的过错了，谨以此作为请求。重：加重。

　　晋侯以魏绛为能以刑佐民矣①。反役，与之礼食，使佐新军②。张老为中军司马，士富为候奄③。

【注释】
① 晋侯认为魏绛能够用刑罚来管理百姓。佐：治理，管理。
② 从会盟地回国，在太庙以礼设宴招待他，派他为新军副帅。反役：从会盟地返回。反：返回。在这个意义上后来写做"返"。礼食：君王

314

在宗庙里以礼设宴亲自招待。这是表示对魏绛的荣宠。佐:辅佐,
即任副帅。

③ 让张老代替魏绛做中军司马,士富代替张老做候奄。士富:士会
(范武子)的旁系亲族。候奄(hòu yán):军中主管斥候之官。斥候
是侦察敌情的哨兵。

【评析】

魏绛因乱行而杀了晋侯之弟扬干的车御,当然知道会得罪扬
干乃至晋侯,招来杀身之祸,而晋侯觉得身为国君而受到侮辱,决
心要杀死魏绛,似乎魏绛必死无疑,但是,在魏绛上书后准备伏剑
而死的时候,晋侯终于醒悟了。因为他不能否认魏绛上书中提出
的"武"、"敬"两项原则,深知"君师不武,执事不敬"造成的严重
后果,而自己任命的司马执法,正是维护国家军队的根本利益。结
果,理智代替了意气,军法战胜了亲情,晋侯不仅没有杀魏绛,反而
重用他为新军的副帅。

魏绛冒死行刑值得尊敬,晋侯幡然醒悟应该赞扬。

二、张释之犯颜直谏

《史记》

【题解】

本文节选自司马迁《史记·张释之冯唐列传》,题目是后加
的。张释之,汉文帝时任廷尉。

司马迁及《史记》的简介见第三单元《西门豹治邺》的题解。

张廷尉释之者,堵阳人也,字季①。有兄仲同居②。以訾为骑郎,事孝文帝,十岁不得调,无所知名③。释之曰:"久宦减仲之产,不遂④。"欲自免归⑤。中郎将袁盎知其贤,惜其去,乃请徙释之补谒者⑥。释之既朝毕,因前言便宜事⑦。文帝曰:"卑之,毋甚高论,令今可施行也⑧。"于是释之言秦汉之间事,秦所以失而汉所以兴者久之⑨。文帝称善,乃拜释之为谒者仆射⑩。

【注释】

①　廷尉:汉代九卿之一,掌管刑律。堵阳:在今河南方城东。

②　同居:一起居住。

③　以訾为骑郎:因为向国家捐资而拜为骑郎。訾(zǐ):通"赀",钱财。骑郎:皇帝的侍卫人员,属郎中令。调:升迁。

④　久宦减仲之产:长期为骑郎减耗兄长仲的家产。汉代为郎,要自备衣裳鞍马之用,因此说"减仲之产"。不遂:不称心,不如意。

⑤　免归:免职回家。

⑥　中郎将:皇帝的侍卫武官,属郎中令。袁盎(àng):字丝,文帝时任中郎将。《史记》有传。徙:调动。谒者:皇帝的侍从人员,掌管接收文奏,通报传达,属郎中令。

⑦　便宜事:国家当前应该办理的事情。

⑧　文帝:汉文帝刘恒,公元前179年至前157年在位。卑之:往下,指切合实际。毋甚高论:不要高谈阔论。令今可施行者:指谈谈当前必须要推行的措施。

⑨　于是张释之说秦汉之间的事情,讲到秦失败的原因而汉兴盛的原因,谈论了很长时间。所以失:失败的原因。所以兴:兴盛的原因。久之:谈论了很长时间。

⑩　谒者仆射(yè):谒者之长。

释之从行,登虎圈①。上问上林尉诸禽兽簿,十馀问,尉左右视,尽不能对②。虎圈啬夫从旁代尉对上所问禽兽簿甚悉,欲以观其能,口对响应无穷者③。文帝曰:"吏不当若是邪?尉无赖④!"乃诏释之拜啬夫为上林令⑤。释之久之前曰:"陛下以绛侯周勃何如人也⑥?"上曰:"长者也⑦。"又复问:"东阳侯张相如何如人也⑧?"上复曰:"长者。"释之曰:"夫绛侯、东阳侯称为长者,此两人言事曾不能出口,岂学此啬夫谍谍利口捷给哉⑨?且秦以任刀笔之吏,吏争以亟疾苛察相高,然其敝徒文具耳,无恻隐之实⑩。以故不闻其过,陵迟而至於二世,天下土崩⑪。今陛下以啬夫口辩而超迁之,臣恐天下随风靡靡⑫,争为口辩而无其实。且下之化上疾於景响,举错不可不审也⑬。"文帝曰:"善。"乃止不拜啬夫。上就车,召释之参乘,徐行,问释之秦之敝⑭。具以质言⑮。至宫,上拜释之为公车令⑯。

【注释】

① 虎圈:养虎的地方。
② 上林尉:上林令的僚属。上林令是上林苑的长官,主管苑中的禽兽和住在这一地区的居民。上林苑是秦汉时期的皇帝猎场,在今陕西西安西南。左右视:左右观望。尽不能对:全不能对答。
③ 虎圈啬夫从旁边代替上林尉对答文帝询问禽兽簿的情况非常详尽,想要显示自己的才能,对答之快如同回声应和,非常流畅,没有穷尽。啬(sè)夫:小吏名,职掌各种杂役。悉:详尽。欲以观其能:想要让皇帝看到他的才能,即显示他的才能。口对响应:对答如同回声应和。响:回声。
④ 官吏难道不应当这样吗?上林尉不足以胜任职务!无赖:不可靠,不足以任使。赖:依靠。
⑤ 诏:下诏,下命令。

317

⑥ 绛侯周勃：西汉沛（今江苏沛县）人，为人厚重少文。随刘邦起义，以军功为将军，封绛侯。刘邦死后，诸吕专权。吕后死，周勃与陈平等共诛诸吕，迎立文帝。《史记》、《汉书》有传。何如人：什么样的人？

⑦ 长者：德高望重的人。

⑧ 东阳侯张相如：高帝时为中大夫，后为河间太守，因击陈豨有功封侯。文帝时为太子太傅。其事散见《史记·万石张叔列传》、《高祖功臣年表》。

⑨ 绛侯、东阳侯称为德高望重的人，而这两人言事竟然说不出话来，难道要学这个啬夫喋喋不休、伶牙俐齿吗？汉文帝曾问右丞相周勃："天下一岁决狱几何？""天下一岁钱谷出入几何？"周勃"汗出沾背，愧不能对"。事见《史记·陈丞相世家》。谍谍：通"喋喋"，多言，喋喋不休。利口捷给：口才好，反应快，即伶牙俐齿。

⑩ 况且秦朝任用公文案牍书吏，这些书吏争着以急迫苛察相比高，然而其中的弊端是只有表面的官样文章而已，而没有发自内心的实情。刀笔之吏：掌管公文案牍的书吏。因为这些人舞文弄墨，深文周纳，所以世人多憎恶畏惧。刀笔：古代书写工具，笔写字于竹简木牍，刀用来刳削改错。亟疾：急迫。敝：通"弊"，弊端。徒文具耳：只有表面的官样文章而已。恻隐之实：指发自内心的真心诚意。

⑪ 因为这个缘故，在上者听不到他们的过失，情况愈来愈坏直到秦二世，天下土崩瓦解。陵迟：衰败，愈来愈坏。

⑫ 超迁：越级提升。随风靡靡：随风响应。

⑬ 而且民众被君王教化比影子、回声都来得快，君王应该做什么与不应该做什么不能不慎重。疾：快。景：影子。举错：举动与弃置。举：举动。错：通"措"，弃置。审：慎重。

⑭ 参乘：陪侍君王乘车，兼任护卫职责。这里指召张释之同车，以示优遇。徐：慢。

⑮ 全部以实情相告。质：实。

318

⑯　公车令：官名，属卫尉。掌管殿门、司马门，夜间巡逻宫中，上达天下
　　贡物。

　　顷之，太子与梁王共车入朝，不下司马门，于是释之追止太子、
梁王无得入殿门①。遂劾不下公门不敬，奏之②。薄太后闻之，文
帝免冠谢曰："教儿子不谨③。"薄太后乃使使承诏赦太子、梁王，
然后得入④。文帝由是奇释之，拜为中大夫⑤。

【注释】

①　太子：指后来的汉景帝刘启。梁王：梁孝王刘武，《史记》有《梁孝王
　　世家》。同为窦太后所生。不下司马门：没有在司马门下车。按汉
　　代规定，出入殿门、司马门，不下车者罚金四两。止：制止。

②　劾：弹劾。公门：君门，指司马门。

③　薄太后：汉文帝之母。谢：告罪。谨：谨慎。

④　使使：派遣使者。赦：赦免，免除。

⑤　奇：认为……不同寻常。中大夫：掌管议论，属郎中令。

　　顷之，至中郎将①。从行至霸陵，居北临厕②。是时慎夫人
从，上指示慎夫人新丰道，曰："此走邯郸道也③。"使慎夫人鼓瑟，
上自倚瑟而歌，意惨凄悲怀④。顾谓群臣曰："嗟乎！以北山石为
椁，用纻絮斫陈，蕶漆其间，岂可动哉⑤！"左右皆曰："善。"释之前
进曰："使其中有可欲者，虽锢南山犹有郄；使其中无可欲者，虽无
石椁，又何戚焉⑥！"文帝称善。其後拜释之为廷尉。

【注释】

①　中郎将：官名，西汉时，皇帝的卫侍分置五官、左、右三署，各设中郎
　　将统帅，位在将军之下。

319

② 霸陵:汉文帝的陵墓,在今陕西西安东北。居北临厕:在霸陵之上北面,下临侧边。皇帝未死,先修陵墓,这是汉文帝前去视察自己的陵墓工程。厕:通"侧",边上。

③ 慎夫人:汉文帝的宠姬,邯郸人。新丰道:通向新丰的道路。新丰:在今陕西临潼东北。

④ 鼓:弹奏。倚瑟而歌:倚傍着瑟曲而唱。意:内心。

⑤ 以北山石为外棺,把丝纻棉絮之类切碎填塞其缝隙,然后用漆灌注粘合塞有纻絮的棺椁缝隙,难道还能掀动吗! 椁:外棺。纻(zhù)絮:丝纻棉絮。斫(zhuó):切,斩。陈:塞。䋈(rú):粘合。这是文帝看到自己的陵墓,害怕后人盗墓。

⑥ 假如其中有丰厚的陪葬品,虽然是用熔化的金属浇铸堵塞南山当棺椁,仍然会有缝隙;假如其中没有丰厚的陪葬品,虽然没有石椁也很牢固,又忧伤什么呢! 可欲者:指丰厚的陪葬品。锢(gù):用熔化的金属浇铸堵塞。

　　顷之,上行出中渭桥,有一人从桥下走出,乘舆马惊①。於是使骑捕,属之廷尉②。释之治问,曰:"县人来,闻跸,匿桥下。久之,以为行已过,即出,见乘舆车骑,即走耳③。"廷尉奏当:一人犯跸,当罚金④。文帝怒曰:"此人亲惊吾马,吾马赖柔和,令他马,固不败伤我乎? 而廷尉乃当之罚金⑤!"释之曰:"法者天子所与天下公共也,今法如此而更重之,是法不信于民也⑥。且方其时,上使立诛之则已;今既下廷尉,廷尉,天下之平也,一倾而天下用法皆为轻重,民安所措其手足? 唯陛下察之⑦。"良久,上曰:"廷尉当是也⑧。"

【注释】

① 中渭桥:当时渭水有三座桥,处于其中间者为中渭桥,在古城北。乘

　　　　　舆:皇帝的车驾。

② 属之廷尉:归属之于廷尉,由廷尉审理。

③ 张释之审问,说:"外县人来,听见要清道戒严,就藏匿在桥下。过了很久,认为皇帝车行已经过去,就从桥下出来,结果碰见了皇帝乘坐的车马,当即就逃跑了而已。"治问:审问。县人:即外县人。相对于京都长安人而言。跸(bì):皇帝出行时清道戒严。走:跑。

④ 奏当(dàng):奏上判处结果。当:判处。犯跸:违犯戒严令。当罚金:判处罚钱。

⑤ 这个人亲自惊吓了我的车马,我的马幸好温顺,假如是其他的马,必定不就伤害我了吗?而廷尉只判处他罚金!赖:幸好。柔和:温顺。令:假如。

⑥ 法律是天子与天下人共同遵循的,现在法律如此却更加重它,这样法律就不能取信于民众。

⑦ 况且当那个时候,君王让立即诛杀他也就结止了;如今既然交付廷尉判处,廷尉,执掌着天下法律的公平,一旦倾斜而天下使用法律都会有轻有重,民众怎么措置他们的手足?希望陛下审察。方:当。已:止。安:怎么。唯:希望。

⑧ 是:对,正确。

　　其后有人盗高庙坐前玉环,捕得,文帝怒,下廷尉治①。释之案律盗宗庙服御物者为奏,奏当弃市②。上大怒曰:"人之无道,乃盗先帝庙器。吾属廷尉者,欲致之族,而君以法奏之,非吾所以共承宗庙意也③。"释之免冠顿首谢曰:"法如是足也。且罪等,然以逆顺为差④。今盗宗庙器而族之,有如万分之一,假令愚民取长陵一抔土,陛下何以加其法乎⑤?"久之,文帝与太后言之,乃许廷尉当⑥。是时,中尉条侯周亚夫与梁相山都侯王恬开见释之持议平,乃结为亲友⑦。张廷尉由此天下称之⑧。

① 高庙:汉高祖刘邦的宗庙。

② 张释之按照法律以盗窃宗庙服御之物的罪名上奏,奏请判处弃市。弃市:处死刑。刑人于市,与众弃之。

③ 乃:竟然。致之族:涉及他的家族,即灭族。致:至,及。共承宗庙意:恭敬对待祖先的意思。共:通"恭"。

④ 足:足够。且罪等:况且罪刑是相同的。指弃市与灭族的死罪是相同的。逆顺为差:指罪行轻重程度有差别。逆:不顺为逆。

⑤ 现在盗窃宗庙的玉环而灭族,如果万一,假使愚昧的民众盗取了长陵的一捧土(即盗墓),陛下又怎么对他施法处置呢? 族:灭族。万分之一:万一。假令:如果。长陵:汉高祖刘邦的陵墓。抔(póu):用手捧。加:施加。

⑥ 许:准许,允许。

⑦ 中尉:官名,主管京城治安。条侯周亚夫:绛侯周勃之子,以功封条侯。(《史记·绛侯世家》)条:县名,在今河北景县附近。梁相山都侯王恬开:王恬开,原名王恬启,因避景帝讳而改。王恬开因击陈豨有功,任梁王相。吕后四年封为山都侯。山都:县名,在今湖北襄樊西北。

⑧ 称:称誉,赞扬。

【评析】

古今法律不同,不必以今论古,但是都有如何遵法执法的问题。

张释之敢于犯颜直谏,纠正皇帝过失,依法阻止太子,不因为皇帝的情绪意图而阿谀逢迎,违背法律。他深知"廷尉,天下之平也",担心"法不信于民","一倾而天下用法皆为轻重,民安所措其手足",因此,不怕压力,不惧危险,坚决维护法律的尊严和公平,充分表现出他的胆识和才能。

作为一位封建官吏,尚能如此遵守法律,公平执法,确实值得称道。

三、子文大义灭亲

《说苑》

【题解】

本文选自刘向《说苑·至公》,题目是后加的。子文,楚成王时期的令尹(相国)。

刘向及《说苑》的简介见第三单元《孔子遭难》的题解。

楚令尹子文之族有干法者,廷理拘之,闻其令尹之族也,而释之①。子文召廷理而责之曰②:"凡立廷理者,将以司犯王令而察触国法也③。夫直士持法,柔而不挠,刚而不折④。今弃法而背令,而释犯法者,是为理不端,怀心不公也⑤。岂吾有营私之意也?何廷理之驳于法也⑥?吾在上位以率士民,士民或怨,而吾不能免之于法⑦。今吾族犯法甚明,而使廷理因缘吾心而释之,是吾不公之心,明著于国也⑧。执一国之柄,而以私闻,与吾生不以义,不若吾死也⑨。"

【注释】

① 楚国令尹子文的家族有犯法的人,廷理逮捕了他,听说他是令尹家族的人,又把他释放了。族:家族。干(gān):违犯。廷理:掌管诉讼刑律的官员。拘(jū):拘禁,逮捕。

② 责(zé):责问。

③ 凡是设立廷理这个职位,将用来伺察违犯王命而察举触犯国法的人。凡:所有,凡是。司:通"伺",观察,守候。察:察举。

④ 正直的人执行法令,温和而不违背法律,刚强而不徇情枉法。直:正直。柔:温和。挠(náo):弯曲。指违背法律。刚:刚强。折:折服。指徇情枉法。

⑤ 现在你背弃法令,释放犯法的人,是担任廷理不正,怀有私心不公。端:正。

⑥ 难道我有谋求私利的心意吗? 为什么廷理在法律上如此混乱呢? 营:谋求。驳(bó):杂乱,混乱。

⑦ 我担任很高的职位,领导士民百姓,士民百姓有人怨恨我,我也不能在法律上得到赦免。上位:很高的职位。以率(shuài)士民:领导士民百姓。或:有人。

⑧ 现在,我的族人犯法行为非常明显,而使得廷理自以为顺从我的心意而释放了他,这样我不公的心意,在国内显露得明明白白。明:明白,显著。缘:顺从。著(zhù):显露。

⑨ 执掌一国的大权,却以私心闻名,与其让我活着不守道义,还不如让我死了。柄:权力。以私闻:由于有私心被人知道。与:与其。不以义:不按照道义,不守道义。

遂致其族人于廷理曰:"不是刑也,吾将死①!"廷理惧,遂刑其族人②。成王闻之,不及履而至于子文之室③,曰:"寡人幼少,置理失其人,以违夫子之意④。"于是黜廷理而尊子文,使及内政⑤。国人闻之,曰:"若令尹之公也,吾党何忧乎⑥?"乃相与作歌曰:"子文之族,犯国法程。廷理释之,子文不听。恤顾怨萌,方正公平⑦。"

【注释】

① 致:送。不是刑:不刑是,不处罚他。

324

② 惧：害怕。

③ 成王：楚成王，春秋时期楚国国君，公元前671年至前626年在位。不及履：来不及穿鞋。履(lǚ)：穿鞋。

④ 置：设置，任命。失其人：错用了那个人。失：错。违：违背。夫子：对年长有德的人的尊称。

⑤ 黜(chù)：罢免。尊：重用。及：涉及，参与。

⑥ 像令尹这么公正，我们这些人还担心什么呢？吾党：我们这些人。

⑦ 于是一起创作歌谣说："子文族人，违犯规程。廷理释放，子文不听。顾念怨民，正直公平。"相与：一起。法程：法规，规程。听：允许。恤(xù)：顾虑。怨萌(méng)：怨民。萌：通"氓"，百姓。

【评析】

廷理听说是令尹族人犯法，抓了又放，目的是要以此取悦令尹，进行交易，以换得个人私利。令尹子文则强调廷理的职责，执法的原则，以及由此带来的严重后果，坚决要求惩处族人，最后竟至以死相逼，廷理才不得不照办。令尹子文如此大公无私，大义灭亲，维护法律尊严的行为，得到成王的敬重，更受到民众的赞赏和颂扬。

时至今日，人们依然赞美秉公执法的公仆，诅咒徇私枉法的贪官，厌恶那些人情网、关系网和裙带风、说情风，就是因为人民始终期盼和要求施法的公正公平。

四、李离舍身殉法

《新序》

【题解】

本文选自刘向《新序·节士》，题目是后加的。李离，春秋时晋国大理，最高司法长官。殉法，为维护法律而献身。

《新序》共十卷，是一部历史故事类编，与《说苑》的性质相似。全书分为杂事（一至五卷）、刺奢（六卷）、节士（七卷）、义勇（八卷）、善谋（九至十卷）数类。从分类来看，好似对《说苑》的补充。刘向《说苑序奏》有"除去与《新序》重复者"之语，由此可知《说苑》与《新序》的关系。

《新序》也取材于先秦至汉初的《左传》、《公羊传》、《穀梁传》、《国语》、《战国策》、《韩诗外传》、《庄子》、《荀子》、《韩非子》、《吕氏春秋》、《史记》等百家传记，经过他编集整理，弃取删定，有的还加有按语式的文字，集中表达了以仁政民本为核心的儒家政治思想。

近人石光瑛的《新序校释》，可供参考。

晋文公反国，李离为大理，过杀不辜①。自系曰："臣之罪当死②。"文公令之曰："官有上下，罚有轻重，是下吏之罪也，非子之过也③。"李离曰："臣居官为长，不与下让位；受禄为多，不与下分利④。过听杀无辜，委下畏死，非义也⑤。臣之罪当死矣。"

【注释】

① 晋文公返回国内，让李离任大法官，结果误杀了没有罪过的人。晋文公反国：晋文公重耳因晋国内乱在外流浪十九年，最后依靠秦穆公的帮助，返回国内，继承了国君的位置，公元前636年至前628年在位。反：返回，在这个意义上后来写做"返"。过杀：误杀。过：错误。不辜：没有罪过的人。辜：罪。

② 捆绑着自己到朝廷说："我的罪过该判死刑。"自系：捆绑自己。系：捆绑。当：判决处决。

③ 官位有上下,刑罚有轻重,这是下级官吏的罪过,不是你的过错。上下:级别的高低。下吏:下级官吏。

④ 我为官是首长,不给下属让出自己的位置;享受的俸禄很多,不和下属分享自己的利益。居官:为官。长(zhǎng):首长,长官。

⑤ 我误听传言杀了无罪的人,却把罪过推诿给下属,害怕自己抵罪处死,这样是不合道义的。

　　文公曰:"子必自以为有罪,则寡人亦有过矣①。"李离曰:"君量能而授官,臣奉职而任事②。臣受印绶之日③,君命曰:'必以仁义辅政,宁过于生,无失于杀④。'臣受命不称,壅惠蔽恩,如臣之罪,乃当死,君何过之有⑤?且理有法,失生则生,失杀即死⑥。君以臣为能听微决疑,故任臣以理⑦。今离刻深,不顾仁义;信文墨,不察是非;听他辞,不精事实;掠服无罪,使百姓怨⑧。天下闻之,必议吾君;诸侯闻之,必轻吾国⑨。怨积于百姓,恶扬于天下,权轻于诸侯⑩。如臣之罪,是当重死⑪。"

【注释】

① 你一定自认为有罪的话,那么我也就有过失了。子:对男子的尊称。

② 君王衡量我的能力任用我为大理,我供奉职位承担事务。量(liáng):衡量。授:任用。奉:供奉,承受。任事:承担事务。

③ 受印绶(shòu):指受命为官。印绶:官印和系在官印上的丝带。这是为官的凭证。

④ 一定要以仁义之道辅助政务,宁可在救人上犯错误,也不要在杀人上犯错误。过、失:错误。生:救人,使人活。

⑤ 我接受任命不称其职,堵塞遮蔽了君王的恩惠,像我的罪过,确实该判死刑,君王有什么过失呢? 不称:不称职务。壅(yōng):堵塞。蔽:遮蔽。

⑥ 况且法官有办案的法则,在救人上犯错误,那人还活着;在杀人上犯了错误,那人就死了。这里指,如果在救人上犯了错误,宽缓刑律可以弥补;在杀人上犯错误,滥杀无辜不可弥补。理:法官。

⑦ 君王认为下臣能够听察细微,解决疑难,因此任用我为大理。听微决疑:听察细微的蛛丝马迹,解决疑难问题。

⑧ 现在我苛刻严酷,而不顾念仁义;相信诉讼文书,而不明察是非;听信他人虚假之辞,而不精察事实;拷打无罪之人要他屈服,使百姓怨恨。刻深:苛刻严酷。文墨:指诉讼文书。精:精察核实。掠(lüè)服:拷打使屈服。

⑨ 天下人听到这件事,必定非议我们君王;诸侯们听到这件事,必定轻视我们国家。议:非议。轻:轻视。

⑩ 怨恨在百姓中积累,恶名在普天下传扬,权威被诸侯们轻视。权:威势。

⑪ 重(chóng)死:重复死,多次死。指罪恶深重。

文公曰:"吾闻之也,直而不枉,不可与往;方而不圆,不可与长存。愿子以此听寡人也①。"李离曰:"君以所私害公法,杀无罪而生当死,二者非所以教于国也,离不敢受命②。"文公曰:"子独不闻管仲之为人臣邪?身辱而君肆,行污而霸成③。"李离曰:"臣无管仲之贤,而有辱污之名;无霸王之功,而有射钩之累④。夫无能以临官,籍污以治人,君虽不忍加之于法,臣亦不敢污官乱治以生⑤。臣闻命矣⑥。"遂伏剑而死⑦。

【注释】

① 我听到过这样的话,固执而不会弯曲的人,不能与他一起前往;方正而不能圆通的人,不能与他长期共存。希望你因为这个道理而听从我的劝告吧。枉(wǎng):弯曲。圆:圆通。

② 君王因为私人的偏爱而妨害国家的法律,杀死无罪之人而救活当死的人,这两种情况都不是用来在国家推行教化的方法,我不敢接受命令。私:私人的偏爱。公法:国家的法律。

③ 你难道没有听说管仲为人臣的情况吗?自身受到侮辱而君王得以横行天下,行为虽有污点而霸业得以成就。管仲:齐桓公的相国。身辱、行污:指管仲背叛公子纠,臣服公子小白,有不忠不义的罪名。肆(sì):放纵,横行。指齐桓公成为诸侯盟主。霸成:霸业得以成就。指管仲辅佐齐桓公成就霸业。

④ 我没有管仲的贤能,却有侮辱君王的恶名;没有称王称霸的功业,却有比管仲射中桓公带钩更为严重的罪过。辱污之名:指前文"议吾君","轻吾国"。霸王:称王称霸。射钩:管仲当年辅佐公子纠,与齐桓公争夺王位,在战斗中一箭射中了齐桓公的衣带钩。累:拖累,连累。这里指罪过。

⑤ 没有能力却监督官吏,具有污行却治理百姓,君王虽然不忍心把刑法施加到我身上,下臣也不敢玷污官位、扰乱治世而苟活。临官:监督官吏。临:监督。指下级官吏犯法,自己有失监督之责。籍(jí)污:具有卑污的行为。籍:通"藉",凭借。这里指具有。

⑥ 我已经听到君王的命令了。这里指已经领受了君王的眷顾怜惜之恩。

⑦ 遂:竟然。

【评析】

李离身为大理,下属误杀了无辜之人,他认为责任在己,当判死刑。尽管文公多方劝告,他仍然严于律己,主动承担责任,不愿诿过下属。特别是他说:"臣居官为长,不与下让位;受禄为多,不与下分利。过听杀无辜,委下畏死,非义也。"字字千钧,掷地有声,其思想境界、道德水准与文过饰非、互相推诿的官员们相比,差距岂可以道里计!

这可能是最早的职务问责了,而且是自觉自愿地自查自纠,舍身殉法。也许有人会嘲笑古人迂腐固执太较真儿,但是谁又能对这种强烈的责任意识不肃然起敬呢? 当然,今天问责要依法办事,不会如此以命相抵,但是同样特别强调责任意识。人人肩负责任,人人承担责任,社会才有希望,民族才能兴旺。

五、赵广汉执法犯法
《汉书》

【题解】

本文选自班固《汉书·赵尹韩张二玉传》,题目是后加的。赵广汉,西汉宣帝时任京兆尹。

班固及《汉书》的简介见第三单元《报任安书》的题解。

赵广汉,字子都,涿郡蠡吾人也,故属河间①。少为郡吏、州从事,以廉洁、通敏、下士为名②。举茂材,平准令,察廉为阳翟令③。以治行尤异,迁京辅都尉,守京兆尹④。会昭帝崩,而新丰杜建为京兆掾,护作平陵方上⑤。建素豪侠,宾客为奸利,广汉闻之,先风告⑥。建不改,于是收案致法⑦。中贵人豪长者为请无不至,终无所听⑧。宗族宾客谋欲篡取,广汉尽知其计议主名起居,使吏告曰:"若计如此,且并灭家⑨。"令数吏将建弃市,莫敢近者,京师称之⑩。

【注释】

① 涿郡蠡(lǐ)吾:在今河北博野西南。故属河间:原来属于河间郡。

故：旧，原来。

② 州从事：州一级行政部门掌管文书、察举违法的佐吏。通敏：通达事理，才智敏捷。下士：谦恭待士。为名：指闻名。

③ 被推举为茂材，任命为平准令，经过察访政绩，担任了阳翟的县令。举：被推举。茂材：汉代举荐人才的一种科目。"茂材"本称"秀才"，为避汉光武帝刘秀讳而改。平准令：官名，掌管平抑物价，转运物资。察廉：察访。阳翟令：阳翟县令。阳翟：今河南禹县。

④ 因为政绩和品行特别突出，升迁为京师都尉，署理京兆尹。治行：治理政绩和品行。尤异：特别突出。京辅都尉：官名，负责京师地方治安的长官。京辅：即京师。守：署理，代理官职。特指官阶低而署理的官职高。京兆尹：官名。京兆与左冯翊、右扶风，为西汉京师三辅。京兆的行政区划在今陕西西安以东至华县一带，行政长官为京兆尹。

⑤ 适逢汉昭帝驾崩，而新丰的杜建为京兆掾，助理监造昭帝陵墓的方顶。会：适逢。昭帝：汉昭帝刘弗陵，公元前86年至前74年在位。新丰：在今陕西临潼东北。京兆掾（yuàn）：京兆尹的属官。护：助理监造。平陵：昭帝陵墓名。方上：方顶。

⑥ 杜建平常强横而好用武力，他的门客干了奸利之事，赵广汉知道这件事后，先含蓄地劝告。素：平素，平常。豪侠：强横而好用武力。宾客：指杜建门下食客。奸利：用不正当的手段取利。风告：含蓄地暗示劝告。风，在这个意义上后来写做"讽"。

⑦ 收案致法：逮捕查办，执法惩处。

⑧ 皇帝宠幸的内臣、地方上有权势地位的人为他请托说情无所不至，赵广汉始终不听。中贵人：皇帝宠幸的内臣，多指宦官。豪长者：地方上有权势地位的人。为请：为他请托说情。终无所听：始终不听。

⑨ 杜建的家族宾客阴谋想用武力夺取杜建，赵广汉全部知道他们商议的主谋人姓名和动态，派官吏告诉他们说："如果打算这样干，将一起诛灭你们家族。"篡取：用武力夺取。主名起居：主谋人姓名和动

态。且:将。灭家:诛灭家族。

⑩ 弃市:在闹市斩首示众。莫敢近者:没有谁敢于靠近的。称:赞颂。

是时,昌邑王征即位,行淫乱,大将军霍光与群臣共废王,尊立宣帝①。广汉以与议定策,赐爵关内侯,迁颍川太守②。郡大姓原、褚宗族横恣,宾客犯为盗贼,前二千石莫能禽制③。广汉既至,数月,诛原、褚首恶,郡中震栗④。先是,颍川豪杰大姓相与为婚姻,吏俗朋党⑤。广汉患之,厉使其中可用者受记⑥。出有案问,既得罪名,行法罚之,广汉故漏泄其语,令相怨咎⑦。又教吏为缿筒,及得投书,削其主名,而托以为豪桀大姓子弟所言⑧。其后强宗大族家家结为仇雠,奸党散落,风俗大改⑨。吏民相告讦,广汉得以为耳目,盗贼以故不发,发又辄得⑩。壹切治理,威名流闻,及匈奴降者言匈奴中皆闻广汉⑪。

【注释】

① 这时,昌邑王刘贺被征召即帝位,他行为淫乱,大将军霍光与群臣共同商议废黜昌邑王,尊立宣帝刘询。昌邑王:刘贺,汉武帝之孙,昌邑哀王刘髆之子。昌邑:在今山东金乡西北。征:被征召。宣帝:汉武帝的曾孙刘询,卫太子之孙。据《汉书·霍光传》记载,元平元年(公元前74年)汉昭帝去世,没有儿子继承皇位,大将军霍光等群臣迎立昌邑王刘贺为帝。因为刘贺即位后"行淫乱",未及一月,即被霍光等群臣通过皇太后废黜流放,然后迎立宣帝。

② 赵广汉因为参与议定国家大计,赐封关内侯,升迁为颍川太守。与:参与。关内侯:汉代一种爵位,有侯爵之号,可以居京师,但无国邑。颍川:郡治所在今河南禹县。

③ 郡中大姓原、褚宗族专横恣肆,宾客触犯法律当盗贼,前面的郡守没有谁能够擒拿制服。犯:触犯。二千石:指代郡守,汉代郡守年俸禄

二千石。

④ 赵广汉已经到任,不过几月,就诛杀了原、褚宗族为首的元凶,郡中民众感到震动恐惧。首恶:为首的元凶。震栗:震动恐惧。栗:因恐惧而发抖。

⑤ 先是:在此以前。吏俗朋党:官吏的习俗是互相勾结。朋党:为私利而勾结同类。

⑥ 赵广汉为此担忧,就奖励并使用其中可以利用的人,让他们知道民众控告的文书内容。患:担忧,忧虑。厉:奖励。在这个意义上后来写做"励"。受记:接受文书,即知道文书的内容。记:文书公牍。

⑦ 出现了有需要查办审问的案件,证实了罪名,就执行法律进行惩处,赵广汉故意泄露罪犯的口供,使那些豪桀大姓互相怨恨责备。案问:查办审问。故:故意。怨咎:怨恨责备。

⑧ 又教官吏制作举报箱,等得到投诉的信件,除去信件上原有的署名,而假托以为豪桀大姓子弟所举报。缿筒(hòu tǒng):接受信件的器具,筒状,小孔,可入不可出,相当于举报箱。削其主名:除去信件上署名。托:假托。

⑨ 仇雠(chóu):仇敌。散落:分散败落。风俗大改:指朋党之俗大变。

⑩ 告讦(jié):告发或攻击他人的短处。辄(zhé):往往,总是。

⑪ 壹切:一切。流闻:流传。及:以至。

本始二年,汉发五将军击匈奴,征广汉以太守将兵,属蒲类将军赵充国①。从军还,复用守京兆尹,满岁为真②。

广汉为二千石,以和颜接士,其尉荐待遇吏,殷勤甚备③。事推功善,归之于下,曰:"某掾卿所为,非二千石所及④。"行之发于至诚⑤。吏见者皆输写心腹,无所隐匿,咸愿为用,僵仆无所避⑥。广汉聪明,皆知其能之所宜,尽力与否⑦。其或负者,辄先闻知;风谕不改,乃收捕之,无所逃;按之罪立具,即时伏辜⑧。

333

【注释】

①　本始二年：公元前72年。本始：汉宣帝刘询的年号，从公元前73至前70年。五将军：指祁连将军田广明、度辽将军范明友，前将军韩增、蒲类将军赵充国、虎牙将军田顺。以太守将兵：以颍川太守的身份率领军队。属：隶属，

②　岁满为真：一年试用期满，授予实职。"真"与"守"相对，指实授官职。

③　以和颜接士：用和蔼的脸色接待士人。尉荐：安慰，慰藉。尉，在这个意义上后来写做"慰"。待遇：对待。殷勤：情意真挚恳切。备：完备，齐备。指交往礼节而言。

④　办事有了进展，成绩良好，就归功于下属，说："某君所做的事情，不是郡守所能达到的。"推：推进，进展。善：好。某掾卿：属下某君，表示亲近的称呼。

⑤　这些行为表现都出自于一片真诚。至诚：一片真诚。

⑥　官吏们见他这样都倾吐衷情，没有隐藏，都愿意为他所用，即就倒地而死也不会逃避。输写：倾吐。写（xiè），在这个意义上后来写做"泻"。心腹：比喻衷情。咸：都。僵仆：指倒地而死。僵：向后倒，仆：向前倒。

⑦　能之所宜：才能适宜发挥的地方。尽力与否：是否尽力。

⑧　其中有对不起赵广汉的人，总是先让他知道；经过讽劝暗示不改，才逮捕他，他也没有地方逃避；审问他的罪过，罪名立即成立，他也会立即承认罪刑。负：辜负，对不起。辄：总是。闻知：让他知道。按：审问。立具：马上成立。伏辜：认罪。

广汉为人强力，天性精于吏职①。见吏民，或夜不寝至旦②。尤善为钩距，以得事情③。钩距者，设欲知马贾，则先问狗，已问羊，又问牛，然后及马，参伍其贾，以类相准，则知马之贵贱，不失实矣④。唯广汉至精能行之，他人效者，莫能及也⑤。郡中盗贼，间

里轻侠,其根株窟穴所在,及吏受取请求铢两之奸,皆知之⑥。长安少年数人会穷里空舍,谋共劫人,坐语未讫,广汉使吏捕治具服⑦。富人苏回为郎,二人劫之⑧。有顷,广汉将吏到家,自立庭下,使长安丞龚奢叩堂户晓贼⑨。曰:"京兆尹赵君谢两卿,无得杀质,此宿卫臣也⑩。释质,束手,得善相遇;幸逢赦令,或时解脱⑪。"二人惊愕,又素闻广汉名,即开户出,下堂叩头⑫。广汉跪谢曰:"幸全活郎,甚厚⑬!"送狱,敕吏谨遇,给酒肉⑭。至冬,当出死,预为调棺,给敛葬具,告语之,皆曰:"死无所恨⑮!"

【注释】

① 强力:坚强有力。吏职:官吏的职责。

② 或:有时。旦:天明,拂晓。

③ 钩距:从事物的关系中反复寻求线索。事情:事物的实情。

④ 设:假如。马贾:马的价钱。贾,在这个意义上后来写做"价"。参伍其贾:比较分析它们的价格。参:通"三"。以类相准:以相似的类别互相作为标准。不失实:不会虚假。

⑤ 唯:只有。至精:最为精明。效:仿效。莫能及:没有谁能赶得上。

⑥ 郡中的盗贼,民间的轻薄豪强之徒,他们的社会根基、隐藏的处所,以及属吏们收受、索取微小钱财的坏事,他都了解。闾里轻侠:民间乡里的轻薄豪强之徒。根株:树根,指盗贼、轻侠的社会根基。窟(kū)穴:洞穴,巢穴,指他们的隐藏之处。请求:主动勒索。铢两:二十四铢为一两,指微小的钱财。奸:坏事,奸邪之事。

⑦ 长安的几个年青人在幽深乡里的空房子里,谋划一起绑架人,坐在那里说话未完,赵广汉便派遣属吏逮捕法办了他们,他们全部服罪。穷:幽深。劫:绑架。讫:完结。捕治:逮捕法办。具服:全部服罪。

⑧ 郎:官廷侍从官的通称。

⑨ 一会儿,赵广汉就带领属吏赶到家,自己站在庭堂之下,派长安丞龚

奢敲打正屋房门，告知贼人。有顷：不久，一会儿。将：带领，率领。
长安丞：长安县令的副职。长安是京兆尹的属县。堂：正屋。户：
门。晓：使……知道，告知。

⑩ 京兆尹赵君告诉二位君子，不要杀死人质，他是宫中的警卫官。无
得：不得，不要。质：人质。宿卫臣：宫中警卫官。

⑪ 释放人质，自缚其手，可以得到好的待遇；有幸遇到大赦令，或许时
有免罪的机会。或：或许。解脱：开脱，免罪。

⑫ 素：平常。叩头：顿首，磕头。

⑬ 赵广汉跪地道谢说："幸得保全，使苏回活着，感谢你们的情意深
厚！"幸：敬辞，因对方的行为而使自己感到幸运。全：保全。活：使
……活着。

⑭ 敕吏谨遇：嘱咐狱吏谨慎对待。给(jǐ)：供给。

⑮ 到了冬季，应当拉出去执行死刑，预先替他们办置了棺材，供给殓葬
的器具，把这些情况告诉他们，他们都说："死了也没有遗憾！"至
冬：到了冬季。汉律季冬十二月处决罪犯。调：办置。恨：遗憾。

广汉尝记召湖都亭长，湖都亭长西至界上，界上亭长戏曰：
"至府，为我多谢问赵君①。"亭长既至，广汉与语，问事毕，谓曰：
"界上亭长寄声谢我，何以不为致问②？"亭长叩头服："实有
之③。"广汉因曰："还，为吾谢界上亭长，勉思职事，有以自效，京
兆不忘卿厚意④。"其发奸摘伏如神，皆此类也⑤。

广汉奏请，令长安游徼狱吏秩百石⑥。其后百石吏皆差自重，
不敢枉法妄系留人⑦。京兆政清，吏民称之不容口⑧。长老传以
为：自汉兴以来，治京兆者莫能及⑨。左冯翊、右扶风皆治长安中，
犯法者从迹喜过京兆界⑩。广汉叹曰："乱吾治者，常二辅也！诚
令广汉得兼治之，直差易耳⑪！"

【注释】

① 赵广汉曾经用文书通知召见湖都亭长,湖都亭长往西到界上,界上亭长开玩笑说:"到达官府,替我多多问候赵君。"记召:用文书通知召见。湖都、界上:地名,未详。亭长:负责治安、警卫、民事的基层地方官。西汉时乡村每十里设一亭,置亭长。城内、城郊也设亭长,职责相同。

② 寄声:带话。致问:传达问候。

③ 实:确实。

④ 赵广汉于是说:"回去,为我感谢界上亭长,让他勤勉地记着自己的职责,要有自己为国效力的成绩,我京兆尹不会忘记他的厚意。"

⑤ 他发觉奸邪、揭发隐密如有神助一样,都像此类情况。擿(tī)伏:揭发隐密。

⑥ 赵广汉上奏请求,使长安的游徼、狱吏年俸禄等级提升到百石。游徼(jiǎo):官名,掌管一乡察捕奸盗的事情。秩:俸禄等级。

⑦ 此后,这些拿着百石俸禄的官吏都比较自尊自重,不敢再歪曲法律胡乱拘禁留人。差:比较地。枉法:歪曲法律。妄系:胡乱拘禁。

⑧ 政清:政治清明。称之不容口:称赞他的话嘴里都装不下。容:容纳。

⑨ 长老:年老的人。传:流传。治:治理。

⑩ 皆治长安中:官署都在长安城内。从迹:放纵恣事的痕迹,指犯罪。从,在这个意义上后来写做"纵"。

⑪ 赵广汉叹息说:"扰乱我治安的,经常是二辅那边的人!假如我能够一起治理它,只怕是比较容易罢了!"诚令:假如,如果。直:只,仅。

初,大将军霍光秉政,广汉事光①。及光薨后,广汉心知微指,发长安吏自将,与俱至光子博陆侯禹第,直突入其门,搜索私屠酤,椎破卢罂,斧斩其门关而去②。时,光女为皇后,闻之,对帝涕泣③。帝心善之，以召问广汉④。广汉由是侵犯贵戚大臣⑤。所居好用世吏子孙、新进年少者，专厉强壮逢气，见事风生，无所回避⑥；率多果敢之计，莫为持难⑦。广汉终以此败⑧。

【注释】

① 秉政：执政。事：侍奉。

② 等霍光死后，赵广汉心里知道皇帝尚未显露的意图，自己率领征发的长安官吏，与他们一起到霍光儿子博陆侯霍禹的住宅，径直急速地进入他的家门，搜索他们是否私自屠宰和卖酒，用槌打破酒罏和酒瓶，用斧斩断门闩才离开。薨：侯王死称"薨"。微指：指皇帝尚未显露的意图。这是赵广汉猜想汉宣帝对霍家权重而有所疑忌。博陆侯：爵名。第：府第，住宅。私屠酤：私自屠宰和卖酒。椎：槌。卢：通"罏"，放酒瓮的土台。罂（yīng）：腹大口小的酒瓶。门关：门闩。去：离开。

③ 时：当时。光女：霍光之女。涕泣：哭泣。

④ 帝心善之：皇帝内心赞赏赵广汉的作为。善：喜好，赞赏。召问：召见询问。

⑤ 由是：因此。侵犯：侵凌冒犯。贵戚：皇帝的内外亲族。

⑥ 在职期间喜欢使用世代为吏的子孙、新入仕途的年轻人，专门鼓励这些体格健壮而锋芒毕露、遇事反应快，而不躲闪回避的人。所居：指在职期间。世吏子孙：世代为吏的子孙。吏：小官。新进年少者：新入仕途的年轻人。厉：鼓励。在这个意义上后来写做"励"。逢气：锋芒意气。逢：通"锋"。见事风生：遇事立刻有所反应。

⑦ 一般多用果敢的计谋，没有人与他为难。率：一般，大多。持难：与人为难。

⑧ 赵广汉最终因为这些作为而失败。

初，广汉客私酤酒长安市，丞相吏逐去客①。客疑男子苏贤言之,以语广汉②。广汉使长安丞按贤,尉史禹故劾贤为骑士屯霸上,不诣屯所,乏军兴③。贤父上书讼罪,告广汉,事下有司覆治,禹坐要斩,请逮捕广汉④。有诏即讯,辞服,会赦,贬秩一等⑤。广汉疑其邑子荣畜教令,后以他法论杀畜⑥。人上书言之,事下丞相御史,案验甚急⑦。广汉使所亲信长安人为丞相府门卒,令微司丞相门内不法事⑧。地节三年七月中,丞相傅婢有过,自绞死⑨。广汉闻之,疑丞相夫人妒,杀之府舍,而丞相奉斋酎入庙祠⑩。广汉得此,使中郎赵奉寿风晓丞相,欲以胁之,毋令穷正己事⑪。丞相不听,按验愈急⑫。广汉欲告之,先问太史知星气者,言今年当有戮死大臣,广汉即上书告丞相罪⑬。制曰:"下京兆尹治⑭。"广汉知事迫切,遂自将吏卒突入丞相府,召其夫人跪庭下受辞,收奴婢十余人去,责以杀婢事⑮。丞相魏相上书自陈:"妻实不杀婢。广汉数犯罪法,不伏辜,以诈巧迫胁臣相,幸臣相宽不奏。愿下明使者治广汉所验臣相家事⑯。"事下廷尉治,实丞相自以过遣笞傅婢,出至外弟乃死,不如广汉言⑰。司直萧望之劾奏:"广汉摧辱大臣,欲以劫持奉公,逆节伤化,不道⑱。"宣帝恶之。下广汉廷尉狱,又坐贼杀不辜,鞫狱故不以实,擅斥除骑士乏军兴数罪⑲。天子可其奏⑳。吏民守阙号泣者数万人,或言:"臣生无益县官,愿代赵京兆死,使得牧养小民㉑。"广汉竟坐要斩㉒。

广汉虽坐法诛,为京兆尹廉明,威制豪强,小民得职㉓。百姓追思,歌之至今㉔。

【注释】

① 当初,赵广汉的门客在长安集市卖酒,被丞相府吏驱赶走。客:门客。逐去:驱赶走。

② 门客怀疑是男子苏贤告发了这件事,就把这事告诉了赵广汉。

339

③ 赵广汉就让长安丞审问苏贤,尉史禹故意弹劾苏贤作为骑士驻军霸上,而不到驻军处所,耽误了军用物资的征集调拨。屯:驻军,驻扎。霸上:在今陕西长安东。诣(yì):到……去。乏:耽误。兴:官府征发物资。乏军兴:是一种违犯军律的罪名。

④ 讼罪:辨冤。有司:有关部门。覆治:复查办理。坐:定罪。要斩:古代从腰部斩杀的一种酷刑。要,在这个意义上后来写做"腰"。

⑤ 皇帝有诏令立即审讯,他口供表示服罪,正好遇到大赦,就受到降低一等俸禄的处分。诏:皇帝的命令。辞:口供。贬:贬低,降低。

⑥ 赵广汉怀疑是同邑的人荣畜教唆苏贤之父,过后就用其他法律条文判罪杀死了荣畜。邑子:同邑的人。教令:教唆,唆使。论:判罪。

⑦ 有人上书告发这件事,事情交给丞相御史,查讯验证非常紧急。丞相:最高级的中央官员。御史:相当于副丞相,负责弹劾、纠察官吏。案验:查讯验证。

⑧ 门卒:守门的士兵。微司:暗地里察看。微:暗暗地,悄悄地。司:通"伺",察看,侦察。不法事:不合法的事情。

⑨、地节三年:公元前67年。地节:汉宣帝年号,从公元前69年至前66年。傅婢:亲近宠幸的侍女。过:错误。自绞:自缢,上吊。

⑩ 赵广汉听到这件事,怀疑丞相夫人嫉妒,将傅婢杀死在官府的房舍内,而丞相正好恭敬地斋戒,用醇酒入祭天子的宗庙祠堂。酎(zhòu):醇酒。

⑪ 赵广汉得到这个消息,让中郎赵奉寿暗示丞相,想要以此威胁丞相,让他不要彻底弄清楚自己的问题。风晓:即暗示。胁:威胁。穷正己事:彻底弄清自己的问题。

⑫ 不听:不听从。愈:更加。

⑬ 赵广汉想要告发丞相,先去问太史中知晓占星术的人,那人说今年当有杀死的大臣,赵广汉立即上书告发丞相有罪。知星气者:知晓占星术的人。

⑭ 制:皇帝下达命令。下:下达。治:处理。

⑮ 赵广汉知道事情急迫,于是亲自率领官吏士兵径直进入丞相府,召唤丞相夫人在庭堂下跪接受问讯,逮捕奴隶婢女十多人而离去,追究杀婢事的罪责。受辞:接受问讯。收:逮捕。责:责问,追究。

⑯ 丞相魏相给皇帝写信自我陈述,说:"妻子确实没有杀婢女。赵广汉多次违法犯罪,不服罪,用诡诈的方法胁迫我,侥幸指望我宽容不上奏。希望派贤明的使者处理赵广汉查验我的家事。"魏相:丞相名。上书自陈:给皇帝写信,自我陈述。实:确实。数(shuò):多次,屡次。不伏辜:不服罪。诈巧:诡诈的方法。幸:侥幸指望。宽不奏:宽容不上奏。

⑰ 事情下到廷尉处审理罪责,实际是丞相自己因为过失才谴责鞭笞傅婢,出去到外面的府第才死,不像赵广汉所说的那样。廷尉:官名,中央政府负责刑律的长官。过:指傅婢犯的过错。谴笞(chī):谴责鞭打。外弟:外面的府第。

⑱ 司直萧望之弹劾上奏说:"赵广汉摧残侮辱大臣,想要用威力挟迫奉公守法的人,违反礼节,败坏风气,暴虐无道。"司直:官名,负责帮助丞相检举不法。摧辱:摧残侮辱。以劫持奉公:用威力挟迫奉公守法的人。逆节伤化:违反礼节,败坏风气。不道:暴虐无道,不行德政。"不道",是汉代刑律名目之一。

⑲ 坐:犯……罪。贼杀不辜:杀害无罪的人。鞫狱故不以实:审查案件故意不以事实,即制造假案冤案。鞫:通"鞫",审讯,审问。擅:擅自。斥除:斥退除名。

⑳ 可其奏:同意萧望之的奏请,即同意判处赵广汉死刑。

㉑ 守阙:守在皇宫外。臣生无益县官:我活着对朝廷没有益处。县官:朝廷,或专指皇帝。牧养:治理。

㉒ 竟:最终。

㉓ 赵广汉虽然被判罪受死刑,但是他作为京兆尹廉洁清白,用威力制约豪强,使民众安居乐业。廉明:廉洁清白。威制:用威力制约。得职:得到职业,安居乐业。

㉔ 百姓追忆思念他,直到今天还在歌颂他。追思:追忆思念。

【评析】

赵广汉作为西汉著名的地方官,为人强力,性格刚直,精于职责,善待下属,推理准确,料事如神,智斗权贵,瓦解朋党,威制豪强,执法严厉,使得京兆一带政治清明,治安良好,所以,吏民称之不容口,追思到如今。可是,后来他竟然意气用事,滥用职权,制造怨案,嫁祸于人,由执法者变为犯法者,判为死刑,处以腰斩。这样,由功臣蜕变为罪犯,诚为人生悲剧。

法律是严肃的,执法者必须出于公心,受到监督。如果玩弄法律,知法犯法,就是咎由自取,罪不容赦,不管以前有多少功绩都要受到惩罚。

赵广汉可为后世执法者戒!

六、强项令董宣

《后汉书》

【题解】

本文选自范晔《后汉书·酷吏列传》,题目是后加的。强项令,硬脖子县令。董宣,东汉光武帝时期的大臣。

范晔及《后汉书》的简介见第三单元《班超传》的题解。

董宣,字少平,陈留圉人也①。初为司徒侯霸所辟,举高第,累迁北海相②。到官,以大姓公孙丹为五官掾③。丹新造居宅,而卜工以为当有死者,丹乃令其子杀道行人,置尸舍内,以塞其咎④。

宣知,即收丹父子杀之⑤。丹宗族亲党三十余人,操兵诣府,称冤叫号⑥。宣以丹前附王莽,虑交通海贼,乃悉收系剧狱,使门下书佐水丘岑尽杀之⑦。

【注释】

① 陈留:今河南陈留。圉(yǔ):陈留郡的属县,在今河南杞县南。

② 他起初被司徒侯霸征召,因成绩优秀被举荐,逐步升迁任北海相。司徒:掌管民事教化的官职。侯霸:字君房,河南密县人。东汉初年的大臣,担任过大司徒的职务,以能治理政事闻名。辟(bì):征召。汉代选拔官吏的一种方法,可以由大臣任用属员,试用合格的,可以向朝廷推荐。举高第:因成绩优秀被推举。高第:成绩优秀。累(lěi)迁:逐步升迁。北海相:北海郡国的相。北海:东汉时期的郡国,在今山东昌乐西。

③ 到官:就职。大姓:地方的大家族,大豪强。五官掾(yuàn):东汉时期的郡中武官。

④ 公孙丹新造住宅,而占卜工认为建新房将要死人,公孙丹就让他的儿子杀死过路的人,把尸体放在房屋的地下,用来抵消灾祸。卜工:专门从事占卜的人。道行人:过路的人。塞:抵消。咎(jiù):灾祸。

⑤ 即:立刻。收:拘捕。

⑥ 宗族:宗亲族人。亲党:亲信乡邻。操:握持。诣(yì):往,到。称:声言。叫号:大声呼喊。

⑦ 董宣以公孙丹从前依附王莽,并且图谋勾结海贼为理由,就将他们全部拘禁在剧县的监狱,让门下书佐水丘岑把他们完全杀死。附:依附。王莽:字巨君,魏郡元城人(今河北大名东)。他是汉元帝皇后的侄子,后以外戚篡夺了汉朝政权,改国号为"新"。更始元年(公元23年),起义军攻入长安,新朝灭亡,王莽也在混乱中被人所杀。虑:考虑,图谋。交通:勾结。剧狱:剧县的监狱。剧:在今山东寿光东南。门下书佐:郡府主办文书的官吏。水丘岑(cén):复姓

水丘,名岑。

　　青州以其多滥,奏宣考岑,宣坐征诣廷尉①。在狱晨夜讽诵,
无忧色②。及当出刑,官属具馔送之③。宣乃厉色曰:"董宣生平
未曾食人之食,况死乎④!"升车而去⑤。时同刑九人,次应及宣,
光武驰使驺骑特原宣刑,且令还狱⑥。遣使者诘宣多杀无辜,宣具
以状对,言水丘岑受臣旨意,罪不由之,愿杀臣活岑⑦。使者以闻,
有诏左转宣怀令,令青州勿案岑罪⑧。岑官至司隶校尉⑨。

【注释】

① 青州刺史认为北海多滥杀,参奏董宣,拷问水丘岑,董宣因罪被征召
到廷尉处。青州:指青州刺史。青州在今山东及辽东部分地区。汉
武帝时期,设立了州刺史督察郡国的制度,虽然刺史官级低于郡国
太守,但是可以代表中央巡视吏治,弹劾(hé)郡国太守。多滥:多
滥杀。奏:参奏。考:拷问。坐:犯罪。征:被征召。廷尉:执掌诉讼
刑狱的官员。

② 讽诵:朗读背诵。忧色:忧虑的神色。

③ 及:等到。出刑:外出受刑。这里指被杀。官属:官员,属下。具:准
备。馔(zhuàn):食物。

④ 厉色:严厉的神色。况:何况。

⑤ 升:登。车:囚车。

⑥ 当时一起用刑的共有九人,依次应该到董宣,光武帝驰骋而来的使
者驺骑特别赦免了董宣的死刑,暂且让他回到监狱。时:当时。次:
依次。光武:汉光武帝刘秀,公元25年至57年在位。驰使:驰骋而
来的使者。驺骑(zōu jì):侍从骑兵。原:赦免。且:暂且。

⑦ 派遣使者责问董宣滥杀无辜的情况,董宣详细地以实况回答,并且
说水丘岑是接受自己的旨意,罪过不在他,希望杀了自己,让水丘岑

活下来。诘(jié):责问,查问。无辜(gū):没有罪的人。辜:罪过。具:详细,完备。对:回答。

⑧ 使者将这些情况上奏,光武帝下诏贬谪董宣为怀县县令,并让青州刺史不要追究水丘岑的罪过。以闻:把这些情况上奏朝廷。左转:贬谪,降职。怀令:怀县县令。案:追究。

⑨ 司隶校尉:监督京师和地方的监察官员,有弹劾公卿百官的权力。

后江夏有剧贼夏喜等寇乱郡境,以宣为江夏太守①。到界,移书曰②:"朝廷以太守能禽奸贼,故辱斯任③。今勒兵界首,檄到,幸思自安之宜④。"喜等闻,惧,即时降散⑤。外戚阴氏为郡都尉,宣轻慢之,坐免⑥。

【注释】

① 江夏:江夏郡,在今湖北武汉新洲区。剧贼:大盗。寇(kòu)乱:劫掠扰乱。

② 到界:他抵达江夏地界。移书:传下布告。移:传递。

③ 朝廷认为新太守能够捉拿盗贼,因此让他担任这个职务。禽(qín):捉拿,在这个意义上后来写做"擒"。辱:辱没,谦辞,指担任。斯任:这个职务。

④ 现在领兵到郡境边界,檄文到处,希望考虑自我安宁的合适方法。勒(lè):率领。界首:郡境边界。檄(xí):声讨的文书。幸:希望。思:考虑。宜:合适。指合适方法。

⑤ 降(xiáng)散:投降解散。

⑥ 外戚(qī):光武帝刘秀妻子阴丽华的亲戚。郡都尉:郡守的副手,主要在军事方面协助太守。轻慢:蔑视怠慢。坐免:因罪被免职。

后特征为洛阳令①。时湖阳公主苍头白日杀人,因匿主家,吏不能得②。及主出行,而以奴骖乘③。宣于夏门亭候之,乃驻车叩马,以刀画地,大言数主之失,叱奴下车,因格杀之④。主即还宫诉帝,帝大怒,召宣,欲箠杀之⑤。宣叩头曰:"愿乞一言而死⑥。"帝曰:"欲何言⑦?"宣曰:"陛下圣德中兴,而纵奴杀良人,将何以理天下乎?臣不须箠,请得自杀⑧。"即以头击楹,流血被面⑨。

【注释】

① 特征:特别调任。洛阳:今河南洛阳。

② 当时光武帝刘秀的姐姐湖阳公主的家奴白天杀人,由于他隐藏在公主家,官吏不能捉拿。湖阳公主:光武帝刘秀的姐姐。苍头:指家奴。因:由于。匿(nì):隐藏。得:指捉拿,逮捕。

③ 主:湖阳公主。以奴骖(cān)乘:让杀人家奴做车右。骖乘:在车上陪乘,负责警卫。位于车右,又称"车右"。

④ 董宣在夏门亭等着他,停车勒马,用刀划地,大声责备公主的过失,呵斥恶奴下车,趁机杀死他。夏门:在洛阳的北面,靠西头的城门。亭:岗亭。驻(zhù)车叩(kòu)马:停住勒马。驻:停留。叩:通"扣",勒住。画:划。大言:大声说话。数(shǔ):责备。失:过错。叱(chì):呵斥。因:趁机。格杀:击杀。

⑤ 箠(chuí):用鞭子打。

⑥ 乞:请求。

⑦ 想说什么?

⑧ 陛下以圣德复兴汉室,而公主纵容恶奴杀害好人,将用什么来治理天下呢?下臣不须鞭打,请求自杀。圣德中兴:以圣德复兴汉室。纵(zòng):放纵,纵容。良人:好人。

⑨ 击:撞。楹(yíng):房屋的柱子。被:覆盖。

帝令小黄门持之,使宣叩头谢主,宣不从①。强使顿之,宣两手据地,终不肯俯②。主曰:"文叔为白衣时,藏亡匿死,吏不敢至门③。今为天子,威不能行一令乎④?"帝笑曰:"天子不与白衣同⑤。"因敕强项令出⑥。赐钱三十万,宣悉以班诸吏⑦。由是搏击豪强,莫不震栗,京师号为"卧虎",歌之曰:"枹鼓不鸣董少平⑧。"

【注释】

① 皇帝下令让小太监抓住董宣,使董宣向公主叩头谢罪,董宣不听从。小黄门:小太监。谢:谢罪,道歉。

② 用强力使董宣顿首,董宣双手撑地,最终都不肯低头。强:用强力。顿:用头撞地。据:撑。俯:低头。

③ 文叔:刘秀,字文叔。白衣:没有功名在身的平民。藏亡匿死:隐藏逃亡和犯有死罪的人。至门:指到门口捕人。

④ 威:威严,威信。一令:一个洛阳令,指董宣。

⑤ 当天子和平民是不相同的。与:和。

⑥ 于是下令硬脖子县令出去。敕(chì):皇帝的诏令。强项令:硬脖子县令。项:脖子。

⑦ 赏赐给他三十万钱,董宣都分给下属官吏。钱:古代用金属铸造的货币。班:分。

⑧ 从此之后,董宣打击豪强势力,没有不震慑害怕的,京师的人称他为"卧虎",歌颂他说:"枹鼓不鸣董少平"。由是:从此。搏击:打击。栗(lì):恐惧,发抖。枹鼓不鸣:指董少平做了洛阳令,鼓槌不敲鼓不响。指无人喊冤,社会安宁。枹(fú):鼓槌。

　　在县五年,年七十四,卒于官①。诏遣使者临视,唯见布被覆尸,妻子对哭,有大麦数斛、敝车一乘②。帝伤之,曰:"董宣廉洁,死乃知之③!"以宣尝为二千石,赐艾绶,葬以大夫礼④。拜子并为郎中,后官至齐相⑤。

【注释】

① 卒:死。

② 皇帝下诏派遣使者到家探问,只见到布被覆盖着尸体,妻子相对而哭,仅有大麦几斛,破车一辆。诏(zhào):皇帝的命令。临视:探问。斛(hú):古代量器,十斗为一斛,后改为五斗一斛。敝(bì):破旧。

③ 乃:才。

④ 尝:曾经。二千石:俸禄为二千石的官员。石:古代计量单位,约一百二十斤为一石。艾绶(shòu):二千石以上官员所佩的印绶,为银印玺绿绶带。葬以大夫礼:按照葬大夫的礼仪安葬。

⑤ 封董宣的儿子董并为郎中,后来他为官到齐郡国相。

【评析】

董宣一贯打击豪强,为民除害,赢得"卧虎"美名。就是面对皇帝的姐姐湖阳公主,为了维护法律的尊严,他依然惩处杀人恶奴,理直气壮,义正词严。当皇帝想鞭打他,他毫不屈服,反而质问皇帝"何以理天下",以自杀明志;当皇帝要他给公主谢罪,他双手撑地,硬着脖子不低头,毫无奴颜媚骨,皇帝也无可奈何。如此坚强不屈,大义凛然,足以震撼古今!

董宣清贫廉洁,死后布被覆尸,家徒四壁,连皇帝都伤感不已。无私才能无畏,无欲才能刚烈。由此,可以理解董宣立身行事的思想品格和精神信念。

七、高柔公平断案

《三国志》

【题解】

本文节选自陈寿《三国志·魏书·高柔传》，题目是后加的。高柔(公元174—263年)，字文惠，陈留圉(今河南杞县南)人。三国时期事魏太祖、魏文帝、魏明帝三朝，先后任尚书郎、颍川太守、治书侍御史、廷尉、太常、司空、司徒、太尉，年九十卒于景元四年。

陈寿及《三国志》的简介见第一单元《吕蒙读书》的题解。

文帝践阼，以柔为治书侍御史，赐爵关内侯，转加治书执法①。民间数有诽谤妖言，帝疾之，有妖言辄杀，而赏告者②。柔上疏曰："今妖言者必戮，告之者辄赏，既使过误无反善之路，又将开凶狡之群相诬罔之渐，诚非所以息奸省讼，缉熙治道也③。昔周公作诰，称殷之祖宗，咸不顾小人之怨④。在汉太宗，亦除妖言诽谤之令⑤。臣愚以为宜除妖谤赏告之法，以隆天父养物之仁⑥。"帝不即从，而相诬告者滋甚⑦。帝乃下诏："敢以诽谤相告者，以所告者罪罪之⑧。"于是遂绝⑨。校事刘慈等，自黄初初数年之间，举吏民奸罪以万数，柔皆请惩虚实，其余小小挂法者，不过罚金⑩。四年，迁为廷尉⑪。

【注释】

① 魏文帝即天子位，任高柔为治书侍御史，赐关内侯爵位，加授治书执

法。文帝:魏文帝曹丕,字子桓,公元220年至226年在位。践阼(zuò):即天子位。践:履。阼:东阶,天子所履践之阶。治书侍御史:掌管律令的官员。关内侯:次于列侯,只有俸禄,没有封地。治书执法:曹魏所置掌管奏劾的官员。

② 民间多有诽谤邪说,皇帝对此非常痛恨,有邪说的人就杀,而奖赏告发的人。妖言:迷惑人的邪说。疾:痛恨。辄(zhé):总是,就。

③ 现在散布邪说的人就杀,告发的人就赏,既使犯错误的人没有改过自新的途径,又将开启凶险狡猾之辈互相诬陷欺骗的端绪,确实不是用来制止奸邪、免除诉讼、光显治道的办法。过误:犯错误。反善:改过自新。相诬罔:互相诬陷欺骗。渐:端。息:止。省:免除。缉熙:光明,光显。

④ 从前周公告诫成王,说殷商的祖宗,都不计较民众的怨恨。周公作诰:指周公旦对成王的告诫,即《尚书·无逸》:"周公曰:'呜呼!自殷王中宗,及高宗,及祖甲,及我周文王,兹四人迪哲。厥或告之曰:'小人怨汝詈汝!'则皇自敬德;厥愆,曰:'朕之愆,允若时'不啻不敢含怒。'"顾:计较。

⑤ 在汉文帝的时候,也有废除妖言诽谤的命令。汉太宗:指汉文帝刘恒,公元前179年至前157年在位。除妖言诽谤之令:指汉文帝在前元二年(公元前178年)上曰:"古之治天下,朝有进善之旌,诽谤之木,所以通治道而来谏者。今法有诽谤妖言之罪,是使众臣不敢尽情,而上无由闻过失也。将何以来远方之贤良?其除之。"

⑥ 臣愚昧地认为应该废除妖言诽谤奖赏告发的办法,以尊崇上天养育万物的仁德。隆:尊崇。天父:上天。

⑦ 不即从:不立即听从。滋甚:更加厉害。

⑧ 罪之:处罚他。

⑨ 绝:断绝。

⑩ 校事:三国时魏、吴都设校事官,作为皇帝的耳目,上察官廷,下慑众官,专门刺探臣民言行。黄初:魏文帝曹丕年号,从公元220年至

226 年。惩:通"徵",验证。挂法:触犯法纪。罚金:罚钱,以钱赎罪。

⑪　四年:黄初四年,公元 223 年。迁:提升。廷尉:列卿之一,掌管司法
　　刑狱。

　　帝以宿嫌,欲枉法诛治书执法鲍勋,而柔固执不从诏命①。帝
怒甚,遂召柔诣台②;遣使者承指至廷尉考竟勋,勋死乃遣柔
还寺③。

【注释】

①　文帝因为旧日的嫌隙,想要违背法律诛杀治书执法鲍勋,而高柔固
　　执不听从皇帝的命令。宿嫌:旧日的嫌隙。鲍勋:字叔业,泰山平阳
　　人,汉司隶校尉鲍宣九世孙。曹丕立为太子后,历任中庶子、黄门侍
　　郎、西部都尉。曹丕即位后,任驸马都尉兼侍中、宫正,为官清廉耿
　　直。由于他未按曹丕的意愿办事,又多次劝谏曹丕的过失,受到嫉
　　恨而被诛杀,不久曹丕即死。枉法:曲法,违背法律。

②　文帝非常恼怒,就将高柔召到尚书台。诣:到。台:尚书台。

③　另外派遣使者秉承皇帝的旨意到廷尉的官署将鲍勋拷问处死,鲍勋
　　死后才派高柔回到官署。指:通"旨"。考竟:狱死。即拷得其情,
　　竟其命于狱中。寺:官署,即廷尉官署。

　　时猎法甚峻①。宜阳典农刘龟窃于禁内射兔,其功曹张京诣
校事言之②。帝匿京名,收龟付狱,柔表请告者名③。帝大怒曰:
"刘龟当死,乃敢猎吾禁地。送龟廷尉,廷尉便当考掠,何复请告
者主名,吾岂妄收龟邪④?"柔曰:"廷尉,天下之平也,安得以至尊
喜怒而毁法乎⑤?"重复为奏,辞指深切⑥。帝意寤,乃下京名⑦。
即还讯,各当其罪⑧。

351

① 猎法:禁止在皇帝苑囿狩猎的法令。峻:严厉。

② 宜阳的典农都尉刘龟私自在禁地射猎野兔,他的功曹张京到校事那
里告发了这件事。宜阳:县名,在今河南宜阳西。典农:典农都尉,
主管屯田。窃:私自。功曹:佐吏,副职。

③ 皇帝隐匿了张京的姓名,将刘龟逮捕交付监狱,高柔上表请求告发
者的姓名。帝:这里指魏明帝曹叡,公元 227 年至 239 年在位。匿:
隐藏。收:逮捕。告者名:告发者的姓名。

④ 刘龟犯罪当死,竟敢在我的禁地打猎。我把刘龟交付廷尉,廷尉就
应当察验拷问,怎么还要请求告发者的姓名,我难道没有根据就逮
捕刘龟吗?乃:竟。廷尉:指高柔。考:察验。掠:拷问。妄:胡乱,
没有根据。

⑤ 廷尉,执掌着天下法律的公平,怎么能够因为皇帝的喜怒而毁弃法
律呢?安:怎么。毁:毁弃,败坏。

⑥ 再次上奏,言词内容非常恳切。重复:再次。

⑦ 皇帝内心醒悟了,才把张京的姓名交出来。寤:醒悟。

⑧ 高柔当即回去审讯,各人都判处了自己相应的罪刑。当:判决,
判处。

　　时制,吏遭大丧者,百日后皆给役①。有司徒吏解弘遭父丧,
后有军事,受敕当行,以疾病为辞②。诏怒曰:"汝非曾、闵,何言毁
邪?"促收考竟③。柔见弘信甚羸劣,奏陈其事,宜加宽贷④。帝乃
诏曰:"孝哉弘也!其原之⑤!"

【注释】

① 当时的制度规定,官吏遇到父母之丧,守孝百日以后都要回来上班。
大丧:父母之丧。给役:供役,即回到原职上班。

② 有一个司徒府的属吏解弘遇到父丧,后来有军事任务,他奉命应当出行,却以疾病为由请假。司徒吏:司徒府的属吏。受敕:接受皇帝的命令。敕:皇帝的诏令。

③ 皇帝大怒说:"你不是曾参、闵子骞那样的孝子,怎么能说居丧过哀而毁坏身体呢?"于是催促逮捕打死他。曾、闵:曾参和闵子骞,孔子的弟子,以孝行著称。毁:因哀痛而毁坏身体。

④ 高柔见解弘确实因为守孝身体非常消瘦虚弱,便如实向皇帝报告情况,并建议应该给予宽容饶恕。信:确实。羸劣:消瘦虚弱。宽贷:宽容饶恕。

⑤ 皇帝下诏说:"大孝啊解弘!就原谅他吧!"

  顷之,护军营士窦礼近出不还,营以为亡,表言逐捕,没其妻盈及男女为官奴婢①。盈连至州府,称冤自讼,莫有省者,乃辞诣廷尉②。柔问曰:"汝何以知夫不亡③?"盈垂泣对曰:"夫少单特,养一老妪为母,事甚恭敬,又哀儿女,抚视不离,非是轻狡不顾室家者也④。"柔重问曰:"汝夫不与人有怨仇乎⑤?"对曰:"夫良善,与人无仇⑥。"又曰:"汝夫不与人交钱财乎⑦?"对曰:"尝出钱与同营士焦子文,求不得⑧。"

【注释】

① 不久,护军营的士兵窦礼到附近外出没有回来,军营认为他已经逃亡,上表请求追捕,并且没收窦礼的妻子盈和子女成为官奴。顷:不久。没:没收犯罪者的家属或财产入官。

② 窦礼的妻子盈接连到州府,告状喊冤,没有人受理,就将诉状告到廷尉高柔那里。莫有省(xǐng)者:没有人受理。辞:指诉状。

③ 你凭什么知道丈夫不会逃亡?何以:以何,凭什么?

④ 盈低头哭泣着说:"丈夫从小孤独无亲,抚养了一位老婆婆作为母

亲,侍奉她非常恭敬,又疼爱儿女,照看他们从不离开,不是那种轻浮狡诈、不顾家室的人。"单特:孤独无亲。老妪(yù):老妇人。哀:疼爱。抚视:照看。

⑤ 重:又。

⑥ 良善:善良,心地纯正。

⑦ 交钱财:有钱财往来。交:来往。

⑧ 尝:曾经。出钱:借钱。求不得:要不回来。

时子文适坐小事系狱,柔乃见子文,问所坐①。言次,曰:"汝颇曾举人钱不②?"子文曰:"自以单贫,初不敢举人钱物也③。"柔察子文色动,遂曰:"汝昔举窦礼钱,何言不邪④?"子文怪知事露,应对不次⑤。柔曰:"汝已杀礼,便宜早服⑥。"子文于是叩头,具首杀礼本末,埋藏处所⑦。柔便遣吏卒,承子文辞往掘礼,即得其尸⑧。

诏书复盈母子为平民⑨。班下天下,以礼为戒⑩。

【注释】

① 当时焦子文恰好因犯小罪关在监狱,高柔提审子文,问他犯罪的情况。时:当时。适:恰好。坐小事:犯小罪。见:使……见,提审。

② 言次:说话间。次:中间。颇:略微,稍微。举:用,借。

③ 自以单贫:因为自己家里单薄贫穷。初:本,从来。

④ 色动:脸色改变。何言不邪:怎么说没有借呢?

⑤ 露:暴露。应对不次:对答语无伦次,前后矛盾。

⑥ 便宜早服:就应该趁早服罪。

⑦ 具首:一一交代。本末:始终。处所:地方。

⑧ 承:按照。辞:供词。其:指窦礼。

⑨ 诏书:指皇帝下诏书。复:恢复。

⑩ 班:布告。以礼为戒:以窦礼这个案件为警戒。

354

【评析】

高柔在任廷尉之前，就曾对司法提出过建议，要求废除妖谤赏告之法，验证事实真相。任廷尉之后，对皇帝交办的刘龟一案，高柔敢于坚持法律的公平和原则，不因皇帝的喜怒而有所改变，多次上奏，结果得以正确处理；对解弘一案，皇帝已经下令"促收考竟"，命悬一线，高柔了解情况后，实事求是地上报，并及时提出宽恕建议，终于挽救了生命；对民间的窦礼冤案，高柔更是经过调查研究，分析情况，察言观色，主动出击，最终以证据为准，掘尸结案，使冤情得以昭雪。这些都是值得借鉴的司法经验。

特别是鲍勋一案，高柔既不因为是皇帝的"宿嫌"而徇情枉法，献媚邀宠，更不愿为虎作伥，陷害忠良，竟然敢于冒着杀身之祸，拒不奉诏，抗旨不遵，这在封建社会需要何等的决心和勇气！尽管鲍勋最后还是被阴险毒辣的曹丕杀害，但是，高柔能够坚持自己的操守，维护法律的尊严，千载之后，依然令人敬仰。

八、李元素辨冤

《新唐书》

【题解】

本文节选自欧阳修《新唐书·李元素传》，题目是后加的。李元素，唐德宗时期的御史大夫。

《新唐书》题名欧阳修撰，是北宋官修史书。由当时宰相贾昌朝提出建议，庆历五年（公元1045年），宋仁宗下诏编撰，先后由贾昌朝、丁度、刘沆、王尧臣、曾公亮任提举官（监修），由宋祁、欧阳修任刊修（总编），由范镇、宋敏求、王畴、刘羲叟、吕夏卿、梅尧臣等任编修,到宋仁宗嘉祐五年(公元 1060 年)完成,历时十六年。

有了后晋的《旧唐书》,到北宋为什么还要编写《新唐书》呢?
曾公亮在《进新唐书表》中认为,《旧唐书》"纪次无法,详略失中,
文采不明,事实零落",而编修者是"衰世之士,气力卑弱,言浅意
陋,不足以起其文,而使明君贤臣,隽功伟烈,与夫昏虐贼乱,祸根
罪首,皆不得暴其善恶,以动人耳目,诚不可以垂劝戒,示久远,甚
可叹也"。因此,才有《新唐书》之作。

《新唐书》有本纪十卷,志五十卷,表十五卷,列传一百五十
卷,共二百二十五卷。新旧《唐书》在事实、文词和书法上是有差
异,但总的来说可以互相补正,又以后出的《新唐书》为优,均列入
二十五史之中。

李元素,字大朴,邢国公密裔孙,仕为御史①。东都留守杜亚
恶大将令狐运,会盗劫输绢于洛北,运适与其下畋近郊,亚疑而讯
之②。幕府穆员、张弘靖按鞫无状,亚怒,更以爱将武金掠服之,死
者甚众③。亚请斥运丑土,诏监察御史杨宁覆验,事皆不雠④。亚
怒,劾宁罔上,宁抵罪⑤。又自以不失盗为功,因必其怒,傅致而周
内之,若不可翻者⑥。

【注释】

① 邢国公密:指邢国公李密,字玄邃,一字法主,其先辽东襄平人。隋
　末起兵失败后,与翟让据洛口,自称魏公。后又为王世充所败,归
　唐,封邢国公,后因反叛朝廷被杀。裔(yì)孙:后辈子孙。御(yù)
　史:负责监察百官的官员。

② 东都洛阳留守杜亚憎恨大将令狐运,这时正逢有强盗在洛水以北盗
　窃了交给官府充当赋税的丝绢,而令狐运恰好和他的下属正在附近

打猎,杜亚因此怀疑并审问他们。东都:即洛阳,唐代以长安为都,洛阳在其东,所以称为东都。留守:一种兼任的官职。皇帝的都城、陪京和行都常设"留守",可以替代皇帝便宜行事,一般由地方行政长官兼任。杜亚:字次公,当时担任检校吏部尚书,留守东都。恶(wù):憎恶,痛恨。令狐运:姓令狐,名运,留守的牙门将。会:正逢。输绢:交给官府充当赋税的丝绢。输:纳税。适:恰好。畋(tián):打猎。讯:审问,盘问。

③ 杜亚幕府中的僚属穆员、张弘靖经过考察审问,没有发现罪证,杜亚大怒,另派心腹爱将武金对令狐运等人严刑逼供使他们屈服,死的人很多。幕府:将帅的官衙。穆员:字与直,当时担任判官,掌管文书事务。张弘靖(jìng):当时担任从事,是州郡长官自己任命的属员。按:考察。鞫(jū):审问。无状:没有发现罪证。掠(lüè)服:拷打使屈服,指迫使令狐运认罪。

④ 杜亚上疏请求把令狐运流放到边远艰苦的地区,皇帝下诏命令监察御史杨宁核查验证,结果事实都不符合。斥(chì):疏远,流放。丑土:恶土,指边远艰苦的地区。覆验:核查验证。雠(chóu):相应,相当,即符合。

⑤ 杜亚又大怒,弹劾杨宁欺骗君王,并因此要杨宁抵罪。劾(hé):弹劾,检举。罔(wǎng):欺骗。

⑥ 杜亚又自以为没有放纵罪犯而居功,因而固执于自己的怒气,为此牵强附会,罗织罪状,好像不能推翻的样子。必:坚定,固执。傅致:牵强附会。周内:罗织罪状。内:通"纳",纳入。翻:翻案,推翻。

　　德宗信不疑,宰相难之①。诏元素与刑部员外郎崔从质、大理司直卢士瞻驰按②。亚迎,以狱告③。元素徐察其冤,悉纵所囚以还④。亚大惊,复劾元素失有罪⑤。比元素还,帝已怒,奏狱未毕⑥,帝曰:"出。"元素曰:"臣言有所未尽⑦。"帝曰:"第去⑧。"元素曰:"臣以御史按狱,知冤不得尽辞,是无容复见陛下⑨。"帝意

357

解，即道运冤状⑩。帝感寤曰："非卿，孰能辨之⑪？"然运犹以擅捕人得罪，流归州，死于贬⑫。武金流建州⑬。后岁余，齐抗得真盗，繇是天下重之⑭。

【注释】

① 唐德宗对杜亚处理案件深信不疑，而宰相对此提出质疑。唐德宗：李适，公元780年至804年在位。难(nàn)：疑难，质疑。

② 于是再次下诏，命令李元素与刑部员外郎崔从质、大理司直卢士瞻速到东都核查审理此案。刑部：执掌法律的中央部门，属六部之一。员外郎：刑部下设四司，每司有员外郎一人主管文书。大理司直：官名，大理寺属官，掌管外出审理核查案件。按：核查。

③ 杜亚出来迎接，向他们介绍了案情。狱：案情。

④ 李元素逐步查明其中的冤情，全数释放了关押的人，而后自己回朝复命。徐(xú)：缓慢地，逐步地。察：查明。悉(xī)：都，全部。纵：释放。所囚：所关押的人。

⑤ 杜亚大惊，再次弹劾李元素纵失有罪之人。

⑥ 比：等到。毕：结束，完毕。

⑦ 尽：完，全。

⑧ 弟：只管，尽管。去：离开，走。指德宗不愿意把话听下去。

⑨ 我以御史身份核查此案，知道冤情而不能把话说完，这就没有脸面再见到陛下了。尽辞：把话说完。容：容色，脸面。

⑩ 德宗的心情有所缓解，李元素当即说出令狐运的冤情。解：缓解。

⑪ 德宗深为感动醒悟说："不是您，谁还能够辨清其中的冤情呢？"寤：醒悟。卿：皇帝对臣子的爱称。孰(shú)：谁。

⑫ 然而令狐运还是因为擅自抓人犯罪，被流放到归州，死于贬谪途中。犹：仍然，还是。擅(shàn)捕人：擅自抓人。归州：今湖北秭归。

⑬ 建州：今福建建瓯。

⑭ 过后一年多，齐抗捕获了真正的强盗，由此天下人都敬重李元素。

齐抗:字退举,曾经担任谏议大夫、处州刺史、太常卿等职。《新唐书》有传。得:捕获。繇(yóu)是:从此。繇(yóu):通"由",从。

【评析】

东都留守杜亚一手造成了令狐运冤案,监察御史杨宁前去核查验证,发现事实不符,反被杜亚参奏欺君罔上,大祸临头。而杜亚自恃有功,深文周纳,硬要把此案定为死案铁案,连皇帝都深信不疑,只是因为宰相质疑,才派李元素等人再去核查,可以想到,李元素面临的压力有多大!结果李元素发现冤情,果断放人,还没有等他回朝,杜亚的弹劾奏章已到,因此,皇帝根本就不愿听他的陈述。由于他一再坚持,皇帝才听完他的汇报,转变态度。

李元素在那样的情况下,能够调查研究,尊重事实,无私无畏,坚持平反,确实值得赞扬。待到真盗被捕,真相大白,他恪守职业道德、维护司法公平的精神风范昭示天下,理所当然地受到人们的敬重。

九、隋文帝论法不可违

《资治通鉴》

【题解】

本文选自司马光《资治通鉴·隋纪二》,题目是后加的。隋文帝杨坚(公元541—604年),华阴(今陕西华阴)人。初仕北周,位至相国。后废北周,自称帝,建立隋朝。先后消灭后梁和陈,统一全国,公元581年至604年在位。法不可违,法律不能背离。

司马光及《资治通鉴》的简介见第四单元《唐太宗论成功之道》的题解。

秦王俊,幼仁恕,喜佛教,尝请为沙门,不许①。及为并州总管,渐好奢侈,违越制度,盛治宫室②。俊好内,其妻崔氏,弘度之妹也,性妒,于瓜中进毒,由是得疾,征还京师③。上以为奢纵,丁亥,免俊官,以王就第④。崔妃以毒王,废绝,赐死于家⑤。

【注释】

① 秦王杨俊,年幼时仁厚宽恕,喜欢佛教,曾经请求成为佛门的僧徒,文帝不允许。俊:杨俊,隋文帝第三子。隋开皇元年(公元581年)封为秦王。沙门:梵文音译,意译为"勤息",表示努力修行的意思。这里指进入佛门修行的僧徒。

② 等他担任并州总管以后,逐渐喜欢奢侈,违犯制度,大修宫殿。并州:在今山西汾水中游地区。总管:地方的军政长官。开皇十年(公元590年),以并州总管晋王广为扬州总管,又以秦王俊为并州总管。好(hào):喜欢。越:超出。盛:大,多。治:建造。据《隋书·秦孝王俊传》:"其后俊渐奢侈,违犯制度,出钱求息,民吏苦之。上遣使按其事,与相连坐者百余人,俊犹不悛,于是盛治宫室,穷极侈丽。俊有巧思,每亲运斤斧,工巧之器饰以珠玉,为妃作七宝幕篱。又为水殿,香涂粉壁,玉砌金阶,梁柱楣栋之间,周以明镜,间以宝珠,极荣饰之美,每与宾客、妓女弦歌于其上。"可知其详。

③ 杨俊喜欢女色,他的妻子崔氏,是崔弘度的妹妹,生性嫉妒,对杨俊的作为不满,便在瓜中放毒,杨俊因此而得病,被召回京师。内:女色。弘(hóng)度:崔弘度,隋代名将。征:征召。

④ 隋文帝认为杨俊奢侈放纵,丁亥这天,免除了杨俊的并州总管官职,以秦王的身份回到府第。上:隋朝开国皇帝隋文帝杨坚。奢纵:奢侈放纵。丁亥:开皇十七年(公元597年)七月十三日。

⑤ 崔氏因为毒害秦王之罪,废止王妃封号,在家中赐死。崔妃:即崔氏。废绝:废止王妃的封号。

左武卫将军刘升谏曰："秦王非有它过，但费官物，营廨舍而已，臣谓可容①。"上曰："法不可违②。"杨素谏曰："秦王之过，不应至此，愿陛下详之③！"上曰："我是五儿之父，非兆民之父④？若如公意，何不别制天子儿律⑤？以周公之为人，尚诛管、蔡⑥。我诚不及周公远矣，安能亏法乎⑦？"卒不许⑧。

【注释】

① 左武卫将军刘升劝谏说："秦王没有其他的过错，只是耗废了公家的财物，建造了官衙房舍而已，下臣认为可以原谅。"左武卫将军：皇帝的禁卫军统帅之一，左右并列。刘升：隋文帝时期的大臣。它过：其他过错。官物：官方的财物，即公家财物。营：建造。廨（xiè）舍：官衙馆舍。容：容忍，原谅。

② 违：背离。

③ 杨素：字处道，隋朝权臣、诗人，也是著名的军事家。不应至此：指不应该受到这样严厉的惩处。详：审议，审察。

④ 我是五个儿子的父亲，不是万民之父吗？五儿：隋文帝有五个儿子，分别是太子杨勇、晋王杨广、秦王杨俊、蜀王杨秀、汉王杨谅。兆民：泛指天下万民。

⑤ 如果像您的意见，怎么不另外制定天子儿辈的法律呢？意：意见，想法。别制：另外制定。

⑥ 凭着周公为人那样宽厚，尚且诛杀他的弟弟管叔和蔡叔。《史记·周本纪》："成王少，周初定天下，周公恐诸侯叛，周公乃摄行政当国。管叔、蔡叔群弟疑周公，与武庚作乱叛周。周公奉成王命伐，诛武庚管叔，放蔡叔。"

⑦ 我确实远远赶不上周公，又怎么能败坏法律呢？诚：确实。安：怎么。亏：损害，败坏。

⑧ 卒（zú）：终于，最终。

【评析】

秦王杨俊违越制度,盛治官室,好内奢纵,被隋文帝罢除并州总管,以秦王的身份回家闲居。诸大臣为了各自的目的,纷纷劝阻,在他们看来,这些过失对于血统高贵的帝王之子实为小事一桩,不必撤去官职,受到惩处。而文帝认为,法律是天下统一的,王子犯法,必须处罚,因此,他才说:"我是五儿之父,非兆民之父?若如公意,何不别制天子儿律?"不能因为杨俊是皇帝的儿子,就可以败坏法律,所以最终否决了群臣的谏言。

隋文帝作为开国的封建帝王,对自己的儿子尚能强调法律公平,坚持"法不可违"的原则,确实值得赞赏,应该肯定。

第七单元

一、文　传

《逸周书》

【题解】

本文选自《逸周书·文传》。文,周文王。姬姓,名昌。传,传授。

《逸周书》的简介见第五单元《本典》的题解。

文王受命之九年,时维暮春,在鄗,召太子发曰①:

"呜呼！我身老矣②。吾语汝,我所保与我所守,传之子孙③。吾厚德而广惠,忠信而慈爱,人君之行④。不为骄侈,不为泰靡,不淫于美,括柱茅茨,为民爱费⑤。

【注释】

① 周文王在位的第九年,时间在暮春三月,文王在镐京,召见太子姬发说。受命:接受天命,在位,统治。维:助词,无意义。鄗(hào):即镐京,西周的首都,在今陕西西安西南,沣水东岸。召:召见,叫来。

发：姬发，后来即位为周武王。

②　啊呀！我的身体已经衰老了。

③　我告诉你，我保持的和坚守的原则，把这些传授给后辈子孙。语（yù）：告诉。

④　我厚德而广施，忠信而慈爱，这些都是人君的德行。厚：笃厚。惠：赐，施舍。

⑤　不骄纵奢侈，不过分轻丽，不贪恋美色，柱子刮皮不加修饰，用茅草覆盖屋顶，为民众爱惜资财费用。泰：过分。靡（mǐ）：轻丽。淫（yín）：贪恋，沉浸。括（kuò）：刮。茅茨（cí）：用茅草覆盖屋顶。爱费：爱惜费用。

　　"山林非时不升斤斧，以成草木之长①；川泽非时不入网罟，以成鱼鳖之长②；不麛不卵，以成鸟兽之长③；畋渔以时，不杀童羊，不夭胎，童牛不服，童马不驰④。土不失其宜，万物不失其性，天下不失其时⑤。

【注释】

①　山林不到季节不举起斧子砍伐，以成就草木的生长。非时：不到季节。升：举。斤斧：砍伐树木的工具。长（zhǎng）：生长。

②　河流湖泊不到季节不放渔网，以成就鱼鳖的生长。川：河流。泽（zé）：聚水的洼地，湖泊。网罟（gǔ）：渔网。鳖（biē）：甲鱼。

③　不杀小兽不取鸟蛋，以成就鸟兽的生长。麛（mí）：幼鹿，泛指幼小的野兽。卵（luǎn）：鸟蛋。

④　打猎捕鱼按照季节进行，不杀羊羔，不杀怀胎的母兽，牛犊不拉车，马驹不驱赶奔驰。畋（tián）：打猎。渔：捕鱼。童羊：羊羔。童：幼小。不夭胎：指不杀怀胎的母兽。服：驾车。驰：驱赶奔驰。

⑤　土地不错失适宜生长的农作物，万物不错失它的自然属性，自然界

不错失它的时令季节。宜：合适。

"土可犯，材可蓄①。润湿不谷，树之竹、苇、莞、蒲②；砾石不可谷，树之葛、木，以为绉绤，以为材用③。故凡土地之闲者，圣人裁之，并为民利④。是以鱼鳖归其渊，鸟兽归其林，孤寡辛苦咸赖其生⑤。山林以遂其材，工匠以为其器⑥；百物以平其利，商贾以通其货⑦。工不失其务，农不失其时，是谓和德⑧。

【注释】

① 泥土可以制作陶范，材木可以积蓄使用。犯：通"范"，模子。蓄（xù）：积蓄。

② 湿润多水的土地不能种植谷物，种植上竹子、芦苇、水葱、香蒲。润：湿润。树：种。苇：芦苇。莞（guān）：水葱，可以编席。蒲（pú）：水草，又名香蒲，可以编席。

③ 砾石地不能种植谷物，就种上葛藤树木，可以用来织葛布，为材用。砾（lì）石：碎石地。葛：植物名，茎皮纤维可以织布。绉（chī）：细葛布。绤（xì）：粗葛布。

④ 因此，凡是空闲的土地，圣人都治理它，并且为民众谋利。凡：凡是。闲（xián）：空置。裁（cái）：利用。利：谋利。

⑤ 所以，鱼鳖归向深渊，鸟兽归向山林，孤寡辛劳的人都依靠它为生。渊：深潭。孤寡辛苦：孤儿寡妇、生活辛劳的人。咸：都。赖：依靠。

⑥ 山林得以成长木材，工匠得以制成器物。遂：成长。

⑦ 百物得以均衡它们的利益，商人得以流通他们的货物。物：事。商贾（gǔ）：做生意的人。

⑧ 工匠不失掉他的职业，农夫不失掉时节，这就叫做和德。工：工匠。务：事务，指职业。和德：和谐的德政。

"土多民少,非其土也①;土少民多,非其人也②。是故土多,发政以漕四方,四方流之③;土少,安帑而外其务,方输④。《夏箴》曰:'中不容利,民乃外次⑤。'《开望》曰:'土广无守,可袭伐;土狭无食,可围竭。二祸之来,不称之灾⑥。'天有四殃:水、旱、饥、荒,其至无时⑦。非务积聚,何以备之⑧?《夏箴》曰:'小人无兼年之食,遇天饥,妻儿非其有也;大夫无兼年之食,遇天饥,臣妾舆马非其有也;国无兼年之食,遇天饥,百姓非其有也⑨。'戒之哉⑩! 弗思弗行,祸至无日矣⑪。明开塞禁舍者,其取天下如化;不明开塞禁舍者,其失天下如化⑫。"

【注释】

① 土地多而人口少,土地就不是他的土地了。

② 土地少而人口多,民众就不是他的民众了。

③ 因此,土地多,就发布政令而通达四方,让四方之人流入。发政:发布政令。漕(cáo):转运,传达。四方流之:四方之民流入。流:归向,聚集。

④ 土地少,就让民众安排好家室而到外地劳作,向四邻输出。安帑(nú):安置好家室。帑:通"孥",指妻室儿女。外:外出。方(páng):通"旁",旁边,邻近。

⑤ 《夏箴》说:"国内不能容纳利益,民众就会出外居住。"指如果国内不能创造使老百姓得以生活的利益,人口就会外流。《夏箴(zhēn)》:夏代箴戒之书。箴:规劝。次:居住。

⑥ 《开望》说:"土地广阔没有人驻守,就可以袭击讨伐。土地狭小没有粮食,就可以围困使它枯竭。这两种灾祸的到来,都是因为土地和人口不相称带来的灾难。"《开望》:古书名。袭:突然进攻。竭(jié):尽。称(chèn):相称,相当。

⑦ 上天有四种灾害:水灾、旱灾、饥年、荒年,它们到来没有固定的时

间。殃(yāng)：灾祸。饥：饥馑，谷物不熟为饥年。荒：灾荒，果不熟为荒年。无时：没有固定的时间，不分季节。

⑧　不是日常致力于积累汇聚粮食，用什么来防备灾荒？务：致力。

⑨　《夏箴》说："民众没有两年的粮食，遇到灾荒，妻子儿女就不属于他所有了；大夫没有两年的粮食，遇到灾荒，臣妾车马就不属于他所有了；国家没有两年的粮食，遇到灾荒，百姓就不属于它所有了。"小人：指民众百姓。兼年：两年。天饥：灾荒。非其有：不属于他所有。臣：家臣，奴隶。妾(qiè)：女奴。舆(yú)：车。百姓非其有：指亡国。

⑩　戒之哉：警惕这种情况啊！

⑪　对此不考虑不行动，灾祸的到来就没有多少时间了。弗(fú)：不。无日：不远了。

⑫　明白开放、堵塞、禁止、舍弃的道理的人，他取得天下如同演化一样快；不明白开放、堵塞、禁止、舍弃的道理的人，他失去天下也如同演化一样快。开塞(sè)：指开源节流。禁舍：指控制舍弃。化：变化，指演化迅速。

　　"人各修其学而尊其名，圣人制之①。故诸横生尽以养从生，从生尽以养一丈夫②。无杀夭胎，无伐不成材，无堕四时③。如此者十年，有十年之积者王，有五年之积者霸，无一年之积者亡④。生十杀一者物十重，生一杀十者物顿空⑤。十重者王，顿空者亡⑥。

【注释】

①　人人各自修习自己的学业，而且看重自己的名分，圣人就可以治理他们。修：修行练习。尊：重视。制：治理。

②　因此，万物全部可以养育人，人全部可以奉养天子。诸横生：指万物。尽：全部。养：奉养。从(zòng)生：指人。一丈夫：指天子，帝王。

③ 不要杀死怀胎的母兽,不要砍伐没有长成的木材,不要丢失四季农时。堕(duò):掉落,丢失。

④ 如此者:像这样的。积:积蓄。王:称王。霸:称霸。

⑤ 生十个杀一个的,东西就会增加十倍;生一个而杀十个的,东西就会立刻空虚。重(chóng):层,倍。顿空:立刻空虚。

⑥ 拥有十倍财物的称王,立刻空虚的灭亡。

"兵强胜人,人强胜天①。能制其有者则能制人之有,不能制其有者则人制之②。令行禁止,王之始也③。出一曰神明,出二曰分光,出三曰无适异,出四曰无适与④。无适与者亡⑤。"

【注释】

① 兵力强就可以战胜敌人,人力强就可以战胜自然。天:自然。

② 能够控制自己所拥有东西的就能控制别人所拥有的,不能控制自己所拥有东西的就被别人控制。制:控制。

③ 有令必行,有禁必止,这是称王的开始。

④ 发布命令专一叫做神明,令出二臣叫做分光,政令三出叫做无适异,政令四出叫做无适与。神明:神圣英明。分光:分化君王的圣明。无适异:无法顺应不同的政令。无适与:无所适从。与:跟从。

⑤ 臣民无所适从的国家必然灭亡。

【评析】

周文王的政治遗言,包括三个方面的内容:其一人君之行,要求厚德广惠,忠信慈爱,控制奢华,勤俭节约;其二经国之法,要求顺应自然规律,尊重万物习性,调节人口与土地的比例,充分开发利用资源,保障民众生活;其三治世之道,要求积蓄粮食,备战备荒,开塞禁舍,政令统一,未雨绸缪,人强胜天。这都是当时治理社会的经验总结,具有明显的针对性。

特别值得注意的是,他从民生的角度,认识到人与自然必须和谐相处,反对乱砍乱伐,反对竭泽而渔,反对宰杀幼兽母畜,反对耽误农时,主张因地制宜,顺应规律。这些环保思想和忧患意识,今天同样非常重要。

二、民为神之主

《左传》

【题解】

本文选自左丘明《左传·桓公六年》,题目是后加的。神之主,神灵的主人。

左丘明及《左传》的简介见第一单元《教民而后战》的题解。

楚武王侵随,使薳章求成焉,军于瑕以待之①。随人使少师董成②。斗伯比言于楚子曰③:"吾不得志于汉东也,我则使然④。我张吾三军,而被吾甲兵,以武临之,彼则惧而协以谋我,故难间也⑤。汉东之国随为大,随张,必弃小国⑥。小国离,楚之利也⑦。少师侈,请羸师以张之⑧。"熊率且比曰:"季梁在,何益⑨?"斗伯比曰:"以为后图,少师得其君⑩。"王毁军而纳少师⑪。

【注释】

① 楚武王侵略随国,先派薳章求和,把军队驻扎在瑕地以等待结果。

楚武王:熊姓,名通,僭号称王,公元前740年至前690年在位。随:姬姓国,位于江汉平原,在今湖北随州南。薳(wěi)章:楚国大夫。

369

求成：谋求和谈。楚国侵袭随国，目的不在于消灭随国，而是希望随国成为他的附庸，所以派使者去和谈。军：驻扎。瑕（xiá）：随地，在今湖北随州一带。待：等待。

② 随国人派少师主持和谈。少师：随国大夫。董成：主持和谈。董：主持。

③ 斗伯比对楚王说。斗伯比：楚国大夫，以封地斗城为姓，令尹子文之父。楚子：指楚武王。楚国始封为子爵，故称楚子。

④ 我国在汉水以东不能实现愿望，是我们自己使得这样。得志：实现愿望。这里指实现楚国扩张的雄心。使：使得，造成。然：这样。

⑤ 扩张我们三军，装备我们的甲兵，用武力凌驾别国，他们因害怕而联合起来对付我国，所以就难以离间了。张：扩张。三军：春秋时期，诸侯国军队的编制。楚国三军为中军、左军、右军。被：被覆，装备。临：监临，凌驾。协：协调，联合。谋：图谋，对付。间：离间。

⑥ 在汉水以东的诸侯国中随国最大，随国张狂骄傲，一定会抛弃小国。张：张狂骄傲。

⑦ 小国离心，就是楚国的利益。离：离心，分离。

⑧ 少师这个人奢侈放纵，请君王显露出我国军队疲弱，而使少师更加骄傲自大。侈（chǐ）：奢侈，放纵。羸（léi）师：使军队疲弱，即隐藏精锐，显露疲弱。羸：疲弱。张之：使他张狂骄傲。

⑨ 熊率且比说："有季梁在，这样做有什么好处？"熊率且比：楚国大夫。季梁：随国贤臣。益：利益，好处。意思是，随国贤臣季孙可以看穿这样做的目的，没有用处。

⑩ 这是为以后打算，因为少师得到他们君王的信任。图：图谋，打算。

⑪ 楚王就故意把军队搞得疲弱不堪而接待少师。毁（huǐ）军：故意破坏军容，疲弱不堪。纳：接纳，接待。

　　少师归，请追楚师，随侯将许之①。季梁止之曰②："天方授楚，楚之羸，其诱我也，君何急焉③？臣闻小之能敌大也，小道大淫④。所谓道,忠于民而信于神也⑤。上思利民,忠也;祝史正辞,信也⑥。今民馁而君逞欲,祝史矫举以祭,臣不知其可也⑦!"公曰:"吾牲牷肥腯,粢盛丰备,何则不信⑧?"

【注释】

① 少师回去,请求追击楚军,随侯将要允许他的请求。随侯:随国君王。许:允许,答应。

② 止:阻止,劝阻。

③ 上天正在授命给楚国,楚军表现出疲弱,大概是引诱我们,君王着急什么呢? 方:正在。授:授命,福佑。其:大概,可能。何急:急何,着急什么?

④ 下臣听说小国之所以能够抵抗大国,是因为小国有道而大国荒淫。意思是,随国虽然有道,楚国尚未荒淫,不宜轻举妄动。

⑤ 所谓道,就是对民众忠实而对神灵诚信。忠:忠实。信:诚信。

⑥ 君王考虑有利于民众,就是忠;祝史真诚不欺地祝祷,就是信。上:君王。利民:有利于民众。祝史:掌管祭祀的官员。正辞:正直诚信的祝词。

⑦ 现在民众饥饿而君王纵欲,祝史虚报功德用来祭祀,下臣不知道这怎么可以! 馁(něi):饥饿。逞(chěng)欲:放纵欲望。矫(jiǎo)举:虚报功德。矫:假托,诈称。

⑧ 我祭祀的牲口色纯体全而膘厚肥壮,祭祀的谷物丰盛齐备,为什么不能取信于神灵呢? 牲(shēng):牲畜,诸侯祭祀一般用牛、羊、猪三牲。牷(quán):毛色纯正,身体齐全。腯(tú):肥。粢(zī)盛:祭祀的谷物。

对曰:"夫民,神之主也①。是以圣王先成民,而后致力于神②。故奉牲以告曰:'博硕肥腯③。'谓民力之普存也,谓其畜之

硕大蕃滋也,谓其不疾瘯蠡也,谓其备腯咸有也④。奉盛以告曰:
'洁粢丰盛⑤。'谓其三时不害,而民和年丰也⑥。奉酒醴以告曰:
'嘉栗旨酒⑦。'谓其上下皆有嘉德,而无违心也⑧。所谓'馨香',
无谗慝也⑨。故务其三时,修其五教,亲其九族,以致其禋祀,于是
乎民和而神降之福,故动则有成⑩。今民各有心,而鬼神乏主,君
虽独丰,其何福之有⑪?君姑修政,而亲兄弟之国,庶免于难⑫。"
随侯惧而修政,楚不敢伐⑬。

【注释】

① 民众,是神灵的主人。主:主人,主宰。

② 因此圣王先成就民众而后才致力于神灵。成:成就,即使民众丰足。

③ 所以在奉献牺牲的时候祝告说:"祭牲又多又大又肥壮。"奉:进献。
告:祝告。博:多。硕(shuò):大。

④ 这是说民众的财力都普遍具备,是说民众的牲口都硕大而繁殖生
长,是说牲口没有生各种疾病而瘦弱,是说牲口都肥壮又种类齐全。
普存:普遍具备。蕃滋(fán zī):繁殖生长。疾:生病。瘯蠡(cù
luǒ):疥癣类的皮肤疾病,泛指疾病。咸(xián)有:都具备。

⑤ 在奉献黍稷的时候祝告说:"洁净的谷物非常丰盛。"

⑥ 这是说春、夏、秋三季没有灾害,民众和睦而收成很好。三时:春、
夏、秋三季。和:和睦。年:年成,收成。

⑦ 奉献甜酒的时候祝告说:"又清冽又香甜的美酒。"醴(lǐ):甜酒。
嘉:好。栗:通"冽",清冽。旨(zhǐ):香甜美味。

⑧ 这是说国家君王和民众上下都有美德,而没有邪恶之心。违:邪恶。

⑨ 所谓祭品的芳香传播长远,就是指到处没有中伤邪恶之念。馨
(xīn)香:传播很远的香气。谗(chán):中伤。慝(tè):邪念。

⑩ 因此致力于农时,修明教化,亲近自己的亲族,用这些行为来致祭神
灵,于是民众和睦而神灵降福,所以做任何事情都能成功。五教:指

372

父义、母慈、兄友、弟恭、子孝五种伦理。亲：亲近。九族：泛指外祖
父、外祖母、从母子、妻父、妻母、姑之子、姊妹之子、女子之子及自己
的同族。禋(yīn)祀：祭祀。动：行动，指做任何事情。

⑪ 现在民众各有异心，鬼神没有主人，君王虽然一个人祭祀丰盛，又能
求得什么福气？民各有心：民众各有自己的心思。乏：缺乏，没有。
何福之有：有何福，有什么福气？

⑫ 君王姑且修明政事，而亲近兄弟国家，庶几免于祸患。姑：姑且。庶
(shù)：庶几，可能。难(nàn)：祸患。

⑬ 随侯因害怕而修明政事，楚国就没有敢来攻打。惧：恐惧，害怕。

【评析】

殷人尚鬼，认为鬼神至高无上，主宰一切，因此，淫祀鬼神，迷
信天命。周王朝以后，转向利用天命，重德保民，这无疑是历史性
的思想解放，社会进步。季梁的论述，就是集中的体现。

在季梁看来，所谓道，就是忠于民而信于神。利民为忠，正辞为
信，民为神主，必须先民而后神。祭祀的每一句祝告，虽然说给鬼神
听，反映的却是民情，只有民和，才能"神降之福"，"动则有成"。这
些论述，与《尚书》所说"皇天无亲，惟德是辅"(《蔡仲之命》)、"黍稷
非馨，明德惟馨"(《君陈》)一脉相承，反映了进步的社会思潮，对后
世政治观念产生了巨大影响，从而形成了以民为本的重要思想。

三、事异备变

《韩非子》

【题解】

本文节选自韩非《韩非子·五蠹》，题目是后加的。事异备

变,事情不同,采取的措施就应该变化。

　　韩非(约公元前280—前233年),即韩非子,是战国末年韩国的公子。他与李斯都是荀子的弟子,喜欢刑名法术之学,终于成为法家思想的集大成者。韩非子的著作在韩国不受重视,传到秦国后却深受秦始皇的喜爱。为了得到韩非子,秦急攻韩国,韩王只好派韩非子出使秦国,后来因为受到李斯的陷害,韩非子屈死于秦。

　　韩非子师承荀子礼法治国的唯物主义思想,继承和发扬前代法家学说,将慎到的"势"(君王的权威)、申不害的"术"(君王驾驭臣民的权术)和商鞅的"法"(各种法律制度)融为一体,以权势为基础,以术与法为手段,构成了系统完备的法家理论。他反对以血统为中心的等级制度,重用贤能之士,提倡贵族与民萌赏罚平等;他提出"不期修古,不法常可,论世之事,因为之备"(《五蠹》),具有事异备变的发展观点;他认为如果"释法术而任心治,尧不能正一国"(《用人》),因此反对人治,强调法治,统一法令,信赏必罚;他深刻分析公私相背的现实,主张消除五蠹(学者、言谈者、带剑者、患御者、商工者)之民,厚养耿介之士,奖励耕战,富国强兵;他特别强调权势的重要性,认为法制是"前苦而长利",仁爱是"偷乐而后穷"(《六反》)。这些正视现实、直面人生的法家学说被秦始皇采用,为建立中央集权的封建专制制度奠定了理论基础。

　　《韩非子》一书,是法家学派的代表性著作,今传五十五篇。其中《孤愤》、《五蠹》、《内外储》、《说林》、《说难》等篇为韩非子本人所著,《出见秦》、《存韩》等篇可能出自后学之手。文章论述深刻,严谨峻峭,周密细致,雄辩有力,对后世产生很大影响。清人王先慎的《韩非子集解》,今人陈奇猷的《韩非子集释》,梁启雄的《韩子浅解》,可供参考。

上古之世，人民少而禽兽众，人民不胜禽兽虫蛇①。有圣人作，构木为巢，以避群害，而民说之，使王天下，号之曰有巢氏②。民食果蓏蚌蛤，腥臊恶臭，而伤害腹胃，民多疾病③。有圣人作，钻燧取火，以化腥臊，而民说之，使王天下，号之曰燧人氏④。中古之世，天下大水，而鲧、禹决渎⑤。近古之世，桀、纣暴乱，而汤、武征伐⑥。今有构木钻燧于夏后氏之世者，必为鲧、禹笑矣⑦；有决渎于殷、周之世者，必为汤、武笑矣⑧；然则今有美尧、舜、汤、武、禹、鲧之道于当今之世者，必为新圣笑矣⑨。是以圣人不期修古，不法常可，论世之事，因为之备⑩。宋人有耕者，田中有株，兔走触株，折颈而死⑪。因释其耒而守株，冀复得兔⑫。兔不可复得，而身为宋国笑⑬。今欲以先王之政，治当世之民，皆守株之类也⑭。

【注释】

① 不胜：不能忍受。

② 作：兴起。构木为巢：在树上构建鸟窝似的住处。构，构建，组合。说（yuè）：喜欢，这里指爱戴。在这个意义上后来写做"悦"。王（wàng）：统治。号：称。

③ 果蓏（luǒ）：泛指瓜果。蓏：瓜类。蚌（bàng）：带介壳的软体动物。蛤（gé）：蛤蜊。

④ 钻燧：原始时代的取火方法。燧：钻火的木材。化：消除。指用火烧熟食。

⑤ 鲧（gǔn）、禹决渎：鲧和禹先后疏导江河，平息水患。鲧：传说是禹的父亲，治水不成被舜所杀，其子禹又继续治平洪水。决：挖掘，疏导。渎：入海的河流。古称入海的黄河、长江、淮河、济水为"四渎"。

⑥ 桀、纣暴乱：夏桀和商纣残暴昏乱。汤、武征伐：商汤和周武王进行征讨。桀：夏朝末代暴君，被商汤推翻。纣：殷商末代暴君，被周武

375

王推翻。暴乱:暴虐、昏乱。

⑦　如果在夏王朝,还有人在树上筑巢居住、钻木取火,必定被鲧和禹耻笑了。今:如果,含有假设的意思。夏后氏之世:即夏王朝。为:被。

⑧　有在殷、周之世疏导江河,平息水患,必定被商汤、周武耻笑了。

⑨　这样,那么如果在当今之世赞美尧、舜、汤、武、禹的治道,必定被新兴的圣人耻笑了。美:称颂、赞美。新圣:新兴的圣人,指当今的君王。

⑩　因此圣人不期望学习古代,不效法长久不变的成规,研究当代社会的实际情况,据此采取相应的措施。修:学习。法:效法。常可:长久不变的成规。论:考虑,研究。事:情况。备:措施。

⑪　耕者:农夫。株:伐木后剩余的树桩。走:跑。触:碰撞。折颈:折断脖子。

⑫　因:于是。释:放下。耒(lěi):古代翻土用的工具,泛指农具。冀:希望。复:再,又。

⑬　身:自身,自己。

⑭　现在想要用先王的政治措施治理当代的民众,都是守株待兔一类的人。

　　古者丈夫不耕,草木之实足食也;妇人不织,禽兽之皮足衣也①。不事力而养足,人民少而财有余,故民不争②。是以厚赏不行,重罚不用,而民自治③。今人有五子不为多,子又有五子,大父未死,而有二十五孙④。是以人民众而货财寡,事力劳而供养薄,故民争⑤。虽倍赏累罚,而不免于乱⑥。

【注释】

①　古代男子不耕种,草木的果实足够吃了;妇女不纺织,禽兽的毛皮足够穿了。丈夫:古代成年男子的通称。实:果实。衣:穿。

376

② 不用力劳作而生活资料充足，人民少而资财有剩余，因此民众不争夺。事力：用力劳作。养：给养，生活资料。

③ 所以，不进行厚赏，不使用重罚，而民众自然得到治理。自治：自然得到治理。

④ 大父：祖父。

⑤ 因此百姓众多而财物短缺，用力劳苦而生活资料不足，所以民众争夺。寡、薄：少，不足。

⑥ 即使加倍赏赐和屡次处罚，而不免于混乱。倍：加倍。累（lěi）：屡次。

尧之王天下也，茅茨不翦，采椽不斫①；粝粢之食，藜藿之羹②，冬日麑裘，夏日葛衣③；虽监门之服养不亏于此矣④。禹之王天下也，身执耒臿以为民先，股无胈，胫不生毛⑤；虽臣虏之劳不苦于此矣⑥。以是言之，夫古之让天子者，是去监门之养而离臣虏之劳也，故传天下而不足多也⑦。今之县令，一日身死，子孙累世絜驾，故人重之⑧。是以人之于让也，轻辞古之天子，难去今之县令者，薄厚之实异也⑨。夫山居而谷汲者，膢腊而相遗以水；泽居苦水者，买庸而决窦⑩。故饥岁之春，幼弟不饷；穰岁之秋，疏客必食⑪。非疏骨肉爱过客也，多少之实异也⑫。是以古之易财，非仁也，财多也⑬；今之争夺，非鄙也，财寡也⑭。轻辞天子，非高也，势薄也⑮；重争士橐，非下也，权重也⑯。故圣人议多少、论薄厚为之政，故罚薄不为慈，诛严不为戾，称俗而行也⑰。故事因于世，而备适于事⑱。

【注释】

① 盖在屋顶的茅草不修剪，栎木做的椽子不砍削。这是住处简陋。茅茨（cí）：盖在屋顶的茅草。翦：修剪。采椽（chuán）：栎木做的椽

子。采:通"棵",栎(lì)木。斲(zhuó):砍削。

② 吃着粗糙的米,喝着野菜的汤。这是指饮食粗劣。粝(lì):粗米。粢(cí):小米。藜(lí):野菜。藿(huò):豆叶。羹:带汁的肉食,这里指菜汤。

③ 冬天穿鹿皮,夏天穿葛衣。这是指穿衣简单。麑(ní)裘:鹿皮衣。麑:小野鹿,泛指小兽。葛衣:葛布衣。用葛藤的纤维织成。

④ 即使看门人的穿、吃都不会比这种生活贫乏的了。监门:看门人。服:穿的。养:给养,指吃的。亏:亏欠,贫乏。

⑤ 身执耒臿:亲自拿着农具。身:亲身,亲自。臿(chā):古代铲土的农具,类似后世的锹。以为民先:作为民众的表率。先:表率。股:大腿。胈(bá):腿上的细毛。胫(jìng):小腿。

⑥ 即使是奴隶的劳累也不会比这样更辛苦的了。臣虏:泛指奴隶。

⑦ 由此说来,古人辞让天子,是脱离像看门人一样的生活,摆脱奴隶的劳苦,因此把天下传给别人不值得称赞。多:称赞。

⑧ 现在的县令,一旦自身死亡,他的子孙几代都能乘坐车马,所以人们看重这个职位。累世:连续几代。絜(xié)驾:约车系马。这里指乘坐车马。絜:约束。驾:驾马拉车。重:看重,重视。

⑨ 因此,人们对于让位这件事,轻易地辞去古代的天子,难以辞去当今的县令,是因为利益多少的实际情况不同。薄厚:利益的多少、大小、轻重。

⑩ 在山上居住而在山谷中打水的人,节日里用水作为礼物相互赠送;住在沼泽地区而苦于水患的人,却要雇人挖渠排水。汲(jí):打水。媵(lóu)腊:泛指节日。媵:古代楚人二月间祭祀饮食神的节日。腊:古人在年终祭祀百神的节日。遗(wèi):赠送。泽:沼泽,低湿之地。买庸:雇工。决窦(dòu):挖渠排水。

⑪ 因此荒年的春天,即使是自己幼小的弟弟也不能给他食物;丰年的秋天,即使疏远的过客也会供给食物。饥岁:荒年。饷(xiǎng):给予食物,款待。穰(ráng)岁:丰年。疏客:疏远的过客。食(sì):供

378

给食物。

⑫ 这样做并非是疏远自己的骨肉而偏爱外来的路人,是因为粮食多少的实际情况不同。

⑬ 因此古代的人轻视财物,并不是有仁爱之心,是因为财物多。易:轻视。

⑭ 现在的人发生争夺,并不是因为他们贪鄙,而是因为财物少。鄙:贪鄙。

⑮ 轻易地辞让天子之位,并非品德高尚,是因为古代君主的权势微薄。高:人品高尚。

⑯ 今天的人们看重并且争取为官,投靠权贵,并非品德低下,是因为官位高、权势重。士:通"仕",为官。橐(tuó):通"托",投靠。指投靠权贵。下:人品低下。

⑰ 因此圣人要研究财物的多少,考虑权势的轻重,为社会制定政令,所以处罚轻不算仁慈,惩治重不算暴虐,要适应社会习俗而行事。议、论:研究,考虑。罚:处罚。慈:仁慈。诛:惩治。戾(lì):暴虐。称:适应。

⑱ 所以情况随着时代的发展而变化,措施要适应实际情况而制定。因:随着。备:措施。

古者文王处丰、镐之间,地方百里,行仁义而怀西戎,遂王天下①。徐偃王处汉东,地方五百里,行仁义,割地而朝者三十有六国②;荆文王恐其害己也,举兵伐徐,遂灭之③。故文王行仁义而王天下,偃王行仁义而丧其国,是仁义用于古而不用于今也④。故曰:世异则事异⑤。当舜之时,有苗不服,禹将伐之,舜曰:"不可。上德不厚而行武,非道也⑥。"乃修教三年,执干戚舞,有苗乃服⑦。共工之战,铁铦短者及乎敌,铠甲不坚者伤乎体,是干戚用于古不用于今也⑧。故曰:事异则备变⑨。上古竞于道德,中古逐于智

379

谋,当今争于气力⑩。齐将攻鲁,鲁使子贡说之⑪。齐人曰:"子言非不辩也,吾所欲者土地也,非斯言所谓也⑫。"遂举兵伐鲁,去门十里以为界⑬。故偃王仁义而徐亡,子贡辩智而鲁削⑭。以是言之,夫仁义辩智非所以持国也⑮。去偃王之仁,息子贡之智,循徐、鲁之力,使敌万乘,则齐、荆之欲不得行于二国矣⑯。

【注释】

① 古时候周文王住在丰、镐两地之间,拥有的土地只有方圆一百里,施行仁义而使西戎归附,随即统治了天下。文王:姓姬名昌,殷纣王时为西伯,也称伯昌。周人的祖先原住在豳(bìn)(在今陕西旬邑县境),后迁到岐山脚下(今陕西岐山)。到姬昌时,建都丰邑(在今陕西户县东)。武王姬发灭纣后,在丰邑以东另建新都镐(hào)(今陕西西安西南)。怀:安抚,使……归附。西戎:我国古代西北部的少数民族。

② 徐偃王居住在汉水以东,拥有的土地有方圆五百里,实行仁义,诸侯献地而朝见他的就有三十六国。徐偃王:周穆王时徐国国君,统辖今淮泗一带,徐国都城在今安徽泗县。徐偃王统治时徐国盛极一时。

③ 楚文王害怕徐偃王危害楚国,起兵攻打徐国,最终灭亡了徐国。荆文王:即楚文王。荆是楚的别称。这一史实有误,楚文王是春秋时期的人,比徐偃王晚三百年,此处"文王"之"文"当为衍文。

④ 丧:失。用:适用。

⑤ 所以说:时代不同了,那么实际情况也就不同了。

⑥ 当舜的时候,苗族不肯臣服,禹将要讨伐它,舜说:"不行。崇尚道德不够充分而使用武力,不合道义。"有苗:又称三苗,我国古代居住于长江流域的少数民族。"有"为名词词头,无实义。上:通"尚",崇尚。厚:多,充分。行武:使用武力。

⑦ 于是整治德教,经过三年,他们手执盾牌和大斧向苗族舞蹈,表示停

380

止武力,提倡德教,苗族才臣服。干:盾牌。戚:大斧。

⑧ 与共工作战的时候,兵器短的人就被敌人刺杀,铠甲不坚固的人就伤到身体,这就证明手执盾牌、大斧舞蹈使人臣服的办法只适用于古代,而不适用于今天。共工:古代部落的一个首领,传说他曾同颛顼(zhuān xū)争为帝。因为那时尚无铁器,"共工"疑为"巩公"之误。巩公为春秋时期周朝卿士,曾与王子朝作战,事见《左传·昭公二十二年》。铦(xiān):铦一类的兵器。及乎敌:被敌及,被敌人刺杀。及:触及,指刺杀。伤乎体:伤到身体。这里强调今世武备的重要性,与前文"执干戚舞,有苗乃服"形成鲜明对照。

⑨ 所以说:事情不同了,采取的措施也应该变化。

⑩ 上古的人在道德上一争高下,中古的人在智谋上一争胜负,今世之人在实力上一争强弱。竞:比赛、争胜。逐:角逐。气力:指实力。

⑪ 子贡:姓端木,名赐,字子贡,孔子的弟子。说(shuì):游说、劝阻。

⑫ 您的言论并非不雄辩,只是我们想要的是土地,并不是那些言论所说的大道理。

⑬ 接着发兵讨伐鲁国,一直打到距离鲁国国都城门十里远的地方作为边界。去:距离。门:鲁国国都城门。界:边界。

⑭ 所以徐偃王行仁义而徐国灭亡,子贡用辩智而鲁国被削减了大片土地。削:削减。

⑮ 按照这个情况说来,仁义辩智不是用来保护国家的办法。持:保护,维持。

⑯ 放弃徐偃王的仁义,停止子贡的辩智,凭借徐国、鲁国的力量,来抵御大国,那么齐国、楚国的侵略欲望便无法在徐、鲁两国实现了。去:放弃。息:止。循:凭借。敌:抵御。万乘(shèng):指拥有万辆兵车的大国。

【评析】

韩非子深刻认识到,社会是不断变化的,不同的社会有不同的问题需要解决，不能墨守成法，要根据实际情况的变化采取适当的措施，因此，"不期修古，不法常可，论事之事，因为之备"。同样的事情，也会因为时代不同，采取的态度和应对的方法应该有所不同，需要"称俗而行"，因此，"事因于世，而备适于事"。不同的问题，需要不同的措施解决，没有永远相同的问题，也没有一成不变的措施，所以，"世界则事异"，"事异则备变"。

韩非子正视现实，直面人生，以与时俱进的观点，从动态上认识和把握社会历史的变化，批判了迷信古人、因循守旧、思想僵化、不求进取的陈腐观念，符合客观事物的发展规律，从而为完善法家学说奠定了理论基础，发挥了重要作用。这种思想观念，对于当今改革创新，解放思想，也具有现实的借鉴意义。

四、民者万世之本

《新书》

【题解】

本文节选自贾谊《新书·大政上》，题目是后加的。万世之本，长久统治的根本。

贾谊(公元前200—前168年)，西汉洛阳(今河南洛阳)人，西汉著名的政论家和文学家。他十八岁以文才出名，二十多岁被汉文帝召为博士，一年后就破格升为太中大夫，深受文帝的信任和重用。因为他在政治法制方面提出很多改革建议，遭到众多权贵老臣的嫉妒和诋毁，攻击他"专欲擅权，纷乱诸事"(《史记·屈原贾谊列传》)，文帝逐渐疏远了他，被贬为长沙王太傅。四年后，被召回京诚，改任梁怀王(文帝少子)太傅，其间曾多次上疏陈事，未受重用,郁郁不得志。后因梁怀王骑马摔死,贾谊自伤没有尽到太傅的责任,难以实现政治抱负,经常哭泣,忧闷而终,年仅三十三岁。

贾谊总结了秦王朝兴亡盛衰的经验教训,顺应西汉封建大一统的历史潮流,对汉代初年的尖锐矛盾和政治危机进行了深刻剖析,提出了完整而现实的治国理论。其内容主要是加强皇权,削弱诸侯,广施仁义,以民为本,严守礼义,维护法律,明确贵贱,移风易俗,重视农业,发展经济,怀柔匈奴,和睦共处,以建立和巩固长治久安的封建帝国。贾谊的政治主张不仅在当时被统治者采纳行用,而且对后世产生重要影响。

《新书》又称《贾子》,共十卷,是贾谊政论著作,收入《过秦论》、《大政》等五十八篇,文风犀利,议论激切,切中时弊,雄辩有力,受到高度评价。西汉学者刘歆说:"汉朝之儒,唯贾生而已!"(《汉书·楚元王传》)鲁迅说贾谊的作品"沾溉后人,其泽甚远"(《汉文学史纲要》)。今人王洲明、徐超的《贾谊集校注》,李尔钢的《新书全译》,方向东的《贾谊集汇校集解》等,可供参考。

夫民者,万世之本也,不可欺①。凡居于上位者,简士苦民者是谓愚,敬士安民者是谓智②。夫愚智者,士民命之也③。故夫民者,大族也,民不可不畏也④。故夫民者,多力而不可适也⑤。鸣呼!戒之哉!戒之哉⑥!与民为敌者,民必胜之⑦。君能为善,则吏必能为善矣;吏能为善,则民必能为善矣⑧。故民之不善也,吏之罪也;吏之不善也,君之过也⑨。鸣呼!戒之戒之!

【注释】

① 民众,是长久统治的根本,不能欺骗。

② 凡是居于高位的统治者,怠慢士人、祸害民众的人就是愚蠢的,尊敬

士人、爱护民众的人就是明智的。简:怠慢。苦:使……痛苦,祸害。智:明智。

③ 愚蠢与明智,是由对士民的态度决定的。命:命名,决定。

④ 因此,民众是广大的群众,民众是不能不畏惧的。大族:广大的群众。族:众多。

⑤ 所以民众,力量很大,不能敌对。多力:力量巨大。适:通"敌",敌对。

⑥ 戒之哉:要警惕这个问题啊!

⑦ 与民为敌的人,民众必定战胜他。胜:战胜。

⑧ 君王能够做好事,那么官吏必定能够做好事;官吏能够做好事,那么民众必定能够做好事。善:好,好事。

⑨ 所以民众不好,是官吏的罪过;官吏不好,是君王的罪过。罪:罪过。

　　故夫士民者,率之以道,然后士民道也;率之以义,然后士民义也;率之以忠,然后士民忠也;率之以信,然后士民信也①。故为人君者,其出令也,其如声;士民学之,其如响②。其为政也,其如形;曲折而从君,其如景矣③。呜呼! 戒之哉! 戒之哉! 君乡善于此,则伕伕然协,民皆乡善于彼矣,犹景之象形也④;君为恶于此,则哼哼然协,民皆为恶于彼矣,犹响之应声也⑤。是以圣王而君子乎,执事而临民者,日戒慎一日,则士民亦日戒慎一日矣,以道先民也⑥。

【注释】

① 因此对于民众,君王用道德来率领他们,然后士民就遵守道德;以仁义来率领他们,然后士民就遵守仁义;用忠诚来率领他们,然后士民就遵守忠诚;用信用来率领他们,然后士民就遵守信用。率

(shuài):率领,领导。

② 所以作为君王,他发出的命令就如同声音一样,士民学习就如同回声一样。响:回声。

③ 君王为政如同形体一样,士民委曲变化而跟随君王就如同影子一样。曲折:委曲变化。从:跟随。景(yǐng):影子。在这个意义上后来写做"影"。

④ 君王在这里做好事,那么逸乐和谐,民众都在那里做好事,如同影子随形一样。乡善:向善,行善。佚(yì)佚然:逸乐的样子。协:和谐,协同。犹:好像,如同。

⑤ 君王在这里做坏事,那么迟缓协同,民众都在那里做坏事,如同回响应声一样。彼:那,和"此"相配。啍(tūn)啍然:迟缓的样子。

⑥ 所以,圣王及君子啊,执掌事务而治理民众的人,每天都警惕慎重,那么士民也每天警惕慎重,要先于民众做出道德的榜样啊。而:和,及。执事:执掌事务。临民:治理民众。以道先民:先于民众做出道德的榜样。

道者,圣王之行也;文者,圣王之辞也;恭敬者,圣王之容也;忠信者,圣王之教也①。夫圣人也者,贤智之师也;仁义者,明君之性也②。故尧、舜、禹、汤之治天下也,所谓明君也,士民乐之,皆即位百年然后崩,士民犹以为大数也③。桀、纣所谓暴乱之君也,士民苦之,皆即位数十年而灭,士民犹以为大久也④。故夫诸侯者,士民皆爱之,则其国必兴矣;士民皆苦之,则国必亡矣⑤。故夫士民者,国家之所树而诸侯之本也,不可轻也⑥。呜呼!轻本不祥,实为身殃⑦。戒之哉!戒之哉!

【注释】

① 道德,是贤明君王的行为;典籍,是贤明君王的言辞;恭敬,是贤明君

385

王的仪容;忠信,是贤明君王的教诲。文:典籍。

② 贤明君王,是贤智之士的先师;仁义,是贤明君王的本性。贤智:贤智之士。

③ 因此尧、舜、禹、汤治理天下,称为明君,士民喜欢他们,都即位百年然后离世,士民仍然认为太短促了。乐之:以他们为乐,喜欢他们。即位:登上天子位。犹:仍然,还是。大数(tài cù):太速,太促。数:通"促"。

④ 桀、纣称为暴乱的君王,士民厌苦他们,都即位数十年而灭亡,士民仍然认为太长久了。苦之:以他们为苦,厌苦他们。

⑤ 所以那些诸侯们,士民都喜欢他们,那么他们的国家必定兴盛;士民都厌苦他们,那么国家必定灭亡。

⑥ 所以士民,是国家所立之由而诸侯处世之本,不能轻视。树:立。

⑦ 轻视根本是不吉祥的,实际上在招致自身的祸殃。

【评析】

作者认为,民者万世之本,是国家最大的政事,关系到人心的向背,国家的存亡,因此,民众不可欺骗,更不能轻视:一方面,广大民众的力量是巨大的,与民为敌必定失败,所以,怠慢祸害民众是愚蠢的,尊敬爱护民众才是明智的;另一方面,人君和官吏自身行为具有表率引导作用,在上者向善则民众向善,在上者为恶则民众为恶,如影随形,如响应声,不能不时时警惕,慎重对待,所以必须先于民众做出道德的榜样。

早在两千多年前,贾谊就总结了先秦以来的历史经验教训,针对社会现实,反复地申明和告诫这个重要的问题,应该引起为政者高度重视。

五、廉颇蔺相如列传

《史记》

【题解】

本文节选自司马迁《史记·廉颇蔺相如列传》。廉颇，战国时期赵将。赵惠文王时，率师破齐，取晋阳，拜为上卿。蔺相如，战国时期赵国宦者令缪贤舍人，后因完璧归赵和渑池之会上功大拜为上卿，位在廉颇之上。廉颇自以为功高，欲在众人面前羞辱他，蔺相如以国家利益为重主动避让。廉颇闻之，深为羞愧，肉袒负荆请罪，与蔺相如结为刎颈之交，终成将相和。

司马迁及《史记》的简介见第三单元《西门豹治邺》的题解。

廉颇者，赵之良将也。赵惠文王十六年，廉颇为赵将伐齐，大破之，取阳晋，拜为上卿，以勇气闻于诸侯①。蔺相如者，赵人也，为赵宦者令缪贤舍人②。

赵惠文王时，得楚和氏璧③。秦昭王闻之，使人遗赵王书，愿以十五城请易璧④。赵王与大将军廉颇诸大臣谋：欲予秦，秦城恐不可得，徒见欺；欲勿予，即患秦兵之来⑤。计未定，求人可使报秦者，未得⑥。宦者令缪贤曰："臣舍人蔺相如可使。"王问："何以知之⑦？"对曰："臣尝有罪，窃计欲亡走燕，臣舍人相如止臣⑧，曰：'君何以知燕王？'臣语曰：'臣尝从大王与燕王会境上，燕王私握臣手，曰愿结友。以此知之，故欲往。'相如谓臣曰：'夫赵强而燕弱，而君幸于赵王，故燕王欲结于君。今君乃亡赵走燕，燕畏赵，其势必不敢留君，而束君归赵矣⑨。君不如肉袒伏斧质请罪，则幸得

387

脱矣⑩。'臣从其计,大王亦幸赦臣。臣窃以为其人勇士,有智谋,宜可使⑪。"於是王召见,问蔺相如曰:"秦王以十五城请易寡人之璧,可予不?"相如曰:"秦强而赵弱,不可不许。"王曰:"取吾璧,不予我城,奈何⑫?"相如曰:"秦以城求璧而赵不许,曲在赵;赵予璧而秦不予赵城,曲在秦。均之二策,宁许以负秦曲⑬。"王曰:"谁可使者?"相如曰:"王必无人,臣愿奉璧往使。城入赵而璧留秦;城不入,臣请完璧归赵⑭。"赵王於是遂遣相如奉璧西入秦⑮。

【注释】

① 赵惠文王十六年:公元前283年。赵惠文王:战国时期赵国国君,公元前298年至前266年在位。阳晋:在今山东郓城西。上卿:战国时诸侯国最高级别的官位。闻于诸侯:在诸侯间闻名。

② 宦者令:宦官的首领。缪(miào)贤:宦者令名。舍人:门客。

③ 和氏璧:由楚国人卞和发现的一块宝玉雕凿而成,称"和氏璧",非常名贵。

④ 秦昭王:也称昭襄王,战国时期秦国国君,公元前306年至前251年在位。遗(wèi):送给。易:交换。

⑤ 徒:白白地,空。见欺:被欺骗。患:担心,担忧。

⑥ 商议未定,寻求可以出使回复秦国的人,尚未得到合适的人选。报:回答,回复。

⑦ 何以:以何,凭什么?

⑧ 尝:曾经。窃计:私下打算。亡:逃亡。走燕:跑到燕国。止:制止。

⑨ 幸于赵王:被赵王宠幸。束:束缚,捆绑。

⑩ 肉袒伏斧质:赤身伏在斧质上。斧质:腰斩的刑具。幸:侥幸。脱:免罪。

⑪ 宜可使:应该可以派遣。

⑫ 奈何:怎么办?

⑬ 曲:理曲,理亏。均之二策:比较这两种对策。宁许以负秦曲:宁可答应给秦国和氏璧,使秦国承担理亏的责任。

⑭ 必:如果。完璧归赵:把完整的和氏璧归还赵国。

⑮ 奉:捧,手持。西入秦:向西进入秦国。

秦王坐章台见相如,相如奉璧奏秦王①。秦王大喜,传以示美人及左右,左右皆呼万岁②。相如视秦王无意偿赵城,乃前曰:"璧有瑕,请指示王③。"王授璧,相如因持璧却立,倚柱,怒发上冲冠④,谓秦王曰:"大王欲得璧,使人发书至赵王,赵王悉召群臣议,皆曰'秦贪,负其强,以空言求璧,偿城恐不可得⑤'。议不欲予秦璧。臣以为布衣之交尚不相欺,况大国乎⑥!且以一璧之故逆强秦之欢,不可⑦。於是赵王乃斋戒五日,使臣奉璧,拜送书于庭。何者?严大国之威以修敬也⑧。今臣至,大王见臣列观,礼节甚倨;得璧,传之美人,以戏弄臣⑨。臣观大王无意偿赵王城邑,故臣复取璧⑩。大王必欲急臣,臣头今与璧俱碎于柱矣⑪!"相如持其璧睨柱,欲以击柱⑫。秦王恐其破璧,乃辞谢固请,召有司案图,指从此以往十五都予赵⑬。

相如度秦王特以诈详为予赵城,实不可得⑭。乃谓秦王曰:"和氏璧,天下所共传宝也,赵王恐,不敢不献。赵王送璧时,斋戒五日,今大王亦宜斋戒五日,设九宾于廷,臣乃敢上璧⑮。"秦王度之,终不可强夺,遂许斋五日,舍相如广成传舍⑯。相如度秦王虽斋,决负约不偿城,乃使其从者衣褐,怀其璧,从径道亡,归璧于赵⑰。

秦王斋五日后,乃设九宾礼于廷,引赵使者蔺相如⑱。相如至,谓秦王曰:"秦自缪公以来二十余君,未尝有坚明约束者也⑲。臣诚恐见欺于王而负赵,故令人持璧归,间至赵矣⑳。且秦强而赵弱,大王遣一介之使至赵,赵立奉璧来㉑。今以秦之强而先割十五都予赵,赵岂敢留璧而得罪於大王乎㉒?臣知欺大王之罪当诛,臣请就汤镬㉓。唯大王与群臣孰计议之㉔。"秦王与群臣相视而嘻㉕。左右或欲引相如去,秦王因曰:"今杀相如,终不能得璧也,而绝秦赵之欢,不如因而厚遇之,使归赵,赵王岂以一璧之故欺秦邪㉖!"卒廷见相如,毕礼而归之㉗。相如既归,赵王以为贤大夫,使不辱于诸侯,拜相如为上大夫㉘。秦亦不以城予赵,赵亦终不予秦璧。

【注释】

①　章台:秦国宫殿,在今陕西长安西南。奏:进献。

②　示:给……看。美人:后宫嫔妃。左右:侍从之臣。万岁:欢呼声。

③　瑕:瑕疵,斑点。指示:指给……看。

④　却立:退回站立。倚:靠。怒发上冲冠:头发竖立,好像冲动了帽子。极言愤怒的情态。

⑤　负其强:倚仗着他们的强大。负:凭借,倚仗。

⑥　布衣之交:普通百姓的交往。

⑦　逆强秦之欢:伤害了强秦的欢心。逆:拂逆,伤害。

⑧　斋戒:古代祭祀之前,主祭者沐浴更衣,清静素食,诚心诚意地准备敬神,称为斋戒。这里说赵王斋戒,是表示赵王对送玉特别重视。拜送书于庭:在朝廷上行礼,送出国书。严:尊敬,敬重。修敬:致以敬意。

⑨　列观(guàn):非正殿的宫殿,指章台。倨(jù):傲慢。戏弄:玩弄,调笑。

⑩　复:再,又。

⑪　急:逼迫。碎:击破。

⑫　睨(ní):斜视。

⑬ 辞谢:婉言道谦。固请:坚决请求。召有司案图:传唤管理版图的官员察看地图。都:城。

⑭ 度(duó):估计,推测。特:只是。详:通"佯",假装。实:实际上。

⑮ 天下所共传宝:天下公认的宝物。设九宾于廷:在朝廷上设置九个迎宾礼赞的官吏。上:敬上。

⑯ 舍相如广成传(zhuàn)舍:把相如安置在广成传舍。广成:传舍名。传舍:等于今天的宾馆。

⑰ 衣褐:穿着粗布便衣,即化装成百姓的样子。径道:便道,小路。

⑱ 引:延请,迎接。

⑲ 缪公:指秦穆公,春秋五霸之一,公元前659年至前621年在位。坚明约束:坚守信约。

⑳ 见欺于王而负赵:被大王欺骗而有负于赵国。间至赵:从小路回到赵国。间:从间道,即从径道。

㉑ 一介之使:一个使者。立:立刻,立即。

㉒ 以秦之强:凭着秦国的强大。

㉓ 诛:杀。就汤镬(huò):受汤镬之刑。用滚汤烹煮受刑者。镬:无足的大锅。

㉔ 唯:希望。孰:仔细。在这个意义上后来写做"熟"。

㉕ 嘻:表示惊讶又愤怒的声音。

㉖ 引相如去:拉相如去处死。因而厚遇之:就此很好地招待他。赵王岂以一璧之故欺秦邪:赵王难道会因一块璧玉的缘故欺骗秦国吗?

㉗ 终于在朝廷上接见相如,完成礼仪而让他回去。卒:终于。毕礼:完成礼仪。

㉘ 使不辱于诸侯:出使在诸侯国不受欺侮。上大夫:大夫中最高的官阶,次于卿。

其后秦伐赵,拔石城①。明年,复攻赵,杀二万人。秦王使使者告赵王,欲与王为好会於西河外渑池②。赵王畏秦,欲毋行。廉颇、蔺相如计曰:"王不行,示赵弱且怯也③。"赵王遂行,相如从。廉颇送至境,与王诀曰:"王行,度道里会遇之礼毕,还,不过三十日。三十日不还,则请立太子为王。以绝秦望④。"王许之,遂与秦王会渑池。秦王饮酒酣,曰:"寡人窃闻赵王好音,请奏瑟⑤。"赵王鼓瑟。秦御史前书曰:"某年月日,秦王与赵王会饮,令赵王鼓瑟⑥。"蔺相如前曰:"赵王窃闻秦王善为秦声,请奉盆缶秦王,以相娱乐⑦。"秦王怒,不许。于是相如前进缶,因跪请秦王。秦王不肯击缶。相如曰:"五步之内,相如请得以颈血溅大王矣⑧!"左右欲刃相如,相如张目叱之,左右皆靡⑨。於是秦王不怿,为一击缶。相如顾召赵御史书曰:"某年月日,秦王为赵王击缶⑩。"秦之群臣曰:"请以赵十五城为秦王寿。"蔺相如亦曰:"请以秦之咸阳为赵王寿⑪。"秦王竟酒,终不能加胜于赵⑫。赵亦盛设兵以待秦,秦不敢动⑬。

【注释】

① 其后:指赵惠文王十八年(公元前281年)。拔:攻克。石城:在今河南林县西南。

② 为好:建立友好关系。西河:秦晋之间的一段黄河,称"西河"。渑池在西河以东,因此称"西河外"。渑(miǎn)池:今河南渑池。

③ 毋行:不去。毋:不,不要。弱且怯:软弱而且胆怯。

④ 诀(jué):告别。度(duó)道里会遇之礼毕:估计在路上行走到会见礼仪完毕。绝秦望:断绝秦国的愿望。指秦国可能会扣留赵王为人质,进行要挟,侵犯赵国。

⑤ 饮酒酣:饮酒到高兴的时候。好音:喜爱音乐。奏瑟:弹瑟,鼓瑟。

⑥ 御史:战国时史官称"御史"。前书:上前记录。

⑦ 请奉盆缶秦王:请给秦王献上盆缶。意思是要秦王击缶为乐。缶:瓦罐。

⑧　以颈血溅大王：把我颈中之血溅在大王身上。意思是与秦王拼命。

⑨　刃：杀。张目叱之：瞪大眼睛怒斥。靡：退却。

⑩　怿(yì)：喜悦，高兴。顾：回头。

⑪　寿：祝福，贺礼。咸阳：秦国都城，在今陕西咸阳东。

⑫　竟酒：酒宴完毕。加胜于赵：更胜于赵国，比赵国更占上风。加：更。

⑬　盛设兵以待秦：大量部署军队而等待秦国进犯。

　　既罢归国，以相如功大，拜为上卿，位在廉颇之右①。廉颇曰："我为赵将，有攻城野战之大功，而蔺相如徒以口舌为劳，而位居我上②。且相如素贱人，吾羞，不忍为之下③。"宣言曰："我见相如，必辱之④。"相如闻，不肯与会⑤。相如每朝时，常称病，不欲与廉颇争列⑥。已而相如出，望见廉颇，相如引车避匿⑦。于是舍人相与谏曰："臣所以去亲戚而事君者，徒慕君之高义也⑧。今君与廉颇同列，廉君宣恶言而君畏匿之，恐惧殊甚，且庸人尚羞之，况于将相乎⑨！臣等不肖，请辞去⑩。"蔺相如固止之，曰："公之视廉将军孰与秦王⑪？"曰："不若也⑫。"相如曰："夫以秦王之威，而相如廷叱之，辱其群臣，相如虽驽，独畏廉将军哉⑬？顾吾念之，强秦之所以不敢加兵于赵者，徒以吾两人在也⑭。今两虎共斗，其势不俱生⑮。吾所以为此者，以先国家之急而后私仇也⑯。"廉颇闻之，肉袒负荆，因宾客至蔺相如门谢罪⑰。曰："鄙贱之人，不知将军宽之至此也⑱。"卒相与欢，为刎颈之交⑲。

【注释】

①　右：上。

②　徒以口舌为劳：只是凭着言词立下功劳。

③　素贱人：本是出身卑贱的人。指相如曾是宦者令的舍人。不忍为之下：不愿意自己的职位在他之下。

393

④ 宣言:扬言。辱之:羞辱他。

⑤ 与会:与他见面。

⑥ 争列:争位次的上下。

⑦ 已而:不久,过些时候。避匿:躲避隐藏。

⑧ 我们离开亲戚而事奉您的原因,只是仰慕您的崇高的品德。去:离开。徒:只是。高义:崇高的品德。

⑨ 恐惧殊甚:非常害怕。庸人:一般人,普通人。

⑩ 不肖:不才。辞:告辞。

⑪ 固止之:坚决制止他们。公之视廉将军孰与秦王:你们看廉将军与秦王相比谁厉害?

⑫ 比不过秦王。

⑬ 凭着秦王那样的威风,我都能在朝廷上叱责他,羞辱他的群臣,我虽然愚钝,难道害怕廉将军吗?驽(nú):愚顿,无能。独:难道。

⑭ 不过我考虑,强大的秦国不敢向赵国发动战争,只是因为我们两个人存在。顾:不过。徒:只是。

⑮ 现在两只老虎一起打斗,其势不能共存。俱:共同,一起。

⑯ 我所以这样做,是因为先考虑国家的急难而把私人的怨仇放在后面啊!

⑰ 负荆:背着荆条。表示甘愿接受责罚。因宾客:靠着宾客引导。谢罪:道谦认罪。

⑱ 卑贱之人:卑下低贱的人。这是廉颇的自谦之辞。将军:上卿可以兼任将相,所以称相如为将军。宽:宽厚,宽容。

⑲ 最终他们建立交情,结为誓同生死的朋友。刎颈:杀头。表示杀头也不后悔。

【评析】

　　蔺相如出身低微,机智勇敢,长于谋划,勇于任事。在和氏璧引起的国家危机中,他有理有节,从容应对,智斗秦王,完璧归赵;

在秦赵渑池之会上,他与廉颇互相配合,果敢有为,舍身奋起,力挫强秦,维护了赵国的尊严;面对廉颇的个人意气之争,他"先国家之急而后私仇",主动回避,委屈忍让,以自己的高风亮节,感动了廉颇,促成了"将相和"。如此爱国精神和大局意识,受到后世的高度赞扬。而廉颇身为大将,能够知错就改,负荆请罪,也成为历史上的一段佳话。

如今,戏剧舞台上还在演出《将相和》,反映了传统的理想人格、价值观念和审美追求。只要以工作、事业的大局为重,以民族、国家的长远利益为重,任何个人恩怨、私人意气都是应该也是可以消除的。

六、隆中对

《三国志》

【题解】

本文节选自陈寿《三国志·诸葛亮传》,题目是后加的。隆中,山名,在今湖北襄阳县西,诸葛亮曾隐居于此地。对,对答,应答。

陈寿及《三国志》的简介见第一单元《吕蒙读书》的题解。

诸葛亮,字孔明,琅邪阳都人也①。汉司隶校尉诸葛丰后也②。父圭,字君贡,汉末为太山郡丞③。亮早孤,从父玄为袁术所署豫章太守,玄将亮及亮弟均之官④。会汉朝更选朱皓代玄,玄素与荆州牧刘表有旧,往依之⑤。玄卒,亮躬耕陇亩,好为《梁父吟》⑥。身长八尺,每自比于管仲、乐毅,时人莫之许也⑦。惟博陵崔州平、颍川徐庶元直与亮友善,谓为信然⑧。

【注释】

① 诸葛亮(公元 181—234 年):复姓诸葛,名亮,后来为三国蜀汉丞相。
琅邪阳都:琅邪郡阳都,在今山东沂水南部。

② 汉朝司隶校尉诸葛丰的后代。司隶校尉:掌管纠察朝廷及京都一带
官员的法纪。诸葛丰:字少季,汉文帝时为司隶校尉。后:后人,
后代。

③ 诸葛亮的父亲诸葛圭,字君贡,汉朝末年做过太山郡的郡丞。太山
郡:即泰山郡,汉代郡名,治所在今山东泰安。丞:郡守的副长官。

④ 诸葛亮早年丧父,叔父诸葛玄被袁术委任为代理的豫章太守,诸葛
玄就带领诸葛亮和他的弟弟诸葛均到官署。早孤:早年丧父。从
父:叔父。署:署理,代理。豫章:在今江西南昌。将:带领,携带。
之:到,往。

⑤ 正赶上朝廷改选朱皓替代诸葛玄为豫章太守,诸葛玄平素和荆州刺
史刘表有旧交,便前去投靠他。会:正赶上。更:改。代:替代。素:
平素、平时。荆州牧:荆州刺史,管辖今湖北、湖南地区的官员,治所
在今湖北襄阳。旧:旧交。依:依靠,投靠。

⑥ 诸葛玄死后,诸葛亮亲自在隆中耕种土地,喜爱吟诵《梁父吟》。
卒:死,去世。《梁父吟》:乐府古曲调名,悲壮而慷慨。

⑦ 他身高八尺,经常以管仲、乐毅自比,当时没有谁对此赞同。管仲:
春秋时期辅佐齐桓公成就了霸业。乐(yuè)毅:战国时燕昭王的名
将,曾率领燕、赵、韩、魏、楚五国军队进攻齐国,连下七十余城。莫
之许:莫许之,没有谁对此赞同。许:赞同,认可。

⑧ 只有博陵的崔州平、颍川徐庶与诸葛亮友好,认为确实如此。博陵:
郡治所在今河北蠡县南。崔州平:汉太尉崔烈之子。颍川:郡治所
在今河南禹县。徐庶元直:徐庶,字元直,曾为刘备谋士,后归附曹
操。信然:确实如此。

时先主屯新野①。徐庶见先主,先主器之②,谓先主曰:"诸葛孔明者,卧龙也,将军岂愿见之乎③?"先主曰:"君与俱来④。"庶曰:"此人可就见,不可屈致也,将军宜枉驾顾之⑤。"由是先主遂诣亮,凡三往,乃见⑥。因屏人曰⑦:"汉室倾颓,奸臣窃命,主上蒙尘⑧。孤不度德量力,欲信大义于天下,而智术短浅,遂用猖獗,至于今日⑨。然志犹未已,君谓计将安出⑩?"

【注释】

① 当时刘备屯兵在新野。先主:指刘备。屯:屯兵,驻防。新野:今河南新野。

② 徐庶拜见刘备,刘备很器重他。器:器重。

③ 诸葛孔明,是卧龙,将军或许愿意见他吧?卧龙:比喻隐居未出的杰出人才。当时名人庞德公、司马德操,都称诸葛亮为卧龙,庞统为凤雏。岂:或许,也许。表示揣测、估计。

④ 俱:一起。

⑤ 这个人可以前去拜见他,而不可以委屈地让他前来,将军应该屈尊前往拜访他。就见:往见,拜见。屈致:委屈地让他前来。枉驾:屈尊前往。顾:拜访。

⑥ 因此刘备便亲自前去拜访诸葛亮,共去了三次,才见到诸葛亮。诣(yì):到,去,即拜访。凡:总,共。

⑦ 屏(bǐng)人:让旁人退避。屏:屏退,使……离开。

⑧ 汉王朝崩溃,奸臣专权,皇帝遭难出奔。奸臣:指董卓、曹操等。窃命:窃取皇帝的政令,即专权。蒙尘:指遭难出奔。当时曹操把汉献帝迁到河南许昌,挟天子以令诸侯。

⑨ 我没有估量自己的德行能力,想要在天下伸张大义,而由于智谋浅陋,方略短缺,因而失败,到了今日这样的局面。孤:刘备自称。度、量:估计,衡量。德:德行。力:能力。信(shēn):通"伸",伸张。

智:智慧,智谋。术:方略,方法。短:短缺。浅:浅陋。用:因此。猖
獗:失败。

⑩ 然而我的志向尚未终止,先生说将怎么办? 已:止,终。计将安出:
计谋将从哪里出,即怎么办。

亮答曰:"自董卓已来,豪杰并起,跨州连郡者不可胜数①。曹
操比于袁绍,则名微而众寡,然操遂能克绍,以弱为强者,非惟天
时,抑亦谋人也②。今操已拥百万之众,挟天子以令诸侯,此诚不
可与争锋③。孙权据有江东,已历三世,国险而民附,贤能为之用,
此可以为援而不可图也④。荆州北据汉、沔,利尽南海,东连吴会,
西通巴蜀,此用武之国,而其主不能守,此殆天所以资将军,将军岂
有意乎⑤? 益州险塞,沃野千里,天府之土,高祖因之以成帝业⑥。
刘璋暗弱,张鲁在北,民殷国富而不知存恤,智能之士思得明君⑦。
将军既帝室之胄,信义著于四海,总揽英雄,思贤如渴⑧;若跨有
荆、益,保其岩阻,西和诸戎,南抚夷越,外结好孙权,内修政理⑨;
天下有变,则命一上将将荆州之军以向宛、洛,将军身率益州之众
出于秦川,百姓孰敢不箪食壶浆以迎将军者乎⑩? 诚如是,则霸业
可成,汉室可兴矣⑪!"先主曰:"善!"

【注释】

① 自董卓作乱以来,天下豪杰并起,跨州连郡割据一方的人不可胜数。
董卓:字仲颖,陇西临洮(今甘肃临洮)人,东汉末年任凉州刺史,在
太监乱政期间,他乘机统兵入朝,挟持汉献帝,弄权专政,虐待臣民,
后被杀。此后,形成了军阀割据的局面。并:一起。胜
(shēng):尽。

② 曹操比袁绍声望小而军队少,然而曹操能够打败袁绍,以弱胜强,不
但是时机好,而且也是在于人的谋划得当。曹操:字孟德,谯县(今

398

安徽亳县)人。出身卑微,曾任洛北都尉,骁骑校尉,声望和实力远不及袁绍。袁绍:字本初,汝南(今河南汝南)人。出身公侯世家,东汉末年任冀州牧,占有冀、青、并、幽四州的地方,相当于今辽宁、河北、山东、山西及河南北部一带,实力相当雄厚。汉献帝建安五年(公元200年),袁绍率领数十万大军攻打曹操,曹操仅以数万人马迎敌,由于他善于利用谋士的计策,抓住时机,采取机动灵活的战略战术,终于打败了袁绍。

③ 挟天子以令诸侯:挟持皇帝来号令诸侯。诸侯:指割据四方的军阀。诚:确实,的确。

④ 孙权:字仲谋,他继承父亲孙坚、兄长孙策的基业,占据江东(长江下游)一带,达到鼎盛时期。三世:三代。国险而民附:地形险峻而民众归附。贤能为之用:贤能之士被他使用。援:引用,外援。图:图谋,吞灭。

⑤ 荆州之地北面依傍有汉水、沔水,南面可获得南海的全部利益,东面与吴会相连,西面直通巴蜀,这是用兵之地,而那里的主人刘表不能固守,这大概是上天资助将军的,将军或许有意取它吧? 据:依靠、依傍。南海:在今两广和越南北部地区。吴会(kuài):在今江浙一带。巴蜀:在今四川、重庆一带。其主:那里的主人,指荆州牧刘表,为人优柔寡断,难以对抗曹操。殆:大概,可能。

⑥ 益州地形险要,沃野千里,是物产丰富的天府之地,汉高祖凭借它成就了帝业。益州:包括今四川大部分,云南东部和陕西南部地区。《史记·高祖本纪》:项羽"更立沛公为汉王,王巴、蜀、汉中,都南郑。"后汉王刘邦起兵东向,打败项羽,统一全国,建立汉朝。

⑦ 如今益州牧刘璋昏庸懦弱,张鲁占据着北边的汉中,民众殷实、国家富足而不懂得安抚爱护百姓,有才智能力的人都想得到贤明的君主。刘璋:字季玉,时为益州牧。暗弱:昏庸懦弱。张鲁:字公祺,当时拥兵据守汉中郡。存恤(xù):安抚爱护百姓。

⑧ 帝室之胄(zhòu):皇帝的后代。刘备是汉景帝之子中山靖王刘胜

的后裔。胄：后代。总揽：广泛地罗致。

⑨　保其岩阻：守住两州的险要。诸戎：对西方各少数民族的泛称。夷越：对西南一带少数民族的泛称。结好：交结友好。政理：政治。

⑩　宛、洛：泛指中原。宛：东汉郡名，今河南南阳。洛：东汉国都洛阳，今河南洛阳。身：亲自。秦川：在今陕西、甘肃一带。孰：谁。箪(dān)食壶浆：用竹筐盛着饭，用壶盛着水，指用来慰劳义军。箪：圆形竹筐。

⑪　诚如是：如果像这样。汉室：汉王朝的基业。

　　于是与亮情好日密①。关羽、张飞等不悦，先主解之曰②："孤之有孔明，犹鱼之有水也。愿诸君勿复言③！"羽、飞乃止。

【注释】

①　从此刘备与诸葛亮的情谊日益密切。日：一天比一天，日益。

②　关羽：字云长，河东解（今山西临猗西南）人。张飞：字益德，涿郡（今河北涿县）人。二人为刘备爱将，亲如兄弟。解之：向他们解释。

③　我有了孔明，就像鱼得到了水一样。希望诸位不要再说什么！

【评析】

　　诸葛亮尚未出山，已经对天下大势了如指掌，胸有成竹。他在隆中的一席话，为刘备确立了占据荆州、西取益州、东联孙权、北拒曹操的正确战略方针，从此辅佐刘备，成就了一番事业，最终形成了魏、蜀、吴三国鼎立的局面。所以，对于诸葛亮的远见卓识，后世给予高度评价，同时也给人留下了深刻的启示。

　　孔子说："人无远虑，必有近忧。"（《论语·卫灵公》）"凡事豫则立，不豫则废。"（《礼记·中庸》）这是古人的经验总结。诸葛亮并非神仙，未卜先知，他虽为一介书生，躬耕陇亩，但是胸怀大志，心忧天下，高瞻远瞩，把握全局，审时度势，深谋远虑，才会有如此雄才大略，真知灼见。可见，远虑，豫则立，从战略全局观察思考问题，是任何事业成功的前提条件。无论是个人、团队或单位，都必须具有长远观点和大局意识。

七、涉　务

《颜氏家训》

【题解】

本文选自颜之推《颜氏家训·涉务》。涉务，专心致力。

颜之推及《颜氏家训》的简介见第一单元《学利于行》的题解。

　　士君子之处世，贵能有益于物耳，不徒高谈虚论，左琴右书，以费人君禄位也①。国之用材，大较不过六事②：一则朝廷之臣，取其鉴达治体，经纶博雅③；二则文史之臣，取其著述宪章，不忘前古④；三则军旅之臣，取其断决有谋，强干习事⑤；四则藩屏之臣，取其明练风俗，清白爱民⑥；五则使命之臣，取其识变从宜，不辱君命⑦；六则兴造之臣，取其程功节费，开略有术⑧。此则皆勤学守行者所能辨也⑨。人性有长短，岂责具美于六途哉⑩？但当皆晓指趣，能守一职，便无愧耳⑪。

【注释】

①　读书为官的人生活在社会上，以能够有利于人事万物为可贵，不能只是高谈虚论，弹琴看书，来浪费君王的俸禄和职位。士君子：读书

401

为官的人。贵：以……为贵。益：利。物：指人事，万物。徒：只是。高谈虚论：谈论不实际的事情。虚：空。禄位：俸禄和职位。

② 用材：任用人才。大较：大略。六事：六类，六个方面。

③ 一是朝廷之臣，取用他们的明达治国方略，善于规划管理，学识渊博。鉴达：鉴明通达。治体：治国方略。经纶：规划管理。

④ 二是文史之臣，取用他们的撰写典章制度，不忘古代圣贤教诲。宪章：典章制度。

⑤ 三是军旅之臣，取用他们的处事果断有谋略，坚强干练熟习战事。强干：坚强干练。

⑥ 四是藩屏之臣，取用他们的通晓风俗民情，清正廉洁，爱护百姓。藩屏之臣：拱卫中央、治理地方的官员。藩（fān）：篱笆。屏：屏风。藩屏：指拱卫，保护。明练：明白练达，通晓。

⑦ 五是使命之臣，取用他们的识别变化，便宜行事，不负君王使命。使命之臣：指对外交往、传达君命的官员。

⑧ 六是兴造之臣，取用他们的计量功效，节约费用，开创经营有方。兴造：指土木建筑。程功：计量功效。开略：开创经营。术：方法。

⑨ 这些都是勤于学习、坚守操行的人能够办到的。辨：通"办"。

⑩ 人的才智能力各有长短，怎么能够苛求在这六个方面都完美呢？人性：天资，素养，指人具备的才智能力。责：苛求。六途：即上述六事，六个方面。

⑪ 只要都知晓各自工作的宗旨，能够胜任一种职务，便就问心无愧了。但：只要。指趣：宗旨。

吾见世中文学之士，品藻古今，若指诸掌，及有试用，多无所堪①。居承平之世，不知有丧乱之祸②；处庙堂之下，不知有战陈之急③；保俸禄之资，不知有耕稼之苦④；肆吏民之上，不知有劳役之勤⑤，故难可以应世经务也⑥。

① 我见到社会上从事文学的人,品评古今人物,如同指点手掌那么容易,等到有机会试用他们,大多不能胜任。品藻(zǎo):评价,鉴定。诸:之于。及:等。无:不。堪:胜任。

② 居:平居,生活。承平:长久安定,太平。承:顺承,相承。丧乱:丧国离乱。

③ 庙堂:宫殿,朝廷。这里指在朝廷做官。战陈:对阵交战。陈:阵列。在这个意义上后来写做"阵"。

④ 保:持,占。耕稼:泛指从事农业生产。

⑤ 肆:置身。勤:劳。

⑥ 应世:适应时势。经务:治理政务。

晋朝南渡,优借士族,故江南冠带,有才干者,擢为令、仆已下,尚书郎、中书舍人已上,典掌机要①。其余文义之士,多迂诞浮华,不涉世务;纤微过失,又惜行捶楚,所以处于清高,盖护其短也②。至于台阁令史、主书、监帅,诸王签、省,并晓习吏用,济办时须,纵有小人之态,皆可鞭杖肃督,故多见委使,盖用其长也③。人每不自量,举世怨梁武帝父子爱小人而疏士大夫,此亦眼不能见其睫耳④。

【注释】

① 晋朝南渡长江以后,优待世家大族,因此江南官员士绅有才能的人,提拔到尚书令、仆射以下,尚书郎、中书舍人以上,掌管机密文书工作。晋朝南渡:西晋被前赵所灭,司马睿于公元317年南渡长江,即位为元帝,建都建业(南京),重建政权,史称"东晋"。优借:优待。冠带:指官员士绅。擢:提拔。已:通"以"。机要:机密文书。

② 其余文人,大多迂腐怪诞,浮华不实,不涉及社会实务;下属犯了细

小过失,又舍不得进行鞭打,所以居于清显高位,大概是为掩盖他们的短处。迂:迂腐,陈腐。诞:荒诞,怪诞。捶楚:鞭打。

③ 至于尚书省的令史、主书、监帅,诸王府的典签、省事,都通晓熟习官吏的职责,能够处理必须的事务,即使有不良的表现,都可以进行鞭打严加督促,所以多被任用,这大概是使用他们的长处。台阁:尚书台,泛指中央机构。令史、主书:尚书省的属官,掌管文书。监帅:监督军务的下级官员。签:签帅,又称典签,用来监视诸王的官员。省(xǐng):省事,记录人员、传令之类官员。时须:当时必须处理的事情。纵:即使。小人之态:不良表现。见:被。

④ 人们往往不能衡量自身的能力,普天下都抱怨梁武帝父子喜欢小人而疏远士大夫,这也就像眼睛不能看到睫毛一样罢了。意思是说,那些人抱怨小人尚可差遣,而贵族士大夫却没有实用,是因为不自量的缘故。每:往往。梁武帝:萧衍,字叔达,南北朝时梁朝的开国君王,公元 502 年至 549 年在位。

梁世士大夫,皆尚褒衣博带、大冠高履,出则车舆,入则扶侍,郊郭之内,无乘马者①。周弘正为宣城王所爱,给一果下马,常服御之,举朝以为放达②。至乃尚书郎乘马,则纠劾之③。及侯景之乱,肤脆骨柔,不堪行步,体羸气弱,不耐寒暑,坐死仓猝者,往往而然④。建康令王复,性既儒雅,未尝乘骑,见马嘶喷陆梁,莫不震慑,乃谓人曰:"正是虎,何故名为马乎?"其风俗至此⑤。

【注释】

① 梁朝的士大夫,都崇尚宽衣、大带、高帽和高屐,出门便坐车,回家便扶侍,在城郊以内,没有人骑马的。尚:崇尚。褒衣:宽袍。褒:肥大。博带:大带。高履:高齿木屐。扶侍:挽扶侍奉。

② 周弘正被简文帝的长子宣成王所喜爱,给他一匹矮小的果下马,他

经常驾驭,满朝的大臣都认为他放荡不羁。周弘正:字思行,曾任梁
朝尚书仆射。宣城王:梁简文帝嫡长子,封宣城郡王。果下马:一种
矮小的马,高三尺,骑着它可在果树下行走,因此称"果下马"。

③ 甚至尚书郎骑马,就要受到纠察弹劾。纠:纠察。劾:弹劾。

④ 到了侯景作乱,这些人骨肉柔弱娇嫩,不能步行,身体疲惫,气息虚
弱,经不起寒暑冷热的变化,仓促间坐以待毙,经常出现这种情况。
侯景:字万景。初为北朝魏尔朱荣将,后归高欢。高欢死后,归附梁
朝为河南王。后举兵叛乱,攻破建康,梁武帝萧衍被围台城,饥饿而
死。侯景自立为汉帝,到处烧杀抢掠,长江下游地区遭受极大破坏,
史称侯景之乱。(见《梁书》本传、《南史·贼臣传》)羸(léi):疲惫。

⑤ 建康令王复,性格已经是温文尔雅,又没有骑过马,每次见到马嘶鸣
喷气跳跃,没有不震惊害怕的,竟对旁人说:"一定是老虎,为什么
叫它马呢?"当时的社会风气已经到了这种程度。儒雅:温文尔雅。
陆梁:跳跃的样子。乃:竟。正:一定

　　古人欲知稼穑之艰难,斯盖贵谷务本之道也①。夫食为民天,
民非食不生矣,三日不粒,父子不能相存②。耕种之,莜锄之,刈获
之,载积之,打拂之,簸扬之,凡几涉手,而入仓廪,安可轻农事而贵
末业哉③?江南朝士,因晋中兴,南渡江,卒为羁旅,至今八九世,
未有力田,悉资俸禄而食耳④。假令有者,皆信僮仆为之,未尝目
观起一垄土,耘一株苗;不知几月当下,几月当收,安识世间余务
乎⑤?故治官则不了,营家则不办,皆优闲之过也⑥。

【注释】

① 古人想要人们知道从事农耕的艰难,这大概就是强调珍惜粮食、以
农为本的道理。稼穑(sè):泛指农耕。贵:珍惜,重视。本:根本,
这里指农业。

② 吃饭是民众的头等大事,民众没有粮食不能生存,三天不见米粒,父子间都不能互相关怀问候。天:这里指关系生存的首要条件,头等大事。粒:指米粒,粮食。存:关怀,问候。

③ 生产粮食要耕种、除草、收割、运输堆积、打场脱粒、簸谷扬场,总共多道手续,而后进入粮仓,怎么能够轻视农业而重视手工业商业呢?茠(hāo):通"薅",拔草。锄:锄草松地。刈(yì)获:收割。载积:运输堆积。打拂(fú):打场脱粒。簸(bǒ)扬:簸谷扬场。凡:总共。涉手:经手,指手续。仓廪(lǐn):粮仓。末业:指手工业商业。

④ 江南朝中的官员,因为晋朝中兴南渡长江而来,终于成为客居异乡的人,到现在已经有八九代没有致力于农耕的了,都是用朝廷的俸禄为生罢了。卒:终于。羁旅:长久寄居他乡。资:用。

⑤ 即使有从事农业的,也都是任凭仆役们去干,本人不曾亲眼看到翻一块土,锄一棵苗;不知道哪月该下种,哪月该收获,又怎么会了解人世间其余的事务呢?假令:即使,如果。信:任凭。僮(tóng)仆:奴仆。垡(fá):耕地翻起的土块,这里用作量词。耘(yún):除草。株(zhū):棵。安:怎么。

⑥ 所以这些人治理百官则不能明了,经营家务则不会办理,这都是养尊处优、闲散浮华造成的过错啊。了:了解。过:过错。

【评析】

作者生于乱世,阅历丰富,目睹当时士大夫高谈虚论、左琴右书、褒衣博带、大冠高履、出则车舆、入则扶侍的浮华优闲生活,熟知他们平日治官则不了,营家则不办,遇难则肤脆骨柔,体羸气弱,甚至坐死仓促,因此,既同情又厌恶。所以,他特别强调专心致力于世务的重要性,认为必须有一技之长,有一职之用,有利于社会民生,才能生存于世,安身立命。这确实是深谋远虑的人生经验。

颜氏所说,遗迹犹存。如今有些人眼中目空一切,口中无所不能,其实不明事理,腹内空空;大事不会做,小事不愿做,只知享乐,不想吃苦;惧怕困难,贪图优闲,宁愿在家啃老,不敢创业竞争,而美其名曰体现价值,突出个性。如此人生,前途堪忧!

八、答司马谏议书

王安石

【题解】

本文选自王安石《临川先生文集》卷七十三。答,回答。司马谏议:司马光,司马光当时任右谏议大夫。书:信。

王安石(公元1021—1086年),字介甫,号半山,宋朝临川(今江西临川县)人。他从小博览群书,议论风发,有经国治世之志。二十二岁中进士。宋仁宗时,任度支判官,即上万言书,意欲矫正世风,但不被重用。神宗时,任江宁知府,因神宗锐意改革时政,知道王安石有改革抱负,召为翰林学士兼侍讲,熙宁二年(公元1069年)任参知政事(副宰相)后,在神宗的支持下,设"制置三司(盐铁、度支、户部)条例司",以整理财政为中心进行变法改革。第二年任同中书门下平章事(宰相),围绕着理财富国和整军强兵,相继发布农田法、水利法、青苗法、均输法、保甲法、免税法、市易法、保马法、方田均税法等,号称新法。神宗死后,新法被废。宋哲宗元祐元年,忧愤死于江宁(今江苏南京)。

王安石为人倔强傲岸,果敢有为。熙宁二年三月,司马光先后三次给王安石写信,王安石写了这封信进行答辩。

某启:昨日蒙教①。窃以为与君实游处相好之日久,而议事每不合,所操之术多异故也②。虽欲强聒,终必不蒙见察,故略上报,不复一一自辨③;重念蒙君实视遇厚,于反复不宜卤莽,故今具道所以,冀君实或见恕也④。

【注释】

① 某启:即安石启。这是起草时为了省事,以"某"代人名,正式写信还是用人名。下文中的"某",同样如此。启:白,告。蒙教:承蒙赐教。指接到司马光的来信。

② 我私下认为与您交往相处、互相友好的时间已经很长了,而议论政事经常不合,这是因为两人持有的主张方法多有不同的缘故。窃:私下。君实:司马光,字君实。游处:交往相处。所操之术:持有的主张方法。

③ 虽然想勉强吵嚷着说给您听,最终也一定不会被您考虑,因此简短地回复,不再一一自行辩解。聒(guō):声音嘈杂,使人厌烦。蒙见:表被动。察:考察,考虑。故略上报:因此简短地回复。司马光曾三次写信,第一封信长达三千余字,王安石当时只回复了简短的信件,后经考虑,才回了这封信。辨:通"辩"。

④ 又想承蒙您对待我优厚,在书信来往中不应粗疏草率,所以现在详细地说明这样做的原因,希望您或许会原谅我吧。重(chóng)念:又想。视遇厚:对待我优厚。反复:书信往来。卤(lǔ)莽:粗疏草率。具道所以:详细地说明这样做的原因。冀:希望。见恕:原谅我。

　　盖儒者所争,尤在于名实,名实已明,而天下之理得矣①。今君实所以见教者,以为侵官,生事,征利,拒谏,以致天下怨谤也②。某则以谓受命于人主,议法度而修之于朝廷,以授之于有司,不为侵官③;举先王之政,以兴利除弊,不为生事④;为天下理财,不为征利⑤；辟邪说，难壬人，不为拒谏⑥。至于怨诽之多，则固前知其如此也⑦。人习于苟且非一日，士大夫多以不恤国事、同俗自媚于众为善，上乃欲变此，而某不量敌之众寡，欲出力助上以抗之，则众何为而不汹汹然⑧？盘庚之迁，胥怨者民也，非特朝廷士大夫而已；盘庚不为怨者故改其度⑨。度义而后动，是而不见可悔故也⑩。

【注释】

① 大概读书人争论的问题，特别在于名实相符，名实关系已经明确，天下的大道就清楚了。名实：名指名称，实指事实，二者要相符合。理：道理，大道。

② 现在您教诲我的，是认为新法侵占他官，扰民生事，与人争利，拒绝建议，而招致天下人的怨恨批评。见教：教诲我。侵官：司马光信中说，新法成立"制置三司条例司"理财，是侵占了原来盐铁、度支、户部三司的职权，称为"侵官"。生事：指新法破旧立新，名目繁多，称为"生事"。征利：指新法与民争利，称为"征利"。拒谏：指王安石拒绝反对派的意见，称为"拒谏"。致：招致。怨谤：怨恨批评。

③ 我则认为从君王接受命令，在朝廷上议论修正法律制度，分别交给负责官员执行，不是侵官。人主：君王。有司：负责官员。

④ 施行古代贤君的法制禁令，用来兴利除弊，不是生事。先王：古代贤君。政：指法制禁令。

⑤ 为国家治理财政，不是征利。

⑥ 排除错误的言论，责难巧辩的佞人，不是拒谏。辟(bì)：排除。邪说：错误言论。难：责难，驳斥。壬(rén)人：佞人，善于巧辩的人。

⑦ 诽：诋毁。固：本来。前知：事前就知道。

⑧ 人们习惯得过且过并非一天，士大夫们大多不顾念国家大事，以与众人混同习俗、向众人讨好献媚为好，君王才想要改变这种风气，

而我不估量反对者的多少,想要献出自己的力量帮助君王来抵御它,那么众人为什么不大吵大闹呢?苟且:得过且过,因循守旧。恤:顾念,关心。同俗自媚于众:与众人混同习俗,向众人讨好献媚。抗:抵抗,抵御。何为:为何,为什么?汹汹然:大吵大闹的样子。

⑨ 盘庚迁都,相与怨恨的都是百姓啊,不只是朝廷的士大夫而已;盘庚并不因为有怨恨的人而改变他的谋划。盘庚:殷商中兴之君。他曾率领臣民迁都,遭到贵族和被贵族鼓动起来的民众的反对,但是,盘庚坚决按照谋划执行。胥:相与,都。非特:不只。度:打算,计划。

⑩ 谋划的理由正当而后行动,认为正确而看不见可以悔改的缘故。度义:谋划的理由正当。是:认为正确。

　如君实责我以在位久,未能助上大有为,以膏泽斯民,则某知罪矣①;如曰今日当一切不事事,守前所为而已,则非某之所敢知②。

　无由会晤,不任区区向往之至③!

【注释】

① 如果您责备我在相位很久,没有能够帮助君王大有作为,而给这些民众带来恩惠,那么我知道自己的罪过。膏泽斯民:给这些民众带来恩惠幸福。膏泽:润泽,带来恩惠。

② 如果说今天应当一切不行事,墨守祖宗的成法罢了,那就不是我敢于认可的了。不事事:不做事,不行事。前一“事”是动词,后一“事”是名词。守前所为:墨守祖宗的成法。知:知道,认可。

③ 没有机会见面,款款私心不胜敬仰之至。会晤:见面。不任:不胜。区区:款款,指款款私心。向往之至:敬仰到极点。这是古代写信的客套话。

【评析】

王安石的变法,是在北宋阶级矛盾尖锐、民族矛盾严重的情况下发生的。他在宋神宗的支持下,力排众议,冲破阻力,在理财富国、整军强兵两个方面提出变法主张,制定了一系列兴利除弊的改良措施,其目的在于巩固王朝统治,加强国防力量,抑制大官僚、大地主的特权,减轻普通百姓的负担,客观上符合时代要求,具有一定进步意义。但是,由于受到代表既得利益阶层的守旧派的激烈反对,这次变法如同历史上许多志士仁人的变革一样,遭到了失败,给人留下沉重的思考。

中国历史悠久,以史为鉴,彰往知来,完全是应该的,但是,在宗法思想的影响下,一味引导人们向后看,推崇圣贤遗教,维护祖宗家法,述而不作,循规蹈矩,那么,守旧的历史观就会形成思想的惰性和前进的阻力。古代的变法总是困难重重,举步维艰,这是一个非常重要的原因和教训。

如今,时代毕竟不同了!经过三十年改革开放的成功实践,解放思想,开拓创新,已经成为国人的共识。在这不可逆转的时代潮流中,中华民族必将迎来伟大的复兴。

九、治 平 篇

洪亮吉

【题解】

本文选自洪亮吉《洪北江全集》之《卷施阁文》甲集卷一。治平,社会安定。

洪亮吉(公元1746—1809年),字君直,一字雅存,号北江,清朝阳湖(今江苏常州)人。乾隆五十五年(公元1790年)进士,任编修。嘉庆年间因直谏被贬戍新疆伊犁,不久赦还,改号更生居士。他精通经史、音韵、训诂、地理之学,思想通达,诗文并称,有《洪北江全集》传世。

《洪北江全集》六十六卷,包括《卷施阁文》甲集十卷、乙集八卷,《卷施阁诗》二十卷、附《鲒轩诗》八卷,《更生斋文》甲集四卷、乙集四卷,《更生斋诗》八卷,《更生斋诗余》二卷,《拟两晋南北朝乐府》二卷。门人吕培等编次《年谱》一卷,列于卷首。洪氏长于舆地,亦精音韵训诂之学,所以集中论学之文、舆地之文和文字训诂之文为精。

人未有不乐为治平之民者也,人未有不乐为治平既久之民者也①。治平至百余年,可谓久矣,然言其户口,则视三十年以前增五倍焉,视六十年以前增十倍焉②。视百年、百数十年以前不啻增二十倍焉③。

【注释】

① 既:已,很。

② 视:比较,比照。

③ 不啻(chì):不只,不仅。

试以一家计之①:高曾之时,有屋十间,有田一顷,身一人,娶妇后不过二人②。以二人居屋十间,食田一顷,宽然有余矣③。以一人生三计之,至子之世而父子四人,各娶妇即有八人,八人即不能无庸作之助,是不下十人矣④。以十人而居屋十间,食田一顷,吾知其居仅仅足,食亦仅仅足也⑤。子又生孙,孙又娶妇,其间衰

412

老者或有代谢,然已不下二十余人⑥。以二十余人而居屋十间,食田一顷,即量腹而食,度足而居,吾以知其必不敷矣⑦。又自此而曾焉,自此而玄焉,视高曾时口已不下五六十倍;是高曾时为一户者,至曾玄时不分至十户不止⑧。其间有户口消落之家,即有丁男繁衍之族,势亦足以相敌⑨。

【注释】

① 计:计算,衡量。

② 高曾:高祖,曾祖。一顷:一百亩。身:己身。这是计男不计女,因为女儿要出嫁。

③ 宽:宽余,宽畅。

④ 庸作:雇工。

⑤ 足:够。

⑥ 代谢:交替,更替。

⑦ 量腹:计算饭量。度足:丈量脚,即计算所占的地方。敷:够,足。

⑧ 曾:曾孙。玄:玄孙。

⑨ 丁男:成年男子。相敌:相当,相等。

或者曰:"高曾之时,隙地未尽开,闲廛未尽居也①。"然亦不过增一倍而止矣,或增三倍五倍而止矣,而户口则增至十倍二十倍,是田与屋之数常处其不足,而户与口之数常处其有余也②。又况有兼并之家,一人居百人之屋,一户占百户之田,何怪乎遭风雨霜露饥寒颠踣而死者之比比乎③?

【注释】

① 隙地:空地。闲廛(chán):空屋。

② 处其不足:处在不够的地位。处其有余:处在有余的地位。

③ 又何况有侵占他人土地财产的豪门大族，一人住着百人的房屋，一户占着百户的土地，这样对于遭到风雨霜露饥寒跌倒等灾难而死亡的情况屡次出现又有什么奇怪的呢？ 兼并之家：指兼并侵占他人土地财产的豪门大族。颠踣(bó)：跌倒。比比：屡次出现，接连不断出现。

　　曰：天地有法乎？曰：水旱疾疫，即天地调剂之法也①。然民之遭水旱疾疫而不幸者，不过十之二三矣②。曰：君相有法乎？曰：使野无闲田，民无剩力③；疆土之新辟者，移种民以居之④；赋税之繁重者，酌今昔而减之⑤；禁其浮靡，抑其兼并⑥；遇有水旱疾疫，则开仓廪、悉府库以赈之⑦。如是而已，是亦君相调剂之法也⑧。

【注释】

① 法：办法，指解决人口与土地矛盾的办法。调剂：配合均匀合适，适当调整。
② 不幸：指死亡。
③ 君相：君王、宰相，指统治者。闲：空闲未种的土地。剩力：剩余的劳力。
④ 种民：佃民，租田种的人。
⑤ 酌：斟酌，考虑。
⑥ 浮靡：浮华浪费。抑：压制。
⑦ 仓廪：存粮食的仓库。悉：全部。府库：存财物的处所。赈：救济。
⑧ 是：此，这。

　　要之，治平日久，天地不能不生人，而天地之所以养人者，原不过此数也①；治平日久，君相亦不能使人不生，而君相之所以为民计者,亦不过前此数法也②。然一家之中有子弟十人,其不率教者常有一二,又况天下之广,其游惰不事者何能一一遵上之约束乎③?一人之居以供十人已不足,何况供百人乎?一人之食以供十人已不足,何况供百人乎?此吾所以为治平之民虑也④。

【注释】

① 要之:总之。所以养人者:用来供养人的土地、粮食、房屋等生活资料。

② 前此数法:即前面所说的调剂之法。

③ 不率教者:不遵循教化的人,不听话的人。率:遵循。游惰不事者:游荡懒惰不务正业的人。约束:指法度。

④ 这就是我为社会安定的民众忧虑的原因。

【评析】

自先秦以来,中国人口就占世界的四分之一左右,而且东南稠密,西北稀疏,分布严重不均,生存压力早已显现出来。战国末期的韩非子就认识到:"大父未死而有二十五孙,是以人民众而货财寡,事力劳而供养薄。"(《韩非子·五蠹》)距今二百多年前,作者又进而指出,生活资料增加缓慢,而人口增加过快,加上贫富不均,调剂之法效果有限,因此,造成治平之世的忧患,可谓独具慧眼,深谋远虑。

虽然,作者不能认识封建剥削制度的罪恶本质,又受到科技发展水平的限制,没有提出发展生产、控制人口的有效措施,但是,他能够突破多子多福、传宗接代的传统宗法观念,从宏观上认识到人口增长过快的潜在危险,不能不说具有真知灼见和超前意识。由此可知,当今实行的计划生育和开发西北的国策,具有多么重要的战略意义!

第八单元

一、包牺氏之王天下

《周易》

【题解】

本文选自《周易·系辞下》，题目是后加的。包牺氏，传说中的部落联盟首领，三皇之首。又称庖牺、伏羲、宓羲、伏戏等。相传他始作八卦，教人渔猎，以充庖厨。王(wàng)：为王，统治。

《周易》是先秦时期一部充满哲学思想的占卜书，列为六经之首，也称《易经》，大约产生在西周年间，作者不详。"易"有三义，一就其卦象符号而言为"简易"，以简驭繁，概括宇宙万物的变化；二就卦爻组合而言为"变易"，显示天地万物的各种变化现象；三就卦理而言为"不易"，总结永恒不变的规律。主要内容认为阴阳二气的交感作用是产生万物的本源和动力，通过天地风雷水火山泽等八种现象的八卦象征性符号，推测自然和人事的诸多变化，其中蕴涵着丰富的辩证思想，影响深远。

为解释阐发《周易》的经义，又有儒家学者所作的《易传》，包括《彖辞传》(上下)、《象辞传》(上下)、《系辞传》(上下)、《文言传》、《说卦传》、《序卦传》、《杂卦传》，共十篇，汉代称为"十翼"，是研究《周易》的重要资料。

《周易》通行注本是由魏王弼、晋韩康伯注，唐孔颖达疏的《周易正义》，收入《十三经注疏》。另有清李鼎祚的《周易集解》，可供参考。

古者包牺氏之王天下也，仰则观象于天，俯则观法于地，观鸟兽之文与地之宜①。近取诸身，远取诸物，于是始作八卦②，以通神明之德，以类万物之情③。作结绳而为网罟，以佃以渔，盖取诸《离》④。

【注释】

① 古代包牺氏统治天下的时候，抬头就观察天空中日月星辰的运行变化，低头就观察地面上山川河流的形状走向，观察鸟羽兽毛的纹理色彩和土地适宜种植的植物。象：天象。法：法式，指地形现象。文：纹理，指鸟羽兽毛的纹理色彩。宜：适宜，指土地适宜种植的植物。

② 近处取法于人体的形貌，远处取法于万物的表象，在这个基础上开始制作八卦。诸："之于"的合音。八卦：《周易》中用的八种基本象征符号，称为八卦。卦象由阳爻（yáo）"—"和阴爻"– –"组成，三爻为一卦。名称是：乾、坤、震、艮（gèn）、离、坎、兑（duì）、巽（xùn），分别象征天、地、雷、山、火、水、泽、风。八卦又以两卦重叠，组合成为六十四卦，根据其中的推演变化，解释阐发自然现象和社会现象发展的规律。

③ 通：通达。德：德性。类：像，类似。情：实情。

④ 发明了编结绳索制造罗网，用来狩猎，用来捕鱼，大概是取法于《离》卦。作：创造，发明。网罟（gǔ）：用来渔猎的网。以：用来。佃

(tián)：通"畋"，狩猎。渔：捕鱼。盖：大概。《离》：指《周易》中的《离》卦。《离》有附丽之义，用网罟渔猎形似附丽、附着，因此附会说"盖取诸《离》"。显然，把古代的发明创造说成是受到某种卦象的启示，是不科学的。以下同理。

包牺氏没，神农氏作①，斫木为耜，揉木为耒②，耒耜之利，以教天下，盖取诸《益》③。日中为市，致天下之民，聚天下之货④，交易而退，各得其所，盖取诸《噬嗑》⑤。

【注释】

① 没(mò)：死亡。在这个意义上后来写做"殁"。神农：传说中的古代部落联盟首领，三皇之一，也称炎帝。相传他教民农耕，遍尝百草而创立医药。作：兴起。

② 斫(zhuó)：砍削。揉(róu)：人工改变木条的形状。耒耜(lěi sì)：古代翻土用的农具。上面手握的曲柄为"耒"，深入土中的木犁为"耜"。

③ 把耒耜的功用便利教给天下民众。《益》卦有增益之义，而用木制农具耕种可以增加粮食，因此附会说"盖取诸《益》"。

④ 日中：正午。为市：开始集市交易。致：使……到来，招来。聚：聚集。货：财物。

⑤ 交易：以物换物。退：返回。各得其所：各得其所欲，指各人得到自己想要得到的东西。《噬嗑(shì hé)》卦有交合之义，而人、物聚合，交易而退，各得其所，因此附会说"盖取诸《噬嗑》"。

神农氏没，黄帝、尧、舜氏作，通其变，使民不倦①；神而化之，使民宜之②。《易》，穷则变，变则通，通则久③。是以"自天祐之，吉无不利④"。黄帝、尧、舜垂衣裳而天下治，盖取诸《乾》、

418

《坤》⑤。刳木为舟,剡木为楫⑥,舟楫之利,以济不通,致远以利天下,盖取诸《涣》⑦。服牛乘马,引重致远,以利天下,盖取诸《随》⑧。重门击柝,以待暴客,盖取诸《豫》⑨。

【注释】

① 黄帝:传说中的部落联盟首领,号轩辕氏。相传黄帝时期有了蚕桑、舟车、宫室、文字等创制,开始了文明进程。尧、舜:又称唐尧、虞舜,传说中的古代帝王。通其变,使民不倦:他们能够通达事物的变化规律,创制器物,使民众生活便利而不倦怠。

② 精通事理而改变事物,使民众生活适宜方便。神:精通万物微妙。化:变化,改变。

③ 《周易》揭示的规律,就是一旦事物处境困窘就进行变革,进行变革就能通达无阻,通达无阻就能长久地生存发展。穷:困窘,行不通。

④ 语出《周易·大有》上九爻辞。意思是由上天保佑他,吉祥而无所不利。自:由。祐:保佑。

⑤ 垂衣裳:指最初用树叶、兽皮制衣,简陋而短小,而后用麻布丝帛制衣,细密而长大,可以垂挂在身体上,所以说"垂衣裳"。上衣为衣,下衣为裳。《乾》卦象征天,居上覆物,《坤》卦象征地,在下含物,天地上下,尊卑有序,而衣裳的质地样式又可以区别尊卑,因此附会说"盖取诸《乾》《坤》"。

⑥ 刳(kū):剖开,挖空。舟:船。剡(yǎn):削。楫(jí):船桨。

⑦ 有了舟楫的便利,就可以渡河到原来阻塞不通的地方,能够到达远方就有利于天下民众。济:渡河。不通:指阻塞不通的地方。致:到达。《涣》卦有离散之义,而舟楫之利在于使人离此达彼,分散各地,而因此附会说"盖取诸《涣》"。

⑧ 服牛:驾驭牛,役使牛。乘马:使马驾车。引重:拉运重物。致远:到达远方。《随》卦有随从义,而服牛乘马,随人驱使,因此附会说"盖取诸《随》"。

设置重叠之门,巡夜打更,以防备盗贼。重(chóng)门:重叠之门,
一重又一重的门。击柝(tuò):夜晚巡查敲打梆子打更。待:等待,
防备。暴客:强盗。《豫》卦有预备义,而重门击柝就是为了事先戒
备,因此附会说"盖取诸《豫》"。

　　断木为杵,掘地为臼①,杵臼之利,万民以济,盖取诸《小
过》②。弦木为弧,剡木为矢③,弧矢之利,以威天下,盖取诸
《睽》④。上古穴居而野处⑤,后世圣人易之以宫室,上栋下宇,以
待风雨,盖取诸《大壮》⑥。古之葬者,厚衣之以薪,葬之中野,不
封不树,丧期无数⑦,后世圣人易之以棺椁,盖取诸《大过》⑧。上
古结绳而治⑨,后世圣人易之以书契,百官以治,万民以察,盖取诸
《夬》⑩。

【注释】

① 砍断木头做成舂米用的棒槌,挖掘石地做成舂米的容器。杵
(chǔ):舂米的棒槌。臼(jiù):舂米的容器,古代是在石地上凿坑
而成。

② 杵臼的便利,使万民受益。济:有益,得利。《小过》卦有稍微超越
之义,而断木掘地不过是稍微改变了土木的原貌,而使万民受益,因
此附会说"盖取诸《小过》"。

③ 弦木:把弦绷在木弓上。弧:木弓。矢:箭。

④ 弓箭的便利,用来威慑天下。威:威慑。《睽(kuí)》卦有违背、乖戾
之义,而用弓矢可以威慑违背道义之人,因此附会说"盖取诸
《睽》"。

⑤ 在洞穴、在野外居住。居、处:居住。

⑥ 易:改变,变换。宫室:房屋。栋:人字屋顶的正梁。宇:屋檐。《大
壮》卦有盛大雄壮之义,而砖木宫室建筑肯定比穴居野处高大,因

此附会说"盖取诸《大壮》"。

⑦ 衣:穿,包裹。薪:柴草。中野:野中,荒野之中。不封不树:不培土成坟,不种树标志。封:培土。"封"、"树"为了标志。丧期无数:服丧的时间没有固定的日数。"封"、"树"、"丧期"都是在有了宗法观念和制度之后才形成的。

⑧ 椁(guǒ):套在棺材外面的大棺材。《大过》卦有大大超越之义,而棺椁土葬比衣薪野葬大大超越,更能体现对死者的哀思,因此附会说"盖取诸《大过》"。

⑨ 结绳而治:用在绳子上打结记事的方法处理政务。

⑩ 书契(qì):远古文字。书:写。契:刻。远古没有纸,把文字写或刻在竹简木牍之上,称为"书契"。百官以治:百官使用文字来处理政务。万民以察:万民借助文字来了解事理。察:考察,了解。《夬(guài)》卦有决断之义,而发明文字便于决断事理,因此附会说"盖取诸《夬》"。

【评析】

先祖们仰观于天,俯观于地以及鸟兽之文、自身外物,由对大自然的直观、感悟引发出具象思维,进而经过探索,不断进取,发明创造了八卦、网罟、耒耜、集市、衣裳、舟楫、服牛乘马、重门击柝、杵臼、弧矢、宫室、棺椁、书契等一系列文明之制,从而使中华民族由蛮荒时代步入文明殿堂。

特别是由此产生的"穷则变,变则通,通则久"的思想观念,充分体现了自强不息、刚健有为、厚德载物、崇德利用的传统精神,引导着我们民族一次又一次在困境中变革,从变革中奋起,在奋起中腾飞。

二、召 诰

《尚书》

【题解】

本文选自《尚书·召诰》。周公旦摄政七年后归政于周成王，成王派遣召（shào）公奭（shì）复修洛邑。周公到达洛地，考察新邑的位置，下令大兴建筑。这时成王也来到新邑，召公就率领庶邦诸侯朝见成王和周公，并向成王陈述当前的忧患，赞扬洛邑之美，勉励他敬德恤民，光显王业。史官记下这次经历和召公的言论，即为《召诰》，反映了当时的政治思维和统治理念。

《尚书》的简介见第二单元《无逸》的题解。

惟二月既望，越六日乙未，王朝步自周，则至于丰①。惟太保先周公相宅②。越若来三月，惟丙午朏，越三日戊申，太保朝至于洛，卜宅③。厥既得卜，则经营④。越三日庚戌，太保乃以庶殷攻位于洛汭⑤。越五日甲寅，位成⑥。若翼日乙卯，周公朝至于洛，则达观于新邑营⑦。越三日丁巳，用牲于郊，牛二⑧。越翼日戊午，乃社于新邑，牛一、羊一、豕一⑨。越七日甲子，周公乃朝用书命庶殷侯、甸、男邦伯⑩。厥既命殷庶，庶殷丕作⑪。太保乃以庶邦冢君出取币，乃复入锡周公⑫，曰："拜手稽首旅王⑬。"若公诰告庶殷越自乃御事⑭。

【注释】

① 二月十六日庚寅，过了六日为二十一日乙未，周成王早上从镐京出

发,就到了丰城。惟:发语词。既望:阴历十六日。望为满月,十五日。越:过,逾。乙未:干支纪日。二月既望十六日庚寅,之后六日,为二十一日乙未。朝:早。步:行,出发。周:指西周的首都镐京,武王所建,在今陕西西安西南。丰:周文王所建都城,在今陕西户县,东临丰水,距镐京二十五里左右。文王庙在丰,因为成王准备迁都洛邑,要到文王庙去告祭。

② 太保:即召公,姬姓,名奭。周武王给他的封地在召(今陕西岐山县西南),故称召公。周成王时,太保被尊为三公之一。先周公:比周公来得早。相:观察。宅:居住地,指准备修建的洛邑地区。

③ 下月三月,丙午初三,过三日为戊申,太保召公早晨到达洛邑,占卜建筑宫室宗庙的地域。越若:发语词,无义。来:将要来的,下一月为"来月"。丙午朏(fěi):丙午日为月初三。朏:月相名,初三日。二月为小月二十九日,三月朔(初一)甲辰,丙午为初三。越三日戊申:过三日为戊申日,即月初五。洛:洛邑,在今河南洛阳洛水北岸及瀍水两岸。卜宅:占卜建筑宫室宗庙的地域。

④ 召公已经得到好的征兆,就开始测算度量。得卜:得到好兆。经营:测算步量建筑物的位置。

⑤ 过了三日庚戌(三月初七),太保召公就率领众殷民在洛水流入黄河的地方修建宫室宗庙的基地。以:率领。庶殷:众殷民。攻:攻治,修建。位:宫室宗庙的位置。洛汭(ruì):洛水流入黄河的地方。汭:小水入大水之处。

⑥ 又过了五日甲寅(三月十一日),基地建成。

⑦ 等到第二日乙卯(三月十二日),周公早晨到达洛地,全面视察了新邑经营的地区。若:及,等到。翼(yì)日:第二天。"翼"通"翌",次于今日的一天。达观:通观,全面视察。

⑧ 过了三日丁巳(三月十四日),用两头牛在南郊设坛祭天。郊:郊祭。

⑨ 次日戊午(三月十五日),又用牛、羊、猪各一头在新邑立社庙祭后

423

土。社:立社庙祭后土。豕(shǐ):猪。

⑩ 又过了七日甲子(三月二十一日),周公在早晨就给众殷民的各级官吏下达了分配修建工程的书面命令。侯、甸、男邦伯:指各级负责官吏。

⑪ 已经给众殷民下达施工命令,众殷民就大举开工劳作。丕(pī):大。

⑫ 太保召公与诸侯国国君取出礼品,再次敬献给周公。以:与。庶邦:诸侯国。冢君:君长。币:礼品。锡(cì):通"赐",敬献。

⑬ 说:"请接受我拜手稽首的敬意,请允许我向君王陈述。"拜手:先拱手至地,后以头顿至手。稽(qǐ)首:跪在地上,顿首至地,再停留一会儿。拜手稽首,是古代最恭敬的礼节。旅:陈述。

⑭ 之后,顺从召公谈话的内容整理成文诰,发布给众殷民和用于治理事务的官员们。若:顺。公:召公。越:与,和。自:用。乃:其,那些。御事:治事,指治理事务的官员。以上是史官记事之辞。

"呜呼!皇天上帝改厥元子,兹大国殷之命①。惟王受命,无疆惟休,亦无疆惟恤②。呜呼!曷其奈何弗敬③?天既遐终大邦殷之命,兹殷多先哲王在天,越厥后王后民,兹服厥命④。厥终,智藏瘝在⑤。夫知保抱携持厥妇子,以哀吁天,徂厥亡,出执⑥。呜呼!天亦哀于四方民,其眷命用懋,王其疾敬德⑦!相古先民有夏,天迪从子保,面稽天若,今时既坠厥命⑧。今相有殷,天迪格保,面稽天若,今时既坠厥命⑨。今冲子嗣,则无遗寿耇,曰其稽我古人之德,矧曰其有能稽谋自天⑩?

【注释】

① 唉!皇天上帝革除了他的天子纣,中止了殷商大国的天命。改:革除。厥:他的。元子:长子,即天子,这里指殷纣王。兹:通"已",终止。命:国运。

424

② 惟有君王您接受了天命,这是无尽美好的福祉,也是无穷的忧虑祸患啊。无疆:没有边际,指无穷无尽。休:美好。恤(xù):忧虑,祸患。

③ 唉!怎么能不恭敬谨慎?曷其奈何:怎么。同义连用以加强语气。敬:恭敬谨慎。

④ 上天已经很久就终止了殷商大国的天命,可是这个殷商有众多先前的圣王英灵还在天上,那些后来的君王和臣民,还能够行用天命。遐(xiá):久远。先:先前。哲王:圣王。服:行用。

⑤ 待到纣王末年,智慧的人藏匿,病弱的人尚在。厥终:后王之终,指殷纣末年。智藏:智慧的人藏匿。瘝(guān):通"鳏",病。指病弱的人。

⑥ 人们都知道用襁褓抱着婴儿,拉着他们的妻子,哀伤地向上天呼告,诅咒殷纣早日灭亡,能够跳出苦难的深渊。夫:人。保:通"褓",婴儿衣。哀:哀伤,悲痛。吁(xū):呼告。俎:通"诅",诅咒。厥:指代殷纣王。执:通"垫",低下,陷落,指苦难的深渊。

⑦ 唉!上天也哀怜四方的民众,他的顾念爱民之命转移给我们周朝,君王一定要尽快敬重德行!眷:顾念。用:施行。懋(mào):通"贸",交换,转移。疾:速,快。

⑧ 看那古代的夏朝人,他们曾经敬用服从天命,慈爱安定庶民,努力考求顺应上天之意,可是现在已经失去他们的大命。相:看,仔细观察。有夏:夏朝。有:词缀。迪:用。从:服从,顺从。子:通"慈",慈爱。保:安定,爱护。面:通"勔",勉,努力。稽:考察,考求。若:顺。坠:坠落,失去。

⑨ 再看那殷商人,他们曾经敬用天命,嘉美安定庶民,也努力考求顺应上天之意,可是现在也已经失去了他们的大命。格:通"假",嘉,美善。

⑩ 如今年青的君王继承了王位,没有众多的老臣在位,能够考求我们古代圣王之德,何况能够向上天考求治国的谋略呢?冲子:年青人,

425

指成王。嗣(sì):继承王位。遗:余,多余。寿耇(gǒu):老人,这里
指老臣。矧(shěn):况且,何况。谋:谋略。自:从。

"呜呼!有王虽小,元子哉①!其丕能诚于小民②。今休③:
王不敢后,用顾畏于民嵒④;王来绍上帝,自服于土中⑤。且曰⑥:
'其作大邑,其自时配皇天,毖祀于上下,其自时中乂,王厥有成命
治民⑦。'今休:王先服殷御事,比介于我有周御事,节性惟日
其迈⑧。

【注释】
① 君王虽然年轻,是天子啊!
② 一定具有大才能使民众和谐融洽。诚(xián):和谐,融洽。
③ 现在天下的形势很好。引领下文。
④ 君王不能迟缓治理洛邑,以眷顾敬畏民众的苦难。因为洛邑为九州
  之中,治理洛邑则四方道路平均,就能减少民众赋税劳役之苦。不
  敢:不能。后:迟缓。用:以。顾:眷顾。畏:敬畏。嵒(yán):险,指
  民生的苦难。
⑤ 君王继承上帝之命,自己一定能使中土洛邑得以治理。绍:继承。
  服:用事,治理。土中:中土,中原地区。
⑥ 这里引用周公旦的话,以证修建洛邑休美之意。
⑦ 也许修建了大都洛邑,君王以德配皇天,谨慎地祭祀天神、地祇,从
  此中土洛邑就得到治理,君王就有了上天不移之命治理民众了。
  其:庶几,也许。自时:从是,从此。毖(bì):谨慎。上下:指天神、地
  祇。中:中心,指洛邑。乂(yì):治理。成命:定命,秉承天帝之命。
⑧ 现在天下的形势很好:君王应当首先使用殷商的治理官员,比我们
  周朝的治理官员更要接近,让他们节制性情,日益进步。先:首先。
  服:使用,重用。比介:接近,亲近。节性:节制性情。惟日其迈:日

426

益进步。迈:进。

　　"王敬作,所不可不敬德①。我不可不监于有夏,亦不可不监
于有殷②。我不敢知曰:有夏服天命,惟有历年③;我不敢知曰:不
其延④。惟不敬厥德,乃早坠厥命⑤。我不敢知曰:有殷受天命,
惟有历年;我不敢知曰:不其延。惟不敬厥德,乃早坠厥命。今王
嗣受厥命,我亦惟兹二国命,嗣若功⑥。王乃初服⑦。呜呼! 若生
子,罔不在厥初生自贻哲命⑧。今天其命哲,命吉凶,命历年⑨。
知今我初服,宅新邑,肆惟王其疾敬德⑩! 王其德之用,祈天永
命⑪。其惟王勿以小民淫用非彝,亦敢殄戮用乂民,若有功⑫。其
惟王位在德元,小民乃惟刑用于天下,越王显⑬。上下勤恤,其曰
我受天命,丕若有夏历年,式勿替有殷历年,欲王以小民受天
永命⑭。"

【注释】

①　王敬立为君,将不能不恭敬德行。作:兴起,指立为君。所:且,将。
②　我们不能不把夏朝作为借鉴,也不能不把殷商作为借鉴。
③　我们不敢说知道:夏朝敬用天命,国运能够长久。历:久。
④　也不敢说知道:夏朝国运不长久。不其延:不长久。延:延续。
⑤　我们惟有知道他们不能恭敬自己的德行,所以很早失去了他们的
　　大命。
⑥　现在君王承受了天命,我们应该以二国的命运为借鉴,继承他们的
　　功业。兹:此。二国:指夏朝和商朝。嗣(sì):继承。若:其,他
　　们的。
⑦　初服:刚开始治理政务。服:任事。
⑧　就像生养孩子,没有不在他幼小的时候就自己给他赠送明智的教
　　诲。罔:没有。贻:赠送,遗留。哲:明智。

427

⑨ 现在上天赐给我们明智,赐给我们吉祥,赐给我们长久的国运。命:给予。吉凶:吉祥。复合偏义。

⑩ 而知道现在我开始治理天下,修建新邑,所以希望君王应当尽快敬重德行吧! 肆:故,所以。惟:思念,希望。其:当,应当。

⑪ 大王若能敬用美好的德行,就能祈求上天赐给长久的国运。其:若。德之用:用德,敬用德行。

⑫ 希望君王不要让民众过分放纵违背法律,也不能杀戮以治理民众,这样才能获得成功。勿:不要。以:使,让。淫:过分,放纵。彝(yí):法律。亦敢:亦勿敢,承前文而省。殄(tiǎn)戮:消灭,屠杀。用:以。若:乃,这样。

⑬ 希望君王处在道德的首位,做出表率,民众在天下效法施行,以弘扬君王光辉的品德。位:立,处。元:首。刑:法,效法。用:施行。越:发扬。显:光明,光辉。

⑭ 如果君臣上下都能勤勉恤民,也许可以说我们接受了天命,如同夏朝那样国运长久,还不止商朝的国运长久,更希望君王与民众接受上天赐给永远的国运。勤恤(xù):勤勉恤民。恤:忧虑,怜悯。其:庶几,也许。丕、式:句首语气词。替:废,止。

拜手稽首①,曰:"予小臣敢以王之仇民百君子越友民,保受王威命明德②。王末有成命,王亦显③。我非敢勤,惟恭奉币,用供王能祈天永命④。"

【注释】

① 召公行拜手稽首的大礼。

② 我这个小臣冒昧地和殷商的遗臣遗民以及我朝的臣子庶民,保证敬受君王威严的命令与显明的品德。小臣:召公谦称。敢:冒昧地,谦辞。以:与。仇民百君子:指殷商的遗臣遗民。越:与,以及。友民:顺从于周朝的民众。保:保信,保证。威命:威严的命令。明德:显

428

明的品德。

③ 君王最终会有一定不移之命,君王也会如同先王光显于世。末:终。

④ 我并非敢来慰劳,只是恭敬地奉送礼品,用来进献于君王,善求上天赐给永远的国运。勤:劳,慰劳。奉:奉送,献上。供:进献。能:善。

【评析】

周朝继夏、商而后起,必然要总结吸取两朝盛衰的经验和教训,他们认为关键就在于敬德恤民。统治者的道德品质,绝不仅仅是个人的修养问题,更关系到政治决策、国家盛衰和民众福祉,直接影响着人心向背、政权稳固和国运昌盛。事关大局,绝不能等闲视之,《召诰》就是集中的反映。

王国维说:"《康诰》以下九篇,周之经纶天下之道胥在焉。其书皆以民为言,《召诰》一篇言之尤为反复详尽,曰命曰天曰民曰德,四者一以贯之……自来言政治者,未有能高焉者也。古之圣人亦岂无一姓福祚之念存于其心?然深知夫一姓之福祚与万姓之福祚是一非二,又知一姓万姓之福祚与其道德是一非二,故其所以祈天永命者,乃在德与民二字。此篇乃召公之言,而史佚书之以诰天下,文、武、周公所以治天下之精义大法,胥在于此。"(《观堂集林·殷周制度论》)

显然,召公如此反复强调,并不是他个人的建议,而是包括文王、武王、周公在内的整个周王朝统治集团的共识。虽然由于自身的阶级本质和历史局限,他们和历代封建统治者都不可能真正地敬德恤民,但是作为历史的政治思想遗产,仍然具有重要的借鉴意义。

三、论 中 和

《礼记》

【题解】

本文五则,均选自《礼记·中庸》,题目是后加的。中和,即中庸,不偏不倚,允执其中。

相传本篇是孔子的孙子、曾参的弟子孔伋(子思)所作。

《礼记》的简介见第一单元《大学之法》的题解。

(一)

天命之谓性①,率性之谓道②,修道之谓教③。

道也者,不可须臾离也,可离非道也④。是故君子戒慎乎其所不睹,恐惧乎其所不闻⑤。莫见乎隐,莫显乎微,故君子慎其独也⑥。

喜怒哀乐之未发谓之中⑦,发而皆中节谓之和⑧。中也者,天下之大本也⑨;和也者,天下之达道也⑩。致中和,天地位焉,万物育焉⑪。(第一章)

【注释】

① 上天赐予人的定命叫做"性"。天命:上天所赐的定命,即天理。这里的天指的就是自然。性:人的本性,指仁义礼智信之类品德。

② 遵循本性而行动叫做"道"。率:遵循。道:法则。

③ 按照道修养自己叫做"教"。

④ 道,是不可片刻脱离,如果可以脱离就不是道了。

⑤ 因此,君子在他不被见到的地方也要保持警惕和谨慎,在他不被听见的地方也要恐慌和惧怕。戒慎:警惕谨慎。睹(dǔ):观察。

⑥ 没有什么比在隐蔽的地方更能表现,没有什么比细微之处更为彰显,因此君子在独处的时候要特别谨慎啊。莫:没有什么。见(xiàn):表现。在这个意义上后来写做“现”。乎:于。显:彰显。

⑦ 喜怒哀乐没有表现出来的时候,称为“中”。中:正,不偏不倚。指内心平静澹泊,没有偏颇。

⑧ 表现出来都符合常理,称为“和”。发:表现。中(zhòng):符合。节:法度,常理。和:和谐。

⑨ 中正,是天下的根本。大本:根本。

⑩ 和谐,是天下通行的大道。达道:通行的大道。

⑪ 达到中和的境界,天地就各归其位了,万物便生长发育了。致:达到。位:指各自处于自己的位置。

(二)

诚者,天之道也;诚之者,人之道也①。诚者不勉而中,不思而得,从容中道,圣人也②。诚之者,择善而固执之者也③。(第二十章)

【注释】

① 真诚,是天道的原则;努力做到真诚,是人道的原则。诚:真诚。诚之:使之真诚,努力做到真诚。

② 天的真诚,不用勉强就符合,不用思考就得到,自然符合大道,这就是圣人啊。从容:镇定不迫,自然而然。

③ 努力做到真诚,就是选择美好的品行而坚决守住它的人啊。善:善行,美好的品行。固:坚决。执:守。

（三）

自诚明谓之性,自明诚谓之教①。诚则明矣,明则诚矣②。
(第二十一章)

【注释】

① 由真诚明白了道理,这叫做出于天性;由明白道理达到真诚,这叫做
接受教育。自:由,从。明:明白,指明白道理。

② 真诚就会明白道理,明白道理就会真诚。则:就,即。

（四）

唯天下至诚,为能尽其性①;能尽其性,则能尽人之性②;能尽
人之性,则能尽物之性③;能尽物之性,则可以赞天地之化育④;可
以赞天地之化育,则可以与天地参矣⑤。(第二十二章)

【注释】

① 只有天下最真诚的人,能够充分发挥他的本性。尽:竭尽,充分
发挥。

② 人:他人。

③ 物:万物。

④ 赞:助。化:演化,变化。育:培育,养育。

⑤ 参(sān):三,指至诚之人可与天地并列为三。

（五）

诚者,自成也①。而道,自道也②。诚者,物之终始,不诚无
物③。是故君子诚之为贵④。诚者,非自成己而已也,所以成物

也⑤。成己,仁也;成物,知也⑥。性之德也,合外内之道也,故时措之宜也⑦。(第二十五章)

【注释】

① 诚,是自己成全自己。自成:自己成全自己。
② 道,是自己引导自己。下一个"道":引导。在这个意义上后来写做"导"。
③ 真诚,贯穿事物的始终,没有真诚就没有万物。
④ 因此君子以努力做到真诚为贵。
⑤ 真诚的人,并不只是成全自己为止,还要用来成全万物。已:止。
⑥ 成全自己,这是仁;成全万物,这是智慧。知(zhì):智慧。在这个意义上后来写做"智"。
⑦ 这种出于本性的德,符合天地内外之道,所以任何时候施行都是适宜的。时:时时。措:用,施行。

【评析】

儒家以性、道、教为立论之本,以修身慎独为核心,以致中和为最高境界,构建自己的思想纲领和人生哲学。

文章强调上天所命的性,遵循本性而动的道,以道修养的教。认为道至关重要,片刻不能离开,而为了坚持道必须修身慎独,正心律己,这样才能达到中正和谐的最高境界。"诚",即《大学》中的"诚其意"、"毋自欺",又是心正身修的基础。只有真诚能够成全自己,道可以引导自己;真诚贯穿始终,无真诚则无万物。要做到真诚,就要坚守善行,由诚而明,由明而诚,成为至诚之人,充分发挥自身的本性,也充分发挥他人和万物的本性。由此可以赞助天地,化育万物,结合内外,无所不宜,这就是中和。

显然,这里的性、道、教及诚之类,是建立在先验、唯心的基础之上的。它忽视矛盾双方的对立性,力图从矛盾双方的同一性方面去认识问题,化解矛盾,主张中和,强调折中,不偏不倚,不走极端,加强修养,追求和谐。这在思想方法上是片面的,具有时代的和阶级的局限性。但是,中和思想产生于农耕社会,与天人合一的文化心理一脉相承,具有历史的合理性和必然性。中和,作为民族的传统思想观念,影响深远,我们应当继承和发扬其合理的因素,与当代社会相适应,与现代文明相协调。

四、大学之道

《礼记》

【题解】

本文选自《礼记·大学》第一章,题目是后加的。周朝的教育制度分为小学、大学两级。贵族子弟八岁入小学,学习一般的文化知识、骑马射箭、进退应对的礼节;大学则学习修己为政之道,化民成俗之法。大学之道,大学的原则。

大学之道,在明明德,在亲民,在止于至善①。

知止而后有定,定而后能静,静而后能安,安而后能虑,虑而后能得②。

物有本末,事有终始③。知所先后,则近道矣④。

【注释】

① 在于经过教育发扬美好的品德,在于亲爱百姓,在于达到最完善的境界。明:发扬,彰显。明德:美好的品德。止:达到,终止。至善:

最完善的境界。

② 定:坚定。静:镇静不躁。安:安宁不乱。虑:思虑周全。得:有所收获,意思是达到至善的境界。

③ 任何事物都有根本和末节,任何事物都有终结和开始。本末:本指树根和树梢,这里比喻事物的根本和末节。

④ 知道了本末、终始的先后次序,就接近于大学的原则了。

古之欲明明德于天下者,先治其国①。欲治其国者,先齐其家②;欲齐其家者,先修其身③;欲修其身者,先正其心④;欲正其心者,先诚其意⑤;欲诚其意者,先致其知⑥;致知在格物⑦。

物格而后知至,知至而后意诚,意诚而后心正,心正而后身修,身修而后家齐,家齐而后国治,国治而后天下平。

【注释】

① 古代想要在天下发扬美好品德的人,先要治理好他的国家。欲:想要。

② 齐其家:使家族齐心和睦。

③ 修其身:修养自身的品德。

④ 正其心:端正自己的心性。

⑤ 诚其意:使自己的意念真诚。

⑥ 致其知:达到明确的认识。致:达到。

⑦ 格物:穷究事物的道理。格:穷究。

自天子以至于庶人,壹是皆以修身为本①。其本乱而末治者,否矣②。其所厚者薄,而其所薄者厚,未之有也③。

【注释】

① 从天子到平民,都是人人以修养自身的品德为根本。庶(shù)人:平民。壹:都,一概。

② 他的根本混乱而末节却能治理的,是不可能的。本:指品德修养。末:指治国平天下。否:不,不可能。

③ 那种把应该重视的看得轻,而把应该轻视的看得重,是从来没有的道理。厚:重视。薄:轻视。未之有:未有之,没有的道理。

【评析】

大学之道,以明明德、亲民、止至善为三纲,以格物、致知、诚意、正心、修身、齐家、治国、平天下为八目,构建了儒家的人生道路和政治哲学。认为人生来就有高尚的明德,因为后来被物欲和气质所掩,需要经过教育,才能发扬明德,亲爱百姓,达到最完善的境界。具体来说,就是做到八目,其中修身是根本,格物、致知、诚意、正心是修身的方法,齐家、治国、平天下是修身的目的。

应该看到,这里的格物、致知,并不是客观地对自然、社会、万物的发展规律穷究物理,达到明确的认识,而是主观地以诚意、正心为内容的心理体验,排除欲望感情,自我道德完善,以达到"明明德"的修身目的。而齐家、治国、平天下,则是用宗法制度下修身养成的孝悌慈爱之道,协调上下君臣关系,通过"亲民",把家族内部的宗法管理与整个国家的政治统治、把个人的道德修养与国家的礼法制度紧密结合在一起,以达到至善的境界,由此可见其时代的和阶级的局限。但是,《大学》特别强调修身要贯穿人生的始终,是齐家、治国、平天下的基础和根本,这对于以德治国,建设精神文明,仍然具有借鉴意义。

五、晏子论和与同

《左传》

【题解】

本文节选自左丘明《左传·昭公二十年》,题目是后加的。和,和谐。同,同一。

左丘明及《左传》的简介见第一单元《教民而后战》的题解。

　　齐侯至自田,晏子侍于遄台,子犹驰而造焉①。公曰:"唯据与我和夫②!"晏子对曰:"据亦同也,焉得为和③?"公曰:"和与同异乎④?"对曰:"异。和如羹焉⑤:水、火、醯、醢、盐、梅⑥,以烹鱼肉,燀之以薪,宰夫和之,齐之以味,济其不及,以泄其过⑦。君子食之,以平其心⑧。君臣亦然⑨:君所谓可而有否焉,臣献其否以成其可;君所谓否而有可焉,臣献其可以去其否⑩。是以政平而不干,民无争心⑪。故《诗》曰:'亦有和羹,既戒既平。鬷假无言,时靡有争⑫。'先王之济五味、和五声也,以平其心,成其政也⑬。

【注释】

① 齐景公从打猎的地方返回,晏子在遄台侍奉,梁丘据奔驰而赶到。齐侯:齐景公。自:从。田:打猎。在这个意义上后来写做"畋"。晏子:晏婴,字仲,历事齐灵公、齐庄公、齐景公三朝,辅佐朝政五十多年。遄(chuán)台:今山东淄博。子犹:姓梁丘,名据,字子犹。春秋时齐国大夫,齐景公的宠臣。造:到达。

② 只有梁丘据与我和谐啊!和:和谐。夫:语气词。

437

③ 梁丘据也只能是同一而已,怎么能算是和谐呢？焉:怎么,哪里。

④ 异:不同,不一样。

⑤ 和谐就好像调制肉汤一样。羹:肉和菜做成的带有汤汁的肉食。

⑥ 醯(xǐ):醋。醢(hǎi):肉酱。梅:梅树的果实,味道酸甜。以上除水火外都是调味品。

⑦ 用来烹调鱼肉,以柴火烧煮,让厨师调和,使味道适中,不足则增加调料,太浓则减少冲淡。烹:煮。燀(chǎn):烧。薪:柴火。宰夫:厨师。和:调和。齐(jì):调剂。在这个意义上后来写做"剂"。济:接济,增加。不及:不够,不足。泄:排出,减少。过:过度,过分。

⑧ 君子吃了羹汤,平和他的内心。平:平和。

⑨ 君臣关系也是这样。然:这样,如此。

⑩ 君王认为可行的但其中有不可行的,臣子就进献那些不可行的来成就可行的;君王认为不可行的但其中有可行的,臣子就进献那些可行的来去除不可行的。可:可行,可以。否:不可行,不可以。献:进献。成:成就,成全。去:去除。

⑪ 所以政治安定而不会触犯法则,民众没有争夺的思想。平:安定。干(gān):犯,触犯法则。

⑫ 意思是:还有调和的羹汤,既具备五味又平正适中。奏乐迎神而肃穆无言,这时民众毫无争讼。引文见《诗经·商颂·烈祖》。戒:备,全。平:正。鬷(zōng)假:奏假,奏乐以达祖先神灵。靡(mǐ):无。

⑬ 先王调剂了五味,调和了五声,就是用来平定他的内心,成就他的政事。五味:五种味道,指酸、甜、苦、辣、咸。五声:五音,指宫、商、角、徵(zhǐ)、羽。

"声亦如味①:一气、二体、三类、四物、五声、六律、七音、八风、九歌,以相成也②;清浊、小大、短长、疾徐、哀乐、刚柔、迟速、高下、出入、周疏,以相济也③。君子听之,以平其心,心平德和④。故

438

《诗》曰:'德音不瑕⑤'。今据不然。君所谓可,据亦曰可;君所谓否,据亦曰否⑥。若以水济水,谁能食之⑦?若琴瑟之专壹,谁能听之⑧?同之不可也如是⑨。"

【注释】

① 声音也如同味道一样。

② 一气:一口气息。二体:文舞和武舞。文舞执羽毛,武舞执兵器。三类:三种乐曲,即风、雅、颂。四物:杂用四方之物,如金、石、丝、竹、匏(páo)、土、革、木等不同质材,以制成乐器。五声:五音。六律:包括黄钟、大簇(tài cù)、姑冼(xiǎn)、蕤(ruí)宾、夷则、无射(yì),为六阳律;大吕、夹钟、中吕、林钟、南吕、应钟,为六阴律。共十二律。七音:五音宫、商、角、徵、羽之外,再加变徵、变宫。八风:指八方之风。东北曰条风(融风),东方曰明庶风,东南曰清明风,南方曰景风(凯风),西南曰凉风,西方曰阊阖(chāng hé)风,西北曰不周风,北方曰广莫风。九歌:歌颂九功之德。六府三事为九功。水、火、金、木、土、谷为六府,正德、利用、厚生为三事。相成:互相组成。

③ 清浊:古代音乐术语。清:指清越的音;浊:指低沉的音。疾徐:快慢。周疏:密稀。相济:互相调剂。

④ 心平德和:心气平和,品德和谐。

⑤ 意思是:美好的声音没有瑕疵。引文见《诗经·豳风·狼跋》。德音:美好的声音。瑕(xiá):斑点,疵病。

⑥ 现在梁丘据不是这样。君王认为可行,梁丘据也认为可行;君王认为不可行,梁丘据也认为不可行。

⑦ 这就如同用水来调和水,谁能够饮它?

⑧ 如同琴瑟集中弹奏一个音符,谁能够听它?专壹:指集中弹奏一个音符。

⑨ 同一的不可行啊就像这样。

439

【评析】

和，是和谐，就是要从思想上承认事物的差异性和多样性，用整体系统的思维方式寻求动态的平衡，让诸多因素互相交流，共同配合，融合补充，相反相成，形成和谐的局面，如同调和水火五味烹制鱼肉，如同协调五音六律演奏乐曲。君臣上下关系同样如此，要敢于听取和综合不同意见，经过反复切磋，取长补短，以便形成最好的决策，成就事业。

同，是同一，就是在思想上不允许差异存在，不能包容不同意见，对各种思想观点缺乏尊重和理解，没有综合分析问题的信心和能力。反映在思维方法上，简单片面，好走极端，非此即彼，非白即黑，以我划界，强求一律，这样就会出现"以水济水"、"琴瑟专壹"的局面。因此，梁丘据之流就对齐侯顺从迎合，投其所好，献媚邀宠，以逞其私。所以，孔子说："君子和而不同，小人同而不和。"（《论语·子路》）

晏子的论述具有朴素的辩证思想，对理解和建设和谐社会具有启示作用。

六、老子论思维

《老子》

【题解】

本文十二则，均选自《老子》，题目是后加的。思维，理性认识，是人脑对客观事物间接的和概括的反映。

老子其人不详，早在《史记》中就有周守藏室之史李耳（字聃）、老莱子和周太史儋三种说法。从《老子》一书的思想内容、政治主张、学说传承和行文用语来看，《老子》大概成书于《论语》、《墨子》、《孟子》之后，《庄子》、《荀子》之前。其作者老子可能是战国时期的周太史儋，他与庄子是先秦道家学派的主要代表人物，世称老庄。

老子继承和深化了杨朱的学说，以贵生为基础，以为己为原则，以避世为方法，以全身为目的，提出"道"这个重要的哲学观念，用来取代商周以来的天命观，以论证和构建自己的宇宙观。他以天道反观和指导人道，用以治国，要求统治者守道不争，谦下卑弱，恢复质朴纯厚的原始状态，实现小国寡民，无为而治。他将天道用来修身养生，要求人们坚持以慈爱、俭啬、不争三宝为准则，空虚无欲，清静无为。尽管他的"道"带有神秘唯心主义的色彩，他的学说有消极遁世的成分，但是，他对黑暗社会深刻地剖析和批判，他对事物发展对立转化的辩证认识，反映了一代哲人的思想精华和理论勇气，至今值得肯定和重视。

《老子》一书共八十一章，是先秦道家学派一部代表性著作，分道经和德经两部分，所以又称《道德经》。《老子》多为韵文，语言含蓄，论述精辟，意义丰富，思想深邃。

对《老子》的注解，有假托西汉河上公的《老子章句》，晋王弼的《老子注》，今人高亨的《老子正诂》，陈鼓应的《老子注译及评介》等，可供参考。

（一）

天下皆知美之为美，斯恶已；皆知善之为善，斯不善已①。

有无相生②，难易相成③，长短相形④，高下相倾⑤，音声相和⑥，前后相随⑦，恒也⑧。

是以圣人处无为之事，行不言之教⑨；万物作而弗始，生而弗

有,为而弗恃,功成而不居⑩。夫唯弗居,是以不去⑪。(第二章)

【注释】

① 天下人都知道美之所以为美,就显露出丑了;都知道善之所以为善,就显现出不善了。斯:就。恶:丑陋,与美相反。已:表肯定的语气词,相当于"了"。

② 有与无互相依存。生:存。

③ 难与易相反相成。成:成就。

④ 长与短互相比较。形:比较,显现。

⑤ 高与下互相依靠。倾:侧,依靠。

⑥ 音与声互相和谐。音:组合音。声:始发声。和:和谐。

⑦ 前与后互相跟随。

⑧ 这是永恒的现象。恒:永恒。

⑨ 因此圣人用无为的方式处事,实行不言的教化。圣人:老子所理想的具有道行的统治者。无为:不妄为,顺其自然。不言:不用言词,不用发号施令。

⑩ 万物兴起而不首倡,生养万物而不占有,培育万物而不倚仗,功业成就而不居功。作:兴起。始:首倡。有:占有。弗:不。恃:倚仗,依赖。居:占据。

⑪ 正因为不居功,因此他的功业不会离去。去:离开。

(二)

天长地久①。天地所以能长且久者,以其不自生,故能长生②。

是以圣人后其身而身先③,外其身而身存④。以其无私,故能成其私⑤。(第七章)

442

【注释】

① 天地是长久存在的。

② 天地之所以能够长久存在,是因为天地不为自己而生,所以能够长久。不自生:不为自己而生。长生:长久生存。

③ 因此圣人把自身置于众人后面,却能得到推崇而占先。后其身:置其身于后。

④ 把自身置于度外,却能保存自己。外其身:置其身于外。

⑤ 因为他无私,所以能够成就自己。成其私:成就自己。

(三)

三十辐,共一毂,当其无,有车之用①。

埏埴以为器,当其无,有器之用②。

凿户牖以为室,当其无,有室之用③。

故有之以为利,无之以为用④。(第十一章)

【注释】

① 三十根辐条汇集到一个车毂上,有了车毂的中空,才能具有车的作用。辐:辐条,车轮上连接车毂与轮圈的木条。毂(gǔ):车轮中心有圆孔的圆木,其中插轴,外部周边插辐条。无:这里指车毂中心的圆孔。

② 把粘土放在模具做成器皿,当有了器皿的中空,才能具有器皿的作用。埏埴(shān zhí):制陶。埏:用水和土。埴:制陶的粘土。无:这里指陶器中空。

③ 开凿门窗以为房舍,有了门窗的中空,才能具有房舍的作用。户牖(yǒu):门窗。无:这里指门窗中空。

④ 所以,有了器物可以带来便利,器物中空才能发挥作用。利:便利。

（四）

曲则全①，枉则直②，洼则盈③，敝则新④，少则得⑤，多则惑⑥。

是以圣人抱一为天下式⑦。不自见，故明⑧；不自是，故彰⑨；不自伐，故有功⑩；不自矜，故长⑪。

夫唯不争，故天下莫能与之争⑫。古之所谓"曲则全"者，岂虚言哉？诚全而归之⑬。（第二十二章）

【注释】

① 弯曲才能保全。

② 委屈才能伸直。

③ 低洼才能盈满。

④ 破旧才能更新。

⑤ 少取才能多得。

⑥ 贪多反而惑乱。

⑦ 因此圣人坚守大道为天下的楷模。抱一：坚守大道。式：法式，楷模。

⑧ 不自我表现，因此聪明。见（xiàn）：显现。在这个意义上后来写做"现"。明：聪明。

⑨ 不自以为是，因此彰显。是：正确。彰：彰显。

⑩ 不自我炫耀，因此有功。伐：夸耀。

⑪ 不自我骄傲，因此长久。矜（jīn）：自夸，骄傲。

⑫ 正因为不与人争，所以天下的人没有谁能与他争。莫：没有谁。

⑬ 古代所说"弯曲才能保全"的话，难道是空话吗？确实能够保全他。虚言：空话。诚：确实。

444

（五）

　　企者不立,跨者不行①。自见者不明,自是者不彰,自伐者无功,自矜者不长。

　　其在道也②,曰:"余食赘行,物或恶之③。"故有道者不处④。
（第二十四章）

【注释】

① 踮起脚跟的人难以久立,跳跃走路的人难以远行。企:踮起脚跟。跨:跳跃。

② 在道:从道的角度看。

③ 多余的饮食和行为,鬼神都要厌恶他。赘(zhuì):多余,剩余。指的是上面的"企者"、"跨者"、"自见者"、"自是者"、"自伐者"、"自矜者",都是为多余而无用的行为。物:鬼神。恶(wù):厌恶。

④ 不处:不居于此,不这样做。处:居。

（六）

　　以道佐人主者,不以兵强天下①。其事好还②。师之所处,荆棘生焉③。大军之后,必有凶年④。

　　善有果而已,不敢以取强⑤。果而勿矜,果而勿伐,果而勿骄,果而不得已,果而勿强⑥。

　　物壮则老,是谓不道⑦。不道早已⑧。（第三十章）

【注释】

① 用道辅佐君王的人,不靠军队逞强于天下。佐:辅佐。强:逞强。

② 这件事情喜欢反复报应。还:返,报应。

③ 军队所到之处,荆棘丛生。师:军队。

④ 大战之后,必有荒年。凶年:荒年。

⑤ 善于用兵的人只求取得胜利罢了,不敢凭武力取得强霸的地位。果:胜利。

⑥ 胜利了而不要自夸,胜利了而不要炫耀,胜利了而不要骄傲,胜利是出于不得已,胜利了而不要逞强。

⑦ 事物发展到盛壮就会衰老,这就不符合道了。老:衰老,衰败。

⑧ 不符合道就会提早消亡。已:止,消亡。

（七）

大道氾兮,其可左右①。万物恃之以生而不辞,功成而不有②。衣被万物而不为主,可名于"小"③;万物归焉而不为主,可名为"大"④。以其终不自为大,故能成其大⑤。(第三十四章)

【注释】

① 大道广泛而普遍地流行,它可左可右,无所不在。氾:普遍,广博。

② 万物依靠它生长而不推辞,功业成就而不据为己有。恃:依靠。辞:推辞。

③ 它覆盖万物而不自以为主宰,可以称它为"小"。衣被:遮蔽,覆盖。小:指大道任物成长,自然无为,因此称为"小"。

④ 它万物归依而不自以为主宰,可以称它为"大"。大:指大道无私养育,万物归依,因此称为"大"。

⑤ 由于它最终不自以为大,所以才能成就它的大。

（八）

名与身孰亲? 身与货孰多? 得与亡孰病①?
甚爱必大费,多藏必厚亡②。
故知足不辱,知止不殆,可以长久③。(第四十四章)

【注释】

① 名声与身体相比哪一个亲近？生命与财物相比哪一个贵重？得到与丧失相比哪一个痛苦？孰：谁，哪一个。多：贵重。病：痛苦。

② 过分吝啬必然要有巨大的耗费，太多收藏必然会有重大的损失。甚：很，极。爱：吝啬。厚：厚重。

③ 因此，知道满足就不会受到屈辱，知道停止就不会出现危险，这样才能保持长久。殆(dài)：危险。

（九）

大成若缺，其用不弊①。

大盈若冲，其用不穷②。

大直若屈，大巧若拙，大辩若讷，大赢若绌③。

静胜躁，寒胜热。清静，为天下正④。（第四十五章）

【注释】

① 最美好的东西好像残缺，但是它的作用不会停止。成：善。弊：停止。

② 最充盈的东西好像空虚，但是它的作用不会穷尽。冲：空虚。

③ 最挺直的东西好像弯曲，最灵巧的东西好像笨拙，最雄辩的人好像口吃，最大是赢利好像亏本。讷(nè)：语言困难，口吃。绌(chù)：减损，不足。

④ 沉静胜过浮躁，寒冷胜过炎热。清静无为，可以成为天下的君长。正：长，君。

（十）

其政闷闷，其民淳淳①；其政察察，其民缺缺②。

447

祸兮,福之所倚;福兮,祸之所伏③。孰知其极？其无正也④。正复为奇,善复为妖⑤。人之迷,其日固久⑥。

是以圣人方而不割⑦,廉而不刿⑧,直而不肆⑨,光而不耀⑩。

(第五十八章)

【注释】

① 一国的政治质朴,它的民众就纯厚知足。闷闷:质朴的样子。淳淳:淳厚知足的样子。

② 一国的政治严酷,它的民众就不满足。察察:严明、严酷的样子。缺缺:欠缺、不满足的样子。

③ 灾祸,是幸福倚傍的地方;幸福,是灾祸潜伏的地方。倚:倚傍,依靠。伏:隐藏,潜伏。

④ 谁知道它们极终的结果呢？大概没有一个标准。极:终极的结果。正:定准,标准。

⑤ 正又变为邪,善再变为恶。奇(jī):邪,诡异不正。妖:恶。

⑥ 人们的迷惑,时日实在很久了。固:确实,实在。

⑦ 言行方正而不割伤人。

⑧ 性格刚直而不戳伤人。刿(guì):伤。

⑨ 直率而不放肆。

⑩ 光鲜而不耀眼。

(十一)

江海所以能为百谷王者,以其善下之,故能为百谷王①。

是以圣人欲上民,必以言下之②;欲先民,必以身后之③。是以圣人处上而民不重,处前而民不害,是以天下乐推而不厌④。以其不争,故天下莫能与之争⑤。(第六十六章)

448

【注释】

① 江海所以能够成为百川汇流的地方,是因为它善于处于低下的位置,所以能够成为百川的首领。百谷王:百川的首领,河流的汇聚之地。谷:山间的水流。下之:处于低下位置。

② 因此圣人要统治民众,必须用言词对民众表示谦下。上民:处于民上,统治民众。以言下之:用言词对民众表示谦下。

③ 要领导民众,必须把自身放在民众的后面。先民:处于民先,领导百姓。

④ 所以圣人处于上位民众不感到沉重,处于前位而民众不感到危害,所以天下民众乐意拥戴而不厌恶。重:沉重。这里指没有负担。推:推举,拥戴。

⑤ 因为他不争,所以天下没有谁与他争。莫:没有谁。

(十二)

信言不美,美言不信①。

善者不辩,辩者不善②。

知者不博,博者不知③。

圣人不积,既以为人,己愈有;既以与人,己愈多④。

天之道,利而不害;圣人之道,为而不争⑤。(第八十一章)

【注释】

① 真实的语言不华丽,华丽的语言不真实。信言:真实的语言。信:真实。

② 善良的人不巧辩,巧辩的人不善良。善者:善良的人。

③ 智慧的人未必广博,广博的人未必智慧。知(zhì):智慧。在这个意义上后来写做"智"。

④ 圣人不积累财物,尽力帮助他人,自己更富有;全部给予他人,自己

更加多。不积:不积累财物。既:尽,全部。

⑤ 自然的法则,是利物而不害物;圣人的法则,是帮助而不争夺。

【评析】

老子认为,道是浑然一体的宇宙本体,永恒存在的天地万物之源,运动不息而对立转化的规律和法则。"天下万物生于'有','有'生于'无'"(《老子》第四十章),从车、器、室的构造,就能悟出"有之以为利,无之以为用"的道理。大道无处不在,衣被万物,万物归依,"以其终不自以为大,故能成其大"。

由道论治国,老子从有无、难易的对立并存,相反相成,认识到必须"处无为之事,行不言之教"。因为祸福倚伏,正复为奇,物壮则老,不道早已,连战争也是"其事好还",绝不可以兵逞强,因胜而骄。所以,"欲上民,必以言下之;欲先民,必以身后之","以其不争,故天下莫能与之争"。

由道论修身,老子从天长地久,认识到"后其身而身先,外其身而身存"的道理。既然曲全、枉直等互相依存,互相转化,那么,自见、自是、自伐、自矜之类"余食赘行"就毫无必要。物欲的满盈,声色的诱惑,奢华的奉养,必然给自身造成灾难,只有"知足不辱,知止不殆,可以长久"。所以,"圣人不积,既以为人,己愈有;既以与人,己愈多"。为而不争,才是圣人之道。清静无为,方为天下之君。

老子认识到矛盾对立转化的规律,并由此分析论述了自然、社会和人事现象,这种朴素的辩证思维是难能可贵的,反映了一代哲人的社会良知、政治智慧和理论勇气。但是,矛盾对立转化并不是自然发生的,必须在一定的条件下才能进行,并得以实现。正是在这个问题上,"人之迷,其日固久",老子没有深入论述,反映了他思想的局限性。

七、秋水时至

《庄子》

【题解】

本文节选自庄周《庄子·秋水》，题目是后加的。时至，按时而至。

庄周（约公元前365—前290年），即庄子，战国中期宋国蒙（今河南商丘）人。他曾做过蒙漆园吏，长期生活在社会下层，是继老子之后先秦道家学派的主要代表人物，世称老庄。

庄子继承和发扬了老子的学说，把道家思想理论提到更高的精神层面，集道家学说之大成。他坚持"恬淡、寂寞、虚无、无为"的生活原则，期望无所依恃和羁绊的逍遥游，甚至向往"同与禽兽居，族与万物并"（《马蹄》）的原始纯朴生活。他要求毁弃一切社会文明，顺应自然，返璞归真，以求得精神世界的彻底解脱。他主张齐同、物化、坐忘、全真，混同彼此、物我、贵贱、有无、是非、善恶、荣辱、大小、寿夭、生死，舍弃外形，追求精神，在无差别的混沌境界中，成为具有天道的真人。庄子这些学说，一方面反映了他的生存智慧和超脱精神，另一方面他又逃避现实，脱离社会，具有主观唯心主义的色彩，显然是历史的局限。

同时，庄子对黑暗荒诞的现实社会进行了尖锐地揭露和批判，斥责"窃钩者诛，窃国者为诸侯"（《胠箧》）；对标榜圣智仁义的追名逐利之徒给予无情的嘲弄和讽刺，认为"圣人不死，大盗不止"（《胠箧》）；而对当权的统治者则始终不抱幻想，采取不合作的立场,远离名缰利锁,坚持清贫自守,追求自由意志,以维护高洁的人格尊严,所以自己"宁生而曳尾涂中",也不愿做"死为留骨而贵"的神龟(《秋水》)。这些思想观念无疑具有时代的进步意义,在后世发挥了积极作用。

《庄子》一书,包括内篇七篇,外篇十五篇,杂篇十一篇,共三十三篇。一般认为内篇是庄子自著,外篇和杂篇是庄子后学所著。《庄子》的文章,多用寓言故事阐述道理,想象奇特,语言生动,意义深邃,表述幽默,颇含讽刺意味,具有浓厚的浪漫主义色彩。

晋代有郭象注本十卷,清代王先谦的《庄子集解》和郭庆藩《庄子集释》,今人刘武的《庄子集解内篇补证》,可供参考。

秋水时至,百川灌河①,泾流之大,两涘渚崖之间,不辩牛马②。于是焉河伯欣然自喜,以天下之美为尽在己③。顺流而东行,至于北海,东面而视,不见水端④。于是焉河伯始旋其面目,望洋向若而叹曰⑤:"野语有之曰⑥:'闻道百,以为莫己若'者,我之谓也⑦!且夫我尝闻少仲尼之闻,而轻伯夷之义者,始吾弗信⑧;今我睹子之难穷也⑨!吾非至于子之门则殆矣,吾长见笑于大方之家⑩!"

【注释】

① 灌:注入。河:黄河。

② 黄河水流宽阔宏大,两岸及河中水洲之间隔水相望,分辨不清牛马。泾流:直通无阻的水流。涘(sì):岸。渚(zhǔ):水中的小块陆地。崖:高的河岸。辩:通"辨",分辨。

③ 在这个时候河伯非常高兴,认为天下的美景全部都在自己这里。于是焉:在这个时候。河伯:河神。尽:全部。

④ 东行：向东而行。东面：脸朝东。端：尽头。

⑤ 在这个时候河伯才转变了他自满的态度，仰望着海神若叹息说。旋其面目：转变了其自满的态度。旋：转变。面目：表情、态度。望洋：仰视的样子。若：海神名，即下文的海神若、北海若。

⑥ 野语：俗语。之：指下文"闻道百，以为莫己若"。

⑦ "闻知了很多道理，就认为没有谁比得上自己"的，说的就是我啊！百：这里泛指多。莫己若：莫若己，没有谁比得上自己。若：比得上、赶得上。我之谓：谓我，说的就是我。

⑧ 我曾经听说过有人认为仲尼的见闻少，有人认为伯夷的道义轻，起初我还不相信。少：认为……少，小看。轻：认为…轻，轻视。仲尼：孔子。伯夷：商代孤竹君之子，他不受君位，不食周粟，饿死在首阳山上。

⑨ 现在我看到您如此难以穷尽，没有边际，（我相信了）。难穷：难以穷尽。

⑩ 我不是来到您的门下就危险了，我将长久地被有高深学识的人所讥笑。殆：危险。长：长久。见笑：被讥笑。大方之家：具有高深学识的人。

　　北海若曰："井蛙不可以语于海者，拘于虚也①；夏虫不可以语于冰者，笃于时也②；曲士不可以语于道者，束于教也③。今尔出于崖涘，观于大海，乃知尔丑，尔将可与语大理矣④。

【注释】

① 对于井中之蛙不能谈论大海，这是因为它受到处所的限制。井蛙：井中之蛙。语：谈论。拘于虚：受到处所的限制。拘：限制。虚：通"墟"，处所。

② 对于生活在夏天的昆虫不能谈论寒冰，这是受到时节的局限。夏虫：只生活在夏季的昆虫。笃于时：受到时节的局限。笃：局限。

③ 对于乡曲之士不能谈论大道,这是受到所受教育的约束。曲士:乡曲之士,指孤陋寡闻的人。束于教:受到所受教育的约束。束:约束。

④ 尔:你。丑:浅陋、鄙陋。大理:大道理。

"天下之水,莫大于海,万川归之,不知何时止而不盈①;尾闾泄之,不知何时已而不虚②。春秋不变,水旱不知③。此其过江河之流,不可为量数④。而吾未尝以此自多者,自以比形于天地,而受气于阴阳,吾在于天地之间,犹小石小木之在大山也⑤。方存乎见少,又奚以自多⑥!

【注释】

① 盈:盈满。

② 尾闾(lú):古代传说中海水的排放处。泄:排放。已:止。虚:空,尽。这里指流尽。

③ 无论春天或是秋天都不会有所增减,无论水灾还是旱灾都不会受到影响。变:变化,增减。不知:没有感觉,不受影响。

④ 它超过长江、黄河的水流,不可以用量器来计算。过:超过。量:指斗、斛一类的量器。数(shǔ):计算。

⑤ 而我未曾因此自满的原因,在于自以为在天地之间寄托形体,禀受了阴阳二气,我存在于天地之间,如同小石小树存在于大山一样。自多:自满,自夸。比形:寄托形体。比:通"庇",寄托。阴阳:古人认为宇宙之间充满了阴阳二气,万物由此而生。犹:如同。

⑥ 方才有了见识太少的想法,又凭什么自满呢?方:正。存:有。奚以:以奚,凭什么。

"计四海之在天地之间也,不似礨空之在大泽乎①?计中国之在海内,不似稊米之在大仓乎②?号物之数谓之万,人处一焉③;人卒九州,谷食之所生,舟车之所通,人处一焉④。此其比万物也,不似豪末之在于马体乎⑤?五帝之所连,三王之所争,仁人之所忧,任士之所劳,尽此矣⑥。伯夷辞之以为名,仲尼语之以为博,此其自多也,不似尔向之自多于水乎⑦?"

【注释】

① 计:考虑,估计。礨(lěi)空:蚁穴。泽:草泽,湖泊。

② 中国:指中原地区。稊(tí)米:一种类似稗子的草,状如小米。大(tài)仓:大粮仓。

③ 以万来号称物类之数,人类不过占有其中之一。这是把人类与万物相比。处:据有,占有。

④ 人类聚集在九州,在粮食生长的地方,在舟车通达的地方,个人不过是其中之一。这是把个人与人类相比。卒(cuì):通"萃",聚集。

⑤ 豪末:毫毛的末梢。豪:通"毫",动物身上的细毛。

⑥ 五帝继承的功业,三王争夺的战争,仁人忧虑的民生,任士烦劳的事情,全部都在这里了。五帝:黄帝、颛顼(zhuān xū)、帝喾(kù)、尧、舜。连:连续,这里指继承。三王:夏禹、商汤、周文王。仁人:仁爱之人。任士:担任职务的人。任:承担。尽此:全部都在这里。指同天地万物相比,这些如同毫毛生在马体一样,微不足道。

⑦ 伯夷辞让天下取得大名,仲尼谈论学问以为渊博,这样的自满,不就像你刚才对于水的自满吗?向:刚才,先前。

【评析】

庄子认为,江河之于四海,四海之于天地,就如同个人之于人类,人类之于万物一样,可以说天外有天,人外有人,个人是极其渺小、微不足道的。因此,不能囿于环境和见闻,骄傲自满,妄自尊大，目光短浅，固步自封。这种辩证认识的观点，无疑给人有益的启示。

但是，庄子讲述这个寓言故事的真正目的，是要混同大小、长短、得失、苦乐、贵贱、寿夭、生死、是非、荣辱、善恶等万事万物，认为由于观察角度不同，结果就不同，从而否认事物的本质差异。因此，对立是不存在的，争辩是不必要的，利害是可以消失的，得失是可以不计的，甚至连生死都可以不在意。只有在这种无是非、无物我、无彼此、无生死的浑沌境界中，才能摆脱现实社会的禁锢约束，达到物化坐忘、物我不分的程度，追求清虚自守，全性全德，成为具有天道是"真人"。

这样，庄子实际上就认为事物的差异不是来自客观事物本身，而是来自人的主观认识，因此可以舍弃外形，追求精神，从而导致了相对主义的不可知论，具有主观唯心主义色彩。

八、孝 行

《吕氏春秋》

【题解】

本文节选自吕不韦《吕氏春秋·孝行》。孝行，孝道的行为。吕不韦及《吕氏春秋》的简介见第一单元《察传》的题解。

凡为天下，治国家，必务本而后末①。所谓本者，非耕耘种殖之谓，务其人也②。务其人，非贫而富之，寡而众之，务其本也③。务本莫贵于孝④。人主孝，则名章荣，下服听，天下誉⑤；人臣孝，则事君忠，处官廉，临难死⑥；士民孝，则耕芸疾，守战固，不罢

456

北⑦。夫孝,三皇五帝之本务,而万事之纪也⑧。

【注释】

① 为:治理。务:致力。本:根本。末:枝节。

② 非耕耘种殖之谓:并不是说耕耘种殖。耕耘种殖:泛指农业生产。

③ 富之:使他们富有。众之:使他们众多。

④ 致力于根本没有什么比孝道更为重要的了。贵:贵重,重要。

⑤ 君王孝,名声就彰显荣耀,臣下就听从,天下民众就称誉。人主:君
    王。章荣:彰显荣耀。章:显著。在这个意义上后来写做"彰"。

⑥ 臣下孝,就事奉君王忠心,居官就清廉,面对危难就能够献身。处:
    居。死:献出生命,献身。

⑦ 士人民众孝,就耕耘勤勉,坚守牢固,作战勇敢,不会疲惫败逃。芸:
    通"耘",除草。疾:勤。罢(pí):通"疲",疲惫。北:败逃。

⑧ 本务:根本要务。纪:纲领。

夫执一术而百善至,百邪去,天下从者,其惟孝也①!故论人
必先以所亲,而后及所疏②;必先以所重,而后及所轻③。今有人
于此,行于亲重,而不简慢于轻疏,则是笃谨孝道,先王之所以治天
下也④!故爱其亲,不敢恶人;敬其亲,不敢慢人⑤。爱敬尽于事
亲,光耀加于百姓,究于四海,此天子之孝也⑥。

【注释】

① 掌握了一种方法而所有的好事都到来,所有的坏事都消除,天下的
    民众都服从的,可能只有孝道吧!术:方法。去:消除。其:恐怕,
    可能。

② 所以评论人一定要先看他如何对待亲近的人,然后推及到他如何对
    待疏远的人。

③ 一定要先看他如何对待重视的人，然后推及到他如何对待轻视的人。所重：指其亲。所轻：指他人。

④ 如果现在有人在这里，对于亲、重之人实行孝道，而对于轻、疏之人也不怠慢，那么就是对孝道笃厚恭敬了，这就是先王用来治理天下的方法！简慢：怠慢。笃：忠厚。谨：恭敬。

⑤ 所以爱护自己的亲人，不敢厌恶他人；尊敬自己的亲人，不敢怠慢他人。恶（wù）：厌恶，嫌弃。

⑥ 侍奉亲人竭尽爱敬之心，对待百姓施加光明恩惠，并且穷尽到四海之内，这就是天子的孝道。事：侍奉。加：施加。究：穷尽，推求。

　　曾子曰①："身者，父母之遗体也②。行父母之遗体，敢不敬乎③？居处不庄，非孝也④；事君不忠，非孝也⑤；莅官不敬，非孝也⑥；朋友不笃，非孝也⑦；战阵无勇，非孝也⑧。五行不遂，灾及乎亲，敢不敬乎⑨？"《商书》曰："刑三百，罪莫重于不孝⑩。"

【注释】

① 曾子：名参，字子舆，鲁国南武城人，孔子的学生，以孝行著称。

② 人的身体，是父母遗留的躯体。

③ 使用父母遗留的躯体，怎敢不恭敬呢？行：使用。

④ 起居不庄重，不是孝道。居处：生活起居。庄：庄重。

⑤ 侍奉君王不忠诚，不是孝道。

⑥ 任职不谦敬，不是孝道。莅（lì）：临，担任。官：职务。

⑦ 交友不笃厚，不是孝道。

⑧ 作战不勇敢，不是孝道。

⑨ 这五种行为不能成行，灾难就会涉及亲人，怎敢不恭敬呢？遂：成行，完成。

⑩ 《商书》说："刑罚三百条，罪过没有比不孝更严重的了。"引文未见

于今传《尚书·商书》，可能出自古逸书。

曾子曰："先王之所以治天下者五：贵德，贵贵，贵老，敬长，慈幼①。此五者，先王之所以定天下也②。所谓贵德，为其近于圣也③；所谓贵贵，为其近于君也④；所谓贵老，为其近于亲也⑤；所谓敬长，为其近于兄也⑥；所谓慈幼，为其近于弟也⑦。"

【注释】

① 先王用来治理天下的措施有五个方面：崇尚有道德的人，崇尚尊贵的人，崇尚老年人，尊敬长辈，慈爱幼儿。贵：以……为贵，崇尚。

② 定：安定，稳定。

③ 所说的崇尚有道德的人，因为他接近于圣人。为：因为。近：接近。

④ 所说的崇尚尊贵的人，因为他接近于君王。

⑤ 所说的崇尚老年人，因为他接近于父母双亲。亲：父母。

⑥ 所说的尊敬长辈，因为他接近于兄长。

⑦ 所说的慈爱幼儿，因为他接近于小弟。

曾子曰："父母生之，子弗敢杀①；父母置之，子弗敢废②；父母全之，子弗敢阙③。故舟而不游，道而不径④。能全支体，以守宗庙，可谓孝矣⑤。"

【注释】

① 父母生育了自己的身体，儿子不敢毁伤。杀：斩杀，杀伤。

② 父母树立了自己的身体，儿子不敢废弃。置：立。

③ 父母保全了自己的身体，儿子不敢缺损。阙（quē）：缺失，缺损。

④ 因此能乘船就不游水，能走大路就不走小路。径：小路。

⑤ 能够保全肢体，用来守护宗庙，可以称为孝了。支：四肢。在这个意

义上后来写做"肢"。

养有五道①:修宫室,安床第,节饮食,养体之道也②;树五色,施五采,列文章,养目之道也③;正六律,和五声,杂八音,养耳之道也④;熟五谷,烹六畜,和煎调,养口之道也⑤;和颜色,说言语,敬进退,养志之道也⑥。此五者,代进而厚用之,可谓善养矣⑦。

【注释】

① 养:养生,养身。这里指孝养父母。道:方法。

② 修建房舍,安排床铺,节制饮食,这是孝养身体的方法。官室:房舍。床第(zǐ):床铺。第:床上的席子。

③ 设置五色,布设五彩,排列花纹,这是孝养眼睛的方法。树:设置。五色:颜色的统称,一般指青、黄、赤、白、黑五种颜色。施:布设。五采:泛指多种色彩图案。列:排列。青与赤色相间谓之"文",赤与白相间谓之"章"。

④ 端正六律,和谐五声,杂配八音,这是孝养耳朵的方法。

⑤ 煮熟五谷,烹饪六畜,调和味道,这是孝养嘴巴的方法。五谷:粮食的统称,一般指粟、稷、菽、麦、稻五种。六畜:家畜的统称,一般指牛、羊、马、猪、狗、鸡六种。和煎:煎和,煎熬以五味调和。调:调制。

⑥ 和颜悦色,言语欢快,举止恭敬,这是孝养心志的方法。说:喜悦,欢快。在这个意义上后来写做"悦"。进退:举止。

⑦ 这五种方法,交替选取而多用,可以称为善于孝养父母了。代:更替,轮换。进:取。厚:多。

民之本教曰孝,其行孝曰养①。养可能也,敬为难②;敬可能也,安为难③;安可能也,卒为难④。父母既殁,敬行其身,无遗父母恶名,可谓能终矣⑤。仁者,仁此者也⑥;礼者,履此者也⑦;义者,宜此者也⑧;信者,信此者也⑨;强者,强此者也⑩。乐自顺此生也,刑自逆此作也⑪。

【注释】

① 民众的根本教化叫孝道,他们行孝叫奉养。教:教化。养:奉养。

② 奉养父母双亲是可以做到的,但敬重他们是困难的。

③ 对父母双亲敬重是可以做到的,使他们安定是困难的。安:使安定。

④ 使父母双亲安定是可以做到的,能够始终如一是困难的。卒:终,坚持到底,始终如一。

⑤ 父母已经死亡了,恭谨地使用自己的身体,不给父母留下坏名声,这就可以叫做能够善终了。既:已经。殁(mò):死亡。

⑥ 仁此:以孝道为仁。此:指孝道。

⑦ 履此:履行孝道。

⑧ 宜此:安于孝道。宜:安。

⑨ 信(shēn)此:伸张孝道。信:伸张。

⑩ 强此:坚持孝道。强:坚持。

⑪ 快乐从顺从孝道而产生,刑律从违背孝道而兴起。作:兴起。

【评析】

作者认为,孝道与所有的人、所有的社会生活密切联系,是为人的基础、治国的本务和万事的纲纪。行孝道要从爱惜自身开始,"不亏其身,不损其形";奉养父母要既敬又安,坚持到底,不留恶名;对人要尊重贤德,敬老爱幼;处世要五行具备,竭尽职分;还必须将孝道爱心由亲而疏,扩展到整个社会,"爱敬尽于事亲,光耀加于百姓",即"人不独亲其亲,不独子其子,使老有所终,壮有所用,幼有所长,矜寡孤独废疾者皆有所养,男有分,女有归"(《礼记·礼运》)。

当然,建立在血亲宗法关系基础之上的这种等差之爱,今天未必全部可行,愚忠愚孝更不可取。但是,对于维系人间亲情的孝道内涵,完全可以取其精华,去其糟粕,与时代精神相结合,成为中华民族的传统美德和精神财富。河北林秀贞长年尽心照顾多名并无血缘关系的孤寡老人,大孝无言,一诺千金,嘘寒问暖,养老送终,温暖人心,感动中国,她被评为全国道德模范,受到社会高度的赞赏和尊敬。这说明继承和弘扬孝道美德是全民的愿望和共识,可以在构建和睦家庭、和谐社会的过程中发挥重要作用。

九、货殖列传序

《史记》

【题解】

　　本文节选自司马迁《史记·货殖列传》。货殖,财物繁殖,即依靠贸易以生财求利。

　　司马迁及《史记》的简介见第三单元《西门豹治邺》的题解。

　　《老子》曰:"至治之极,邻国相望,鸡狗之声相闻,民各甘其食,美其服,安其俗,乐其业,至老死不相往来①。"必用此为务,挽近世涂民耳目,则几无行矣②。

【注释】

① 《老子》书中说:"最好的治理达到的顶点,就是相邻的两国彼此都能望见,鸡鸣狗叫的声音互相都能听见,百姓各自都认为他们所食用的食物甘美,所穿的服饰漂亮,安于他们的习俗,喜欢他们的职

业,直到老死都不互相往来。"引文见《老子》八十章,与今本文字略有不同。至治:最好的治理。极:极点,顶点。甘:认为……甘美。美:认为……漂亮。乐:喜欢。

② 一定要把《老子》所说当做要务,在近代堵塞民众的耳目,这样做几乎是不可行的。挽(wǎn)近世:近代。挽:通"晚"。涂:涂饰,堵塞。

太史公曰:夫神农以前,吾不知已①。至若《诗》《书》所述虞、夏以来,耳目欲极声色之好,口欲穷刍豢之味,身安逸乐,而心夸矜势能之荣,使俗之渐民久矣②。虽户说以眇论,终不能化③。故善者因之,其次利道之,其次教诲之,其次整齐之,最下者与之争④。

【注释】

① 太史公:指司马迁。神农:传说中的部落联盟首领,三皇之一。已:用同"矣"。

② 至于《诗经》《尚书》所记载的虞、夏以来的社会,人们的耳目都是要享尽声色的美妙,口里要吃尽肉类的美味,身体想要贪图安逸快乐,而心里要夸耀自己权势才能,视为无上的荣耀,就使这样的风俗逐渐影响到百姓已经很久了。虞:传说中的远古部落名,居住在蒲阪(今山西永济东南)。夏:我国历史上第一个王朝。极、穷:尽量享受。声色:音乐、美色。刍豢(chú huàn):指牲畜的肉。刍:吃草的牲畜。豢:吃粮食的牲畜。夸矜:夸耀。势能:权势才能。

③ 即使用老子精微的理论一户户地去劝导,也最终不能改变他们的观念。户说:一户户劝说。眇(miào)论:精微的理论,这里指上引老子的言论。化:变化,改变。

④ 因此最好的办法是顺其自然发展,其次是因势利导他们,再其次是

教育他们，又其次是制约他们，最下等的办法是与他们争利。因：
顺，即顺其自然发展。利道：即因势利导。道：引导。在这个意义上
后来写作"导"。整齐：规定法则制约，使他们规矩整齐。

夫山西饶材、竹、榖、纑、旄、玉石①；山东多鱼、盐、漆、丝、声
色②；江南出楠、梓、姜、桂、金、锡、连、丹沙、犀、玳瑁、珠玑、齿、
革③；龙门、碣石北多马、牛、羊、毡裘、筋角④；铜、铁则千里往往山
出棋置：此其大较也⑤。皆中国人民所喜好，谣俗被服饮食奉生送
死之具也⑥。故待农而食之，虞而出之，工而成之，商而通之⑦。
此宁有政教发征期会哉⑧？人各任其能，竭其力，以得所欲⑨。故
物贱之征贵，贵之征贱，各劝其业，乐其事⑩；若水之趋下，日夜无
休时，不召而自来，不求而民出之⑪。岂非道之所符，而自然之
验邪⑫？

【注释】

① 太行山以西盛产木材、竹子、榖木、纑、旄、玉石等等。山西：太行山
以西，包括现在的山西、陕西、甘肃等地。榖(gǔ)：落叶亚乔木，树
皮可以造纸。纑(lú)：可以织布的麻类。旄(máo)：旄牛尾，可以
做旗帜上的装饰。

② 太行山以东多出产鱼类、盐、漆、丝、乐器、美女。声色：乐器和美女。

③ 长江以南出产楠木、梓木、生姜、桂皮、金、锡、铅、丹砂、犀角、玳瑁、
珠玑、象牙、皮革。楠(nán)：常绿乔木。梓：落叶乔木。楠、梓都属
贵重木材。连：通"链"，铅矿。丹沙：即丹砂。犀：犀牛角。玳瑁
(dái mào)：龟类，甲壳可制装饰品。玑：不圆的珠子。齿：象牙。

④ 龙门、碣石以北多产马、牛、羊、毛毡、皮衣、筋角。龙门：山名，在今
山西稷山西。碣石：山名，在今河北卢龙。裘：皮衣。筋角：制弓箭
的原料。

464

⑤ 而铜、铁则在千里之内的山里往往出产,像棋子一样密布:这是其中的大概情况。棋置:如棋子一样密布。大较:梗概,大概,指上述各种物产的分布情况。

⑥ 这些都是中原百姓所喜爱的,也是风俗、衣着、饮食、养生、送死的用具。谣俗:风俗。被服:衣着。奉:供养。

⑦ 所以要靠农民耕种才能吃喝饮食,要靠开发山泽资源的人才能采运出来,要靠工匠才能制成器物,要靠商人交易才能四方流通。虞:虞人,掌管山泽的官。这里指开发山泽资源的人。工:工匠。

⑧ 这难道有政令征发使他们限期会集吗? 期:限期。

⑨ 人们各自凭借自己的能力,竭尽他们的力量,去求得想要的东西。任:凭借,听凭。

⑩ 所以此处物贱则求往贵处卖出,此处物贵则求往贱处买进,各自勉励他们的职业,喜欢他们的工作。征:求。劝:勉励。

⑪ 如同水往下流,日夜没有休止的时候,不用召唤物品就会自然到来,不必征求而民众就会生产出来。趋:归向。

⑫ 这难道不是符合大道,而顺乎自然的验证吗? 符:符合。验:验证。

《周书》曰:"农不出则乏其食,工不出则乏其事,商不出则三宝绝,虞不出则财匮少①。"财匮少而山泽不辟矣②。此四者,民所衣食之原也③。原大则饶,原小则鲜④。上则富国,下则富家⑤。贫富之道,莫之夺予,而巧者有余,拙者不足⑥。故太公望封于营丘,地舄卤,人民寡,于是太公劝其女功,极技巧,通鱼盐,则人物归之,繦至而辐凑⑦。故齐冠带衣履天下,海岱之间敛袂而往朝焉⑧。其后齐中衰,管子修之,设轻重九府,则桓公以霸,九合诸侯,一匡天下⑨;而管氏亦有三归,位在陪臣,富于列国之君⑩。是以齐富强至于威、宣也⑪。

【注释】

① 《周书》说："农民不生产就缺乏粮食，工匠不生产就缺乏器用，商人不经营就会断绝三宝，虞人不采运就缺少资财。"《周书》：是《尚书》的一部分，但今本《尚书》没有此文，已经失传。事：用。三宝：指食、用、财。匮(kuì)：缺乏。

② 财源缺乏，山泽的资源就不能开发。辟：开，打开。

③ 这四方面，是百姓衣食的源泉。原：源泉。

④ 源泉广大就富足，源泉细小就贫乏。饶：富足。鲜(xiǎn)：少，这里指贫乏。

⑤ 在上可以使国家富足，在下可以使家庭富足。

⑥ 贫富的方法，没有人能够夺走或给予，而巧智的人有余，而笨拙的人不足。莫之夺予：莫夺予之，没有人能够夺走它给予它，意思是全靠自己。

⑦ 因此太公望被封在地处海滨的营丘，土地盐碱，百姓稀少，于是太公便鼓励妇女从事纺织，极尽技巧，开通鱼、盐贸易，这样四方人才和物资纷纷归向齐国，钱财到来如同辐条凑集到车毂上一般。太公：即吕尚，名望，齐国的始祖。营丘：今山东昌乐东南。舄卤(xì lǔ)：海边咸水所渍而成的盐碱地。女功：妇女从事的纺织、缝纫、刺绣等的工作。人物：人才和物资。缲(qiǎng)：钱贯，即钱财。辐凑：如同辐条凑集到车毂上一般。

⑧ 所以齐国制作的冠带衣履遍及天下，从东海到泰山之间的诸侯国都敛起衣袖恭敬地来齐国朝拜。海岱之间：指东海和泰山之间的诸侯国。敛袂(mèi)：行礼时敛起衣袖，表示恭敬。袂：衣袖。

⑨ 后来齐国中途一度衰弱，管仲重整太公的事业，设置掌管钱币的九个官府，桓公因此称霸，多次会盟诸侯，匡正天下。中：中途。修：重整。之：指太公的事业。轻重：指钱币。九府：周代掌管钱币的九个官府：大府、王府、内府、外府、泉府、天府、职内、职金、职币。匡：正。

⑩ 管仲也有三归台，虽然他的地位只是诸侯的大夫，但其富裕超过各

诸侯国的国君。三归:管仲曾筑三归台,奢侈越礼。陪臣:诸侯的大
夫对天子自称陪臣,这里指管仲。

⑪ 因此齐国富强的局面,一直延续到齐威王、齐宣王时代。威:齐威王
田因齐。宣:齐宣王田辟疆。

　　故曰:"仓廪实而知礼节,衣食足而知荣辱①。"礼生于有而废
于无②。故君子富,好行其德;小人富,以适其力③。渊深而鱼生
之,山深而兽往之,人富而仁义附焉④。富者得势益彰,失势则客
无所之,以而不乐,夷狄益甚⑤。谚曰:"千金之子,不死于市。"此
非空言也⑥。故曰:"天下熙熙,皆为利来;天下壤壤,皆为利
往⑦。"夫千乘之王,万家之侯,百室之君,尚犹患贫,而况匹夫编户
之民乎⑧!

【注释】

① 因此说:"粮仓充实而百姓懂得礼节,衣食充足而百姓知道荣辱。"
仓廪(lǐn):粮仓。

② 礼节产生于富有而废弃于贫穷。有:富有。废:废弃。无:指贫困。

③ 所以君子富有,喜好施行仁德;平民富有,乐意尽到力量。小人:指
平民。适:乐。

④ 潭水深了而鱼儿就会生长,山林深了而野兽就会前往,人富有了而
仁义便会归附于他。

⑤ 富人得到权势就会更加显赫,失去了权势作客都无处可去,因而很
不快乐,在夷狄那里更为厉害。之:到,往。益甚:更为厉害。

⑥ 俗话说:"家有千金的人,不会因犯法死在街市。"这并非一句空话
啊。此话是说,富有人家应知荣辱,不会犯法受刑,死于街市。

⑦ 所以说:"天下的人熙熙攘攘,都是为了利益而来去奔忙。"熙熙、壤
壤:形容人来人往,热闹、拥挤的样子。

⑧　拥有千乘兵车的君王,拥有万家的诸侯,拥有百户的大夫,尚且担心贫穷,更何况编入户籍的平民百姓呢! 编户之民:编入户籍的平民百姓。

【评析】

作为一个传统的农业国,重视农业是必然的。汉代初年贾谊、晁错反复申明以农为根本、以工商为末业的道理,强调粮食生产的重要性,由此确立了重农抑商的思想和国策,产生了深远影响。司马迁却在《史记》中特意撰写了《货殖列传》,将手工业、商业与农业摆在同等重要的地位,反映了由于经济发展而引起的思想观念变化,见识精辟,弥足珍贵。

他论述了民众的欲望和需求,介绍了各地的物产,认为只有"农而食之,虞而出之,工而成之,商而通之",才能满足民生的各种需要。而从业者自己各竭其力,各乐其事,"贱之征贵,贵之征贱",创造利润,得其所欲,如水下流,日夜不休,完全符合大道,顺乎自然。并以史为证,说明了财富对于国家、个人、道德、世风的重大作用和影响,绝对不可忽视。

"无农不稳,无工不强,无商不富"。这些观念,在由计划经济转为市场经济的今天,显得更为重要。

责任编辑：陈鹏鸣
装帧设计：肖　辉
版式设计：诸晓军
责任校对：周　昕

图书在版编目（CIP）数据

新编国学读本/主编马清江 山东中外文化研究中心.
-北京：人民出版社，2008.7
ISBN 978 - 7 - 01 - 007129 - 9

Ⅰ. 新… Ⅱ.①马…②山… Ⅲ. 国学-中国 Ⅳ. Z126

中国版本图书馆 CIP 数据核字（2008）第 094618 号

新编国学读本

XINBIAN GUOXUE DUBEN

主编　马清江
　　　山东中外文化研究中心

人民出版社 出版发行
（100706　北京朝阳门内大街 166 号）

北京瑞古冠中印刷厂印刷　新华书店经销

2008 年 7 月第 1 版　2008 年 7 月北京第 1 次印刷
开本：880 毫米 × 1230 毫米 1/32　印张：38.25
字数：887 千字　印数：0,001 - 6,000 册

ISBN 978 - 7 - 01 - 007129 - 9　　定价：98.00 元

邮购地址 100706　北京朝阳门内大街 166 号
人民东方图书销售中心　电话（010）65250042　65289539